Rassismus

Rassismus

Von der frühen Bundesrepublik bis zur Gegenwart

Herausgegeben von
Vojin Saša Vukadinović

Die freie Verfügbarkeit der E-Book-Ausgabe dieser Publikation wurde durch 32 wissenschaftliche Bibliotheken und Initiativen ermöglicht, die die Open-Access-Transformation in der Geschichte fördern.

ISBN 978-3-11-070266-8
e-ISBN (PDF) 978-3-11-070272-9
e-ISBN (EPUB) 978-3-11-070278-1
DOI https://doi.org/10.1515/9783110702729

Dieses Werk ist lizenziert unter einer Creative Commons Namensnennung 4.0 International Lizenz. Weitere Informationen finden Sie unter http://creativecommons.org/licenses/by/4.0.

Library of Congress Control Number: 2022943604

Bibliografische Information der Deutschen Nationalbibliothek
Die Deutsche Nationalbibliothek verzeichnet diese Publikation in der Deutschen Nationalbibliografie; detaillierte bibliografische Daten sind im Internet über http://dnb.dnb.de abrufbar.

© 2023 bei den Autorinnen und Autoren, Zusammenstellung © 2023 Vojin Saša Vukadinović, publiziert von Walter de Gruyter GmbH, Berlin/Boston. Dieses Buch ist als Open-Access-Publikation verfügbar über www.degruyter.com.

Einbandabbildung: Das Sonnenblumenhaus in Rostock-Lichtenhagen, ©picture alliance/dpa/ Bernd Wüstneck

Druck und Bindung: CPI books GmbH, Leck

www.degruyter.com

Open-Access-Transformation in der Geschichte

Open Access für exzellente Publikationen aus der Geschichte: Dank der Unterstützung von 32 wissenschaftlichen Bibliotheken und Initiativen können 2022 insgesamt neun geschichtswissenschaftliche Neuerscheinungen transformiert und unmittelbar im Open Access veröffentlicht werden, ohne dass für Autorinnen und Autoren Publikationskosten entstehen.

Folgende Einrichtungen und Initiativen haben durch ihren Beitrag die Open-Access-Veröffentlichung dieses Titels ermöglicht:

Dachinitiative „Hochschule.digital Niedersachsen" des Landes Niedersachsen
Universitätsbibliothek Bayreuth
Deutsches Zentrum für Integrations- und Migrationsforschung (DeZIM)
Staatsbibliothek zu Berlin – Preußischer Kulturbesitz
Universitätsbibliothek Bern
Universitätsbibliothek Bochum
Universitäts- und Landesbibliothek Bonn
Staats- und Universitätsbibliothek Bremen
Universitäts- und Landesbibliothek Darmstadt
Universitätsbibliothek Duisburg-Essen
Universitäts- und Landesbibliothek Düsseldorf
Albert-Ludwigs-Universität Freiburg – Universitätsbibliothek
Niedersächsische Staats- und Universitätsbibliothek Göttingen
Universitätsbibliothek der FernUniversität in Hagen
Staats- und Universitätsbibliothek Hamburg Carl von Ossietzky
Gottfried Wilhelm Leibniz Bibliothek – Niedersächsische Landesbibliothek, Hannover
Universitäts- und Landesbibliothek Tirol, Innsbruck
Universitätsbibliothek Kassel – Landesbibliothek und Murhardsche Bibliothek der Stadt Kassel
Universitäts- und Stadtbibliothek Köln
Universitätsbibliothek der Universität Koblenz-Landau
Zentral- und Hochschulbibliothek Luzern
Universitätsbibliothek Magdeburg
Universitätsbibliothek Mainz
Bibliothek des Leibniz-Instituts für Europäische Geschichte, Mainz
Universitätsbibliothek Marburg
Universitätsbibliothek der Ludwig-Maximilians-Universität München
Universitäts- und Landesbibliothek Münster
Universitätsbibliothek Osnabrück
Universitätsbibliothek Vechta
Herzog August Bibliothek Wolfenbüttel
Universitätsbibliothek Wuppertal
Zentralbibliothek Zürich

Open Access. © 2023 bei den Autorinnen und Autoren, publiziert von De Gruyter. Dieses Werk ist lizenziert unter einer Creative Commons Namensnennung 4.0 International Lizenz.
https://doi.org/10.1515/9783110702729-001

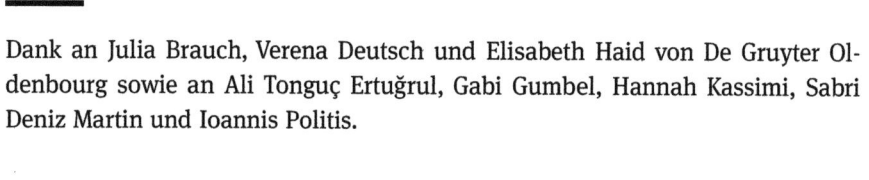

Dank an Julia Brauch, Verena Deutsch und Elisabeth Haid von De Gruyter Oldenbourg sowie an Ali Tonguç Ertuğrul, Gabi Gumbel, Hannah Kassimi, Sabri Deniz Martin und Ioannis Politis.

Irina Djassemy zum Gedenken
1965–2009

Inhalt

Vojin Saša Vukadinović
Rassismus in der bundesdeutschen Nachkriegsgeschichte
    Einleitung —— 1

Bundesrepublik Noir

Vojin Saša Vukadinović
„... in Erinnerung an die schöne Zeit in Dahlem"
    Karin Magnussen, reichsdeutsche Rassenforscherin und
    bundesdeutsche Biologielehrerin —— 67

Marco Ebert
Nach dem Untergang
    Transformation der völkisch-rassistischen Ideologie in der
    Bundesrepublik am Beispiel Sigrid Hunke —— 123

Panagiotis Koulaxidis
Die Rückkehr des Kronjuristen
    Carl Schmitts ideologisches Vermächtnis in der
    bundesrepublikanischen Frühgeschichte und sein Beitrag zur
    Normalisierung des Rassismus —— 145

Das andere 1968

Polina Kiourtidis
Antizionismus als linker Kampf gegen Rassismus und Imperialismus
    Das Beispiel des Sechstagekriegs —— 167

Ali Tonguç Ertuğrul/Sabri Deniz Martin/Vojin Saša Vukadinović
Autoritäre Läuterung von '68
    Hadayatullah Hübsch und die patriarchale Abschottung migrantischer
    Mädchen in der Ahmadiyya-Gemeinde —— 187

Die 1970er Jahre als „schwarzes" und als „rotes" Jahrzehnt

Armin Pfahl-Traughber
Vom „Rassegedanke" zum „Ethnopluralismus"
 Nationalrevolutionäre Intellektuelle der 1970er Jahre und die Entwicklung des Rassismus-Verständnisses im deutschen Rechtsextremismus —— 219

Barbara Holland-Cunz
Theoriegeschichtsvergessenheit als Intention und Prinzip
 Rassismusanalysen in der feministischen Gesellschaftstheorie der 1970er Jahre —— 241

Am Ende der alten Bundesrepublik

Moritz Pitscheider
„Die Deutschen sollen sich schämen"
 Die Lyrik Semra Ertans und die Lage von Arbeitsmigranten in der alten Bundesrepublik —— 269

Fernando Wawerek
Von durchschlagenden Berührungsängsten und entstellenden Absichten
 Die Bedeutung des Unbewussten für die Probleme der Rechtsextremismus-Forschung in der Bundesrepublik der 1980er Jahre —— 295

Lukas Sarvari
Melting Pot statt Stammesverband?
 Wolfgang Pohrts Kritik des Multikulturalismus der 1980er Jahre und ihre Grenzen —— 323

Garry Zettersten
„White Man Fight Back!"
 Der Ku Klux Klan in der Bundesrepublik Deutschland, 1980–2000 —— 343

Nach der Wiedervereinigung

Sabri Deniz Martin
„Das Boot ist voll"
    Wiedervereinigung, Renationalisierung und die Einschränkung des
    Grundrechts auf Asyl —— 369

Annette Seidel-Arpacı
**Von der migrantischen Selbstorganisierung der 1990er Jahre zur
antirassistischen „Opferkonkurrenz"**
    Der multidirektionale Schlussstrich unter die Bekämpfung des
    Antisemitismus —— 403

Benedikt Wolf
Zur postnazistischen Transformation des Antiziganismus
    Fallstudien zu Herta Müllers Reportage über die „Situation der
    Zigeuner in Rumänien" und Günter Grass' „Reden zugunsten des
    Volkes der Roma und Sinti" —— 437

Kurt Gritsch
„Mit den Serben muss aufgeräumt werden und zwar bald"
    Zwischen Klischee und Rassismus: das deutsche und österreichische
    Serbien-Bild vom 19. Jahrhundert bis zur Gegenwart —— 475

Rassismus im 21. Jahrhundert

Samuel Salzborn
Der vergessene Terrorismus
    Über die Dethematisierung des rechten Terrors in der
    Bundesrepublik —— 525

Martin Jander
Protestantisch-deutsche Identitätspolitik nach der Shoah
    DDR-Dissident Edelbert Richter und seine vorgebliche Kritik des
    „Rassismus", die eine christliche Verteufelung von Juden, westlichen
    Demokratien und Israel darstellt —— 543

Ansgar Martins
Rassismus, Reinkarnation und die Kulturstufenlehre der Waldorfpädagogik
  Anthroposophische Rassenkunde auf dem Weg ins
  21. Jahrhundert —— 565

Ahmad A. Omeirate
Ein altes Bündnis
  Zur historischen Korrektur des Begriffs „antimuslimischer
  Rassismus" —— 589

Autorinnen und Autoren —— 617

Index —— 621

Vojin Saša Vukadinović
Rassismus in der bundesdeutschen Nachkriegsgeschichte

Einleitung

Am 6. April 2006 wurde der 21-jährige Halit Yozgat in seinem Internet-Café in Kassel in Anwesenheit des Verfassungsschützers Andreas Temme erschossen. Yozgat war das neunte Opfer einer Mordserie, die seit sechs Jahren demselben Muster gefolgt war: Sie hatte migrantische Einzelhändler zum Ziel, die bis auf eine Ausnahme alle in den alten Bundesländern lebten, jede Tat wurde mit derselben Waffe verübt, explizite Bekennerschreiben gab es keine – wiewohl der Gebrauch ein und derselben Pistole, der kriminellen Gepflogenheiten frappierend widersprach, als solches verstanden werden konnte.[1] Ein gleichbleibendes Muster wollten auch die Ermittler erkannt haben. Jahrelang drängten sie den Hinterbliebenen den Verdacht auf, ihre Angehörigen seien in strafbare Machenschaften verwickelt gewesen und bei milieuinternen Auseinandersetzungen zu Tode gekommen. Alle Opferfamilien sind, so Hajo Funke, „im Rahmen der Ermittlungen gedemütigt oder für mitschuldig erklärt worden."[2] Die deutsche Presse repetierte diesen Verdacht nicht nur, sondern verstärkte die ihm zugrunde liegende Abneigung, indem sie verächtlich von „Döner-Morden" sprach, obwohl sieben der neun Ermordeten nichts mit dem populären Fleischgericht zu tun gehabt hatten.[3] Bei den Verwandten hingegen bestand von Anfang an vehementer Zweifel an den staatlichen wie an den medialen Spekulationen.[4] Unter dem Banner „Kein 10. Opfer" organisierten sie 2006 Trauermärsche in Dortmund und in Kassel, die ihrem Misstrauen Nachdruck verleihen sollten, indem die Behörden öffentlich dazu aufgefordert wurden, die Aufklärungsarbeit voranzutreiben.[5] Ein Jahr später hieß es im Bericht des Bundesamtes für Verfassungsschutz: „Rechtsterroristische

---

[1] Zu den Toten vgl. Birgit Mair (Hrsg.), Wanderausstellung: Die Opfer des NSU und die Aufarbeitung der Verbrechen, 4., aktualisierte Aufl., Nürnberg 2018.
[2] Hajo Funke, Staatsaffäre NSU. Gesellschaftliche und politische Konsequenzen, in: Sibylle Steinbacher (Hrsg.), Rechte Gewalt in Deutschland. Zum Umgang mit dem Rechtsextremismus in Gesellschaft, Politik und Justiz, Göttingen 2016, S. 13–36, hier S. 28.
[3] Vgl. Samuel Salzborn, Rechtsextremismus. Erscheinungsformen und Erklärungsansätze, 4., aktualisierte u. erweiterte Aufl., Baden-Baden 2020, S. 64.
[4] Vgl. Kemal Bozay/Bahar Aslan/Orhan Mangitay/Funda Özfırat (Hrsg.), Die haben gedacht, wir waren das. MigrantInnen über rechten Terror und Rassismus, Köln 2016.
[5] Vgl. den Kurzfilm *Kein 10. Opfer*, R: gruppe was nun?! (Deutschland) o. J.

Open Access. © 2023 bei den Autorinnen und Autoren, publiziert von De Gruyter. Dieses Werk ist lizenziert unter einer Creative Commons Namensnennung 4.0 International Lizenz.
https://doi.org/10.1515/9783110702729-002

Strukturen waren 2006 in Deutschland nicht feststellbar."⁶ Walter Kimmel, damals bei der Oberstaatsanwaltschaft in Nürnberg tätig – wo zwischen 2000 und 2001 der Blumenverkäufer Enver Şimşek, der Änderungsschneider Abdurrahim Özüdoğru und der Inhaber eines Döner-Kebab-Imbisses, İsmail Yaşar, ermordet worden waren –, bekundete 2007: „Wir haben keinerlei Anhaltspunkte dafür, dass ein rechtsextremer Hintergrund gegeben ist." Gänzlich überzeugt schien er gleichwohl nicht zu sein: „Ausschließen kann ich es auch nicht."⁷ Doch je weniger der Möglichkeit eines all diese Fälle verbindenden rassistischen Motivs nachgegangen wurde, „[u]mso mehr Phantasie brachten die Ermittler für die Theorie auf, bei den Tätern könnte es sich um Kriminelle im türkischen Kleingewerbemilieu handeln", wie Joachim Käppner und Tanjev Schultz später schreiben würden.⁸ Die mit der Angelegenheit befasste Soko „Bosporus", die zuvor den nicht minder sprechenden Namen „Halbmond" getragen hatte, wurde 2008 aufgelöst. Rund 150 eingesetzte Beamte hatten die Mordserie nicht aufzuklären vermocht.⁹

Bald darauf streute ein vulgäres Musik-Erzeugnis aus dem rechtsextremen Milieu einen dezidierten Hinweis. Auf dem 2010 erschienenen Album *Adolf Hitler lebt!* von Gigi & Die Braunen Stadtmusikanten – einem Szeneprojekt des Neonazis Daniel Giese – fand sich der Song „Döner-Killer". Dessen Zeilen – soweit bekannt aus der Feder eines anderen Neonazis[10] – verhöhnten nicht nur die Ermordeten aufs Zynischste, sondern machten sich mit hämischer Gelassenheit über den Staat lustig, dessen Beamte das Naheliegende offenbar nicht sehen konnten oder nicht sehen wollten:

> Neun Mal hat er es jetzt schon getan.
> Die SoKo Bosporus, sie schlägt Alarm.
> Die Ermittler stehen unter Strom.
> Eine blutige Spur und keiner stoppt das Phantom.
>
> Sie drehen durch, weil man ihn nicht findet.
> Er kommt, er tötet

---

6 Bundesministerium des Innern (Hrsg.), Verfassungsschutzbericht 2006, Berlin 2007, S. 54.
7 Zu sehen und zu hören in Ulrich Stolls Dokumentation *Brauner Terror, blinder Staat. Die Spur des Nazi-Trios*, ZDF 2012.
8 Joachim Käppner/Tanjev Schultz, Polizei ermittelte in eigener Dönerbude, in: Süddeutsche Zeitung, 15.05.2012.
9 Vgl. Peter Carstens, Sehr nah dran, aber leider auch weit weg, in: Frankfurter Allgemeine Zeitung, 27.04.2012.
10 Vgl. Martin Langebach/Jan Raabe, Zwischen Freizeit, Politik und Partei: RechtsRock, in: Stefan Braun/Alexander Geisler/Martin Gerster (Hrsg.), Strategien der extremen Rechten. Hintergründe – Analysen – Antworten, 2., aktualisierte u. erweiterte Aufl., Wiesbaden 2016, S. 377–424, hier S. 393.

und er verschwindet.
Spannender als jeder Thriller, sie jagen den Döner-Killer.

Neun Mal hat er bisher brutal gekillt,
doch die Lust am Töten
ist noch nicht gestillt.
Profiler rechnen mit dem nächsten Mord.
Die Frage ist nur wann und in welchem Ort.

Hunderte Beamte ermittelten zuletzt.
300.000 Euro sind auf ihn ausgesetzt.
Alles durchleuchtet, alles überprüft,
doch kein einziger Hinweis
und kein Tatmotiv.

Am Dönerstand herrschen Angst und Schrecken.
Kommt er vorbei,
müssen sie verrecken.
Kein Fingerabdruck, keine DNA.
Er kommt aus dem Nichts, doch plötzlich ist er da.

Wer stillt seinen Hunger und wann geht er wieder jagen?
Wann taucht er wieder auf? Kein Fahnder kann es sagen.
Wer ist der nächste? Wann ist es soweit?
Sie haben ihn längst verloren,
den Wettlauf gegen die Zeit.

Bei allen Kebabs herrschen Angst und Schrecken.
Der Döner bleibt im Halse stecken,
denn er kommt gerne spontan zu Besuch,
am Dönerstand,
denn neun sind nicht genug.[11]

2011, als der *Spiegel* noch immer von der „[d]üstere[n] Parallelwelt"[12] vermeintlich migrantischer Krimineller raunte, flog der angebliche „Döner-Killer" als rechtsextreme Terrorzelle auf, die für die offen besungenen Morde verantwortlich gewesen war – nebst einem weiteren an der Polizistin Michèle Kiesewetter, für Sprengstoffanschläge sowie für Banküberfälle. Was folgte, war nicht weniger als eine Staatsaffäre.[13] Der „Jahrhundertprozess", der die Taten des Nationalsozialistischen Untergrunds (NSU) um Uwe Böhnhardt, Uwe Mundlos und Beate Zschäpe hätte aufklären sollen, endete zwar mit lebenslanger Freiheitsstrafe für die überlebende Hauptangeklagte sowie mit Haftstrafen für die Mitangeklagten

---

11 Gigi & Die Braunen Stadtmusikanten, „Döner-Killer", auf: Adolf Hitler lebt!, PC Records 2010.
12 Conny Neumann/Andreas Ulrich, Düstere Parallelwelt, in: Der Spiegel 8/2011, 21.02.2011, S. 64–66.
13 Vgl. Hajo Funke, Staatsaffäre NSU. Eine offene Untersuchung, Münster 2015.

Ralf Wohlleben, Carsten Schultze, Holger Gerlach und André Eminger, die der Beihilfe zum Mord und der Unterstützung schuldig befunden worden waren.[14] Zahlreiche Ungereimtheiten, die insbesondere die Verbindungen des Trios in die legale rechtsextreme Szene sowie zu staatlichen Institutionen betreffen, blieben jedoch bestehen.[15] Dass die Gesellschaft für deutsche Sprache 2012 den Begriff „Döner-Morde" zum Unwort des Jahres kürte, mag als symbolische Geste minimaler öffentlicher Wiedergutmachung verstanden werden.[16]

Auf den NSU-Komplex folgten Morde und Mordversuche mit rechtsextremem Hintergrund, die von anderen Tätern ausgingen und die unmissverständlich belegen, wie persistent und brisant das Problem ist. 2015 stach Frank Steffen, dessen einschlägige Gewaltgeschichte bis in die 1990er Jahre zurückreicht, kurz vor Ende des Wahlkampfes für das Amt des Kölner Bürgermeisters auf Henriette Reker ein; die parteilose Kandidatin überlebte schwerverletzt.[17] Im selben Jahr wurde eine neonazistische Gruppe namens Oldschool Society zerschlagen, die Kirchen und Behindertenheime als mögliche Anschlagsziele ins Auge gefasst hatte.[18] 2019 ermordete der Neonazi Stephan Ernst – der bereits 1989, als 15-jähriger, das Wohnhaus eines türkischen Mitschülers in Brand zu stecken versucht und drei Jahre später mit einem Messer auf einen Türken eingestochen hatte – Walter Lübcke. Der CDU-Politiker war, nachdem er entschieden Position zu den Pegida-Protesten bezogen hatte, zum Hassobjekt rechter Kreise gemacht worden.[19] Wenige Monate später versuchte der Rechtsextremist Stephan Balliet, die Synagoge in Halle zu stürmen und dort ein Blutbad anzurichten, was ihm nicht gelang; er ermordete eine Passantin und einen Besucher eines Döner-Lokals.[20] Am 19. Februar 2020 ermordete der psychisch kranke Tobias Rathje zunächst neun migrantische Menschen in zwei Bars in Hanau, anschließend seine eigene Mutter und

---

14 Alle Mitangeklagten befinden sich nunmehr wieder in Freiheit. Vgl. Konrad Litschiko, Für die Opfer unerträglich, in: taz, 15.12.2021.
15 Zu all dem vgl. Tanjev Schultz, NSU. Der Terror von rechts und das Versagen des Staates, München 2018; Annette Ramelsberger/Wiebke Ramm/Tanjev Schultz/Rainer Stadler (Hrsg.), Der NSU-Prozess. Das Protokoll, Bonn 2019; Matthias Quent, Rassismus, Radikalisierung, Rechtsterrorismus. Wie der NSU entstand und was er über die Gesellschaft verrät, Weinheim/Basel 2019.
16 Vgl. o. A., Unwort des Jahres: „Döner-Morde" verharmlost Verbrechen, in: Frankfurter Allgemeine Zeitung, 17.01.2012.
17 Armin Pfahl-Traughber, Rechtsextremismus in Deutschland. Eine kritische Bestandsaufnahme, Wiesbaden 2019, S. 286–287.
18 Vgl. Pfahl-Traughber, Rechtsextremismus in Deutschland, S. 248–250.
19 Ausführlich zu all dem: Martín Steinhagen, Rechter Terror. Der Mord an Walter Lübke und die Strategie der Gewalt, Hamburg 2021.
20 Dazu und zu ähnlichen Anschlägen: Andreas Speit/Jean-Philipp Baeck, Rechte Egoshooter. Von der virtuellen Hetze zum Livestream-Attentat, Berlin 2020.

beendete dann selbst sein Leben. Als Serpil Temit Unvar, die Mutter des Opfers Ferhat Unvar, in ihrer schwersten Stunde vor die Kameras trat und betonte, dass von den Toten niemand arbeitslos gewesen sei – lies: dass niemand von ihnen staatliche Unterstützung in Anspruch genommen habe –, adressierte sie ein gesellschaftlich sehr tief sitzendes Ressentiment, von dem sie offenbar annahm, dass es mit den Morden in Verbindung stehe.[21]

Die Rede davon, dass der Staat „auf dem rechten Auge blind" sei, scheint mittlerweile an Popularität eingebüßt zu haben. Den Behörden ist die Gefahr, die von der gewaltbereiten Anhängerschaft eines rassistischen Weltbildes ausgeht, nachweislich seit Jahrzehnten bestens bekannt.[22] Die breite Berichterstattung über den NSU sowie die gesellschaftspolitische Debatte zu den historisch-politischen Gründen für besagte Staatsaffäre haben zudem mit dafür gesorgt, dass Rassismus in Deutschland wieder Thema ist. Neuerliche Aufmerksamkeit gilt insbesondere seit der sogenannten „Flüchtlingskrise" 2015 der Frage, wem Europa offen steht beziehungsweise wer ab wann zur deutschen Gesellschaft zählt.[23] Parallel dazu haben identitätspolitische Belange, oftmals verstärkt durch akademische Debatten in jüngeren Disziplinen, erheblichen Aufschwung erlebt. Seither prägen sie das Feuilleton und digital geführte Auseinandersetzungen; dass sie zur Zurückdrängung des Rassismus beitragen würden, wie ihre Anhängerschaft nahelegt, ist jedoch nicht erwiesen. Vieles spricht eher dafür, dass sie dessen Trivialisierung befördern, da sie gesellschaftspolitische Konflikte privatisieren, indem sie diese beispielsweise zu sprachlichen Angelegenheiten karikieren – eine Tendenz, die längst auch in akademischen Publikationen Mode geworden ist.[24]

Rassismus ist in Deutschland *wieder* Thema, ist an dieser Stelle zunächst zu präzisieren. Denn die neuerliche Publikationswelle zum Sujet – und hier eben insbesondere die im 21. Jahrhundert populär gewordene minoritäre Bekenntnisliteratur – vermittelt zwar den Eindruck, dass das Sujet nun erstmalig breite Aufmerksamkeit erführe und diejenigen zu Wort kämen, denen man lange nicht zugehört habe. Allerdings zeugt diese Annahme nicht nur von mangelnder Ge-

---

21 Vgl. Marija Latković, Die anderen sind wir, in: Die Zeit 11/2020, 05.03.2020.
22 Vgl. Tanjev Schultz (Hrsg.), Auf dem rechten Auge blind? Rechtsextremismus in Deutschland, Stuttgart 2021; Christoph Renner, Sie waren nie „blind": Bundesbehörden und der Rechtsradikalismus 1968–1994. Vortrag im Kolloquium zur Zeitgeschichte, Bundeskanzler-Willy-Brandt-Stiftung, 02.11.2021.
23 Siehe dazu u. a. Philipp Ther, Die Außenseiter. Flucht, Flüchtlinge und Integration im modernen Europa, Berlin 2017.
24 Kritisch dazu die Beiträge in Till Randolf Amelung (Hrsg.), Irrwege. Analysen aktueller queerer Politik, Berlin 2020.

schichtskenntnis, sondern resultiert aus einem unpräzisen Rassismus-Verständnis. Es ist einfach – sehr einfach sogar –, Rassismus mit rechtsterroristischer bzw. mit neonazistischer Gewalt gleichzusetzen. Es ist jedoch noch einfacher, Rassismus zu einer ahistorischen „Struktur" zu erklären, die jede Gesellschaft präge und die unentwegt und überall soziale Hierarchien produziere, die dafür sorgten, dass alle einander ausgeliefert seien.[25] Dem ist zuvörderst entgegenzuhalten, dass der Rassismus „den größten Teil seiner Wirkmächtigkeit verloren hat", wie Aladin El-Mafaalani richtig vermerkt, der seine populäre Abhandlung zur Frage *Wozu Rassismus?* mit diesem historisch korrekten Befund beginnt. Anschließend geht er jedoch dazu über, akademische Trendbegriffe zu bedienen und Verallgemeinerungen aufzubieten, die nicht nur für einen Soziologen befremdlich sind: „Bei jedem Spaziergang, an jeder Haltestelle, im Museum, in der Bibliothek, beim Einkaufen, auf der Speisekarte oder im Kinderzimmer: Rassismus überall. Er ist ein Muster, eine strukturelle Regelmäßigkeit."[26] Für den nationalsozialistischen Staat, der den planmäßigen industriellen Massenmord der europäischen Juden und den „Rassenkunde"-geschulten Vernichtungskrieg im Osten mit schätzungsweise 25 Millionen Toten in der Sowjetunion verantwortet hat, mag eine solche Omnipräsenz des Rassismus und des Antisemitismus schon allein aus Propagandagründen und permanenter Mobilmachung der „Volksgenossen" gegolten haben; auf das Deutschland des 21. Jahrhunderts trifft sie trotz aller Probleme mit Sicherheit nicht zu.

Während abstrakte Analyse dessen, was Rassismus sein soll, länderspezifische Ausprägungen in der Regel ohnehin auslassen[27], firmiert dieser in empiri-

---

25 Musterhaft für diese Tendenz ist Susan Arndt, Rassismus begreifen. Vom Trümmerhaufen der Geschichte zu neuen Wegen, München 2021. Zu den ahistorischen Behauptungen und Projektionsleistungen dieser Schrift, in der sich nur mit Mühe ein konsistentes Argument ausfindig machen lässt und die der versuchten Ehrenrettung antizionistischer Ideologen wie Achille Mbembe bezeichnenderweise mehr Raum gewährt als der Beschäftigung mit dem Rassismus der deutschen Nachkriegsgeschichte, siehe Ali Tonguç Ertuğrul/Sabri Deniz Martin/Vojin Saša Vukadinović, Wenn der Antirassismus b. wird, in: Jungle World 8/2022, 24.02.2022.
26 Aladin El-Mafaalani, Wozu Rassismus? Von der Erfindung der Menschenrassen bis zum rassismuskritischen Widerstand, Köln 2021, S. 7 und S. 69. Zu widersprechen ist dem Autor auch in der Einschätzung, dass „[d]as Bewusstsein, dass Rassismus noch ein Teil der gesellschaftlichen Normalität ist und dass man überall dort, wo man nach ihm sucht, Rassismus finden wird", eben nicht „zu mehr Gelassenheit und Ruhe führen" sollte (ebd., S. 151) – und zwar deshalb, weil der Antirassismus des 21. Jahrhunderts, der eine solche rassistische Omnipräsenz suggeriert, Schauplatz zahlreicher Deutungsversuche ist, Geschichte gemäß der eigenen Agenda umzuschreiben, die keineswegs kritisch reflektiert, sondern a priori ideologisch überformt wird.
27 Exemplarisch für diese Tendenz sind die Monographie von Ina Kerner, Differenzen und Macht. Zur Anatomie von Rassismus und Sexismus, Frankfurt a. M. 2009, oder die Anthologie von

scheren Publikationen entweder als historischer Belang – d. h. als ein Phänomen, das der Ausbeutung und Herrschaftssicherung zu Zeiten des Kolonialismus zufiel oder der Eugenik entwuchs[28] – oder aber als ein tagespolitischer Belang, der die unmittelbare Gegenwart und die gesellschaftspolitischen Herausforderungen der jüngeren Migrationsbewegungen meint.[29] Neuere Darstellungen und Anthologien befassen sich primär mit einer allgemeinen Geschichte des Rassismus, scheinen damit aber gleichwohl ein genuin westliches Phänomen zu insinuieren.[30] So sind zu den sich wandelnden Erscheinungsformen des Rassismus in der alten Bundesrepublik und in Deutschland nach 1990 bislang vor allem allgemein zugängliche Darstellungen vorgelegt worden, die sich vorrangig mit der gewaltsamen Dimension befassen[31], was angesichts der Todesopfer und Schwerverletzten sowie der zahlreichen bekannt gewordenen rechtsextremen Vorfälle in der Polizei, in der Bundeswehr oder in der Justiz nicht erstaunt.[32] Verfügbar sind ferner Anthologien und Studien mit Fokus auf eine lokale Gewaltgeschichte[33], ebenso Ar-

---

Dorothee Kimmich/Stephanie Lavorano/Franziska Bergmann (Hrsg.), Was ist Rassismus? Kritische Texte, Stuttgart 2016.
28 Siehe etwa Peter Weingart/Jürgen Kroll/Kurt Bayertz (Hrsg.), Rasse, Blut und Gene. Geschichte der Eugenik und Rassenhygiene in Deutschland, Frankfurt a. M. 1992; George L. Mosse, Die Geschichte des Rassismus in Europa, Frankfurt a. M. 2006; Stefanie Westermann/Richard Kühl/Dominik Groß (Hrsg.), Medizin im Dienst der „Erbgesundheit". Beiträge zur Geschichte der Eugenik und „Rassenhygiene", Berlin u. a. 2009; Gerhard Baader/Jürgen Peter (Hrsg.), Public Health, Eugenik und Rassenhygiene in der Weimarer Republik und im Nationalsozialismus, Frankfurt a. M. 2018; Ina Paul/Sylvia Schraut (Hrsg.), Rassismus in Geschichte und Gegenwart. Festschrift für Walter Demel, Berlin 2018.
29 Darunter fällt etwa die Debatte um „postmigrantische" Belange der letzten Jahren. Vgl. u. a. Erol Yildiz/Marc Hill (Hrsg.), Nach der Migration. Postmigrantische Perspektiven jenseits der Parallelgesellschaft, Bielefeld 2014; Naika Foroutan/Juliane Karakayalı/Riem Spielhaus (Hrsg.), Postmigrantische Perspektiven. Ordnungssysteme, Repräsentationen, Kritik, Frankfurt a. M./New York 2018; Naika Foroutan, Die postmigrantische Gesellschaft. Ein Versprechen der pluralen Demokratie, Bielefeld 2019.
30 Siehe etwa George M. Fredrickson, Rassismus. Ein historischer Abriss, Stuttgart 2011; Christian Geulen, Geschichte des Rassismus, München 2017.
31 So etwa Sebastian Gräfe, Rechtsterrorismus in der Bundesrepublik Deutschland. Zwischen erlebnisorientierten Jugendlichen, „Feierabendterroristen" und klandestinen Untergrundzellen, Baden-Baden 2017; Christoph Schulze, Rechtsextremismus. Gestalt und Geschichte, Wiesbaden 2021.
32 Matthias Meisner/Heike Kleffner (Hrsg.), Extreme Sicherheit. Rechtsradikale in Polizei, Verfassungsschutz, Bundeswehr und Justiz, Freiburg im Breisgau 2019.
33 Vgl. etwa Thomas Prenzel (Hrsg.), 20 Jahre Rostock-Lichtenhagen. Kontext, Dimensionen und Folgen der rassistischen Gewalt, Rostock 2012; Gideon Botsch/Jan Raabe/Christoph Schulze (Hrsg.), Rechtsrock. Aufstieg und Wandel neonazistischer Jugendkultur am Beispiel Brandenburgs, Berlin 2019.

beiten zur „Gastarbeiter"-Periode und ihren migrationsgesellschaftlichen Implikationen, die einige vermeintliche Gewissheiten hinterfragt haben und die von interdisziplinärer Relevanz sind.[34]

Der Rassismus der bundesdeutschen Nachkriegsgeschichte firmiert hingegen noch immer als Leerstelle. Maria Alexopoulou, die eine Geschichte dieser *Einwanderungsgesellschaft wider Willen* verfasst hat, erinnert daran, dass das Phänomen „historisch in all seinen Formen und in einem viel breiteren zeitlichen Horizont zu erfassen" sei, denn nur so könne man es „als vergangenes *und* gegenwärtiges Problem begreifen, das auch zwischen 1945 und heute eine Geschichte hat und zudem die Geschichte der jeweiligen Gesellschaften, in denen es sich entfaltete, nachhaltig prägte."[35] Einleitend sei deshalb im Folgenden zunächst die westdeutsche Historie nach 1945 sowie die gesamtdeutsche nach 1990 kursorisch durchquert. Diese Skizze ist notwendigerweise unvollständig; es geht lediglich darum, einige markante Punkte hervorzuheben und relevante Verschiebungen festzuhalten.

Unvollständiger Abriss der (bundes-)deutschen Rassismusgeschichte nach 1945

Mit der bedingungslosen Kapitulation des „Dritten Reichs" am 8. Mai 1945 endete ein totalitärer Staat, der in historisch beispielloser Weise „Rasse" und Rassismus zum Selbstverständnis gehabt hatte. Sechs Millionen Juden Europas waren industriell, hunderttausende Sinti und Roma ebenfalls systematisch ermordet worden. Der Vernichtungskrieg in Osteuropa hatte Abermillionen Slawen das Leben gekostet. Schwarze Deutsche, die ab 1942 registriert worden waren[36], hatten teils unter erheblichen Anfeindungen und Gefahren vereinzelt den NS-Alltag überlebt.[37] Millionen *Displaced Persons*, viele davon Überlebende der Konzen-

---

34 Siehe etwa Simon Goeke, „Wir sind alle Fremdarbeiter!". Gewerkschaften, migrantische Kämpfe und soziale Bewegungen in der Bundesrepublik der 1960er und 1970er Jahre, Leiden u. a. 2020; Veronika Kourabas, Die Anderen ge-brauchen. Eine rassismustheoretische Analyse von „Gastarbeit" im migrationsgesellschaftlichen Deutschland, Bielefeld 2021; Özkan Ezli, Narrative der Migration. Eine andere deutsche Kulturgeschichte, Berlin 2022.
35 Maria Alexopoulou, Deutschland und die Migration. Geschichte einer Einwanderungsgesellschaft wider Willen, Ditzingen 2020, S. 13 (Hervorhebung im Original).
36 Vgl. Doris Liebscher, Rasse im Recht – Recht gegen Rassismus. Genealogie einer ambivalenten rechtlichen Kategorie, Berlin 2021, S. 202.
37 Darunter etwa Fasia Jansen, Hans-Jürgen Massaquoi und Theodor Wonja Michael, vgl. Marina Achenbach, Fasia, geliebte Rebellin, Oberhausen 2004; Hans-Jürgen Massaquoi, Neger, Neger,

trationslager, hielten sich nun in Deutschland auf, zwischen 12 und 14 Millionen Flüchtlinge und Vertriebene kamen in den kommenden Jahren aus dem Osten hinzu. Die Vier Mächte begannen im Juli 1945 mit der Entnazifizierung. Aus den Verbindungen zwischen alliierten Soldaten und deutschen Frauen, aber auch aus Vergewaltigungen gingen mehrere hunderttausend Nachkommen hervor, deren soziales Umfeld sie bisweilen ächtete und mit Begriffen wie „Russenbälger", „Amikinder" und „Negerbrut" belegte, die das rassistische Denken in eine neue Ära überführten.[38] Unter den Gemeinten waren schätzungsweise 5.000 Kinder, deren Väter schwarze US-Amerikaner waren.[39]

1947 erschien die deutsche Übersetzung von *Die Rassenfrage in Wissenschaft und Politik* der US-amerikanischen Anthropologin Ruth Benedict, einem der ersten akademischen Versuche, die Aufmerksamkeit der Forschung nicht auf „Rasse", sondern auf Rassismus zu legen, um zu dessen Bekämpfung beizutragen.[40]

Am 14. Mai 1948 verlas David Ben-Gurion die israelische Unabhängigkeitserklärung. Mehrere arabische Armeen erklärten dem jüdischen Staat umgehend den Krieg. Dieser behauptete sich jedoch militärisch und bot fortan all jenen, die vor Antisemitismus nicht sicher waren, Zuflucht. Von September 1948 an tagte in Bonn der Parlamentarische Rat und erarbeitete das Grundgesetz für die Bundesrepublik Deutschland. Im Spätherbst kam es zu einer Debatte über den zukünftigen Artikel 3, in der sich Hermann von Mangoldt – ab 1934 Mitglied im Bund Nationalsozialistischer Deutscher Juristen, 1939 Autor eines Aufsatzes über „Rassenrecht und Judentum"[41], seit 1946 Mitglied der CDU[42] – mit Überlegungen zur „Differenz" von Menschen hervortat, die sich gesetzlich niederschlagen sollten. Protokolliert sind etwa folgende Bekundungen:

> Wenn man sagt, alle Menschen sind gleich, so zeigt sich eben, dass sie praktisch nicht vollkommen gleich sind, sondern dass es gewisse Dinge gibt, die auf Grund der bei den Menschen nun einmal naturgegebenen Nuancierungen zu einer anderen Regelung führen

---

Schornsteinfeger! Meine Kindheit in Deutschland, Frankfurt a. M. 2008; Theodor Michael, Deutsch sein und schwarz dazu. Erinnerungen eines Afro-Deutschen, München 2013.
38 Siehe dazu Silke Satjukow/Rainer Gries, Bankerte! Besatzungskinder in Deutschland nach 1945, Frankfurt a. M./New York 2015.
39 Vgl. Tina M. Campt/Pascal Grosse, Mischlingskinder in Nachkriegsdeutschland. Zum Verhältnis von Psychologie, Anthropologie und Gesellschaftskritik nach 1945, in: Psychologie und Geschichte 6/1–2 1994, S. 48–78, hier S. 48.
40 Ruth Benedict, Die Rassenfrage in Wissenschaft und Politik, Bergen 1947.
41 Hermann von Mangoldt, Rassenrecht und Judentum, in: Württembergische Verwaltungszeitschrift, 1939, S. 49–51.
42 Zu Leben und Werk siehe Heinrich Amadeus Wolff, Hermann von Mangoldt (1885–1953), in: Peter Häberle/Michael Kilian/Heinrich Amadeus Wolff (Hrsg.), Staatsrechtslehrer des 20. Jahrhunderts, Berlin 2015, S.456–469.

müssen. Zum Beispiel könnte der Zigeuner, der herumwandert, gewissen gesetzlichen Sonderregelungen unterliegen. In Staaten wie den Vereinigten Staaten wird die Vorherrschaft einer Rasse praktisch niemals zugegeben. Man wird dort auf der einen Seite von dem Gedankengut der französischen Revolution so beherrscht, dass man nach außen immer wieder sagt: völlige Gleichheit. Aber im Grunde genommen schwebt über dem gesamten Recht der Vereinigten Staaten doch der Gedanke: Wir können und werden niemals zulassen von einer fremden Rasse überfremdet zu werden. Das betrifft nicht nur die schwarze Rasse, sondern in der Gesetzgebung über die Einwanderung wird gesagt: Wir müssen das Übergewicht der nordischen Rasse in den Vereinigten Staaten erhalten."[43]

Am 10. Dezember 1948 verabschiedete die Generalversammlung der Vereinten Nationen die Allgemeine Erklärung der Menschenrechte.

1949 wurden die Bundesrepublik Deutschland und die Deutsche Demokratische Republik gegründet. Im Westen galt nun das Grundgesetz, dessen Artikel 3 erklärte: „Niemand darf wegen seines Geschlechtes, seiner Abstammung, seiner Rasse, seiner Sprache, seiner Heimat und Herkunft, seines Glaubens, seiner religiösen oder politischen Anschauungen benachteiligt oder bevorzugt werden. Niemand darf wegen seiner Behinderung benachteiligt werden." Die DDR wiederum gab sich ein antifaschistisches Selbstverständnis, das im Laufe der Jahrzehnte mit dazu führte, dass die rechtsextremistischen Bestrebungen im Land noch stärker tabuisiert wurden als im Westen.[44] Mit der Sozialistischen Reichspartei (SRP) trat in der Bundesrepublik nur vier Jahre nach Kriegsende wieder eine Partei mit nationalsozialistischem Selbstverständnis an.[45]

1950 wurde die Deutsche Reichspartei gegründet, die im Laufe der Dekade zur wichtigsten rechtsextremen Partei der frühen Bundesrepublik werden und Erfolge bei einigen Landtagswahlen erzielen sollte.[46] In den USA wurde *The Authoritarian Personality* von Theodor W. Adorno et al. veröffentlicht.[47] Die Studie diente in den kommenden Jahrzehnten als das mitunter wichtigste Referenzwerk zum Verständnis der Einstellungen, die autoritäres bis faschistisches Denken begünstigen. Der Zentralrat der Juden wird gegründet.

---

43 Zitiert nach Liebscher, Rasse im Recht, S. 355. Siehe ebd., S. 352–369 zu dieser Debatte im Parlamentarischen Rat.
44 Vgl. Harry Waibel, Der gescheiterte Anti-Faschismus der SED. Rassismus in der DDR, Frankfurt a. M. 2014.
45 Vgl. Gideon Botsch, Wahre Demokratie und Volksgemeinschaft. Ideologie und Programmatik der NPD und ihres rechtsextremen Umfelds, Wiesbaden 2017, S. 37.
46 Vgl. Oliver Sowinski, Die Deutsche Reichspartei 1950–1965. Organisation und Ideologie einer rechtsradikalen Partei, Frankfurt a. M. u. a. 1998.
47 Theodor W. Adorno u. a., The Authoritarian Personality, New York 1950.

1951 hielt die Genfer Flüchtlingskonvention fest, dass der Begriff „Flüchtling" auf jede Person zutrifft, die „aus der begründeten Furcht vor Verfolgung wegen ihrer Rasse, Religion, Nationalität, Zugehörigkeit zu einer bestimmten sozialen Gruppe oder wegen ihrer politischen Überzeugung sich außerhalb des Landes befindet, dessen Staatsangehörigkeit sie besitzt, und den Schutz dieses Landes nicht in Anspruch nehmen kann oder wegen dieser Befürchtungen nicht in Anspruch nehmen will." Ehemalige SS-Angehörige riefen derweil die Hilfsgemeinschaft auf Gegenseitigkeit der Angehörigen der ehemaligen Waffen-SS ins Leben, um ihre einstige Organisation zu rehabilitieren.[48] Im selben Jahr gründeten der frühere SS-Sturmbannführer Arthur Ehrhardt und der ehemalige Obersturmführer Herbert Böhme die Zeitschrift *Nation Europa*, die jahrzehntelang ein wichtiger neonazistischer Publikationsort bleiben sollte.[49] Der Rechtsextremist Erwin Schönborn initiierte ein Jahr später die Arbeitsgemeinschaft Nation Europa (ANE), die Hitlers Ansehen zu restaurieren versuchte.[50]

1952 sprach die CDU-Bundestagsabgeordnete Luise Rehling während der Parlamentsdebatte über die unehelichen Kinder, die aus besagten Verbindungen zwischen US-amerikanischen Soldaten und deutschen Frauen hervorgegangen waren, und erwähnte dabei die „besondere Gruppe" der „Negermischlinge", „denen schon allein die klimatischen Bedingungen in unserem Lande nicht gemäß" seien. Angesichts der nahenden Einschulung der 1946 geborenen Kinder plädierte die Politikerin dennoch dafür, „in Deutschland den Mischlingen nicht nur die gesetzliche, sondern auch die menschliche Gleichberechtigung zu gewähren! [...] Ich meine, wir hätten hier die Gelegenheit, einen Teil der Schuld abzutragen, die der Nationalsozialismus durch seinen Rassendünkel auf das deutsche Volk geladen hat."[51] Der Spielfilm *Toxi* bereitete das Sujet in melodramatischer Form auf.[52] Die Sozialistische Reichspartei wurde verboten.[53]

---

48 Vgl. Karsten Wilke, Die „Hilfsgemeinschaft auf Gegenseitigkeit" (HIAG) 1950–1990. Veteranen der Waffen-SS in der Bundesrepublik, Paderborn u. a. 2011.
49 Vgl. Armin Pfahl-Traughber, Zeitschriftenporträt: Nation Europa, in: Uwe Backes/Eckhard Jesse (Hrsg.), Jahrbuch Extremismus & Demokratie. 33. Jahrgang, Baden-Baden 2001, S. 305–322.
50 Vgl. Martin Jenke, Verschwörung von rechts? Ein Bericht über den Rechtsradikalismus in Deutschland nach 1945, West-Berlin 1961, S. 280 ff.
51 Zitiert nach Campt/Grosse, Mischlingskinder in Nachkriegsdeutschland, S. 49 f.
52 *Toxi*, R: Robert Adolf Stemme (Bundesrepublik Deutschland) 1952. Siehe dazu Maja Figge, „Konsum hilft!": Rassismus und ‚Heilung' durch Integration in *Toxi*, in: Klaus Krüger/Leena Crasemann/Matthias Weiß (Hrsg.), Um/Ordnungen. Fotografische Menschenbilder zwischen Konstruktion und Destruktion, München 2010, S. 135–153.
53 Ausführlich dazu Henning Hansen, Die Sozialistische Reichspartei. Aufstieg und Scheitern einer rechtsextremen Partei, Düsseldorf 2007.

1953 gab der Britische Hochkommissar bekannt, dass in Nordrhein-Westfalen eine Verschwörung von Nationalsozialisten unterbunden worden sei, die von Werner Naumann, dem vormaligen Staatssekretär im Propagandaministerium des „Dritten Reichs", angeführt worden war, um die FDP zu unterwandern.[54]

1954 bezifferte der Verfassungsschutz die Zahl der in diversen Organisationen und Gruppen und anderen Vereinigungen zusammengeschlossenen Rechtsextremisten auf insgesamt 78.000 Personen.[55]

1955 wurde die Bundeswehr gegründet. Zwar „wurde die Natur des nationalsozialistischen ‚Militärkodex' sowie das Ausmaß, in dem sich die Wehrmacht diesem unterwarf oder sich ihm widersetzte, zum Gegenstand gründlicher Reflektion"[56], doch schon wenige Jahre später sorgte das mit NS-Propaganda durchsetzte Liederbuch der Armee für einen kleineren Skandal.[57] Die Bundesrepublik fand sich Mitte der 1950er Jahre im Wirtschaftsboom wieder, es herrschte Vollbeschäftigung, doch der Bedarf an eigenen Arbeitskräften reichte nicht aus, weswegen zusätzliche aus dem Ausland angeworbenen werden sollten – und zwar in immensen Zahlen.[58] Im Dezember 1955 unterzeichneten Bundesinnenminister Anton Storch (CDU) und Italiens Außenminister Gaetano Martino in Rom das Anwerbeabkommen zwischen den beiden Staaten.[59] Die „Gastarbeiter"-Ära begann, deren sinnstiftender Begriff für eine „Verquickung von Herkunft, rechtlicher und gesellschaftlicher Kategorisierung"[60] von Menschen stand, die aus ökonomischen Gründen in die Bundesrepublik gekommen waren.

1956 gründete Erwin Schönborn die Deutsch-Arabische Gemeinschaft, die den Kampf der arabischen Antisemiten gegen Israel unterstützen sollte.[61]

---

54 Vgl. Benz, Rechtsextremismus in Deutschland, S. 32.
55 Vgl. Benz, Rechtsextremismus in Deutschland, S. 33.
56 Peter J. Haas, Militärische Ethik im Totalen Krieg, in: Wolfgang Bialas/Lothar Fritze (Hrsg.), Ideologie und Moral im Nationalsozialismus, Göttingen 2014, S. 177–192, hier S. 190.
57 Vgl. Laura Haßler, Militarisierung statt Liberalisierung? Rechtes Liedgut im Liederbuch der Bundeswehr seit den 1950er Jahren, in: Zeitgeschichte-online, Oktober 2019, https://zeitgeschichte-online.de/themen/militarisierung-statt-liberalisierung (Stand: 01.03.2022).
58 Siehe dazu Jochen Oltmer, Einführung: Migrationsverhältnisse und Migrationsregime nach dem Zweiten Weltkrieg, in: Jochen Oltmer/Axel Kreienbrink/Carlos Sanz Diáz (Hrsg.), Das „Gastarbeiter"-System. Arbeitsmigration und ihre Folgen in der Bundesrepublik Deutschland und Westeuropa, München 2012, S. 9–21.
59 Zu den Einzelheiten siehe Olga Sparschuh, Fremde Heimat, fremde Ferne. Italienische Arbeitsmigration in Turin und München 1950–1975, Göttingen 2021, S. 58–71.
60 Alexopoulou, Deutschland und die Migration, S. 98.
61 Vgl. Martin Finkenberger, Deutsch-arabische Gemeinschaft, in: Wolfgang Benz (Hrsg.), Handbuch des Antisemitismus. Judenfeindschaft in Geschichte und Gegenwart, Bd. 5: Organisationen, Institutionen, Bewegungen, Berlin/Boston 2012, S. 129–131.

1957 erschien der Band *Rechtsradikalismus im Nachkriegsdeutschland*, der zwei Studien zur Sozialistischen Reichspartei enthielt.[62]

1958 übernahm Gerhard Frey die sieben Jahre zuvor gegründete *Deutsche Soldaten-Zeitung*, die fortan *Deutsche National-Zeitung* heißen sollte. Im selben Jahr erschien eine Dissertation zur Lage von „ausländischen Arbeitern" im Ruhrgebiet.[63]

In Köln kam es 1959 zu seriellen antisemitischen Schmierereien, die Bundeskanzler Konrad Adenauer eine „Schande" nannte; eine landesweite Welle an ähnlichen Vorkommnissen folgte: Ende Januar 1960 hatte die Polizei 685 Taten im Bundesgebiet und in West-Berlin registriert.[64] Die deutsche Übersetzung der Untersuchung *Rassen, Gruppen, Vorurteile und Erziehung* des britischen Sexologen Cyril Bibby erschien.[65]

1960 wurden die Anwerbeabkommen mit Spanien und Griechenland unterzeichnet, ein Jahr später das mit der Türkei.[66] Vorgesehen war bei letzterer ein Rotationsprinzip, demzufolge die jeweiligen „Gastarbeiter" nach einiger Zeit zurückkehren und durch neue ersetzt werden sollten. Die damalige türkische Militärregierung erhoffte sich eine Entlastung des eigenen Arbeitsmarktes und die Zufuhr von Devisen.[67] Manfred Jenke veröffentlichte *Verschwörung von rechts*, einen *Bericht über den Rechtsradikalismus in Deutschland nach 1945*, Hans-Helmuth Knütter die Studie *Ideologien des Rechtsradikalismus im Nachkriegsdeutschland*.[68]

---

62 Vgl. Institut für politische Wissenschaft e. V. (Hrsg.), Rechtsradikalismus im Nachkriegsdeutschland. Studien über die „Sozialistische Reichspartei", Berlin/Frankfurt a. M. 1957.
63 Erich Werner, Die Eingliederung von ausländischen Arbeitern und ihr sozialer Aufstieg. Dargestellt an der slowenischen Volksgruppe im Ruhrgebiet, Münster 1958. Zur Geschichte dieser Minderheit vgl. Rolf Wörsdörfer, Vom „westfälischen Slowenen" zum „Gastarbeiter". Slowenische Deutschland-Migrationen im 19. und 20. Jahrhundert, Paderborn 2017.
64 Vgl. Clemens Gussone, Reden über Rechtsradikalismus. Nicht-staatliche Perspektiven zwischen Sicherheit und Freiheit (1951–1989), Göttingen 2019, S. 110.
65 Vgl. Cyril Bibby, Rassen, Gruppen, Vorurteile und Erziehung, Berlin 1959.
66 Siehe dazu die Beiträge in Jochen Oltmer/Axel Kreienbrink/Carlos Sanz Diáz (Hrsg.), Das „Gastarbeiter"-System. Arbeitsmigration und ihre Folgen in der Bundesrepublik und Westeuropa, München 2012.
67 Vgl. Mathilde Jamin, Fremde Heimat. Zur Geschichte der Arbeitsmigration aus der Türkei, in: Jan Motte/Rainer Ohlinger/Anne von Oswald (Hrsg.), 50 Jahre Bundesrepublik – 50 Jahre Einwanderung. Nachkriegsgeschichte als Migrationsgeschichte, Frankfurt a. M./New York 1999, S. 145–164, hier S. 147.
68 Vgl. Jenke, Verschwörung von rechts; Hans-Helmuth Knütter, Ideologien des Rechtsradikalismus im Nachkriegsdeutschland. Eine Studie über die Nachwirkungen des Nationalsozialismus, Bonn 1961.

1962 überfielen faschistische Exilkroaten die jugoslawische Handelsmission im Bonner Stadtteil Mehlem, schossen auf den Hausmeister, der seinen Verletzungen wenige Tage später erlag, feuerten auf einen Botschaftsangestellten sowie auf ein zwölfjähriges Kind und verwüsteten das Gebäude.[69] Die Rechtsextremisten und die auf sie angesetzten Agenten aus Jugoslawien trugen ihre Auseinandersetzungen in den beiden folgenden Jahrzehnten auf bundesdeutschem Boden aus, was rund 30 Menschenleben forderte.[70] In einem behördlichen Runderlass erging die Anweisung, dass in der Bundesrepublik keine außereuropäischen Arbeitskräfte angeworben werden sollten, wofür neben logistischen Einwänden wie der geographischen Distanz zum Herkunftsland explizit Kriterien geltend gemacht wurden, die die eigenen Vorbehalte mit „Kultur" zu erklären versuchten: „Abweichende Vorstellungen außereuropäischer Völker in Fragen der Lebensauffassung und Weltanschauung erschweren oder verhindern eine reibungslose Anpassung an deutsche Verhältnisse."[71]

1963 begann in Frankfurt am Main der erste Auschwitz-Prozess, das bis dahin wichtigste Verfahren gegen die NS-Verbrecher in der Bundesrepublik. 360 Zeugen gaben Auskunft über das systematische Morden im Vernichtungslager. Die westdeutsche Presse berichtete ausführlich, mehr als 20.000 Personen – darunter viele Schulklassen – besuchten die gut 180 Verhandlungstage.[72] Die Politikwissenschaftlerin Nermin Abadan wurde von der türkischen Regierung nach Westdeutschland entsandt, um die Lage der türkischen „Gastarbeiter" zu untersuchen; ihre Studie – die erste dieser Art – erschien ein Jahr später in Ankara.[73]

1964 wurde das Anwerbeabkommen mit Portugal unterzeichnet, der Portugiese Armando Rodrigues de Sá symbolisch zum Millionsten „Gastarbeiter" erklärt und bei seiner Ankunft am Bahnhof Köln-Deutz medienwirksam mit einem

---

[69] Vgl. Matthias Thaden, „Ein völlig liberalisiertes Ausländertum"? Politischer Aktivismus von Exilkroaten als Herausforderung für die bundesdeutsche Innen- und Sicherheitspolitik, 1950er–60er Jahre, in: Simon Goebel u. a. (Hrsg.), FluchtMigration und gesellschaftliche Transformationsprozesse. Transdisziplinäre Perspektiven, Wiesbaden 2018, S. 85–110.

[70] Vgl. Matthias Thaden, Migration und Innere Sicherheit. Kroatische Exilgruppen in der Bundesrepublik Deutschland 1945–1980, Berlin 2022.

[71] Zitiert nach Karen Schönwälder, Einwanderung und ethnische Pluralität. Politische Entscheidungen und öffentliche Debatten in Großbritannien und der Bundesrepublik von den 1950er bis zu den 1970er Jahren, Essen 2001, S. 258.

[72] Vgl. Raphael Gross/Werner Renz (Hrsg.), Der Frankfurter Auschwitz-Prozess (1963–1965). Kommentierte Quellenedition, Frankfurt a. M. 2013.

[73] Vgl. Nermin Abadan, Studie über die Lage und die Probleme der türkischen Gastarbeiter in der Bundesrepublik Deutschland, Ankara 1964.

Moped beschenkt.⁷⁴ Rowohlt publizierte die deutsche Übersetzung von James Baldwins Schrift *Hundert Jahre Freiheit ohne Gleichberechtigung* über die Geschichte der politischen Kategorie *race* in den USA und zur Rolle von Religion in dieser Frage.⁷⁵ Norbert Mühlen veröffentlichte *Die Schwarzen Amerikaner*.⁷⁶ Schwarze Deutsche auf ähnliche Weise zum Thema zu machen, schien zu diesem Zeitpunkt unvorstellbar, was nicht nur auf den immensen quantitativen Unterschied in den jeweiligen Bevölkerungsanteilen in den Vereinigten Staaten und in der Bundesrepublik sowie auf die Bürgerrechtsbewegung auf der anderen Seite des Atlantiks zurückzuführen sein dürfte, sondern auf die Unfähigkeit, Deutschsein anders zu definieren als weiß und nicht-migrantisch.⁷⁷ Heinz Brüdigam veröffentlichte *Der Schoß ist fruchtbar noch...*, eine Abhandlung zur neonazistischen Publikationsgeschichte der frühen Bundesrepublik.⁷⁸ Adolf von Thaden, der bis 1958 Senator in Göttingen gewesen war, gründete zusammen mit einigen anderen Politikern die NPD.⁷⁹

1965 nahmen Israel und die Bundesrepublik diplomatische Beziehungen auf, zudem wurden Anwerbeabkommen mit Marokko und Tunesien abgeschlossen. Während die vorherigen Vereinbarungen einen Artikel enthielten, der den Familiennachzug optional machte, fehlte dieser nun.⁸⁰ Die rechtsextreme Zeitschrift *Mut* wurde gegründet.⁸¹

1966 erschien die deutsche Übersetzung von Frantz Fanons Abhandlung *Die Verdammten der Erde* bei Suhrkamp.⁸² Theodor W. Adorno sprach in einem Rundfunkbeitrag über „Erziehung nach Auschwitz" und forderte, dass das oberste Ziel der Erziehung darin zu liegen habe, dass sich ein Menschheitsver-

---

74 Vgl. Christoph Rass/Melanie Ulz, Armando Rodrigues de Sá revisited. Bildwissenschaftliche und historische Analysen im Dialog, in: Christoph Rass/Melanie Ulz (Hrsg.), Migration ein Bild geben. Visuelle Aushandlungen von Diversität, Wiesbaden 2018, S. 419–445.
75 Vgl. James Baldwin, Hundert Jahre Freiheit ohne Gleichberechtigung, Reinbek 1964.
76 Norbert Mühlen, Die Schwarzen Amerikaner. Anatomie einer Revolution, Stuttgart 1964.
77 Siehe dazu Maja Figge, Tanzen zum Soundtrack der Demokratisierung. Zum Verhältnis von Männlichkeit, Weißsein und Deutschsein in *Alle lieben Peter*, in: Daniela Wentz/André Wendler (Hrsg.), Die Medien und das Neue, Marburg 2009, S. 253–267.
78 Vgl. Heinz Brüdigam, Der Schoß ist fruchtbar noch... Neonazistische, militaristische, nationalistische Literatur und Publizistik in der Bundesrepublik, Frankfurt a. M. 1964.
79 Vgl. Florian Finkbeiner/Katharina Trittel/Lars Geiges, Rechtsradikalismus in Niedersachsen. Akteure, Entwicklungen und lokaler Umgang, Bielefeld 2019, S. 58 f.
80 Vgl. Jamin, Fremde Heimat, S. 149.
81 Vgl. Anne Schmidt, Chronologie des Rechtsextremismus, in: Wolfgang Kowalsky/Wolfgang Schroeder (Hrsg.), Rechtsextremismus. Einführung und Forschungsbilanz, Opladen 1994, S. 383–410, hier S. 388.
82 Vgl. Frantz Fanon, Die Verdammten dieser Erde. Vorwort von Jean-Paul Sartre, Frankfurt a. M. 1966.

brechen wie die Shoah nicht wiederhole.⁸³ Der Rechtsanwalt Hans Heinz Heldmann, der sich in den nächsten Jahrzehnten immer wieder juristisch für migrantische Individuen einsetzen sollte, äußerte sich kritisch zum Ausländergesetz.⁸⁴

Mit dem Sechstagekrieg wandte sich die Studentenbewegung 1967 von Israel ab und zeichnete den jüdischen Staat immer mehr als rassistische Kolonialmacht in einem imperialistischen Weltsystem.⁸⁵ Theodor W. Adorno hielt seinen Vortrag über Aspekte des neuen Rechtsradikalismus in Wien.⁸⁶ Kurt Hirsch veröffentlichte die Abhandlung *Kommen die Nazis wieder?*, die sich der rechtsextremen Gefährdung der Bundesrepublik widmete; Iring Fetscher gab den Sammelband *Rechtsradikalismus* heraus.⁸⁷ In seiner Einleitung legte der Politikwissenschaftler nahe, dass demokratische Parteien, die meinten, „als zusätzliches Produkt Nationalismus anbieten zu müssen", kein neues Wählerpotenzial anzögen, sondern „eventuell eigne Wähler den ‚Spezialisten' und ‚Fachleuten' für Nationalismus gerade erst zu[führten]".⁸⁸ Am Max-Planck-Institut für Ausländisches und Internationales Strafrecht entstand das Gutachten *Strafrechtliche Bestimmungen der Mitgliedstaaten des Europarates über Aufhetzung zum rassischen, nationalen und religiösen Haß*.⁸⁹ Die deutsche Übersetzung von Léopold Sédar Senghors *Negritude und Humanismus* erschien.⁹⁰

1968 wurde nach dreijähriger Pause das letzte Anwerbeabkommen unterzeichnet; die Zusammenarbeit zwischen Bonn und Belgrad zielte darauf, der bis dato irregulären Migration aus der SFR Jugoslawien in die Bundesrepublik nachträglich Herr zu werden.⁹¹ Der Hilfsarbeiter Josef Bachmann, der nachweislich über Kontakte ins rechtsextreme Milieu verfügte, versuchte Rudi Dutschke zu ermorden, der das Attentat schwer verletzt überlebte, 1979 jedoch den Spätfolgen

---

83 Vgl. Theodor W. Adorno, Erziehung nach Auschwitz, in: Heinz-Joachim Heydorn u. a. (Hrsg.), Zum Bildungsbegriff der Gegenwart, Frankfurt a. M./Berlin/Bonn 1967, S. 111–123.
84 Vgl. Hans Heinz Heldmann, Zum neuen Ausländergesetz, in: Vorgänge, 1966, S. 53–54.
85 Bündig dazu Jens Benicke, Von Adorno zu Mao. Über die schlechte Aufhebung der antiautoritären Bewegung, 3. Aufl., Freiburg 2017, S. 73–78.
86 Vgl. Theodor W. Adorno, Aspekte des neuen Rechtsradikalismus, Berlin 2019.
87 Vgl. Kurt Hirsch, Kommen die Nazis wieder? Gefahren für die Bundesrepublik, München 1967; Iring Fetscher (Hrsg.), Rechtsradikalismus, Frankfurt a. M. 1967.
88 Iring Fetscher, Vorwort des Herausgebers, in: Fetscher, Rechtsradikalismus, S. 5–9, hier S. 6.
89 Max-Planck-Institut für Ausländisches und Internationales Strafrecht (Hrsg.), Strafrechtliche Bestimmungen der Mitgliedstaaten des Europarates über Aufhetzung zum rassischen, nationalen und religiösen Haß, Freiburg im Breisgau 1967.
90 Léopold Sédar Senghor, Negritude und Humanismus, Düsseldorf 1967.
91 Vgl. Vladimir Ivanović, Geburtstag pišeš normalno. Jugoslovenski gastarbajteri u Austriji i SR Nemačkoj 1965–1973, Belgrad 2012.

erlag.[92] Beate Klarsfeld ohrfeigte Bundeskanzler Kurt Georg Kiesinger und nannte ihn auf Grund seiner öffentlich dethematisierten NSDAP-Vergangenheit „Nazi!"; die Aktivistin wurde noch am selben Tag zu einem Jahr Haft ohne Bewährung verurteilt.[93] Nach zweijähriger Laufzeit wurde eine von der Stadt Köln beauftragte Modellstudie zur Arbeits- und Lebenssituation der „Gastarbeiter" beendet, deren Resultate 1970 veröffentlicht werden sollten. Die erhobenen Daten dienten der sozialpsychologischen Einschätzung der türkischen, italienischen, spanischen und griechischen Gruppen, wobei sich die Untersuchung neben Fragen von Anstellung und Wohnraum auch Identitätskrisen, Sexualität und Straffälligkeit widmete.[94] Die Studentenbewegung in der Bundesrepublik interessierte sich derweil mehr für die Black Panther Party in den USA als für schwarze Deutsche.[95]

Bei der Bundestagswahl 1969 verpasste die NPD, die es im Verlauf des Jahrzehnts geschafft hatte, weite Teile des seit dem SRP-Verbot versprengten rechtsextremen Milieus zusammenzuführen, knapp den Einzug ins Parlament.[96] Lutz Niethammer widmete der Partei die Studie *Angepaßter Faschismus*.[97] In Rainer Werner Fassbinders *Katzelmacher* trat mit der Figur „Jorgos" erstmalig ein „Gastarbeiter" in einem Spielfilm auf, dessen von Missgunst und rassistischer Gewalt gezeichnete soziale Situation gezeigt wurde.[98] Mustapha El Hajaj, der aus Marokko in die Bundesrepublik eingewandert war, veröffentlichte eine autobiographische Geschichtensammlung über das „Gastarbeiter"-Leben.[99]

Am 7. November 1970 schoss der Rechtsterrorist Ekkehard Weil, Mitglied der im Vorjahr gegründeten rechtsterroristischen Europäischen Befreiungsfront, auf einen sowjetischen Soldaten, der am Sowjetischen Ehrenmal in Tiergarten postiert war, und verletzte diesen schwer.[100] Die rechtsextremen Jugendorganisatio-

---

92 Vgl. Armin Pfahl-Traughber, Rechtsextremismus in der Bundesrepublik, 4., aktualisierte Aufl., München 2006, S. 282 ff.
93 Vgl. Bernhard Brunner, Der Frankreich-Komplex. Die nationalsozialistischen Verbrechen in Frankreich und die Justiz der Bundesrepublik in Deutschland, Göttingen 2004, S. 282.
94 Vgl. Karl Bingemer/Edeltrud Meistermann-Seger/Edgar Neubert (Hrsg.), Leben als Gastarbeiter. Geglückte und mißglückte Integration, Köln/Opladen 1970.
95 Siehe dazu Pablo Schmelzer, „Black and White, unite and fight". 68er-Bewegung und die Black Panther Party, Hamburg 2021.
96 Ausführlich dazu Gussone, Reden über Rechtsradikalismus, S. 163–238.
97 Lutz Niethammer, Angepaßter Faschismus. Politische Praxis der NPD, Frankfurt a. M. 1969;
98 *Katzelmacher*, R: Rainer Werner Fassbinder (Bundesrepublik Deutschland) 1969.
99 Mustapha El Hajaj, Vom Affen, der ein Visum suchte und andere Gastarbeiter-Geschichten, Wuppertal 1969.
100 Vgl. Anton Maegerle/Andrea Röpke/Andreas Speit, Der Terror von rechts – 1945 bis 1990, in: Andrea Röpke/Andreas Speit (Hrsg.), Blut und Ehre. Geschichte und Gegenwart rechter Gewalt in Deutschland, Berlin 2013, S. 23–60, hier S. 38.

nen Bund Heimattreuer Jugend, Wiking-Jugend und Junge Nationaldemokraten schlossen sich zur Gesamtdeutschen Aktion zusammen.[101] In der Bundesrepublik zeichnete sich zu diesem Zeitpunkt ab, dass der Begriff „Gastarbeiter" für etwas stand, das wegen der Emphase auf dem Begriff „Gast" – der stets ein Ende des vermeintlichen Gastaufenthalts impliziert hatte – nicht der politischen Wirklichkeit entsprach. Der WDR annoncierte deshalb 1970 ein Preisausschreiben, um ein „treffenderes Wort" zu finden; 32.000 Einsendungen folgten, allerdings fand sich darunter keine herausragende Alternative, die den Sender überzeugt hätte. In den kommenden Jahren verschob sich der Sprachgebrauch zunehmend hin zu „Ausländer", was die symbolische Unterscheidung von „wir" und „die" allerdings noch verschärfte und sich aus Wissen speiste, das noch ins Kaiserreich zurückreichte.[102]

1971 tauchte der Begriff „Rassismus" prominent als Buchtitel des Theologen Christian Walther auf, allerdings die Apartheid in Südafrika meinend.[103] Michael Traber veröffentlichte seine Schrift *Rassismus und weiße Vorherrschaft*, die sich ebenfalls dem afrikanischen Kontinent widmete, wiewohl von „immer klarer sich abzeichnenden rassistischen Strukturen in unserer Weltgemeinschaft" sprach.[104] Paul Lersch nannte den Rechtsradikalismus in der Bundesrepublik *Die verkannte Gefahr*.[105] Ernst Klee setzte auf eine unzulässige Analogie und nannte seine Dokumentation zur Lage der „Gastarbeiter" *Die Nigger Europas*.[106] Jost Delbrücks Habilitation *Die Rassenfrage als Problem des Völkerrechts und nationaler Rechtsordnungen* erschien.[107] Gerhard Frey, Herausgeber der *National-Zeitung*, gründete die Deutsche Volksunion (DVU), die sich als rechtsextreme Partei etablieren und für die NPD zur veritablen Konkurrenz werden sollte.[108]

Im November 1972 versuchten fünf heranwachsende Romnija in Niederthann (Schweitenkirchen), bei örtlichen Bauern Lebensmittel zu erwerben. Auf dem Hof von Franz Goldbrunner schoss dieser mit einem halbautomatischen Kleinkalibergewehr auf die Mädchen. Die schwangere 18-jährige Anka Denisov wurde

---

101 Vgl. Schmidt, Chronologie des Rechtsextremismus, S. 390.
102 Vgl. Alexopoulou, Deutschland und die Migration, S. 23–42.
103 Christian Walther, Rassismus. Eine Dokumentation zum ökumenischen Antirassismusprogramm, West-Berlin u. a. 1971.
104 Michael Traber, Rassismus und weiße Vorherrschaft, Stein/Nürnberg 1971, S. 38.
105 Paul Lersch (Hrsg.), Die verkannte Gefahr. Rechtsradikalismus in der Bundesrepublik, Reinbek 1971.
106 Vgl. Ernst Klee, Die Nigger Europas. Zur Lage der Gastarbeiter, Düsseldorf 1971.
107 Jost Delbrück, Die Rassenfrage als Problem des Völkerrechts und nationaler Rechtsordnungen, Frankfurt a. M. 1971.
108 Vgl. Annette Linke, Der Multimillionär Frey und die DVU. Daten, Fakten, Hintergründe, Essen 1994.

tödlich getroffen, die 16-jährige Milena Ivanov wurde schwer verletzt. Die Polizei verhaftete daraufhin nicht den Täter, sondern die Überlebenden, und organisierte aus Sorge vor „Blutrache" Polizeischutz für den Bauernhof. Goldbrunner wurde später wegen Totschlag zu sieben Jahren Haft verurteilt.[109] Ernst Klee gab bei Suhrkamp die Anthologie *Gastarbeiter* heraus.[110]

1973 wurde in der Bundesrepublik ein Anwerbestopp für „Gastarbeiter" – zu diesem Zeitpunkt belief sich ihre Zahl auf ca. 2,6 Millionen[111] – beschlossen, der einem westeuropäischen Trend folgte.[112] Bei den Ford-Werken in Köln, wo 12.000 türkische Männer arbeiteten, kam es im Sommer zu einem überwiegend von den „Gastarbeitern" getragenen Streik, nachdem 300 Arbeitern, die ihren Urlaub verlängert hatten, gekündigt worden war. Die Streikenden solidarisierten sich zunächst mit den Entlassenen, forderten dann mehr Lohn, mehr Urlaub und eine langsamere Bandgeschwindigkeit. Nach knapp einer Woche wurde der Streik gewaltsam beendet.[113] Im Jahresverlauf kam es zudem auch in anderen Betrieben in weiteren Städten im Bundesgebiet zu Streiks, mit denen die jeweilige migrantische Belegschaft u. a. auf das Lohngefälle zwischen ihr und den deutschen Kolleginnen und Kollegen aufmerksam machte.[114] *Politische Ökonomie und Gastarbeiterfrage* von Marios Nikolinakos erschien.[115] In Heidelberg stürmte die Polizei die Wohnung des 53-jährigen Anton Lehmann, wo ein Beamter einen tödlichen Kopfschuss auf den Sinto abgab. Die nachfolgende Protestkundgebung in der Heidelberger Innenstadt, bei der die Bestrafung des Schützen und das Ende der Diskriminierung dieser Bevölkerungsgruppe gefordert wurde, war die erste politische Kundgebung deutscher Sinti.[116] Thies Christophersen, vormaliger SS-Sonderführer und rechtsextremer Publizist, veröffentlichte seine Schrift *Die Auschwitz-Lüge*, deren Titel sich im Verlauf des Jahrzehnts zu einem zentralen

---

109 Vgl. Margret Weiler, Zur Frage der Integration der Zigeuner in der Bundesrepublik Deutschland. Eine Untersuchung der gegenwärtigen Situation der Zigeuner und der sozialpolitischen und sozialarbeiterischen Massnahmen für Zigeuner, Köln 1979, S. 230, FN 1.
110 Ernst Klee (Hrsg.), Gastarbeiter. Analysen und Berichte, Frankfurt a. M. 1972.
111 Vgl. Oltmer, Einführung, S. 11.
112 Vgl. Marcel Berlinghoff, Das Ende der „Gastarbeit". Europäische Anwerbestopps 1970–1974, Paderborn 2013.
113 Vgl. Jörg Huwer, „Gastarbeiter" im Streik. Die Arbeitsniederlegung bei Ford Köln im August 1973, Köln 2013.
114 Vgl. Manuela Bojadžijev, Die windige Internationale. Rassismus und Kämpfe der Migration, Münster 2008, S. 156 f.
115 Marios Nikolinakos, Politische Ökonomie der Gastarbeiterfrage, Reinbek 1973.
116 Vgl. Jan Selling, Romani Liberation. A Northern Perspective on Emancipatory Struggles and Progress, Budapest 2022, S. 36 und S. 75.

Topos im rechtsextremen Sprachgebrauch entwickeln sollte.[117] Im Verlauf des Jahres 1973, das das Ende der „Gastarbeiter"-Ära markiert, wurden 218 Ausschreitungen aus rechtsextremer Motivation registriert, darunter 46 Gewaltakte.[118] Der Neonazi Karl-Heinz Hoffmann gründete die militaristische Wehrsportgruppe Hoffmann, der sich in den kommenden Jahren rund 400 Personen anschließen sollten; darunter einige, die später andere Organisationen initiierten oder selbst neonazistisch motivierte Morde und weitere Gewalttaten verüben sollten.[119]

1974 bezeichnete Hans Heinz Heldmann das Ausländerrecht in seiner gleichnamigen Abhandlung als *Disziplinarordnung für Minderheiten*.[120] Tuğrul Ansay und Volkmar Gessner gaben den Sammelband *Gastarbeiter in Gesellschaft und Recht* heraus, der sich politischen, rechtlichen und kriminologischen Fragen widmete und mit der Einsicht begann, die Angeworbenen könnten „sich nicht über mangelnde Aufmerksamkeit der Wissenschaft beklagen", da „von den verschiedensten Seiten eingehende Studien unternommen worden" seien, „die ihre Situation in der Bundesrepublik verständlicher machen und zu verbessern versuchen."[121] Helmut Rittstieg warnte in seinem Beitrag vor langfristigen Folgen einer rechtlichen Sonderstellung: „Das Problem der ausländischen Arbeiter liegt nicht in besonderen Ansprüchen an die deutsche Umwelt, sondern in der Gefahr der Gettobildung, die gerade durch die gesellschaftliche und rechtliche Benachteiligung heraufbeschworen wird. Dieser Gefahr kann nur durch eine radikale Gleichstellung in jeder Hinsicht [...] abgeholfen werden."[122] Der 1946 als Sohn eines schwarzen US-amerikanischen GIs und einer weißen deutschen Mutter geborene Fußballer Erwin Kostedde wurde erster schwarzer Nationalspieler.[123]

1975 wurden Dissertationen abgeschlossen, die sich mit den Besonderheiten türkischer „Gastarbeiter" befassten. Cihat Şen erlangte in Marburg den Doktorgrad der gesamten Medizin für eine Arbeit zu Gesundheitsstörungen migranti-

---

117 Vgl. Thies Christophersen, Die Auschwitz-Lüge. Ein Erlebnisbericht, Mohrkirch 1973.
118 Vgl. Schmidt, Chronologie des Rechtsextremismus, S. 392.
119 Ausführlich dazu Rainer Fromm, Die „Wehrsportgruppe Hoffmann". Darstellung, Analyse und Einordnung. Ein Beitrag zur Geschichte des deutschen und europäischen Rechtsextremismus, Frankfurt a. M. u. a. 1998.
120 Vgl. Hans Heinz Heldmann, Ausländerrecht. Disziplinarordnung für Minderheiten, Darmstadt 1967.
121 Tuğrul Ansay/Volkmar Gessner, Vorwort, in: Tuğrul Ansay/Volkmar Gessner (Hrsg.), Gastarbeiter in Gesellschaft und Recht. Zehn Beiträge, München 1974, S. 9–10, hier S. 9.
122 Helmut Rittstieg, Gesellschaftliche und politische Perspektiven des Ausländerrechts, in: Tuğrul Ansay/Volkmar Gessner (Hrsg.), Gastarbeiter in Gesellschaft und Recht. Zehn Beiträge, München 1974, S. 56–79, hier S. 58.
123 Vgl. Alexander Heflik, Erwin Kostedde. Deutschlands erster schwarzer Nationalspieler, Bielefeld 2021.

scher Menschen in der Bundesrepublik, Yilmaz Özkan promovierte bei Wolf-Dieter Narr an der Freien Universität Berlin zu den Auswirkungen der Zuwanderung auf das politische Bewusstsein.[124] Gerhard Amendt veröffentlichte *Rassismus und Klassenkampf,* eine *Analyse amerikanischer Minderheitenpolitik.*[125]

1976 wurde Edvin Zdovc, jugoslawischer Konsul in Frankfurt am Main, mutmaßlich von kroatischen Rechtsextremisten ermordet.[126] Dieter Epplen, Mitglied der Wehrsportgruppe Hoffmann, versuchte einen Sprengstoffanschlag auf den US-amerikanischen Sender AFN zu verüben, wobei er sich selbst schwer verletzte.[127]

Die Anschläge der linksterroristischen Roten Armee Fraktion (RAF) sorgten 1977 dafür, dass die Aufmerksamkeit gegenüber den rechtsextremistischen Bestrebungen weitaus weniger Beachtung fand. Michael Kühnen gründete in Hamburg die Aktionsfront nationaler Sozialisten/Nationale Aktivisten (ANS/NA), die sich zu einer der einflussreichsten rechtsextremen Kräfte entwickeln sollte.[128] Erwin Schönborn gründete die Aktionsgemeinschaft Nationales Europa, die den in Spandau inhaftierten Rudolf Heß als Kandidaten für die Europawahl aufstellte.[129] Patrik von zur Mühlen veröffentlichte seine Studie *Rassenideologien.*[130]

1978 war Heinz Kühn (SPD) zum ersten Ausländerbeauftragten ernannt worden. Sein ein Jahr später vorgelegtes Memorandum plädierte dafür, die politischen Rechte der „Ausländer" zu stärken und vor allem die Chancen ihrer in der Bundesrepublik geborenen Kinder zu verbessern, was Bildung und Arbeit anbelangt,[131] – und forderte damit „de facto die Anerkennung der Einwanderung"[132].

---

124 Vgl. Cihat Şen, Psychohygienische und sozialpsychiatrische Aspekte bei Gesundheitsstörungen türkischer Gastarbeiter in der Bundesrepublik Deutschland, Marburg 1975; Yilmaz Özkan, Auswirkungen der Arbeitskräftewanderung auf den politischen Sozialisations- und Bewusstwerdungsprozess der türkischen Gastarbeiter, West-Berlin 1975.
125 Gerhard Amendt, Rassismus und Klassenkampf. Eine Analyse amerikanischer Minderheitenpolitik, Gießen 1975.
126 Vgl. Thaden, Migration und Innere Sicherheit, S. 189–193.
127 Vgl. Harry Waibel, Rechte Kontinuitäten, Rassismus und Neonazismus in Deutschland seit 1945, Hamburg 2022, S. 73.
128 Vgl. Gräfe, Rechtsterrorismus in der Bundesrepublik, S. 112–126.
129 Vgl. Rudolf Schneider, Die SS ist ihr Vorbild. Neonazistische Kampfgruppen und Aktionskreise in der Bundesrepublik, Frankfurt a. M. 1981, S. 104.
130 Patrik von zur Mühlen, Rassenideologien. Geschichte und Hintergründe, West-Berlin/Bonn 1977.
131 Vgl. Nadine Heckl, Die Einwanderung nach Deutschland 1945–1990: Ein historischer Vergleich von Rahmenbedingungen und Gelingen oder Misslingen von Integration, in: Wolfgang Fikentscher/Manuel Pflug/Luisa Schwermer (Hrsg.), Akkulturation, Integration, Migration, München 2012, S. 219–244, hier S. 233; Dennis Bastian Rudolf, Neue Lehren aus alten Fehlern? Das Kühn-Memorandum als Fingerzeig für die gegenwärtige Integrationsdebatte, in: Dennis

Haris Katsoulis veröffentlichte seine Dissertation *Bürger zweiter Klasse* über *Ausländer in der Bundesrepublik*, in der das Ausländergesetz als „repressive[s] Gesetzeswerk" bezeichnet wurde.[133] Jürgen Franzen publizierte eine Lokalstudie zur Lage der „Gastarbeiter-Nation" der „Jugoslawen" in Hannover, die er im Laufe der Untersuchung „als besonders hochqualifiziert, integrationsfähig und integrationswillig kennengelernt"[134] habe. Er schloss mit dem Hinweis „auf den Teil der Gastarbeiter, der schon bald als am härtesten betroffener in den Brennpunkt der Öffentlichkeit rücken wird: die dritte Generation der ausländischen Kinder (Zahl der 1 bis 6 Jährigen: 400 000). Hier wird sich, wollen wir nicht vollends unglaubwürdig werden, die Frage stellen, ob das Land, das ihre Väter und Mütter als Arbeitskräfte importierte, Vernunft, Herz, Menschlichkeit und Phantasie genug hat, ihnen Heimat statt Getto werden zu können."[135] Susanne von Paczensky gab den Band *Die verkauften Bräute* heraus, der sich der patriarchal bestimmten, vom Rest der Gesellschaft abgeschotteten Lebensrealität türkischer Frauen widmete.[136] In exemplarischer Verkennung des realen rechtsextremen Bedrohungspotenzials verniedlichte der Journalist Dietrich Strothmann – der in den 1960er Jahren u. a. über die Auschwitz-Prozesse berichtet hatte – in einem längeren *Zeit*-Artikel das Personal des Neonazismus zu „Hitlers Harlekine[n]", vor denen „Polizei und Verfassungsschutz ängstlich den Kopf in den Sand" stecken würden; „allen Unkenrufen und Untergangspropheten" wollte der Autor jedoch „empfehlen: Niedriger hängen!"[137]

Die ARD zeigte Anfang 1979 die US-amerikanische Fernsehserie *Holocaust*, mit der ein Millionenpublikum in der Bundesrepublik wie auch in Österreich erstmalig qua Unterhaltungsformat mit der Vernichtung der europäischen Juden konfrontiert wurde. Rechtsextremisten verübten im Vorfeld Sprengstoffanschläge

---

Bastian Rudolf/Yves Bizeul (Hrsg.), Debatten um Migration und Integration – Konzepte und Fallbeispiele, Wiesbaden 2019, S. 19–40.
132 Alisgül Aysel, Vom „Gastarbeiter" zum „Deutschtürken"? Studien zum Wandel türkischer Lebenswelten in Duisburg, Baden-Baden 2018, S. 44.
133 Haris Katsoulis, Bürger zweiter Klasse. Ausländer in der Bundesrepublik, Frankfurt a. M. u. a. 1978, S. 115.
134 Jürgen Franzen, Gastarbeiter – Raumrelevante Verhaltensweisen. Migrationsmodell und empirische Studie am Beispiel jugoslawischer Arbeitskräfte in Hannover, Hannover 1978, S. 163.
135 Franzen, Gastarbeiter, S. 163.
136 Vgl. Susanne von Paczenky (Hrsg.), Die verkauften Bräute. Türkische Frauen zwischen Kreuzberg und Anatolien, Reinbek 1978.
137 Dietrich Strothmann, Hitlers Harlekine von heute. Der Bundesrepublik droht keine Gefahr von rechts, in: Die Zeit 18/1978, 28.04.1978.

auf Sendemasten, um die Übertragung zu verhindern.[138] Im Bückeburger Prozess wurden mehrere Neonazis zu langjährigen Haftstrafen verurteilt; darunter auch der damals 22-jährige Michael Kühnen.[139] Die Hilfsorganisation für nationale politische Gefangene und deren Angehörige wurde gegründet.[140] Die deutsche Übersetzung von George L. Mosses Studie *Rassismus* erschien.[141]

1980 war das „Jahr des rechten Terrors"[142], in dem so viele Menschen durch deutsche Rechtsterroristen ermordet wurden wie noch nie zuvor in der Geschichte der Bundesrepublik – und das langfristig dennoch von der Erinnerung an die Gewaltgeschichte des deutschen Linksterrorismus verdeckt werden sollte. Am 5. Januar wurde in West-Berlin der Lehrer Celalettin Kesim bei einer Demonstration gegen die nahende Militärdiktatur in der Türkei von türkischen Faschisten und Islamisten mit einem Messer attackiert, er erlag kurz darauf im Krankenhaus seinen Verletzungen. Mehrere tausend Menschen beteiligten sich an der Trauerkundgebung für den Ermordeten.[143] Bei einem Brandanschlag der Deutschen Aktionsgruppen auf ein Übergangsheim in Hamburg starben im August Nguyễn Ngọc Châu und Đỗ Anh Lân, die aus Vietnam in die Bundesrepublik geflohen waren.[144] Einen Monat später explodierte auf dem Oktoberfest eine Bombe, die 13 Menschen tötete und mehr als 200 zum Teil schwer verletzte. Obwohl der Attentäter Gundolf Köhler, der selbst durch die Explosion umkam, nachweislich Verbindungen zur Wehrsportgruppe Hoffmann unterhalten hatte, wurde der Anschlag als nicht politisch eingeschätzt; erst 2020 ist diese Auffassung revidiert worden.[145] Am 19. Dezember ermordete Uwe Behrendt, Vize der Wehrsportgruppe Hoffmann, den jüdischen Verleger Shlomo Levin und dessen Lebensgefährtin Frida Poeschke in Erlangen.[146] Fünf Tage später ermordete der Rechtsterrorist

---

138 Vgl. Raphael Rauch, „Visuelle Integration"? Juden in westdeutschen Fernsehserien nach „Holocaust", Göttingen 2018, S. 128–131.
139 Vgl. Maegerle/Röpke/Speit, Der Terror von rechts, S. 43ff.
140 Vgl. Bernhard Pörksen, Die Konstruktion von Feindbildern. Zum Sprachgebrauch in neonazistischen Medien, Wiesbaden 2000, S. 102.
141 George L. Mosse, Rassismus. Ein Krankheitssymptom in der europäischen Geschichte des 20. Jahrhunderts, Königstein im Taunus 1978.
142 So Gussone, Reden über Rechtsradikalismus, S. 279.
143 Vgl. Deniz Yücel, Der erste islamistische Mord in Berlin, in: taz, 21.01.2015; Stefan Zeppenfeld, Vom Gast zum Gastwirt? Türkische Arbeitswelten in West-Berlin, Göttingen 2021, S. 187.
144 Vgl. Maegerle/Röpke/Speit, Der Terror von rechts, S. 46.
145 Siehe dazu Ulrich Chaussy, Das Oktoberfest-Attentat und der Doppelmord von Erlangen. Wie Rechtsterrorismus und Antisemitismus seit 1980 verdrängt werden, 4., aktualisierte u. erweiterte Aufl., Berlin 2020.
146 Vgl. Sebastian Wehrhahn/Martina Renner, „Ermordet von Händen von Bösewichten". Der Mord an Shlomo Lewin und Frida Poeschke, in: Matthias Quent/Samuel Salzborn/Axel Salheiser (Hrsg.), Wissen schafft Demokratie. Schwerpunkt: Rechtsterrorismus, Berlin 2020, S. 73–81.

Frank Schubert den Grenzwächter Josef Arnold und den Kantonspolizisten Walter Wehrli im Kanton Aargau.[147] Im selben Jahr hatte sich die linksterroristische Bewegung 2. Juni aufgelöst und ihre aktiven Reste in die RAF integriert, die wiederum keinen Anschlag beging. Bezeichnenderweise waren der Organisation, die zehn Jahre zuvor mit einer angeblich „antifaschistischen" Agenda angetreten war, die rechtsextremen Morde keine Regung wert. Fataler noch: Es soll rechtsterroristische Versuche gegeben haben, direkten Kontakt zur RAF aufzunehmen, um ihr den gemeinsamen Kampf gegen die Bundesrepublik zu unterbreiten; Stasi-Dokumente legen nahe, dass es seitens der damaligen RAF-Spitze wenig Bedenken gegen eine solche Zusammenarbeit gegeben habe.[148]

Im April 1980 traten zwölf Sinti in der Evangelischen Versöhnungskirche auf dem Gelände der Gedenkstätte Dachau in Hungerstreik. Darunter waren Überlebende des Porajmos – Jakob Bamberger, Hans Braun, Ranco Brandtner und Franz Wirbel – sowie Romani Rose. Sie forderten von der Bundesregierung, den nationalsozialistischen Völkermord an den Sinti und Roma anzuerkennen, die polizeiliche Sondererfassung dieser Minderheiten einzustellen und Akten aus dem einstigen Reichsicherheitshauptamt, die ins Bayerische Landeskriminalamt übergegangen und dort verwendet worden waren, zugänglich zu machen.[149] Badi Panahi veröffentlichte seine Studie *Vorurteile* zu Rassismus, Antisemitismus und Nationalismus in der Bundesrepublik, die auf einer repräsentativen Umfrage basierte, die wenige Jahre zuvor erhoben worden war.[150] Einer der hierbei vorgelegten Bemerkungen – „Jedes Volk hat bestimmte rassische Merkmale und Charaktereigenschaften, von denen sein kultureller Fortschritt abhängt" – hatten 80,8 % der Befragten zugestimmt.[151] Panahi merkte gleichwohl an, dass Rassismus und Nationalismus Erscheinungen seien, „die bei fast allen Völkern und Nationen der Welt beobachtet werden können. Deshalb stehen die europäischen Völker in dieser Hinsicht nicht allein da."[152] Gerd Kiesebrink hob in seiner

---

147 Vgl. Pfahl-Traughber, Rechtsextremismus in der Bundesrepublik, S. 73.
148 Vgl. Samuel Salzborn, Das Ministerium für Staatssicherheit (MfS) und der westdeutsche Rechtsterrorismus, in: Martin Jander/Anetta Kahane (Hrsg.), Gesichter der Antimoderne. Gefährdungen demokratischer Kultur in der Bundesrepublik Deutschland, Baden-Baden 2020, S. 117–136, hier S. 130–131.
149 Vgl. Daniela Gress, Protest und Erinnerung. Der Hungerstreik in Dachau 1980 und die Entstehung der Bürgerrechtsbewegung deutscher Sinti und Roma, in: Karola Fings/Sybille Steinbacher (Hrsg.), Sinti und Roma. Der nationalsozialistische Völkermord in historischer und gesellschaftspolitischer Perspektive, Göttingen 2021, S. 190–219.
150 Badi Panahi, Vorurteile. Rassismus, Antisemitismus, Nationalismus in der Bundesrepublik heute. Eine empirische Untersuchung, Frankfurt a. M. 1980.
151 Vgl. Panahi, Vorurteile, S. 27.
152 Panahi, Vorurteile, S. 41, Anm. 1.

rechtswissenschaftlichen Dissertation, die sich mit „ausländischer" Kriminalität befasste, die zwischen 1968 und 1970 vor dem Landgericht Wuppertal verhandelt wurde, hervor, dass die „ausländerfeindliche Gestaltung des geltenden Ausländerrechts" dazu angetan sei, „die Gastarbeiter zusätzlich zu verunsichern und in eine ungewollte Randposition zu drängen".[153] Er führte aus: „Solange die Deutschen nicht bereit sind, die Ausländer als gleichberechtigte Sozialpartner zu akzeptieren, Vorurteile und Ressentiments abzuarbeiten und ihr Verhalten der andersartigen Mentalität und Lebensauffassung der Fremden anzupassen, muß die Berechtigung zur Stigmatisierung aggressiver Reaktionsmuster der ins gesellschaftliche Abseits gedrängten Gastarbeiter fragwürdig bleiben."[154] 1980 verteilte sich die Zahl der „Ausländer" in der Bundesrepublik auf 33% türkische, 14% jugoslawische und 13,9% italienische Staatsangehörige; der „Ausländeranteil" in der Gesamtsumme aller Beschäftigten betrug 10%.[155] *Über den Rassismus* von Léon Poliakov, Christian Delacampagne und Patrick Girard erschien.[156]

1981 veröffentlichten 15 Professoren das „Heidelberger Manifest", das vorgab, aus konservativer Warte vor den Folgen der Einwanderung in die Bundesrepublik zu warnen, tatsächlich aber unverhohlen um die vermeintliche „Reinheit" des deutschen „Volkes" besorgt war: „Mit großer Sorge beobachten wir die Unterwanderung des deutschen Volkes durch Zuzug von vielen Millionen von Ausländern und ihren Familien, die Überfremdung unserer Sprache, unserer Kultur und unseres Volkstums."[157] Barbara Hoffmann, Michael Opperskalski und Erdem Solmaz veröffentlichten eine Monographie zu den Grauen Wölfen, die erstmalig in Buchform darauf aufmerksam machte, dass sich zum herkunftsdeutschen Rechtsradikalismus in der Bundesrepublik mittlerweile noch ein migrantischer gesellt hatte.[158] In den kommenden Jahrzehnten sollte die türkische Organisation

---

153 Gerd Kiesebrink, Die Gastarbeiter und ihr kriminelles Verhalten. Dargestellt am Beispiel der Kriminalität der Jugoslawen, Italiener, Griechen, Spanier und Türken im Landgerichtsbezirk Wuppertal in den Jahren 1968 bis 1970, Bochum 1980, S. 352.
154 Kiesebrink, Die Gastarbeiter und ihr kriminelles Verhalten, S. 353.
155 Vgl. Oltmer, Einführung, S. 11.
156 Léon Poliakov/Christian Delacampagne/Patrick Girard, Über den Rassismus. Sechzehn Kapitel zur Anatomie, Geschichte und Deutung des Rassenwahns, Stuttgart 1979.
157 Abgedruckt wurde das Manifest später in der *Zeit*, vgl. o. A., Heidelberger Manifest, in: Die Zeit 6/1982, 05.02.1982 (zitiert nach ebd.). Zur Angelegenheit vgl. Andreas Wagner, Das „Heidelberger Manifest" von 1981. Deutsche Professoren warnen vor „Überfremdung des deutschen Volkes", in: Johanna Klar/Robert Lorenz (Hrsg.), Manifeste. Geschichte und Gegenwart des politischen Appells, Bielefeld 2010, S. 285–314.
158 Vgl. Barbara Hoffmann/Michael Opperskalski/Erdem Solmaz, Graue Wölfe, Koranschulen, Idealistenvereine. Türkische Faschisten in der Bundesrepublik, Köln 1981.

zur größten rechtsextremistischen Vereinigung in Deutschland anwachsen.¹⁵⁹ Die deutsche Übersetzung von Edward W. Saids akademischem Evergreen *Orientalismus* erschien.¹⁶⁰ Der kontinuierliche Erfolg dieser literaturwissenschaftlichen Abhandlung gerade an deutschen Hochschulen dürfte vor allem darin begründet liegen, dass ihr Autor die traditionell orientfreundliche deutsche Orientalistik aussparte und damit nicht nur wissenschaftliche Leerstellen beförderte, sondern geradewegs zu Geschichtsklitterung einlud.¹⁶¹

Anfang 1982 anerkannte Bundeskanzler Helmut Schmidt den nationalsozialistischen Völkermord an den Sinti und Roma.¹⁶² Nachdem seit 1978 auf private Initiative hin rund 10.000 Menschen aus Vietnam die Bundesrepublik erreicht hatten, verhängte die Bundesregierung aus Sorge, die Aufnahme könnte eine verstärkte Fluchtbewegung nach Westdeutschland auslösen, einen Aufnahmestopp für die Kontingentflüchtlinge. Der starke Rückhalt, den die Aktion des Hilfskomitees „Ein Schiff für Vietnam" von Christel Neudeck und Rupert Neudeck in der Bevölkerung genoss, sorgte jedoch dafür, dass die Entscheidung zurückgenommen wurde.¹⁶³ In Tutzing fand das von Klaus J. Bade organisierte Symposium „Vom Auswanderungsland zum Einwanderungsland" statt, das der hiesigen Migrationsforschung den Weg freimachte.¹⁶⁴

Mit dem Wahlsieg der CDU 1982 konkretisierte sich die „geistig-moralische Wende"¹⁶⁵, die Helmut Kohl bereits zuvor ausgerufen hatte, um gegen die sozialliberalen Neuerungen herzuziehen, auch in Sachen „Ausländer". In einem Gespräch mit der britischen Premierministerin Margaret Thatcher erklärte der

---

159 Siehe dazu Emre Arslan, Der Mythos der Nation im transnationalen Raum. Türkische Graue Wölfe in Deutschland, Wiesbaden 2009.
160 Vgl. Edward W. Said, Orientalismus, Frankfurt a. M./Berlin/Wien 1981.
161 Siehe dazu Andreas Harstel, Das Gründungsdokument des Postkolonialismus. Edwards Saids *Orientalism* und Israel, in: Jan Gerber (Hrsg.), Hallische Jahrbücher #1: Die Untiefen des Postkolonialismus, Berlin 2021, S. 184–197.
162 Vgl. Gabi Meyer, Offizielles Erinnern und die Situation der Sinti und Roma in Deutschland. Der nationalsozialistische Völkermord in den parlamentarischen Debatten des Deutschen Bundestages, Wiesbaden 2012, S. 155.
163 Vgl. Jochen Oltmer, Gewaltmigration. Hintergründe, Bedingungen und Folgen im späten 20. und frühen 21. Jahrhundert, in: Carl-Heinrich Bösling/Ursula Führer/Claudia Junk/Thomas F. Schneider (Hrsg.), Menschenbeben. Ursachen, Formen und Folgen von Flucht, Göttingen 2017, S. 31–56, hier S. 38 f.
164 Die Tagungsbeiträge erschienen zwei Jahre später, vgl. Klaus J. Bade (Hrsg.), Auswanderer, Wanderarbeiter, Gastarbeiter. Bevölkerung, Arbeitsmarkt und Wanderung in Deutschland seit der Mitte des 19. Jahrhunderts, 2 Bde., Ostfildern 1984/1985.
165 Siehe dazu Rupert Seuthe, „Geistig-moralische Wende"? Der politische Umgang mit der NS-Vergangenheit in der Ära Kohl am Beispiel von Gedenktagen, Museums- und Denkmalprojekten, Frankfurt a. M. u a. 2001.

neue Bundeskanzler im Herbst des Jahres, dass es notwendig sei, „die Zahl der Türken in Deutschland um 50 % zu reduzieren"[166], da sie sich nicht assimilieren würden. Der Rechtsextremist Helmut Oxner ermordete in einer Nürnberger Diskothek die beiden schwarzen US-Amerikaner William Schenk und Rufus Surles sowie den Ägypter Mohamed Ehab.[167] Zu Beginn der 1980er Jahre registrierten zumindest Teile der bundesdeutschen Öffentlichkeit einige Suizide migrantischer Individuen. 1981 nahm sich der etwa elfjährige Tadesse Söhl, der in Äthiopien geboren und 1976 von einem bundesdeutschen Ehepaar adoptiert worden war, auf Grund rassistischer Diskriminierung in seinem Wohnort Michelbach an der Bilz das Leben.[168] 1982 verbrannte sich die technische Bauzeichnerin Semra Ertan in Hamburg an ihrem 25. Geburtstag aus Protest gegen die zunehmende „Ausländerfeindlichkeit" öffentlich.[169] 1983 sprang der 23-jährige Cemal Kemal Altun während der Verhandlung zu seiner Abschiebung aus dem sechsten Stock des Verwaltungsgerichts in West-Berlin, um einer drohenden Auslieferung in die Türkei zuvorzukommen.[170]

1983 gründeten abtrünnige CSU-Mitglieder die rechtsextreme Partei Die Republikaner.[171] In ihrem Zentrum stand die „Ausländerpolitik", ihre öffentliche Wahrnehmung konzentrierte sich zudem auf einen ihrer Gründer, das einstige Waffen-SS-Mitglied Franz Schönhuber.[172] Das Bundesinnenministerium verbot die ANS/NA, der zu diesem Zeitpunkt schätzungsweise 300 vorwiegend junge Mitglieder angehörten.[173] Die *taz* druckte den „Abschied vom Hitlerismus" der Hepp-Kexel-Gruppe, die der RAF eine antiimperialistische Querfront nahegelegt hatte, in Auszügen.[174] Iring Fetscher veröffentlichte eine Sammlung an Aufsätzen zur Neuen Rechten.[175] Peter Dudek und Hans-Gerd Jaschke legten ihre zweibän-

---

166 Zitiert nach Alexopoulou, Deutschland und die Migration, S. 194.
167 Vgl. Maegerle/Röpke/Speit, Der Terror von rechts, S. 56.
168 Vgl. Irmhild Söhl, Tadesse, warum? Das kurze Leben eines äthiopischen Kindes in einem deutschen Dorf, Freiburg im Breisgau 1991.
169 Vgl. Semra Ertan, Mein Name ist Ausländer. Benim Adım Yabancı, Münster 2020.
170 Vgl. Niels Seibert, Vergessene Proteste. Internationalismus und Antirassismus 1964–1983, Münster 2008, S. 181–190.
171 Vgl. Heiko Langanke, Die extreme Rechte in der Bundesrepublik. Ideen, Ideologien, Interpretationen, Hamburg 1996, S. 79.
172 Vgl. Kurt Hirsch/Hans Sarkowicz, Schönhuber. Der Politiker und seine Kreise, Frankfurt a. M. 1989.
173 Vgl. Gräfe, Rechtsterrorismus in der Bundesrepublik, S. 112.
174 Vgl. Odfried Hepp/Walter Kexel, Abschied vom Hitlerismus, in: taz, 11.04.1983.
175 Iring Fetscher (Hrsg.), Neokonservative und „Neue Rechte". Der Angriff gegen Sozialstaat und liberale Demokratie in den Vereinigten Staaten, Westeuropa und der Bundesrepublik, München 1983.

dige Studie zur Geschichte des Rechtsextremismus in der Bundesrepublik vor, den sie als „politische Kultur" bezeichneten.[176] In *Vom Auswanderungsland zum Einwanderungsland?* zog Klaus J. Bade Bilanz über 100 Jahre Einwanderung nach Deutschland.[177] Rolf Meinhardt gab den Sammelband *Türken raus?* heraus, Rolf Italiaander die Anthologie „*Fremde raus?*", die sehr unterschiedliche Beiträge zusammenführte – u. a. von Irenäus Eibl-Eibesfeldt und Margarete Mitscherlich –, die „besonders an die jungen Generationen" appellierten, „unablässig für eine friedlichere pluralistischere Gesellschaft zu wirken."[178] Angelika Busch ging dem Zusammenhang von Migration und psychischer Belastung nach.[179] Ali Uçar veröffentlichte eine Studie zur illegalen Beschäftigung von „Ausländern".[180] Georgios Tsiakalos publizierte *Ausländerfeindlichkeit*.[181]

1984 wurde die Gruppe Ludwig enttarnt, bei der es sich tatsächlich um ein Duo gehandelt hatte. Seit 1977 hatten die religiösen Rechtsextremisten Wolfgang Abel und Marco Furlan Morde an Drogenabhängigen, Homosexuellen und Prostituierten verübt, Anfang 1984 steckten sie die Münchner Diskothek „Liverpool" an, in dessen Folge die 20-jährige Barfrau Corinna Tartarotti starb.[182] In Duisburg kamen bei einem mutmaßlich rassistischen Brandanschlag im August 1984 sieben Menschen ums Leben, darunter die Kinder Songül Satır (vier Jahre alt), Ümit Satır (fünf Jahre alt) und Çiğdem Satır (sieben Jahre alt).[183] Der von Hartmut M. Griese edierte Sammelband *Der gläserne Fremde* widmete sich dem Stand der „Gastarbeiterforschung" und „Ausländerpädagogik".[184]

---

176 Rolf Meinhardt (Hrsg.), Türken raus? oder Verteidigt den sozialen Frieden. Beiträge gegen die Ausländerfeindlichkeit, Hamburg 1984; Peter Dudek/Hans-Gerd Jaschke, Entstehung und Entwicklung des Rechtsextremismus in der Bundesrepublik. Zur Tradition einer besonderen politischen Kultur, 2 Bde., Opladen 1984.
177 Klaus J. Bade, Vom Auswanderungsland zum Einwanderungsland? Deutschland 1880–1980, West-Berlin 1983.
178 Rolf Italiaander (Hrsg.), „Fremde raus?". Fremdenangst und Ausländerfeindlichkeit: Gefahren für jede Gemeinschaft, Frankfurt a. M. 1983, S. 2.
179 Angelika Busch, Migration und psychische Belastung. Eine Studie am Beispiel von Sizilianerinnen in Köln, West-Berlin 1983.
180 Vgl. Ali Uçar, Illegale Beschäftigung und Ausländerpolitik, West-Berlin 1983.
181 Georgios Tsiakalos, Ausländerfeindlichkeit. Tatsachen und Erklärungsversuche, München 1983.
182 Vgl. Erwin Brunner, Die Gnadenlosen, in: Die Zeit 50/1986, 05.12.1986.
183 Vgl. Ceren Türkmen, Migration und Rassismus in der Bonner Republik. Der Brandanschlag in Duisburg 1984, in: Lydia Lierke/Massimo Perinelli (Hrsg.), Erinnern Stören. Migrantische und jüdische Perspektiven auf den Mauerfall, Berlin 2020, S. 99–133.
184 Hartmut M. Giese (Hrsg.), Der gläserne Fremde. Bilanz und Kritik der Gastarbeiterforschung und der Ausländerpädagogik, Opladen 1984.

Mit dem Schengener Übereinkommen, das am 15. Juni 1985 in Kraft trat, begann der schrittweise Abbau der innereuropäischen Grenzen – und der Ausbau der europäischen Außengrenze, womit auch eine gemeinsame, restriktivere Migrationskontrolle der zukünftigen EU einsetzte.[185] Anlässlich des 40. Jahrestags des Kriegsendes besuchte Bundeskanzler Helmut Kohl am 5. Mai gemeinsam mit US-Präsident Ronald Reagan den Soldatenfriedhof in Bitburg, auf dem auch Angehörige der Waffen-SS bestattet waren.[186] Die als Versöhnung gemeinte Begegnung löste im In- und Ausland scharfe Proteste aus. Drei Tage später sprach Bundespräsident Richard von Weizsäcker im Bundestag davon, dass es keine „Stunde Null" gegeben habe, und nannte den 8. Mai 1945 den „Tag der Befreiung". Er betonte zudem, dass zwar keine Kollektivschuld existiere, wohl aber eine „schwere Erbschaft".[187] Die Worte „Rassismus" und „Antisemitismus" fielen nicht. Der Band Böhse Onkelz wurde in der Sendung „Live aus dem Alabama" Sendezeit im öffentlich-rechtlichen Fernsehen gewährt, wo die Mitglieder unter anderem behaupteten, „Ausländerfeindlichkeit" rühre daher, dass es „einfach zu viele Ausländer gibt".[188] Rechtsrock hatte sich zu diesem Zeitpunkt längst als Genre etabliert.[189] Drei Neonazis verprügelten in Hamburg den 29-jährigen Maurer Mehmet Kaymakçı zunächst und zertrümmerten ihm anschließend mit einem rund 100 kg schweren Steinblock den Schädel; später wurden sie wegen „Körperverletzung mit Todesfolge" und wegen „Mordversuchs" zu acht bzw. zu sieben Jahren Haft verurteilt.[190] Wenige Monate später ermorden Neonazis – ebenfalls in Hamburg – Ramazan Avcı, wobei auch hier später vier Personen nicht wegen Mordes, sondern wegen Totschlags verurteilt werden sollten.[191] Der Journalist Günther Wallraff veröffentlichte Ganz unten, seine Semra Ertan und Cemal Altun

---

185 Vgl. Jochen Oltmer, Die Grenzen der EU. Europäische Integration, „Schengen" und die Kontrolle der Migration, Wiesbaden 2021.
186 Vgl. Stadtverwaltung Bitburg (Hrsg.), Der Besuch. Dokumentation über den Besuch des amerikanischen Präsidenten Ronald W. Reagan und des deutschen Bundeskanzlers Helmut Kohl am 5. Mai 1985 in Bitburg, Bitburg 1986.
187 Zur Rede und den Folgen vgl. Ulrich Gill/Winfried Steffani (Hrsg.), Eine Rede und ihre Wirkung. Die Rede des Bundespräsidenten Richard von Weizsäcker vom 8. Mai 1985 anlässlich des 40. Jahrestages der Beendigung des Zweiten Weltkrieges. Betroffene nehmen Stellung, West-Berlin 1986.
188 Zum Auftritt und zur Gruppe vgl. Klaus Farin, Böhse Onkelz. Gehasst, geliebt, vergöttert. Die Geschichte einer deutschen Band, Berlin 2017.
189 Vgl. die Beiträge in Sabine Mecking/Yvonne Wasserloos/Manuela Schwartz/Stefan Manz (Hrsg.), Rechtsextremismus – Musik und Medien, Göttingen 2021; für eine Fallstudie siehe zudem Björn Fischer, Rock-O-Rama. Als die Deutschen kamen, Berlin 2022.
190 Vgl. Andreas Speit, „Wir beschreiben auch die Brutalität des Angriffs", in: taz, 24.07.2021.
191 Vgl. Andreas Speit, Eine Tat, die politisierte, in: taz, 21.12.2020.

gewidmete Enthüllungsreportage über seine Erlebnisse als angeblicher „ausländischer" Arbeiter „Ali Sigirlioğlu", die monatelang lang die *Spiegel*-Bestsellerliste führte.[192] Mit der *Lindenstraße* implementierte das öffentlich-rechtliche Fernsehen derweil eine sonntägliche Serie, die in den Folgejahren vorgeblich sensibel die Präsenz migrantischer Menschen in der Bundesrepublik zu normalisieren versuchte, tatsächlich aber zum Hort visueller Stereotypen wurde, da die Figuren „anderer" Herkunft vor allem als Abziehbilder einer „anderen" Kultur fungierten.[193] Der Adalbert-von-Chamisso-Preis wurde erstmalig verliehen, mit dem drei Jahrzehnte lang in deutscher Sprache schreibende Autorinnen und Autoren nichtdeutscher Herkunft geehrt wurden.[194] Die Auszeichnung kann, wie René Kegelmann vermerkt, als ein „entscheidender institutioneller Einschnitt für die Rezeption und Kanonisierung eines bestimmten Stranges der deutschsprachigen Gegenwartsliteratur in der Bundesrepublik Deutschland gelten."[195] Erster Preisträger war Aras Ören, der Förderpreis wurde Rafik Schami zugesprochen. Georg Matzouranis veröffentlichte seine Schrift *Man nennt uns Gastarbeiter*.[196]

1986 publizierten die Sozialwissenschaftlerinnen Annita Kalpaka und Nora Räthzel *Die Schwierigkeit, nicht rassistisch zu sein*, eine Abhandlung zu Alltagsrassismus und institutionellem Rassismus in der alten Bundesrepublik.[197] Ulrich Herbert veröffentlichte seine *Geschichte der Ausländerbeschäftigung in Deutschland 1880 bis 1980*.[198] Die Studie sollte selbst in einer überarbeiteten Neuauflage ein „Bild der Anpassung" von den „Gastarbeitern" und von „Migration als Verschubmasse" zeichnen, die „noch zusätzlich den Migranten im Bild des wehrlosen Opfers"[199] festzurrte, das sich gegen unzumutbare Arbeits- und Lebensbedingungen nicht gewehrt habe. Mitte der 1980er Jahre waren dabei die Stimmen jener lauter geworden, die auf unterschiedliche Weise minoritäres Selbstbewusstsein reklamierten. Cem Karaca hatte 1984 seine LP *Die Kanaken* veröffent-

---

192 Vgl. Günter Wallraff, Ganz unten, Köln 1985.
193 Vgl. İmran Ayata, Geißendörfers Kanaken, in: Die Beute. Politik und Verbrechen 13/1 (1997), S. 30–39.
194 Vgl. René Kegelmann, Türöffner oder Etikettierung? Der Adelbert-von-Chamisso-Preis und dessen Wirkung in der Öffentlichkeit, in: Sylvie Grimm-Hamen/Françoise Willmann (Hrsg.), Die Kunst geht auch nach Brot! Wahrnehmung und Wertschätzung von Literatur, Berlin 2010, S. 13–28.
195 Kegelmann, Türöffner oder Etikettierung, S. 13.
196 Vgl. Georg Matzouranis, Man nennt uns Gastarbeiter, Frankfurt a. M. 1985.
197 Annita Kalpaka/Nora Räthzel, Die Schwierigkeit, nicht rassistisch zu sein, West-Berlin 1986.
198 Ulrich Herbert, Geschichte der Ausländerbeschäftigung in Deutschland 1880 bis 1980. Saisonarbeiter, Zwangsarbeiter, Gastarbeiter, Bonn 1986. Siehe dazu auch Bojadžijev, Die windige Internationale, S. 82–89.
199 So das Urteil von Bojadžijev, Die windige Internationale, S. 87.

licht, Osman Engin 1985 seine Satire *Deutschling*, und 1986 erschien der Sammelband *Farbe bekennen*, der erstmalig die Stimmen „afro-deutscher" Frauen in Buchform zusammenführte.[200] Die Herausgeberinnen Dagmar Schultz, May Opitz – später bekannt als May Ayim – und Katharina Oguntoye machten nicht nur auf den Rassismus jenes Jahrzehnts aufmerksam, sondern wiesen in ihrer historischen Aufarbeitung auf die Ära des Kolonialismus hin, die weit hinter den Zäsuren von 1933 und 1945 lag. Die Initiative Schwarzer Deutscher (IDS) entstand.[201]

1987 gründete der Sprachwissenschaftler Siegfried Jäger das Duisburger Institut für Sozial- und Sprachforschung (DISS), an dem in den Folgejahren zahlreich Arbeiten zu Rassismus entstehen würden. Die deutsche Übersetzung von Albert Memmis Abhandlung *Rassismus* erschien.[202] Der aus dem Iran geflohene 20-jährige Asylbewerber Kiomars Javadi wurde, nachdem er mutmaßlich bei Ladendiebstahl erwischt worden war, durch den Filialleiter und einen Lehrling eines Tübinger Supermarktes 18 Minuten im Würgegriff gehalten, an dem er erstickte. Die Kundschaft des Ladens hatte nicht eingegriffen.[203]

1988 wurde in West-Berlin die Gruppe Antifaşist Gençlik aktiv, bei der es sich um einen Versuch radikaler migrantischer Selbstorganisation gegen rassistischen Hass handelte.[204] Im November des Jahres war in der Presse zu lesen, dass der bayerische CSU-Politiker Edmund Stoiber dem damaligen SPD-Politiker Oskar Lafontaine vorgeworfen hatte, dieser wolle eine „multinationale Gesellschaft auf deutschem Boden, durchmischt und durchrasst."[205] Im Dezember setzte ein

---

200 Vgl. Cem Karaca, Die Kanaken, LP, pläne 1984; Osman Engin, Deutschling, West-Berlin 1985; Katharina Oguntoye/May Opitz/Dagmar Schultz (Hrsg.), Farbe bekennen. Afro-deutsche Frauen auf den Spuren ihrer Geschichte, West-Berlin 1986.
201 Vgl. Sascha Zinflou, Schwarze Organisierung in Deutschland. Geschichte und Politik der Initiative Schwarzer Menschen, in: Marianne Bechhaus-Gerst/Reinhard Klein-Arendt (Hrsg.), AfrikanerInnen in Deutschland und schwarze Deutsche – Geschichte und Gegenwart. Beiträge zur gleichnamigen Konferenz vom 13.–15. Juni 2003 im NS-Dokumentationszentrum (EL-DE-Haus) Köln, Münster 2004, S. 227–234.
202 Vgl. Albert Memmi, Rassismus, Frankfurt a. M. 1987.
203 Vgl. Kurt Hirsch/Peter B. Heim, Rechts, REPs, rechts. Aktuelles Handbuch zur rechtsextremen Szene, Berlin 1990, S. 37.
204 Vgl. ak wantok (Hrsg.), Antifa Gençlik. Eine Dokumentation (1988–1994), Münster 2021. Siehe dazu auch Ceren Türkmen, „Was können wir vom migrantischen Selbstschutz der 1990er lernen?", Interview mit Garip Bali, in: analyse & kritik 658, 17.03.2020, sowie die Beiträge in Lydia Lierke/Massimo Perinelli (Hrsg.), Erinnern stören. Migrantische und jüdische Perspektiven auf den Mauerfall, Berlin 2020.
205 Zitiert nach Matthias Jung/Thomas Niehr/Karin Böke, Ausländer und Migranten im Spiegel der Presse. Ein diskurshistorisches Wörterbuch zur Einwanderung seit 1945, Wiesbaden 2000, S. 171.

Neonazi in Schwandorf ein Haus in Brand, vier Menschen kamen bei dem Anschlag ums Leben.[206]

1989 erschien die Aufsatzsammlung *Ideologie, Kultur, Medien, Neue Rechte, Rassismus* von Stuart Hall; der Argument Verlag schloss damit an die rassismuskritischen Analysen an, die am Centre for Contemporary Cultural Studies in Birmingham entwickelt worden waren.[207] Wolfgang Pohrt wiederum kritisierte in einem Vortrag den Multikulturalismus, der „Fremde" zu Vertretern einer „anderen Kultur" mache, so dass Republikaner und Grüne zwei nur vordergründig antagonistische Positionen vertreten würden, die beide um die Vorstellung von Volkskollektivität kreisten.[208] Im November fiel die Berliner Mauer. Für die Neonazis in Westdeutschland war dies ein Fanal: „Wir hatten die Hoffnung, dass nach dem Sturz des einen deutschen Systems möglicherweise – nahezu direkt anschließend – der Sturz des zweiten deutschen Systems stattfinden könnte", hat Christian Worch, einer der bekanntesten Protagonisten jener Jahre, rückblickend erklärt.[209] Die regen, in der „antifaschistischen" DDR jedoch offiziell verschwiegenen neonazistischen Aktivitäten und Strukturen wurden nun zu gesamtdeutschen.[210] In Ostdeutschland trafen bundesdeutsche Neonazis nicht nur auf zahlreiche Gleichgesinnte, sondern auf offensiven Umgang mit dem eigenen Weltbild, den die „Kameraden" demonstrativ auf der Straße zur Schau stellten.

Auf dem Parteitag der im Vorjahr gegründeten Deutschen Alternative in Cottbus fanden 1990 sogleich 120 Rechtsextreme zusammen; Michael Kühnen ließ sich dabei medienwirksam von der Polizei festnehmen. Die Organisation sollte sich rasch zu einer der einflussreichsten neonazistischen Kräfte in den neuen Bundesländern entwickeln.[211] Im Sommer des Jahres verfasste Klaus Viehmann, seit 1978 einsitzendes Mitglied der Bewegung 2. Juni, in der Haftanstalt Bielefeld das Diskussionspapier *Drei zu eins* zu „Klassenwiderspruch, Rassismus und Sexismus", welches das leninistische Hauptwiderspruchsdenken gegen ein verkomplizierendes Herrschaftsverständnis austauschte, sich wesentlich auf die

---

206 Vgl. Renate Ahrens, Kein Platz für Extremismus in Schwandorf, in: Mittelbayerische Zeitung, 17.12.2017.
207 Stuart Hall, Ideologie, Kultur, Medien, Neue Rechte, Rassismus. Ausgewählte Schriften 1, hrsg. von Nora Räthzel, Hamburg 1989.
208 Vgl. Wolfgang Pohrt, Multikulturelle Gesellschaft/Rassismus für den gehobenen Bedarf. Zwei Vorträge, Berlin 2021.
209 In der Dokumentation *Der Traum vom Umsturz – Neonazis und die Wende*, Panorama – Die Reporter, NDR 2020.
210 Vgl. Bernd Wagner, Rechtsradikalismus in der Spät-DDR. Zur militant-nazistischen Radikalisierung. Wirkungen und Reaktionen in der DDR-Gesellschaft, Berlin 2014; Harry Waibel, Die braune Saat. Antisemitismus und Neonazismus in der DDR, Stuttgart 2017.
211 Vgl. Pfahl-Traughber, Rechtsextremismus in der Bundesrepublik, S. 59.

in den USA und Großbritannien geführte Rassismusdiskussion stützte und in der autonomen Linken breit diskutiert wurde.[212] Im September fand in Hamburg der Kongress „Rassismus und Migration in Europa" statt, den das im Vorjahr als gemeinnütziger Verein gegründete Institut für Migrations- und Rassismusforschung organisierte; 800 Personen nahmen an der Veranstaltung teil.[213] In seiner Studie zu „Fremdenfeindlichkeit" schrieb Günther Gugel: „Der Umgang mit Ausländern, Aus- und Übersiedlern rührt an den Grundfesten unserer Demokratie", da die Bundesrepublik „zumindest in den Ballungszentren längst Züge einer multikulturellen Gesellschaft angenommen hat", wiewohl „Ausländer in Gesetzen und im Alltag nicht gleichbehandelt, sondern gegenüber Deutschen benachteiligt" würden.[214] Eine „nicht zu unterschätzende Minderheit" der gemeinten Deutschen „empfindet aus Angst und Unwissenheit Feindseligkeit und Abneigung."[215] Im selben Jahr veröffentlichte Suhrkamp die deutsche Übersetzung von Julia Kristevas Abhandlung *Fremde sind wir uns selbst*, eine psychoanalytische Inspektion ebenjener „Angst und Unwissenheit" und ihrer gesellschaftlichen Folgen.[216] Detlev Peukert wiederum bemerkte in seinen Überlegungen zu *Rechtsradikalismus in Deutschland*: „Die Reps sind die vernachlässigten Kinder des Booms, nicht die Massenbewegung aus der Krise."[217] Weil die Partei „eine gefährliche politische und soziale Bruchzone an den Rändern der Boomgesellschaft" markiere, folge „für Demokraten" hieraus „eine mindestens zweifache Herausforderung": erstens „die historische Erinnerung wachzuhalten", zweitens sich nicht an eine Gesellschaft zu gewöhnen, die neben einem „großen boomenden Zwei-Drittel-Sektor" noch einen „zurückbleibenden, frustrierten, zersplitterten Rest" aufweise.[218] Im

---

212 Vgl. den im Folgejahr erschienenen, erweiterten Nachdruck: Klaus Viehmann und Genossinnen/Genossen, Drei zu Eins. Klassenwiderspruch, Rassismus und Sexismus, in: Projektgruppe (Hrsg.), Metropolen(gedanken) und Revolution? Texte zur Patriarchats-, Rassismus-, Internationalismusdiskussion, Berlin 1991, S. 27–62.
213 Vgl. Nora Räthzel, Vorwort, in: Institut für Migrations- und Rassismusforschung (Hrsg.), Rassismus und Migration in Europa. Beiträge des Kongresses „Migration und Rassismus in Europa". Hamburg, 26. bis 30. September 1990, Hamburg 1992, S. 7–9, hier: S. 7.
214 Günther Gugel, Ausländer – Aussiedler – Übersiedler. Fremdenfeindlichkeit in der Bundesrepublik, Tübingen 1990, S. 7.
215 Gugel, Ausländer – Aussiedler – Übersiedler, S. 7.
216 Julia Kristeva, Fremde sind wir uns selbst, Frankfurt a. M. 1990.
217 Detlev J. K. Peukert/Frank Bajohr, Rechtsradikalismus in Deutschland. Zwei historische Beiträge, Hamburg 1990, S. 26.
218 Peukert/Bajohr, Rechtsradikalismus in Deutschland, S. 27.

Dezember erstach eine Gruppe Neonazis den 17-jährigen Kurden Nihat Yusufoğlu auf offener Straße im westerwäldischen Hachenburg.[219]

1991 zerfiel die Sozialistische Föderative Republik Jugoslawien, der Bürgerkrieg zwang hunderttausende Menschen aus dem Land. Rund 300.000 davon erreichten Deutschland, wo sie nun eine der größten Gruppen an Flüchtlingen stellten.[220] Ihre Ankunft wurde politisch mit zum Anlass gemacht, das Recht auf Asyl grundsätzlich in Frage zu stellen, was sich in Kombination mit dem durch die Wiedervereinigung aggressiv-nationalistisch beflügelten Selbstverständnis, erneut eine deutsche Nation zu sein, rasch zur Losung „Das Boot ist voll"[221] verdichtete, die von Politik wie Medien bemüht wurde und mit welcher implizit Verständnis für die beginnende Pogromwelle bekundet werden konnte. Im September belagerten rund 500 Personen mehrere Tage lang ein Wohnheim für „Vertragsarbeiter" und eine Flüchtlingsunterkunft im sächsischen Hoyerswerda.[222] Am 3. Oktober, dem Jahrestag der deutschen Einheit, warfen drei Täter einen Brandsatz in ein Asylbewerberheim im nordrhein-westfälischen Hünxe, was zwei Kinder schwer verletzte.[223]

Am 31. Januar 1992 wurde eine Flüchtlingsunterkunft in Lampertheim in Brand gesteckt, wodurch drei namentlich nicht bekannte Angehörige einer Familie aus Sri Lanka starben.[224] Am 23. Februar ermordete ein schwedischer Rechtsterrorist die 1924 geborene Shoah-Überlebende Blanka Zmirgod in Frankfurt am Main.[225] Zwei Monate später erstach ein DVU-Sympathisant in Berlin Nguyễn Văn Tú, der 1987 als „Vertragsarbeiter" in die DDR gekommen war, aus rassistischen Motiven; das Urteil belief sich auf viereinhalb Jahre Haft.[226] Im

---

219 Vgl. Autorenkollektiv (Hrsg.), 10 Jahre „deutsche Einheit". Der Nazi-Terror von Hoyerswerda bis Düsseldorf: Nazis, Staat und Medien – ein Braunbuch. Dokumente und Analysen, Offenbach 2000, S. 185.
220 Vgl. Kirsten Hoesch, Migration und Integration. Eine Einführung, Wiesbaden 2018, S. 245.
221 Siehe dazu Cord Pagenstecher, „Das Boot ist voll". Schreckensvision des vereinten Deutschland, in: Gerhard Paul (Hrsg.), Das Jahrhundert der Bilder, Bd. II: 1949 bis heute, Bonn 2008, S. 606–613.
222 Siehe dazu Folkard Bremer, Am Anfang stand Hoyerswerda. „Ausländer raus!" – Eine rechte Torvorlage und ein Bericht zu[r] Lage der Nation, Dresden 2001; Christoph Wowtscherk, Was wird, wenn die Zeitbombe hochgeht? Eine sozialgeschichtliche Analyse der fremdenfeindlichen Ausschreitungen in Hoyerswerda im September 1991, Göttingen 2014.
223 Vgl. Michael Hammerbacher, Rechtsextremismus und Fremdenfeindlichkeit. Handlungsstrategien gegen eine rechtsextreme Jugendkultur und fremdenfeindliche Einstellungen, Hamburg 2015, S. 28.
224 Vgl. Pitt von Bebenburg, Neonazi-Opfer anerkannt, in: Frankfurter Rundschau, 29.07.2015.
225 Vgl. Hanning Voigts, Ermordete Blanka Zmigrod aus Frankfurt: „Sie ging immer voller Stolz", in: Frankfurter Rundschau, 20.02.2022.
226 Vgl. Serdar Arslan, Gestörtes Gedenken, in: taz, 07.06.2018.

Jahresverlauf kam es deutschlandweit zu schweren Ausschreitungen und Pogromen, die bisweilen von der lokalen Bevölkerung getragen und in Anwesenheit der nicht eingreifenden Polizei und Feuerwehr vollzogen wurden. In Mannheim belagerten im Mai hunderte Personen – nicht Neonazis, sondern einfache Anwohner – das Sammellager für Asylbewerber im Stadtteil Schönau.[227] Im Juli überfielen sieben Rechtsextreme – drei davon aus Ostdeutschland, die in Baden-Württemberg Arbeit gefunden hatten – eine Bauarbeiter-Unterkunft für „ausländische" Arbeitnehmer einer Baufirma in Ostfildern-Kemnat. Sie verprügelten den 56-jährigen kosovarischen Sadri Berisha so schwer, dass dieser am Tatort starb. Sein Kollege überlebte schwerverletzt.[228] Im August belagerten Rechtsextreme und Anwohner die Zentrale Aufnahmestelle für Asylbewerber (ZAst) sowie ein Wohnheim für vormalige „Vertragsarbeiter" aus Vietnam, bevor sie – in Anwesenheit von mehreren tausend Personen, die den Ausschreitungen wie einem Spektakel beiwohnten und vor den Augen von Polizei wie Feuerwehr – das sogenannte „Sonnenblumenhaus" unter tosendem Applaus in Brand steckten.[229] In zahlreichen anderen Städten kam es 1992 ebenfalls zu Pogromen, die von den Ereignissen in Rostock überschattet wurden, darunter Cottbus, Wismar, Eisenhüttenstatt und Quedlinburg.[230] Im November des Jahres warfen zwei Neonazis Molotowcocktails auf ein von türkischen Familien bewohntes Haus in Mölln, wobei drei Menschen starben: Bahide Arslan, ihre Enkelin Yeliz Arslan und deren Cousine Ayşe Yılmaz. Helmut Kohl ließ über seinen Regierungssprecher Dieter Vogel ausrichten, dass sein Fernbleiben von der Trauerfeier für die Ermordeten dadurch begründet sei, dass er als Bundeskanzler „weiß Gott andere wichtige Termine" habe und man nicht „in Beileidstourismus ausbrechen"[231] wolle. Am 27. Dezember starb der 20-jährige Şahin Çalışır auf der Autobahn 52 auf der Flucht

---

227 Vgl. Matthias Möller, „Ein recht direktes Völkchen"? Mannheim-Schönau und die Darstellung kollektiver Gewalt gegen Flüchtlinge, Frankfurt a. M. 2007; Richard Rohrmoser, Die rassistischen Ausschreitungen in Schönau im Jahr 1992, in: Philipp Gassert/Ulrich Nieß/Hanspeter Rings/Richard Rohrmoser (Hrsg.), Jugendprotest und Jugendkultur im 20. Jahrhundert. Über 100 Jahre bewegte Jugend in Mannheim. Freunde des Stadtarchivs Mannheim, Mannheim 2017, S. 156.
228 Vgl. Waibel, Rechte Kontinuitäten, S. 358.
229 Vgl. Prenzel (Hrsg.), 20 Jahre Rostock-Lichtenhagen.
230 Siehe dazu u. a. Hendrik Kranert-Rydzy, Ausschreitungen in Quedlinburg. Schatten der Vergangenheit, in: Mitteldeutsche Zeitung, 04.09.2012.
231 Zitiert nach Tanja Thomas/Fabian Virchow, Hegemoniales Hören und Doing Memory an rechte Gewalt. Verhandlungen politischer Kultur der Bundesrepublik in (medialen) Öffentlichkeiten, in: Martin Seeliger/Sebastian Sevignani (Hrsg.), Ein neuer Strukturwandel der Öffentlichkeit?, Baden-Baden 2021, S. 203–224, hier S. 209.

vor rechten Hooligans, die ihn zunächst mit ihrem eigenen Wagen verfolgt und sein Auto gerammt hatten.[232]

Inmitten der Ereignisse des Jahres 1992 veröffentlichte die Heidelberger HipHop-Gruppe Advanced Chemistry ihre 12" *Fremd im eigenen Land*. Der gleichnamige Song auf der A-Seite sollte zu einem der wichtigsten kulturellen Kommentare auf die neonazistischen Pogrome und den Alltagsrassismus in den frühen 1990er Jahren werden:

> Ich bin kein Ausländer, Aussiedler, Tourist, Immigrant/Sondern deutscher Staatsbürger und komme zufällig aus diesem Land […] Politiker und Medien berichten ob früh oder spät/Von einer überschrittenen Aufnahmekapazität/Es wird einem erklärt/der Kopf wird einem verdreht/Dass man durch Ausländer in eine Bedrohung gerät/Somit denkt der Bürger, der Vorurteile pflegt/Dass für ihn eine große Gefahr entsteht/Er sie verliert/sie ihm entgeht/ Seine ihm so wichtige deutsche Lebensqualität.[233]

Die deutsche Übersetzung von Étienne Balibars und Immanuel Wallersteins vieldiskutierter Aufsatzsammlung *Rasse, Klasse, Nation* erschien, die theoretisch zu ergründen versuchte, wie sich der Rassismus bis dato historisch transformiert hatte und das Soziale hierarchisch prägte, was, so die Autoren, ungleich verteilte Diskriminierung, Unterdrückung und Gewalt folgen ließe.[234] Henning Melber veröffentlichte *Der Weißheit letzter Schuß*, eine Abhandlung zum „kolonialen Blick" des Rassismus.[235]

1993 einigten sich CDU und SPD – die gesellschaftliche Stimmung und die rassistischen Aktivitäten deutlich vor Augen – auf den sogenannten „Asylkompromiss", mit dem das Grundrecht auf Asyl faktisch abgeschafft wurde.[236] Bei einem rassistischen Brandanschlag in Solingen starben fünf Angehörige der Familie Genç. Das jüngste Opfer, Saime Genç, war vier Jahre alt.[237] Zwei Mitglieder der Republikaner drangsalierten in Mühlheim an der Ruhr einen Migranten, Mustafa Demiral, mit einer Gaspistole; das Opfer erlitt einen Herzinfarkt und

---

[232] Vgl. Verena Willing, Politische Tat? Sahin Çalisirs Familie fordert Anerkennung, in: Solinger Tageblatt, 05.07.2021.
[233] Advanced Chemistry, Fremd im eigenen Land, 12", MZEE Records 1992.
[234] Étienne Balibar/Immanuel Wallerstein, Rasse, Klasse, Nation. Ambivalente Identitäten, Hamburg 1992.
[235] Henning Melber, Der Weißheit letzter Schuß. Rassismus und kolonialer Blick, Frankfurt a. M. 1992.
[236] Dazu und zu den Folgen vgl. Stefan Luft/Peter Schimany (Hrsg.), 20 Jahre Asylkompromiss. Bilanz und Perspektiven, Bielefeld 2014.
[237] Vgl. Stadt Solingen (Hrsg.), Dokumentation zum 20. Jahrestag des Brandanschlags in Solingen, Solingen 2014.

starb.[238] In Folge eines Referats von Christoph Türcke, der auf einer Konferenz der Zeitschrift *konkret* unterschiedliche Hautfarben von Menschen als Naturtatsachen geltend gemacht hatte, kam es zu einer längeren Rassismus-Diskussion innerhalb der Linken.[239] Stephen Spielbergs Shoah-Spielfilm *Schindlers Liste* über den „Judenretter" Oskar Schindler, den weltweit Millionen Menschen sehen sollten, kam in die deutschen Kinos, ebenso – wiewohl in Programmsparten und mit Auflagen versehen – der Dokumentarfilm *Beruf Neonazi* von Winfried Bonengel, der den Neonazi Ewald Althans durch dessen „Alltag" begleitete.[240]

1994 wurde das Verbrechensbekämpfungsgesetz verabschiedet, das „nicht nur das einfache Leugnen des Holocaust [...], sondern auch das Billigen, Leugnen und Verharmlosen der in der NS-Zeit begangenen Handlungen" unter Strafe stellte; die Vorschrift solle „der Tendenz entgegenwirken, neo-nazistisches Gedankengut, die agitative Grundlage der NS-Willkür, durch Infragestellen oder beschönigendes Herunterspielen der Untaten als akzeptabel oder gar unter Billigung rassistischer Zielsetzung als erstrebenswert scheinen zu lassen und damit das friedliche Zusammenleben zu stören bzw. das politische Klima in der Bundesrepublik zu vergiften."[241] Bei einem rassistischen Brandanschlag auf ein Haus in der Stuttgarter Innenstadt, in dem vorwiegend Migranten und Bürgerkriegsflüchtlinge lebten, wurden sieben Menschen ermordet.[242] Im Juni des Jahres starb der 16-jährige Halim Dener, der im selben Jahr aus der Türkei geflohen war, durch die Schüsse eines Beamten, nachdem ihn die Polizei beim Plakatkleben für die 1993 verbotene kurdische Arbeiterpartei PKK gestellt hatte.[243] Im August wurde dem abgelehnten nigerianischen Asylbewerber Kola Bankole in einer Lufthansa-Maschine, in der er bereits von Beamten des Bundesgrenzschutzes gefesselt worden war, eine Injektion verabreicht, an der er starb. Der verantwortliche Arzt bekundete später vor Gericht, er sei davon ausgegangen, dass der reglose

---

238 Vgl. Bremer, Am Anfang stand Hoyerswerda, S. 73.
239 Vgl. Christoph Türcke, Die Inflation des Rassismus, in: konkret 8/1993, S. 35–41. Siehe dazu auch Mark Terkessidis, Die Banalität des Rassismus. Migranten zweiter Generation entwickeln eine neue Perspektive, Bielefeld 2015, S. 74–75.
240 *Schindlers Liste*, R: Steven Spielberg (USA) 1993; *Beruf Neonazi*, R: Winfried Bonengel (Deutschland) 1993. Zu letzterem vgl. Antje Schuhmann/Florian Schneider, Der Regisseur als Chauffeur. Beruf Neonazi, in: Die Beute. Politik und Verbrechen 1/1994, S. 8–15.
241 Matthias Krauß, „§§ 125–137", in: Heinrich Wilhelm Laufhütte/Ruth Rissing-van Saan/Klaus Tiedemann (Hrsg.), Strafgesetzbuch. Leipziger Kommentar, 5. Bd.: §§110–145d, 12., neu bearbeitete Aufl., Berlin 2009, S. 496.
242 Vgl. Stiftung Geißstraße 7 (Hrsg.), 25 Jahre Stiftung Geißstraße 7. Ein Konvolut, Stuttgart 2019.
243 Vgl. Kampagne Halim Dener (Hrsg.), Halim Dener. Gefoltert. Geflüchtet. Verboten. Erschossen, München 2020.

„Schwarzafrikaner" sich möglicherweise „in Trance" versetzt habe.[244] Im Oktober des Jahres beschloss der Parteivorstand der Republikaner, Franz Schönhuber wegen parteischädigenden Verhaltens des Amtes zu entheben.[245] Im thüringischen Mühlhausen gründeten vier Personen The Voice Africa Forum (später Voice Refugee Forum), die erste Organisation von geflohenen Menschen für solche in Deutschland.[246] „Seit der Wiedervereinigung zeigt sich in Deutschland ein altbekanntes, häßliches Phänomen, das man bereits den Historikern zur Archivierung überlassen hatte: die Gewalttätigkeit gegen ethnische und soziale Minderheiten", schrieb Dieter Staas in seiner Studie *Migration und Fremdenfeindlichkeit als politisches Problem*.[247] Er vermutete, dass die „Heftigkeit" der Angriffe vermuten lasse, „daß mehr als eine kurze Konjunktur von Gruppenantagonismen zu erwarten steht."[248] Detlev Claussen veröffentlichte derweil seine Abhandlung *Was heißt Rassismus?*, die bereits eine Kritik an Tendenzen innerhalb des Antirassismus formulierte, denen der Soziologe vorwarf, zu willkürlich mit dem Rassismusbegriff umzugehen.[249] Cord Pagenstecher legte seine Studie zu *Ausländerpolitik und Immigrantenidentität* vor.[250]

Ab Januar 1995 war die erste Wehrmachtsausstellung in deutschen Städten zu sehen.[251] Neonazis protestierten zunächst gegen die Schau, die die systematische Beteiligung gewöhnlicher Soldaten an der Ermordung von Juden und der slawischen Bevölkerung Osteuropas nachwies; später folgen gewaltsame Aktionen sowie ein Sprengstoffanschlag gegen die Station der Ausstellung in Saarbrücken.[252] Das kommunale Wahlrecht für EU-Bürger wurde eingeführt, was die

---

244 Zitiert nach Heide Platen, Tod eines Frachtpakets, in: taz, 18.01.1997.
245 Vgl. Coerw Krüger, Der REP-Bundestagswahlkampf 1994, in: Christoph Butterwege u. a. (Hrsg.), Rechtsextremisten in Parlamenten. Forschungsstand, Fallstudien, Gegenstrategien, Opladen 1997, S. 243–266, hier S. 245.
246 Vgl. Venant Adoville Saague, Selbstorganisation von Flüchtlingen in der BRD, in: Marianne Bechhaus-Gerst/Reinhard Klein-Arendt (Hrsg.), AfrikanerInnen in Deutschland und schwarze Deutsche, S. 247–256, hier S. 249.
247 Dieter Staas, Migration und Fremdenfeindlichkeit als politisches Problem, Münster/Hamburg 1994, o. S. [Vorwort].
248 Staas, Migration und Fremdenfeindlichkeit.
249 Vgl. Detlev Claussen, Was heißt Rassismus?, Darmstadt 1994.
250 Vgl. Cord Pagenstecher, Ausländerpolitik und Immigrantenidentität. Zur Geschichte der „Gastarbeit" in der Bundesrepublik, Berlin 1994.
251 Vgl. Hamburger Institut für Sozialforschung (Hrsg.), Vernichtungskrieg. Verbrechen der Wehrmacht 1941 bis 1945, Hamburg 1996.
252 Vgl. Hamburger Institut für Sozialforschung (Hrsg.), Eine Ausstellung und ihre Folgen. Zur Rezeption der Ausstellung „Vernichtungskrieg. Verbrechen der Wehrmacht 1941 bis 1944", Hamburg 1999.

Hierarchisierung der „Ausländer" festigte, da vielen von diesen, die etwa aus der Türkei stammten, die lokale politische Partizipation verwehrt blieb.[253]

Angesichts der Verleihung des Friedenspreises des deutschen Buchhandels an die Islamwissenschaftlerin Annemarie Schimmel, die in einem Interview Verständnis für den Hass geäußert hatte, den Moslems gegen den Schriftsteller Salman Rushdie für dessen Roman *Die satanischen Verse* hegten, nachdem Ayatollah Chomeini 1989 eine Todesfatwa gegen ihn verhängt hatte, kam es zu vehementen Protesten aus Kultur, Politik und Publizistik; Einspruch äußerten u. a. Henryk M. Broder, Elfriede Jelinek, Taslima Nasreen und Bassam Tibi.[254] Es war das letzte religionskritische Aufbäumen der deutschsprachigen Linken vor ihrem kulturrelativistischen Umschwung, der sich im nachfolgenden Jahrzehnt zu einem Rassismus von links verschärfen sollte, der Menschen aus dem Nahen und dem Mittleren Osten mit dem Islam gleichsetzt. Der Schriftsteller Feridun Zaimoğlu veröffentlichte *Kanak Sprak*[255], Atari Teenage Riot ihr Debut-Album *1995*, auf dem sich auch der Song „Hetzjagd auf Nazis" fand, mit dem die Band bereits in den Vorjahren auf ihre Weise den Neonazismus jener Jahre kommentiert hatte.[256]

Der US-amerikanische Historiker Daniel J. Goldhagen veröffentlichte 1996 seine Abhandlung *Hitlers willige Vollstrecker*, in der er darlegte, dass die Deutschen freiwillig dem eliminatorischen Antisemitismus gefrönt hatten, dem Millionen europäischer Juden zum Opfer fielen.[257] Die These löste eine Debatte aus, die weit über das deutsche Feuilleton hinausreichte.[258] Bei einem Brandanschlag auf eine Unterkunft für Asylsuchende in Lübeck starben zehn Menschen. Drei als rechtsextrem geltende Männer wurden kurzzeitig in Gewahrsam genommen; an ihren Körpern entdeckte ein Gerichtsmediziner jeweils frische Brandspuren, zu denen alle drei Verdächtigen eine unterschiedliche Erklärung parat hatten. Einer von ihnen machte ein Geständnis, das er später widerrief; es kam zu keiner Verurteilung.[259] Die Dichterin und Aktivistin May Ayim nahm sich das Leben.[260]

---

253 Vgl. Alexopoulou, Deutschland und die Migration, S. 226.
254 Zur Affäre vgl. Anne Hoffmann, Islam in den Medien. Der publizistische Konflikt um Annemarie Schimmel, Münster u. a. 2004.
255 Feridun Zaimoğlu, Kanak Sprak. 24 Mißtöne vom Rande der Gesellschaft, Hamburg 1995.
256 Atari Teenage Riot, „Hetzjagd auf Nazis! (Live in Berlin 25.2.1994)", auf: 1995, Digital Hardcore Recordings 1995.
257 Vgl. Daniel Goldhagen, Hitlers willige Vollstrecker. Ganz gewöhnliche Deutsche und der Holocaust, Berlin 1996.
258 Siehe dazu Johannes Heil/Rainer Erb (Hrsg.), Geschichtswissenschaft und Öffentlichkeit. Der Streit um Daniel J. Goldhagen, Frankfurt am Main 1998.
259 Vgl. Wolf-Dieter Vogel, Die sinnlosen Bekenntnisse des Maik W., in: Jungle World 23/1999, 09.06.1999.

1997 trat das sieben Jahre zuvor von zwölf europäischen Staaten unterzeichnete Dubliner Übereinkommen in Kraft. Darin war u. a. festgelegt worden, dass Asylverfahren im Einreiseland einer asylsuchenden Person durchzuführen seien. Weil dies vor allem die südeuropäischen (und später die osteuropäischen) Staaten betraf, kam Deutschland in die komfortable Position, andere für die weltweiten Fluchtbewegungen Sorge tragen zu lassen – konkret in Form der Organisation der Erstaufnahme, der Bereitstellung von Infrastruktur und Logistik sowie des Rechtlichen.[261] Auf der documenta X wurde das Netzwerk kein mensch ist illegal gegründet, um auf die Lage von Menschen ohne gültige Aufenthaltserlaubnis hinzuweisen und zu deren Unterstützung aufzurufen.[262] In Köln fand eine Tagung zur Kulturproduktion minoritärer Frauen statt, der Band hierzu erschien zwei Jahre später.[263] Katharina Oguntoye publizierte ihre Magisterarbeit zur Geschichte „von Afrikanern und Afro-Deutschen" in Deutschland bis 1950.[264] Karin Priester veröffentlichte ihre Studie *Rassismus und kulturelle Differenz*, in der sie vermerkte, dass eine theoretische Strömung, die „Differenz" gegenüber a priori sensibel gestimmt ist, bestehende politische Probleme eher verschärfen denn bekämpfen dürfte: „in seiner radikalen Rhetorik und in seinem Kampf gegen den Universalismus ist postmodernes Denken nur eine seitenverkehrte Spiegelung des rassistischen Diskurses."[265]

1998 endete die Ära Kohl. Als „eine der letzten Amtshandlungen"[266] beschloss die CDU/FDP-Regierung, die Kompetenzen der Bundespolizei auszuweiten, die fortan der „Schleierfahndung" nachgehen konnte – Bundesgrenzschutzbeamte durften nun mit dem Ziel, illegale Migranten aufzuspüren, verdachtsunabhängig Personenkontrollen vornehmen.[267] Individuen, die „anders" aussahen, setzte dies

---

260 Zu Leben und Werk vgl. Sarah Colvin, May Ayim and Subversive Laughter: The Aesthetics of Epistemic Change, in: German Studies Review 45/1 (2022), S. 81–103.
261 Vgl. Jochen Oltmer, Deutschland und die globale Flüchtlingsfrage, in: Zeitgeschichte-online, November 2016, https://zeitgeschichte-online.de/themen/deutschland-und-die-globale-fluechtlingsfrage (Stand: 01.02.2022).
262 Vgl. cross the border (Hrsg.), kein mensch ist illegal. Ein Handbuch zu einer Kampagne, Berlin 1999.
263 Cathy S. Gelbin (Hrsg.), AufBrüche. Kulturelle Produktionen von Migrantinnen, Schwarzen und jüdischen Frauen in Deutschland, Königstein im Taunus 1999.
264 Vgl. Katharina Oguntoye, Eine afro-deutsche Geschichte. Zur Lebenssituation von Afrikanern und Afro-Deutschen in Deutschland von 1884 bis 1950, Berlin 1997.
265 Karin Priester, Rassismus und kulturelle Differenz, Münster 1997, S. 29.
266 So Miltiadis Oulios, Blackbox Abschiebung. Geschichten und Bilder von Leuten, die gern geblieben wären, Berlin 2013, S. 235.
267 Vgl. Jan Wessel, Organisierte Kriminalität und soziale Kontrolle. Auswirkungen in der BRD, Wiesbaden 2001, S. 210.

einem grundsätzlichen Verdacht aus, was das Risiko entsprechender Willkür barg.[268] Ab Herbst stellte erstmalig eine rot-grüne Koalition die Bundesregierung, die sich um eine erleichterte Einbürgerung bemühte. In einer der populistischsten Aktionen in der Parteigeschichte begann die CDU – nunmehr Opposition –, in den Innenstädten Unterschriften gegen die doppelte Staatsangehörigkeit zu sammeln und brachte es innerhalb weniger Monate auf fünf Millionen.[269] Der bayerische Ministerpräsident Edmund Stoiber behauptete, die Einführung des Doppelpasses bedrohe Deutschlands innere Sicherheit mehr als die linksterroristische RAF in den 1970er Jahren.[270] Die DVU erhielt bei den Landtagswahlen in Sachsen-Anhalt rund 13 % der Stimmen, womit erstmalig eine rechtsextreme Partei in einen ostdeutschen Landtag einzog.[271] In der Paulskirche hielt der Schriftsteller Martin Walser anlässlich der Verleihung des Friedenspreises des deutschen Buchhandels eine Rede, in der er von der „Moralkeule" Auschwitz und von der „Instrumentalisierung unserer Schande zu gegenwärtigen Zwecken" sprach, was fast das gesamte anwesende Publikum zu Applaus und stehenden Ovationen motivierte; anschließend entspann sich eine Kontroverse, in der Ignatz Bubis als Antipode zu Walser hervortrat.[272] Die Amadeu Antonio Stiftung wurde gegründet, benannt nach Amadeu António Kiowa, einem aus Angola stammenden Mann, der als „Vertragsarbeiter" in die DDR gekommen war und im Dezember 1990 bei einer Attacke durch einen neonazistischen Mob – trotz Polizisten in relativer Nähe – so schwer verletzt wurde, dass er wenige Tage später starb.[273] Die Stiftung sollte sich in den kommenden Jahrzehnten zu einer der wichtigsten finanziellen Unterstützerinnen zivilgesellschaftlicher Initiativen entwickeln, die sich gegen Rassismus und Antisemitismus engagieren. Der erste Band von Theodor W. Allens Studie *Die Erfindung der weißen Rasse* erschien auf Deutsch.[274] Die Arbeit des freischaffenden US-amerikanischen Forschers fasste Rassismus nicht als Konflikt zwischen

---

268 Siehe dazu Liebscher, Rasse im Recht, S. 429–449.
269 Ausführlich dazu Jochen Baumann/Andreas Dietl/Wolfgang Wippermann, Doppel-Pass. Staatsbürgerrecht und Nationsverständnis, Berlin 1999; Andreas Klärner, Aufstand der Ressentiments. Einwanderungsdiskurs, völkischer Nationalismus und die Kampagne der CDU/CSU gegen die doppelte Staatsbürgerschaft, Köln 2000.
270 Vgl. Elke Spanner, Gegen den Doppelpaß, in: taz, 06.01.1999.
271 Ausführlich dazu Everhard Holtmann, Die angepassten Provokateure. Aufstieg und Niedergang der rechtsextremen DVU als Protestpartei im polarisierten Parteiensystem Sachen-Anhalts, Opladen 2002.
272 Vgl. Frank Schirrmacher (Hrsg.), Die Walser-Bubis-Debatte. Eine Dokumentation, Frankfurt a. M. 1999.
273 Vgl. Klaus Farin/Eberhard Seidel, Wendejugend, Berlin 2019, S. 110 f.
274 Theodor W. Allen, Die Erfindung der weißen Rasse, Bd. 1: Rassistische Unterdrückung und soziale Kontrolle, Berlin 1998.

ethnischen Kollektiven, sondern als soziales Herrschaftssystem. Die im Vorjahr gegründete Gruppe Kanak Attak veröffentlichte ihr anti-identitäres Manifest, das darauf hinwies, dass sich Rassismus „in Deutschland gegenwärtig vor allem in kulturalistischer Form" zeige. Eine der Antworten hierauf, als Devise formuliert, lautete: „Kanak Attak fragt nicht nach dem Paß oder nach der Herkunft, sondern wendet sich gegen die Frage nach dem Paß und der Herkunft."[275]

1999 beteiligte sich Deutschland im Rahmen der NATO an der Bombardierung von Serbien und Montenegro, die den Krieg im Kosovo, wo albanische Separatisten der paramilitärischen UÇK terroristisch für einen eigenen Staat kämpften, beenden sollte. Rudolf Scharping, Bundesminister der Verteidigung (SPD), kolportierte in der deutschen Presse, Serben hätten die Bäuche ermordeter albanischer Frauen „aufgeschlitzt und die Föten gegrillt"[276], und behauptete zudem, im Kosovo sei ein Konzentrationslager für Albaner errichtet worden, von denen die damals autonome Teilrepublik angeblich hätte ethnisch gesäubert werden sollen. Der ehemalige Sponti und nunmehrige Bundesaußenminister Joseph („Joschka") Fischer (Bündnis 90/Die Grünen) propagierte den Kriegseinsatz nicht nur mit hypermoralischer Verve, sondern zog auf dem Sonderparteitag der Grünen eine explizite Verbindung zum Nationalsozialismus: „Ich stehe auf zwei Grundsätzen, nie wieder Krieg, nie wieder Auschwitz, nie wieder Völkermord, nie wieder Faschismus. Beides gehört bei mir zusammen."[277] Im brandenburgischen Guben hetzte eine elfköpfige Gruppe drei Asylbewerber durch die Stadt, trat einen davon bewusstlos und jagte dann einen weiteren, Farid Guendoul, der sich bei einem Sprung durch die Glastür eines Hauseingangs, in dem er sich Zuflucht erhofft hatte, tödlich verletzte. Die Polizei nahm zunächst eines der Opfer fest. Der Prozess endete mit kurzen Jugend- und Bewährungsstrafen sowie mit Freisprüchen; einer der Täter machte später bei der NPD Karriere.[278] Der sudanesische Flüchtling Aamir Ageeb starb bei seiner Abschiebung an Bord einer Lufthansa-Maschine von Frankfurt am Main nach Khartoum an den Folgen vorsätzlicher Körperverletzung

---

[275] Kanak Attak, Manifest, online dokumentiert unter: https://www.kanak-attak.de/ka/about/manif_deu.html (Stand: 31.12.2021). Zur Geschichte der Gruppe vgl. Nanna Heidenreich, Die Kunst des Aktivismus. Kanak Attak Revisited, in: Burcu Dogramaci (Hrsg.), Migration und künstlerische Produktion. Aktuelle Perspektiven, Bielefeld 2014, S. 347–360.
[276] Zitiert nach Michael Kunczik, Public Relations in Kriegszeiten – Die Notwendigkeit von Lüge und Zensur, in: Heinz-Peter Preußer (Hrsg.), Krieg in den Medien, Amsterdam 2005, S. 241–264, hier S. 258.
[277] Zitiert nach Eberhard Rathgreb, Deutschland kontrovers. Debatten 1945 bis 2005, Bonn 2005, S. 415–417, hier S. 417.
[278] Vgl. Prozessbeobachtungsgruppe Guben (Hrsg.), Nur ein Toter mehr. Alltäglicher Rassismus in Deutschland und die Hetzjagd von Guben, Münster 2001; Carl Ziegner, NPD zeigt ihr „wahres" Gesicht, in: taz, 07.09.2008.

durch Polizeibeamte. Die Verantwortlichen, die dem Piloten des Flugzeugs wahrheitswidrig mitgeteilt hatten, bei Ageeb handle es sich um einen „Mörder", wurden später zu Bewährungsstrafen verurteilt.[279]

Am Ende des 20. Jahrhunderts erklärte das Statistische Bundesamt, dass der „Anteil der ausländischen an der gesamten Bevölkerung" 1999 bei 8,9 % lag – „etwa jeder 11. Einwohner Deutschlands hatte nicht die deutsche Staatsangehörigkeit."[280] Mehr als die Hälfte aller „Ausländer" lebte zu diesem Zeitpunkt länger als zehn Jahre in der Bundesrepublik.[281]

2000 wurde eine breite Debatte über den Begriff „Leitkultur" geführt, der von Bassam Tibi stammte, allerdings von Friedrich Merz (CDU) aufgegriffen und umgedeutet worden war. Während Tibi angesichts des sich abzeichnenden Problems islamischer Gegengesellschaften davon gesprochen hatte, dass eine Leitkultur „Orientierung für ein demokratisches Gemeinwesen bietet, dessen Angehörige unabhängig von ihrer Herkunft und Religion säkulare Normen und Werte als Voraussetzung für den inneren Frieden teilen"[282], also ausdrücklich auf die nachrangige Stellung der Religion im Staat hinwies und den eingeschränkten Zugriff religiöser wie staatlicher Institutionen auf das Individuum meinte, karikierte Merz den Terminus dahingehend, dass sich Migranten „anpassen müssen an die in diesem Land gewachsenen kulturellen Grundvorstellungen."[283] Als in Deutschland über die Einführung eines der US-amerikanischen Green Card ähnelnden Modells debattiert wurde, um den hiesigen Markt für IT-Fachpersonal aus Indien attraktiv zu machen, polterte der CDU-Politiker Jürgen Rüttgers: „Statt Inder an die Computer müssen unsere Kinder an die Computer."[284] Die deutsche Presse verkürzte dies zum noch populistischeren Schlagwort „Kinder statt Inder". Michael Berger, Neonazi und DVU-Mitglied, ermordete in Dortmund die Polizeibeamten Thomas Goretzky, Matthias Larisch von Woitowitz und Yvonne Hachtkemper.[285] In Halberstadt erstach ein Neonazi den 60-jährigen Rentner Helmut

---

279 Vgl. Bernd Mesovic, Griff in die Genitalien, in: taz, 28.05.2019.
280 Statistisches Bundesamt (Hrsg.), Im Blickpunkt: Ausländische Bevölkerung in Deutschland, Wiesbaden 2001, S. 12.
281 Vgl. Statistisches Bundesamt (Hrsg.), Im Blickpunkt, S. 16.
282 Bassam Tibi, Europa ohne Identität? Die Krise der multikulturellen Gesellschaft, München 1998, S. 61.
283 Zitiert nach Tilman Turpin, Die Leitkultur-Debatte: Fragen nach Identität und Integration in Deutschland, Berlin 2009, S. 104–128, hier S. 107.
284 Zitiert nach Matthias Hell, Einwanderungsland Deutschland? Die Zuwanderungsdiskussion 1998–2002, Wiesbaden 2005, S. 133.
285 Vgl. Armin Pfahl-Traughber, Das „Lone Wolf"-Phänomen im deutschen Rechtsextremismus. Eine Analyse von Fallbeispielen, in: Sibylle Steinbacher (Hrsg.), Rechte Gewalt in Deutschland.

Sackers, nachdem sich dieser bei der Polizei beschwert hatte, dass im Haus das Horst-Wessel-Lied gespielt würde; der Täter wurde später wegen angeblicher Notwehr freigesprochen.[286] Ingo Hasselbach, im Berlin der Wendejahre zentrale Figur der lokalen Neonazi-Szene, von der er sich bald abgewandt hatte, gründete gemeinsam mit dem vormaligen Kriminaloberrat Bernd Wagner die Organisation EXIT, die seither Aussteigern aus dem rechtsextremen Milieu hilft.[287] Nach dem Brandanschlag auf die Düsseldorfer Synagoge rief Bundeskanzler Gerhard Schröder zum „Aufstand der Anständigen" gegen die rechtsextreme Gefahr auf.[288]

Am 9. September 2001 wurde der Blumenverkäufer Enver Şimşek in Nürnberg vom NSU ermordet. Der bayerische Innenminister Günther Beckstein, der das Opfer persönlich kannte, da er hin und wieder Blumen bei ihm gekauft hatte, vermerkt neben einem Zeitungsausschnitt: „Bitte mir genau berichten: Ist ausländerfeindlicher Hintergrund denkbar?"[289] Statt dem Verdacht nachzugehen, verdächtigte die Polizei Şimşeks engste Angehörige. Auf die Terroranschläge des 11. September 2001, die in den USA von Islamisten verübt wurden, von denen einige in Deutschland gelebt und u. a. von Hamburg aus den Massenmord geplant hatten, und auf den nachfolgenden *War on Terror* seitens der Vereinigten Staaten, entspannen sich weltweite Debatten über Migration, Rassismus und Flucht. Die sinnwidrige Rede vom „antimuslimischen Rassismus", selbst Ausdruck ahistorischen Denkens, wurde nun populär.[290] Antiamerikanismus brach sich in deutschen Medien bisweilen unverhohlen Bahn.[291] Im Zuge der diesbezüglichen Kontroversen und im Angesicht der Zweiten Intifada, die den jüdischen Staat von 2000 bis 2005 mit Selbstmordattentaten, Raketenangriffen und Schussüberfällen überzog, die mehr als 500 Israelis das Leben kosteten und einige tausend schwer verletzten, tat sich in der Linken zusehends ein virulenter Konflikt auf. Jene, die ideologiekritisch den Islam als Herrschaftssystem in die Analyse der Gegenwart einbezogen, um die Kritik des Antisemitismus auf die Höhe der Zeit zu bringen,

---

Zum Umgang mit dem Rechtsextremismus in Gesellschaft, Politik und Justiz, Göttingen 2016, S. 205–220, hier S. 210.
286 Vgl. Klaus Gehling, Gewaltmusik, Musikgewalt. Populäre Musik und die Folgen, Würzburg 2006, S. 237f.
287 Vgl. ZDK Gesellschaft Demokratische Kultur GmbH (Hrsg.), Letzter Halt: Ausstieg. Wege aus der rechtsextremen Szene, Berlin 2007, S. 8.
288 Siehe dazu Lars Flemming, Das NPD-Verbotsverfahren. Vom „Aufstand der Anständigen" zum „Aufstand der Unfähigen", Baden-Baden 2005.
289 Zitiert nach Jonas Bickelmann, „Die größte Niederlage des Rechtsstaats", in: Der Tagesspiegel, 11.09.2020.
290 Siehe dazu den Beitrag von Ahmad A. Omeirate in diesem Band.
291 Vgl. Tobias Jaecker, Hass, Neid, Wahn. Antiamerikanismus in den deutschen Medien, Frankfurt a.M./New York 2014.

firmierten bald als Antideutsche.²⁹² In den anderen Fraktionen wurden fortan alte antiimperialistische Positionen aufgewärmt, was dem Antizionismus als Haltung wie handfester Gesinnung erhebliche Konsensfähigkeit zuführte.²⁹³ Insbesondere das sogenannte „israelkritische" Personal der Hochschulen und des Kulturbetriebs trug hierfür Verantwortung, wobei kaum verklausuliertes Lob für die antisemitischen Suizidattacken keine Seltenheit waren.²⁹⁴ Ulrich Herbert veröffentlichte seine überarbeitete und erweiterte Studie zur Geschichte der Ausländerpolitik in Deutschland.²⁹⁵ Karen Schönwälder publizierte ihre grundlegende Arbeit zur Geschichte der Einwanderungspolitik in der alten Bundesrepublik.²⁹⁶

Nachdem der namibische Politiker Kuaima Riruako und andere Deutschland für das deutsche Kolonialverbrechen an den Herero 1904 verklagt hatten, begann im Januar 2002 der Prozess am Superior Court in Washington. Die Forderung belief sich auf eine Reparationssumme für das erlittene Unrecht in Höhe von zwei Milliarden US-Dollar für die Deutsche Bank und die Deutschen Afrika-Linien Hamburg sowie 600 Millionen US-Dollar für die Bundesregierung. Die Klage scheiterte.²⁹⁷ Manuela Bojadžijev und Alex Demirović gaben den Sammelband *Konjunkturen des Rassismus* heraus, der aus einer rassismuskritischen Tagung am Frankfurter Institut für Sozialforschung resultierte, die im Vorjahr stattgefunden hatte.²⁹⁸ Die Beiträge widmeten sich jüngeren Transformationen des Rassismus in Europa, die titelgebende Formulierung plädierte dafür, das Phänomen nicht zu essentialisieren, sondern über seine politischen Konjunkturen zu bestimmen.

---

292 Für einen Überblick siehe Simon Erlanger, „The Anti-Germans". The Pro-Israel German Left, in: Jewish Political Studies Review 21/1–2 (2009), S. 95–106.
293 Zu den Folgen vgl. Doron Rabinovici/Natan Sznaider/Christian Heilbronn (Hrsg.), Neuer Antisemitismus? Fortsetzung einer globalen Debatte, Berlin 2019.
294 Siehe dazu Gerhard Scheit, Suicide Attack. Zur Kritik der politischen Gewalt, Freiburg 2004.
295 Vgl. Ulrich Herbert, Geschichte der Ausländerpolitik in Deutschland. Saisonarbeiter, Zwangsarbeiter, Gastarbeiter, Flüchtlinge, München 2001.
296 Vgl. Karen Schönwälder, Einwanderung und ethnische Pluralität. Politische Entscheidungen und öffentliche Debatten in Großbritannien und der Bundesrepublik von den 1950er bis zu den 1970er Jahren, Essen 2001.
297 Vgl. Gesine Krüger, Vergessene Kriege. Warum gingen die deutschen Kolonialkriege nicht in das historische Gedächtnis der Deutschen ein?, in: Nikolaus Buschmann/Dieter Langewiesche (Hrsg.), Der Krieg in den Gründungsmythen europäischer Nationen und der USA, Frankfurt a.M./New York 2003, S. 120–137, hier S. 134f.
298 Vgl. Manuela Bojadžijev/Alex Demirović (Hrsg.), Konjunkturen des Rassismus, Münster 2002.

2003 ermordete der deutsche Rechtsextremist Thomas Adolf in Overrath drei Menschen in einer Anwaltskanzlei.[299] Im rheinland-pfälzischen Kandel legte ein 22-jähriger Mann, der rechtsextremen Kreisen nahestand, Feuer in einem Gebäude, das überwiegend von Migranten bewohnt war. Zwei griechische Wanderarbeiter starben durch Rauchvergiftung. Das Gericht verurteilte den Täter später wegen „vorsätzlichen Vollrausches" zu drei Jahren und neun Monaten Haft.[300] Kurz darauf erstach ein Rechtsextremist in einer Heidenheimer Diskothek drei Spätaussiedler.[301]

2004 wurde das Zuwanderungsgesetz verabschiedet, welches die vormals fünf Aufenthaltstitel für „Ausländer" auf zwei reduzierte, und zwar auf die Aufenthalts- und die Niederlassungserlaubnis. Aus dem Bundesamt für die Anerkennung ausländischer Flüchtlinge wurde das Bundesamt für Migration und Flüchtlinge, das auch die wissenschaftliche Forschung unterstützen sollte; für Neuzuwanderer wurden Integrationskurse, für die der Bund aufkam, verpflichtend.[302] Altkanzler Helmut Schmidt sprach im selben Jahre vom Scheitern des Multikulturalismus und nannte nicht diesen – im Sinne einer Ideologie – einen „Fehler", sondern „daß wir zu Beginn der sechziger Jahre Gastarbeiter aus fremden Kulturen ins Land holten."[303] Klaus J. Bade und Jochen Oltmer postulierten indes den *Normalfall Migration*.[304] Der NSU platzierte in der Kölner Keupstraße, in der zahlreiche Geschäfte türkischstämmiger Kleinunternehmer ansässig sind, eine Nagelbombe, deren Explosion 22 Menschen zum Teil schwer verletzte; verdächtigt wurden auch hier die Opfer.[305] Ab September zeigte der Kölnische Kunstverein die Ausstellung *Projekt Migration*, welche die Geschichte der Arbeitsmigration in die Bundesrepublik aufarbeitete.[306] Fatih Akins Spielfilm *Gegen die Wand*, der eine weitaus komplexere und destruktivere migrantische Lebensrealität zeigte, als sie bis anhin in Deutschland zu sehen gewesen war, wurde insbesondere dank Birol Ünel und Sibel Kekilli in den Hauptrollen zur

---

299 Vgl. Andrea Röpke, Bomben, Waffen, Terror in der Kameradschaftsszene, in: Andrea Röpke/ Andreas Speit (Hrsg.), Braune Kameradschaften. Die militanten Neonazis im Schatten der NPD, 2., aktualisierte Aufl., Berlin 2005, S. 40–66, hier S. 47.
300 Vgl. Frank Jansen u. a., 13 Verdachtsfälle, in: Der Tagesspiegel, 31.05.2012.
301 Vgl. Waibel, Rechte Kontinuitäten, S. 360f.
302 Vgl. Petrus Han, Soziologie der Migration. Erklärungsmodelle, Fakten, Politische Konsequenzen, Perspektiven, 4. Aufl., Köln/München 2016, S. 190f.
303 Zitiert nach o. A., Altkanzler Schmidt: Anwerbung von Gastarbeitern war falsch, in: Frankfurter Allgemeine Zeitung, 24.11.2004.
304 Klaus J. Bade/Jochen Oltmer, Normalfall Migration, Bonn 2004.
305 Vgl. Schultz, NSU, S. 226f.
306 Vgl. den Ausstellungskatalog: Aytaç Eryılmaz (Hrsg.), Projekt Migration, Köln 2005.

Kino-Sensation.[307] Heidemarie Wieczorek-Zeul entschuldigte sich bei einer Gedenkveranstaltung zum 100. Jahrestag der Niederschlagung des Herero-Aufstandes für das militärische Verbrechen der Deutschen; die Bundesregierung wiederum distanzierte sich von der Geste ihrer Entwicklungshilfeministerin, indem sie diese als Privatmeinung abtat.[308]

Am 7. Januar 2005 verbrannte der in Sierra Leone geborene Oury Jalloh lebendigen Leibes in einer Gewahrsamszelle der Dessauer Polizei, in der bereits drei Jahre zuvor ein Mann umgekommen war. An der Leiche des Geduldeten wurden schwere Verletzungen festgestellt, die ihm unmittelbar vor dem Feuertod zugefügt worden sein müssen.[309] Am 15. Juni ermordete der NSU den griechischen Schlüsseldienst-Unternehmer Theodoros Boulgarides in München. Es war das siebte Todesopfer der Terrorgruppe. Auch hier drängte die Polizei den nächsten Angehörigen angebliche Verstrickungen des Opfers ins kriminelle Milieu auf; die Ehefrau des Verstorbenen verlor sogar ihre Anstellung – „nach dem Motto: Wenn der Ehemann kriminell war, wer weiß, wie lange die schon hier klaut", wie ihr Anwalt später erklärte.[310] Monika Matthes veröffentlichte ihre Studie zu „Gastarbeiterinnen" in der alten Bundesrepublik, die das falsche Bild vom Migranten, der nach erfolgter Ankunft in Westdeutschland seine Ehefrau nachgeholt habe, korrigierte, indem sie auf die große Zahl von Migrantinnen hinwies, die eigenständig eingereist waren, um Arbeit zu finden.[311] Karin Hunn publizierte ihre Studie zur Geschichte der türkischen „Gastarbeiter".[312]

Ab 2005 schlugen an den Hochschulen linksrassistische Denkformen aus, die in Gestalt des Kulturrelativismus das Erbe des Multikulturalismus antraten und im Gegensatz zu den identitären Ideen von rechts breite Akzeptanz genossen. So erschien in jenem Jahr die deutsche Übersetzung von Judith Butlers „politischen Essays" *Gefährdetes Leben*. Darin bezeichnete die US-amerikanische Gender-

---

307 Vgl. *Gegen die Wand*, R: Fatih Akin (Deutschland) 2004.
308 Vgl. Josef Senft, Diesseits von Afrika. Ein postkoloniales Essay – in autobiographischen Dekaden – mit afrikanischen Rekursen, Münster 2021, S. 182 f.
309 Vgl. Jan Schumann, Mord als Vertuschung? Ermittler sieht im Fall Oury Jalloh Verbindung zu weiteren Todesfällen, in: Berliner Zeitung, 07.12.2017.
310 So paraphrasierte Yavuz Narin, Verteidiger der Hinterbliebenen von Theodorus Boulgarides, die Ereignisse nach der Ermordung. Zitiert nach Hüseyin Ince, Nebenkläger-Anwalt: Ich rechne bei Zschäpe mit lebenslanger Haft, in: merkur.de, 06.052018, https://www.merkur.de/politik/nebenklaeger-anwalt-im-interview-ist-dauer-nsu-prozesses-gerechtfertigt-zr-9844155.html (Stand: 31.12.2021).
311 Vgl. Monika Mathes, „Gastarbeiterinnen" in der Bundesrepublik. Anwerbepolitik, Migration und Geschlecht, Frankfurt a. M./New York 2005.
312 Vgl. Karin Hunn, „Nächstes Jahr kehren wir zurück..." Die Geschichte der türkischen Gastarbeiter in der Bundesrepublik, Berlin 2005.

theoretikerin die Burka, die von den Taliban mit brutalster Gewalt allen Frauen in Afghanistan aufgezwungen worden war, als eine „Übung in Bescheidenheit und Stolz"[313], was das geschlechterpolitische Kontrollinstrument und Signum männlicher Willkürherrschaft zu einer Art Tracht verniedlichte, die dann auf konventionelle rassistische Manier allen Afghaninnen an den Leib gedichtet wurde. Butler, an der sich die Geschlechterforschung in Deutschland seit den 1990er Jahren völlig unkritisch orientiert hatte, veredelte mit ihren Ausführungen ordinäres rassistisches Denken für ein akademisches Milieu, das sich selbst für anspruchsvoll und „kultursensibel" hält.[314] Die Theologin Eske Wollrad veröffentlichte mit *Weißsein im Widerspruch* eine der ersten *Critical Whiteness*-Abhandlungen in deutscher Sprache.[315] Während weite Teile des Antirassismus bis dato bereits erhebliche analytische Mankos aufwiesen, die aus einem antiimperialistischen Weltbild resultierten, überführte die „Kritische Weißseinsforschung" die Rassismuskritik zusehends in narzisstisch motivierte Esoterik, da „Weiße" sich primär mit ihrer angeblichen symbolischen „Unmarkiertheit" und angeblich daraus folgenden „Privilegien" beschäftigen sollten. Das Zentrum für transdisziplinäre Geschlechterstudien an der Humboldt-Universität zu Berlin widmete eine Ausgabe seines *Gender-Bulletins* dem Thema Genitalverstümmelung, das nicht kritisch, sondern affirmativ aufgegriffen wurde.[316] Überwiegend herkunftsdeutsche Genderforscherinnen ohne jedwede Expertise suchten bar jeder Empathie für die Opfer nach Euphemismen für die patriarchale Zurichtung, um den Fakt, dass es sich um systematische Gewalt an jungen Mädchen handelt, wortwörtlich durch „andere Erzählungen" zu ersetzen. Die Artikelsammlung zählt zu den rassistischen Tiefpunkten der Geistes- und Sozialwissenschaften im Deutschland des 21. Jahrhunderts.

Am 6. April 2006 ermordete der NSU Halit Yozgat in Kassel. Angehörige forderten bei Trauermärschen in Dortmund und Kassel substanzielle Aufklärungsarbeit von der Polizei statt Verdächtigung der Hinterbliebenen. Am 18. August des Jahres trat das Allgemeine Gleichbehandlungsgesetz in Kraft, das Benachteili-

---

313 Judith Butler, Gefährdetes Leben. Politische Essays, Frankfurt a.M. 2005, S. 168.
314 Siehe dazu Bernd Martin, Aufgeklärte Vernunft und konkurrierende Handlungsrationalitäten am Ende des 20. Jahrhunderts. Sozialtheorie zwischen prädisponiertem Nutzenkalkül, Werterelativismus und den Vorzeichen islamischen Absolutismus, Bamberg 2013.
315 Vgl. Eske Wollrad, Weißsein im Widerspruch. Feministische Perspektiven auf Rassismus, Kultur und Religion, Königstein im Taunus 2005. Ähnliches formulierten im selben Jahr Maureen Maisha Eggers/Grada Kilomba/Peggy Piesche/Susan Arndt (Hrsg.), Mythen, Masken und Subjekte. Kritische Weißseinsforschung in Deutschland, Münster 2005.
316 Vgl. Zentrum für Transdisziplinäre Geschlechterstudien (Hrsg.), Gender-Bulletin 28 (2005): Female Genital Cutting: Die Schwierigkeit, sich zu positionieren.

gungen auf Grund unveräußerlicher Merkmale, aber auch auf Grund der Religion oder der Weltanschauung verhindern beziehungsweise beseitigen soll. Im Zuge dessen wurde die Antidiskriminierungsstelle des Bundes eingerichtet, um Personen u. a. vor rassistischer Diskriminierung zu schützen. Im September tagte die Deutsche Islamkonferenz erstmalig.[317] Der Verfassungsschutzbericht führte für das Jahr 2006 keinen Eintrag über die Grauen Wölfe.[318]

Probleme der bisherigen Forschung

Schon der kursorische Abriss der deutschen Nachkriegsgeschichte zeigt, dass die Geschichte des Rassismus nicht mit derjenigen des Rechtsextremismus identisch ist, wiewohl letzterer ohne ersteren nicht auskommt: „Wie sich der Rassismus jedoch äußert, ob es bei Diskriminierungen und Ausgrenzungen bleibt oder ob er sich zu einer Extremform des liquidatorischen Staatsrassismus wie in Deutschland verdichtet, ist eine Frage der Umstände, der politischen Kultur eines Landes, der Kräfteverhältnisse, der internationalen Verflechtungen und Einflüsse und kann definitorisch nicht vorab bestimmt werden", wie Karin Priester einst vermerkte.[319] Für die historiographische Analyse heißt dies, dass diese ebenjene Faktoren zu bestimmen hat, wenn sie rekonstruieren möchte, weshalb rassistische Tendenzen während einer bestimmten Phase milieuübergreifend ausschlugen oder gar länderübergreifend Konjunktur hatten.

Zunächst ist jedoch auf die Verwendung des Begriffs „Rassismus" selbst einzugehen, denn der Bogen, der von der Popularisierung des Denkens in „Rassen" im 19. Jahrhundert zur Anfeindung von Individuen oder Gruppen auf Grund ihres Äußeren oder ihrer Herkunft im 21. Jahrhundert führt, ist nicht selbsterklärend. Mit Arthur de Gobineau, der diesem Denken mit seinem zwischen 1853 und 1855 erschienenen *Versuch über die Ungleichheit der Menschenrassen*[320] den Weg ebnete, hatte „ein neuer Intellektuellentyp die politische Bühne" betreten, „der sich nun vor allem im rechten Umfeld tummeln und seine einflußreichsten Ideologen stellen wird", wie Priester in Erinnerung gerufen hat – und zwar der Typus

---

317 Vgl. Gabriele Hermani, Die Deutsche Islamkonferenz 2006–2009. Der Dialogprozess mit den Muslimen in Deutschland im öffentlichen Diskurs, Berlin 2010.
318 Vgl. Bundesministerium des Innern (Hrsg.), Verfassungsschutzbericht 2006.
319 Priester, Rassismus und kulturelle Differenz, S. 183.
320 Vgl. Arthur de Gobineau, Essai sur l'inégalité des races humaines, Paris 1853; dt. Versuch über die Ungleichheit der Menschenracen, Stuttgart 1898.

des Bohemiens, häufig übrigens, wie im Falle Gobineaus, mit schriftstellerischen Ambitionen, des wissenschaftlichen Dilettanten außerhalb der universitären Karrierewege. Chamberlain, Klages, de Lagarde, Spengler, Rosenberg, Moeller van den Bruck und manche andere sind ehrgeizige, oft wissenschaftliche Karrieren anstrebende, aber durch biographische Umstände und Frustrationen aus der bürgerlichen Bahn geworfene, mehr oder weniger autodidaktisch sich weiterbildende, ungeordnet belesene und oft bohemienhaft lebende Publizisten. Sie verfolgen manisch *eine* Grundidee auf der Suche nach einer mythopoetischen Welterklärungsformel, mit der sie gerade deswegen massenwirksame Publikationserfolge erzielen, weil sie wenig differenziert und analytisch geschult auf ein bürgerliches Massenlesepublikum zielen, das seinerseits nicht Differenzierungen, sondern die Bestätigung schon vorhandener Vorurteile und Schuldzuweisungen sucht. [...] In seinem müden Geschichtspessimismus sieht [Gobineau] zudem nur Untergang, Dekadenz und Tod, wo andere zukunftsorientierter den Aufruf zur Züchtung einer neuen Herrenrasse ergehen lassen. Dies ändert jedoch nichts an den fatalen Konsequenzen einer Doktrin, die die Ungleichheit der Menschen nicht nur in ihrer faktischen Realität akzeptiert, sondern in ihrem Rassendeterminismus für biologisch unabänderlich erklärt, damit aber [...] diese Ungleichheit gerade erst begründet.[321]

Zwei Aspekte sind an dieser Paraphrase der Genese des rassistischen Denkens hervorzuheben: Erstens, dass es aus einer Niedergangsfantasie über den insinuierten Weltverlauf entstand und nicht aus einem Welteroberungswunsch, denn zwischen dem von Gobineau apostrophierten „reinrassigen" Ursprung der originären Menschen einerseits und ihrem vermeintlichen Jetzt-Zustand im 19. Jahrhundert andererseits lag bereits Geschichte – was heißt, dass eine eindeutige Zuordnung Einzelner zu dieser oder jener „Rasse" gar nicht möglich war. Daraus folgte zweitens eine bemerkenswerte ideologische Inkonsistenz, denn ein solches Weltbild konnte auf Grund der Vermischungen der „Rassen" seit dem Beginn der Menschheit nicht einlösen, was es zum Programm hatte. Dass es sich im Verlauf des 20. Jahrhunderts in Richtung „Kultur" verschob, die seither vorrangig aufgerufen wird, wenn Unterschiede zwischen kollektiven Identitäten geltend gemacht werden sollen, ist eine Spätfolge dieser argumentativen Unstimmigkeit, die dem Rassismus als Beiwerk politische Anpassungsfähigkeit verlieh.

Colette Guillaumin hat in einem Aufsatz, der einige Zeit nach der Erfahrung der Neuen Sozialen Bewegungen aus materialistischer Warte entstand, auf die Antiquiertheit von „Rasse" als Konzept hingewiesen. Dieser Aspekt – heute zumeist als „Rassismus ohne Rassen"[322] geläufig – ist angesichts der Systematisie-

---

321 Priester, Rassismus und kulturelle Differenz, S. 149 (Hervorhebung im Original).
322 Vgl. Manuela Bojadžijev, Rassismus ohne Rassen, fiktive Ethnizitäten und das genealogische Schema. Überlegungen zu Étienne Balibars theoretischem Vokabular für eine kritische Migrations- und Rassismusforschung, in: Julia Reuter/Paul Mecheril (Hrsg.), Schlüsselwerke der Migrationsforschung. Pionierstudien und Referenztheorien, Wiesbaden 2015, S. 275–288.

rung rassistischen Wissens im 19. Jahrhundert, dessen Erweiterung durch die von Karin Priester erwähnten Autoren sowie der Bestrebungen der deutschen „Rassenforschung" bis 1945 im Besonderen zu betonen. Die primäre Bedeutung des Ausdrucks „Rasse" entstehe demnach gerade durch das Zusammenspiel heterogener Komponenten. Dazu zählte Guillaumin 1) „Morpho-physiologische Merkmale", 2) „Soziologische Merkmale", 3) „Symbolische und geistige Merkmale" sowie 4) „phantasmatische Merkmale", wobei erst deren Summe „zu einem Ensemble, das sich als synkretistisch definieren läßt", verschmelze.[323] Dieses Ensemble generiert nun jenen Rassismus, der als „praktische Haltung", als „politisches Projekt", als „rechtliche Struktur" sowie als ein den „praktischen Horizont des Staates" konstituierendes Moment zu verstehen ist.[324] Das bedeutet, dass es sich um ein Phänomen handelt, das nicht auf ein Denken in biologisch separierbaren „Rassen" angewiesen ist, sondern Differenz zur Legitimation gesellschaftlicher Segregation zu nutzen weiß.[325] Von einer Ideologie zu sprechen, liegt hier jedoch nahe, wie Ulrike Marz betont, denn „Ideologie ist meist eins mit der Naturalisierung gesellschaftlicher Verhältnisse."[326]

Tatsächlich zeigt sich in der historischen Perspektivierung, dass Rassismus auch im bundesdeutschen Kontext nicht ausschließlich als politisches, juristisches, ökonomisches oder kulturelles Phänomen fassbar wird, sondern dass es sich gerade durch die Überlagerung jener einzelnen Bestandteile auszeichnet und über die Anrufung der vermeintlichen „Kultur" der „Anderen" – die oftmals kaum verschleiert deren angebliche „Natur" meint – ideologisch wirksam geworden ist. Der Übergang von jenem Rassismus, der aus Biologie den Herrschaftsanspruch der Einen über die Anderen abzuleiten meinte und damit die Verfolgung oder Vernichtung letzterer rechtfertigte, hin zu einem Differenzen betonenden, abgemildert über „Kultur" argumentierenden Rassismus wird hier anschaulich. Wie George L. Mosse einst schrieb, wählte sich Rassismus „Eigenschaften wie Sauberkeit, Anstand, moralischen Ernst, harte Arbeit, Familienleben – Eigenschaften, die während des 19. Jahrhunderts die Ideale des Mittelstandes verkörperten"[327], was unverkennbar das Wissen über die „Ausländer" in der alten Bundesrepublik prägte, auf die die Kehrseite der genannten Qualitäten projiziert wurde, weswegen sie lange als unmittelbare „Andere" der Deutschen firmierten.

---

323 Colette Guillaumin, Zur Bedeutung des Begriffs „Rasse", in: Institut für Migrations- und Rassismusforschung (Hrsg.), Rassismus und Migration in Europa, Hamburg 1992, S. 77–87, hier S. 83.
324 Guillaumin, Zur Bedeutung des Begriffs „Rasse", S. 83 und S. 84.
325 Vgl. Bojadžijev, Die windige Internationale, S. 23.
326 Ulrike Marz, Kritik des Rassismus. Eine Einführung, Stuttgart 2020, S. 91.
327 Mosse, Rassismus, S. 213.

Maria Alexopoulou ist in ihrer Einschätzung zuzustimmen, dass sich der Rassismus auf Deutschlands langem Weg in die Einwanderungsgesellschaft stets mittransformiert „und dabei den demokratischen Staat samt seiner Gesellschaft imprägniert" hat.[328] Beizupflichten ist auch Manuela Bojadžijevs These, dass es die Kämpfe migrantischer Menschen sind, „die den Rassismus immer wieder zwingen, sich zu reorganisieren."[329] Nicht minder gewichtig ist allerdings der Umstand, dass sowohl die wissenschaftliche wie die nicht-wissenschaftliche Publizistik zum Thema über die Dekaden weitaus präsenter und kontinuierlicher gewesen ist, als Veröffentlichungen aus dem 21. Jahrhundert rückblickend nahelegen. Dies hat auch damit zu tun, dass Fragen danach, wer und was deutsch ist, deutlich hinter die Zäsur von 1933 zurückreichen – worauf u. a. Fatima El-Tayeb und Martina Kessel hingewiesen haben[330] –, so dass die Beschäftigung mit Rassismus einer Selbstbefragung zuspielte, die ihrerseits eine eigenständige Debatte fortführte. Dass sich Plädoyers für eine Neubewertung der Zuwanderungsgeschichte nunmehr positiv auf Kollektivität beziehen und dafür bisweilen ausdrücklich eine „Wir"-Form wählen – Jan Plamper etwa hat eine Darstellung vorgelegt, die den Titel *Das neue Wir* trägt[331] – darf als unbewusstes Echo einer deutschen Tradition verstanden werden, von der man sich eigentlich abzusetzen gedenkt.

Gegen die akademische Rassismus-Trivialisierung

Die Rassismus-Diskussion ist in anderen Disziplinen fortgeschritten, bisweilen wird sie dort bereits seit Jahrzehnten geführt.[332] Für die Geschichtswissenschaft gilt es, kritisch hieran aufzuschließen, ohne sich auf die bekannten Irrwege einzulassen, die sich zwischenzeitlich in einigen akademischen Arealen deutlich bemerkbar gemacht haben.[333] Entsprechende Tendenzen sind längst auch au-

---

328 Alexopoulou, Deutschland und die Migration, S. 233.
329 Bojadžijev, Die windige Internationale, S. 15.
330 Vgl. Fatima El-Tayeb, Undeutsch. Die Konstruktion des Anderen in der postmigrantischen Gesellschaft, Bielefeld 2016; Martina Kessel, Gewalt und Gelächter. „Deutschsein" 1914–1945, Stuttgart 2019.
331 Vgl. Jan Plamper, Das neue Wir. Warum Migration dazugehört. Eine andere Geschichte der Deutschen, Frankfurt a. M. 2019.
332 Siehe dazu Manuela Bojadžijev, Zur Entwicklung kritischer Rassismustheorie in Deutschland seit den 1980er Jahren, in: Dirk Martin/Susanne Martin/Jens Wissel (Hrsg.), Perspektiven und Konstellationen kritischer Theorie, Münster 2015, S. 49–71.
333 Siehe dazu Ingo Elbe, Gestalten der Gegenaufklärung. Untersuchungen zu Konservatismus, politischem Existentialismus und Postmoderne, 2., überarbeitete u. erweiterte Aufl., Würzburg

ßerhalb der Hochschulen registriert worden. Ijoma Mangold etwa hat die Prädominanz der „ahistorischen Moralisierung, die den postkolonialen Diskurs fest im Griff hat", unterstrichen und damit vornehm untertrieben.[334] Wie fatal diese Moralisierung tatsächlich ist, ist unter anderem an der katastrophalen Bilanz abzulesen, die gerade jene Teile der Geistes- und Sozialwissenschaften vorzuweisen haben, die sich primär für „rassismussensibel" und aufgeschlossen, für „divers" und weltgewandt halten, aber keinen Begriff von Antisemitismus, Migration, Rassismus und Religionskritik haben und so direkt in den Kulturrelativismus münden, bei dem es sich selbst um Rassismus handelt.[335] Hervorzuheben ist an dieser Stelle zudem, dass die akademische Publizistik hierzu bisweilen Absonderliches von hochideologischem Charakter hervorgebracht hat, das jedem wissenschaftlichen Anspruch Hohn spricht, ohne dass dies eine breite innerakademische Debatte über notwendige Standards wie Objektivität und Methode ausgelöst hätte – siehe etwa die sogenannte „Kritische Weißseinsforschung"[336] oder den universitär salonfähigen Hass auf unliebsame migrantische Frauen, der bereits als milieuspezifischer Rassismus herkunftsdeutscher Mittelschichtsakademikerinnen ausgewiesen worden ist.[337] Analytische Trugschlüsse wie die Rede von diversen „Rassismen" – die, wie im Falle von „Geschlechterrassismus"[338] (statt Misogynie und Antifeminismus), das gemeinte Phänomen gar nicht tref-

---

2021, sowie die Beiträge in Ingo Elbe u. a. (Hrsg.), Probleme des Antirassismus. Postkoloniale Studien, Critical Whiteness und Intersektionalitätsforschung in der Kritik, Berlin 2022.
334 Julia Günther/Ijoma Mangold, Die Renaissance der Hautfarbe. Ein Gespräch über Kindheitserfahrungen, Identität und antirassistische Diskurse, in: Aus Politik und Zeitgeschichte, 18.03.2022, https://www.bpb.de/shop/zeitschriften/apuz/schwarz-und-deutsch-2022/506174/die-renaissance-der-hautfarbe/ (Stand: 18.03.2022).
335 Vgl. die Beiträge in Vojin Saša Vukadinović (Hrsg.), Freiheit ist keine Metapher. Antisemitismus, Migration, Rassismus, Religionskritik, Berlin 2018.
336 Vgl. Krsto Lazarević, Verhinderte Rechte. Eine Kritik der „Kritischen Weißseinsforschung" in Deutschland, in: Vukadinović (Hrsg.), Freiheit ist keine Metapher, S. 293–313.
337 Vgl. Bernd Martin, Aufgeklärte Vernunft und konkurrierende Handlungsrationalitäten am Ende des 20. Jahrhunderts, S. 333–351; Ali Tonguç Ertuğrul, Nicht allein. Wie der Kampfbegriff der „Islamophobie" gesellschaftliche Probleme verschleiert und die vom Islam Bedrohten im Stich lässt, in: Vukadinović (Hrsg.), Freiheit ist keine Metapher, S. 273–292; Hannah Kassimi, Kognitive Dissonanz. Der linke Hass auf migrantisch-feministische Individuen, in: Vukadinović (Hrsg.), Freiheit ist keine Metapher, S. 314–334; Vojin Saša Vukadinović, Das rassistische Bedürfnis. Gender-Theorie, xenophile Projektion, narzisstische Kränkung, in: Amelung (Hrsg.), Irrwege, S. 309–357.
338 So Wulf D. Hund, Rassismus, Bielefeld 2007, S. 124; ähnlich Achim Bühl, Rassismus. Anatomie eines Machtverhältnisses, Wiesbaden 2016, S. 76–78.

fen[339] – nehmen sich im Vergleich geradezu harmlos aus. Solange akademische Publikationen erscheinen, „in denen das Wort Klassengesellschaft überhaupt nicht vorkommt, liegt mit der Rassismusanalyse einiges im Argen", wie Wulf D. Hund mit Blick auf den 2017 von Karim Fereidooni und Meral El herausgegebenen Sammelband *Rassismus und Widerstandsformen* schreibt, eine in jedweder Hinsicht exemplarisch zu nennende Zusammenstellung einschlägiger Aufsätze, die sich durch erhebliche wie befremdliche analytische Mankos auszeichnen.[340] Denn solange Rassismus als eine alles durchdringende Sphäre gilt und unbegriffen bleibt, dass es sich um ein gesellschaftliches Verhältnis handelt, muss „klar" sein, „dass es hier nicht nur um unsolide Argumentation geht"[341], wie Hund angesichts eines mustergültigen Aufsatzes von Susan Arndt pointiert. Da solche Produkte viel Moral, aber wenig Erkenntnis aufbieten, darf ihr angeblicher Beitrag zum besseren Verständnis dessen, was Rassismus ist, bezweifelt werden.

Dass diese Tendenzen, Entwicklungen und Redeweisen außerhalb der historischen Seminare Gestalt angenommen haben, nimmt die Geschichtswissenschaft nicht aus der Pflicht, hiergegen Einspruch zu formulieren. Weitaus schwerer als terminologisches Wirrwarr oder als akademische Moden mit politisch dubiosem Impetus wiegt jedoch der Umstand, dass bisweilen unverhohlen taktischer Gebrauch von besagter moralischer Komponente gemacht wird, um mit vermeintlicher Rassismus-Sensibilität eine Agenda zu bedienen, die sich lediglich taktisch auf migrantische Menschen bezieht. In Kürze soll dies an zwei Beispielen erläutert werden.

2021 veröffentlichte der Historiker A. Dirk Moses auf dem Blog *Geschichte der Gegenwart* einen Beitrag namens „Der Katechismus der Deutschen", der mit falschen Glaubensgrundsätzen bezüglich der Vernichtung der europäischen Juden aufräumen wollte, die angeblich nicht nur die hiesige Erinnerungspolitik, sondern die gesamte gesellschaftliche Vorstellung jener Ära bestimmten.[342] Der Genozidforscher behauptete, dass das Verständnis der Shoah als singuläres menschheitsgeschichtliches Verbrechen den Blick auf vorhergehende Verbrechen in den Kolonien verstelle; dass es in Deutschland ein quasireligiöses Bekenntnis sei, zu meinen, dass das Land aus historischen Gründen Israel gegenüber zu

---

339 Colette Guillaumin hat auch hier weitaus erhellendere Überlegungen angestellt, als es Arbeiten aus dem deutschsprachigen Kontext bislang vermocht haben. Vgl. Colette Guillaumin, Racism, Sexism, Power, and Ideology, London/New York 1995.
340 Karim Fereidooni/Meral El (Hrsg.), Rassismuskritik und Widerstandsformen, Wiesbaden 2017.
341 Wulf D. Hund, Rassismus und Antirassismus, Köln 2018, S. 121.
342 Vgl. A. Dirk Moses, Der Katechismus der Deutschen, in: Geschichte der Gegenwart, 23.05. 2021, https://geschichtedergegenwart.ch/der-katechismus-der-deutschen/ (Stand: 01.02.2022).

Loyalität verpflichtet sei; dass Antizionismus als Antisemitismus zu gelten habe, usw. Hierauf folgte eine Feuilleton-Debatte, in der die Frage dominierte, ob man es mit einem neuen, von Theorien aus den Postcolonial Studies beflügelten Historikerstreit zu tun hätte, was Moses' Anliegen vorauseilend eine moralische Note zuführte. Seine Rede vom „Katechismus", an der bereits die Geste des insinuierten Tabubruchs penetrant auffiel, zumal sie in Form eines standesgemäßen, wiewohl plump aufgemachten Befreiungsschlages dargeboten wurde, den man ähnlich schon von Martin Walser, Jürgen Möllemann und Günter Grass kannte, wies nun eine sehr konkrete politische Bezugnahme auf: namentlich auf migrantische Menschen, die bei ihm allerdings nicht so heißen und erst recht nicht als Individuen gelten, sondern als bloße Schubmasse für das eigene Ansinnen dienen. So endete sein Pamphlet mit der Behauptung, dass die Zeit reif sei, „die Forderungen nach historischer Gerechtigkeit auf eine Weise neu zu verhandeln, die alle Opfer des deutschen Staats und alle Deutschen – auch BPoC, inkl. Juden und Jüdinnen und Muslime und Muslimas, Einwander:innen und ihre Nachfahren – respektiert."[343] Diese jargonistische Aneinanderreihung meinte dreierlei: Erstens, dass den genannten Minderheiten die Erinnerung an die Shoah weniger bedeute als Gräueltaten in den einstigen Kolonien, was die gut bekannte rassistische Karikatur vom gefühlsbestimmten „Anderen" fortschreibt – als ob migrantische Menschen in Deutschland nicht rational begreifen könnten, was industriellen Massenmord mit dem Ziel der Vernichtung noch des letzten Juden auf Erden auszeichnet, sondern sie lediglich Grausamkeiten an den ‚eigenen' Vorfahren emotional nachzuvollziehen vermögen. Zweitens, dass Moses offenkundig annimmt, Migranten würden grundsätzlich politisch gleich denken, und zwar auf geradezu natürliche Weise antizionistisch: „Man fragt sich, wie diese Migrant:innen und ihre Nachfahren den deutschen Sinn für historische Gerechtigkeit empfinden, wenn er die Verteidigung einer seit mehr als fünfzig Jahren herrschenden Militärdiktatur, unter der die Palästinenser:innen zu leben haben, mit einschließt."[344] Worauf diese „rassismussensibel" camouflierte Rede vom „Katechismus der Deutschen" abzielt, ist drittens, den Kampf gegen Israel ein bisschen bunter zu machen – selbstredend mit Moses und Gleichgesinnten in der Rolle derjenigen, die den „Anderen" die Richtung weisen. Das Resultat ist nichts anderes als linkspaternalistischer Rassismus.[345]

2017 veröffentlichte die Soziologin Sabine Hark einen co-verfassten „Essay" zur medialen Wahrnehmung der frauenverachtenden, gewalttätigen Ausschrei-

---

[343] Moses, Der Katechismus der Deutschen.
[344] Moses, Der Katechismus der Deutschen.
[345] Siehe dazu Ali Tonguç Ertuğrul/Sabri Deniz Martin/Vojin Saša Vukadinović, Linkspaternalistischer Rassismus, in: Jungle World 28/2021, 15.07.2021.

tungen während der Kölner Silvesternacht 2015/2016, der vorgab, über das Verhältnis von Rassismus und Sexismus nachzudenken, sich tatsächlich aber mehr für die symbolische Ehrenrettung der Täter denn für die Opfer interessierte, die in diesem aufschlussreichen Dokument kognitiver akademischer Dissonanz nicht weiter von Belang sind.[346] In einem angefügten Gespräch mit ihrer Co-Autorin gab Hark ironiefrei folgende Selbstauskunft zu Protokoll:

> Tatsache ist, dass ich im Saarland geboren bin. Und das ist erst 1957 der Bundesrepublik Deutschland beigetreten. Meine Eltern sind also streng genommen Zugewanderte. Meine älteste Schwester ist noch im Ausland geboren, denn das Saarland gehörte zum Zeitpunkt ihrer Geburt nicht zur Bundesrepublik. Aber ich hab['] auch noch in anderen Hinsichten einen Migrationshintergrund: Ich bin die Erste in meiner Familie, die Abitur gemacht hat, in meiner gesamten Verwandtschaft bin ich bis heute die Einzige, die eine akademische Laufbahn eingeschlagen hat. Ich lebe ein lesbisches Leben. All das sind vielfältige Migrations- und Fremdheitserfahrungen. Wie kann ich da einfach sagen, ich bin von hier? Und wo genau wäre dieses ‚hier'?[347]

Neben völliger Unkenntnis der Herausforderungen, mit denen Zuwanderung in der Regel einhergeht – Hark zufolge muss man dafür noch nicht einmal das eigene Haus verlassen –, fällt hier insbesondere der Versuch auf, irgendeine „Herkunft" zum Herd minoritärer Erfahrung zu stilisieren, um sich dadurch interessanter zu machen. Dies verhöhnt all jene, denen auf Grund ihres Aussehens, ihres Namens oder ihrer Art zu sprechen Aufstiegschancen und Wohnraum in Deutschland versperrt bleiben, während sie im Alltag mit Ressentiments zurechtkommen müssen, infantilisiert werden und mitunter gar Übleres erlebt haben – denn für zahlreiche Menschen mit sogenanntem „Migrationshintergrund" sind „vielfältige Migrations- und Fremdheitserfahrungen" keine Attribute, sondern negative, bisweilen auch existenzielle Erfahrungen. Die zynische Pointe liegt derweil im Umstand, dass die mit einer Professur ausgestattete Hark offenbar nach Selbstviktimisierung strebt, obwohl sie beruflich an der Spitze ihres Karriereweges steht; dass die Soziologin darüber hinaus keinerlei wissenschaftlichen Beitrag zum Verständnis dessen vorgelegt hat, was deutschlandspezifischen Rassismus ausmacht, ist dabei im Besonderen hervorzuheben. Die Groteske ver-

---

346 Vgl. Veronica Szimpla, Sisterhood und Bruderhorde. Genderforscherinnen zur Kölner Silvesternacht, in: Vukadinović (Hrsg.), Freiheit ist keine Metapher, S. 335–347, insbesondere S. 339–341.
347 Sabine Hark/Paula-Irene Villa, Unterscheiden und herrschen. Ein Essay zu den ambivalenten Verflechtungen von Rassismus, Sexismus und Feminismus in der Gegenwart, Bielefeld 2017, S. 115.

anschaulicht, wie akademisch vermarktete Publikationen zur Trivialisierung des Rassismus beitragen.

In beiden Fällen handelt es sich um weitaus mehr als um bloße Anekdoten von verzeihlichem Charakter, denn entscheidend ist nicht, dass Moses und Hark ihre absurden, wiewohl tief blickenden Behauptungen veröffentlicht haben – entscheidend ist vielmehr, dass es hier wie da migrantische Individuen gewesen sind, die auf diese Ungeheuerlichkeiten hingewiesen haben, während von angeblich „rassismussensiblen" herkunftsdeutschen Akademikerinnen und Akademikern in verantwortlicher universitärer Position einzig Schweigen zu vernehmen war.[348] Noch bezeichnender erscheint allerdings der Umstand, dass beide Behauptungen nachträglich und im Wissen um ihren zweifelhaften Anspruch verteidigt worden sind. Norbert Finzsch etwa hat ein Jahr nach der Debatte um den angeblichen „Katechismus" auf H-Soz-Kult bekundet, dass Moses' Abhandlung *The Problems of Genocide*, in der die zugehörige antizionistische Agenda akademisch aufbereitet nachgelesen werden kann, „notwendig und bewundernswert"[349] sei. Mit keinem Wort erwähnte der Historiker in seiner Rezension, dass das Genozidverständnis jener Monographie vor allem Israel meint – womit der jüdische Staat, den Finzsch nicht beim Namen nennt, durchweg in die Nähe genozidaler Absichten gerückt wird. Umgekehrt ist hier darauf hinzuweisen, dass sich auch unter den denkwürdigen Einwänden gegen Moses' Postulate niemand fand, der den linkspaternalistischen Rassismus kritisierte, auf den die linkische „Katechismus"-Tirade ausdrücklich zulief.[350]

---

348 Zur Causa Moses siehe Ali Tonguç Ertuğrul/Sabri Deniz Martin/Vojin Saša Vukadinović, Dirk Moses und die ‚Pluralisierung' von Erinnerungskultur. Eine antizionistische Geschichte der Gegenwart, in: Stella Leder (Hrsg.), Über jeden Verdacht erhaben? Antisemitismus in Kunst und Kultur, Berlin/Leipzig 2021, S. 130–142. Zur Causa Hark siehe u. a. Lazarević, Verhinderte Rechte, S. 304; Ali Tonguç Ertuğrul/Sabri Deniz Martin, Bemerkenswertes Urteil, in: Jungle World 17/2019, 25.04.2019.
349 Norbert Finzsch, Rezension zu: A. D. Moses: The Problems of Genocide, in: H-Soz-Kult, 13.05.2022.
350 Exemplarisch gilt dies für Michael Wildts Besprechung eines Sammelbandes zur „Katechismus"-Debatte, die mit den Worten endet: „In einem Deutschland der ‚Zeitenwende', das in einer globalisierten Welt Verantwortung trägt, mit einer mittlerweile migrantisch geprägten deutschen Gesellschaft, in der eine Vielzahl von Erinnerungsnarrativen existiert, ist eine offene und selbstreflexive Debatte um erneuerte historische Vergewisserung auch dringend nötig." Antizionismus ist jedoch kein „Erinnerungsnarrativ", sondern bestenfalls der Versuch, die Erinnerung an die Shoah stillzulegen; zudem würden in einer wirklich „migrantisch geprägten" Gesellschaft migrantische Feinde Israels mit denselben rechtsstaatlichen Maßnahmen bekämpft wie Neonazis und andere herkunftsdeutsche Antisemiten, während israelsolidarische migrantische Individuen nicht als Anomalie gelten würden. Michael Wildt, Rezension zu: S. Friedländer u. a.: Ein Verbrechen ohne Namen, in: H-Soz-Kult, 13.05.2022.

Als 2020 bei einer Buchvorstellung des von Till Randolf Amelung herausgegebenen Sammelbands *Irrwege*, der sich u. a. mit universitär hoffähigen Formen von Antisemitismus und Rassismus befasst, Sabine Harks „vielfältige Migrations- und Fremdheitserfahrungen" thematisiert wurden, schrie mit Ilse Lenz eine renommierte herkunftsdeutsche Geschlechterforscherin fassungslos durch den Raum – allerdings nicht wegen der anzüglichen Selbstaneignung vermeintlichen Diskriminierungspotenzials, das saarländische Herkunft berge, sondern wegen öffentlicher Kritik hieran.[351] Auf die durchaus ernst gemeinte Rückfrage, welches Ausländeramt für ihre Kollegin zuständig sei, lautete Lenz' lapidare Antwort, dass die Gemeinte eben ein „anderes Migrationsverständnis" habe. Auch hier zeigt sich, dass das Rassismusproblem an deutschen Hochschulen weitaus fataler ausfällt, als bislang angenommen.[352] Es handelt sich dabei eben nicht nur um die Benachteiligung oder Diskriminierung minoritärer Studierender, Lehrender oder Angestellter, die sich in diesem akademischen Areal ebenso manifestieren wie andernorts, und auch nicht nur um begriffliche oder inhaltliche Defizite, die mit solider Forschung zu korrigieren wären. Vielmehr ist ein zweckdienlicher Gebrauch von Rassismus zur Selbstinszenierung und Selbstprofilierung zu konstatieren, der sich für migrantische Lebensrealitäten überhaupt nicht interessiert, sondern den symbolischen Rekurs hierauf zur Ware macht, mit der dann diskursiv gehandelt wird.

In einem Sammelband zur Geschichte des Rassismus nach 1945 einleitend auf dieses Problem aufmerksam zu machen, soll nun keinen eiligen Gegensatz zwischen Geschichtswissenschaft einerseits und ideologisch anfälligeren anderen Arealen konstruieren – zumal die Causa Moses unmissverständlich signalisiert, dass man es mittlerweile auch in der eigenen universitären Umgebung mit entsprechenden Tendenzen zu tun hat[353] –, als vielmehr unterstreichen, dass dieses wissenschaftliche Feld nicht bloß von Nachholbedarf geprägt ist, sondern von Strömungen, die schlichtweg unlauter und unprofessionell sind. Es ist anzunehmen, dass es sich bei diesen beiden Beispielen sowie bei ähnlichen Phänomenen, Ereignissen und Entwicklungen mitunter um Effekte der ausgebliebenen historiographischen Rassismusforschung handelt. Die Chance, der gesellschaftspolitischen Ideologisierung dieses Sujets früh durch breite, substanzielle wie seriöse Forschung entgegenzuwirken, ist vertan worden. Es liegt zudem nahe,

---

351 Buchvorstellung von *Irrwege* im Wildenbruch, Berlin, 07.03.2020. Der Herausgeber und zwei Beiträger dieses Sammelbandes waren an jenem Abend anwesend.
352 Siehe dazu Antidiskriminierungsstelle des Bundes (Hrsg.), Bausteine für einen systematischen Diskriminierungsschutz an Hochschulen, Berlin 2020.
353 Siehe dazu Saul Friedländer u. a., „Ein Verbrechen ohne Namen". Anmerkungen zum neuen Streit über den Holocaust, München 2022.

dass das langjährige Desinteresse der Geschichtswissenschaft an entsprechenden Fragen selbst spiegelbildlicher Ausdruck der abgewehrten Einsicht ist, dass es sich bei Deutschland um ein Einwanderungsland handelt.

Maria Alexopoulou hat zudem auf die hauseigenen Konsequenzen dieser Auslassung hingewiesen, die sich unter anderem in Michael Wildts Überlegungen zur Wiederkehr völkischer Vorstellungen manifestieren, wo der Rassismus der bundes- wie der ostdeutschen Nachkriegsgesellschaft keine Rolle spielt, sondern vom Ende des „Dritten Reichs" direkt zur AfD gesprungen wird, als ob es dazwischen keinerlei Transformationen des Rassismus gegeben habe.[354] Die aktuelle Konjunktur historiographischer Rechtsradikalismus-Forschung wiederum ist zwar insofern zu begrüßen, als sie tatsächlich auf einen gesellschaftspolitischen Missstand hinweist, der lange nicht zur Kenntnis genommen wurde. Gleichwohl wirft sie auf Grund ihrer plötzlichen Emphase auf Dringlichkeit Fragen über die Prioritätensetzung der Disziplin auf, ging diese doch erst einige Jahre nach der Enttarnung des NSU zu einer umfänglichen Forschung zum Sujet über. Eine Vorhaltung ist hier durchaus zu machen, denn offensichtlich waren die Gewaltexzesse der 1990er Jahre nicht Anlass genug, um sich die Frage zu stellen, in welchem Land man eigentlich lebt und was die Vergangenheit, mit der man hauptberuflich befasst ist, damit zu tun haben könnte. Axel Schildt machte einmal die „fehlenden fachlichen Kompetenzen"[355] dafür verantwortlich, dass die Disziplin kaum etwas zur Erforschung rechtsextremer Bewegungen beigetragen habe.[356] Carola Dietze hat in ihren Überlegungen zur „relative[n] Vernachlässigung des Rechtsterrorismus" im Fach gewarnt, dass weiteres Schweigen hierzu nicht nur die Tendenz verstärken wird, „die Geschichte der Bundesrepublik als eine zielgerichtete Geschichte zu erzählen", sondern auch Ignoranz „gegenüber den Erfahrungen und Perspektiven der Menschen" befördert, „die Zielgruppen rechter Übergriffe und Angriffe sind."[357]

---

354 Vgl. Alexopoulou, Deutschland und die Migration, S. 10, wo sich die Historikerin auf Michael Wildt, Volk, Volksgemeinschaft, AfD, Hamburg 2017, bezieht.
355 Axel Schildt, Faschismustheoretische Ansätze in der deutschen Geschichtswissenschaft. Sieben Thesen, in: Claudia Globisch/Agnieszka Pufelska/Volker Weiß (Hrsg.), Die Dynamik der europäischen Rechten. Geschichte, Kontinuitäten und Wandel, Wiesbaden 2011, S. 267–279, hier S. 275.
356 Ein Überblick zur Forschung findet sich bei Reiner Fenske, Vom „Randphänomen" zum „Verdichtungsraum". Geschichte der „Rechtsextremismus"-Forschungen seit 1945, Münster 2013.
357 Vgl. Carola Dietze, Ein blinder Fleck? Zur relativen Vernachlässigung des Rechtsterrorismus in den Geschichtswissenschaften, in: Tim Schanetzky u. a. (Hrsg.), Demokratisierung der Deutschen. Errungenschaften und Anfechtungen eines Projekts, 2. Aufl., Göttingen 2021, S. 189–205, hier S. 202 und S. 204.

Die im Folgenden versammelten Aufsätze sollen dem entgegenwirken. Sie teilen die Einschätzung, dass der Anspruch, rassistisches Wissen „wirklich unschädlich machen zu können", voraussetzt, dass dieses zunächst „vollständig ausgegraben, enttarnt, benannt und ausgesprochen werden" muss, wie Alexopoulou schreibt.[358] Hierfür begeben sie sich allerdings in Areale, die mitunter auch der Kritik an der ausgebliebenen historiographischen Rassismus-Analyse entgangen sind, mit der sie zwar einige Untersuchungsgegenstände gemeinsam haben, von deren Postulaten und Implikationen sie jedoch an entscheidenden Punkten abweichen. Ein Beispiel hierfür ist, dass in Alexopoulous Abhandlung, die für ihren Vorstoß ansonsten unbedingt zu loben ist, Antisemitismus durchgehend als eine Unterart von Rassismus firmiert, der sich gegen Juden richte. Antisemitismus und Rassismus sind jedoch grundverschiedene Phänomene. Diese Unterscheidung explizit zu machen, ist auch deshalb so wichtig, weil der akademische wie der aktivistische Antirassismus des 21. Jahrhunderts immer öfters und zunehmend aggressiv auf antisemitische Propaganda setzt.[359] Hierbei handelt es sich um eines von vielen Indizien dafür, dass die Erinnerung an die Shoah in Deutschland – egal, was A. Dirk Moses hierüber zu wissen meint – weniger von konsequenter Aufarbeitung, als vielmehr von Verdrängung geprägt ist.[360]

Zu diesem Sammelband

Die vergangenen 70 Jahre zeigen, dass nicht von *einer* rassistischen Kontinuität in Deutschland ausgegangen werden kann, wiewohl Rassismus kontinuierlich zur deutschen Nachkriegsgeschichte gehörte. Seine Konjunkturen, Verschiebungen und Anpassungsleistungen verdeutlichen, wie beständig sich das Phänomen auch nach Ende der nationalsozialistischen Gewaltherrschaft in der hiesigen Gesellschaft halten konnte und dass es in unregelmäßigen Abständen und in unterschiedlichem Ausmaß von deren Rändern auf ihre Mitte rückwirkt – und umgekehrt. Gleichwohl sind scharfe Brüche und Transformationen zu konsta-

---

358 Alexopoulou, Deutschland und die Migration, S. 250.
359 Siehe dazu Polina Kiourtidis, Rassismus bekämpfen, Antisemitismus leben. Wenn antirassistisches Engagement zu Antisemitismus führt. Zur Differenz von Antisemitismus und Rassismus, in: Vukadinović (Hrsg.), Freiheit ist keine Metapher, S. 92–100; Ingo Elbe, „… it's not systemic". Antisemitismus im akademischen Antirassismus, in: Amelung (Hrsg.), Irrwege, S. 224–260.
360 Siehe dazu u. a. Samuel Salzborn, Kollektive Unschuld. Die Abwehr der Shoah im deutschen Erinnern, Berlin 2020.

tieren, die als solche mitunter noch nicht benannt oder aber begrifflich nicht geschärft worden sind und deren zeithistorische Deutung nach wie vor aussteht. Die Beiträge dieses Sammelbands konzentrieren sich im Besonderen auf Areale und Aspekte, die bislang wenig oder unzureichend wissenschaftliche Aufmerksamkeit erfahren haben. Sie erheben nicht den Anspruch auf Systematik, sondern sind als Probebohrungen in Sedimente zu verstehen, die mitunter noch nicht einmal als Problemfelder wahrgenommen worden sind; die chronologische Anordnung steht dabei weniger für zeitlich Abgeschlossenes, sondern verweist vielmehr auf mehrfache Vor- und Rückwärtsbewegungen.

Der Sammelband gliedert sich in sechs Sektionen. Die erste, „Bundesrepublik Noir"[361], geht dem Personal des völkischen Denkens nach, das Elemente aus dem Nationalsozialismus in die frühe Bundesrepublik hinübergerettet hat. Die gesellschaftspolitischen Implikationen dieses Transfers werden anhand von Leben und Werk dreier Personen eruiert, die nach Kriegsende auf beachtliche Karriereverläufe zurückblickten und in Westdeutschland dennoch nahezu unbehelligt von Justiz und Öffentlichkeit weiterarbeiten konnten – oder gar kanonisiert wurden. Hierbei handelt es sich um die „alte Kämpferin", „Rassenforscherin" und Biologielehrerin Karin Magnussen (1908–1997), die völkische Theoretikerin und Religionswissenschaftlerin Sigrid Hunke (1913–1999) sowie um den politischen Philosophen Carl Schmitt (1888–1985). Während sich an Magnussen, die als Wissenschaftlerin am Kaiser-Wilhelm-Institut mit Josef Mengele in Auschwitz kooperierte, das Tabu von NS-Täterinnenschaft und deren Verharmlosung bis in die Gegenwart exemplifizieren lässt, zeugt auch der Lebensweg des einstigen NSDAP-Mitglieds Hunke von politischer Verdrängung, wie Marco Ebert zeigt: ihre Schrift *Allahs Sonne über dem Abendland*, deren antisemitischer Charakter von der offensiv vorgetragenen Faszination für arabische „Kultur" kaschiert wurde, war bis ins 21. Jahrhundert in fast jeder Bahnhofsbuchhandlung erhältlich, während die Rolle der Autorin als zentrale völkische Vordenkerin neurechter Kreise weitgehend übersehen worden ist.[362] Schmitts staatsrechtliche Überlegungen wiederum hievten den NS-Philosophen nach 1945 in den politikwissenschaftlichen Kanon, wie Panagiotis Koulaxidis darlegt, weswegen manche seiner Begriffe und Theoreme auch in einem sich als links verstehenden Milieu Renommee genießen und nicht nur in den Arealen der politischen Rechten fortwirken.

---

361 Diese Überschrift ist der fast gleichlautenden Abhandlung entlehnt, die sich mit einigen anderen dunklen Aspekten der westdeutschen Nachkriegsgeschichte befasst. Vgl. Philipp Felsch/Frank Witzel, BRD Noir, Bonn 2017.
362 Siehe dazu Michael Fahlbusch/Ingo Haar/Anja Lobenstein-Reichmann/Julien Reitzenstein (Hrsg.), Völkische Wissenschaften. Ursprünge, Ideologien und Nachwirkungen, Berlin 2020.

Die zweite Sektion widmet sich der Frage nach dem „anderen" 1968 – danach, wie sich im Zuge der globalen Revolte die Rassismus-Vorstellungen in der Linken zu verschieben begannen. Deutlich wird dies u. a. am Internationalismus, der während der Blockkonfrontation als praktischer Ausdruck unbedingter Solidarität mit der Dritten Welt galt. Die Studentenbewegung richtete nach dem Sechstagekrieg ihre Aufmerksamkeit negativ auf Israel und entdeckte im jüdischen Staat eine angeblich rassistische Macht, was das eigene postnazistische Gewissen, Nachkommen der für die Shoah Verantwortlichen zu sein, entlastete, wie Polina Kiourtidis darlegt. Der nachfolgende Beitrag befasst sich mit einem Frankfurter Protagonisten von 1968, der alsbald von der Linken zum Islam konvertierte: dem Dichter und Kommunarden Gerhard Hübsch, der den Vornamen „Hadayatullah" annahm und die Ahmadiyya-Gemeinde in Westdeutschland popularisierte, der er bis zu seinem Tod 2006 angehörte. Der Aufsatz widmet sich der negativen Aufhebung des Rassismus im Islam, geht Hübschs Kontakten ins rechtsextreme Lager nach und zeigt, dass sich herkunftsdeutsche Männer eine Position erarbeiteten, von der aus sie über die Abschottung migrantischer Mädchen zu wachen vermögen.

Die Ölkrise und der „Anwerbestopp" für „Gastarbeiter" 1973 markieren das Ende des Wirtschaftsoptimismus, der die vorhergehende Dekade geprägt hatte. Aus der Krise folgte sowohl die Bekämpfung des Rassismus wie dessen Transformation durch die Neue Rechte, denn die 1970er Jahre waren nicht nur das „rote Jahrzehnt"[363] (Gerd Koenen), sondern auch das schwarze, wie Massimiliano Livi, Daniel Schmidt und Michael Sturm hervorgehoben haben.[364] Armin Pfahl-Traughber zeichnet das sich verändernde Rassismus-Verständnis im bundesdeutschen Rechtsextremismus nach, das sich nun zunehmend ethnopluralistischen Vorstellungen vom „Nebeneinander" diverser „Völker" hingab, die innerhalb von Frankreichs Nouvelle Droite populär geworden waren und dabei halfen, dem Kampftopos „Kultur" den Weg zu ebnen. Aus Teilen des Protestmilieus von 1968 wiederum waren indes partikularistische gesellschaftspolitische Bewegungen wie die Neue Frauenbewegung entstanden. Diese wurde, wie Barbara Holland-Cunz in ihrem Beitrag zeigt, zu einem der ersten sozialen Räume der westdeutschen Gesellschaft, in denen intensiv über Rassismus debattiert wurde, bevor das Sujet ins allgemeine politische Bewusstsein rückte.

---

363 Vgl. Gerd Koenen, Das rote Jahrzehnt. Unsere kleine deutsche Kulturrevolution 1967–1977, Köln 2001.
364 Vgl. Massimiliano Livi/Daniel Schmidt/Michael Sturm (Hrsg.), Die 1970er Jahre als schwarzes Jahrzehnt. Politisierung und Mobilisierung zwischen christlicher Demokratie und extremer Rechter, Frankfurt a. M./New York 2010.

Die 1980er Jahre wiederum standen im Zeichen von Helmut Kohls „geistig-moralischer Wende", mit der das Ende der sozialliberalen Koalition nicht nur politisch, sondern auch moralisch besiegelt werden sollte. Die Artikel dieser Sektion widmen sich überwiegend dem, was sich im aufziehenden Schatten ebenjener „Wende" vollzog, und den Reaktionen hierauf. Moritz Pitscheider analysiert in seinem Beitrag die Ära nach der „Gastarbeiter"-Phase, in welcher der Rassismus mitunter durch öffentlich vollzogene Suizide migrantischer Individuen ins allgemeine Bewusstsein drängte – dargelegt am Beispiel von Semra Ertan, die sich 1982 im Alter von 25 Jahren in Hamburg aus Protest gegen „Ausländerfeindlichkeit" das Leben nahm. „Auch die Theoriebildung zu Rassismus muss der Kritik unterzogen und aktualisiert werden", hat Manuela Bojadžijev einmal vermerkt: „Schwierigkeiten seiner Analyse liegen nämlich auch in den Defiziten kritischer Rassismustheorie selbst begründet."[365] Fernando Wawerek exemplifiziert dies am Beispiel zweier Studien aus der Rassismusforschung der 1980er Jahre. Lukas Sarvari erinnert an die Einrichtung des Amts für Multikulturelle Angelegenheiten (AMKA) in Frankfurt am Main und an die universalistische Kritik am Multikulturalismus, die der Ideologiekritiker Wolfgang Pohrt am Ende des Jahrzehnts formulierte. Garry Zettersten deckt die transatlantischen Pfade auf, die in jenem Jahrzehnt zwischen bundesdeutschen Neonazis und dem Ku Klux Klan in Nordamerika etabliert wurden, woran die transnationalen Bestrebungen deutlich werden, die zu einer globalrassistischen White Power-Ideologie führten.

Sabri Deniz Martins Artikel zur Reform des Asylrechts und den zugehörigen Debatten eröffnet die Sektion zu den 1990er Jahren, dem ersten gesamtdeutschen Jahrzehnt nach Auflösung der DDR im Oktober 1990, das einen gesamtdeutschen Rassismus hervorbrachte. Im Zuge der Wiedervereinigungs-Euphorie, die Maria Alexopoulou nicht zu Unrecht eine „völkische Ekstase"[366] nennt, kam es in zahlreichen Städten zu Belagerungen von Asylbewerberunterkünften – Hoyerswerda, Mannheim und Rostock sind nur die prominentesten Beispiele –, während auf von „Ausländern" bewohnte Häuser Brandanschläge verübt wurden, wobei in Mölln und in Solingen jeweils mehrere Menschen ermordet wurden. Annette Seidel-Arpacı erinnert in ihrem Beitrag daran, dass sich migrantische Individuen nicht tatenlos mit der reaktionären Entwicklung abfanden und auf eigene Formen von Widerstand setzten, um diese Gefahr zurückzudrängen, und warum die populistische Rede von „multidirektionalen" Perspektiven einen Schlussstrich unter

---

365 Manuela Bojadžijev, Wer von Rassismus nicht reden will. Einige Reflexionen zur aktuellen Bedeutung von Rassismus und seiner Analyse, in: Imke Schmincke/Jasmin Siri (Hrsg.), NSU-Terror. Ermittlungen am rechten Rand: Ereignis, Kontexte, Diskurse, Bielefeld 2013, S. 145–154, hier S. 152.
366 Alexopoulou, Deutschland und die Migration, S. 214.

der Beschäftigung mit Antisemitismus zu ziehen versucht. Im Zuge der gegenwärtigen Rassismus-Debatten wird oftmals die stereotype Darstellung „anderer" Menschen in klassischer Kinderliteratur hervorgehoben, worunter auch antiziganistischer Bildgebrauch fällt.[367] Inwiefern dieser noch in den 1990er Jahren das Feld der anspruchsvollen Kultur prägte, analysiert Benedikt Wolf am Beispiel einiger einschlägiger Passagen in Werken von Günter Grass und Herta Müller. Kurt Gritsch wiederum geht den rassistischen Stereotypen nach, die für die moralische Legitimation des deutschen Kriegseinsatzes gegen Serbien und Montenegro 1999 herangezogen wurden, und eruiert deren langen historischen Vorlauf.

An den ersten beiden Jahrzehnten des 21. Jahrhunderts sind neuerliche Wandlungen rassistischer Denkformen und Organisierung auffällig, denen sich die abschließende zeithistorische Sektion zu den 2000er und den 2010er Jahren widmet. Bis heute verdeckt die Erinnerung an die linksterroristische RAF das Wissen um den Rechtsterrorismus, der weit in die Geschichte der alten Bundesrepublik zurückreicht, wie Samuel Salzborn zeigt, der sich mit der diesbezüglichen gesellschaftspolitischen Amnesie befasst. Anhand der Schriften des 2021 verstorbenen Theologen Edelbert Richter eruiert Martin Jander das Erbe antiamerikanischen Denkens in linker, vermeintlich friedensbewegter Gestalt des rassistischen Ressentiments, das in der offiziell antifaschistischen DDR gedeihen konnte. Ansgar Martin richtet die Aufmerksamkeit auf die Begriffswelt Rudolf Steiners sowie auf die Folgen, die die Postulate des Begründers der Anthroposophie für die Waldorfpädagogik der Gegenwart haben. Den Sammelband beendet ein Aufsatz von Ahmad A. Omeirate zum Begriff „antimuslimischer Rassismus", der in den 2000er Jahren nicht nur beliebt geworden ist, sondern zum unverzichtbaren Bestandteil des identitätspolitischen Jargons aufrückte und als Ausdruck geschichtslosen Denkens verstanden werden sollte.

Um es nochmals zu betonen: Die Artikel beanspruchen nicht, den Rassismus in Deutschland nach 1945 zu systematisieren oder ihn gar abschließend zu historisieren. Vielmehr geht es darum, anhand seiner Ausprägungen einige hervorstechende, wiewohl lange ignorierte Momente zu beleuchten, an denen sowohl die postnazistischen[368] Komponenten des Phänomens wie auch seine Diskontinuitäten und Transformationen kenntlich werden. Damit weisen die Beiträge auf die Leerstellen der bisherigen Forschung hin, sind aber vor allem darum bedacht, den Rassismus der alten Bundesrepublik und den gesamtdeutschen Rassismus nach 1990 fassbarer zu machen.

---

367 Vgl. Petra Josting/Caroline Roeder/Frank Reuter/Ute Wolters (Hrsg.), „Zigeuner"-Bilder in Kinder- und Jugendmedien, Göttingen 2017.
368 Siehe dazu die Beiträge in Stephan Grigat (Hrsg.), Postnazismus revisited. Das Nachleben des Nationalsozialismus im 21. Jahrhundert, zweite, erweiterte Auflage, Freiburg 2012.

Bundesrepublik Noir

Vojin Saša Vukadinović

„… in Erinnerung an die schöne Zeit in Dahlem"

Karin Magnussen, reichsdeutsche Rassenforscherin und bundesdeutsche Biologielehrerin

Als 1946 der erste deutsche Nachkriegsspielfilm *Die Mörder sind unter uns* fertig gestellt wurde, war bekannt, dass dieser Titel auch die nationalsozialistischen Mörderinnen implizierte.[1] Die KZ-Aufseherinnen Johanna Bormann, Irma Grese und Elisabeth Volkenrath waren bereits Ende 1945 im Bergen-Belsen-Prozess zum Tode verurteilt und gehängt worden.[2] 1947 wurde Herta Oberheuser, vormals Lagerärztin im KZ Ravensbrück, als einzige weibliche Angeklagte im Nürnberger Ärzteprozess zu 20 Jahren Haft verurteilt, 1952 allerdings wieder aus der Haft entlassen.[3] In den folgenden Dekaden sollte es immer wieder zu Verurteilungen von vormaligem weiblichen KZ-Personal kommen, aber auch zu anderweitigen Entscheidungen. Ein halbes Jahrhundert nach Ende des Zweiten Weltkriegs, 1996, begnadigte der Ministerpräsident von Nordrhein-Westfalen und spätere Bundespräsident Johannes Rau (SPD) Hermine Braunsteiner (1919–1999). Diese hatte ihre Karriere im Konzentrationslager Ravensbrück begonnen und im Vernichtungslager Majdanek fortgesetzt, vermochte sich der Strafverfolgung jedoch zunächst zu entziehen. Erst 1981 war sie wegen Selektion und Mord an 80 Menschen, Beihilfe zum Mord an Kindern in 102 Fällen und wegen einer Selektion mit gemeinschaftlichem Mord an 1.000 Menschen zu lebenslanger Haft verurteilt worden.[4]

Diese Verfahren wurden seitens der deutschen wie der internationalen Presse auch deshalb mit erheblicher Aufmerksamkeit bedacht, weil sie sich eigneten, Abweichungen von stereotyper Weiblichkeit reißerisch aufzubereiten. Exemplarisch ist hier etwa der Fall der KZ-Aufseherin Ilse Koch (1906–1967) zu nennen,

---

1 *Die Mörder sind unter uns*, R: Wolfgang Staudte (D) 1946. Für Hilfe, Hinweise und Materialien, die in diesen Aufsatz einflossen, sei Esther Abel, Anna Bergmann und Hans Hesse herzlich gedankt.
2 Vgl. Claudia Taake, Angeklagt: SS-Frauen vor Gericht, Oldenburg 1998.
3 Vgl. Kathrin Kompisch, Täterinnen. Frauen im Nationalsozialismus, Köln/Weimar/Wien 2008, S. 143–144.
4 Vgl. Kompisch, Täterinnen, S. 191–192.

Open Access. © 2023 bei den Autorinnen und Autoren, publiziert von De Gruyter. Dieses Werk ist lizenziert unter einer Creative Commons Namensnennung 4.0 International Lizenz.
https://doi.org/10.1515/9783110702729-003

die in den Zeitungen als „Hexe von Buchenwald" firmierte.[5] Hinter solchen Bezeichnungen verschwand die Frage nach der Geschichte der nationalsozialistischen Täterinnen – und den Pfaden, die sie in Westdeutschland einschlagen konnten. Während Koch zu lebenslanger Haft verurteilt wurde, waren die ranghöchsten Frauen des „Dritten Reichs" nach 1945 glimpflich davongekommen. „Reichsfrauenführerin" Gertrud Scholtz-Klink (1902–1999), die sich von ihrer Gesinnung nie distanzieren sollte, wurde zwar als hauptbelastete Nationalsozialistin eingestuft, verbrachte allerdings nur kurze Zeit in Haft.[6] Jutta Rüdiger (1910–2001), von 1937 bis 1945 „Reichsreferentin" für den Bund Deutscher Mädel (BDM), war für zweieinhalb Jahre interniert worden und arbeitete ab 1948 als Psychologin.[7] Ideologinnen wie die Schriftstellerinnen Sophie Rogge-Börner (1878–1955) und Johanna Haarer (1900–1988) oder die Religionswissenschaftlerin Sigrid Hunke (1913–1999) setzten ihre Tätigkeit in der Bundesrepublik fort.[8] Hildegard Lächert (1920–1995), für zahlreiche Morde verantwortliche KZ-Aufseherin in Majdanek und Auschwitz, ließ sich 1979 von Erwin Schönborns rechtsextremistischer Aktionsgemeinschaft Nationales Europa als Kandidatin für die Europawahl aufstellen, um zwei Jahre später im Majdanek-Verfahren zu einer zwölfjährigen Haftstrafe verurteilt zu werden, die sie allerdings nicht antreten musste.[9] Margit von Batthyány (1911–1989), die wenige Tage vor Ende des Zweiten Weltkriegs in Rechnitz ein Fest für SS-Angehörige und Gestapo-Personal veranstaltete, auf dem zur schieren Unterhaltung der Gäste rund 200 jüdische Zwangsarbeiter ermordet wurden, entkam jedweder Aufmerksamkeit; dass es statt Historikern die Schriftstellerin Elfriede Jelinek war, die auf dieses jahrzehntelang von der Familie Thyssen beschwiegene Verbrechen aufmerksam gemacht hat, spricht für sich.[10] Der Schatten der NS-Männer schob sich so beharrlich vor die Volksgenossinnen, dass deren Beteiligung noch an den folgenschwersten Ereignissen und Ent-

---

5 Vgl. Andreas Eichmüller, Keine Generalamnestie. Die Strafverfolgung von NS-Verbrechen in der frühen Bundesrepublik, Berlin 2021, S. 73 f.
6 Vgl. Massimiliano Livi, Gertrud Scholtz-Klink: Die Reichsfrauenführerin. Politische Handlungsspielräume und Identitätsprobleme der Frauen im Nationalsozialismus am Beispiel der „Führerin aller deutschen Frauen", Münster 2005.
7 Vgl. Andrea Böltken, Führerinnen im „Führerstaat". Gertrud Scholtz-Klink, Trude Mohr, Jutta Rüdiger und Inge Viermetz, Pfaffenweiler 1995, S. 85–104.
8 Siehe dazu auch den Beitrag von Marco Ebert in diesem Band.
9 Vgl. Sabine Horn, „... ich fühlte mich damals als Soldat und nicht als Nazi": Der Majdanek-Prozess im Fernsehen – aus geschlechtergeschichtlicher Perspektive betrachtet, in: Ulrike Weckel/Edgar Wolfrum (Hrsg.), „Bestien" und „Befehlsempfänger". Frauen und Männer in NS-Prozessen nach 1945, S. 222–249, hier S. 232.
10 Vgl. Elfriede Jelinek, Die Kontrakte des Kaufmanns/Rechnitz (Der Würgeengel)/Über Tiere. Drei Theaterstücke, Reinbek 2009.

scheidungen verdeckt wurde. So galt Gerhard Klopfer (1905–1987), Ministerialdirektor in der Parteikanzlei der NSDAP, lange als letzter verstorbener Teilnehmer der Wannsee-Konferenz. Dies ist falsch, denn eine andere Person, die der Sitzung zur „Endlösung der Judenfrage in Europa" ebenfalls bewohnte, überlebte Klopfer um 23 Jahre: die Schreibtischtäterin Ingeburg Werlemann (1919–2010), Mitglied von NSDAP, BDM, Deutscher Arbeitsfront sowie Nationalsozialistischer Volkswohlfahrt, Sekretärin von Adolf Eichmann im „Judenreferat" und am 20. Januar 1942 anwesend in ihrer Funktion als Stenotypistin, die das Protokoll besorgte.[11]

Susanne Wein hat ihren 2013 erschienenen Literaturbericht zum Nationalsozialismus in Württemberg und Hohenzollern provokant *Alles erforscht?* genannt.[12] Dass dieses Zweifel anmeldende Fragezeichen nach wie vor berechtigt ist, belegt das erst in den 2020er Jahren bekannt gewordene Beispiel Werlemann. Die Wegbereiterinnen, Planerinnen, Handlangerinnen und Vollstreckerinnen der „Volksgemeinschaft" trugen das „Dritte Reich" gleichermaßen – und damit auch die Vernichtung der europäischen Juden, Sinti und Roma. Und überall dort, „wo sie partizipierten, unterschieden sich ihre Arbeiten und Schriften nicht von denen der Männer"[13], wie Hans-Christian Harten, Uwe Neirich und Matthias Schwerendt hervorheben: „Dies gilt auch im Hinblick auf die Radikalität des Denkens, wie etwa die Beispiele Eva Justin und Karin Magnussen zeigen."[14] Und dennoch ist über die Täterinnen nach wie vor weitaus weniger bekannt als über die Täter.

Das Leben der „Rassenforscherin" und Biologielehrerin Karin Magnussen (1908–1997) veranschaulicht den persönlichen Aufstieg durch Partizipation am Massenmord, der sich zwischen „Spitzenforschung und ‚Selbstgleichschaltung'"[15] entfalten konnte, wie Reinhard Rürup Programm und Programmatik der Kaiser-Wilhelm-Gesellschaft zur Förderung der Wissenschaften zwischen 1933 und 1945 nannte. Bei dieser Biographie handelt es sich zudem um ein exemplarisches Lehrstück in Sachen „Rassenwahn und medizinische Forschungen", wie Hans Hesse pointiert hat – und um eine Episode darin, wie schnell das Vergessen Einzug in die Bundesrepublik hielt.

---

11 Vgl. Marcus Gryglewski, Eichmanns Sekretärin, in: taz, 17.01.2020.
12 Vgl. Susanne Wein, Alles erforscht? Nationalsozialismus in Württemberg und Hohenzollern. Literaturbericht und Bibliografie, Stuttgart 2013.
13 Hans-Christian Harten/Uwe Neirich/Matthias Schwerendt, Rassenhygiene als Erziehungsideologie des Dritten Reichs. Bio-bibliographisches Handbuch, Berlin 2006, S. 97.
14 Harten/Neirich/Schwerendt, Rassenhygiene als Erziehungsideologie des Dritten Reichs, S. 97, FN 306.
15 Vgl. Reinhard Rürup, Der lange Schatten des Nationalsozialismus. Geschichte, Geschichtspolitik und Erinnerungskultur, Göttingen 2017, S. 108–126.

Die Lebensläufe der Wissenschaftler, die am Kaiser-Wilhelm-Institut für Anthropologie, menschliche Erblehre und Eugenik (KWI) in Berlin-Dahlem wirkten, sind mitsamt ihrem Kollektivbeitrag zur „Rassenhygiene" und/oder zum Nationalsozialismus bekannt. Hierzu zählen insbesondere der erste Direktor des Hauses, der Eugeniker Eugen Fischer (1874–1967), und sein Nachfolger, der Genetiker Otmar von Verschuer (1896–1969) sowie dessen Assistent und Doktorand Josef Mengele (1911–1979); der Mediziner Fritz Lenz (1887–1976); schließlich der Genetiker Hans Nachtsheim (1890–1979). Gleiches gilt für den Chemiker Adolf Butenandt (1903–1995) vom Kaiser-Wilhelm-Institut für Biochemie. Sie alle sind für ihr Wirken und für die von ihnen vorgenommenen Menschenversuche nie verurteilt worden. Dies trifft auch für ihre Kollegin Magnussen zu, die am KWI konservierte Menschenaugen untersuchte, die von deportierten und wohl auf Anweisung hin gezielt ermordeten Sinti stammten, und die in der Bundesrepublik unbehelligt im Schuldienst arbeiten konnte. Nach ihrer Pensionierung 1970 sollten noch fast drei Jahrzehnte vergehen, bis diese Causa überhaupt Bekanntheit erlangte.

Erstmalig auf Magnussen aufmerksam gemacht hatte noch zu deren Lebzeiten Benno Müller-Hill in seiner 1984 erschienenen Abhandlung *Tödliche Wissenschaft*, die sich mit der *Aussonderung von Juden, Zigeunern und Geisteskranken 1933–1945* befasste und im selben Jahr als Lizenzausgabe in der DDR erschien.[16] Anna Bergmann veröffentlichte 1989 gemeinsam mit Gabriele Czarnowski und Annegret Ehmann einen grundlegenden Aufsatz zur Geschichte des KWI, zu seinem Personal und zu dessen Verstrickungen.[17] Vier Jahre später publizierte Kristie Macrakies ihre Studie zur Wissenschaft im „Dritten Reich", in der die Aktivitäten des KWI ebenfalls thematisiert wurden.[18] 1997 fanden sich Hinweise auf Magnussen in Ernst Klees Darstellung der NS-Medizin sowie eine umfänglichere Bestandsaufnahme ihrer Aktivitäten in Niels C. Löschs wissenschaftlicher Biographie des Rassenhygienikers Eugen Fischer.[19] Auch auf Grund dieser Vorstöße setzte die Max-Planck-Gesellschaft (MPG), die 1946 die Nachfolge der Kai-

---

16 Vgl. Benno Müller-Hill, Tödliche Wissenschaft. Die Aussonderung von Juden, Zigeunern und Geisteskranken 1933–1945, Reinbek 1984, sowie Berlin (Ost) 1984.
17 Vgl. Anna Bergmann/Gabriele Czarnowski/Annegret Ehmann, Menschen als Objekte humangenetischer Forschung und Politik im 20. Jahrhundert: Die Geschichte des Kaiser Wilhelm-Instituts für Anthropologie, menschliche Erblehre und Eugenik in Berlin-Dahlem (1927–1945), in: Götz Aly/Christian Pross (Hrsg.), Der Wert des Menschen. Medizin in Deutschland 1918–1945, Berlin 1989, S. 121–142.
18 Vgl. Kristie Macrakies, Surviving the Swastika. Scientific Research in Nazi Germany, New York u. a. 1993.
19 Vgl. Niels C. Lösch, Rasse als Konstrukt. Leben und Werk Eugen Fischers, Frankfurt a. M. u. a. 1997.

ser-Wilhelm-Gesellschaft antrat, im selben Jahr eine Kommission unabhängiger Historiker ein, um die Geschichte ihrer Vorgängerorganisation aufzuarbeiten. 1998 veröffentlichte Hans-Peter Kröner seine Studie zur unmittelbaren Nachkriegshistorie des KWI, in der die Rede von zwei „Kisten mit privatem und wissenschaftlichem Material"[20] war, an die Magnussen in der zweiten Hälfte der 1940er Jahre von ihrem früheren Vorgesetzten Verschuer erinnert worden war, worauf noch einzugehen sein wird. 1999 machte Müller-Hill dann in englischer Sprache auf die Angelegenheit aufmerksam.[21] In seiner 2001 veröffentlichten Monographie *Deutsche Medizin im Dritten Reich* widmete Klee Magnussen ein Kapitel[22], im selben Jahr veröffentlichte der Historiker Hans Hesse, der über einen Hinweis von Niels C. Lösch auf den Fall aufmerksam geworden war, die erste Monographie dazu.[23] In den 2000er Jahren legten dann jene Historikerinnen und Historiker, die seit 1997 die KWI-Akten untersucht hatten, ihre Forschungsresultate vor – darunter Benoît Massin, Carola Sachse und Hans-Walter Schmuhl, die Magnussens Tätigkeit jeweils ausführlich thematisierten.[24] In Gretchen E. Schaffts 2004 veröffentlichter Studie zur Anthropologie im „Dritten Reich" wurde die Angelegenheit zudem von der internationalen Forschung berücksichtigt.[25] Seither fiel der Name sporadisch, Sheila F. Weiss erwähnte die NS-Biologin in ihrer Bewertung der am KWI betriebenen Humangenetik, und Kathrin Kompisch führte sie in ihrer Darstellung zu NS-Täterinnen auf.[26]

---

20 Hans-Peter Kröner, Von der Rassenhygiene zur Humangenetik. Das Kaiser-Wilhelm-Institut für Anthropologie, menschliche Erblehre und Eugenik nach dem Kriege, Stuttgart u. a. 1998, S. 178.
21 Vgl. Benno Müller-Hill, The Blood from Auschwitz and the Silence of the Scholars, in: History and Philosophy of the Life Sciences 21/3 (1999), S. 331–365.
22 Vgl. Ernst Klee, Deutsche Medizin im Dritten Reich. Karrieren vor und nach 1945, Frankfurt a. M. 2001, S. 348–394.
23 Vgl. Hans Hesse, Augen aus Auschwitz. Ein Lehrstück über nationalsozialistischen Rassenwahn und medizinische Forschungen. Der Fall Dr. Karin Magnussen, Essen 2001.
24 Vgl. Benoît Massin, Mengele, die Zwillingsforschung und die „Auschwitz-Dahlem Connection", in: Carola Sachse (Hrsg.), Die Verbindung nach Auschwitz. Biowissenschaften und Menschenversuche an Kaiser-Wilhelm-Instituten. Dokumentation eines Symposiums, Göttingen 2003, S. 201–254; Carola Sachse, Adolf Butenandt und Otmar von Verschuer. Eine Freundschaft unter Wissenschaftlern (1942–1969), in: Wolfgang Schieder/Achim Trunk (Hrsg.), Adolf Butenandt und die Kaiser-Wilhelm-Gesellschaft. Wissenschaft, Industrie und Politik im „Dritten Reich", Göttingen 2004, S. 286–319; Hans-Walter Schmuhl, Grenzüberschreitungen. Das Kaiser-Wilhelm-Institut für Anthropologie, menschliche Erblehre und Eugenik 1927–1945, Göttingen 2005.
25 Vgl. Gretchen E. Schafft, From Racism to Genocide. Anthropology in the Third Reich, Champaign 2004.
26 Vgl. Sheila F. Weiss, Human Genetics and Politics as Mutually Beneficial Resources: The Case of the Kaiser Wilhelm Institute for Anthropology, Human Heredity and Eugenics during the Third Reich, in: Journal of the History of Biology 39/1 (Spring 2006), S. 41–88, hier S. 80f.; Kompisch,

„Die Nazis erwarteten eine wissenschaftliche Legitimierung ihrer Ideologie und versprachen eine Aufwertung und Förderung der Vererbungswissenschaften und der Anthropologie", urteilte Hans-Peter Kröner 1998: „Die Erbforscher und Anthropologen, in ihren technokratischen Träumen und Utopien befangen, griffen begierig zu unter völliger Verkennung der gänzlich neuen Qualität des NS-Systems."[27] Im Falle Magnussen ist dies unzutreffend, da sich die „alte Kämpferin" schon vor 1933 in den Dienst der „Volksgemeinschaft" gestellt hatte, der ihre politischen Schriften entschieden zuarbeiteten. Eine Reihe von Gründen spricht dafür, sich erneut der Biographie dieser Rassistin zuzuwenden. Erstens hatte lange nur Ernst Klee Einblick in Magnussens Nachlass, der mittlerweile in der Gedenkstätte Hadamar aufbewahrt wird. Zweitens wird die Kooperation der Wissenschaftlerin am KWI mit Josef Mengele in der 2021 erschienenen Biographie von David G. Marwell prominent thematisiert.[28] Drittens ist Magnussens Forschung bereits von ophthalmologischem Interesse, das sich in eigenständigen Publikationen niederschlägt.[29] Zudem ist die Beschäftigung mit diesem rassistischen Lebensweg auch deshalb relevant, weil die post-nationalsozialistische Betätigung der Biologielehrerin zeigt, wie sich das Erbe der „Rassenforschung" nach 1945 gestaltete, wobei eine geschlechterhistorische Kontextualisierung geboten scheint, die bislang ausgeblieben ist. Vor dem Hintergrund der Rassismus-Trivialisierung im 21. Jahrhundert, die häufig von „strukturellem" Rassismus spricht, ist es schließlich notwendig, daran zu erinnern, dass der Rechtsvorgänger der Bundesrepublik einen solchen „strukturellen" Rassismus erklärtermaßen zum Prinzip hatte und Magnussen eine seiner aktivsten Protagonistinnen war.

„Rassenforschung"

Am 9. Februar 1908 wurde ich, Karin Magnussen, Tochter des Professors an der Kunstgewerbeschule Walter Magnussen in Bremen geboren. Von Ostern 1914–1924 besuchte ich das Städt. Lyzeum Vietor, von Ostern 1925–1928 das Städt. Oberlyzeum Kippenberg (Oberrealschule), wo ich Ostern 1928 die Reifeprüfung ablegte. Im Sommer- und Wintersemester 1928–1929 studierte ich in Göttingen, in den beiden folgenden Semestern in Freiburg, vom Sommer

---

Täterinnen, S. 153. Siehe zudem Sascha Hönighaus, Karin Magnussen, in: Jessica Hoffmann/Anja Megel/Robert Parzer/Helena Seidel (Hrsg.), Dahlemer Erinnerungsorte, Berlin 2007, S. 193–204.
27 Kröner, Von der Rassenhygiene zur Humangenetik, S. 59.
28 Vgl. David G. Marwell, Mengele. Biographie eines Massenmörders, Darmstadt 2021, S. 114–121.
29 Vgl. Richard H. C. Zegers, The Eye Color Experiment: From Berlin to Auschwitz and Back, in: IMAJ 22 (April 2020), S. 219–223; Bruno Halioua/Michael F. Marmor, The eyes of the angel of death: Ophthalmic experiments of Josef Mengele, in: Survey of Opthalmology 65/6 (November/December 2020), S. 744–748.

1930 an wieder in Göttingen. Meine Lehrer waren die Professoren Kühn und Spemann (Zoologie), v. Wettstein und Dr. Schmucker (Botanik), Stille, Deecke (Geologie). Außerdem hörte ich Vorlesungen bei den Professoren Windaus und Kopfhammer (Chemie), v. Möllendorff und Voit (anatom. Fächer).[30]

Diese Selbstauskunft beschloss die Dissertationsschrift der Biologin und Nationalsozialistin Karin Magnussen, ältere Tochter des bekannten Bremer Künstlerehepaares Anna Magnussen-Petersen (1871–1940) und Walter Magnussen (1869–1946). Ihr Großvater mütterlicherseits war Wilhelm Petersen (1835–1900), Schleswiger Regierungsrat und mit Theodor Storm befreundeter Literaturkritiker, worauf zurückzukommen sein wird. Ihr Großvater väterlicherseits war der Landschaftsmaler Christian Carl Magnussen (1821–1896).

Nach dem Studium promovierte Magnussen beim Zoologen Alfred Kühn (1885–1968) mit einer Arbeit, für die sie serielle Versuche an narkotisierten Raupen kurz vor der Verpuppung vornahm, um die Entwicklung des werdenden Schmetterlingsflügels zu erforschen. Sie war bereits 1931 in die NSDAP eingetreten.[31] Der Biologe Georg Melchers (1906–1997), der in den 1930er Jahren am KWI unter Butenandt arbeitete und Magnussen aus der gemeinsamen Zeit in Göttingen kannte, sollte seine Kommilitonin als „gläubige Nationalsozialistin"[32] erinnern. Wie gläubig sie dem Rassengedanken anhing, zeigt eine politische Schrift, die die Nachwuchswissenschaftlerin nach ihrer Doktorarbeit abfasste. 1935, als sie als Mitarbeiterin des Rassenpolitischen Amtes der NSDAP im Gau Hannover tätig war[33], beendete sie die Arbeit an *Rassen- und bevölkerungspolitisches Rüstzeug*, einer als Handbuch völkischen Wissens konzipierten Mischung aus Gesetzestexten und Kommentaren, deren Zusammenfassungen, Zahlen und Listen insbesondere Lehrer nutzen sollten, um im Unterricht oder im Rahmen politischer Schulungen die Ziele der „Rassenpolitik" zu erläutern.[34] Dem nationalsozialistischen Weltbild war hier in komprimierter Form ein wissenschaftlicher Anstrich verpasst worden. Eine Rezension in *Neues Volk*, den *Blättern des Rassenpolitischen Amtes der NSDAP*, lobte 1939: „Nach allen erforderlichen Gesichtspunkten

---

30 Karin Magnussen, Untersuchungen zur Entwicklungsphysiologie des Schmetterlingsflügels. Inaugural-Dissertation zur Erlangung der Doktorwürde der Mathematisch-Naturwissenschaftlichen Fakultät der Georg-August-Universität zu Göttingen, Göttingen 1933, S. 481.
31 Vgl. Hesse, Augen aus Auschwitz, S. 40.
32 Zitiert nach Müller-Hill, Tödliche Wissenschaft, S. 164.
33 Vgl. Hesse, Augen aus Auschwitz, S. 46.
34 Karin Magnussen, Rassen- und bevölkerungspolitisches Rüstzeug. Zahlen, Gesetze und Verordnungen, München 1936.

sollte diese Schrift den ihr zugedachten Zwecken mit besten Empfehlungen dienstbar gemacht werden."[35]

Das KWI in Dahlem wiederum war 1927 – noch vor dem Nationalsozialismus – gegründet worden.[36] Der Schwerpunkt der Forschung lag auf erbbiologischen Fragen und der Modernisierung der Anthropologie. Direktor Eugen Fischer verneigte sich 1933 vor dem Nationalsozialismus, zu dem er in den kommenden Jahren einen wesentlichen wissenschaftlichen Beitrag leisten würde. Aus seiner Rede „Der völkische Staat, biologisch gesehen" sei an dieser Stelle lediglich eine Passage zitiert:

> Es liegt im Wesen der völkischen Staatsidee, die Einheit und Blutsverwandtschaft des gesamten Volkes zu betonen, auf sie Gesetzes- und Verwaltungsmaßregeln aufzubauen und volksfremde Elemente abzulehnen. In dieser Linie liegt ideenmäßig und zugleich instinktiv das Streben nach Rassereinheit. Gleichgültig, ob gut oder schlecht, wenn *andersartig* und *fremd*, sind die Linien abzulehnen. Ein Volkstum mit seiner ganzen Kultur ist so geworden, wie es ward, nur auf Grund der ganz bestimmten Rassenzusammensetzung eben dieses Volkes. Nur die seiner Rassenzusammensetzung gemäßen Erblinien konnten geistig das schaffen, was eben *dieses* Volkstum eigenartig und einzigartig schuf. Es muß im politischen Handeln *seine* Schöpfung für gut und richtig, ja für die beste halten und alles ablehnen, was ihr fremde Züge verleihen könnte. Daß in dieser Hinsicht die nationalsozialistische Politik vor allem gegen die Juden geht, ist einfach damit zu erklären, daß dies das einzige, zahlenmäßig überhaupt in Betracht kommende rassenverschiedene Element in unserem Land und Volke ist. Daß körperliche und geistige Unterschiede sind, kann objektiv niemand leugnen.[37]

Trotz der Prädominanz des Rassendenkens hielten sich am KWI, das weltweit einen hervorragenden Ruf genoss, noch in den späten 1930er und frühen 1940er Jahren Gastwissenschaftlerinnen und Gastwissenschaftler aus dem Ausland auf. Zu diesen zählten etwa Erik Hug (1911–1991) aus der Schweiz, der Jahrzehnte später in Chur die Gebeine von Jörg Jenatsch entdecken würde, Seniha Tunakan (1908–2000) aus der Türkei[38] sowie Sasanka Sekhar Sarkar (1908–1969) aus

---

35 Helmut Schubert, Rassen- und bevölkerungspolitisches Rüstzeug. Von Dr. Karin Magnussen, in: Neues Volk: Blätter des Rassenpolitischen Amtes der NSDAP 3 (1939), S. 43.
36 Zur ideologischen Vorgeschichte vgl. Norbert Herms, Zwischen „schädlichen Einflüssen" und „wertvollen Erbströmen". Der „rassenhygienische" Diskurs in Deutschland zwischen 1891 und 1914, Göttingen 2020.
37 Eugen Fischer, Der völkische Staat, biologisch gesehen, Berlin 1933, S. 18f. (Hervorhebung im Original).
38 Vgl. Hans-Walter Schmuhl, Istanbul – Berlin – Ankara. Seniha Tunakan und der Wissenstransfer auf dem Gebiet der Physischen Anthropologie und Humangenetik, in: Claus Schönig/Ramazan Çalık/Hatice Bayraktar (Hrsg.), Türkisch-deutsche Beziehungen. Perspektiven aus Vergangenheit und Gegenwart, Berlin 2011, S. 271–282.

Indien. Verschuer aus Frankfurt gefolgt war Ayres de Azevedo aus Portugal[39], der Blutseren von Zwillingen untersuchte, bei denen es sich vermutlich um Sinti-Kinder gehandelt hatte.[40] Alle hatten sich den Prinzipien und Zwängen des „Dritten Reichs" zu unterwerfen. Tunakan etwa musste zwei eidesstattliche Erklärungen abgeben, sich nie in einer Freimaurerloge betätigt zu haben und weder von „nichtarischen Eltern oder Großeltern" abzustammen, noch dass diese der jüdischen Religion angehört hatten.[41] Umgekehrt war die Forschung am KWI auch nach 1933 international geblieben. 1936/1937 betrieb die wissenschaftliche Mitarbeiterin Rita Hauschild (1912–1950) anthropometrische „Bastardstudien" in der Karibik[42], um anschließend weitere Forschungsarbeiten zu veröffentlichen, so etwa über angebliche „Rassenunterschiede zwischen negriden und europiden Primordalcranien" bei Föten.[43] Auf dem Siebten Internationalen Kongress für Genetik, der Ende August 1939 in Edinburgh tagte, nahmen u. a. Fischer, Lenz, Nachtsheim und Verschuer teil; entgegen der anfänglichen Planung war Verschuers Frankfurter Assistent Josef Mengele nicht dabei.[44]

Die vermeintlichen „Rassenunterschiede" sollten derweil auch auf deutschem Territorium festgestellt werden. In derselben Ausgabe, in der Hauschild ihre Resultate vorlegte, veröffentlichte ihr KWI-Kollege Wolfgang Abel (1905–1997) seine Befunde zu 145 Nachkommen von französischen Soldaten maghrebinischer Herkunft und deutschen Müttern, die er ausfindig gemacht hatte und bei denen er zahlreiche, angeblich aus den „Kreuzungen" resultierende „Störungen" festgestellt haben wollte. Von diesen behauptete er, „daß weder die ungünstige soziale Stellung (Ernährung), noch auch das sicherlich nicht beste Erbe mütterlicherseits allein dafür verantwortlich gemacht werden können, sondern daß eben in der Mischung von europiden mit negriden und mongoliden Rassen die Hauptursache der ungünstigen Stellung der Rheinlandbastarde innerhalb

---

39 Dorthin kehrte der Forscher 1944 zurück, bevor er nach einer Kontroverse um seine Dissertation, die sich mit Blutgruppen befasste, aus der Wissenschaft austrat. Vgl. Richard Cleminson, Catholicism, Race and Empire. Eugenics in Portugal, 1900–1950, Budapest/New York 2014, S. 156.
40 Vgl. Müller-Hill, The Blood from Auschwitz and the Silence of the Scholars, S. 336–337.
41 Vgl. Schmuhl, Istanbul – Berlin – Ankara, S. 279.
42 Die Resultate publizierte sie einige Jahre später. Vgl. Rita Hauschild, Bastardstudien an Chinesen, Negern, Indianern in Trinidad und Venezuela, in: Zeitschrift für Morphologie und Anthropologie 39/2 (1941), S. 181–289.
43 Vgl. Rita Hauschild, Rassenunterschiede zwischen negriden und europiden Primordalcranien des 3. Fetalmonats, in: Zeitschrift für Morphologie und Anthropologie 36/2 (1937), S. 215–280.
44 Vgl. Schmuhl, Grenzüberschreitungen, S. 277–279.

unserer Bevölkerung zu suchen ist."[45] Abels „Bastardstudien" erfuhren sogleich ihre „rassenpolitische Konkretion"[46]: 1937 wurde in Berlin die „Sonderkommission 3" gegründet, um die Sterilisierung der so erfassten Kinder durchzusetzen.[47] 1941 wurde Magnussen Stipendiatin am KWI. Es liegt nahe, dass ihre politischen Überzeugungen halfen, sie in diese Position zu hieven. Parallel zu ihrer wissenschaftlichen Tätigkeit publizierte sie weiterhin für ein nicht-wissenschaftliches Publikum. Im Sommer 1941 veröffentlichte sie im *Archiv für Bevölkerungswissenschaft und Bevölkerungspolitik* einen Aufsatz zu „Krieg und Kriegsfolgen vom Standpunkt der Rassen- und Bevölkerungspolitik", in dem ihr zwei Jahre vor Joseph Goebbels' Sportpalastrede ein „totaler Krieg" vorschwebte:

> Dieser Krieg ist nicht nur ein Kampf der Soldaten, sondern ein Krieg der Völker, ein totaler Krieg, in dem es um Sein oder Nichtsein geht. Und nur ein Volk, das dieses begriffen hat, das in Gesinnung und Haltung, im Denken und Handeln diszipliniert wie seine Wehrmacht zusammensteht und freiwillig Pflichten auf sich nimmt, nur ein solches Volk kann einen totalen Krieg nicht nur militärisch, sondern auch rassenbiologisch gewinnen.[48]

Entgegen Hans-Peter Kröners Annahme, das KWI-Personal habe in „völliger Verkennung der gänzlich neuen Qualität des NS-Systems" agiert, zeugen Magnussens Formulierungen von einer wechselseitigen Triebkraft von antisemitischem wie rassistischem Weltbild und wissenschaftlichem Anspruch. So fasste sie die gesellschaftspolitischen Entwicklungen seit Ende des Ersten Weltkriegs folgendermaßen zusammen:

> Durch das Eindringen Fremdvölkischer von Osten und Westen nach dem Kriege konnten unerwünschte Elemente in das deutsche Volk gelangen bzw. ihre Erbmasse ‚einschmuggeln'. Nicht nur gewinn- und rachsüchtige Nachbarvölker, sondern auch das Parasitenvolk der Menschheit, die Juden, machte sich die politische Ohnmacht Deutschlands zunutze, um sich Rechte anzumaßen, ‚Staatsbürgerrechte', die ein gesundes Volk niemals einem fremdras-

---

45 Vgl. Wolfgang Abel, Über Europäer-Marokkaner- und Europäer-Annamiten-Kreuzungen, in: Zeitschrift für Morphologie und Anthropologie 36/2 (1937), S. 311–329.
46 So Hans-Walter Schmuhl, „Neue Rehobother Bastardstudien". Eugen Fischer und die Anthropometrie zwischen Kolonialforschung und nationalsozialistischer Rassenpolitik, in: Gert Theile (Hrsg.), Anthropometrie. Zur Vorgeschichte des Menschen nach Maß, München 2005, S. 277–306, hier S. 291.
47 Vgl. Reiner Pommerin, Sterilisierung der Rheinlandbastarde. Das Schicksal einer farbigen deutschen Minderheit 1918–1937, Düsseldorf 1979; Reiner Pommerin, Zur Praxis nationalsozialistischer Rassenpolitik. Sterilisierung der „Rheinlandbastarde", in: Mamoun Fansa (Hrsg.), Schwarze Weißheiten. Vom Umgang mit fremden Menschen, Oldenburg 2001, S. 157–162.
48 Karin Magnussen, Krieg und Kriegsfolgen vom Standpunkt der Rassen- und Bevölkerungspolitik, in: Archiv für Bevölkerungswissenschaft und Bevölkerungspolitik XI./3 (Juli 1941), S. 145–167, hier S. 151.

sigen Eindringling zugestehen würde. Ein Strom von Ostjuden ergoß sich über die Grenze, vor allem nach Preußen, und wurde eingebürgert. Die Folge war, daß die Zahl der Mischehen stark zunahm, und daß fremder Einfluß auf allen Gebieten des geistigen Lebens, der Politik und der Wirtschaft sich zu einem unerträglichen Maße steigerte. Das Judentum, das alle Werte wie Familie, Treue, Ehre in Literatur und Theater verächtlich machte, schaltete sich damit in die Reihe der Faktoren ein, die den Geburtenrückgang förderten.[49]

Zwar habe „der Führer versucht, dem im Weltkrieg schwer geschädigten deutschen Volk unter Schonung seiner Menschen auf friedlichem Wege sein Recht und seinen Lebensraum zu sichern", so Magnussen weiter: „Aber England und das Weltjudentum wollten es anders, und so mußte Deutschland 20 Jahre nach Beendigung des Weltkrieges wieder zu den Waffen greifen [...]".[50] Daraus folgerte sie, dass politische Maßnahmen zur Homogenisierung der Bevölkerung zu ergreifen seien:

Die Ausmerze und Sicherheitsverwahrung von Verbrechern, die Unfruchtbarmachung von Erbkranken (im Sinne des Gesetzes), Eheverbote auf Grund des Ehegesundheitsgesetzes und Ausschließung rassenhygienisch unerwünschter Sippen von den Einrichtungen zur Förderung der Familie sind also Maßnahmen, die geeignet sind, die starke Gegenauslese früherer Kriege zu mildern.[51]

Der deutsche Angriffskrieg wurde so in eine Reaktion umgedeutet – und die „Ausschließung rassenhygienisch unerwünschter Sippen" zur Notwehr. Zudem machte Magnussen einen entscheidenden Unterschied zum Ersten Weltkrieg geltend:

Die Judenfrage ist bereits vor dem Kriege gesetzgeberisch gelöst. Zum vollen Erfolg ist aber auch eine klare nationalsozialistische Haltung der gesamten Bevölkerung nötig. Die Erziehung zu rassischem Denken und zu einer völkischen Haltung ist eine der wichtigsten Aufgaben von Partei und Staat, denn nur ein Volk, das eine unbedingt sichere Haltung in diesen Fragen einnimmt, kann seine rassische Eigenart auf Dauer bewahren, auch wenn seine Lage ihm so schwierige Aufgaben stellt wie in der Gegenwart.[52]

---

49 Magnussen, Krieg und Kriegsfolgen vom Standpunkt der Rassen- und Bevölkerungspolitik, S. 150.
50 Magnussen, Krieg und Kriegsfolgen vom Standpunkt der Rassen- und Bevölkerungspolitik, S. 151.
51 Magnussen, Krieg und Kriegsfolgen vom Standpunkt der Rassen- und Bevölkerungspolitik, S. 158.
52 Magnussen, Krieg und Kriegsfolgen vom Standpunkt der Rassen- und Bevölkerungspolitik, S. 158.

Um was es sich bei dem „vollen Erfolg" handeln sollte, wurde zwar nicht ausbuchstabiert. Da der Beginn des Zweiten Weltkriegs bei Publikation von Magnussens Aufsatz annähernd zwei Jahre zurücklag und die Deportationen nach Osten bereits begonnen hatten, ist davon auszugehen, dass sie Schritte meinte, die über die Nürnberger Gesetze hinausgingen. „Die Stellung der Neger in Frankreich zeigt, ebenso wie die der Juden in England, daß beide Völker noch weit davon entfernt sind, sich in eine Front rassebewußter Staaten einzureihen", behauptete sie weiter.[53] „Der Kampf als solcher ist ein Naturgesetz, das der Auslese dient", beschloss Magnussen ihre Ausführungen: „Er soll in der Auseinandersetzung um den Lebensraum dem Stärkeren und Gesünderen den Platz geben. Er soll und kann daher nie ganz beseitigt werden. Wir haben dafür zu sorgen, daß der Stärkere im Lebenskampf jetzt und in Zukunft die nordische Rasse ist."[54]

Trotz des unmissverständlichen Charakters dieses Aufsatzes ist hervorzuheben, dass die nationalsozialistische Weltanschauung keine Voraussetzung für eine Anstellung am KWI war. Der Psychologe Kurt Gottschaldt (1902–1991) etwa gehörte zwar dem Nationalsozialistischen Lehrerbund (NSLB) und dem NS-Dozentenbund an, war jedoch kein Mitglied der NSDAP und verfügte über eine linke Vergangenheit, was im Kollegium bekannt war.[55] Auch Nachtsheim war nicht in der Partei, zeigte allerdings – was in diesem Zusammenhang unbedingt zu betonen ist – keine Hemmungen, sich an Menschenversuchen zu beteiligen.[56]

Magnussen widmete sich am Institut einem ihrer langjährigen Forschungsobjekte[57], den Augen, mittels derer die „rassische" Zugehörigkeit einer Person bestimmt werden sollte. „Die Struktur der Iris und ihre Pigmentierung sollten zukünftig als eine Art Körpersignatur dienen, die einerseits für jedes Individuum einzigartig wäre, wie etwa ein Fingerabdruck, und die andererseits genug Ähnlichkeit zu Verwandten aufweisen würde, um Familienverhältnisse aufklären zu können", fasst Benoît Massin das Vorhaben zusammen.[58] 1942 entdeckte Magnussens Kollege Georg Wagner, dass in der Familie des Oldenburger Sinto Otto Mechau gehäuft Heterochromie auftrat. Da er selbst keine Zeit für eine „erbbio-

---

53 Magnussen, Krieg und Kriegsfolgen vom Standpunkt der Rassen- und Bevölkerungspolitik, S. 167.
54 Magnussen, Krieg und Kriegsfolgen vom Standpunkt der Rassen- und Bevölkerungspolitik, S. 168.
55 Vgl. Harten/Neirich/Schwerendt, Rassenhygiene als Erziehungsideologie des Dritten Reichs, S. 183 f.
56 Für ein Porträt siehe Ute Deichmann, Hans Nachtsheim, a Human Geneticist under National Socialism and the Question of Freedom of Science, in: Michael Fortun/Everett Mendelsohn (Hrsg.), The Practices of Human Genetics, Dordrecht 1999, S. 143–153.
57 Vgl. Hesse, Augen aus Auschwitz, S. 95.
58 Massin, Mengele, die Zwillingsforschung und die „Auschwitz-Dahlem Connection", S. 252.

logische Bearbeitung" hatte, wurde Magnussen von Verschuer mit dieser beauftragt.[59] Dem KWI-Direktor muss das Auftreten verschiedener Augenfarben bei gleich mehreren Individuen einer Familie als immenser wissenschaftlicher Glücksfall erschienen sein, vermutet Hans-Walter Schmuhl, der das besondere Interesse der „Rassenforscher" an diesem Fall anhand sechs einzelner Punkte festmacht: erstens ist Heterochromie eine seltene Anomalie, die „Aufschluß über das Funktionieren von Genwirkketten in der Phänogenese versprach"; zweitens ließ sich im Rahmen der „rassenhygienischen" Totalerfassung aller Sinti und Roma eine Stammtafel erstellen, aus der wiederum der Erbgang der Heterochromie abgeleitet werden konnte; drittens befanden sich die Subjekte in einem „völlig rechtlosen Raum", der auch den unfreiwilligen Zugriff auf sie ermöglichte; viertens fanden sich in der Familie gleich mehrere Zwillingspaare mit heterochromen Pupillen, so dass Familien- und Zwillingsforschung in entwicklungsphysiologischer Perspektivierung zusammengeführt werden konnten, wozu allerdings histologische Untersuchungen zählten, die den Tod dieser Menschen voraussetzten; fünftens lockte die kriminalbiologische Komponente, über die Anomalie der Augenfarbe vermeintliche Rückschlüsse über soziale Devianz zu ziehen; und sechstens zählten die Familienmitglieder zu den sogenannten „Zigeunermischlingen", was eine Verbindung zwischen Phänogenetik und „Rassendiagnostik" versprach. Es verwundert deshalb nicht, so Schmuhl weiter, dass sich Verschuer bei der Deutschen Forschungsgemeinschaft (DFG) um zusätzliche Finanzierung bemühte.[60]

Hans Hesse hat darauf hingewiesen, dass das Schicksal der Familie Mechau immer noch nicht vollständig geklärt ist.[61] Sicher ist, dass Sinti aus Norddeutschland bereits 1940 deportiert wurden, darunter im Mai des Jahres auch das zu den Mechaus gehörende Oldenburger Ehepaar Fridolin Laubinger und Auguste Laubinger und seine drei Kinder, die zunächst in das Konzentrationslager Belzec, dann nach Krychow kamen.[62] Zwar gelang ihnen die Flucht zurück nach Oldenburg, wobei zwei der Kinder jedoch starben. Ihre Heimatstadt erreichten sie im November 1940. Fridolin Laubinger wurde daraufhin abermals verhaftet und in Sachsenhausen interniert. Auguste Laubinger, ihre Tochter Lydia und der im Juni

---

59 Vgl. Schmuhl, Grenzüberschreitungen, S. 491.
60 Vgl. Schmuhl, Grenzüberschreitungen, S. 491 f.
61 Vgl. Hans Hesse, Erst Kaninchen, dann Menschen, in: Weserkurier, 18.04.2020.
62 Vgl. Hans Hesse, Die fast vergessene Deportation, https://wkgeschichte.weser-kurier.de/die-fast-vergessene-deportation/ (Stand: 01.02.2022); Michael Zimmermann, Deportation ins „Generalgouvernement". Zur nationalsozialistischen Verfolgung der Sinti und Roma aus Hamburg, in: Viviane Wünsche u. a. (Hrsg.), Die nationalsozialistische Verfolgung Hamburger Roma und Sinti. Fünf Beiträge, Hamburg 2006, S. 61–80, hier S. 73.

1941 geborene Sohn Fridolin wurden Anfang 1943 erneut verhaftet. Über eine Wohnung zu verfügen und Arbeit zu haben, bot nach Heinrich Himmlers Auschwitz-Erlass, der am 16. Dezember 1942 erging, keinen Schutz mehr: „Die Familie Mechau erfüllte beide Kriterien und wurde dennoch deportiert", wie Hans Hesse und Jens Schreiber hervorgehoben haben.[63] Alle ihre Angehörigen, die am 8. März 1943 festgesetzt wurden, sollten in Auschwitz ermordet werden.[64] Ihre zurückgelassenen Besitztümer dürften versteigert worden sein.[65]

1943 war Magnussen am KWI zur Assistentin aufgerückt.[66] Im Mai des Jahres wurde Mengele nach Auschwitz abberufen.[67] Der SS-Arzt hatte nun uneingeschränkte Verfügungsgewalt über eine Vielzahl an möglichen Probanden – und damit auch das KWI. Was Magnussen bislang an Kaninchen interessierte, konnte sie fortan an Menschenaugen untersuchen. Zu ihren Opfern gehören auch Angehörige der Familie Mechau, von denen einige in Dahlem untersucht worden waren; Lydia Laubinger und Auguste Laubingers Bruder Balduin Mechau etwa hatten heterochrome Augen.[68] Während die diesbezüglichen Details – so etwa die Frage, auf welche Weise die Familienmitglieder ans Institut gebracht worden waren – nicht geklärt sind, ist verbürgt, dass Magnussen die später Ermordeten selbst fotografiert hat.[69]

Als die industrielle Vernichtung in jenem Jahr ihren Höhepunkt erreichte, veröffentlichte Eugen Fischer gemeinsam mit dem antisemitischen Theologen Gerhard Kittel den Band *Das antike Weltjudentum*, in dem der Beginn des vermeintlichen „Problems" auf die Antike verlegt wurde, woraus die Leser die notwendigen Schlüsse ziehen sollten: „Wer die Geschichte als die große Lehrmeisterin achtet, wird, auf die Stimmen der geschichtlichen Zeugnisse lauschend, aus jenen Erfahrungen der antiken Welt zu lernen wissen."[70] Denn: „Immer, zu allen Zeiten, ob im Ersten oder im Zwanzigsten Jahrhundert, ist Weltjudentum Traum

---

63 Vgl. Hans Hesse/Jens Schreiber, Vom Schlachthof nach Auschwitz. Die NS-Verfolgung der Sinti und Roma aus Bremen, Bremerhaven und Nordwestdeutschland, Marburg 1999, S. 273.
64 Vgl. Hesse/Schreiber, Vom Schlachthof nach Auschwitz, S. 271.
65 Vgl. Hesse/Schreiber, Vom Schlachthof nach Auschwitz, S. 93.
66 Vgl. Gedenkstätte Hadamar, Sammlung, N Klee, 140–141: Karin Magnussen, Lebenslauf zur Festsetzung des Diäten- und Besoldungsdienstalters für die Studienrätin Dr. Karin Magnussen, Bremen 1953, S. 2.
67 Siehe dazu Marwell, Mengele, S. 77–148.
68 Vgl. Hesse, Die fast vergessene Deportation.
69 Siehe ihre Aussage im Entnazifizierungsverfahren gegen Verschuer, worauf weiter unten eingegangen wird, vgl. Lösch, Rasse als Konstrukt, S. 412.
70 Eugen Fischer/Gerhard Kittel, Das antike Weltjudentum. Tatsachen, Texte, Bilder, Hamburg 1943, S. 9.

der alleinigen Weltherrschaft im Diesseits und im Jenseits!"[71] Folglich gehe es darum, „diejenigen Züge" hervorzuheben, „die das Judentum jener Zeiträume als *Weltjudentum* charakterisieren und die damit, in der Eigenart seiner Berührung mit der Welt der anderen Völker, die eigentliche *Judenfrage* sichtbar machen."[72] Im selben Jahr erschien die dritte Auflage von *Rassen- und bevölkerungspolitisches Rüstzeug*, die bereits deutlich an Umfang zugelegt hatte. „Mitten im Kriege ist eine Auflage notwendig geworden", betonte Magnussen im neuen Vorwort, denn „Rassen- und Bevölkerungspolitik sind im Kriege wichtiger als in irgendeiner anderen Zeit."[73] Während die Deportationszüge aus dem gesamten besetzten Europa nach Auschwitz fuhren, sprach sie von einer drohenden „Vernichtung deutscher Menschen"[74] durch die Alliierten und behauptete, „der rasseverwandte Fremdvölkische bleibt Ausländer, solange er eine fremde Staatsangehörigkeit hat, ganz besonders im Kriege"[75] – wohlgemerkt Italiener meinend. Wer Schuld an allem trage, verstehe sich von selbst: „Alljuda hat dem Deutschen Reich den Krieg erklärt und dabei in England, Frankreich, Sowjetrußland und USA Bundesgenossen gefunden."[76] Daraus folge, dass „die räumliche Trennung vom rassenbiologischen Standpunkt die einzige wirkliche Lösung des Judenproblems" sei, „an der jeder europäischer Staat einmal wird mitarbeiten müssen."[77] Konkret bedeute das „rassenpolitische Ziel dieses Völkerringens":

> Räumliche Trennung der europäischen Rassen und Völker von allen fremden (Juden, Zigeuner, Neger), die Erhaltung der rassischen Eigenart der europäischen Völker, die Sicherung ihres Bestandes für die Zukunft, die Verhinderung weiteren Blutvergießens zwischen europäischen Völkern. Es geht dabei in Europa um die Erhaltung der nordischen Rassen, denn ohne sie wäre Europa, wäre die ‚abendländische' Kultur undenkbar. Mit ihr steht und fällt die Zukunft der weißen Rassen und Völker.[78]

---

71 Fischer/Kittel, Das antike Weltjudentum, S. 11.
72 Fischer/Kittel, Das antike Weltjudentum, S. 11 (Hervorhebung im Original).
73 Karin Magnussen, Rassen- und Bevölkerungspolitisches Rüstzeug. Statistik, Gesetzgebung und Kriegsaufgaben, 3., verbesserte und erweiterte Aufl., München/Berlin 1943, S. 6.
74 Magnussen, Rassen- und Bevölkerungspolitisches Rüstzeug, 3. Aufl., S. 194.
75 Magnussen, Rassen- und Bevölkerungspolitisches Rüstzeug, 3. Aufl., S. 197. An dieser Stelle ist die auffällige Verwendung des Begriffs „Ausländer", der immer anders bleibe, hervorzuheben, da diese Bezeichnung und die zugehörige Vorstellung in der bundesrepublikanischen Wirklichkeit nach der „Gastarbeiter"-Ära eine beträchtliche Rolle spielten, vgl. dazu auch die Einleitung dieses Sammelbands.
76 Magnussen, Rassen- und Bevölkerungspolitisches Rüstzeug, 3. Aufl., S. 202.
77 Magnussen, Rassen- und Bevölkerungspolitisches Rüstzeug, 3. Aufl., S. 203.
78 Magnussen, Rassen- und Bevölkerungspolitisches Rüstzeug, 3. Aufl., S. 203.

In ihrem Schlusswort offenbarte Magnussen, was „räumliche Trennung" meinte: „Dieser Krieg wird am Ende die letzte Entscheidung und damit eine endgültige Lösung der Judenfrage als eines europäischen Problems bringen."[79] In einer Rezension, die in *Rasse*, der *Monatsschrift für den nordischen Gedanken*, erschien, hieß es über den Band: „Für jeden, der die entscheidenden Aufgaben richtig erkennen will, die unser Volk jetzt und in Zukunft, ganz besonders auch in diesem Kriege, in rassen- und bevölkerungspolitischer Hinsicht meistern muß, wenn es seine Führungsaufgabe erfüllen soll, ist dieses Büchlein wertvoller Helfer. Auch dieser neuen Auflage ist weiteste Verbreitung zu wünschen."[80] Im Herbst 1943 schrieb Verschuer an Fischer, was er von seiner nunmehrigen Assistentin hielt: „Ich glaube, daß wir von ihr noch weitere gründliche Forschungsergebnisse erwarten dürfen."[81]

Im Februar 1944 veröffentlichte Magnussen einen Beitrag in *Der Erbarzt* – die von Verschuer verantwortete Beilage zum *Deutschen Ärzteblatt* –, der Parallelen zwischen Kaninchen- und Menschenaugen zog, ohne die Genese der Erkenntnis auszuweisen.[82] Im selben Monat wurde das KWI bei einem alliierten Bombenangriff beschädigt. Verschuer, der von einer Verlagerung des Instituts absah, berichtete Fischer in einem Brief:

> Wir wollen weiter die Stellung hier halten und erst weichen, wenn eine zwingende Notwendigkeit eintreten würde. Nach solchen Ereignissen muß die wissenschaftliche Arbeit ganz aussetzen. Es ist aber auch ein in seiner Art erhebender Eindruck, zu sehen, wie etwa Gottschaldt auf dem Dach des Instituts herumklettert und die Ziegel neu auflegt, wenn Frl. Magnussen mit dem Hammer herumläuft und Fenster und Türen wieder festnagelt oder mit Pappe abdichtet [...]. So erlebt man selbst in dieser Zeit besondere Freuden.[83]

Ende 1944 erhielt Georg Melchers, einer der Herausgeber der *Zeitschrift für induktive Abstammungs- und Vererbungslehre*, von Magnussen ein wissenschaftliches Manuskript zur Begutachtung. Es hatte die Augenfarbe von „Zigeunern" zum Thema, wobei zu den Probanden vermerkt war, dass sie zeitgleich verstorben

---

79 Magnussen, Rassen- und Bevölkerungspolitisches Rüstzeug, 3. Aufl., S. 232.
80 Michael Hesch, Neue Bücher. Entwicklung und Vererbung, Rasse und Volk, in: Rasse. Monatsschrift für den Nordischen Gedanken 2 (1944), S. 73–76, hier S. 75.
81 Zitiert nach Lösch, Rasse als Konstrukt, S. 409.
82 Karin Magnussen, Über die sichelförmige Überwachung am Kaninchenauge und beim Menschen, in: Der Erbarzt 12 (1944), S. 60–62. Siehe dazu Paul Weindling, „Ressourcen" für humanmedizinische Zwangsforschung, 1933–1945, in: Sören Flachowsky/Rüdiger Hachtmann/Florian Schmaltz (Hrsg.), Ressourcenmobilisierung. Wissenschaftspolitik und Forschungspraxis im NS-Herrschaftssystem, Göttingen 2016, S. 503–534, hier S. 522.
83 Zitiert nach Lösch, Rasse als Konstrukt, S. 424.

seien – was im Falle von Zwillingen, um die es ging, in höchstem Maße unwahrscheinlich war. Melchers vermutete einen unnatürlichen Tod und lehnte eine Publikation ab.[84]

Anfang 1945 kam es zum Zerwürfnis zwischen Verschuer und Magnussen, die indes eine Beziehung mit Eugen Fischers früherer Sekretärin eingegangen war. Dorothea Michaelsen war im Dezember 1898 geboren worden und somit fast zehn Jahre älter als Magnussen.[85] Sie hatte mehrere Semester Medizin studiert und war seit Oktober 1927 am KWI beschäftigt gewesen, wo Fischer stets betont hatte, dass sie auch zur wissenschaftlichen Mitarbeit in der Lage sei.[86] Mit dem Wechsel an der Institutsspitze wurde sie von Schwester Emmi Nierhaus verdrängt, einer anderen Angestellten, die Verschuer 1942 aus Frankfurt gefolgt war.[87] Nachdem der neue Direktor Michaelsen der Kleptomanie beschuldigt hatte, erzwang er ihren Austritt aus dem Institut. Magnussen stellte sich in den folgenden Querelen entschieden auf die Seite ihrer Partnerin.[88]

Als im März 1945 die Rote Armee immer näher rückte, waren neben Nachtsheim und Magnussen nur noch wenige Kollegen am KWI verblieben. Verschuer richtete ihnen aus, „sie müßten alle aus Berlin raus, jeder sollte sehen, wo er bleibt."[89] Über Göttingen erreichten Magnussen und Michaelsen im April Bremen.[90] Mit dabei hatten sie einen Weißen Wiener aus Nachtsheims Züchtung[91], mit dem Magnussen alsbald eine neue Versuchskaninchenzucht aufbauen sollte. Am 8. Mai kapitulierte Nazi-Deutschland bedingungslos.

Die „Allianz des Schweigens" zwischen „Drittem Reich" und Bundesrepublik

Im November 1945 begann vor dem Internationalen Militärgerichtshof der Nürnberger Prozess gegen die Hauptkriegsverbrecher. Mit der Publikation von Eugen

---

84 Vgl. Müller-Hill, Tödliche Wissenschaft, S. 73; Lösch, Rasse als Konstrukt, S. 413.
85 Siehe die Geburtstagsliste der Mitarbeiterinnen und Mitarbeiter des KWI in Müller-Hill, The Blood from Auschwitz and the Silence of the Scholars, S. 339.
86 Vgl. Schmuhl, Grenzüberschreitungen, S. 68, FN 26.
87 Vgl. Schmuhl, Grenzüberschreitungen, S. 371, FN 172 und S. 528 – 529, FN 690.
88 Vgl. Schmuhl, Grenzüberschreitungen, S. 528 – 529, FN 690, hier S. 529.
89 Zitiert nach Schmuhl, Grenzüberschreitungen, S. 528 – 529, FN 690, hier S. 529.
90 Vgl. Karin Magnussen, Walter Magnussen 1869 – 1946. Landschaftsmaler und Keramiker, Bremen 1991, S. 59.
91 Vgl. Ernst Klee, Auschwitz, die NS-Medizin und ihre Opfer, 7. Aufl., Frankfurt a. M. 2020, S. 486, FN 147.

Kogons Schrift *Der SS-Staat* lag ein Jahr später eine Bestandsaufnahme des nationalsozialistischen Terrors vor.[92] 1947 erschien *Das Diktat der Menschenverachtung* von Alexander Mitscherlich und Fred Mielke, eine Dokumentation zum Nürnberger Ärzteprozess.[93] Weitaus weniger Beachtung fand 1948 die erste Darstellung zur Vernichtung „unwerten Lebens", *Die Tötung Geisteskranker in Deutschland* von Alice Platen-Hallermund.[94] Der Alliierte Informationsdienst veröffentlichte im selben Jahr Zivia Lubetkins Bericht über die Niederschlagung des Aufstands im Warschauer Ghetto, der 1949 noch als eigenständige Broschüre in Ost-Berlin erschien.[95] Mit Grete Weils Roman *Ans Ende der Welt* wurde dort zeitgleich einer der ersten deutschsprachigen Romane über die Vernichtung der europäischen Juden publiziert.[96] Sinti und Roma, die derweil im Westen rechtlich gegen ihre vormaligen Verfolger vorgingen, sahen sich nun einer Justiz gegenüber, die ihnen wenig bis gar keinen, den Tätern und Täterinnen hingegen einigen Glauben schenkte.[97] Zahlreiche Verantwortliche für den Porajmos vermochten es ohnehin, der Aufmerksamkeit zu entgehen – darunter auch Magnussen.

Während manche Wissenschaftlerinnen auch deshalb zu Kriegsgewinnlerinnen geworden waren, weil sie auf die freiwerdenden Stellen der an die Front einberufenen Männer aufzurücken vermochten, konnten sie nun wieder von diesen Posten verdrängt werden. Im September 1945 kündigte Verschuer seiner einzigen Assistentin postalisch.[98] Günter Suttinger, der bei Gottschaldt promoviert hatte und aus der Kriegsgefangenschaft nach Berlin zurückgekehrt war, trat 1946 ihre Nachfolge an.[99] Gleichwohl bescheinigte das KWI Magnussen im Frühjahr 1946, eigenständig „mit der Aufarbeitung von Forschungsmaterial beschäftigt" zu sein – „Die Tätigkeit ist als ganztägig anzusehen."[100] Da Magnussen vor ihrer Zeit

---

92 Eugen Kogon, Der SS-Staat. Das System der deutschen Konzentrationslager, Frankfurt a. M. 1946.
93 Alexander Mitscherlich/Fred Mielke, Das Diktat der Menschenverachtung. Der Nürnberger Ärzteprozeß und seine Quellen, Heidelberg 1947.
94 Alice Platen-Hallermund, Die Tötung Geisteskranker in Deutschland. Aus der Deutschen Ärztekommission beim Amerikanischen Militärgericht, Frankfurt a. M. 1948.
95 Zivia Lubetkin, Die letzten Tage des Warschauer Gettos, in: Neue Auslese aus dem Schrifttum der Gegenwart 1 (1948), S. 1–13; Zivia Lubetkin, Die letzten Tage des Warschauer Gettos, Ost-Berlin 1949.
96 Grete Weil, Ans Ende der Welt, Ost-Berlin 1949.
97 Vgl. Katharina Stengel, Bezweifelte Glaubwürdigkeit. Sinti und Roma als Zeugen in NS-Prozessen, in: Zeitschrift für Geschichtswissenschaft 5 (2021), S. 444–463.
98 Vgl. Gedenkstätte Hadamar, Sammlung, N Klee, 140–141: Otmar von Verschuer, Schreiben an Karin Magnussen, 20.09.1945.
99 Vgl. Schmuhl, Grenzüberschreitungen, S. 255 und S. 529.
100 Gedenkstätte Hadamar, Sammlung, N Klee, 140–141: Ernst Telschow, Bescheinigung für Karin Magnussen, 05.04.1946.

als Stipendiatin am KWI als Lehrerin gearbeitet hatte und vom Schuldienst beurlaubt worden war[101], um sich der Forschung zu widmen, wurde sie im selben Jahr zum ersten Mal entnazifiziert; ihr vorletzter Arbeitgeber, das Kaiser-Wilhelm-Gymnasium in Hannover, musste sie im April 1946 entlassen.[102] Obwohl sie auf den Entnazifizierungsausschuss den Eindruck machte, „unbelehrbar"[103] zu sein, scheint niemand um ihre Tätigkeit und um ihre Publikationen gewusst zu haben; sie wurde als „Mitläufer"[104] eingestuft.

Im selben Jahr richteten drei Personen an drei verschiedenen Orten die Aufmerksamkeit auf Otmar von Verschuers Kriegsverbrechen. Im Mai machte der Chemiker Robert Havemann (1911–1982) die Verbindung des KWI-Direktors nach Auschwitz publik, die über einen Assistenten – Mengeles Name fiel noch nicht – persönlich sichergestellt worden sei.[105] Im selben Jahr notierte der US-amerikanische Psychiater Leo Alexander, der im Nürnberger Ärzteprozess als Experte eingebunden war, in seinen persönlichen Unterlagen:

> Some new evidence has come in where two doctors in Berlin, one a man and the other a woman, collected eyes of different color. It seems that the concentration camps were combed for people who had slightly differently-colored eyes. That means that people whose one eye had a slightly different color than the other. Whoever was unlucky enough to possess such a pair of slightly unequal eyes had them cut out and was killed, the eyes being sent to Berlin. This is the carrying-out into reality of an old gruesome German fairy tale which is included in the Tales of Hoffmann, where Dr. Coppelius, posing as a Sandman, comes at night and cuts out children's eyes when they are tired. The grim part of the story is that Drs. Von Verschuer and Magnussen in Berlin prefer children and particularly twins. There is no end to this nightmare, at least 23 are being tried now, and I trust the others will follow later.[106]

Im Dezember des Jahres veröffentlichte der Mediziner Miklós Nyiszli, der 1944 nach Auschwitz deportiert worden war und dort als Häftlingsarzt Mengele as-

---

101 Gedenkstätte Hadamar, Sammlung, N Klee, 140–141: Karin Magnussen, Lebenslauf, S. 1.
102 Vgl. Hesse, Augen aus Auschwitz, S. 86.
103 Zitiert nach Hesse, Augen aus Auschwitz, S. 87.
104 Vgl. das Faksimile der Spruchkammer Bremen vom 7. Juli 1946 in Cathrin Anna Becker, „… ich kann vor jedem verantworten, was ich damals vertreten habe." Die Biologin und Lehrerin Dr. Karin Magnussen – eine Mitläuferin?, in: Eva Schöck-Quinteros (Hrsg.), „Was verstehen wir Frauen auch von Politik?" Entnazifizierung ganz normaler Frauen in Bremen (1945–1952), Bremen 2011, S. 99–117, hier S. 114.
105 Vgl. Robert Havemann, Vertriebene Wissenschaft, in: Die Neue Zeitung, 03.05.1946.
106 Zitiert nach Paul Weindling, „Tales from Nuremberg". The Kaiser Wilhelm Institute for Anthropology and Allied Medical War Crimes Policy, in: Doris Kaufmann (Hrsg.), Geschichte der Kaiser-Wilhelm-Gesellschaft im Nationalsozialismus. Bestandsaufnahmen und Perspektiven der Forschung, Göttingen 2000, S. 635–652, hier S. 635.

sistieren musste, seinen Erlebnisbericht auf Ungarisch.[107] Darin schilderte er, dass er Leichenmaterial, das wissenschaftlich interessant zu sein versprach, präparieren und an ein „Dahlemer Institut"[108] für Anthropologie[109] schicken musste, das sich nicht selten für diese Lieferungen bedankt habe. Eines Tages habe er acht Zwillingsleichen aus dem „Zigeunerlager" zur Sektion erhalten, bei denen er nicht nur feststellte, dass drei der vier Geschwisterpaare heterochrome Augen hatten, sondern dass sie durch gezielte Chloroform-Injektionen ins Herz ermordet worden waren: „Ich präpariere die Augen heraus und lege sie, jedes für sich, in Formalin, wobei ich alle Angaben dazu notiere, damit sie nicht durcheinander geraten."[110] Nach Sichtung der Protokolle, die Nyiszli für Mengele anfertigen musste, habe ihn dieser angewiesen, alles zum Versand nach Berlin fertigzumachen und jeweils verschiedene Todesarten für die Zwillingsleichen zu vermerken.[111] Sie seien, reichte er nach, „sowieso nicht lebensfähig gewesen".[112]

Havemanns, Alexanders und Nyiszlis Ausführungen zum Trotz verlor sich die Spur zu Magnussen. Im Herbst 1946 wurde auch Verschuer als „Mitläufer" entnazifiziert und zu einer Geldstrafe von 600 Mark verurteilt.[113]

Seine einstige Assistentin setzte derweil erhebliche Energie darauf, zwei Kisten sicherzustellen, die sie bei der Flucht aus Berlin in Dahlem zurückgelassen hatte und die in Solz zwischengelagert wurden. „Es wird schon am besten sein, wenn sie durch Autotransport befördert werden", hatte ihr Verschuer im Januar 1946 ausgerichtet: „Denn die Kiste mit den feuchten Präparaten kann unmöglich durch die Bahn geschickt werden."[114] Der Transport verzögerte sich zunächst, was Magnussen merklich enervierte, denn das von ihrem vormaligen Vorgesetzten euphemistisch umschriebene Material meinte mit größter Wahrscheinlichkeit die von Nyiszli eingelegten Augen. Pampig bestellte sie der Generalverwaltung der Kaiser-Wilhelm-Gesellschaft im September 1947, dass eine Speditionsfirma dem Auftrag im vergangenen Winter „wegen der Frostgefahr für die Formolpräparate" nicht hatte nachkommen können und „daß die Sicherstellung des geretteten

---

107 Miklós Nyiszli, Dr. Mengele boncolóorvosa voltam az Auschwitz-i krematóriumban, Nagyvárad 1946; dt. Im Jenseits der Menschlichkeit. Ein Gerichtsmediziner in Auschwitz, Berlin 1992.
108 Nyiszli, Im Jenseits der Menschlichkeit, S. 47.
109 Nyiszli hatte den Namen des KWI falsch vermerkt. So heißt es bei ihm, die Leichenteile seien zum „Rassenbiologischen und Anthropologischen Institut in Berlin-Dahlem" gegangen. Da es dort aber keine Institution mit diesem Namen gab, kann nur das KWI gemeint gewesen sein. Nyiszli, Im Jenseits der Menschlichkeit, S. 45.
110 Nyiszli, Im Jenseits der Menschlichkeit, S. 47.
111 Nyiszli, Im Jenseits der Menschlichkeit, S. 48.
112 Nyiszli, Im Jenseits der Menschlichkeit, S. 48.
113 Vgl. Klee, Deutsche Medizin im Dritten Reich, S. 349.
114 Zitiert nach Hesse, Augen aus Auschwitz, S. 83.

Forschungsmaterials nicht nur im Privatinteresse der einzelnen Wissenschaftler liegt [...]. Es wäre bitter, wenn der kleine Teil des histologischen Materials, der mir nach der Vernichtung der meisten Präparate in Dahlem noch verblieben ist, durch die unverantwortliche Schlamperei einer deutschen Speditionsfirma noch verloren ginge."[115] Magnussen betonte, dass es sich um „zerbrechliches und unersetzliches ausgelagertes Forschungsmaterial" handle.[116] Kurz darauf erhielt sie die Kisten zurück.[117] Die „Formolpräparate", Beweis ihrer Beteiligung am Porajmos und an anderen Kriegsverbrechen, gingen so in ihren Privatbesitz über.

Im November 1948 begann Magnussen, am Tuberkulose-Institut in Borstel zu arbeiten. Dort blieb sie für knapp anderthalb Jahre, bis Ende März 1950.[118] Zwischenzeitlich kontaktierte sie in der Hoffnung, eine Publikationsmöglichkeit für ihr Aufsatzmanuskript zur Heterochromie zu finden, das Melchers abgelehnt hatte, ihren Doktorvater Alfred Kühn. Dieser weigerte sich jedoch, ihr zu helfen, und richtete ihr aus:

> Ihre nationalsozialistische und antisemitische Gesinnung war mir bekannt. Viele junge Menschen sind damals dem Truge verfallen und haben seither ihre Verirrung eingesehen. Ob dies bei Ihnen der Fall ist, weiß ich nicht. Doch haben wir erfahren, daß Sie im KWI für Anthropologie auch an Humanmaterial gearbeitet hätten, an Zigeuneraugen aus dem Lager Auschwitz. Es ist mir unbegreiflich, wie ein Mensch irgendeine Verbindung mit dieser entsetzlichen Anstalt unterhalten konnte. Um nicht einem Gerücht zu folgen, haben wir uns bei dem Kommiss.[arischen] Leiter des KWI für Anthropologie in Dahlem erkundigt, und Prof. Nachtsheim bestätigt die Tatsache.
>
> Hiernach lehnen wir es ab, eine Veröffentlichung von Ihnen aufzunehmen. Die formale Einstufung durch eine Spruchkammer ändert hieran nichts.[119]

Magnussen wandte sich daraufhin an Fischer, dem sie berichtete, dass Kühn „unbegreiflicherweise" eine Veröffentlichung ihres Beitrags abgelehnt hatte. Wie sie zu jenem „Humanmaterial" kam, erklärte sie folgendermaßen:

---

115 Gedenkstätte Hadamar, Sammlung, N Klee, 140–141: Karin Magnussen, Brief an die Generalverwaltung der Kaiser-Wilhelm-Gesellschaft zur Förderung der Wissenschaften, Göttingen, 15.09.1947.
116 Gedenkstätte Hadamar, Sammlung, N Klee, 140–141: Karin Magnussen, Brief an die Generalverwaltung der Kaiser-Wilhelm-Gesellschaft zur Förderung der Wissenschaften, Göttingen, 15.09.1947.
117 Vgl. Klee, Deutsche Medizin im Dritten Reich, S. 360.
118 Gedenkstätte Hadamar, Sammlung, N Klee, 140–141: Karin Magnussen, Lebenslauf, S. 2.
119 Zitiert nach Gedenkstätte Hadamar, Sammlung, N Klee, 140–141: Karin Magnussen, Brief an Eugen Fischer, 17.02.1950, S. 1.

> Vielleicht erinnern Sie sich der großen kriminellen Sippe, in der Wagner in den Kriminalakten wiederholt Heterochromie fand. Von 5 verstorbenen Kindern und Jugendlichen dieser tuberkulös verseuchten Sippe bekam ich glücklicherweise das pathologische Augenmaterial (nebst Sektionsberichten), obgleich die Sippe inzwischen in dem mir unzugänglichen Lager interniert war, so daß ich schon fast die Hoffnung aufgegeben hatte, die Ursache und Genetik dieser Anomalie klären zu können. Nach dieser Ablehnung ist mir die Lust vergangen, mit irgend einer Zeitschrift, auf die Prof. Kühn Einfluß hat, Verbindung aufzunehmen.[120]

Fischer erwiderte: „Dass Sie so eine schroffe Ablehnung erlebten, gehört in die Reihe von Erscheinungen zum Capitel Characterkunde [sic] und Menschenkenntnis. Da hat man in den letzten Jahren noch mehr lernen können als nach 33!"[121]

Anfang 1950 wurde Magnussen ausgesprochen konkret. In einem weiteren Brief an Fischer schrieb sie, nochmals auf Kühns Bemerkungen Bezug nehmend:

> Daß es sich um die 5 Augenpaare von unmündigen Verstorbenen aus der Heterochromiesippe von Wagner handelt[,] schrieb ich Ihnen ja damals schon. Wenn die Sippe, die schwer kriminell war, nicht interniert gewesen wäre, dann hätte ich sie wohl noch ganz anders für die Erbbiologie und Physiologie auswerten können, vielleicht hätte ich auch noch mehr biologisches Material über die zuständigen pathologischen Institute bekommen bei der hohen Tbc-Sterblichkeit in den letzten Kriegsjahren. Wagner hat Glück gehabt, daß er seine Arbeit noch an den in Freiheit befindlichen Familien durchführen konnte. Wenn die Sippe nicht eine so kriminelle Gesellschaft wäre, würde ich jetzt versuchen, noch daran weiterzuarbeiten, denn hier sollen Auschwitzer Zigeuner herumlaufen, die man fragen könnte, aber ich möchte ungern Verbindung mit einer Zigeunerbande aufnehmen.[122]

Ernst Klee zufolge dürfte Fischer geahnt haben, dass Magnussens unbeirrter, vor allem aber offensiv rassistischer Anspruch der Forschung nun – unter veränderten politischen Bedingungen und dem Wechsel von der Eugenik zur Genetik – erheblichen Schaden zufügen könnte. Er richtete ihr aus:

> Ganz im Allgemeinen möchte ich Ihnen raten – und Sie erlauben mir einen Rat, denn Sie sehen, dass ich Ihnen helfe, wo ich kann – dass Sie jede literarische Benützung von Zigeunermaterial, sei es Lebender oder von Toten noch für einige Zeit weglassen. Es hat

---

120 Gedenkstätte Hadamar, Sammlung, N Klee, 140–141: Karin Magnussen, Brief an Eugen Fischer, 15.09.1949, S. 2.
121 Gedenkstätte Hadamar, Sammlung, N Klee, 140–141: Eugen Fischer, Brief an Karin Magnussen, 03.10.1949, S. 2.
122 Gedenkstätte Hadamar, Sammlung, N Klee, 140–141: Karin Magnussen, Brief an Eugen Fischer, 17.02.1950, S. 1.

wirklich keinen Zweck, gewisse Leute zu reizen. Auch bei bestem Gewissen kann man sich gegen Verleumdung nicht schützen und bei bester Verteidigung semper aliquid haeret!"[123]

Auf Kühn zurückkommend, meinte er noch, es gebe „Menschen, die päpstlicher sind als der Papst"; bei Personen, „die einem Bitternis bereiten, aus der seelischen Verfassung der Jahre 45 und 46 heraus", müsse man „mildernde Umstände annehmen. Viele waren damals ebenso wenig normal als andere mit umgekehrtem Vorzeichen in den furchtbaren Jahren vorher."[124]

Wütend schrieb Magnussen nach Kühns Abweisung auch an Viktor Schwartz, einen Kollegen ihres Doktorvaters, dem sie erklärte, „außer Augen aus der Anatomie und aus der Institutssammlung auch einige wenige Augen bearbeitet" zu haben, „deren Eigentümer nicht in der Anatomie präpariert, sondern nach ihrem Tode durch eine Krankheit auf dem Seziertisch gelandet waren. Und gerade diese scheinen es Kühn besonders angetan zu haben, und zwar wegen eines Zufalls durch den diese Leutchen auf Grund ihrer Belastung auf kriminellem Gebiet hinter Stacheldraht landeten."[125] Mit anderen Worten: Die Rassistin hielt das Vernichtungslager für einen angemessen Aufenthaltsort für Sinti. Einer Sippentafel von „Familie M.", die man für sie angefertigt habe, will Magnussen entnommen haben, dass deren Angehörige „mit Lungentuberkulose verseucht" gewesen seien: „Sollte ich nun etwa bei Todesfällen darauf verzichten, das einmalige anormale Material histologisch zu bearbeiten, nur weil die Leute zufällig im Lager starben? [...] Ich habe außerdem nach dem Kriege verschiedene Leute gesprochen, die ehemalige Häftlinge aus Auschwitz gesehen und gesprochen haben. Diese Häftlinge haben auch über nichts Entsetzliches berichtet. Also selbst denen ist nichts Übles bekannt gewesen."[126]

1949 war Magnussen zu Verschuer vernommen worden, nachdem die Spruchkammer in Frankfurt am Main eine Wiederaufnahme des Verfahrens gegen letzteren angestrebt hatte. Die Verantwortlichen waren davon ausgegangen, dass der einstige KWI-Direktor im Falle einer neuerlichen Befragung bezüglich der Experimente am Institut und der Belieferung aus Auschwitz seine Verantwortung auf Magnussen abschieben werde, weswegen diese, so die Vermutung des Öffentlichen Klägers, Verschuer nicht schützen werde. Hans-Peter Kröner hat darauf hingewiesen, wie naiv diese Annahme war – denn wenn Verschuer von Auschwitz

---

[123] Gedenkstätte Hadamar, Sammlung, N Klee, 140–141: Eugen Fischer, Brief an Karin Magnussen, 23.02.1950, S. 1.
[124] Gedenkstätte Hadamar, Sammlung, N Klee, 140–141: Eugen Fischer, Brief an Karin Magnussen, 23.02.1950, S. 1.
[125] Zitiert nach Klee, Deutsche Medizin im Dritten Reich, S. 363.
[126] Zitiert nach Klee, Deutsche Medizin im Dritten Reich, S. 364f.

wusste, war Magnussen unweigerlich ebenfalls im Bilde gewesen.[127] Sie entlastete ihn.[128] Und sie berichtete, dass Mengele ihr erzählt habe, dass eine der „wichtigsten Familien der Sippe", in der Heterochromie gehäuft auftauchte, „mit Lungentuberkulose verseucht war. Ich habe ihn daraufhin gebeten, falls jemand von der Familie sterbe, mir, wenn möglich, Sektionsberichte und das pathologische Augenmaterial zusenden zu lassen. [...] Ich konnte natürlich nicht auf die Auswertung eines so wertvollen pathologischen Materials verzichten, das ich u.a. Umständen auch auf jeden Fall bekommen hätte."[129]

Im Herbst 1949 beschloss Magnussen einen Brief an Fischer mit der untrüglichen Zeile „[...] in Erinnerung an die schöne Zeit in Dahlem".[130] Im selben Jahr veröffentlichte sie einen Aufsatz in der *Zeitschrift für Morphologie und Anthropologie*, der auf der Auswertung von 31 Augenpaaren „mitteleuropäischer Rassen" basierte, zu deren Vergleich „einige in der Institutssammlung" des KWI „vorhandene Schnittpräparate von Augen farbiger Rassen sowie ein Papuaauge herangezogen" worden seien.[131] Woher dieses Material stammte, ist nicht gesichert. Der Aufsatz soll noch zu Kriegszeiten, 1943, bei der „Schriftleitung" des Journals eingetroffen sein.[132]

Nach Gründung der Bundesrepublik im Mai 1949 zeigte die „Allianz des Schweigens"[133] des einstigen Kollegiums Wirkung. Das Netzwerk der Fischerianer begann, sich in der Wissenschaft zu verankern. Während sich der Vordenker zur Ruhe setzen und in den kommenden Jahren keine wichtige Rolle mehr spielen sollte, verteilte sich der Dahlemer Kreis im Bundesgebiet, in West- und in Ost-Berlin. Zwar ist dies nicht mit unmittelbarer Kontinuität gleichzusetzen, wie Hans-Peter Kröner richtig betont, bezeugt aber die erhebliche Wirkmächtigkeit alter Seilschaften über profunden politischen Wandel hinweg.[134] Jovial informierte Lenz Magnussen im Januar 1950, dass er nun wieder über „ein kleines Institüt-

---

127 Vgl. Kröner, Von der Rassenhygiene zur Humangenetik, S. 130, FN 272.
128 Vgl. Kröner, Von der Rassenhygiene zur Humangenetik, S. 131.
129 Zitiert nach Lösch, Rasse als Konstrukt, S. 412.
130 Gedenkstätte Hadamar, Sammlung, N Klee, 140–141: Karin Magnussen, Brief an Eugen Fischer, 09.11.1949, S. 2.
131 Karin Magnussen, Über die Beziehungen zwischen Irisfarbe, histologischer Pigmentverteilung und Pigmentierung des Bulbus beim menschlichen Auge, in: Zeitschrift für Morphologie und Anthropologie 41/2–3 (1949), S. 295–312, hier S. 296.
132 Magnussen, Über die Beziehungen zwischen Irisfarbe, histologischer Pigmentverteilung und Pigmentierung des Bulbus beim menschlichen Auge, S. 312.
133 So Kröner, Von der Rassenhygiene zur Humangenetik, S. 130, FN 272.
134 Vgl. Kröner, Von der Rassenhygiene zur Humangenetik, S. 2.

chen"¹³⁵ verfüge, und zwar für menschliche Erblehre an der Universität Göttingen. Gottschaldt war bereits 1946 Direktor des Instituts für Psychologie an der Humboldt-Universität geworden, wo Nachtsheim im selben Jahr einen Lehrstuhl für Genetik erhalten hatte. Verschuer sollte 1951 auf einen neuen Lehrstuhl für Humangenetik in Münster berufen werden.¹³⁶

Der Unwillen, wegen veränderter Gegebenheiten das „Rassendenken" zu hinterfragen, schien gleichwohl immer wieder durch. Als Rita Hauschild 1950 bei einem Autounfall starb, widmete Fischer der früheren KWI-Wissenschaftlerin einen Nachruf, der in der *Zeitschrift für Morphologie und Anthropologie* erschien.¹³⁷ Unbekümmert vom Bruch, den die deutsche Kriegsniederlage der „Rassenforschung" beschert hatte, lobte er die beiden wichtigsten Arbeiten der Verstorbenen dafür, dass sie nicht weniger als „das A und O der anthropologischen Probleme anfaßten, die Erbfestigkeit und die Umweltbeeinflussung, und zwar beides am klassischen Objekt, am Schädel."¹³⁸ Der emeritierte Eugeniker war begeistert: „In einer sehr gründlichen und völlig selbständig durchgeführten Untersuchung des Primordialkraniums von Negerembryonen stellte sie fest, daß schon der sehr frühe, werdende Negerschädel sich in seiner Form vom europäischen unterscheidet, eine der ersten phänogenetischen Untersuchungen, die am Menschen gemacht wurden."¹³⁹ Zudem rühmte er Hauschilds „sehr eingehende Untersuchungen über Kreuzungen von Chinesen mit Negern, die ersten Beobachtungen von Kreuzungen so entgegengesetzt entwickelter Rassen."¹⁴⁰

Magnussen trat 1950 in den Schuldienst ein. Eine Parteigenossin hatte ihr zur Anstellung an einem Bremer Mädchengymnasium verholfen.¹⁴¹ Zwei Jahre später wurde sie als Lehrerin verbeamtet. Sie galt bei den Schülerinnen als beliebt, obwohl unter diesen wie auch im Kollegium erzählt wurde, dass sie im Nationalsozialismus an Verbrechen beteiligt gewesen sei.¹⁴² Gegenüber einer Kollegin soll sie sich abschätzig über „Neger" geäußert und von „Rassenschande" gesprochen haben, wenn ein „Deutscher eine Negerin" heirate.¹⁴³ In der Augenforschung tauchte ihr Name derweil noch sporadisch auf. 1954 bezog sich etwa der

---

135 Gedenkstätte Hadamar, Sammlung, N Klee, 140–141: Fritz Lenz, Brief an Karin Magnussen, 06.01.1950, S. 1.
136 Schmuhl, Grenzüberschreitungen, S. 529 f.
137 Vgl. Eugen Fischer, Rita Hauschild 1912–1950, in: Zeitschrift für Morphologie und Anthropologie 43/1 (1951), S. 104–106.
138 Fischer, Rita Hauschild 1912–1950, S. 105.
139 Fischer, Rita Hauschild 1912–1950, S. 105.
140 Fischer, Rita Hauschild 1912–1950, S. 105.
141 Vgl. Hesse, Augen aus Auschwitz, S. 96.
142 Vgl. Hesse, Augen aus Auschwitz, S. 100.
143 Zitiert nach Hesse, Augen aus Auschwitz, S. 100.

niederländische Augenarzt Petrus Johannes Waardenburg (1886–1979) auf sie, kritisierte ihre Forschungsfragen jedoch als „nebensächlich"[144]. Als im Juni 1959 Fischers 85. Geburtstag gefeiert wurde, kommentierte dieser die von Verschuer erstellte Liste einzuladender Gäste und vermerkte unter dem Namen Magnussens: „Lege ich gar keinen Wert auf Einladung."[145] Ein Jahr später schrieb er dieser zum letzten Mal, um sie wissen zu lassen: „Und ich bitte, es mir nicht zu verübeln, wenn ich Ihnen so ganz ohne Umschweife einmal sage, daß ich Sie ehrlich bewundere [...]".[146]

1961 erwähnte Nachtsheim, der während seiner Tätigkeit am KWI „Distanz zur politisch exponierten Magnussen"[147] gewahrt und bis zum Vorjahr das Max-Planck-Institut für Erbbiologie und Erbpathologie geleitet hatte, in einem Brief an den US-amerikanischen Genetiker Leslie C. Dunn den Empfang der Augenlieferung aus Auschwitz:

> Ich muss gestehen, daß es für mich der größte Schock war, den ich in der ganzen Nazizeit erlebt habe, als Mengele eines Tages die Augen einer im Konzentrationslager Auschwitz untergebrachten Zigeunerfamilie sandte. Die Familie hatte Heterochromie der Iris, und eine Mitarbeiterin des Instituts, die über Heterochromie arbeitete, hatte vorher Interesse an diesen Augen gezeigt.[148]

Zwar wurde jene „Mitarbeiterin" nicht namentlich genannt, dafür jedoch die Arbeitsverbindung zwischen dem KWI und dem Vernichtungslager, die gerüchteweise bestand, nun von einem ehemaligen Kollegen bestätigt. 1962 veröffentlichte Magnussen im *Archiv für klinische und experimentelle Ophthalmologie* einen Aufsatz zu Kaninchenaugen.[149]

---

144 Vgl. Petrus Johannes Waardenburg, Die Struktur der menschlichen Iris, in: Zeitschrift für Morphologie und Anthropologie 46/1 (Februar 1954), S. 30–46, hier S. 43.
145 Zitiert nach Lösch, Rasse als Konstrukt, S. 486.
146 Zitiert nach Klee, Deutsche Medizin im Dritten Reich, S. 367.
147 Alexander von Schwerin, Experimentalisierung des Menschen. Der Genetiker Hans Nachtsheim und die vergleichende Erbpathologie 1920–1945, Göttingen 2004, S. 273.
148 Zitiert nach Stefan Kühl, Die Internationale der Rassisten. Aufstieg und Niedergang der internationalen eugenischen Bewegung im 20. Jahrhundert, Frankfurt a.M./New York 2014, S. 228, FN 45. Diese Zeilen sollten nicht darüber hinwegtäuschen, dass sich Nachtsheim nicht zimperlich gab: „Die Sterilisation aus eugenischer Indikation ist nicht nur das sicherste, sondern das einzige sichere Mittel zur Ausschaltung der Erbkranken oder der durch schwere krankhafte Erbanlagen Belasteten von der Fortpflanzung", schrieb er 1963 – im Bundesgesundheitsblatt, herausgegeben vom Bundesgesundheitsamt. Hans Nachtsheim, Unsere Pflicht zur praktischen Eugenik, in: Bundesgesundheitsblatt 18/1963, 06.09.1963, S. 277–286, hier S. 280.
149 Vgl. Karin Magnussen, Beitrag zur Genetik des Glaukoms beim Kaninchen, in: Archiv für klinische und experimentelle Ophthalmologie 164 (1962), S. 197–219.

Bald darauf fertigte das Frankfurter Journalistenehepaar Valentin Senger und Irmgard Senger für die Hessenschau eine Reportage über die ehemalige „Rassenforscherin" Eva Justin (1909–1966) an, die bei Eugen Fischer promoviert hatte und unter Robert Ritter (1901–1951) an der Rassenhygienischen und Bevölkerungsbiologischen Forschungsstelle im Reichsgesundheitsamt Sinti vermessen und kategorisiert hatte, die später deportiert wurden.[150] Nach Ende des Nationalsozialismus wurde sie von Ritter, der ebenfalls einer Verurteilung entkommen war, als Kinderpsychologin eingestellt, bis die Frankfurter Staatsanwaltschaft unter Fritz Bauer 1958 ein Verfahren eröffnete, in dessen Zuge jedoch nicht nachgewiesen werden konnte, dass sich Justin der Folgen ihrer Betätigung bewusst gewesen sei. Nach der Ausstrahlung des Beitrags von Senger und Senger wurde sie 1963 versetzt.[151]

Im selben Jahr begann in Frankfurt am Main der erste Auschwitz-Prozess. Dort sagte der vormalige KWI-Wissenschaftler Siegfried Liebau – Mediziner, SS-Mitglied und nach dem Zweiten Weltkrieg Homöopath – aus, dass er Anfang 1943 im Vernichtungslager gewesen sei, um Mitglieder einer Sinti-Familie mit Heterochromie zu fotografieren; zudem habe er „Zigeunermaterial" für das KWI abgeholt, das von Mengele vorbereitet worden sei.[152] Die Spur, die von dort zu Magnussen wies, wurde nicht verfolgt.

Als 1964 die Festschrift zu Fischers 90. Geburtstag erschien und Verschuer hierfür eine zeitlich akkurate, inhaltlich dafür schwer bereinigte Darstellung der „Forschung" am KWI darbot, erwähnte er, Magnussen habe 1943 „ein neues Schema für die Untersuchung von Struktur und Pigmentverteilung der menschlichen Iris mit[geteilt]. 1944 beschreibt sie eine sichelförmige Hornhautüberwachung am Kaninchenauge und beim Menschen."[153] Bemerkenswert ist auch, dass es einige Seiten später in kaum gebrochener Diktion hieß, Fischer hätte einst das „erstmalig unter genetischen Gesichtspunkten bearbeitete Problem der *Rassenkreuzung* weiter gefördert", wobei es sich um die „folgenden Rassenkreuzungen" gehandelt habe: „Europäer X Polynesier, Europäer X Chinesen, Europäer X

---

150 *Der Fall Dr. Eva Justin*, R: Valentin Senger/Irmgard Senger (Bundesrepublik Deutschland) 1963.
151 Siehe dazu Daniela Gress, Visualisierte Emanzipation. Strategien medialer (Selbst-)Darstellung von Sinti und Roma in dokumentarischen Filmen, in: Frank Reuter/Daniela Gress/Radmila Mladenova (Hrsg.), Visuelle Dimensionen des Antiziganismus, Heidelberg 2021, S. 339–384.
152 Vgl. Müller-Hill, The Blood from Auschwitz and the Silence of the Scholars, S. 344.
153 Otmar Freiherr von Verschuer, Das ehemalige Kaiser-Wilhelm-Institut für Anthropologie, menschliche Erblehre und Eugenik: Bericht über die wissenschaftliche Forschung 1927–1945, in: Zeitschrift für Morphologie und Anthropologie 55/2 (1964): Eugen Fischer zur Vollendung des 90. Lebensjahres am 5. Juni, S. 127–174, hier S. 141.

Marokkaner, Europäer X Indianer, Chinesen X Neger, Chinesen X Indianer, Indianer X Neger."[154] Für eine Gesellschaft, in der im selben Jahr, 1964, dem symbolisch eine Millionsten Gastarbeiter bei einem Festakt ein Moped geschenkt worden war[155], handelte es sich hierbei um einen bemerkenswert wirklichkeitsresistenten Blick zurück, der gleichwohl veranschaulicht, inwiefern sich die „Rassenforschung" selbst überlebt hatte: Mochte sie als Wissenschaftszweig mit dem „Dritten Reich" zu ihrem institutionellen Ende gekommen sein, wurden Elemente ihres Denkens postnazistisch fortgeführt.

Magnussen veröffentlichte derweil einen Aufsatz über eine „erbliche spastische Lähmung beim Kaninchen", der in der *Zeitschrift für Morphologie und Anthropologie* erschien. Hierfür hatte sie eine Sachbeihilfe der Abteilung Kunst und Wissenschaft beim Senator für das Bildungswesen, Bremen, erhalten, wo sich offenbar niemand damit befasst hatte, wer die Geförderte war.[156] Als die Staatsanwaltschaft Münster 1966 ein Verfahren gegen Verschuer wegen Tötungsverbrechen anstrengte, sagte Nachtsheim dort aus, dass Magnussen eine „fanatische Nationalsozialistin und Antisemitin"[157] gewesen sei. Nach der Flucht des KWI-Personals im April 1945 habe er unter den zurückgelassenen Materialien der Kollegin eingelegte „Augenpaare der Zigeuner"[158] gefunden und diese aus Angst vor den Konsequenzen, die eine etwaige Entdeckung durch die Sowjets nach sich gezogen hätte, vernichten lassen.[159] Wenige Monate später gab Magnussen eine schriftliche Stellungnahme ab, in der sie ausführlich ihre Sicht der Dinge darlegte. So erklärte sie, die Augen eines Zwillingspaares in Dahlem fotografiert zu haben, von dem sie bereits wusste, dass die Kinder „in ein Internierungslager kommen sollten. Mir wurde seinerzeit gesagt, in diesem Lager würden vorsorglich asoziale Sippen für die Dauer des Krieges interniert."[160] Hierbei handelte es sich offenkundig um eine Lüge, denn Magnussen selbst hatte in *Rassen- und politisches Rüstzeug* die „[r]äumliche Trennung der europäischen Rassen und Völker von

---

154 Verschuer, Das ehemalige Kaiser-Wilhelm-Institut für Anthropologie, menschliche Erblehre und Eugenik, S. 159 (Hervorhebung im Original).
155 Siehe dazu Christoph Rass/Melanie Ulz, Armando Rodrigues de Sá revisited. Bildwissenschaftliche und historische Analysen im Dialog, in: Christoph Rass/Melanie Ulz (Hrsg.), Migration ein Bild geben. Visuelle Aushandlungen von Diversität, Wiesbaden 2018, S. 419–445.
156 Karin Magnussen, Eine erbliche spastische Lähmung beim Kaninchen. Erbgang und Krankheitsbild, in: Zeitschrift für Morphologie und Anthropologie 55/1 (Februar 1964), S. 79–95. Den Hinweis auf die staatliche Förderung platzierte Magnussen ebd., S. 79.
157 Zitiert nach Hesse, Augen aus Auschwitz, S. 91.
158 Zitiert nach Hesse, Augen aus Auschwitz, S. 92.
159 Vgl. Hesse, Augen aus Auschwitz, S. 92.
160 Zitiert nach Hesse, Augen aus Auschwitz, S. 92.

allen fremden (Juden, Zigeuner, Neger)"¹⁶¹ gefordert, die mindestens als gewaltsam durchgesetzte permanente „Trennung" konzipiert war und keineswegs als kriegsbedingter Aufenthalt. Sie berichtete weiter, den nach wie vor abgetauchten Mengele 1943 am KWI kennengelernt zu haben und mit ihm „die Möglichkeit zur Durchführung des Forschungsauftrags" zur Heterochromie besprochen zu haben: „Ich bat ihn, vor allem dafür zu sorgen, daß nach Kriegsende diese Sippe nicht aus den Augen [sic] verloren würde, damit die Forschungsarbeit an dieser ganz seltenen Mutation dann intensiv weitergeführt werden könnte."¹⁶² Ferner behauptete sie, dass die Angehörigen der Familie nacheinander an Tuberkulose gestorben seien: „Herrn Dr. M. habe ich im letzten Kriegswinter noch einmal ganz kurz gesprochen, als er mir berichtete, die Sippe sei an einen anderen Ort verlegt und er selber wolle sich an die Front melden".¹⁶³ Auch hier ist von einer Lüge auszugehen, schließlich hatte Magnussen erst ein Jahr zuvor, in der dritten Auflage ihrer Kampfschrift, die Drohung ausgesprochen, dass jener Krieg „am Ende die letzte Entscheidung und damit eine endgültige Lösung der Judenfrage als eines europäischen Problems"¹⁶⁴ bringen werde, und an anderer Stelle die „Unfruchtbarmachung" sowie die „Ausschließung rassenhygienisch unerwünschter Sippen von den Einrichtungen zur Förderung der Familie"¹⁶⁵ in einem Atemzug genannt. Das Verfahren gegen Verschuer wurde 1968 eingestellt. Wie seine Assistentin blieb er unbehelligt und starb ein Jahr später an den Folgen eines Autounfalls.¹⁶⁶

1970 wurde Magnussen pensioniert. Bremens Bürgermeister Hans Koschnick (SPD) sprach ihr den üblichen Dank für ihre treuen Dienste aus.¹⁶⁷ Ihre Jahre am KWI wurden ihr als volle Dienstzeiten angerechnet, womit sie für den Rest ihres Lebens Pension für ihren Beitrag zum Porajmos bezog.¹⁶⁸ Auch als Rentnerin hielt sie an ihren Forschungsinteressen fest. Im Juni 1972 beendete sie einen Nachfolgeaufsatz über die „erbliche spastische Lähmung beim Kaninchen"; der Beitrag erschien im April 1973 in der *Zeitschrift für Morphologie und Anthropologie*.¹⁶⁹

---

161 Magnussen, Rassen- und Bevölkerungspolitisches Rüstzeug, 3. Aufl., S. 203.
162 Zitiert nach Hesse, Augen aus Auschwitz, S. 92.
163 Zitiert nach Hesse, Augen aus Auschwitz, S. 94.
164 Magnussen, Rassen- und Bevölkerungspolitisches Rüstzeug, 3. Aufl., S. 232.
165 Karin Magnussen, Krieg und Kriegsfolgen vom Standpunkt der Rassen- und Bevölkerungspolitik, S. 158.
166 Zu Verschuers später Karriere siehe Sheila Faith Weiss, After the Fall. Political Whitewashing, Professional Posturing, and Personal Refashioning in the Postwar Career of Otmar Freiherr von Verschuer, in: ISIS 101/4, 2010, S. 722–758.
167 Vgl. Hesse, Augen aus Auschwitz, S. 103.
168 Vgl. Klee, Deutsche Medizin im Dritten Reich, S. 367.
169 Karin Magnussen, Eine erbliche spastische Lähmung beim Kaninchen II. Biochemische Versuche, Feststellung einer Störung im Aminosäurenstoffwechsel, in: Zeitschrift für Morphologie

Wenige Monate später starb Dorothea Michaelsen.[170] Danach trat Magnussen nicht mehr wissenschaftlich in Erscheinung.

Dass die Biologin in ihrem letzten publizierten Forschungsbeitrag nochmals ausdrücklich hervorhob, dass die Erkenntnisse, die sie an Hasenartigen gewann, vor allem wegen etwaiger Parallelen zu Menschen interessierten[171], veranschaulicht Alexander von Schwerins Einschätzung, dass Magnussen „zwischen Kaninchen- und Menschen‚material' pendelte."[172] Bemerkenswert ist auch die publizistische Konstellation, in welcher der finale wissenschaftliche Beitrag der Rassistin erschien: Denn der nunmehrige Herausgeber der *Zeitschrift für Morphologie und Anthropologie* war der Anthropologe Hans Wilhelm Jürgens, dessen 1961 veröffentlichte Habilitationsschrift den Titel *Asozialität als biologisches und sozialbiologisches Problem* trug.[173] Diese Arbeit, die von Eugen Fischers Adepten Johann Schaeuble betreut und sowohl von der Deutschen Forschungsgemeinschaft wie von der Stadt Kiel gefördert worden war, behauptete, dass „Asozialität" eine veritable staatliche Angelegenheit sei, während für die so Klassifizierten unverhohlen eine lagerartige Unterbringung und ihre Sterilisation angedacht wurde – was Magnussen bereits zweieinhalb Jahrzehnte zuvor in *Rassen- und bevölkerungspolitisches Rüstzeug* gefordert hatte.[174] Seine Qualifikationsarbeit verhalf Jürgens zu einer Professur an der Christian-Albrechts-Universität Kiel, an der er von 1967 bis 1997 lehrte.[175]

Hier ist auch hervorzuheben, dass das von Fischer und Lenz gemeinsam mit Erwin Baur verfasste und 1921 erstmals erschienene „rassenhygienische Standardwerk" *Baur-Fischer-Lenz* noch weit in die Geschichte der Bundesrepublik hinein zur Pflichtlektüre des Fachs Biologie zählte.[176] Darüber hinaus ist an dieser

---

und Anthropologie 65/1 (April 1973), S. 106–121. Den Hinweis auf die Sachbeihilfe vermerkte Magnussen ebd., S. 106.
170 Vgl. Edith Laudowitz, Karin Magnussen, http://www.bremerfrauengeschichte.de/2_Biografien/Magnussen.html (Stand: 01.02.2022)
171 Vgl. Magnussen, Eine erbliche spastische Lähmung beim Kaninchen II, S. 119.
172 Schwerin, Experimentalisierung des Menschen, S. 273.
173 Hans Wilhelm Jürgens, Asozialität als biologisches und sozialbiologisches System, Stuttgart 1961.
174 Vgl. Karin Magnussen, Rassen- und bevölkerungspolitisches Rüstzeug, 2., erweiterte Aufl., München 1939, S. 107.
175 Vgl. Christoph Lorke, Armut im geteilten Deutschland. Die Wahrnehmung sozialer Randlagen in der Bundesrepublik und in der DDR, Frankfurt a.M./New York 2015, S. 104 f.
176 Vgl. Erwin Baur/Eugen Fischer/Fritz Lenz, Menschliche Erblichkeitslehre, München 1921. Zur Geschichte des Bandes siehe Heiner Fangerau, Etablierung eines rassenhygienischen Standardwerkes 1921–1941. Der Baur-Fischer-Lenz im Spiegel der zeitgenössischen Rezensionsliteratur, Frankfurt a.M. u.a. 2001.

Stelle an Biologie-Bücher zu erinnern, die in der Bundesrepublik für den Schulunterricht verwendet wurden und die bislang noch nicht systematisch auf ihren rassistischen Gehalt analysiert worden sind. Schon eine Stichprobe aus den 1970er Jahren zeigt, wie persistent der Einfluss der einstigen „Rassenforschung" war. So informierte der Band *Biologie* – ein 1971 erschienenes *Lehr- und Arbeitsbuch* von Friedrich Lange, Erich Strauß und Joachim Dobers, das ab der 9. Klasse Verwendung fand – in einem Abschnitt zu Vererbungslehre, dass der „deutsche Anthropologe" Eugen Fischer 1910 „ein aus Buren und Hottentotten entstandenes Mischlingsvolk in *SW-Afrika*" untersucht habe:

> Die Mischlinge wurden von der übrigen Bevölkerung verachtet und angefeindet, schlossen sich daher fast vollständig ab und heirateten meist untereinander. Diesem Umstand war es zu verdanken, daß sich der Erbgang vieler Merkmale über Generationen hinweg verfolgen ließ. FISCHERs Forschungsergebnisse wurden durch weitere Untersuchungen bestätigt, die man z. B. an Nachkommen von Negern und Europäern in *Jamaika* und an holländisch-indonesischen Mischlingen auf der *Sundainsel Kisar* anstellte.[177]

In das Gebäude in Dahlem, in dem das Kaiser-Wilhelm-Institut untergebracht war, zog 1974 der Fachbereich Politische Wissenschaft der Freien Universität ein.[178] Generationen von Studierenden des Otto-Suhr-Instituts (OSI) wussten nicht, dass in den Räumlichkeiten in der Ihnestraße 22, in denen sie Seminare belegten, Kriegsverbrechen vor- und nachbereitet worden waren.

Wie persistent das rassistische Denken derweil bei Magnussen geblieben war, bezeugt ein Gesprächsprotokoll des Genetikers Benno Müller-Hill, der Ende der 1970er, Anfang der 1980er Jahre seine Abhandlung *Tödliche Wissenschaft* vorbereitete und dafür mit dem einstigen KWI-Personal sprach. 1980 traf er hierfür auch Magnussen, die ihm gegenüber erklärte, dass die Nürnberger Gesetze nicht weit genug gegangen seien: „Da wurden nur die Juden genannt. Das war doch empörend, dass jeder Japaner, der noch weiter entfernt ist, dann eine Deutsche heiraten durfte."[179] Als ihr Gesprächspartner dagegenhielt, dass nur wenige japanische Männer im „Dritten Reich" gelebt hatten, für die ein solches Gesetz zum vermeintlichen Schutze deutscher Frauen hätte erschaffen werden müssen, soll Magnussen geantwortet haben: „Schon ein Molekül, das wissen Sie, kann großen Effekt haben."[180]

---

177 Friedrich Lange/Erich Strauß/Joachim Dobers (Hrsg.), Biologie. Lehr- und Arbeitsbuch, Bd. 3, Hannover 1971, S. 218 (Hervorhebung im Original). In diesem Band wird auch auf Verschuer rekurriert, vgl. ebd., S. 222. Dank an Anna Bergmann für diesen Hinweis.
178 Vgl. Gerhard Kiersch, Gedenktafel am Otto-Suhr-Institut, in: FU-Info 6/1988, S. 10–11.
179 Zitiert nach Klee, Deutsche Medizin im Dritten Reich, S. 367.
180 Zitiert nach Klee, Deutsche Medizin im Dritten Reich, S. 367.

Bald darauf trat ein anderer früherer KWI-Mitarbeiter an die Öffentlichkeit. Der Mediziner Heinrich Schade (1907–1989), der 1934/1935 am Institut den „rassehygienischen Lehrgang" absolviert und von 1939 an als Verschuers Assistent gearbeitet hatte, bis er kriegsbedingt eingezogen worden war[181], legte 1981 gemeinsam mit 14 anderen Professoren das Heidelberger Manifest vor.[182] Die Hochschullehrer versuchten sich darin in einer Modernisierung des alten, noch biologisch argumentierenden Rassismus, indem sie vor einer „Unterwanderung des deutschen Volkes" durch „Millionen von Ausländern" warnten, denn „Völker" seien „(biologisch und kybernetisch) lebende Systeme höherer Ordnungen mit voneinander verschiedenen Systemeigenschaften, die genetisch und durch Traditionen weitergegeben werden."[183] Das Pamphlet wurde nicht nur von rechtsextremen Publikationen, sondern auch von der bürgerlichen Presse gedruckt, darunter von der *Zeit*. 1981 wurde auch die einstige „Rassenforscherin" Sophie Ehrhardt (1902–1990) bekannt, wiewohl unfreiwillig. Ehrhardt, die in den 1930er Jahren in den Konzentrationslagern Sachsenhausen und Dachau sowie im Ghetto Litzmannstadt „Forschung" betrieben und an der Rassenhygienischen und bevölkerungsbiologischen Forschungsstelle im Reichsgesundheitsamt 24.000 „Zigeuner" erfasst hatte, die anschließend größtenteils in die Vernichtungslager deportiert wurden, hatte seit 1942 durchgehend an der Universität Tübingen gearbeitet, wo sie 1957 zur außerplanmäßigen Professorin ernannt wurde und bis zu ihrer Pensionierung 1968 forschen konnte – und zwar an jenen Unterlagen, die sie im „Dritten Reich" miterstellt hatte.[184] Am 1. September 1981 besetzte eine Gruppe Sinti das Universitätsarchiv, in dem Ehrhardts Akten lagerten, und setzen durch, dass diese ins Bundesarchiv überführt wurden. Der Verband deutscher Sinti und Roma stellte Strafanzeige gegen die emeritierte Professorin wegen Mordes, was die Staatsanwaltschaft Stuttgart etwas später mit der Begründung abwies, dass diese Minderheiten nach dem Auschwitz-Erlass als „Asoziale" verfolgt worden seien und nicht aus rassistischen Motiven.[185]

---

181 Zu Leben und Wirken vgl. Frank Sparing, Von der Rassenhygiene zur Humangenetik – Heinrich Schade, in: Michael G. Esch (Hrsg.), Die Medizinische Akademie Düsseldorf im Nationalsozialismus, Essen 1997, S. 341–363.
182 Siehe dazu Andreas Wagner, Das „Heidelberger Manifest" von 1981. Deutsche Professoren warnen vor „Überfremdung des deutschen Volkes", in: Johanna Klar/Robert Lorenz (Hrsg.), Manifeste. Geschichte und Gegenwart des politischen Appells, Bielefeld 2010, S. 285–314.
183 Manfred Bambeck u. a., Heidelberger Manifest, in: Die Zeit 6/1982, 05.02.1982.
184 Vgl. Wein, Alles erforscht?, S. 77.
185 Vgl. dazu Matthias Winter, Kontinuitäten in der deutschen Zigeunerforschung und Zigeunerpolitik, in: Wolfgang Ayaß u. a., Feinderklärung und Prävention. Kriminalbiologie, Zigeunerforschung und Asozialenpolitik, West-Berlin 1988, S. 135–152.

Augen aus Auschwitz

Magnussen wiederum wurde 1982 von einem Studenten kontaktiert, der vorhatte, eine wissenschaftliche Arbeit über ihre einstige Tätigkeit zu verfassen. Wutschnaubend informierte sie daraufhin Ernst Telschow (1899–1988), einst Generalsekretär der Kaiser-Wilhelm-Gesellschaft, „daß ein Institut, das sich ‚Max-Planck-Institut' nennt, aber mit Naturwissenschaften offenbar gar nichts zu tun hat, eine Doktorarbeit an einen Studenten der Pädagogik und Psychologie vergibt über die ‚Auswirkungen des KWI für Anthropologie, Menschliche Erblehre und Eugenik'."[186] Zudem ließ sie Telschow wissen, dass sie ihre „Arbeit von 1944" mittlerweile „ganz neu geschrieben" habe, „denn nach 38 Jahren wissenschaftlicher Weiterarbeit kann man vieles besser beurteilen."[187]

Tatsächlich findet sich in Magnussens Nachlass das schriftliche Resultat ihrer Menschenforschung, ihr Heterochromie-Aufsatz – und zwar als modifizierte Fassung dessen, was sie annähernd 40 Jahre vorher Georg Melchers zur Begutachtung vorgelegt hatte, nun deklariert als „Kritischer Bericht über Ergebnisse und Probleme beim Versuch der Lösung einer Forschungsaufgabe unter starker Behinderung (Kaiser-Wilhelm-Institut für Anthropologie, Menschliche Erblehre und Eugenik [...] 1942–1944)"[188]. Die ‚Neuerung' bestand darin, der Darstellung einleitend wenige apologetische Sätze beizufügen, die behaupteten, dass erbpathologische Forschung „Arbeit für den Menschen ohne Ansehen der Person – ob Europäer, Afrikaner oder Asiat –" sei.[189] Den Auftrag hierzu habe ihr Verschuer „Anfang des Wintersemesters 1942/1943" erteilt, nachdem Wagner die Häufung von Heterochromie „bei einer Zigeunersippe" entdeckt habe:

> Das erste, was man bei einer derartigen Forschungsaufgabe zu tun hat, ist Kontakt aufzunehmen mit den Menschen, ihnen erklären, um was es geht, sie selbst für die Sache interessieren, sie zur Mitarbeit anregen, da die Erforschung ja auch im Interesse der Familie liegt. Man erfährt dadurch viel mehr, als wenn man nur nach einem theoretischen Plan arbeitet. Der Mensch ist Partner bei der Arbeit, nicht Objekt!
> Bald nachdem ich den Auftrag erhalten hatte, kamen die Familien in eine [sic] Lager, was der Institutsleiter vorher wußte. Der Zugang zu den Merkmalsträgern wurde mir jedoch

---

186 Zitiert nach Klee, Deutsche Medizin im Dritten Reich, S. 368.
187 Zitiert nach Klee, Deutsche Medizin im Dritten Reich, S. 368.
188 Gedenkstätte Hadamar, Sammlung, N Klee, 140–141: Karin Magnussen, Familiäre totale Heterochromie – genmilieubedingtes Symptom einer Mutation „Sympathicusfunktionsstörung"?, S. 1.
189 Gedenkstätte Hadamar, Sammlung, N Klee, 140–141: Karin Magnussen, Familiäre totale Heterochromie, S. 1.

nicht gestattet. Begründung: Zivilisten erhielten keine Erlaubnis, das Lager zu betreten. *Das war eine massive Behinderung der Forschung!*
[...]
Da ich das Lager nicht selbst besuchen durfte, verwies mich der Institutsleiter an einen seiner Assistenten (aus Frankfurt), der als Arzt an das Lager beordert war. Als ich ihn kennen lernte, bat ich ihn, darauf zu achten, wohin die Familien nach dem Kriege ziehen würden. Dabei erfuhr ich, daß die Familie mit den meisten Heterochromiefällen mit Tuberkulose verseucht war. Da es damals noch keine Heilmittel gegen Tuberkulose gab und Kinder und Jugendliche im Wachstumsalter besonders gefährdet waren, war das eine schlimme Nachricht [...]. Ich bat den Assistenten, wenn jemand von den Patienten sterben würde und eine Obduktion durchgeführt würde, die Augen zwecks Untersuchung zu fixieren, da ein Zusammenhang zwischen der Heterochromie (Sympathicusfunktionsstörung) und der Tb-Anfälligkeit bestehen konnte.[190]

Da besagter „Arzt" zu diesem Zeitpunkt noch immer weltweit gesucht wurde, wurde er gar nicht erst genannt. Die Darstellung macht eine Absprache zwischen Magnussen und Mengele wahrscheinlich. Im Todesfall sollten ihr die heterochromen Augen der Verstorbenen zugestellt werden, wie sie schon im Verfahren gegen Verschuer erklärt hatte – nur, dass damit mit Sicherheit kein Warten auf das angeblich krankheitsbedingte Ableben der Subjekte gemeint war, sondern kaum verklausuliert ein Bestellwunsch formuliert wurde, der unweigerlich die zielgenaue Ermordung der Gemeinten implizierte.

Zudem vermerkte Magnussen: „Außer den ersten zwei Patienten und einem zwischenzeitlich verstorbenen Heterochromieträger starben – meiner Erinnerung nach im Herbst 1944 – noch zwei weitere an Tuberkulose."[191] Das summierte sich auf fünf Personen, also die Zahl, die sie bereits in ihrer privaten Nachkriegskorrespondenz genannt hatte. Abschließend behauptete sie: „Die gestellte Aufgabe mußte nicht nur unter starker Behinderung durch den Lageraufenthalt der Familien, sondern auch unter den Schwierigkeiten der letzten beiden Kriegsjahre durchgeführt werden."[192] Unter ihrem Bericht vermerkte sie handschriftlich: „Nicht zur Veröffentlichung! Bremen, im April 1982".[193] Beigelegt war noch eine

---

190 Gedenkstätte Hadamar, Sammlung, N Klee, 140–141: Karin Magnussen, Familiäre totale Heterochromie, S. 1f. (Hervorhebung im Original).
191 Gedenkstätte Hadamar, Sammlung, N Klee, 140–141: Karin Magnussen, Familiäre totale Heterochromie, S. 5.
192 Gedenkstätte Hadamar, Sammlung, N Klee, 140–141: Karin Magnussen, Familiäre totale Heterochromie, S. 6.
193 Gedenkstätte Hadamar, Sammlung, N Klee, 140–141: Karin Magnussen, Familiäre totale Heterochromie, S. 6.

"Sippentafel der Familie M." – "nicht von mir aufgestellt"[194] –, die Mengele angefertigt haben muss und die Hans Hesse entschlüsselt hat: die Opfer können eindeutig als Individuen aus den Oldenburger Familien Mechau, Laubinger und Bamberger bestimmt werden.[195] Im Sommer 1982 schrieb Adolf Butenandt Magnussen, er sei "begeistert zu hören, daß Sie ihre wissenschaftlichen Arbeiten noch immer fortsetzen können. Die Arbeit über Pigmentbildung bei Chinchilla-Kaninchen erinnert mich zusätzlich an alte Dahlemer Zeiten [...]".[196]

Im Januar 1983 richtete Telschow Magnussen aus, er habe das Manuskript "nach manchen Überlegungen und Besprechungen"[197] dem Archiv der Generalverwaltung der Max-Planck-Gesellschaft überreicht. Was dort damit geschah, ist unklar.[198] Im selben Jahr schickte Müller-Hill ihr das Erinnerungsprotokoll ihres Gesprächs zur Autorisierung zu, da er es in seiner Abhandlung veröffentlichen wollte. Brüskiert reagierte sie auf seine Bemerkung, dass Mengele Zwillingskinder ermordet hat: "Ich wiederhole, daß ich es für unmöglich halte, daß ein Mediziner und Humangenetiker einen Menschen umbringt."[199] Sie hielt das, was mittlerweile als gesichertes Wissen über ihren Kooperationspartner in Auschwitz galt, für ein Gerücht: "Ich möchte lieber ein Rindvieh als ein Verleumder sein."[200]

Müller-Hill veröffentlichte seine Abhandlung 1984. In dieser wurde Magnussen zwar gleich eingangs erwähnt, ihre Rolle allerdings nicht im Besonderen hervorgehoben.[201] Melchers hingegen bekundete dort, dass er als damaliger Mitherausgeber der *Zeitschrift für Induktive Abstammungs- und Vererbungslehre* ihren Aufsatz hätte veröffentlichen sollen:

> Mir fiel auf, daß alle Probanden, Großeltern, Eltern, Kinder zur gleichen Zeit gestorben waren, so daß man annehmen durfte, daß sie in einem KZ getötet wurden. Ich hatte die Arbeit nicht zum Druck gegeben. Das Kriegsende war nah, so daß ich um eine Auseinandersetzung über die Drucklegung herumkam.[202]

Ein Jahr später sorgte die Nachricht, dass es sich bei einem 1979 beim Baden in Brasilien verstorbenen Mann namens "Wolfgang Gerhard" um Josef Mengele ge-

---

194 Gedenkstätte Hadamar, Sammlung, N Klee, 140–141: Karin Magnussen, Sippentafel der Familie M.
195 Vgl. Hesse, Erst Kaninchen, dann Menschen.
196 Zitiert nach Klee, Deutsche Medizin im Dritten Reich, S. 371.
197 Zitiert nach Klee, Deutsche Medizin im Dritten Reich, S. 368.
198 Vgl. Klee, Deutsche Medizin im Dritten Reich, S. 368.
199 Zitiert nach Klee, Deutsche Medizin im Dritten Reich, S. 368.
200 Zitiert nach Klee, Deutsche Medizin im Dritten Reich, S. 368.
201 Vgl. Müller-Hill, Tödliche Wissenschaft, S. 9.
202 Zitiert nach Müller-Hill, Tödliche Wissenschaft, S. 164.

handelt hatte, weltweit für Schlagzeilen. Joachim Riedl veröffentlichte in der *Zeit* einen umfänglichen Essay zum „Labor Auschwitz", namentlich der Kooperation des KWI mit Mengele im Vernichtungslager, wobei auch Anlieferungen von Leichenteilen thematisiert wurden, wiewohl Magnussen unerwähnt blieb. Riedl wies jedoch darauf hin, dass die Deutsche Forschungsgemeinschaft nicht nur im Zweiten Weltkrieg das KWI mit Material ausgestattet, sondern von 1966 bis 1977 auch Sophie Ehrhardts Forschungsprojekt „Populationsgenetische Untersuchungen an Zigeunern" mit rund 60.000 DM gefördert hatte.[203]

Mitte der 1980er Jahre trat Magnussen derweil anderweitig in Erscheinung: und zwar kulturell. Die Nähe ihrer Mutter Anna Magnussen-Petersen zu Theodor Storm war mittlerweile von literaturhistorischem Interesse. 1984 gab die Literaturwissenschaftlerin Irmgard Smidt den Briefwechsel zwischen Gottfried Keller und Wilhelm Petersen heraus und erklärte, einigen Personen „zu vielfältigem Dank verpflichtet" zu sein – unter anderem gegenüber „Frau Dr. Karin Magnussen, einer Enkelin von Wilhelm Petersen, in Bremen".[204] Als Karl Ernst Laage ein Jahr später seine Monographie zu Theodor Storm vorlegte, war dem Band eine Tabula gratulatoria vorangestellt, die auch Magnussen aufzählte.[205] Eine Arbeit ihres Vaters schenkte sie alsbald dem Schleswig-Holsteinischen Landesmuseum Gottdorf, das die Öffentlichkeit hierüber informierte.[206]

Wegsehen und Hinsehen

Während die in den 1970er Jahren entstandene Neue Frauenbewegung zwar die Rassismusdiskussion in der Bundesrepublik vorantreiben sollte[207], legten ihre Protagonistinnen einen deutlich schwächer ausgeprägten Wunsch zu Tage, sich mit der jüngeren deutschen Geschichte zu befassen.[208] Hiergegen hatte Gabriele

---

203 Vgl. Joachim Riedl, Labor Auschwitz. Von der Datensammlung über Aussondern zum Massenmord: der Sündenfall einer politisierten Wissenschaft, in: Die Zeit 40/1985, 27.09.1985.
204 Irmgard Smidt (Hrsg.), Mein lieber Herr und bester Freund. Gottfried Keller im Briefwechsel mit Wilhelm Petersen, Stäfa 1984, S. 371.
205 Karl Ernst Laage, Theodor Storm. Studien zu seinem Leben und Werk mit einem Handschriftenkatalog, West-Berlin 1985, S. xvii.
206 Vgl. Heinz Spielmann (Hrsg.), Jahrbuch des Schleswig-Holsteinischen Landesmuseum Schloss Gottorf. Neue Folge Bd. I. 1986–1987, Neumünster 1988, S. 242.
207 Vgl. den Beitrag von Barbara Holland-Cunz in diesem Sammelband.
208 Siehe dazu Ljiljana Radonić, Gebärmaschinen und Mitläuferinnen? Zum Umgang der „Neuen Frauenbewegung" mit Nationalsozialismus und Antisemitismus, in: Peter Fleissner/Natascha Wanek (Hrsg.), BruchStücke. Kritische Ansätze zu Politik und Ökonomie, Berlin 2009, S. 183–194.

Goettle bereits 1976 in der ersten Ausgabe der *Schwarzen Botin* interveniert.[209] Die Tendenz, den Nationalsozialismus als ein weiteres Produkt männlicher Herrschaft abzutun und damit seine historischen Besonderheiten gerade in geschlechterpolitischer Hinsicht zu nivellieren, dominierte jedoch bis in die 1980er Jahre hinein. Exemplarisch ist hier die Schrift *Gyn/Ökologie* der auch in der Bundesrepublik vielgelesenen US-amerikanischen Theologin Mary Daly zu nennen, die 1980 in deutscher Übersetzung erschien.[210] Dort firmierte Herta Oberheuser als eine der „Alibi-Ärztinnen", an der weniger die verübten Verbrechen interessierten – die sich bezeichnenderweise gegen andere Frauen gerichtet hatten – als die angebliche Funktionalisierung des Bildes, das sich die Öffentlichkeit von der KZ-Ärztin gemacht hatte. „Ihr Verhalten war grausam", räumte Daly ein, um die Relativierung sogleich nachzureichen: „Wichtig für uns ist jedoch die Tatsache, daß ihre Existenz [...] dazu genutzt wird, nicht nur die überwältigende Mehrheit der Männer unter den ärztlichen Mördern zu verschleiern, sondern auch die Tatsache, daß die Urheber und Kontrolleure der Operation männlich waren."[211] Keine der bundesdeutschen Leserinnen machte sich daran, diesen Irrtum zu korrigieren. Auch Christina Thürmer-Rohrs 1983 eingeführter Begriff der „Mittäterschaft von Frauen" schob keine vertiefte Auseinandersetzung mit den Volkgenossinnen an.[212]

Zwei Jahre später zeigte sich, dass die akademische Frauenforschung nicht nur den diesbezüglichen Irrungen aufgesessen war, sondern eigenständig Täterinnen-Apologetik betrieb. Im November 1985 durfte die frühere „Rassenforscherin" Ruth Kellermann (1913–1999) auf Einladung der Koordinationsstelle Frauenstudien/Frauenforschung an der Universität Hamburg zu „Frauenarbeit im 19. Jahrhundert" referieren – als bereits ein Ermittlungsverfahren gegen sie wegen Mordes eröffnet worden war. Ende der 1930er Jahre war Kellermann an der Rassenhygienischen Forschungsstelle in Berlin angestellt gewesen, für die sie nach einem Umzug nach Hamburg weiterhin als freie Mitarbeiterin tätig geblieben war. In den frühen 1940er Jahren hatte sie Gutachten über dort lebende Roma erstellt, die später deportiert wurden, und vor Ort in Ravensbrück ‚geforscht'. Mitglieder der Rom und Cinti Union, die auch die Strafanzeige erstattet hatten, sprengten den Vortrag und verteilten Flugblätter, die über Kellermanns einstige Tätigkeit

---

209 Vgl. o. A. [Gabriele Goettle], Der Faschismus als höchstes Stadium banaler Herrschaft, in: Die Schwarze Botin 1 (1976), S. 9–18.
210 Mary Daly, Gyn/Ökologie. Eine Meta-Ethik des radikalen Feminismus, München 1980. Im Folgenden wird nach der vierten Auflage zitiert, München 1986.
211 Daly, Gyn/Ökologie, S. 318.
212 Vgl. Christina Thürmer-Rohr, Aus der Täuschung in der Ent-Täuschung. Zur Mittäterschaft von Frauen, in: Beiträge zur feministischen Theorie und Praxis 8 (1983), S. 11–25.

informierten.²¹³ Statt sich einsichtig zu zeigen, stellte sich die Gastgeberin, die Historikerin Marli Hilger, bar jeden Schocks über das Dokumentierte schützend vor die pensionierte Rassistin und warf den protestierenden Sinti, Roma und Juden „unpassende Verkehrsformen"²¹⁴ vor.

Bald darauf erschienen feministische Arbeiten zum Thema, die sich der Angelegenheit auf seriösere Weise annahmen. 1986 veröffentlichte Gisela Bock ihre Studie *Zwangssterilisation im Nationalsozialismus*, in der *Rassen- und Bevölkerungspolitisches Rüstzeug* zwar erwähnt wurde, nicht aber Magnussens wissenschaftliche Schriften aus den 1940er Jahren.²¹⁵ Ein Jahr später folgte der von Angelika Ebbinghaus herausgegebene Sammelband *Opfer und Täterinnen*, der in dieser Form erstmalig zeigte, „daß und wie Frauen an der rassistischen und sexistischen Sozialpolitik des Nationalsozialismus partizipiert und sie in ihren Berufsalltag umgesetzt haben."²¹⁶

In West-Berlin entschied sich die Historikerin Anna Bergmann, die in den 1980er Jahren an der Freien Universität an ihrer Dissertation arbeitete, dem auffälligen Desinteresse an der Geschichte des Gebäudes, in dem einst das KWI untergebracht war, entgegenzutreten. Gemeinsam mit einigen anderen – darunter Götz Aly – gründete sie eine Arbeitsgruppe, die über die Täter und deren Forschungsverbrechen aufklären wollte. Im September 1987 applizierte der Kreis eigenständig eine Gedenktafel am Eingang des Hauses in der Ihnestraße 22. Darauf war unter anderem zu lesen, dass Mengele „dem Institut Blut und Organe der ermordeten Versuchspersonen als Forschungspräparate" zugesandt hatte – und: „Nach 1945 setzten die Täter – bis auf wenige Ausnahmen – ihre wissenschaftlichen Karrieren fort. Ihre Verbrechen blieben ungestraft. Ihre Forschungsergebnisse nutzt die medizinische Wissenschaft bis heute."²¹⁷ Es war vermutlich letzterer Satz, der die Leitung der Freien Universität dazu veranlasste, im Juni 1988 eine andere Gedenktafel mit abgeschwächter Aussage anzubringen, die seither neben dem Eingang des Gebäudes hängt – mit „teils identischem, teils

---

213 Vgl. Paul Behrens, „Vollzigeuner" und „Mischlinge". Die ehemalige Rassenforscherin Ruth Kellermann verteidigt ihren Ruf", in: Die Zeit 7/1986, 07.02.1986.
214 Zitiert nach Sabine Rosenbladt, Mitschwester Blutige Brygida, in: konkret, 3/1986, S. 20–22, hier S. 20.
215 Vgl. Gisela Bock, Zwangssterilisation im Nationalsozialismus. Studien zur Rassenpolitik und Frauenpolitik, Opladen 1986, S. 69, S. 172 und S. 478.
216 Angelika Ebbinghaus, Vorwort, in: Angelika Ebbinghaus (Hrsg.), Opfer und Täterinnen. Frauenbiographien des Nationalsozialismus, Nördlingen 1987, S. 7–11, hier S. 7.
217 Zur Geschichte der Arbeitsgruppe vgl. die unveröffentlichte, auf Interviews mit den Beteiligten basierende Seminararbeit von Janika Raisch, Auseinandersetzungen um die Erinnerung an das Kaiser-Wilhelm-Institut für Anthropologie, menschliche Erblehre und Eugenik an der Freien Universität Berlin 1983–1989, Freie Universität Berlin, Sommersemester 2020.

verwässertem, teils moralisch aufgeblasenem Text", wie Aly heute bemängelt.[218] Gerhard Kiersch, Dekan des Fachbereichs Politische Wissenschaft, räumte damals ein, dass die Diskussion den „Fachbereichsrat monatelang Stunden um Stunden beschäftigt" habe, „ebenso das Präsidialamt der Freien Universität und schließlich auch den Akademischen Senat."[219]

Dass Magnussen derweil noch immer an ihrer einstigen Karriere hing, belegt ein Schreiben an Adolf Butenandt, in dem sie im Herbst 1988 ihre Achtung vor Ernst Telschow bekundete, der im Frühling des Jahres verstorben war.[220] Ebenfalls 1988 veröffentlichte Magnussens Alma Mater, die Universität Göttingen, einen Band zu Ehren ihrer bis 1945 in Biologe promovierten Absolventinnen und Absolventen. Magnussen wurde dort als Doktorandin von Alfred Kühn geführt und durfte eine selbstverfasste Kurzbiographie beisteuern, die sich folgendermaßen las:

> MAGNUSSEN, Karin (1908–
> geb. Bremen (9.2.)
> Vater Prof. an einer Kunstgewerbeschule. Stud. Göttingen (2 Sem.
> Freiburg i. Br.). Dr. phil. Goet. 1932/33 (Ref. KÜHN). Zool. Diss.:
> Untersuchungen zur Entwicklungsphysiologie des
> Schmetterlingsflügels. – Roux' Arch. Entwicklungs. Org. 128: 447–479.
> 1933. 1933 Lehramtsprüfung. 1936 Assessorenexamen in Hannover,
> Eintritt in den Schuldienst. 1941 zu wissenschaft. Arbeiten beurlaubt.
> Zuletzt Oberstudienrätin an einem Bremer Gymnasium. Daneben
> wissenschaftliche Arbeiten zur Entwicklungsphysiologie und Genetik
> auf der Grundlage einer von 1946–84 geführten eigenen
> Kaninchenzucht.
> Lebt in Bremen.
> Biog: Eigene Angaben.[221]

Kein Wort dazu, wo jene „wissenschaft. Arbeiten" stattfanden und wie sie sich gestalteten. Obwohl bereits die Konsultation der hauseigenen Universitätsbibliothek die Autorinnenschaft von *Rassen- und bevölkerungspolitisches Rüstzeug* offenbart hätte, schien sich in Göttingen niemand über die unverkennbare Auslassung gewundert zu haben – weder an der Universität, die sich an ihrem Jubiläum erfreute, noch beim Verlag Vandenhoeck & Ruprecht, in dem dieser Band

---

218 Götz Aly, Volk ohne Mitte. Die Deutschen zwischen Freiheitsangst und Kollektivismus, Frankfurt a. M. 2015, S. 220.
219 Kiersch, Gedenktafel am Otto-Suhr-Institut, S. 10.
220 Vgl. Sachse, Adolf Butenandt und Otmar von Verschuer, S. 305, FN 80.
221 Gerhard Wagenitz (Hrsg.), Göttinger Biologen 1737–1945. Biographisch-bibliographische Liste, Göttingen 1988, S. 205 und S. 117.

erschien. Gleiches gilt für die Theodor-Storm-Gesellschaft in Husum, die im selben Jahr einen von Magnussen herausgegebenen Privatdruck zu ihrem Großvater Wilhelm Petersen veröffentlichte und hierzu ein eigenes Vorwort beisteuerte.[222] 1989 wurde in Oldenburg eine Gedenkstele errichtet, die seither an die deportierten Sinti erinnert. Sie zeigt einen Baumstamm, von dem 74 Blätter abfallen, eines für jedes der 74 lokalen Opfer, darunter die Angehörigen der Familie Mechau. Realisiert wurde dieser Gedenkort von einer Bürgerinitiative.[223] Wider das Schweigen und gegen alle aktiven Widerstände zeigte sich nun, dass sich in der Bundesrepublik etwas verändert hatte. „Dass es der Minderheit nach langen politischen Auseinandersetzungen schließlich gelang, aus dem langen Schatten der Täter herauszutreten und deren Deutungsmonopol zu brechen, war nicht zuletzt den gesamtgesellschaftlichen Umständen geschuldet", schreiben Silvio Peritone und Frank Reuter hierzu: „dem Generationenwechsel in den staatlichen Apparaten und dem Liberalisierungsprozess bzw. dem Entstehen neuer sozialer Bewegungen seit Ende der 1960er Jahre."[224] Anna Bergmann veröffentlichte 1989 gemeinsam mit Gabriele Czarnowski und Annegret Ehmann einen Aufsatz zu den Tätern der humangenetischen Forschung am KWI.[225] Das Kunstmuseum Flensburg erwarb derweil von Magnussen ein Gemälde und informierte die Öffentlichkeit über den Ankauf.[226]

1990 war die Rentnerin, nunmehr über 80-jährig und seit 17 Jahren alleinstehend, nicht mehr in der Lage, ihren Alltag zu bewältigen. Nach ihrer Übersiedelung in ein Altersheim räumten Angehörige ihren Haushalt. Dabei stießen sie, wie ein Familienmitglied später gegenüber Ernst Klee einräumen würde, „gläserweise" auf eingelegte Augen ungeklärter Herkunft, die dann „entsorgt" worden seien.[227]

---

222 Vgl. Karin Magnussen (Hrsg.), Wilhelm Petersen: „Geh fleißig um mit deinen Kindern!" Ausschnitte aus dem Tagebuch, das Theodor Storms persönlicher Freund, der Schleswiger Regierungsrat Wilhelm Petersen, in den Jahren 1878 bis 1886 für seine Kinder geführt hat, ausgewählt von seiner Enkelin Karin Magnussen. Vorwort der Theodor-Storm-Gesellschaft, Husum 1988.
223 Vgl. Ulrike Puvogel/Martin Stankowski, Gedenkstätten für die Opfer des Nationalsozialismus. Eine Dokumentation, Bd. I, 2., überarbeite und erweiterte Aufl., Bonn 1995, S. 443.
224 Silvio Peritone/Frank Reuter, Keine „Stunde Null". Die deutschen Sinti und Roma nach dem Genozid, in: Susanne Urban u. a. (Hrsg.), Entwurzelt im eigenen Land – Deutsche Sinti und Roma nach 1945, Göttingen 2015, S. 21–30, hier S. 28.
225 Vgl. nochmals Bergmann/Czarnowski/Ehmann, Menschen als Objekte humangenetischer Forschung und Politik im 20. Jahrhundert.
226 Vgl. Ulrich Schulte-Wülwer (Hrsg.), Malerei in Schleswig-Holstein. Katalog der Gemäldesammlung des Städtischen Museums Flensburg, Heide 1989, S. 199.
227 Vgl. Klee, Auschwitz, die NS-Medizin und ihre Opfer, S. 486, FN 147.

Die Normalisierung der Barbarei

Soweit bekannt, ließ die Verwandtschaft auf diesen Fund keine Konfrontation mit der Rassistin folgen. Magnussen dürfte dies bestärkt haben, beschönigende Familienskizzen anzufertigen. Anhand zweier Porträtbände, die sie im hohen Alter über ihre Eltern verfasste und die 1991 und 1992 erschienen, zeigt sich die nachträgliche Normalisierung der Barbarei. Just als Miklós Nyiszlis Erfahrungsbericht sowie Claudia Koonz' wegweisende Studie zu Frauen im „Dritten Reich" auf Deutsch erschienen[228] und in Oldenburg die Familie-Mechau-Straße eingeweiht wurde, um deren 22 ermordeten Angehörigen zu gedenken[229], vermochte es die hierfür mitverantwortliche Täterin, apolitisch camouflierte Schriften über ihre Herkunft zu vermarkten.

Auffällig ist sogleich, dass die Autorin in beiden Bänden von sich selbst nicht in der ersten, sondern distanzierend in der dritten Person sprach, so dass sie dort durchgehend als „ältere Tochter" ihrer Künstlereltern firmierte. Der Begriff „Nationalsozialismus" fiel nirgends. In *Walter Magnussen 1869–1946* schrieb sie, der 70. Geburtstag ihres Vaters am 14. April 1939 sei das letzte größere Fest der Familie gewesen: „Im September begann der Krieg, der das Leben jedes Menschen, vor allem in den größeren Städten im Westen und Nordwesten, zunehmend veränderte. Die Fliegeralarme waren besonders für ältere Menschen eine schwere Belastung."[230] Offenkundig waren Juden, Sinti und Roma in der Erinnerung immer noch keine Menschen, denn was deren Leben ab 1933 rasant „veränderte", war noch nicht einmal Erwähnung wert – was allerdings nicht erstaunt, denn das Schweigen schützte die Täterin. In *Die Bildhauerin Anna Magnussen-Petersen 1871–1940* hieß es über deren Tod am 15. November 1940: „Mindestens dreimal gab es Fliegeralarm in dieser Nacht, wo das Krachen der Flakgranaten aus der nahe gelegenen Stellung stundenlang zu hören war. Durch eine Matratze in der Fensternische versuchten die Töchter, die Mutter wenigstens vor Granatsplittern zu schützen – eine furchtbare Nacht, die in allen Einzelheiten noch nach über 50 Jahren im Gedächtnis ist."[231] Magnussens Prioritäten galten im Rückblick etwaigen materiellen Verlusten: „Der Zusammenbruch des Vaterlandes traf den Idealisten Walter Magnussen schwer. Als der Bombenkrieg zu Ende war, wußte er wenigstens, daß das Haus der Familie mit allen darin befindlichen Kunstwerken

---

228 Vgl. Claudia Koonz, Mütter im Vaterland. Frauen im Dritten Reich, Freiburg 1991.
229 Vgl. Puvogel/Stankowski, Gedenkstätten für die Opfer des Nationalsozialismus, S. 443.
230 Magnussen, Walter Magnussen, S. 58.
231 Karin Magnussen, Die Bildhauerin Anna Magnussen-Petersen 1871–1940, Bremen 1992, S. 54 f.

erhalten geblieben war, wenn auch an vielen Stellen beschädigt."²³² Aufschlussreich ist zudem, dass die Rassistin ihre Homosexualität euphemisierte, indem sie ihre Lebensgefährtin verleugnete:

> Im April 1945 kam die ältere Tochter mit einer befreundeten Kollegin mit dem letzten Zug aus Göttingen: Nacht um 3 Uhr Abfahrt mit Umsteigen wegen zerstörter Schienen, Tieffliegeralarmen, Vollalarm in Hannover. Abends Ankunft in Bremen, wegen Luftalarm Übernachten auf Holzbank im Bahnhofsschutzraum, am nächsten Morgen mit der ersten Straßenbahn nach Hause.²³³

Dies war Leid in der Vorstellung Magnussens: Nicht die kollektive Entrechtung, gewaltsame Deportation und Ermordung der Sinti und Roma oder die „Endlösung der Judenfrage", sondern die Unannehmlichkeiten einer kriegsbedingten Übernachtung in einem Bahnhofsgebäude. Obwohl sich selbst im Falle von Unkenntnis über den Werdegang der Autorin aus der Darstellung der Kriegsjahre Zweifel hätten ergeben müssen, schien beim Verlag H. M. Hauschild in Bremen, dessen Programm sich vor allem auf Lokalgeschichtliches konzentrierte, niemand Anstoß an den beiden Publikationen genommen zu haben. Auch die Schenkungen gingen weiter. 1992 überreichte Magnussen der Theodor-Storm-Gesellschaft einen Brief ihrer Mutter an Paul Heyse, die hierüber in ihrem Jahrbuch informierte.²³⁴ Dort bedankte sich zudem der Germanist Jens Stüben bei „Frau Dr. Karin Magnussen" für „freundliche Hinweise" zu seinem Beitrag.²³⁵ Als Magnussen 1994 eine Broschüre zu ihrer Mutter herausgab, trug die Theodor-Storm-Gesellschaft ein Vorwort bei.²³⁶ Im selben Jahr nahm ein Sohn Verschuers Kontakt zu Magnussen auf, nachdem er die Spruchkammer-Akte von 1949 hatte einsehen können, und bedankte sich für die Aussage der früheren Kollegin und Komplizin, habe diese doch zur Einstellung des damaligen Verfahrens geführt: „Sie können sich vorstellen, daß ich über diesen Fund glücklich bin. Er zeigt, daß Ihre Forschung über Augenpigmentierung kein ‚Auschwitzprojekt' war."²³⁷

---

232 Magnussen, Walter Magnussen, S. 60.
233 Magnussen, Walter Magnussen, S. 59.
234 Vgl. Karl Ernst Laage (Hrsg.), Schriften der Theodor-Storm-Gesellschaft, Bd. 41, Heide 1992, S. 109.
235 Jens Stüben, Haffkrug – Schleswig – Westerland – Hademarschen. Paul Heyses Schleswig-Holstein-Reise 1981, in: Karl Ernst Laage (Hrsg.), Schriften der Theodor-Storm-Gesellschaft, Bd. 41, Heide 1992, S. 55–67, hier S. 65, Anm. 41.
236 Vgl. Karin Magnussen (Hrsg.), Anna Magnussen-Petersen, persönliche Begegnungen mit Klaus Groth, Hermann Allmers, Wilhelm Jensen und Adolf Menzel. Vorwort der Theodor-Storm-Gesellschaft, Husum 1994.
237 Zitiert nach Klee, Deutsche Medizin im Dritten Reich, S. 369.

Fast 50 Jahre nach Kriegsende und anderthalb Jahrzehnte nach Benno Müller-Hills Vorstoß begann die Angelegenheit nun allerdings, zum Forschungsgegenstand aufzurücken. Im Herbst 1994 sprach Niels C. Lösch, der an einer wissenschaftlichen Biographie von Eugen Fischer arbeitete, im Kolloquium von Wolfgang Wippermann den Historikerkollegen Hans Hesse an, der wiederum zur Deportation der Sinti in Bremen forschte, und machte diesen auf Magnussen aufmerksam.[238] Hesse sammelte zunächst alle ihm verfügbaren Informationen und kontaktierte die Rassistin im Frühjahr 1995, die altersbedingt zwar sehr geschwächt war, ihm geistig jedoch rege schien. Nach einigen Telefonaten brach der Kontakt im Sommer des Jahres allerdings ab.[239] Im Herbst 1996 offenbarte ein Mitglied der Familie Magnussen Ernst Klee, dass sich im Privatbesitz der Rentnerin konservierte Augen gefunden hatten.[240]

Einige Monate später, am 19. Februar 1997, starb Karin Magnussen im Alter von 89 Jahren. Bis zuletzt soll sie im Altersheim darauf bestanden haben, einzig von weißen Pflegekräften umsorgt zu werden.[241]

Das Erbe der Volksgenossinnen

Erst die Unruhe, die von den Arbeiten einzelner Wissenschaftlerinnen und Wissenschaftler sowie Journalisten ausging, sorgte dafür, dass die Max-Planck-Gesellschaft 1999 eine gründliche Aufklärung ihrer Vorgängerorganisation einleitete. Nach den Vorstößen von Benno Müller-Hill, Anna Bergmann, Ernst Klee und Hans Hesse, die teils unabhängig von staatlichen Institutionen und Förderungen der Geschichte des KWI und seines Personals nachgegangen waren, erschloss die systematische Aufarbeitung auch Magnussens Beitrag zum Porajmos. 1998 entdeckte Müller-Hill, dass am Institut für Humangenetik der Universität Münster noch von Verschuer angefertigte „Rassengutachten" gelagert wurden.[242] Ein Jahr später forderte er Hubert Markl, den Präsidenten der DFG und der MPG, dazu auf, die letzten Überlebenden von Mengeles Menschenversuchen nach Dahlem einzuladen und dort eine offizielle Entschuldigung auszusprechen.[243] Die Bitte wurde zunächst abgewiesen, und Markl erklärte 2000, als von den einstigen KWI-Hauptverantwortlichen niemand mehr lebte: „Entschuldigen können und müssen

---

238 Vgl. Hesse, Augen aus Auschwitz, S. 106.
239 Vgl. Hesse, Augen aus Auschwitz, S. 109.
240 Vgl. Klee, Auschwitz, die NS-Medizin und ihre Opfer, S. 486, FN 147.
241 Vgl. Klee, Deutsche Medizin im Dritten Reich, S. 369.
242 Vgl. Klee, Deutsche Medizin im Dritten Reich, S. 378.
243 Vgl. Klee, Deutsche Medizin im Dritten Reich, S. 378.

sich Täter bei ihren Opfern."[244] Am 7. Juni 2001 bekannte er sich schließlich zur dreifachen Schuld der deutschen Wissenschaften im Allgemeinen, der Biowissenschaften im Besonderen sowie konkret der Kaiser-Wilhelm-Gesellschaft und entschuldigte sich in Berlin bei den Überlebenden.[245]

Doch auch nach der Aufarbeitung der KWI-Geschichte sind einige biographische Aspekte in Magnussens Leben unbeleuchtet. Dies betrifft vor allem ihre privaten, um Kultur bedachten Aktivitäten in den 1980er und 1990er Jahren. So hat sich die Theodor-Storm-Gesellschaft bis heute nicht dazu geäußert, wie sich ihre Zusammenarbeit mit der Rassistin gestaltete, welche Schenkungen letztere dem Archiv in Husum überantwortete und auf welche Weise dies geschah, warum dort niemand Einspruch gegen die gemeinsam realisierten Publikationen erhob und vor allem weshalb dort bislang niemand Interesse an einer Aufarbeitung dieser Arbeitsbeziehung angemeldet hat.[246] Gleiches gilt für jene Museen in Schleswig-Holstein, die über Magnussen an Kunstwerke für die eigenen Sammlungen gelangten, ob als Schenkung oder als Ankauf.

Wie berechtigt Susanne Weins rhetorische Frage *Alles erforscht?* nach wie vor ist, zeigt sich auch daran, dass es bis heute keine Dissertationen zu Karin Magnussen, Eva Justin, Sophie Ehrhardt und Ruth Kellermann gibt. Zudem sind nicht nur die Lebenswege und die politischen Handlungsspielräume dieser „Rassenforscherinnen" unerschlossen, sondern auch diejenigen der nationalsozialistischen Ideologinnen, die in der Bundesrepublik wirkten, siehe die eingangs erwähnten Sophie Rogge-Börner, Johanna Haarer und Sigrid Hunke, sowie die einst in Konzentrations- und Vernichtungslagern tätigen Ärztinnen und Aufseherinnen wie Herta Oberheuser und Hildegard Lächert. Solange dieser Aspekt der nationalsozialistischen Gewaltherrschaft nicht in allen Details geklärt ist, sind auch die zwölf Jahre zwischen 1933 und 1945 und ihre nachfolgende Verdrängung in der Bundesrepublik nicht aufgearbeitet.

---

244 Zitiert nach Klee, Deutsche Medizin im Dritten Reich, S. 381.
245 Vgl. Sascha Topp, Geschichte als Argument in der Nachkriegsmedizin. Formen der Vergegenwärtigung der nationalsozialistischen Euthanasie zwischen Politisierung und Historiographie, Göttingen 2013, S. 266.
246 Dass es über die Storm-Koryphäe Karl Heinz Laage derweil lapidar heißt, er habe im Zweiten Weltkrieg einen „Fronteinsatz" absolviert, ist an dieser Stelle ebenfalls hervorzuheben. Während seine Erinnerungen an die Kriegsgefangenschaft in der Sowjetunion zwar die Jahre nach 1945 rekapitulieren, ist nicht verbürgt, was er als Wehrmachtsangehöriger an der Ostfront, wo er schließlich in ebenjene Kriegsgefangenschaft geraten war, getan und gesehen hat. Vgl. die Autorenzeile in Carsten Fleischhauer/Guntram Turkowski (Hrsg.), Schleswig-Holsteinische Erinnerungsorte, Heide 2006, S. 142, sowie Karl Heinz Laage, Spurensuche in Moskau und Twer. Erinnerungen an Menschen, Gebäude und Arbeitslager, Berlin 2006.

Exemplarisch hierfür stehen vor allem die Karrierepfade einstiger KWI-Doktorandinnen. Lieselotte Block (1918–2012), Mitglied der NSDAP ab 1937 und des BDM, war von 1943 bis 1945 Wolfgang Abels Assistentin am Institut für Rassenbiologie. Nach dem Zweiten Weltkrieg arbeitete sie als wissenschaftliche Mitarbeiterin am Institut für Biologie und Anthropologie der Technischen Universität Berlin, als dessen Direktorin sie von 1976 bis 1983 wirkte.[247] Weder ist Genaueres zu ihrer Tätigkeit unter dem Rassentheoretiker bekannt noch ihr nachfolgendes Wirken in West-Berlin. 2012 informierte ihre Todesanzeige im *Tagesspiegel*: „Sie war bis ins hohe Alter ein lebensbejahender Mensch und hat gern am kulturellen und gesellschaftlichen Leben teilgenommen."[248] Unerforscht sind auch die Aktivitäten von Gisela Lemme (1910–1955), geb. Meyer-Heydenhagen, die bereits 1930 Mitglied der NSDAP geworden war, von 1931 bis 1934 am KWI promovierte, ab 1932 einer „rassenbiologischen Arbeitsgemeinschaft" angehörte und in den 1930er Jahren als wissenschaftliche Hilfsarbeiterin im Reichsausschuß für Volksgesundheitsdienst arbeitete.[249] 1950 legte sie im *Berliner Gesundheitsblatt* zunächst ihre am KWI erworbenen Kenntnisse über die gewichtige Rolle von Zwillingen für das Verständnis der „menschlichen Erbbiologie" dar.[250] Zwei Jahre später hielt sie ebenda ein Plädoyer für Sterilisation, das sie in dürftig formulierter politischer Abgrenzung zum „Dritten Reich", dafür aber in ungebrochener NS-Diktion damit begründete, dass die „vielen Schwachsinnigen, Kriminellen und schweren Alkoholiker, die in ihrer Hemmungslosigkeit und Uneinsichtigkeit, frei von Verantwortungsgefühlen Kinder in die Welt setzen, die zum größten Teil die Eigenschaften mitbekommen und [...] schwachsinnige, oder haltlose, asoziale Menschen werden, die in ihrer Dummheit oder Unfähigkeit zum Arbeiten unbrauchbar sind oder als Alkoholiker, die den Wochenlohn durchbringen, ihre Familien darben lassen oder als Kriminelle der arbeitenden Bevölkerung Schaden zufügen."[251] Im „kopfscheu gemachten Nachkriegsdeutschland"[252] zieme es sich nicht, erbgesundheitliche Maßnahmen zu erwägen. Lemmes Ehemann und Kollege, der SS-Angehörige Hansjoachim Lemme, hatte 1939 als Abteilungsleiter im

---

247 Vgl. Niels C. Lösch, Rasse als Konstrukt, S. 563.
248 Nikos Tsiolakis, Todesanzeige für Prof. Dr. Lieselotte Block, in: Der Tagesspiegel, 28.10.2012.
249 Vgl. Hans Harmsen/Franz Lohse, Bevölkerungsfragen. Bericht des Internationalen Kongresses für Bevölkerungswissenschaft. Berlin, 26. August – 1. September 1935, München 1936, S. 942; o. A., Gisela Lemme †, in: Anthropologischer Anzeiger 20/1 (April 1956), S. 99; Lösch, Rasse als Konstrukt, S. 570.
250 Gisela Lemme, Zwillinge und ihre Bedeutung für die menschliche Erbbiologie, in: Berliner Gesundheitsblatt 1 (1950), S. 375–376.
251 Gisela Lemme, Warum Sterilisierung? Warum Eugenik?, in: Berliner Gesundheitsblatt 3 (1952), S. 509–512, hier S. 510.
252 Lemme, Warum Sterilisierung?, S. 511.

Reichsausschuß für Volksgesundheitsdienst in der Zeitschrift *Volk und Rasse* einen Beitrag mit dem Titel „Der Asoziale" veröffentlicht.[253] Darin hatte er das „Problem[...]" des nichtseßhaften Menschen" betont und sich beim Bayerischen Landesverband für Wanderdienst dafür bedankt, dass dieser in einem Sammelband „zur Neugestaltung der Raum- und Menschenordnung im Großdeutschen Reich" die „Schaffung der Reichslösung der Asozialenfrage" vorangetrieben habe.[254] Erst im Wissen darum, dass mit „Asozialen" im nationalsozialistischen Sprachgebrauch auch Sinti und Roma gemeint waren, was noch in den 1980er Jahren in Erinnerung gerufen werden musste[255], erschließt sich die Tragweite von Gisela Lemmes Ausführungen.

Auch andere KWI-Doktorandinnen waren mit SS-Angehörigen verheiratet, darunter Hertha Busse, Ehefrau von Hans Meixner (1906–1999) – zunächst Lagerarzt in Dachau und im Februar 1943 unmittelbar an der Ermordung der Juden im Ghetto beteiligt[256] –, oder Maria Ploetz-Radmann, die zu Hautleistengruppen der unteren Fingerglieder promovierte, wofür sie in den 1930er Jahren Material in Berlin zusammengetragen hatte – „Die Untersuchten sind rassisch bunt gemischt, Großstadtbevölkerung, großenteils Schulkinder, eine Anzahl Studenten"[257] –, bevor das KWI zu unfreiwillig bereitgestelltem „Humanmaterial" überging.[258] Die wissenschaftliche Karriere fortgesetzt hat das NSDAP-Mitglied Christel Steffens, die am KWI eine Dissertation zu Zehenleisten bei Zwillingen verfasste, in der Bundesrepublik eine zweite Dissertation in Medizin vorlegte und sich als Mitglied der Gesellschaft für Anthropologie betätigte.[259] Niels C. Lösch hat ferner auf

---

253 Hansjoachim Lemme, Der Asoziale, in: Volk und Rasse 2 (1939), S. 36–38.
254 Lemme, Der Asoziale, S. 38. Ein Jahr später veröffentlichte Lemme noch eine antisemitische Schrift, vgl. Hansjoachim Lemme, Die Stellung der Juden im Grossdeutschen Reich. Reichsbürgergesetze u. Blutschutzgesetze, Berlin 1940.
255 Vgl. Arnold Spitta, Entschädigung für Zigeuner? Geschichte eines Vorurteils, in: Ludolf Herbst/Constantin Goschler (Hrsg.), Wiedergutmachung in der Bundesrepublik Deutschland, München 1989, S. 385–401, hier S. 388.
256 Vgl. Lösch, Rasse als Konstrukt, S. 563; Klee, Deutsche Medizin im Dritten Reich, S. 127; Bundesarchiv/Institut für Zeitgeschichte/Lehrstuhl für Neuere und Neueste Geschichte der Universität Freiburg (Hrsg.), Die Verfolgung und Ermordung der europäischen Juden durch das nationalsozialistische Deutschland 1933–1945, Bd. 7: Sowjetunion mit annektierten Gebieten, I. Besetzte sowjetische Gebiete unter deutscher Militärverwaltung, Baltikum und Transnistrien. Bearbeitet von Bert Hoppe und Hiltrud Glass, München 2011, S. 584, FN 4.
257 Maria Ploetz-Radmann, Die Hautleistenmuster der unteren beiden Fingerglieder der menschlichen Hand, in: Zeitschrift für Morphologie und Anthropologie 36/2 (1937), S. 281–310, hier S. 309.
258 Vgl. Lösch, Rasse als Konstrukt, S. 572.
259 Vgl. Christel Steffens, Über Zehenleisten bei Zwillingen, in: Zeitschrift für Morphologie und Anthropologie 37/2 (1938), S. 218–258; Lösch, Rasse als Konstrukt, S. 574.

weitere KWI-Promovendinnen hingewiesen – Gertrud Maas, Ruth Rohloff, Johanna Schötzau –, die früh der NSDAP beitraten und anderen NS-Organisationen angehörten.[260] Diese Dichte an überzeugten Nationalsozialistinnen ergab sich keinesfalls zufällig, sondern war gewollt. Eugen Fischer hatte sich bereits im Juni 1933 dazu entschlossen, den Vertrag der KWI-Assistentin Ida Frischeisen-Köhler (1887–1958) nicht zu verlängern, da ihm seine eigene Doktorandin als „politisch unzuverlässig" galt, und damit ein unmissverständliches Zeichen gesetzt.[261]

Die oftmals nur bruchstückhaft bekannten Karrieren und Lebenswege einstiger NS-Forscherinnen sind vor allem deshalb von Relevanz, weil nicht wenige von ihnen in der frühen Bundesrepublik im öffentlichen Dienst – siehe Karin Magnussen und Eva Justin – oder publizistisch – siehe Gisela Lemme – wirkten. Zudem wird hier eine weitere Forschungslücke deutlich. Das erklärungsbedürftige Detail homosexueller Nationalsozialistinnen hat bis heute keine wissenschaftliche Studie angeregt. Gewichtige historiographische Untersuchungen zu den Opfern der Homosexuellenverfolgung existieren seit mehreren Jahrzehnten.[262] Was die Täter und insbesondere die Täterinnen anbelangt, stehen umfänglichere Arbeiten jedoch noch aus. Dies ist vor allem deshalb relevant, weil eine Skandalisierung, wie sie seit den 1930er Jahren am Beispiel Ernst Röhms studiert werden kann[263], nur Ressentiments bedient und nichts erklärt, während sich bezüglich Nationalsozialismus und Homosexualität Fragen stellen, die es unaufgeregt zu beantworten gilt. Schließlich bezeugt das Beispiel Magnussen, dass sich trotz gleichgeschlechtlicher Orientierung politisch und wissenschaftlich Karriere machen ließ, während andere Frauen für die kriminalisierende Diagnose „lesbisch" nach Ravensbrück kamen.[264] Die erhaltenen Quellen legen nahe, dass das KWI-

---

260 Vgl. Lösch, Rasse als Konstrukt, S. 570, S. 573 und S. 574.
261 Vgl. Reinhard Rürup unter Mitwirkung von Michael Schüring, Schicksale und Karrieren. Gedenkbuch für die von den Nationalsozialisten aus der Kaiser-Wilhelm-Gesellschaft vertriebenen Forscherinnen und Forscher, Göttingen 2008, S. 196–197.
262 Vgl. u. a. Claudia Schoppmann, Nationalsozialistische Sexualpolitik und weibliche Homosexualität, Pfaffenweiler 1991; Günter Grau (Hrsg.), Homosexualität in der NS-Zeit. Dokumente einer Diskriminierung und Verfolgung. Überarbeitete Neuauflage, Frankfurt a. M. 2004; Alexander Zinn, „Aus dem Volkskörper entfernt"? Homosexuelle Männer im Nationalsozialismus, Frankfurt a. M./New York 2018.
263 Siehe dazu Michael Schwartz, Homosexuelle, Seilschaften, Verrat. Ein transnationales Stereotyp im 20. Jahrhundert, Berlin/Boston 2019, S. 160–212.
264 Vgl. Ulrike Janz, Das Zeichen lesbisch in den nationalsozialistischen Konzentrationslagern, in: Michael Schwartz (Hrsg.), Homosexuelle im Nationalsozialismus. Neue Forschungsperspektiven zu Lebenssituationen von lesbischen, schwulen, bi-, trans- und intersexuellen Menschen 1933 bis 1945, München 2014, S. 77–84, hier S. 79, FN 8. Siehe auch Insa Eschebach, Homophobie, Devianz und weibliche Homosexualität im Konzentrationslager Ravensbrück, in: Insa Eschebach

Personal Anfang 1945 wusste, in welchem Sinne sich Magnussen und Michaelsen ‚angefreundet' hatten.²⁶⁵ Auch, dass Eugen Fischer nach Gründung der Bundesrepublik darauf achtete, seiner einstigen Sekretärin Grüße bestellen zu lassen, wenn er Magnussen schrieb, spricht dafür, dass der Eugeniker im Bilde gewesen sein dürfte, in welcher Beziehung die Rassistin zu seiner „damals getreuesten Mitarbeiterin, Micha"²⁶⁶, stand.

Magnussen ist diesbezüglich keine Ausnahme: Die wohl bekannteste homosexuelle Nationalsozialistin war „Reichsreferentin" Jutta Rüdiger, die mit ihrer Mitarbeiterin Hedy Böhmer zusammenlebte.²⁶⁷ Die eingangs erwähnte Schreibtischtäterin Ingeburg Werlemann wiederum war verheiratet, als sie Anfang 1942 den Beschluss der „Endlösung der Judenfrage" protokollierte, lebte aber spätestens seit Ende 1944 nicht mehr in der kinderlos gebliebenen Ehe. Während der kurzen Internierung durch die Sowjets lernte sie ihre Lebensgefährtin Käte Werth kennen, die als Mitarbeiterin der sogenannten „Abwehr", des militärischen Geheimdiensts der Wehrmacht, gefasst worden war.²⁶⁸ Sie blieben zeitlebens zusammen; nach Einführung des Lebenspartnerschaftsgesetzes 2001 ließ sich das Paar im hohen Alter verpartnern. Dass die einstige Nationalsozialistin, die dem streng geheimen Beschluss zur industriellen Ermordung von elf Millionen europäischen Juden beiwohnte, die mehr als der Hälfte von diesen das Leben kostete, in den Genuss einer juristischen Absicherung kam, die durch lange bürgerrechtliche Auseinandersetzungen erstritten wurde, ist ein Zynismus sondergleichen. Werth starb 2009, Werlemann 2010.²⁶⁹

Mit offenen Augen

Aufschlussreich bleibt die Biographie der nationalsozialistischen „Rassenforscherin" und bundesdeutschen Biologielehrerin Magnussen auch deshalb, weil sie exemplarisch für das Nicht-Wissen-Wollen all jener steht, die mit ihr zu tun

---

(Hrsg.), Homophobie und Devianz. Weibliche und männliche Homosexualität im Nationalsozialismus, Berlin 2012, S. 65–78.
265 Vgl. Schmuhl, Grenzüberschreitungen, S. 528, FN 690.
266 Gedenkstätte Hadamar, Sammlung, N Klee, 140–141: Eugen Fischer, Brief an Karin Magnussen, 03.10.1949, S. 2.
267 Vgl. Sabine Hering/Kurt Schilde, Das BDM-Werk „Glaube und Schönheit. Die Organisation junger Frauen im Nationalsozialismus, Wiesbaden 2004, S. 44.
268 Gryglewski, Eichmanns Sekretärin.
269 Vgl. Ingeburg Wagner, Traueranzeige für Käte Werth, in: Merkur, 24.01.2009; Gryglewski, Eichmanns Sekretärin.

hatten und dennoch den Blick vom Augenscheinlichen abwandten. Es ist ein makabrer, wiewohl bemerkenswerter Zufall, dass gleich der zweite Satz in *Rassen- und bevölkerungspolitisches Rüstzeug* lautete: „Wir müssen mit offen Augen unsere Umgebung sehen, müssen versuchen, die großen Zusammenhänge zu erkennen, nicht nur in der Gegenwart, sondern auch in der ganzen Geschichte."[270] Die „großen Zusammenhänge", die Magnussen erkannt haben wollte, waren die gewöhnlichen Eingebungen des antisemitischen Wahns, der alles ihm Unerklärliche auf eine pathetische Welterklärungsformel bringt. Hieraus resultierte im deutschen Fall der manische Vernichtungswunsch, der zum planmäßigen Vernichtungsprogramm wurde. Denn gemeint war nichts anderes als der insinuierte Konflikt zwischen „Weltjudentum" und deutschem „Volk", für den die Nationalsozialistin sogleich Vorschläge unterbreitete, die Auschwitz mit den Weg ebneten – und ebenso der systematischen Ermordung der Sinti und Roma, während für in Europa lebende Schwarze desgleichen eine „räumliche Trennung"[271] vorgesehen war; was darunter verstanden wurde, ist bekannt.

In ihrem 1935 verfassten Vorwort zu ihrer Kampfschrift hatte Magnussen energisch gefordert, dass es „die Pflicht des Biologen" sei, der volksgenössischen Jugend die „Augen zu öffnen für die Bedeutung der Rasse in Geschichte und Gegenwart, in der deutschen Politik und in den großen Zusammenhängen der Weltpolitik."[272] Während des Zweiten Weltkriegs sorgte die Biologin dann dafür, dass von ihr voruntersuchte Sinti die Augen schlossen, um sich diese, nachdem sie in Auschwitz aus den Leichen herauspräpariert worden waren, zu Forschungszwecken zustellen zu lassen. Vor Magnussens Verbrechen wiederum verschlossen später die bundesdeutsche Wissenschaft, der Kulturbetrieb und die Öffentlichkeit die Augen, die von diesem Beitrag zum rassistischen Massenmord und zum antisemitischen Vernichtungsprogramm noch weniger wissen wollten als von dem, was die männlichen Beteiligten verantwortet hatten.

Literatur

Abel, Wolfgang. Über Europäer-Marokkaner- und Europäer-Annamiten-Kreuzungen, in: Zeitschrift für Morphologie und Anthropologie 36/2 (1937), S. 311–329.
Aly, Götz. Volk ohne Mitte. Die Deutschen zwischen Freiheitsangst und Kollektivismus, Frankfurt a. M. 2015.
Bambeck, Manfred u. a. Heidelberger Manifest, in: Die Zeit 6/1982, 05.02.1982.

---

270 Magnussen, Rassen- und bevölkerungspolitisches Rüstzeug, 3. Aufl., S. 11.
271 Magnussen, Rassen- und bevölkerungspolitisches Rüstzeug, 3. Aufl., S. 203.
272 Magnussen, Rassen- und bevölkerungspolitisches Rüstzeug, 3. Aufl., S. 5.

Baur, Erwin/Eugen Fischer/Fritz Lenz. Menschliche Erblichkeitslehre, München 1921.
Becker, Cathrin Anna. „… ich kann vor jedem verantworten, was ich damals vertreten habe." Die Biologin und Lehrerin Dr. Karin Magnussen – eine Mitläuferin?, in: Eva Schöck-Quinteros (Hrsg.), „Was verstehen wir Frauen auch von Politik?" Entnazifizierung ganz normaler Frauen in Bremen (1945–1952), Bremen 2011, S. 99–117.
Behrens, Paul. „Vollzigeuner" und „Mischlinge". Die ehemalige Rassenforscherin Ruth Kellermann verteidigt ihren Ruf, in: Die Zeit 7/1986, 07.02.1986.
Bergmann, Anna/Gabriele Czarnowski/Annegret Ehmann. Menschen als Objekte humangenetischer Forschung und Politik im 20. Jahrhundert: Die Geschichte des Kaiser Wilhelm-Instituts für Anthropologie, menschliche Erblehre und Eugenik in Berlin-Dahlem (1927–1945), in: Götz Aly/Christian Pross (Hrsg.), Der Wert des Menschen. Medizin in Deutschland 1918–1945, Berlin 1989, S. 121–142.
Bock, Gisela. Zwangssterilisation im Nationalsozialismus. Studien zur Rassenpolitik und Frauenpolitik, Opladen 1986.
Bundesarchiv/Institut für Zeitgeschichte/Lehrstuhl für Neuere und Neueste Geschichte der Universität Freiburg (Hrsg.). Die Verfolgung und Ermordung der europäischen Juden durch das nationalsozialistische Deutschland 1933–1945, Bd. 7: Sowjetunion mit annektierten Gebieten, I. Besetzte sowjetische Gebiete unter deutscher Militärverwaltung, Baltikum und Transnistrien. Bearbeitet von Bert Hoppe und Hiltrud Glass, München 2011.
Böltken, Andrea. Führerinnen im „Führerstaat". Gertrud Scholtz-Klink, Trude Mohr, Jutta Rüdiger und Inge Viermetz, Pfaffenweiler 1995.
Cleminson, Richard. Catholicism, Race and Empire. Eugenics in Portugal, 1900–1950, Budapest/New York 2014.
Daly, Mary. Gyn/Ökologie. Eine Meta-Ethik des radikalen Feminismus, München 1980.
Deichmann, Ute. Hans Nachtsheim, a Human Geneticist under National Socialism and the Question of Freedom of Science, in: Michael Fortun/Everett Mendelsohn (Hrsg.), The Practices of Human Genetics, Dordrecht 1999, S. 143–153.
Ebbinghaus, Angelika. Vorwort, in: Angelika Ebbinghaus (Hrsg.), Opfer und Täterinnen. Frauenbiographien des Nationalsozialismus, Nördlingen 1987, S. 7–11.
Eichmüller, Andreas. Keine Generalamnestie. Die Strafverfolgung von NS-Verbrechen in der frühen Bundesrepublik, Berlin 2021.
Eschebach, Insa. Homophobie, Devianz und weibliche Homosexualität im Konzentrationslager Ravensbrück, in: Insa Eschebach (Hrsg.), Homophobie und Devianz. Weibliche und männliche Homosexualität im Nationalsozialismus, Berlin 2012, S. 65–78.
Fangerau, Heiner. Etablierung eines rassenhygienischen Standardwerkes 1921–1941. Der Baur-Fischer-Lenz im Spiegel der zeitgenössischen Rezensionsliteratur, Frankfurt a. M. u. a. 2001.
Fischer, Eugen. Der völkische Staat, biologisch gesehen, Berlin 1933.
Fischer, Eugen/Gerhard Kittel. Das antike Weltjudentum. Tatsachen, Texte, Bilder, Hamburg 1943.
Fleischhauer, Carsten/Guntram Turkowski (Hrsg.). Schleswig-Holsteinische Erinnerungsorte, Heide 2006.
Grau, Günter (Hrsg.), Homosexualität in der NS-Zeit. Dokumente einer Diskriminierung und Verfolgung, Überarbeitete Neuaufl., Frankfurt a. M. 2004.
Gress, Daniela. Visualisierte Emanzipation. Strategien medialer (Selbst-)Darstellung von Sinti und Roma in dokumentarischen Filmen, in: Frank Reuter/Daniela Gress/Radmila

Mladenova (Hrsg.), Visuelle Dimensionen des Antiziganismus, Heidelberg 2021, S. 339–384.
Gryglewski, Marcus. Eichmanns Sekretärin, in: taz, 17.01.2020.
Halioua, Bruno/Michael F. Marmor. The eyes of the angel of death: Ophthalmic experiments of Josef Mengele, in: Survey of Opthalmology 65/6 (November/December 2020), S. 744–748.
Harten, Hans-Christian/Uwe Neirich/Matthias Schwerendt. Rassenhygiene als Erziehungsideologie des Dritten Reichs. Bio-bibliographisches Handbuch, Berlin 2006.
Havemann, Robert. Vertriebene Wissenschaft, in: Die Neue Zeitung, 03.05.1946.
Hauschild, Rita. Bastardstudien an Chinesen, Negern, Indianern in Trinidad und Venezuela, in: Zeitschrift für Morphologie und Anthropologie 39/2 (1941), S. 181–289.
Hauschild, Rita. Rassenunterschiede zwischen negriden und europiden Primordialcranien des 3. Fetalmonats, in: Zeitschrift für Morphologie und Anthropologie 36/2 (1937), S. 215–280.
Harmsen, Hans/Franz Lohse. Bevölkerungsfragen. Bericht des Internationalen Kongresses für Bevölkerungswissenschaft. Berlin, 26. August – 1. September 1935, München 1936.
Hering, Sabine/Kurt Schilde. Das BDM-Werk „Glaube und Schönheit". Die Organisation junger Frauen im Nationalsozialismus, Wiesbaden 2004.
Herms, Norbert. Zwischen „schädlichen Einflüssen" und „wertvollen Erbströmen". Der „rassenhygienische" Diskurs in Deutschland zwischen 1891 und 1914, Göttingen 2020.
Hesch, Michael. Neue Bücher. Entwicklung und Vererbung, Rasse und Volk, in: Rasse. Monatsschrift für den Nordischen Gedanken 2 (1944), S. 73–76.
Hesse, Hans/Jens Schreiber. Vom Schlachthof nach Auschwitz. Die NS-Verfolgung der Sinti und Roman aus Bremen, Bremerhaven und Nordwestdeutschland, Marburg 1999.
Hesse, Hans. Augen aus Auschwitz. Ein Lehrstück über nationalsozialistischen Rassenwahn und medizinische Forschungen. Der Fall Dr. Karin Magnussen, Essen 2001.
Hesse, Hans. Erst Kaninchen, dann Menschen, in: Weserkurier, 18.04.2020.
Hesse, Hans. Die fast vergessene Deportation, https://wkgeschichte.weser-kurier.de/die-fast-vergessene-deportation/ (Stand: 01.02.2022)
Hönighaus, Sascha. Karin Magnussen, in: Jessica Hoffmann/Anja Megel/Robert Parzer/Helena Seidel (Hrsg.), Dahlemer Erinnerungsorte, Berlin 2007, S. 193–204.
Horn, Sabine. „… ich fühlte mich damals als Soldat und nicht als Nazi": Der Majdanek-Prozess im Fernsehen – aus geschlechtergeschichtlicher Perspektive betrachtet, in: Ulrike Weckel/Edgar Wolfrum (Hrsg.), „Bestien" und „Befehlsempfänger". Frauen und Männer in NS-Prozessen nach 1945, S. 222–249.
Janz, Ulrike. Das Zeichen lesbisch in den nationalsozialistischen Konzentrationslagern, in: Michael Schwartz (Hrsg.), Homosexuelle im Nationalsozialismus. Neue Forschungsperspektiven zu Lebenssituationen von lesbischen, schwulen, bi-, trans- und intersexuellen Menschen 1933 bis 1945, München 2014, S. 77–84.
Jelinek, Elfriede. Die Kontrakte des Kaufmanns/Rechnitz (Der Würgeengel)/Über Tiere. Drei Theaterstücke, Reinbek 2009.
Jürgens, Hans Wilhelm. Asozialität als biologisches und sozialbiologisches System, Stuttgart 1961.
Kiersch, Gerhard. Gedenktafel am Otto-Suhr-Institut, in: FU-Info 6/1988, S. 10–11.
Klee, Ernst. Deutsche Medizin im Dritten Reich. Karrieren vor und nach 1945, Frankfurt a. M. 2001.

Klee, Ernst. Auschwitz, die NS-Medizin und ihre Opfer, 7. Aufl., Frankfurt a. M. 2020.
Kogon, Eugen. Der SS-Staat. Das System der deutschen Konzentrationslager, Frankfurt a. M. 1946.
Kompisch, Kathrin. Täterinnen. Frauen im Nationalsozialismus, Köln/Weimar/Wien 2008.
Koonz, Claudia. Mütter im Vaterland. Frauen im Dritten Reich, Freiburg 1991.
Kröner, Hans-Peter. Von der Rassenhygiene zur Humangenetik. Das Kaiser-Wilhelm-Institut für Anthropologie, menschliche Erblehre und Eugenik nach dem Kriege, Stuttgart u. a. 1998.
Kühl, Stefan. Die Internationale der Rassisten. Aufstieg und Niedergang der internationalen eugenischen Bewegung im 20. Jahrhundert, Frankfurt a. M./New York 2014.
Laage, Karl Ernst. Theodor Storm. Studien zu seinem Leben und Werk mit einem Handschriftenkatalog, West-Berlin 1985.
Laage, Karl Ernst (Hrsg.). Schriften der Theodor-Storm-Gesellschaft, Bd. 41, Heide 1992.
Laage, Karl Heinz. Spurensuche in Moskau und Twer. Erinnerungen an Menschen, Gebäude und Arbeitslager, Berlin 2006.
Lange, Friedrich/Erich Strauß/Joachim Dobers (Hrsg.). Biologie. Lehr- und Arbeitsbuch, Bd. 3, Hannover 1971.
Laudowitz, Edith. Karin Magnussen, http://www.bremerfrauengeschichte.de/2_Biografien/Magnussen.html (Stand: 01. 02. 2022).
Lemme, Gisela. Zwillinge und ihre Bedeutung für die menschliche Erbbiologie, in: Berliner Gesundheitsblatt 1 (1950), S. 375–376.
Lemme, Gisela. Warum Sterilisierung? Warum Eugenik?, in: Berliner Gesundheitsblatt 3 (1952), S. 509–512.
Lemme, Hansjoachim. Der Asoziale, in: Volk und Rasse 2 (1939), S. 36–38.
Lemme, Hansjoachim. Die Stellung der Juden im Grossdeutschen Reich. Reichsbürgergesetze u. Blutschutzgesetze, Berlin 1940.
Livi, Massimiliano. Gertrud Scholtz-Klink: Die Reichsfrauenführerin. Politische Handlungsspielräume und Identitätsprobleme der Frauen im Nationalsozialismus am Beispiel der „Führerin aller deutschen Frauen", Münster 2005.
Lorke, Christoph. Armut im geteilten Deutschland. Die Wahrnehmung sozialer Randlagen in der Bundesrepublik und in der DDR, Frankfurt a. M./New York 2015.
Lösch, Niels C. Rasse als Konstrukt. Leben und Werk Eugen Fischers, Frankfurt a. M. u. a. 1997.
Lubetkin, Zivia. Die letzten Tage des Warschauer Gettos, in: Neue Auslese aus dem Schrifttum der Gegenwart 1 (1948), S. 1–13.
Lubetkin, Zivia, Die letzten Tage des Warschauer Gettos, Ost-Berlin 1949.
Macrakies, Kristie. Surviving the Swastika. Scientific Research in Nazi Germany, New York u. a. 1993.
Magnussen, Karin. Untersuchungen zur Entwicklungsphysiologie des Schmetterlingsflügels. Inaugural-Dissertation zur Erlangung der Doktorwürde der Mathematisch-Naturwissenschaftlichen Fakultät der Georg-August-Universität zu Göttingen, Göttingen 1933.
Magnussen, Karin. Rassen- und bevölkerungspolitisches Rüstzeug. Zahlen, Gesetze und Verordnungen, München 1936.
Magnussen, Karin. Rassen- und bevölkerungspolitisches Rüstzeug, 2., erweiterte Aufl., München 1939.
Magnussen, Karin. Rassen- und Bevölkerungspolitisches Rüstzeug. Statistik, Gesetzgebung und Kriegsaufgaben, 3., verbesserte und erweiterte Auf., München/Berlin 1943.

Magnussen, Karin. Krieg und Kriegsfolgen vom Standpunkt der Rassen- und Bevölkerungspolitik, in: Archiv für Bevölkerungswissenschaft und Bevölkerungspolitik XI./3 (Juli 1941), S. 145–167.

Magnussen, Karin. Über die sichelförmige Überwachung am Kaninchenauge und beim Menschen, in: Der Erbarzt 12 (1944), S. 60–62.

Magnussen, Karin. Beitrag zur Genetik des Glaukoms beim Kaninchen, in: Archiv für klinische und experimentelle Ophthalmologie 164 (1962), S. 197–219.

Magnussen, Karin. Über die Beziehungen zwischen Irisfarbe, histologischer Pigmentverteilung und Pigmentierung des Bulbus beim menschlichen Auge, in: Zeitschrift für Morphologie und Anthropologie 41/2–3 (1949), S. 295–312.

Magnussen, Karin. Eine erbliche spastische Lähmung beim Kaninchen. Erbgang und Krankheitsbild, in: Zeitschrift für Morphologie und Anthropologie 55/1 (Februar 1964), S. 79–95.

Magnussen, Karin. Eine erbliche spastische Lähmung beim Kaninchen II. Biochemische Versuche, Feststellung einer Störung im Aminosäurenstoffwechsel, in: Zeitschrift für Morphologie und Anthropologie 65/1 (April 1973), S. 106–121.

Magnussen, Karin (Hrsg.). Wilhelm Petersen: „Geh fleißig um mit deinen Kindern!" Ausschnitte aus dem Tagebuch, das Theodor Storms persönlicher Freund, der Schleswiger Regierungsrat Wilhelm Petersen, in den Jahren 1878 bis 1886 für seine Kinder geführt hat, ausgewählt von seiner Enkelin Karin Magnussen. Vorwort der Theodor-Storm-Gesellschaft, Husum 1988.

Magnussen, Karin. Walter Magnussen 1869–1946. Landschaftsmaler und Keramiker, Bremen 1991.

Magnussen, Karin. Die Bildhauerin Anna Magnussen-Petersen 1871–1940, Bremen 1992.

Magnussen, Karin (Hrsg.). Anna Magnussen-Petersen, persönliche Begegnungen mit Klaus Groth, Hermann Allmers, Wilhelm Jensen und Adolf Menzel. Vorwort der Theodor-Storm-Gesellschaft, Husum 1994.

Marwell, David G. Mengele. Biographie eines Massenmörders, Darmstadt 2021.

Massin, Benoît. Mengele, die Zwillingsforschung und die „Auschwitz-Dahlem Connection", in: Carola Sachse (Hrsg.), Die Verbindung nach Auschwitz. Biowissenschaften und Menschenversuche an Kaiser-Wilhelm-Instituten. Dokumentation eines Symposiums, Göttingen 2003, S. 201–254.

Mitscherlich, Alexander/Mielke, Fred. Das Diktat der Menschenverachtung. Der Nürnberger Ärzteprozeß und seine Quellen, Heidelberg 1947.

Müller-Hill, Benno. Tödliche Wissenschaft. Die Aussonderung von Juden, Zigeunern und Geisteskranken 1933–1945, Reinbek 1984.

Müller-Hill, Benno. The Blood from Auschwitz and the Silence of the Scholars, in: History and Philosophy of the Life Sciences 21/3 (1999), S. 331–365.

Nachtsheim, Hans. Unsere Pflicht zur praktischen Eugenik, in: Bundesgesundheitsblatt 18/1963, 06.09.1963, S. 277–286.

Nyiszli, Miklós. Dr. Mengele boncolóorvosa voltam az Auschwitz-i krematóriumban, Nagyvárad 1946; dt. Im Jenseits der Menschlichkeit. Ein Gerichtsmediziner in Auschwitz, Berlin 1992.

o. A. Gisela Lemme †, in: Anthropologischer Anzeiger 20/1 (April 1956), S. 99.

o. A. [Gabriele Goettle]. Der Faschismus als höchstes Stadium banaler Herrschaft, in: Die Schwarze Botin 1 (1976), S. 9–18.

Peritone, Silvio/Frank Reuter. Keine „Stunde Null". Die deutschen Sinti und Roma nach dem Genozid, in: Susanne Urban u. a. (Hrsg.), Entwurzelt im eigenen Land – Deutsche Sinti und Roma nach 1945, Göttingen 2015, S. 21–30.

Platen-Hallermund, Alice. Die Tötung Geisteskranker in Deutschland. Aus der Deutschen Ärztekommission beim Amerikanischen Militärgericht, Frankfurt a. M. 1948.

Ploetz-Radmann, Maria. Die Hautleistenmuster der unteren beiden Fingerglieder der menschlichen Hand, in: Zeitschrift für Morphologie und Anthropologie 36/2 (1937), S. 281–310.

Pommerin, Reiner. Sterilisierung der Rheinlandbastarde. Das Schicksal einer farbigen deutschen Minderheit 1918–1937, Düsseldorf 1979.

Pommerin, Reiner. Zur Praxis nationalsozialistischer Rassenpolitik. Sterilisierung der „Rheinlandbastarde", in: Mamoun Fansa (Hrsg.), Schwarze Weißheiten. Vom Umgang mit fremden Menschen, Oldenburg 2001, S. 157–162.

Puvogel, Ulrike/Martin Stankowski. Gedenkstätten für die Opfer des Nationalsozialismus. Eine Dokumentation, Bd. I, 2., überarbeite und erweiterte Aufl., Bonn 1995.

Radonić, Ljiljana. Gebärmaschinen und Mitläuferinnen? Zum Umgang der „Neuen Frauenbewegung" mit Nationalsozialismus und Antisemitismus, in: Peter Fleissner/Natascha Wanek (Hrsg.), BruchStücke. Kritische Ansätze zu Politik und Ökonomie, Berlin 2009, S. 183–194.

Raisch, Janika. Auseinandersetzungen um die Erinnerung an das Kaiser-Wilhelm-Institut für Anthropologie, menschliche Erblehre und Eugenik an der Freien Universität Berlin 1983–1989, unveröffentlichte Seminararbeit, Freie Universität Berlin, Sommersemester 2020.

Rass, Christoph/Melanie Ulz. Armando Rodrigues de Sá revisited. Bildwissenschaftliche und historische Analysen im Dialog, in: Christoph Rass/Melanie Ulz (Hrsg.), Migration ein Bild geben. Visuelle Aushandlungen von Diversität, Wiesbaden 2018, S. 419–445.

Riedl, Joachim. Labor Auschwitz. Von der Datensammlung über Aussondern zum Massenmord: der Sündenfall einer politisierten Wissenschaft, in: Die Zeit 40/1985, 27.09.1985.

Rosenbladt, Sabine. Mitschwester Blutige Brygida, in: konkret 3/1986, S. 20–22.

Rürup, Reinhard. Der lange Schatten des Nationalsozialismus. Geschichte, Geschichtspolitik und Erinnerungskultur, Göttingen 2017.

Rürup, Reinhard unter Mitwirkung von Michael Schüring. Schicksale und Karrieren. Gedenkbuch für die von den Nationalsozialisten aus der Kaiser-Wilhelm-Gesellschaft vertriebenen Forscherinnen und Forscher, Göttingen 2008.

Sachse, Carola. Adolf Butenandt und Otmar von Verschuer. Eine Freundschaft unter Wissenschaftlern (1942–1969), in: Wolfgang Schieder/Achim Trunk (Hrsg.), Adolf Butenandt und die Kaiser-Wilhelm-Gesellschaft. Wissenschaft, Industrie und Politik im „Dritten Reich", Göttingen 2004, S. 286–319.

Schafft, Gretchen E. From Racism to Genocide. Anthropology in the Third Reich, Champaign 2004.

Schmuhl, Hans-Walter. Grenzüberschreitungen. Das Kaiser-Wilhelm-Institut für Anthropologie, menschliche Erblehre und Eugenik 1927–1945, Göttingen 2005.

Schmuhl, Hans-Walter. „Neue Rehobother Bastardstudien". Eugen Fischer und die Anthropometrie zwischen Kolonialforschung und nationalsozialistischer Rassenpolitik, in: Gert Theile (Hrsg.), Anthropometrie. Zur Vorgeschichte des Menschen nach Maß, München 2005, S. 277–306.

Schmuhl, Hans-Walter. Istanbul – Berlin – Ankara. Seniha Tunakan und der Wissenstransfer auf dem Gebiet der Physischen Anthropologie und Humangenetik, in: Claus Schönig/Ramazan Çalık/Hatice Bayraktar (Hrsg.), Türkisch-deutsche Beziehungen. Perspektiven aus Vergangenheit und Gegenwart, Berlin 2011, S. 271–282.
Schoppmann, Claudia. Nationalsozialistische Sexualpolitik und weibliche Homosexualität, Pfaffenweiler 1991.
Schubert, Helmut. Rassen- und bevölkerungspolitisches Rüstzeug. Von Dr. Karin Magnussen, in: Neues Volk: Blätter des Rassenpolitischen Amtes der NSDAP 3 (1939), S. 43.
Schulte-Wülwer, Ulrich (Hrsg.). Malerei in Schleswig-Holstein. Katalog der Gemäldesammlung des Städtischen Museums Flensburg, Heide 1989.
Schwerin, Alexander von. Experimentalisierung des Menschen. Der Genetiker Hans Nachtsheim und die vergleichende Erbpathologie 1920–1945, Göttingen 2004.
Schwartz, Michael. Homosexuelle, Seilschaften, Verrat. Ein transnationales Stereotyp im 20. Jahrhundert, Berlin/Boston 2019.
Smidt, Irmgard (Hrsg.). Mein lieber Herr und bester Freund. Gottfried Keller im Briefwechsel mit Wilhelm Petersen, Stäfa 1984.
Sparing, Frank. Von der Rassenhygiene zur Humangenetik – Heinrich Schade, in: Michael G. Esch (Hrsg.), Die Medizinische Akademie Düsseldorf im Nationalsozialismus, Essen 1997, S. 341–363.
Spielmann, Heinz (Hrsg.). Jahrbuch des Schleswig-Holsteinischen Landesmuseum Schloss Gottorf. Neue Folge Bd. I. 1986–1987, Neumünster 1988.
Spitta, Arnold. Entschädigung für Zigeuner? Geschichte eines Vorurteils, in: Ludolf Herbst/Constantin Goschler (Hrsg.), Wiedergutmachung in der Bundesrepublik Deutschland, München 1989, S. 385–401.
Steffens, Christel. Über Zehenleisten bei Zwillingen, in: Zeitschrift für Morphologie und Anthropologie 37/2 (1938), S. 218–258.
Stengel, Katharina. Bezweifelte Glaubwürdigkeit. Sinti und Roma als Zeugen in NS-Prozessen, in: Zeitschrift für Geschichtswissenschaft 5 (2021), S. 444–463.
Stüben, Jens. Haffkrug – Schleswig – Westerland – Hademarschen. Paul Heyses Schleswig-Holstein-Reise 1981, in: Karl Ernst Laage (Hrsg.), Schriften der Theodor-Storm-Gesellschaft, Bd. 41, Heide 1992, S. 55–67.
Taake, Claudia. Angeklagt: SS-Frauen vor Gericht, Oldenburg 1998.
Thürmer-Rohr, Christina. Aus der Täuschung in der Ent-Täuschung. Zur Mittäterschaft von Frauen, in: Beiträge zur feministischen Theorie und Praxis 8 (1983), S. 11–25.
Topp, Sascha. Geschichte als Argument in der Nachkriegsmedizin. Formen der Vergegenwärtigung der nationalsozialistischen Euthanasie zwischen Politisierung und Historiographie, Göttingen 2013.
Tsiolakis, Nikos. Todesanzeige für Prof. Dr. Lieselotte Block, in: Der Tagesspiegel, 28.10.2012.
Verschuer, Otmar Freiherr von. Das ehemalige Kaiser-Wilhelm-Institut für Anthropologie, menschliche Erblehre und Eugenik: Bericht über die wissenschaftliche Forschung 1927–1945, in: Zeitschrift für Morphologie und Anthropologie 55/2 (1964): Eugen Fischer zur Vollendung des 90. Lebensjahres am 5. Juni, S. 127–174.
Waardenburg, Petrus Johannes. Die Struktur der menschlichen Iris, in: Zeitschrift für Morphologie und Anthropologie 46/1 (Februar 1954), S. 30–46.
Wagenitz, Gerhard (Hrsg.). Göttinger Biologen 1737–1945. Biographisch-bibliographische Liste, Göttingen 1988.

Wagner, Andreas. Das „Heidelberger Manifest" von 1981. Deutsche Professoren warnen vor „Überfremdung des deutschen Volkes", in: Johanna Klar/Robert Lorenz (Hrsg.), Manifeste. Geschichte und Gegenwart des politischen Appells, Bielefeld 2010, S. 285–314.

Wagner, Inge. Traueranzeige für Käte Werth, in: Merkur, 24.01.2009.

Weil, Grete. Ans Ende der Welt, Ost-Berlin 1949.

Wein, Susanne. Alles erforscht? Nationalsozialismus in Württemberg und Hohenzollern. Literaturbericht und Bibliografie, Stuttgart 2013.

Weindling, Paul. „Tales from Nuremberg". The Kaiser Wilhelm Institute for Anthropology and Allied Medical War Crimes Policy, in: Doris Kaufmann (Hrsg.), Geschichte der Kaiser-Wilhelm-Gesellschaft im Nationalsozialismus. Bestandsaufnahmen und Perspektiven der Forschung, Göttingen 2000, S. 635–652.

Weindling, Paul. „Ressourcen" für humanmedizinische Zwangsforschung, 1933–1945, in: Sören Flachowsky/Rüdiger Hachtmann/Florian Schmaltz (Hrsg.), Ressourcenmobilisierung. Wissenschaftspolitik und Forschungspraxis im NS-Herrschaftssystem, Göttingen 2016, S. 503–534.

Weiss, Sheila F. Human Genetics and Politics as Mutually Beneficial Resources: The Case of the Kaiser Wilhelm Institute for Anthropology, Human Heredity and Eugenics during the Third Reich, in: Journal of the History of Biology 39/1 (Spring 2006), S. 41–88.

Weiss, Sheila F. After the Fall. Political Whitewashing, Professional Posturing, and Personal Refashioning in the Postwar Career of Otmar Freiherr von Verschuer, in: ISIS 101/4 (2010), S. 722–758.

Winter, Matthias. Kontinuitäten in der deutschen Zigeunerforschung und Zigeunerpolitik, in: Wolfgang Ayaß u. a., Feinderklärung und Prävention. Kriminalbiologie, Zigeunerforschung und Asozialenpolitik, West-Berlin 1988, S. 135–152.

Zegers, Richard H. C. The Eye Color Experiment: From Berlin to Auschwitz and Back, in: IMAJ 22 (April 2020), S. 219–223.

Zimmermann, Michael. Deportation ins „Generalgouvernement". Zur nationalsozialistischen Verfolgung der Sinti und Roma aus Hamburg, in: Viviane Wünsche u. a. (Hrsg.), Die nationalsozialistische Verfolgung Hamburger Roma und Sinti. Fünf Beiträge, Hamburg 2006, S. 61–80.

Zinn, Alexander. „Aus dem Volkskörper entfernt"? Homosexuelle Männer im Nationalsozialismus, Frankfurt a. M./New York 2018.

Marco Ebert
Nach dem Untergang

Transformation der völkisch-rassistischen Ideologie in der Bundesrepublik am Beispiel Sigrid Hunke

Etwa um das Jahr 2010 las man im bundesdeutschen Feuilleton immer häufiger von „Neonazis in Nadelstreifen", was auf einen gleichnamigen Band über die NPD zurückging.[1] Diese Metapher sollte eine scheinbar neue Taktik rechtsradikaler Akteure verdeutlichen: Die Fratze des Nazi-Skinheads der 1990er Jahre sei dem biederen, äußerlich angepassten Neonazi gewichen, der es verstand, sich gewählt und nahezu staatstragend auszudrücken. Hinter dieser Oberfläche würden sich jedoch dieselben antisemitischen und rassistischen Überzeugungen verbergen wie bei jenen, die in Springerstiefeln auf Demonstrationen aufmarschierten. Angesichts des Aufstiegs der AfD sind in den letzten Jahren eine Vielzahl an wissenschaftlichen Publikationen zur sogenannten „Neuen Rechten" erschienen, die auf die Kontinuität faschistischen und rassistischen Denkens hinwiesen und die rechten Diskursstrategien aufdeckten.[2] Seit der Nachkriegszeit hatte es Akteure gegeben, die statt auf rechtsradikale, marginale Splittergruppen zu setzen den Weg über westdeutsche politische Eliten suchten, um ihre Ideologie so in angepasster Form weiteren Teilen der Bevölkerung zugänglich zu machen.

Als bedeutende Akteurin dieser Transformation in der Bundesrepublik kann Sigrid Hunke gelten. An ihren Schriften lässt sich der Übergang vom Rassismus der Rassentheorien zum kulturellen Rassismus nachvollziehen. Die Analyse von Hunkes Schriften belegt, dass der von Stuart Hall beschriebene Rassismus ohne Rassen[3] in der Bundesrepublik bereits auf die frühen 1960er Jahre zurückgeht und damit nicht allein ein Phänomen seit den 1990er Jahren ist. Der von Hunke erprobte kulturalistische Rassismus wird heute keineswegs mehr allein von der politischen Rechten bedient. In der 2007 erschienenen Monographie *Verschleierte Wirklichkeit* formulieren die Kulturwissenschaftlerinnen Bettina Mathes und Christina von Braun einen Begriff von Gesellschaft, der von kultureller Homoge-

---

1 Andrea Röpke/Andreas Speit (Hrsg.), Neonazis in Nadelstreifen. Die NPD auf dem Weg in die Mitte der Gesellschaft, Berlin 2008.
2 Vgl. Samuel Salzborn, Angriff der Antidemokraten. Die völkische Rebellion der Neuen Rechten, Weinheim 2017; Volker Weiß, Die autoritäre Revolte. Die Neue Rechte und der Untergang des Abendlandes, Stuttgart 2017; Klaus-Peter Hufer, Neue Rechte, altes Denken. Ideologie, Kernbegriffe und Vordenker, Weinheim 2018.
3 Vgl. u. a. Stuart Hall, Rassismus als ideologischer Diskurs, in: Das Argument 178 (1989), S. 913–921.

nität und der Idee von Herkunft geprägt ist.[4] An die Stelle einer differenzierten Analyse politischer und historischer Ereignisse setzen die beiden Autorinnen ein überhistorisches Kulturprinzip, das sowohl Geschichte als auch Gegenwart des Islams und der darunter subsumierten Menschen erklären soll.[5] Sie offenbaren so ein Geschichtsverständnis, das in wesentlichen Punkten mit jenem Hunkes übereinstimmt. Es zeigt die enorme Anpassungs- und Anschlussfähigkeit, die vom Konstrukt des Kulturalismus ausgeht, das – wie in diesem Beitrag nachzuzeichnen sein wird – ursprünglich eine ideologische Reaktion auf die veränderten politischen Verhältnisse nach dem Ende der nationalsozialistischen Herrschaft darstellte. Hunkes Arbeiten müssen in diesem Lichte als Beitrag zur Modernisierung des Nationalsozialismus nach 1945 verstanden werden. Vor diesem Hintergrund und mit Blick auf ihre Biographie wird ein weiteres Mal das Bild der unpolitischen Frau im Nationalsozialismus widerlegt, das auch in der andauernden Missachtung oder Relativierung aktiver Nationalsozialistinnen in der Forschungsliteratur bis heute fortgeschrieben wird.

Die 1913 in Kiel geborene Religionswissenschaftlerin Hunke studierte u. a. bei Martin Heidegger, Hermann Mandel und Eduard Spranger Psychologie, Philosophie, Germanistik, Volkskunde, Religionswissenschaften sowie Journalistik. 1941 promovierte sie mit der Arbeit *Herkunft und Wirkung fremder Vorbilder auf den deutschen Menschen* beim Rassentheoretiker Ludwig Ferdinand Clauß, der gleichzeitig ihr wichtigster Ideengeber wurde und für den sie zudem als Assistentin arbeitete.[6] Als überzeugte Nationalsozialistin wirkte sie in verschiedenen Parteiorganisationen mit. Ab 1936 war sie in führender Position im Nationalsozialistischen Deutschen Studentenbund in Berlin beschäftigt und trat unmittelbar nach der Lockerung des Aufnahmestopps der NSDAP bei. Zu Beginn der 1940er Jahre wirkte sie gemeinsam mit ihrer ebenfalls in die NSDAP eingetretenen Schwester Waltraud beim SS-Ahnenerbe mit, erstellte dort weltanschauliche Schulungsmaterialien und erhielt ein Stipendium zur „Erforschung rassischer Einflüsse". 1942 heiratete sie den Mitarbeiter beim Sicherheitsdienst des Reichsführers SS, Orientalisten und Diplomaten Peter H. Schulze.[7]

In der Nachkriegszeit begann ihre Hinwendung zur unitarischen Weltanschauung, die schließlich in den 1950er Jahren im Eintritt in die Deutsche Uni-

---

4 Christina von Braun/Bettina Mathes, Verschleierte Wirklichkeit. Die Frau, der Islam und der Westen, Berlin 2007. Im Folgenden wird die Neuauflage aus dem Jahr 2017 verwendet.
5 Braun/Mathes, Verschleierte Wirklichkeit, S. 139.
6 Vgl. Stephanie Dewor, Selbstbild rechter Frauen. Pia Sophie Rogge-Börner & Dr. Sigrid Hunke – Rechte Ideologinnen und Frauenrechtlerinnen des 20. Jahrhunderts, Hamburg 2012 (zugleich Dissertation, Christian-Albrechts-Universität zu Kiel 2012), S. 199.
7 Vgl. Dewor, Selbstbild, S. 193–203.

tarier Religionsgemeinschaft (DUR) mündete – einem Auffangbecken für vormalige Nationalsozialisten und Anhänger der Deutschen Christen.[8] Ab 1971 war sie, bis zu ihrem Austritt wegen angeblicher Linkstendenzen, Vizepräsidentin der DUR. Im Anschluss gründete sie den Bund Deutscher Unitarier, dem sie bis zu ihrem Tod angehörte. Hunkes gesamtes politisches Leben in der Bundesrepublik war von einer bemerkenswerten Ungleichzeitigkeit bestimmt. Während ihr Ehemann eine beachtliche Karriere in Bonn durchlief, vom Referatsleiter im Bundespresseamt zum hohen Ministerialbeamten im Bundeskanzleramt, engagierte sich Hunke weiter in nationalsozialistischen und völkischen Kreisen. Zudem hielt sie regen Kontakt zur französischen *Nouvelle Droite* um Alain de Benoist. Daneben suchte sie aber auch die Nähe zur Bundesregierung in Bonn. Zum Tod Konrad Adenauers veröffentlichte sie den Band *Lieblingslieder Konrad Adenauers* mit sieben von ihr für den Kanzler vertonten Liedern.[9]

Nach der Veröffentlichung ihrer Schrift *Allahs Sonne über dem Abendland*, die 1963 bei der Deutschen Verlags-Anstalt und später im S. Fischer Verlag erschien und eine Millionenauflage erzielte, erreichte sie internationale Berühmtheit. Sie galt fortan als Expertin für die arabische Welt, obgleich sie weder über umfassende arabische Sprachkenntnisse verfügte noch eine akademische Ausbildung in diesem Bereich genossen hatte.[10] Die Bundesregierung entsandte sie 1967 als offiziellen „Botschafter des guten Willens" in eine Reihe arabischer Staaten. Sie bereiste den Irak und Ägypten, wo sie von Präsident Nasser empfangen wurde, außerdem traf sie Regierungschefs und Minister in Tunesien, dem Libanon und Marokko.[11] 1973 gründete der frühere NSDAP-Reichstagsabgeordnete und nunmehrige NPD-Funktionär Otto Wetzel die Sigrid-Hunke-Gesellschaft, die sich der Weiterverbreitung ihrer Weltanschauung widmete und der auch sie selbst und ihr Ehemann angehörten.[12] Ein Jahr später veröffentlichte Hunke ihr *Nach-kommunistisches Manifest*, in dem sie die Grundzüge ihres Gesellschafts- und Geschichtsverständnis formulierte.[13] Auf Einladung des ägyptischen Staatspräsidenten Mubarak reiste sie 1988 ein weiteres Mal nach Ägypten, wo ihr die höchste

---

8 Felix Wiedemann, Rassenmutter und Rebellin. Hexenbilder in Romantik, völkischer Bewegung, Neuheidentum und Feminismus, Würzburg 2007, S. 188.
9 Vgl. Dewor, Selbstbild, S. 216.
10 Vgl. Michael Marx, Europa, Islam und Koran: Zu einigen Elementen der gegenwärtigen gesellschaftlichen Debatte, in: Klaus Spenlen (Hrsg.), Gehört der Islam zu Deutschland? Fakten und Analysen zu einem Meinungsstreit, Düsseldorf 2013, S. 61–98, hier S. 80.
11 Dewor, Selbstbild, S. 210.
12 Dewor, Selbstbild, S. 218.
13 Sigrid Hunke, Das nach-kommunistische Manifest. Der dialektische Unitarismus als Alternative, Stuttgart 1974.

Stufe des ägyptischen Verdienstordens verliehen wurde. Außerdem wurde ihr die Ehre zuteil, als einzige Frau, Europäerin und Nicht-Moslemin als Mitglied in den Obersten Rat für Islamische Angelegenheiten in Kairo aufgenommen zu werden.[14]

Die 1980er und 1990er Jahre waren weiterhin von ihrer regen Publikationstätigkeit in rechtsradikalen und völkischen Zeitschriften bestimmt. Unter anderem wirkte sie auch am rechtsradikalen Thule-Seminar mit.[15] Drei Jahre vor ihrem Tod gab die Deutsch-Arabische Gesellschaft zu ihrem eigenen 30-jährigem Bestehen eine Festschrift heraus. Neben Beiträgen von Helmut Kohl und Roman Herzog fand sich auch eine Würdigung von Hunkes Lebenswerk und ihrem Beitrag zur Deutsch-Arabischen Verständigung; die völkische Gesinnung, der Rassismus und Antisemitismus, den sie bis zuletzt verbreitete, fanden keine Erwähnung. Im Juni 1999 starb Hunke 86-jährig in Hamburg.[16]

Während die bisherige Forschung zu Hunkes Denken auf die geschlechtertheoretischen und religiösen Aspekte ihrer Schriften fokussieren, widmet sich der vorliegende Beitrag dem ideologischen Kitt zwischen diesen beiden Gebieten, nämlich ihrem völkisch-rassistischen Menschen- und Weltbild vor dem Hintergrund des Systemwechsels vom Nationalsozialismus zur Bundesrepublik. Nicht allein soll der Rassismus herausgearbeitet werden, sondern insbesondere seine begriffliche Transformation, zu der sich Hunke nach 1945 gezwungen sah.

Horst Junginger umschreibt Hunke als eine Vertreterin eines „Gramscism of the Right".[17] Sie habe versucht, mit ihren unitarischen Konzepten innerhalb des politischen Diskurses in der Bundesrepublik Einfluss zu nehmen. Zu einem ähnlichen Schluss kommt auch Felix Wiedemann, der Hunkes Schriften als einen wesentlichen Beitrag zur Modernisierung völkischer Glaubensbewegungen nach 1945 begreift.[18] Es wird zu zeigen sein, wie der Versuch der Einflussnahme über die Transformation des eigenen rassistischen Weltbilds erfolgte. Die in ihrem *Manifest* 1974 vorgelegten Ordnungsvorstellungen zeigen, dass Transformation stets auch Integration disparater Momente bedeutet. Die Autorin band Themen in ihre Weltanschauung ein, die dieser scheinbar antagonistisch gegenüberstanden. Die einstige Verfasserin einer „rassenseelenkundlerischen" Dissertation propa-

---

14 Dewor, Selbstbild, S. 228.
15 Horst Junginger, Paganismus und Indo-Germanentum als Identifikationselemente der Neuen Rechten, in: Uwe Puschner/G. Ulrich Großmann (Hrsg.), Völkisch und National. Zur Aktualität alter Denkmuster im 21. Jahrhundert, Darmstadt 2009, S. 280–290, hier S. 285.
16 Dewor, Selbstbild, S. 235.
17 Horst Junginger, Sigrid Hunke (1913–1999). Europe's New Religion and its Old Stereotypes, in: Hubert Cancik/Uwe Puschner (Hrsg.), Anti-Semitism, Paganism, Voelkish Religion, München 2014, S. 151–162, hier S. 161.
18 Wiedemann, Rassenmutter, S. 189.

gierte später eine „Verantwortungsdemokratie" und die Toleranz gegenüber Andersdenkenden. Zwischen diesen beiden Phasen ihres Wirkens ist jedoch kein Bruch auszumachen, sondern einzig fließende Übergange. Der Fokus des Beitrags liegt auf dieser Gleichzeitigkeit von scheinbar Ungleichzeitigem, die nicht als bloßer Widerspruch begriffen werden kann, da es weder ein Nebeneinander noch verschiedene Masken sind, die opportunistisch an- und abgelegt werden. Die Gleichzeitigkeit bildet vielmehr eine eigenständige, hoch anpassungsfähige und integrative Variante der nationalsozialistischen Ideologie nach ihrem historischen Untergang. *Allahs Sonne* und das *Nach-kommunistische Manifest* bilden die Schlüsselquelle für die vorliegende Fragestellung. Vor dem Hintergrund ihrer Promotionsschrift aus dem Jahr 1941 soll anschließend in einer vergleichenden Analyse die Transformation zentraler Begriffe und Zusammenhänge im Denken Hunkes und ihr Beitrag zur Modernisierung rassistischen Gedankenguts aufgezeigt werden.

Grundzüge der Gesellschaftsauffassung Sigrid Hunkes nach 1945

In der Nachkriegszeit verfasste Hunke ihre Schrift *Allahs Sonne über dem Abendland*, die 1960 erschien, zu ihrem größten publizistischen Erfolg werden sollte und bis 2009 regelmäßig neu im S. Fischer Verlag aufgelegt wurde.[19] Anlässlich des 80. Geburtstags der Autorin 1993 würdigte die *Frankfurter Allgemeine Zeitung* sie als „vorurteilslose" wie „inoffizielle Vermittlerin zwischen Morgenland und Abendland". Insbesondere wurde dabei *Allahs Sonne* als Beleg angeführt und Hunke als Nahost-Expertin und Universalgelehrte ausgewiesen.[20] Ebenso empfahl die Bundeszentrale für politische Bildung in einer Lehrerhandreichung aus dem Jahr 2006 Hunkes Schrift für den Schulunterricht über das Verhältnis zwischen Islam und Christentum.[21] In einer der ersten Rezensionen aus dem Jahr 1961 sah man *Allahs Sonne* gar als Fundament für eine unvoreingenommene gemeinsame Aktion und gegenseitige Wertschätzung von Arabern und Europäern.[22]

---

19 Sigrid Hunke, Allahs Sonne über dem Abendland. Unser arabisches Erbe, 5. Aufl., Frankfurt am Main 2009. Im Folgenden wird die vierte Auflage aus dem Jahr 2003 verwendet.
20 o. A., Fromme Kamele. Sigrid Hunke wird achtzig, in: Frankfurter Allgemeine Zeitung, 26.04.1993, S. 35.
21 Bundeszentrale für politische Bildung, Themenblätter für den Unterricht 58: Wie christlich ist das Abendland?, Herbst 2006, S. 2.
22 Erika Donner, Unser arabisches Erbe, in: Gewerkschaftliche Monatshefte 12/12 (1961), S. 736–738, hier S. 738.

In *Allahs Sonne über dem Abendland* unternahm Hunke den Versuch, die kulturellen Errungenschaften darzustellen, die die Europäer den Arabern unter anderem auf den Gebieten der Astronomie, Philosophie, Mathematik und Medizin zu verdanken haben. Sie konstruierte darüber das Bild eines homogenen Arabertums, das nur so lange stark und schöpferisch sein konnte, so lange es authentisch blieb. Ziel war es, die Überlegenheit der arabischen Kultur und ihre Nähe zur nordischen zu begründen. Entlang unzähliger Anekdoten und Zitate, deren genaue Herkunft sie nicht nachwies, konstruierte die Autorin das Bild einer in sich geschlossenen und organischen Gemeinschaft der Araber. Dabei wurden historische Ereignisse und die unterschiedlichsten Herrschaftsformen aus einem Zeitraum von neun Jahrhunderten (siebtes bis 15. Jahrhundert) im Begriff des „Arabertums" vereinheitlicht. Die mittelalterliche Geschichte stellte sich ihr vor diesem Hintergrund nicht mehr als ein Kampf verschiedener Interessen und Herrschaftsideen dar, sondern als die Abfolge von Entfaltung und Untergang ahistorischer Kulturprinzipien. Folgerichtig bewarben die *unitarischen blätter* die Arbeit als eine Vertiefung von Hunkes rassenkundlerischer Dissertationsschrift.[23]

Ihren deutschen Lesern wollte die Publizistin die große Wirkung der arabischen Kultur auf die Sprache und den zeitgenössischen Alltag im modernen Europa verdeutlichen. Nur beiläufig führte Hunke die Gründe für den kulturellen Einfluss der Araber auf Europa an: Es sei die „angeborene herrentümliche Würde" des arabischen „Siegers", die einen natürlichen Zwang auf die unterworfenen Völker ausgeübt und so die eigene Herrschaft über die Stämme und Völker im Machtbereich gesichert und verstetigt habe.[24] Die Faszination ging für Hunke von der Umma, der „großen Gemeinschaft der Gläubigen" des frühen Islams aus, da diese die Völker nicht durch Repression integriert habe, sondern allein durch ihren „unmissionarischen Glaubensernst" und eine „natürliche Eleganz". „Nicht ein Zwang von oben, sondern das Verlangen, sich den Zugang zu der Welt des Siegers zu öffnen, drängt dieser Gleichförmigkeit zu", fasste Hunke zusammen.[25] Die Begeisterung, die Hunke hier einer arabischen Volksgemeinschaft entgegenbrachte, knüpfte an die unter Nationalsozialisten verbreiteten Sympathien für den Islam und Arabien an. Insbesondere seitdem der Versuch einer Annäherung Nazi-Deutschlands an Großbritannien endgültig gescheitert war, suchten die Nationalsozialisten die Nähe zu den Arabern und verständigten sich mit dem Mufti von

---

23 K.H., Sigrid Hunke zum 70. Geburtstag (geb. 26. April 1913), in: unitarische blätter für ganzheitliche Religion und Kultur 34/4 (1983), S. 108–109, hier S. 109.
24 Hunke, Allahs Sonne, S. 201.
25 Hunke, Allahs Sonne, S. 200.

Jerusalem auf die Auslöschung der jüdischen Nationalbewegung in Palästina.[26] Unter dem Eindruck der sich verschlechternden Kriegslage Deutschlands gewannen die Araber zudem eine strategische Funktion für die nationalsozialistische Führung. Flankiert von einer massiven Propaganda-Kampagne versuchte man, moslemische Männer für die Wehrmacht und SS zu rekrutieren.[27]

Die arabische Kultur verstand Hunke als Produkt verschiedener Religionen und Stämme und das arabische „Volk" gleichzeitig als ein homogenes Kollektiv, das in seinem Ursprung eine „Hilfs- und Schutzgemeinschaft der Sippe" darstellte und von durch das „Blut vorgezeichneten Pflichten" bestimmt war.[28] Mit dem frühen Islam habe die Ausweitung des Lebensraums dieser Gemeinschaft begonnen. Die Gewalt tritt in dieser Vorstellung nicht mehr roh auf, sondern ist in einer höheren, natürlichen Ordnung vermittelt, die durch die arabischen Sieger exekutiert werde. An dieser Stelle nahm Hunke eine Differenzierung zwischen dem ursprünglichen Kollektiv – der „Rasse" – und dem politisch-kulturellen Herrschaftsgebilde vor, das hervorgebracht wird. Der Zusammenhang zwischen den beiden Elementen werde unter anderem in der Geschichte der Mehrehe der Araber deutlich. Diese stellte in der ersten Phase der politischen Expansion eine zwingende Notwendigkeit dar, um sich „als Herrschervolk über den eroberten Völkern macht- und blutmäßig zu behaupten, um nicht von ihnen aufgesogen zu werden".[29] Mit der Erweiterung des Herrschaftsraums habe die Mehrehe jedoch zu einer „hemmungslosen Blutmischung" der verschiedenen Völker geführt, was „eine der Ursachen der Entartung und des späteren Verfalls" des islamischen Reichs gewesen sei.[30]

Wenige Jahre nach der gescheiterten nationalsozialistischen Expansionspolitik im Zweiten Weltkrieg erblickte Hunke somit im Arabertum und der islamischen Expansion des Mittelalters eine anfangs erfolgreiche, quasi-authentische Form der Expansion, in der der Begriff der „Kultur" zum entscheidenden Vehikel des Kampfes um Vormacht und Raum wurde. *Allahs Sonne* diente so zu einer ersten Aufarbeitung der eigenen Niederlage, die nicht von Reue oder Abkehr geprägt war, sondern den Versuch der Transformation des rassistischen Weltbilds darstellte – denn „Rasse", Macht und Kultur griffen in *Allahs Sonne* ineinander und bedingten sich gegenseitig. Hunke erprobte hier, die noch nahezu bruchlos

---

26 Vgl. Klaus Gensicke, Der Mufti von Jerusalem und die Nationalsozialisten. Eine politische Biographie Amin el-Husseinis, Darmstadt 2007, S. 183 f.
27 Vgl. David Motadel, Für Prophet und Führer. Die Islamische Welt und das Dritte Reich, Stuttgart 2017; Jeffrey Herf, Nazi Propaganda for the Arab World, New Haven/London 2009.
28 Hunke, Allahs Sonne, S. 200.
29 Hunke, Allahs Sonne, S. 280.
30 Hunke, Allahs Sonne, S. 280.

verwendete Terminologie des Nationalsozialismus sukzessiv in eine kulturalistische Sprache zu überführen, ohne dabei den rassistischen Gehalt ihrer Weltanschauung aufgeben zu müssen.

Überdies stellte die Konstruktion eines homogenen arabischen Kollektivs über Staatsgrenzen hinaus die Kernidee des Panarabismus dar, der zur Zeit der Entstehung von *Allahs Sonne* seine größte Popularität im Nahen Osten entfaltete.[31] Der Panarabismus war damals eine relativ junge Ideologie, die als Reaktion auf den Zerfall des Osmanischen Reiches während des Ersten Weltkrieges und gegen die koloniale Neuaufteilung des Gebietes eine gemeinsame arabische Identität und Geschichte proklamierte.[32] Vordenker wie etwa der Erziehungswissenschaftler Sati' al-Husri adaptierten mit ihren Konstruktionen den europäischen Nationalismus des 19. Jahrhunderts und schufen nationalistische, historische Fiktionen über ein Jahrhunderte altes Arabertum, die sich mit Eric Hobsbawm als *invented traditions* beschrieben ließen.[33]

Es nimmt somit auch nicht Wunder, dass Hunke nach dem Erscheinen ihres Buches über die Errungenschaften des Arabertums vom ägyptischen Staatspräsidenten Gamal Abdel Nasser – einer zentralen Figur des panarabischen Nationalismus – nach Kairo eingeladen und geehrt wurde.[34] So wurde die vormalige Nationalsozialistin und nunmehrige Kulturvermittlerin zum Teil der Bildungs- und Propagandaoffensive, mit der die panarabischen Führer seit den 1950er Jahre versuchten, ihren eigenen geopolitischen Herrschaftsanspruch gegenüber Israel und dem Westen pseudo-wissenschaftlich zu untermauern.[35] Hunkes Konstruktion einer einheitlichen arabischen Kultur stieß dabei genau in diese Richtung. Ihr rassistischer Standpunkt, dass die arabische Kultur dem Untergang geweiht war, als sie ihre kulturelle Authentizität und ethnische Reinheit verlor, ließ sich durchaus auch als Kommentar auf die eigene Gegenwart deuten, wenngleich direkte Gegenwartsbezüge von ihr vermieden wurden. Die Ablehnung des Westens und der Wunsch nach Vernichtung des kulturell wie ethnisch pluralistischen Israels bildete das verbindende Element der panarabischen Idee in den 1950er und 1960er Jahren. Mit Hunke ließ sich diese Haltung nun auch pseudo-wissen-

---

31 Sven W. Speer, Der Pan-Arabismus – eine gescheiterte staatenübergreifende Idee?, in: Rüdiger Robert/Daniela Schicht/Shazia Saleem (Hrsg.), Kollektive Identitäten im Nahen und Mittleren Osten. Studien zum Verhältnis von Staat und Religion, Münster 2010, S. 75–93, hier S. 79.
32 Speer, Pan-Arabismus, S. 78.
33 Eric Hobsbawm, Introduction. Inventing Traditions, in: Eric Hobsbawm/Terence Ranger (Hrsg.), The Invention of Tradition, Cambridge 1982, S. 1–14.
34 Dewor, Selbstbild, S. 211.
35 Speer, Pan-Arabismus, S. 83.

schaftlich als Lehre aus der Geschichte der islamischen Expansion des Mittelalters herleiten.

In darauf folgenden Arbeiten der Autorin bedurfte es der nationalsozialistischen Sprache schon nicht mehr, um das rassistische Gesellschaftsbild zu transportieren. Beim deutschnationalen Verleger Heinrich Seewald veröffentlichte Hunke 1974 ihr Pamphlet *Das nach-kommunistische Manifest*. Seewald war zwei Jahre zuvor Mitbegründer der „Konzentration Demokratischer Kräfte" (KDK) gewesen, einer CDU-nahen Vereinigung, die es sich zum Ziel machte, die Union stärker nach rechts auszurichten und den antikommunistischen Kurs der beiden Parteien zu verschärfen. Die KDK war eine von vielen rechten Splittergruppen, die sich Anfang der 1970er Jahre gründeten und mit der Drohung, eine konservative Partei rechts der CSU gründen zu wollen, Druck auf die Unionsführung auszuüben versuchten.[36] Unter den Mitgliedern fanden sich neben einer Reihe Christdemokraten auch Unternehmer und hochrangige Angehörige der Bundeswehr.[37] Vor diesem politischen Hintergrund erscheint es folgerichtig, dass Seewald das *Manifest* in das eigene Verlagsprogramm aufnahm. Berührungsängste mit Nationalsozialisten hatte er keine: So warb auf den letzten Seiten des Buches der einstige NSDAP-Angehörige Otto Wetzel, der in den 1960er Jahren als NPD-Mitglied öffentlich in Erscheinung getreten war[38], mit einer ganzseitigen Anzeige für den Eintritt in die von ihm kurz zuvor gegründete Sigrid-Hunke-Gesellschaft.[39]

Der programmatische Titel des *Nach-kommunistischen Manifests* unterstrich seinen Anspruch: Nicht weniger als eine ideologische Alternative zum Sozialismus wollte Hunke damit vorlegen. Prämisse der Schrift war das Scheitern der linken Studentenbewegung in Westdeutschland und damit das Versagen der sozialistischen Bewegungen insgesamt. Diese Niederlage führte die Autorin auf den immanenten Rationalismus der linken Bewegungen zurück, hätten sie doch „die Welt ausgeräumt und verödet zu einem platten Oberflächendasein ohne Tiefe und Sinn".[40] Es seien nicht die gesellschaftlichen Produktionsverhältnisse, die zu einer Verelendung des menschlichen Daseins geführt haben, wie die Marxisten behaupteten, postulierte Hunke, sondern deren Kritik, die die Menschen verführt und in einen Zustand völliger Apathie gestoßen habe. So sei das deutsche „Volk", insbesondere die intellektuelle Jugend in den Großstädten, der kalten Moderne, dem Konsum und Rausch verfallen. Hunke wiederholte in dieser ersten Be-

---

36 o. A., CDU/CSU: Furcht vor den Rändern, in: Der Spiegel 16/1974, 15.04.1974, S. 19–20.
37 o. A., Lauter Quallen, in: Der Spiegel 38/1974, 15.09.1974, S. 30–32, hier S. 32; o. A., Drücken lassen, in: Der Spiegel 15/1974, 08.04.1974, S. 46–49, hier S. 47.
38 Vgl. Hans Frederik, NPD – Gefahr von rechts?, München 1966, S. 169.
39 Vgl. Dewor, Selbstbild, S. 218.
40 Hunke, Manifest, S. 9.

standsaufnahme ihrer Zeit die Narrative der Sittlichkeitsbewegung, die um 1900 in Deutschland an Popularität gewann und auch Anhängerinnen unter den völkischen Rechten fand.[41] Gegen den Verfall Deutschlands durch die Linke setzte die Autorin ihre Alternative, die sie als freiheitlich-liberale Idee behauptete: „[U]nsere Alternative zum Marxismus kann nur ein Angebot sein und schließt jene Freiheit ein, zu glauben, zu denken und zu entscheiden, was das Gewissen und das innere Gesetz vorschreiben"[42], woraus die Notwendigkeit der Errichtung einer „Verantwortungsdemokratie" folge. Scheinbar antimoderne und kulturpessimistische Elemente gingen hier fließend in eine Ästhetik der neuen Arbeits- und Produktionsformen sowie in die Affirmation der autoritären Momente darin über.

Die Restitution der Einheit des „Volkes"

Die Konstruktion einer umfassenden Manipulation, die das „Volk" von sich entfremdet habe und zur Gewalt treibe, implizierte, dass es sein eigentliches Wesen verloren oder zumindest verleugnet hatte. Als eine Antwort auf eine solche Bedrohung des Identitätsverlusts formulierte Hunke ihre Idee des Unitarismus. Grundlegend dafür war die Unterscheidung zwischen Sein und Seiendem. Ersteres meinte das „Unbedingte", den „Urgrund", das „Wesen" oder kurz: das „Göttliche". Letzteres dagegen stand für das Bedingte, die verschiedenartige empirische Form, die das Sein im Leben einnehme – ob als Person, Tier oder Sache. Allem Seienden läge das Sein zugrunde: „In ihn [dem Menschen, ME], den sowohl durch seine Anlagen als durch seine Gemeinschaft und Geschichte Bedingten, ‚verlängert' sich das Unbedingte – d. h. durch nichts Bedingte, unendliche Freie – und hebt ihn über die Welt des bedingten Geschehens", heißt es dazu.[43] Zur Aufgabe des Menschen als Seienden formulierte Hunke: „Nicht darin besteht hier die Freiheit des Menschen, daß er alle Antriebe, alles ihn aus seiner Geschichte, Umwelt und Situation Bestimmende und Bedingende und alle Beweggründe ignoriere, außer Kraft setzte oder auslöschte – sondern darin, dass er sie *gestaltet*, indem er sie zum Material *seines eigenen Vollzuges* macht."[44] Das Unbedingte, das vor dem Menschen existiere und ihn gleichzeitig durchdringe, war damit zu seiner höchsten Aufgabe erklärt worden. Hunke wählte hier eine

---

41 Stefan Breuer, Die Völkischen in Deutschland. Kaiserreich und Weimarer Republik, 2., unveränderte Aufl., Darmstadt 2010, S. 99.
42 Hunke, Manifest, S. 94 (Hervorhebung im Original).
43 Hunke, Manifest, S. 112.
44 Hunke, Manifest, S. 112 (Hervorhebung im Original).

vollkommen verklausulierte Sprache, die nicht ohne Grund an ihren antisemitischen Lehrer Heidegger erinnert. Obschon sie bei dem, was den Menschen bedinge, nicht mehr explizit von „Rasse" aber auch nicht implizit von Ethnie oder Herkunft schrieb, ließ sie keinen anderen Schluss zu. Anlage, Gemeinschaft und Geschichte dürften vom Menschen nicht wie im Marxismus oder anderen universalistischen Geschichtsphilosophien negiert werden, sondern müssten in und *durch* ihn verwirklicht werden: Es gäbe kein Selbst des Menschen, das nicht bereits durch das vorgeschichtliche Sein bestimmt sei.

Im Gegensatz zu einer starren Rassentheorie, bei der es nur darum geht, die Eigengruppe vor fremden Einflüssen reinzuhalten und so dem zugrundeliegenden Prinzip Geltung zu verschaffen, ist Hunkes Unitarismus hochdynamisch. Dieses dynamische Element ergibt sich aus der Idee, dass das Sein durch die Arbeit der Menschen an sich stetig wächst, daher müssten sie sich „ständig selbst überholen und über sich hinauswachsen".[45] Die Freiheit des Menschen, die in der Freiheit zur Tat besteht, äußere sich lediglich in der selbst vollzogenen Unterwerfung unter die göttliche Trias des Unbedingten (Anlage, Gemeinschaft, Geschichte).[46] Zur höchsten Form der Menschwerdung, der Unitas, seien insbesondere die nordisch-germanischen Völker bestimmt.[47]

Es zeigt sich ein Ineinandergreifen von Fortschrittsoptimismus und völkisch-rassistischer Ideologie, die stets den ordnenden Rahmen und Bezugspunkt von Hunkes Denken darstellt. Dieses Vorgehen kann als Anpassung oder Integration des Rassismus in den politischen Diskurs der Bundesrepublik beschrieben werden: Während in *Allahs Sonne* noch die rassistische Blutterminologie des Nationalsozialismus neben jenen scheinbar unverfänglich verkitschten Ausführungen über die Kultur der Araber existierte, ist im knapp 15 Jahre später erschienenen *Manifest* ersteres sublimiert in der politischen Sprache ihrer Zeit. Den Begriffen „Verantwortung", „Demokratie" oder „Selbstverwirklichung", die genauso aus der Feder Brandts oder Strauß' stammen konnten, kann man den rassistischen Gehalt nicht mehr unmittelbar ablesen. Insbesondere der Begriff der „Verantwortung" diente ihr zur Integration der eigenen Weltanschauung; jeder Einzelne trüge Verantwortung vor dem Ganzen qua seiner Teilhabe am Göttlichen in und um ihn.

Mit ihrer Vorstellung von „Verantwortung" grenzte sie sich bewusst von der viel diskutierten Regierungserklärung Willy Brandts 1969 ab, in der er die Westdeutschen mit dem Ausspruch „Wir wollen mehr Demokratie wagen" zum poli-

---

45 Hunke, Manifest, S. 112.
46 Hunke, Manifest, S. 115 (Hervorhebung im Original).
47 Hunke, Manifest, S. 160–161.

tischen Engagement aufforderte.⁴⁸ Gleichzeitig integrierte sie aber Schlüsselbegriffe und Themen daraus und stimmte diese auf ihr ideologisches Fundament ab. Brandts Verständnis von Beteiligung würde das „Volk" zerreißen, da es auf dem von Sozialisten konstruierten Gegensatz von „Volk" und Herrschaft beruhe. Dagegen brauche es eine Bewegung „vom Klassenkampf zur sozialen Partnerschaft, vom Kollektivismus zur Selbstbestimmung, von der Lenkung zur Eigenverantwortlichkeit".⁴⁹ Auch die damals noch relativ junge Umweltbewegung versuchte die Publizistin den eigenen Ordnungskategorien anzupassen.⁵⁰ Den Ursprung der Umweltzerstörung sah Hunke in einer jüdisch-christlichen Naturverachtung, die die Welt als bloßen Rohstoff betrachte und daher auf deren Beherrschung aus sei.

Neu an Hunkes Vorgehen war, dass hier das taktische Moment nicht der bereits fertigen Ideologie übergestülpt, sondern in die Kernbegriffe integriert wurde. Ihr Vorgehen entsprach eher einer Anpassung oder Modernisierung der rassistischen Ideologie denn einer bloßen Verschleierung. Für die alten Nationalsozialisten bedeutete das Leben in der Bundesrepublik ein Leben nach „Untergang" und „Volkstod", den manche von ihnen in ihren Schriften und Reden immer wieder als drohende Gefahr heraufbeschworen hatten⁵¹; andere wiederum gestalteten den neuen Staat aktiv mit.⁵² In dieser Sinnkrise fanden sich einige von ihnen zur Deutschen Unitarischen Religionsgemeinschaft zusammen.⁵³ Die Ideologie, die sie fortan als neue Wahrheit proklamierten, handelte genau von jener Krise, die überwunden werden sollte. Bei Hunke heißt es weiter:

> Als nach den Weltkriegen mit ihren Vernichtungen und Untergängen der Mensch sich schaudernd im Leeren, absolut Sinnlosen wiederfand, ‚ins Bodenlose gehängt' (Rilke), als alle Werte ihm restlos zerschlissen waren und nur noch Gelächter abzwangen, alle Maßstäbe zerschlagen, alle Bindungen und Bezüge zerrissen oder fragwürdig geworden waren, richtete er sich in einem Ersatzdasein [...] ein.⁵⁴

---

48 Deutscher Bundestag, Sitzungsprotokoll vom 28.10.1969, S. 20.
49 Hunke, Manifest, S. 211.
50 Zur Frühphase der westdeutschen Umweltbewegung siehe Jens Ivo Engels, Naturpolitik in der Bundesrepublik. Ideenwelt und politische Verhaltensstile in Naturschutz und Umweltbewegung, 1950–1980, Paderborn 2006.
51 Für die wissenschaftliche Verbreitung des Volkstod-Narrativs ist insbesondere die Rolle der völkischen Demographie hervorzuheben, vgl. Florence Vivienne, Der prognostizierte Volkstod. Friedrich Burgdörfer, Robert René Kuczynski und die Entwicklung demographischer Methoden vor und nach 1933, in: Ingo Haar/Michael Fahlbusch (Hrsg.), Völkische Wissenschaften im 20. Jahrhundert. Expertise und ‚Neuordnung' Europas, Paderborn 2010, S. 251–272.
52 Vgl. u. a. Willi Winkler, Das braune Netz. Wie die frühe Bundesrepublik von früheren Nazis zum Erfolg geführt wurde, Berlin 2019.
53 Vgl. Dewor, Selbstbild, S. 206.
54 Hunke, Manifest, S. 229

Die Werte, die hier abhandengekommen sind, waren die nationalsozialistischen und das betrauerte Schicksal war das eigene. Es ist bezeichnend, dass der Mensch in dieser Aufzählung erst erschaudert, *nachdem* das nationalsozialistische Deutschland zur Kapitulation gezwungen war. Hunke verallgemeinerte, als sei es ihr um alle am Krieg beteiligten *Völker* gegangen, doch die Ideale, die nunmehr verspottet wurden, waren freilich nicht jene der siegreichen Alliierten, sondern die eigenen, d. h. völkischen.[55]

Die eingangs zitierte und von Hunke forcierte Alternative für die Deutschen stellte sich vor diesem Hintergrund als Versuch dar, die eigene Krise der Niederlage und des Verlusts des eigenen Staates zu verarbeiten. Das nationalsozialistische Projekt sollte weitergehen, was angesichts des im Laufe der 1960er Jahre immer stärkeren Wunsches der westdeutschen Bevölkerung nach einem Schlussstrich unter dem NS-Kapitel eine Transformation der Weltanschauung notwendig machte.[56] Der Unitarismus bot Hunke ein ideologisches Grundgerüst, das nahezu beliebig um Begriffe des politischen Zeitgeists erweitert werden konnte und so gleichermaßen die Themen der frühen Umweltbewegung als auch Schlüsselbegriffe der sozialliberalen Regierungspolitik in sich aufnehmen konnte. Selbstfindung, Freiheit oder Verantwortung wurden unter diesem Zugriff ad absurdum geführt, denn sie bedeuteten in der unitarischen Denkweise genau das Gegenteil: Aufgabe für das Kollektiv, Unterwerfung und blindes Vertrauen in ein höheres Schicksal. Wesentlich war die Vermeidung eindeutiger rassistischer oder antisemitischer Begriffe in der neuen Ideologie, stattdessen operierte Hunke einerseits mit Chiffren und ließ andererseits den Leser selbst die letzte Konsequenz ziehen, die sie suggestiv vorbereitete.[57] Der Leser musste sich von allem ‚Volksfremden' innerlich frei machen, wollte er, dass Deutschland und das Deutsch-Sein nicht von den Rationalisten und Marxisten ausgelöscht werde. In letzter Konsequenz bedeutete diese Forderung, dass das völkische „Rasseprinzip" wieder oberstes Ordnungselement in der deutschen Gesellschaft wie in der Le-

---

55 Hunke, Manifest, S. 229.
56 Vgl. Peter Reichel, Vergangenheitsbewältigung in Deutschland. Die Auseinandersetzung mit der NS-Diktatur von 1945 bis heute, München 2001, S. 181.
57 Dewor, Selbstbild, S. 220. Dies mag auch zur Fehleinschätzung Dewors geführt haben, die in einer der ausführlichsten Arbeiten zu Hunkes Denken und Leben *Das nach-kommunistische Manifest* als nicht-rechtes Buch beurteilt. Zwar bemerkt sie das taktische Moment in Hunkes Vorgehen, führt dieses aber zuvorderst auf die Auslassung der NS-Zeit und ihrer früheren rassistischen Theoreme zurück und auf eine bloß irreführende Benennung einzelner Standpunkte. Diese Kritik bleibt oberflächlich. Dagegen wären gerade die zentralen Begriffe in den Schriften Hunkes zu untersuchen und anhand dieser nachzuvollziehen, welche Entwicklungen ihr Denken durchgemacht hat und wo es von Kontinuität oder Anpassung geprägt war. Eine solche Analyse ist unerlässlich, insbesondere dort, wo Hunke besonders staatstragend auftritt.

bensführung jedes Einzelnen werden sollte. Hunke richtete sich damit implizit gegen die Idee der universellen Menschenrechte und Demokratie, die einer solchen Einteilung nach Herkunft konträr ist.

Transformationen

Um die Frage nach der Kontinuität in Hunkes Denken zu klären und begriffliche Transformationen sichtbar zu machen, ist es notwendig, eine Arbeit aus ihrer nationalsozialistischen Schaffenszeit vergleichend in die Analyse hinzuziehen – ihre 1941 veröffentlichte Dissertation mit dem Titel *Herkunft und Wirkung fremder Vorbilder auf den deutschen Menschen*, die sie beim Islam-Konvertiten und Rassentheoretiker Ludwig Ferdinand Clauß schrieb.[58] Hunke übernahm darin wesentliche Begriffe und Annahmen aus Clauß' 1926 erschienener Schrift *Rasse und Seele*, in der dieser die Idee einer „Rassenseelenkunde" entwickelt hatte, die bestimmen sollte, was das deutsche „Blut- und Gesittungsgefüge" ausmache.[59] „Seelenkunde der Rassen ist Grenzforschung", schrieb Clauß im Vorwort zur 1938 erschienenen dritten Auflage seiner Schrift.[60] Jede seelische Regung eines Menschen ließe sich auf dessen Herkunft zurückführen, der Export „arteigener" Vorbilder und Mentalitäten auf „Artfremde" bedeute eine Verwirrung des Herkunftsprinzips und würde zur Schwächung des Volkes führen, so eine der Grundaussagen dieser Schrift.[61]

Hunkes Dissertation sollte ein Beitrag zur gesellschaftlichen Vertiefung der nationalsozialistischen Revolution und ihrer Totalisierung in allen Bereichen des Lebens sein. Ihre Arbeit stellte eine praxis-orientierte Ausformulierung der von Clauß aufgestellten Grundsätze dar: Nachdem der deutsche Staat in einen nationalsozialistischen umgebildet worden sei, müsse auch die Kultur und Moral nach nordischem Vorbild ausgerichtet sein; das völkische Leben müsse restlos „vom Fremden gereinigt werden" und dabei dürften keine Kompromisse gemacht werden.[62] Nur so könne das „Volk" „stark, gesund und geschichtsgestaltend

---

[58] Zur Einordnung von Clauß siehe: Peter Weingart, Doppel-Leben. Ludwig Ferdinand Clauss: Zwischen Rassenforschung und Widerstand, Frankfurt a.M./New York 1995.
[59] Wiedemann, Rassenmutter, S. 191.
[60] Ludwig Ferdinand Clauß, Rasse und Seele. Eine Einführung in den Sinn der leiblichen Gestalt, 12. Aufl., Berlin 1938, S. 9.
[61] Clauß, Rasse, S. 10.
[62] Sigrid Hunke, Herkunft und Wirkung fremder Vorbilder auf den deutschen Menschen, unver. Diss., Friedrich-Wilhelms-Universität zu Berlin 1941, S. 3.

sein"⁶³; weswegen auch das Geschlechterverhältnis im Lichte einer nationalsozialistischen Moral neu gedacht und gestaltet werden müsse.⁶⁴ Aufschlussreich ist insbesondere das zugrundeliegende Gesellschafts- und Geschichtsverständnis, das sich wie folgt darstellt:

> Denn in jeder Rasse lebt ein Bild der größtmöglichen Vervollkommnung im Sinne ihrer Wertordnung, das dem Einzelnen, dessen sittlicher Wille zum artrechten Leben hinstrebt, vor Augen steht als das Bild, ‚wie er sein soll', sei es als ‚Stimme des Gewissens', ‚das ungeschriebene Gesetz in mir', dem treu zu sein man sich verpflichtet weiß, sei es als offenbartes Wort Gottes, dem man gehorchen muß, sei es als Urteilsspruch der Gesellschaft, die vorschreibt, was ‚man' tut oder unterläßt. Dies Bild aber kann lebendig und bluthaft sein, aus dem Leben der Sippe, des Stammes, aus der Geschichte des Volkes gespeist oder aus der verschwiegenen Geschichte des Einzelnen geboren.⁶⁵

Sieht man von der rassistischen Terminologie ab, entspricht dieses Gesellschaftsverständnis dem des *Nach-kommunistischen Manifests*. Was Hunke später das „Unbedingte" und „Bedingende" nennen und in Gott sowie Anlage, Gemeinschaft und Geschichte aufspalten würde, erschien in ihrer Dissertation noch unter dem Begriff der „Rasse" und dem „artlichen Stilgesetz" zusammengefügt. Beides sei nicht durch den Menschen formbar, sondern als sein Schicksal zu exekutieren – oder zu missachten, worauf jedoch unweigerlich der eigene Untergang folge. Der Nationalsozialismus und der Führer Adolf Hitler, der „die ethischen Grundkräfte seiner Rasse und seines Volkes in sich selbst zu höchster Entfaltung"⁶⁶ bringe, gelten der NS-Wissenschaftlerin als die politischen Akteure in dem notwendigen Kulturwandel, die ferner „an jene rassischen Ordnungen und überzeitlich gültigen Wesensgesetzlichkeiten" des Volkes anknüpften.⁶⁷ Solche politischen Akteure sucht man in ihrem *Manifest* wiederum vergebens, denn dort waren die Begriffe selbst dissoziiert. An die Stelle des *einen* Führers, des *einen* Staates und der Volksgemeinschaft traten die einzelnen Menschen, die versprengten Parteigänger, die „zukünftigen Menschen unter uns".⁶⁸

Abweichend von der früheren Argumentationsstruktur rückte im *Manifest* eine ökonomisch-technische Begründung an jene Stelle, die sonst allein durch Begründungen qua Herkunft (dem „inneren Wesensgesetz") besetzt war. Die zu-

---

63 Hunke, Vorbilder, S. 159.
64 Vgl. Kirsten Heinsohn, Sigrid Hunke …und weitere antiliberale Vordenkerinnen, in: Zentrum liberale Moderne (Hrsg.), Das alte Denken der Neuen Rechten. Die langen Linien der antiliberalen Revolte, Berlin 2019, S. 73–79, hier S. 77.
65 Hunke, Vorbilder, S. 1.
66 Hunke, Vorbilder, S. 1.
67 Hunke, Vorbilder, S. 163.
68 Hunke, Manifest, S. 11.

nehmende „Technisierung" der Arbeit und des Privatlebens bedeute, dass die Menschen sich in einer immer komplexeren Welt zurecht finden müssen.[69] Es sei notwendig, dass diese eigenverantwortlich denken und handeln können. Ihre Begeisterung für den technischen Fortschritt beschränkt sich jedoch auf die Produktionssphäre. Die neuen Konsummöglichkeiten lehnte sie als „Sex, Geschwindigkeitsraserei und Farb- und Musikekstasen" ab[70], die sie in Amerika versinnbildlicht sah. Daran schloss das dynamische Moment von Hunkes Ideologie nach 1945 an. An die Stelle des eher statischen Rassebegriffs trat die Idee vom Unbedingten, das beständig mit der Arbeit der Menschen dafür wächst und eine noch weitergehende Unterwerfung erfordert. Hunke griff die Formel von der Notwendigkeit des „lebenslange[n] Lernen[s]" auf.[71] Das bedeutete nicht nur, dass der Mensch vom Kleinkind- bis zum Greisenalter lernen sollte, um sich den Erfordernissen des Arbeitslebens anzupassen, und dass es kein Leben daneben geben soll. Jedes Moment der Existenz eines Menschen sollte hinsichtlich der Verwertbarkeit der eigenen Arbeitskraft organisiert werden.

In ihrer Dissertation hatte Hunke drei Jahrzehnte zuvor an die eigenen Volksgenossen gerichtet proklamiert: „Wir aber wollen ganze Menschen aus einem Guß, stark und gesund an Leib und Seele: artrechte Seele in artrechtem Leibe und beide als Ganzes in ihrer eigenen artrechten Welt."[72] Unverkennbar das Bild des soldatischen Mannes mit Körperpanzer und das Ideal der formierten Masse.[73] In ihrem *Manifest* hingegen forderte sie von den Bundesbürgern: „Fangen wir einmal damit an, den Menschen, der vor uns steht, mit neuen Augen zu sehen, [...] uns selbst und ihn in seinem Äußeren und Bedingten überschreitend, seine Tiefe aufschließen, und wir werden finden, daß das Unbedingte durchzuscheinen beginnt und er transparent wird für das Wesentliche."[74] Wieder schien Hunke eine Kehrtwende einzulegen – dort der gusseiserne, undurchdringliche Mensch in seiner totalen Bedingtheit, hier die Begegnung, das Fließende, Transparente und Transzendierende. Und doch transportierten beide Sätze die gleiche Konsequenz: die Forderung nach der Auslöschung des nichtigen Einzelnen durch das vom Herkunftsprinzip geformte Kollektiv. Die Autorin insistierte auf die Ordnung der Menschen nach ihrer Herkunft, ihrem kollektiven Wesentlichen. In einer durch den Zuzug von Millionen von Gastarbeitern pluralistischer werdenden Bundesrepublik der 1960er Jahre empfahl Hunke hier, sich nicht von individueller Er-

---

69 Hunke, Manifest, S. 157
70 Hunke, Manifest, S. 91.
71 Hunke, Manifest, S. 185.
72 Hunke, Vorbilder, S. 161.
73 Siehe dazu Klaus Theweleit, Männerphantasien, Bd. 1, Berlin 2019.
74 Hunke, Manifest, S. 121.

scheinung blenden zu lassen. Die Herkunft, das wahre Sein der Menschen, sollte weiterhin die soziale Ordnung stiften. Gleichwohl war auch diese Stelle mehr als eine bloße Verschleierung des rassistischen Menschenbilds. Hunke führte grundlegende Begriffe ein, die in der permanent heraufbeschworenen Krise des Sinnverlusts in der modernen, rationalen Welt Harmonie und Gemeinschaft simulieren sollten – für die ‚rassisch' Gleichen, wohlgemerkt. Leistungswille, Eigenverantwortlichkeit, Selbstständigkeit zeichneten demnach einen neuen Typus Mensch aus, der an die Position des Proletariers getreten sei: der Mitarbeiter. Dieser strebe nicht nach mehr Lohn oder Mitbestimmung, sondern einzig nach der „Erweiterung seines Freiheitsraums am Arbeitsplatz".[75] Emphatisch berichtete Hunke vom flexiblen Mitarbeiter, von der Zerschlagung der Monotonie und der Massen, die zuvor im Gleichschritt am Fließband an Einzelteilen werkelten und nun in kleinen autonomen Arbeitsgruppen eigenverantwortlich ganze Produkte herstellten.

Wenngleich auf den knapp 250 Seiten des *Manifests* kein einziges Mal das Wort „Nationalsozialismus" fiel, war die Schrift von der Wiederkehr eben jenes abgespaltenen Moments der persönlichen wie kollektiven Geschichte bestimmt. Das Alte, das Hunke als gescheitert galt, war die Kultur des Gehorsams, der Unterordnung und Formierung zur Masse. Doch aus der Not des Verlusts von Staat und Partei in der Bundesrepublik machte sie eine Tugend. Der Mensch aus einem Guss sollte dem flexiblen Mitarbeiter weichen, dessen räumliche Zerstreutheit nun seine Stärke ausmachte. Nicht mehr Führer und Partei definierten das „arteigene Stilgesetz" und formten das „Volk" danach; dieses sollte nun ein jeder in sich selbst erkennen und die richtigen Konsequenzen daraus ziehen.

Die Ideologisierung sollte zuvorderst im Bereich des Privaten stattfinden, Industrie und moderne Produktionsweise galten Hunke als Verbündete. Erst in einem späteren Schritt sollte die praktische Formierung zur Unitas, zur Einheit des Volkes, erfolgen. Wenn sich die Publizistin an die „zukünftigen Menschen unter uns" wendete, inszenierte sie die eigenen Anhänger gleichsam als Versprengte in Feindesland, denn die Wahrheit habe noch nicht das ganze „Volk" erfasst, weswegen Kämpfe für die Einheit im Kleinen zu führen seien. Es bedeute, dass jede Arbeit – im Haushalt wie in der Fabrik oder dem Büro – ein „Mitwirken mit dem Ewigen, Urschöpferischen" und jede Anstrengung „Gottesdienst" ist.[76] Und Gott meinte hier das ewige, undurchschaubare Gesetz der kollektiven Herkunft – und noch immer „die Rasse". Arbeit als Mitwirken *mit* dem Ewigen galt Hunke bereits als Teil desselben und politische Tat. In diesem Bild verband sie die

---

75 Hunke, Manifest, S. 199.
76 Hunke, Manifest, S. 123.

gesellschaftliche Zersplitterung – jeder arbeitet an seinem Platz – mit der ideologischen Vergemeinschaftung – jede Arbeit dient nur *einem* kollektiven Ziel, nämlichen dem Dienst am Sein. Widersprüche zwischen den Geschlechtern und Berufsgruppen sollten damit aufgehoben werden. Umgekehrt war es die Einübung, sich in jeder Handlung und an jedem Ort bereit zu halten, sich für die Gemeinschaft zu opfern.

Diese Überlegungen knüpften an rechte Diskurse der Jahrhundertwende an. Die sogenannten „Volksmütter" sollten durch ihr Wirken im Privaten ein völkisches Bollwerk im „Grenzlandskampf" mit dem Feind bilden – so waren Erziehung, Hausarbeit und Brauchtumspflege zur patriotischen Tat für das eigene Volk stilisiert worden.[77] Unter dem Begriff der „Heimatfront" war seit dem Ersten Weltkrieg auch die Berufstätigkeit von Frauen stärker in den Fokus der lagerübergreifenden, nationalistischen Vereinnahmung gerückt.[78] Der später von Hunke bemühte Begriff der „Kultur" bildete eine Schnittstelle von Politisierung im Privaten und öffentlicher Hingabe für das eigene, ethnische Kollektiv. Der politische Aktivismus im Privaten war fortan nicht mehr geschlechtsspezifisch, sondern wurde gleichermaßen von den Frauen und Männern erwartet, nachdem Letzteren ihr Hauptbetätigungsfeld völkischer Selbstpreisgabe, der Krieg, abhandengekommen ist.

Hunkes Erbe

Diese Transformation fällt nicht zufällig zusammen mit dem Ende des nationalsozialistischen Deutschlands und Hunkes Bemühen, in der Bundesrepublik Einfluss auf den politischen Diskurs zu nehmen. Mit der unitarischen Ideologie bediente sie sich eines Konstrukts, das wesentliche Elemente nationalsozialistischer Weltanschauung in die neuen Verhältnisse hinüberretten und anpassen sollte. Im Unitarismus waren gleichermaßen der Gedanke der Volksgemeinschaft – und damit verbunden Rassismus, Antisemitismus und Anti-Kommunismus – aufgehoben. Wie gezeigt werden konnte, schaute Hunke nicht wehmütig auf den Nationalsozialismus zurück, sondern war bestrebt, diesen weltanschaulich weiterzuentwickeln. Diese Anpassungsleistung war keine bloße Maskerade der alten Ideologie, sondern im Wesentlichen auch eine Integrationsleistung widersprüchlicher Begriffe und Konzepte. Hunke stieß dabei in der Bundesrepublik auf

---

77 Vgl. Christiane Streubel, Radikale Nationalistinnen. Agitation und Programmatik rechter Frauen in der Weimarer Republik, Frankfurt am Main 2006, S. 285.
78 Vgl. Bobby A. Wintermute/David J. Ulbrich, Race and Gender in Modern Western Warfare, Berlin/Boston 2018, S. 127–132.

einen fruchtbaren Boden, auf dem sie gemeinhin als vermeintliche Nahostexpertin akzeptiert werden konnte und gleichzeitig die Verbindungen und das publizistische wie politische Engagement in die Kreise ehemaliger Nationalsozialisten nicht aufgeben musste. Die Bereitschaft zur Verdrängung der NS-Verbrechen auf der einen Seite traf auf die Anpassung nationalsozialistischer Ideologie. Ihre Schriften waren Krisenphänomene im doppelten Sinne: Nach innen gerichtet verarbeiteten sie die Schmach der Schwäche, das eigene Trauma der Niederlage und den Verlust des nationalsozialistischen Staats. Nach außen hingegen wurden unablässig Krise und Kampf beschworen, die die Deutschen zur Schicksalsgemeinschaft und zur Niederlegung aller sozialen Antagonismen bewegen sollten. Eine solche reaktive Ausrichtung machte die fortlaufende Integration von Stimmungen und neu aufkommenden Diskursen zur Notwendigkeit, und allein deswegen ist die Begriffsgeschichte nicht auf zwölf Jahre oder den Kanon ausgewählter nationalsozialistischer Schriften zu beschränken.

Hunke war keine Ewiggestrige, keine alte Nationalsozialistin, sondern der Beleg für die Anpassungsfähigkeit und Modernität des Nationalsozialismus, dessen ideengeschichtliche Entwicklung im Mai 1945 nicht abbrach, sondern in eine neue Phase überging. Ihr Rassismus mag den alten Rassismus beerbt haben, aber indem er dies tat, stellte er eben auch dessen Fortsetzung und Weiterentwicklung sicher – ein Erbe wird schließlich angetreten, geht über in einen neuen Besitzstand, vergeht aber nicht einfach. Daher ist es geboten, in gegenwärtigen Debatten über Rassismus und völkisches Denken diese historischen Entwicklungslinien aufzuzeigen. Erst vor ihnen wird die gewaltvolle Konsequenz mancher Ideen deutlich.

Der Begriff der „Wirkmacht" (*agency*) stellt ein aktuelles Beispiel solcher Ideen dar. Er wird als eine Alternative zur Idee individueller Subjektivität verwandt. *Agency*, das auch als „Handlungsfähigkeit" übersetzt wird, suggeriert ein aktives Eingreifen einer Person oder Gruppe und meint doch das genaue Gegenteil. Die Literaturwissenschaftlerin und in Deutschland als akademischer Popstar gefeierte Judith Butler etwa behauptete in *Gefährdetes Leben*, dass afghanische Frauen hinter und durch ihre Burka ihre spezifische weibliche Handlungsfähigkeit ausüben könnten.[79] Die totale Homogenisierung der zur Passivität verurteilten weiblichen Individuen durch ihre Vollverhüllung soll als Ausdruck ihrer Handlungsfähigkeit und Wirkmacht gelten. Bereits Hunke hatte auf genau dieses Ideologem zurückgegriffen, wenn sie in ihrem *Manifest* behauptete, dass der Mensch dann Wirkmacht ausübe, wenn er in sich und durch sich hindurch das Rasseprinzip verwirkliche, das die Autorin konsequent als das „Göttliche" oder

---

79 Judith Butler, Gefährdetes Leben. Politische Essays, 4. Aufl., Frankfurt am Main 2012, S. 170.

das „Sein" bezeichnet.[80] Dort, wo der Mensch nicht mehr als Individuum agiert, sondern bloß als Kollektivobjekt existiere, handle er als „verantwortlicher Mitwirker".[81] Der Rassismus taucht weder bei Butler noch in den späteren Schriften Hunkes als eigenständige Rassentheorie auf. Vielmehr wirkt er als Effekt von Vorannahmen und Behauptungen über Kollektive oder „Kulturen". Dies deutet darauf hin, dass der Rassismus längst endemisch in der Gesellschaft geworden ist und Hunkes Modernisierungsleistung somit erfolgreich war.

Eine Bemerkung Theodor W. Adornos aus seinem 1959 gehaltenen Vortrag „Was bedeutet: Aufarbeitung der Vergangenheit" liest sich nicht nur als eindringliche Mahnung, sondern zugleich als Kommentar über politische Figuren wie Sigrid Hunke: „Ich betrachte das Nachleben des Nationalsozialismus *in* der Demokratie als potentiell bedrohlicher denn das Nachleben faschistischer Tendenzen *gegen* die Demokratie. Unterwanderung bezeichnet ein Objektives; nur darum machen zwielichtige Figuren ihr Comeback in Machtpositionen, weil die Verhältnisse sie begünstigen."[82] Geschichte endet nicht, sie ist ein Kontinuum – im Guten wie im Schlechten.

Literatur

Adorno, Theodor W. Was bedeutet: Aufarbeitung der Vergangenheit, in: Theodor W. Adorno, Erziehung zur Mündigkeit, Frankfurt 1971, S. 10 – 28.
Braun, Christina von/Bettina Mathes. Verschleierte Wirklichkeit. Die Frau, der Islam und der Westen, erw. Neuauflage, Berlin 2017.
Breuer, Stefan. Die Völkischen in Deutschland. Kaiserreich und Weimarer Republik, 2., unveränderte Aufl., Darmstadt 2010.
Butler, Judith. Gefährdetes Leben. Politische Essays, 4. Aufl., Frankfurt am Main 2012.
Bundeszentrale für politische Bildung. Themenblätter für den Unterricht 58: „Wie christlich ist das Abendland?", Herbst 2006.
Clauß, Ludwig Ferdinand. Rasse und Seele. Eine Einführung in den Sinn der leiblichen Gestalt, 12. Aufl., Berlin 1938.
Deutscher Bundestag. Sitzungsprotokoll vom 28.10.1969.
Dewor, Stephanie. Selbstbild rechter Frauen. Pia Sophie Rogge-Börner & Dr. Sigrid Hunke – Rechte Ideologinnen und Frauenrechtlerinnen des 20. Jahrhunderts, Hamburg 2012 (zugleich Dissertation, Christian-Albrechts-Universität zu Kiel 2012).
Donner, Erika. Unser arabisches Erbe, in: Gewerkschaftliche Monatshefte 12/12 (1961), S. 736 – 738.

---

80 Hunke, Manifest, S. 196.
81 Hunke, Manifest, S. 196.
82 Theodor W. Adorno, Was bedeutet: Aufarbeitung der Vergangenheit, in: Theodor W. Adorno, Erziehung zur Mündigkeit, Frankfurt 1971, S. 10 – 28, hier S. 10 – 11 (Hervorhebung im Original).

Engels, Jens Ivo. Naturpolitik in der Bundesrepublik. Ideenwelt und politische Verhaltensstile in Naturschutz und Umweltbewegung, 1950–1980, Paderborn 2006.
Frederik, Hans. NPD – Gefahr von rechts?, München 1966.
Gensicke, Klaus. Der Mufti von Jerusalem und die Nationalsozialisten. Eine politische Biographie Amin el-Husseinis, Darmstadt 2007.
Hall, Stuart. Rassismus als ideologischer Diskurs, in: Das Argument 178 (1989), S. 913–921.
Heinsohn, Kirsten. Sigrid Hunke …und weitere antiliberale Vordenkerinnen, in: Zentrum liberale Moderne (Hrsg.), Das alte Denken der Neuen Rechten. Die langen Linien der antiliberalen Revolte, Berlin 2019, S. 73–79.
Herf, Jeffrey. Nazi Propaganda for the Arab World, New Haven/London 2009.
Hobsbawm, Eric. Introduction. Inventing Traditions, in: Eric Hobsbawm/Terence Ranger (Hrsg.), The Invention of Tradition, Cambridge 1982, S. 1–14.
Hufer, Klaus-Peter. Neue Rechte, altes Denken. Ideologie, Kernbegriffe und Vordenker, Weinheim 2018.
Hunke, Sigrid. Allahs Sonne über dem Abendland. Unser arabisches Erbe, 4. Aufl., Frankfurt am Main 2003.
Hunke, Sigrid. Das nach-kommunistische Manifest. Der dialektische Unitarismus als Alternative, Stuttgart 1974.
Hunke, Sigrid. Herkunft und Wirkung fremder Vorbilder auf den deutschen Menschen, unver. Diss., Friedrich-Wilhelms-Universität zu Berlin 1941.
Junginger, Horst. Paganismus und Indo-Germanentum als Identifikationselemente der Neuen Rechten, in: Uwe Puschner/G. Ulrich Großmann (Hrsg.), Völkisch und National. Zur Aktualität alter Denkmuster im 21. Jahrhundert, Darmstadt 2009, S. 280–290.
Junginger, Horst. Sigrid Hunke (1913–1999). Europe's New Religion and its Old Stereotypes, in: Hubert Cancik/ Uwe Puschner (Hrsg.), Anti-Semitism, Paganism, Voelkish Religion, München 2014, S. 151–162.
K.H. Sigrid Hunke zum 70. Geburtstag (geb. 26. April 1913), in: unitarische blätter für ganzheitliche Religion und Kultur 34/4 (1983), S. 108–109.
Marx, Michael. Europa, Islam und Koran: Zu einigen Elementen der gegenwärtigen gesellschaftlichen Debatte, in: Klaus Spenlen (Hrsg.), Gehört der Islam zu Deutschland? Fakten und Analysen zu einem Meinungsstreit, Düsseldorf 2013, S. 61–98.
Motadel, David. Für Prophet und Führer. Die Islamische Welt und das Dritte Reich, Stuttgart 2017.
o. A. CDU/CSU: Furcht vor den Rändern, in: Der Spiegel 16/1974, 15.04.1974, S. 19–20.
o. A. Drücken lassen, in: Der Spiegel 15/1974, 08.04.1974, S. 46–49.
o. A. Fromme Kamele. Sigrid Hunke wird achtzig, in: Frankfurter Allgemeine Zeitung, 26.04.1993, S. 35.
o. A. Lauter Quallen, in: Der Spiegel 38/1974, 15.09.1974, S. 30–32.
Reichel, Peter. Vergangenheitsbewältigung in Deutschland. Die Auseinandersetzung mit der NS-Diktatur von 1945 bis heute, München 2001
Röpke, Andrea/Andreas Speit (Hrsg.). Neonazis in Nadelstreifen. Die NPD auf dem Weg in die Mitte der Gesellschaft, Berlin 2008.
Salzborn, Samuel. Angriff der Antidemokraten. Die völkische Rebellion der Neuen Rechten, Weinheim 2017.

Speer, Sven W. Der Pan-Arabismus – eine gescheiterte staatenübergreifende Idee?, in: Rüdiger Robert/Daniela Schicht/Shazia Saleem (Hrsg.), Kollektive Identitäten im Nahen und Mittleren Osten. Studien zum Verhältnis von Staat und Religion, Münster 2010, S. 75–93.

Streubel, Christiane. Radikale Nationalistinnen. Agitation und Programmatik rechter Frauen in der Weimarer Republik, Frankfurt am Main 2006.

Theweleit, Klaus. Männerphantasien, Bd. 1, Berlin 2019.

Vivienne, Florence. Der prognostizierte Volkstod. Friedrich Burgdörfer, Robert René Kuczynski und die Entwicklung demographischer Methoden vor und nach 1933, in: Ingo Haar/Michael Fahlbusch (Hrsg.), Völkische Wissenschaften im 20. Jahrhundert. Expertise und ‚Neuordnung' Europas, Paderborn 2010, S. 251–272.

Weingart, Peter. Doppel-Leben. Ludwig Ferdinand Clauss: Zwischen Rassenforschung und Widerstand, Frankfurt a.M./New York 1995.

Weiß, Volker. Die autoritäre Revolte. Die Neue Rechte und der Untergang des Abendlandes, Stuttgart 2017.

Wiedemann, Felix. Rassenmutter und Rebellin. Hexenbilder in Romantik, völkischer Bewegung, Neuheidentum und Feminismus, Würzburg 2007.

Winkler, Willi. Das braune Netz. Wie die frühe Bundesrepublik von früheren Nazis zum Erfolg geführt wurde, Berlin 2019.

Wintermute Bobby A./David J. Ulbrich. Race and Gender in Modern Western Warfare, Berlin/Boston 2018.

Panagiotis Koulaxidis

Die Rückkehr des Kronjuristen

Carl Schmitts ideologisches Vermächtnis in der bundesrepublikanischen Frühgeschichte und sein Beitrag zur Normalisierung des Rassismus

Der Staatsrechtler Carl Schmitt (1888–1985) firmiert gemeinhin unter dem Rubrum „Kronjurist des Dritten Reiches".[1] Der populäre Titel weist berechtigterweise auf Schmitts arrivierte Stellung im Nationalsozialismus hin, ignoriert jedoch, dass seine ideologische Prägung zentraler politischer Begriffe nicht nur das rassistische Denken im „Reich", sondern auch dasjenige in der alten Bundesrepublik maßgeblich beeinflusste. Was war von Schmitt geblieben, das nach 1945 auf positive Resonanz stieß? Zur Klärung dieser Frage setzt dieser Beitrag zunächst einen Schwerpunkt auf die frühe (Re-)Etablierung des Juristen sowie auf sein Wirken in der Bundesrepublik und widmet sich im zweiten Teil seinem völkischen Vermächtnis nach 1945: rechter Identitätspolitik *avant la lettre*.

Schmitts Renaissance: Vom tabuisierten Nationalsozialisten zum „umstrittenen" Intellektuellen

Das intellektuelle Erbe Carl Schmitts weist verschiedene Weg- und Konfliktpunkte auf, die in seiner (Re-)Etablierung als konservative Leitfigur in der Bundesrepublik und schließlich in der erfolgreichen Umdeutung seines Rufes resultierten – bis heute gilt Schmitt als einer der wichtigsten juristischen und politischen

---

[1] Den Anstoß für diese Bezeichnung gab Waldermar Gurian, ehemaliger katholischer Verbündeter Schmitts, im Jahr 1934. Vgl. Alfons Söllner, „Kronjurist des Dritten Reiches" – Das Bild Carl Schmitts in den Schriften der Emigranten, in: Alfons Söllner, Deutsche Politikwissenschaftler in der Emigration, Opladen 1996, S. 98–117; Helmut König, Das Erbe der Diktatur. Der Nationalsozialismus im politischen Bewußtsein der Bundesrepublik, in: Leviathan 24 (1996), S. 163–180; Juan Carlos Velasco, Der lange Schatten von Carl Schmitt. Der „Kronjurist des Dritten Reiches", gelesen von Jürgen Habermas, in: Leviathan 47 (2019), S. 86–101; Andreas Koenen, Der Fall Carl Schmitt. Sein Aufstieg zum „Kronjuristen des Dritten Reiches", Darmstadt 1995. Die Bezeichnung „Third Reich's Kronjurist" wurde ebenfalls in englischer Sprache aufgegriffen. Vgl. Joseph Bendersky, The Expendable Kronjurist: Carl Schmitt and National Socialism, 1933–36, in: Journal of Contemporary History 14 (1979), S. 309–328.

Theoretiker überhaupt. So sind insbesondere die anfängliche Diskreditierung seiner Person, seine Rückkehr in die Medien sowie die (Re-)Integration seines intellektuellen Vermächtnisses in konservativen und antiliberal ausgerichteten Kreisen als Meilensteine der rechtsintellektuellen Entwicklung anzuführen. Hinsichtlich der Rezeption seines Gedankenguts nach 1945 wiederum sind zwei Aspekte hervorzuheben. Wurden Schmitts völkische Ideen im Rahmen dezidiert konservativer Netzwerke fortgeführt, erreichte er zugleich und ungeachtet seiner NS-Vergangenheit eine aufmerksame und die politischen Lager übergreifende Leserschaft. Der Weg zur sogenannten „Schmitt-Renaissance" gestaltete sich jedoch zunächst steinig.

Nach seiner Nürnberger Prozessverhandlung, die keinen Befund einer aktiven und juristischen Straftat ergab und zu seiner Freilassung führte, zog sich Schmitt in seinen Heimatort Plettenberg zurück. Widerrufene Einladungen zu öffentlichen Veranstaltungen sowie mediale Herabsetzungen, die er zunächst deutlich zu spüren bekam, bestätigten ihn in seiner größten Sorge, Publikum und Leserschaft verloren zu haben. Ein weiterer symbolträchtiger Niederschlag ereignete sich mit seinem Ausschluss aus der Vereinigung der Deutschen Staatsrechtler, der das Ende seiner juristischen Karriere ankündigte.[2] All diesen Umständen zum Trotz konnte Schmitt, entgegen seiner Befürchtungen infolge vergangener Sympathien für den Nationalsozialismus wissenschaftlich diskreditiert oder gar ruiniert zu werden, seinen Ruf bereits binnen weniger Jahre nach Ende des NS-Regimes rehabilitieren.

Während er in der Öffentlichkeit bisweilen heftigen Widerstand zu spüren bekam, machte er von Plettenberg aus von alten wie neuen Beziehungsgeflechten Gebrauch. Seine zahlreichen Kontakte, um seine heruntergesetzte Stellung besorgt, bemühten sich darum, ihm erneut Zugang zu juristischen und publizistischen Aufträgen zu verschaffen.[3] 1949 veröffentlichte Schmitt mit der Unterstützung der Dominikaner erste Auszüge seines umfangreichsten Nachkriegswerkes *Der Nomos der Erde* in deren Ordens-Zeitschrift *Die neue Ordnung*. Obgleich durch ein Pseudonym getarnt, wurde der Wiedereintritt Schmitts in die Publizistik schnell erkannt und stieß geradewegs auf offenen Widerstand: Sogleich warnte der Staatsrechtler Friedrich August von der Heydte vor Schmitts Wiederkehr explizit davor, „alte Ladenhüter [...], die vor einem halben Menschenalter dem nationalsozialistischen Staat seine theoretische Grundlegung gab[en], durch

---

2 Vgl. Dirk van Laak, Gespräche in der Sicherheit des Schweigens. Carl Schmitt in der politischen Geistesgeschichte der frühen Bundesrepublik, Berlin 1993, S. 37–38.
3 Vgl. van Laak, Gespräche in der Sicherheit des Schweigens, S. 40 und S. 134–138.

scheinbar christliche Zutaten" wieder „schmackhaft zu machen".⁴ Schmitts neuerlicher Einzug in die öffentliche Debatte und die zugehörige Rückkehr seines rassistisch belasteten Gedankenguts polarisierten und evozierten rege Diskussionen, bisweilen stießen sie allerdings auf unmittelbar positive Resonanz und ermutigenden Zuspruch.⁵ So teilte ihm Hans Paeschke, Gründer und Chefredakteur des Merkur-Verlags, in einem Brief vom Juli 1949 mit, es sei zu besprechen, „in welcher Weise der Merkur schon jetzt ein schriftstellerisches Mitwirken [...] einfädeln könnte."⁶ Ludwig Raiser, zuständiger Professor und Jurist für die Entnazifizierung des Lehrstuhls, bezog Stellung und verurteilte Schmitts Rückkehr in die Publizistik in einem anonymen und polemischen Beitrag der Göttinger Universitäts-Zeitung. Im Gegenzug sah sich Giselher Wirsing, Mitbegründer der Wochenzeitung *Christ und Welt*, berufen, seinen Freund Carl Schmitt vor den „törichten wie infamen Angriff[en]" jenes „Dolchstößler[s]" zu verteidigen.⁷ Diese Verteidigung führte unter konservativen Staatsrechtlern zum erwünschten Beistand. In einem Brief an Raiser beklagte Werner Weber, dass sein ehemaliger Juristen-Kollege ungerechtfertigterweise „auf der Grundlage rund ein halbes Menschenalter zurückliegender Vorgänge als höchst suspekt abgestempelt" werde.⁸

In seinem Antwortschreiben an Paeschke warnte Schmitt, sich der prekären Situation um seinen Ruf durchaus bewusst, vor der Nennung des eigenen Namens, insbesondere gegenüber ehemals im Nationalsozialismus rassistisch Verfolgter – denn, so Schmitt,

> die Emigranten sind unberechenbar und zu geistesgestört in moralischer Hinsicht; sie sind durch Rechthaberei und berechtigte moralische Entrüstung ausser sich und ausserhalb des Menschlichen geraten und die Berechtigung ihres Affektes verhindert ihre Rückkehr zu sich selbst und zur Vernunft. Ich weiss nicht, ob das für Karl Löwith gilt, von dem ich seit 1933 nichts mehr gehört habe, aber man muß heute mit allen solchen Möglichkeiten rechnen, und ich habe keine Lust, die Hassaffekte dieses Menschentypus zusätzlich zu den bereits über-

---

4 Friedrich August Freiherr von der Heydte, Francisco de Vitoria und die Geschichte seines Ruhmes: Eine Entgegnung, in: Die Friedens-Warte 49 (1949), S. 190–197.
5 Brief Hans Zehrer an Carl Schmitt, 5. September 1949, in: Kai Burkhardt, Carl Schmitt und die Öffentlichkeit. Briefwechsel mit Journalisten, Publizisten und Verlegern aus den Jahren 1923 bis 1983, Berlin 2013, S. 83–84.
6 Brief Hans Paeschke an Carl Schmitt, 1. Juli 1949, in: Burkhardt, Carl Schmitt und die Öffentlichkeit, S. 82.
7 Brief Giselher Wirsing an Carl Schmitt, 6. Juni 1950, in: Burkhardt, Carl Schmitt und die Öffentlichkeit, S. 88–89.
8 Brief Werner Weber an Ludwig Raiser, 22. Mai 1950, in: Burkhardt, Carl Schmitt und die Öffentlichkeit, S. 88.

standenen Verfolgungen auf meine Person zu lenken. Ich bin von dem taedium fugae erfüllt und halte mich an den antiken Satz: non possum scribere de eo potest proscribere.⁹

Nach Schmitts Veröffentlichung der *Einheit der Welt* im Merkur-Verlag 1952 waren es jedoch nicht nur Emigrierte, sondern vornehmlich Autoren und Leserschaft des Verlags, die zum Boykott Schmitts aufriefen. Auch Schmitts Verbindungen zur Wochenzeitung *Die Zeit*, die Richard Tüngel und Walter Petwaidic (alias W. Fredericia) schufen, führten innerhalb der Redaktion zum Eklat und Ausschluss des Chefredakteurs und Gründungsmitglieds Tüngel.¹⁰ Zu jenem Zeitpunkt befeuerte die bloße Nennung des „umstrittenen"¹¹ Juristen zahlreiche Debatten und kritische Stimmen. Der damit einhergehende Wiedereinstieg in Diskussionen, ein durchweg strategischer Schachzug Schmitts, führte zugleich zur Enttabuisierung des Autors und seiner Vergangenheit. Letztlich wurde er von seiner Gefolgschaft sukzessiv und erfolgreich zu einer *streitbaren* Figur stilisiert.

Fortan publizierte Schmitt in zahlreichen Verlagen unter seinem Namen; allein 1950 erfolgte die Veröffentlichung von vier Monographien, darunter die vollständige Fassung des *Nomos der Erde* beim Greven-Verlag, zu dessen Kontakt er über den Lektor Karl Epting kam. Schmitt und Epting verband nicht nur der Kontakt zu Ernst Jünger, sie standen beide für einen deutschen, rassistischen Sonderweg, den sie gemeinsam verarbeiteten: „Wenn Ihr Buch wenigstens das bewirkte, dass die sterile und minderwertige Herrschaft von Remigranten und deren minderwertigem Anhang gezwungen wird, endlich einmal Stellung zu nehmen!"¹² Eine vernichtende Entgegnung auf Schmitts publizistische Offensive lieferte Walter Lewald, Gründer des Anwaltsjournals *Neue Juristische Wochenschrift*, der denselben als *den* Urtypus des Nationalsozialisten identifizierte, welcher „auf den Irrweg der Machtanbetung geriet und mit der Vergötterung des Antichrist sein Werk vollendete."¹³ Die losgetretenen Angriffe richteten sich jedoch nicht nur gegen die Person Schmitt, sondern, wie im Falle des katholischen Akademikerverlags, auch gegen die Verleger, denen mit dem Entzug sämtlicher Druckaufträge gedroht wurde.¹⁴

---

9 Brief Carl Schmitt an Hans Peaschke, 4. Juli 1949. Zitiert nach Dirk van Laak, Gespräche in der Sicherheit des Schweigens, S. 149–150. Karl Löwith war Philosoph und früher Kritiker Schmitts, der mit dem Machtantritt der Nationalsozialisten ins Exil floh.
10 Vgl. van Laak, Gespräche in der Sicherheit des Schweigens, S. 40 und S. 50.
11 Carl Schmitt, Im Vorraum der Macht, in: Die Zeit 30, 29.07. 1954.
12 Brief Carl Schmitt an Karl Epting, 30. Oktober 1953, in: Burkhardt, Carl Schmitt und die Öffentlichkeit, S. 127–128.
13 Walter Lewald, Carl Schmitt redivivus?, in: Neue Juristische Wochenzeitschrift 3 (1950), S. 377.
14 Vgl. van Laak, Gespräche in der Sicherheit des Schweigens, S. 39.

Schmitt selbst trat seinen Gegnern wiederum vermeintlich sorglos und selbstgewiss entgegen. Im Rahmen einer eigens initiierten Werbekampagne ließ er 1951 eine Broschüre mit dem Titel *Carl Schmitt: Nein und Ja* vom Greven-Verlag herausgeben und verteilen, deren Vermarktungsstrategie gezielt auf den Ruf eines um- und bestrittenen Intellektuellen setzte.[15] Diese zielte weniger darauf ab, die diskreditierenden Stimmen zu ignorieren, als sich vielmehr auf direkte Weise nicht nur an seine Befürworter, sondern gleichermaßen an seine Kritiker zu wenden.[16] Die Netzwerkpflege reichte noch weiter: Ein eigens für den vermeintlich Diskreditierten gegründeter Verein, die *Academia Moralis*, neue Bekanntschaften im *Münsteraner Kreis*, der sogenannten „Ritter-Schule", sowie Teilnahmen an den *Ebracher Seminaren* kreierten ein neues, rechtes Establishment mit und um Carl Schmitt.[17] Ende der 1950er Jahre veröffentlichten die Adepten Schmitts anlässlich seines 70. Geburtstags eine Festschrift, in der sich das konservative und antiliberale Profil seiner zahlreichen Schüler erster wie zweiter Generation bündelte und die als Ausdruck persönlicher und geistiger Solidarität einen der Höhepunkte der Schmitt-Renaissance kennzeichnet.[18]

Welche Effekte resultierten aus dem Wiedereintritt Schmitts in die (halb-)öffentliche Debatte? Zum einen ein gesellschaftlicher, in Form eines offen ausgetragenen Entnazifizierungskonflikts auf geistiger Ebene, der sich in der Person Schmitts niederschlug, denn Schmitts Apologeten leugneten seine nationalsozialistische Mittäterschaft und stellten sich gegen die Aufarbeitung eines der brutalsten und rassistischen Kapitel der Menschheit. Zum anderen ein soziopsychologischer, der zur Stereotypisierung Schmitts als antiliberaler und gegenaufklärerischer Leitfigur führte, die der Liberalisierung des öffentlichen Gemeinwesens der Bundesrepublik einen autoritären und völkischen Entwurf entgegenstellte. Mit Blick auf die Adaption und Kanonisierung Schmitts in exklusiven Kreisen und Schulen sind insbesondere drei Faktoren bestimmend, die zu seiner dortigen Aufnahme und zu seinem Erfolg führten: 1.) Der Wunsch nach intellektuellen Netzwerken, die sich von der öffentlichen Meinung und vom liberalen Gemeinwesen der Bundesrepublik abgrenzten. 2.) Die Suche nach Leit-

---

15 Vgl. Reinhard Mehring, Carl Schmitt. Aufstieg und Fall, München 2009, S. 480.
16 Im Briefwechsel zwischen Schmitt und Epting wurde von 1.200 Adressen gesprochen, an die das Prospekt verschickt werden sollte. Vgl. Brief Carl Schmitt an Karl Epting, 6. Oktober 1951, in: Burkhardt, Carl Schmitt und die Öffentlichkeit, S. 95.
17 Zu den Verbindungen zwischen Joachim Ritter und Carl Schmitt siehe Mark Schweda, Joachim Ritters Begriff des Politischen. Carl Schmitt und das Münsteraner Collegium Philosophicum, in: Zeitschrift für Ideengeschichte 4 (2010), S. 91–111.
18 Hans Barion/Ernst Forsthoff/Werner Weber (Hrsg.), Festschrift für Carl Schmitt zum 70. Geburtstag dargebracht von Freunden und Schülern, Berlin 1959.

figuren für eine zukunftsfähige rechts-konservative Positionierung in gesellschaftlichen Streitfragen. 3.) Die Entdeckung eines ehemaligen NS-Ideologen, der entgegen seinem nationalsozialistischen und rassistischen Engagement jeglichen Schuldzuweisungen widersprach, was seine Mittäterschaft betraf.

1.) Die nationalsozialistisch belasteten Intellektuellen und Eliten der Generation, der Schmitt angehörte und welche in erster Linie Karriere im Nationalsozialismus machte sowie den geistigen Kopf innerhalb der politischen Architektur des Regimes für sich beanspruchte, trieben Ressentiment und Feindschaft gegenüber der jungen Bundesrepublik um, welche sich nach dem Krieg im Demokratisierungsprozess befand. Diese Abneigung speiste sich mitunter aus dem frühen Misstrauen gegenüber einer unter Lizenzpflicht stehenden Presse, die von den Alliierten auferlegt und von vormaligen NS-Involvierten als ideologische Fremdsteuerung wahrgenommen wurde, gerade weil diese Lizenzpflicht der Entnazifizierung diente, um rassistische und völkische Agitationen auszuschließen und die ehemals propagandistische Mediendiktatur zu demokratisieren. Diejenigen, die sich gegen die Entnazifierung sträubten, pflegten den als „echt", uneingeschränkt und repräsentativ empfundenen Austausch im privaten und halböffentlichen Rahmen.[19]

2.) Schmitt kreierte das Selbstbild eines stigmatisierten Außenseiters; eines missverstandenen Intellektuellen, den die eigene NS-Vergangenheit unbeeindruckt ließ. Während ihn seine Gegner als Urtypus nationalsozialistischen Machtstrebens darstellten, stießen seine Selbstinszenierungen bei seinen Apologeten auf wohlwollenden Anklang.[20] Er entwarf dubiose Legenden um seine Person, die ihn als „Katechon", als den Bezwinger des Antichristen, präsentierten, wodurch er die Vorwürfe, die seine Gegner formulierten, schlicht ins Gegenteil verkehrte. Seine Selbstinszenierung spiegelt sich auch in seinen Schriften nach 1945 wider: Seine Forschung beschrieb er etwa als eine „Überwindung des Bürgerkriegs" und „Ausgrenzung des Kolonialkriegs".[21] Angesichts der innerpolitischen Entwicklungen der Bundesrepublik und der geopolitischen Lage im Kalten Krieg wandte sich Schmitt zwar neuen Themen zu, behielt seine wissenschaftlichen Motive jedoch bei und weitete diese unter anderem im *Nomos der Erde* in

---

19 Vgl. van Laak, Gespräche in der Sicherheit des Schweigens, S. 63–69.
20 Insbesondere Armin Mohler, späterer Berater von Franz Joseph Strauß und leidenschaftlicher Verteidiger der „Konservativen Revolution", übernahm von seinem Lehrer Schmitt vergleichbare Strategien der Vergangenheitsrevision und Selbstinszenierung.
21 Carl Schmitt, Glossarium. Aufzeichnungen der Jahre 1947–1951, hrsg. von Eberhard Freiherr von Medem, Berlin 1991, S. 250.

eine nachkriegstaugliche Blut-und-Boden-Variante aus.[22] Seinen Befürwortern diente Schmitt als Stichwortgeber: Dezision statt Diskussion, Homogenität statt Pluralität, Feindschaft statt Kooperation, Heimat statt Globalisierung. In rechtlichen Streitfragen und im Zuge der Nürnberger Prozesse sprach er sich gegen eine Kriminalisierung von Kriegen sowie gegen die Moralisierung und die individuelle Anwendung des Völkerrechts aus, während er für die Amnestie ehemaliger Nationalsozialisten stritt.[23] Schmitt verbreitete mit seinen Stellungnahmen schlichte ideologische Impulse, was ihn zu einer der bedeutendsten Leitfiguren und Referenzen ehemaliger Nationalsozialisten, aber auch nachkommender Generationen beförderte.

3.) Der Jurist weckte bei seinen Befürwortern das Interesse an seiner Haltung zum Nationalsozialismus, welche sich in der Tabuisierung und Revision seiner nationalsozialistischen Vergangenheit äußerte. Im Verdrängen der NS-Vergangenheit setzte Schmitt neue Maßstäbe. Für sein damaliges Engagement empfand er zwar Scham, wie er im Rahmen der Nürnberger Aufklärungsbemühungen 1947 kundgab, begann im selben Zug jedoch ein von vormaligen NSDAP-Mitgliedern bekanntes Verhaltensmuster zu entwickeln. Angesichts der Dokumentation der Massenmorde in den Gefangenen- und Vernichtungslagern standen ranghohe Verantwortliche unter immensem Druck, was Gegenreaktionen beförderte. Schmitt setzte die Aufklärung über den Holocaust mit emotionalisierter Propaganda gleich: „Genozide, Völkermorde, rührender Begriff; ich habe ein Beispiel am eigenen Leibe erlebt: Ausrottung des preußisch-deutschen Beamtentums im Jahre 1945."[24] Sein in Tagebüchern verarbeitetes Bedauern widmete er nicht den Millionen Toten, die die Deutschen zu verantworten hatten, sondern dem Zusammenbruch des „Dritten Reichs". Den nationalsozialistischen Gräueltaten hielt er das Leiden der deutschen Bevölkerung entgegen. Er formulierte Vorwürfe, auf die sich auch seine ideologischen Kumpanen beriefen: Siegerjustiz, Kriminalisierung und Diskriminierung der Deutschen.[25] Gegenüber seinem ehemaligen

---

22 Im Nomos thematisierte Schmitt die politische Bedeutung und Funktion des Raums, also der Verbindung politischer Ordnung mit heimatlicher „Ortung". Vgl. Carl Schmitt, Der Nomos der Erde im Völkerrecht des Jus Publicum Europaeum, Berlin 1974. Eine ausführliche Untersuchung zum völkischen und antisemitischen Gehalt seines Werks siehe Raphael Gross, Carl Schmitt und die Juden. Eine deutsche Rechtslehre, Frankfurt am Main 2005.
23 Vgl. van Laak, Gespräche in der Sicherheit des Schweigens, S. 74.
24 Schmitt, Glossarium, S. 265.
25 Der Vorwurf der Siegerjustiz bezweckte, dass NS-Involvierte die „Verantwortung für die NS-Verbrechen zunehmend abschüttelten und sich auf ihr eigenes Leid konzentrierten". Vgl. Mary Fulbrook, „Unschuldige Zuschauer" in deutscher Geschichte und Erinnerung, in: Tim Schanetzki/Tobias Freimüller/Kristina Mayer/Sybille Steinbacher/Dietmar Süß/Anette Weinke (Hrsg.), De-

Doktoranden Ernst Forsthoff beklagte Schmitt das Publikationsverbot, das ihm die Alliierten unmittelbar nach der militärischen Niederlage Deutschlands erteilten, mit den Worten: „Niemals in den zwölf Jahren der Hitlerzeit ist einem jüdischen Kollegen eine so niederträchtige Bosheit angetan worden."[26] Den Fakt, dass Schmitt selbst nur wenige Jahre zuvor zu einer weitaus folgenreicheren Diskriminierung von Juden aufgerufen hatte, verschwieg er. Demnach sei erst mit der Besetzung und Entnazifizierung das Elend nach Deutschland gekommen, während diejenigen, „die beim Aufbruch 1933 in Deutschland geistige Morgenluft witterten, im Vergleich zu denen, die 1945 an Deutschland geistig Rache nahmen" bloß „harmlos" gewesen wären.[27] Entnazifizieren musste sich Schmitt nicht, denn er sei nach eigener Aussage „nicht nazifizierbar" gewesen. Eine Beantwortung des Entnazifizierungs-Fragebogens zur Feststellung seiner vergangenen NS-Aktivitäten lehnte er jedoch ab.[28]

Schmitts Tagebücher legten Zeugnis für seinen Wunsch nach Revision und seinen selbstverwalteten Unmut ab. Die Sphäre des Privaten bot vielen NS-Verbrechern einen Rahmen zur Verarbeitung der vergangenen Geschehnisse, während sie sich öffentlich und vor der Justiz bedeckt hielten.[29] Dabei übte das Schweigen über die nationalsozialistische Vergangenheit eine doppelte Funktion aus. Einerseits diente es der Verdrängung, andererseits versuchten Belastete qua Schweigen, aktiv der Schuldfrage auszuweichen, was Möglichkeit zur Wahrung nationalsozialistischer bzw. rassistischer Denkformen bot. Die Frage „nach dem Verhältnis von strukturellen Kontinuitäten und demokratische[m] Neuanfang"[30] verweist somit nicht nur auf ein personelles und institutionelles, sondern, wie das

---

mokratisierung der Deutschen. Errungenschaften und Anfechtungen eines Projekts, Göttingen 2020, S. 51–64, hier 56–57.
26 Zitiert nach Mehring, Carl Schmitt. Aufstieg und Fall, München 2009, S. 471.
27 Schmitt, Glossarium, S. 216.
28 Vgl. Mehring, Carl Schmitt. Aufstieg und Fall, S. 545.
29 Der Fakt, dass die wenigsten der NS-Verbrecher vor Gericht zur Verantwortung gezogen wurden, korrelierte beim großen Teil der Deutschen mit dem fehlenden Interesse an den Nürnberger Prozessen. Gemessen an Umfragen im Jahre 1947, glaubten schon 55 Prozent der Befragten in Deutschland, dass der NS eine gute Idee gewesen sei, die falsch umgesetzt wurde. Vgl. Martin Rothland, Selektive Erinnerung? Meinungsumfragen zum Nationalsozialismus der frühen Nachkriegszeit, in: Die Politische Meinung 53 (2008), S. 56–58. Die von den Alliierten konzipierten Verfahren zur Entnazifizierung wiederum waren nicht an einer Auseinandersetzung der deutschen Bevölkerung mit ihrer NS-Vergangenheit ausgerichtet, sondern an sicherheitspolitischen Interessen orientiert. Für eine ausführliche Studie zu den Entnazifizierungsverfahren siehe Hanne Leßau, Entnazifizierungsgeschichten. Die Auseinandersetzung mit der eigenen NS-Vergangenheit in der frühen Nachkriegszeit, Göttingen 2020.
30 Schanetzki/Freimüller/Mayer/Steinbacher/Süß/Weinke (Hrsg.), Demokratisierung der Deutschen, S. 16.

Beispiel Schmitts aufzeigt, auch auf ein ideologisches Erbe des Nationalsozialismus in der alten Bundesrepublik. Dieses wurde insbesondere von denjenigen verteidigt, die das nunmehr pluralistische Gesellschaftsmodell ablehnten und die, getrieben vom Glauben an die Öffnung der Pandorabüchse im Jahr 1933, die tragende Rolle konservativer Ikonen vor und während der Herrschaft der Nationalsozialisten schlichtweg ausblendeten.[31]

In diesem geistigen Entnazifizierungskonflikt stand Carl Schmitt für das, was aus Perspektive der besiegten Volkskameraden vertreten werden wollte, und für das, was sich gegen die demokratische Ordnung Westdeutschlands anführen ließ. Die Enttabuisierung seiner Person und die Fortführung seines Werks und Einflusses vor dem Hintergrund seiner eingebrochenen Karriere, die mit dem Verlust des Lehrstuhls und des Beamtenverhältnisses einherging, waren personifizierter Triumph des rassistischen Denkens. Was also machte Schmitt überhaupt so interessant?

Rechte Identitätspolitik: Vom Fremden zum Feind

Carl Schmitts intellektueller Beitrag zum Erfolg und Bestand rassistischen Denkens ist zweifacher Art. Zum einen machte er politische Karriere im Nationalsozialismus, während derer er die Rassenideologie fachlich vorangetrieben hatte. Zum anderen entwickelte er zentrale Theorien und Begriffe, die nach 1945 in rassistischen Denkformen fortbestanden, wozu insbesondere sein Konzept einer rechten Identitätspolitik *avant la lettre* zählt.

Person wie Karriere zeichneten erhebliche Ungereimtheiten, Widersprüche und Fehlschläge aus, was Schmitts Wahrnehmung schon immer einen mystischen Anstrich verlieh und noch heute den Zugang zu seinem Werk erschwert. Seine antisemitische Haltung hielt ihn nicht vom Kontakt zu jüdischen Juristen und Denkern ab, darunter Hans Kelsen, Jacob Taubes oder Walter Benjamin. Er bekannte sich zum Katholizismus und wurde nach seiner Scheidung von einer Prostituierten und vermeintlichen kroatischen Gräfin von der katholischen Kirche exkommuniziert. Trotz seiner Verachtung liberalen Denkens pflegte er einen sündhaften Lebensstil, der liberale Maßstäbe voraussetzte. Mit Leidenschaft verteidigte er die nationalsozialistischen Verbrechen und fand sich wenige Jahre später in Intrigen verwickelt, die Zweifel an seiner Regimetreue weckten. Und er

---

31 Zur Verdeutlichung der strategischen Ausblendung nationalsozialistischer Vergangenheit siehe den Brief Johannes Wickelmanns an Carl Schmitt vom 28. April 1950, in: Burkhardt, Carl Schmitt und die Öffentlichkeit, S. 84–85.

verstand sich selbst als Polemiker, der das sachorientierte Gespräch verspottete und sich in den Nürnberger Prozessen auf seine neutrale Rolle als Wissenschaftler berief. Womit hatte sich Carl Schmitt entgegen diesen Widersprüchen also den Titel eines Kronjuristen des Dritten Reichs verdient? „Für drei Dinge danke ich Gott", vermerkte er 1951: „Erstens, dass ich ein Mensch bin und kein Tier. Zweitens, dass ich ein Mann bin und keine Frau. Drittens, dass ich preußischer Staatsrat bin und kein Nobelpreisträger."[32]

Schmitts politische Karriere begann nach der Machtübernahme der Nationalsozialisten; er zählt zu den sogenannten „Märzgefallenen". Er trat unterschiedlichen Organisationen bei, unter anderem der Akademie für Deutsches Recht, der Hochschulkommission der NSDAP, sowie dem Nationalsozialistischen Rechtswahrerbund. Und er war Mitglied des Preußischen Staatsrats: eine politische Beraterinstitution, die unter der Führung Hermann Görings die Hoffnung trug, Einfluss auf die NS-Parteiführung ausüben zu können, doch letztlich als reine Symboleinrichtung in den Hintergrund geriet.[33] Seinem Eintritt in die NSDAP folgte ein promptes öffentliches Bekenntnis zum Nationalsozialismus, das sich in einer ideologiekonformen und hingebungsvollen Verteidigung des Regimes und der Weiterentwicklung rassistischer Ideologie niederschlug. Er lobte die Nürnberger Rassengesetze als eine „seit Jahrhunderten [...] erste deutsche Verfassung der Freiheit" und zeigte sich begeistert für die organisierten Misshandlungen von Juden, denen Hitler, sollten diese „nicht zum Ziel" führen, weitere, verschärfte Regelungen zur „Lösung dieser Frage" in Aussicht stellte.[34] In *Der Führer schützt das Recht* legitimierte Schmitt 1934 die Ermordung zahlreicher SA-Mitglieder und politischer Funktionäre, die anlässlich des Röhm-Putsches in Auftrag gegeben wurde.[35] Er begrüßte die durch Blut und Boden begründete Weltanschauung, die die totale „Einheit von Recht, Sitte und Sittlichkeit" umfasste, und würdigte sie als „geistige Eroberung des Wortes und Begriffes Rechtsstaat".[36] In einer von Schmitt organisierten Tagung mit dem Titel „Die

---

32 Zitiert nach Reinhard Mehring, Carl Schmitt: Denker im Widerstreit. Werk – Wirkung – Aktualität, München 2017, S. 80.
33 Vgl. Martin Tielke, Der stille Bürgerkrieg. Ernst Jünger und Carl Schmitt im Dritten Reich, Berlin 2007, S. 90–91.
34 Carl Schmitt, Die Verfassung der Freiheit, in: Deutsche Juristen-Zeitung 40 (1935), Sp. 1133–1135.
35 Vgl. Carl Schmitt, Der Führer schützt das Recht, in: Deutsche Juristen-Zeitung 39 (1934), Sp. 945–950.
36 Carl Schmitt, Was bedeutet der Streit um den Rechtsstaat?, in: Zeitschrift für die gesamte Staatswissenschaft 95 (1935), S. 189–201. Der Fakt, dass Schmitts NS-Aktivität im Rahmen seines Verhörs in Nürnberg nach individualrechtlichen Maßstäben beurteilt wurde, ist angesichts der Tatsache, dass er nur wenige Jahre zuvor zu einer rassistisch-kollektivistischen Rechts- und

deutsche Rechtswissenschaft im Kampf gegen den jüdischen Geist" verkündete er 1936 das „Ziel einer endgültigen Beseitigung von Juden aus der juristischen Praxis und Wissenschaft" und erklärte, dass es mit „einem nur gefühlsmäßigen Antisemitismus" nicht getan sei, sondern „einer erkenntnismäßig begründeten Sicherheit" bedürfe; ein von bloßer Entrüstung getragener Antisemitismus genüge nicht, um die wahre „Fremdheit" des jüdischen Geists zu erkennen und aus der für deutsch befundenen Wissenschaft zu vertreiben. Inspiriert von der einsetzenden Verfolgung der Juden sprach er sich 1936 für eine Kennzeichnung jüdischer Autoren und Juristen aus.[37]

Der Staatsrat wusste früh durch geschickte Provokationen Aufmerksamkeit zu erregen. Um Prestige in der Machthierarchie des Regimes zu erwerben, legitimierte Schmitt nachträglich das, was die waltenden Nationalsozialisten bereits entschieden und vollzogen hatten. Der Umstand, dass die NS-Ideologen Juristen verabscheuten – die Praxis der Rechtsauslegung widerstrebt dem Sinn diktatorischer Autorität – und Schmitt sich nach eigener Aussage ihrem Führer geistig „unendlich" überlegen empfand, indiziert allerdings eine Spannungsbeziehung zwischen den Parteien.[38]

1936 geriet Schmitt ins Schussfeld einer Denunziationskampagne. Die SS erhob in ihrem Propagandablatt *Das Schwarze Korps* gleich mehrere Vorwürfe gegen ihn: Kontaktpflege zu Juden, Unterstützung des ehemaligen Reichskanzlers Kurt von Schleicher sowie das grundsätzliche Fehlen einer nationalsozialistischen Gesinnung. Von diesem Zeitpunkt an glich Schmitts Verhältnis zum Nationalsozialismus einem waghalsigen Balanceakt zwischen Machtstreben und Verleumdung. Ungeachtet dieser Angriffe distanzierte er sich jedoch zu keinem Zeitpunkt vom Nationalsozialismus, geschweige denn von den antisemitischen Schmähungen, die er nur wenige Jahre später in der Schrift *Der Leviathan in der Staatslehre des Thomas Hobbes* und in Tagebucheinträgen wiederholte und ideologisch verarbeitete: „Juden", so Schmitt, „bleiben immer Juden. Während der Kommunist sich bessern und ändern kann. Das hat nichts mit nordischer Rasse

---

Staatsauffassung aufrief, aus heutiger Sicht nur schwer nachvollziehbar. Wie auch Schmitt, beriefen sich viele der Angeklagten auf ihre staatlichen Loyalitätspflichten. Vgl. auch Mehring, Carl Schmitt. Aufstieg und Fall, S. 442.

37 Carl Schmitt, Die deutsche Rechtswissenschaft im Kampf gegen den jüdischen Geist, in: Carl Schmitt, Das Judentum in der Rechtswissenschaft. Ansprachen, Vorträge und Ergebnisse der Tagung der Reichsgruppe Hochschullehrer im NRSB am 3. und 4. Oktober 1936, Berlin 1936, S. 29–30. Zur weiteren Vertiefung siehe auch Christian Busse, „Eine Maske ist gefallen". Die Berliner Tagung „Das Judentum und die Rechtswissenschaft" vom 3./4. Oktober 1936, in: Kritische Justiz 33 (2000), S. 580–593.

38 Carl Schmitt, Antworten in Nürnberg, Berlin 2000, S. 65–66.

usw. zu tun. Gerade der assimilierte Jude ist der wahre Feind. Es hat keinen Zweck, die Parole der Weisen von Zion als falsch zu beweisen."[39]

Es ist nicht damit getan, Schmitt als Rassisten oder Antisemiten zu entlarven, um die Bedeutung seines Eintritts in die NSDAP und die vorgenommenen Anpassungen seiner akademischen Beiträge begreifbar zu machen. Ein solches Unterfangen würde im Zweifelsfall nur an den faktischen, inhaltlichen Berührungspunkten zwischen der Rassenideologie und Schmitts Beitrag hierzu vorbeischießen. Die Frage, ob er eine geistige Grundlage für den nationalsozialistischen Terror lieferte, die auch nach 1945 in der politischen Theorie und Praxis auf Resonanz stieß, bleibt davon unberührt. Womit provozierte Schmitt Angriffe auf die offene Gesellschaft, was bis heute zu den Grundpfeilern völkischer Gesinnung gezählt werden kann?

Von allen Themen, denen sich Schmitt vor und nach dem Krieg zuwandte, war es sein Konzept der Identitätspolitik, das die politische Facette antiliberaler und rassistischer Ideologie widerspiegelte und mit seinem Namen in Verbindung gebracht wurde.[40] Den Kern dieses Ansatzes brachte Schmitt auf eine einfache Formel: Politik bestünde wesentlich im Unterscheiden zwischen Freunden und Feinden, das heißt in einer Politisierung sozialer Differenzen. Es ist zweifelsfrei kein Zufall, dass die Schlüsse, die Schmitt unter anderem durch solche Stellungnahmen zog, de facto in einer fruchtbaren Wechselbeziehung zu seiner nationalsozialistischen Karriere standen und sich unübersehbar im NS-Jargon bewegten.[41] Der Jurist machte sich seine Formel im Nationalsozialismus zunutze,

---

39 Vgl. Carl Schmitt, Der Leviathan in der Staatslehre des Thomas Hobbes, Stuttgart 1995, S. 18. Nicht nur, dass Schmitt in diesem Zuge dem Judentum einen wesentlichen Apolitismus unterstellte, er setzte Juden zugleich als grundlegend parasitäre Lebensform herab, die eine Art politischen Kannibalismus betreibe: „Die Juden aber stehen daneben und sehen zu, wie die Völker der Erde sich gegenseitig töten; für sie ist dieses gegenseitige ‚Schächten und Schlachten' gesetzmäßig und ‚koscher'. Daher essen sie das Fleisch der getöteten Völker und leben davon." Vgl. auch Schmitt, Glossarium, S. 18.

40 Eine aufbrechende Kritik an Schmitts identitätspolitischem Konzept verfasste Karl Löwith 1936. Vgl. Karl Löwith, Politischer Dezisionismus (C. Schmitt), in: Bernd Lutz (Hrsg.), Der Mensch inmitten der Geschichte. Philosophische Bilanz des 20. Jahrhunderts, Stuttgart 1990, S. 19 – 48. Auch in der Gegenwartsliteratur tritt Carl Schmitts Name entsprechend platziert auf. Vgl. Klaus-Peter Hufer, Neue Rechte, altes Denken. Ideologie, Kernbegriffe und Vordenker, Weinheim 2018.

41 Einen Jargon der Feindschaft popularisierte unter anderem Joseph Goebbels zeitgleich in seinen Reden: „Wir gehen in den Reichstag hinein, um uns im Waffenarsenal der Demokratie mit deren eigenen Waffen zu versorgen. Wir werden Reichstagsabgeordnete, um die Weimarer Gesinnung mit ihrer eigenen Unterstützung lahmzulegen. Wenn die Demokratie so dumm ist, uns für diesen Bärendienst Freifahrkarten und Diäten zu geben, so ist das ihre eigene Sache. Wir zerbrechen uns darüber nicht den Kopf. Uns ist jedes gesetzliche Mittel recht, den Zustand von heute zu revolutionieren. [...] Wir kommen nicht als Freunde, auch nicht als Neutrale. Wir kommen als

indem er sie reibungslos auf die Rassenideologie übertrug. Politische Freundschaft bezeichnete er als eine „Artgleichheit des in sich einigen deutschen Volkes", was den Ausschluss feindlicher Rassen aus dem Gemeinwesen bedeute, wie er 1933 in *Staat, Bewegung, Volk* darlegte.[42] Seine Betrachtungen zur Identitätspolitik überstiegen jedoch den Kern eines dumpfen, biologisch begründeten Rassismus. Vielmehr war es die Feindschaftsbeziehung, die Schmitt am Rassismus interessierte und die sich in seinem identitätspolitischen Programm gedanklich entfaltete.

Schmitt formulierte seine völkischen Ansichten deutlich: „In Wahrheit gibt es keine politische ‚Gesellschaft' oder ‚Assoziation', es gibt nur eine politische Einheit, eine politische ‚Gemeinschaft'. Die reale Möglichkeit der Gruppierung von Freund und Feind genügt, um über das bloß Gesellschaftlich-Assoziative hinaus eine maßgebende Einheit zu schaffen, die etwas spezifisch anderes und gegenüber den übrigen Assoziationen etwas Entscheidendes ist."[43] Die besondere Funktion, die Feinde in politischer Hinsicht erfüllen würden, bestünde Schmitt zufolge also darin, ausdifferenzierte Gesellschaftsverhältnisse zu einer homogenen Volksgemeinschaft zu transformieren, deren politische Einheitlichkeit in ebenjener Abgrenzung zu einer verfeindeten sozialen Gruppe bestünde.[44] Der *politische* Verbund sei somit auch immer ein *gemeinschaftlicher*, der über das bloß individualisierte gesellschaftliche Wechselverhältnis hinausschreite und sich zum Zweck der Bekämpfung fremder Lebensformen innerhalb und außerhalb der Gesellschaft eine. In diesem Sinn tilge der Verlust feindschaftlicher Beziehungen zugleich die Möglichkeit und Wirklichkeit politischer Praxis – Politik setze also Feindschaft grundlegend voraus.[45]

Feinde! Wie der Wolf in die Schafherde einbricht, so kommen wir." Joseph Goebbels, Was wollen wir im Reichstag?, in: Der Angriff vom 30. April 1928. Nachdruck in: Hans Schwarz van Berk (Hrsg.), Der Angriff, Aufsätze aus der Kampfzeit, München 1935, S. 71–72.
42 Carl Schmitt, Staat, Bewegung, Volk. Die Dreigliederung der politischen Einheit, 3. Aufl., Hamburg 1935, S. 42.
43 Carl Schmitt, Der Begriff des Politischen, Berlin 1979, S. 24.
44 Für eine analytische und kritische Einordnung des Schmitt'schen Gemeinschaftsbegriffs siehe Udo Tietz, Die Grenzen des „Wir": Eine Theorie der Gemeinschaft, Frankfurt am Main 2002.
45 Ende der 80er vervollständigte Bernard Willms, Schüler und ideologischer Nachlassverwalter Schmitts, mit seinen völkisch ausgelegten Forderungen nach nationaler Identität das Konzept politisierter Feindschaft, wodurch er treffend das Werk seines Lehrers als Theorie rechter Identitätspolitik auffasste. Vgl. Bernard Willms, Identität und Widerstand. Reden aus dem deutschen Elend, Tübingen 1986, S. 63–68. Auch in der zeitgenössischen Rezeption erhält Schmitts völkisches Erbe wohlwollende Besprechungen. Vgl. Caroline Sommerfeld, Kategorienfehler. Schmitt – Luhmann – Nassehi, in: Sezession 73 (2016), S. 20.

Was den Feind kennzeichne, fasste Schmitt kurz und prägnant: Dieser sei „eben der andere, der Fremde, und es genügt zu seinem Wesen, daß er in einem besonders intensiven Sinne existenziell etwas anderes und Fremdes ist."[46] Wer der tatsächliche Feind sei, bemesse sich wiederum daran, „ob das Anderssein des Fremden im konkret vorliegenden Konfliktfalle die Negation der eigenen Art Existenz bedeutet und deshalb abgewehrt oder bekämpft wird, um die eigene, seinsmäßige Art von Leben zu bewahren." Die Erkenntnis des Anderen und der Beschluss zur Feindschaft stelle laut Schmitt keine Gefahr, sondern die Garantie für die Existenz eines Volks dar. Menschen, die von einem gemeinsamen Feind bedroht sind, würden sich also erst zum Zweck des kollektiven Selbsterhalts zu einer politischen Gemeinschaft zusammenschließen und seien ein zu schützendes Gut, woraus sich wiederum der Anspruch auf Volkssouveränität ableite: die Freiheit, einen Feind haben zu dürfen; das Recht, gegen die Interessen der Anderen zu handeln.[47]

Wer tollkühn bis zur metaphysischen Tiefe dieses Gedankengangs vorgedrungen ist, stürzt schon beim nächsten Schritt in dunkle Abgründe. In Schmitts 1963 erschienener *Theorie des Partisanen*, die er selbst als eine „Zwischenbemerkung zum Begriff des Politischen" bezeichnete, führte er die identitätsstiftende Funktion des Feindes weiter aus: „Der Feind ist unsere eigene Frage als Gestalt."[48] Demnach sei es der Feind, der die gemeinschaftliche Identität überhaupt erst fundiere: der Volksfeind konstituiere Beschaffenheit und Zweck der

---

46 Schmitt, Der Begriff des Politischen, S. 15. Eine Unterscheidung zwischen politischen Freunden und Feinden zu treffen, erklärte Schmitt zunächst zur raison d'être des Staates. Wird die Existenz einer Gemeinschaft von einem gemeinsamen, öffentlichen Feind bedroht, läge es somit in der Hand des Staates, diesen zu bestimmen, um der bestehenden Feindschaft die einheitsstiftende Integrationskraft zu entnehmen. Später, in Schmitts *Theorie des Partisanen*, war es die Figur des Partisanen, des boden- und heimatverbundenen Kriegers, in der Schmitt das (Nach-) Wirken des politischen Prinzips wiedererkannte.

47 Schmitt räumte der politischen Dissoziation einen logischen Vorrang gegenüber der Assoziation ein, die sich aus der identitätsstiftenden Funktion des Feindes erkläre. Er selbst verteidigte diesen Vorrang damit, dass er als Jurist das Feindschaftsverhältnis gleich dem positiven Recht von der Wirklichkeit des Unrechts aus denke – Schmitt dachte und schrieb weder als Soziologe noch als Politikwissenschaftler oder Philosoph, auch wenn er sich breiteren Fragestellungen zuwandte. Methodisch betrachtet habe der Feind, in Bezug auf politische Fragen, also denselben Stellenwert wie Straftaten, Übel und Schäden in der Sphäre des Rechts. Vgl. Hasso Hofmann, Feindschaft – Grundbegriffe des Politischen?, in: Zeitschrift für Politik 12 (1965), S. 17–39.

48 Carl Schmitt, Theorie des Partisanen. Zwischenbemerkung zum Begriff des Politischen, Berlin 1963, S. 87–88. Schmitts Wortwahl ist angelehnt an ein Gedicht seines Freundes Theodor Däubler, in welchem es heißt: „Wir sollen dann die Beute schreckenbleich zerfetzen: Der Feind ist unsre eigene Frage als Gestalt. Und er wird uns, wir ihn zum selben Ende hetzen." Theodor Däubler, Hymne an Italien, Leipzig 1924, S. 65.

eigenen Lebensform, die sich von ebenjener andersartigen, das heißt fremden Lebensform abgrenze. Damit setzte Schmitt einen prinzipiellen, ontischen Bruch zwischen „Völkern" voraus, eine konstruierte Zersplitterung homogener Gruppen, die zusammen ein Pluriversum eigentümlicher Lebensformen bilden. Aus dieser prinzipiellen Trennung folge schließlich eine grundlegende Unversöhnlichkeit weltanschaulich unterscheidbarer Lebensformen. Hierdurch rechtfertigte Schmitt die Analogie zwischen Feinden und Fremden. Fremdheit bedeutet an dieser Stelle jedoch nicht das, was man im alltagssprachlichen Gebrauch mit Fremdheit meint: Der Fremde sei nicht der, der mir unbekannt ist, sondern der, der mit meiner Lebensform unvereinbar ist.[49] In diesem Zusammenhang und im Sinne Schmitts, ließe sich der Ausdruck „Fremdenfeindlichkeit" als irreführender Pleonasmus entlarven: politisch betrachtet sei der Feind eben der Fremde und der Fremde der Feind.

Die über die Bestimmung des Alteritären gewonnene Eigengestalt grenze dementsprechend das politische Innen vom Außen ab. Dass die eigene politische Homogenität erst durch das Anderssein des Anderen geschaffen werde, bedeutet also, dass erst der Entzug politischer Teilhabe mancher die kollektive Identität und Teilhabe anderer ermögliche. Effektiv folgt daraus die ethische und politische Anspruchslosigkeit derjenigen sozialen Gruppen, die als Feinde markiert werden.[50] Die Einbettung eines derart konstruierten kollektiven Selbstbewusstseins in politische Kontexte, und das ist das Erbe Schmitts für seine ideologischen Nachkommen, bildet einen der wesentlichen Aspekte rassistischer Ideologie. Rassismus, ob nun biologisch, ethnisch oder religiös begründet, äußert sich im politischen Willen zur Durchsetzung eines Ausschlusses als anders gekennzeichneter Menschen aus der gesellschaftlichen und politischen Sphäre. Forde-

---

49 „Die Platte Lüge, daß der Feind ein Fremder sei", arbeitete bereits Wolfgang Pohrt in einer der schärfsten Kritiken an der Rückkehr des Kronjuristen heraus. Siehe Wolfgang Pohrt, Die Banalität als Offenbarung. Über Carl Schmitt in: Wolfgang Pohrt, Werke Band 5.2. Ein Hauch von Nerz – Texte (1987–1989), hrsg. von Klaus Bittermann, Berlin 2018, S. 64–70, hier S. 69.
50 Schmitt behauptete nicht nur eine Theologizität politischer Begriffe, seine Reflexionen zur Feindschaftsbeziehung kreisen um eine katholisch geprägte Idee des personifizierten Teufels, das heißt um die Wirklichkeit eines Wesens, das nur Böses wollen und bedeuten kann. Zwar sprach er sich gegen absolute Feindschaftsbeziehungen aus, wie ein solcher Vergleich nahelegen würde, doch folgerte er aus dem an sich dieses Anderen dessen soziale Anspruchslosigkeit, was effektiv eine Praktik menschlicher Verteufelung ist. Einen zu Schmitts Betrachtungen durch und durch gegensätzlichen Entwurf verfasste der jüdische Philosoph Emmanuel Levinas, der selbst als Verfolgter in Kriegsgefangenschaft saß und dessen Familie dem NS-Regime zum Opfer fiel. Dieser schloss aus dem Anderssein des Anderen keine Feindschaftsbeziehung, sondern, ganz im Gegenteil, eine prinzipielle ethische Verantwortung gegenüber dem Anderen. Vgl. Emmanuel Levinas, Humanismus des anderen Menschen, Hamburg 2005.

rungen nach ebenjenem Erhalt der eigenen rassischen, ethnischen oder religiösen Identität sind integraler Bestandteil rechter Identitätspolitik, das heißt der partikularen Erhebung politischer Ansprüche, deren Geltung aus einer klar abgrenzbaren Volksidentität abgeleitet wird. Ihr Kernprinzip liegt in der Kopplung politischer Gemeinschaft an volksgebundene Identität, was eines der wesentlichen Elemente von Schmitts Antiliberalismus ist.

Rechte Identitätspolitik manifestiert sich in all jenen Zeichen und Beschlüssen, die gesellschaftliche Gräben suggerieren und soziale Ungleichbehandlung praktizieren.[51] Fremdenfeindliche Ungleichbehandlung wird vermeintlich dadurch gerechtfertigt, dass vorab kategorische Unterschiede zwischen Menschen gezogen werden. Im zweiten Schritt werden solche Kategorien als Grundlage für die rechtliche oder moralische Ungleichbehandlung von Menschen herangezogen, was in politischen Kontexten schlichtweg eine Annullierung essentieller humanitärer Ansprüche bedeutet, wie beispielsweise Meinungs-, Religions- oder Migrationsfreiheit. Bereits die bloße Annahme unversöhnlicher sozialer Unterschiede genügt, um die Kompatibilität zwischen Rassismus oder Antisemitismus und Schmitts identitärem Politikbegriff zu verstehen. Diese Vereinbarkeit ist einer der Gründe, warum rassistische Ideologie mit Rekurs auf Schmitt noch heute in denselben Schemata von Freund und Feind politisiert und verklärt wird.[52]

Eine der wichtigsten Lehren, die aus der alten Bundesrepublik zu ziehen sind, präsentiert sich zugleich als eine Warnung an die liberale Demokratie. Sie verweist auf die Gefahr, die von einer Politisierung sozialer Unterschiede ausgeht. Obwohl eine solche Politisierung nur wenige Jahre zuvor die deutsche Bevölkerung in den Vernichtungskrieg führte, ermöglichte Carl Schmitts bundesrepublikanische Renaissance rassistische Gedächtnishilfe. Schmitts frühe Etablierung in konservativen Kreisen und Netzwerken, denen seine erfolgreichen Enttabuisierung und Rezeption geschuldet war, zeigt seinen nahtlosen Übergang in die Intellektuellenwelt der Bundesrepublik auf.[53] Seine zentralen Begriffsbildungen verliehen und verleihen denjenigen Stimmen theoretische und praktische Kontur,

---

51 Zur Vertiefung des Phänomens fundamentalistischer Identitätspolitik siehe Thomas Meyer, Identitätspolitik. Vom Missbrauch kultureller Unterschiede, Frankfurt am Main 2002.
52 Zur Adaption und Entwicklung rassistischer Ideologie in der Neuen Rechten siehe Samuel Salzborn, Angriff der Antidemokraten. Die völkische Rebellion der Neuen Rechten, Weinheim 2017.
53 Schmitts identitätspolitisches Konzept erhielt nicht nur unter Rechten, sondern auch im Gefolge der 68er Linken wohlwollende Besprechungen. Vgl. Wolfgang Kraushaar, Agnoli, die APO und der konstitutive Illiberalismus seiner Parlamentarismuskritik, in: Zeitschrift für Parlamentsfragen 38 (2007), S. 160–179. Zu Schmitts Wirkung auf die staatsrechtliche Diskussion der alten Bundesrepublik siehe Reinhard Mehring, Carl Schmitt und die Verfassungslehre unserer Tage, in: Archiv des Öffentlichen Rechts 120 (1995), S. 177–204.

die zur unbedingten Verwerfung gesellschaftlicher Pluralität aufrufen und, politisch betrachtet, nur dann zu gemeinsamen Handlungen fähig sind, wenn sie andere Lebensformen zum Volks- oder Rassenfeind erklären. Bereits die NSDAP war einer solchen Logik gefolgt – die Konsequenzen sind bekannt.[54]

Literatur

Barion, Hans /Ernst Forsthoff/Werner Weber (Hrsg.). Festschrift für Carl Schmitt zum 70. Geburtstag dargebracht von Freunden und Schülern, Berlin 1959.
Bendersky, Joseph. The Expendable Kronjurist: Carl Schmitt and National Socialism, 1933–36, in: Journal of Contemporary History 14 (1979), S. 309–328.
Burkhardt, Kai. Carl Schmitt und die Öffentlichkeit. Briefwechsel mit Journalisten, Publizisten und Verlegern aus den Jahren 1923 bis 1983, Berlin 2013.
Busse, Christian. „Eine Maske ist gefallen". Die Berliner Tagung „Das Judentum und die Rechtswissenschaft" vom 3./4. Oktober 1936, in: Kritische Justiz 33 (2000), S. 580–593.
Däubler, Theodor. Hymne an Italien, Leipzig 1924.
Freiherr von der Heydte, Friedrich August. Francisco de Vitoria und die Geschichte seines Ruhmes: Eine Entgegnung, in: Die Friedens-Warte 49 (1949), S. 190–197.
Fulbrook, Mary. „Unschuldige Zuschauer" in deutscher Geschichte und Erinnerung, in: Tim Schanetzki/Tobias Freimüller/Kristina Mayer/Sybille Steinbacher/Dietmar Süß/Anette Weinke (Hrsg.), Demokratisierung der Deutschen. Errungenschaften und Anfechtungen eines Projekts, Göttingen 2020, S. 51–64.
Goebbels, Joseph. Was wollen wir im Reichstag?, in: Der Angriff vom 30. April 1928. Nachdruck in: Hans Schwarz van Berk (Hrsg.), Der Angriff, Aufsätze aus der Kampfzeit, München 1935, S. 71–72.
Gross, Raphael. Carl Schmitt und die Juden. Eine deutsche Rechtslehre, Frankfurt am Main 2005.
Heidenreich, Bernd (Hrsg.). Politische Theorien des 19. Jahrhunderts. Bd. I.: Konservatismus, Wiesbaden 1999.
Hufer, Klaus-Peter. Neue Rechte, altes Denken. Ideologie, Kernbegriffe und Vordenker, Weinheim 2018.
Hofmann, Hasso. Feindschaft – Grundbegriffe des Politischen?, in: Zeitschrift für Politik 12 (1965), S. 17–39.
Koenen, Andreas. Der Fall Carl Schmitt. Sein Aufstieg zum „Kronjuristen des Dritten Reiches", Darmstadt 1995.
König, Helmut. Das Erbe der Diktatur. Der Nationalsozialismus im politischen Bewußtsein der Bundesrepublik, in: Leviathan 24 (1996), S. 163–180.

---

54 „Ein Bündnis, dessen Ziel nicht die Absicht zu einem Kriege umfasst, ist sinn- und wertlos". Adolf Hitler, zitiert nach einer über mehrere Ausgaben gedruckten Abhandlung in der SS-Schrift *Das Schwarze Korps*, in: Heiner Schilling (Hrsg.), Volk und Staat. Geschichtliche Abhandlungen aus dem „Schwarzen Korps", Wiesbaden 2013, S. 144.

Kraushaar, Wolfgang. Agnoli, die APO und der konstitutive Illiberalismus seiner Parlamentarismuskritik, in: Zeitschrift für Parlamentsfragen 38 (2007), S. 160–179.

Laak, Dirk van. Gespräche in der Sicherheit des Schweigens. Carl Schmitt in der politischen Geistesgeschichte der frühen Bundesrepublik, Berlin 1993.

Leßau, Hanne. Entnazifizierungsgeschichten. Die Auseinandersetzung mit der eigenen NS-Vergangenheit in der frühen Nachkriegszeit, Göttingen 2020.

Levinas, Emmanuel. Humanismus des anderen Menschen, Hamburg 2005.

Lewald, Walter. Carl Schmitt redivivus?, in: Neue Juristische Wochenzeitschrift 3 (1950), S. 377.

Löwith, Karl. Politischer Dezisionismus (C. Schmitt), in: Bernd Lutz (Hrsg.), Der Mensch inmitten der Geschichte. Philosophische Bilanz des 20. Jahrhunderts, Stuttgart 1990, S. 19–48.

Mayer, Thomas. Identitätspolitik. Vom Missbrauch kultureller Unterschiede, Frankfurt am Main 2002.

Mehring, Reinhard. Carl Schmitt. Aufstieg und Fall, München 2009.

Mehring, Reinhard. Carl Schmitt und die Verfassungslehre unserer Tage, in: Archiv des Öffentlichen Rechts 120 (1995), S. 177–204.

Mehring, Reinhard. Carl Schmitt: Denker im Widerstreit. Werk – Wirkung – Aktualität, München 2017.

Pohrt, Wolfgang. Die Banalität als Offenbarung, in: Wolfgang Pohrt, Werke Band 5.2. Ein Hauch von Nerz – Texte (1987–1989), hrsg. von Klaus Bittermann, Berlin 2018, S. 64–70.

Rothland, Martin. Selektive Erinnerung? Meinungsumfragen zum Nationalsozialismus der frühen Nachkriegszeit, in: Die Politische Meinung 53 (2008), S. 55–61.

Salzborn, Samuel. Angriff der Antidemokraten. Die völkische Rebellion der Neuen Rechten, Weinheim 2017.

Schanetzki, Tim/Tobias Freimüller/Kristina Mayer/Sybille Steinbacher/Dietmar Süß/Anette Weinke (Hrsg.). Demokratisierung der Deutschen, Göttingen 2020.

Schilling, Heiner. Volk und Staat. Geschichtliche Abhandlungen aus dem „Schwarzen Korps", Wiesbaden 2013.

Schmitt, Carl. Antworten in Nürnberg, Berlin 2000.

Schmitt, Carl. Der Begriff des Politischen, Berlin 1979.

Schmitt, Carl. Der Führer schützt das Recht, in: Deutsche Juristen-Zeitung 39 (1934), Sp. 945–950.

Schmitt, Carl. Der Leviathan in der Staatslehre des Thomas Hobbes, Stuttgart 1995.

Schmitt, Carl. Der Nomos der Erde im Völkerrecht des Jus Publicum Europaeum, Berlin 1974.

Schmitt, Carl. Die deutsche Rechtswissenschaft im Kampf gegen den jüdischen Geist, in: ders. Das Judentum in der Rechtswissenschaft. Ansprachen, Vorträge und Ergebnisse der Tagung der Reichsgruppe Hochschullehrer im NRSB am 3. und 4. Oktober 1936, Berlin 1936.

Schmitt, Carl. Die Verfassung der Freiheit, in: Deutsche Juristen-Zeitung 40 (1935), Sp. 1133–1135.

Schmitt, Carl. Glossarium. Aufzeichnungen der Jahre 1947–1951, hrsg. von Eberhard Freiherr von Medem, Berlin 1991.

Schmitt, Carl. Im Vorraum der Macht, in: Die Zeit 30, 29.07.1954.

Schmitt, Carl. Staat, Bewegung, Volk. Die Dreigliederung der politischen Einheit, 3. Aufl., Hamburg 1935.

Schmitt, Carl. Theorie des Partisanen. Zwischenbemerkung zum Begriff des Politischen, Berlin 1963.

Schmitt, Carl. Verfassungslehre, Berlin 1993.

Schmitt, Carl. Was bedeutet der Streit um den Rechtsstaat?, in: Zeitschrift für die gesamte Staatswissenschaft 95 (1935), S. 189–201.

Schweda, Mark. Joachim Ritters Begriff des Politischen. Carl Schmitt und das Münsteraner Collegium Philosophicum, in: Zeitschrift für Ideengeschichte 4 (2010), S. 91–111.

Söllner, Alfons. „Kronjurist des Dritten Reiches" – Das Bild Carl Schmitts in den Schriften der Emigranten, in: Alfons Söllner, Deutsche Politikwissenschaftler in der Emigration, Opladen 1996, S. 98–117.

Sommerfeld, Caroline. Kategorienfehler. Schmitt – Luhmann – Nassehi, in: Sezession 73 (2016), S. 20.

Tielke, Martin. Der stille Bürgerkrieg. Ernst Jünger und Carl Schmitt im Dritten Reich, Berlin 2007.

Tietz, Udo. Die Grenzen des „Wir": Eine Theorie der Gemeinschaft, Frankfurt am Main 2002.

Velasco, Juan Carlos. Der lange Schatten von Carl Schmitt. Der „Kronjurist des Dritten Reiches", gelesen von Jürgen Habermas, in: Leviathan 47 (2019), S. 86–101.

Willms, Bernard. Identität und Widerstand. Reden aus dem deutschen Elend, Tübingen 1986, S. 63–68.

Das andere 1968

Polina Kiourtidis
Antizionismus als linker Kampf gegen Rassismus und Imperialismus

Das Beispiel des Sechstagekriegs

Auch in der Gegenwart liegt die Bekämpfung von Rassismus und Antisemitismus im Fokus der deutschen Linken, deren Notwendigkeit sich angesichts der Anschläge von Halle und Hanau 2020 fraglos erneut bestätigt hat. Gleichwohl wird im antirassistischen Kampf vermehrt auch Antisemitismus in Form von Antizionismus bewusst oder unbewusst reproduziert. Diese Beobachtung ist nicht nur auf den Aktivismus beschränkt, sondern findet sich auch in der postkolonialen und queerfeministischen Theoriebildung wieder, wo Achille Mbembe und Judith Butler nur als prominente internationale Beispiele zu nennen sind. Das Spannungsverhältnis von Antirassismus und Antisemitismus in linken Kontexten stellt sich insbesondere in Bezug auf Israel dar. Dabei zeigt sich eine lange Tradition, die es schon der westdeutschen Linken in der postnazistischen Bundesrepublik ermöglicht hat, sich scheinbar von der Last der Vergangenheit zu befreien und rassistische und imperialistische Zustände auf die Projektionsfläche Israel zu externalisieren.

Im Folgenden soll gezeigt werden, wie der Sechstagekrieg als Schlüsselmoment fungierte, in dem dieses Spannungsverhältnis endgültig in eine radikale Israelfeindlichkeit zugunsten des vermeintlich legitimen Kampfs gegen Rassismus und Imperialismus kippte. Die damals hervorgebrachten Narrative rund um die Delegitimierung und Dämonisierung Israels schlagen sich auch heute noch in aktuellen antizionistischen Argumenten nieder, sodass es sich hierbei keineswegs um absolut neue Erscheinungen handelt, sondern vielmehr um modernisierte Varianten eines Phänomens, das bereits um 1968 auszumachen war.

I

In der frühen Bundesrepublik überwog in der Linken eine solidarische Haltung gegenüber Israel.[1] Nach außen war diese Haltung mit Empathie gegenüber dem

---

[1] Siehe dazu das Kapitel „Der Junikrieg von 1967 als Auslöser einer partiellen antizionistischen Wende" in: Martin Kloke, Israel und die deutsche Linke. Zur Geschichte eines schwierigen Verhältnisses. 2., erweiterte und aktualisierte Aufl., Frankfurt a. M, 1994, S. 106–132.

Land der Opfer der deutschen Vernichtungspolitik durch die Auseinandersetzung mit der nationalsozialistischen Vergangenheit begründet. Mit der wiederholten militärischen Selbstbehauptung des 1948 gegründeten jüdischen Nationalstaats Israel gegenüber seinen arabischen Nachbarn, die existentieller Notwendigkeit geschuldet war und im Juni 1967 im Sechstagekrieg ihren Höhepunkt erreichte, trat jedoch ein Wahrnehmungswandel ein. Aus „den jüdischen Opfern der Vergangenheit"[2] wurde nun ein Land der Täter, die als „die zionistischen und israelischen Aggressoren, Vertreiber, Ausbeuter, Kolonialisten und sogar Rassisten der Gegenwart"[3] auftraten, wie Jeffrey Herf konstatiert. Diese Verschiebung – so eine These dieses Beitrags – ist hauptsächlich auf das manichäisch aufgeladene Weltbild des Antiimperialismus zurückzuführen. Dieser deutete den internationalistischen Kampf gegen Imperialismus und Rassismus zu einem Kampf gegen Zionismus und damit gegen Israel um, das nun „zunehmend durch das Prisma des Marxismus-Leninismus"[4] betrachtet und „deshalb auf der ‚falschen' Seite der zentralen globalen Spaltung zwischen ‚nationaler Befreiung' und ‚Imperialismus'"[5] verortet wurde, wie Herf ausführt. Damit manifestierte sich im Sechstagekrieg bereits etwas, das auch die antizionistischen Denkfiguren des 21. Jahrhunderts prägt. Denn der Mythos des vermeintlich rassistisch verfassten Staates Israel, in welchem Palästinenser und Palästinenserinnen systematisch unterdrückt und verdrängt werden, währt bis heute. Nach wie vor wird das Argument der gewaltsamen Vertreibung der arabischen Bevölkerung durch die jüdische Einwanderung verbreitet.[6] Dies suggeriert, dass die Zerstörung Israels ein legitimes Anliegen sei, da es der endgültigen Beseitigung rassistischer Unterdrückung und der Wiedergutmachung der Vertreibung 1948 diene. In dieser antirassistischen Vorstellung, die in der Debatte um den Sechstagekrieg erstmals radikal zum Ausdruck kam, liegt auch das antisemitische Bedürfnis, Israel zu delegitimieren und zu dämonisieren, begründet, welches bis heute in der deutschen Linken einkehrt.

Um die Genese dieses Rassismusvorwurfs nachzuzeichnen, beziehen sich die folgenden Überlegungen vor allem auf die Forschung von Martin Kloke, Jeffrey Herf, Wolfgang Kraushaar und Holger J. Schmidt. Die Reaktion der Neuen Linken

---

2 Jeffrey Herf, Unerklärte Kriege gegen Israel. Die DDR und die westdeutsche radikale Linke 1967–1989, Göttingen 2019, S. 92.
3 Herf, Unerklärte Kriege, S. 92.
4 Herf, Unerklärte Kriege, S. 92.
5 Herf, Unerklärte Kriege, S. 92.
6 Siehe dazu Jörg Rensmann, Der Mythos Nakba. Fakten zur israelischen Gründungsgeschichte, hrsg. von den Arbeitsgemeinschaften der Deutsch-Israelischen Gesellschaft e.V., Baden-Baden 2013.

auf den Sechstagekrieg soll dabei paradigmatisch anhand einer kurzen Analyse der Nahost-Resolution des Sozialistischen Deutschen Studentenbunds (SDS) vom September 1967 herausgearbeitet werden, deren antizionistische Argumentation im antiimperialistischen Weltbild gründete, und diese gleichzeitig vor dem gesellschaftspolitischen Hintergrund der späten 1960er Jahre erörtert werden.

II

Das politische Verhältnis der westdeutschen Linken zu Israel und dem Sechstagekrieg 1967 wird historiographisch unterschiedlich beurteilt. Während Martin Kloke und Jeffrey Herf die These vertreten, dass die Israelsolidarität der 1950er und -60er Jahre mit dem Sechstagekrieg in Antizionismus umschlug, gehen Holger J. Schmidt und Wolfgang Kraushaar vielmehr davon aus, dass eine schon frühere innere Distanzierung vom Thema Vergangenheitsbewältigung nun aufgrund der klaren Hinwendung zum Thema Befreiungskampf in der damals sogenannten „Dritten Welt" sichtbar wurde, der durch das „antiimperialistische Prisma"[7] vermittelt worden war. Dieser Wandel hatte im Sechstagekrieg mit dem Umschlag in eine dezidiert antizionistische Haltung seinen Schlüsselmoment. Zunächst ist deshalb auf die wichtigsten Forschungsthesen einzugehen.

Der Sechstagekrieg, der vom 5. bis 10. Juni 1967 geführt wurde, war nach dem Israelischen Unabhängigkeitskrieg 1948 und der Sueskrise 1956 bereits der dritte arabisch-israelische Krieg seit der Staatsgründung zwei Jahrzehnte zuvor.[8] Er begann als israelischer Präventivschlag gegen Ägypten und dessen Verbündete Jordanien und Syrien. Zuvor hatte Ägypten unter Führung von Ministerpräsident Gamal Abdel Nasser die UNEF-Truppen aus der eigentlich demilitarisierten Zone im Sinai abgezogen, die Meeresenge von Tiran für die israelische Schifffahrt gesperrt und tausende Soldaten und Panzer direkt an die israelische Grenze manövriert. Angesichts des ausdrücklichen Ziels der arabischen Armeen, den jüdischen Staat zu vernichten, sah sich dieser gezwungen, seinen Feinden zuvorzukommen. Nachdem Israel den Krieg in nur sechs Tagen für sich entscheiden konnte, wurden aus sicherheitspolitischem Interesse Gebietsannexionen des Sinai, des Gazastreifens, des Westjordanlands, der Golanhöhen und des

---

7 Herf, Unerklärte Kriege, S. 92.
8 Siehe dazu: Tom Segev, 1967 – Israels Zweite Geburt, München 2007; William Stevenson, Werft sie ins Meer. Der Krieg der 100 Stunden. Israels Kampf um seine Existenz, München 1967; Ernst Trost, David und Goliath. Die Schlacht um Israel 1967, Wien 1967.

Ostteils von Jerusalem vorgenommen.⁹ Diese enormen territorialen Erweiterungen gaben in den folgenden Jahren wiederholt Anlass politischer und militärischer Auseinandersetzungen zwischen Israel und seinen arabischen Nachbarn.

Martin Kloke hat in seiner wegweisenden Studie *Israel und die deutsche Linke* die Bedeutung des Sechstagekriegs für den Wahrnehmungswandel der bundesdeutschen Linken dargelegt.¹⁰ Er erinnert darin an frühe proisraelische Solidaritätsbekundungen sowie an den Umstand, dass der erste öffentliche Aufruf, der „Israel vor dem Untergang zu bewahren"¹¹ versucht hatte, vom SPD-Abgeordneten Adolf Arndt (1904–1974) initiiert worden war, der sich bereits gegen eine Verjährung nationalsozialistischer Verbrechen ausgesprochen hatte.¹² Dies zeigt, dass kurz vor dem Ausbruch des Sechstagekriegs ein linkes Bewusstsein für die existentielle Bedrohung des jüdischen Nationalstaats existierte. Auch zu Kriegsbeginn fanden unter maßgeblicher Beteiligung linker Gruppen – wie z. B. breiter Teile der sozialdemokratischen und christlichen Linken, des Deutschen Gewerkschaftsbunds und lokaler Gruppen des SDS – Solidaritätskampagnen, Schweigemärsche, Spendenaktionen, aber auch Arbeitseinsätze freiwilliger ziviler Helfer und Helferinnen in Israel statt. Kloke ist deshalb der Meinung, dass erst während des Sechstagekriegs eine innerlinke Kontroverse bezüglich der gegenüber Israel einzunehmenden Haltung entfacht sei und damit „zunehmende Zweifel an der Legitimation des zionistisch verfassten Staates"¹³ an den Tag traten.

Hervorzuheben ist in diesem Zusammenhang vor allem die Rolle des SDS.¹⁴ Bemerkenswerterweise war dieser, wie Holger J. Schmidt in seiner Studie *Anti-*

---

9 Vgl. dazu Wolfgang Kraushaar, Vom Philosemitismus zum Antizionismus. Der Sechs-Tage-Krieg als Vehikel für eine 180-Grad-Wendung, in: Katharina Hey/Dominik Peters (Hrsg.), 50 Jahre Sechs-Tage-Krieg (= Münchner Beiträge zur jüdischen Geschichte und Kultur 11/1), München 2017, S. 28–44, hier S. 29.
10 Martin W. Kloke, Israel und die deutsche Linke. Zur Geschichte eines schwierigen Verhältnisses. 2., erweiterte und aktualisierte Auflage, Frankfurt a. M. 1994. Kloke selbst hat kürzlich einen Aufsatz vorgelegt, der die Erkenntnisse nochmals aktualisiert, vgl. Martin W. Kloke, „Beziehungsstatus: Es ist kompliziert": Die deutsche Linke und Israel, in: Martin Jander/Anetta Kahane (Hrsg.), Gesichter der Antimoderne, Baden-Baden 2020, S. 155–178.
11 Vgl. dazu: „Wir rufen: helft mit, den Frieden in Nahost wiederzugewinnen und Israel vor dem Untergang zu bewahren!", in: Mindener Tageblatt, 19.06.1967.
12 Vgl. Sabine Hepperle, Die SPD und Israel. Von der Großen Koalition 1966 bis zur Wende 1982, Frankfurt am Main u. a. 2000, S. 48.
13 Kloke, Israel, S. 111. Dies gilt auch für Herf, der sich in seiner Studie *Unerklärte Kriege gegen Israel* explizit auf Klokes Forschungsergebnisse bezieht.
14 Der SDS kann natürlich nicht mit der Neuen Linken gleichgesetzt werden. Dennoch kann und wird der SDS in der Forschung paradigmatisch für den Wahrnehmungs- und Einstellungswandel in der westdeutschen Linken angeführt, sodass es auch hier legitim erscheint, den SDS anhand seiner gut dokumentierten Israelhaltung in den Fokus zu setzen.

zionismus, Israelkritik und Judenhass darlegt, zu keinem Zeitpunkt als Verband an Solidaritätskampagnen beteiligt; vielmehr begegnete er solchen gar mit Misstrauen.[15] Bei den bundesweiten Aktionen, die von linken Gruppierungen unterstützt wurden, handelte es sich schließlich meist um Parteien und Organisationen, die der christlichen und sozialdemokratischen d. h. reformistischen Linken angehörten. Dass der erste öffentliche Solidaritätsaufruf von einem SPD-Abgeordneten angeregt wurde, überrascht in der historischen Perspektivierung also kaum. Die anfänglichen Solidaritätsbekundungen wurden zudem von der bundesrepublikanischen Öffentlichkeit geteilt – Schmidt nennt diese sogar eine „beispiellose Unterstützungswelle, die nicht nur nahezu alle Medien, sondern in ihrer übergroßen Mehrheit auch die Bevölkerung vereint"[16] habe, worauf noch einzugehen sein wird.

Auffällig ist gleichwohl, dass die Neue Linke, hier vor allem am SDS festgemacht, in ihrer Solidarität mit Israel weitaus zurückhaltender schien. Dies legt nahe, dass schon vor dem Sechstagekrieg „zunehmend eine Abkehr sowohl vom Thema ‚Israel' insgesamt als auch von der offen oder latent philosemitischen Stimmung der alten linkssozialdemokratischen Vorbilder erfolgte", wie Schmidt festhält.[17] Auch Wolfgang Kraushaar ist überzeugt, dass „jedenfalls vieles für die Annahme [spricht], dass der israelische Präventivschlag [...] im SDS bereits vorhandene Änderungsprozesse beschleunigt ha[t] und dass der Krieg letztlich nur das Ventil für den spektakulär wahrgenommenen Kurswechsel gewesen ist"[18], als dessen Auslöser er heute gilt. Als Gründe für die „sukzessive [...] Abschwächung des proisraelischen Bezugsrahmens" führt Schmidt „neben der Trennung von der SPD und damit dem weitgehenden Wegfall offizieller Kontakte nach Israel, [insbesondere] die stärkere ideologische Neuausrichtung auf die Befreiungsbewegung der Dritten Welt, die Transformation der Aufklärung über NS-Vergangenheit in eine allgemeine Faschismustheorie und der Neuzugang von Mitgliedern, die nicht in der Sozialdemokratie sozialisiert waren"[19] an. Die innerlinke Kontroverse und der Bruch mit der proisraelischen Haltung zeichneten sich demnach schon vor dem Sechstagekrieg ab, sodass dieser kaum als Ursache für den antizionistischen Wandel im SDS und in der Neuen Linken gelten kann, sondern vielmehr als dankbarer Vorwand, Antizionismus nunmehr offen und angesichts des schnellen militärischen Siegs Israels und der weitreichenden Gebietsannexionen

---

15 Vgl. Holger J. Schmidt, Antizionismus, Israelkritik und „Judenknax". Antisemitismus in der deutschen Linken nach 1945 (= Forum Junge Politikwissenschaft 23), Bonn 2010, S. 42.
16 Schmidt, Antizionismus, S. 42.
17 Schmidt, Antizionismus, S. 38.
18 Kraushaar, Philosemitismus, S. 37.
19 Schmidt, Antizionismus, S. 39.

als gerechtfertigten Einwand vorzutragen. Schmidt hält fest, dass schon „vor dem Bruch, den der SDS bzw. die radikale Studentenbewegung mit Israel nach dem Sechs-Tage-Krieg vollziehen sollte, zumindest in Teilen bereits eine innere Distanzierung steht, die sich aus der Überzeugung, selbst Konsequenzen aus der NS-Vergangenheit gezogen zu haben und aus der Geringschätzung des Antisemitismus und seiner jüdischen Perspektive ergibt".[20] Das antifaschistische Selbstbild der Jüngeren, dass die Schuld der nationalsozialistisch aktiven Eltern- und Tätergeneration nicht auf sie zu übertragen sei, beförderte zusätzlich die Ansicht, dass sie „keine moralische Verpflichtung gegenüber Israel"[21] hätten. Anderseits ist das mangelnde Antisemitismusverständnis aufgrund dessen falscher Auslegung als eine Rassismusvariante eklatant und ursächlich für die antizionistische Neuorientierung der Neuen Linken während und vor allem aber nach dem Sechstagekrieg.

In diesem Zusammenhang ist die vordergründig proisraelische Haltung der Springer-Presse und der Bundesrepublik von Bedeutung. Dafür ist es jedoch notwendig, sich den allgemeinen gesellschaftspolitischen Kontext Westdeutschlands Ende der 1960er Jahre zu vergegenwärtigen. 1965 nahmen Israel und die Bundesrepublik diplomatische Beziehungen auf. Diese waren neben dem geopolitischen Motiv der stärkeren Westbindung durch das Bekenntnis Bonns, der historischen Verantwortung für die nationalsozialistischen Verbrechen an den europäischen Jüdinnen und Juden mit einer vermeintlichen proisraelischen Grundeinstellung gerecht zu werden, begründet worden.[22] Auch die Auschwitz-Prozesse von 1963–1965 waren ein wichtiger Aspekt für die bundesrepublikanische Öffentlichkeit. In diesen manifestierte sich der Versuch der Konfrontation mit den nationalsozialistischen Taten, die durch direkte oder indirekte Beteiligung der damaligen Mehrheitsgesellschaft ermöglicht worden waren. Dennoch zog die teilweise juristische Aufarbeitung keine gesamtgesellschaftliche Auseinandersetzung mit der jüngeren deutschen Geschichte nach sich; vielmehr bestärkte sie den Unwillen, sich mit dieser zu befassen und beförderte die Schlussstrichmentalität.[23] Während die Studentenbewegung der 1960er Jahre sexuelle Libertinage und eine Kritik an autoritärer Erziehung für sich reklamier-

---

20 Schmidt, Antizionismus, S. 41.
21 Kloke, Israel, S. 120.
22 Siehe dazu Yeshayahu A. Jelinek, Deutschland und Israel 1945–1965. Ein neurotisches Verhältnis, München 2004.
23 Siehe dazu Annette Weinke, Überreste eines „unerwünschten Prozesses". Die Edition der Tonbandmitschnitte zum ersten Frankfurter Auschwitz-Prozess (1963–1965), in: Zeithistorische Forschungen/Studies in Contemporary History 2 (2005), S. 314–320.

te[24], wurde die kritische Beschäftigung mit der NS-Vergangenheit zunehmend als Ballast empfunden.[25]

Im gesellschaftspolitischen Kontext der Bundesrepublik Ende der 1960er Jahre muss auch die Migrationsbewegung der sogenannten Gastarbeiter-Ära Erwähnung finden, im Zuge derer bis zum Anwerbestopp 1973 mehrere Millionen Migranten und Migrantinnen nach Deutschland kamen und mehrheitlich unter schlechten Lebens- und Arbeitsbedingungen litten.[26] Startpunkt dieser Migration waren die Anwerbeabkommen 1955 mit Italien, 1960 mit Spanien und Griechenland, 1961 mit der Türkei, 1963 mit Marokko, 1964 mit Portugal, 1965 mit Tunesien und 1968 mit Jugoslawien[27], die allerdings „zumeist mehr eine Reaktion auf bereits existierende Migrationsbewegungen [waren], als dass sie diese tatsächlich ausgelöst hätten".[28] Für die bundesdeutsche Linke entstanden damit vermehrt studentische und gewerkschaftliche Allianzen mit Migranten und Migrantinnen, die den internationalistischen Kampf weiter befeuern sollten.[29] So kam es nicht nur zu zahlreichen Solidaritätsbekundungen, gerade in Bezug auf die exilpolitischen Proteste spanischer und griechischer Genossen und Genossinnen gegen die jeweilige Militärdiktatur, sondern später auch zur konkreten Zusammenarbeit von Studierenden und Migranten und Migrantinnen im Kampf gegen das Ausländergesetz. Darüber hinaus bildeten sich zahlreiche migrantische Studierendenorganisationen, die mit ihren antiimperialistischen und antikolonialen Ansprüchen in der deutschen Studentenbewegung Anklang fanden. Gerade die der Palestine Liberation Organization (PLO) nahe Generalunion palästinensischer Studierender (GUPS) mit ihrer Agitation gegen Israel und ihrer Befürwortung des bewaffneten Widerstands ist im Kontext der Perzeption des Sechstagekriegs als Bündnispartner der herkunftsdeutschen Linken zu nennen.[30]

---

24 Vgl. dazu Dagmar Herzog, Die Politisierung der Lust. Sexualität in der deutschen Geschichte des 20. Jahrhunderts, Gießen 2021.
25 Vgl. Volker Weiß, „Volksklassenkampf" – Die antizionistische Rezeption des Nahostkonflikts in der militanten Linken der BRD, in: Tel Aviver Jahrbuch für deutsche Geschichte 33 (2005), S. 214–238, hier S. 229.
26 Siehe Simon Goeke, „Wir sind alle Fremdarbeiter!" Gewerkschaften, migrantische Kämpfe und soziale Bewegungen in Westdeutschland 1960–1980 (= Studien zur historischen Migrationsforschung 36), Paderborn 2020.
27 Vgl. Goeke, Fremdarbeiter, S. 33.
28 Goeke, Fremdarbeiter, S. 33.
29 Vgl. Nils Seibert, Vergessene Proteste. Internationalismus und Antirassismus 1964–1983, Münster 2008, S. 134.
30 Mehr zum Einfluss der GUPS an westdeutschen Universitäten findet sich in dem Artikel von Dan Diner, Germany, in: Institute of Jewish Affairs (Hrsg.), Arab Propaganda throughout the World, o. O. 1969. Zu den Aktivitäten der Organisation vgl. Ido Zelkovitz, Der deutsche Arm der

Das Ereignis, das unmittelbar vor Beginn des Sechstagekriegs die Aufmerksamkeit der Linken vereinnahmte, war die Ermordung des Studenten Benno Ohnesorg am 2. Juni 1967, der im Rahmen der Demonstrationen gegen den Staatsbesuch von Schah Reza Pahlavi in West-Berlin vom Polizisten und Stasi-Spitzel Karl-Heinz Kurras erschossen worden war.[31] Die anschließenden Proteste nahmen eine solch übergeordnete Rolle in der studentischen Wahrnehmung ein, dass der Sechstagekrieg anfangs nur am Rande registriert wurde. Der Wahrnehmungswandel der Neuen Linken hin zum arabisch-israelischen Konflikt wurde unter anderem davon beeinflusst, dass die konservative Springer-Presse, die auch die führende Rolle in der Verunglimpfung der Neuen Linken spielte, zunehmend eine dezidiert proisraelische Haltung innerhalb dieses Konflikts an den Tag legte. Dabei muss darauf hingewiesen werden, dass die Berichterstattung der Springer-Presse mit Blitzkriegsvergleichen und NS-Begriffen hantierte.[32] Die vormals tabuisierte deutsche Kriegsbegeisterung lebte angesichts des israelischen Erfolgs in der Springer-Rezeption des Sechstagekriegs auf, sodass die nicht überwundene deutsche Niederlage 1945 in einer falschen Identifizierung mit Israel ihren Ausdruck fand. Anstatt jedoch auf diese falsche Begeisterung hinzuweisen, zogen die Vertreter und Vertreterinnen der Neuen Linken den Schluss, dass sie „nicht zu einer Zeit emphatisch für den Staat Israel eintreten [können], wo die gesamte Presse dessen Kriegsführung mit demselben Begriff ‚Blitzkrieg' feiert, mit dem die Nazis in drei Tagen Polen ausradiert und seine jüdische und nichtjüdische Bevölkerung massakriert haben."[33] Die Solidarität mit dem Staat Israel, dessen Existenz erneut bedroht wurde, wurde aufgrund der philosemitischen Parteinahme der Springer-Presse für Israel abgelehnt. Die „Assoziierung des jüdischen Staates mit dieser Tribüne des westdeutschen Konservativismus"[34] führte schließlich dazu, dass jegliche Solidarität mit Israel zu einem philosemitischen Antisemitismus der von der Neuen Linken als konservativ und reaktionär wahrgenommenen Springer-Presse und Bundesrepublik umgedeutet wurde.

Fatah: Die Generalunion Palästinensischer Studenten (GUPS), in: Martin Jander/Anetta Kahane (Hrsg.), Gesichter der Antimoderne, Baden-Baden 2020, S. 291–304.
31 Siehe dazu Marc Tschernitschek, Der Todesschütze Benno Ohnesorgs. Karl-Heinz Kurras, die Westberliner Polizei und die Stasi, Marburg 2013.
32 Dies war nicht nur für die Springer-Presse zu erkennen, sondern fand sich auch im *Spiegel* wieder. Dort wurde Moshe Dayan mit Erwin Rommel verglichen. Siehe dazu: o. A., Tötet, tötet, in: Der Spiegel, 12.6.1967, S. 21–27.
33 Zitiert nach Kloke, Israel, S. 115.
34 Kloke, Israel, S. 115.

III

Indes geriet der Antiimperialismus, „der sich primär gegen Amerika und Israel richtet"[35], zum zentralen theoretischen Referenzrahmen der Neuen Linken.[36] Dem Antiimperialismus kam zunehmend eine wichtige Bedeutung im Hinblick auf die linke Perzeption des globalen Weltgeschehens und damit auch des Sechstagekriegs bei.

Neben dem Antisemitismus, speziell in seiner Spielart des Antizionismus, zählen zu den inhärenten Ideologemen dieses politischen Weltbilds besonders Vorstellungen ethnisch-völkischer Homogenität und Ursprünglichkeit. Theoretischer Ausgangspunkt für das antiimperialistische Grundverständnis der Neuen Linken war die Imperialismustheorie, die Wladimir I. Lenin 50 Jahre zuvor in seiner 1917 veröffentlichten Schrift *Der Imperialismus als höchstes Stadium des Kapitalismus* aufgestellt hatte. In dieser wurde der Imperialismus als „monopolitisches Stadium des Kapitalismus"[37] und der „Herrschaft der Monopole und des Finanzkapitals"[38] begriffen.[39] Das Marxsche Klassenmodell, das eine horizontale Spaltung aller Gesellschaften in Beherrschte und Beherrschende postulierte, wurde zunehmend zugunsten der Idee der Beherrschung ganzer unterdrückter Völker verworfen.[40] Im globalen Weltgeschehen würden sich demnach unterdrückte Völker und beherrschende Monopolisten gegenüberstehen. So wurde die manichäische Dichotomie von unterdrücktem Volk und Fremdherrschaft „zum festen Schema der Wahrnehmung von internationalen Konflikten".[41] Anstelle der proletarischen Revolution rückte damit auch der völkische Befreiungskampf mit „homogenen, unterdrückten Kollektiven [als] Solidaritätsobjekten"[42] in den Fokus

---

35 Vgl. Samuel Salzborn, Globaler Antisemitismus. Eine Spurensuche in den Abgründen der Moderne, Weinheim/Basel 2018, S. 84.
36 Anzumerken ist dabei, dass sich beide Länder als explizite Einwanderungsgesellschaften verstehen, was sich nicht nur im politischen Selbstverständnis und der historischen Entstehungsgeschichte, sondern auch im alltäglichen Zusammenleben niederschlägt. Wenn nun die USA und insbesondere Israel als rassistischer Staat diffamiert werden und damit als antiimperialistische Hassobjekte in den Fokus genommen werden, wird über die Tatsache hinweggetäuscht, dass in der strukturellen Verfasstheit aller Staaten und Gesellschaften Macht- und Herrschaftsverhältnisse wirken.
37 Vgl. Wladimir Iljitsch Lenin, Der Imperialismus als das höchste Stadium des Kapitalismus, in: Ders.: Werke Bd. 22, Berlin/Ost 1960, S. 187–309, hier S. 270.
38 Lenin, Imperialismus, S. 270.
39 Vgl. Salzborn, Globaler Antisemitismus, S. 88.
40 Vgl. Salzborn, Globaler Antisemitismus, S. 89.
41 Schmidt, Antizionismus, S. 35.
42 Salzborn, Globaler Antisemitismus, S. 89.

der neuen linken Wahrnehmung, weswegen „das revolutionäre Subjekt nicht mehr im Proletariat der Industrienationen, sondern in den Befreiungsbewegungen des Trikont gesehen"[43] wurde, wie Jan Gerber festhält: Die „revolutionären Sehnsüchte werden angesichts der gescheiterten proletarischen Revolution in den Metropolen in andere Gegenden des Erdballs verlagert".[44] Die ideologische Verschiebung von der Marxschen zur marxistisch-leninistischen Theorie zeichnet sich aber nicht nur durch die Ersetzung der Kategorie „Klasse" durch „Volk" aus, die Volker Weiß auf den Begriff „Volksklassenkampf"[45] bringt, sondern auch durch die Radikalisierung der Neuen Linken von ihren studentisch-organisierten Protesten hin zum martialisch auftretenden „Guerilla-Dasein"[46], welches im Linkterrorismus der 1970er Jahre seinen Höhepunkt fand.

Diese inhaltliche Verschiebung der politischen Schwerpunktsetzung durch die Verlagerung des revolutionären Subjekts in die „Dritte Welt" und die Hinwendung zum bewaffneten Befreiungskampf hatte im Vietnamkrieg ihren Ausgang genommen. Mit der zunehmenden militärischen und politischen Auseinandersetzung zwischen Israel und seinen arabischen Nachbarstaaten ergab sich Ende der 1960er Jahre für die Neue Linke jedoch eine kollektive Identifikationsmöglichkeit im Nahen Osten – der Europa in geographischer wie historischer Hinsicht näher war –, konkret durch die „Verklärung der ‚kämpfenden Palästinenser' als ‚arabische Guerilleros'"[47]. Vom Sechstagekrieg an wandte sich die internationalistische Aufmerksamkeit der westdeutschen Linken vom Krieg in Fernost ab und zunehmend Palästina zu, sodass von nun an „der Nahostkonflikt als zentrale Bühne, auf der sich Imperialismus und Befreiungsbewegungen gegenübertreten"[48], firmierte.

Der rassistische Unterton dieser Vorstellung von Antiimperialismus trat dabei nicht nur in der Idealisierung vermeintlich unterdrückter Völker aufgrund der Verlagerung des revolutionären Subjekts in die „Dritte Welt", sondern insbesondere in der Annahme hervor, dass homogene Volks-Kollektive zentraler Bezugspunkt des revolutionären Befreiungskampfs seien. Neben der Voraussetzung der „Existenz von zusammengehörigen ethnischen Gemeinschaften namens Völ-

---

43 Jan Gerber, „Schalom und Napalm". Die Stadtguerilla als Avantgarde des Antizionismus, in: Joachim Bruhn/Jan Gerber (Hrsg.), Rote Armee Fiktion, Freiburg 2007, S. 39–84, hier S. 60.
44 Gerber, Schalom, S. 59.
45 Vgl. Weiß, „Volksklassenkampf".
46 Schmidt, Antizionismus, S. 36.
47 Schmidt, Antizionismus, S. 36.
48 Weiß, Volksklassenkampf, S. 228.

ker"⁴⁹ wurde dabei „ebenso selbstverständlich" angenommen, „dass jedes Volk ein allen seinen Mitgliedern gemeinsames ‚nationales Interesse' habe"⁵⁰, wie Thomas Haury schreibt, welches im Kampf um dessen Befreiung als nationale Angelegenheit Ausdruck fände. In diesem Kontext ist Antiimperialismus folglich als ein national-ethnisierendes Weltbild zu verstehen, das Rassismus bewusst oder unbewusst reproduziert. An dieser Stelle soll nicht unerwähnt bleiben, dass „bis in die 1980er Jahre Rassismus vorrangig außerhalb des eigenen Landes verortet [wurde] und selten Anlass, [sondern] eher Aspekt von Protesten [war]".⁵¹ So war für die deutsche Linke der Antirassismus zweifellos im internationalistischen Kampf miteingebunden, ohne dabei jedoch über ein tiefergehendes Verständnis von Rassismus als bestimmte Unterdrückungsform zu verfügen und selbstkritisch mit den eigenen Ideologemen, auch bezogen auf die eigene Reproduktion rassistischer Denkweisen, umzugehen. Damit soll ausdrücklich nicht gemeint sein, dass innerhalb der deutschen Linken migrantische Stimmen und der hiesige Rassismus gar keine Rolle spielten, wohl aber, dass diese mehrheitlich verklärt und externalisiert wurden.⁵²

Auch Antisemitismus und Antiimperialismus lassen eine ideologische Nähe erkennen. Jan Gerber schreibt:

> in der Vorliebe für Verschwörungstheorien zur Erklärung des Weltgeschehens, in der Tendenz, Politik und Ökonomie zu personalisieren, in dem Verständnis von Herrschaft und Ausbeutung als fremde Machenschaften, sowie in seinem binären Denken, das die Welt in Gut und Böse sortiert, weist das antiimperialistische Weltbild strukturelle Gemeinsamkeiten mit dem Weltbild des Antisemitismus auf⁵³.

Israel wurde in der manichäischen Weltsicht des so verstandenen Antiimperialismus folglich als „imperialistisches Gebilde"⁵⁴, d.h. als etwas Artifizielles, klassifiziert. Konkret ergab sich daraus die Konsequenz, dass „wenn Israel das imperialistische Böse im Nahen Osten darstellt, [...] der jüdische Staat Kapital und Imperialismus und den wesenhaften Feind ‚aller arabischen Völker' verkörpern [muss]", wie Thomas Haury bemerkt: „Dies aber erinnert nur allzu deutlich an das

---

49 Thomas Haury, „Das ist Völkermord!". Das „antifaschistische Deutschland" im Kampf gegen den „imperialistischen Brückenkopf Israel" und gegen die deutsche Vergangenheit, in: Matthias Brosch (Hrsg.), Exklusive Solidarität. Linker Antisemitismus in Deutschland. Vom Idealismus zur Antiglobalisierungsbewegung, Berlin 2007, 285–300, hier S. 290.
50 Haury, Völkermord, S. 290.
51 Seibert, Proteste, S. 14.
52 Seibert, Proteste, S. 14.
53 Gerber, Schalom, S. 62.
54 Haury, Völkermord, S. 292.

antisemitische Weltbild, das die Juden als die absolute Gegenrasse und genuines Anti-Volk allen Völkern entgegensetzt"[55]. Mit anderen Worten heißt das: wenn „das antiimperialistische Weltbild auf den Nahostkonflikt übertragen [wird], weitet sich die strukturelle Ähnlichkeit zu einer inhaltlichen Übereinstimmung aus"[56].

IV

Die Nahost-Resolution des SDS gilt in der Forschung als Schlüsseldokument des antiisraelischen Kurses der Neuen Linken im Nachgang des Sechstagekriegs. Jeffrey Herf etwa spricht von einem Dokument, das „die Wende der westdeutschen radikalen Linken gegen Israel markiert"[57] habe. Dabei macht er vor allem auf die Tatsache aufmerksam, dass „führende und einflussreiche Mitglieder der westdeutschen Neuen Linken"[58] für die Resolution gestimmt hatten. So ist davon auszugehen, dass sowohl ein antiisraelischer Konsens im SDS-Verband vorherrschte wie auch dass dieser nach seiner Auflösung 1970 in vielen linken Gruppen, die aus dem Verfallsprozess hervorgingen, radikal fortexistierte.

Der Nahost-Resolution, die am 9. September 1967 auf der SDS-Delegiertenversammlung in Frankfurt verabschiedet wurde, ging die Erklärung zum arabisch-israelischen Konflikt vom 5. Juni 1967 sowie ein offener Brief des Politikwissenschaftlers Wolfgang Abendroth voraus, den der SDS am 6. Juni 1967 veröffentlichte. In der Erklärung vom 5. Juni nahm der SDS mit dem Verweis auf die Schuld der Großmächte (USA, UdSSR), welche durch militärische und politische Interventionen für die Verschärfung des Konflikts verantwortlich seien, eine vermeintlich neutrale Haltung ein. Außerdem wurde die „eigentliche Ursache [des Konflikts] im Niveauunterschied der ökonomisch-kulturellen Entwicklung zwischen Israel und seinen Nachbarländern"[59] vermutet. Die Reduzierung der Ursachen des Konflikts auf politökonomische Motive weist auf eine vulgärmarxistische Auffassung hin. Mit dem Fokus auf primär sozioökonomische Gründe wurden auch hier schon tatsächlich weitaus ausschlaggebendere Gründe wie der

---

55 Haury, Völkermord, S. 292.
56 Gerber, Schalom, S. 62.
57 Herf, Unerklärte Kriege, S. 99.
58 Herf, Unerklärte Kriege, S. 100.
59 Erklärung zum Nahost-Konflikt, in: FU Berlin, UA, APO-Archiv, SDS, 231, S. 22.

Vernichtungsantisemitismus der arabischen Nachbarn und die Notwendigkeit der israelischen Selbstverteidigung außer Acht gelassen.[60]

Obwohl der SDS mit seiner vage formulierten Erklärung direkt zu Beginn des Sechstagekriegs keine allzu einheitliche und klare Position nach außen trug, kann bereits an dieser Stelle angenommen werden, dass sich unter dem Deckmantel der Neutralität eine antiisraelische Haltung versteckte. Diese Vermutung wird dadurch bestätigt, dass schon am darauffolgenden Tag Abendroths offener Brief mit der Bemerkung, dass dieser die SDS-Position „ganz klar"[61] wiedergebe, veröffentlicht wurde. So stellte der SDS zu diesem Zeitpunkt fest,

> dass wir Sozialisten in der BRD, die wir von Anfang an den Kampf gegen den Antisemitismus nicht nur aus moralischen, humanitären oder gar antirassistischen Gesichtspunkten betrieben haben, in der jetzigen Situation unsere Gefühle für das israelische Volk nicht verwechseln dürfen mit der rationalen, ökonomischen und politischen Analyse der Position des Staates Israel im internationalen Konfliktsystem zwischen den hochindustrialisierten Ländern und den Ländern in der Dritten Welt.[62]

Konkret heißt dies, dass zwar eine Solidarität mit Jüdinnen und Juden propagiert wird, diese aber der Ablehnung des israelischen Staates aufgrund seiner angeblichen Stellung im Weltgeschehen nicht im Wege stehen dürfe. Ebenso inszenierte sich der SDS als zentrale Kraft im Kampf gegen Antisemitismus (und das „nicht nur aus moralischen, humanitären oder gar antirassistischen Gesichtspunkten"[63]), was aber vordergründig als Immunisierungstaktik für den noch nicht einmal ausgesprochenen Antisemitismusvorwurf enttarnt werden kann. Die eigene Vorwegnahme des potenziellen Antisemitismusvorwurfs ist damit als psychologische Abwehrstrategie zu bewerten. Indem darauf verwiesen wird, dass man entschlossen gegen Antisemitismus – zumindest in der Selbstwahrnehmung – eintrete, sollte die eigene Position dahingehend bestärkt werden, dass sie nicht als eine falsche oder gar antisemitische wahrgenommen werden kann.

Im Brief selbst erklärte Abendroth ausführlich, warum die Linke eine pro-palästinensische Haltung in dem Konflikt einzunehmen habe: Aufgrund des an-

---

60 Hierbei soll kurz darauf hingewiesen werden, dass die neutrale Positionierungsstrategie im Hinblick auf Israel nach wie vor sehr beliebt ist. Durch die Einnahme einer neutralen Position im israelisch-palästinensischen Konflikts wird auf die vermeintliche Unmöglichkeit einer klaren Haltung verwiesen. Dieses Unvermögen der kritischen Einordnung und Bewertung realer Tatsachen führt dazu, dass zumindest durch die fehlende notwendige Abgrenzung die für Israel existentiell bedrohliche Position hingenommen wird.
61 Erklärung zum Nahost-Konflikt, S. 22.
62 Erklärung zum Nahost-Konflikt, S. 22.
63 Erklärung zum Nahost-Konflikt.

tiimperialistischen Selbstverständnisses sei „eine Identifikation des sozialistischen Internationalismus in den kapitalistischen Staaten Europas mit der gegenwärtigen Politik Israels bei aller Sympathie für die israelische Bevölkerung unmöglich."[64] Auch Abendroth begriff den jüdischen Staat „als Vortrupp amerikanischer imperialistischer Interessen"[65] und kritisierte die proisraelische Haltung des bundesdeutschen Staats durch eine vermeintliche Instrumentalisierung der Shoah. Wörtlich beklagte er: „Die Bevölkerung der Bundesrepublik wird gegenwärtig unter Ausnutzung eines im Grunde antisemitischen philosemitischen Traumas zugunsten der Machtpolitik der USA, nicht aber der wirklichen Interessen der Bevölkerungsmassen in Israel mobilisiert."[66] Damit reduzierte er nicht nur die proisraelische Haltung der bundesrepublikanischen Öffentlichkeit auf das postnazistische Schuldgefühl, sondern sah auch in der Ausnutzung dieses schlechten Gewissens die Verfolgung „fremder" imperialistischer Ziele, die nicht den Interessen der israelischen Bevölkerung entsprechen würden. Abendroth verkannte dabei jedoch, dass das „wirkliche Interesse der Bevölkerungsmassen in Israel" sehr wohl die Sicherung ihrer Existenz gegen das arabische Vernichtungsvorhaben war, und instrumentalisierte das deutsche Schuldgefühl, um die daraus resultierende Unterstützung für Israel als falsche Unterstützung anzugreifen und sich damit gegen den jüdischen Staat zu wenden. Er nahm damit etwas vorweg, was der antizionistische APO-Aktivist Dieter Kunzelmann im November 1969 in seinem notorischen „Brief aus Amman" als deutschen „Judenknax"[67] bezeichnen sollte.

Die darauffolgende SDS Nahost-Resolution vom September 1967 war dabei ganz im Sinne des Briefs von Abendroth. Sie begann mit dem Satz: „Der Krieg zwischen Israel und seinen arabischen Nachbarn kann nur auf [sic] dem Hintergrund des antiimperialistischen Kampfes der arabischen Völker gegen die Unterdrückung durch den angloamerikanischen Imperialismus analysiert werden"[68], und machte damit schon den antiimperialistischen Referenzrahmen unmissverständlich deutlich. Außerdem fällt auch bei dieser Resolution unmittelbar die Reduzierung der Ursachen des Konflikts auf politökonomische Motive ins Auge, indem der Konflikt auf die ungleichverteilte Erdölproduktion und die damit verbundene Profitmaximierung „angloamerikanischer Konzerne"[69] zurückgeführt wurde. Demgemäß war „die Nationalisierung der Ölproduktion und

---

64 Offener Brief von Wolfgang Abendroth, in: FU Berlin, UA, APO-Archiv, SDS, 231, S. 24.
65 Offener Brief, S. 24.
66 Offener Brief, S. 24.
67 Dieter Kunzelmann, Brief aus Amman, in: Agit 883, Nr. 42, 27.11.1969, S. 5.
68 Nahost-Resolution, in: FU Berlin, UA, APO-Archiv, SDS, 26, S. 54.
69 Nahost-Resolution, S. 54.

die Schaffung eines einheitlichen Arabischen Ostens"[70] gefordert worden, die „nicht nur die erste Voraussetzung für die sozio-ökonomische Entwicklung aller arabischen Völker, sondern auch für die Überwindung des israelisch-arabischen Konflikts"[71] wäre. Umgesetzt hätte der Ruf nach einem einheitlich arabischen Staat die Auflösung des israelischen Staates bedeutet. Da der SDS diese Forderung im späteren Verlauf nochmals wiederholte, schien dem SDS-Verband die Konsequenz sehr wohl bewusst zu sein. Insbesondere die Formulierung, dass „die Anerkennung des Existenzrechts der in Palästina lebenden Juden [...] nicht identisch sein [darf] mit der Anerkennung Israels als Brückenkopf des Imperialismus und als zionistisches Staatsgebilde"[72], lässt daran keinen Zweifel: Das Existenzrecht Israels wurde damit nicht nur in Frage gestellt, sondern explizit negiert. Zwar bescheinigte die Resolution Jüdinnen und Juden das Recht „in Palästina" zu leben, nicht aber in einem jüdischen Staat. Außerdem wurde „die Forderung nach formaler Anerkennung des Staates Israel durch seine arabischen Nachbarn als Voraussetzung eines dauerhaften Friedens"[73] als Verschleierung der vermeintlichen Tatsache, „dass Israel in seiner heutigen Form nicht ohne Unterstützung des Imperialismus lebensfähig ist"[74] erkannt. Die Nichtanerkennung Israels durch seine arabischen Nachbarn wurde überdies nur als „SYMPTOM eines Strukturkonflikts, zwischen dem vom Imperialismus unterstützen Israel und den vom Imperialismus ausgebeuteten arabischen Völker[n]"[75] und nicht als Ausdruck ihres unverhohlenen Antisemitismus gedeutet. Daher sprach sich der SDS auch ausdrücklich gegen die formale Anerkennung Israels durch die arabischen Staaten aus und stellte sich damit explizit auf die Seite der antisemitisch motivierten arabischen Nachbarländer.

Ferner wurde die zionistische Entstehungsgeschichte Israels als „zionistische Kolonialisierung Palästinas"[76] wahrgenommen, welche die „Vertreibung und Unterdrückung der dort lebenden eingeborenen arabischen Bevölkerung durch eine privilegierte Siedlerschicht"[77] bedeute. Die Dringlichkeit des jüdischen Nationalstaats als politischer Schutzraum aller Jüdinnen und Juden, historisch durch die Shoah begründet, aber auch angesichts der arabischen Vernichtungsabsichten während des Sechstagekriegs erneut bestätigt, wurde völlig ausge-

---

70 Nahost-Resolution, S. 54.
71 Nahost-Resolution, S. 54.
72 Nahost-Resolution, S. 54.
73 Nahost-Resolution, S. 60.
74 Nahost-Resolution, S. 60.
75 Nahost-Resolution, S. 60, (Hervorhebung im Orginal).
76 Nahost-Resolution, S. 55.
77 Nahost-Resolution, S. 55.

blendet. Hier wurde jedoch nicht nur die historische und gegenwärtige Notwendigkeit des Zionismus nicht beachtet, sondern darüber hinaus wurden auch die geschichtlichen und religiösen Bezüge von Jüdinnen und Juden zu dem geographischen Gebiet Palästina aberkannt. So wurde ein Bild der einseitigen gewaltvollen Vertreibung gezeichnet, in dem die Flucht vor dem Antisemitismus in Europa als Grund für jüdische Immigration nach Palästina – und das auch schon seit 1881[78] – keinerlei Bedeutung beikam. So forderte die Resolution auch „die Rehabilitierung von hunderttausenden arabischen Flüchtlingen in ihrem Mutterland"[79] und „die Rückführung und materielle Entschädigung der Palästinenser"[80]. Diese Forderung nach einem, auch heute noch in der Boykottbewegung weit verbreiteten, sogenannten palästinensischen Rückkehrrecht[81] lässt die demographischen Auswirkungen solch eines Vorhabens auf den Staat Israel und seinen jüdischen Nationalcharakter, der mit der Idee verknüpft ist, nie wieder eine Minderheit in einem Staat zu sein, aktiv außer Acht.

Die jüdischen Immigranten und Immigrantinnen wurden in der SDS Nahost-Resolution zudem als „privilegierte Siedlerschicht"[82] bezeichnet, die „von außen eintreten und die einheimische Bevölkerung verdrängen"[83] würden, was die Konstruktion der Gegenüberstellung von dem eingeborenen arabischen Volk und den fremden privilegierten Eindringlingen verstärkte. Es ist auffällig, dass hier auf die imaginierte Vorstellung des künstlichen Staats Israels in Abgrenzung zum natürlichen palästinensischen Volk Bezug genommen wird. Dies entspricht dem besagten ethnisierenden Antiimperialismusverständnis der Neuen Linken, welches die Dichotomie von natürlichem Volk und künstlichem imperialistischem Staat propagiert und dabei ignoriert, dass die Entstehung von Nationalstaaten

---

78 Historisch sind mehrere Einwanderungswellen zu verzeichnen: Zwischen 1881 und 1903, 1904 und 1914, 1910 und 1923 sowie von 1924 bis 1931. Hauptgrund war der Antisemitismus in Europa.
79 Nahost-Resolution, S. 56.
80 Nahost-Resolution, S. 56.
81 Dabei ist darauf hinzuweisen, dass es rein formal solch ein Recht nicht gibt (vgl. https://www.mena-watch.com/gibt-es-ein-palaestinensisches-rueckkehrrecht/). Dennoch besitzen palästinensische Geflüchtete in der UNO einen Sonderstatus, dadurch dass ihr Flüchtlingsstatus vererbt wird und sie über ein eigenes Flüchtlingswerk (UNRWA) verfügen. Die Vererbung ihres Flüchtlingsstatus verhindert jedoch häufig nicht nur die Möglichkeit der Einbürgerung der palästinensischen Geflüchteten in die Länder, in denen sie leben, sondern hat auch konkrete demographische Auswirkungen auf den jüdischen Nationalstaat. Aufgrund des Weitertragens des Flüchtlingsstatus in jede dazukommende Generation würden sich auch die ethnischen Mehrheitsverhältnisse im Staat Israel mit einer so verstandenen palästinensischen Rückkehr verändern und damit die faktische Auflösung seines jüdischen Nationalcharakters bedeuten.
82 Nahost-Resolution, S. 56.
83 Nahost-Resolution, S. 56.

immer ein künstlicher und kein natürlicher Entstehungsprozess ist, der mit Gewalt und Vertreibung einhergeht. Dass die Gründung des jüdischen Nationalstaats im Vergleich zu anderen Nationalstaatsgründungen als besonders gewaltvoll und aggressiv dargestellt wurde, deutet auf einen antisemitisch motivierten Doppelstandard hin.[84]

Es ist deshalb nicht verwunderlich, dass ausschließlich negativ konnotierte Begriffe zur Beschreibung Israels im Sechstagekrieg und im Weltgeschehen Verwendung fanden. Neben „Kolonialisierung"[85], „Aggression"[86], „Expansion"[87] wurde vor allem der Begriff „Zionismus"[88] eingesetzt, um Israel zu delegitimieren. Insbesondere letzteres wurde als Inbegriff des Bösen mit Imperialismus, Kolonialismus und vor allem mit Rassismus gleichgesetzt. In historischer Perspektive ist genau dies hervorzuheben, da die Ineinssetzung von Zionismus und Rassismus, welche die Nahost-Resolution als Leitmotiv durchzieht, dem zionistisch begründeten Staat Israel die moralische Legitimität entziehen sollte. Verkannt wurde dabei in der Regel, dass die zionistische Begründung in erster Linie nur bedeutete, dass die Beschaffenheit Israels als jüdischer Nationalstaat im Sinne eines Zufluchtsortes aller Jüdinnen und Juden weltweit und eben nicht als ausschließlich jüdischer Staat zu begreifen ist, in dem einzig Jüdinnen und Juden die Staatsbürgerschaft erwerben können. Indem Zionismus also als ein rassistisches Projekt begriffen wurde, konnte Israel als Staat gewordenes Resultat einer angeblich ‚fremden', sinistren Macht eine rassistische Motivation mit rassistischen Zielen insbesondere gegenüber der palästinensischen Bevölkerung unterstellt werden.

Die Neue Linke, die sich vom Sechstagekrieg an endgültig auf der moralisch richtigen Seite im globalen Weltgeschehen wähnte, imaginierte Israel als rassistisches und imperialistisches Land – und die Palästinenser und Palästinenserinnen als unterdrücktes und zu befreiendes Volk. Demzufolge konnte ihr antirassistisches und antiimperialistisches Selbstverständnis und das jener bundes- und gesamtdeutschen Linken, die in dieser Tradition standen, in dieser Logik nur eine israelfeindliche Ausdrucksweise annehmen.

So ist auch die Nahost-Resolution des SDS durch die einseitige Betrachtungsweise des Sechstagekriegs und die einseitige Verurteilung Israels als allei-

---

84 Siehe dazu Nathan Sharanskys 3D-Test, der besagt, dass wenn Dämonisierung, Doppelstandard oder Delegitimierung hinsichtlich israelbezogener Aussagen gegeben ist, diese als antisemitisch eingestuft werden können.
85 Nahost-Resolution, S. 56.
86 Nahost-Resolution, S. 56.
87 Nahost-Resolution, S. 56.
88 Nahost-Resolution, S. 56.

niger Aggressor aufgrund der Auslassung der „Drohungen und Aktionen Nassers, [der] syrische[n] Anschläge auf den Norden Israels oder [der] militärische[n] Unterstützung für die arabischen Staaten durch die Sowjetunion"[89] klar antizionistisch einzuordnen. In ihr manifestierte sich endgültig die antiisraelische Haltung des SDS, die mit der Vorstellung eines legitimen Kampfs gegen Israel als Kampf gegen Rassismus, Zionismus und Imperialismus begründet wurde. An dieser Stelle ist nochmals hervorzuheben, dass diese Haltung auch über den SDS hinaus in linken Kreisen zum Mainstream gehörte.[90] Israel bot nicht nur mit Blick auf die nationalsozialistische Judenvernichtung für die eigene verdrängte Vergangenheit und das damit verbundene Schuldgefühl, sondern auch für eine psychisch entlastende Verschiebung der Problemwahrnehmung eine Projektionsfläche, in der die Welt aufgrund der manichäischen Sicht in Gut und Böse klar eingeteilt werden konnte.

V

Die Analyse verdeutlicht, dass das antiimperialistische Selbstverständnis, das erst durch die innen- und außenpolitischen Gegebenheiten der 1960er Jahre diese Ausformung annehmen konnte und im Sechstagekrieg seinen Schlüsselmoment erlangte, den Wahrnehmungswandel in der Neuen Linken von der Aufarbeitung der NS-Vergangenheit hin zu den Befreiungskämpfen in der „Dritten Welt" bedingte. Durch die manichäische Sortierung des Weltgeschehens aus einer antiimperialistischen Perspektive in Gut und Böse, wurde Israel als imperialistisch wahrgenommener Staat auf der zu bekämpfenden Seite und das ‚unterdrückte' palästinensische Volk auf der zu befreienden Seite verortet. Jedoch kam es „aufgrund dieses antiimperialistischen Paradigmas"[91] auch zum Unvermögen, „die historische Spezifik des Nahostkonflikts und das Gewicht der Shoah darin zu erkennen"[92], wie Volker Weiß konkludiert. Das hatte zur Folge, dass in diesem manichäisch aufgespaltenen Weltbild Bewegungen wie die PLO und PFLP mit ihrem terroristischen Vorgehen und antisemitischen Beweggründen verehrt und unterstützt wurden, während der Zionismus – „die Bewegung der nationalen

---

89 Herf, Unerklärte Kriege, S.101.
90 Es ist schließlich so, dass „diese antizionistische Ausrichtung sich nicht nur auf wenige Jahre beschränkte, sondern lange anhielt und ein durchgehendes Muster linker Argumentation gegen Israel seit 1968 geworden ist" (Schmidt, Antizionismus, S. 7).
91 Weiß, Volksklassenkampf, S. 237.
92 Weiß, Volksklassenkampf, S. 237.

Befreiung der Juden"[93] – bekämpft wurde. Das zeugt nicht nur von Geschichtslosigkeit, sondern auch von einem moralischen Überlegenheitsgefühl, nunmehr auf der richtigen Seite der Geschichte zu stehen und sich folglich für die angeblich richtige Sache – nämlich für den Kampf gegen Israel aus antirassistischer und antiimperialistischer Überzeugung – einzusetzen. Als Projektionsfläche der westdeutschen Linken der 1960er Jahre ebenso wie weiter Teile der bundesrepublikanischen Bevölkerung, die sich von der Springer-Presse angesprochen fühlten, bot dieses Israel-Bild die Möglichkeit, sich von der Last der Vergangenheit zu befreien und rassistische Zustände in Deutschland zu externalisieren.

Das, was sich Ende der 1960er Jahre als antiisraelische Haltung manifestierte – hier anhand der SDS-Resolution exemplarisch veranschaulicht – sollte nicht nur für die sich ausdifferenzierende bundesdeutsche Linke nach 1968 wegweisend werden. Die damalige Rede vom angeblich rassistisch verfassten jüdischen Staat, der gewaltvollen Vertreibung des palästinensischen Volks und die einseitige Verurteilung Israels als alleinigem Aggressor lebten beharrlich fort, um Israel moralisch zu delegitimieren und politisch anzufeinden. Auch im 21. Jahrhundert werden die gleichen Argumente bemüht, „die jene Grundsätze wieder auf[wärmen], die in den 1960er und 1980er Jahren erstmals in der Weltpolitik Fuß fassten."[94]

Literatur

Diner, Dan. Germany, in: Institute of Jewish Affairs (Hrsg.), Arab Propaganda throughout the World, o. O. 1969, II/1-II/7.
Erklärung zum Nahost-Konflikt, in: FU Berlin, UA, APO-Archiv, SDS, 231.
Gerber, Jan. „Schalom und Napalm". Die Stadtguerilla als Avantgarde des Antizionismus, in: Joachim Bruhn/Jan Gerber (Hrsg.), Rote Armee Fiktion, Freiburg 2007, S. 39–84.
Goeke, Simon. „Wir sind alle Fremdarbeiter!" Gewerkschaften, migrantische Kämpfe und soziale Bewegungen in Westdeutschland 1960–1980 (= Studien zur historischen Migrationsforschung 36), Paderborn 2020.
Haury, Thomas. „Das ist Völkermord!". Das „antifaschistische Deutschland" im Kampf gegen den „imperialistischen Brückenkopf Israel" und gegen die deutsche Vergangenheit, in: Matthias Brosch (Hrsg.), Exklusive Solidarität. Linker Antisemitismus in Deutschland. Vom Idealismus zur Antiglobalisierungsbewegung, Berlin 2007, S. 285–300.
Herf, Jeffrey. Unerklärte Kriege gegen Israel. Die DDR und die westdeutsche radikale Linke 1967–1989, Göttingen 2019.
Herzog, Dagmar. Die Politisierung der Lust. Sexualität in der deutschen Geschichte des 20. Jahrhunderts, Gießen 2021.

---

93 Herf, Unerklärte Kriege, S. 106.
94 Herf, Unerklärte Kriege, S. 13.

Jelinek, Yeshayahu A. Deutschland und Israel 1945–1965. Ein neurotisches Verhältnis, München 2004.
Kloke, Martin W. Israel und die deutsche Linke. Zur Geschichte eines schwierigen Verhältnisses. 2., erweiterte und aktualisierte Aufl., Frankfurt a. M. 1994.
Kloke, Martin W. „Beziehungsstatus: Es ist kompliziert": Die deutsche Linke und Israel, in: Martin Jander/Anetta Kahane (Hrsg.), Gesichter der Antimoderne, Baden-Baden 2020, S. 155–178.
Kraushaar, Wolfgang. Vom Philosemitismus zum Antizionismus. Der Sechs-Tage-Krieg als Vehikel für eine 180-Grad-Wendung, in: Katharina Hey/Dominik Peters (Hrsg.), 50 Jahre Sechs-Tage-Krieg (= Münchner Beiträge zur jüdischen Geschichte und Kultur 11/1), München 2017, S. 28–44.
Kunzelmann, Dieter. Brief aus Amman, in: Agit 883, Nr. 42, 27.11.1969, S. 5.
Lenin, Wladimir Iljitsch. Der Imperialismus als das höchste Stadium des Kapitalismus. In: Ders.: Werke Bd. 22, Berlin/Ost 1960, S. 187–309.
Nahost-Resolution, in: FU Berlin, UA, APO-Archiv, SDS, 26.
o. A., Tötet, tötet, in: Der Spiegel, 12.6.1967, S 21–27.
Offener Brief von Wolfgang Abendroth, in: FU Berlin, UA, APO-Archiv, SDS, 231.
Rensmann, Jörg. Der Mythos Nakba. Fakten zur israelischen Gründungsgeschichte, hrsg. von den Arbeitsgemeinschaften der Deutsch-Israelischen Gesellschaft e.V., Baden-Baden 2013.
Salzborn, Samuel. Globaler Antisemitismus. Eine Spurensuche in den Abgründen der Moderne, Weinheim/Basel 2018.
Schmidt, Holger J. Antizionismus, Israelkritik und „Judenknax". Antisemitismus in der deutschen Linken nach 1945 (= Forum Junge Politikwissenschaft 23), Bonn 2010.
Segev, Tom. 1967 – Israels Zweite Geburt, München 2007.
Seibert, Nils. Vergessene Proteste. Internationalismus und Antirassismus 1964–1983, Münster, 2008.
Stevenson, William. Werft sie ins Meer. Der Krieg der 100 Stunden. Israels Kampf um seine Existenz, München 1967.
Tschernitschek, Marc. Der Todesschütze Benno Ohnesorgs. Karl-Heinz Kurras, die Westberliner Polizei und die Stasi, Marburg 2013.
Trost, Ernst. David und Goliath. Die Schlacht um Israel 1967, Wien 1967.
Weiß, Volker. „Volksklassenkampf" – Die antizionistische Rezeption des Nahostkonflikts in der militanten Linken der BRD, in: Tel Aviver Jahrbuch für deutsche Geschichte 33 (2005), S. 214–238.
Weinke, Annette. Überreste eines „unerwünschten Prozesses". Die Edition der Tonbandmitschnitte zum ersten Frankfurter Auschwitz-Prozess (1963–1965), in: Zeithistorische Forschungen/Studies in Contemporary History 2 (2005), S. 314–320.
Zelkovitz, Ido. Der deutsche Arm der Fatah: Die Generalunion Palästinensischer Studenten (GUPS), in: Martin Jander/Anetta Kahane (Hrsg.), Gesichter der Antimoderne, Baden-Baden 2020, S. 291–304.

Ali Tonguç Ertuğrul/Sabri Deniz Martin/Vojin Saša Vukadinović
Autoritäre Läuterung von '68

Hadayatullah Hübsch und die patriarchale Abschottung migrantischer Mädchen in der Ahmadiyya-Gemeinde

Das kurze Leben der Lareeb Khan

Die 1995 geborene Lareeb Khan wuchs mit ihrer jüngeren Schwester Nida als Tochter des hochrangigen Frankfurter Ahmadiyya-Funktionärs Assadullah Khan und dessen Ehefrau Shazia auf.[1] Als 17-jährige Bauerntochter hatte Shazia 1992 den zehn Jahre älteren Assadullah am Tag ihrer Hochzeit in Pakistan kennengelernt und war diesem nach der Vermählung ins ferne Darmstadt-Kranichstein gefolgt, wo er als Reinigungskraft arbeitete. Ihr Ehemann untersagte ihr dort, Deutsch zu lernen – eine Sprache, die er selbst nach 20 Jahren in Deutschland nicht beherrschte. Anders die beiden Töchter Lareeb und Nida, die als Vorzeigekinder galten: Wie in Ahmadiyya-Familien üblich, hatten sie sich die Liebe ihrer Eltern durch Disziplin, Fleiß, herausragende Leistungen und ihr Engagement für die Gemeinde zu erarbeiten. Sie halfen viel im Haushalt, hielten den Mund und waren gut in der Schule. Und wie viele andere junge Ahmadiyya führten sie ein Doppelleben, denn im Gegensatz zur Generation ihrer Eltern waren sie Teil der deutschen Gesellschaft, deren Vorzüge sie mit derselben Selbstverständlichkeit für sich beanspruchten wie ihre übrigen Altersgenossinnen.

Was als normal, gar als stereotypes Klischee gilt – als Neunzehnjährige einen älteren Freund zu haben –, wurde Lareeb im Mai 2014 zum Verhängnis. Als Shazia Khan sich der SMS-Chats zwischen ihrer Tochter und dem 25-jährigen Raheel T. gewahr wurde, bei dem es sich ebenfalls um einen Ahmadiyya handelte, verboten die Eltern ihrer Tochter jeglichen Kontakt – gesichert, weil die Regeln der Gemeinde besagen, dass solche Verbindungen erst einsetzen dürfen, wenn die Eltern

---

[1] Die folgenden Informationen zu Lareeb Khan finden sich u. a. bei Julia Jüttner, Die verlorene Ehre der Familie Khan, in: Der Spiegel 42/2015, 09.10.2015, S. 46–48; Timo Frasch, Sie wollte sich dem Willen der Eltern nicht beugen, in: Frankfurter Allgemeine Zeitung, 26.11.2015; Katharina Pfannkuch, Lebenslang für Vater, der Tochter im Schlaf erwürgte, in: Die Welt, 01.12.2015; Brigitta Biehl, Gerichtsbeobachtungen von peri e.V. zum Ehrenmord-Prozess im Fall Lareeb Khan / 25. September 2015, peri-ev.de/peri-aktionen-und-f%C3%A4lle/fall-lareeb-khan/1-bericht-lareeb/ (Stand: 01.07.2021); Susanne Schröter, Im Namen des Islam. Wie radikalislamische Gruppierung unsere Gesellschaft bedrohen, Gütersloh 2021, S. 230–231.

∂ Open Access. © 2023 bei den Autorinnen und Autoren, publiziert von De Gruyter. Dieses Werk ist lizenziert unter einer Creative Commons Namensnennung 4.0 International Lizenz.
https://doi.org/10.1515/9783110702729-007

des Jungen die Eltern des Mädchens aufgesucht haben, möglicherweise aber auch deshalb, weil Vater und Mutter Khan bereits einen Mann für Lareeb vorgesehen hatten.[2] Das junge Paar blieb sich dennoch treu. Dieser Affront gegen den Traditionszwang, die Eltern vor jedweder Annäherung zwischen den Geschlechtern um Erlaubnis zu bitten oder arrangiert zu heiraten, wurde drakonisch bestraft. Die Eltern nahmen Lareeb den Laptop ab und begannen, sie zu erniedrigen, zu überwachen und unter Einsatz von Schlägen und Gewalt zu züchtigen. Einmal drückte die Mutter die Hand der Tochter auf eine heiße Herdplatte, damit sie keine Kurznachrichten mehr schreiben könne. In dieser Zeit äußerte Lareeb gegenüber ihrer Schwester Nida den Wunsch, sterben zu wollen.

Der eskalierende Konflikt blieb der Frankfurter Gemeinde nicht verborgen. Das Ansehen der Familie Khan litt. Der Alt-68er, Islamkonvertit und Vorsitzende (Emir) der deutschen Ahmadiyya-Gemeinde, Abdullah Wagishauser, beauftragte schließlich einen Imam zur Schlichtung der Angelegenheit. Dieser scheiterte. Letztlich dekretierte gar das weltweite Oberhaupt der Ahmadiyya mit Residenz in Großbritannien, Kalif Mirza Masroor Ahmad, dass das junge Paar heiraten müsse. Raheels Eltern willigten anders als diejenigen Lareebs nicht direkt ein. Die Eltern empfanden dies als Schmach, für die sie ihre Tochter verantwortlich machten. Lareeb, die ihrem Umfeld bereits freudig eine bevorstehende Ehe kundgetan hatte, flehte Raheel per Handy an: „Bitte rette mich, hol mich hier raus, im Sterben ist es nicht so schlimm wie hier. Auf die Hochzeit kann ich ewig warten, aber nicht hier."[3]

Die Eltern hatten für Lareeb mittlerweile eine Reise nach Pakistan anvisiert, die mutmaßlich einer Zwangsverheiratung gedient hätte. Shazia Khan sprach gegenüber Nida offen aus, dass ihre Schwester sterben müsse, falls sich diese nicht füge. Dass das Doppelleben der rebellierenden Tochter indes weit fortgeschritten war, verbarg diese immer weniger. Nicht nur, dass Lareeb Ahmadiyya-Festlichkeiten fernblieb, sich nach Verlassen des Hauses westlich umkleidete, an ihrem Ausbildungsort, einer Zahnarztpraxis, kein Kopftuch trug und sich zudem öffentlich mit Raheel zeigte – sie hatte mittlerweile eine Anzeige wegen Diebstahls von billigem Modeschmuck und Kondomen anhängig. Mit dem nun zu vermutenden Verlust der Jungfräulichkeit hatte Lareeb in den Augen ihrer Eltern jeglichen Wert und jegliche Achtung verloren.[4] Dass sie Angst habe, von diesen ermordet zu werden, soll sie auch vor Gemeindemitgliedern bekundet haben.[5]

---

2 Vgl. Natalia Diefenbach, Ehrenmord. Ein Phänomen zwischen Obskurantismus, Angst und wirtschaftlichem Kalkül, in: Journal of Religious Culture 256 (2020), S. 1–14, hier S. 5.
3 Zitiert nach Jüttner, Die verlorene Ehre der Familie Khan, S. 48.
4 Vgl. Diefenbach, Ehrenmord, S. 3–4.

Aufzeichnungen einer Überwachungskamera vom 27. Januar 2015 aus dem Hausflur zeigen Assadullah Khan und Shazia Khan dabei, wie sie unter dem Schutz eines Regenschirms probten, ein größeres Objekt aus ihrer Wohnung abzutransportieren. In der Nacht des 28. Januar, die Nida bei Verwandten verbringen musste, schickte Lareeb eine letzte Kurznachricht an Raheel; bald darauf erwürgte der Vater in Anwesenheit der Mutter seine eigene Tochter. Um 4 Uhr früh transportierten die Eltern den Leichnam im Rollstuhl der Großmutter in die Tiefgarage. Von dort aus fuhren sie zum Steinbrücker Teich, wohin sich die Familie in der Freizeit oft gemeinsam begeben hatte. Die Tote warfen sie eine Böschung hinunter, offenbar darauf bedacht, den vermeintlichen Schandfleck der Familie für alle sichtbar zu entsorgen.

Am nächsten Morgen traf Nida ihre Schwester nicht an, dafür aber ihre auffällig gut gelaunte Mutter. Nach dem Fund der Leiche wurden die Eltern vernommen, der Mord eingestanden und Anklage erhoben. Die nun 14-jährige Nida trat im Prozess, der noch im selben Jahr stattfand, als Nebenklägerin auf. In der Verhandlung zeigte sich, dass das geschlechtlich repressive, von strenger Moral gezeichnete Klima keineswegs nur bei den Khans, sondern in der Ahmadiyya-Gemeinde waltete. Eine Zeugin, die dieser ebenfalls angehörte, erklärte etwa, dass ihr das Verbot sexueller Handlungen vor der Ehe mit folgendem Gleichnis vermittelt worden sei: „Wer will schon ein Blatt Toilettenpapier zweimal benutzen?"[6] Raheel, der Freund Raheels, wiederum erschien unter Polizeischutz vor Gericht, da er um sein Leben fürchtete. Assadullah Khan erklärte derweil, sich nicht ändern zu wollen. Sein Verteidiger bat den Richter, sich in die Angeklagten hineinzuversetzen, und bemühte hierfür gar ein Zitat von Rosa Luxemburg: „Die Freiheit ist immer die Freiheit der Andersdenkenden."[7] Im Herbst 2015 wurden beide Eltern zu lebenslanger Haft verurteilt.

An diesem Verbrechen sind zwei Aspekte hervorzuheben: Erstens, dass dieser Ehrenmord – das schwerkriminelle Resultat von Misogynie, patriarchaler und ländlicher Unkultur sowie gefestigter religiöser Ideologie – in der Ägide zweier ehemaliger Achtundsechziger stattfand. Einer davon, Hadayatullah Hübsch (1946–2011), war zu diesem Zeitpunkt zwar bereits seit einigen Jahren tot, der andere, Abdullah Wagishauser (geb. 1950), versuchte allerdings, eine weitere Eskalation unter Wahrung des von ihm aufrechterhaltenen Geschlechterkodex zu verhindern. Dass sie „dem innerislamischen Dialog eine neue ‚deutsche' Dimension [verliehen], die darin bestand, dass sie in deutschem Stil und deutscher

---

5 Vgl. Sabrina Mazzola, Lebenslange Haft für Mord an Tochter, in: Berliner Morgenpost, 02.12.2015.
6 Zitiert nach Biehl, Gerichtsbeobachtungen.
7 Zitiert nach Frasch, Sie wollte sich dem Willen der Eltern nicht beugen.

Rhetorik aus ihrer eigenen Position heraus mit den Inhalten einer eingewanderten, übernommenen Religion argumentierten"[8], und dass diese Besonderheit keineswegs zur innerreligiösen Debatte taugt, ist zu betonen. Der Umstand, dass herkunftsdeutsche Männer in dieser Position über hypermoralische Sittenkomplexe zu wachen vermögen, welche die Freiheit vornehmlich migrantischer Frauen regulieren, wenn nicht gar erheblich einschränken, ist noch nirgends thematisiert worden. Gleichwohl ist gelegentlich bereits unfreiwillig eingeräumt worden, dass genau dieses Phänomen existiert: In einer vermeintlich kritischen Sentenz hat beispielsweise die Gender-Studies-Proponentin Gabriele Dietze darauf hingewiesen, dass der westlich sozialisierte Mann dem orientalischen Patriarchen „sehr wohl Befehlsgewalt und Ordnung in der Mikrosphäre ‚seiner' Familie"[9] neide – wohlgemerkt ohne herauszustellen, dass sie damit real existierende Bevormundungs- und Gewaltformen benannt hat und ein ebenso reales Machtbedürfnis, das in dieser Konstellation unweigerlich ein rassistisches Moment birgt.

Zweitens und damit zusammenhängend, ist am Fall Lareeb Khan auffällig, dass die heimische Tortur und die Ermordung der jungen Frau durch ihre nächsten Verwandten wie auch der Prozess gegen die Eltern und der mediale Widerhall keinerlei Interesse seitens jenes akademischen Milieus nach sich gezogen hat, das – wie Dietze exemplarisch – vorgibt, Sexualpolitik als „Machttechnik" zu untersuchen.[10] Die misogyn-rassistische Ignoranz herkunftsdeutscher Genderforscherinnen, gar nicht erst begreifen zu wollen, was in diesem sowie in zahlreichen weiteren dokumentierten Fällen passierte, ist vor allem deshalb bezeichnend, weil zugleich unter elaborierter Verrenkung der Wirklichkeit versucht wird, eine Gewaltform zu rationalisieren, die System hat und somit die jargonistische Rede von der „strukturellen" Dimension männlicher Herrschaft konkret einlöst – darüber hinwegschauend, dass in islamischen Gemeinschaften insbesondere ältere Frauen Neuerungen im Lebensstil der weiblichen Nachkommen entgegenwirken, um über deren Nachwuchs an Einfluss zu gewinnen.[11] Dieses rassistische Weltbild, das die *Anderen* geradezu anders haben *will*, wird im Folgenden als Verfallsprodukt jener schon um 1968 eingeübten Zuneigung für

---

8 Natalia Diefenbach, Muslimische Religionskultur in Frankfurt am Main unter besonderer Berücksichtigung der Islamischen Religionsgemeinschaft Hessen (IRH), in: Journal of Religious Culture 201 (2015), S. 1–207, hier S. 113.
9 Gabriele Dietze, Sexualpolitik. Verflechtungen von Race und Gender, Frankfurt am Main/New York 2017, S. 59.
10 Siehe dazu Ali Tonguç Ertuğrul/Sabri Deniz Martin/Vojin Saša Vukadinović, Gewohnte Kampfbegriffe, in: Jungle World 5/2020, 30.01.2020.
11 Vgl. Schröter, Im Namen des Islam, S. 231.

andere „Völker" verstanden, die sich in der bundesdeutschen Linken mit der Zwischenstation des Multikulturalismus der 1980er und 1990er Jahre über die kommenden Jahrzehnte hinweg zu einem vornehmlich akademischen Habitus fortentwickelt hat, der sich im 21. Jahrhundert „kultursensibel" wähnt. Die zugehörigen Theorien, Argumente und Positionen sind in der Dissertation von Bernd Martin am Beispiel einer exemplarischen Schrift aus den deutschen Gender Studies bereits als Rassismus ausgewiesen worden[12]; an diese Erkenntnisse soll dieser Beitrag anschließen.

Konversionen

Die Pfade, die vormalige 68er von links nach rechts führten, sind bekannt und teilweise auch gut erforscht.[13] Zu den prominentesten zählen der RAF-Mitbegründer und spätere Neonazi Horst Mahler, der im Oktober 2020 nach Verbüßen einer neuerlichen, mehrjährigen Freiheitsstrafe aus der JVA Brandenburg entlassen wurde[14]; Bernd Rabehl, einst SDS-Mitglied, Jahrzehnte später auf DVU- und NPD-Veranstaltungen anzutreffender Autor der *National Zeitung* und des Antaios-Verlags[15]; Reinhold Oberlercher, 1968 ebenfalls im SDS organisiert, im 21. Jahrhundert wiederum Stichwortgeber für die Reichsbürgerbewegung[16]; Günter Maschke, linksradikaler Kriegsdienstverweigerer, später Carl-Schmitt-Adept und heutiger Publizist der Neuen Rechten[17].

Weitaus weniger bekannt sind indes vormalige 68er, die in ihrer rebellischen Selbstfindungsphase autoritäre Ehrvorstellungen und Normen migrantischer Glaubensgemeinschaften übernahmen – um alsbald in diesen aufzusteigen und

---

12 Vgl. Bernd Martin, Aufgeklärte Vernunft und konkurrierende Handlungsrationalitäten am Ende des 20. Jahrhunderts. Sozialtheorie zwischen prädispositiertem Nutzenkalkül, Werterelativismus und den Vorzeichen islamischen Absolutismus, Bamberg 2013.
13 Siehe dazu u. a. Manuel Seitenbecher, Mahler, Maschke & Co. Rechtes Denken in der 68er-Bewegung?, Paderborn 2013.
14 Vgl. Wolfgang Janisch, „Was tun mit einem Unbelehrsamen?", in: Süddeutsche Zeitung, 21.10. 2020; Michael Fischer, Horst Mahler. Biographische Studie zu Antisemitismus, Antiamerikanismus und Versuchen deutscher Schuldabwehr, Karlsruhe 2015.
15 Vgl. Bernd Rabehl, Linke Gewalt, Schnellroda 2007.
16 Vgl. David Begrich/Andreas Speit, „Heiliges Deutsches Reich". Reichsidee und Reichsideologie der extremen Rechten, in: Andreas Speit (Hrsg.), Reichsbürger. Die unterschätzte Gefahr, Berlin 2017, S. 22–40.
17 Vgl. Moritz Schwartz/Dieter Stein, „Mit der Jugend wurde damals diskutiert." Der Ex-68er Günter Maschke über Jugendgewalt, die Kampagne gegen Rechts und das geistige Klima in Deutschland, in: Junge Freiheit 35/2000, 25.08.2000.

dort als moralische Instanzen zu wirken. Die beiden bekanntesten Protagonisten diesen Typs sind Hadayatullah Hübsch und Abdullah Wagishauser, die in den 1970er Jahren zur Ahmadiyya-Gemeinde gefunden hatten, welche bereits ein halbes Jahrhundert zuvor nach Deutschland gekommen war. Nach annähernd 100-jähriger Missionsarbeit wurde diese moslemische Gemeinde, die von vielen anderen moslemischen Glaubensgemeinschaften als Sekte abgelehnt wird[18], 2013 in Hessen und 2014 in Hamburg als öffentlich-rechtliche Religionsgesellschaft anerkannt und somit den beiden Kirchen gleichgestellt.[19]

Dass die politischen Biografien ex-linker Rechtsreaktionärer deutlich mehr öffentliches wie wissenschaftliches Interesse hervorrufen als diejenigen der ex-linken Islamkonvertiten, dürfte mitunter dem Umstand geschuldet sein, dass es sich bei der Ahmadiyya um eine abgeschottete, primär migrantische Gemeinschaft handelt. Wie die Geschichte der Bundesrepublik zeigt, war es für die sogenannte „Mehrheitsgesellschaft" überwiegend unerheblich, was in gesellschaftlichen Arealen geschah, die den *Anderen* zufielen, wie es oft noch heute der Fall ist. Abzulesen ist das insbesondere an Menschenrechtsverletzungen, Gewalttaten und lebenslangen Demütigungen wie Genitalverstümmelung[20], Zwangsverheiratung[21] und Kinderehen[22], die längst in Deutschland angekommen sind, allerdings nur Wenige zu beunruhigen scheinen.

Mit der Ermordung Lareeb Khans, die sich die Freiheit nicht nehmen lassen wollte, wie jede herkunftsdeutsche Jugendliche zu leben und zu lieben, ist die Frage nach den Wegen, die von der Revolte von '68 zu religiöser Sittenstrenge, institutionalisierter Misogynie, rigider sozialer Zweigeschlechtlichkeit und brutaler Gewalt geführt haben, akut geworden. Dass die öffentliche Aufmerksamkeit in diese Richtung so schwach ausgeprägt ist, ist selbst Ausdruck rassistischer Ignoranz, wobei sich, was die Abwehrreaktionen dieser Einsicht anbelangt, gendertheoretisch geschulte und ausnahmslos herkunftsdeutsche Akademikerinnen mehrfach negativ hervorgetan haben.

---

18 Ausführlich dazu Thomas Gandow, Fundamentalismus im Islam. Die Ahmadiyya-Bewegung: Zwischen muslimischer Missionssekte und Führerkult, in: Elterninitiative zur Hilfe gegen seelische Abhängigkeit und religiösen Extremismus e.V./Bayerische Arbeitsgemeinschaft Demokratischer Kreise e. V. (ADK) (Hrsg.), Religiöser-weltanschaulicher-politischer Fundamentalismus und Fanatismus. Eine gesamtgesellschaftliche Herausforderung im 21. Jahrhundert, München 2007, S. 34–46.
19 Vgl. Freia Peters, „Der Islam gehört nun offiziell zu Deutschland", in: Die Welt, 13.06.2013.
20 Vgl. Uwe Fritschen/Cornelia Strunz/Roland Scherer, Female Genital Mutilation. Medizinische Beratung und Therapie genitalverstümmelter Mädchen und Frauen, Berlin 2020.
21 Schröter, Im Namen des Islam, S. 231.
22 Vgl. Sabine Menkens, „Jedes Wochenende wird eine Minderjährigenehe in Deutschland geschlossen", in: Die Welt, 16.09.2020.

Der Umstand, dass als antiautoritär und freiheitsliebend geltende Menschen, zu denen die Generation von Hübsch und Wagishauser zuvörderst gezählt wird, sich der deutschen Ahmadiyya-Missionsarbeit anschlossen, um in diesem Fall gar zum Gesicht dieser Gemeinschaft aufzusteigen, ist angesichts der bekannten negativen Folgeerscheinungen der Revolte nur partiell klärungsbedürftig; schließlich sind sowohl der Linksterrorismus als auch die Proliferation der K-Gruppen in den 1970er Jahren ohne '68 undenkbar. Denkwürdiger erscheint hier vielmehr die gewählte Form, namentlich die Sicherung des autoritären Aufbegehrens in religiöser Moral – vor allem aber das Zur-Instanz-Werden herkunftsdeutscher Männer, um minoritäre Frauen zu maßregeln und über das Diktat der Gemeinschaft von einem Leben abzuhalten, in dem sie selbst und unbesorgt herausfinden können, welchen Weg sie einschlagen möchten.

Hadayatullah Hübsch, der als bekannter Schriftsteller, langjähriger Pressesprecher der deutschen Ahmadiyya und Imam Dschuma der Frankfurter Nuur-Moschee der zweite prominente Altachtundsechziger-Konvertit neben Abdullah Wagishauser war, schrieb einmal in der *Welt*, dass der Islam eine Religion der Liebe sei, die „unvereinbar mit Terror, Ehrenmorden und Zwangsehen" wäre; die Öffentlichkeit fokussiere auf Radikale und reiße Koranverse aus dem Kontext, deren Interpretationsweise sie nicht verstünde, während ihm zufolge nichts am Islam kritikwürdig sei.[23] In der Kritik des Ehrkonzepts stehen jedoch nicht Koran und Extreme im Mittelpunkt, sondern das Vermittlungsverhältnis von Kultur, Glaubenspraxis und sozialer Ordnung. Weitaus unsanftere Töne schlug Hübsch in Schriften an, die der Bewahrung der Ahmadiyya-Ordnung galten und zur Bekehrung genutzt wurden. Daran lässt sich zeigen, wie der Ahmadiyya-Islam Konvertiten ein Gemeinschaftsversprechen wider der Mehrheitsgesellschaft offerierte, wie Hübsch mittels seines vermeintlichen Dialogwunschs erfolgreiche Öffentlichkeitsarbeit im Dienste misogyner Sittenstrenge leistete sowie Kontakte ins rechte Lager knüpfte – und wie der Ahmadiyya-Islam in der alten Bundesrepublik trotz archaischer Grundierung erst unter einen multikulturellen und später unter einen gendertheoretischen Schutzmantel gepackt wurde.

---

23 Hadayatullah Hübsch, Wer Hass predigt, verrät den Propheten Mohammed, in: Die Welt, 06.10.2007.

Der Erweckte

Hadayatullah Hübsch wurde am 8. Januar 1946 als Paul-Gerhard Hübsch in Chemnitz geboren.[24] Sein Vater war NSDAP-Mitglied und leitend für die AEG tätig gewesen, welche im Rahmen der Vernichtung durch Arbeit im Nationalsozialismus von Zwangsarbeit profitierte.[25] Hübsch bezeichnete ihn als „innerlich verkrüppelt"[26] – wie viele 68er-Eltern habe er sich nach dem Krieg ausgeschwiegen. Um den Sowjets zu entkommen, floh die Familie westwärts. Hübsch wurde christlich erzogen und wechselte auf Grund schulischer und gesundheitlicher Probleme mit 14 Jahren von der Volksschule in ein Internat im oberhessischen Laubach. Er begann, sich mit der amerikanischen Literatur und Rock-Musik zu beschäftigen. Mit 15 Jahren schrieb er seine ersten Gedichte, bald mit gleichgesinnten Mitschülern. Rasch folgten erste Publikationen. Im Internat blieb Hübsch ungebrochen aufsässig, wurde der Schule verwiesen und wechselte aufs Gymnasium im hessischen Oberursel. Statt sich mit den Hausaufgaben zu beschäftigen, folgte er seinen musischen Leidenschaften. Bereits als Jungdichter bekannt, liebäugelte er mit dem Sozialismus und organisierte die hessischen Ostermärsche der Friedensbewegung mit.

Nach seinem Abitur trat er als Kriegsdienstverweigerer und Ersatzdienstleistender eine Stelle an einer Marburger Blindenschule an. Er betätigte sich politisch, organisierte Demonstrationen, gab eine Literaturzeitschrift heraus und dichtete. Weil ihn die Arbeit langweilte, zog er nach Frankfurt, um sich dort einzig dem Dichten zu widmen. Von der linken Szene wurde er als Beat-Lyriker gefeiert. Auf einer Tournee kam er in Kontakt mit Haschisch sowie mit LSD. Er war fasziniert von der damals noch legalen Droge und bewarb sie auf seinen Vorträgen als bewusstseinserweiternd.

In Frankfurt übernahm Hübsch die Programmleitung des linksalternativen Club Voltaires – damals eine Instanz der politischen Literatur.[27] Im Frühjahr 1968

---

24 Die biografischen Informationen folgen Hadayatullah Hübsch, Mein Weg zum Islam. Von der Dunkelheit ins Licht, Frankfurt am Main 1996, S. 3–5, sowie André Dahlmeyer, Er wollte die Grenzen des Ichs sprengen. Eine Erinnerung an den Schriftsteller Hadayatullah Hübsch, in: Neues Deutschland, 07.01.2021.
25 Vgl. u. a. Thomas Irmer, Zwangsarbeit für die deutsche Elektroindustrie im besetzten Polen. Die ‚Allgemeine Elektrizitäts-Gesellschaft' (AEG) und das Kabelwerk Krakau 1941–1944, in: Andreas Heusler/Mark Spoerer/Helmuth Trischler (Hrsg.), Rüstung, Kriegswirtschaft und Zwangsarbeit im „Dritten Reich", München 2010, S. 87–106.
26 Andreas Fanizadeh, Probier dich aus!, in: taz, 19.01.2008.
27 Vgl. Detlef Siegfried, Time Is On My Side. Konsum und Politik in der westdeutschen Jugendkultur der 60er Jahre, Göttingen 2006, S. 457–459; Zarin Aschrafy, Aufklärende Gegenöffent-

beendete er sein dortiges Engagement aufgrund von Widersprüchen, die sich für ihn im sozialistischen Diskurs abzeichneten.[28] Im Mai desselben Jahres eröffnete er im Stadtteil Bockenheim „Heidi Loves You" – eine Lokalität, die Plattenladen, Warenfälscherei, Headshop und Kneipe kombinierte und in der Hübsch ohne Konzession Alkohol ausschenkte, bis sie von der Polizei geschlossen wurde.[29] Als ihm nach einer Drogennacht im September 1968 kein Kaffee im Café Laumer serviert worden war, das den Repräsentanten der Kritischen Theorie als Treffpunkt diente[30], zettelte Hübsch dort eine Kuchenschlacht an, bis ihn die anrückende Polizei abführte.[31]

Kurz nachdem der Versuch scheiterte, eine kommunistische WG und Musikgruppe zu gründen, zog er nach West-Berlin.[32] Dort lernte er unter anderem das Leben in einer Kommune kennen und landete, nachdem er Silvester 1968 eine Mischung aus Amphetaminen und Halluzinogenen konsumierte, für zwei Wochen in der Psychiatrie Wittenau, bis er dank des Einsatzes seines Verlegers freigelassen wurde.[33] „Der Sozialismus hatte nicht gehalten, was ich mir von ihm versprochen hatte", kommentierte er rückblickend.[34]

Hübsch war nun zwar erst Anfang 20, befand sich allerdings bereits im freien Fall. Seine zerstörte Psyche erlaubte es ihm nicht, konsequent zu schreiben. Er war mehrfach stationär in psychiatrischer Behandlung, zugleich dealte er im größeren Umfang mit LSD.[35] Wie viele andere auf der Suche nach Sinn, Halt, Erlebnis und Abenteuer fühlte er sich bereits vage vom Orient und der Esoterik angezogen.[36] Erst beschäftigte er sich mit dem damals modischen Zen-Buddhismus, wurde dort allerdings nicht fündig.[37] Dann zeichnete sich der Nahe Osten als Projektionsfläche ab, der seit dem Sechstagekrieg ohnehin zum politischen

---

lichkeit und politische Konversionen. Der Frankfurter Club Voltaire in den 1960er Jahren, in: Dennis Göttel/Christina Wessely (Hrsg.), Im Vorraum. Lebenswelten Kritischer Theorie um 1969, Berlin 2019, S. 161–180.
28 Hübsch, Mein Weg zum Islam, S. 6.
29 Vgl. Hadayatullah Hübsch, Als die Wildblumen blühten. Der „Heidi-loves-you-Shop" 1968, Schweinfurt 1999.
30 Vgl. Magnus Klaue, Marx oder Moritz. Das Café Laumer als Gedächtnisort der Kritischen Theorie, in: Göttel/Wessely (Hrsg.), Im Vorraum, S. 181–198.
31 Vgl. Siegfried, Time Is On My Side, S. 492.
32 Hübsch, Mein Weg zum Islam, S. 6.
33 Vgl. Fanizadeh, Probier dich aus!; Hübsch, Mein Weg zum Islam, S. 6.
34 Zitiert nach Dahlmeyer, Er wollte die Grenzen des Ichs sprengen.
35 Hübsch, Mein Weg zum Islam, S. 8.
36 Vgl. Felix Dirsch, Von der erlebten Zeitzeugenschaft zum Gegenstand der Historiographie?, in: Zeitschrift für Politik. Neue Folge 56/1 (2009), S. 89–97, hier S. 94; Hübsch, Mein Weg zum Islam, S. 8.
37 Hübsch, Mein Weg zum Islam, S. 8.

Sehnsuchtsort der Studentenbewegung aufgestiegen war.[38] Parallel dazu hatte der Antizionismus Einzug in Hübschs Lyrik gehalten: In einem Gedicht namens „gelobtes land" von 1969 fand sich etwa eine Zeile – „die taube einen ölzweig brach/da knatter-PENG da ZISCH da WAMM/da liegt der frieden brach"[39] –, die offenbar Kritik am israelischen Militär während des Abnutzungskriegs (1968– 1970) mit Ägypten sein wollte.

Nach einer „Achterbahnfahrt durch Gefängnisse und psychiatrische Anstalten und einem Selbstmordversuch"[40], wie Hübsch rückblickend über diese Zeit vermerkte, was vom anderweitig spirituell beflügelten 68er Rainer Langhans bestätigt wird[41], erfolgte während einer Marokko-Reise 1969 seine Erweckung im Islam.

> Ich war jetzt 23 Jahre alt und hatte alle Himmel und Höllen des weltlichen Lebens und seiner künstlichen Paradiese durchlaufen. Mit einem Male sah ich keine Chance mehr, dass es irgendwie besser werden würde. Die einzige Hoffnung, die ich noch hatte, war, LSD zu nehmen und dadurch zu neuer Klarheit und zu einem Durchbruch in neue Sphären zu gelangen. [...] Ich fühlte mich sündhaft und schuldig. Ich war völlig verzweifelt, es gab keinen Ausweg mehr.[42]

Als er sich dessen gewahr wurde, veranlasste er, dass seine Freundin das Auto anhielt, zog sich aus, rannte mit einem Rosenkranz in die Steppe und erlebte ein Wunder: „Ich stand wie verwurzelt, schaute in den Himmel, und aus meiner Brust kam das Gebet: ‚O Allah, bitte reinige mich!'"[43]

Als Folge seiner gescheiterten Spätpubertät in einem sozial dysfunktionalen Umfeld wandte sich Hübsch erstmals symbolisch vom westlichen Leben ab. Auf der von ihm spontan initiierten Rückfahrt trennte er sich, in Spanien angekommen, von seiner Freundin, wurde von der Polizei aufgegriffen, kam ins Gefängnis und erneut in die Psychiatrie. Nach einer Kaution von 300 US-Dollar kehrte er nach Deutschland zurück und begann im Heim seiner Mutter entlang der Vorgaben eines gestohlenen Yoga-Buchs zu meditieren. Dabei sah er einen weißen Blitz, der ihn zum Bücherregal wies und den Koran prominent hervorhob.[44] Während des Flashbacks begann er ihn zu lesen und entwickelte die Auffassung,

---

38 Siehe dazu auch den Beitrag von Polina Kiourtidis in diesem Band.
39 Paul Gerhard Hübsch, „gelobtes land", in: Paul Gerhard Hübsch, mach, was du willst. gedichte, Neuwied/Berlin 1969, S. 26.
40 Hadayatullah Hübsch, Peace Train. Von Cat Stevens zu Yusuf Islam, Heidelberg 2009, S. 11.
41 Vgl. Rainer Langhans, Ich bin's. Die ersten 50 Jahre, Berlin 2008, S. 80.
42 Hübsch, Mein Weg zum Islam, S. 8–9.
43 Hübsch, Mein Weg zum Islam, S. 9.
44 Vgl. Hübsch, Mein Weg zum Islam, S. 11.

„[d]ass dieses Buch 100% die Wahrheit sagte."[45] Als er seiner Mutter eröffnete, nun Moslem zu sein, entgegnete ihm diese: „Du bist verrückt geworden."[46] Wahrlich ist hier mit Johannes R. Gascard von einer „Auflösung von Psychotherapie in Religion"[47] zu sprechen.

Wie Hübsch später selbst angab, legte er seine 68er-Lebenseinstellung – „High sein, frei sein, ein bisschen Terror muss dabei sein"[48] – ab. Die Einschätzung, die sich in einem Nachruf auf ihn findet – „Hippie oder Ahmadi, wichtig war ihm nur, die Grenzen des Ichs zu sprengen"[49] – dekretierte allerdings unfreiwillig das zugehörige Programm, das nun folgte. Tatsächlich würde es Hübsch in den kommenden Jahrzehnten darum gehen, die bürgerlichen Grenzen des Einzelnen zu Gunsten der Gemeinschaft aufzulösen – vor allem aber die der Einzelnen, d. h. von Frauen, und zwar von migrantischen.

Weil ihm die moslemische Glaubenspraxis fremd war, suchte sich der Konvertit Hilfe.[50] Auf Hinweis des libanesischen Konsulats stieß er auf die Frankfurter Nuur-Moschee der Reformgemeinde Ahmadiyya Muslim Jamaat. Der psychisch kranke Dichter wurde vom dortigen Imam Masud Jhelumi warm begrüßt, der ihm fortan als Vaterfigur galt, erhielt von diesem die Ahmadiyya-Version des Korans sowie ein Lehrbuch zum Gebet und weitere Schriften der Gemeinde.[51] Schon Weihnachten desselben Jahres, 1969, wollte Hübsch auf Hadsch gehen, schaffte es über Spanien aber nur bis nach Marokko, wo ihm die Einreise verwehrt wurde.[52] Wieder in Frankfurt, lernte er beim Freitagsgebet den fünften Kalifen der Ahmadiyya, Hadhrat Mirza Masroor Ahmad, kennen. Hübsch sah „aus seinen beiden Augen zwei dicke, weiße Strahlen, wie Laser-Strahlen, und sie drangen in meine Augen."[53] Diese Vision deutete er als Belohnung Allahs für seine „völlige Unterwerfung unter Seinen Willen"[54] und handelte in diesem Sinne.

Alsbald nahm der Kalif Hübsch in die Gemeinde auf. Wenig später begann dieser als Imam Juma – also als derjenige Imam, der das Freitagsgebet leitet – in der Frankfurter Nuur-Moschee zu wirken. Die Besonderheit: Er, der bis dato bekannteste deutsche Konvertit, predigte auf Deutsch. Parallel dazu war er nach wie

---

45 Hübsch, Mein Weg zum Islam, S. 12.
46 Zitiert nach Hübsch, Mein Weg zum Islam, S. 12.
47 Johannes R. Gascard, Zur Auflösung von Psychotherapie in Religion, in: Archiv für Religionspsychologie. 20/1 (1992), S. 100–113.
48 Dahlmeyer, Er wollte die Grenzen des Ichs sprengen.
49 Dahlmeyer, Er wollte die Grenzen des Ichs sprengen.
50 Hübsch, Mein Weg zum Islam, S. 12.
51 Hübsch, Mein Weg zum Islam, S. 13.
52 Hübsch, Mein Weg zum Islam, S. 13 und S. 16–17.
53 Hübsch, Mein Weg zum Islam, S. 22.
54 Hübsch, Mein Weg zum Islam, S. 22.

vor in der politischen Linken der alten Bundesrepublik aktiv und betätigte sich publizistisch. Bis 1979 schrieb er für das Feuilleton der *Frankfurter Allgemeinen Zeitung*, wurde dann aber mit der fragwürdigen Ansage gekündigt, „eine außergewöhnliche, jeglichen bürgerlichen Rahmen des Abendlands sprengende Erscheinung"[55] zu sein. Ende der 1970er und Anfang der 1980er Jahre arbeitete er als Reporter und Autor für den Jugendfunk des Hessischen Rundfunks. 1980 wurde Hübschs letzte der Linken gewidmete Publikation zur damaligen Alternativkultur veröffentlicht.[56] Im selben Jahr erschien seine Übersetzung von Masud Ahmads Islam-Bewerbung.[57] Er betätigte sich in den Bereichen Prosa, Essays, Romane, Hörspiele, Satire, übertrug ins Deutsche und verfasste Sachbücher, Liederbücher und Kinderbücher, die den Ahmadiyya-Islam erklärten. 1990 übernahm Hübsch die Leitung von Der Islam, dem gemeindeeigenen Verlag. Zwischen 1991 und 1998 stand er dem hessischen Landesverband des Verbands deutscher Schriftsteller in Hessen vor; zudem arbeitete er im hessischen Ethikrat.[58] 1992 schrieb er in einer von Abdullah Wagishauser herausgegebenen Schrift, die dem von einer Todes-Fatwa Ruhollah Khomeinis bedrohten indisch-britischen Schriftsteller Salman Rushdie galt: „Sind denn nicht zu Recht volksverhetzende Bücher von Nazis in unserem Lande verboten? Erfüllt denn Rushdies Buch nicht den Tatbestand der Volksverhetzung?"[59]

Dennoch eilte Hübsch Zeit seines islamischen Lebens der Ruf voraus, Streiter für das Gute zu sein. Zu klären ist also, weshalb ihn genau dieser Anspruch Teil einer versiegelten Gemeinschaft werden ließ, die ihr Heil im Eigenen suchte und mit der Orientierung hin zum Kalifat und dem obligaten Kopftuch wahrlich nicht so antiautoritär war wie Hübschs einstige Weggefährten von '68, die in den 1970er Jahren den Weg der Neuen Sozialen Bewegungen bestritten hatten, in denen sie schließlich ebenfalls die Gemeinschaft fanden, die sie suchten.[60]

Rainer Traub schrieb 2008 in einem Artikel, der im *Spiegel* erschien und auch auf Hübsch und die angebliche besondere Toleranz der Ahmadiyya-Gemeinde zu

---

55 Zitiert nach Claus Wolfschlag, Bye-bye '68. Renegaten der Linken, APO-Abweichler und allerlei Querdenker berichten, Graz/Stuttgart 1998, S. 163.
56 Vgl. Hadayatullah Hübsch, Alternative Öffentlichkeit. Freiräume der Information und Kommunikation, Frankfurt am Main 1980.
57 Vgl. Masud Ahmad, Islam. Idee und Praxis, Übersetzung aus dem Englischen von Hadayatullah Hübsch, Frankfurt am Main 1980.
58 o. A., Dichter und Prediger, in: FAZ, 05.01.2011.
59 Zitiert nach Abdullah Wagishauser (Hrsg.), Rushdies Satanische Verse. Islamische Stellungnahmen zu den Provokationen Salman Rushdies sowie zum Mordaufruf radikaler iranischer Schiiten, Frankfurt am Main 1992, o.S.
60 Vgl. Sven Reichardt, Authentizität und Gemeinschaft. Linksalternatives Leben in den siebziger und frühen achtziger Jahren, Berlin 2014.

sprechen kam, dass „das Gros der Islam-Konvertiten eher ein Gewinn als eine Gefahr für Deutschland"[61] sei – eine Sichtweise, die dem Porträtierten zu weiterer medialer Präsenz verholfen haben dürfte. Als Vertreter eines vermeintlich gemäßigten Islams war Hübsch Gast diverser Talkshows, so etwa bei Friedman oder bei Maybrit Illner; Jörg-Uwe Hahn, damals hessischer Minister der Justiz, für Integration und Europa, attestierte Hübsch in einem öffentlichen Nachruf gar, eine Brücke zwischen den Welten gewesen zu sein und einen Beitrag zur Integration geleistet zu haben.[62] Allerdings resultierte dies aus einer gravierenden Fehleinschätzung, denn der Verstorbene war genauso wenig wie die Ahmadiyya Jamaat Vertreter eines liberalen oder reformierten Islams.

Ehrenkult

Gemeinschaften, die nach einem Ehrkonzept organisiert sind, sind a priori autoritär und illiberal. Im normativen Sinne verlangt das Ehrkonzept nach einer Ordnung, in der Einklang zwischen dem Verhalten und der Loyalität des Einzelnen sowie zwischen Verhaltensnormen und Gruppenzusammenhang vorherrscht. Einerseits integriert dies Menschen in Gemeinschaften, andererseits diszipliniert und hierarchisiert es sie. Anerkennung erhalten Individuen, Familien oder andere soziale Institutionen nur dann, wenn sie den sozialen Erwartungen ihrer Gemeinschaft entsprechen. Hierfür müssen sie in der Öffentlichkeit Moral, Selbstdisziplin und Selbstkontrolle beweisen[63] – und Abschottung gegenüber den Anderen praktizieren.

Dieses Ehrkonzept und das Leben anhand eines moslemischen Ehrenkodexes orientieren sich an Normen und Werten agrarischer und nomadischer Stammes- und Feudalgesellschaften, die die Reproduktion mittels einer traditionell patriarchal-hierarchischen Geschlechterordnung, strikter familiärer Rollenverständnisse zwischen den Generationen und diverser religiös legitimierter Werte sichern sollen.[64] Die Unterordnung der Frau unter den Mann und eine erzkonservative

---

61 Rainer Traub, Die Glaubens-Wechsler, in: Der Spiegel 2/2008, 06.01.2008, S. 94–96, hier S. 96
62 o. A., Dichter und Prediger.
63 Vgl. Schröter, Im Namen des Islam, S. 234; Hans-Jürgen von Wensierski, Die soziale Konstruktion des orientalisch-islamischen Ehrkonzepts als Strukturmerkmal der Sozialisation muslimischer Jugendlicher in Deutschland, in: Cathleen Grunert/Anne Schippling/Nicolle Pfaff (Hrsg.), Kritische Bildungsforschung. Standortbestimmungen und Gegenstandsfelder, Opladen/Berlin/Toronto 2016, S. 303–323, hier S. 305.
64 Vgl. Diefenbach, Ehrenmord, S. 3; Wensierski, Die soziale Konstruktion, S. 308; Schröter, Im Namen des Islam, S. 235.

Sexualmoral finden ihre Spitze im streng gehüteten Status der Jungfräulichkeit einer Frau, die von Anfang an als zukünftige Ehefrau eines Anderen verstanden wird.⁶⁵ Der Konsum der Jungfräulichkeit durch den Ehemann bedeutet den Abschluss eines Familienvertrags und hat somit auch wirtschaftliche Dimensionen. Hinzu kommen bestimmte religiöse Bekleidungsvorschriften wie das Kopftuch als Symbol der Unterwerfung und Schambehaftetheit des weiblichen Körpers sowie ein begrenzter Umgang mit Männern, was die Ehre der Frau im Sinne dieses patriarchalen Vertrags wahren soll. Dies ist durchaus Resultat eines islamischen Männerbildes, wie es Hübsch 1997 vorstellte: „Im Gegensatz zur Frau unterliegt der Mann seiner Sexualität in einem Maße, das eine körperliche Befreiung zwingend vorschreibt. Der Mann produziert Samen, derer er sich naturgemäß entledigen muss. [...] Natürlich kann und sollte ein Mann lernen, sich zu beherrschen, seine körperlichen Funktionen lassen sich aber nicht unbegrenzt unterdrücken. Das könnte seiner Physis schaden."⁶⁶ Frauen hingegen können diesem Bild nach, wie die Ethnologin Susanne Schröter zusammenfasst, nur „Ikonen sexueller Reinheit oder Huren"⁶⁷ sein. Diese Ideologie bei gleichzeitiger Verdrängung alles Sexuellen führt zu einer permanenten unterschwelligen Beschäftigung mit Sexualität, die Frauen auf Sexualobjekte reduziert. Hadayatullah Hübsch exemplifizierte dies einmal am Beispiel des Kopftuchs:

> Das Gebot des Heiligen Korans, die Haare zu bedecken, ist also ein Selbstschutz für die Muslima. Sie setzt durch ihr Befolgen des koranischen Gebotes ein deutliches Zeichen, dass sie sich Gott ergeben hat und Seinen Willen höher stellt als die Welt. Sie ist bereit, weltliches Vergnügen aufzugeben, um Höheres zu erlangen, wie es moralisches Verhalten und spirituelles Tun mit sich bringt. Sie ist sich bewusst, dass wahre Liebe auch Opfer verlangt: dadurch, dass sie um ihrer Liebe zu Gott und ihres Ehemanns willen zeigt, dass sie kein Interesse an fremden Männern hat und ihm treu sein will, beraubt sie sich zwar jener prickelnden Erlebnisse, die den mit Sexuellem kokettierende[n] Umgang mit fremden Männern ausmachen. Aber sie erlangt dadurch eine tiefere Befriedigung, die sie weitaus glücklicher macht als illegitime Beziehungen. Zudem festigt die Art und Weise, wie sie sich in der Öffentlichkeit kleidet, sowohl ihre Demut als auch das Verhältnis zu ihrer Familie. Das Selbstwertgefühl der Frau und ihr Selbstbewusstsein werden gestärkt. Sie verschwendet keine Zeit darauf[,] sich „zurechtzumachen", was bedeuten würde, sich zum Blickfang unkeuscher Augen zu machen, die sich am Äußeren einer Frau ergötzen möchten. Die züchtig

---

65 Vgl. Diefenbach, Ehrenmord, S. 9–10; Schröter, Im Namen des Islam, S. 234; Wensierski, Die soziale Konstruktion, S. 310. Siehe dazu auch İlhan Arsel, „Frauen sind eure Äcker". Frauen im islamischen Recht, 2. Aufl., Aschaffenburg 2018.
66 Hadayatullah Hübsch, Frauen im Islam. 55 Fragen und Antworten, Nienburg 1997, S. 118.
67 Schröter, Im Namen des Islam, S. 229.

gekleidete Erscheinung in der Öffentlichkeit ist also kein Zeichen ihrer Unterdrückung, sondern Ausdruck ihrer Würde.[68]

Solch rückständiges Denken, gepaart mit archaischen Werten und Normen, steht unweigerlich im Konflikt mit den modernen Rechtssystemen Zentraleuropas – nicht nur, weil es die Freiheit des Individuums und das Prinzip der Rechtsstaatlichkeit in Frage stellt, wenn nicht gar offensiv ablehnt, sondern auch, weil es im Sinne der traditionellen Selbsthilfe zu Selbstjustiz im Kleinen wie Großen einlädt, indem es gesamtgesellschaftliche Normen und Werte relativiert und vor allem auf gemeinschaftliche Loyalität abzielt. Diese Absicherung gegenüber der „Mehrheitsgesellschaft" macht das Ehrkonzept beharrlich gegenüber sozialem Wandel. So erklärte Hübsch an selber Stelle:

> Es ist für Muslime – Mann wie Frau – Pflicht, sich nicht durch besonders reizvolle Kleidung zur Schau zu stellen, die Figur nicht zu betonen, die Körpermerkmale besonderer Attraktivität zu bedecken und damit keinen Anlass für unfromme Wünsche zu bieten. Eine Kopfbedeckung ist demnach kein Ausdruck von Aggressivität oder eine Demonstration politischer Machtbestrebungen. Sie dient schlicht und einfach der Abwehr von unlauteren Gelüsten und ist damit fester Bestandteil der islamischen Ethik und ein Gebot der islamischen Morallehre. Sie hilft die innere wie äußere Reinheit aufrecht zu erhalten und ist ein Mittel, andere darauf hinzuweisen, dass man keinen Gefallen an Unsittlichkeit findet. Sie ist fester Bestandteil des islamischen Glaubens, und es ist für die Muslime unmöglich, das der Sunna zugrunde liegende koranische Schleiergebot aufzuheben oder für ungültig zu erklären.[69]

Wenngleich nicht ausschließlich, sind Ehrvorstellungen wie diese besonders in moslemischen Milieus verbreitet und reglementieren in eingeschworenen Gemeinschaften wie der Ahmadiyya den Alltag. Im Falle Lareeb Khans gestattete dieser Ehrenkodex, sie als Individuum zu ächten, da sie nicht den Erwartungen entsprach und sie die Ehre, die stets in einem kollektiven Sinnzusammenhang steht, ‚beschädigte' – also keine Anerkennung für Familie, Gemeinde und Gemeinschaft generierte –, da sie abseits der rigiden Familienbande ihr eigenes Leben führte. Neben den Eltern wurden vermeintlich ehrbare Institutionen wie hohe Funktionäre, Imame oder Kalifen eingeschaltet, doch auch sie konnten die traditionelle Ordnung nicht restituieren.[70] Die einzige Konsequenz, die die Eltern zogen, war es, Lareeb zu ermorden – wovon sich ebenjene Gemeinschaften distanzierten, die dieses System beharrlich am Leben erhalten.

---

68 Hadayatullah Hübsch, Warum trägt die Muslima Schleier oder Kopftuch?, Frankfurt am Main o. J, o. S.
69 Hübsch, Warum trägt die Muslima Schleier oder Kopftuch?
70 Vgl. Wensierski, Die soziale Konstruktion S. 303–305.

Hübschs neurechte Kontakte

Bereits viele Jahre vor seinem Tod schrieb Hübsch als Gastautor für die rechte Zeitung *Junge Freiheit*, die eng mit dem rechtsradikalen Milieu der Neuen Rechten vernetzt ist. Schon 1998 erschien seine Biografie in der Anthologie *Bye-bye '68* des neurechten, u. a. für die *Junge Freiheit* schreibenden Autors Claus Wolfschlag. Auch für die Zeitschrift *Hier & Jetzt* der NPD-Jugendorganisation Junge Nationaldemokraten (JN) verfasste er Beiträge, die um Anerkennung des Islams buhlten, was ihm einige Kritik einbrachte. Er wollte, so rechtfertigte er sich in einem Artikel, damit gegen Rassismus vorgehen und aufklären; später bekannte er gegenüber der *taz*, dass seine Tätigkeiten für die *Junge Freiheit* blauäugig gewesen seien.[71]

Allerdings war es seine Ideologie, die Anknüpfungspunkte bereitstellte. In Hadayatullah Hübschs 1993 erschienener Schrift *Religion des Friedens* heißt es etwa: „Indes ist das Leben kein Spiel. Der Mensch muss Anstrengungen unternehmen, er hat Schwierigkeiten zu bekämpfen und muss, um zu einer hervorragenden Moral zu gelangen, sich selbst besiegen, das Ego vernichten."[72] Dies sei der Jihad. Der entsprechende Abschnitt ist in schulmeisterlicher Manier mit dem lateinischen „Per aspera ad astra" betitelt, was Hübsch mit „Durch harte Arbeit kommt man zu den Sternen"[73] übersetzte. Das Leben mit großer Strenge als permanente harte Arbeit zu verklären, die gegen etwaigen Widerwillen des Ichs abzuleisten ist, um eine überlegene geistige Stufe zu erlangen, ist eine sehr deutsche Methode der Suche nach Transzendenz im profanen Hier und Jetzt und auf dem Weg in ein besseres Jenseits. Hübsch zeichnete auch das Bild desjenigen, der sich der harten Arbeit der islamischen Glaubenspraxis entzieht: „Dieser Jihaad [sic] wird nicht von jedem gefochten. Manche machen ihre Gelüste zu ihrem Gott, sie sind machtgierig und ruhmsüchtig, sie wollen unterdrücken, um auf Kosten anderer leben zu können."[74] Deutscher Arbeitsfetisch und islamisches Ehrkonzept sind höchst kompatibel: Sie zielen auf Disziplin, Genügsamkeit, geschlechtlich strukturierte Lohn- und Reproduktionsarbeit und eine Erhabenheit der Männlichkeit ab.

Einerseits war Hübsch in jede Richtung dialogbereit. Als Muslim wollte er allerorts über seine Religion informieren, auch bei ihm unlieben Gesprächspart-

---

71 Vgl. Fanizadeh, Probier dich aus!
72 Hadayatullah Hübsch, Religion des Friedens, Köln 2005, 2. Aufl., S. 13.
73 Hübsch, Religion des Friedens, S. 13.
74 Hübsch, Religion des Friedens, S. 14.

nern.[75] Seine Meinung sollte dort gehört werden, wo sich ihm eine Plattform bot. Von „Gralshütern der Freiheit der Meinung"[76] wolle er sich keinen Maulkorb umhängen lassen. Andererseits wusste er es auszunutzen, als ihm die *Junge Freiheit* die Möglichkeit bot, ihr als Autor und Interviewpartner zur Seite zu stehen – obwohl es unter Autorenschaft und Redaktion ein Politikum sondergleichen war, einen zum Islam konvertierten Hippie und sittenstrengen Hardliner zu akzeptieren. Hübsch nutzte die Zeitung, um die Ahmadiyya vor jedweder Kritik am Islam und spezifisch an ihrer Religionspraxis zu immunisieren und zugleich, nach liberal-konservativer Art, den offenen, konfliktreichen Dialog anzubieten, welchen auch die *Junge Freiheit* akzeptiert, zumal seine Beiträge thematisch, aber vor allem in Debattenformaten sehr gut ins Blatt passten.

Beispielsweise ermöglichte die *Junge Freiheit* Hübsch, gegen linke Tageszeitungen anzuschreiben. Im Artikel „Gotteslästerung" von 2001 etwa kritisierte er die *taz* dafür, einmal das Hinterteil Mohammeds als dreieinhalb Meter breit bezeichnet zu haben. Er unterschied hierbei sachliche Kritik von „mörderischer Polemik", schrieb vom „legitimen Bedürfnis, Meinung zu bilden", und insistierte, dass Satire nicht das „primitive Rumhacken auf Vorurteilen" sein dürfe, was in der *taz* nicht verhältnismäßig korrekt erfolgt sei. Zugleich ermahnte er Religiöse, sie sollten sich über die Kritik an ihnen Gedanken machen, da jeder einen Splitter im Auge trage.[77] Mit demokratiekompatibler Sprache zielte Hübsch somit in einer neurechten Zeitung darauf ab, linke religionskritische Polemik einzuhegen. In der Replik „Wer beleidigt Allah?" vermutete der Orientalist Hans-Peter Raddatz, dass Hübschs Ausführungen als Mosaikteil des Versuchs islamischer Kräfte zu verstehen seien, unter ihrer Führung und innerhalb liberaler Spielregeln einen medialen Schutzraum für verschiedene Kulturen und Religionen zu schaffen.[78]

Dementsprechend immunisierte Hübsch in seiner 2001 erschienenen Schrift *Fanatische Krieger im Namen Allahs* den Islam vor einer Islamkritik, die im Namen des Islams verübte Terrorakte wie etwa Selbstmordattentate kritisiere; die Religion verbiete Selbstmorde und der Jihad dürfe nur gegen reguläre Armeen stattfinden, nicht aber verbrannte Erde hinterlassen. Im Westen herrschten Aggressivität und Berührungsängste gegenüber dem Islam, welche durch den angeblichen Missbrauch des Korans durch Terroristen verstärkt würden, die somit seinem Ansehen schadeten.[79] Dass diese selbst gläubige Muslime waren und

---

75 Vgl. Hadayatullah Hübsch, Von der Liebe zur Wahrheit, o. J, http://hadayatullah.de/prosa/von-der-liebe-zur-wahrheit/ (Stand: 25.07.2021).
76 Hübsch, Von der Liebe zur Wahrheit.
77 Hadayatullah Hübsch, Gotteslästerung, in: Junge Freiheit 12/2001, 16.03.2001.
78 Vgl. Hans-Peter Raddatz, Wer beleidigt Allah?, in: Junge Freiheit 15/2001, 06.04.2001.
79 Vgl. Hadayatullah Hübsch, Fanatische Krieger im Namen Allahs, Kreuzlingen/München 2001.

schlicht eine radikalere Religionspraxis eigener Couleur ausübten, überging er geflissentlich. Julia Kristeva hingegen pointierte im selben Jahr:

> Dass es einen Unterschied gibt zwischen einer Religion und ihrem Fundamentalismus, sollte uns nicht davon abhalten, in aller Gelassenheit und ohne uns zu ereifern die Querverbindungen zwischen beiden zu untersuchen. Denn in Gedanken an ein paar Zeilen einer dieser Lehren lässt ein Terrorist ein Flugzeug explodieren, nicht in Gedanken an eine Sonate von Mozart, einen Vers von Shakespeare oder ein Gemälde von Picasso![80]

2003 führte Hübsch im Diskussionsformat „PRO&CONTRA" der *Jungen Freiheit* zur Streitfrage „Neubau von Moscheen einschränken?" in ethnopluralistischer Manier, die sich merklich an Alain de Benoist anlehnte, aus, dass schöne Moscheen dazu beitrügen, dass Muslime sich in der Gesellschaft anerkannt fühlten und nicht nur als „Kebap-Verkäufer" präsent seien, was das Feindbild Islam abbauen könnte.[81] Schließlich erwähnte er zielgruppenspezifisch: „Der Alte Fritz hat einmal gesagt: Wenn denn die Türken in unserem Land siedeln wollten, dann würden wir ihnen Moscheen bauen. Er wußte, daß eine intakte, überschaubare Infrastruktur von Andersgläubigen dem Frieden im Lande dient."[82] Auch große Deutsche seien demnach pro-islamisch gewesen, womit offenbar am rechten Rand gefischt werden sollte.

Die Frage, ob Predigten in diesen Moscheen qua Gesetz auf Deutsch stattfinden sollten, die er 2007 ebenfalls in „PRO&CONTRA" erläuterte, verneinte er. Die Gemeinden sollten selbst über die Sprache ihres Gottesdienstes entscheiden dürfen, gegen Hasspredigten helfe eine deutschsprachige Predigt nicht, denn ihre Inhalte könnten genauso gut im Privatgespräch vertieft werden.[83] Aus Hübschs Ausführungen folgt, dass die Feststellung, ob eine Predigt demokratie- oder verfassungsfeindlich ist, nur derjenige beurteilen kann, der die Sprache der Religionsgemeinschaft spricht und dort als Zuhörer zugelassen ist. So analysierte Bruno Gebhardt im *Junge Freiheit*-Artikel „Strategie der Dialog-Masche" von 2004 korrekt, dass die Ahmadiyya sich „harmlos, tolerant und westlichen Werten zugewandt"[84] geben,[85] „ihre Schriften und die Reden ihrer Anführer"[86] aber Ge-

---

80 Julia Kristeva, Wie wird man Terrorist?, in: taz, 10.10.2001.
81 Hadayatullah Hübsch/Helmut Sporer, Neubau von Moscheen einschränken?, in: Junge Freiheit 24/2003, 06.06.2003.
82 Hübsch/Sporer, Neubau von Moscheen einschränken?
83 Vgl. Hadayatullah Hübsch/Mehmet Yildirim, Islampredigt auf deutsch?, in: Junge Freiheit 49/2004, 26.11.2004.
84 Bruno Gebhardt, Strategie der Dialog-Masche, in: Junge Freiheit 35/2004, 20.08.2004.
85 Siehe auch Fanizadeh, Probier dich aus!
86 Gebhardt, Strategie der Dialog-Masche.

genteiliges verbreiten, wie Hiltrud Schröter nahelege, die eine der wichtigsten Studien zur Ahmadiyya in Deutschland verfasst hat.[87] Dass diese orchestrierte Färbung der Debatte salonfähig wurde, ist das Resultat der Ignoranz und des multikulturellen Gönnertums vermeintlich linker, liberaler, pseudofeministischer, antirassistischer oder sich „gendersensibel" wähnender Autorinnen und Autoren gegenüber dem Islamismus und dem Leid seiner Opfer.

Der gendertheoretische Schulterschluss mit dem Islam als Modernisierungsleistung des Rassismus in Deutschland

„Warum ist das Arrangieren einer haltbaren Ehe frauenfeindlich und die Wegwerfscheidungen prominenter Männer, die periodisch ein älteres gegen ein jüngeres Modell austauschen, nicht?"[88] – Diese rhetorische Frage stellte zwei Jahre nach der Ermordung Lareeb Khans, für die solch eine „haltbare" Ehe hätte arrangiert werden sollen, nicht etwa ein Vertreter der Ahmadiyya-Gemeinde, sondern die Gender-Jargonistin Gabriele Dietze. In ihrer 2017 erschienenen Abhandlung *Sexualpolitik*, deren rassistischer Gehalt bereits eruiert worden ist[89], finden sich zahlreiche Formulierungen wie diese, die sich von der Vernebelungstaktik moslemischer Kleriker nur in der wissenschaftlichen Verpackung unterscheiden. Allerdings ist in diesem Fall eine solch eklatante Abwesenheit von Analysevermögen, Empirie, Logik, Methode und Objektivität zu konstatieren, dass sich ernsthafte Fragen über die akademische Vermarktung dieser im Campus-Verlag erschienenen Schrift stellen. Und dennoch ist *Sexualpolitik* diesbezüglich kein Ausrutscher: „Ein Kampf dafür, mit dem Kopftuch Sittsamkeit demonstrieren zu dürfen, wird als Provokation empfunden", schrieb Dietze 2019 in Fortführung eines offenbar noch an der Begeisterung für andere „Völker" geschulten Duktus der 1970er Jahre, und biedert sich damit rhetorisch dem Purita-

---

[87] Seither beziehen sich darauf vor allem das rechtsradikale Portal PI-News als auch auf die Alternative für Deutschland. Dies ist äußerst bedauerlich, liefert Schröter doch einen islamkritischen Beitrag, dessen akademische Wahrnehmung eine sicherlich bessere Kontextualisierung bedeutet hätte als in migrationsfeindlicher Hetze.
[88] Dietze, Sexualpolitik, S. 21.
[89] Vgl. Ali Tonguç Ertuğrul, Nicht allein – Wie der Kampfbegriff der „Islamophobie" gesellschaftliche Probleme verschleiert und die vom Islam Bedrohten im Stich lässt, in: Vojin Saša Vukadinović (Hrsg.), Freiheit ist keine Metapher. Antisemitismus, Migration, Rassismus, Religionskritik, Berlin 2018, S. 273–292.

nismus des Islamismus an. Dietze, von der man weiß, dass sie in den 1970er Jahren wie Hübsch in der Frankfurter Sponti-Szene verkehrte[90], ist eine exemplarische Vertreterin der ethnosexistischen deutschen Gender Studies – jener Kreise also, die trotz gegenläufiger Rhetorik patriarchaler Bevormundung keineswegs feindlich gesonnen sind, sondern dieser Einiges abgewinnen können, so lange sie lediglich *anderen* Frauen gilt, und die zudem mit Vorliebe Dissidentinnen der islamischen Sexualmoral attackieren, was angesichts der Häufung solcher Fälle selbst als rassistische Abneigung zu werten ist, wie Annette Treibel bereits 2008 vermerkte: „Die Vorbehalte, mit denen Feministinnen und Menschenrechtsaktivistinnen konfrontiert sind, sind ein Hinweis darauf, dass gerade eine sich aufgeklärt und kritisch gebende akademische Öffentlichkeit einen Teil ihrer eigenen Stereotypen noch nicht abgelegt hat."[91] Dies ist allerdings noch freundlich formuliert, denn Dietzes krudes Gedankengut vollzieht einen „gendertheoretischen Schulterschluss mit dem Islam"[92], der ein kollektiver ist.

Vor ihr schlugen etwa Bettina Mathes und Christina von Braun in dieselbe misogyn-rassistische Kerbe. In der 2007 erschienenen und zehn Jahre später erneut aufgelegten Abhandlung *Verschleierte Wirklichkeit* der beiden dem Gender-Paradigma verpflichteten Autorinnen heißt es über die 2005 einem Ehrenmord zum Opfer gefallene Hatun Sürücü[93] lapidar:

> Widmeten die Zeitungen und Fernsehen dem ‚Ehrenmord' an Hatun Sürücü wie auch dem Prozeß gegen ihre Brüder wochenlang ausführliche Berichte – und das geschah zu Recht –, so erregen Berichte über westliche Ehemänner, die ihre Ehefrauen töten oder mit in den Tod reißen, kaum Aufsehen. ‚Familientragödie' ist der Code, unter dem diese Art von Mord geführt wird. [...] Warum rufen diese Berichte nicht genausoviel Erregung hervor wie die Berichte über ‚Ehrenmorde'?"[94]

An dieser rhetorischen Frage stimmt nichts. Zum einen ist das Postulat schlichtweg falsch – schon die deutschen Boulevardmedien widmen dem vermeintlichen „Code" tagtäglich einigen Platz. Zum anderen sind Ehrenmorde kein skandalisiertes Pendant zu medial angeblich weniger verwertbaren Morden an her-

---

90 Vgl. Matthias Frings, Der letzte Kommunist. Das traumhafte Leben des Roland M. Schernikau, Berlin 2009, S. 92.
91 Annette Treibel, Von der exotischen Person zur gesellschaftlichen Normalität: Migrantinnen in der soziologischen Forschung und Lehre, in: Gudrun Hentges/Volker Hinnenkamp/Almut Zwengel (Hrsg.), Migrations- und Integrationsforschung in der Diskussion. Biografie, Sprache und Bildung als zentrale Bezugspunkte, Wiesbaden 2008, S. 141–170, hier S. 163.
92 Ertuğrul, Nicht allein, S. 281.
93 Vgl. Schröter, Im Namen des Islam, S. 228.
94 Christina von Braun/Bettina Mathes, Verschleierte Wirklichkeit, Gießen 2017, S. 329–330.

kunftsdeutschen Frauen, da sich individuell verübter Mord und Totschlag schließlich auch in migrantischen Gemeinschaften finden. Besagte „Erregung" liegt daran, dass Ehrenmorde in Deutschland überproportional von Muslimen begangen werden, einer gesellschaftlichen Minderheit mit Migrationshistorie also.[95] Die süffisant platziert wirkenden Anführungszeichen, die diese banale Erkenntnis unterminieren sollen, sowie die vollständige Abwesenheit empirisch gesicherter Erkenntnisse verdeutlichen, dass das gendertheoretische Abstraktionsvermögen noch nicht einmal den Unterschied zu begreifen vermag, der darin besteht, dass besagte Morde in muslimischen Familien scharia- oder zumindest ehrkonform gemeinschaftlich geplant und durchgeführt werden – und zwar im gründlichen Wissen darum, dass hierauf lebenslange Haft in Deutschland steht, dessen Rechtsordnung dezidiert besagter Ehre untergeordnet wird. Dieser Umstand mag allerdings nur dann verwundern, wenn man nicht weiß, dass, wie Hadayatullah Hübsch einmal affirmativ schrieb, alle islamischen Rechtsgelehrten darin einig seien, „dass Gesetzgebung das Vorrecht Gottes ist".[96]

Ähnlich dem Konvertiten, der dies in der *Jungen Freiheit* den Islam-Polemikern bei der *taz* nahelegte, empfahlen von Braun und Mathes dem niederländischen Regisseur Theo van Gogh, der von einem Islamisten 2004 auf offener Straße angeschossen und schließlich mit einem Schnitt durch die Kehle hingerichtet wurde, dass ihm etwas Selbstzensur nicht geschadet hätte, um Gewalt zu verhindern[97] – posthum, wohlgemerkt. Zur selben Zeit stand Ayaan Hirsi Ali, einst somalische Asylsuchende, die einer drohenden Zwangsehe entkommen war und, damals bereits Ex-Muslima sowie niederländisch-amerikanische Politikerin, mit van Gogh zusammenarbeitete und viele seiner Positionen teilte, aus Sicherheitsgründen außer Landes unter Polizeischutz. Es wurde befürchtet, auch sie könne Opfer eines islamistischen Attentats werden, wie es Salman Rushdie 2022 widerfuhr.[98] Trotz dieses offensichtlich begründeten und kostenintensiven Aufwands warfen ihr die Sicherheitsexpertinnen von Braun und Mathes schlicht vor,[99] „in ihrem Asylantrag 1992 fälschlicherweise"[100] angegeben zu haben, „einer Zwangsheirat zu entgehen"[101], was den „Erwartungen der europäischen Gesell-

---

95 Vgl. Schröter, Im Namen des Islam, S. 233.
96 Hadayatullah Hübsch, Islam und Politik, Frankfurt am Main 1997, S. 7.
97 Vgl. Braun/Mathes, Verschleierte Wirklichkeit, S. 199.
98 Masoumeh Bayat, Die politische und mediale Repräsentation in Deutschland lebender Muslime, Wiesbaden 2016, S. 145.
99 Vgl. Udo Wolter, Nicht ohne meinen Schleier, in: Jungle World 29/2007, 19.07.2007.
100 Vgl. Braun/Mathes, Verschleierte Wirklichkeit, S. 430.
101 Braun/Mathes, Verschleierte Wirklichkeit, S. 430.

schaft an Migrantinnen aus islamischen Ländern"[102] entspräche, welche, so suggeriert die kulturrelativistische[103] Abhandlung weiter, ihre Asylanerkennung erleichtert hätten. Desinteressiert an einer wissenschaftlichen Kritik an Alis politischem Standpunkt schürten die beiden Autorinnen, von denen keinerlei Publikationen zu migrationspolitischen Rechtsfragen bekannt sind, Zweifel an Alis Aufenthaltsberechtigung in Europa. Hier zeigt sich, dass herkunftsdeutsche Genderforscherinnen ähnlich wie Wagishauser und Hübsch, die ihre islamische Sekte vor negativem westlichem Einfluss und freiheitlichen Anforderungen zu schützen gedenken, migrantische Kritikerinnen und Kritiker abkanzeln, um islamische Ideologien und repressive Religionspraxen zu beschönigen.

Merklich von der Abhandlung inspiriert, die von Braun und Mathes vorgelegt haben, äußerte sich auch die neurechte Publizistin Ellen Kositza ganz in deren Sinne. 2011 veröffentlichte sie in ihrem Hausorgan, der Zeitschrift *Sezession*, deren Chefredakteur ihr politischer Gefährte und Ehemann Götz Kubitschek ist, einen Artikel namens „Kopftuchmädchen", der sich nicht nur ausdrücklich auf die beiden Gender-Studies-Proponentinnen bezog[104], sondern sich um ähnliche, ahistorische bis absurde, orientalistische Perspektivenwechsel bemühte, um mit einem Hinweis auf Hadayatullah Hübsch festzustellen: „Nicht nur im Alten, sondern auch im Neuen Testament finden sich Stellen, die in punkto Geschlechterdifferenz und Ungleichheit sehr nach Koran klingen."[105] Hieran wird deutlich, dass die Islamophilie pseudolinke Genderforschung, identitätspolitische Neue Rechte und an '68 geschulte Islam-Konvertiten ideologisch verbindet, sodass die ansonsten bekundeten wechselseitigen politischen Abneigungen vor allem rhetorischer Art sein dürften.[106]

Verschleierte Wirklichkeit

„Durch ihn konnte man Toleranz lernen"[107], verkündete die Todesanzeige, die Freundinnen und Freunde von Hadayatullah Hübsch im Januar 2011 in der *Frankfurter Rundschau* aufgaben – generös darüber hinwegsehend, dass der dichtende Prediger einmal mit Hinweis auf den Koran von Homosexualität als

---

102 Braun/Mathes, Verschleierte Wirklichkeit, S. 430.
103 Ausführlich dazu Martin, Aufgeklärte Vernunft, S. 338–351.
104 Vgl. Ellen Kositza, Kopftuchmädchen, in: Sezession 40 (Februar 2011), S. 22–27, hier S. 25.
105 Vgl. Kositza, Kopftuchmädchen, S. 25.
106 In der Literatur wird insb. der sog. Islamneid der politischen Rechten diskutiert.
107 Almut Aue u. a., Todesanzeige Hadayatullah Paul-Gerhard Hübsch, in: Frankfurter Rundschau, 13.01.2011.

„Verirrung der Lust"[108] sprach, was auch der wissenschaftlichen Beschäftigung mit der Ahmadiyya kaum erwähnenswert scheint.[109] Seit seinem Tod war viel Verklärendes zu lesen, Kritisches hingegen fast nie, obwohl die Biographie dieses 68ers mit Einsichten aufwartet, die nicht minder aufschlussreich sind als die Lebenswege der eingangs erwähnten ex-linken Rechtsreaktionäre. Denn dass Hübsch „LSD die Möglichkeit zum Ausbruch aus der bürgerlichen Gesellschaft und zum Erkunden neuer Bewusstseinswelten"[110] gegeben habe, wie eine literaturwissenschaftliche Analyse vermerkt, fand später seine Verlängerung in der strikt antibürgerlichen Haltung islamischer Provenienz, namentlich im autoritären Versprechen der Gemeinschaft, die von den Herausforderungen, Kränkungen und Verlockungen des Individualismus erlösen sollte. Hübsch war dabei rhetorisch fordernd aufgetreten: Schon 1989 hatte er beispielsweise geschrieben, dass „der Islam aus der Bundesrepublik Deutschland wohl nicht mehr wegzudenken" sei, und hervorgehoben, dass es „mit Appellen an Toleranz und Duldung, mit Aufrufen zur Verständigungsbereitschaft und zum friedlichen Zusammenleben allein nicht mehr getan" wäre, um sogleich einen wenig um Toleranz bedachten, fast schon als Drohung zu lesenden Punkt zu setzen: „Der Staat wird über kurz oder lang den Forderungen der Muslime nach voller Ausübung ihrer religiösen Rechte Zugeständnisse machen müssen."[111]

Abdullah Wagishauser wiederum wirbt bis heute damit, in der APO aktiv gewesen zu sein.[112] Im Prozess gegen Assadullah Khan und Shazia Khan erklärte er zunächst, dass eine Frau aus der Gemeinde auszuschließen sei, wenn sie voreheliche Beziehungen pflege, und präzisierte auf Nachfrage, ob dies auch deren Eltern betreffe: „Nicht immer, nur wenn sie die Beziehung gutheißen. Sie müssen ihre Tochter dann verstoßen, als Tochter musst Du wählen zwischen der

---

108 Hadayatullah Hübsch, Der Weg Mohammeds. Islam – Religion der Zukunft?, Reinbek 1998, S. 151. Zur Verteufelung gleichgeschlechtlichen Begehrens in der Ahmadiyya und den gesellschaftspolitischen Konflikten siehe auch Patricia Wolf, Homosexuelle zu Gast in der Khadija-Moschee in Heinersdorf, in: Der Tagesspiegel, 03.04.2017.
109 Vgl. Michael Nijhawan, ‚Today, We Are All Ahmadi': Configurations of Heretic Otherness between Lahore and Berlin, in: British Journal of Middle Eastern Studies 37/3 (Dezember 2010), S. 429–447, hier S. 436.
110 Stephan Resch, Drogen und Rausch in der deutschsprachigen Literatur, in: Maximilian von Heyden/Henrik Jungaberle/Tomislav Majić (Hrsg.), Handbuch Psychoaktive Substanzen, Berlin 2018, S. 23–33, hier S. 29.
111 Hübsch, Der Weg Mohammeds, S. 206.
112 Vgl. Ahmadiyya Muslim Jamaat, Abdullah Uwe Wagishauser, https://ahmadiyya.de/ahmadiyya/persoenlichkeiten-der-ahmadiyya-muslim-jamaat/abdullah-uwe-wagishauser/ (Stand: 01.07.2021).

Beziehung oder der Familie."[113] Wie dies zu verstehen sei, versuchte er anschließend am Beispiel seiner eigenen Jugend darzulegen: „Mein Vater hat früher auch gesagt, solange Du die Füße unter meinen Tisch stellst, hast Du das zu tun, was ich sage."[114] Dass Wagishauser das patriarchale Gebot jedoch keineswegs akzeptiert hatte, sondern mit seiner Beteiligung an der APO und den zugehörigen Freuden eines unbekümmerten Lebens quittierte, ist hier das entscheidende Detail: denn heute sorgt der deutsche Konvertit in einflussreicher Position dafür, dass alles, wofür er bis in die 1970er Jahre hinein gesellschaftspolitisch gestritten hatte, für junge migrantische Frauen außerhalb des sinnlich Erlebbaren und Vorstellbaren bleibt, weil Eltern, Geschwister und Gemeinde über jeden ihrer Schritte wachen.

Lareeb Khan kam weder in den Genuss von „Toleranz", die Hübsch angeblich gelehrt haben soll, noch von Freiheit, noch von unbeschwerter Liebe – all dem also, was die beiden Islam-Konvertiten einst für sich beansprucht und voll ausgekostet hatten, bevor sie begannen, die Rolle der Regelmacher und -verwalter anzunehmen. Lareebs Vater und Mörder soll bei einem Besuch seiner jüngeren Tochter Nida – die heute offenbar im Zeugenschutzprogramm lebt[115] – in der Untersuchungshaft bekundet haben: „Die Gemeinde wird uns wieder aufnehmen. Alles wird gut."[116] Dass ein Mitglied ebenjener Gemeinde der Presse nach Prozessende zu Protokoll gab, sich der richterlichen Bewertung anzuschließen – „Das harte Urteil ist absolut gerechtfertigt"[117] – sollte nicht davon ablenken, dass die Ahmadiyya 2016 eine Schrift namens *Keuschheit im Islam* veröffentlichte, die nochmals aufzeigte, unter welchem Druck Frauen in dieser Ordnung stehen. „Es ist ein weit verbreiteter Irrglaube, dass man in einer gemischtgeschlechtlichen Beziehung Freundschaft und Liebe trennen kann"[118], heißt es darin etwa, wobei zur Untermauerung dieser Mahnung der Schlagersänger Klaus Lage zitiert wurde: „Tausendmal berührt / tausendmal ist nix passiert./ Tausend und eine Nacht / und es hat Zoom gemacht."[119] Weiter war zu erfahren, dass „der Heilige Qur'an für Ehebrecher eine sehr streng anmutende Drohkulisse aufbaut" – gemeint sind 100 Peitschenhiebe –, wobei „die harte Regelung nur [sic] auf gewohnheitsmäßige

---

113 Zitiert nach Brigitta Biehl, Gerichtsbeobachtungen von peri e.V. zum Ehrenmord-Prozess im Fall Lareeb Khan / 13. Oktober 2015, peri-ev.de/peri-aktionen-und-f%C3%A4lle/fall-lareeb-khan/4-bericht-lareeb/ (Stand: 01.08.2021)
114 Zitiert nach Biehl, Gerichtsbeobachtungen.
115 Vgl. Mazzola, Lebenslange Haft für Mord an Tochter.
116 Zitiert nach Jüttner, Die verlorene Ehre der Familie Khan, S. 48.
117 Zitiert nach Mazzola, Lebenslange Haft für Mord an Tochter.
118 Chaudhry Masroor Ahmad, Keuschheit im Islam, Frankfurt am Main 2016, S. 53.
119 Zitiert nach Ahmad, Keuschheit im Islam, S. 54.

Ehebrecher Anwendung finden sollte"[120]. Über die „Trennung der Geschlechter im öffentlichen Leben" heißt es: „Sich einander fremde Männer und Frauen sollen dieser Philosophie gemäß möglichst getrennte Wege gehen und die natürlichen Berührungspunkte im Alltag, wie beispielsweise die Begegnung in der Freizeit oder aber auch im beruflichen Leben sollten einen nüchternen und reizfreien Charakter besitzen. Hier setzt das Kopftuch an."[121] Zu diesem wurde vermerkt, dass „eine Muslima" sich damit „dem öffentlichen Wettrennen nach Schönheit und Anerkennung enthält. Sie bedeckt ihre Haare, ihren Körper und ihre weibliche Figur und erlangt auf diese Weise die Freiheit, sich nicht den gesellschaftlichen Normen und zeitgenössischen Modevorstellungen unterordnen zu müssen."[122] Was solche Zeilen über das Ahmadiyya-Verständnis der westlichen Welt und insbesondere ihrer Frauen sowie über die Unfreiheit aussagen, die sie zugleich umschreiben, steht selbstredend in keiner PR-Broschüre.

Als Assadullah Khan und Shazia Khan zu lebenslanger Haft verurteilt wurden, wollte das Gericht eine besondere Schwere der Schuld, auf die Anklage wie Nebenanklage plädiert hatten, nicht feststellen.[123] Dieses Urteil ist zusammen mit den misogyn-rassistischen Ausführungen herkunftsdeutscher Genderforscherinnen als Signal dafür zu werten, dass Verbrechen im Namen der „Ehre" weder in ihren konkreten Abläufen noch in ihrer gesellschaftspolitischen Tiefendimension begriffen werden. Zudem unterstreicht dies – bedenkt man etwa die Blumen, mit denen die mediale Öffentlichkeit Hübsch trotz seiner rigiden, frauenverachtenden, schwulenfeindlichen Standpunkte überschüttete – die Notwendigkeit einer Aufklärungsarbeit, die sich der politische Milieus übergreifenden Islamophilie konsequent entgegenstellt.

Literatur

Ahmad, Chaudhry Masroor. Keuschheit im Islam, Frankfurt am Main 2016.
Ahmad, Masud. Islam. Idee und Praxis, Übersetzung aus dem Englischen von Hadayatullah Hübsch, Frankfurt am Main 1980.
Ahmadiyya Muslim Jamaat. Abdullah Uwe Wagishauser, o. J., https://ahmadiyya.de/ahmadiyya/persoenlichkeiten-der-ahmadiyya-muslim-jamaat/abdullah-uwe-wagishauser/ (Stand: 01.07.2021).

---

120 Ahmad, Keuschheit im Islam, S. 71 und S. 72.
121 Ahmad, Keuschheit im Islam, S. 48.
122 Ahmad, Keuschheit im Islam, S. 47.
123 Vgl. Timo Frasch, Die Ehre der Familie sollte gewahrt werden, in: Frankfurter Allgemeine Zeitung, 02.12.2015.

Arsel, İlhan. „Frauen sind eure Äcker". Frauen im islamischen Recht, 2. Aufl., Aschaffenburg 2018.

Aschrafy, Zarin. Aufklärende Gegenöffentlichkeit und politische Konversionen. Der Frankfurter Club Voltaire in den 1960er Jahren, in: Dennis Göttel/Christina Wessely (Hrsg.), Im Vorraum. Lebenswelten Kritischer Theorie um 1969, Berlin 2019, S. 161–180.

Aue, Almut u. a. Todesanzeige Hadayatullah Paul-Gerhard Hübsch, in: Frankfurter Rundschau, 13.01.2011.

Bayat, Masoumeh. Die politische und mediale Repräsentation in Deutschland lebender Muslime, Wiesbaden 2016.

Begrich, David/Andreas Speit. „Heiliges Deutsches Reich". Reichsidee und Reichsideologie der extremen Rechten, in: Andreas Speit (Hrsg.), Reichsbürger. Die unterschätzte Gefahr, Berlin 2017, S. 22–40.

Biehl, Brigitta. Gerichtsbeobachtungen von peri e.V. zum Ehrenmord-Prozess im Fall Lareeb Khan / 25. September 2015, peri-ev.de/peri-aktionen-und-f%C3%A4lle/fall-lareeb-khan/1-bericht-lareeb/ (Stand: 01.07.2021).

Biehl, Brigitta. Gerichtsbeobachtungen von peri e.V. zum Ehrenmord-Prozess im Fall Lareeb Khan / 13. Oktober 2015, peri-ev.de/peri-aktionen-und-f%C3%A4lle/fall-lareeb-khan/4-bericht-lareeb/ (Stand: 01.08.2021).

Braun, Christina von/Bettina Mathes. Verschleierte Wirklichkeit, Gießen 2017.

Dahlmeyer, André. Er wollte die Grenzen des Ichs sprengen. Eine Erinnerung an den Schriftsteller Hadayatullah Hübsch, in: Neues Deutschland, 07.01.2021.

Diefenbach, Natalia. Muslimische Religionskultur in Frankfurt am Main unter besonderer Berücksichtigung der Islamischen Religionsgemeinschaft Hessen (IRH), in: Journal of Religious Culture 201 (2015), S. 1–207.

Diefenbach, Natalia. Ehrenmord. Ein Phänomen zwischen Obskurantismus, Angst und wirtschaftlichem Kalkül, in: Journal of Religious Culture 256 (2020), S. 1–14.

Dietze, Gabriele. Sexualpolitik. Verflechtungen von Race und Gender, Frankfurt am Main/New York 2017.

Dirsch, Felix. Von der erlebten Zeitzeugenschaft zum Gegenstand der Historiographie?, in: Zeitschrift für Politik. Neue Folge 56/1 (2009), S. 89–97.

Ertuğrul, Ali Tonguç. Nicht allein – Wie der Kampfbegriff der „Islamophobie" gesellschaftliche Probleme verschleiert und die vom Islam Bedrohten im Stich lässt, in: Vojin Saša Vukadinović (Hrsg.), Freiheit ist keine Metapher. Antisemitismus, Migration, Rassismus, Religionskritik, Berlin 2018, S. 273–292.

Ertuğrul, Ali Tonguç/Sabri Deniz Martin/Vojin Saša Vukadinović. Gewohnte Kampfbegriffe, in: Jungle World 5/2020, 30.01.2020.

Fanizadeh, Andreas. Probier dich aus!, in: taz, 19.01.2008.

Fischer, Michael. Horst Mahler. Biographische Studie zu Antisemitismus, Antiamerikanismus und Versuchen deutscher Schuldabwehr, Karlsruhe 2015.

Frasch, Timo. Sie wollte sich dem Willen der Eltern nicht beugen, in: Frankfurter Allgemeine Zeitung, 26.11.2015.

Frasch, Timo. Die Ehre der Familie sollte gewahrt werden, in: Frankfurter Allgemeine Zeitung, 02.12.2015.

Frings, Matthias. Der letzte Kommunist. Das traumhafte Leben des Roland M. Schernikau, Berlin 2009.

Fritschen, Uwe/Cornelia Strunz/Roland Scherer. Female Genital Mutilation. Medizinische Beratung und Therapie genitalverstümmelter Mädchen und Frauen, Berlin 2020.
Gandow, Thomas. Fundamentalismus im Islam. Die Ahmadiyya-Bewegung: Zwischen muslimischer Missionssekte und Führerkult, in: Elterninitiative zur Hilfe gegen seelische Abhängigkeit und religiösen Extremismus e.V./Bayerische Arbeitsgemeinschaft Demokratischer Kreise e. V. (ADK) (Hrsg.), Religiöser-weltanschaulicher-politischer Fundamentalismus und Fanatismus. Eine gesamtgesellschaftliche Herausforderung im 21. Jahrhundert, München 2007, S. 34–46.
Gascard, Johannes R. Zur Auflösung von Psychotherapie in Religion, in: Archiv für Religionspsychologie 20/1 (1992), S. 100–113.
Gebhardt, Bruno. Strategie der Dialog-Masche, in: Junge Freiheit 35/2004, 20.08.2004.
Hübsch, Paul Gerhard. gelobtes land, in: Paul Gerhard Hübsch, mach, was du willst. gedichte, Neuwied/Berlin 1969, S. 26.
Hübsch, Hadayatullah. Alternative Öffentlichkeit. Freiräume der Information und Kommunikation, Frankfurt am Main 1980.
Hübsch Hadayatullah. Mein Weg zum Islam. Von der Dunkelheit ins Licht, Frankfurt am Main 1996.
Hübsch, Hadayatullah. Frauen im Islam. 55 Fragen und Antworten, Nienburg 1997.
Hübsch, Hadayatullah. Islam und Politik, Frankfurt am Main 1997.
Hübsch, Hadayatullah. Der Weg Mohammeds. Islam – Religion der Zukunft?, Reinbek 1998.
Hübsch, Hadayatullah. Als die Wildblumen blühten. Der „Heidi-loves-you-Shop" 1968, Schweinfurt 1999.
Hübsch, Hadayatullah. Fanatische Krieger im Namen Allahs, Kreuzlingen/München 2001.
Hübsch, Hadayatullah. Gotteslästerung, in: Junge Freiheit 12/2001, 16.03.2001.
Hübsch, Hadayatullah/Helmut Sporer. Neubau von Moscheen einschränken?, in: Junge Freiheit 24/2003, 06.06.2003.
Hübsch, Hadayatullah/Mehmet Yildirim. Islampredigt auf deutsch?, in: Junge Freiheit 49/2004, 26.11.2004.
Hübsch, Hadayatullah. Religion des Friedens, 2. Aufl., Köln 2005.
Hübsch, Hadayatullah. Wer Hass predigt, verrät den Propheten Mohammed, in: Die Welt, 06.10.2007.
Hübsch, Hadayatullah. Peace Train. Von Cat Stevens zu Yusuf Islam, Heidelberg 2009.
Hübsch, Hadayatullah. Von der Liebe zur Wahrheit, o.J., http://hadayatullah.de/prosa/von-der-liebe-zur-wahrheit/ (Stand: 25.07.2021).
Hübsch, Hadayatullah. Warum trägt die Muslima Schleier oder Kopftuch?, Frankfurt am Main o.J.
Irmer, Thomas. Zwangsarbeit für die deutsche Elektroindustrie im besetzten Polen. Die ‚Allgemeine Elektrizitäts-Gesellschaft' (AEG) und das Kabelwerk Krakau 1941–1944, in: Andreas Heusler/Mark Spoerer/Helmuth Trischler (Hrsg.), Rüstung, Kriegswirtschaft und Zwangsarbeit im „Dritten Reich", München 2010, S. 87–106.
Janisch, Wolfgang. „Was tun mit einem Unbelehrsamen?", in: Süddeutsche Zeitung, 21.10.2020.
Jüttner, Julia. Die verlorene Ehre der Familie Khan, in: Der Spiegel 42/2015, 09.10.2015, S. 46–48.

Klaue, Magnus. Marx oder Moritz. Das Café Laumer als Gedächtnisort der Kritischen Theorie, in: Dennis Göttel/Christina Wessely (Hrsg.), Im Vorraum. Lebenswelten Kritischer Theorie um 1969, Berlin 2019, S. 181–198.

Kositza, Ellen. Kopftuchmädchen, in: Sezession 40 (Februar 2011), S. 22–27.

Kristeva, Julia. Wie wird man Terrorist?, in: taz, 10.10.2001.

Langhans, Rainer. Ich bin's. Die ersten 50 Jahre, Berlin 2008.

Mazzola, Sabrina. Lebenslange Haft für Mord an Tochter, in: Berliner Morgenpost, 02.12.2015.

Martin, Bernd. Aufgeklärte Vernunft und konkurrierende Handlungsrationalitäten am Ende des 20. Jahrhunderts. Sozialtheorie zwischen prädispaniertem Nutzenkalkül, Werterelativismus und den Vorzeichen islamischen Absolutismus, Bamberg 2013.

Menkens, Sabine. Jedes Wochenende wird eine Minderjährigenehe in Deutschland geschlossen, in: Die Welt, 16.09.2020.

Nijhawan, Michael. ‚Today, We Are All Ahmadi': Configurations of Heretic Otherness between Lahore and Berlin, in: British Journal of Middle Eastern Studies 37/3 (Dezember 2010), S. 429–447.

o. A. Dichter und Prediger, in: Frankfurter Allgemeine Zeitung, 05.01.2011.

Pfannkuch, Katharina. Lebenslang für Vater, der Tochter im Schlaf erwürgte, in: Die Welt, 01.12.2015.

Peters, Freia. Der Islam gehört nun offiziell zu Deutschland, in: Die Welt, 13.06.2013.

Rabehl, Bernd. Linke Gewalt, Schnellroda 2007.

Raddatz, Hans-Peter. Wer beleidigt Allah?, in: Junge Freiheit 15/2001, 06.04.2001.

Reichardt, Sven. Authentizität und Gemeinschaft. Linksalternatives Leben in den siebziger und frühen achtziger Jahren, Berlin 2014.

Resch, Stephan. Drogen und Rausch in der deutschsprachigen Literatur, in: Maximilian von Heyden/Henrik Jungaberle/Tomislav Majić (Hrsg.), Handbuch Psychoaktive Substanzen, Berlin 2018, S. 23–33.

Schröter, Susanne. Im Namen des Islam. Wie radikalislamische Gruppierung unsere Gesellschaft bedrohen, Gütersloh 2021.

Schwartz, Moritz/Dieter Stein. „Mit der Jugend wurde damals diskutiert." Der Ex-68er Günter Maschke über Jugendgewalt, die Kampagne gegen Rechts und das geistige Klima in Deutschland, in: Junge Freiheit 35/2000, 25.08.2000.

Seitenbecher, Manuel. Mahler, Maschke & Co. Rechtes Denken in der 68er-Bewegung?, Paderborn 2013.

Siegfried, Detlef. Time Is On My Side. Konsum und Politik in der westdeutschen Jugendkultur der 60er Jahre, Göttingen 2006.

Traub, Rainer. Die Glaubens-Wechsler, in: Der Spiegel 2/2008, 06.01.2008, S. 94–96.

Treibel, Annette. Von der exotischen Person zur gesellschaftlichen Normalität: Migrantinnen in der soziologischen Forschung und Lehre, in: Gudrun Hentges/Volker Hinnenkamp/Almut Zwengel (Hrsg.), Migrations- und Integrationsforschung in der Diskussion. Biografie, Sprache und Bildung als zentrale Bezugspunkte, Wiesbaden 2008, S. 141–170.

Wagishauser, Abdullah (Hrsg.). Rushdies Satanische Verse. Islamische Stellungnahmen zu den Provokationen Salman Rushdies sowie zum Mordaufruf radikaler iranischer Schiiten, Frankfurt am Main 1992.

Wensierski, Hans-Jürgen von. Die soziale Konstruktion des orientalisch-islamischen Ehrkonzepts als Strukturmerkmal der Sozialisation muslimischer Jugendlicher in Deutschland, in: Cathleen Grunert/Anne Schippling/Nicolle Pfaff (Hrsg.), Kritische

Bildungsforschung. Standortbestimmungen und Gegenstandsfelder, Opladen/Berlin/Toronto 2016, S. 303–323.

Wolf, Patricia. Homosexuelle zu Gast in der Khadija-Moschee in Heinersdorf, in: Der Tagesspiegel, 03.04.2017.

Wolfschlag, Claus. Bye-bye '68. Renegaten der Linken, APO-Abweichler und allerlei Querdenker berichten, Graz/Stuttgart 1998.

Wolter, Udo. Nicht ohne meinen Schleier, in: Jungle World 29/2007, 19.07.2007.

Die 1970er Jahre als „schwarzes" und als „rotes" Jahrzehnt

Armin Pfahl-Traughber
Vom „Rassegedanke" zum „Ethnopluralismus"

Nationalrevolutionäre Intellektuelle der 1970er Jahre und die Entwicklung des Rassismus-Verständnisses im deutschen Rechtsextremismus

Einleitung und Fragestellung

> Wir müssen unsere Aussagen so gestalten, daß sie nicht mehr ins Klischee des ‚Ewig-Gestrigen' passen. Eine Werbeagentur muß sich auch nach dem Geschmack des Publikums richten und nicht nach den eigenen. [...] Der Sinn unserer Aussagen muß freilich der gleiche bleiben.

Diese Empfehlung gab „Thora Ruth" 1973 im *La Plata-Ruf*. Dabei handelte es sich um ein Publikationsorgan, das von dem früheren Mitarbeiter im NS-Propagandaministerium Wilfred von Oven zwischen 1967 und 1977 herausgegeben wurde. In dem Artikel hieß es dann weiter:

> In der Fremdarbeiter-Frage etwa erntet man mit der Argumentation ‚Die sollen doch heimgehen' nur verständnisloses Grinsen. Aber welcher Linke würde nicht zustimmen, wenn man fordert: ‚Dem Großkapital muß verboten werden, nur um des Profits willen ganze Völkerschaften in Europa zu verschieben. Der Mensch soll nicht zur Arbeit, sondern die Arbeit zu den Menschen gebracht werden.' Der Sinn bleibt der gleiche: Fremdarbeiter raus! Die Reaktion der Zuhörer wird aber grundverschieden sein.[1]

Nur selten findet man im deutschen Rechtsextremismus derart offene Worte, die für den öffentlichen Diskurs eine kalkulierte Täuschung empfehlen: In ein menschenfreundliches Gewand sollte der traditionelle Rassismus verpackt werden, versprach man sich doch so eine höhere Akzeptanz für die eigenen Positionen. Dies macht auch für die Gegenwart deutlich: Wenn heute vom neuen „Ethnopluralismus" gesprochen wird, dann ist damit letztendlich der traditionelle „Rassegedanke" gemeint. Es gibt dabei nur marginale Änderungen, die an der Kontinuität in der Substanz wenig ändern. Gleichwohl lässt sich dies nicht auf den ersten Blick erkennen, was eben auch das beabsichtigte Ergebnis der erwähnten

---

[1] Thora Ruth, Leserbrief, in: La Plata Ruf, September 1973, S. 25.

diskursiven Strategie ist. Bedeutsame Akteure für diese Diskursverschiebung waren nationalrevolutionäre Intellektuelle, die mitunter als „Linke Leute von rechts"[2] bezeichnet wurden. In den 1970er Jahren kam ihnen im Rechtsextremismus eine gewisse Relevanz zu. Sie galten als Erneuerer dieses politischen Lagers, scheiterten aber letztendlich mit ihrem Vorhaben.

Gleichwohl entfalteten deren Auffassungen zur Bedeutung und Definition von Ethnizität eine gewisse Fernwirkung, die bis in die Gegenwart etwa bei den „Identitären" oder der Neuen Rechten reicht. „Ethnopluralismus" und nicht „Rassismus" dient diesen als begriffliches Selbstverständnis. Man distanziert sich gar von einem biologischen Rassismus, was oberflächliche Kritiker mitunter auch irritiert. Denn hinter dieser Abwendung stehen ideologische Kontinuitäten. Darauf will die vorliegende Abhandlung aufmerksam machen, lautet doch ihre erkenntnisleitende Fragestellung: Worin bestanden die Auffassungen zur Ethnizität bei den Nationalrevolutionären und welche Fernwirkung wie Vorgeschichte hatten diese? Es wird dabei die Auffassung vertreten, dass in den 1970er Jahren ein „Knick" im Rassismus-Verständnis im Rechtsextremismus ausgemacht werden kann. Dabei blieb indessen die Substanz bestehen, nur die Verpackung änderte sich. Um diese Dynamik zu verstehen, ist ein Blick in die frühere Geschichte wie in die folgenden Jahrzehnte nötig.

Arbeitsdefinition von zentralen Begriffen

Bevor die erwähnte Entwicklung dargestellt und eingeschätzt werden soll, bedarf es zunächst noch einer Arbeitsdefinition von zentralen Begriffen, kursieren dazu doch gelegentlich unterschiedliche Verständnisse. Begonnen wird mit „Rassismus". Gemeint ist damit fortan eine Diskriminierungsideologie, die auf das Konstrukt „Rasse" bezogen ist und damit für unterschiedliche Menschengruppen verschiedene Wertigkeiten unterstellt. Das Gemeinte hat eine funktionale und eine inhaltliche Komponente: die Diskriminierungsabsicht und das dafür genutzte Konstrukt. Dass es sich hier um eine bloße Behauptung handelt, hat die Forschung überzeugend veranschaulicht – und zwar allein schon für die rein biologische Komponente. Es gibt aus genetischer Perspektive keine „Rassen" in einem trennscharfen Sinne. Und selbst wenn derartige Einteilungen möglich wären, lassen sich daraus keine unterschiedlichen Wertigkeiten ableiten. Darüber

---

[2] Die Bezeichnung geht auf folgende Monographie zum Thema zurück: Otto-Ernst Schüddekopf, Linke Leute von rechts. Die nationalrevolutionären Minderheiten und der Kommunismus in der Weimarer Republik, Stuttgart 1960.

hinaus entstand historisch erst nach der Diskriminierungspraxis als Legitimationsideologie der Rassismus.[3]

Das Alleinstellungsmerkmal des hier gemeinten Rassismus-Verständnisses besteht darin, dass die Betroffenen noch nicht einmal theoretisch ihrer Diskriminierung entgehen können, wird sie doch aus deren angeblicher Natur abgeleitet. Dies bedeutet auch, dass der gelegentlich in der Debatte genannte „Kulturrassismus" kein Rassismus ist, sofern er sich auf eine nicht-biologische Kategorie bezieht.[4] Davon kann nur gesprochen werden, wenn die Eigenschaften der „Kultur" auch solche der „Rasse" sein sollten. Der analytische Blick auf die gemeinten Positionen macht indessen deutlich, dass durchaus indirekt von einer biologisierten Kategorie „Kultur" gesprochen werden kann. Eine hier nötige Differenzierung wäre indessen durch ein pauschales „Kulturrassismus"-Verständnis nicht möglich. Auf die inhaltliche Bedeutung dieser trennscharfen Unterscheidung wird später noch genauer eingegangen. Hier sei zunächst nur hervorgehoben, dass es beim „Rassismus" um biologisierte Vorurteile geht. Es gibt demgegenüber auch kritikwürdige nicht-biologisierte Vorurteile.

Und dann soll noch die Bezeichnung „Rechtsextremismus" erläutert werden. Ihr ist eine demokratie- und ideologietheoretische Komponente eigen. Denn es geht dabei um eine politikwissenschaftliche Bezeichnung für alle Einstellungen und Handlungen, welche die Basiswerte moderner Demokratien und pluralistischer Gesellschaften negieren und der behaupteten „ethnischen Identität" im politischen Selbstverständnis den höchsten Stellenwert beimessen. Dabei kann es unterschiedliche ideologische Ausrichtungen geben, was dann für die gemeinte Definition bedeutet: Jeder Nationalsozialist ist auch Rechtsextremist, aber nicht jeder Rechtsextremist muss auch Nationalsozialist sein.[5] Oder bezogen auf die hier zu erörternde Frage heißt dies: Jeder Rassist ist auch Rechtsextremist, aber nicht jeder Rechtsextremist muss auch Rassist sein. Die hier behandelten Nationalrevolutionäre waren denn auch keine Nationalsozialisten, aber sehr wohl Rechtsextremisten. Sie waren keine ideologischen, aber strukturelle Rassisten.

---

3 Vgl. als bilanzierende Darstellungen: Peter Emil Becker, Sozialdarwinismus, Rassismus, Antisemitismus und Völkischer Gedanke. Wege ins Dritte Reich, Stuttgart 1990; George M. Fredrickson, Rassismus. Ein historischer Abriß, Hamburg 2004; Christian Geulen, Geschichte des Rassismus, München 2007.
4 Sollte es dabei ebenfalls um eine Diskriminierungsideologie gehen, bietet sich die Bezeichnung „Kulturalismus" an. Vgl. dazu die Ausführungen im Abschnitt Exkurs: „Kulturrassismus" als problematischer und unscharfer Terminus.
5 Vgl. Armin Pfahl-Traughber, Rechtsextremismus in Deutschland. Eine kritische Bestandsaufnahme, Wiesbaden 2019, S. 15–28.

Besonderheiten der nationalrevolutionären Ideologie im Rechtsextremismus

Doch worin bestanden die Besonderheiten der nationalrevolutionären Ideologie im Rechtsextremismus? Darauf sei folgende Antwort gegeben: Einerseits spricht die Beschwörung des Nationalismus als herausragendes Merkmal des politischen Selbstverständnisses für die Einordnung im „rechten" politischen Lager. Andererseits geht die inhaltliche Orientierung immer wieder mit Positionen und Themen einher, welche allgemein im entgegengesetzten „linken" Lager kursieren. Dazu gehört die Ausrichtung gegen den „Imperialismus" und gegen den „Kapitalismus". Mit der erstgenannten Position stellt man sich auf die Seite der angeblich von „Großmächten" unterdrückten „Völker". Im Kapitalismus sehen Nationalrevolutionäre eine sozial ungerechte Wirtschaftsordnung, die auch für die Angehörigen der eigenen ethnischen Gruppe von Nachteil sei. Nicht die Berufung auf die „Rasse" oder den „Staat", sondern auf die „Nation" und das „Volk" stellt darüber hinaus ein herausragendes Element in der Ideologie der Nationalrevolutionäre dar.

Gelegentlich werden sie ideengeschichtlich der Konservativen Revolution der Weimarer Republik zugeordnet[6], was sich durch eine inhaltliche und strategische Übereinstimmung erklärt: Das Bestehende sollte nicht mehr bewahrt, sondern revolutionär überwunden werden. Diese Gemeinsamkeit ignoriert dann aber doch die Unterschiede: Denn bei den Jungkonservativen kursierte ein wertender Nationalismus, der den Deutschen einen höheren Stellenwert als anderen Völkern zuschrieb. Demgegenüber bekundeten die meisten Nationalrevolutionäre eher einen gleichrangigen Nationalismus. Ihre Auffassungen können als frühe Erscheinungsform des noch zu erläuternden „Ethnopluralismus" gelten, sahen sie sich doch als politische Unterstützer „junger Völker" an. Die damit einhergehende Ablehnung des Kolonialismus fand sich stärker ausgeprägt als bei den Jung-

---

6 Vgl. Armin Mohler, Die Konservative Revolution in Deutschland 1918–1932. Ein Handbuch (1950), 3. Aufl., Darmstadt 1989, worin die gemeinte Bewegung in fünf Strömungen unterschieden wird: Bündische, Jungkonservative, Landvolkbewegung, Nationalrevolutionäre und Völkische. Berechtigt wurde darauf hingewiesen, dass diese nur wenige ideologische Gemeinsamkeiten aufweisen, um eine gemeinsame Sammelbezeichnung zu nutzen, vgl. Stefan Breuer, Anatomie der Konservativen Revolution, Darmstadt 1993. Daher wird auch hier die Auffassung vertreten, dass die Jungkonservativen allein für die Konservative Revolution stehen und demgemäß von den Nationalrevolutionären zu unterscheiden sind. Insofern kann man auch für die Gegenwart die Nationalrevolutionäre von der Neuen Rechten unterscheiden, vgl. ausführlicher dazu: Armin Pfahl-Traughber, Konservative Revolution und Neue Rechte. Rechtsextremistische Intellektuelle gegen den demokratischen Verfassungsstaat, Opladen 1998, S. 17–24 und 48–53.

konservativen der Weimarer Republik. Darüber hinaus bestanden Differenzen in einer stärkeren Distanz zur bürgerlichen Gesellschaftsschicht und in der bekundeten Frontstellung gegen den Kapitalismus.[7] Auch mit dem „linken" Flügel des Nationalsozialismus um die Gebrüder Strasser existierten ideologische Übereinstimmungen: Dies gilt für die bekundete dezidiertere Ablehnung des Bürgertums wie des Kapitalismus. Ebenso bestand bei der pro-russischen Ausrichtung trotz der sowjetischen Herrschaft ein außenpolitischer Konsens. Demgegenüber dominierten die Differenzen, denn die „linken" Nationalsozialisten waren primär Nationalsozialisten. Auch wenn Antisemitismus und Rassismus bei den Nationalrevolutionären auszumachen waren, kam damit einhergehenden Einstellungen doch nicht ein so hoher Stellenwert wie bei den Nationalsozialisten zu. Auch hier gab es die inhaltliche Differenz beim wertenden Nationalismus. Die erwähnten Gemeinsamkeiten machen zwar gelegentlich eine konkrete Einordnung von Personen schwierig, gleichwohl sind in einem idealtypischen Sinne die Unterschiede groß genug. Dies gilt auch angesichts des bewusst von ihnen gepflegten „linken" Image der Nationalrevolutionäre.[8]

Entwicklung nationalrevolutionärer Gruppen in den 1970er Jahren

Anfang der 1970er Jahre kamen einschlägige Organisationen im bundesdeutschen Rechtsextremismus auf.[9] Um diese Entwicklung zu verstehen, muss an vorherige

---

7 Von einem entwickelten Forschungsstand zu den Nationalrevolutionären kann nicht gesprochen werden. Dies gilt sowohl bezogen auf die Ideologie wie die Organisationsentwicklung. Als einseitig und veraltet gelten folgende Monographien: Louis Dupeux, Nationalbolschewismus in Deutschland. 1919–1933. Kommunistische Strategie und konservative Dynamik, München 1985; Karl Otto Paetel, Nationalbolschewismus und nationalrevolutionäre Bewegung in Deutschland, Schnellbach 1999. Der inhaltliche Schwerpunkt beider Werke ist jedoch der Nationalbolschewismus. Zu den hier gemeinten Nationalrevolutionären vgl. eher Schüddekopf, Linke Leute von rechts.
8 Vgl. zur ideologischen Einordnung in den deutschen Rechtsextremismus: Pfahl-Traughber, Rechtsextremismus, S. 35–42.
9 Über die Geschichte der folgenden nationalrevolutionären Kleingruppen gibt es nur wenig Literatur, vgl.: Günter Bartsch, Revolution von rechts? Ideologie und Organisation der Neuen Rechten, Freiburg 1975, S. 133–176; Margret Feit, Die „Neue Rechte" in der Bundesrepublik. Organisation – Ideologie – Strategie, Frankfurt a. M. 1987, S. 33–40, S. 48–62 und S. 70–75. Benedikt Sepp, Linke Leute von rechts? Die nationalrevolutionäre Bewegung in der Bundesrepublik,

Ereignisse erinnert werden: Bereits Mitte der 1960er Jahre entstanden nationalrevolutionäre Publikationsorgane, wozu etwa *Fragmente* oder *Junges Forum* zählten. In ihnen deutete sich bereits an, dass es einen inhaltlichen Bruch mit bestimmten Positionen des traditionellen Rechtsextremismus geben sollte. Indessen wurde diese Entwicklung zunächst nicht näher zur Kenntnis genommen, setzten doch derartige Akteure ihre politische Hoffnung auf die NPD und deren seinerzeitige Wahlerfolge. Als die NPD aber 1969 nicht in den Bundestag einziehen konnte und innerparteiliche Konflikte ausbrachen, strebten jüngere Intellektuelle eine Neuorientierung an. Damit ging auch die Forderung einher: „Von der Linken lernen".[10] Dieser Aufruf, der in der bedeutsamen rechtsextremistischen Monatszeitschrift *Nation Europa* erschien, bildete für die nationalrevolutionäre Renaissance den Startschuss.

Bereits zuvor hatte es eigenständige Basisgruppen in den unterschiedlichsten Regionen aber ohne intensivere Vernetzung gegeben. Aus ihnen entstand 1972 eine „Nationalrevolutionäre Aufbauorganisation" (NRAO), die einen Formierungsprozess einschlägiger Protagonisten vorantreiben wollte. Indessen setzten innerhalb der Organisation inhaltliche und strategische Konflikte ein. Dabei ging es mal um das Bild von der Bundesrepublik, mal um die Einstellung zum Irlandkonflikt, mal um das Kadermodell als Organisationsprinzip, mal um die Positionierung in der Wirtschaftspolitik. Bezogen auf den letztgenannten Aspekt entstanden ein „solidaristischer" und ein „sozialistischer" Flügel, wodurch es bereits früh zu einer organisatorischen Spaltung kam. Die Erstgenannten gründeten 1974 die „Solidaristische Volksbewegung", die Letztgenannten die „Sache des Volkes/Nationalevolutionäre Aufbauorganisation" (SdV/NRAO). Aber auch in diesen neuen Gruppen brachen schnell wieder interne Konflikte auf, welche die politische Entwicklung blockierten und zum Scheitern führten.

Insofern setzte ein Erosionsprozess in der zweiten Hälfte der 1970er Jahre ein, der dann auch zur Auflösung der einschlägigen Gruppen führte. Ohnehin hatten diesen wohl nie mehr als um die tausend Personen angehört. Als organisatorische Akteure konnten sie keine relevante Bedeutung entfalten. Gleichwohl fanden ihre ideologischen Ansätze und Neuorientierungen durchaus Resonanz, was sich etwa beim „Ethnopluralismus" bis in die Gegenwart zeigt. Gerade die Deutungen zu „ethnischer Identität" sollten auch im traditionellen Rechtsextremismus ihre Wirkung entfalten, was sich insbesondere in der Auffassung zum „Rassismus"-Verständnis zeigte. Dies war aber eher durch publizistisches Agieren und weniger

---

Marburg 2013, S. 22–34. Bartsch liefert eine affirmative, aber informative Darstellung. Bartsch und Feit nutzen „Neue Rechte" in einem anderen Sinne als oben definiert.

10 Gert Waldmann, Von der Linken lernen. Respektlose Gedanken eines jungen Nationalisten, in: Nation Europa 19/8 (August 1969), S. 23–24.

durch organisatorische Entwicklungen möglich. Bedeutsam sollte die 1979 gegründete Zeitschrift *Wir selbst* werden, welche auch eine „patriotische Linke" ansprechen wollte.[11] Dies gelang ihr aber nur eingeschränkt, seit 2002 erschienen keine gedruckten Exemplare mehr. Damit sind die Nationalrevolutionäre ein historisches Thema.

Das biologistische Gesellschafts- und Menschenbild der Nationalrevolutionäre

Gleichwohl hatten einige ihrer Auffassungen längerfristige Folgen, strahlten sie doch auf andere Bereiche des Rechtsextremismus aus. Das organisatorische Scheitern bedeutete demnach keine diskursive Wirkungslosigkeit. Gerade in der Einstellung gegenüber „Ethnie" und „Rasse" sollten nationalrevolutionäre Positionen noch relevant werden, wodurch es zu einer formalen, aber nicht inhaltlichen Erneuerung im politischen Selbstverständnis kam. Die folgenden Ausführungen konzentrieren sich auf diesen Gesichtspunkt und ignorieren dabei andere Neuerungen.[12] Zunächst muss indessen darauf hingewiesen werden, dass die nationalrevolutionären Intellektuellen dezidiert für eine notwendige Theoriearbeit eintraten.[13] Demnach wollten sie ihre Auffassungen auf abstrakte Grundlagen stellen, was in der Geschichte des bundesdeutschen Rechtsextremismus eher selten vorkam. Bereits in diesem Gesichtspunkt ist demnach eine Innovation zu sehen. Sie bestand hier sogar in dem Anspruch, die eigene Ideologie mit Verweis auf die Wissenschaft abzusichern.

Dabei beriefen sich die nationalrevolutionären Akteure gar auf den logischen Empirismus, galt er ihnen doch als das hauptsächliche Erkenntnisinstrument für ihre Positionen.[14] Es gab sogar Anklänge an den Kritischen Rationalismus, der von Karl Popper geprägt war. Derartige Bezüge irritieren, denn die gemeinten

---

11 Vgl. Eckhard Jesse, Zeitschriftenportrait „Wir selbst", in: Uwe Backes/Eckhard Jesse (Hrsg.), Jahrbuch Extremismus & Demokratie, Bd. 11, Baden-Baden 1999, S. 239–253; Armin Pfahl-Traughber, Rechtsextremismus. Eine kritische Bestandsaufnahme nach der Wiedervereinigung, 2. Aufl., Bonn 1995, S. 137–138.
12 Vgl. ausführlicher dazu: Feit, Die „Neue Rechte" in der Bundesrepublik, S. 83–142; Sepp, Linke Leute von rechts?, S. 35–66.
13 Vgl. Henning Eichberg, „Modernismus" oder irrationale Hingabe?, in: Junge Kritik 1 (1970), S. 71–76; Michael Meinrad, Idealismus und Rationalismus als Einheit, in: Fragmente 32 (1973), S. 31–34.
14 Vgl. Henning Eichberg, Logischer Empirismus, in: Junge Kritik 3 (1973), S. 89–132; Henning Eichberg, Unsere Erkenntnistheorie, in: Ideologie & Strategie 7 (1973), S. 1.

Denkungsarten gehen eher mit liberalem oder linkem Gedankengut einher. Die erwähnte Berufung verwies denn auch auf angebliche Lücken. Die nationalrevolutionären Intellektuellen sahen dort angebliche anthropologische Leerstellen. Gemeint war damit, dass dem Empirismus die Ignoranz gegenüber der Natur unterstellt wurde. Denn die nationalrevolutionären Autoren propagierten ein biologistisches Gesellschafts- und Menschenbild. Diese Auffassung geht davon aus, dass die Entwicklung des sozialen Miteinanders primär von biologischen Vorgaben geprägt wäre. Demnach sei der Mensch auch eher ein Triebwesen und weniger von der Vernunft gesteuert.[15] Diese Einsicht, so die Nationalrevolutionäre, werde aber im Empirismus verdrängt.

Mit dieser inhaltlichen Annahme sollten dann auch politische Grundpositionen begründet werden, welche die herausgehobene Bedeutung von „Ethnie" im ideologischen Selbstverständnis veranschaulichten. Denn die Berufung auf den Nationalismus entsprach dann letztlich der Natur und hierbei dem menschlichen Territorialtrieb. Dementsprechend bemerkte der nationalrevolutionäre Autor Gert Waldmann: „Der Nationalismus ist die politische Ausprägung des Territorialverhaltens und dient der Arterhaltung, also einem biologischen Grundprinzip."[16] Daraus ergebe sich dann auch eine Abgrenzung ethnischer Gruppen, die eben auf eine bestimmte Region natürlich orientiert seien. In der inhaltlichen Konsequenz bedeutete dies wiederum, dass Angehörige anderer ethnischer Gruppen dort nicht zu sein hätten. Dies ergebe sich aus dem Dominanztrieb, der ebenfalls naturbedingt allen Individuen eigen sei. Angehörigen anderer ethnischer Gruppen gegenüber betonte man dabei natürliche Unterschiede, welche aber nicht eine soziale Ungleichwertigkeit implizierten.

Die Beibehaltung der Kategorie „Rasse" im ideologischen Selbstverständnis

Darin kann eine weitere Besonderheit der gemeinten Nationalrevolutionäre gegenüber den traditionellen Rechtsextremisten gesehen werden: Man behauptete nicht, dass die eigene Ethnie den anderen Ethnien gegenüber überlegen sei. Da dieser Aspekt auch für das Rassismus-Verständnis relevant ist, muss darauf hinsichtlich der Glaubwürdigkeit und Relevanz später noch gesondert eingegangen werden. Denn auffällig ist, dass mit der Betonung der Ethnie für die po-

---

15 Vgl. Michael Meinrad, Das Prinzip Nationalismus, in: Junge Kritik 3 (1973), S. 7–16; Axel Malde/W. H., Menschenbild und Nationalismus, in: Ideologie & Strategie 16 (1975), S. 1–2.
16 Gert Waldmann, Verhaltensforschung und Politik, in: Junge Kritik 3 (1973), S. 17–47, hier S. 28.

litische Identität auch „Rassen" als anthropologische Tatsachen galten. So gingen die nationalrevolutionären Akteure davon aus, dass es „Europide", „Mogolide" und „Negride" als menschliche Rassen gäbe. Diese Aufteilung erkläre sich aber nicht nur aus biologischen Gesichtspunkten. Denn für den bekanntesten nationalrevolutionären Ideologen Henning Eichberg[17] stand fest, dass „erblich-biologische Differenzierungen innerhalb der Menschheit das Vorhandensein auch geistig-psychologischer Verschiedenheiten nahelegen."[18] Eine kulturelle Komponente kam zur natürlichen hinzu.

Damit besteht auch hier eine Abweichung von einem rein biologisch geprägten „Rasse"-Verständnis. Gleichwohl blieb dieses als Grundlage für die erwähnten Positionen existent. Es muss gar von einer konstitutiven Bedeutung für die ethnische Identität der Nationalrevolutionäre ausgegangen werden, denn die angesprochenen geistigen Besonderheiten konnten nur aufgrund der behaupteten natürlichen Vorgaben entstehen. Demnach nahmen diese Autoren zwar eine Ausweitung des Verständnisses vor, sie blieben aber der biologistischen Prägung im vorgenannten Sinne verhaftet. Auch hier gingen die nationalrevolutionären Intellektuellen in ihren Publikationen davon aus, dass die Betonung von unterschiedlichen „Rassen" keine verschiedene Wertigkeit impliziere. Indessen betonten sie die Notwendigkeit von räumlichen Trennungen. Denn ansonsten komme es zu einer Entfremdung von der ethnischen wie sozialen Identität, aber eben auch zu Konflikten mit bürgerkriegsähnlichen Unruhen. Es gelte die Verschiedenheit der Völker zu bewahren.

Diese Grundauffassung erklärt auch, dass Gesellschaftsmodelle mit einer „Rassentrennung" sehr wohl begrüßt wurden. Die Apartheid im damaligen Südafrika zählte dazu.[19] Dabei wurde zwar meist nicht von einer Minderwertigkeit etwa hier der Schwarzen gesprochen, gleichwohl blieb deren Diskriminierung in

---

17 Über ihn liegen zwei Monographien vor: Clemens Heni, Salonfähigkeit der Neuen Rechten. „Nationale Identität", Antisemitismus und Antiamerikanismus in der politischen Kultur der Bundesrepublik Deutschland 1970–2005: Hennig Eichberg als Exempel, Marburg 2007; Frank Teichmann, Hennig Eichberg – nationalrevolutionäre Perspektiven in der Sportwissenschaft. Wie politisch ist die Sportwissenschaft?, Frankfurt a. M. 1991. Beide Arbeiten sind überaus informativ und materialreich. Heni verstört indessen durch schiefe und selbstgefällige Kommentierungen, Teichmann durch die Fixierung auf die Sportwissenschaft. Eichberg wandte sich später der politischen Linken zu. Inwieweit dies eine glaubwürdige Entwicklung war, ist eine interessante Fragestellung, die hier aber aufgrund einer anderen Schwerpunktsetzung nicht thematisiert werden kann.
18 Henning Eichberg, Totale Nation? Europäischer Nationalismus und die Öffnung nach vorn, in: Junge Kritik 1 (1970), S. 9–42, hier S. 21.
19 Vgl. Eichberg, Totale Nation?, S. 24–25; Gert Waldmann, Amerika heute – und morgen Europa?, in: Fragmente 11 (1967), S. 30–33.

solchen Gesellschaftsordnungen ein Nicht-Thema. Es lässt sich hier feststellen, dass eine Benachteiligung zwar nicht eingefordert wurde, sie aber die Folge solcher Politik wäre. Eine darauf bezogene Analyse muss demnach nicht nur die Bekundung eines Gemeinten, sondern auch dessen Konsequenzen in der Praxis berücksichtigen. Ersteres kann als eine anti-rassistische Botschaft vorgetragen werden, dann aber doch rassistische Wirkungen nach sich ziehen. Auch diese Deutungsweise und Diskursform darf bezogen auf die Nationalrevolutionäre als Novum im traditionellen Rechtsextremismus gelten. Genau darin besteht die angedeutete Fernwirkung einer heute längst vergessenen Intellektuellengruppe, was folgendes Beispiel gesondert zeigt.

„Ethnopluralismus" als nationalrevolutionäre Form des Rassismus

Es geht dabei um die Auffassung von einem „Ethnopluralismus", der im Selbstverständnis auf die Vielfalt der Völker abstellt. Die damit gemeinte Deutung teilt einige der vorgenannten Positionen: Dazu gehören die Behauptungen, dass die ethnische bzw. nationale Identität von herausragender Relevanz für das menschliche Wesen ist und dass die so definierbaren Gruppen inkl. der „Rassen" nicht entsprechend einer Wertigkeit verortet werden können. Dies wirkt auf den ersten Blick wie eine humanistische Perspektive. Denn eine Abwertung von Menschen aufgrund von ethnischen Zugehörigkeiten wird abgelehnt und die ethnische und kulturelle Identität aller Völkergruppen gilt als anerkennenswert und erhaltenswert. Es scheint sich gar um eine Auffassung zugunsten von Menschen mit Migrationshintergrund zu handeln. Diese bilden denn auch formal kein Feindbild mehr. Demgegenüber wendet man sich gegen die Eliten und die Kapitalisten, welche „Ausländer" aus Profitinteressen in die westliche Welt holen und sie hier ihrer kulturellen und nationalen Identität entfremden.

Dieser Auffassung sind aber gerade aus humanistischer Denkperspektive problematische Positionen eigen: Denn sie geht weder auf die Individualität von Menschen noch auf deren Universalität ein. Insofern gelten nicht die Einzelnen, sondern die Kollektive als zentral. Dies sollen dann Ethnien oder Kulturen, Nationen oder Völker sein. Für nationalrevolutionäre Denker wie Henning Eichberg, der die Bezeichnung „Ethnopluralismus" prägte[20], verbindet sich damit auch ein Kulturrelativismus. Ein solcher geht von der Gleichrangigkeit aller Kulturen aus,

---

20 Vgl. Henning Eichberg, Ethnopluralismus. Eine Kritik des naiven Ethnozentrismus und der Entwicklungshilfe, in: Junges Forum 5 (1973), S. 3–12.

lässt dabei aber keine Kritik aufgrund von universellen Werten zu. So kann etwa die ausgeprägte Frauendiskriminierung einer gewachsenen Kultur entsprechen, was dann wohlmöglich nur durch kulturfremde und universelle Menschenrechte kritisierbar wäre. Eine solche Denkperspektive schließt indessen der „Ethnopluralismus" aus, meint er doch lediglich die parallele Existenz unterschiedlicher Kulturen. Diese soll es bei den ethnischen Gruppen in getrennten Räumen geben.

Und genau hierbei kommt zu dem formulierten Ansatz wieder die praktische Konsequenz als spezifisches Problem hinzu. Denn worauf würde die Argumentation in der Praxis hinauslaufen? Sie bedeutet bezogen auf einen Nationalstaat, dass die dortige Bevölkerung von ethnischer Homogenität geprägt ist, und sie bedeutet bezogen auf die Welt, dass es dort keine Durchmischung der angeblichen „Rassen" gibt. Dies meint, dass die Angehörigen der unterschiedlichen Ethnien zwar als gleich, aber als unbedingt getrennt zu betrachten sind. So etwas läuft nationalstaatlich wie weltweit auf die Etablierung von Lebensverhältnissen und Strukturen hinaus, welche dem Apartheid-System im früheren Südafrika entsprechen würden. Eine andere Handlungsmöglichkeit dürfte dazu führen, gegenüber den Minderheiten eine Vertreibungspolitik zu forcieren. Daher ist die „Ausländer raus"-Forderung dem „Ethnopluralismus"-Gedanken als innere Logik eigen. Und insofern hat man es mit dem „alten Rassismus" nur in einer menschenfreundlicheren Verpackung zu tun.[21]

Die französische Neue Rechte und ihr Rassismus-Verständnis

Bedeutsam für eine formale Distanzierung vom Rassismus im deutschen Rechtsextremismus waren auch Anregungen, die von der französischen Neuen Rechten ausgingen.[22] Dabei kam Alain de Benoist, der als deren Chefideologe galt und auch in Deutschland einflussreich werden sollte, eine hohe Relevanz zu. Er stützte seine ideologischen Auffassungen maßgeblich auf die Jungkonservativen

---

21 Vgl. Patrick Moreau, Die neue Religion der Rasse. Der Biologismus und die kollektive Ethik der Neuen Rechten in Frankreich und Deutschland, in: Iring Fetscher (Hrsg.), Neokonservative und „Neue Rechte". Der Angriff gegen Sozialstaat und liberale Demokratie in den Vereinigten Staaten, Westeuropa und der Bundesrepublik, München 1983, S. 122–162.
22 Vgl. Marieluise Christadler, Die „Nouvelle Droite" in Frankreich, in: Fetscher (Hrsg.), Neokonservative und „Neue Rechte", S. 163–216; Hans-Gerd Jaschke, Frankreich, in: Franz Greß/ Hans-Gerd Jaschke/Klaus Schönekäs, Neue Rechte und Rechtextremismus in Europa. Bundesrepublik, Frankreich, Großbritannien, Opladen 1990, S. 17–103; Pfahl-Traughber, Konservative Revolution und Neue Rechte, S. 129–152.

und Nationalrevolutionäre der Weimarer Republik und trat für eine „Kulturrevolution von rechts" als politische Strategie ein. Die letztgenannte Ausrichtung führte auch dazu, dass Begriffe neu gedeutet und damit im Diskurs populär gemacht werden sollten. Dies galt eben auch für „Rassismus". Dazu führte die von Benoist selbst seit 1973 herausgegebene *Éléments* ein Interview mit ihm, worin er die inhaltliche Linie in dem Theorieorgan vorgab. In Deutschland fanden diese Positionen 1985 über einen Sammelband mit unterschiedlichen Texten lagerinterne Verbreitung.[23] Überschrieben war das gemeinte Gespräch mit einem schlichten „Wider den Rassismus".[24]

Darin distanzierte sich Benoist sowohl vom „Rassismus" wie vom „Antirassismus" und setzte sie als gegen die Vielfalt der Völker gerichtet miteinander gleich. Er betonte in dem Interview, dass es sehr wohl „Rassen" geben würde, gleichwohl könne man dabei nicht von einer „Überlegenheit" sprechen. Benoist behauptete indessen die „Existenz unterschiedlicher ethnischer Einheiten [...], die alle das Recht miteinander gemein haben, sie selbst zu sein."[25] Diese Auffassung bedingte indessen nicht notwendigerweise die Negierung des Rassismus. Denn wenn die angesprochene „ethnische Einheit" in strikt getrennten Räumen umgesetzt wird, kann sie sehr wohl mit rassistischen Konsequenzen, wohlmöglich auch mit rassistischen Positionen einhergehen. Darauf ging Benoist bezeichnenderweise nicht ein. Er bediente sich hier eines rhetorischen Tricks, wobei dem „Antirassismus" auch „Rassismus" vorgeworfen wurde. So ließ sich das Bedenkliche am realen Rassismus geschickt relativieren. Die politischen Gegner sollten mit den eigenen rhetorischen Waffen geschlagen werden.

„Antirassisten" wie „Rassisten" standen in dieser Sicht gemeinsam für ein „Verschwinden der Ethnien als Ethnien"[26]. Demgegenüber wollte Benoist eben eine Einheitlichkeit von Ethnien um ihrer Vielfalt willen erhalten. Aber genau diese Absicht, hier eine Homogenität und Identität einzufordern, läuft in der inhaltlichen Konsequenz auf rassistische Ziele hinaus. Denn dies setzt voraus, dass die Angehörigen einer ethnischen Minderheit grundsätzlich als Störfaktor wahrgenommen werden. Sie gefährden in dieser Denkperspektive die Einheitlichkeit der ethnischen Mehrheitsgesellschaft. Benoists extremistische Grundpositionen wurden auch daran deutlich, dass er der Aufklärung und den Demokratien mit ihrem „Egalitarismus" hierfür die Schuld zuschrieb. Er betonte darüber hinaus

---

23 Alain de Benoist, Kulturrevolution von rechts. Gramsci und die Nouvelle Droite, Krefeld 1985, hier zitiert nach der Neuausgabe: Dresden 2017, wo aber der Untertitel fehlt.
24 Vgl. Alain de Benoist, Wider den Rassismus, in: Benoist, Kulturrevolution von rechts (Ausgabe von 2017), S. 83–104.
25 Benoist, Wider den Rassismus, S. 85.
26 Benoist, Wider den Rassismus, S. 88.

den Kollektivismus, der „Antirassisten" wie „Rassisten" eigen sei, agierten sie doch jeweils für die ethnischen Minderheiten wie das nationale Volk.[27] So versuchte Benoist geschickt, das eigene Rassismus-Verständnis zu relativieren und zu verharmlosen.

„Ethnokulturelle Identität" als „Ethnopluralismus" bei den „Identitären"

Und schließlich soll als aktuelles Beispiel die „ethnokulturelle Identität" bei den „Identitären"[28] angesprochen werden, agieren sie doch mit „Null Prozent Rassismus, hundert Prozent identitär" als Slogan. Doch zunächst einige Anmerkungen zu dem gemeinten Phänomen: Diese Akteure entstanden 2012 in Frankreich aus Jugendorganisationen des traditionellen Rechtsextremismus. Indessen gaben sie sich in der Außendarstellung als moderne Bewegung, welche die negativen Einwanderungsfolgen für die jüngere Generation problematisieren wollte. Mit aufsehenerregenden Aktionen und effektiven Internetvideos wurde man auch in anderen Ländern bekannt. So entstanden etwa Ableger in Deutschland und Österreich. Deren bedeutsamste Aktivisten hatten indessen häufig im traditionellen Rechtsextremismus einen organisatorischen Vorlauf. Dies stellten sie aber als „Jugendsünde" hin und suggerierten einen politischen Wandel. Dabei beschränkte sich dieser meist nur auf das öffentliche Image, weniger auf die politischen Positionen.

Dies macht auch der analytische Blick auf deren inhaltliches Selbstverständnis deutlich, welches sich aus den Antworten auf selbstgestellte Fragen auf deren Internet-Seite ergibt. Dort bekannte man sich erklärtermaßen zum „Ethnopluralismus" und distanzierte sich vom „Rassismus". Jede „Ethnie", so heißt es dort, habe ein Identitätsrecht, „hierzulande und in der Welt". Eine „qualitative Auf- oder Abwertung einer bestimmten ethnokulturellen Gemeinschaft" lehne man ebenso wie „Rassismus und Chauvinismus" klar ab.[29] Gleichwohl soll die

---

[27] Vgl. Benoist, Wider den Rassismus, S. 87 und 102.
[28] Vgl. Judith Goetz/Joseph Maria Sedlacek/Alexander Winkler (Hrsg.), Untergangster des Abendlandes. Ideologie und Rezeption der rechtsextremen „Identitären", Hamburg 2017; Niedersächsisches Ministerium für Inneres und Sport – Verfassungsschutz (Hrsg.), Identitäre Bewegung Deutschland (IBD). Ideologie und Aktionsfelder, Hannover 2016; Pfahl-Traughber, Rechtsextremismus in Deutschland, S. 169–181.
[29] Identitäre Bewegung, Was ist unter dem Begriff „Ethnopluralismus" zu verstehen?, in: www.identitaere-bewegung.de (Stand: 26.04.2020); Identitäre Bewegung, Was heißt für euch eigentlich „Identität"?, in: www.identitaere-bewegung.de (Stand: 26.04.2020).

„ethnokulturelle Identität" den höchsten Stellenwert einnehmen. Diese Bezeichnung wird indessen nicht näher erläutert, sie hat aber eine „ethnische" und „kulturelle" Komponente. Beide seien „gleichwertig. Die Überbetonung eines Teilaspekts der Identität lehnen wir ab." Diese Auffassung macht indessen klar, dass ethnische Merkmale weiterhin eine Trennlinie darstellen sollen. Zur „Identität" gehöre auch, so heißt es dort, dass in der „Wahrnehmung eines ‚Wir' [...] immer auch schon die Wahrnehmung der ‚Anderen' eingeschlossen"[30] ist. Demgemäß will man die ethnisch wie kulturell Anderen aus der beschworenen Identität ausschließen, wobei die Kriterien dafür nicht genannt werden.

Diese Aussage bleibt aber einer rassistischen Denkungsart verhaftet, denn sie unterscheidet sich nur in zwei Punkten von dem traditionellen Verständnis: Es soll nicht nur um die Biologie gehen und es soll keine Wertigkeiten geben. Indessen ist mit der Betonung der „ethnischen Identität" weiterhin von einer biologischen Kategorie die Rede, sie soll auch gegenüber einer kulturellen Kategorie keinen geringeren Stellenwert haben. Hier gibt es in der Substanz daher keine Veränderung. Dies kann allenfalls für die fehlende Geringschätzung anderer Kulturen angenommen werden. Selbst wenn man diese Auffassung bei den „Identitären" für glaubwürdig hält, spräche dies nicht gegen die erwähnte Dimension einer Diskriminierungsideologie. Denn die „ethnisch-kulturell" Anderen sollen nun offenkundig das Land verlassen. Anders kann man kaum die Forderung nach einer „Reconqusita" interpretieren, steht das historische Bild doch für eine den Muslimen gegenüber praktizierte Vertreibungspolitik.[31] In der Konsequenz wäre dies Rassismus.

Der „Knick" im Rassismus-Verständnis des deutschen Rechtsextremismus

Einleitend sind die 1970er Jahre als „Knick" im Rassismus-Verständnis des deutschen Rechtsextremismus gedeutet worden. Diese Einschätzung bedarf hier noch einmal einer Erläuterung, um das Gemeinte hinsichtlich Kontinuität und Wandel einzuordnen. Denn es gab beides: die Beibehaltung des Rassismus wie die Veränderung seiner Verpackung. Damit soll zunächst noch einmal die einleitende

---

30 Identitäre Bewegung, Was heißt für euch eigentlich „Identität"?
31 Identitäre Bewegung, Was bedeutet der Begriff „Reconquista"?, in: www.identitären-bewegung.de (Stand: 26.04.2020). Vgl. kritisch dazu: Armin Pfahl-Traughber, Die Geschichtsbilder der „Identitären", in: bnr.de, 07.03.2019, www.bnr.de/artikel/hintergrund/die-geschichtsbilder-der-identitaeren.

Aussage aus dem *La Plata-Ruf* thematisiert werden. In ihr artikulierte sich in einem funktionalen und kalkulierten Sinne, dass rassistische Auffassungen bereits seinerzeit an gesellschaftliche Denkgewohnheiten angepasst werden sollten. Der Autor bzw. die Autorin nahm wahr, dass ein klassischer wertender Rassismus nicht mehr vertreten werden kann. Er ließ sich auch schon in den 1970er Jahren aufgrund der Nähe zum Nationalsozialismus kaum noch offen propagieren. Zwar bekannten sich nicht wenige Bürger in Umfragen zu solchen Vorstellungen[32], aber rassistische Auffassungen waren nicht mehr breiter im öffentlichen Diskurs als dezidierter „Rassegedanke" präsent.

Dadurch kam das Bewusstsein im Rechtsextremismus für eine Umorientierung auf, welche aber primär in einer formalen Erneuerung, nicht in einer substanziellen Veränderung mündete. Bezogen auf den erstgenannten Gesichtspunkt wurden politische Positionen zu „Rassen" nicht mehr mit Wertungen verbunden. Demnach behaupteten die Akteure öffentlich nicht, dass die eigene ethnische Gruppe anderen ethnischen Gruppen überlegen sei. Gelegentlich wurde gar eine Anerkennung von deren kultureller Identität als eigene Wertschätzung positiv herausgestellt. Man behauptete gar, nichts gegen die Angehörigen fremder Kulturen zu haben, ja sogar auf deren Seite zu stehen. Denn sie würden durch Arbeitsmigration ihrer nationalen Identität beraubt und damit einem kapitalistischen Verwertungsprozess zugeführt. Damit erfolgte auch eine Feindbildverschiebung in der öffentlichen Positionierung: Nicht mehr die Angehörigen von Minderheiten, sondern die Elite und Kapitalisten galten als das Übel. Man selbst stritt angeblich für die Interessen aller Kulturen und Völker.

Damit fällt auf den ersten Blick ein konstitutives Merkmal des „Rassegedankens" weg, geht es bei diesem doch nicht nur um die Differenzierung von angeblichen ethnischen Gruppen, sondern eben auch um folgenreiche negative Wertungen. Davon konnte in den Darstellungen der nationalrevolutionären Intellektuellen meist nicht mehr die Rede sein. Gleichwohl liefen deren Auffassungen indirekt auf die Herabwürdigung von Menschengruppen über ethnische Zugehörigkeiten hinaus. Denn die bekundete Auffassung von der Gleichrangigkeit ging mit der Position der Separierung einher. Diese besondere Einsicht zum „Ethnopluralismus" ergibt sich indessen nur, wenn die realen Konsequenzen seiner Prinzipien mit bedacht werden. Es soll über ethnische Merkmale, wobei

---

32 Dafür sprechen die Ergebnisse der SINUS-Studie, die 1979 ein rechtsextremistisches Einstellungspotential in der bundesdeutschen Gesellschaft untersuchte, vgl. SINUS Markt- und Sozialforschung GmbH (Hrsg.), 5 Millionen Deutsche: „Wir sollten wieder einen Führer haben ..." Die SINUS-Studie über rechtextremistische Einstellungen bei den Deutschen, Reinbek 1981; als Kommentar dazu: Pfahl-Traughber, Rechtsextremismus in Deutschland, S. 313–314.

gelegentlich dann doch der „Rassegedanke" genannt wird, eine räumliche Trennung legitimiert werden. Dies läuft bezogen auf das gegenwärtige Europa auf eine massenhafte Vertreibung hinaus. Und da dabei auch biologische Aspekte mit entscheidend sein sollen, entspricht dies auch einer rassistischen Konsequenz.[33]

Exkurs: „Kulturrassismus" als problematischer und unscharfer Terminus

Die vorstehenden Ausführungen haben verdeutlicht, dass der historische „Rassegedanke" von heutigen Rassisten mitunter gar nicht mehr offiziell vertreten wird. Sie stellen darauf ab, dass die „Kulturen" und nicht mehr die „Rassen" die Unterschiede ausmachen würden. Die Forschung zum Thema hat darauf reagiert, wodurch Kategorien wie „Kulturrassismus", „Neorassismus" oder „Rassismus ohne Rassen" für eine inhaltliche Zuordnung entstanden.[34] Diese Begriffsbildungen beziehen sich demnach auf ein reales Phänomen. Gleichwohl ist „Kulturrassismus" ein problematischer und unscharfer Terminus, was sich durch mangelnde Trennschärfe und schiefe Verallgemeinerungen ergibt. Denn die Ablehnung des Rassismus hat auch eine normative Grundlage: das Bekenntnis zu den Menschenrechten. Aus dieser Blickrichtung ist jede Diskriminierung aufgrund von angeblicher ethnischer Zugehörigkeit verwerflich. Denn für eine behauptete biologische Identität kann kein Individuum etwas, es wird unabhängig von eigenen Einstellungen und Handlungen herabgewürdigt.

Während demnach eine Ethnie nicht aus menschenrechtlicher Perspektive kritisiert werden kann, ist dies gegenüber einer Kultur sehr wohl möglich. Und während Ethnien nicht mit Wertungen versehen werden können, können dies Kulturen sehr wohl. Eine gegenteilige Auffassung läuft auf einen Kulturrelativismus hinaus, welcher auch von den Nationalrevolutionären vertreten wird. Demnach hätten durch ihre schlichte Existenz alle Kulturen für sich selbst einen eigenen Wert. Eine kritische Anmerkung zu deren Bestandteilen würde demnach

---

[33] Dass Eichberg auch im *La Plata-Ruf* nachgedruckt wurde, dürfte daher kein Zufall gewesen sein. Vgl. z.B. Hartwig Singer, Warum sind wir Sozialisten?, in: La Plata-Ruf, Oktober 1973, S. 20–21. Eine Fortsetzung erschien in: La Plata-Ruf, Januar–Februar 1976, S. 34–36. Eichberg nutzte zeitweise das Pseudonym Hartwig Singer.
[34] Vgl. Étienne Balibar/Immanuel Wallerstein, Rasse, Klasse, Nation. Ambivalente Identitäten, Hamburg 1990; Stuart Hall, Rassismus als ideologischer Diskurs, in: Das Argument 31/178 (1989), S. 913–921; Pierre-André Taguieff, Die ideologischen Metamorphosen des Rassismus und die Krise des Antirassismus, in: Ulrich Bielefeld (Hrsg.), Das Eigene und das Fremde. Neuer Rassismus in der Alten Welt?, Hamburg 1998, S. 221–268.

als unzulässige Intervention gelten, ginge sie doch von kulturfremden Positionen und Wertvorstellungen aus. Diese Auffassung richtet sich aber auch gegen den universellen Geltungsanspruch der Menschenrechte. Denn sie delegitimiert Einwände in deren Namen, um eine Kritikimmunisierung angesichts von Menschenrechtsverletzungen vorzunehmen. So wird etwa die Diskriminierung von Frauen auf kulturelle Prägungen zurückgeführt und Kritik daran gilt dann als „Kulturrassismus" oder „Menschenrechtsfundamentalismus".

Dies bedeutet aus menschenrechtlicher Blickrichtung aber auch, dass Kulturen sehr wohl hinsichtlich ihrer Wertigkeit unterschieden werden können. Um bei dem genannten Beispiel zu bleiben, lässt sich folgende Erkenntnis bezogen auf verschiedene Kulturen formulieren: Es gibt so geprägte Gesellschaften, worin Frauen mehr gleichgestellt, und es gibt so geprägte Gesellschaften, worin Frauen mehr unterdrückt sind. Daraus leitet sich auch ab, dass die erstgenannten Kulturen eine höhere und die letztgenannten Kulturen eine geringere Wertschätzung genießen. Diese Einschätzung erklärt sich aber nicht aus einem „Kulturrassismus", sondern aus den Menschenrechten heraus. Geht es dabei um eine Diskriminierung von Frauen unter Muslimen, ist mitunter von „Islamophobie" oder „antimuslimischem Rassismus" die Rede. Davon kann aber keinesfalls pauschal gesprochen werden. Denn es gilt bei solchen Einwänden, die jeweilige Motivation zu berücksichtigen. Ansonsten würden „Kulturrassismus" und Menschenrechte gleichgesetzt.[35]

Schlusswort und Zusammenfassung

Die vorstehenden Ausführungen haben verdeutlicht, dass es einen „Knick" im Rassismus-Verständnis des deutschen Rechtsextremismus gab. Indessen ließ sich dieser nicht in allen Bereichen des gemeinten politischen Lagers ausmachen, geht es hier doch um kein allgemeines, homogenes Phänomen. Grob kann folgende Differenzierung und Einteilung vorgenommen werden: Die neueren Bestrebungen orientierten sich am „Ethnopluralismus" und die traditionelleren Protagonisten am „Rassegedanken". Gemeint sind damit erstens die Alternative für Deutschland (AfD), die „Identitären" und die Neue Rechte und zweitens die Nationaldemo-

---

35 Vgl. kritisch dazu: Armin Pfahl-Traughber, Die fehlende Trennschärfe des „Islamophobie"-Konzepts für die Vorurteilsforschung. Ein Plädoyer für das Alternativ-Konzept „Antimuslimismus" bzw. „Muslimenfeindlichkeit", in: Gideon Botsch u. a. (Hrsg.), Islamophobie und Antisemitismus. Ein umstrittener Vergleich, Berlin 2012, S. 11–28; Armin Pfahl-Traughber, „Islamophobie" und „Antimuslimischer Rassismus". Dekonstruktionen zweier Hegemoniekonzepte aus menschenrechtlicher Perspektive, in: Zeitschrift für Politik 67/2 (2020), S. 133–152.

kratische Partei Deutschlands (NPD), die Neonazis und die Völkischen. Indessen lassen sich bei den jeweiligen Positionen immer wieder Schnittmengen und Übergänge konstatieren. Dies erklärt sich schlicht dadurch, dass sowohl dem „Ethnopluralismus" wie dem „Rassegedanken" die erwähnten Strukturmerkmale eigen sind. Die Differenzen bestehen mehr in der äußeren Form, weniger im eigentlichen Inhalt.

Gleichwohl sollte eine pauschale Gleichsetzung unterbleiben, werden doch so die realen Unterschiede ignoriert. Diese gilt es bei der Analyse mit in den Vordergrund zu rücken, um mit Ideologiekritik dem Präsentierten begegnen zu können. Denn zunächst einmal lässt sich die Aussage der Nationalrevolutionäre, wonach sie bezogen auf ethnische Gruppen keine konkreten Wertungen vornehmen wollen, nicht einfach als Lüge entlarven und zur Seite schieben. Eine derartige Sicht macht es sich zu einfach und ignoriert die Wirklichkeit. Der Blick muss ausgeweitet und differenziert erfolgen, was eben dann auch Strukturen und Wirkungen einschließt. Eine derartige Denkperspektive macht deutlich, dass Benachteiligungen als Folgen sehr wohl derartigen Positionen eigen sind. Damit kann man erst die eigentlichen Gemeinsamkeiten mit dem klassischen „Rassegedanken" erkennen. Die Beschwörung des „Ethnopluralismus" steht für derartige Vorstellungen, gleichwohl bedarf es zu dieser Erkenntnis auch der Unterscheidungsfähigkeit im Werturteil.

Beachtenswert ist darüber hinaus noch, dass die Anhänger eines „Ethnopluralismus" wie etwa die „Identitären" zwar von einer „ethnischen" wie „kulturellen Identität" sprechen. Sie machen aber in ihren einschlägigen Erklärungen nicht deutlich, worin genau die Merkmale der ethnischen und kulturellen Zugehörigkeiten bestehen sollen. Da wird zwar gelegentlich „Europa" beschworen, ohne aber das Gemeinte genauer zu erläutern. Noch diffuser ist es bei den „ethnischen" Merkmalen. Was denn genau die Eigenschaften für eine Zugehörigkeit sein sollen, können weder „Identitäre" noch Neue Rechte vortragen. Bohrt man in der Argumentationsweise etwas tiefer, kommen Elemente des klassischen „Rassegedankens" dann doch wieder zu Tage. Und genau dabei wird die gemeinsame Ausrichtung eben dieses Denkens mit dem „Ethnopluralismus" deutlich. Es gab somit den erwähnten „Knick" im Rassismus-Verständnis des deutschen Rechtsextremismus. Gleichwohl bestanden die damit einhergehenden Änderungen mehr in der Form und weniger in der Substanz.

Literatur

Balibar, Étienne/Immanuel Wallerstein. Rasse, Klasse, Nation. Ambivalente Identitäten, Hamburg 1990.
Bartsch, Günter. Revolution von rechts? Ideologie und Organisation der Neuen Rechten, Freiburg 1975.
Becker, Peter Emil. Sozialdarwinismus, Rassismus, Antisemitismus und Völkischer Gedanke. Wege ins Dritte Reich, Stuttgart 1990.
Benoist, Alain de. Kulturrevolution von rechts. Gramsci und die Nouvelle Droite, Krefeld 1985, Neuausgabe: Dresden 2017.
Benoist, Alain de. Wider den Rassismus, in: Alain de Benoist, Kulturrevolution von rechts. Gramsci und die Nouvelle Droite, Dresden 2017, S. 83–104.
Breuer, Stefan. Anatomie der Konservativen Revolution, Darmstadt 1993.
Christadler, Marieluise. Die „Nouvelle Droite" in Frankreich, in: Iring Fetscher (Hrsg.), Neokonservative und „Neue Rechte". Der Angriff gegen Sozialstaat und liberale Demokratie in den Vereinigten Staaten, Westeuropa und der Bundesrepublik, München 1983, S. 163–216.
Dupeux, Louis. Nationalbolschewismus in Deutschland. 1919–1933. Kommunistische Strategie und konservative Dynamik, München 1985.
Eichberg, Henning. Ethnopluralismus. Eine Kritik des naiven Ethnozentrismus und der Entwicklungshilfe, in: Junges Forum 5 (1973), S. 3–12.
Eichberg, Henning. Logischer Empirismus, in: Junge Kritik 3 (1973), S. 89–132.
Eichberg, Henning. „Modernismus" oder irrationale Hingabe?, in: Junge Kritik 1 (1970), S. 71–76.
Eichberg, Henning. Totale Nation? Europäischer Nationalismus und die Öffnung nach vorn, in: Junge Kritik 1 (1970), S. 9–42.
Eichberg, Henning. Unsere Erkenntnistheorie, in: Ideologie & Strategie 7 (1973), S. 1.
Feit, Margret. Die „Neue Rechte" in der Bundesrepublik. Organisation – Ideologie – Strategie, Frankfurt a. M. 1987.
Fredrickson, George M. Rassismus. Ein historischer Abriß, Hamburg 2004.
Geulen, Christian. Geschichte des Rassismus, München 2007.
Goetz, Judith/Joseph Maria Sedlacek/Alexander Winkler (Hrsg.). Untergangster des Abendlandes. Ideologie und Rezeption der rechtsextremen „Identitären", Hamburg 2017.
Hall, Stuart. Rassismus als ideologischer Diskurs, in: Das Argument 31/178 (1989), S. 913–921.
Heni, Clemens. Salonfähigkeit der Neuen Rechten. „Nationale Identität", Antisemitismus und Antiamerikanismus in der politischen Kultur der Bundesrepublik Deutschland 1970–2005: Hennig Eichberg als Exempel, Marburg 2007.
Identitäre Bewegung. Was bedeutet der Begriff „Reconquista"?, in: www.identitären-bewegung.de (Stand: 26.04.2020).
Identitäre Bewegung. Was heißt für euch eigentlich „Identität"?, in: www.identitären-bewegung.de (Stand: 26.04.2020)
Identitäre Bewegung. Was ist unter dem Begriff „Ethnopluralismus" zu verstehen?, in: www.identitären-bewegung.de (Stand: 26.04.2020).

Jaschke, Hans-Gerd. Frankreich, in: Franz Greß/Hans-Gerd Jaschke/Klaus Schönekäs, Neue Rechte und Rechtextremismus in Europa. Bundesrepublik, Frankreich, Großbritannien, Opladen 1990, S. 17–103.

Jesse, Eckhard. Zeitschriftenportrait „Wir selbst", in: Uwe Backes/Eckhard Jesse (Hrsg.), Jahrbuch Extremismus & Demokratie, Bd. 11, Baden-Baden 1999, S. 239–253.

Malde, Axel/W.H. Menschenbild und Nationalismus, in: Ideologie & Strategie 16 (1975), S. 1–2.

Meinrad, Michael. Idealismus und Rationalismus als Einheit, in: Fragmente 32 (1973), S. 31–34.

Meinrad, Michael. Das Prinzip Nationalismus, in: Junge Kritik 3 (1973), S. 7–16.

Mohler, Armin. Die Konservative Revolution in Deutschland 1918–1932. Ein Handbuch (1950), 3. Aufl., Darmstadt 1989.

Moreau, Patrick. Die neue Religion der Rasse. Der Biologismus und die kollektive Ethik der Neuen Rechten in Frankreich und Deutschland, in: Iring Fetscher (Hrsg.), Neokonservative und „Neue Rechte". Der Angriff gegen Sozialstaat und liberale Demokratie in den Vereinigten Staaten, Westeuropa und der Bundesrepublik, München 1983, S. 122–162.

Niedersächsisches Ministerium für Inneres und Sport – Verfassungsschutz (Hrsg.). Identitäre Bewegung Deutschland (IBD). Ideologie und Aktionsfelder, Hannover 2016.

Paetel, Karl Otto. Nationalbolschewismus und nationalrevolutionäre Bewegung in Deutschland, Schnellbach 1999.

Singer, Hartwig. Warum sind wir Sozialisten?, in: La Plata-Ruf, Oktober 1973, S. 20–21.

SINUS Markt- und Sozialforschung GmbH (Hrsg.). 5 Millionen Deutsche: „Wir sollten wieder einen Führer haben ..." Die SINUS-Studie über rechtsextremistische Einstellungen bei den Deutschen, Reinbek 1981.

Pfahl-Traughber, Armin. Die fehlende Trennschärfe des „Islamophobie"-Konzepts für die Vorurteilsforschung. Ein Plädoyer für das Alternativ-Konzept „Antimuslimismus" bzw. „Muslimenfeindlichkeit", in: Gideon Botsch u. a. (Hrsg.), Islamophobie und Antisemitismus. Ein umstrittener Vergleich, Berlin 2012, S. 11–28.

Pfahl-Traughber, Armin. Die Geschichtsbilder der „Identitären", in: bnr.de, 07.03.2019, www.bnr.de/artikel/hintergrund/die-geschichtsbilder-der-identit-ren.

Pfahl-Traughber, Armin. „Islamophobie" und „Antimuslimischer Rassismus". Dekonstruktionen zweier Hegemoniekonzepte aus menschenrechtlicher Perspektive, in: Zeitschrift für Politik 67/2 (2020), S. 133–152.

Pfahl-Traughber, Armin. Konservative Revolution und Neue Rechte. Rechtsextremistische Intellektuelle gegen den demokratischen Verfassungsstaat, Opladen 1998.

Pfahl-Traughber, Armin. Rechtsextremismus. Eine kritische Bestandsaufnahme nach der Wiedervereinigung, 2. Aufl., Bonn 1995.

Pfahl-Traughber, Armin. Rechtsextremismus in Deutschland. Eine kritische Bestandsaufnahme, Wiesbaden 2019.

Ruth, Thora. Leserbrief, in: La Plata-Ruf, September 1973, S. 25.

Schüddekopf, Otto-Ernst. Linke Leute von rechts. Die nationalrevolutionären Minderheiten und der Kommunismus in der Weimarer Republik, Stuttgart 1960.

Sepp, Benedikt. Linke Leute von rechts? Die nationalrevolutionäre Bewegung in der Bundesrepublik, Marburg 2013.

Taguieff, Pierre-André. Die ideologischen Metamorphosen des Rassismus und die Krise des Antirassismus, in: Ulrich Bielefeld (Hrsg.), Das Eigene und das Fremde. Neuer Rassismus in der Alten Welt?, Hamburg 1998, S. 221–268.
Teichmann, Frank. Hennig Eichberg – nationalrevolutionäre Perspektiven in der Sportwissenschaft. Wie politisch ist die Sportwissenschaft?, Frankfurt a. M. 1991.
Waldmann, Gert. Amerika heute – und morgen Europa?, in: Fragmente 11 (1967), S. 30–33.
Waldmann, Gert. Verhaltensforschung und Politik, in: Junge Kritik 3 (1973), S. 17–47.
Waldmann, Gert. Von der Linken lernen. Respektlose Gedanken eines jungen Nationalisten, in: Nation Europa 19/8 (August 1969), S. 23–24.

Barbara Holland-Cunz
Theoriegeschichtsvergessenheit als Intention und Prinzip
Rassismusanalysen in der feministischen Gesellschaftstheorie der 1970er Jahre

Datierungen und Deutungen

Kaum eine scheint sich heute noch vorstellen zu können, dass der Feminismus Ende der 1960er Jahre eine gesellschaftskritische, ja nach eigener Vorstellung eine kulturrevolutionäre Bewegung sein wollte. Aus fast allen Selbstbeschreibungen jener Zeit spricht die Verve eines Gesellschaftsprojekts, das ernsthaft glaubte, sämtliche Unterdrückungsverhältnisse innerhalb kürzester Zeit umstoßen zu können. Das Patriarchat als Herrschaft alter weißer Männer des reichen Westens schien durch die politische Macht junger mutiger Frauen aller Herkünfte an sein baldiges Ende kommen zu können. Die damaligen Texte sind im Geist umstürzender Revolte geschrieben, die Aktionen aus heutiger Sicht geradezu maßlos und anmaßend. Verwegen reklamierten Feministinnen gegen jede Herrschaft und für alle Welt zu sprechen. Dies ist insofern bemerkenswert, als in der Deutung gegenwärtiger Protagonistinnen der heute sogenannten Gender Studies der eigentlich bedeutsame, gesellschaftstheoretisch tiefgründige Anfang der feministischen Ideengeschichte erst mit dem Beginn der 1990er Jahre einsetzt. Die vorausgegangenen zwei Jahrzehnte der eigenen Historie werden zu einer Art problematischem Vorwort heutiger elaborierter Theoriefiguren erklärt. Vor 1990 soll es weder Rassismus- noch Kolonialismus- noch Heterosexualitätskritik gegeben haben. In den zeitgenössischen Texten etwa von Sabine Hark, Paula-Irene Villa oder Ina Kerner kommen frühe Theorieverbindungen von Sexismus und Rassismus als fundamentale, politisch relevante und systematische Erkenntnisse des Feminismus fast nicht vor.

Kaum eine scheint die radikalen Anfänge heute noch *wissen* zu wollen, obgleich sie in vielen Quellen klar zu erkennen sind. Die wütende Kritik patriarchaler Herrschaft war keineswegs auf das Geschlechterverhältnis beschränkt, sondern enthielt eine Kritik der Klassenherrschaft und eine scharfe Rassismuskritik. Schon in den ersten theoretischen Äußerungen des Second-Wave-Feminismus wurde die später gelobte und noch später dann als verkürzt verworfene Trias *gender*, *race* und *class* (Stichwort *triple oppression*) thematisiert und theoretisiert – lange bevor einschlägige Strukturanalysen als „Intersektionalität" definiert und entsprechende Politikformen mit dem Wort *diversity* geadelt wurden.

Aus der Sicht der feministischen Ideengeschichte sollte deshalb heute ein sorgfältiger Blick zurückgeworfen werden, um die Irrtümer, die in der „gendersensiblen" Gegenwart hinsichtlich der politiktheoretischen Vergangenheit vorherrschen, zu korrigieren. Dazu reicht ein Blick in einige prominente Texte der internationalen Frauenbewegung, in Bücher und Aufsätze, die in den ersten Jahren weltweit debattiert wurden. Alle im Folgenden präsentierten Beiträge wurden nicht nur an ihren ursprünglichen, überwiegend angelsächsischen Publikationsorten, sondern auch hierzulande bis weit in die 1980er Jahre hinein regelmäßig gelesen, diskutiert, politisch verarbeitet, als theoretische Orientierung verstanden und meist augenblicklich als Klassiker rezipiert. Da das gesellschaftstheoretische Publizieren in den 1970er Jahren im Vergleich zu heute erstens weitgehend traditionell geisteswissenschaftlich, d. h. vorwiegend monografisch, erfolgte und sich zweitens die Anzahl feministischer Publikationen in äußerst überschaubaren Grenzen hielt, handelt es sich bei den Quellen um eine repräsentative, autoritative Textsammlung, deren sorgfältige Lektüre Aktivistinnen sich wechselseitig unterstellen konnten. Im Unterschied zu heute kannten Feministinnen der 1970er Jahre demnach so etwas wie einen Kanon (vor jeder Kanonisierung), über den sich streiten ließ, dessen Kenntnis jedoch vorausgesetzt werden konnte. Meine Auswahl ist somit weder willkürlich noch politisch interessiert und der nachgewiesene „Einbau" des Rassismus in feministische Gesellschafts- und Befreiungstheorien stellt keine mühevoll herausdestillierte Kunstfigur oder eine retrospektive Beschönigung dar, sondern belegt die Rassismusanalyse als essenziellen Teil des feministischen Weltverständnisses der 1970er Jahre.

Diese Sichtweise wird im derzeit dominierenden „pseudofeministischen Mainstream"[1] (Vojin Saša Vukadinović) nicht nur nicht geteilt, sondern ganz formell bestritten. Symptomatisch steht hier die 2009 erschienene Monografie *Differenzen und Macht* von Ina Kerner, die auf Kerners – u. a. von Sabine Hark betreuter – Dissertation basiert und für sich in Anspruch nimmt, für das Verhältnis von Sexismus und Rassismus im feministischen Theoriediskurs nun endlich eine „Kartographie"[2] vorzulegen. Bemerkenswert ist daher, dass bei Kerner die Datierungen auffällig verrutschen[3]: Der Grundlagentext des Combahee

---

1 Vojin Saša Vukadinović, Das rassistische Bedürfnis. Gender-Theorie, xenophile Projektion, narzisstische Kränkung, in: Till Randolf Amelung (Hrsg.), Irrwege. Analysen aktueller queerer Politik Berlin 2020, S. 309–357, hier S. 323.
2 Ina Kerner, Differenzen und Macht. Zur Anatomie von Rassismus und Sexismus, Frankfurt a. M./New York 2009, S. 12.
3 Für das Folgende vgl. Kerner, Differenzen, S. 259–262.

River Collective erscheint unkommentiert als eine Publikation des Jahres 2000; als wichtiger Einschnitt für die Diversifizierung der Identität(en) von Frauen wird eine Arbeit von Hark genannt; Kritiken am weißen westlichen Feminismus werden mit Texten der 1990er Jahre belegt; die für die Neue Frauenbewegung in Westdeutschland höchst einflussreiche Audre Lorde kommt in der gesamten Studie überhaupt nicht vor[4]; die Literaturreferenzen beziehen sich, von Ausnahmen abgesehen, auf Titel ab dem Jahr 2000; der migrantische Zusammenschluss FeMigra (Abk. für Feministische Migrantinnen), gegründet Anfang der 1990er Jahre, wird als eine der ersten Artikulationen von Migrantinnen vorgestellt. Summarisch schreibt Kerner: „Und auch in der Bundesrepublik gibt es seit geraumer Zeit Diskussionen um die Einsicht, dass eine feministische Gesellschaftstheorie die unterschiedlichsten Subgruppen von Frauen mit ihren je spezifischen Problemen in den Blick nehmen sollte."[5] Obgleich Kerner für sich in Anspruch nimmt, das wissenschaftliche Feld zu ordnen, bleibt der Blick auf die reale Geschichte des feministischen Denkens weitgehend verborgen: Nicht nur findet sich in dieser Arbeit keine Lorde, es fehlen auch Millett, Firestone und Piercy, die durch ungezählte Foucaults und Butlers sowie nicht wenige Harks ersetzt werden. Selbst das berühmte Heft 27 der *beiträge zur feministischen theorie und praxis*, das 1990 als Quintessenz vieler Jahre antirassistischer Debatte erschien, spielt bei Kerner keine Rolle. Die reale Quellenlage beschämt sowohl die Datierungen als auch die Deutungen.[6]

Die ideengeschichtlich und frauenbewegungspolitisch entscheidende Frage lautet demnach, warum und mit welcher Intention innerhalb der eigenen neueren Geschichte der revolutionäre Ausgangspunkt feministischer Gesellschaftstheorie verschwindet, vergessen, verdrängt oder verleugnet wird und um welche Art des „Verschwindens" es sich bei diesem irritierenden, in vielerlei Hinsicht geschichtsklitternden Vorgang handelt. Die wissenspolitische Vermutung liegt nahe, dass es sich um eine Form von Theoriegeschichtsvergessenheit handelt, die nicht ohne Intention entfacht und im universitären Aufstieg der Gender Studies bzw. nicht weniger ihrer Apologetinnen begründet ist – in internen Professionalisierungs-, Konkurrenz- und Anerkennungskämpfen, in kaum verhohlenen (wenn auch akademisch verbrämten) Macht- und Sichtbarkeitsgelüsten Einzelner, in wissenschaftsfeindlichen Prozessen inhaltlicher Hegemonialisierung und in

---

[4] Siehe dazu Audre Lorde, Sister Outsider. Essays and Speeches by Audre Lorde, Trumansburg 1984, München 2021.
[5] Kerner, Differenzen, S. 260–261.
[6] Vgl. Barbara Holland-Cunz, Kerner, Ina. Differenzen und Macht. Zur Anatomie von Rassismus und Sexismus. Frankfurt/New York. Campus Verlag 2009 (Rezension), in: Politische Vierteljahresschrift 2 (2011), S. 313–315.

Verweigerungen wissenschaftlicher Pluralität. Eine *scientific community*, die sich heute im Gestus eines eigenständigen Fachs gefällt, generiert In- und Exklusionen, die die eigene Seriosität unter Beweis stellen sollen, damit jedoch das genaue Gegenteil hervorrufen: Wissenschaftliches Wissen über die vorhandenen Quellen und erarbeiteten Erkenntnisse wird abgespalten und diese Abspaltungen erzeugen wiederum eine lange Liste idiosynkratischer Pathologien.

Vergleichbare Beobachtungen und Analysen haben hierzulande in den vergangenen Jahren bereits eine ganze Reihe profilierter jüngerer WissenschaftlerInnen und AktivistInnen vorgelegt, die die politischen und theoretischen Entwicklungen seit 1990, dem Jahr der Originalpublikation von Judith Butlers *Gender Trouble*,[7] mit Sorge und Empörung scharf kritisch herausfordern. Die Dominanz des Gender-Paradigmas wird nun grundsätzlich angefochten. Die breit rezipierten Sammelbände u. a. von Koschka Linkerhand, Vojin Saša Vukadinović und Till Randolf Amelung[8] stehen exemplarisch für zentrale Fragen kritischer feministischer Gesellschaftstheorie, die ich im Folgenden in ähnlicher Weise diskutieren möchte und denen ich mich ausgesprochen verbunden fühle. Im internationalen Diskurs problematisieren vor allem Nancy Fraser und Martha Nussbaum,[9] inwiefern kulturalistische Deutungen, Identitätspolitiken und Butler'sche Theoriekonstruktionen den emanzipatorischen Gehalt feministischer Gesellschaftstheorie(n) verwässern oder sogar kapern. In allen genannten Analysen spielt die Offenlegung herrschaftlicher Arrangements die entscheidende Rolle: von der neoliberalen Indienstnahme des Feminismus, wie sie Fraser skizziert, bis zur narzisstischen Kränkung der deutschen Butler-Apologetinnen, wie sie Vukadinović herausarbeitet.[10]

---

7 Judith Butler, Das Unbehagen der Geschlechter, Frankfurt a. M. 1991 (engl. 1990).
8 Vgl. Koschka Linkerhand (Hrsg.), Feministisch streiten. Texte zu Vernunft und Leidenschaft unter Frauen, Berlin 2018; Vojin Saša Vukadinović (Hrsg.), Freiheit ist keine Metapher. Antisemitismus, Migration, Rassismus, Religionskritik, Berlin 2018; Till Randolf Amelung (Hrsg.), Irrwege. Analysen aktueller queerer Politik, Berlin 2020.
9 Vgl. Nancy Fraser, Feminismus, Kapitalismus und die List der Geschichte, in: Blätter für deutsche und internationale Politik 8 (2009), S. 43–57 (engl. 2009); Martha C. Nussbaum, The Professor of Parody: The Hip Defeatism of Judith Butler, in: The New Republic, 22.02.1999, S. 37–45; Martha C. Nussbaum, Konstruktion der Liebe, des Begehrens und der Fürsorge. Drei philosophische Aufsätze, Stuttgart 2002 (engl. 1999).
10 Vg. Vukadinović, Das rassistische Bedürfnis.

Ein erster analytischer Versuch: Karin Schrader-Kleberts berühmt-berüchtigter Text

Im Juni 1969 erscheint einer der allerersten deutschen feministischen Theorietexte, Karin Schrader-Kleberts Essay „Die kulturelle Revolution der Frau",[11] publiziert im viel gelesenen *Kursbuch* 17 und in den folgenden Jahr(zehnt)en durch (Teil-)Reprints immer wieder geehrt und rezipiert – trotz seines rassistischen Wortgebrauchs. Schrader-Klebert versammelt einige zentrale Motive, die alle frühen Theorietexte auszeichnen, vor allem den Rekurs auf eine notwendige, grundlegende Revolution und die Analyse der Relation von Geschlechter- und „Rassen"herrschaft. Im Unterschied zu Betty Friedans Liberalismus und Kate Milletts Radikalfeminismus, auf die ich im Folgenden eingehe, kommen Schrader-Kleberts Bezugstheorien vor allem aus dem sozialistischen Spektrum, sei es der utopische Sozialismus Charles Fouriers oder der sozialistische Feminismus von August Bebel und Friedrich Engels; aber auch Simone de Beauvoirs Analyse wird eingearbeitet. Schrader-Klebert adressiert Frauen als Klasse, die – in einer Mischung aus marxistischem und existenzialistischem Sprachduktus – erst einmal zu sich finden und sich politisieren muss. In diesem Sinne spiegelt der Text die prototypische Denkform des Sommers nach dem Tomatenwurf wider. Beauvoirs von den ersten Aktivistinnen wiederentdeckter Klassiker wird mit den weit verbreiteten Orientierungen der Studentenbewegung gemischt. Schrader-Klebert rekurriert wie Beauvoir in emanzipatorischer Absicht auf einen Vergleich zwischen der gesellschaftlichen Lage der Frauen und jener der Schwarzen, doch die Wortwahl ist heute geächtet, verwendet Schrader-Klebert in ihrem Text doch ohne jede Hemmung das heute sogenannte N-Wort. Berühmt-berüchtigt ist vor allem der Satz, der wie ein Motto eingangs apodiktisch formuliert wird: „Die Frauen sind die Neger aller Völker und der kollektiven Geschichte"[12] und der auf folgende Vergleichsebenen zielt: die endlose erlittene Unterdrückung und Gewalt, das Nicht-Aufbegehren, das permanente Entmenschlichtwerden zu Opfern und Objekten, welches dauerhaft gefügig macht. Der Aufsatz betont die Selbstbestätigung, gar Selbstüberhöhung, die jeder weiße Mann, gleich welcher Bildung und Fähigkeiten, gegenüber jedem Schwarzen und jeder Frau empfinden kann. Doch ein bedeutsamer Unterschied wird hervorgehoben: Während sich Schwarze mit-

---

11 Karin Schrader-Klebert, Die kulturelle Revolution der Frau, in: Kursbuch 17 (Juni 1969), S. 1–46 (Reprint: Kursbuch Bd. II: Kursbuch 11–20, 1968–1970, hrsg. von Hans Magnus Enzensberger, Frankfurt a. M. 1976).
12 Schrader-Klebert, Die kulturelle Revolution, S. 1.

einander solidarisieren und aneinander binden können, haben Frauen dies „noch nie" getan, „weil sie anders an ihren Unterdrücker gebunden"[13] sind. Dies ist seit der Französischen Revolution ein zentrales Motiv, durch das Feministinnen ihre politische Bewegung von allen anderen eindeutig unterschieden sehen.

Die Skizze einer umfassenden Gesellschaftstheorie: Kate Milletts frühe Analyse

Ob sich feministische Rassismuskritik im Kontext eines umfassenderen gesellschaftsanalytischen Rahmens bereits Ende der 1960er Jahre oder erst Anfang der 1990er Jahre entfaltet, ist keine müßige akademische Datierungs-, sondern eine grundlegende theoriepolitische wie historiografische Deutungsfrage. In diesem Sinne erscheint es jenen, die den klassischen Second-Wave-Feminismus miterlebt und mitgeprägt haben, bemerkenswert, dass es heute nötig sein könnte, an die gesellschaftsanalytischen Anfänge der eigenen Bewegung erinnern zu müssen, als handele es sich um eine untergegangene Zeit, der alle Verbindungen zur Gegenwart fehlen. Tatsächlich belegen Analysen der frühen Texte, wie ich sie hier versuche, dass Butler und Epigoninnen zu Unrecht für sich reklamieren, erst bzw. nur höchst selbst sämtliche Herrschaftsverhältnisse jenseits des Geschlechts in die feministische Gesellschaftsanalyse eingebaut zu haben. Insbesondere wird dies für Heterosexismus, Rassismus und die Beschäftigung mit dem Nachleben des Kolonialismus reklamiert. Es handelt sich um eine fundamentale Fehlinterpretation der Ideengeschichte, die alle, die damals feministische Politik und Theorie miterlebt und -gestaltet haben, in hohem Maße irritieren muss.

Dies kann am wichtigsten Gründungstext der Neuen Frauenbewegung nachgewiesen werden. Kate Milletts 1969/1970 im Original publizierte Monografie *Sexual Politics*[14] argumentiert intersektional *avant la lettre*, wurde in zahlreiche Sprachen übersetzt, weltweit sofort als zentraler Text des neuen Feminismus erkannt und rezipiert – der Titel prägte sogar Begriff und Theorieverständnis. Milletts Analyse der Sexualpolitik umfasst geschichtliche, anthropologische, biologische bzw. biologisch-kulturelle, ökonomische, soziologische, psychologische und literarische Dimensionen, die sie selbst vorsichtig als „Notizen zu einer Patriarchatstheorie"[15] bezeichnet, um die Vorläufigkeit ihrer Überlegungen zu

---

13 Schrader-Klebert, Die kulturelle Revolution, S. 2.
14 Kate Millett, Sexus und Herrschaft. Die Tyrannei des Mannes in unserer Gesellschaft, Reinbek bei Hamburg 1985 (engl. 1969/1970).
15 Millet, Sexus, S. 37.

markieren. Die engen Verbindungen zwischen Geschlechter-, Klassen- und rassistischer Herrschaft prägen für Millett das Patriarchat; und das Geschlechterverhältnis, so vermutet sie, könnte darin die längste, stabilste, fundamentalste und radikalste Variante von Herrschaft, aber keineswegs die einzige sein, denn auch rassistische, klassistische, Kasten- und Altersherrschaftsformen bestehen fort. Die Biologie bietet schließlich die zweifelhafte Grundlage eines Normierungssystems, das bewundernswert reibungslos funktioniert.

Auch Millett hebt hervor, dass die soziale weibliche Existenz unter patriarchalen Bedingungen Gedanken an eine Befreiung „unwirklich"[16] erscheinen lässt und verbindet zugleich die rassistische mit der sexistischen Sexualpolitik. „In dem Maß aber, in dem die weiße Rassenideologie exponiert wird und zu zerfallen beginnt, werden auch die Schutzmaßnahmen der (weißen) Frau gegenüber nicht mehr gewahrt. Vielleicht ist die Sexualideologie unserer Gesellschaft wichtiger als die Rassenideologie, und vielleicht trägt damit die Idee der *männlichen* Herrschaft über die der *weißen* Herrschaft den Sieg davon",[17] resümiert sie ihre grundsätzlichen Hypothesen.[18] Hier ist vor allem evident, dass Millett mit analytischer Sorgfalt, mit vielfältigen Daten und Argumenten darum ringt, die verschiedenen Herrschaftsformen in eine angemessen komplexe Relation zu setzen – ein Vorgehen, das eine veritable theoriepolitische Anstrengung darstellt, der sich, trotz anderslautender Proklamationen, heute die wenigsten unterziehen. Millett hofft, durch den Begriff „Kaste" und den in ihm implizierten Rekurs auf naturalisierte Geburtsrechte diesen Anspruch lösen zu können. Aus heutiger Sicht sind Zweifel an dieser theoriepolitischen Entscheidung angebracht. Unzweifelhaft treffend ist hingegen bis heute Milletts Verwendung des starken Wortes der „totalitären Ideologien",[19] die nicht nur mit den Mitteln der fast unmerklichen sog. sanften Gewalt im Sinne Pierre Bourdieus, sondern auch mit der direkten Drohung von manifester, brutaler, grausamer, oft sexualisierter Gewalt durchgesetzt werden. Unter der doppelten Maßgabe subtiler Normierung und gewaltsamer Unterwerfung ähneln Frauen anderen Minderheitengruppen, wie Millett in ihrem prägnanten Kapitel VIII „Psychologischer Gesichtspunkt"[20] ausführt. Frauen und Schwarze teilen eine Reihe von „Gruppencharakteristiken",[21] zu denen die Wei-

---

16 Millet, Sexus, S. 57.
17 Millet, Sexus, S. 57.
18 Aus der Sicht heutiger Gender-Studies-Apologetinnen lässt sich hier die berüchtigte Vorstellung entdecken, dass die Feministin Millett die Geschlechterherrschaft als dominant betrachtet, selbst wenn sie sie mit einem einschränkenden und sogar doppelten „vielleicht" versieht.
19 Millet, Sexus, S. 63.
20 Millet, Sexus, S. 79–84.
21 Millet, Sexus, S. 80.

tergabe der an sie herangetragenen herrschaftlichen Verachtung der eigenen Gruppe, entsprechende Formen von Selbsthass, externe Zuschreibungen von mangelnder Intelligenz und naturalisierter Sinnlichkeit, Schicksalsergebenheit, vielfältige besänftigende List- und Täuschungsstrategien, die sorgfältige Beobachtung (der Schwachpunkte) ihrer Unterdrücker sowie die Akzeptanz von Privilegien für Einzelne (aus der unterdrückten Gruppe) zählen.[22]

Neben dem durchgängig vorhandenen Bezug auf die Verwobenheit von Unterdrückung nach „Rassen", Klassen, Kasten und Geschlechtern finden sich in Milletts Text zahlreiche Topoi, die heute als avanciert gelten, dem beginnenden Second-Wave-Feminismus als Analysethemen allerdings ungeprüft abgesprochen werden. In unsystematischer Reihenfolge sind dies u. a. Männerbünde, homophobe Tabus, alle international bekannten Formen sexualisierter Gewalt, Antifeminismus, Kolonialismus, Sklaverei, Interkulturalität. In einem Verfahren, das gegenwärtig den Kulturwissenschaften zugerechnet würde, gewinnt Millett einen Teil ihrer Erkenntnisse aus der hermeneutischen Betrachtung literarischer Texte (D. H. Lawrence, Henry Miller, Norman Mailer, als Gegenpol Jean Genet). An deren Werken erkennt Millett nicht nur einen haarsträubenden Sexismus, sondern ebenfalls starke Bedürfnisse rassistischer Unterwerfung.

Für die retrospektive Deutung und Bedeutung von Milletts Gesellschaftsanalyse ist schließlich eine weitere Perspektive zentral: Milletts Kritik am alten Feminismus. Im Rahmen der historischen Beschreibungen der vergangenen sexualpolitischen Kämpfe kritisiert Millett, dass es ein schwerer Fehler der älteren Frauenbewegung war, zu wenig auf die anderen Herrschaftsverhältnisse geschaut, sich mit Rassisten verbündet und sich im monothematischen, alle Energien absorbierenden Kampf ums Frauenwahlrecht verschlissen zu haben.[23] Millett verwendet an dieser Textstelle scharfe Worte, u. a. „übel" und „schmachvoll(e)".[24] Einen solchen Feminismus lehnt Millett vehement ab und setzt stattdessen auf eine antirassistische, antiklassistische, feministische Kulturrevolution. „Deshalb sprechen wir von einer Kulturrevolution [...]",[25] schreibt Millett und erwartet schnelle und tiefgreifende Veränderungen, die durch die Zusammenarbeit von FeministInnen, StudentInnen, Schwarzen, Armen, Jungen, Enteigneten in einer „radikalen Koalition"[26] herbeigeführt werden. Die seit den 1990er Jahren als In-

---

22 Vgl. Millet, Sexus, S. 80–83.
23 Vgl. Millet, Sexus, S. 117–118.
24 Millet, Sexus, S. 117.
25 Millet, Sexus, S. 472.
26 Millet, Sexus, S. 473.

novation gefeierte Allianzpolitik[27] wird hier bereits ganz selbstverständlich propagiert.

Überall und übergreifend: die kulturelle Revolution derjenigen, die schlimmer als Sklaven leben

Sexual Politics ist nicht irgendein Buch aus den Anfangsjahren der Neuen Frauenbewegung, sondern die gesellschaftstheoretisch bedeutendste und für viele Jahre einflussreichste Analyse aus dieser Zeit. Der selbstbewusste Aufruf zu einer umfassenden, grundlegenden feministischen Kulturrevolution ist der Angelpunkt, der sich in nahezu allen Texten jener Ära wiederfindet und der nicht ohne den ausdrücklichen Bezug auf andere Herrschaftsverhältnisse politisiert wird. Die patriarchale Geschlechterherrschaft galt allen Feministinnen der frühen Neuen Frauenbewegung – und sei es nur vielleicht – als basale Struktur, deren Existenz und reibungsloses Funktionieren nicht ohne den Rekurs auf weitere Herrschaftsverhältnisse angemessen beschrieben werden kann. Diese gelten als wechselseitig systemisch verwandt, getrennt nicht erfolgreich durchsetzbar und stabil; sie gehören alle in das gleiche Register, sowohl material als auch symbolisch gesprochen.

Wie bei Millett exemplarisch nachzuvollziehen ist, generiert genau die (frau möchte fast sagen) elegante Verwobenheit der Herrschaft nach Geschlecht, „Rasse" und Klasse die Tiefenstruktur, die das Patriarchat zur langlebigsten Form der Unterdrückung macht. Durch Mechanismen undurchschaubarer gesellschaftlicher „Platzanweisungen" können sich die Mitglieder einer unterdrückten Gruppe weder leicht untereinander noch mit anderen Gruppen solidarisieren – kein Wunder, dass Millett sowohl an Hannah Arendt als auch an totalitäre Ideologien denkt! Einer ihrer wirksamen Funktionsmodi besteht bekanntlich in vollkommen undurchsichtigen Überlappungen institutioneller Prozesse, die Verantwortungszurechnungen und Rechenschaftspflichten unmöglich machen.

Nach den Vorstellungen der frühen Gesellschaftstheorien der Neuen Frauenbewegung mag die Geschlechterherrschaft die fundamentalste Äußerung patriarchaler Herrschaft sein, doch die Hierarchien, Anmaßungen und Zurückwei-

---

27 Vgl. Barbara Holland-Cunz, Demokratietheorie und feministische Bündnispolitik, in: Verein Niedersächsischer Bildungsinitiativen – Büro für Frauenbildungsarbeit (Hrsg.), Handlungsfähig trotz wenn und aber. Frauen als Gleiche, Frauen als Verschiedene. Perspektiven feministischer Bündnispolitik, Osnabrück/Hannover 1996, S. 6–15.

sungen, die Formen von Ausbeutung, Marginalisierung und Gewalt beziehen sich nicht nur auf die (nur rein rechnerische Mehrheit der) Frauen, sondern treffen ausdrücklich alle „Minderheiten" (einschließlich der Frauen) und funktionieren überall analog in politischer Macht, Ökonomie und Kultur. Die patriarchale Herrschaftslogik erzeugt (im Sinne Johan Galtungs, der von der feministischen Theorie kaum rezipiert wird) personale, strukturelle und kulturelle Gewalt. In den ersten Gesellschaftstheorien des Second-Wave-Feminismus klingt dabei häufig an, dass die Wurzeln dieses Herrschaftsmodus in der Frühgeschichte der Menschheit liegen, Frauen die historisch ersten sind, die versklavt werden – die Geschlechterherrschaft avanciert zur paradigmatischen Herrschaft, von der sich alle anderen Formen gleichsam inspirieren lassen.

Gesamtgesellschaftlicher Blick und kulturrevolutionäre Emphase lassen sich in der frühen Phase der Neuen Frauenbewegung sogar in Analysen finden, die, wie Betty Friedans einige Jahre zuvor publizierter *Weiblichkeitswahn* (1984)[28], nicht aus der radikalfeministischen, sondern der liberalen Strömung stammen. Auch Friedan[29] stellt eine historische Verbindung zwischen Frauenbefreiung und Sklavenbefreiung her und verweist ausdrücklich auf Elizabeth Cady Stanton, die aus der abolitionistischen Bewegung kam, als sie 1848 in Seneca Falls zu einer der Gründerinnen der US-amerikanischen Frauenbewegung wurde. Die An-Erkenntnis des historischen „Zuerst" des Kampfes für die Sklavenbefreiung ließe sich aus heutiger Perspektive als ideengeschichtliches Gegengewicht zur These der Geschlechterherrschaft als basaler und erster Herrschaftsform deuten. Dem bewegungspolitischen Zuerst folgt das theoriepolitische und frühgeschichtliche Primat; zwischen Sexismus und Rassismus zeigen sich somit nicht nur systemische Ähnlichkeiten, sondern auch eine Gleichrangigkeit. Schwarze oder/und Frauen: welche Gruppe historisch zuerst versklavt wird und welche sich zuerst dagegen auflehnt, ist eine interessante Frage, die politische Leidenschaft richtet sich jedoch gegen beide Herrschaftsweisen zugleich.

Neben den Ähnlichkeiten der (naturalisierten) Herrschaftsstrukturen, den gemeinsamen bewegungsgeschichtlichen Erfahrungen und der emphatischen Ausrufung kulturrevolutionärer Allianzen kommt eine weitere Vergleichsebene in den Blick, die für die feministische Gesellschaftstheorie seit der Französischen Revolution bestimmend ist. Keine andere gesellschaftliche Gruppe, so meinen Feministinnen von Beginn an, ist so unter ihre Unterdrücker verteilt und gegeneinander isoliert wie die Frauen und keine andere unterdrückte Gruppe ist in

---

28 Betty Friedan, Der Weiblichkeitswahn oder Die Selbstbefreiung der Frau. Ein Emanzipationskonzept. Mit einem neuen Vorwort und Epilog anläßlich des zehnten Jahrestages der Erstveröffentlichung, Reinbek bei Hamburg 1984 (engl. 1963).
29 Vgl. Friedan, Weiblichkeitswahn, S. 61–69.

gleicher Weise liebend an ihre Unterdrücker gebunden. Alle anderen Gruppen müssen sich zwar ebenfalls durch die diagnostizierte Undurchschaubarkeit zu ihrer Bewusstwerdung mit großer Anstrengung durcharbeiten, doch keiner anderen Gruppe wird dies durch die konkreten Lebensumstände (isolierte Haushalte, geschlechtshierarchische Arbeitsteilung, enge Bindungen) nahezu unmöglich gemacht.

Schrader-Kleberts provokanter Satz passt deshalb nicht so recht zu ihrer Analyse, denn eigentlich müsste er heißen: „Die Frauen sind nicht einmal die N. aller Völker [...]", da Frauen die notwendigen Mittel jeder Politisierung und Aktivierung fehlen, die Mittel der spontanen Verständigung über die eigene Lage und damit die Chancen zu Empathie, Erkenntnis, Empörung und Solidarität. Keine andere unterworfene Gruppe ist dermaßen schlecht auf die eigene Befreiung vorbereitet. Schrader-Klebert wählt den drastischen Satz dennoch und offenkundig aus zwei Gründen: Der Vergleich knüpft an die aktuellen Bürgerrechtskämpfe der 1960er Jahre an und beansprucht damit die Legitimität menschenrechtlicher Anerkennung auch für Frauen.

Mit den genannten Motiven verweist jede entsprechende Analyse auf Beauvoirs *Das andere Geschlecht*[30] zurück, in dem die Motive der Isolierung der Frauen untereinander und ihre kaum lösbaren Bindungen an die eigenen Unterdrücker exemplarisch für die feministische Theorietradition entfaltet werden. Bekanntlich hat Beauvoir ihren berühmten Text u. a. in Auseinandersetzung mit der Situation der Schwarzen in den USA geschrieben[31] und der Vergleich zwischen zwei Varianten der *alterité*[32] ist für Beauvoir eine hilfreiche Konstruktion, um die Geschlechterherrschaft genauer fassen zu können. Auch sortiert Beauvoir die Dreiheit *gender*, *race* und *class* eingangs in klassischer Form: „Sie [die Frauen; Anm. B. H.-C.] bilden im Gegensatz zu den Proletariern keine Arbeits- und Interessengemeinschaft. Zwischen ihnen gibt es nicht einmal das räumliche Miteinander, das die amerikanischen Schwarzen, die Juden in den Gettos, die Arbeiter von Saint-Denis oder die der Renault-Werke zu einer Gemeinschaft macht. Sie leben verstreut unter den Männern [...]"[33] und die ihnen Nahestehenden sind ihre weißen und/oder bürgerlichen Männer und nicht die schwarzen Frauen.[34] Mangelnde Solidarität mit anderen Unterdrückten wird als spezifisches Defizit von

---

30 Simone de Beauvoir, Das andere Geschlecht. Sitte und Sexus der Frau, Reinbek bei Hamburg 1992 (Neuübersetzung; frz. 1949).
31 Vgl. Deirdre Bair, Simone de Beauvoir. Eine Biographie, München 1992 (engl. 1990), S. 450 und S. 481 ff.
32 Vgl. Bair, Simone de Beauvoir, S. 481.
33 Beauvoir, Geschlecht, S. 15.
34 Vgl. Beauvoir, Geschlecht, S. 15.

Frauen identifiziert – und in den Anfängen des neuen Feminismus umso bewusster eingefordert.

Die umstrittenste Klassikerin der Anfangszeit: Shulamith Firestones Analyse zur „Natur" des Patriarchats

Die Anfangsjahre des Second-Wave-Feminismus bringen weitere gesellschaftstheoretische „Klassiker" hervor, die alle innerhalb eines schmalen Zeitfensters erscheinen und alle international rezipiert werden. Neben Millett und Friedan ist hier unbedingt Shulamith Firestones *The Dialectic of Sex* (1976, Originalpublikation 1970)[35] zu nennen. Neben Millett ist keine andere in der Zeit um 1970 so einflussreich wie Firestone, die jedoch bald in Vergessenheit gerät oder vielmehr eine eklatante theoriepolitische Marginalisierung erfährt, da die zentrale Hypothese des Textes, die technologische Ersetzung der biologischen Reproduktion, dem in den 1970er Jahren aufkommenden ökologischen Bewusstsein von Feministinnen nicht als Befreiungsperspektive, sondern mehr und mehr als dystopischer Albtraum erscheint.

Auch Firestone ruft die Revolution als unverzichtbar aus, kennt die materialistischen Klassiker (von Fourier bis Engels), rekurriert (kritisch) auf Beauvoir, führt gleich zu Beginn die Trias Sexismus, Rassismus und Klassenherrschaft als relevante Bestimmungsgrößen jeder Analyse ein, geht aber insofern über das Bisherige hinaus, als sie eine dialektische Analyse der biologischen Fortpflanzung/Reproduktion für sich beansprucht.[36] Sie radikalisiert damit ein gesellschaftstheoretisches Argument, das in anderen Texten der Anfangszeit anklingt, aber längst nicht so offenbar wird: Die Herrschaft über die materiale Natur bildet das folgenschwere Fundament patriarchaler Herrschaft und impliziert sehr viel mehr als eine diskursive Naturalisierung des Sozialen. Die „Natur" des Patriarchats (im doppelten Wortsinne) zeigt sich ganz unmittelbar körperlich in der Unterwerfung und Ausbeutung der weiblichen Biologie. Die „Natur" des Patriarchats ist reale Aneignung aller „Naturformen" und symbolische Naturalisierung aller „Sozialformen". Die Revolution muss für Firestone deshalb die Übernahme der „Kontrolle über die Fruchtbarkeit" durch die Frauen zum Ziel haben und dies

---

35 Shulamith Firestone, Frauenbefreiung und sexuelle Revolution, Frankfurt a. M. 1976 (engl. 1970).
36 Vgl. Firestone, Frauenbefreiung, S. 9–20.

gelingt am besten durch „künstliche Fortpflanzung".[37] Nur ein solch vollkommen radikaler Bruch mit der menschlichen Natur, nur das Ziel „Frauen von ihrer Biologie zu befreien",[38] bricht die weibliche Sklaverei.

Wie Millett betrachtet Firestone die Geschichte der amerikanischen Frauenbewegung seit dem 19. Jahrhundert und wie Millett problematisiert sie die Konzentration der Kräfte auf das Wahlrecht.[39] Firestone wählt drastische Worte dafür: „Das Stimmzettelmonster hatte alles andere aufgefressen."[40] Auch für Firestone gibt es eine starke und direkte Verbindung zwischen dem abolitionistischen und dem feministischen Kampf sowie zwischen den Herrschaftsformen Sexismus und Rassismus. Firestone erinnert an die unermüdliche Arbeit der befreiten Sklavinnen Sojourner Truth und Harriet Tubman[41] und wird bewegungsgeschichtlich sehr konkret: Die antirassistische Arbeit von Feministinnen sowohl im 19. Jahrhundert als auch in den 1960er Jahren half weißen Frauen, sich mit Unterdrückung allgemein und vergleichend mit der eigenen Situation zu befassen: „So wie der Kampf gegen die Sklaverei den Feminismus des 19. Jahrhunderts anspornte, stärkte der Kampf gegen den Rassismus den neuen Feminismus: die Analogie zwischen Rassismus und Sexismus war fällig. Wer einmal den eigenen Rassismus eingestanden hatte und sich damit auseinandersetzen mußte, konnte eine Parallele nicht leugnen. Und wenn sich der Rassismus ausrotten ließ, warum dann nicht der Sexismus?"[42]

Der bekannte zentrale Unterschied, die Isolierung der Frauen voneinander, wird ebenso klar ausgesprochen, doch Firestone weist zusätzlich auf die Zahlenverhältnisse hin: 15 % Schwarze versus 51 % Frauen.[43] Damit stellt sie fest, wer die neue Kulturrevolution entscheidend prägen muss.

Der Analyse des Rassismus widmet Firestone ein Extrakapitel.[44] Für LeserInnen, die nur die zeitgenössischen Diskursformen kennen (wollen), müssen diese knapp zwanzig Seiten unerträglich wirken. Mit einem sezierenden, in jeder Hinsicht respektlosen, manchmal fast feindseligen Blick analysiert Firestone die verachtenden, korrumpierenden, hasserfüllten, machtsehnsüchtigen Bezüge zwischen weißen Männern, weißen Frauen, schwarzen Männern und schwarzen Frauen – Bezüge, in denen keine dieser vier Gruppen in irgendeiner Hinsicht

---

37 Firestone, Frauenbefreiung, S. 17.
38 Firestone, Frauenbefreiung, S. 191.
39 Vgl. Firestone, Frauenbefreiung, S. 21 ff.
40 Firestone, Frauenbefreiung, S. 27.
41 Vgl. Firestone, Frauenbefreiung, S. 27.
42 Firestone, Frauenbefreiung, S. 32.
43 Vgl. Firestone, Frauenbefreiung, S. 40.
44 Vgl. Firestone, Frauenbefreiung, S. 100–118.

positiv dasteht. Firestone argumentiert in (etwas vulgär-)psychoanalytischen Familien- und Dreieckskonstellationen, die sich in jeweils spezifischen Verstrickungen um die Macht, Ermächtigung oder Entmächtigung des weißen männlichen Zentrums (des Vaters dieser „Familie") drehen; um ihn kreisen alle und er vergiftet mit seiner strukturellen Gewalt sämtliche möglichen Bindungen. So verachten sich schwarze Männer und Frauen wechselseitig ebenso wie sich schwarze und weiße Frauen wechselseitig beneiden. Die Herrschaft des weißen Mannes affiziert alle Begegnungen mit negativen Gefühlen und extremen Varianten der Selbsterniedrigung; all das erhält seine Macht.

Tatsächlich ist das gesamte Kapitel auf faszinierende Weise ungewöhnlich, ja geradezu schwer erträglich, da es Gedanken wagt, die jede aktuelle, vermeintlich antirassistische feministische Gesellschaftstheorie niemals auszusprechen wagen würde. Die Schonungslosigkeit, mit der Firestone die Verstrickungen von Hass und Selbsthass beschreibt, erinnert stark an den beißenden Ton, von dem Beauvoirs 1.000 Seiten durchdrungen sind (am Rande vermerkt: Firestone widmet ihren Text Beauvoir). In Firestones Analyse wird jede und jeder im „Sexualität/ Rassen-System"[45] als unvermeidlich entwürdigt beschrieben. Rassismus bezeichnet Firestone als „psychosexuelle(n) Erniedrigung" und „Vergewaltigung",[46] hebt allerdings durch Kursivierung hervor, dass *„Rassismus ein erweiterter Sexismus"*[47] sei.

Firestone setzt voraus, dass eine noch nie erkundete, tief liegende Verbindung zwischen Rassismus und Sexualität bzw. „Sexualunterdrückung" besteht, eine Verbindung, die für die Relation von Sexismus und Rassismus bestimmend ist.[48] Beide Herrschafts- und Gewaltverhältnisse sind stark sexualisiert und in Männern und Frauen aller Hautfarben tief und schmerzvoll verwurzelt. Es sollte bei einer feministischen Theoretikerin nicht verwundern, dass die (sexualisierte) Geschlechterherrschaft als Basis und Bild jeder anderen Herrschaftsform dient. Erst die ideengeschichtlichen Wege und Abwege, die feministische Gesellschaftstheorien in den vergangenen drei Jahrzehnten gegangen sind, führen dazu, dass die Subsumption des Rassismus unter einen generalisierten („erweiterten") Sexismus heute theoriepolitisch auffällt. Aus der Perspektive des Jahres 1970 ist diese Theoriefigur jedoch plausibel und der Anspruch, dass Feminismus nicht nur auf Fragen der Geschlechterherrschaft eine theoriepolitische Antwort geben darf, geradezu selbstverständlich.

---

45 Firestone, Frauenbefreiung, S. 110.
46 Firestone, Frauenbefreiung, S. 111 und S. 110.
47 Firestone, Frauenbefreiung, S. 103 (Hervorhebung im Original).
48 Vgl. Firestone, Frauenbefreiung, S. 102.

Dass Firestone in den folgenden anderthalb ökofeministischen Jahrzehnten ohne positive Resonanz bleibt, stimmt nur bedingt. An einem anderen, Mitte der 1970er Jahre höchst einflussreichen feministischen Diskussionsort, dem der politischen Utopie, erfährt Firestones Vision bildlichen Widerhall. Dies ist für eine Ideengeschichte feministischer Rassismusanalysen deshalb bedeutsam, weil jener Text, der die hoch umstrittene künstliche Reproduktion utopisch ausmalt, zugleich einer der radikalsten antirassistischen feministischen Texte (nicht nur) jener Jahre ist: Marge Piercys Roman *Woman on the Edge of Time*,[49] 1976 im Original erschienen. Piercys berühmte Utopie bleibt jahrelang eine der liebsten Lektüren von Feministinnen, denn viele malen sich mit politischer Kreativität eine Zukunft aus, in der alle Formen von Herrschaft und Unterdrückung abgeschafft sind.

Piercys Utopie bricht auf radikale Weise die herrschaftliche Verbindung von Natur und Kultur; erstens arbeitet die künstliche, technologisierte Reproduktion im Sinne Firestones ausschließlich mit genetischen Zufallskombinationen; zweitens gilt die technologische anstelle der biologischen Reproduktion als bewusste Entscheidung gegen die einzige wirkliche Macht, die Frauen je hatten, „im Austausch für keine Macht für niemand";[50] drittens werden genetische und kulturelle Identitäten dabei stets getrennt, sodass biologische Merkmale wie die Hautfarbe keinerlei Relevanz für kulturelle Präferenzen haben; viertens ist die Wertschätzung für alte kulturelle Gemeinschaften und Traditionen hoch, aber niemals an biologische Merkmale gekoppelt. „[...] das Band zwischen Gen und Kultur haben wir zerrissen, für immer zerrissen. Wir wollen dem Rassismus nie wieder eine Chance geben. Aber wir wollen auch nicht den Schmelztiegel, in dem alle zu einem Einheitsbrei vermengt werden. Wir wollen Vielfalt [...]."[51] So gibt es „schwarze Italiener und schwarze Chinesen"[52] und biologisch männliche Mütter. „Es gibt kein genetisches Band, und falls doch, dann interessiert uns das nicht."[53] In diesem Sinne bleibt Piercys Vision einer postpatriarchalen Gemeinschaft ohne *gender, race* und *class* eine bis heute nicht eingeholte gesellschaftstheoretische Reflexion. Wie jede „echte" Utopie steht sie ideengeschichtlich auf der gleichen Stufe wie die avancierteste Theorie.[54]

---

49 Marge Piercy, Frau am Abgrund der Zeit, Berlin/Hamburg 1996 (völlig neu bearbeitete Übersetzung auf Grundlage der 1986 bei Heyne erschienenen Übersetzung; engl. 1976).
50 Piercy, Frau am Abgrund, S. 125.
51 Piercy, Frau am Abgrund, S. 123.
52 Piercy, Frau am Abgrund, S. 123.
53 Piercy, Frau am Abgrund, S. 124.
54 Vgl. Barbara Holland-Cunz, Die Natur der Neuzeit. Eine feministische Einführung, Opladen/Berlin/Toronto 2014.

Ausgebliebene Resonanzen im feministischen Alltag der 1970er Jahre

Im Rückblick sind die ersten westdeutschen frauenbewegten Jahre allerdings sehr viel weniger von den avancierten Erkenntnissen durchdrungen, als die gesellschaftstheoretischen Analysen und die viel gelesenen Romane vermuten lassen. Wird die westdeutsche Neue Frauenbewegung an ihren damaligen politischen Aktivitäten gemessen – am Kampf gegen den § 218, an der Gründung von Frauenzentren, Frauenhäusern, Frauenbuchläden und vielfältigen Projekten, am gemeinschaftlichen Frauenleben in Selbsterfahrungsgruppen, Wohngemeinschaften und universitären Gruppen – sind antirassistische Analysen und Kämpfe kaum präsent.

So fördert schon eine kursorische digitale Recherche in den Beständen des Archivs der deutschen Frauenbewegung auffällig wenig einschlägiges Material zutage. Für die „einfache Suche" ergeben sich 16 Treffer zum Stichwort „Ausländerinnen" (kaum zeitlich passend, kaum politisch autonom), 13 Treffer zum Stichwort „Migrantinnen" (dito – bis auf *Gender Killer*[55]), zwei Treffer beim Stichwort „Einwanderinnen" (wissenschaftliche Texte von 1997 und 2002), kein einziger Treffer bei der Eingabe „migrantische Frauengruppen", ein Treffer zum Stichwort FeMigra (wiederum *Gender Killer*), zwei Treffer zur Eingabe agisra (Eigenpublikationen; agisra = Abk. für Arbeitsgemeinschaft gegen internationale sexuelle und rassistische Ausbeutung), 14 Treffer bei der Eingabe IAF (vielfältig, z. T. unpassend; IAF = Interessengemeinschaft der mit Ausländern verheirateten deutschen Frauen), vier Treffer bei der Eingabe Audre Lorde (kein Text vor 1993); bei der „erweiterten Suche", die die Stichworte „Migration" und „Frauen" verbindet, ergeben sich 21 Treffer – die meisten davon beziehen sich, abgesehen von den erwarteten Heften der *beiträge zur feministischen theorie und praxis*, auf Texte seit dem Beginn der 1990er Jahre. Ein ähnliches Bild der auffallenden Nichtbefassung bieten die Frauenjahrbücher 1975, 1976, 1977, 1979, 1981 und 1982, die als Quellen deshalb höchst aufschlussreich sind, weil hier neben theoretischen Überlegungen vor allem die aktivistischen Prioritäten jährlich dokumentiert wurden (vorherrschende Themen u. a.: Gewalt, Lesben, Selbsterfahrung). Theoretisch bedeutsam, aber zu den einschlägigen Fragen gleichfalls nicht positiv auffallend sind schließlich die „Frauen-Kursbücher" 35 (April 1974) und 47 (März 1977).

---

55 Cornelia Eichhorn/Sabine Grimm (Hrsg.), Gender Killer. Texte zu Feminismus und Politik, 2. Aufl., Berlin/Amsterdam 1995.

Die Diskrepanz zwischen den Analysen und Visionen zum Verhältnis von Sexismus und Rassismus und den kaum vorhandenen Spuren einer antirassistischen feministischen Politik in den 1970er Jahren scheint der eingangs diskutierten Datierung/Deutung Recht zu geben. Doch Zeitzeuginnen wie ich können sich auch an andere Dimensionen erinnern: an die aufregende Entdeckung eines „Kollektivs" Frauen, in der immer auch die stets neue und aufregende Entdeckung jeder besonderen Einzelnen erlebt wurde, an die geradezu euphorische „Willkommenskultur" gegenüber jeder neu ins öffentlich-feministische Blickfeld tretenden Frauengruppe gleich welcher Herkunft (hier wurden nach dem Umsturz insbesondere die iranischen Frauen stark wahrgenommen), an stets aufregende Entdeckungen der „Anderen" in den zahlreichen CR-Gruppen (Abk. für Consciousness-Raising-Gruppen), die fast alle Feministinnen damals gleichsam als persönliche „Eintrittskarte" in die Frauenbewegung erlebten. In einer politischen Bewegung, die erstmals das Gemeinsame weiblicher Existenz betont(e), entdeckt(e) und feiert(e), wurden eklatante Ungleichheiten leichtfertig übersehen.

Der Blick zurück ist demnach zwiespältig: Das sich entfaltende gesellschaftsanalytische Wissen und die freudigen, lustvollen konkreten Erfahrungen mit „ganz anderen" Frauen stehen auf der Seite frauenpolitischer Stärken, die mangelnden politischen Aktivitäten und das retrospektiv zu Recht bekundete Gefühl mangelnder Anerkennung auf der Problemseite der feministischen 1970er Jahre. Ein eindrucksvolles Zeugnis dieser Zwiespältigkeit findet sich in dem von Halina Bendkowski im Auftrag des Feministischen Instituts und der Heinrich-Böll-Stiftung organisierten und dokumentierten Kongress „Wie weit flog die Tomate?", der am 31. Oktober 1998 anläßlich des 30. „Geburtstags" des legendären Tomatenwurfs an der Freien Universität Berlin stattfand.[56] Seyran Ateş, eine der heute prominentesten Feministinnen Deutschlands, denkt in ihrem Beitrag zu diesem Kongress über „Migrantinnen unter dem Einfluß der deutschen Frauenbewegung" nach.[57] Ateş erinnert sich, dass sie „europäische oder amerikanische Frauenliteratur in deutscher Sprache" las und dass sich nur „sehr wenige der Frauen aus der ersten Generation [türkischer Einwanderinnen; B. H.-C.] [...] der deutschen Frauenbewegung angeschlossen"[58] haben. Mit dem sprechenden Be-

---

56 Heinrich-Böll-Stiftung/Feministisches Institut (Hrsg.), Wie weit flog die Tomate? Eine 68erinnen-Gala der Reflexion, mit einer Einleitung von Halina Bendkowski, Berlin 1999.
57 Seyran Ateş, Migrantinnen unter dem Einfluß der deutschen Frauenbewegung. Unsere Vorbilder, unsere großen Schwestern, unsere (gleichberechtigten) Freundinnen, in: Heinrich-Böll-Stiftung/Feministisches Institut (Hrsg.), Wie weit flog die Tomate?, S. 223–230.
58 Ateş, Migrantinnen, S. 224.

griff „Mittreibenlassen"⁵⁹ bezeichnet Ateş die typische migrantische Beteiligungsform jener Anfangsjahre.

Erst Ende der 1970er Jahre datiert Ateş die „Entdeckung" der Migrantin durch die Frauenbewegung: „Und zwar als hilfloses Opfer einer islamisch patriarchalischen Gesellschaft. Unterdrückt von Mann, Sohn und allen männlichen Verwandten, die es nur gibt."⁶⁰ Im Rückblick erkennt Ateş eine deutliche Polarisierung sogar in den gemeinsamen, oft sozialarbeiterisch orientierten Projekten: hier die migrantische Frau als Opfer, dort die deutschen Frauen, die selbstbewusst als „große Schwestern" auftraten und sich für die Frauen, mit denen sie zusammenarbeiteten, kaum interessierten.⁶¹ Hier wiederholt sich die klassische frauenbewegte Erfahrung mit der Studentenbewegung, denn das Sprechen über „Gleichberechtigung" führte keineswegs zu echter Gleichheit mit den (migrantischen) Mitstreiterinnen.⁶² Sie waren vielmehr die Klientinnen feministischer Sozialarbeit, eine rassistische Haltung, die auch Helen Schwenken in ihrem Überblick über Migrantinnenorganisationen hervorhebt.⁶³

Ateş' retrospektive Datierung der „Entdeckung" spiegelt sich in einer Reihe weiterer Befunde. Obgleich die Fraueninitiative „Interessengemeinschaft der mit Ausländern verheirateten deutschen Frauen" (IAF; heute: Verband binationaler Familien und Partnerschaften, iaf e. V.) schon 1972 gegründet wurde, wird sie als Teil der Frauenbewegung erst im Laufe der 1980er Jahre wahrgenommen. Die „Arbeitsgemeinschaft gegen internationale sexuelle und rassistische Ausbeutung" (agisra), seit 1983 in Frankfurt am Main engagiert (seit 1993 in Köln), ist in jenen Jahren vor allem eine lokal prominente Initiative. Die „Feministischen Migrantinnen" (FeMigra) gründen sich erst 1991, ebenfalls in Frankfurt, als Kritikinitiative gegen die mangelnde Auseinandersetzung mit dem Rassismus; FeMigra findet jedoch durch langjährige persönliche Arbeiten und Erfahrungen zusammen. In dem prominenten Text „Wir, die Seiltänzerinnen"⁶⁴ thematisiert FeMigra retrospektiv zentrale Fragen: die identitätspolitischen Unterschiede zum

---

59 Ateş, Migrantinnen, S. 225.
60 Ateş, Migrantinnen, S. 225.
61 Vgl. Ateş, Migrantinnen, S. 227–229.
62 Vgl. Ateş, Migrantinnen, S. 228.
63 Vgl. Helen Schwenken, Migrantinnenorganisationen: Zur Selbstorganisierung von Migrantinnen, in: Ruth Becker/Beate Kortendiek (Hrsg.), Handbuch Frauen- und Geschlechterforschung. Theorie, Methoden, Empirie, erw. u. akt. Aufl., Wiesbaden 2008, S. 902–907, hier S. 903; vgl. vorsichtiger: Ilse Lenz (Hrsg.), Die Neue Frauenbewegung in Deutschland. Abschied vom kleinen Unterschied. Eine Quellensammlung, Wiesbaden 2008, S. 707–734.
64 FeMigra (Feministische Migrantinnen, Frankfurt), Wir, die Seiltänzerinnen. Politische Strategien von Migrantinnen gegen Ethnisierung und Assimilation, in: Eichhorn/Grimm (Hrsg.), Gender Killer, S. 49–63.

schwarzen Feminismus, den verkürzenden Fokus auf Antisemitismus als vorrangiger Form des Rassismus, die Unkenntnis über die migrantischen Arbeitskämpfe und die Folgen der Anwerbepolitik seit den 1950er Jahren, die „Alibi- und Vorzeigefunktion"[65] von Migrantinnen in universitären und außeruniversitären Frauenzusammenhängen und generell den Rassismus der Frauenbewegung. Das Manifest und die einschlägigen politischen Interventionen der Gruppe bringen die Defizite des Feminismus mit „Ungeduld"[66] auf den Punkt.

Auch Dagmar Schultz, die zu den ersten Feministinnen gehört, die sich hierzulande theoretisch und politisch mit Rassismus und Antisemitismus befassen, verdeutlicht rückblickend, welch blinde Flecken die westdeutsche Neue Frauenbewegung kennzeichneten. Schultz bringt in einem bereits Anfang der 1980er Jahre erschienenen, in universitären Frauengruppen gern gelesenen Sammelband zentrale Texte von Audre Lorde und Adrienne Rich in die feministische Öffentlichkeit.[67] Die Textformen – Essays und Gedichte – entsprechen dem damals offenen, inspirationsorientierten feministischen Denken. Schultz „importierte" die Texte ausdrücklich aufgrund ihres jahrlangen Aufenthalts in den USA und der nach der Rückkehr betroffen festgestellten Nichtbeachtung von „Antisemitismus und der wachsenden Ausländerfeindlichkeit in unserem Land".[68] Weltweit lesen Feministinnen Audre Lordes bedeutenden Text *Zami* von 1982/1986[69] und bell hooks' pointierte Theorietexte;[70] doch praktisch-politisch kommt die nordwestliche Frauenbewegung unter Druck. Die Weltfrauenkonferenzen der Vereinten Nationen in Kopenhagen 1980 und Nairobi 1985 lenken die Aufmerksamkeit auf Solidarität und Auseinandersetzung mit den Frauen im globalen Süden. Sowohl Rassismus- und Kolonialismuskritik als auch die Kritik am weißen westlichen Feminismus spielen zu diesem Zeitpunkt bereits seit Jahren eine wichtige Rolle. Das berühmte *The Combahee River Collective Statement*[71] vom April 1977 formuliert schon in den 1970er Jahren einen schwarzen, lesbisch-feministischen Standpunkt, der die Trias *gender, race* und *class* politiktheoretisch selbstreflexiv integriert.

---

65 FeMigra, Wir, die Seiltänzerinnen, S. 55.
66 FeMigra, Wir, die Seiltänzerinnen, S. 59.
67 Dagmar Schultz (Hrsg.), Macht und Sinnlichkeit. Ausgewählte Texte von Adrienne Rich und Audre Lorde, Berlin 1983 (engl. 1977 ff.).
68 Dagmar Schultz, Vorwort, in: Schultz (Hrsg.), Macht und Sinnlichkeit, S. 9–11, hier S. 10.
69 Audre Lorde, Zami. Ein Leben unter Frauen, Frankfurt a. M. 1996 (engl. 1982, deutsch erstmals 1986).
70 bell hooks, Feminist Theory: From Margin to Center, Boston 1984.
71 Combahee River Collective, The Combahee River Collective Statement (1977). Die gedruckte Version erschien in: Gloria T. Hull/Patricia Bell Scott/Barbara Smith (Hrsg.), But Some of Us Are Brave. Black Women's Studies, Old Westbury 1982, S. 13–22.

Verlage reagieren ab Ende der 1970er Jahre ebenfalls. Als Susanne von Paczensky 1977 (bis 1983) die Edition der einflussreichen Rowohlt-Reihe „Frauen aktuell" innerhalb von „rororo aktuell" übernimmt, wird das zunehmend auch feministisch-politisch wichtige Thema Migrantinnen mehrmals publizistisch bearbeitet, wenn auch in jenem von Ateş kritisierten Modus. Andrea Baumgartner-Karabak und Gisela Landesberger beschreiben *Die verkauften Bräute. Türkische Frauen zwischen Kreuzberg und Anatolien*[72] und im Rahmen des im vollen Wortsinne programmatischen Sammelbandes *Frauenprogramm – Gegen Diskriminierung*,[73] ediert von Marielouise Janssen-Jurreit, findet sich auf über 400 Seiten immerhin ein knapp sieben Seiten umfassender Beitrag „Gegen den Status des ‚Gastarbeiters'",[74] in dem Renate Feyerbacher verdeutlicht, dass Deutschland allen offiziellen Behauptungen zum Trotz ein Einwanderungsland ist, dessen „Ausländerpolitik" gegen die Menschenwürde im Sinne des Art. 1 GG verstößt. Dieser Text wirkt eher wie ein heutiger, plädiert Feyerbacher doch u. a. für Ganztagsschulen, gesicherten Aufenthaltsstatus und eigenständiges Aufenthaltsrecht für Frauen, das aktive und passive Wahlrecht und für ein Antidiskriminierungsgesetz.[75] Hier werden „Gastarbeiter" und „Ausländer" erstmals zu BürgerInnen.

In den alltäglichen Lebenszusammenhängen (Politik und Liebe, Arbeiten und Wohnen) bestanden – trotz aller Defizite – jedoch auch enge Bindungen zwischen Feministinnen unterschiedlicher Herkünfte. Kongresse wie jener in Frankfurt am Main versuchten mit der Frage „Sind wir uns denn so fremd?"[76] potenzielle Klüfte zwischen Frauen verschiedener Herkünfte zu überwinden oder gar nicht erst entstehen zu lassen. Allerdings muss hier ausdrücklich vermerkt werden, dass die Frauenbewegung Anfang/Mitte der 1980er Jahre dem allgemeinen Sprachgebrauch folgte und selbst in antirassistischen Lebens- und Arbeitszusammenhängen von „deutschen und ausländischen Frauen" sprach, eine Formulierung, die heute zu Recht als rassistisch empfunden wird.[77] Positiver fällt die Bespre-

---

72 Andrea Baumgartner-Karabak/Gisela Landesberger, Die verkauften Bräute. Türkische Frauen zwischen Kreuzberg und Anatolien, Reinbek bei Hamburg 1978.
73 Marielouise Janssen-Jurreit (Hrsg.), Frauenprogramm – Gegen Diskriminierung. Gesetzgebung – Aktionspläne – Selbsthilfe. Ein Handbuch, Reinbek bei Hamburg 1979.
74 Renate Feyerbacher, Gegen den Status des „Gastarbeiters". Gleichbehandlung für unsere ausländischen Mitbürgerinnen und Mitbürger, in: Janssen-Jurreit (Hrsg.), Frauenprogramm, S. 260–266.
75 Feyerbacher, Gegen den Status des „Gastarbeiters", S. 262 ff.
76 Arbeitsgruppe Frauenkongreß (Hrsg.), Sind wir uns denn so fremd? Ausländische und deutsche Frauen im Gespräch, Berlin 1985.
77 Vgl. Maria Alexopoulou, Rassismus als Kontinuitätslinie in der Geschichte der Bundesrepublik Deutschland, in: Aus Politik und Zeitgeschichte, Zeitgeschichte/n, 38–39 (2018), S. 18–24,

chung von Fatemeh Serdani über diesen „Erste(n) Kongreß der ausländischen und deutschen Frauen vom 24. bis 26. März 1984 in Frankfurt am Main"[78] aus; in diesem Bericht werden Gesprächsatmosphäre und Verständigungswille hervorgehoben.

Auch die praktische Politik spiegelt Ateş' Diagnose. Erst die 1980er Jahre bringen eine Vielzahl migrantischer Initiativen hervor, deren für die Bewegung bedeutsame Existenz heute erst wieder erinnert wird. Ilse Lenz verdeutlicht, dass das ursprüngliche (Selbst-)Bild der neuen Feministinnen in den ersten Jahren keineswegs das „weißer Mittelschichtfrauen"[79] war, sondern dass die Auseinandersetzung mit Frauen, die betrieblich und/oder gewerkschaftlich arbeiteten, ausdrücklich gesucht wurde.[80] Desgleichen gilt für die migrantischen Lebenszusammenhänge und den starken Einfluss von Angela Davis in der westdeutschen Frauenbewegung, zunächst in den 1970er Jahren, verstärkt in den 1980er Jahren,[81] Gründungen wie agisra, politische Zusammenhänge um Lorde und die Solidarität mit der iranischen Frauenbewegung. All diese (damals allen bekannten!) Initiativen werden von Lenz[82] in Erinnerung gerufen.[83]

---

https://www.bpb.de/apuz/275884/rassismus-als-kontinuitaetslinie-in-der-geschichte-der-bundesrepublik-deutschland (Stand: 25.07.2021).
78 Fatemeh Serdani, Erster Kongreß der ausländischen und deutschen Frauen vom 24. bis 26. März 1984 in Frankfurt am Main, in: Feministische Studien 3/2 (1984), S. 170–171.
79 Ilse Lenz, Wer sich wo und wie erinnern wollte? Die neuen Frauenbewegungen und soziale Ungleichheit nach Klasse, „Rasse" und Migration, in: Angelika Schaser/Sylvia Schraut/Petra Steymans-Kurz (Hrsg.), Erinnern, vergessen, umdeuten? Europäische Frauenbewegungen im 19. und 20. Jahrhundert, Frankfurt a. M./New York 2019, S. 255–283, hier S. 265.
80 Lenz, Wer sich wo und wie erinnern wollte?, S. 266.
81 Vgl. Lenz, Wer sich wo und wie erinnern wollte?, S. 267 ff. und 273 ff.
82 Vgl. Lenz, Wer sich wo und wie erinnern wollte?, S. 273 ff.
83 Abschließend merkt Lenz noch einmal an, dass „die Erzählung von der weißen Mittelschichtbewegung" (S. 279) die migrantischen und transnationalen Zusammenhänge der ersten anderthalb Jahrzehnte fälschlich übergeht – eine wichtige und richtige Argumentation, die jedoch auf Demutsgesten gegenüber dem heutigen Antirassismus und Queerfeminismus offenbar nicht verzichten will (vgl. S. 270, S. 278 und S. 279).

Fazit: Rassismusanalysen im frühen Second-Wave-Feminismus und die Verleugnung der eigenen Ideengeschichte

Einige fundamentale Aspekte unterscheiden den klassischen Korpus von gegenwärtigen Theoretisierungsmühen. Die Analyse ist hoch komplex bezogen auf die vielfältigen Herrschaftsformen und ihre wechselseitigen Kreuzungen und sie ist auch sehr viel schärfer bezogen auf die beschämenden Verstrickungen, die Unterdrückte mit Hass und Selbsthass affizieren. Im Unterschied zu heute sprechen die frühen Theoretikerinnen offen darüber, dass Herrschaftsverhältnisse selten edle freie Menschen hervorbringen. Die Geschlechterherrschaft wird für andere Herrschaftsverhältnisse als politisch, politiktheoretisch und epistemologisch beispielhaft betrachtet und bildet den gedanklichen Ausgangspunkt, nicht jedoch, wie heute häufig unterstellt, die exklusive Perspektive. Die Erkenntnis der Geschlechterherrschaft wird nicht einmal als aktivistischer Ausgangspunkt betrachtet, denn alte wie neue Feministinnen kommen aus der Kritik der Sklaverei und sind sich dessen bewusst. Die Erkenntnis der Menschenfeindlichkeit des Rassismus half politisch engagierten Frauen sowohl in der Mitte des 19. als auch in der Mitte des 20. Jahrhunderts, ihre eigene desolate Lage zu erkennen.

Das frühe rassismuskritische Denken umfasst nachweislich folgende Dimensionen: a) Rassistische Herrschaftsverhältnisse lassen sich nur in einem gesellschaftstheoretischen Rahmen von *gender, race* und *class* angemessen analysieren und politisieren; b) Sexismus und Rassismus basieren auf Naturalisierungen von Herrschaft; c) die politischen Bewegungen gegen beide Herrschaftszumutungen haben sich historisch stets wechselseitig inspiriert und präzisiert sowie d) bewegungspolitisch oft entfacht und häufig verbündet; e) personale, strukturelle und kulturelle Gewalt sichern beide Formen kapitalistisch-patriarchaler Herrschaft; e) aber auch die häufig nicht ganz unfreiwillige Unterordnung lässt sie vergleichsweise geräuschlos und (ultra)stabil funktionieren. Diese Dimensionen, die die systemischen Ähnlichkeiten von Sexismus und Rassismus betonen, werden von einigen bedeutsamen Differenzen begleitet: a) Im Gegensatz zu rassistisch Diskriminierten leben Frauen unter ihren Unterdrückern „verstreut" und werden deshalb strukturell an Austausch und Solidarisierung gehindert; b) im Gegensatz zu rassistisch Diskriminierten bilden Frauen als soziale Gruppe in allen westlichen Demokratien und in nicht wenigen nichtwestlichen Gesellschaften die zahlenmäßige Mehrheit. Deshalb spricht die frühe Theorie mit großer Selbstverständlichkeit Frauen eine Rolle zu, die damals Avantgarde und heute *leadership* heißt.

Die gegenwärtige Missachtung der theoretischen Erkenntnisse der Anfangsjahre ist demnach erklärungsbedürftig. In der Wissenschaft gilt bekanntlich die Regel, dass die Ersten für sich selbst Urheberschaft, Originalität und Kreativität beanspruchen dürfen; damit fällt den Ersten die wissenschaftliche Anerkennung zu. Damit wiederum verbinden sich innerhalb und außerhalb der *scientific community* unmittelbare materiale Gewinne in der Finanzierung der eigenen Forschung, in Reputation, öffentlicher Anerkennung und Prominenz, in Rezeption und wissenspolitischer Dominanz. Das sind keine geringen Gratifikationen für eine Haltung, die die Theoriegeschichte weitgehend verleugnet.

Bemerkenswert ist also nicht die Tatsache, dass die feministische Gesellschaftstheorie von Anfang an Rassismus als zentrales Element patriarchaler Herrschaft einbezieht und brandmarkt, bemerkenswert ist vielmehr die Tatsache, dass der „pseudofeministische Mainstream" der Gegenwart das erst und ausschließlich für sich selbst reklamiert. Die Verleugnung der eigenen Bewegungs- und Theoriegeschichte ist eklatant. Wer hier nicht Unkenntnis unterstellen mag, kann nur von interessierter Selbstüberhöhung ausgehen, die freilich von erschütternder Unkenntnis geisteswissenschaftlicher Denkformen zeugt. Denn eine sehr viel „würdigere" Selbstüberhöhung wäre die Stiftung einer Traditionslinie etwa zwischen Simone de Beauvoir, Kate Millett und dem eigenen Denken. Für Feministinnen, die, so wie ich, in den 1970er Jahren zur Neuen Frauenbewegung fanden, ist die gegenwärtige Theoriegeschichtsverleugnung eine schmerzliche politische Erfahrung, die vor allem zornig macht. Dass die politische Praxis der Anfangsjahre der avancierten antirassistischen Theorie nicht entsprach, ist aus heutiger Sicht beschämend. Ich bezweifle jedoch, dass ausgerechnet die gegenwärtige geschichtsvergessene „Theorieproduktion" eine antirassistische feministische Politik erzeugen kann.

Literatur

Alexopoulou, Maria. Rassismus als Kontinuitätslinie in der Geschichte der Bundesrepublik Deutschland, in: Aus Politik und Zeitgeschichte, Zeitgeschichte/n, 38–39 (2018), S. 18–24, https://www.bpb.de/apuz/275884/rassismus-als-kontinuitaetslinie-in-der-geschichte-der-bundesrepublik-deutschland (Stand: 25.07. 2021).
Amelung, Till Randolf (Hrsg.). Irrwege. Analysen aktueller queerer Politik, Berlin 2020.
Arbeitsgruppe Frauenkongreß (Hrsg.). Sind wir uns denn so fremd? Ausländische und deutsche Frauen im Gespräch (Red.: Neval Gültekin, Brigitte Schulz, Brigitte Sellach), Berlin 1985.
Ateş, Seyran. Migrantinnen unter dem Einfluß der deutschen Frauenbewegung. Unsere Vorbilder, unsere großen Schwestern, unsere (gleichberechtigten) Freundinnen, in: Heinrich-Böll-Stiftung/Feministisches Institut (Hrsg.), Wie weit flog die Tomate? Eine

68erinnen-Gala der Reflexion. Mit einer Einleitung von Halina Bendkowski, Berlin 1999, 223–230.
Bair, Deirdre. Simone de Beauvoir. Eine Biographie, München 1992 (engl. 1990).
Baumgartner-Karabak, Andrea/Gisela Landesberger. Die verkauften Bräute. Türkische Frauen zwischen Kreuzberg und Anatolien, Reinbek bei Hamburg 1978.
Beauvoir, Simone de. Das andere Geschlecht. Sitte und Sexus der Frau, Reinbek bei Hamburg 1992 (Neuübersetzung; frz. 1949).
beiträge zur feministischen theorie und praxis 27 (1990): Rassismus, Antisemitismus, Fremdenhaß. Geteilter Feminismus.
Butler, Judith. Das Unbehagen der Geschlechter, Frankfurt a. M. 1991 (engl. 1990).
Combahee River Collective. The Combahee River Collective Statement, in: Gloria T. Hull/ Patricia Bell Scott/ Barbara Smith (Hrsg.), But Some of Us Are Brave. Black Women's Studies, Old Westbury 1982, S. 13–22.
Eichhorn, Cornelia/Sabine Grimm (Hrsg.), Gender Killer. Texte zu Feminismus und Politik, 2. Aufl., Berlin/Amsterdam 1995.
FeMigra (Feministische Migrantinnen, Frankfurt). Wir, die Seiltänzerinnen. Politische Strategien von Migrantinnen gegen Ethnisierung und Assimilation, in: Cornelia Eichhorn/Sabine Grimm (Hrsg.), Gender Killer. Texte zu Feminismus und Politik, 2. Aufl., Berlin/Amsterdam 1995, S. 49–63.
Feyerbacher, Renate. Gegen den Status des „Gastarbeiters". Gleichbehandlung für unsere ausländischen Mitbürgerinnen und Mitbürger, in: Marielouise Janssen-Jurreit (Hrsg.), Frauenprogramm – Gegen Diskriminierung. Gesetzgebung – Aktionspläne – Selbsthilfe. Ein Handbuch, Reinbek bei Hamburg 1979, S. 260–266.
Firestone, Shulamith. Frauenbefreiung und sexuelle Revolution, Frankfurt a. M. 1976 (engl. 1970).
Fraser, Nancy. Feminismus, Kapitalismus und die List der Geschichte, in: Blätter für deutsche und internationale Politik 8 (2009), S. 43–57 (engl. 2009).
Friedan, Betty. Der Weiblichkeitswahn oder Die Selbstbefreiung der Frau. Ein Emanzipationskonzept. Mit einem neuen Vorwort und Epilog anläßlich des zehnten Jahrestages der Erstveröffentlichung, Reinbek bei Hamburg 1984 (engl. 1963).
Heinrich-Böll-Stiftung/Feministisches Institut (Hrsg.). Wie weit flog die Tomate? Eine 68erinnen-Gala der Reflexion. Mit einer Einleitung von Halina Bendkowski, Berlin 1999.
Holland-Cunz, Barbara. Demokratietheorie und feministische Bündnispolitik, in: Verein Niedersächsischer Bildungsinitiativen – Büro für Frauenbildungsarbeit (Hrsg.), Handlungsfähig trotz wenn und aber. Frauen als Gleiche, Frauen als Verschiedene. Perspektiven feministischer Bündnispolitik, Osnabrück/Hannover 1996, S. 6–15.
Holland-Cunz, Barbara. Kerner, Ina. Differenzen und Macht. Zur Anatomie von Rassismus und Sexismus. Frankfurt/New York. Campus Verlag 2009 (Rezension), in: Politische Vierteljahresschrift 2 (2011), S. 313–315.
Holland-Cunz, Barbara. Die Natur der Neuzeit. Eine feministische Einführung, Opladen/Berlin/Toronto 2014.
hooks, bell. Feminist Theory: From Margin to Center, Boston 1984.
Janssen-Jurreit, Marielouise (Hrsg.). Frauenprogramm – Gegen Diskriminierung. Gesetzgebung – Aktionspläne – Selbsthilfe. Ein Handbuch, Reinbek bei Hamburg 1979.
Kerner, Ina. Differenzen und Macht. Zur Anatomie von Rassismus und Sexismus, Frankfurt a. M./New York 2009.

Lenz, Ilse (Hrsg.). Die Neue Frauenbewegung in Deutschland. Abschied vom kleinen Unterschied. Eine Quellensammlung, Wiesbaden 2008.

Lenz, Ilse. Wer sich wo und wie erinnern wollte? Die neuen Frauenbewegungen und soziale Ungleichheit nach Klasse, „Rasse" und Migration, in: Angelika Schaser/Sylvia Schraut/Petra Steymans-Kurz (Hrsg.), Erinnern, vergessen, umdeuten? Europäische Frauenbewegungen im 19. und 20. Jahrhundert, Frankfurt a. M./New York 2019, S. 255–283.

Linkerhand, Koschka (Hrsg.). Feministisch streiten. Texte zu Vernunft und Leidenschaft unter Frauen, Berlin 2018.

Lorde, Audre. Zami. Ein Leben unter Frauen, Frankfurt a. M. 1996 (engl. 1982, deutsch erstmals 1986 bei Orlanda).

Lorde, Audre. Sister Outsider. Essays and Speeches by Audre Lorde, Trumansburg 1984.

Millett, Kate. Sexus und Herrschaft. Die Tyrannei des Mannes in unserer Gesellschaft, Reinbek bei Hamburg 1985 (engl. 1969/1970).

Nussbaum, Martha C. Konstruktion der Liebe, des Begehrens und der Fürsorge. Drei philosophische Aufsätze, Stuttgart 2002 (engl. 1999).

Nussbaum, Martha C. The Professor of Parody: The Hip Defeatism of Judith Butler, in: The New Republic, 22.02.1999, S. 37–45.

Piercy, Marge. Frau am Abgrund der Zeit, Berlin/Hamburg 1996 (völlig neu bearbeitete Übersetzung auf Grundlage der 1986 bei Heyne erschienenen Übersetzung; engl. 1976).

Schrader-Klebert, Karin. Die kulturelle Revolution der Frau, in: Kursbuch 17 (Juni 1969), S. 1–46 (Reprint: Kursbuch Bd. II: Kursbuch 11–20, 1968–1970, hrsg. von Hans Magnus Enzensberger, Frankfurt a. M. 1976).

Schultz, Dagmar. Vorwort, in: Dagmar Schultz (Hrsg.), Macht und Sinnlichkeit. Ausgewählte Texte von Adrienne Rich und Audre Lorde, Berlin 1983, S. 9–11.

Schultz, Dagmar (Hrsg.). Macht und Sinnlichkeit. Ausgewählte Texte von Adrienne Rich und Audre Lorde, Berlin 1983 (engl. 1977 ff.).

Schwenken, Helen. Migrantinnenorganisationen: Zur Selbstorganisierung von Migrantinnen, in: Ruth Becker/ Beate Kortendiek (Hrsg.), Handbuch Frauen- und Geschlechterforschung. Theorie, Methoden, Empirie (unter Mitarbeit von Barbara Budrich, Ilse Lenz, Sigrid Metz-Göckel, Ursula Müller und Sabine Schäfer), 2. erweiterte und aktualisierte Aufl., Wiesbaden 2008, S. 902–907.

Serdani, Fatemeh. Erster Kongreß der ausländischen und deutschen Frauen vom 24. bis 26. März 1984 in Frankfurt am Main, in: Feministische Studien 3/2 (1984), S. 170–171.

Vukadinović, Vojin Saša (Hrsg.). Freiheit ist keine Metapher. Antisemitismus, Migration, Rassismus, Religionskritik, Berlin 2018.

Vukadinović, Vojin Saša. Das rassistische Bedürfnis. Gender-Theorie, xenophile Projektion, narzisstische Kränkung, in: Till Randolf Amelung (Hrsg.), Irrwege. Analysen aktueller queerer Politik, Berlin 2020, S. 309–357.

Am Ende der alten Bundesrepublik

Moritz Pitscheider

„Die Deutschen sollen sich schämen"

Die Lyrik Semra Ertans und die Lage von Arbeitsmigranten in der alten Bundesrepublik

> „Dann schlafen wir!" sagte er, und er fühlte den langen, warmen Körper warm an seiner Seite, wie er ihn tröstete an seiner Seite, wie er die Einsamkeit verscheuchte an seiner Seite, wie er durch eine einfache Berührung der Hüften, der Schultern und der Füße mit ihm ein Bündnis schmiedete gegen den Tod, und er sagte: „Schlaf gut, kleines langes Kaninchen."
> Ernest Hemingway, *Wem die Stunde schlägt*

> Habt ihr den Roman
> Wem die Stunde schlägt gelesen?
> Weder für das Telefonamt
> Noch für das Finanzamt
> Läuten die Glocken,
> Sondern für den Magen
> Der gering Verdienenden.
> Semra Ertan, o. T.

Semra Ertan und die Gastarbeiterliteratur

Der Verweis auf Ernest Hemingways *Wem die Stunde schlägt* in einem der zahlreichen titellosen Gedichte von Semra Ertan (1957–1982) mutet im Rückblick auf Leben und Werk der Dichterin in vielerlei Hinsicht dramatisch an. Neben dem dezidiert antifaschistischen Standpunkt, den Hemingway in der literarischen Verarbeitung seiner Eindrücke aus dem Spanischen Bürgerkrieg bezieht, ist der Tod als ständiger Begleiter der Internationalen Brigaden eines der zentralen Motive des 1940 erschienenen Romans. Das drohende Sterben im Kampf, die Selbstaufopferung und letztlich auch die Suizidgedanken des tragischen Romanhelden Robert Jordan ziehen sich durch die Erzählung. Dass sich Semra Ertan 1982 – wie schon Hemingway 1961 – das Leben nahm, erschwert die Tragik ihres Verweises auf *Wem die Stunde schlägt*. Dass aber Ertan im Gegensatz zum *Lost Generation*-Schriftsteller, sofern überhaupt, durch ihre Selbsttötung und nicht etwa ihr lyrisches Werk öffentliche Aufmerksamkeit erfuhr, hängt mit ihren Lebens- mindestens genauso wie mit ihren Todesumständen zusammen.

1971 war Ertan im Alter von 14 Jahren aus der Türkei zu ihren Eltern nach Westdeutschland gezogen, die bereits als Arbeitsmigranten in Kiel lebten. Die Eindrücke, die sie selbst von den prekären Arbeits- und Lebensbedingungen der sogenannten „Gastarbeiter" in der Bundesrepublik gewinnen konnte, verarbeitete sie ab Mitte der 1970er Jahre in Gedichten und Satiren. Aus ihrem familiären Umfeld heißt es, das Schreiben „begleitete sie auf allen Etappen ihres Lebens."[1] Ertan selbst erklärt in einem Brief: „Schon seit ich 15 bin, schreibe ich und tue es noch heute."[2] Sie bemühte sich zu Lebzeiten immer wieder um eine eigenständige Veröffentlichung ihrer Texte, blieb damit aber erfolglos. Als Mitglied im Verband deutscher Schriftstellerinnen und Schriftsteller versuchte sie sich „zu vernetzen und gewerkschaftliche Unterstützung zu erhalten"[3], um eines Tages vielleicht sogar vom Schreiben leben zu können. Doch diese Anerkennung blieb ihr zu Lebzeiten verwehrt: Am 24. Mai 1982, im Alter von 25 Jahren, verbrannte sie sich in Hamburg selbst. Wenige Tage später erlag sie in einem Krankenhaus ihren schweren Verletzungen.

Über Ertans Tod wurde anschließend vereinzelt medial berichtet – auch die kurz zuvor an NDR und ZDF adressierte Ankündigung ihres Suizids, in der sie ein menschenwürdiges Leben forderte, wurde in diesem Zusammenhang erwähnt. So strahlte etwa der Westdeutsche Rundfunk im Jahr 1984 eine Reportage mit dem bezeichnenden Titel „Tod einer Türkin" aus.[4] Auf bittere Weise erinnert diese mediale Aufbereitung des Geschehen an Ertans wohl bekanntestes Gedicht, das den Titel „Mein Name ist Ausländer" trägt. Während der „Tod einer Türkin" dem Sender in den 1980er Jahren gerade noch einen Bericht wert war, interessierte die Biographie der Dichterin lange Zeit nur sehr wenige. Dass die Geschichte der „Gastarbeiter" in Deutschland auch im akademischen und aktivistischen Antirassismus der Gegenwart kaum eine Rolle spielt, wirft einige Fragen über dessen Verfasstheit auf. Stattdessen lässt sich eine zunehmende Identifikation von Migranten mit ihren ‚Communities' und Kulturen beobachten, wie sie Günther Jacob in der *Zeitschrift für kritische Sozialtheorie und Philosophie* beschreibt: „In der BRD ist es heute Staatsdoktrin, Migranten und Flüchtlinge nicht nach ihrer politischen Orientierung zu beurteilen (also auch als Subjekte), sondern sie ‚ethnisch' (als homogenes Kollektiv) zu betrachten."[5] Das Werk Semra Ertans ist vor diesem Hintergrund ein handfester Widerspruch gegen diese Gleichsetzung des Individuums mit einer ethnisch-religiösen „Community" und somit ein nicht zu ver-

---

1 Zühal Bilir-Meier/Cana Bilir-Meier/Can-Peter Meier, Vorwort, in: Semra Ertan, Mein Name ist Ausländer/Benim Adım Yabancı, Münster 2020, S. 6–13, hier S. 6.
2 Semra Ertan, zit. nach Ertan, Mein Name ist Ausländer.
3 Ertan, Mein Name ist Ausländer.
4 Vgl. Cana Bilir-Meier, Nachdenken über das Archiv. Notizen zu Semra Ertan (2013), www.canabilirmeier.com/wp-content/uploads/2015/07/Nachdenken-über-das-Archiv---Notizen-zu-Semra-Ertan.pdf, (Stand: 30.04.2021).
5 Günther Jacob, Die Verdoppelung des Rassismus im Antirassismus, in: Zeitschrift für kritische Sozialtheorie und Philosophie 5/1 (2018), S. 61–85, hier S. 77.

nachlässigender Beitrag zur Auseinandersetzung mit der Geschichte des Rassismus in der Bundesrepublik. Indem sie in ihren Gedichten die gesellschaftliche Realität Westdeutschlands dokumentiert und anklagt, versucht die Dichterin sich jene politische Subjektivität und Mündigkeit zu erkämpfen, die ihr als türkische Migrantin von vielen Seiten aberkannt wird. Dass sich die Konfliktlinie auch in antirassistischen Debatten zugunsten von kulturalistischer Bevormundung verschoben hat, lässt sich an zahlreichen Beispielen der bundesrepublikanischen Geschichte aufzeigen. So hielt Deniz Yücel schon 2002 anlässlich des 21. Jahrestages der Ermordung des türkischen Kommunisten Celalettin Kesim in Berlin Kreuzberg fest: „Anders als es der Spiegel oder manche ‚Postkoloniale' wahrhaben wollen, verlief die entscheidende Grenze nicht entlang ethnischer, sondern politischer Linien. Die Angehörigen der ersten Einwanderergeneration waren nicht nur Opfer von Rassismus, von miserablen Arbeits- und Wohnverhältnissen, sondern sie agierten auch als politische Subjekte."[6] Celalettin Kesim war von türkischen Faschisten und Islamisten aus dem Umfeld der Grauen Wölfe und von Millî Görüş als Kommunist ausgemacht und ermordet worden. Dass in ebendiesem Milieu mittlerweile potentielle Bündnispartner im ‚antirassistischen Kampf' gesehen werden, wie etwa am Beispiel des Bündnisses *Aufstehen gegen Rassismus* zahlreich belegt, ist sinnbildlich für eine „Ethnisierung" sozialer Konflikte in der gesellschaftlichen Debatte.[7] All jene antirassistischen Bewegungen des 21. Jahrhunderts, in denen die Aufwertung kultureller Identitäten die Skandalisierung des materiellen Elends weitgehend ersetzt hat, könnten durch eine Auseinandersetzung mit den Arbeits- und Lebensumständen von Gastarbeitern im westlichen Nachkriegsdeutschland an die Möglichkeit der Organisation jenseits des linksliberalen Multikulturalismus erinnert werden. Denn tatsächlich gewähren Ertans Gedichte einen tiefen Einblick in die Lage der Arbeitsmigranten in der alten Bundesrepublik.

Fast vier Jahrzehnte und unermüdliche private Initiative der engen Angehörigen sind vergangen, bis der Gedichtband *Mein Name ist Ausländer* 2020 veröffentlicht wurde.[8] Diese Publikation eröffnet die Möglichkeit, sich ein genaueres Bild über Leben und Schaffen der Dichterin zu bilden und die gesellschaftlichen Zustände in Erinnerung zu rufen, die beharrlich von ihr angeklagt wurden. Nur mit Verweis auf ebendiese Zustände und deren literarische Verarbeitung lässt sich der Stilisierung zur „toten Ausländerin" entgegentreten. Letztlich ist es nämlich nicht nur die indifferent anmutende Berichterstattung über den „Tod einer Tür-

---

6 Deniz Yücel, Aus Liebe zu Allah. Vor 21 Jahren wurde in Berlin ein türkischer Kommunist ermordet, in: Jungle World 1/2002, 02.01.2002.
7 Vgl. Jacob, Verdopplung des Rassismus, S. 72.
8 Ertan, Mein Name ist Ausländer.

kin", die ihr Sterben ihrem Leben voranstellt. Die Darstellung als Märtyrerin gegen Rassismus und die Verklärung ihres Suizids zum heroischen Akt sind vielmehr Ausdruck regressiver Krisenbewältigung als eine konsequente Auseinandersetzung mit der Geschichte des Ausländerhasses in der Bundesrepublik.[9] Dass die Autoaggression politische Lager übergreifend bis heute als besonders ehrenwerte Form des Widerstands missverstanden wird, sollte im Zusammenhang mit Ertans tragischem Tod deshalb ebenso Gegenstand der Kritik sein.

Während mit dem Gedichtband *Mein Name ist Ausländer* erstmals eine eigenständige Veröffentlichung von Ertans Texten vorliegt, waren ihre Gedichte vereinzelt schon in den 1980er Jahren in Anthologien und Zeitschriften abgedruckt worden. Frühere Erwähnung findet Ertans Lyrik bereits 1983 in dem Aufsatz „Gastarbeiterliteratur als Herausforderung" von Irmgard Ackermann. Die Dichterin wird hier erstmals mit dem Terminus der Gastarbeiterliteratur in Verbindung gebracht.[10] Diese Einordnung findet sich später auch in Carmine Chiellinos literaturhistorischer Studie *Am Ufer der Fremde* von 1995, die Ertan zur zweiten Generation der Gastarbeiterliteratur in der Bundesrepublik zählt.[11] Chiellino weist hier auf die Bedeutung des generationellen Unterschieds für Leben und Werk der entsprechenden Autorinnen und Autoren hin. So hält er fest, dass den Gastarbeiterkindern „nicht gegeben ist, sich als ‚brave Gastarbeiter' wie die Eltern in Krisenzeiten zu verhalten."[12] In ihrem Entstehen und ihrer Wirkung steht die literarische Verarbeitung ihrer Erfahrungen dennoch in unmittelbarer Verbindung zu den Anfängen der Gastarbeiterliteratur in der jungen Bundesrepublik. So lassen sich Chiellino zufolge migrantische Schriftsteller generationenübergreifend mit Theodor W. Adornos Beobachtung, die dieser in der *Minima Moralia* festhielt, zusammendenken: „Wer keine Heimat mehr hat, dem wird wohl gar das Schreiben zum Wohnen."[13] Den Beginn der Gastarbeiterliteratur in der alten Bundesrepublik macht Chiellino dabei in den 1960er-Jahren aus: Als erste Publikationen der Strömung nennt er neben Hans Werner Richters *Briefe aus einem Jahrhundert ins Andere* (1965) etwa die Reportagen von Günter Wallraff (*Bilder*

---

9 Etwa ein Artikel aus dem österreichischen *Standard* mit dem Titel „Märtyrer mit brennendem Appell", in dem der Tod Semra Ertans in eine Reihe historischer Beispiele für Märtyrer gestellt wird, vgl. Adelheid Wölfl, Märtyrer mit brennendem Appell. Selbstverbrennung als Form des Protests, in: Der Standard, 17.02.2011.
10 Vgl. Irmgard Ackermann, Gastarbeiterliteratur als Herausforderung, in: Frankfurter Hefte 1 (1983), S. 56–64, hier S. 59.
11 Carmine Chiellino, Am Ufer der Fremde. Literatur und Arbeitsmigration 1870–1991, Stuttgart/Weimar 1995, S. 369.
12 Chiellino, Am Ufer der Fremde, S. 368.
13 Theodor W. Adorno, Minima Moralia. Reflexionen aus dem beschädigten Leben, Frankfurt am Main 1984, S. 108; vgl. hier den Verweis von Carmine Chiellino, Am Ufer der Fremde, S. 374.

aus Deutschland, 1969) und Horst Kammrad („*Gast"-Arbeiter-Report*, 1971).[14] Ersterer sorgte mit seiner Enthüllungsreportage *Ganz Unten* (1985) für eine weitere prominente Auseinandersetzung mit dem Thema Gastarbeiter und widmete sein Buch unter anderem Ertan.[15] Diese ersten Erscheinungen der Gastarbeiterliteratur, die von politischem Aktivismus in Teilen schwer zu trennen sind, wurden ab den späten 1970er Jahren zunehmend durch die eigenständigen Arbeiten migrantischer Literaten ergänzt. Bedeutende Beiträge hierzu fanden sich in Christian Schaffernichts 1985 bei Rowohlt erschienenem „Ausländer"-Lesebuch *Zuhause in der Fremde*. Neben drei Gedichten Ertans, die dort abgedruckt wurden, prägte insbesondere Franco Biondis und Rafik Schamis Essay „Literatur der Betroffenheit" die Debatte um die neue literarische Strömung in der Bundesrepublik.[16] Die Autoren forderten hier unmissverständlich: „Die erste Aufgabe der Gastarbeiterliteratur liegt gerade im Kampf gegen die aufgezwungene Trennung unter sich und zwischen ihnen und den deutschen Arbeitern."[17] Gleichzeitig wendeten sie sich explizit „gegen die eindimensionale, folkloristische Gestalt, in der die Kultur der Gastarbeiter gerne gesehen wird."[18] Auch Carmine Chiellino verweist darauf, dass die Gastarbeiterliteratur durch „ihre unmittelbare Anlehnung an die damalige Literatur der Arbeitswelt" und den Versuch, sich von der literarischen Tradition des Herkunftslandes abzugrenzen, zunächst in einer historischen Kontinuität zur Arbeiterliteratur verstanden worden ist: Die unmittelbare sozioökonomische Lage der Arbeitsmigranten war also ihr Ausganspunkt.[19]

Semra Ertan setzte sich in ihrer Lyrik immer wieder auch mit der spezifischen Bedrängnis auseinander, der sich weibliche Arbeitsmigrantinnen ausgesetzt sahen. Diesbezüglich ist insbesondere die Veröffentlichung des Sammelbandes *Eine Fremde wie ich* (1985) von Hülya Özkan und Andrea Wörle erwähnenswert, da auch hier ein Gedicht Ertans abgedruckt wurde.[20] In ihrem Vorwort weisen die Herausgeberinnen auf die prekäre Situation weiblicher Gastarbeiterinnen bzw. der Ehefrauen der Gastarbeiter hin. Zum einen ist in diesem Zusammenhang die ökonomische Ausgangslage von Bedeutung, die migrantische Frauen entweder

---

14 Vgl. Chiellino, Am Ufer der Fremde, S. 201.
15 Vgl. Günter Wallraff, Ganz Unten, Köln 1985.
16 Vgl. Franco Biondi/Rafik Schami, Literatur der Betroffenheit. Bemerkungen zur Gastarbeiterliteratur, in: Christian Schaffernicht (Hrsg.), Zuhause in der Fremde. Ein Ausländer-Lesebuch, Reinbek 1985, S. 136–150.
17 Biondi/Schami, Literatur der Betroffenheit, S. 141.
18 Biondi/Schami, Literatur der Betroffenheit, S. 146.
19 Chiellino, Am Ufer der Fremde, S. 291.
20 Hülya Özkan/Andrea Wörle (Hrsg.), Eine Fremde wie ich. Berichte, Erzählungen, Gedichte von Ausländerinnen, München 1985, S. 81.

vom Arbeitsmarkt ausschloss und sie isolierte oder aber in noch prekärere Beschäftigungsverhältnisse als männliche Gastarbeiter drängte. Die Doppelbelastung, die durch zusätzliche (und nicht entlohnte) Reproduktionsarbeit entsteht, betraf viele Migrantinnen dabei genauso wie alle übrigen Frauen. Indem dieser Umstand aber durch traditionelle, bisweilen kulturell-religiös tradierte Rollenbilder aus den Herkunftsländern verstärkt wurde, erhöhte sich der Druck auf die Betroffenen: „Sie müssen oder wollen sich mit den neuen Lebensformen auseinandersetzen und werden gleichzeitig von der eigenen Familie aufgefordert, sich an die ‚alten' Regeln zu halten."[21] Besonders unter türkischen Arbeitsmigrantinnen war der Druck der familiären Erwartungen häufig gesteigert, sodass ihnen der Zugang zu Freiheiten der westlichen Gesellschaft, die sie umgab, durch traditionalistisch-religiöse Autorität und Gesetzgebung verwehrt blieb.[22] Der Umstand, dass Aufenthaltsrecht nur in Abhängigkeit vom Ehemann erteilt wurde, führte zu einer Unsicherheit und einem Abhängigkeitsverhältnis, das sowohl sittlich durch die Familie als auch rechtlich durch den Staat gefestigt wurde: „Und wenn sich zum Beispiel eine Türkin zur Trennung von ihrem Ehemann entschließt, muß sie damit rechnen, abgeschoben zu werden"[23], kritisierten Özkan und Wörle schon 1985. Semra Ertan war sich der besonders schutzlosen Lage der Arbeitsmigrantinnen stets bewusst und äußerte sich, so die Herausgeber ihres posthumen Gedichtbandes, „zu fehlender Geschlechtergleichheit."[24] Sie thematisierte in ihren Gedichten immer wieder den eigenen Kampf um Mündigkeit, beschrieb rückblickend den überwundenen Zustand des Schweigens und nahm explizit Bezug auf die Unfreiheit der Frau in der türkisch-islamischen Gesellschaft:

> In jungen Jahren werden sie verheiratet.
> Nein zu sagen ist ihnen verwehrt
> Aga, Vater, hat so entschieden.
> Wer das Brautgeld gibt, greift nach ihr.
>
> Sie scheinen zufrieden mit ihrem Leben,
> Zeigen ihren Kummer nicht.
> Mit ihrer Kopfbedeckung verbergen sie ihre Tränen,
> Ihr Baby umsorgen sie Tag für Tag.[25]

---

21 Özkan/Wörle, Eine Fremde wie ich, S. 7.
22 Siehe hierzu etwa die autobiographischen Erzählungen von Melek Baklan, in: Özkan/Wörle, Eine Fremde wie ich, S. 13–38; S. 104–110.
23 Özkan/Wörle, Eine Fremde wie ich, S. 7.
24 Bilir-Meier u. a., Vorwort, S. 8.
25 Ertan, Mein Name ist Ausländer, S. 200.

In warmen, verständnisvollen Tönen beschreibt Ertan in ihren Gedichten so immer wieder den Wunsch nach Selbstbestimmung und Mitsprache. Anders als die jung verheirateten Frauen aus ihrem Gedicht, die ihren Kummer verbergen, lässt sie ihren Schmerz dabei unumwunden in Erscheinung treten. Die Zurückweisungen durch die Welt („Die Welt ist mir fremd/Die Menschen sind mir fremd/ Fremd geworden..."[26]) vermischen sich wiederholt mit starker Sehnsucht nach menschlicher Nähe. Im Gedicht von 1977 „Eine gestohlene Nacht" tritt diese romantische Sehnsucht am deutlichsten hervor:

> Und mit seiner Großartigkeit Brahms.
> Nacht... Stille... Musik... und
> Eine zweite lauwarme Haut.
> Was begehrt wird,
> Ist nicht immer selbstverständlich.
> Eine gestohlene Nacht,
> Ersehnte Nacht.[27]

Mit den Verweisen auf den Trost der Musik („Gestern waren traurige Lieder/Auf der Kassette/ Heute fröhliche.../Morgen...?"[28]) drückt Ertan wiederholt Einsamkeit aus. Brahms, der sie durch die Nacht begleitet, ist hierbei ein besonders gemütvoller Ausdruck der Sehnsucht nach Geborgenheit. In der *Minima Moralia* erinnert sich Adorno: „Meine älteste Erinnerung an Brahms, und gewiß nicht nur meine, ist ‚Guten Abend, gut' Nacht'"[29], und hält damit die kindlichen Sehnsüchte nach Behütung fest, die häufig intuitiv mit dem Komponisten in Verbindung gebracht werden. Ertan wechselt diese fragilen und zartbesaiteten Passagen in ihren Gedichten immer wieder mit den kämpferischen ab.

Doch auch die von ihr beschriebene Fragilität beschränkt sich keineswegs auf romantische Sentimentalität. So ist die Ungewissheit, die sie im Zusammenhang mit ihrer Einsamkeit schildert, eng verbunden mit einer materiellen Existenzangst und der eigenen Rolle im Produktionsprozess. In einigen Passagen ist sie demnach allen voran „dichtende Arbeiterin"[30], die sich nicht nur schonungslos über die Verhältnisse beklagt, sondern auch ihre unmittelbare Verbesserung einfordert. In Gedichten wie „Auf den Stockbetten" thematisierte Ertan Missstände, die etwa die Arbeitsbedingungen oder die Wohnsituation von Gastarbeitern betrafen.

---

26 Ertan, Mein Name ist Ausländer, S. 128.
27 Ertan, Mein Name ist Ausländer, S. 94.
28 Ertan, Mein Name ist Ausländer, S. 192.
29 Adorno, Minima Moralia, S. 264.
30 Bilir-Meier u. a., Vorwort, S. 8.

Frei von romantischen Sehnsüchten beschreiben diese Stellen die ungeschönte Not der prekären Lebensverhältnisse:

> Mein Verdienst ist bekannt
> auch wenn ich möchte
> Kann ich davon weder leben noch sterben.
> Zu viel Arbeit, schwere Arbeit, Drecksarbeit.[31]

Passagen wie diese legten den Finger in eine Wunde der bundesrepublikanischen Realität, die auch von Anflügen einer staatlichen Willkommenskultur *avant la lettre* nicht geheilt werden konnte. Während migrantische Arbeiter von ihrem Lohn „weder leben noch sterben konnten" wurde die Ankunft von Gastarbeitern bisweilen öffentlichkeitswirksam zelebriert: Der portugiesische Zimmermann Armando Rodrigues de Sá hatte etwa 1964 in feierlichem Rahmen am Bahnhof Köln-Deutz als millionster Gastarbeiter in der Bundesrepublik ein Moped als Willkommensgeschenk überreicht bekommen.[32] In Erinnerung an die bundesdeutsche Gastfreundschaft ist 2014 mit einem Festakt an seine Ankunft an ebenjenem Bahnhof erinnert worden. Hierzu erklärte die *Deutsche Welle* mit Verweis auf den damaligen Kölner Oberbürgermeister Jürgen Roters (SPD): „Aus Gastarbeitern wurden Freunde."[33] Vor dem Hintergrund dieses versöhnlichen Gestus, der die Wahrnehmung von Arbeitsmigration in die junge Bundesrepublik mittlerweile prägt, scheint ein Blick auf das lyrische Werk Semra Ertans umso dringlicher.

Zur Lage der „Gastarbeiter" in der alten Bundesrepublik

Wie 750.000 weitere Türkinnen und Türken zwischen 1961 und 1973 waren Semra Ertans Eltern als „Gastarbeiter" nach Westdeutschland gekommen. Am 30. Oktober 1961 war das Anwerbeabkommen zwischen der Türkei und der Bundesrepu-

---

31 Ertan, Mein Name ist Ausländer, S. 86.
32 Siehe dazu Christoph Rass/Melanie Ulz, Armando Rodrigues de Sá revisited. Bildwissenschaftliche und historische Analysen im Dialog, in: Christoph Rass/Melanie Ulz (Hrsg.), Migration ein Bild geben: Visuelle Aushandlungen von Diversität, Wiesbaden 2018, S. 419–446; Claudia Valeska Czycholl, Bilder des Fremden. Visuelle Fremd- und Selbstkonstruktionen von Migrant*innen in der BRD (1960–1982), Bielefeld 2021, S. 80–88.
33 o. A., Ein Moped und Blumen zur Begrüßung, in: Deutsche Welle, p.dw.com/p/1DBsG, 13.09. 2014 (Stand: 30.04.2021).

blik in Bonn-Bad Godesberg unterzeichnet worden. Die damals noch stark agrarwirtschaftlich geprägte Türkei erhoffte sich durch die Entsendung der Arbeitskräfte neben einer Reduzierung der Arbeitslosigkeit in erster Linie Devisen durch monetäre Rücksendungen in die Heimat. Zudem wurde von einem Ausbildungseffekt ausgegangen, demzufolge Rückkehrer durch Arbeitserfahrung in entwickelten Industrienationen zusätzliche Fachkompetenz erlangt haben könnten. Die Interessen der westdeutschen Volkswirtschaft an den Anwerbeabkommen mit anderen Staaten wurden hingegen etwas weniger transparent diskutiert. Die Ausgangslage der Industrie in der Bundesrepublik gibt allerdings Aufschluss über die Motive der Arbeiteranwerbung. Im Nationalsozialismus war die deutsche Industrie massiv gewachsen: So erhöhte sich die Steinkohleproduktion von 1935 bis 1943 um ein Drittel, die Produktion von Walzwerkzeugen um 50 %, die Rohstahlproduktion gar um 100 %.[34] Die Kriegsproduktion bescherte der Volkswirtschaft einen signifikanten Aufschwung und verbesserte ihre Industrieanlagen nachhaltig. Generiert und aufrechterhalten werden konnte diese Produktivkraft nur durch die massive Ausbeutung von Zwangsarbeitern – im Sommer 1944 waren dies etwa 7,7 Millionen Menschen.[35] Anders als von der nationalsozialistischen wie auch der bundesrepublikanischen Propaganda behauptet, fiel die Zerstörung der deutschen Industrie durch den Bombenkrieg vergleichsweise gering aus: Erhebungen der *US Air Force* ergaben, dass in vielen Industriezweigen wesentlich weniger Produktionsanlagen getroffen wurden als angenommen.[36] Ulrich Herbert stellt zusammenfassend fest: „Am Ende des Krieges war das Brutto-Anlagevermögen der Industrie um rund 20 % gewachsen, im Zeitraum von 1936 bis 1945 stiegen die Brutto-Anlageinvestitionen um 75,3 %, während die Kriegszerstörungen bei Kriegsende mit etwa 17 % berechnet werden."[37] Der Industriestandort Deutschland hatte vom nationalsozialistischen Vernichtungskrieg also nachhaltig profitiert – besonders, da die Arbeitskraft von Millionen Zwangsarbeiterinnen und Zwangsarbeitern de facto kostenlos ausgebeutet werden konnte. Einzig den Wegfall dieser Arbeitskraft musste die deutsche Industrie ab 1945 kompensieren. Einen großen Teil dieser Lücke füllten deutsche Umsiedler aus den ehemaligen Ostgebieten des Reiches, allerdings sei es „in relativ kurzer Zeit gelungen, den größten Teil der erwerbsfähigen Flüchtlinge und Vertriebenen tatsächlich in Arbeit zu bringen", wie Herbert ausführt.[38] Die schnelle Integration

---

34 Vgl. Ulrich Herbert, Geschichte der Ausländerpolitik in Deutschland. Saisonarbeiter, Zwangsarbeiter, Gastarbeiter, Flüchtlinge, München 2017, S. 192.
35 Vgl. Herbert, Geschichte der Ausländerpolitik, S. 193.
36 Vgl. Herbert, Geschichte der Ausländerpolitik, S. 192.
37 Herbert, Geschichte der Ausländerpolitik, S. 192.
38 Herbert, Geschichte der Ausländerpolitik, S. 195.

der Umsiedler in den westdeutschen Arbeitsmarkt bedeutete dabei auch, dass ihnen als anerkannten bundesdeutschen Staatsbürgern gleiche Arbeitsbedingungen und Lohnforderungen wie den restlichen Arbeitnehmern zugestanden wurden. So wurde 1954 trotz einer Arbeitslosenquote von 7% erstmals die Absicht von Staat und Arbeitgebern bekannt gegeben, „Gastarbeiter" aus gering industrialisierten Ländern anzuwerben.[39] An mehr als einer Million Arbeitslosen im Jahr des ersten Gastarbeiterabkommens der Bundesrepublik lässt sich also unmissverständlich erkennen, dass der „Arbeitskräftemangel" kein Mangel an Menschen war, die in den Betrieben arbeiten könnten, sondern dass ein Kostenanstieg der Ware Arbeitskraft für deutsche Unternehmer drohte. Im *Industriekurier*, der die Interessen des westdeutschen Kapitals unmissverständlich zu artikulieren wusste, wurde demnach inständig appelliert, „die Vorteile, die ein Rückgriff auf Italiener dadurch mit sich bringt, dass dadurch keine Wohnungsbauballung verursacht wird, sondern die Gestellung von Baracken im allgemeinen ausreichen dürfte, nicht zu verkennen."[40] Um drohende Lohnzugeständnisse und die kostspielige Bereitstellung menschenwürdigen Wohnraums zu vermeiden, wurde am 20. Dezember 1955 in Rom schließlich die *Vereinbarung über die Anwerbung und Vermittlung von italienischen Arbeitskräften nach der Bundesrepublik Deutschland* unterzeichnet. Bis zum Abkommen mit der Türkei folgten 1960 noch ähnliche Verträge mit Spanien und Griechenland sowie später mit Marokko, Portugal, Tunesien und Jugoslawien.

Als Präventivmaßnahme gegen uneingeschränktes Lohndumping handelten Gewerkschaften zwar zunächst die gleichen Tariflöhne für „Gastarbeiter" wie für die Stammbelegschaft aus, die effektiven Stundenlöhne der migrantischen Arbeiterschaft fielen letztlich aber bemerkbar niedriger als die ihrer deutschen Kollegen aus.[41] Obwohl „Gastarbeiter" nicht selten qualifizierte Facharbeiter waren, wurde ihnen in den Fabriken in aller Regel grundsätzlich die schmutzigste, gefährlichste und zugleich am schlechtesten entlohnte Arbeit zugewiesen, wie ein Bericht des *Spiegel* über die Kölner Ford-Werke aus dem Jahr 1973 zeigt: „Was Arbeitsbedingungen und Bezahlung anlangt, rangieren die Türken, durchweg Ungelernte und der deutschen Sprache überwiegend nicht mächtig, im unteren Ford-Bereich." Weiter heißt es „daß an den Kölner Bändern, die zu 90 Prozent von Türken bedient werden, das Gefühl sich ausbreitete, einem betriebsspezifischen

---

39 Vgl. Herbert, Geschichte der Ausländerpolitik, S. 202.
40 „Es geht nicht ohne Italiener", in: Industriekurier, 04.10.1955, zit. nach Herbert, Geschichte der Ausländerpolitik, S. 204.
41 Vgl. Jutta Höhne u. a., Die Gastarbeiter. WSI Report vom 16. September 2014, Wirtschafts- und Sozialwissenschaftliches Institut (WSI), Düsseldorf 2014, S. 8–9.

Subproletariat zuzugehören."[42] Doch auch jenseits dieser Lohnunterschiede in den großen Fabriken beobachteten Gewerkschaften „Ausbeutungspraktiken nach frühkapitalistischer Manier"[43]: so berichtete die *Gewerkschaftspost* 1970 in einem Artikel, dass „die Firma Mannesmann-Feuerfest in Bad-Hönningen ihre türkischen Arbeiter täglich 13 ½ Stunden schuften ließ. Das Torfwerk Most in Uchte schickte die Türken bei einem Sklavenlohn von 2 Mark 50, 80 Stunden die Woche zur Fron – nicht einmal illegal, denn das Arbeitsamt hatte nach den Ermittlungen der Gewerkschaft im Arbeitsvertrag den Passus geduldet: ‚Die Arbeitszeit kann nach eigenen Belieben wöchentlich verlängert werden.'"[44]

Allerdings war es nicht nur niedrigerer Lohn für harte Arbeit, der die Arbeitsmigranten der ersten Generation noch innerhalb der Arbeiterklasse zu einer Art Subproletariat degradierte. Besonders an der menschenunwürdigen Wohnsituation vieler „Gastarbeiter" lässt sich die Skrupellosigkeit erkennen, mit der die Bundesrepublik ihr Wirtschaftswunder verwirklichte. So ist Franz Josef Degenhardts berühmtes Lied vom italienischen „Gastarbeiter" „Tonio Schiavo" (1966) keineswegs lyrisch überspitzt, wenn es dort heißt „Im Kumpelhäuschen oben auf'm Speicher/Mit zwölf Kameraden vom Mezzo Giorno/Für hundert Mark Miete und Licht aus um neun/Da hockte er abends und trank seinen Wein."[45] Wie Bundesrepublik und Arbeitgeber es im Voraus der Anwerbabkommen schon angekündigt hatten, wurde es als angemessen angesehen, bis zu ein Dutzend erwachsene Arbeiter in einem schlecht isolierten Raum mit Feldbetten unterzubringen. So schätze die Bundesregierung 1962, dass circa zwei Drittel der angeworbenen Arbeiter in Gemeinschaftsunterkünften lebten[46], in welchen jedem Bewohner verschwindend geringer Wohnraum rechtlich zugesichert wurde: „1964 waren bspw. vier Quadratmeter Raum pro Person in 6-Personen-Zimmern vorgesehen, 1971 dann pro Person 6 Quadratmeter Schlaf- bzw. 8 Quadratmeter Wohnraumfläche in Zimmern mit maximal vier Personen."[47] Doch auch hier sah die Realität häufig noch wesentlich prekärer aus, als das Recht vorsah. Fritz

---

42 o. A., IG Metall – ein angeschlagener Dinosaurier, in: Der Spiegel 36/1973, 02.09.1973.
43 Aus der Gewerkschaftspost (10/1970), zit. nach Ernst Klee, „Gastarbeiter" als Subproletariat, in: Ernst Klee (Hrsg.), „Gastarbeiter". Analysen und Berichte, Frankfurt am Main 1981, S. 25–35, hier S. 31.
44 Aus der Gewerkschaftspost (10/1970).
45 Franz Josef Degenhardt/Tonio Schiavo, in: Christian Schaffernich (Hrsg.), Zuhause in der Fremde. Ein Ausländer-Lesebuch, Reinbek 1985, S. 33–35, hier S. 33.
46 Deutscher Bundestag, Bericht der Bundesregierung über die Beschäftigung ausländischer Arbeitnehmer in der Bundesrepublik – Drucksache IV/859, 1962, zit. nach Höhne, Die Gastarbeiter, S. 10.
47 Höhne, Die Gastarbeiter, S. 10.

Franz, damals Richter am Berliner Verwaltungsgericht, stellte fest, dass die „Stallungen, Baracken und Notquartiere in Sanierungsgebieten", in denen ausländische Arbeiter untergebracht sind, „nicht selten mit drei Quadratmetern pro Person dichter belegt [sind] als dies im Obdachlosenrecht von der Rechtsprechung gebilligt wird. Dafür zahlen die Ausländer Mieten, die mit dem Quadratmeterpreis teuerster Luxusappartements in bester Wohnlage entsprechen."[48] Ermöglicht wurde diese ausbeuterische Praxis dadurch, dass die bundesdeutschen Unternehmen in der Regel für die Unterbringung der ausländischen Arbeiter verantwortlich waren. In seinen Recherchen, die 1981 in dem Sammelband „*Gastarbeiter*". *Analysen und Berichte* bei Suhrkamp veröffentlicht wurden, berichtet der Journalist und Autor Ernst Klee detailliert über die Wohnsituation der Einwanderer. So wurden die Massenunterbringungen in unmittelbarer Nähe zur Fabrik – manchmal gar auf dem Firmengelände selbst – eingerichtet.[49] Dass damit nicht nur eine unmittelbare Verfügbarkeit des Arbeiters durch den Arbeitgeber gewährleistet wurde, sondern auch eine totalitär anmutende Überwachung, zeigte die gängige Praxis: „Die Unterkünfte (für Ledige und ‚Lediggehende') sind vielfach firmeneigene Barackensiedlungen (...), wo ein Wächter jeden Zugang kontrolliert. Frauenbesuch, auch der der Ehefrau ist nicht gestattet."[50]

Neben der grundrechtsverletzenden Kontrolle am Wohnort gab es jedoch zahlreiche weitere Maßnahmen, die den „Gastarbeitern" ihre Entrechtung verdeutlichen sollten. Der unsichere Aufenthaltsstatus spielte hier eine entscheidende Rolle: So wurde eine Aufenthaltserlaubnis anfangs immer nur jährlich vergeben. Eine Verlängerung musste nach dem abgelaufenen Jahr stets neu beantragt werden und konnte ohne weitere Begründung zurückgewiesen werden. Festgeschrieben worden war der prekäre Rechtsstatus ausländischer Beschäftigter anderthalb Jahrzehnte vorher, im Ausländergesetz vom 19. April 1965. In ihm wurden den Ausländerbehörden umfangreiche Kompetenzen zugeschrieben, sodass diese fortan in der Lage waren, „über die Aufnahme, die Aufenthaltsbedingungen und über die Ausweisung nach Gutdünken zu befinden."[51] Damit konnte die westdeutsche Bürokratie letztlich ohne weitere Rechenschaftspflicht darüber entscheiden, ob eine Aufenthaltserlaubnis verlängert werden sollte oder nicht. Der Ausschluss der Arbeitsmigranten von den sogenannten Deutschen-Grundrechten – wie etwa der Versammlungsfreiheit, der Freizügigkeit innerhalb

---

48 Fritz Franz, Die Rechtsstellung der ausländischen Arbeitnehmer in der Bundesrepublik Deutschland, in: Ernst Klee (Hrsg.), „Gastarbeiter". Analysen und Berichte, Frankfurt am Main 1981, S. 36–57, hier S. 39.
49 Vgl. Klee, „Gastarbeiter", S. 26.
50 Klee, „Gastarbeiter", S. 26.
51 Franz, Rechtsstellung, S. 40.

des Bundesgebietes oder der freien Berufswahl – verstärkten diese sehr unsichere Rechtslage. Besonders die Einschränkung der Berufsfreiheit wog hier schwer, da sie die dem „Gastarbeiter" sozio-ökonomisch zugeschriebene Stellung in der Beschäftigungshierarchie auch rechtlich festigte.[52] So wurde in der Verordnung über die Arbeitserlaubnis für nichtdeutsche Arbeitnehmer vom 2. März 1971 (BGB1) festgehalten, dass die erforderliche Arbeitserlaubnis „in den ersten fünf Jahren der Beschäftigung für eine bestimmte berufliche Tätigkeit an einen bestimmten Betrieb gebunden werden" kann.[53] Der ehemalige Verwaltungsrichter Franz erklärt in seiner Schilderung des damaligen Aufenthaltsrechts weiter: „Sucht sich der Arbeitnehmer unter Verletzung der Arbeitsplatzbindung einen vorteilhafteren Arbeitsplatz, so setzt er einen Ausweisungsgrund, der von den Gerichten in aller Regel bestätigt wird."[54] Daher kommt er zu dem Schluss, dass durch diese rechtliche Möglichkeit einer Arbeitsplatzbindung „faktisch ein Arbeitszwang ausgeübt wird, der nach Art. 12 Absatz 2 GG verfassungswidrig ist."[55]

Das unsichere Aufenthaltsrecht, das jährlich aufs Neue von Gnaden des Arbeitgebers und des Ausländeramtes abhängig war, bedeutete für die westdeutsche Produktion allen voran eine große Flexibilität. So erklärte Ulrich Freiherr von Gienanth, Vorsitzender des *Arbeitskreises Ausländische Arbeitskräfte der Arbeitgeberverbände* – einer Interessenvertretung bundesdeutscher Unternehmen im Bereich der Gastarbeiterpolitik –, 1966 in der Zeitschrift *Der Arbeitgeber*: „Der große Wert der Ausländerbeschäftigung liegt darin, dass wir hiermit über ein mobiles Arbeitskräftepotential verfügen. Es wäre gefährlich, diese Mobilität durch eine Ansiedlungspolitik größeren Stils einzuschränken."[56] Schon 1959 war in der *FAZ* festgehalten worden, dass der Einsatz von „Gastarbeitern" für den deutschen Arbeitsmarkt besonders profitabel sei, da „bei eventueller Arbeitslosigkeit in Deutschland die ausländischen Arbeiter wieder zurückgeschickt werden kön-

---

52 Siehe hierzu etwa die Unterscheidung der „Deutschengrundrechte" von den „Jedermann-Grundrechten" im Studienkommentar zum Grundgesetz von Christian von Coelln: „Mehrere Grundrechte des GG gelten dem Wortlaut der Verfassung nach nur für Deutsche. Beispiele sind Art. 8 I, Art. 9 I, Art. 11 I, Art. 12 I (‚Alle Deutschen'). Träger dieser Grundrechte sind alle Deutschen i.S.v. Art. 116 I, also Menschen mit deutscher Staatsangehörigkeit sowie die sog. Status-Deutschen (dazu Art. 116 Rn. 5). Ausländer hingegen können sich auf das betreffende Grundrecht nicht berufen." Christian von Coelln, in: Christoph Gröpl/Kay Windthorst/Christian von Coelln, Grundgesetz. Studienkommentar, München 2017, S. 15.
53 Franz, Rechtsstellung, S. 42.
54 Franz, Rechtsstellung, S. 42–43.
55 Franz, Rechtsstellung, S. 43.
56 Aus Der Arbeitgeber 6/1966, zit. nach Ernst Klee, „Gastarbeiter", S. 26.

nen".[57] Was Arbeitgeberverbände als den großen Vorzug der „Mobilität" bezeichneten, bedeutete faktisch, dass man sich der Arbeitskräfte einfach wieder entledigen konnte, wenn man sie nicht mehr brauchte, ohne dass dabei größere Kosten für den Bundeshaushalt entstehen – das Zahlen von Sozialleistungen konnte man ebenso umgehen, wie man sich die Ausbildungskosten gespart hatte. So kam es also, dass es in Krisenzeiten die ausländischen Arbeitskräfte waren, die zuerst ihre Arbeitsplätze verloren – und das schon lange vor dem Anwerbestopp 1973: Während der ersten signifikanten Rezession der Nachkriegszeit 1966/67 verloren etwa 400.000 ausländische Arbeitnehmer ihre Beschäftigung.[58] Hisashi Yano erklärt im Handbuch *Interkulturelle Literatur in Deutschland* in Bezug auf diese Entlassungs- und Ausweisungswelle: „erstmals wurde jetzt die konjunkturelle Ausgleichsfunktion der Ausländerbeschäftigung erkennbar."[59] In einigen Großunternehmen wurden so innerhalb weniger Monate tausende ausländische Beschäftigte entlassen, um kurz darauf bei besserer Auftragslage wieder neue „Gastarbeiter" anzufordern. Diese „mobile Reservearmee des westdeutschen Arbeitsmarktes"[60] erinnert dabei unübersehbar an frühkapitalistische Produktionsverhältnisse, wie etwa Friedrich Engels sie in seiner Studie *Die Lage der arbeitenden Klasse in England* von 1845 beschreibt, in der er eine „Reserve" irischer Arbeitsmigranten für die englischen Industrie beobachtet und zu dem Schluss kommt: „Diese Reserve ist mehr oder minder zahlreich, je nachdem die Lage des Marktes minder oder mehr die Beschäftigung eines Teiles derselben veranlaßt."[61]

Migrantische Arbeitskämpfe

Neben dem offensichtlichen Effekt der Kosteneinsparung erfüllte die rechtliche Unsicherheit der Arbeitnehmer auch den Zweck, diese zu disziplinieren und zu entmündigen. Die ständig drohende Ausweisung erhöht den Druck auf die Gastarbeiter, die Beschneidung der eigenen Rechte wehrlos hinzunehmen. Die Beteiligung an Arbeitskämpfen konnte sogar unmittelbare aufenthaltsrechtliche Konsequenzen haben: So wurden etwa in Baden-Württemberg streikende IG-

---

57 „Italiener in der Deutschen Industrie – Ergebnis eines Experiments", FAZ, 21.10.1959, zit. nach Herbert, Geschichte der Ausländerpolitik, S. 209.
58 Vgl. Hisashi Yano, Migrationsgeschichte, in: Carmine Chiellino (Hrsg.), Interkulturelle Literatur in Deutschland. Ein Handbuch, Stuttgart 2007, S. 1–17, hier S. 4.
59 Yano, Migrationsgeschichte.
60 Herbert, Geschichte der Ausländerpolitik, S. 211.
61 Friedrich Engels, Die Lage der arbeitenden Klasse in England, in: MEW, Bd. 2, Berlin 1972, S. 225–506, hier S. 314.

Metall-Arbeiter im November 1971 durch Flugblätter des Arbeitgebers auf eine drohende Ausweisung hingewiesen.[62] Trotz dieser Versuche der Einschüchterung lässt sich in der migrantischen Arbeiterschaft von Beginn an eine gesteigerte Bereitschaft zur aktiven Interessenvertretung beobachten. Demnach waren Anfang der 1970er Jahre ca. 25 % von ihnen in der Bundesrepublik gewerkschaftlich organisiert.[63] Ebendiese Bereitschaft zum Arbeitskampf war es auch, die Semra Ertans Gedichten an verschiedenen Stellen ihre subversive Pointe verlieh. Von den Fabriken ausgehend, dachte sie den Kampf allerdings über diese hinaus und forderte etwa, man solle „[s]ich den Kämpfenden anschließen"[64]. An anderer Stelle formulierte sie gar einen direkten Appell an mögliche Weggefährten:

Hey Bauern,
Hey Angestellte,
Hey Studienfreunde?
Was wollen wir,
Worauf warten wir?
Uns aller Wunsch ist der gleiche.
Wir alle wissen es.[65]

Dass Ertans Gedichte gleichwohl nicht als unvermittelte Agitationsversuche erscheinen, liegt wohl auch an der Spontanität ihrer entschlossenen Rhetorik. Die Dichterin entwickelte keine politische Agenda, sie stellte sich weder in die Dienste einer Partei noch einer Gewerkschaft. Viel mehr schrieb sie aus einer Position der Vereinzelung und Entfremdung, die sich nach Gefährten mit denselben materiellen Interessen sehnte. Gerade aus den kämpferischen Passagen ihres Werkes spricht deshalb ein diffuses Gefühl der eigenen Unsichtbarkeit.

Das Gefühl unzureichender Interessenvertretung ist dabei keineswegs ein unbegründetes. Viel mehr war es in der Bundesrepublik die Regel, dass Gewerkschaften es verfehlten, die Interessen ihrer migrantischen Mitglieder angemessen zu vertreten. Obwohl auch die deutsche Stammbelegschaft objektiv jeden Grund gehabt hätte, sich für höheren Lohn, kürzere Arbeitszeiten und mehr Urlaubstage einzusetzen, unterschieden sich Erwartungen an die Interessenorganisation häufig grundlegend. So waren die etablierten Betriebsräte und Gewerkschaften „eher am Erhalt der betrieblichen Strukturen interessiert und stützten diese",

---

62 Klee, „Gastarbeiter", S. 29.
63 Vgl. Efsun Kızılay, Migration und Arbeitskämpfe. Ein Blick zurück in die Zeit der „Gastarbeiter*innen" und ihre Kämpfe in der BRD der 1970er Jahre, www.rosalux.de/publikation/id/42811, August 2020, (Stand: 30.04.2021).
64 Ertan, Mein Name ist Ausländer, S. 34.
65 Ertan, Mein Name ist Ausländer, S. 58.

während die migrantischen Arbeiterinnen und Arbeiter „häufig für deren Änderung und gegen ihren eigenen Ausschluss"[66] kämpften. Oliver Trede fasst in seinem Aufsatz „Misstrauen, Regulation und Integration. Gewerkschaften und ‚Gastarbeiter' in der Bundesrepublik in den 1950er bis 1970er Jahren" die Haltung der Gewerkschaften als „im Kern stets von Skepsis und Misstrauen gegenüber der Anwerbepolitik, aber auch gegenüber den Arbeitswanderern selbst geprägt" zusammen.[67] So kam es, dass „Gastarbeiter" Anfang der 1970er Jahre zunehmend eigenständig Proteste gegen die Zustände an Wohn- und Arbeitsplatz organisierten. Hervorzuheben ist hier insbesondere der „wilde Streik" bei den Kölner Ford-Werken im Jahr 1973, den Gastarbeiter ohne Unterstützung von Gewerkschaft und Betriebsrat durchführten und an dessen Ende die Verhaftung und Ausweisung einiger „Rädelsführer" stand.[68]

Die Darstellung südländischer Arbeitskräfte als subversive Kommunisten war dabei keineswegs ein neues Motiv. So schwang die „Sorge vor ‚extremistischen Einflüssen' [...] der ‚Fremden', die Konflikte mitbrachten und nur schwer in die (rechtlich) geregelte Arbeitswelt westeuropäischer Industriestaaten zu integrieren seien",[69] seit Unterzeichnung der Anwerbeabkommen in der westdeutschen Öffentlichkeit mit. Besonders der „Import des Kommunismus in Gestalt kommunistischer ‚Gastarbeiter'"[70] war Gegenstand öffentlicher Debatten, wie sie etwa der Artikel „Die ‚Stimme der Heimat' ruft zum Klassenkampf" aus der *Süddeutschen Zeitung* vom 13. Juni 1966 darlegt.[71] Dabei waren die Erwartungen des türkischen Staates mit jenen der Bundesrepublik unmissverständlich abgeglichen worden, wie es die millionenfach gedruckte Broschüre *İşçi Olarak Almanya'ya Nasıl Gidilir* [„Wie geht man als Arbeiter nach Deutschland?"] belegt: „Die Bundesrepublik Deutschland ist ein nationalistischer Staat", stellte das behördliche Informationsheft, das an Arbeitsmigranten verteilt wurde, wohlwollend klar: „Die dort lebenden Deutschen, [sic] sind, genau wie wir Türken, Nationalisten und Feinde des

---

66 Vgl. Kızılay, Migration und Arbeitskämpfe.
67 Oliver Trede, Misstrauen, Regulation und Integration. Gewerkschaften und „Gastarbeiter" in der Bundesrepublik in den 1950er bis 1970er Jahren, in: Carlos Sanz Díaz/Axel Kreienbrink (Hrsg.), Das „Gastarbeiter"-System: Arbeitsmigration und ihre Folgen in der Bundesrepublik Deutschland und Westeuropa, München 2012, S. 183–197, hier S. 197.
68 Vgl. Serhat Karakayalı, Lotta Continua in Frankfurt, Türken-Terror in Köln. Migrantische Kämpfe in der Geschichte der Bundesrepublik, in: Grundrisse 14 (2005), S. 48–55, hier S. 54.
69 Oliver Trede, Gewerkschaften und Arbeitsmigration in der Bundesrepublik. Zwischen Misstrauen und Integration, in: Deutschland Archiv der Bundeszentrale für politische Bildung, www.bpb.de/232789, 26.08.2016.
70 Herbert, Geschichte der Ausländerpolitik, S. 214.
71 Die Stimme der Heimat ruft zum Klassenkampf in: Süddeutsche Zeitung, 13.06.1966, zit. nach Herbert, Geschichte der Ausländerpolitik, S. 214.

Kommunismus."⁷² Nichtsdestotrotz wurde auch im Rahmen des Ford-Streiks eine kommunistische Infiltrierung der bundesdeutschen Betriebe durch ausländische Klassenkämpfer vermutet. So war etwa in der *Bild*-Zeitung vom 29. August 1973 die Rede von „6–8 Kommunisten, die sich getarnt in Monteursmänteln in das kilometerweite Werksgelände eingeschlichen haben".⁷³ Auch auf die Sozialdemokratie war Verlass, wenn es darum ging, die kommunistischen Deserteure zur Ordnung zu rufen: Neben dem nordrhein-westfälischen Innenminister Willi Weyer (SPD), der eine Überwachung von Teilen der Streikenden durch den Verfassungsschutz ankündigte, forderte SPD-Bundeskanzler Willy Brandt die Streikenden öffentlich zur Wiederaufnahme der Arbeit auf.⁷⁴ Der Arbeitskampf bekam dabei zunehmend einen doppelten Widerstand zu spüren: einerseits den der Arbeitgeber, andererseits den der deutschen Stammbelegschaft. Die Entsolidarisierung von beachtlichen Teilen der Belegschaft verstärkt in diesem Zusammenhang ein Gefühl der Vereinzelung der streikenden Arbeitsmigranten, das auch Semra Ertan in ihrem lyrischen Werk immer wieder aufgriff. Diese Ausgangslage kehrte die Dichterin jedoch an entscheidenden Stellen in eine unbeugsame Expressivität um:

> Solange ihr nicht erschöpft seid,
> Solange ihr den Mut nicht verliert,
> Seid ihr stark.
> Solange der Feind nicht besiegt
> Und der Hass nicht vergeht,
> Werdet ihr Widerstand leisten.⁷⁵
> Semra Ertan, „Ratschlag" (1981)

Rassismus und Konkurrenz

Was sich in den 1970er Jahren ähnlich wie in den Kölner Ford-Werken in zahlreichen westdeutschen Betrieben beobachten lässt, weist gegenüber herkömmlichen Lohnkämpfen einheimischer Belegschaft sicherlich einige Besonderheiten auf. Manuela Bojadžijev hält demzufolge treffend fest, dass migrantische Arbeitskämpfe in der Bundesrepublik „rechtliche, politische und ökonomische

---

72 Türkische Anstalt für Arbeit und Arbeitsvermittlung, Wie geht man als Arbeiter nach Deutschland? (İşçi Olarak Almanya'ya Nasıl Gidilir ve Federal Almanya'da Yaşama Şartları. Yay. No. 28), Ankara 1963.
73 Bild, 29.08.1973, zit. nach Karakayalı, Lotta Continua in Frankfurt, S. 53.
74 Vgl. Karakayalı, Lotta Continua in Frankfurt, S. 53–54.
75 Ertan, Mein Name ist Ausländer, S. 166.

Aspekte der Unterdrückung und Ausbeutung" miteinander verbanden und jenseits von Lohnforderungen im Betrieb vor allem versuchten auf ihre prekäre Wohnsituation und die mangelnde Interessenvertretung durch deutsche Betriebsräte und Gewerkschaften hinzuweisen.[76] So zitiert Bojadžijev in diesem Kontext die operaistische *Lotta Continua*, die als außerparlamentarische Oppositionsgruppe mit gleichnamiger Zeitschrift aus der italienischen Studenten- und Arbeiterbewegung hervorging und später auch in der Bundesrepublik aktiv war: „Die Lohnforderungen, die im Mittelpunkt dieser Kämpfe standen, entstehen als eine Konkretisierung einer viel weiter reichenden Rebellion gegen die eigene Lage der Unterordnung und Diskriminierung, gegen die eigene Emigrantensituation."[77] Vor dem Hintergrund häufiger Entsolidarisierung der deutschen Belegschaft schien es also notwendig, nicht nur auf die prekäre Situation der „Gastarbeiter" als *Arbeiter*, sondern eben auch als *Migranten* hinzuweisen. Ihre miserable soziale Lage wurde durch die rassistische Segmentierung des Arbeitsmarktes verstärkt. Neben eingeschränkten Grundrechten und den schlechteren Wohn- und Arbeitsbedingungen war eben auch die Interessenvertretung mit besonderen Schwierigkeiten, wie der Ablehnung durch deutsche Kollegen, verbunden. Doch gleichwohl die Zuschreibung der „Gastarbeiter" als „Fremde" ihre Lage erschwerte, lässt sich ihre Ausbeutung dennoch unmöglich losgelöst vom übergeordneten Zusammenhang des kapitalistischen Produktionsprozesses begreifen. Letztlich verdeutlicht die rassistische Degradierung der „Gastarbeiter" nämlich das Leitprinzip der marktwirtschaftlichen Produktion: jenes der Konkurrenz. Eine materialistische Betrachtung des Rassismus kommt schließlich zu dem Schluss, dass sich der rassistische Ausschluss „aus der Angst vor der Entwertung" speist; „der Andere als Unmensch symbolisiert die Folgen, die die Niederlage in der Konkurrenz mit sich bringt: Verlust der freien Verfügung über sich selbst, Einbuße der Subjektivität und Angleichung an das Schicksal der Sklaven, Unmündigen und Entmündigten."[78] Die Beobachtung, dass „der Rassismus [...] vielmehr materiell fundiert"[79] war und nicht durch einfältige Klischees, die durch hartnäckige staatliche Werbung für eine Multikulti-Gesellschaft schon verschwinden würden, wie Serhat Karakayalı betonte, ist dabei keineswegs eine neue Feststellung. Friedrich Engels stellte bereits in seinen Beobachtungen der irischen Immigran-

---

76 Manuela Bojadžijev, Zwölf Quadratmeter Deutschland. Staatliche Maßnahmen und das Konzept der Autonomie, www.kanak-attak.de/ka/text/zwoelf.html, 2003 (Stand: 30.04.2021).
77 Lotta Continua 1974, zit. nach Bojadžijev, Zwölf Quadratmeter Deutschland.
78 Joachim Bruhn, Unmensch und Übermensch. Über das Verhältnis von Rassismus und Antisemitismus, in: Joachim Bruhn, Was deutsch ist. Zur kritischen Theorie der Nation, zweite, erweiterte und überarbeitete Auflage, Freiburg/Wien 2019, S. 89–124, hier S. 94.
79 Karakayalı, Lotta Continua in Frankfurt, S. 54.

ten in England Konflikte zwischen den Einwanderern und der einheimischen Belegschaft fest, die auf den drohenden Unterbietungswettbewerb im Lohngefüge zurückzuführen seien. Er hob hervor, dass diese Konkurrenz „nicht nur zwischen den verschiedenen Klassen der Gesellschaft, sondern auch zwischen den einzelnen Mitgliedern dieser Klassen" bestehe: „Die Arbeiter konkurrieren unter sich, wie die Bourgeois unter sich konkurrieren."[80] Da das bürgerliche Subjekt sich durch diese Konkurrenz konstituiert und ihm „die Insignien der Subjektivität einzig als Teil und organisches Glied von Kollektivität" zukommen, ist „der Citoyen nur als Nationalstaatsbürger zu haben, und die bürgerliche Gesellschaft allein in der Form der Nation."[81] Die migrantischen Arbeiter fallen als Konkurrenten innerhalb der Klasse und als aus der Nation Ausgeschlossene der „Selbstbehauptung des bürgerlichen Individuums, integriert im barbarischen Kollektiv",[82] als erste zum Opfer. Was die bürgerliche Gesellschaft in ihrem Recht verspricht, Freiheit und Gleichheit, kann sie zwar für die Ware verwirklichen, nicht aber für die Bürger. Bei Ford in Köln-Niehl, genauso wie in tausenden anderen Betrieben, bekamen die Arbeiter schließlich den „Widerspruch der Despotie der Fabrik zur Republik des Marktes"[83] zu spüren.

Entgegen den scharfsinnigen Hinweisen Semra Ertans auf diesen Zusammenhang zwischen Arbeitsmarkt und rassistischer Ausgrenzung ist das Engagement gegen Rassismus in den vergangenen Jahrzehnten schrittweise zum Prestigeprojekt deutscher Arbeitgeber geworden, wobei zum Rassismus des Kapitals der passende Antirassismus schrittweise mitgeliefert wurde. Günther Jacob stellt diesbezüglich fest, dass mit „Étienne Balibars Postulat eines ‚Rassismus ohne Rassen' Anfang der 1990er Jahre [...] der Boom eines kulturellen Antirassismus, der Rassismus als Diskurs, symbolische Delegitimierung und diskriminierendes Vorurteil gegenüber ethno-kulturellen Unterschieden definiert und die Aufwertung ethno-kultureller Gruppenkulturen betreibt",[84] beginnt. Jacobs Artikel „Die Verdoppelung des Rassismus im Antirassismus" zufolge geht diese theoretische Entwicklung letztlich mit der Hegemonie „eines neuen Identitäts-Antirassismus, der die staatlichen Institutionen und die Massenmedien erobert hat", einher, was sich beispielsweise darin äußert, dass „‚kulturelle Diversität' und ‚interkulturelle Kompetenz' Themen von antirassistischen Trainings für Konzern- und Behör-

---

80 Engels, Lage der arbeitenden Klasse, S. 306.
81 Bruhn, Unmensch und Übermensch, S. 105.
82 Max Horkheimer/Theodor W. Adorno, Dialektik der Aufklärung. Philosophische Fragmente, Frankfurt am Main 1984, S. 193.
83 Bruhn, Unmensch und Übermensch, S. 105.
84 Jacob, Verdoppelung des Rassismus, S. 82–83.

denangestellte"[85] geworden seien. Passend hierzu lässt sich insbesondere seit 2015 eine stetige Zunahme an *Diversity*-Kampagnen beobachten, die mit der Beschäftigung ausländischer Arbeitskräfte für die eigene Weltoffenheit und Aufgeklärtheit werben. So wurde etwa 2019 eine von 50 deutschen „Familienunternehmen" unterstützte Anzeige mit dem Titel „Made in Germany – Made by Vielfalt" in den auflagestärksten deutschen Zeitungen geschaltet. In dem Anzeigentext heißt es: „Täglich geben Mitarbeiter aus aller Welt bei uns ihr Bestes. Damit das so bleibt, stehen wir auch weiter für ein weltoffenes Deutschland."[86] Unterstützt wurde die Kampagne von Unternehmen, die sich wenige Jahre zuvor noch gerichtlich gegen Zahlungen von Entschädigungsforderungen an ehemalige Zwangsarbeiter zur Wehr gesetzt hatten, wie etwa der niedersächsische „Familienbetrieb" Bahlsen.[87] Für ein Verständnis der Geschichte des Rassismus in der Bundesrepublik sollte die historische Realität von migrantischen Arbeitskämpfen auf der einen und den etatistischen Kampagnen gegen Rassismus auf der anderen Seite als antithetische Bestrebungen betrachtet werden. Dass mit millionenschweren Weltoffenheitskampagnen weder einheimischen noch migrantischen Arbeitern geholfen ist, lässt sich auch durch den Verweis auf Semra Ertans Werk festhalten. So bezog sie in ihren Gedichten immer wieder einen Klassenstandpunkt, der als pointierter Gegenentwurf zu einem Antirassismus verstanden werden kann, dem die weltoffene Gesinnung als Versicherung der sozialen Überlegenheit dient:

> Ich konnte mich nie an die Reichen gewöhnen,
> Die mit Abscheu
> Die Klassen unter ihnen
> Verachten.[88]

Bezeichnend ist dabei, dass Ertans Verweise auf diese Ausbeutungspraxis in der Bundesrepublik genauso wenig Beachtung fanden wie die migrantischen Arbeitskämpfe selbst. Schon vierzig Jahre vor Veröffentlichung ihrer Lyrik 2020 hatte die Schriftstellerin Gedichte, die kaum jemand abdrucken wollte, über Zustände, die kaum jemand wahrhaben wollte, geschrieben. Verstärkt wird die Tragik ihres

---

85 Jacob, Verdoppelung des Rassismus, S. 74.
86 Michael Gassmann, Pakt gegen Populisten. Vorwerk-Inhaber Timm Mittelsten Scheid brachte 50 Firmen für eine Kampagne gegen Nationalismus zusammen, in: Welt am Sonntag 14/2019, 07.04.2019.
87 Siehe hierzu die Studie von Uwe Lehmensiek, Von der Cakes-Fabrik zur Bahlsen-Gruppe. Zur Betriebs- und Belegschaftsgeschichte der Firma Bahlsen, Hannover 1996.
88 Ertan, Mein Name ist Ausländer, S. 116.

Erbes dadurch, dass es Ertans Suizid war, der lange Zeit die Berichterstattung ausfüllte. So ist bemerkenswert, dass die migrantischen Arbeitskämpfe der 1970er Jahre auch in der antirassistischen Linken weitgehend in Vergessenheit geraten sind, obwohl sie doch genau jene Form der spontan politischen Wehrhaftigkeit darstellen, die der Ausbeutungslogik entgegenzusetzen wäre.[89] Während Ertan das Bild einer Märtyrerin gegen den Rassismus angeheftet wird, bleiben die Zustände in den Fabriken und Arbeitersiedlungen der Bundesrepublik im sogenannten „Wirtschaftswunder" eine Marginalie. So tauchte die Schriftstellerin etwa in wissenschaftlichen Auseinandersetzungen mit aufsehenerregenden Suiziden auf, wie etwa in Lorenz Graitls Studie *Sterben als Spektakel. Zur kommunikativen Dimension des politisch motivierten Suizids*, in der es zu Ertan in einer Fußnote lediglich heißt: „So verbrannte sich 1982 die Sozialarbeiterin Semra Ertan in Hamburg, um gegen den Rassismus in Deutschland zu protestieren (Hamburger Abendblatt 01.06.1982)."[90]

Abschließende Bemerkungen

Es ist in gewisser Weise symptomatisch für die gesellschaftliche Debatte, dass die Umstände von Ertans Tod ihr Lebenswerk in den Schatten zu stellen scheinen. Im Zusammenhang mit Ertans öffentlicher Selbsttötung gibt schon die medial gängige Formulierung, sie hätte sich „aus Protest gegen Ausländerhass"[91] das Leben genommen, zu denken. Noch expliziter war die damalige Überschrift der *Hamburger Morgenpost*, in der es hieß, „Semra Ertan opferte im Kampf gegen Rassismus ihr Leben."[92] Ihrem grausamen Tod durch diesen „Kampf" einen Zweck zu verleihen und in ihm eine kühne Aufopferung zu sehen, erinnert an einen Märtyrerkult, der neben seiner Verbreitung im religiösen Fanatismus auch in der Linken eine gewisse Popularität genießt. Die öffentliche Selbstverbrennung ist dabei nur eine Form des politisch motivierten Suizids, die sich kulturgeschichtlich

---

[89] Eine detaillierte Auseinandersetzung mit migrantischen Arbeitskräften liegt in der Dissertation von Manuela Bojadžijev vor: Manuela Bojadžijev, Die windige Internationale. Rassismus und Kämpfe der Migration, Münster 2008.
[90] Lorenz Graitl, Sterben als Spektakel. Zur kommunikativen Dimension des politisch motivierten Suizids, Wiesbaden 2012, S. 22.
[91] Etwa im Hamburger Abendblatt vom 01.06.1982 unter der Überschrift „Erschütternde Verzweiflungstat einer Türkin".
[92] Olaf Wunder, Kampf gegen Rassismus. Semra Ertan übergoss sich mit Benzin und zündete sich an, www.mopo.de/hamburg/historisch/kampf-gegen-rassismus-semra-ertan-uebergoss-sich-mit-benzin-und-zuendete-sich-an-32702504, 28.06.19 (Stand: 30.04.2021).

bis in die buddhistische Liang-Dynastie zurückverfolgen lässt.[93] Im 20. Jahrhundert lässt sich zunächst in Vietnam ein politischer Rückgriff auf diese Praxis beobachten: Mehrere Fälle von Buddhisten, die sich aus Protest gegen den Vietnamkrieg selbst verbrennen, werden dabei auch in der europäischen Presse thematisiert.[94] In den Folgejahren sind allein in Deutschland mehrere Protest-Selbstverbrennungen dokumentiert, die auf die unterschiedlichsten politischen Motivationen zurückzuführen sind.[95] Letztlich bleiben die dokumentierten Selbstverbrennungen aber vereinzelte Fälle des politischen Suizids. Kurze Zeit nach Semra Ertans Tod erlangte der Fall des türkischen Asylbewerbers Cemal Altun Prominenz, der sich am 30. August 1983 aus dem sechsten Stock des Oberverwaltungsgerichtes in West-Berlin stürzte. Zuvor hatte das Auswärtige Amt auf seine Auslieferung in die Türkei bestanden, obwohl er durch einen positiven Asylbescheid als politisch Verfolgter anerkannt wurde. Auch die Europäische Kommission für Menschenrechte (EKMR) hatte die Beschwerde Altuns gegen die ihm drohende Auslieferung für zulässig erklärt.[96] Ähnlich wie Semra Ertans Tod wird auch Altuns Suizid im Zusammenhang mit Protest gegen die Ausländerpolitik der Bundesrepublik gedeutet, erregte in der Bundesrepublik aber wesentlich größeres mediales Aufsehen.[97]

Eine deutlich weiter verbreitete Form des autoaggressiven Protests als die Verzweiflungstaten Altuns und Ertans, die in der politischen Linken zu derselben Zeit an Bedeutung gewann, ist die Verweigerung der Nahrungsaufnahme. Auch Ertan war vor ihrem Tod mehrfach in den Hungerstreik getreten.[98] Zwar unterscheiden sich die Motive der beiden Formen der Selbstzurichtung in vielerlei Hinsicht, zugleich besteht in der Politisierung der Autoaggression aber eine übergeordnete Gemeinsamkeit. Auch die Nähe zu religiösen Praktiken von Selbstbestrafung und Läuterung haben beide Handlungen wohl an sich. In seiner Auseinandersetzung mit der Selbstverbrennung kommt der Theologe und Psychotherapeut Christian Braune allerdings zum Schluss, dass die Symbolik des Feuers neben der masochistischen Komponente auch eine transzendente Erwartung versinnbildlicht, die auf den Aufstieg in ein überweltliches Dasein und auf

---

93 Graitl, Sterben als Spektakel, S. 229.
94 Vgl. Graitl, Sterben als Spektakel, S. 38.
95 Graitl, Sterben als Spektakel, S. 22.
96 Vgl. Tim Szatkowski, Die Bundesrepublik Deutschland und die Türkei 1978 bis 1983, Berlin 2016, S. 132–133.
97 Szatkowski, Bundesrepublik Deutschland, S. 136.
98 Vgl. Bilir-Meier u. a., Vorwort, S. 8.

einen Neuanfang abzielt.[99] Im Hungerstreik, den der US-amerikanische Psychoanalytiker Karl Menninger in seiner bedeutenden Studie zum Suizid bereits 1938 als ‚moralische Form des Masochismus' ansieht, verbindet sich die Selbstbestrafung hingegen mit asketischen Motiven der Religion.[100] In Westdeutschland als Protestmittel der Roten Armee Fraktion bekannt, wurde der Hungerstreik in jüngerer Vergangenheit insbesondere in der türkischen Linken wiederholt als Widerstandsform gewählt. Im Zusammenhang mit dem fatalsten kollektiven Todesfasten der türkischen Geschichte, zu dem die „Revolutionäre Volksbefreiungsfront" DHKP-C (Devrimci Halk Kurtuluş Partisi-Cephesi) im Jahr 2000 aufrief, erklärte die Organisation in einer internationalen Stellungnahme: „Die Demagogie, das Leben sei heilig, wird in der Gegenwart vom Imperialismus gegen alle Kampfformen angeführt, die den Tod in Kauf nehmen."[101] Die Verteidigung des menschlichen Lebens zur „Demagogie" zu erklären, ist Teil eines regressiven Todeskults, den sich die Untergrundrevolutionäre mit anderen Reaktionären unübersehbar teilen. Schon in der Bezeichnung der Toten als Märtyrer bestehen „Ähnlichkeiten zum Heldenkult des Feindes, nämlich der türkischen Nationalisten, die ihre Gefallenen ebenfalls als *şehitler* bezeichnen."[102] Dass sich im Werk Semra Ertans Verzweiflung und Ausweglosigkeit aber stets in einem engen Bund mit einer lebensbejahenden Grundhaltung befanden, sollte nicht ausgeblendet werden. So lassen wiederholt Passagen ihrer Lyrik darauf schließen, dass sie der „Demagogie des Lebens" näherstand, als es das ihr angeheftete Etikett der Märtyrerin vermuten lässt:

Mit reinem Herzen
Möchte ich erfahren
Die Schönheit der Welt,
Schöne Menschen,
Ich will leben,
Wie es sich mein Herz erträumt...
Semra Ertan, o.T. 1982

---

99 Vgl. Christian Braune, Feuerzeichen. Warum Menschen sich anzünden, Göttingen 2005, S. 128 f.
100 Vgl. Karl A. Menninger, Selbstzerstörung. Psychoanalyse des Selbstmords, Frankfurt am Main 1978, S. 161–162.
101 Aus einer Stellungnahme der DHKC International, 2003, zit. nach Graitl, Sterben als Spektakel, S. 279.
102 Tayfun Guttstadt, Wider den Todeskult. Zum Tod der „Grup Yorum"-Sängerin Helin Bölek, de.qantara.de/node/39913, 21.04.2020, (Stand: 30.04.2021).

Das Gedenken an Semra Ertan sollte sich nicht auf ihre Selbstverbrennung beschränken, wie es in der bundesdeutschen Öffentlichkeit unter anderen Vorzeichen mit der Rede vom „Tod einer Türkin"[103] schon einmal geschehen ist. Die Stilisierung der türkischen Arbeitsmigrantin zur Märtyrerin gegen rassistische Zustände wird schließlich weder dem Leben und Werk Semra Ertans gerecht, noch hilft es dabei, die gesellschaftlichen Zustände zu begreifen, unter deren Eindruck Ertan ihre Gedichte schrieb. Die Einsicht, dass sie in ihrem lyrischen Werk nämlich nicht nur auf Missverständnisse und Vorurteile, sondern eben auch auf gnadenlose Ausbeutung von ausländischen Arbeiterinnen und Arbeitern hinweist, würde wohl andere Zugeständnisse erfordern als kulturpolitische Anerkennungsfragen, die die antirassistischen Debatten des 21. Jahrhunderts dominieren. Denn dass Migranten schon in den 1960er-Jahren bei ihrer Ankunft beklatscht wurden, hat an ihrer schonungslosen Ausbeutung in deutschen Fabriken nichts geändert. In der Nachricht, die Ertan kurz vor ihrem Tod an NDR und ZDF übermittelte, hält sie diese soziale Realität unmissverständlich mit ihren letzten öffentlichen Worten fest: „Die Deutschen sollen sich schämen. 1961 habt ihr gesagt: ‚Herzlich willkommen, Gastarbeiter'. Wenn wir alle zurückkehren würden, wer würde die schmutzige Arbeit machen?"[104]

Literatur

Ackermann, Irmgard. Gastarbeiterliteratur als Herausforderung, in: Frankfurter Hefte 1 (1983), S. 56–64.

Adorno, Theodor W. Minima Moralia. Reflexionen aus dem beschädigten Leben, Frankfurt am Main 1984.

Bilir-Meier, Cana. Nachdenken über das Archiv. Notizen zu Semra Ertan, www.canabilirmeier.com/wp-content/uploads/2015/07/Nachdenken-über-das-Archiv---Notizen-zu-Semra-Ertan.pdf, 2013 (Stand: 30.04.2021).

Bilir-Meier, Zühal/Cana Bilir-Meier/Can-Peter Meier. Vorwort, in: Semra Ertan, Mein Name ist Ausländer/Benim Adım Yabancı, Münster 2020, S. 6–13.

Biondi, Franco/Rafik Schami. Literatur der Betroffenheit. Bemerkungen zur Gastarbeiterliteratur, in: Christian Schaffernicht (Hrsg.), Zuhause in der Fremde. Ein Ausländer-Lesebuch, Reinbek 1985, S. 136–150.

Bojadžijev, Manuela. Die windige Internationale. Rassismus und Kämpfe der Migration, Münster 2008.

---

[103] „Tod einer Türkin" war der Titel einer WDR-Reportage zum Suizid Semra Ertans aus dem Jahr 1984, vgl. hierzu Bilir-Meier, Nachdenken über das Archiv.
[104] Ertan, Mein Name ist Ausländer, S. 10.

Bojadžijev, Manuela. Zwölf Quadratmeter Deutschland. Staatliche Maßnahmen und das Konzept der Autonomie, www.kanak-attak.de/ka/text/zwoelf.html, 2003 (Stand: 30.04.2021).

Braune, Christian. Feuerzeichen. Warum Menschen sich anzünden, Göttingen 2005.

Bruhn, Joachim. Unmensch und Übermensch. Über das Verhältnis von Rassismus und Antisemitismus, in: Joachim Bruhn, Was deutsch ist. Zur kritischen Theorie der Nation, 2., erweiterte und überarbeitete Aufl., Freiburg/Wien 2019, S. 89–124.

Chiellino, Carmine. Am Ufer der Fremde. Literatur und Arbeitsmigration 1870–1991, Stuttgart/Weimar 1995.

Czycholl, Claudia Valeska. Bilder des Fremden. Visuelle Fremd- und Selbstkonstruktionen von Migrant*innen in der BRD (1960–1982), Bielefeld 2021, S. 80–88.

Degenhardt, Franz Josef. Tonio Schiavo, in: Christian Schaffernich (Hrsg.), Zuhause in der Fremde. Ein Ausländer-Lesebuch, Reinbek 1985, S. 33–35.

Engels, Friedrich. Die Lage der arbeitenden Klasse in England, in: Marx-Engels-Werke, Bd. 2, Berlin 1972, S. 225–506.

Ertan, Semra. Mein Name ist Ausländer/Benim Adım Yabancı, Münster 2020.

Franz, Fritz. Die Rechtsstellung der ausländischen Arbeitnehmer in der Bundesrepublik Deutschland, in: Ernst Klee (Hrsg.), „Gastarbeiter". Analysen und Berichte, Frankfurt am Main 1981, S. 36–57.

Gassmann, Michael. Pakt gegen Populisten. Vorwerk-Inhaber Timm Mittelsten Scheid brachte 50 Firmen für eine Kampagne gegen Nationalismus zusammen, in: Welt am Sonntag 14/2019, 07.04.2019.

Graitl, Lorenz. Sterben als Spektakel. Zur kommunikativen Dimension des politisch motivierten Suizids, Wiesbaden 2012.

Gröpl, Christoph/Kay Windthorst/Christian von Coelln. Grundgesetz. Studienkommentar, 3. Aufl., München 2017.

Guttstadt, Tayfun. Wider den Todeskult. Zum Tod der „Grup Yorum"-Sängerin Helin Bölek, de.qantara.de/node/39913, 21.04.2020 (Stand: 30.04.2021).

Herbert, Ulrich. Geschichte der Ausländerpolitik in Deutschland. Saisonarbeiter, Zwangsarbeiter, Gastarbeiter, Flüchtlinge, München 2017.

Höhne, Jutta u.a. Die Gastarbeiter. WSI Report vom 16. September 2014, Wirtschafts- und Sozialwissenschaftliches Institut (WSI), Düsseldorf 2014.

Horkheimer, Max/Theodor W. Adorno. Dialektik der Aufklärung. Philosophische Fragmente, Frankfurt am Main 1984.

Jacob, Günther. Die Verdoppelung des Rassismus im Antirassismus, in: Zeitschrift für kritische Sozialtheorie und Philosophie 5/1 (2018), S. 61–85.

Kammrad, Horst. „Gast"-Arbeiter-Report, München 1971.

Karakayalı, Serhat. Lotta Continua in Frankfurt, Türken-Terror in Köln. Migrantische Kämpfe in der Geschichte der Bundesrepublik, in: Grundrisse 14 (2005), S. 48–55.

Kızılay, Efsun. Migration und Arbeitskämpfe. Ein Blick zurück in die Zeit der „Gastarbeiter*innen" und ihre Kämpfe in der BRD der 1970er Jahre, www.rosalux.de/publikation/id/42811, August 2020 (Stand: 30.04.2021).

Klee, Ernst. „Gastarbeiter" als Subproletariat, in: Ernst Klee (Hrsg.), „Gastarbeiter". Analysen und Berichte, Frankfurt am Main 1981, S. 25–35.

Kromschröder, Gerhard. Als ich ein Türke war, Frankfurt am Main 1983.

Lehmensiek, Uwe. Von der Cakes-Fabrik zur Bahlsen-Gruppe. Zur Betriebs- und Belegschaftsgeschichte der Firma Bahlsen, Hannover 1996.

Menninger, Karl A. Selbstzerstörung. Psychoanalyse des Selbstmords, Frankfurt am Main 1978.

o. A. Ein Moped und Blumen zur Begrüßung, in: Deutsche Welle, p.dw.com/p/1DBsG, 13.09.2014 (lStand: 30.04.2021).

o. A. Erschütternde Verzweiflungstat einer Türkin, in: Hamburger Abendblatt, 01.06.1982.

o. A. IG Metall – ein angeschlagener Dinosaurier, in: Der Spiegel 36/1973 (Wilde Streiks. Lohnpolitik auf eigene Faust), 02.09.1973.

Özkan, Hülya/Andrea Wörle. Eine Fremde wie ich. Berichte, Erzählungen, Gedichte von Ausländerinnen, München 1985.

Rass, Christoph/Melanie Ulz. Armando Rodrigues de Sá revisited. Bildwissenschaftliche und historische Analysen im Dialog, in: Christoph Rass/Melanie Ulz (Hrsg.), Migration ein Bild geben: Visuelle Aushandlungen von Diversität, Wiesbaden 2018, S. 419–446.

Schaffernicht, Christian (Hrsg.). Zuhause in der Fremde. Ein Ausländer-Lesebuch, Reinbek 1985.

Szatkowski, Tim. Die Bundesrepublik Deutschland und die Türkei 1978 bis 1983. Berlin/Boston 2016.

Trede, Oliver. Gewerkschaften und Arbeitsmigration in der Bundesrepublik. Zwischen Misstrauen und Integration, in: Deutschland Archiv der Bundeszentrale für Politische Bildung, www.bpb.de/232789, 26.08.2016.

Trede, Oliver. Misstrauen, Regulation und Integration. Gewerkschaften und „Gastarbeiter" in der Bundesrepublik in den 1950er bis 1970er Jahren, in: Carlos Sanz Díaz/Axel Kreienbrink (Hrsg.), Das „Gastarbeiter"-System: Arbeitsmigration und ihre Folgen in der Bundesrepublik Deutschland und Westeuropa, München 2012, S. 183–197.

Türkische Anstalt für Arbeit und Arbeitsvermittlung. Wie geht man als Arbeiter nach Deutschland? (İşçi Olarak Almanya'ya Nasıl Gidilir ve Federal Almanya'da Yaşama Şartları. Yay. No. 28), Ankara 1963.

Vassaf, Gündüz. Wir haben unsere Stimme noch nicht laut gemacht. Türkische Arbeiterkinder in Europa, Felsberg u. a. 1985.

Wallraff, Günter. Bilder aus Deutschland – „Gastarbeiter" oder der gewöhnliche Kapitalismus, in: Konkret, Hamburg 1969, Nr. 2, S. 42–45, Nr. 4, S. 14–18 und Nr. 7, S. 34–37.

Wallraff, Günter. Ganz Unten, Köln 1985.

Wölfl, Adelheid. Märtyrer mit brennendem Appell. Selbstverbrennung als Form des Protests, in: Der Standard, 17.02.2011.

Wunder, Olaf. Kampf gegen Rassismus. Semra Ertan übergoss sich mit Benzin und zündete sich an, www.mopo.de/hamburg/historisch/kampf-gegen-rassismus-semra-ertan-uebergoss-sich-mit-benzin-und-zuendete-sich-an-32702504, 28.06.19 (Stand: 30.04.2021).

Yano, Hisashi. Migrationsgeschichte, in: Carmine Chiellino (Hrsg.), Interkulturelle Literatur in Deutschland. Ein Handbuch, Stuttgart 2007, S. 1–17.

Yücel, Deniz. Aus Liebe zu Allah. Vor 21 Jahren wurde in Berlin ein türkischer Kommunist ermordet, in: Jungle World 1/2002, 02.01.2002.

Fernando Wawerek
Von durchschlagenden Berührungsängsten und entstellenden Absichten

Die Bedeutung des Unbewussten für die Probleme der Rechtsextremismus-Forschung in der Bundesrepublik der 1980er Jahre

Spätestens seit den Debatten um eine vermeintliche „Flüchtlingskrise" 2015 ist in Deutschland eine anhaltende Publikationsflut zu den Themen Rassismus, Rechtspopulismus, Flucht, Migration etc. zu verzeichnen.[1] Der Anstieg entsprechender Veröffentlichungen im Zusammenhang mit einer Phase erhöhter Zuwanderung ist zeithistorisch nicht neu, wird doch bereits seit den 1980er Jahren anlassbedingt viel zu denselben Phänomenen publiziert. Schon 1983 kritisierte der Politikwissenschaftler und Soziologe Eike Hennig hinsichtlich einer solchen Konjunktur zum Sujet des Rechtsextremismus einen Mangel an Analysen, die wissenschaftlichen Standards genügten: „Obgleich das Thema Gegenstand einer Publikationswelle und mannigfacher pädagogischer Anstrengungen wird, überwiegen eilig-sensationell aufgemachte wissenschaftsjournalistische Arbeiten", zudem führe „die[se] überwiegend wissenschaftsjournalistische oder theoretisierende Behandlung" zu nicht weniger als „zur blinden Reduktion allein auf den Gegenstand."[2] Als „reaktive Krisenwissenschaft" bezeichnet man in den Sozialwissenschaften die unvermeidliche Verstrickung der Forschenden mit ihrem Gegenstand. Widerstreitende Interessen drängen den Sozialforscher bisweilen in eine Sackgasse, aus der nur drei Möglichkeiten zur Ausflucht bleiben: „Entweder er schließt sich dem Aufstand [der Subjekte] an und wird zum Revolutionär, der sich in den Dienst des Volkes stellt; oder er zieht sich auf die Universität zurück, um dort Probleme zu behandeln, die niemandes Interesse berühren; oder er arbeitet für die Regierung und sucht nach den effizientesten Methoden der Unterdrückung"[3], wie Mario Erdheim 1984 pointierte – denn gesellschaftliche Interessen, die an die Sozialwissenschaften herangetragen werden und die sich in der

---

[1] So liefert die Suche unter dem Suchbegriff „Rassismus" bei Google Scholar für den Zeitraum von 2010 bis 2014 71 Treffer, für die Jahre zwischen 2015 bis 2019 hingegen etwa 2.100 Treffer.
[2] Eike Hennig, Rechtsextremismus und populistische Protestbewegung in der Bundesrepublik, in: Soziologische Revue. Besprechungen neuer Literatur 6/4 (1983), S. 355–368, hier S. 356–357.
[3] Mario Erdheim, Die gesellschaftliche Produktion von Unbewußtheit. Eine Einführung in den ethnopsychoanalytischen Prozeß, Frankfurt a. M. 1984, S. 18.

ⓐ Open Access. © 2023 bei den Autorinnen und Autoren, publiziert von De Gruyter. [CC BY] Dieses Werk ist lizenziert unter einer Creative Commons Namensnennung 4.0 International Lizenz.
https://doi.org/10.1515/9783110702729-011

Forschung manifestieren, drohen deren Auflösung zu befördern. So stellte Theodor W. Adorno für die Kontroverse zur sozialwissenschaftlichen Erforschung politischer Einstellungen der bundesdeutschen Nachkriegsgesellschaft am Ende der 1950er Jahre fest: „Wenn den Inhalt [...] die Widerstände bilden, welche das öffentliche [...] Bewußtsein der Anamnese des Hitlerschen Grauens entgegensetzt, dann wiederholen sich diese Widerstände [...] der Studie selber gegenüber. [...] Was sie zeigt, wird abgewehrt, weil es nach den eingespielten Regeln des Wissenschaftsbetriebs der objektiven Gültigkeit entrate."[4] Alles, was der Wissenschaftsbetrieb hervorbringt, trägt damit auch immer einen Abdruck der jeweiligen politischen, sozialen und kulturellen Begebenheiten. Die Forschungswelle der frühen 1980er Jahre lieferte somit nicht bloß objektive Befunde zum Rechtsextremismus jener Ära, sondern erlaubt Rückschlüsse, welcher Zusammenhang zwischen dem damaligen Bewusstsein der bundesdeutschen Gesellschaft und dem Rechtsextremismus dieser Zeit bestanden hat.

Vor diesem Hintergrund gehört zur Geschichte des Rassismus in der alten wie in der gegenwärtigen Bundesrepublik, nicht nur den Gegenstand selbst zu erforschen, sondern ebenso die gesellschaftlichen Rahmenbedingungen der Forschung zu reflektieren. Diese weist vielfältige Probleme, Defizite und bisweilen auch eklatante blinde Flecken auf. So wirken sich auf die wissenschaftliche Beschäftigung mit dem Phänomen anderweitige Prämissen, Interessen und Handlungsdruck aus; gesellschaftlich Verdrängtes und Tabuisiertes bleibt ausgespart; der Gegenstand erscheint oft unklar, Begriffe sind unscharf oder entstammen strittiger Herkunft; (methodische) Zugänge bleiben stark eingeschränkt und die Aussagekraft und Gültigkeit der Erkenntnisse und Erklärungen einzelner Zugänge überaus begrenzt.

Es ist zu vermuten, dass hier Barrieren wirken, die aus bewussten wie auch unbewussten Motiven innerhalb der Forschung resultieren. Wenn auch für das Gros attestiert werden kann, dass diese Barrieren allgemeinen Problemlagen der Sozialwissenschaften[5] entspringen, liegt die Vermutung nahe, dass es weitere, für die Erforschung des Rassismus und angrenzender Phänomene spezifische Quellen sind, aus denen sich vorgenannte Probleme speisen, die diese Forschung allzu oft als ungenügend ausweisen. Im Zentrum dieses Beitrages steht also die Frage danach, wie sich gesellschaftlich bedeutsame Motive, Wünsche, Triebregungen und Ängste aus dem Unbewussten heraus hinderlich auf die Forschungsbemühungen zum Gegenstand Rassismus auswirkten. Ausgangspunkt der folgenden

---

4 Theodor W. Adorno, Vorwort [zu Werner Mangolds „Gegenstand und Methode des Gruppendiskussionsverfahrens"], in: Soziologische Schriften II. GS Band 9.2, Frankfurt a. M. 1975, S. 395–398, hier S. 396.
5 Vgl. Hennig, Rechtsextremismus, S. 357.

Analyse ist der Versuch, ethnopsychoanalytische Überlegungen über Wissenschaft nutzbar zu machen, um die Forschung der frühen 1980er Jahre einer kritischen Reflexion zu unterziehen. Hierzu werden exemplarisch solche Beiträge in die Analyse einbezogen, die damals in der Bundesrepublik im Zuge der aufflammenden Debatten um das sogenannte „Ausländerproblem" und eine anscheinend ansteigende Ausländerfeindlichkeit entstanden sind und die sich zudem mit dem Rechtsextremismus auseinandersetzen. Ziel ist es, aus der Konfrontation jener Forscher mit dem Gegenstand entspringende, aber verdrängte bzw. unbewusste Motive aufzudecken, die vielfältige Folgen für die Beforschung von Rassismus haben – und zwar bis ins 21. Jahrhundert. Zunächst werden Überlegungen und Thesen (ethno-)psychoanalytischer Provenienz über Wissenschaft und den akademischen Betrieb eingeführt, die anschließend zur Betrachtung des vorliegenden Materials herangezogen werden. Anschließend werden die zentralen Probleme und Defizite der damaligen Forschung zum Rechtsextremismus zusammengefasst, hiernach die untersuchten Forschungsarbeiten unter Betrachtung einiger ihrer latenten Gehalte diskutiert. Letztere sind dabei nicht einfach Ausdruck der individuellen Persönlichkeit des einzelnen Forschers[6], sondern bezeugen die „gesellschaftliche Produktion von Unbewußtheit"[7] innerhalb der Forschung, durch die ihre Erkenntnisse begrenzt wurden. Zuletzt ist der Frage nachzugehen, welche Aktualität das Gefundene im Hinblick auf vergleichbare (aktuelle) Forschung aufweist.

Zur ethnopsychoanalytischen Bewertung des Wissenschaftsbetriebs

Hintergrund dieser Bemühungen zur Reflexion der Forschung zu Rassismus ist die kultur- und sozialwissenschaftliche Wendung der Psychoanalyse. Sie kennzeichnet der Blick auf „Bereiche, die in der herrschenden Kultur keinen Raum haben"[8], um „den unbewußten Anteilen im Verhältnis von Subjekt und Gesellschaft selbstreflexiv und ideologiekritisch [nachzuspüren]"[9], wie die Schweizer Kulturanthropologin Maya Nadig in den 1980er Jahren schrieb, sowie das Verständnis von Kultur als etwas Doppelbödigem, aus dem stets ein verborgener

---
6 Vgl. Erdheim, Die gesellschaftliche Produktion, S. 38.
7 Erdheim, Die gesellschaftliche Produktion, S. 36.
8 Maya Nadig, Ethnopsychoanalyse und Feminismus. Grenzen und Möglichkeiten, in: Feministische Studien 4/2 (1985), S. 105–118, hier S. 105.
9 Nadig, Ethnopsychoanalyse, S. 106.

Sinngehalt spricht, der Niederschlag der individuellen Interaktions- und Sozialisationserfahrung ist.[10]

In *Angst und Methode in den Verhaltenswissenschaften*[11] warf Georges Devereux einen besonderen Blick auf die Sozial- und Kulturwissenschaften, allen voran auf die eigenen Disziplinen – Ethnologie und Psychoanalyse – sowie andere Humanwissenschaften. Er legte dar, inwieweit die Produktion einer spezifischen Wissenschaftsidealen entstammenden Objektivität Verzerrungen in der sozialwissenschaftlichen Forschung begünstigt, verstärkt oder erzeugt.[12] In mehr als 400 Fallbeispielen führte Devereux die resultierenden Irrtümer, Fehlinterpretationen und Auslassungen vor und legte die Gründe für solche Verzerrungen dar: Die Wissenschaftlerin ist mit den Phänomenen, die er erforscht, stets affektiv oder mitunter auch persönlich verstrickt.[13] Forschende und beobachtetes Objekt beziehen sich, wenn auch in unterschiedlichen Rollen, wechselseitig aufeinander. Was als Verhalten *des Beobachteten* erscheint, ist immer auch Reaktion auf die Beobachterin mit ihrer Persönlichkeit, ihrem vermuteten Wertegefüge, etc.[14] Insbesondere die Konfrontation mit (lebensgeschichtlich) Verdrängtem erregt Ängste oder kann verführend auf die Forschenden wirken.[15] Was sich auf der Ebene des manifesten Sinnes zeigt, ist oft weitgehend lückenhaft, während es auf der Ebene des Unbewussten mitunter zur Überkommunikation kommt.[16] Affektiv aufgeladenes Material wird isoliert und vom eigenen Erleben ferngehalten.[17] Daraus ergibt sich ein Doppelcharakter jeder Zugangsweise und Methodologie: Sie kann sowohl guter wissenschaftlicher Praxis als auch der Abwehr des eigenen Unbewussten dienen,[18] wobei spezifische Voraussetzungen kultureller, ideologischer, sozialer[19] und individueller Herkunft[20] wirksam sind. Dem Versuch, mit strenger Methodologie die Beeinflussung wissenschaftlicher Daten zu minimieren oder gar zu eliminieren, stellte Devereux den Ansatz entgegen, sowohl Störungen der Versuchsanordnung durch die Beobachterin als auch derren Reaktionen auf seinen Forschungsgegenstand als zentrale Grundlage zu nehmen, um gültige Er-

---

10 Vgl. Hans-Dieter König, Dichte Interpretation, in: Julia König u. a. (Hrsg.), Dichte Interpretation. Kritische Sozialpsychologie, Wiesbaden 2019, S. 13 – 86, hier S. 26 – 29.
11 Georges Devereux, Angst und Methode in den Verhaltenswissenschaften, Frankfurt a. M. 1984.
12 Vgl. Devereux, Angst, S. 17.
13 Vgl. Devereux, Angst, S. 25.
14 Vgl. Devereux, Angst, S. 48 – 49.
15 Vgl. Devereux, Angst, S. 67.
16 Vgl. Devereux, Angst, S. 68 – 69.
17 Vgl. Devereux, Angst, S. 110.
18 Vgl. Devereux, Angst, S. 127.
19 Vgl. Devereux, Angst, S. 157.
20 Vgl. Devereux, Angst, S. 229

kenntnisse zu gewinnen und zugleich die eigene Forschung zu reflektieren.[21] Die Überlegung, die Subjektivität von Forschenden beim Zugang zum kultur- und sozialwissenschaftlichen Gegenstand einzubeziehen,[22] bildet auch den Kern des ethnopsychoanalytischen Prozesses, in den Mario Erdheim 1984 einführte.[23] Als zentrales Moment von Vergesellschaftungsprozessen wies der Ethnologe und Psychoanalytiker aus, dass verinnerlichte Herrschaft mit der Verdrängung aggressiver Impulse einhergeht.[24] Hiergegen sei ihm und Maya Nadig zufolge Wissenschaftlerinnen keineswegs gefeit – vielmehr sei von einer Verdopplung der Unbewusstmachung auszugehen, und zwar hinsichtlich der Anpassung an die gesellschaftlichen Verhältnisse und an die jeweilige institutionelle Rahmung.[25] Preis dieser Anpassung ist eine Hemmung der wissenschaftlichen Erfahrungen und eine drohende Abkehr vom Gegenstand.[26]

Das Vorgehen, das die Forschung zu verlangen scheint, drängt dazu, die eigenen aggressiven Triebregungen, wie sie zum Beispiel durch die Auseinandersetzung mit bestimmtem Material aufkommen, erneut abzuwehren. Dies reizt jedoch zu einem Ritual der „Pseudowissenschaftlichkeit"[27] an, bei dem die wirkliche Konfrontation mit dem Gegenstand in den Hintergrund tritt und Berührungspunkte mit eigenen Lebenserfahrungen verschwinden.[28] Nach Alfred Lorenzer bergen alle „kulturellen Zeugnisse" – so auch die der Wissenschaften – „analog den Traumbildern die verpönten Lebensentwürfe".[29] Die Interpretation manifesten Materials führt dem Psychoanalytiker zufolge zu dessen unausgesprochenen Bedeutungen und latenten Gehalten. Die Tiefenhermeneutik „erlaubt [es so] als einziges methodologisches Paradigma, nur über das Verhalten ausdrückbare Klischees in symbolisierte Interaktionen (meist im Rahmen der Forschungsgruppe) zu übersetzen".[30] Und zwar überall dort, wo „Verstehen unter-

---

21 Vgl. Devereux, Angst, S. 17–18.
22 Vgl. Devereux, Angst, S. 20.
23 Vgl. Erdheim, gesellschaftliche Produktion, S. 11–12.
24 Vgl. Erdheim, gesellschaftliche Produktion, S. 419.
25 Vgl. Maya Nadig/Mario Erdheim, Die Zerstörung der wissenschaftlichen Erfahrung durch das akademische Milieu. Ethnopsychoanalytische Überlegungen zur Aggressivität in der Wissenschaft, in: Psychosozial 23/3 (1984), S. 11–27, hier S. 17–18.
26 Vgl. Nadig/Erdheim, Zerstörung, S. 17.
27 Nadig/Erdheim, Zerstörung, S. 19.
28 Vgl. Erdheim, gesellschaftliche Produktion, S. 11–12.
29 Alfred Lorenzer, Tiefenhermeneutische Kulturanalyse, in: Alfred Lorenzer (Hrsg.), Kultur-Analysen, Frankfurt a. M. 1988. S 11–98.
30 David Zimmermann, Tiefenhermeneutische Forschung im Strafvollzug. Methodologische Überlegungen und Werkstattblick, in: Bernhard Rauh u. a. (Hrsg.), Emotion – Disziplinierung –

halb des sprachlich organisierten Verblendungszusammenhangs ansetz[en]"[31] muss, dies aber gerade erschwert ist, weil sich im akademischen Milieu ein Zerstörungsprozess fortsetze, in dem „lebendige Erfahrung zunichte gemacht" werde und der sich „an einen gut eingespielten Mechanismus unserer Kultur an[lehnt]: das Verdrängen libidinöser und aggressiver Triebwünsche".[32]

Der Rechtsextremismus als widerstrebender Forschungsgegenstand

Insofern sich die bundesdeutsche Forschung in den 1980er Jahren mit dem Rechtsextremismus oder mit der damals so genannten „Ausländerfeindlichkeit" beschäftigte, nahm sie einen Gegenstand in den Blick, den sie als einen ihr fremden abspaltete: als etwas Irrationales,[33] ein Phänomen der unteren sozialen Klassen,[34] eine radikale Erscheinung spezifischer, abgrenzbarer Organisationen[35] oder auch als ein Problem orientierungsloser Jugendlicher.[36] Gleichzeitig schien der Gegenstand begrifflich viel weniger klaren Abgrenzungen zu unterliegen, was mitunter zu erheblicher Konfusion führte.[37] Hinzu kam, dass der Zugang über verschiedene, vereinzelte Forschungszweige – Politikwissenschaft, Organisationssoziologie, Erziehungswissenschaft – allgemeine Erkenntnisse über das unmittelbar Untersuchte hinaus praktisch zu verunmöglichen schien,[38] weil einzelne Befunde nicht in ein Gesamtobjekt integriert wurden, namentlich den Rassismus.

Angesichts dieses historischen Befundes ist zu überlegen, wie die entscheidenden Schwächen dieser Forschung selbst zu behandeln sind, insbesondere

---

Professionalisierung. Pädagogik im Spannungsfeld von Integration der Emotionen und neuen Disziplinierungstechniken, Leverkusen-Opladen 2020, S. 115–128, hier S. 121.
31 Alfred Lorenzer, Der Analytiker als Detektiv, der Detektiv als Analytiker, in: Alfred Lorenzer, Szenisches Verstehen. Zur Erkenntnis des Unbewußten, Marburg 2006, S. 53–67, hier S. 64.
32 Nadig/Erdheim, Zerstörung, S. 12.
33 Vgl. Heinz-Werner Höffken/Martin Sattler, Rechtsextremismus in der Bundesrepublik. Die „Alte", die „Neue" Rechte und der Neonazismus, Wiesbaden 1980, S. 14.
34 Vgl. Claudia Koch-Arzberger, Die schwierige Integration. Die bundesrepublikanische Gesellschaft und ihre 5 Millionen Ausländer, Wiesbaden 1985, S. 40.
35 Vgl. Peter Dudek/Hans-Gerd Jaschke, Entstehung und Entwicklung des Rechtsextremismus in der Bundesrepublik. Zur Tradition einer besonderen politischen Kultur, Bd. 1, Opladen 1984, S. 16.
36 Vgl. Hermann Glaser, Jugendkultur und Gesellschaft, in: Kurt Franke (Hrsg.), Jugend, Politik und politische Bildung, Opladen 1984, S. 33–44, hier S. 37.
37 Vgl. Hennig, Rechtsextremismus, S. 358.
38 Vgl. Hennig, Rechtsextremismus, S. 357.

deshalb, weil bereits in den 1980er Jahren u. a. folgende Fragen gestellt wurden: Warum entzieht sich Wesentliches dem Blick der Forschung? Wieso bleiben manche Diskussionsstränge – die Erforschung neuer Protestformen angesichts neuer politischer Verhältnisse auf Seiten der Linken, aber nicht auf Seiten der Rechten – tabuisiert? Warum fehlen der Erforschung dieses politischen Phänomens wissenschaftliche Standards? Weshalb stehen innerhalb dieser Forschung Erkenntnisse unverbunden nebeneinander?[39] Als analytischer Gegenstand birgt der Rechtsextremismus in seinen Ausdrucksformen Komponenten, die sich „an das bewusste und unbewusste Erleben [...] wende[n]" und bisweilen auf eine Art und Weise erregend sind, die „mit Abgründen der eigenen Seele konfrontiert"[40], wie Hans-Dieter König es einmal beschrieben hat. Der Psychoanalytiker verdeutlichte dies „durch die hermeneutische Rekonstruktion eines biographischnarrativen Interviews mit einem Soziologiestudenten, [welcher zuvor] den Film [*Beruf Neonazi*] auf das eigene Erleben hatte wirken lassen"[41] und dabei „Triebimpulse" erlebte, „die sich in einer blindwütigen Weise in einem symptomatischen Fehlverhalten (Begeisterung für den Neonaziführer, Aggressivität gegen Asiatin und Obdachlose)"[42] durchsetzten. Der Gegenstand erweist sich dabei als nicht allein über logisches und psychologisches Verstehen zu entschlüsselnder, geschweige denn zu erklärender, sondern vielmehr nur über die Teilhabe des Wissenschaftlers, im Sinne des szenischen Verstehens begreiflicher.[43] In Anbetracht dieser Prämissen liegt die Vermutung nahe, dass die Forschung zum Rechtsextremismus selbst womöglich nicht einzig und allein vom wissenschaftlichen Erkenntnisinteresse her zu verstehen ist. Die analytischen Mängel dieser Forschung deuten dann – der Freud'schen Fehlleistung gleich – auf Regungen des Unbewussten, Abgewehrten, Unerwünschten, Unterdrückten und Verpönten hin.[44] Bedeutsam ist dies, weil solcherart durchbrechendes Unbewusstes überhaupt nicht auf der Ebene des manifesten Sinnes zugänglich ist. Methodenkritik und wissenschaftstheoretische Einwände müssen in der Folge scheitern, solange das Subjekt „und seine sozialen Interaktionen [nicht] als das Produkt einer le-

---

39 Vgl. Hennig, Rechtsextremismus, S. 356–360.
40 Hans-Dieter König, Von einem Neonazi fasziniert, in: König u. a. (Hrsg.), Dichte Interpretation, S. 277–346, hier S. 279.
41 König, Neonazi, S. 279.
42 König, Neonazi, S. 341.
43 Vgl. Regina Klein, Tiefenhermeneutische Analyse, 2009, S. 6–7, www.fallarchiv.uni-kassel.de/wp-content/uploads/2010/07/klein_tiefenhermeneutik.pdf (Stand: 10.05.2021).
44 Vgl. Hans-Dieter König, Einführung in die Methodologie und Methode der Tiefenhermeneutik. Zugleich eine Auseinandersetzung mit Goffmans auf die Theatermetapher rekurrierende Interaktionssoziologie, in: Hans-Dieter König, Die Welt als Bühne mit doppeltem Boden. Kritische Sozialpsychologie, Wiesbaden 2019, S. 13–61, hier S. 38.

bensgeschichtlichen Sozialisation [begriffen werden], in der das subjektive Leiden der Subjekte unter den objektiven Herrschaftsverhältnissen zu Anpassung oder Widerstand führt"[45], wie König hervorhebt.

Der bundesdeutsche Forschungskontext zu Beginn der 1980er Jahre

Nach den Jahrzehnten von „Wiederaufbau und Stabilität"[46] trat die alte Bundesrepublik ab den späten 1960er Jahren in eine neue Phase der gesellschaftlichen und geschichtlichen Entwicklung ein. Deutlicher als zuvor gelangten soziale, politische und kulturelle Konflikte an die Oberfläche[47], während sich das krisenhafte Geschehen, in dem „die Strukturwidersprüche der kapitalistischen Industrie- und Wohlstandsgesellschaft aufbrechen"[48], verstetigte. Zugleich wurde – für die breite gesellschaftliche Öffentlichkeit ein Novum – „das schwierige Erbe der jüngeren deutschen Geschichte und die weitgehend ungebrochene Kontinuität deutscher Politiktraditionen sichtbar".[49] Im Zentrum dieser Entwicklungen stand ein Wertewandel in der westdeutschen Gesellschaft unter teilweiser Abkehr vom „Wohlstands-Ersatzparadies"[50] zugunsten der Integration in verschiedene Wertegemeinschaften. So folgten beispielsweise Auseinandersetzungen um die gesellschaftlichen Grundwerte, in der die Unionsparteien zunehmend den Begriff der Freiheit gegenüber „einem sozialistischen Gleichheitsbegriff"[51] proklamierten und damit begannen, den liberalen Rechtsstaat verstärkt in die Verantwortung dafür zu nehmen, die gesellschaftspolitische Durchsetzung bestimmter Wertvorstellungen zu gewährleisten.[52] Auf der anderen Seite dieser Auseinandersetzung standen die sozialliberalen Regierungen, die ab 1969 in der Bundesrepublik mit den Kabinetten Willy Brandts und Helmut Schmidts regiert hatten und mit ihren frühen Reformbemühungen gescheitert waren.[53] Der befriedende Extremistenbeschluss 1972 unter Brandt steht exemplarisch dafür, wie die Öffentlichkeit in der Bundesrepublik auf die gesellschaftlichen Entwicklungstendenzen, den Um- und

---

45 König, Einführung, S. 55.
46 Peter Reichel, Die politische Kultur der Bundesrepublik, Opladen 1981, S. 150.
47 Reichel, politische Kultur, S. 151.
48 Reichel, politische Kultur, S. 152.
49 Reichel, politische Kultur, S. 153.
50 Reichel, politische Kultur, S. 166.
51 Reichel, politische Kultur, S. 155.
52 Reichel, politische Kultur, S. 157.
53 Reichel, politische Kultur, S. 155.

Aufbruch zu Beginn der 1970er Jahre, reagierte, als die „reformfeindlichen Einstellungen großer Bevölkerungsteile" dominierten.[54] Spätestens die sicherheitspolitischen Herausforderungen der Linksterrorismusbekämpfung, mit denen sich die Bonner Republik ab 1976/77 konfrontiert sah, ließen erhoffte Reformbemühungen endgültig in den Hintergrund treten.[55] In der Folge blieben Prozesse der weiteren Politisierung und Demokratisierung der bundesdeutschen Gesellschaft in den Kinderschuhen stecken, „die politisch aktive Protest-Minderheit" entfaltete das gesellschaftliche „Demokratisierungspotential"[56] kaum. Gerade die neu entstandenen außerparlamentarischen Protest- und Reformbewegungen scheiterten an den begrenzten Möglichkeiten und Bedingungen der Partizipation[57] und an einem weithin wirkmächtigen konservativ-restaurativen bis autoritären Grundkonsens weiter Teile der westdeutschen Gesellschaft.[58] Die „Forderung nach Demokratie, Öffentlichkeit und Politisierung, Kritik an der fehlenden Auseinandersetzung mit der nationalsozialistischen Vergangenheit und deren Präsenz in der Bundesrepublik sowie die Ablehnung des Konformismus der konsumistischen Gesellschaft"[59] wurden jedoch nicht nur von den Angehörigen der außerparlamentarischen Opposition propagiert. Die parlamentarische Politik verdrängte und überging vielmehr eine Kritik, die in der bundesdeutschen Öffentlichkeit bereits den Status einer gewichtigen intellektuellen Position zu gesellschaftspolitischen Fragen innehatte. So war Theodor W. Adorno als Vertreter der Kritischen Theorie paradoxerweise „im Radio der deutschen Nachkriegszeit der mit Abstand präsenteste unter [seinen] Kollegen"[60]: „Für die 1950er- und 1960er-Jahre lassen sich fast 300 Rundfunkbeiträge ermitteln. Hinzu kommen mehr als 300 Auftritte vor Präsenzpublikum. Man konnte Adorno also fast jede Woche irgendwo hören."[61]

Die parlamentarisch-politische Entwicklung in der Bundesrepublik kulminierte am 1. Oktober 1982 in einem konstruktiven Misstrauensvotum, das zum Sturz der Regierung Helmut Schmidts vor dem Ende der Legislaturperiode führte und den Triumph der „geistig-moralischen Wende" markierte. Unter Helmut Kohl

---

54 Reichel, politische Kultur, S. 176.
55 Vgl. Reichel, politische Kultur, S. 187.
56 Reichel, politische Kultur, S. 219.
57 Vgl. Reichel, politische Kultur, 219.
58 Reichel, politische Kultur, S. 175.
59 Alex Demirović, Der nonkonformistische Intellektuelle. Die Entwicklung von der Kritischen Theorie zur Frankfurter Schule, Frankfurt a. M. 1999, S. 911.
60 Fokke Joel, Radio Adorno, in: Zeit online, 15.04.2010, www.zeit.de/kultur/literatur/2010-04/adorno-archivar (Stand: 20.06.2021).
61 Vgl. Michael Schwarz, „Er redet leicht, schreibt schwer". Theodor W. Adorno am Mikrophon, in: Zeithistorische Forschungen/Studies in Contemporary History 8 (2011), S. 286–294, hier S. 287.

bildete sich eine CDU/CSU-geführte, christlich-liberale „Koalition der Mitte, um einen historischen Neuanfang zu setzen" und um aus der Krise und in eine Zeit zu führen, in der „sich Freiheit, Dynamik und Selbstverantwortung neu entfalten können"[62] sollten. Mit der CDU regierte damit wieder eine Partei, die mit ihrer Doktrin, dass die Bundesrepublik kein Einwanderungsland sei, entgegen aller faktischen Evidenz über Jahrzehnte verhindern sollte, dass sich Deutschland als ebensolches begriff. Schon 1973 war unter der sozialliberalen Regierung Brandts und als Reaktion auf die sich verschlechternde Arbeitsmarktsituation nach der Ölkrise ein Anwerbestopp für alle Anwerbestaaten außer Italien in Kraft getreten, der neben einigen anderen Faktoren dafür gesorgt hatte, dass Migration als Problem ins Bewusstsein der bundesdeutschen Öffentlichkeit gerückt war: die „‚Ausländerfrage' [...] hat eine neue Dimension gewonnen, [...] die brisante Konfliktkonstellationen schafft",[63] bemerkten der Kommunikationsforscher Werner Treuheit und der Sozialwissenschaftler Hendrik Otten 1986 auf die Ära der „Gastarbeiter" zurückblickend. Zaghafte Integrationsbemühungen der späten 1970er Jahre wichen einer Jahrzehnte andauernden Abwehr, als zu Beginn der 1980er Jahre außerdem das Migrationsphänomen der Flucht aus Krisengebieten nach Deutschland an Bedeutung gewann: „1980 verdoppelte sich die Zahl der Asylbewerber gegenüber dem Vorjahr und übersteigt mit 108.000 erstmals die 100.000-Marke."[64] Während sich der Lebensmittelpunkt von als „Gastarbeiter" angeworbenen Zuwanderern zunehmend auf Westdeutschland verlagerte und die „Communities" der Arbeitsmigrantinnen durch Familiennachzug wuchsen, verschwanden auch auf diese Zuwanderungsgruppe gerichtete Integrationsbemühungen wieder in der Versenkung. Der Unwille und die damit einhergehenden Integrationsversäumnisse weiter Teile der Politik waren letztlich mitverantwortlich für den „Ausländer-" und „Fremdenfeindlichkeit" genannten Rassismus, der im darauffolgenden Jahrzehnt schließlich in pogromartigen Angriffen wie in Hoyerswerda, Mölln, Solingen und Rostock-Lichtenhagen eskalierte.[65] Zwar suggerierten die medialen Auseinandersetzungen der 1990er Jahre bisweilen das

---

[62] Helmut Kohl, Regierungserklärung vom 13. Oktober 1982, in: Karl-Rudolf Korte (Hrsg.), Das Wort hat der Herr Bundeskanzler. Eine Analyse der Großen Regierungserklärungen von Adenauer bis Schröder, Wiesbaden 2002, S. 407–434, hier S. 411.
[63] Werner Treuheit/Hendrik Otten, Akkulturation junger Ausländer in der Bundesrepublik Deutschland, Wiesbaden 1986, S. 21.
[64] Rainer Geißler, Die Sozialstruktur Deutschlands, 7., grundlegend überarbeitete Aufl., Wiesbaden 2014, S. 49.
[65] Klaus J. Bade, Ausländer- und Asylpolitik in der Bundesrepublik Deutschland: Grundprobleme und Entwicklungslinien, in: Ursula Mehrländer (Hrsg.), Einwanderungsland Deutschland, Bonn 1993, S. 51–67, hier S. 51.

Problem als eines der neuen Bundesländer.[66] In der historischen Betrachtung erweist sich die Pauschalisierung zum Ostphänomen jedoch als Täuschung.[67] Rechtsextremisten wirkten gezielt und im Wissen um die Erfolgsbedingungen ihrer Agitation.[68] Obschon sich bei der Bundestagswahl 1969 die NPD mit 4,3 Prozent vorerst in die politische Bedeutungslosigkeit verabschiedet hatte,[69] konnte man spätestens ab der zweiten Hälfte der 1970er Jahre in der Bundesrepublik eine Zunahme der „Ausländerfeindlichkeit" wie auch rechtsextremistischer Gewalt feststellen. Deutsche Rechtsextremisten waren laut Bundesjustizministerium im Zeitraum vom 1. September 1978 bis zum 31. Dezember 1982 im Bundesgebiet für 23 Tote und 226 Verletzte durch Gewalttaten, Anschläge und Schießereien verantwortlich. 1982 wurden 2.047 Straftaten von Rechtsextremisten registriert – eine Zahl, die sich seit 1974 mehr als verzehnfacht hatte, wobei vor allem Jugendliche durch zunehmende Bereitschaft zur Militanz auffielen.[70] Von der Forschung wurden „die zunehmende Ausländerfeindlichkeit der deutschen Bevölkerung"[71] wie auch die „immer unverhüllter auftretende[n] Aktivitäten rechtsextremistischer Gruppen" hervorgehoben.[72] In deren Zuge wurde das „Thema Gegenstand einer Publikationswelle und mannigfacher pädagogischer Anstrengungen"[73] – mit allen ihren Schwächen.

Um diese Schwächen historisch zu rekonstruieren und zu eruieren, sollen im Folgenden zwei umfänglichere Arbeiten zum Rechtsextremismus in den Blick genommen werden: die pädagogisch inspirierte Untersuchung *Rechtsextremismus in der Bundesrepublik Deutschland*[74] von Heinz-Werner Höffken und Martin Sattler, die 1978 erschien und 1980 in überarbeiteter Fassung neu auflegt wurde, sowie die vier Jahre später veröffentlichte Studie *Entstehung und Entwicklung des*

---

66 Armin Pfahl-Traughber, Die Entwicklung des Rechtsextremismus in Ost- und Westdeutschland im Vergleich. Eine vergleichende Analyse für die Handlungsfelder „Politik", „Aktion" und „Gewalt", in: Thomas Grumke/Bernd Wagner (Hrsg.), Handbuch Rechtsradikalismus. Personen – Organisationen – Netzwerke vom Neonazismus bis in die Mitte der Gesellschaft, Opladen 2002, S. 29–42, hier S. 29.
67 Vgl. Pfahl-Traughber, Entwicklung, S. 38–39.
68 Vgl. Fernando Wawerek, Wraith's Chronik. Eine Geschichte über fortwährendes Versagen und peinliche Pleiten, in: Max Upravitelev (Hrsg.), Front Deutscher Äpfel. Das Buch zur Bewegung, Hildesheim/Berlin/Luzern 2014, S. 93–94, hier S. 94.
69 Vgl. Hennig, Rechtsextremismus, S. 356.
70 Vgl. Dudek/Jaschke, Entstehung, S. 164–165.
71 Ursula Mehrländer, Ausländerpolitik und ihre Folgen, in: Hartmut M. Griese (Hrsg.), Der gläserne Fremde, Leverkusen 1984, S. 89–102, hier S. 95.
72 Höffken/Sattler, Rechtsextremismus, S. 7 (Hervorhebung im Original).
73 Hennig, Rechtsextremismus, S. 356.
74 Höffken/Sattler, Rechtsextremismus.

Rechtsextremismus in der Bundesrepublik[75] des Erziehungswissenschaftlers Peter Dudek und des Politikwissenschaftlers Hans-Gerd Jaschke. Beide Untersuchungen betrachteten das Phänomen als vornehmlich politisches und waren vor dem Hintergrund historischer Kontinuitäten des Rechtsextremismus in der Bundesrepublik von der Frage nach dessen Erscheinungsformen geleitet. Beide hatten sich zum Ziel gesetzt, einerseits die Verstrickungen der Gesellschaft und die Anfälligkeit des hiesigen politischen Systems aufzuzeigen, und andererseits bemüht, darauf hinzuweisen, wo konkret gegengesteuert werden könnte, um das Anwachsen des Rechtsextremismus zu verhindern. Während die Arbeit von Höffken und Sattler einen stark pädagogischen Anspruch formulierte, versuchten Dudek und Jaschke, diverse Aspekte des rechtsradikalen Rands zu analysieren. Beiden Veröffentlichungen war jedoch gemeinsam, dass ihre Analysen vornehmlich auf der Ebene der Beschreibung der politischen Erscheinungsformen verblieben.

Unbewusstes in der Forschung zum Rechtsextremismus

Anhand dieser beiden Untersuchungen lassen sich zwei Leitmotive herausstellen, welche die sozialwissenschaftliche Praxis zu Beginn der 1980er Jahre wesentlich bestimmten: 1) die Konfrontation mit dem Material und 2) die Abgrenzung des Gegenstandes. Ihre konkrete Ausgestaltung barg einen tieferen Sinn, d. h. es brach sich eine weitaus umfassendere Motivlage Bahn, als es zunächst den Anschein macht.

Zur Konfrontation mit dem Material

Als didaktischen Hinweis fügten Höffken und Sattler ihrer Untersuchung Folgendes an:

> a) Wenn man mit propagandistischem Material umgeht [...] hat man sich als Analytiker zu fragen, welche Bedeutung man dem Inhalt verleiht, und welche weitere Verbreitung man diesen in entstellender Absicht verfaßten Argumentationen dadurch verschafft, daß man über sie schreibt. Im Vertrauen auf die Urteilskraft vernunftbegabter, kritikfähiger Bürger fügen wir im Materialteil einige der Texte unkommentiert an.[76]

---

75 Dudek/Jaschke, Entstehung.
76 Höffken/Sattler, Rechtsextremismus, S. 15.

Das angefügte Material kann nach diesem Hinweis keineswegs als unkommentiert bezeichnet werden. Vielmehr wird hier eine starke Identifikation mit dem Ideal des „vernunftbegabte[n], kritikfähige[n] Bürger[s]" deutlich. Der Appell an die Vernunft selbst steht im starken Kontrast dazu, dass jenes Material in der gleichen Arbeit als irrational verstanden wurde und sich nach Aussage der Autoren überhaupt nicht an die Vernunft wende.[77] Vielmehr reduziere es „alles auf das Leibfundament der menschlichen Existenz"[78] und könne damit selbst gar nicht mehr als politische Argumentation verstanden werden. Auf der manifesten Ebene basiert der Hinweis auf der Gegenüberstellung von verstandesgemäßem Urteilen und Affiziertwerden, auf der latenten Ebene wirkt er u. a. über starke Affekte. Der sprachliche Umschlag in einen Verbalstil ohne Substantivierungen vermittelt Gefühle von Aktivwerden und Befähigtsein. Die Gegenüberstellung aufgeladener Termini wie etwa eine „entstellende Absicht", der sich der „vernunftbegabte Bürger" gegenübersehe, evoziert Eifer und Inbrunst sich Ersterem entgegenzustellen und Letzterem zu entsprechen. Das formulierte Vertrauen wirkt geradezu erhebend, aus der ganzen Passage spricht somit eine gewisse Pathetik. Bei weitergehender Betrachtung drängen sich aber auch andere, kontrastierende Affekte und Phantasien auf. Furcht vor Ohnmacht und Anfälligkeit machen sich in jener Abhandlung bemerkbar und verbinden sich mit Zweifeln an der Widerstandsfähigkeit des vernunftbegabten Bürgers, der dort als realer vorausgesetzt wurde, aber letztlich nicht mehr als ein Ideal war: Das an Tiefe, Kontur und Würde verlierende Bild steht somit nicht mehr entschlossen für sich selbst. Am äußerlichen Pathos, das nun wie eine Maskerade erscheint, lassen sich gar Züge von Bigotterie ausmachen.

Eine vorausgestellte Warnung dieser Art wehrt gewisse Wirkungen ab, sie kann als Reaktionsbildung verstanden werden – hier wird Pathos dem Unbehagen entgegengesetzt. Die wissenschaftliche Abgrenzung tat ihr Übriges, wo sie den Rechtsextremismus zum Beispiel auf politisches Wirken beschränkte.[79] Dieses konnte somit als gefahrlos gefasst werden, weil die Berührungspunkte getilgt wurden, die seiner Gefährlichkeit, zugleich aber auch seiner Attraktivität zugrunde lagen. So schien in diesem Forschungsbeitrag die im Angesicht des Rechtextremismus empfundene Bedrohung nur noch unterhalb der sprachlich-symbolischen Verarbeitungsebene durch. Die Gefährdung der wissenschaftlichen Arbeit und die Bedrohlichkeit des beschriebenen Phänomens verschafften sich als Desymbolisiertes in unbewussten Äußerungen Ausdruck, wurden jedoch nicht

---

77 Vgl. Höffken/Sattler, Rechtsextremismus, S. 14.
78 Höffken/Sattler, Rechtsextremismus, S. 71.
79 Vgl. Höffken/Sattler, Rechtsextremismus, S. 10–11.

expliziert und versprachlicht. Im Ergebnis blieb von der Forschung genau das ausgespart, was nur lebensnah zu erklären gewesen wäre.

In der Forschungskonzeption von Dudek und Jaschke wurden „Gespräche nicht [...] [zur] Vorbedingung für das Gelingen [...], sondern eher [als] ergänzende methodische Instrumentarien"[80] aufgenommen. Als Experten wurden dort Funktionäre befragt, die Auskunft über ihre politischen Kleingruppen sowie über die diesen vermeintlich eigene hermetische Abgegrenztheit und kommunikative Doppelstruktur geben sollten. Letztere meinte hier, dass sich Rechtsextremist en ihr eigenes Milieu übersteigend in Richtung „Mehrheitsgesellschaft" äußerten, wo sie u.a. nach Rekruten Ausschau hielten, andererseits aber nach innen anders kommunizierten.[81] Wie Dudek und Jaschke richtig diagnostizierten, gingen der Rechtsextremismus und „dessen regressive Bedeutung für demokratische Entwicklungen weit über die Stimmenprozente bei Wahlen hinaus".[82] Subjektivität wurde in ihrem Forschungsentwurf aufgegriffen, „das Einlassen auf die zu untersuchenden Subjekte" im Geiste „[k]ritische[r] Sozialwissenschaft"[83] hervorgehoben. Hierzu war vorgesehen, Deutungen des Materials aus Sekundärliteratur zu gewinnen und diese Erkenntnisse anschließend mit denen der Funktionäre selbst abzugleichen.[84] Tiefeninterviews wurden in ihrer Konzeption aber als „modische[r], psychologisierende[r] Begriff"[85] abgetan. Was indes „Doppelstruktur" genannt wurde, wirkt in der historischen Perspektive wie auf einen verfremdenden Zusammenhang verschoben. Denn eine doppelt strukturierte politische Inszenierung spielte sich mehr noch auf zwei ganz anderen Ebenen ab als in rechtsextreme Organisationen hinein und aus diesen heraus: Der damalige Rechtsextremismus und das zu untersuchende Material griffen unbewusste Einstellungen und Wünsche auf und riefen Regungen hervor, die mit bisher verdrängt Gehaltenem in Verbindung standen. Dudek und Jaschke verwiesen beispielsweise darauf, dass der Zugang zum Forschungsfeld durch die „durchschlagenden Berührungsängste[...] einiger Funktionäre, denen die Bonität kritischer Sozialwissenschaft allgemein und des hier vorliegenden Projekts im Besonderen nicht zu vermitteln war",[86] verstellt worden sei. Vor dem Hintergrund einer Doppelstruktur, wie sie die beiden Forscher annahmen, wäre dies wie folgt zu deuten: Während die Rechtsextremisten untereinander einen eher offenen

---

80 Dudek/Jaschke, Entstehung, S. 19.
81 Vgl. Dudek/Jaschke, Entstehung, S. 19–21.
82 Dudek/Jaschke, Entstehung, S. 15.
83 Dudek/Jaschke, Entstehung, S. 21.
84 Vgl. Dudek/Jaschke, Entstehung, S. 19–20.
85 Dudek/Jaschke, Entstehung, S. 19–20.
86 Dudek/Jaschke, Entstehung, S. 20.

Austausch pflegten, standen sie der Wissenschaft und Öffentlichkeit bestenfalls skeptisch gegenüber. Um beispielsweise falsche oder nachteilige Außenwirkungen zu vermeiden, beschränkten sie ihre Äußerungen dort. Vor dem Hintergrund einer tatsächlichen Doppelstruktur, die von verborgenen latenten Bedeutungsgehalten ausgeht, wäre jedoch von einer gänzlich anderen Deutung auszugehen: Über ihre Haltung treten die Funktionäre als Rechtsextremisten überdeutlich in Beziehung zur „kritischen Sozialwissenschaft"[87] und zu den Forschenden. Das scheinbare Forschungshindernis ist eher die Fortsetzung einer politischen Inszenierung, die unter anderem Erfahrungen von Stärke und Schwäche oder auch Macht und Ohnmacht aufgriff. Dies trägt bereits die Gegenüberstellung des eigenen Kollektivs – getragen von heroischen Leitgedanken, aber als unterworfen, schwach, ohnmächtig gezeichnet – mit dem Kollektiv derjenigen in sich, die das eigene besiegt haben, unterjochen, bedrohen und verschmutzen sollen.[88] Letzteres wird u. a. auf die kritischen Sozialwissenschaftler projiziert. Diese Projektion konfrontierte die Wissenschaftlerin mit einer gewissen Ohnmacht, da sie nicht über sein Forschungsobjekt verfügen konnte. Die Wissenschaftlerin wurde vielmehr in eine Rolle gedrängt und die Interaktion zwischen Forschenden und Beforschtem so eigentlich zum Teil des Untersuchungsgegenstands, wobei die Überlappungsbereiche der Psychen von Forschenden und Beforschten jedoch weiterhin unbeachtet blieben. Das kann als Abwehr unbewusster Regungen verstanden werden, die genau dann aufkommen, wenn unter gegenseitiger Ergänzung oder bei Übereinstimmung eine von Interaktion geprägte Subjektivität entsteht, die den wissenschaftlichen Anspruch auf Objektivität konterkariert. Diese Abwehr schützt Forscherinnen vor dem Bewusstwerden eigener Reaktionen, beispielsweise starker Zweifel – etwa hinsichtlich der Frage, ob der Rolle und Aufgabe als Sozialwissenschaftler gerecht zu werden ist – oder dem Gefühl großer Bedrohung, dem Auftauchen von Konflikten um Macht und Ohnmacht und dem Durchbrechen verdrängter aggressiver Bestrebungen oder gar dem Erleben eines verführerischen Wunsches, sich positiv mit dem Material oder auch den herrschenden Institutionen zu identifizieren. Gleichzeitig verschwinden mit der Abwehr tiefere Erfahrungsgehalte, die für ein Verständnis des Gegenstandes unerlässlich sind, und die wissenschaftliche Arbeit droht vordringlich unter dem Primat der Abwehr der unbewussten Reaktionen zu erfolgen. Dies befördert Resignation, die starke Einengung der Forschung auf spezifische Gegenstandsaspekte und sowohl die Überbetonung von Gefahr, die dann als eine klar abgegrenzte konstruiert wird, als auch deren Verleugnung.

---

87 Dudek/Jaschke, Entstehung, S. 21.
88 Vgl. Dudek/Jaschke, Entstehung, S. 28; Höffken/Sattler, Rechtsextremismus, S. 11–12.

Somit geriet aus dem Blick, inwieweit das Untersuchte als kulturspezifischer Ausdruck für die Bearbeitung von psychischem Material, das sich zu einem bedeutsamen Teil sowohl bei den Beforschten wie auch den Forschern wiederfinden ließe, zu verstehen gewesen wäre.[89] Im Forschungsentwurf zogen Dudek und Jaschke damit zu unrecht eine starre Grenze zwischen der Subjektivität von Forschern und Beforschten bzw. zwischen der kritischen Sozialwissenschaft und den zu untersuchenden Subjekten.[90]

Abgrenzung des Gegenstandes

Der Gegenstand Rechtsextremismus entzog sich zu Beginn der 1980er Jahre dem klaren Zuständigkeitsbereich einer Disziplin, während der damalige Wissenschaftsbetrieb selbst bereits ein hochspezialisierter war. Versuche, den Gegenstand begrifflich einzugrenzen, begegneten so vielfältigen Problemen. Bedeutsam ist hier eine Form der Verdichtung[91], denn wissenschaftliches Vorgehen neigt dazu, hervorzubringen, was sozial und kulturell erwünscht ist, und abzuwehren, was unerträglich ist und als verpönt gilt.

In ihrer Definition des Rechtsextremismusbegriffs vereinen Dudek und Jaschke drei Aspekte: die ideologiekritische, die organisationssoziologische und die interaktionstheoretische Dimension.[92] Damit umrissen sie, wie sich Rechtsextremismus als Einstellungen und Ideologie in rechtsextremen Organisationsformen oder in Interaktion mit der gesellschaftlichen, kulturellen und politischen Umwelt äußerte. Die ideologiekritische Dimension beschreibt hier all jene Versatzstücke von Aussagen, die in „gemeinsamen Deutungsmustern und Interpretationsschemata, in einem relativ geschlossenen Wertsystem"[93] von Rechtsextremisten aufgehen. Organisationssoziologisch betrachtet, bestimmt den Rechtsextremismus die jeweilige Zuordenbarkeit der Rechtsextremisten zu einem „kommunikativ dichte[n] Netzwerk in einer Gettosituation" [sic!].[94] Interaktionstheoretisch steht deren ablehnende Bezugnahme auf die Mehrheitsgesellschaft und den bürger-

---

89 Vgl. Devereux, Angst, S. 67.
90 Devereux, Angst, S. 21.
91 Sigmund Freud, Die Traumdeutung, in: Siegmund Freud, Gesammelte Werke II/III, London 1942, S. V–643, hier S. 284–285.
92 Dudek/Jaschke, Entstehung, S. 25.
93 Dudek/Jaschke, Entstehung, S. 26.
94 Dudek/Jaschke, Entstehung, S. 28. Die Kennzeichnung als Ghettosituation an dieser Stelle entbehrt nicht eines gewissen, wohl unbeabsichtigten Zynismus.

lich-demokratischen Konsens im Vordergrund.⁹⁵ Auf ähnliche Weise wurde der Gegenstand auch bei Höffken und Sattler umschrieben. Diese betrachteten vornehmlich rechtsextreme Organisationen und am Rande die Entwicklung des rechtsextremistischen Denkens vor allem als „antifreiheitliche[s] Denken"⁹⁶ und fassten den Rechtsextremismus als „ein Problem des politischen Bewußtseins und der Erinnerung an die Deformation des politischen Bewußtseins"⁹⁷ auf.

Allerdings finden sich in beiden Arbeiten auch gänzlich anders gefasste Charakterisierungen, die bei genauer Betrachtung Widersprüche dabei offenbaren, den Gegenstand vermeintlich objektiv zu fassen und seine subjektiven Bedeutungen und Wirkungen zu verstehen. Höffken und Sattler beschrieben beispielsweise eine der zentralen Leistungen des Rechtsextremismus, die er für die Subjekte mit sich bringe, damit, „Emotionen, Affekte und persönliche Krisen in der Subkultur auffangen [zu] können und damit zur Krisenbewältigung befähigt [zu] sein".⁹⁸ Oberflächlich betrachtet „vollbringt [der Rechtsextremismus] also spezielle Orientierungsleistungen für Mitglieder des Lagers"⁹⁹ oder verführt durch die „Wirkung auf den nach Orientierung suchenden Bürger"¹⁰⁰ und bietet damit Lösungen für die Auseinandersetzungen der Individuen mit der jeweiligen aktuellen Umwelt. Das geschieht nun aber keinesfalls auf der Ebene des Verstandes, wie es beispielsweise anklingt, wo Dudek und Jaschke „auf die sozialpsychologische Funktion totalitärer Ideologie"¹⁰¹ hinwiesen, die in anderen Studien überbetont würde. Die Autoren hielten entgegen, dass damit „die Stabilität rechtsextremer Deutungsmuster" unterschätzt würde.¹⁰² Dabei attestierten sie selbst, dass „Orientierungsleistungen [...] in zwei, Ohnmacht und Allmacht symbolisierende, Mythen münden",¹⁰³ worin Spaltungen, Projektionen und Verschmelzungswünsche zutage treten und sich frühe Dispositionen zeigen, an die sich der Rechtsextremismus hefte, ohne wirklich funktional, mitunter nicht einmal glaubwürdig zu sein. Unter Aussparung der angesprochenen tieferen Schichten konnte eine Synthese der verschiedenen gesellschaftspolitischen Dimensionen des Rechtsextremismus nicht gelingen, weil diese erst im Subjekt – das sich keinesfalls in seinen bewusst gemachten Äußerungen erschöpft – zu-

---

95 Vgl. Dudek/Jaschke, Entstehung, S. 30.
96 Höffken/Sattler, Rechtsextremismus, S. 6.
97 Höffken/Sattler, Rechtsextremismus, S. 13.
98 Dudek/Jaschke, Entstehung, S. 28.
99 Dudek/Jaschke, Entstehung, S. 28.
100 Höffken/Sattler, Rechtsextremismus, S. 13.
101 Dudek/Jaschke, Entstehung, S. 26.
102 Dudek/Jaschke, Entstehung, S. 26.
103 Dudek/Jaschke, Entstehung, S. 28.

sammenkommen. Aus dem Blick geriet damit, was zum Beispiel im Zusammenhang mit Krisenerfahrungen Jugendlicher eine besondere Zuspitzung erfährt – die „regressive Bedeutung",[104] die über „bewußte politische Manifestation"[105] hinausgeht, oder wie sich „[v]or dem Hintergrund ökonomischer Krisen und gesellschaftlicher Legitimationsdefizite"[106] die Konflikte aus frühen Prägungen und Sozialisationserfahrungen reaktualisieren und damit individuelle und gemeinschaftliche Bedingungen zu manifestem Rechtsextremismus in Verbindung treten.

Ganz offensichtlich widersetzte sich der Gegenstand einer konzisen Eingrenzung, was zu Widersprüchlichkeiten in seiner Beschreibung führte, weil er zugleich zur Abgrenzung aufrief. Es waren nun nicht nur verschiedene Rechtsextremismus-Verständnisse, die im Wissenschaftsbetrieb unter „arbeitsteiliger Hyperspezialisierung"[107] nebeneinanderstanden, denn letztere trug selbst zum Widerstand bei, der bei einem Forscher entsteht, wenn dieser mit Inhalten konfrontiert ist, die das eigene unbewusst Gemachte zu sehr berühren und bestehende Verdrängung bedrohen. Das sind im Fall der damaligen Untersuchungen zum Rechtsextremismus zum Beispiel diejenigen Aspekte des Gegenstandes, die erklären konnten, worin trotz besseren Wissens der Gewinn des politischen Extremismus für dessen damalige Protagonisten lag. Lebensgeschichtlich impliziert dies früher erworbene psychische Bedürfnisse, welche die politische Betätigung zu befriedigen schien, sowie die bestehenden, unbewusst gemachten Konflikte, deren Lösung der Rechtsextremismus im Sinn einer Symptombildung anbot. Der Rückzug auf Teilaspekte, fachdisziplinäre Zugänge und andere Formen der Selbstbeschränkungen im Forschungsprozess dienten nun vor allem als Ausflüchte. Devereux hat hierzu vermerkt: „[C]harakteristischer Ausweg [...] ist das Kleben an ‚harten' Fakten und die totale Weigerung, Tatsachen anders als auf die ‚eingängigste', d. h. auf die Weise zu interpretieren, die irgendein Forscher nur deshalb für vernünftig hält, weil er diese spezielle Interpretation ertragen kann."[108]

Das Phänomen wurde somit nicht nur methodologisch begründet beschnitten, sondern erfuhr zudem eine Abgrenzung von der Sphäre und dem Milieu der Wissenschaften selbst. So erschien der Rechtsextremismus bisweilen als eine Problematik im Lichte der „Einstellungs- und Verhaltenspotentiale insbesondere der jüngeren Generation", der „Folgen langandauernder Massenarbeitslosig-

---

104 Dudek/Jaschke, Entstehung, S. 15.
105 Dudek/Jaschke, Entstehung, S. 161.
106 Dudek/Jaschke, Entstehung, S. 161.
107 Hennig, Rechtsextremismus, S. 357.
108 Devereux, Angst, S. 69.

keit"[109] und derjenigen „die [in ihren Meinungen] ganz offensichtlich von der zentralen freiheitlich-demokratisch-republikanischen Orientierung unseres Gemeinwesens abweichen".[110] Dies grenzte den Gegenstand des Rechtsextremismus jedoch nicht nur begrifflich ab. Vielmehr verdoppelte sich innerhalb der Wissenschaft das, was als Verdrängung in gesellschaftliche Randbereiche soziale Wirklichkeit ist. Dieses Phänomen entlastet die Wissenschaftlerinnen davon, „soziale Schuldgefühle"[111] zu entwickeln, und „vergrößer[t] die soziopsychische Distanz zwischen Beobachter und dem Beobachteten"[112] – was Laura Nader zufolge als Grundproblem der Sozial- und Kulturwissenschaften zu verstehen ist, die den Blick wesentlich häufiger auf die unteren sozialen Schichten richten als auf die mittleren und höheren.[113] Folglich gibt es „a relatively abundant literature on the poor, the ethnic groups, the disadvantaged. [...] little field research on the middle class, and very little first hand work on the upper classes", worin sich recht deutlich „a power relationship in favor of the anthropologist"[114] widerspiegle. Die Verdrängung in soziale Randbereiche und die Behandlung des Rechtsextremismus als Problem spezifischer Milieus, Sub- oder Jugendkulturen grenzte zu Beginn der 1980er Jahre den Gegenstand letztendlich zu Unrecht auch vom „Schreibtischrassismus [...] und ein[em] entsprechend konservative[n] politische[n] Klima"[115] ab.

Im Ergebnis blieb der Blick der Forschenden auf diejenigen Wünsche und Bedürfnisse aus, die hätten verdeutlichen können, warum und wie Rechtsextremismus kontinuierlich anschlussfähig für die in der deutschen Nachkriegsgesellschaft geborenen und sozialisierten Subjekte war – und welches objektive Gefährdungspotenzial hiervon ausging. Die Synthese verschiedener Erkenntnisse würde beschreiben, inwieweit und wodurch die manifesten Gehalte im freudianischen Sinn überdeterminiert[116] sowie Ausdruck gesellschaftlich produzierter Unbewusstheit[117] sind. Dass dies ausblieb, verweist auf einen Widerstand innerhalb der Forschung, sich auf den Gegenstand einzulassen und die spezifischen Sozialisations- und Vergesellschaftungsbedingungen in der alten Bundesrepublik

---

109 Dudek/Jaschke, Entstehung, S. 483.
110 Höffken/Sattler, Rechtsextremismus, S. 12.
111 Devereux, Angst, S. 68.
112 Devereux, Angst, S. 128.
113 Vgl. Laura Nader, Up the Anthropologist. Perspectives Gained From Studying Up, in: Dell H. Hymes (Hrsg.), Reinventing Anthropology, New York 1972, S. 284–311.
114 Nader, Up the Anthropologist, S. 289.
115 Petra Wagner, Zur Problematik der Psychologisierung von Ausländerfeindlichkeit, in: Forum Kritische Psychologie 17/1 (1985), S. 134–147, hier S. 138.
116 Vgl. Freud, Traumdeutung, S. 289.
117 Siehe bereits Titel von Erdheim, Die gesellschaftliche Produktion von Unbewußtheit.

in den Blick zu nehmen. Stattdessen rückte der Rechtsextremismus in Abgrenzung zu Wissenschaft und Mehrheitsgesellschaft in die Ferne und erschien auf seine jeweiligen Einzelaspekte fernab größerer kultureller und gesellschaftlicher Zusammenhänge eingeengt.

Zusammenfassung und Perspektiven

Die Erforschung des Rechtsextremismus in der Bundesrepublik der 1980er Jahre, für die hier exemplarisch die sozialwissenschaftlichen Beiträge von Dudek und Jaschke[118] sowie von Höffken und Sattler[119] untersucht wurden, zeugt von diversen analytischen Mängeln, die als Ausdruck unbewusster Regungen der beteiligten Forscherinnen verstanden werden müssen. Beide Untersuchungen wandten sich ihrem Material auf stark vereinfachte Weise zu. Angesichts einer politischen Auseinandersetzung, der gesellschaftlich ohnehin schon mit Tabuisierungen, Verdrängung und Verleugnung begegnet wurde, lässt sich für die Sozialwissenschaften attestieren, dass sich diese Widerstände in ihr klar reproduzierten. Neben wissenschaftlichen Denkgewohnheiten in Einzeldisziplinen sind die Ursachen dafür vor allem auch in den sozialen und kulturellen Voraussetzungen zu sehen, welche die Forschenden einbrachten. Deren Verflechtung mit dem Gegenstand wurde zugunsten der eigenen Entlastung und Abgrenzung abgewehrt, wodurch einerseits Bedeutungsebenen verschlossen blieben, andererseits Rechtsextremismus vornehmlich als klar ab- und eingrenzbares Phänomen am politischen, kulturellen und sozialen Rand der Bundesrepublik erschien – und nicht als Problem, das die Gesellschaft als solche durchzog. Zielstellungen wie etwa die, Erkenntnisse in praktische Überlegungen zu überführen oder die gesellschaftlichen Gefahren solcher Forschungssujets abzuschätzen, Kontinuitäten aufzuzeigen sowie das Wissen in einen übergeordneten Zusammenhang zu stellen, mussten vor diesem Hintergrund scheitern.

Die beiden Untersuchungen zum Rechtsextremismus der 1980er Jahre wurden ohne Berücksichtigung affektiver Gehalte durchgeführt; die Reaktionen, die der Gegenstand auszulösen vermag, blieben jeweils im Dunkeln. Die Subjektivität der Forschenden und der Beforschten wurde ausgeklammert und der Untersuchungsgegenstand um das Material geschmälert, welches dem Wissenschaftler bedrohlich schien.[120] Beide Arbeiten beschränkten ihr Verständnis des Rechts-

---

118 Dudek/Jaschke, Entstehung.
119 Höffken/Sattler, Rechtsextremismus.
120 Vgl. Höffken/Sattler, Rechtsextremismus, S. 70.

extremismus, der sich in seiner Komplexität aller Fassbarkeit zu entziehen scheint, zu stark auf die politiksoziologische Beschreibung – subjektive Erfahrungen und ihre Bedeutsamkeit wurden ausgespart. Der Untersuchungsgegenstand wurde auf manifeste Äußerungen wie Weltdeutungen reduziert, ohne deren latente Bedeutungen aufzuschließen. Das Verständnis des Rechtsextremismus war auf die Probleme seiner politischen Ideologie, Organisations- und Handlungszusammenhänge eingeengt und erschöpfte sich in Zuschreibungen, die kaum halfen, das Phänomen in einen umfassenderen Kontext einzuordnen. Vor allem blieb unanalysiert, wie sich der Gegenstand an der Schnittstelle zwischen Gesellschaft, Kultur, Politik und Individuum darstellte. Der Zugang zu ‚fremden' Lebenswelten und zu Subjektivität mit einer jeweils eigenen Privatsprache[121] war bereits im Forschungsansatz verstellt, der statt Verwicklung im Sinn des „szenischen Verstehens"[122] Abgrenzung vorsieht. Insbesondere gesellschaftskritische Anteile blieben somit ausgespart, Konformität beschnitt den wissenschaftlichen Zugang – bestimmte Bedingungen wurden schlichtweg nicht tangiert, allen voran der Widerspruch zwischen Individuum und Gesellschaft.

In den Forschungsarbeiten scheinen „[s]oziokulturell gelenkte[...] Denkgewohnheiten"[123] ebenso durch wie die Identifikation mit einem Ideal des „vernunftbegabten Bürger[s]" oder „kritischen Sozialwissenschaftler[s]".[124] Das Wirken einer gesellschaftlichen Krisensituation, in welcher Regression droht und Individuen angesichts der Ohnmacht gegenüber den Verhältnissen „Gesellschaft [...] unbewußt als Familie erfahren",[125] fand nicht ausreichend Eingang in die Analyse. Die wissenschaftliche Auseinandersetzung selbst zeugt von einer Lenkung des Aggressionstriebs, welcher sich nach Paul Parin der „hierarchische[n] Klassengesellschaft des Kapitalismus und [der] aus ihr entstandene[n] Leistungswelt der Technik bedient".[126] In der Einpassung des Wissenschaftlers zeigt sich Aggression „vor allem in ihre[r] analen Ausformung: sadistisch, nach außen gerichtet, oder retentiv, festhaltend und ordnend und in Gestalt mannigfacher Reaktionsbildungen."[127] Zudem setzt sich auch in der Sozialwissenschaft die

---

121 Vgl. Alfred Lorenzer, Sprachzerstörung und Rekonstruktion. Vorarbeiten zu einer Metatheorie der Psychoanalyse, Frankfurt a. M. 1973, S. 204–209.
122 Vgl. Klein, Tiefenhermeneutische Analyse, S. 6.
123 Devereux, Angst, S. 69.
124 Vgl. Hennig, Rechtsextremismus, S. 361.
125 Erdheim, gesellschaftliche Produktion, S. XVIII.
126 Paul Parin, Der Beitrag ethno-psychoanalytischer Untersuchungen zur Aggressionstheorie, in: Psyche 27/3 (1973), S. 237–248, hier S. 240.
127 Parin, Beitrag, S. 240.

„Identifikation mit der Ideologie der Rolle"[128] durch. Erwartungen und Anforderungen, die akademische Institutionen und eine bürgerliche Existenz an Wissenschaftlerinnen stellen, zu erfüllen, entlastet diesen doppelt: im Hinblick auf die Rolle als Sozialwissenschaftlerin und gegenüber einem Gegenstand mit verführenden, bedrohlichen und ängstigenden Anteilen. Dabei wird „ein Stück Unabhängigkeit aufgegeben",[129] womit die Forschende einen entscheidenden Teil ihrer „geistige[n] Selbständigkeit', [...] Gefühls- und oft Gewissensfreiheit"[130] gegenüber dem Gegenstand wie auch den gesellschaftlichen Institutionen einbüßt. Vor allem die eigene Subjektivität der Forschenden wird durch solche Identifikationen verdeckt.

Welche Perspektiven ergeben sich nun aus einer solchen Betrachtung eines historischen Gegenstandes? Die bundesdeutsche Forschung zum Rechtsextremismus hatte es in den 1980er Jahren verfehlt, zu klären, was „in ihnen [den Massen] selber [...] den Botschaften vom Opfer und vom gefährlichen Leben entgegenkäme".[131] Sie wurde ihrem Gegenstand und ihren Zielen nicht gerecht, sondern war „in den Dienst von Herrschaft [und ihrer Unbewusstmachung statt] [...] von Emanzipation gestellt".[132] Symptomatisch war, dass „[e]in ‚Kirchturmhorizont' [...] eine Einbindung in die Methodenreflexion empirischer Sozialforschung im Spannungsbogen von ‚quantitativer' und ‚qualitativer' Analyse [verhindert]"[133] hat. Mehr noch, noch, dass sich die Verdrängung hinter den Erkenntnisstand, den vor allem die sozialpsychologische Auseinandersetzung mit dem Nationalsozialismus und Totalitarismus zuvor erreicht hatte, durchsetzen konnte. So wurde beispielsweise nur am Rande in den Blick genommen, inwieweit der Rechtsextremismus, vor allem in seinen zu dieser Zeit neueren Erscheinungsformen, in Anlehnung an die Forschung zu den Neuen Sozialen Bewegungen[134] als Ausdruck widerständiger Praxen zu verstehen ist, die sich als Reaktion auf veränderte „gesellschaftliche Normalitäten"[135] entwickelten. Es wurde ignoriert, dass Wissen-

---

128 Paul Parin/Goldy Parin-Matthèy, Der Widerspruch im Subjekt. Die Anpassungsmechanismen des Ichs und die Psychoanalyse gesellschaftlicher Prozesse, in: Sibylle Drews u. a. (Hrsg.), Provokation und Toleranz. Festschrift für Alexander Mitscherlich zum siebzigsten Geburtstag, Frankfurt a. M. 1978, S. 410–435, hier S. 421.
129 Parin/Parin-Matthèy, Widerspruch, S. 425.
130 Parin/Parin-Matthèy, Widerspruch, S. 425.
131 Theodor W. Adorno, Zum Verhältnis von Soziologie und Psychologie. Aufsätze zur Gesellschaftstheorie und Methodologie, in: Theodor W. Adorno, Soziologische Schriften I. GS Bd. 8, Frankfurt a. M. 1972, S. 42–92, hier S. 95.
132 Nadig/Erdheim, Zerstörung, S. 13.
133 Hennig, Rechtsextremismus, S. 357.
134 Vgl. Hennig, Rechtsextremismus, S. 364.
135 Vgl. Dudek/Jaschke, Entstehung, S. 30.

schaftlerinnen als „hochqualifizierte ‚Facharbeiter' mittels realer Teilhabe an den Privilegien der herrschenden Klasse"[136] partizipieren, damit jedoch mit den gesellschaftspolitischen Konstitutionsbedingungen des Gegenstandes Rechtsextremismus, verstrickt sind, in ihrer Vertretung stehen und an ihrer Aufrechterhaltung ein Interesse haben. Dies gilt nicht zuletzt für die Zunahme der Disziplinierung „für den wohl unvermeidlichen Schattenbereich durch physische Gewaltandrohung"[137], wie etwa durch den Ausbau staatlicher Sicherheitsapparate. In der Folge waren viele getätigte Aussagen der Rechtsextremismus-Forschung wenig valent, während die gesellschaftlichen, psychischen und kulturellen Entwicklungsbedingungen des Phänomens weiterhin unterbeleuchtet und auch unangetastet blieben.

In den Forschungsarbeiten spiegeln sich letzten Endes all diejenigen Verdrängungsleistungen wider, die den Umgang der westdeutschen Gesellschaft mit dem Rechtsextremismus ebenso kennzeichneten wie auch die Erinnerungskultur der alten Bundesrepublik. Mehr oder weniger offen wurde der Zusammenhang zwischen den Erscheinungen des Rechtextremismus und der Entwicklung der Nachkriegsgesellschaft mit ihrer politischen Kultur schlicht und einfach getilgt. Was in den Aufbaujahren in Latenz gehalten wurde und sich in den späten 1970er Jahren mit den neuen Betätigungsformen der Akteure im subkulturellen Neonazi-Spektrum Bahn brach, war zwar aus dem öffentlichen Bewusstsein der Bundesrepublik verdrängt, jedoch nie gänzlich verschwunden. Vielmehr ist für die bundesdeutsche Gesellschaft zu attestieren, dass vornehmlich wirtschaftliche Entwicklungen und politischer Neubeginn Triebkräfte gesellschaftlicher Integration waren, während unter mangelnder Entnazifizierung und Demokratisierung in breiten Teilen der deutschen Bevölkerung all das fortlebte, was sich nicht nur als Rechtsextremismus unter den verschärften Bedingungen der sich allmählich wandelnden Industriegesellschaften zeigte.

Seit Jahrzehnten folgt die Reaktion hierauf einem stabilen Muster: Die „Mehrheitsgesellschaft" weist von sich, was sich als Extremismus vermeintlich fernab der Mitte an den gesellschaftlichen Rändern regt. In den 1980er Jahren sollen dies u. a. krisengeschüttelte Adoleszente gewesen sein, in den frühen 1990er Jahren beispielsweise im totalitären DDR-Staat sozialisierte Enttäuschte. Damals wie heute wurden und werden entsprechende Phänomene wider besseren Wissens auf Abgehängte, Ewiggestrige oder Modernisierungsverlierer abgeschoben. Der Rechtsextremismus in der Bundesrepublik ist Schauplatz kollektiver

---
136 Hans-Peter Müller, Entwicklung oder die Ambivalenz der Disziplinierung, in: Psychosozial 23/3 (1984), S. 28–55, hier S. 48.
137 Müller, Entwicklung, S. 48.

psychischer Verleugnung. Im Bewusstsein der westdeutschen Öffentlichkeit hatte vor allem Konformismus den Platz als Beigesang zu den Restaurationsbestrebungen der frühen Nachkriegszeit eingenommen. Die Probleme des Autoritarismus und der Herrschaft in der modernen Gesellschaft oder aber auch das Projekt der Demokratisierung und Politisierung wurden schnell zu den Akten gelegt. Die Sozialwissenschaften standen in Abhängigkeit zu diesen soziokulturellen Bedingungen. So kann in Bezug auf das eingangs genannte Zitat von Mario Erdheim attestiert werden, dass die bundesdeutsche Rechtsextremismus-Forschung im Rückzug in den universitären Elfenbeinturm eine Fluchtoption fand, von Affirmation der herrschenden Norm und gesellschaftlichen Autorität geleitet war und dieser zuarbeitete. Das Ausbleiben einer revolutionär zu nennenden Analyse indes, die wegweisend und gesellschaftskritisch gewesen wäre und für die es historische Vorgänger gegeben hatte, markierte das wissenschaftliche Scheitern vor den sozialen Verhältnissen, an denen Forschung unweigerlich kratzen muss, wenn sie zu den gesellschaftlichen, kulturellen und psychischen Bedingungen gelangen möchte, die Phänomene wie Rechtsextremismus, Rassismus, Antisemitismus, Autoritarismus und dergleichen hervorbringen.

Heute können in der Rassismusforschung immer noch die gleichen Probleme ausgemacht werden, die bereits ihre Vorgängerformen aus den 1980er Jahre kennzeichneten. „Die massenmediale und akademische Kommunikationsweise hat die Resultate [von vorhergehenden] intellektuellen Arbeiten inzwischen wieder verdrängt", beklagt Detlev Claussen[138], und Wulf D. Hund stellt „die postmoderne Auflösung gesellschaftlicher Gegenstandsbereiche in Diskurse"[139] fest. Zwar haben sich in den letzten Jahren die soziokulturellen Gegebenheiten stark verändert, Normen verschoben und Positionen vervielfältigt, es lassen sich aber Motive, die bereits anhand der Forschung der 1980er auszumachen waren, in heutigen Forschungsarbeiten zum Thema wiederfinden. In einer antirassistisch inspirierten Arbeit findet sich etwa der Gedanke, dass „Gegendiskurse" gefragt seien, innerhalb derer die gesamte Gesellschaft aufgefordert wird, „sich mit der eigenen privilegierten Position und mit den eignen rassistischen Vorstellungen auseinanderzusetzen."[140] Oberflächlich offenbart sich hier eine Wandlung, denn was vormals als Randphänomen galt, wird nun gesamtgesellschaftlich verortet. Es lässt sich aber genau darin eine Fortsetzung der Tendenz zeigen, Subjektivität

---

[138] Detlev Claussen, Was heißt Rassismus? in: fiph. JOURNAL 28/1 (2016), S. 4–14, hier S. 8.
[139] Wulf D. Hund, Das Ende der Weißheit. Rassismustheorie und historische Rassismusforschung, in: Soziologische Revue. Besprechungen neuer Literatur 23/4 (2000), S. 404–413, hier S. 406.
[140] Anna-Christin Ransiek, Rassismus in Deutschland. Eine macht-reflexive, biographietheoretische und diskursanalytische Studie, Wiesbaden 2019, S. 147–148.

auszuklammern, wie sie sich bereits in der Forschung der 1980er Jahre manifestierte: Die Auseinandersetzung wird abgeschieden vom Subjekt und von dessen psychologischen und sozialen Entstehungsbedingungen geführt – übrig bleiben Abstrakta wie „Diskurse" oder „Strukturen". In das Zentrum von Analysen werden Äußerungsformen gestellt, die als politische, wissenschaftliche oder massenmediale Produkte vielen Menschen gar nicht zur Verfügung stehen und nur den Bereich sprachlich-symbolischer Repräsentation berühren. Praktiken, die sich daraus ableiten, liegen z. B. in der Reflexion angeblicher „Privilegien" und Wissensbestände, was von Ritualhaftigkeit zeugt, von der sich – alltagssprachlich gesprochen – unterhalb liberal-intellektueller Milieus aber niemand etwas kaufen kann. Die fehlende kritische Bezugnahme auf das Subjekt und seine sich historisch wandelnden sozialen und kulturellen Bedingungen einen die Forschung von damals und heute. Das bedingt zuletzt auch die allgemeine Ratlosigkeit wie auch den praktischen Überschwall. Von der Widerständigkeit der Individuen gegenüber den Verhältnissen – dem Kern eines Bildungsbegriffs, der einer Erziehung unter Abkehr von der Barbarei und ihrem Ebenbild im Konformismus[141] gerecht würde – ist damals wie heute längst keine Rede.

Literatur

Adorno, Theodor W. Erziehung zu Entbarbarisierung, in: Theodor W. Adorno, Erziehung zur Mündigkeit, Frankfurt a. M. 1971, S. 120–132.
Adorno, Theodor W. Vorwort [zu Werner Mangolds „Gegenstand und Methode des Gruppendiskussionsverfahrens"], in: Theodor W. Adorno, Soziologische Schriften II. GS Bd. 9.2, Frankfurt a. M. 1975, S. 395–398.
Adorno, Theodor W. Zum Verhältnis von Soziologie und Psychologie. Aufsätze zur Gesellschaftstheorie und Methodologie, in: Theodor W. Adorno, Soziologische Schriften I. GS Bd. 8, Frankfurt a. M. 1972, S. 42–92.
Bade, Klaus J. Ausländer- und Asylpolitik in der Bundesrepublik Deutschland: Grundprobleme und Entwicklungslinien, in: Ursula Mehrländer (Hrsg.), Einwanderungsland Deutschland, Bonn 1993, S. 51–67.
Böhme, Gernot/Hartmut Böhme. Das Andere der Vernunft: Zur Entwicklung von Rationalitätsstrukturen am Beispiel Kants, Frankfurt a. M. 1985.
Claussen, Detlev. Was heißt Rassismus? in: fiph. JOURNAL 28/1 (2016), S. 4–14.
Dahmer, Helmut. In memoriam Alfred Lorenzer, 2002, http://www.rote-ruhr-uni.com/texte/dahmer_alfred_lorenzer.plain.html (Stand: 10.05.2021).
Demirović, Alex. Der nonkonformistische Intellektuelle. Die Entwicklung von der Kritischen Theorie zur Frankfurter Schule, Frankfurt a. M. 1999.

---

141 Theodor W. Adorno, Erziehung zur Entbarbarisierung, in: Theodor W. Adorno, Erziehung zur Mündigkeit, Frankfurt a. M. 1971, S. 120–132, hier S. 128–129.

Devereux, Georges. Angst und Methode in den Verhaltenswissenschaften, Frankfurt a. M. 1984.
Dudek, Peter/Hans-Gerd Jaschke. Entstehung und Entwicklung des Rechtsextremismus in der Bundesrepublik. Zur Tradition einer besonderen politischen Kultur, Bd. 1, Opladen 1984.
Erdheim, Mario. Die gesellschaftliche Produktion von Unbewußtheit. Eine Einführung in den ethnopsychoanalytischen Prozeß, Frankfurt a. M. 1984.
Freud, Sigmund. Die Traumdeutung, in: Sigmund Freud, Gesammelte Werke II/III, London 1942, S. V–643.
Geißler, Rainer. Die Sozialstruktur Deutschlands, 7., grundlegend überarbeitete Aufl., Wiesbaden 2014.
Glaser, Hermann. Jugendkultur und Gesellschaft, in: Kurt Franke (Hrsg.), Jugend, Politik und politische Bildung, Opladen 1984, S. 33–44.
Haubl, Rolf/Jan Lohl. Tiefenhermeneutik als qualitative Methode, in: Günter Mey/Katja Mruck (Hrsg.), Handbuch Qualitative Forschung in der Psychologie. Springer Reference Psychologie, Wiesbaden 2020, S. 1–23, https://doi.org/10.1007/978-3-658-18387-5_57-2 (Stand: 10. 05. 2021).
Hennig, Eike. Rechtsextremismus und populistische Protestbewegung in der Bundesrepublik, in: Soziologische Revue. Besprechungen neuer Literatur 6/4 (1983), S. 355–368.
Höffken, Heinz-Werner/Martin Sattler. Rechtsextremismus in der Bundesrepublik. Die „Alte", die „Neue" Rechte und der Neonazismus, Wiesbaden 1980.
Hund, Wulf D. Das Ende der Weißheit. Rassismustheorie und historische Rassismusforschung, in: Soziologische Revue. Besprechungen neuer Literatur, 23/4 (2000), S. 404–413.
Joel, Fokke. Radio Adorno, in: Zeit online, 15. 04. 2010, www.zeit.de/kultur/literatur/2010-04/adorno-archivar (Stand: 10. 05. 2021).
Klein, Regina. Tiefenhermeneutische Analyse, 2009, www.fallarchiv.uni-kassel.de/wp-content/uploads/2010/07/klein_tiefenhermeneutik.pdf (Stand: 10. 05. 2021).
Koch-Arzberger, Claudia. Die schwierige Integration. Die bundesrepublikanische Gesellschaft und ihre 5 Millionen Ausländer, Wiesbaden 1985.
Kohl, Helmut. Regierungserklärung vom 13. Oktober 1982, in: Karl-Rudolf Korte (Hrsg.), Das Wort hat der Herr Bundeskanzler. Eine Analyse der Großen Regierungserklärungen von Adenauer bis Schröder, Wiesbaden 2002, S. 407–434.
König, Hans-Dieter. Dichte Interpretation, in: Julia König/Nicole Burgermeister/Markus Brunner/Philipp Berg/Hans-Dieter König (Hrsg.), Dichte Interpretation. Kritische Sozialpsychologie, Wiesbaden 2019, S. 13–86.
König, Hans-Dieter. Einführung in die Methodologie und Methode der Tiefenhermeneutik. Zugleich eine Auseinandersetzung mit Goffmans auf die Theatermetapher rekurrierende Interaktionssoziologie, in: Hans-Dieter König, Die Welt als Bühne mit doppeltem Boden. Kritische Sozialpsychologie, Wiesbaden 2019, S. 13–61.
König, Hans-Dieter. Von einem Neonazi fasziniert, in: Julia König/Nicole Burgermeister/Markus Brunner/Philipp Berg/ Hans-Dieter König (Hrsg.), Dichte Interpretation. Kritische Sozialpsychologie, Wiesbaden 2019, S. 277–346.
Lorenzer, Alfred. Der Analytiker als Detektiv, der Detektiv als Analytiker, in: Alfred Lorenzer, Szenisches Verstehen. Zur Erkenntnis des Unbewußten, Marburg 2006, S. 53–67.
Lorenzer, Alfred. Sprachzerstörung und Rekonstruktion. Vorarbeiten zu einer Metatheorie der Psychoanalyse, Frankfurt a. M. 1973.
Lorenzer, Alfred. Tiefenhermeneutische Kulturanalyse, in: Alfred Lorenzer (Hrsg.), Kultur-Analysen, Frankfurt a. M. 1988. S 11–98.

Mehrländer, Ursula. Ausländerpolitik und ihre Folgen, in: Hartmut M. Griese (Hrsg.), Der gläserne Fremde, Leverkusen 1984.

Müller, Hans-Peter. Entwicklung oder die Ambivalenz der Disziplinierung, in: Psychosozial 23/3 (1984), S. 28–55.

Nader, Laura. Up the Anthropologist. Perspectives Gained From Studying Up, in: Dell H. Hymes (Hrsg.), Reinventing Anthropology, New York 1972, S. 284–311.

Nadig, Maya. Ethnopsychoanalyse und Feminismus. Grenzen und Möglichkeiten, in: Feministische Studien 4/2 (1985), S. 105–118.

Nadig, Maya/Mario Erdheim. Die Zerstörung der wissenschaftlichen Erfahrung durch das akademische Milieu. Ethnopsychoanalytische Überlegungen zur Aggressivität in der Wissenschaft, in: Psychosozial, 23/3 (1984), S. 11–27.

Parin, Paul. Der Beitrag ethno-psychoanalytischer Untersuchungen zur Aggressionstheorie, in: Psyche 27/3 (1973), S. 237–248.

Parin, Paul/Goldy Parin-Matthèy. Der Widerspruch im Subjekt. Die Anpassungsmechanismen des Ichs und die Psychoanalyse gesellschaftlicher Prozesse, in: Sibylle Drews/Rolf Klüwer/Angela Köhler-Weisker/ Mechthild Krüger-Zeul/Klaus Menne/Horst Vogel (Hrsg.), Provokation und Toleranz. Festschrift für Alexander Mitscherlich zum siebzigsten Geburtstag, Frankfurt a. M. 1978, S. 410–435.

Pfahl-Traughber, Armin. Die Entwicklung des Rechtsextremismus in Ost- und Westdeutschland im Vergleich. Eine vergleichende Analyse für die Handlungsfelder „Politik", „Aktion" und „Gewalt", in: Thomas Grumke/Bernd Wagner (Hrsg.), Handbuch Rechtsradikalismus. Personen – Organisationen – Netzwerke vom Neonazismus bis in die Mitte der Gesellschaft, Opladen 2002, S. 29–42.

Ransiek, Anna-Christin. Rassismus in Deutschland. Eine macht-reflexive, biographietheoretische und diskursanalytische Studie, Wiesbaden 1986.

Reichel, Peter. Die politische Kultur der Bundesrepublik, Opladen 1981.

Schwarz, Michael. „Er redet leicht, schreibt schwer". Theodor W. Adorno am Mikrophon, in: Zeithistorische Forschungen/Studies in Contemporary History 8 (2011), S. 286–294.

Treuheit, Werner/Hendrik Otten. Akkulturation junger Ausländer in der Bundesrepublik Deutschland, Wiesbaden 1986.

Wagner, Petra. Zur Problematik der Psychologisierung von Ausländerfeindlichkeit, in: Forum Kritische Psychologie 17/1 (1985), S. 134–147.

Wawerek, Fernando. Wraith's Chronik. Eine Geschichte über fortwährendes Versagen und peinliche Pleiten, in: Max Upravitelev (Hrsg.), Front Deutscher Äpfel. Das Buch zur Bewegung, Hildesheim/Berlin/Luzern 2014, S. 93–94.

Zimmermann, David. Tiefenhermeneutische Forschung im Strafvollzug. Methodologische Überlegungen und Werkstattblick, in: Bernhard Rauh/Nicole Welter/Manuel Franzmann/Kim Magiera/Jennis Schramm/Nicolaus Wilder (Hrsg.), Emotion – Disziplinierung – Professionalisierung. Pädagogik im Spannungsfeld von Integration der Emotionen und neuen Disziplinierungstechniken, Leverkusen-Opladen 2020, S. 115–128.

Lukas Sarvari
Melting Pot statt Stammesverband?
Wolfgang Pohrts Kritik des Multikulturalismus der 1980er Jahre und ihre Grenzen

„Der Ansatz für Multikulti ist gescheitert, absolut gescheitert", erklärte Angela Merkel 2010 auf dem Deutschlandtag der Jungen Union in Potsdam.[1] Was zunächst als spätes Bekenntnis zur „deutschen Leitkultur" und als Aufruf zu stärkeren Integrationsbemühungen gewertet wurde, entpuppte sich schon damals bei näherem Hinsehen als Abgesang auf eine vermeintliche laissez-faire-Haltung gegenüber Migranten und als Appell zu einer aktiveren Regulierung der sogenannten interkulturellen Beziehungen. In der Folge begannen etwa die Bemühungen um die staatliche Aus- und Fortbildung von religiösem Personal in der Deutschen Islamkonferenz, von der zugleich fast alle liberalen Teilnehmer sukzessive ausgeschlossen wurden. Die institutionelle Repräsentation von Migranten aus islamisch dominierten Herkunftsländern und deren Nachfahren obliegt inzwischen fast ausschließlich konservativ-orthodoxen und islamistischen Verbänden. Zwischenzeitlich hat sich die Kanzlerin den Ausspruch „Der Islam gehört inzwischen auch zu Deutschland", den der damalige Bundespräsident Christian Wulff 2010 geäußert hatte, zu eigen gemacht. Mittlerweile sind zahllose staatliche und semi-staatliche Organisationen mit Antirassismus- und Antidiskriminierungsarbeit betraut. „Vielfalt" ist zu einer Leitvokabel der Berliner Republik avanciert, ohne die kein Wahlkampf mehr zu gewinnen ist. Identitätspolitische Auseinandersetzungen um die Frauenverschleierung im öffentlichen Dienst, um die Speisepläne von Kantinen, um die Freistellung moslemischer Mädchen vom Schwimmunterricht, um die Gewährung von Gebeten während der Schul- oder Arbeitszeit, um die „Beschneidung" moslemischer Mädchen und Knaben, um die Anerkennung im Ausland geschlossener Mehrehen und dergleichen mehr gehören heute wie selbstverständlich zur gesellschaftlichen Debatte, obwohl dergleichen bis in die jüngere Zeit hinein noch undenkbar erschienen wäre. Es scheint, als sei der Multikulturalismus in Deutschland, nachdem Merkel ihn für „gescheitert" erklärt hat, erst richtig zu sich selbst gekommen. Mit einer bemerkenswerten Wortwahl hat Wolfgang Schäuble 2016 im Zuge der Flüchtlingskrise dieses Credo unterstrichen: „Die Abschottung ist doch das, was uns kaputt ma-

---

[1] Zit. nach o.A., „Merkel erklärt Multikulti für gescheitert", Spiegel Online, 16.10.2010, https://www.spiegel.de/politik/deutschland/integration-merkel-erklaert-multikulti-fuer-gescheitert-a-723532.html (Stand: 17.07.2021).

Open Access. © 2023 bei den Autorinnen und Autoren, publiziert von De Gruyter. Dieses Werk ist lizenziert unter einer Creative Commons Namensnennung 4.0 International Lizenz.
https://doi.org/10.1515/9783110702729-012

chen würde, was uns in Inzucht degenerieren ließe. Für uns sind Muslime in Deutschland eine Bereicherung unserer Offenheit und unserer Vielfalt. Schauen Sie sich doch mal die dritte Generation der Türken an, gerade auch die Frauen! Das ist doch ein enormes innovatorisches Potenzial!"[2]

I

Die Regierungspolitik der 2010er Jahre lässt leicht in Vergessenheit geraten, dass die Unionsparteien noch vor wenigen Jahrzehnten eine Ausländer- und Immigrationspolitik vertreten haben, die so manche heutige Entgleisung der AfD locker in den Schatten stellt. Nachdem sich während der 1980er Jahre insbesondere durch den Familiennachzug der Gastarbeiter und steigende Asylbewerberzahlen aus den Ostblockstaaten und Dritte-Welt-Ländern der Ausländeranteil in der Bundesrepublik auf circa fünf Prozent verdoppelt hatte und die Christdemokraten durch die Rechtsabspaltung der Republikaner Konkurrenz bekommen hatten, wetterte die Union lauthals gegen „Wirtschaftsflüchtlinge" und „Scheinasylanten". Auf dem Bundesparteitag der CDU 1989 sprach man sich für eine Zuzugsbegrenzung aus[3] und fasste einen Beschluss gegen den „Mißbrauch des Asylrechts".[4] Zugleich warnte der damalige Bundesinnenminister Wolfgang Schäuble davor, „daß Aussiedler und Übersiedler und Ausländer und Asylbewerber miteinander vermischt und miteinander vermengt werden."[5] Die sogenannten „Volksdeutschen", die vor allem aus Polen und Rumänien, später aus den Ländern der ehemaligen Sowjetunion, in die Bundesrepublik einwanderten, sollten weiterhin als ‚Blutsdeutsche' privilegiert werden. Wegen des am Abstammungsprinzip, ergo: der „Volkszugehörigkeit", orientierten Staatsbürgerrechts hatte die Bundesrepublik Ende der 1980er Jahre die niedrigste Einbürgerungsquote unter allen vergleichbaren europäischen Nationen.

Einen scheinbaren Widerpart stellte innerhalb der Union der bis 1989 amtierende Generalsekretär Heiner Geißler dar, der offensiv darauf pochte, die Realität Westdeutschlands als Einwanderungsland anzuerkennen, und der seine Plädoyers für die Arbeitserlaubnis von Asylbewerbern oder das kommunale

---

2 Zit. nach o.A., „Afrika wird unser Problem sein", in: Zeit Online, 08.06.2016, https://www.zeit.de/politik/deutschland/2016-06/wolfgang-schaeuble-aussenpolitik-wandel-afrika-arabische-welt (Stand: 21.03.2021).
3 Vgl. Christlich Demokratische Union Deutschlands, 37. Bundesparteitag der Christlich Demokratischen Union Deutschlands. Niederschrift, Bonn 1989, S. 471.
4 Christlich Demokratische Union, 37. Bundesparteitag, S. 473.
5 Christlich Demokratische Union, 37. Bundesparteitag, S. 355.

Ausländerwahlrecht mit einem offenen Bekenntnis zum Multikulturalismus verband. Tatsächlich zielten seine ausländerfreundlichen Interventionen eher auf eine Frischekur für die bundesrepublikanische Bevölkerung. In seinem 1990 erschienenen Buch *Zugluft*, das sich mit *Politik in stürmischer Zeit* befasste und eine Zusammenfassung seiner Positionen in den unterschiedlichen Parteikämpfen darbot, widmete er der multikulturellen Gesellschaft ein eigenes Kapitel, in dem er die Notwendigkeit der Einwanderung unentwegt mit dem durch den sogenannten „Pillenknick" verursachten Geburtendefizit, mit der drohenden „Altenlast"[6], „Vergreisung"[7] und gar „Altersklerose"[8] der Deutschen begründete. Ohne Einwanderung, so warnte er, würde aus den Deutschen „innerhalb weniger Jahrzehnte ein vergreisendes und sterbendes Volk."[9] Den Pragmatismus, mit dem die Ausländer für den Arbeitskräftenachschub und die Bewältigung eines anstehenden Pflegekollapses eingespannt werden sollten, verband Geißler mit einem schwärmerischen Kulturverständnis. Obzwar er seine Vision des Multikulturalismus als Antidot zum völkisch-nationalen Denken innerhalb der Union verstand – das er etwa an einem umstrittenen Edmund-Stoiber-Zitat exemplifizierte, wonach der damalige bayerische Innenminister vor einer „durchrassten und durchmischten Gesellschaft" gewarnt habe[10] – entpuppte sich sein Projekt eines bundesrepublikanischen Vielvölkerstaats seinerseits als Konglomerat kulturell zergliederter Abstammungsgemeinschaften, in denen eine ‚Durchmischung' gerade nicht drohe:

> Natürlich ist jeder Mensch, ob Deutscher oder Türke, in seiner Heimat verwurzelt. Nicht nur die Sprache, auch Erfahrungen der Eltern und Großeltern werden vererbt [sic] und weitergegeben. Jeder ist in der Geschichte seines Volkes verhaftet. [...] Multikulturelle Gesellschaft bedeutet die Bereitschaft, mit Menschen aus anderen Ländern und Kulturen zusammenzuleben, ihre Eigenart zu respektieren, ohne sie germanisieren oder assimilieren zu wollen.[11]

Dass Geißler als gemeinsames Dach der vielfältigen Volkskulturen die universellen Menschenrechte, die Philosophie der Aufklärung oder auch die Kunst vorschwebten, unterschied ihn zwar von noch hermetischeren Kulturschützern, drückte sich aber wiederum in rassebiologisch konnotierten Formeln aus, etwa

---

6 Heiner Geißler, Zugluft. Politik in stürmischer Zeit, 2. Auflage, München 1990, S. 185.
7 Geißler, Zugluft, S. 186.
8 Geißler, Zugluft, S. 186.
9 Geißler, Zugluft, S. 182.
10 Vgl. Geißler, Zugluft, S. 181.
11 Geißler, Zugluft, S. 193.

wenn er die klassische Musik als „rassenübergreifend" lobte oder von der „Kreuzung der Kulturen" schwärmte.[12]

Einen Mitstreiter fand Heiner Geißler in dem Grünenpolitiker und Ex-Sponti Daniel Cohn-Bendit, mit dem zusammen er 1991 den Sammelband *Einwanderbares Deutschland oder Vertreibung aus dem Wohlstands-Paradies?* herausgab, in dem Geißler sein bevölkerungspolitisch begründetes Plädoyer für den Multikulturalismus erneuerte.[13] Cohn-Bendit war im Juli 1989 zum ehrenamtlichen Stadtrat und ersten Dezernenten des neu gegründeten Amts für Multikulturelle Angelegenheiten (AMKA) in Frankfurt am Main ernannt worden. Als „internationalste" Stadt der Bundesrepublik bot sich Frankfurt seinerzeit für dieses einmalige Modellvorhaben an. Für Cohn-Bendit war die multikulturelle Gesellschaft anders als für Geißler kein politisches Ziel, sondern eine soziale Tatsache, die es anzuerkennen und ‚gestalterisch' zu verwalten gelte. In seiner ersten Rede vor der Frankfurter Stadtverordnetenversammlung erklärte er die Aufgabe seines Amts damit, anderen Behörden „Anregungen und Hilfestellungen" im Umgang mit anderen Kulturen zu geben, die „Einbeziehung [der Ausländer] in den demokratischen Prozeß" vorzubereiten und im Falle von Konflikten zwischen „Mehrheit und Minderheiten" zu vermitteln.[14] In seinem mit Thomas Schmid verfassten Buch *Heimat Babylon* über *Das Wagnis der multikulturellen Demokratie* wird das Amt als „Vermittlungsstelle zwischen Deutschen und Migranten, aber auch zwischen Migranten" beschrieben: „Es versteht sich dagegen nicht als Klagemauer gegen Deutsche. [...] Das Amt will beide Seiten ins Gespräch bringen; Vermittlung, nicht Konfrontation ist sein Weg."[15] Damit grenzte sich Cohn-Bendit gegen den Fundi-Flügel seiner Partei ab, dem er eine Verklärung der Ausländer vorwarf. Keinesfalls sollte das Amt als „Ausländer-Lobby"[16] wahrgenommen werden. Gegenüber dem *Spiegel* beteuerte Cohn-Bendit: „Multikulturell heißt ja nicht das Eigenständige verlieren",[17] er wolle „keinem seine deutsche Kultur wegneh-

---

12 Geißler, Zugluft, S. 197.
13 Heiner Geißler, Deutschland – ein Einwanderungsland?, in: Daniel Cohn-Bendit u. a. (Hrsg.), Einwanderbares Deutschland oder Vertreibung aus dem Wohlstandsparadies?, Frankfurt am Main 1991, S. 9–23.
14 Daniel Cohn-Bendit, Ein kommunales Experiment. Einige Antworten auf die Frage: Was soll das Ganze – ein Dezernat für Multikulturelle Angelegenheiten?, in: Cohn-Bendit u. a. (Hrsg.), Einwanderbares Deutschland, S. 44–52, hier S. 45.
15 Daniel Cohn-Bendit/Thomas Schmid, Heimat Babylon. Das Wagnis der multikulturellen Demokratie, Hamburg 1992, S. 287.
16 Cohn-Bendit, Ein kommunales Experiment, S. 45.
17 o. A., „Bank und Gras, das paßt zusammen" – SPIEGEL-Interview mit dem Grünen Daniel Cohn-Bendit über Frankfurter Stadtpolitik, in: Der Spiegel, 19.03.1989, www.spiegel.de/politik/

men".[18] Die Amtsleiterin Rosi Wolf-Almanasreh forderte die „Gewährleistung des kulturellen Pluralismus".[19] Dass es sich bei der bundesrepublikanischen Gesellschaft um ein je nach kulturellen Eigenarten segregiertes Bevölkerungsgemisch handele, stand für Cohn-Bendit und sein Amt nicht nur außer Frage, sondern sollte obendrein unter behördlichen Schutz gestellt werden. Das amerikanische Ideal des *melting pot* galt als „gescheitertes Modell", das Zuwanderer zu „Opfer[n]" mache, die „umgemodelt" würden.[20]

Aus Sicht einer Politik der Differenz sei „Assimilation", so der kanadische Theoretiker des Multikulturalismus Charles Taylor, „die Todsünde gegen das Ideal der Authentizität."[21] Authentizität hat Taylor als Treue zu sich selbst verstanden und – den „Volksgeist"-Gedanken Johann Gottfried Herders paraphrasierend – hinzugesetzt: „Wie das Individuum, so sollte auch das ‚Volk' sich selbst, das heißt seiner Kultur treu sein."[22] Die Anerkennung des Einzelnen müsse die Anerkennung seiner kulturellen Identität einschließen. Daraus erwachse ein Recht auf kulturelle Selbsterhaltung, das den ‚differenz-blinden' universalistischen Liberalismus beschränke, der seinerseits bloß noch als partikulare Kulturausprägung des imperialistischen Europas zu gelten hätte. Die geforderte Verrechtlichung des Kulturerhalts setzt voraus, Kultur als etwas zu verstehen, das über das Verhalten leibhaftiger Individuen hinausgeht und diese vielmehr als Glieder eines organischen Kollektivs ansieht: Wenn Zuwanderer sich assimilieren, sie „umgemodelt" werden, verlieren sie nach dieser Logik ihre authentische Kultur, bei der es sich um etwas Originäres, Überliefertes und Angestammtes handeln muss. Wer zu welcher Kultur gehört – und für wen demnach mögliche Gruppenrechte gelten sollten –, kann sich demnach nur über die Herkunft bestimmen, so wie es beispielsweise in Kanada, wo der Multikulturalismus seit den 1980er Jahren Verfassungsrang hat, die Herkunft der Eltern ist, die darüber entscheidet, ob man eine englischsprachige oder frankophone Schule besuchen darf bzw. muss. „Wir müssten demnach glauben", so der britische Philosoph Kenan Malik, „dass das,

---

bank-und-gras-das-passt-zusammen-a-7f900849-0002-0001-0000-000013494471 (Stand: 21.03. 2021).
18 Thomas Darnstädt, „Die Grünen verklären die Asylbewerber" – Frankfurts designierter Dezernent für Multikulturelles, Daniel Cohn-Bendit, über die Ausländerpolitik seiner Partei, in: Der Spiegel, 28.05.1989, www.spiegel.de/politik/die-gruenen-verklaeren-die-asylbewerber-a-c492bb5a-0002-0001-0000-000013496169 (Stand: 21.03.2021).
19 Zitiert nach Laura Mestre Vives, Wer wie über wen? Eine Untersuchung über das Amt für multikulturelle Angelegenheiten, Pfaffenweiler 1998, S. 31.
20 Cohn-Bendit/Schmid, Heimat Babylon, S. 316–317.
21 Charles Taylor, Multikulturalismus und die Politik der Anerkennung, Frankfurt am Main 1993, S. 29.
22 Taylor, Multikulturalismus, S. 20.

was ein Mensch tun sollte, durch das vorgegeben wird, was seine Vorfahren taten. Kultur wird auf diese Weise über biologische Abstammung bestimmt. Und ‚biologische Abstammung' ist nur eine vornehme Art, ‚Rasse' zu sagen."[23]

Das Ziel des Frankfurter Amts für Multikulturelle Angelegenheiten, den „kulturellen Pluralismus" zu gewährleisten, verfolgte dieses unter anderem mit der Unterstützung von Folkloreveranstaltungen mit orientalischer Musik, der Ausrichtung eines festlichen „Tags der deutschen Vielfalt" oder der Hilfestellung bei der Gründung und Betätigung von migrantischen Kulturvereinen.[24] Sowie soziale Gruppen auf vermeintliche kulturelle Identitäten festgenagelt werden, werden jedoch zugleich soziale Konflikte kulturalisiert. Mit dem Erhalt kultureller Vielfalt wird somit auch die Brisanz kultureller Konflikte konserviert, die der Lebenssaft einer Institution ist, die sich vornehmlich der interkulturellen Vermittlung, Verständigung und Versöhnung verschrieben hat. Dass die Sortierung der Stadtgesellschaft in kulturell definierte Konfliktparteien nicht bei allen Betroffenen auf Begeisterung stieß, zeigte sich, als das AMKA sich anschickte, als eine seiner ersten Amtshandlungen eine als empirische Untersuchung angelegte „Bestandsaufnahme" der Frankfurter Sinti und Roma anzufertigen, woraufhin der Landesverband deutscher Sinti und Roma das Amt bezichtigte, eine „Sondererfassung der Sinti und Roma in Karteien und Dateien oder sonstigen Unterlagen"[25] zu planen. Cohn-Bendit musste sich vor der Stadtverordnetenversammlung entschuldigen, schrieb jedoch im Nachgang der Affäre:

> Wo Sinti und Roma auftauchen, werden sie in aller Regel schnell zu *troublemakers*, die fast ausschließlich als Last und Zumutung erscheinen und die in der Tat insofern asozial, oder genauer: nicht-sozial sind, als sie nicht erkennen lassen, daß sie zu der Gesellschaft, in der sie leben, Zugang finden wollen.[26]

Wohlwollende Töne hat Cohn-Bendit hingegen gegenüber den islamischen Gemeinden angeschlagen. Der „Umgang der Deutschen mit der moslemischen Minderheit" werde die „Nagelprobe für die multikulturelle Gesellschaft sein".[27] Sechzehn verschiedene islamische Religionsgemeinschaften gab es seinerzeit in Frankfurt. Bereits vor der Einrichtung des Amts hatte Cohn-Bendit angekündigt, „eine Moschee zu bauen, damit die Türken nicht immer im Keller beten müs-

---

23 Kenan Malik, Das Unbehagen in den Kulturen. Eine Kritik des Multikulturalismus und seiner Gegner, Frankfurt am Main 2017, S. 54.
24 Vgl. Amt für Multikulturelle Angelegenheiten, Zweieinhalb Jahre Amt für Multikulturelle Angelegenheiten, Frankfurt am Main 1993, S. 86–94.
25 Zitiert nach Mestre Vives, Wer wie über wen?, S. 39.
26 Cohn-Bendit/Schmid, Heimat Babylon, S. 289.
27 Cohn-Bendit/Schmid, Heimat Babylon, S. 306.

sen."²⁸ Ein repräsentativer Moscheebau sollte „verhindern, daß sich fundamentalistische Kräfte zusammenschließen, um ihrem Anliegen mehr Geltung zu verschaffen."²⁹ Es stellte sich jedoch heraus, „daß die verschiedenen islamischen Gemeinden nicht veranlaßt werden können und sollten, sich nun auf ein einziges Gotteshaus zu ‚einigen'."³⁰ Ausgerechnet die Tatsache, dass saudische Wahabiten und – zum Missfallen vieler Kurden – das türkische Diyanet in Frankfurt um Einfluss rangen, wurde zugleich als Beispiel dafür angeführt, „daß die Unterschiedlichkeit der verschiedenen Glaubensrichtungen unsererseits unbedingt respektiert werden muß."³¹ Die Kompromisslösung, die jedoch nie verwirklicht wurde, sah den Bau eines „Islamischen Kulturzentrums" vor, in dem neben mannigfachen Gebetsräumen und einer Bibliothek auch ein „türkisches Bad" Platz finden sollte, „das auch muslimischen Frauen in einem geschützten Raum die Gelegenheit zum Baden und Schwimmen gibt"³² – als sei ihnen in der Bundesrepublik in irgendeinem öffentlichen Bad jemals der Zutritt oder Schutz verwehrt worden.

Die Fokussierung auf den Islam – in den Arbeitsberichten des Amts wurden unter dem Stichwort „interreligiöser Dialog" andere Religionen nicht einmal erwähnt³³ – hing auch damit zusammen, dass in den 1980er Jahren Moslems nicht nur im Rahmen des Familiennachzugs der türkischen Gastarbeiter, sondern zunehmend auch als Asylbewerber aus Bürgerkriegsgebieten wie dem Libanon zugezogen waren. Gerade die Flüchtlinge hatten es Cohn-Bendit angetan, denen er eine besondere Leistungsfähigkeit und ein außerordentliches Bereicherungspotential attestierte: „Die meisten Asylbewerber sind Menschen, die eine irrsinnige Energie haben", erklärte er im *Spiegel*-Interview: „Die haben es geschafft, aus ganz kaputten Zusammenhängen zu fliehen. Und diese Energie würden sie unheimlich produktiv einsetzen hier in dieser Gesellschaft. Sie würden viele Arbeiten machen."³⁴ Dem Ruf seiner Partei nach einem Bleiberecht für alle wollte er sich dennoch nicht anschließen: „Akzeptieren wir also die Menschen, die es geschafft haben, hierherzukommen; aber seien wir vorsichtig in den Signalen, die

---

28 Darnstädt, „Die Grünen verklären die Asylbewerber".
29 Amt für Multikulturelle Angelegenheiten, Zweieinhalb Jahre, S. 97.
30 Amt für Multikulturelle Angelegenheiten, Zweieinhalb Jahre, S. 97.
31 Amt für Multikulturelle Angelegenheiten, Zweieinhalb Jahre, S. 97.
32 Amt für Multikulturelle Angelegenheiten, Zweieinhalb Jahre, S. 98.
33 Vgl. Amt für Multikulturelle Angelegenheiten, Zweieinhalb Jahre, S. 97–98, sowie Amt für Multikulturelle Angelegenheiten, Fünf Jahre Amt für Multikulturelle Angelegenheiten. Bericht über Aufgaben und Maßnahmen der Stadt Frankfurt am Main im Bereich Integration und interkulturelle Entwicklung, Frankfurt am Main 1996, S. 142–144.
34 Darnstädt, „Die Grünen verklären die Asylbewerber".

wir setzen nach außen."³⁵ Das Verständnis von Asylrecht und Grenzschutz als Selektionsmechanismen, denen nur die Durchsetzungsstärksten und Belastbarsten standhalten, ist hier bereits vorgezeichnet. Einen zeitgemäßen Ausdruck fand es 2018 in der Kampagne des „Integrationsdienstleisters" Social-Bee, der die Vermittlung arbeitssuchender Flüchtlinge mit Slogans bewirbt wie „Ich bin stressresistent – Auf der Flucht wurde ich verhaftet und mehrere Tage verhört".³⁶ Cohn-Bendits Tenor, wonach Flüchtlinge und Einwanderer zu „akzeptieren" seien, sofern sie eine besondere Produktivität vorweisen können und eine Bereicherung der kulturellen Vielfalt darstellen, konnte sich schon 1989 die CDU anschließen, die mit ihrer Einwanderungspolitik nicht nur der Überalterung der Bevölkerung vorbeugen wollte, sondern auch auf ihrem Bundesparteitag festgehalten hatte: „Durch ihre Lebensweise und Lebensauffassung haben die Ausländer vielen Deutschen Anstöße zur Bereicherung von kulturellem Leben und Freizeitverhalten gegeben."³⁷

II

„Kein Wunder", befand der Sozialforscher und Ideologiekritiker Wolfgang Pohrt in einem 1989 gehaltenen Vortrag,

> daß Cohn-Bendit, der frischgebackene Frankfurter Dezernent für Multikulturelles, einerseits den Einheimischen ihre Heimatliebe und den Türken ihre Moschee gönnt, und daß er andererseits volles Verständnis dafür zeigt, daß die bundesrepublikanischen Grenzen geschlossen bleiben. Es stellt nämlich – folgt man Cohn-Bendit – einen Verstoß gegen die Menschenwürde dar, wenn gläubige Moslems in Frankfurt kein Gebetshaus haben. Es stellt keinen Verstoß gegen die Menschenwürde dar, wenn die Grenzpolizei sich den armen Teufel aus Anatolien greift, um das Bündel Elend postwendend wieder dorthin zu schicken, wo es in Armut verkommen wird.
> Cohn-Bendits Empfindsamkeit in kulturellen und religiösen Angelegenheiten einerseits, andererseits sein Einverständnis mit der Verteidigung bundesrepublikanischer Grenzen gegen anrückende Habenichtse, zeigt nun in einem exemplarischen Fall, welche Funktion das Konzept der multikulturellen Gesellschaft erfüllt. Es erfüllt den Zweck, sich für schmutzige Arbeit das gute Gewissen zu sichern[.]³⁸

---

35 Darnstädt, „Die Grünen verklären die Asylbewerber".
36 http://www.employ-refugees.de/#soft-skills (Stand: 21.03.2021).
37 Christlich Demokratische Union, 37. Bundesparteitag, S. 470.
38 Wolfgang Pohrt, Multikulturelle Gesellschaft. Kultur im Zehnerpack, in: Wolfgang Pohrt, Multikulturelle Gesellschaft. Rassismus für den gehobenen Bedarf. Zwei Vorträge, Berlin 2021, S. 45–80, hier: S. 50–51.

Für Pohrt, der zu dieser Zeit bereits den Unmut zahlloser Linker und Grüner auf sich gezogen hatte, weil er in den Friedens- und Umweltbewegungen der 1980er Jahre eine wiederaufflammende Begeisterung für Heimatschutz und nationalen Schollenkult erkannt hatte, war ebenso der Multikulturalismus nur ein leidlicher Umweg, um dem völkischen Gemeinsinn der Deutschen Bahn zu brechen. Aus der Forderung „multikulturelle Gesellschaft" gelinge es, so Pohrt, „logisch ganz konsequent die Forderung ‚Ausländer raus' abzuleiten."[39]

> Wenn nämlich jedwede regelhafte Form des Daseins zu erhaltenswerten Nationalkultur erklärt und deshalb den Einwanderern in der Bundesrepublik nicht nur das Recht zugestanden wird, sondern man von ihnen förmlich erwartet, daß sie homogene und separate Gruppen bilden, deren vornehmste Aufgabe und deren legitimes Ziel es ist, die mitgebrachten Sitten und Bräuche gegen neue Einflüsse zu verteidigen, dann ist es nicht länger einzusehen, warum eigentlich den Deutschen dies Recht, ihre eigene Nationalkultur zu bewahren, sogar im eigenen Land vorenthalten werden soll.[40]

Pohrt musste nicht hellsehen können, um Formationen wie die Identitäre Bewegung vorherzusagen, die heute im Jargon linker Identitätspolitik die kulturelle Autonomie weißer Europäer verteidigen. Der neurechte Ethnopluralismus hatte sich schon zu seiner Zeit als Schwesterideologie des Multikulturalismus bemerkbar gemacht. Das Loblied auf das Selbstbestimmungsrecht der Völker, das in den Nachkriegsjahrzehnten vor allem von der Linken angestimmt worden war, ertönte nun auch von rechts. Das multikulturelle Paradigma der Neuen Linken, wonach die Völker schützenswerte kulturelle Kollektive bildeten, konnte es daher auch den Deutschen erlauben, „sich selbst das Recht auf die erbitterte Verteidigung des eigenen Stallgeruchs unter dem Vorwand zu nehmen, es den Ausländern geben zu wollen."[41] Auch ohne dass es den Fürsprechern des Multikulturalismus notwendigerweise als „ausgeklügelte Strategie"[42] bewusst gewesen sei, hätten sie sich doch als Zuarbeiter der Fremdenfeinde betätigt. Schließlich teilten multikulturelle Grüne und ausländerfeindliche Republikaner die gemeinsame Überzeugung, „daß Einwanderer nicht als ganz normale Bürger zu betrachten sind, sondern daß sie eine ethnische oder kulturelle Fremdgruppe bilden, deren Fremdheit dann wiederum je nach Geschmack als eine Bereicherung oder als eine Bedrohung der hiesigen Kultur empfunden wird, wobei beide Parteien die Existenz dieser Kultur grundlos unterstellen."[43]

---

39 Pohrt, Multikulturelle Gesellschaft, S. 52.
40 Pohrt, Multikulturelle Gesellschaft, S. 52.
41 Pohrt, Multikulturelle Gesellschaft, S. 52–53.
42 Pohrt, Multikulturelle Gesellschaft, S. 61.
43 Pohrt, Multikulturelle Gesellschaft, S. 48–49.

Dass überhaupt Einwanderer vor allem als Angehörige einer fremden Kultur in den Blick genommen wurden, war für Pohrt keineswegs selbstverständlich und nur dadurch zu erklären, dass zum einen der Kulturbegriff längst einer maßlosen Verwässerung anheimgefallen war und zum anderen die Betonung der Kultur dazu dienen konnte, alle sozialen und ökonomischen Umstände in den Hintergrund treten zu lassen. Der Kultur, die sich längst zu „Eßkultur, Wohnkultur, Körperkultur" und so weiter vervielfältigt und banalisiert habe, haftet stets noch etwas Weihevolles und Respektables an, insofern sie sich mit dem Schönen, Geschmackvollen und Künstlerischen in Verbindung bringen lässt. Die simple Begeisterung für exotische kulinarische oder musikalische Spezialitäten lässt jedoch vergessen, dass es sich bei ihnen um Ausdrucksformen von kulturellen Verhältnissen handelt, die nicht erst im Umgang mit bestimmten Gewürzen oder Tonleitern bestehen, sondern diesen Umgang dadurch bedingen, dass ihm bestimmte Formen der materiellen Produktion und Reproduktion der Lebensbedingungen zugrunde liegen. Der Respekt für regionale oder nationale „Sitten und Bräuche" war für Pohrt daher „unmittelbar schon ein Ausdruck brutalen Desinteresses an den lebendigen Menschen. Sie sollen festhalten an Lebensformen, welche vor allem kümmerliche Produktionsverhältnisse widerspiegeln, die Rückständigkeit, die Armut und Unterdrückung, der sie entsprungen sind" und deren „verdientes Schicksal [...] ihre revolutionäre Umwälzung wäre."[44]

Emigranten verließen ihre Heimat oft auch deshalb, um den Ortswechsel als „Chance zur Emanzipation von Lebensformen zu nutzen, die auch in den Herkunftsländern längst nicht mehr unumstritten sind, weil sie zu Fesseln der gesellschaftlichen Entwicklung wurden."[45] Häufig handelte es sich bei ihnen um Deklassierte, gesellschaftlich Überflüssige, die mit ihrer durch Kapitalisierung und Modernisierung ohnehin fragwürdig gewordenen Nationalkultur in eben keiner unmittelbaren Verbindung mehr stehen und die schon deshalb mit der ihnen aufgenötigten Rolle als Kulturbotschafter ebenso überfordert sein mussten, „wie dies ein deutscher Arbeitsloser aus Bottrop wäre, der in Melbourne/Australien einen Schuhplattler aufs Parkett legen oder Beethovens späte Streichquartette interpretieren soll."[46] Trotzdem bestärkten die Multikulturalisten eine „Fiktion vom Emigranten, der im Herkunftsland nicht etwa ein Opfer sozialer Umbrüche geworden, sondern dort vielmehr in einer unbefragt gültigen Tradition fest verankert war, welcher er auch in der neuen Umgebung unverbrüchliche Treue hält."[47]

---

44 Pohrt, Multikulturelle Gesellschaft, S. 49–50.
45 Pohrt, Multikulturelle Gesellschaft, S. 59.
46 Pohrt, Multikulturelle Gesellschaft, S. 59.
47 Pohrt, Multikulturelle Gesellschaft, S. 59.

Einwanderer als Exemplare volkstümlicher Kulturkollektive zu betrachten, heißt demnach, sie nicht als Individuen in ihrer sozialen Lage zu begreifen und die gesellschaftliche und ökonomische Realität zu negieren. Traditionen erhalten sich ungebrochen nur dort, wo der gesellschaftliche Entwicklungsgrad noch nicht an die gesellschaftlichen Verkehrsformen, die die Warenproduktion diktiert, aufgeschlossen hat. Solchen Traditionserhalt in der Bundesrepublik zu fordern, verkenne, dass die Bundesrepublik „faktisch kein durch gemeinsame Riten zusammengehaltener, homogener Stammesverband" sei. Es handele sich vielmehr um „eine spätkapitalistische, nach Einkommens-, Macht- und Statusgruppen segmentierte Industriegesellschaft", auch wenn das Wort von der multikulturellen Gesellschaft den Eindruck erweckt, für den einzelnen würde statt seines Ranges auf der Lohnskala hauptsächlich die Frage von Bedeutung sein, ob seine Eltern Kartoffeln oder Paprika aßen."[48] In der „arbeitsteiligen Industriegesellschaft" kämen kulturelle Eigenarten höchstens als zeitweiliger Vorsprung in der Entwicklung neuer Konsummöglichkeiten zum Zug (Pizza, Döner, etc.), würden über kurz oder lang aber einer „alle regionalen und lokalen Unterschiede nivellierende[n] Dynamik"[49] unterworfen, die die Einzelnen aus allen hergebrachten Beziehungen losreiße und nur noch auf ihre Stellung im Produktionsprozess zurückwerfe. Unter diesen Bedingungen haben ein Arbeiter aus Anatolien und ein Arbeiter aus dem Ruhrgebiet, die im selben Werk malochen, fraglos mehr gemeinsam als ein norddeutscher Obdachloser mit einem norddeutschen Aufsichtsratsvorsitzenden, obwohl sie beide vorgeblich dem gleichen „Kulturkreis" entstammen. „Fremdheit", so Pohrt, ist in modernen Gesellschaften „kaum noch Naturkategorie, sondern vorrangig eine soziale";[50] die Differenzierung einer Gesellschaft nach ethnischen Kriterien – nichts anderes meint Multikulturalität, die auf die Vielzahl ethnographisch definierter Gruppen abzielt – sei demnach schon allein sachlich falsch. Falsch sei es überdies, den Einwanderern zur Pflege ihrer „ursprünglichen" Identität oder Kultur zu raten: „Umgekehrt kommt es im Interesse der Integration vielmehr gerade auf die Profanisierung der herkömmlichen Lebensgewohnheiten an, darauf, die mitgebrachten Fertigkeiten aus dem nationalen oder kultischen Zusammenhang zu lösen."[51] Wie die Pizza vom italienischen Arme-Leute-Essen zum internationalen Fast-Food-Verkaufsschlager werden konnte, so könnten auch überkommene traditionelle Lebensformen sich in einer tauschvermittelten Gesellschaft auflösen, sofern der gemeinsame Zugang zu einem Markt der Güter – industrieller und kulturindustrieller Art – garantiert werde:

---

48 Pohrt, Multikulturelle Gesellschaft, S. 54.
49 Pohrt, Multikulturelle Gesellschaft, S. 55.
50 Pohrt, Multikulturelle Gesellschaft, S. 56.
51 Pohrt, Multikulturelle Gesellschaft., S. 64.

> Wie der Konsum einen wichtigen Beitrag zur Resozialisierung der Deutschen geleistet hat, zu ihrer Reintegration in die Gruppe der zivilisierten Nationen, aus welcher sie sich in ihrer Eigenschaft als Anhänger des Rasse-, Blut- und Schollenkultes für eine ganze Weile verabschiedet hatten, so hilft der Konsum auch den Einwanderern dabei, mit obsolet gewordenen, traditionsverhafteten Lebensformen ihrer Herkunftsländer zu brechen. [...] Während dem Konsum in der Bundesrepublik zunächst die besonders schwierige Aufgabe zufiel, eine Bevölkerung von ausgesprochen abseitigen Wahnvorstellungen zu heilen und sie beispielsweise davon zu überzeugen, daß die Urlaubsreise im eigenen Auto doch mehr Spaß macht als ein Fronteinsatz und der Heldentod fürs Vaterland, kommt es bei den Einwanderern lediglich darauf an, im herkömmlichen Sinn traditionelle Lebensformen aufzulösen.[52]

Eine solche Integrationsstrategie, die auf die Profanisierung des Hergebrachten abzielt und schlussendlich alle sogenannten Kulturgüter in Güter im banalen Sinne verwandeln würde, in deren Produktion und Austausch die Individuen als formal Gleiche gegenüberträten und ihre Ungleichheit als gesellschaftlich bedingte erkennen könnten, würde voraussetzen, kulturelle Unterschiede nicht zu verhärten, sondern ihrer allmählichen Auflösung zu überlassen. Formale Bedingungen einer solchen Vergleichung der Menschen wären die Einbürgerung, die erst aus sogenannten „ausländischen Mitbürgern" tatsächliche Bürger mit allen Rechten macht, sowie Hilfestellungen zum Beispiel beim Spracherwerb. Eine solche Strategie habe man vonseiten der Grünen, so Pohrt, „abwertend und in Anspielung auf das Dritte Reich als ‚Germanisierung' bezeichnet, obgleich von den Nazis zu Juden erklärte Menschen nicht eingedeutscht, sondern ausgedeutscht, ihrer Staatsbürgerschaft beraubt und dann ermordet worden sind."[53] Demgegenüber hielt Pohrt das Beispiel der USA hoch, wo Bürger verschiedenster Herkunft einem niemals konfliktfreien, aber zwanglosen Assimilationsprozess unterworfen worden sind: Westdeutschland müsse sich entscheiden, ob man den multikulturellen Weg der Balkanisierung beschreiten wolle „oder ob man sich eher an den USA orientieren möchte, wo jene ‚Durchrassung' und ‚Durchmischung', d. h. vollständige Integration der Einwanderer zum Erfolg geführt hat, vor welcher es den Teilen der CSU graut, die sich Illusionen über die Reinrassigkeit eines Volkes machen, welches Ernst Bloch zu Recht als das an seinen eigenen Ansprüchen gemessen bastardisierteste Europas bezeichnet hat."[54]

Pohrts Plädoyer für eine Anerkennung der Ausländer als Einwanderer – und demnach der Anerkennung Deutschland als Einwanderungsland – zielte in der Konsequenz auf den Verzicht jedweder Andersbehandlung, womit rechtliche

---

52 Pohrt, Multikulturelle Gesellschaft, S. 67–68.
53 Pohrt, Multikulturelle Gesellschaft, S. 58.
54 Pohrt, Multikulturelle Gesellschaft, S. 76.

Benachteiligungen ebenso ausgeschlossen sein mussten wie die partielle Begünstigung kultureller Gruppen durch den Staat:

> Einwohner der Bundesrepublik werden demnach unabhängig von ihrer nationalen Herkunft als Personen mit gleichen Rechten und Pflichten betrachtet, und es steht ihnen völlig frei, als Privatpersonen die Erinnerungen an die alte Heimat zu pflegen. Andererseits dürfen sie nicht erwarten, daß der Staat auf ihre Herkunft Rücksicht nimmt, daß beispielsweise öffentliche Schulen die Kinder in der Muttersprache der Eltern unterrichten, oder daß die Behörden sich auf den Publikumsverkehr mit Personen einstellen, die der deutschen Umgangssprache nicht mächtig sind. Prinzipiell muß die faktische Benachteiligung, welche durch die formelle Gleichheit entsteht, von den Einwanderern ertragen werden, was freilich nicht das Bemühen ausschließt, Hilfe zu geben und unnötige Härten zu vermeiden.[55]

Ein Staat, der dem Allgemeininteresse verpflichtet ist, könne schlechterdings nicht zugunsten irgendwelcher Partikularinteressen intervenieren. Schließlich sei es, so Pohrt, nicht nachzuvollziehen, weswegen sich beispielsweise die Zeugen Jehovas „in der Regel selbst um einen Versammlungsraum kümmern müssen", während zugleich eine Kommune bereit sei, „türkischen Einwanderern bei der Suche nach Räumlichkeiten für eine Moschee zu helfen, obgleich der Islam in der Bundesrepublik faktisch eine Sekte ist, um deren Gedeihen sich ihre Anhänger schon selber sorgen müßten"[56], oder weswegen eine Kommune sich dazu entscheide, „ein türkisches Vereinsheim [zu] fördern, statt Zuschüsse gerade umgekehrt mit der Auflage zu verbinden, der Verein oder der Versammlungsort müsse grundsätzlich allen Bürgern offenstehen, unbeschadet ihrer nationalen Herkunft oder ihrer Religionszugehörigkeit."[57]

Eine sogenannte Integrationsstrategie aber, die auf die Förderung segregierter Volkstumsgruppen hinausläuft und eine Multikulturalität zum Ziel hat, zu deren Gedeihen die Verwässerung oder Vermischung von „Kulturen" gerade verhindert werden müsste, laufe Pohrt zufolge darauf hinaus, von Einwanderern zu erwarten, ihre Herkunftskultur abgeschnitten von ihrer Herkunftsgesellschaft zu pflegen, was unter anderem die bekannte Folge haben kann, dass Einwanderer weder die Landessprache noch die Muttersprache richtig beherrschen. „Es bedeutet", so Pohrt, „Inseln konzentrierter Asozialität schaffen zu wollen, auf die man wiederum bei Bedarf verweisen kann, dann nämlich, wenn man nach Rechtfertigungsgründen für eine Diskriminierung der Einwanderer sucht."[58] Dass sich die Forderung der multikulturellen Gesellschaft mit der Duldung und Un-

---

55 Pohrt, Multikulturelle Gesellschaft, S. 68–69.
56 Pohrt, Multikulturelle Gesellschaft, S. 74.
57 Pohrt, Multikulturelle Gesellschaft, S. 75.
58 Pohrt, Multikulturelle Gesellschaft, S. 60.

terstützung der „Absonderung und Ansiedlung [der Einwanderer] in geschlossenen Wohngebieten"[59] aufs Beste verträgt, auch dafür boten Cohn-Bendit und sein Amt für Multikulturelle Angelegenheiten am Ende der 1980er Jahre ein schlagendes Beispiel, als sie sich etwa für den Erhalt des Frankfurter Gutleutviertels als multikulturelles Stadtquartier einsetzten.

Für Pohrt bestand bei all dem auch die Gefahr, dass die Einwanderer „am Ende den Quatsch von der gleichsam angeborenen Nationalkultur selber glauben".[60] Es müsse, so sein Schlussplädoyer,

> entschieden zurückgewiesen werden […], wenn die Einheimischen [die Einwanderer] oder sie sich selber [sic] weiterhin als Ausländer betrachten. Türken, die gern ihr Türkentum erhalten möchten und entsprechende Forderungen stellen – türkischer Unterricht, türkisches Vereinsheim etc. – wären mit aller Herzlosigkeit darauf hinzuweisen, daß der Mensch manchmal vor der schmerzlichen Entscheidung steht, ob er die Semmel lieber ißt oder aufspart, und daß eine vielleicht ähnlich schmerzliche und nicht minder unumgängliche Entscheidung angesichts der Alternative erforderlich wird, entweder als glühender Patriot in der Türkei sein Türkentum zu pflegen, oder Nutznießer der Vorzüge einer modernen Industriegesellschaft zu werden, die nationalistische Separatismen innerhalb ihrer Grenzen nicht dulden kann.
>
> Einheimische [sic] wiederum, welche den Einwanderer türkischer Herkunft als Ausländer betrachten, wäre mit allem Nachdruck die Selbstverständlichkeit ins Bewußtsein zu rufen, daß die Zugehörigkeit zur bundesrepublikanischen Gesellschaft nicht auf den Banden des Blutes und der Scholle basiert, wie vor 1945 irrtümlich angenommen wurde, sondern auf erworbenen und daher von jedem erwerbbaren Kenntnissen, Fähigkeiten und Fertigkeiten."[61]

III

Wolfgang Pohrts Vortrag von 1989 blieb selbstverständlich weitgehend wirkungslos. Abgedruckt wurde er erstmals 2018[62] und er wurde auch deshalb so ausführlich hier wiedergegeben, weil seine Argumentation in der Bundesrepublik, zumal in den 1980er Jahren, äußerst unpopulär war und noch immer ist. Dass ein Großteil des Textes noch heute als zutreffend erscheint, zeigt, wie wenig die universalistische Kritik des Multikulturalismus ausrichten konnte.

---

59 Pohrt, Multikulturelle Gesellschaft, S. 77.
60 Pohrt, Multikulturelle Gesellschaft, S. 49.
61 Pohrt, Multikulturelle Gesellschaft, S. 79–80.
62 Wolfgang Pohrt, Multikulturelle Gesellschaft. Kultur im Zehnerpack, in: Klaus Bittermann (Hrsg.), Wolfgang Pohrt Werke, Bd. 5.2, Berlin 2018, S. 299–329.

Nichtsdestotrotz sind Pohrts Kritik und seine Prognosen in einigen Punkten historisch überholt worden. Etwa seine Mutmaßung, dass der Multikulturalismus der Vorbereitung „kommender Missetaten" diene und die Identitätspflege der Fremden die Feindidentifikation durch die Deutschen erleichtern könne, schien durch die rassistischen Pogrome und Morde 1990 ff. zwar bestätigt worden zu sein. Spätestens mit dem durch Gerhard Schröder ausgerufenen „Aufstand der Anständigen" stellte sich jedoch heraus, dass von den wiedervereinigten Deutschen weniger ein völkischer Aufbruch zu erwarten war als vielmehr die Formierung einer multikulturell aufgenordeten Vielfaltsgemeinde, die sich freilich in puncto Opposition zu den USA und in ihrem als „Israelkritik" camouflierten Antizionismus von den nunmehr geschassten Rechtsradikalen nur in Nuancen unterschied.

Welche Rolle für diese neue Berliner Republik der Islam spielen würde, hat Pohrt nicht vorhergesehen, wenngleich die Ereignisse des Jahres 1989 einen deutlichen Hinweis darauf gaben, dass die multikulturalistische Segregation es nicht nur möglich machen würde, im bunten Strauß der kulturellen Identitäten auch ein braunes Blümchen einzuflechten, sondern ebenso den Islamisten dazu dienen würde, kulturell homogenisierte „Communities" zu identitär formierten Gegengesellschaften umzubilden. 1989 endetet mit dem Zusammenbruch des Ostblocks das von Eric Hobsbawm so bezeichnete *short century*. Francis Fukuyama sprach gar vom „Ende der Geschichte" – eine These, die nach 9/11, dieser „Rückkehr der Geschichte" (Joschka Fischer), revidiert werden musste. Die Zeit zwischen 1989 und 2001 erscheint somit rückblickend als eine Art weltgeschichtliche Latenzphase. Eine tatsächliche Zäsur hat jedoch schon lange vor den Anschlägen des 11. September im Jahr 1989 stattgefunden: mit der Fatwa gegen Salman Rushdie.

In den islamischen Rechtsschulen herrschte bis in die zweite Hälfte des 20. Jahrhunderts hinein weitgehend Einigkeit darüber, dass das islamische Gesetz, die Scharia, nur in den islamischen Ländern, im *dar-al-Islam* („Haus des Islam") rechtmäßig Anwendung finden könne und Fatwas außerhalb dieser Länder nicht verpflichtend seien. Moslems, die in mehrheitlich andersgläubigen oder säkularen Staaten als religiöse Minderheit lebten, galten als Bewohner des *dar-al-kufr* („Haus der Ungläubigen"), wo die Gültigkeit der Scharia ausgesetzt ist und die jeweiligen Staatsgesetze zu achten sind, solange die Mehrheitsgesellschaft mit den Moslems in Frieden lebt – es sei denn die Moslems befinden sich in einem Heiligen Krieg gegen die „Ungläubigen". Khomeinis Richterspruch, der den Aufruf an seine Glaubensbrüder, Salman Rushdie und die Herausgeber seines Romans „unverzüglich zu töten, wo immer sie sie finden", enthält, warf die Vorstellung von den westlichen Moslems als Bewohnern des „Hauses der Ungläubigen" (bzw. wahlweise des Hauses des Friedens oder des Krieges) mit einem Mal um. Indem Khomeini das islamische Recht weltweit für zuständig erklärte und sämtliche Moslems als potentielle Exekutoren dieses Rechts adressierte, verleibte er damit die islamischen Minderheiten im Westen dem *dar-al-Islam* („Haus des Islam") ein. Es handelte sich somit nicht nur deshalb um eine Verletzung der britischen Staatssouveränität, weil Khomeini einen britischen Staatsbürger zum Tode verurteilt hat, sondern auch weil er unter anderem die hunderttausenden britischen Moslems zu Strafvollziehern im Namen des iranischen religiösen Rechts ernannt hat. Khomeini schwebte die Konstitution eines islamischen „Gegensouveräns" vor, der das islamische Gesetz ungeachtet der unter Umständen säkularen Staatsgesetze immer und überall gegen Abweichler, Abtrünnige und Gotteslästerer durchsetzen könne.[63]

Die Todesfatwa gegen Rushdie war nur eine – wenn auch entscheidende – Episode im Prozess der Ausweitung des *dar-al-Islam* auf die westeuropäischen Gesellschaften. Die Bedeutung dieser Entwicklung ist indes nicht zu unterschätzen: Seither forcieren islamische Organisationen und Institutionen die schrittweise Anerkennung islamischer Normen durch die weltlichen Souveräne im Westen. Zugleich propagieren sie verstärkt die Wahrung der islamischen Gesetze in den eigenen Communities. Zwei Umstände kamen dieser Entwicklung zupass: Erstens, dass die Minderheiten aus moslemischen Ländern, die mittlerweile größtenteils in zweiter Generation in Europa lebten, vielerorts ökonomisch abgehängt waren, seit ihre Arbeitskraft nach dem Ende der fordistischen Phase des Kapitalismus überflüssig geworden war. Zweitens war, damit einhergehend, das Leitbild des Multikulturalismus für die westeuropäischen Gesellschaften bestimmend geworden. Die Propagierung der identitätsstiftenden Wirkung von vermeintlichen Kollektiveigenschaften wie Herkunft, Kultur oder Religion war auch im staatlichen Interesse, insofern man sich erhoffte, dass Verwandtschaftsnetzwerke und religiös oder ethnisch definierte „Communities" die Lücke schließen würden, die zumal in Ländern wie Großbritannien durch den massiven Sozialabbau der 1980er Jahre in die ärmeren Bevölkerungsschichten geschlagen worden war. Für die Europäer war die Religion der moslemischen Einwanderer also zunächst ein Stabilitätsfaktor. Spätestens mit der Rushdie-Affäre offenbarten sich jedoch die Folgen einer Gesellschaftspolitik, die längst nicht mehr auf Rechtsgleichheit, Individualismus und Säkularismus abzielte:

> The celebration of difference, respect for pluralism, avowal of identity politics – these have come to be regarded as the hallmarks of a progressive, anti-racist outlook and as the foundation stones of modern liberal democracies. Yet there is a much darker side to multi-

---

[63] Zur Problematik um das „Haus des Islam" vgl. Gilles Kepel, Das Schwarzbuch des Dschihad. Aufstieg und Niedergang des Islamismus, München/Zürich 2002, S. 235–253.

culturalism, as the Rushdie affair demonstrated. Multiculturalism has helped foster a more tribal nation and, within Muslim communities, has undermined progressive trends while strengthening the hand of conservative religious leaders.[64]

Das schreibt der britische Philosoph Kenan Malik in der Einleitung zu seinem Buch *From Fatwa to Jihad*. Er argumentiert, dass die Rushdie-Fatwa, die von vielen als Zeugnis eines neuen islamischen Selbstbewusstseins aufgefasst wurde, der Re-Islamisierung der Migranten in Europa Aufwind gegeben hat. Während in den Kernländern der moslemischen Welt die islamische Wiedererweckungsbewegung den säkularen arabischen Nationalismus als Leitideologie längst beerbt hatte, wurden nun auch die moslemischen Minderheiten in den säkularen Ländern des Westens in einen Kulturkampf verwickelt, der um die Rolle der Religion im gesellschaftlichen Leben geführt wurde. Unter Linken, zu deren Geschäft traditionell die Religionskritik gehört hatte, entwickelten sich mehr und mehr Sympathien für den politischen Islam, mit dem sie nicht zuletzt die Feindbilder Amerika und Israel teilten, und der nach dem Zusammenbruch des Realsozialismus als neuer Antipode gegen den Machtblock des Westens begrüßt wurde. Das Aufbegehren islamischer Eiferer ließ sich beinahe widerspruchsfrei in das simple Weltbild des linken Antiimperialismus integrieren: Aus unterdrückten Völkern wurden unterdrückte Kulturen, aus dem Kampf gegen Rassismus der gegen ‚Islamophobie'.

Für Malik war der Multikulturalismus der Grund, dass die britischen Bürger sich nicht mehr auf Basis ihrer Klassenzugehörigkeit oder ihrer politischen Überzeugung zusammentaten, sondern sich auf der Grundlage ihrer ethnischen, kulturellen oder religiösen „Identität" sortierten. Pohrt hatte 1989 noch gehofft, ein Assimilationsprozess, der kulturelle Differenzen auflösen würde, könnte über die Integration in eine „arbeitsteilige Industriegesellschaft" und die Teilhabe am allgemeinen Konsum erzielt werden. Seine Analogie zur Wirtschaftswunderzeit, die die Deutschen zivilisiert habe, zeigt allerdings, dass sein Rezept auf historischen Voraussetzungen fußt, die nicht mehr ohne weiteres gegeben sind. Die Werkbank, an der die unterschiedlichsten Menschen zusammentreffen und möglicherweise ihr gemeinsames Interesse entdecken, ist längst zum Anachronismus geworden. In der Zeitschrift *Bahamas* hieß es 2007 in einem Artikel mit dem Titel „Abgehängt in der Ethno-Klitsche":

> Tatsächlich zählten [in den 1980er Jahren, L. S.] z. B. für die Gewerkschaften die ausländischen Arbeiter trotz Konkurrenzdrucks als Kollegen, die in Tarifverhandlungen einbezogen waren und gleichem Recht unterlagen. Trotz latenter Fremdenfeindlichkeit in den eigenen

---

64 Kenan Malik, From Fatwa to Jihad. The Rushdie Affair and its Legacy, London 2009, S. xx.

Reihen wurde die Ausländerfrage als Teil einer ‚farbenblinden' sozialen Frage diskutiert. Bücher wie Günter Wallraffs *Ganz unten*, in dem die Erniedrigung und Ausbeutung ‚Alis' als Quasisklave und nicht der Verlust seiner Identität angeprangert wurde, zeugen von dieser Wahrnehmung. Doch die einstigen ‚Gastarbeiter' und oft auch schon neuen deutschen Staatsbürger wurden oftmals arbeitslos oder rutschten in die Klitschenwirtschaft ab und fielen so in den letzten zwanzig Jahren als Klientel der Gewerkschaften aus.[65]

Abgespeist wurden die Migranten und deren Nachfahren mit ein paar öffentlich subventionierten Stellen im Kultur-, Bildungs- und Vermittlungssektor, wo „interkulturelle Kompetenzen" als Einstellungsvoraussetzungen gefordert waren. Für die Übrigen, vor allem die gering Qualifizierten, blieb häufig nur der Einstieg in eine ethnisierte Paralleleökonomie im Gastronomie- und Dienstleistungsbereich. Für die Betreuung der solchermaßen vom ersten Arbeitsmarkt Abgeschotteten sind derweil ganze Kohorten von Integrationsbeauftragten, Kultur- und Sozialarbeitern anstellig, die die Abgehängten mit der Ermunterung zum identitären, vor allem islamischen Aufbegehren bei Laune halten sollen.

Als es einer politischen Bewegung bedurft hätte, die die Forderung nach Re-Integration der einstigen Kollegen und Kumpel in den Arbeitsmarkt aufstellte, schwiegen die Gewerkschaften daher wohlweislich und überantworteten die potentiellen Lohndrücker jenen multikulturell orientierten Kirchenvertretern, Sozialarbeitern, Integrationsbeauftragten und postmodernen Ideologen [...], denen es gelungen war, sich eine Stelle im seit den Bildungsreformen der 60er und 70er Jahre aufgeblähten Bildungs- und Sozialsektor zu sichern. Eben diese selbsternannten Migrationsexperten sind es denn auch, die durchaus persönlich von der Verdrängung der Migranten vom ersten Arbeitsmarkt profitieren.[66]

In einer solchermaßen segregierten Gesellschaft wird Pohrts Assimilationsforderung ziellos, in Deutschland zumal, wo – wie Pohrt später schrieb – das fehle, „was man bei anderen Nationen als eigene Staatsidee bezeichnet, und was wohl bei der Person ihrem Selbstbewußtsein entspricht."[67] Die offene Frage, die sich verschärft seit der Flüchtlingskrise 2015 stellt, ist also, in was die Zuwanderer überhaupt integriert werden sollen: Während auch die kulturalisierten Arbeitsmarktnischen längst nicht mehr allen ein Auskommen sichern können, dürfen sich zwar akademisch Qualifizierte inzwischen im Kultur-, NGO- und Wissenschaftsbetrieb über das *Diversity*-Ticket an den Staatstropf hängen, für viele bleibt

---

65 Claudia Dreier, Abgehängt in der Ethno-Klitsche. Kulturkonservative und Multikulturalisten verteidigen den deutschen Arbeitsmarkt, in: Bahamas 53 (2007), S. 41–45, hier S. 43.
66 Dreier, Abgehängt in der Ethno-Klitsche, S. 43.
67 Wolfgang Pohrt, Rassismus für den gehobenen Bedarf, in: Wolfgang Pohrt, Multikulturelle Gesellschaft. Rassismus für den gehobenen Bedarf. Zwei Vorträge, Berlin 2021, S. 81–118, hier S. 86.

aber nur der Abstieg in Hartz IV, Werkverträge und andere prekäre Beschäftigungsverhältnisse. Die Öffentlichkeit reagiert derweil auf die soziale Krise mit einer immer stärker an den ideologischen Bedürfnissen einer staatsnahen Klientel orientierten Vernebelung der Konfliktlinien: Der Eifer, mit dem der urbane Mittelstand identitätspolitische Kämpfe um Sprachsensibilität, Opferanerkennung oder Geschlechterrepräsentation führt, nützt vor allem dazu, von sozialer Ungleichheit nicht zu reden.[68] Die einheimischen Abgehängten, denen inzwischen dämmert, dass mit zunehmendem Sozialabbau selbst der deutsche Pass ihnen keinen Platz an den Futtertrögen des Staates mehr garantieren wird, reagieren darauf nicht zufällig mit auch fremdenfeindlichen Ressentiments und dem aggressiven Pochen auf die eigene Nationalkultur. Die gemeinsame Herkunft soll zuletzt das Vorrecht sichern, wenigstens kulturell die Oberhand wieder zu gewinnen – was ihnen ökonomisch so wenig helfen wird wie umgekehrt der Multikulturalismus den ausländischen Lieferboten und Putzfrauen. Dass der gesellschaftliche Konflikt in der Bundesrepublik heute scheinbar nur zwischen zwei Fronten in einem Kulturkampf ausgetragen wird, zeigt sich nicht zuletzt daran, dass der soziale Frieden in Deutschland vor allem von der Haltung zum Islam abhängen soll: Auf jedes Aufbegehren, das unter Populismusverdacht steht, folgt eine Welle von antirassistischen Kampagnen, während von den Opfern islamistischer Anschläge zumeist nicht einmal Name und Gesicht bekannt werden, weil der Kampf gegen den Islamismus nicht dazu taugt, sich ein gutes Gewissen zu den Verheerungen einer Politik der Ungleichheit zu machen.

Literatur

Amt für Multikulturelle Angelegenheiten. Ein Jahr multikulturelle Arbeit. Bericht, Frankfurt am Main 1990.
Amt für Multikulturelle Angelegenheiten. Zweieinhalb Jahre Amt für Multikulturelle Angelegenheiten, Frankfurt am Main 1993.
Amt für Multikulturelle Angelegenheiten. Fünf Jahre Amt für Multikulturelle Angelegenheiten. Bericht über Aufgaben und Maßnahmen der Stadt Frankfurt am Main im Bereich Integration und interkulturelle Entwicklung, Frankfurt am Main 1996.
Christlich Demokratische Union Deutschlands. 37. Bundesparteitag der Christlich Demokratischen Union Deutschlands. Niederschrift, Bonn 1989.
Cohn-Bendit, Daniel. Ein kommunales Experiment. Einige Antworten auf die Frage: Was soll das Ganze – ein Dezernat für Multikulturelle Angelegenheiten?, in: Daniel Cohn-Bendit

---

68 Vgl. Walter Benn Michaels, Der Trubel um Diversität. Wie wir lernten, Identitäten zu lieben und Ungleichheit zu ignorieren, Berlin 2021.

u. a. (Hrsg.), Einwanderbares Deutschland oder Vertreibung aus dem Wohlstandsparadies?, Frankfurt am Main 1991, S. 44–52.

Cohn-Bendit, Daniel /Thomas Schmid. Heimat Babylon. Das Wagnis der multikulturellen Demokratie, Hamburg 1993.

Darnstädt, Thomas. „Die Grünen verklären die Asylbewerber" – Frankfurts designierter Dezernent für Multikulturelles, Daniel Cohn-Bendit, über die Ausländerpolitik seiner Partei, in: Der Spiegel, 28.05.1989, www.spiegel.de/politik/die-gruenen-verklaeren-die-asylbewerber-a-c492bb5a-0002-0001-0000-000013496169 (Stand: 21.03.2021).

Dreier, Claudia. Abgehängt in der Ethno-Klitsche. Kulturkonservative und Multikulturalisten verteidigen den deutschen Arbeitsmarkt, in: Bahamas 53 (2007), S. 41–45.

Geißler, Heiner. Zugluft. Politik in stürmischer Zeit, 2. Auflage, München 1990.

Geißler, Heiner. Deutschland – ein Einwanderungsland?, in: Daniel Cohn-Bendit u. a. (Hrsg.), Einwanderbares Deutschland oder Vertreibung aus dem Wohlstandsparadies?, Frankfurt am Main 1991, S. 9–23.

Die Grünen. Das Programm zur 1. gesamtdeutschen Wahl 1990, Bonn 1990.

Kepel, Gilles. Das Schwarzbuch des Dschihad. Aufstieg und Niedergang des Islamismus, München/Zürich 2002.

Malik, Kenan. From Fatwa to Jihad. The Rushdie Affair and its Legacy, London 2009.

Malik, Kenan. Das Unbehagen in den Kulturen. Eine Kritik des Multikulturalismus und seiner Gegner, Frankfurt am Main 2017.

Mestre Vives, Laura. Wer wie über wen? Eine Untersuchung über das Amt für multikulturelle Angelegenheiten, Pfaffenweiler 1998.

Michaels, Walter Benn. Der Trubel um Diversität. Wie wir lernten, Identitäten zu lieben und Ungleichheit zu ignorieren, Berlin 2021.

o.A. „Afrika wird unser Problem sein", in: Zeit Online, 08.06.2016, https://www.zeit.de/politik/deutschland/2016-06/wolfgang-schaeuble-aussenpolitik-wandel-afrika-arabische-welt (Stand: 21.03.2021).

o.A. „Bank und Gras, das paßt zusammen" – SPIEGEL-Interview mit dem Grünen Daniel Cohn-Bendit über Frankfurter Stadtpolitik, in: Der Spiegel, 19.03.1989, www.spiegel.de/politik/bank-und-gras-das-passt-zusammen-a-7f900849-0002-0001-0000-000013494471 (Stand: 21.03.2021).

Pohrt, Wolfgang. Multikulturelle Gesellschaft. Kultur im Zehnerpack, in: Wolfgang Pohrt, Multikulturelle Gesellschaft. Rassismus für den gehobenen Bedarf. Zwei Vorträge, Berlin 2021, S. 45–80.

Pohrt, Wolfgang Multikulturelle Gesellschaft. Kultur im Zehnerpack, in: Klaus Bittermann (Hrsg.), Wolfgang Pohrt Werke, Bd. 5.2, Berlin 2018, S. 299–329.

Pohrt, Wolfgang. Rassismus für den gehobenen Bedarf, in: Wolfgang Pohrt, Multikulturelle Gesellschaft. Rassismus für den gehobenen Bedarf. Zwei Vorträge, Berlin 2021, S. 81–118.

Taylor, Charles. Multikulturalismus und die Politik der Anerkennung, Frankfurt am Main 1993.

Garry Zettersten

„White Man Fight Back!"

Der Ku Klux Klan in der Bundesrepublik Deutschland, 1980–2000

Im Januar 1991 hielten deutsche Neonazis eine neue, ungewöhnliche Politbroschüre im damals beliebten Fanzine-Format in ihren Händen, die mit *Feuerkreuz* betitelt war. Das Cover zeigte Männer in weißen Roben unter einem brennenden Kreuz. Die Leserschaft wurde darüber informiert, dass es sich hierbei seit 1915 um das Symbol des Ku Klux Klans handle. Inhaltlich bot *Feuerkreuz* eine unübersichtliche Mischung aus Grundlageninformationen zur Geschichte des Klans in den USA, gepaart mit Bildern und den Texten extrem rechter Musiker, die die Organisation verherrlichten, sowie direkte Mordaufrufe gegen Menschen jüdischen Glaubens, Eingewanderte und Linke. Ungewöhnlich waren hier weniger offen geäußerte Vernichtungsfantasien, welche schließlich in vielen damals kursierenden Neonazi-Fanzines vorzufinden waren, sondern die transatlantische Mischung aus Artikeln und rassistischem Propagandamaterial, welches aus Deutschland und den USA stammte – und dabei sowohl auf Deutsch als auch auf Englisch verfasst war. Herausgeber war die Gruppe „White Storm Berlin", die sich im Vorwort auch als „Berliner Ritter des Ku-Klux-Klan" bezeichnete. Ihr Anführer war der damals 21-jährige Berliner Carsten Szczepanski. In den nächsten anderthalb Jahren fielen er und einige Gleichgesinnte wegen zahlreicher Angriffen auf und waren für mindestens zwei Morde und Mordversuche verantwortlich. Fast 30 Jahre später, im November 2018, saß Szczepanski zum wiederholten Male vor dem NSU-Untersuchungsausschuss des brandenburgischen Landtags und gab als Zeuge Auskunft über seine Tätigkeit als V-Mann des Verfassungsschutzes im Umfeld des rechtsterroristischen NSU-Netzwerks.[1]

Trotz der Gewalt, die von selbsternannten deutschen Klansmännern und Klansfrauen ausging, die bis in das Umfeld der längsten und verheerendsten rechtsterroristischen Mordserie in der Geschichte der Bundesrepublik reichen, haben die Aktivitäten des Ku Klux Klans (KKK) in Deutschland bisher selten Eingang in wissenschaftliche Analysen und Bestandsaufnahmen des Rassismus und der Geschichte der extremen Rechten gefunden. Eine Ausnahme stellen kurze Abschnitte zur Organisationsgeschichte des KKK im von Jens Mecklenburg herausgegebenen *Handbuch deutscher Rechtsextremismus*[2] und das Übersichtswerk

---

[1] Marion Kaufmann, Gehacktes vom V-Mann-Führer, in: Der Tagesspiegel, 11.06.2018.
[2] Jens Mecklenburg (Hrsg.), Handbuch deutscher Rechtsextremismus, Berlin 1996.

Open Access. © 2023 bei den Autorinnen und Autoren, publiziert von De Gruyter. Dieses Werk ist lizenziert unter einer Creative Commons Namensnennung 4.0 International Lizenz.
https://doi.org/10.1515/9783110702729-013

The Ku Klux Klan von Michael Newton dar.[3] Breiter angelegte Analysen stammen bisher allerdings aus journalistischer Arbeit. Hierzu zählen neben einem Schwerpunktheft des Fachmagazins *Der Rechte Rand*[4] der Sammelband *Generation Hoyerswerda* von Heike Kleffner und Anna Spangenberg[5] sowie *Kapuzenmänner* von Frederik Obermair und Tanjev Schultz[6], das einen Gesamtüberblick über den KKK im 20. und 21. Jahrhundert in der Bundesrepublik bietet.

Dieser Aufsatz ist ein Beitrag zur Erforschung der Bedeutung der Organisation für die extreme Rechte in der Bundesrepublik aus historischer Perspektive. Ein Problem ist hierbei die lückenhafte Quellenlage zu den KKK-Strukturen im deutschsprachigen Raum – insbesondere vor den 1990er Jahren –, welche eine systematischere Analyse des Phänomens erschwert. Dennoch lassen sich aus dem derzeit noch begrenzten Quellenfundament erste Erkenntnisse über die Entwicklung deutscher KKK-Gruppierungen und den ideengeschichtlichen und ästhetischen Einfluss dieser US-amerikanischen Bewegung auf die extreme Rechte in der Bundesrepublik gewinnen.

Zwischen US-Militär und deutscher Neonaziszene: Der Ku Klux Klan in den 1980er Jahren

In den 1980er Jahren organisierten sich vor allem Militärangehörige, die auf US-Militärbasen im Bundesgebiet stationiert waren, im KKK. Zudem zählten bereits einzelne deutsche Neonazis zu seinen Mitgliedern. Erst in der Wendezeit kam es zur Herausbildung eigenständiger deutscher Klan-Gruppierungen, die der Heroisierung und Ästhetisierung des Klans im internationalen Rechtsrock entsprangen. Im Kampf um eine „Weiße Revolution" standen sie stets in Verbindung mit rassistischer Gewalt und Rechtsterrorismus.

Die ersten Spuren zum Ku Klux Klan in der Bundesrepublik in den 1980er Jahren führen nach Rheinland-Pfalz. Der Investigativjournalist Gerhard Kromschröder veröffentlichte 1982 in *Ansichten von Innen* einen Bericht über seine

---

3 Michael Newton, The Ku Klux Klan. History, Organization, Language, Influence and Activities of America's most Notorious Secret Society, Jefferson 2007.
4 150 Jahre Ku Klux Klan = Der Rechte Rand 159 (2016).
5 Heike Kleffner/Anna Spangenberg (Hrsg.), Generation Hoyerswerda. Das Netzwerk militanter Neonazis in Brandenburg, Berlin 2016.
6 Frederik Obermair/Tanjev Schultz, Kapuzenmänner. Der Ku-Klux-Klan in Deutschland, München 2017.

Recherchen zu KKK-Mitgliedern[7], welche auf einer US-Militärbasis operierten und dabei enge Kontakte zu regionalen Neonazis unterhielten beziehungsweise diese schon zu ihren Mitgliedern zählten.

Führungsfiguren der extremen Rechten auf beiden Atlantikseiten bekundeten damals Interesse aneinander. Westdeutsche Neonazis erkannten in den US-amerikanischen KKK-Gruppierungen Verbündete in ihrem nunmehr internationalen Kampf gegen die imaginierte „jüdische Weltverschwörung". Der westdeutsche Neonazikader Michael Kühnen etwa bezog sich bereits in seiner 1979 in der Haft verfassten Schrift *Die zweite Revolution* auf den KKK. Darin bezeichnet er diesen gemeinsam mit anderen extrem rechten Gruppierungen außerhalb Deutschlands als „Brüder" im Kampf zur „Schaffung der arischen Völkergemeinschaft", um die „Weiße Rasse" vor „zionistischer Sklaverei" zu retten.[8] Ähnliche Motive verfolgte auch der international vernetzte Rechtsterrorist Manfred Roeder, der sich während seiner Flucht vor einem Haftbefehl in der Bundesrepublik zwischen 1978 und 1980 ebenfalls in den USA aufhielt.[9] Hier traf er sich nicht nur mit neonazistischen Vordenkern des Rechtsterrorismus wie William Pierce, sondern auch mit damaligen Anführern der „Knights of the Ku Klux Klan" (KKKK) wie David Duke und Bill Wilkinson, die Roeder prompt als Redner für verschiedene Veranstaltungen buchten.[10] In diesem Zusammenhang traf dieser im Juli 1980 auch Tom Metzger, der zu dieser Zeit als „Grand Dragon" (Leiter eines Landesverbands) der KKKK in Kalifornien fungierte.[11]

Auch wenn Roeders Plan, mithilfe von David Duke eine neonazistische Exilregierung in den USA zu schaffen, erfolglos blieb, häuften sich in dieser Zeit Drohungen, die Personen aus der westdeutschen Öffentlichkeit erreichten. Zu diesen zählte der Bundeskanzler Helmut Schmidt, dem eine „Deutsche Aktionsgruppe des Ku-Klux-Klans" schrieb und forderte: „Tod den Juden, Asylanten und Türken. Wir bomben die Asylanten hinaus."[12] Roeder führte damals die rechtsterroristischen Deutschen Aktionsgruppen, deren Brand- und Bombenanschlagsserie am 22. August 1980 in der Ermordung der vietnamesischen Asylsuchenden Nguyễn Ngọc Châu und Đỗ Anh Lân in Hamburg-Billbrook gipfelte[13], weswegen sich Ähnlichkeiten mit jenem Drohschreiben kaum übersehen lassen.

---

7 Gerhard Kromschröder, Ansichten von Innen. Als Nazi, Rocker, Ladendieb und strammer Katholik unterwegs, Frankfurt 1982.
8 Michael Kühnen, Die zweite Revolution. Band 1: Glaube und Kampf, o. O. 1979, S. 28 und S. 90.
9 Vgl. Newton, The KKK, S. 162.
10 Vgl. Newton, The KKK, S. 162.
11 Vgl. Obermair/Schultz, Kapuzenmänner, S. 43–45.
12 Obermair/Schultz, Kapuzenmänner, S. 44.
13 Vgl. Mecklenburg, Handbuch, S. 157 und S. 514–515.

Auch weitere Hinweise auf Klan-Strukturen in der Bundesrepublik fallen in diese Zeit. Im September 1980 wurde eine Anzeige für eine Gruppe im völkischen Magazin *Die Bauernschaft*[14] geschaltet, das vom prominenten Holocaustleugner und ehemaligen SS-Sonderführer Thies Christophersen herausgegeben wurde.[15] Roeder und Christophersen waren enge Vertraute, ersterer schrieb das Vorwort für die 1973 erschienene Hetzschrift *Die Auschwitz Lüge*[16], letzterer ein Standardwerk der internationalen Holocaustleugnung. Verantwortlich für die Anzeige war ein damals 18-jähriger westdeutscher Neonazi, Thomas Schwencke, der die gleiche Anzeige für den „Ku Klux Klan West Germany" (KKK-WG) unter dem Pseudonym „Berndt Schäfer" auch im *Gäck*-Magazin veröffentlichte[17], eine Publikation der neonazistischen Wiking-Jugend.[18] Hierüber trat Kromschröder mit der von Schwencke beworbenen Gruppierung in Kontakt.

Laut seinem Bericht war Kromschröder nach kurzem Schriftverkehr mit der Zusicherung, dass er „eine weiße Person nichtjüdischer Abstammung" sei, und der Zahlung einer Aufnahmegebühr in Höhe von 30 D-Mark zu einem Kennenlerngespräch mit Schwencke und einem weiteren Mitglied des KKK-WG, Hans Joachim „Percy" Vogel, in einem Lokal in Wiesbaden eingeladen worden.[19] Schwencke übernahm Führungsaufgaben in der neonazistischen Kleinstpartei „Nationale Deutsche Arbeiter Partei" (NDAP), zu der auch Vogel gehörte, und wurde zu einer achtmonatigen Bewährungsstrafe wegen Volksverhetzung für das verkleben antisemitischer Sticker verurteilt.[20] Zugeschrieben wird ihm auch das Anbringen antisemitischer Parolen auf einem US-Militärkasernengelände in Wiesbaden sowie ein versuchter Angriff mit einer Gaspistole auf eine örtliche antifaschistische Kundgebung.[21]

Bei dem KKK-WG dürfte es sich um eine Untergruppierung der KKKK um David Duke gehandelt haben. In einer Ausgabe des *Crusader*, dem Rundbrief der KKKK, von Februar 1980 war die Gründung zweier Stützpunkte auf US-Militärbasen in Rheinland-Pfalz verkündet worden.[22] Diese Gründungen sind im Kontext der Rekrutierungsmaßnahmen extrem rechter Gruppen wie der KKKK für paramilitärische Verbände zu verstehen, die in Folge des Vietnamkriegs insbesondere

---

14 Vg. Obermair/Schultz, Kapuzenmänner, S. 46.
15 Vgl. Mecklenburg, Handbuch, S. 449.
16 Vgl. Mecklenburg, Handbuch, S. 450.
17 Vgl. Kromschröder, Ansichten, S. 149 und S. 157.
18 Vgl. Mecklenburg, Handbuch, S. 331.
19 Vgl. Kromschröder, Ansichten, S. 149–150.
20 Vgl. Kromschröder, Ansichten, S. 157.
21 Vgl. Kromschröder, Ansichten, S. 157–158.
22 Vgl. Obermair/Schultz, Kapuzenmänner, S. 44.

unter Militärangehörigen um Mitglieder warben.[23] Wegen des vermeintlich bevorstehenden „Rassenkrieges" gegen eine „jüdische Weltverschwörung" strahlten Vietnam-Veteranen besondere Attraktivität aus. Verkörpert wurde dieser Anspruch insbesondere von KKKK-Kader Louis Beam, der im Vietnamkrieg gedient hatte und sowohl Terrorkampagnen gegen aus Vietnam geflüchtete Familien im Fischereiwesen in Texas organisierte als auch unter dem Titel *Leaderless Resistance* einen Leitfaden für die Führung eines „Rassenkriegs" ab 1983 verfasste, in dem die Führung ebenjenes Krieges durch die Bildung voneinander unabhängig agierender, aber im Geiste verbundener, rechtsterroristischer Zellen propagiert wurde.[24] Eine abschließende Version des Konzepts erschien im Februar 1992 in einem Artikel des Magazins *The Seditionist*. Demnach könne sich jede Person in jeder noch so kleinen Einheit als Teil des zu führenden „Rassenkriegs" begreifen, um ihr mörderisches Handeln zu rechtfertigen. Das in der Gegenwart zu beobachtende, geläufige Missverständnis von rechten Anschlägen als nicht miteinander verbundener Verbrechen von „Einzeltätern" ist mitunter auf diese Organisationsform zurückzuführen.

Die Weiterentwicklung der extremen Rechten in den USA ist insbesondere durch einen ideologischen Wandel seit den 1960er Jahren zu verstehen. Handelten rechtsterroristische Strukturen wie KKK-Milizen bis dahin im Sinne des staatlich getragenen Rassismus – wenn auch mit extra-legalen Mitteln – und hatten vielerorts kaum staatliche Repressionen zu fürchten, wurde mit den Bürgerrechtsreformen der Staat selbst zunehmend zum zentralen Feindbild und zu einer „zionistisch okkupierten Regierung" erklärt.[25] Diesen Kampf galt es nun mit Gleichgesinnten weltweit zu führen. In Westdeutschland spiegelte sich diese Geisteshaltung bei der KKK-WG wider. Gegenüber Kromschröder fasste Vogel diese Zusammenarbeit als Teil eines internationalen „Rassenkriegs" folgendermaßen zusammen:

> Unsere Feinde sind nicht nur die Nigger. Gemeinsam mit den amerikanischen Kameraden kämpfen wir deutschen Patrioten gegen alles Fremdrassige. Gegen Russen, Türken und die ganzen Kanaken, die unser Land überfluten – und wie schon Adolf Hitler gegen das Weltjudentum, das hinter der systematischen Überfremdung Deutschlands steckt.[26]

---

23 Vgl. Kathleen Belew, Bring the War Home. The White Power Movement and Paramilitary America, Cambridge/London 2018, S. 28–30.
24 Vgl. Belew, Bring, S. 112.
25 Vgl. Belew, Bring, S. 104–105.
26 Zitiert nach Kromschröder, Ansichten, S. 150.

Hieran zeigt sich aber zugleich, dass für deutsche Neonazis zu dieser Zeit keineswegs die Übernahme ideologischer Motive aus den USA im Vordergrund stand. Bei seinem Aufnahmegespräch für den KKK-WG gab Kromschröder nur Fragen mit eindeutig neonazistischem Inhalt wieder, etwa zu den Verfassern der *Auschwitz Lüge* und Strophen des Horst-Wessel-Liedes.[27] Deutsche Mitglieder des KKK-WG interessierten sich für in der Bundesrepublik verbotene nationalsozialistische Literatur wie *Mein Kampf* sowie für Anleitungen zum Bombenbau, welche über das *Crusader*-Magazin bestellt werden konnten.[28] Da das US-Militär über ein eigenes Postwesen verfügte, ist naheliegend, dass Militärangehörige dieses verbotene Schriftgut aus den USA in die Bundesrepublik bestellten.

Anführer des KKK-WG war Murry M. Kachel, ein damals 27-jähriger Sergeant der U.S. Air Force, welcher als Mitglied des 52. Taktischen Jagdgeschwaders auf dem Luftwaffenstützpunkt in Spangdahlem als Fluglotse eingesetzt war.[29] Gegenüber Kromschröder gab Kachel an, dass ein „Rassenkrieg" bevorstünde, und posierte für ein Bild neben einem Selbstporträt mit blauem Auge, welches er sich nach eigener Aussage bei einem Angriff auf einen Schwarzen in Stuttgart einhandelt habe.[30] Er erklärte, dass seine Aufgabe darin bestehe, „[d]eutsche Kameraden zu rekrutieren, um in Europa eine zweite Hauptkampflinie des Klans aufzubauen."[31] Inwiefern ihm dies tatsächlich gelang, ist fraglich. Neben den bereits erwähnten deutschen Mitgliedern Schwencke und Vogel sowie drei namenlosen Jugendlichen wird nur noch Hermann Pauke in Kromschröders Bericht aufgeführt. Letzterer fungierte als Kontaktperson der KKK-WG zur NPD.[32] Er fasste seine Hoffnungen und Vorbehalte gegenüber dem Klan folgendermaßen zusammen:

> Da kommt so'n Zeug vor wie Demokratie, mit der wir ja nun wirklich nichts am Hut haben. Aber dafür haben die Amis eine klare Rassenaussage. Die Rechte in Deutschland ist ja völlig zersplittert, vielleicht kann der Klan ja zu einer neuen rechten Sammelbewegung in Deutschland werden.[33]

Hier zeigt sich ebenfalls, dass es bundesdeutschen Mitgliedern um ein Bündnis in einem internationalen Kampf ging und nicht um ein Selbstverständnis als Klan-

---

27 Vgl. Kromschröder, Ansichten, S. 150.
28 Vgl. Kromschröder, Ansichten, S. 161.
29 Vgl. Kromschröder, Ansichten, S. 158–159.
30 Zitiert nach Kromschröder, Ansichten, S. 155 und S. 160.
31 Zitiert nach Kromschröder, Ansichten, S. 160.
32 Vgl. Kromschröder, Ansichten, S. 160.
33 Zitiert nach Kromschröder, Ansichten, S. 160.

Angehörige. Einzig in ästhetischer Hinsicht kam es zu einer begrenzten Übernahme kultureller Traditionen, beispielsweise durch das Aufmarschieren in Klan-typischen weißen Roben im ländlichen Raum, hier in der Eifel.[34] Von einem deutschen KKK zu sprechen wäre deshalb voreilig. Vielmehr zeichnet sich das Bild einer primär auf US-Militärbasen operierenden Gruppierung ab, die einzelne Mitglieder aus der westdeutschen Neonaziszene im Sinne eines international verstandenen politischen Kampfes aufnahm. Laut einem internen Militärbericht soll der KKK-WG um die 300 Mitglieder im US-Militär in der Moselregion umfasst haben.[35] In diesem Zeitrahmen erlitten zwei Schwarze Soldaten auf dem Luftwaffenstützpunkt von Spangdahlem eine Strychnin-Vergiftung – eingenommen durch ihren Kaffee –, während es auf dem Luftwaffenstützpunkt in Bitburg zu einer Schlägerei zwischen Schwarzen Soldaten und mutmaßlichen Mitgliedern der KKK-WG kam.[36] Dort sowie auf Stützpunkten in Bayern und Bremerhaven wurden Kreuzverbrennungen gemeldet. Alle diese Vorfälle wurden seitens der Militärverwaltung heruntergespielt und blieben ohne nennenswerte Konsequenzen.[37]

Nach Veröffentlichung von Kromschröders Bericht über den KKK-WG kam es in der Öffentlichkeit zu einem kleinen Eklat. Verantwortliche des US-Militärs und bundesdeutscher Behörden spielten die Vorfälle jedoch herunter.[38] Ein Sprecher des Pentagons verharmloste die KKK-WG und verglich sie mit Pfadfindern, der rheinland-pfälzische Innenminister Kurt Böckmann bezeichnete die Gruppe als versprengte Einzelgänger, auch wenn im Anschluss Ermittlungen gegen Schwencke und Pauken, unter anderem wegen illegalem Waffenbesitz und Volksverhetzung, eingeleitet wurden.[39] Die NDAP soll anschließend in der „Volkssozialistischen Bewegung Deutschlands/ Partei der Arbeit" (VSBD) aufgegangen sein, welche allerdings bereits im Januar 1982 verboten wurde, nachdem bei mehreren Schießereien mit der Polizei drei Mitglieder der VSBD und zwei Polizisten gestorben waren.[40] Auch eine parlamentarische Anfrage an die Bundesregierung wiederholte lediglich Informationen aus Kromschröders Bericht.[41] Kachel setzte seine Militärkarriere fort und wurde an den Luftwaffenstützpunkt

---

34 Vgl. Kromschröder, Ansichten, S. 152–154.
35 Vgl. Kromschröder, Ansichten, S. 159.
36 Vgl. Kromschröder, Ansichten, S. 159.
37 Vgl. Kromschröder, Ansichten, S. 159.
38 Vgl. Kromschröder, Ansichten, S. 161–162.
39 Vgl. Kromschröder, Ansichten, S. 161–162.
40 Vgl. Mecklenburg, Handbuch, S. 174–175.
41 Vgl. Deutscher Bundestag, Drucksache 9/635, 03.07.1981, S. 2 und S. 11–12.

Laughlin, Texas versetzt.[42] 1997 trat er bei örtlichen Kommunalwahlen im lateinamerikanisch geprägten Landkreis Val Verdy für die Republikanische Partei an und gewann mit einem weiteren weißen Parteikollegen die Wahlen – mithilfe von Stimmen längst verzogener weißer Militärangehöriger des Stützpunkts.[43] Nachdem regionale Medien Kromschröders Bericht aufgriffen und eine Klage gegen die Verwendung der Wahlstimmen der Weggezogenen lief, wandte sich die Republikanische Partei von Kachel ab und er trat von seinem Posten zurück.[44]

Für den Rest des Jahrzehnts gibt es kaum Hinweise auf ausgedehnte KKK-Strukturen in Westdeutschland. Dies änderte sich erst Ende der 1980er Jahre, als der Klan mithilfe des Rechtsrocks international seinen kulturellen Durchbruch erlebte. In einem Leserbrief an das Neonazi-Magazin *Macht und Ehre* von 1989 hieß es etwa: „bald wird der bürgerkrieg kommen und dann können wir weißen ersteinmal die nigger und die nicht arisch-keltischen Völker vernichten" [sic][45]. 1989 reiste James Farrands[46], Anführer des 1980 von Wilkinson nach einem Führungsstreit mit Duke gegründeten „Invisible Empire Knights of the Ku Klux Klan"[47], nach Europa, um wieder Mitglieder auf der anderen Atlantikseite zu gewinnen. Sein wichtigster Rekrut wurde der Engländer Ian Stuart Donaldson[48], Mitbegründer und schillernde Figur des internationalen Rechtsrocks. Dies sorgte auch in der Bundesrepublik für zunehmende KKK-Faszination.

Von Rechtsrock zu Rechtsterrorismus: Der Ku Klux Klan in den 1990er Jahren

Ohne die Musik von Ian Donaldson und den Vertrieb durch internationale Strukturen innerhalb des Blood & Honour-Netzwerks hätte der Klan von der

---

42 Vgl. Kromschröder, Ansichten, S. 162.
43 Vgl. Kelley Shannon, Texans Challenge Absentee Voting by Military Personnel, in: L.A. Times, 02.03.1997, www.latimes.com/archives/la-xpm-1997-03-02-mn-33985-story.html (Stand: 16.04.2021).
44 Vgl. Jason Katz, Enlisting Absentee Military Voters Triggers Ballot War, in: L.A. Times, 13.04.1997, www.latimes.com/archives/la-xpm-1997-04-13-mn-48362-story.html (Stand: 16.04.2021).
45 Zitiert nach Projektgruppe Reader (Hrsg.), Rechtsextremismus im Siegerland. Eine Bestandsaufnahme 1988–1994, Siegen 1994.
46 Vgl. Newton, The KKK, S. 120.
47 Vgl. Roger Martin, AmeriKKKa. Der Ku-Klux-Klan und die Ultrarechte in den USA, Berlin 1996, S. 268.
48 Vgl. Newton, The KKK, S. 67.

Wendezeit an vermutlich kaum so reges Interesse unter Neonazis in der Bundesrepublik erfahren.

B&H wurde 1987 von Donaldson und Nicola Crane als politische Organisation um die Rechtsrockbands „Skrewdriver", „No Remorse", „Squadron", „Brutal Attack" und „Sudden Impact" gegründet.[49] Bereits 1988 schrieb Donaldson, dass er mit dem Ziel, neue Mitglieder für B&H und weitere Verbündete in einem vermeintlich bevorstehenden Rassenkrieg zu gewinnen, Kontakt zum KKK geknüpft habe.[50] Donaldson wurde als Sänger von „Skrewdriver" bekannt, spielte zwischen 1989 und 1991 aber auch bei „The Klansmen".[51] Hierüber machte er den Mythos von der ältesten rechtsterroristischen Gruppierung der USA einem internationalen Publikum attraktiv. Tom Metzger, ehemaliger „Grand Dragon" der KKKK in Kalifornien, schuf 1983 die neonazistische Organisation „White Aryan Resistance" (WAR) und erkannte früh das Potential des Rechtsrocks, um seine Botschaft vom bevorstehenden apokalyptischen „Rassenkrieg" zu verbreiten.[52] Er bewarb regelmäßig „Skrewdriver"-Konzerte in den USA und lud zahlreiche Bands des B&H-Netzwerks zu seinem jährlichen Rechtsrockfestival „Aryan Fest" ein, welches eines der wichtigsten Treff- und Bezugspunkte der extrem rechten Musikszene im Land wurde.[53] In der Bundesrepublik wurden „The Klansmen" von der Kölner Plattenfirma Rock-O-Rama verlegt, die Herbert Egoldt betrieb, der bereits „Skrewdriver" unter Vertrag hatte.[54] Die Alben von „The Klansmen" trugen Titel wie *Fetch the Rope*[55], welche die Vernichtungsideologie unmissverständlich auf den Punkt brachten und qua Musik zum erstrebenswerten Inbegriff weißer Männlichkeit und Bruderschaft erhob. Im Lied „Stand up and be counted" von 1989 heißt es beispielsweise:

---

49 Vgl. Steve Silver, Das Netz wird gesponnen. Blood and Honour 1987–1992, in: Searchlight (Hrsg.), White Noise: Rechts-Rock, Skinhead-Musik, Blood & Honour, Einblicke in die internationale Neonazi-Musik-Szene, 4. Aufl., Münster 2004, S. 29–46, hier S. 29–30.
50 Vgl. Silver, Das Netz, S. 33.
51 Vgl. Apabiz, Verzeichnis Rechtsrock-Bands, in: Christian Dornbusch/Jan Raabe (Hrsg.), Rechtsrock: Bestandsaufnahme und Gegenstrategien, Münster 2002, S. 433–458, hier S. 451.
52 Vgl. Leonard Zeskind, Black Moon rising. White Power Skins in den USA, in: Searchlight (Hrsg.), White Noise: Rechts-Rock, Skinhead-Musik, Blood & Honour, Einblicke in die internationale Neonazi-Musik-Szene, 4. Aufl., Münster 2004, S. 133–142, hier S. 137.
53 Vgl. Zeskind, Black Moon, S. 138.
54 Vgl. Silver, Das Netz, S. 31.
55 Vgl. Silver, Das Netz, S. 31. Der Titel ist eine Anspielung auf Lynchmorde, also die außergerichtliche Ermordung vornehmlich schwarzer Männer durch weiße Mobs, welche insbesondere während der sogenannten Jim-Crow Ära in den USA eine hohe Verbreitung fanden und Tausenden das Leben kostete.

> Stand up and be counted, show the world that you're a man
> Stand up and be counted, and join the Ku Klux Klan
> We are a sacred brotherhood, who love our country too
> We always can be counted on, when there's a job to do
> We serve our homeland day and night, to keep it always free
> Proudly wear our robes of white, protecting liberty.[56]

Durch diese Heroisierung seitens Donaldson, der selbst als Idol galt, und die breit aufgestellten Vertriebsstrukturen von B&H erlebte der Klan in der Bundesrepublik einen kulturellen Durchbruch. Ein offizieller B&H-Ableger wurde 1994 in Deutschland gegründet und baute bis Ende des Jahrzehnts ein Netzwerk von über 100 Versandhandelsunternehmen und Fanzines auf.[57] Insbesondere nach Donaldsons tödlichem Autounfall 1993 und dem daraufhin einsetzenden Personenkult um ihn veröffentlichen viele deutsche Rechtsrockbands Musik mit KKK-Referenzen.[58] Bereits 1992 brachte die Rechtsrockband Kraftschlag das Lied „Klansman" heraus. Bei Auftritten übernahmen sie die KKK-Ästhetik und trugen weiße Roben und Kapuzen, während sie rassistische Zeilen grölten:

> Ein brennendes Kreuz in der rechten Hand, so säubern wir zusammen unser Vaterland.
> Wir sind stolz, stark, arisch und rein und absolut stolz, weiß zu sein.
> Wir sind Klansmen, weiße Rasse und reines Blut.
> Wir sind Klansmen. Watch out, black man und sei auf der Hut – Hahaha!
> Ein brennendes Kreuz erhellt die Nacht,
> White Power, weiße Macht, wir stehen um die Flammen, dann werden wir es sehen.
> Unsere Rasse wird niemals untergehen.[59]

Insbesondere an dieser Textstelle im Lied wird eine tatsächliche Übernahme ästhetischer und politischer Inhalte des Klan-Mythos seitens der extremen Rechten in der Bundesrepublik deutlich. Diesen musikalisch untermalten Vernichtungsfantasien gaben verschiedene Rechtsrockbands eine eigene Note, der Inhalt blieb im Wesentlichen jedoch gleich. Michael Regener, Frontsänger von Landser, ver-

---

56 The Klansmen, Fetch the Rope. Stand up and be Counted, in: Blood and Honour, www.bloodandhonourworldwide.co.uk/bhww/isd/isd-lyrics/isd-albums/fetch-the-rope/#3. (Stand: 18.08.2018).
57 Vgl. Michael Weiss, Begleitmusik zu Mord und Totschlag. Rechtsrock in Deutschland, in: Searchlight (Hrsg.), White Noise: Rechts-Rock, Skinhead-Musik, Blood & Honour, Einblicke in die internationale Neonazi-Musik-Szene, 4. Aufl., Münster 2004, S. 67–92, hier S. 81–82.
58 Vgl. Southern Poverty Law Center, Blood & Honour, in: Hatewatch, www.splcenter.org/fighting-hate/extremist-files/group/blood-honour. (Stand: 13.04.2021).
59 Zitiert nach Obermair/Schultz, Kapuzenmänner, S. 100.

fasste 1995 den mit Südstaaten-Nostalgie untermalten „Klan Song".[60] Auch andere bekannte deutschsprachige Bands wie „Kommando Freisler" und „Noie Werte" schrieben Lieder mit KKK-Bezug, die Musik von „Noie Werte" wurde wiederum in einer vorläufigen Version des Bekennervideos des NSU-Netzwerks verwendet.[61] Steffen Hammer, Frontsänger von „Noie Werte", betrieb den Versandhandel German-British-Friendship Records, der den Austausch zwischen britischen und deutschen Rechtsrockbands förderte und ihn zu einem der einflussreichsten Versandhändler im süddeutschen Raum werden ließ.[62]

Ein Rechtsrockkonzert mit „Skrewdriver" und „Noie Werte" in Brandenburg im September 1991 führte schließlich zu einem Treffen zwischen Donaldson und Dennis Mahon, „Imperial Dragon" der „White Knights of the Ku Klux Klan" (WKKKK) aus den USA,[63] und zeigt die wachsende kulturelle Relevanz des KKK in der Bundesrepublik. Mahon reiste in diesem Jahr nach Europa und traf sich zuvor bereits in England mit Donaldson, bevor sie sich beim Konzert in Brandenburg wiedersahen.[64] Auch der für dieses Treffen in Königs Wusterhausen angereiste 21-jährige Carsten Szczepanski aus Berlin stand bereits mit Mahon in Kontakt und hatte sich zuvor zum „Grand Dragon" der deutschen Untergruppe seiner WKKKK, den „White Knights of the Ku Klux Klan, Realm of Germany" (WKKKK-RG), ernannt.[65] Seine Gruppe nannte Szczepanski auch „Berliner Ritter des Ku-Klux-Klan" oder „White Storm Berlin".[66] Zeitgleich war er Mitglied der neonazistischen Organisation „Nationalistische Front", welche im November 1992 als verspätete Antwort der Bundesregierung auf den starken Anstieg rassistischer Gewalt während der Wendezeit neben weiteren Organisationen verboten wurde.[67] Bis einschließlich 1992 waren im Kontext extrem rechter Gewalt mindestens 41 Personen ermordet worden.[68]

Im Januar 1991 hat Szczepanski mit *Feuerkreuz* das erste Fanzine in einer Auflage von 200 Exemplaren herausgebracht[69], welches sich ausschließlich dem KKK widmete. Das Heft selbst bestand aus einer unübersichtlichen Mischung aus kopierten Artikeln und Grafiken des Klans auf Deutsch und Englisch. Neben ei-

---

60 Vgl. Obermair/Schultz, Kapuzenmänner, S. 11.
61 Vgl. Obermair/Schultz, Kapuzenmänner, S. 11 und 73.
62 Vgl. Weiss, Begleitmusik, S. 80–81.
63 Vgl. Newton, The KKK, S. 417.
64 Vgl. Newton, The KKK, S. 227.
65 Vgl. Obermair/Schultz, Kapuzenmänner, S. 68–69.
66 Vgl. White Storm Berlin (Hrsg.), Feuerkreuz, Berlin 1991, S. 2 und S. 40.
67 Vgl. Mecklenburg, Handbuch, S. 306 und S. 951.
68 Vgl. Anna Brausam, Todesopfer rechter Gewalt seit 1990, in: CURA (2018), www.opferfonds-cura.de/zahlen-und-fakten/todesopfer-rechter-gewalt (Stand: 10.04.2021).
69 Vgl. White Storm Berlin, Feuerkreuz, S. 1 und S. 40.

nigen Werbeanzeigen für Mahons WKKKK, andere neonazistische Publikationen und europäische Versandhandelsunternehmen für Rechtsrock fanden sich darin historische Aufnahmen des Klans bei Aufmärschen und Kreuzverbrennungsritualen nach 1915.[70] Im Fokus der KKK-Darstellung standen aber dessen rechtsterroristische Aktivitäten. Der von KKK-Mitgliedern verübte Bombenanschlag auf die 16th Street Baptist Church in Birmingham, Alabama, im September 1963 wurde mit einer Übersetzung der Bekennerschreiben zelebriert, worin die Ermordung der minderjährigen afroamerikanischen Opfer des Anschlags – Addie Collins, Cynthia Wesley, Carole Robertson und Carol McNair – mit deren angeblicher Geschlechtsreife und einer Kriegserklärung von Schwarzen gegen die „Kinder[...] Gottes, den Weißen" legitimiert wurde.[71] In einem vom *White Beret*-Magazin der WKKKK übernommenen Artikel war unter der Überschrift „Death of the White Race" die Beziehung eines schwarzen Mannes mit einer weißen Frau als „ultimative Abscheulichkeit" bezeichnet worden.[72] Auf einer anderen Seite wurde die Erhängung als „Rassenverräter" titulierter Personen bildlich festgehalten, auf der folgenden Seite wurden zu „Rassenverrätern" Deklarierte namentlich mit Anschrift aufgeführt.[73] Durchgehend fanden sich konkrete Mordaufrufe, denen Szczepanski und Gleichgesinnte später tatsächlich folgen würden. Auch der kulturelle Einfluss des Rechtsrocks auf die Attraktivität des Klans wurde durch den Abdruck mehrerer Songtexte, welche diesen verherrlichten, deutlich, darunter das 1987 erschienene Album *White Rider* von „Skrewdriver".[74] Angeboten wurde auch eine Reihe thematisch passender Artikel, so etwa eine als *Klansmantape* beworbene Musikkassette und ein T-Shirt von No Remorse mit der Aufschrift „The Invisible Empire"[75], eine Klan-Selbstbezeichnung seit Beginn des 20. Jahrhunderts.

Die zweite Ausgabe von *Feuerkreuz* spiegelte das rege Treiben in den wenigen Monaten zwischen dem Erscheinen der beiden Hefte wider. Ein genaues Publikationsdatum ist nicht aufgeführt, jedoch ist der späteste Bericht auf Ende April 1991 datiert.[76] Als Auflage wurden 2.000 Exemplare für ein internationales Publikum genannt[77], dabei dürfte es sich jedoch um eine Übertreibung von Quantität und Reichweite handeln. In der zweiten Ausgabe wurde aber bereits klar, dass die

---

70 Vgl. White Storm Berlin, Feuerkreuz, S. 17.
71 Vgl. White Storm Berlin, Feuerkreuz, S. 4.
72 Vgl. White Storm Berlin, Feuerkreuz, S. 16.
73 Vgl. White Storm Berlin, Feuerkreuz, S. 27–28.
74 Vgl. White Storm Berlin, Feuerkreuz, S. 5.
75 Vgl. White Storm Berlin, Feuerkreuz, S. 38.
76 Vgl. Deutsche Klansmänner, Das Feuerkreuz, Berlin 1991, S. 11.
77 Vgl. Deutsche Klansmänner, Feuerkreuz, S. 8.

Klan-Gruppierung um Szczepanski mit Gleichgesinnten in mehreren Städten in Kontakt stand. Im Heft wurden Grüße an Marc und Tanja H. vom „Großdeutschen Reich der Ritter vom Ku Klux Klan" (GRRKKK) und an den Bundeswehrsoldaten Dennis Witt aus Essen von den „Confederate White Knights of the Ku Klux Klan" (CWKKKK) bestellt.[78] Bei den CWKKKK um Witt dürfte es sich um einen Ableger der „Confederate Knights of America" um Terry Boyce und Harold Covington aus den USA handeln, welche stets eng mit deutschen Neonazis kooperierten.[79] Boyce war in einem nachgedruckten Bericht aus dem *White Beret*-Magazin mehrfach wohlwollend erwähnt worden.[80] Marc und Tanja H. vom GRRKKK berichten von ihrer Reise mit insgesamt acht Personen zu einer Feier zu Ehren von Adolf Hitlers Geburtstag in der Nähe von Herford, erzählten stolz von ihrem hohen Alkoholkonsum und ihren Angriffen auf mindestens drei Personen, denen sie zufällig auf dem Hinweg zur Veranstaltung begegnet waren.[81] Zudem wurde von 150–200 Teilnehmern bei der Veranstaltung gesprochen, die bisweilen Klan-Roben trugen und eine Kreuzverbrennung vornahmen. Der Polizeikontakt bei einer Kontrolle im Anschluss an die Veranstaltung wurde folgendermaßen wiedergegeben:

> Ich zitiere: Polizist: ‚Wie hat es euch denn gefallen?'
> Marc: ‚War ganz nett, hätte man bloß noch'n Nigger ans Kreuz nageln soll'n.'
> Polizist: ‚So'n Scheiß, war wohl grade keiner in der Nähe, was?'
> Korrekt, meine Herren, korrekt und besten Dank."[82]

Ob sich diese Szene wirklich so abgespielt hat, lässt sich nicht überprüfen. Trotzdem veranschaulicht die Passage, dass sich KKK-Mitglieder in Deutschland kaum vor staatlicher Repression gefürchtet haben dürften.

Neben Werbung für die WKKKK um Mahon fand sich in der zweiten Ausgabe von *Feuerkreuz* auch Propaganda für WAR um Tom Metzger.[83] Abermals wird hier die Inspiration deutlich, welche deutsche Klan-Mitglieder in der extremen Rechten aus den USA fanden. Szczepanski schrieb an einer Stelle: „Die Zeit für eine weiße Revolution schreitet näher. Vereinigt werden wir die Feinde Deutschlands schlagen."[84] Auf der gleichen Heftseite war die Ermordung eines Antifa-

---

78 Vgl. Deutsche Klansmänner, Feuerkreuz, S. 5, S. 8 und S. 22; Obermair/Schultz, Kapuzenmänner, S. 62; Martin, AmeriKKKa, S. 284.
79 Vgl. Newton, The KKK, S. 60, 116.
80 Vgl. Deutsche Klansmänner, Feuerkreuz, S. 11–12.
81 Vgl. Deutsche Klansmänner, Feuerkreuz, S. 22.
82 Deutsche Klansmänner, Feuerkreuz, S. 22.
83 Vgl. Deutsche Klansmänner, Feuerkreuz, S. 29 und S. 36.
84 Deutsche Klansmänner, Feuerkreuz, S. 34.

schisten in Kalifornien durch Neonazis als „Vorbild" für die Bewegung in Deutschland angeführt worden.

Zudem wird an dieser Stelle die Übernahme ideologischer Motive deutlicher, die zuvor in den USA zu Leitmotiven der Bewegung geworden waren. In einem Artikel mit der Überschrift „ZOG oder: die jüdische Macht in Deutschland" wurde die deutsche Gesellschaft als von der „zionistische[n] Okkupations Gewalt" [sic] kontrolliert dargestellt.[85] Am Ende fand sich ein antisemitischer Vernichtungsaufruf:

KAMPF DER ZIONISTISCH-JÜDISCHEN MACHT!!
Schlagt sie wo ihr sie trefft. Vernichtet die Brut, bevor uns die Brut vernichtet.
WHITE MAN FIGHT BACK![86]

Die Vorstellung einer solchen „Macht", die sich im Kürzel „ZOG" niederschlug, ist eng mit der Geschichte der rassistisch-dystopischen *Turner Diaries* verbunden. Von William Pierce unter dem Pseudonym „Andrew MacDonald" veröffentlicht, erschien der Roman auszugsweise ab 1974 und war vier Jahre später in Buchform erhältlich. Mit mehr als einer halben Million verkauften Exemplaren in den ersten 20 Jahren nach Veröffentlichung handelt es sich hierbei um eine der am meisten zirkulierten Schriften der extremen Rechten auf der ganzen Welt.[87] Ab 1991 war das Buch in deutscher Übersetzung erhältlich.[88] In Tagebuchform erzählt der Roman aus Perspektive der Hauptfigur Earl Turner von einem „Rassenkrieg", an dessen Ende die „weiße Rasse" die „jüdische Weltverschwörung" besiegt. Im Zentrum der Handlung stehen eine Reihe von Terrorangriffen, durchgeführt von einer geheimen rassistischen Bruderschaft namens „The Order", der auch Turner angehört.[89] Diese führen zur Abspaltung Kaliforniens als weißem Staat und schließlich zu einem apokalyptischen Nuklearkrieg, in dessen Folge weite Landstriche der USA, die Sowjetunion und Israel vernichtet werden[90] – zu einem globalen Massenmord an jüdischen Menschen, die als „Satans Sprösslinge" bezeichnet werden.[91] Nach Ende des weltweiten Vernichtungskriegs herrscht die

---

85 Vgl. Deutsche Klansmänner, Feuerkreuz, S. 10.
86 Deutsche Klansmänner, Feuerkreuz, S. 10.
87 Vgl. Belew, Bring, S. 110.
88 Vgl. Robert Andreasch, Terror mit Ansage, in: Azar Mortazavi/Tunay Önder/Christine Umpfenbach (Hrsg.), URTEILE: Ein dokumentarisches Theaterstück über die Opfer des NSU, Münster 2016, S. 162–175, hier S. 168.
89 Vgl. Andrew MacDonald, The Turner Diaries, Hillsboro 1978, S. 97–99.
90 Vgl. Belew, Bring, S. 110.
91 Vgl. MacDonald, Turner, S. 261–263.

"weiße Rasse" über die Erde.[92] Eingebettet in ein Narrativ, das diese Gewalt mit kruden Rassentheorien legitimierte, schuf Pierce mit den *Turner Diaries* einen Leitfaden für rechtsterroristische Kampagnen. Schon kurz nach Erscheinen setzte die erste rechtsterroristische Gruppierung diese Vision in die Tat um und nahm mit ihrem Namen direkt darauf Bezug: angeführt von Robert Mathews, bildete The Order ab 1983 ein Netzwerk um eine Kerngruppe von Männern aus, die eine Serie von Raubüberfällen begingen, um damit eine Terrorkampagne zu finanzieren.[93] 1984 ermordeten sie den jüdischen Radiomoderator Alan Berg vor seinem Haus in Denver.[94] In ihren Pamphleten benutzten sie bereits das Kürzel „ZOG" für den „Rassenkrieg", den sie anstrebten.[95]

In der zweiten Ausgabe von *Feuerkreuz* wurden drei inhaftierte Mitglieder von The Order aufgeführt, denen man Solidaritätsbekundungen schicken solle.[96] Aufgelistet wurde auch Ralf Marschner, der später den abgetauchten Uwe Mundlos angestellt haben soll und von 1992 bis 2002 als V-Mann für das Bundesamt für Verfassungsschutz (BfV) arbeitete.[97] Die *Turner Diaries* waren zum Zeitpunkt ihrer Übersetzung für deutsche Neonazis besonders interessant, da der Roman in den 1990er Jahren spielt. Auch das Vorgehen des rechtsterroristischen NSU ähnelt ihm in Teilen, so etwa die Anmietung von Wohnungen unter falscher Identität, das Benutzen von Fahrrädern als Fortbewegungsmittel, kein Hinterlassen von Tatbekenntnissen sowie das Erschießen eines Polizisten, während dieser im Streifenwagen sitzt. Die NSU-Mitglieder Ralf Wohlleben und André Eminger waren im Besitz der *Turner Diaries*.[98]

Kurz nach dem Bericht über die Kreuzverbrennung nahe Herford beschlagnahmte die Polizei in der Post eines örtlichen Neonazis eine Ernennungsurkunde zum „Grand Dragon" des deutschen Ablegers der „Flaming Swords Knights of the Ku Klux Klan" aus New Jersey.[99] Der Ableger trat unter dem Namen „KKK Herford" (KKKH) auf[100] und verstand sich selbst als Teil einer „revolutionäre[n] Weltbewegung der weißen Rasse".[101] Im September 1991 wurden drei Mitglieder nach

---

92 Vgl. MacDonald, Turner, S. 267–270.
93 Vgl. Wally Hilke, Death of an Assassin: The Order's Bruce Pierce Dies in Prison, in: Southern Poverty Law Center, 18.08.2010, https://www.splcenter.org/hatewatch/2010/08/18/death-assassin-order%E2%80%99s-bruce-pierce-dies-prison (Stand: 12.04.2021)
94 Vgl. Hilke, Death.
95 Vgl. Belew, Bring, S. 160.
96 Vgl. Deutsche Klansmänner, Feuerkreuz, S. 6.
97 Vgl. Gerd Wiegel, Möglichkeiten und Grenzen, in: Der Rechte Rand 166 (2017), S. 14–15.
98 Vgl. Wiegel, Möglichkeiten, S. 14–15.
99 Vgl. Obermair/Schultz, Kapuzenmänner, S. 64; Newton, The KKK, S. 118.
100 Vgl. Obermair/Schultz, Kapuzenmänner, S. 65.
101 Vgl. Die Grünen, Hoyerwerda ist Überall. Neonazis in NRW, o. O. 1992.

Schüssen und Steinwürfen auf zwei Asylunterkünfte in Neuenrade von der Polizei festgenommen, in ihrem Auto wurden Molotow-Cocktails und Sticker mit KKKH-Motiv gefunden.[102] Die Angehörigen dieser Gruppe wurden auf 20–100 Personen geschätzt.[103]

1991 gelang Klan-Mitgliedern in Deutschland ein Mediencoup, der sie einer breiteren Öffentlichkeit bekannt machte. Am 20. September, parallel zum noch wütenden Pogrom in Hoyerswerda, inszenierten sich ca. 50 Mitglieder der WKKKK-RG, des KKKH und einer Gruppe aus Elmshorn gemeinsam mit Dennis Mahon am Rande eines Rechtsrockkonzerts in den Wäldern um Königs Wusterhausen für ein Kamerateam des Privatsenders RTL[104], welcher zuvor auch die Feier samt Kreuzverbrennung in Herford gefilmt hatte.[105] Der Sender war einer Einladung von Carsten Szczepanski und Norman Z., „Grand Cyclop" der WKKKK-RG, gefolgt.[106] In einer in den USA verbreiteten Form der Inszenierung trugen die Teilnehmenden größtenteils Klan-Roben, hissten Hakenkreuz-, Südstaaten- und Klan-Flaggen, zeigten eine Pistole und entfachten ein brennendes Kreuz. Mahon lobte das Pogrom in Hoyerswerda als „große[n] Sieg für Deutschland" und gab in einem späteren Interview an, die Anwesenden in rechtsterroristischen Methoden unterrichtet zu haben.[107] Bei einer anschließenden Hausdurchsuchung von Szczepanskis Wohnung wurden Bombenanleitungen und entsprechende Chemikalien gefunden.[108] Bereits vor der Veranstaltung, am 25. August 1991, war es zu einem Angriff von Neonazis und Klansmännern auf ein linkes Wohnprojekt im nahegelegenen Zeesen gekommen, bei dem eine Person durch Schüsse verletzt worden war.[109] Erst 1997 wurden Maik P. und Eric O., ein ehemaliger Mitbewohner Szczepanskis, für diesen und für einen weiteren Angriff in Wolzig verurteilt; beide erhielten lediglich zweijährige Bewährungsstrafen.[110] RTL strahlte die Selbstinszenierung in Königs Wusterhausen zur besten Sendezeit aus[111] und bot so die perfekte Plattform, um einem breiten Publikum rassistische Botschaften zu ver-

---

102 Vgl. Obermair/Schultz, Kapuzenmänner, S. 65–66.
103 Vgl. Obermair/Schultz, Kapuzenmänner, S. 65–66.
104 Vgl. Obermair/Schultz, Kapuzenmänner, S. 69.
105 Vgl. Deutsche Klansmänner, Feuerkreuz, S. 22.
106 Vgl. Obermair/Schultz, Kapuzenmänner, S. 69.
107 Vgl. Obermair/Schultz, Kapuzenmänner, S. 69.
108 Vgl. Obermair/Schultz, Kapuzenmänner, S. 73.
109 Vgl. Heike Kleffner, Auf vollständige Aufklärung warten wir immernoch. Eine Spurensuche: Carsten Szczepanski und die United Skins, in: Heike Kleffner/Anna Spangenberg (Hrsg.), Generation Hoyerswerda. Das Netzwerk militanter Neonazis in Brandenburg, Berlin 2016. S. 98–124, hier S. 124.
110 Vgl. Kleffner, Aufklärung, S. 103.
111 Vgl. Obermair/Schultz, Kapuzenmänner, S. 73.

mitteln. Nach diesem öffentlichen Auftritt leitete die Bundesanwaltschaft im Februar 1992 eine Ermittlung auf den Verdacht der Bildung einer kriminellen Vereinigung gegen das Netzwerk um Szczepanski ein.[112] Im Zuge dessen wurden die Ermittlungen auf insgesamt 33 Personen erweitert und Wohnungen in Hessen, Nordrhein-Westfalen, Niedersachsen und Berlin durchsucht, zeigten aber keine abschreckende Wirkung.[113]

Im März 1992 prügelten der 18-jährige Stefan Silar und der 26-jährige Stephan Kronbügel den ehemaligen Schiffskapitän Gustav Schneeclaus in Buxtehude zu Tode, weil dieser Hitler einen Verbrecher genannt hatte.[114] Bei der Durchsuchung ihrer Wohnungen fanden Beamte Zertifikate für sechs verschiede Klan-Gruppen aus den USA, darunter den Nachweis einer Mitgliedschaft bei den KKKK um Thomas Robb, der das Erbe von David Duke angetreten hatte.[115] Wenige Wochen später, am 8. Mai 1992, versuchten Szczepanski und 17 weitere Personen den aus Nigeria geflohenen Lehrer Steve Erenhi in Wendisch Rietz zu ermorden.[116] In einer Disco prügelten sie ihn zur Ohnmacht und schleppten ihn unter Szczepanskis rhythmischen Rufen „Ku Klux Klan" an einen nahegelegenen See.[117] Nachdem sie nicht in der Lage waren, Erenhi mit Feuerzeugen in Brand zu setzen, stießen sie ihn ins Wasser und entfernten sich. Erenhi wurde von Zeugen aus dem See gezogen und überlebte den Mordversuch.[118]

Zu dieser Zeit veröffentlichte Szczepanski bereits ein neues Magazin, *United Skins*, von dem bis 1999 insgesamt 13 Ausgaben in einer Auflage von jeweils 300 – 600 Stück publiziert wurden.[119] Darin zeigte sich das Verständnis eines international zu führenden „Rassenkriegs" mit Verweisen auf Gruppen aus den USA, Südafrika, Frankreich, den Niederlanden und Großbritannien.[120] Wenn auch in geringerem Umfang, finden sich weiterhin Verweise auf die WKKKK um Mahon, Abbildungen von Klansmännern mit Galgenstrick und Verweise auf Rechtsrock

---

112 Vgl. Obermair/Schultz, Kapuzenmänner, S. 74 und S. 80.
113 Vgl. Obermair/Schultz, Kapuzenmänner, S. 74–75.
114 Vgl. Obermair/Schultz, Kapuzenmänner, S. 71.
115 Vgl. Newton, The KKK, S. 123. Nach seiner Haftentlassung im Jahr 2000 wurde Silar Anführer der „Sektion Nordmark" von B&H. Vgl. Jan Jetter, Über die Karriere eines Nazi-Totschlägers, in: Die Zeit, 18.03.2010, www.blog.zeit.de/stoerungsmelder/2010/03/18/uber-die-karriere-eines-nazi-morders-von-heute_2897. (Stand: 14.04.2021).
116 Vgl. Obermair/Schultz, Kapuzenmänner, S. 79.
117 Vgl. Obermair/Schultz, S. 79–80.
118 Vgl. Obermair/Schultz, Kapuzenmänner, S. 79.
119 Vgl. Kleffner, Aufklärung, S. 107.
120 Vgl. United Skins Königs Wusterhausen (Hrsg.), United Skins 1 (1992), S. 4–11, 24–27.

mit Klan-Bezug von „Volkszorn" und „The Klansmen".[121] Zum Erwerb wurden Videos von Metzgers Rechtsrockevent „Aryan Fest" angeboten.[122]

Am 29. August 1992 tötet Norman Z. in Begleitung von Hendrik J. den 58-jährigen und zu dieser Zeit obdachlosen Künstler Günter Schwannecke, als dieser mit seinem Freund Hagen Knuth bei einem versuchten rassistischen Überfall in einem Park intervenierte.[123] Während die intendierten Opfer entkamen, griff Z. Schwannecke und Knuth mit einem Baseballschläger an; ersterer erlag am 5. September seinen Verletzungen. Im März 1993 wurde Z. für den Angriff zu sechs Jahren Haft verurteilt.[124]

Zwei Monate später schloss die Bundesanwaltschaft ihre Ermittlungen gegen das Netzwerk um Szczepanski ab, wollte darin keine kriminelle Vereinigung erkennen und bezeichnete den Mordversuch an Erenhi als vermeintlich spontane Handlung.[125] Strafverfahren wurden an niedere Gerichtsinstanzen verwiesen. Trotz des Mordversuchs und einer Verurteilung für einen Brandanschlag auf einen Bus der Sozialistischen Jugend Deutschlands – Die Falken in Berlin wurde Szczepanski erst im Februar 1995 zu einer achtjährigen Haftstrafe für den Angriff auf Erenhi verurteilt.[126] Während seiner Haft gab Szczepanski weiterhin *United Skins* heraus und vernetzte sich mit anderen Inhaftierten, beispielsweise mit Maik Fischer, der mit Hilfe seiner Ehefrau Sylvia Fischer das Magazin *Der Weisse Wolf* publizierte. 2002 dankte der neue Herausgeber von *Der Weisse Wolf*, der NPD-Politiker David Petereit, dem NSU: „Vielen Dank an den NSU, es hat Früchte getragen ;-) Der Kampf geht weiter...". Dem Heft war neben weiteren Magazinen und Organisationen Geld gespendet worden, das aus den Banküberfällen des NSU stammte.[127]

Im Januar 1998 kam Szczepanski in den offenen Vollzug, im Dezember 1999 wurde er entlassen.[128] Während seiner Bewährungszeit absolvierte er ein Praktikum in dem Szene-Geschäft von Michael Probst und Antje Probst in Limbach-Oberfrohna. Das Ehepaar war mit den Führungsfiguren von B&H in Sachsen wie

---

121 Vgl. United Skins, S. 7.
122 Vgl. United Skins, S. 26.
123 Vgl. Obermair/Schultz, Kapuzenmänner, S. 83.
124 Vgl. o. A., Über Günter Schwannecke, in: Günter-Schwannecke-Gedenkinitiative, www.guenterschwannecke.blogsport.eu/ ueber-guenter-schwannecke (Stand: 15.04.2021).
125 Vgl. Obermair/Schultz, Kapuzenmänner, S. 82–83.
126 Vgl. Obermair/Schultz, Kapuzenmänner, S. 82–83.
127 Vgl. Deutscher Bundestag, Drucksache 18/12950, 23.06.2017, S. 524 und S. 1168. Auch The Order spendete bis zu eine Millionen Dollar ihrer Einkünfte aus Raubüberfällen an verschiedene rechtsextreme Gruppen. Vgl. J. M. Berger, The Turner Legacy. The Storied Origins and Enduring Impact of White Nationalism's Deadly Bible, Den Haag 2016, S. 26.
128 Vgl. Obermair/Schultz, Kapuzenmänner, S. 89–92.

Thomas Starke und Jan Werner befreundet.[129] Starke beschaffte Sprengstoff, der im Januar 1998 in der Garage des NSU-Kerntrios um Uwe Mundlos, Uwe Böhnhardt und Beate Zschäpe gefunden wurde.[130]

Schon vor seiner Haft wurde Szczepanski als V-Mann des Landesamts für Verfassungsschutz (LfV) Brandenburg angeworben; zu seinen V-Mann Führern zählte Gordian Meyer-Plath, der 2013 zum Leiter des LfV Sachsen aufstieg.[131] Szczepanski erhielt für seine Spitzeltätigkeit zwischen 1994 und 2000 insgesamt 50–80.000 D-Mark an Zuwendungen; seine ausstehende Schmerzensgeldforderung seitens Erenhi in Höhe von 50.000 D-Mark beglich das Land Brandenburg und das LfV bot seinem Informanten Zeugenschutz, obwohl es seine Tätigkeit auf den Verdacht hin beendet hatte, dass er einen Bombenanschlag plane.[132] Szczepanski lieferte entscheidende Hinweise zum NSU-Kerntrio. Unter anderem gab er an, dass Antje Probst ihn über deren Pläne, abzutauchen informiert hatte und Werner ihn für die Beschaffung einer Waffe kontaktiert habe, die für das Trio vorgesehen war. Das Protokoll über dieses Treffen wurde seitens des LfV vernichtet, des Weiteren schützte die Behörde Szczepanski vor Strafverfolgung und bot ihm beispielsweise ein neues Handy an, als ihn die Polizei telefonisch überwachte.[133]

Die letzten Aktivitäten von Klan-Gruppierungen in den 1990ern fanden in Süddeutschland statt. Im Raum Stuttgart war der US-Amerikaner Paul Joseph Emond zwischen 1992 und 2007 Anführer der „International Knights of the Ku Klux Klan" (IKKKK).[134] Zu dessen Mitgliedern gehörte ab 1998 Achim Schmid, der in den Bands „Wolfsrudel", „Höllenhunde" und später „Celtic Moon" spielte und seit 1994 als V-Mann des LfV Baden-Württemberg tätig war.[135] Auch Steffen B.,

---

129 Vgl. Dirk Laabs, Die V-Mann Karriere des Carsten Szczepanski, in: Heike Kleffner/Anna Spangenberg (Hrsg.), Generation Hoyerswerda. Das Netzwerk militanter Neonazis in Brandenburg, Berlin 2016. S. 181–197, hier S. 192.
130 Vgl. Kleffner, Aufklärung, S. 113. Im Sommer und Herbst 1996 hatte die thüringische Polizei Beate Zschäpe zu einer Party aus dem Vorjahr befragt. Bilder der Veranstaltung zeigen neben Zschäpe noch Uwe Böhnhardt, Ralf Wohlleben, Holger Gerlach, André Kapke und Frank Liebau samt Hitlergrüßen neben einem brennenden Kreuz. Liebau war Inhaber des Szeneladens „Madley" in Jena, in dem die Tatwaffe für die NSU-Mordserie gekauft wurde. Zschäpe gab damals an, bereits an zwei Veranstaltungen mit Kreuzverbrennungen teilgenommen gehabt zu haben. Vgl. Obermair/Schultz, Kapuzenmänner, S. 103–107.
131 Vgl. Obermair/Schultz, Kapuzenmänner, S. 85–86.
132 Vgl. Obermair/Schultz, Kapuzenmänner, S. 87–95.
133 Vgl. Obermair/Schultz, Kapuzenmänner, S. 193–195.
134 Vgl. Sven Ullenbruch/Lucius Teidelbaum, Brennende Kreuze im Ländle, in: Der Rechte Rand 159 (2016), S. 22–23.
135 Vgl. Obermair/Schultz, Kapuzenmänner, S. 124–127.

Holger Wied von der Rechtsrockband „Triebtäter" und Thomas Richter, der als V-Mann des BfV arbeitete und auf einer Kontaktliste des NSU-Kerntrios stand, waren Mitglieder der IKKKK. Markus Frntic, ein B&H-Anführer in Baden-Württemberg, wurde in einem Bericht des dortigen LfV auch als Anführer einer Klan-Gruppe im Raum Stuttgart aufgeführt.[136] 1995 wurde er in der Nähe von Cleebronn bei einer Polzeikontrolle mit dem US-Amerikanischen Klan-Aktivisten Michael C. Berth angetroffen. Frntic, Schmid und Mitglieder der B&H-Nachfolgeorganisation „Furchtlos und Treu" nahmen im Juli 2000 in Winterbach an einer Kreuzverbrennung teil.[137]

Im Oktober 2000 gründete Schmid schließlich seine eigene Organisation, die „European White Knights of the Ku Klux Klan" (EWKKKK) in Schwäbisch Hall.[138] Den EWKKKK gehörten auch mindestens vier Polizisten und eine Polizistin an: Timo H., Jörg B., Bruder von Steffen B., Matthias F. und seine spätere Ehefrau Katrin T. Timo H. arbeitete in der gleichen Einheit wie das letzte Opfer des NSU, die Polizistin Michèle Kiesewetter.[139] Auch nach ihrer Befragung durch einen parlamentarischen Untersuchungsausschuss im Landtag blieb die Mitgliedschaft bei der EWKKKK für alle ohne nennenswerte Konsequenzen. Ihren Dienst verrichten sie bis heute.[140]

Fazit

Seit mehreren Jahrzehnten fasziniert der Ku Klux Klan die extreme Rechte in der Bundesrepublik. Bereits ab Ende der 1970er Jahre zeigte sich eine stärkere Bezugnahme und Vernetzung extrem rechter Führungsfiguren aus den USA und Westdeutschland untereinander. Auf beiden Seiten des Atlantiks suchte man nach Verbündeten für den vermeintlich bevorstehenden „Rassenkrieg". Allerdings kam es in den 1980er Jahren noch nicht zu einer Übernahme kultureller oder politischer Merkmale des Klans in der Bundesrepublik. Vielmehr vernetzten sich bestehende Klan-Strukturen unter US-Militärangehörigen und einzelne örtliche Neonazis, ohne jedoch fortwährende Strukturen auszubilden. Klan-Gruppen wirkten zu dieser Zeit primär auf US-Militärbasen beziehungsweise in deren unmittelbarer Umgebung. Aus diesem Grund konnten sie letztlich keine gesell-

---

136 Vgl. Obermair/Schultz, Kapuzenmänner, S. 130.
137 Vgl. Obermair/Schultz, Kapuzenmänner, S. 136.
138 Vgl. Obermair/Schultz, Kapuzenmänner, S. 128.
139 Vgl. Ullenbruch/Teidelbaum, Brennende Kreuze, S. 22.
140 Vgl. Obermair/Schultz, Kapuzenmänner, S. 166; Ullenbruch/Teidelbaum, Brennende Kreuze, S. 22.

schaftliche Stärke entwickeln, stattdessen wurden meist andere US-Bürgerinnen und -Bürger zum Ziel ihrer Angriffe.

Erst mit der KKK-Rezeption und der Heroisierung und Ästhetisierung durch Ian Donaldson im internationalen Rechtsrock kam es zu einer breiteren Popularität des Klans in der Bundesrepublik. Insbesondere das von Donaldson gegründete B&H-Netzwerk spielte in der kulturellen und politischen Vermittlung an ein internationales weißes Publikum von der Wendezeit an eine wichtige Rolle. Deshalb finden sich zahlreiche Mitgliedschaften und andere Bezüge zum Ku Klux Klan unter B&H-Mitgliedern und deren Umfeld. In Folge der Vermarktung des Klans durch den Rechtsrock wurden ab den 1990er Jahren auch Kreuzverbrennungen in den Katalog extrem rechter Bräuche in Deutschland aufgenommen. Daran wirkten auch junge Neonazis wie Carsten Szczepanski mit, der mit seinem Fanzines *Feuerkreuz* zum wichtigsten Klan-Vertreter im wiedervereinigten Deutschland avancierte. Auch wenn die Publikation kurzlebig war, zeichneten sich auch seine späteren Projekten durch KKK-Bezüge aus. Zugleich belegt *Feuerkreuz* den von Vernichtungsfantasien getriebenen Rassismus der extremen Rechten zu Beginn der 1990er Jahre, der sich zum Teil durch die Übernahme von in den USA bereits hegemonialen Vorstellungen weiterentwickelte, so etwa der vermeintlichen Notwendigkeit eines „Rassenkriegs" gegen eine als „ZOG" bezeichnete „jüdische Weltverschwörung". Einen solchen versuchten Szczepanski und Gleichgesinnte mit ihren Morden und Mordversuchen zu initiieren. Dies zeigt sich am eindringlichsten an den späteren NSU-Mitgliedern, die an Kreuzverbrennungen teilgenommen hatten und sich auch von weiteren rechtsterroristischen Narrativen und Konzepten mitinspirieren ließen.

Obwohl die unterschiedlichen Klan-Gruppierungen in Deutschland zu keiner Zeit mehr als einige Hundert Personen umfasst haben dürften, begingen sie zahlreiche gewaltsame Straftaten. Räumliche Schwerpunkte der Organisierung waren Berlin, Brandenburg, Nordrhein-Westfalen und Baden-Württemberg. Der Anhängerschaft des KKK diente die transatlantische Bezugnahme auf eine der ältesten rechtsterroristischen Bewegungen zur Legitimation der eigenen Gewalt. Deutsche „Klansmänner" und „Klansfrauen" konnten sich so als Teil einer mehr als hundertjährigen Geschichte rassistisch motivierten Terrorismus fühlen und traten dieses Erbe begeistert an. Zusätzlich dürfte das schnelle Erlangen pompöser Titel insbesondere jüngere Personen angezogen haben, denn statt sich in einer bestehenden Struktur emporzuarbeiten, konnten sie mit einem bloßen Brief oder Anruf in die USA zu landesweiten Vertretern größerer Organisationen aufsteigen. Auffällig ist zudem, dass Klan-Mitglieder in Deutschland selten ernsthafte Maßnahmen seitens der Strafverfolgungsbehörden fürchten mussten, wofür auch der Einsatz und der Schutz von V-Männern in Klan-Strukturen spricht, die, wie das NSU-Verfahren zeigt, gewichtige Fragen aufwirft.

Literatur

150 Jahre Ku Klux Klan = Der Rechte Rand 159 (2016).
Andreasch, Robert. Terror mit Ansage, in: Azar Mortazavi/Tunay Önder/Christine Umpfenbach (Hrsg.), URTEILE: Ein dokumentarisches Theaterstück über die Opfer des NSU, Münster 2016, S. 162–175.
Apabiz. Verzeichnis Rechtsrock-Bands, in: Christian Dornbusch/Jan Raabe (Hrsg.), Rechtsrock: Bestandsaufnahme und Gegenstrategien, Münster 2002, S. 433–458.
Belew, Kathleen. Bring the War Home. The White Power Movement and Paramilitary America, Cambridge/London 2018.
Berger, J.M. The Turner Legacy. The Storied Origins and Enduring Impact of White Nationalism's Deadly Bible, Den Haag 2016.
Brausam, Anna. Todesopfer rechter Gewalt seit 1990, in: CURA (2018), www.opferfonds-cura.de/zahlen-und-fakten/todesopfer-rechter-gewalt (Stand: 10.04.2021).
Deutsche Klansmänner (Hrsg.). Das Feuerkreuz, Berlin 1991.
Deutscher Bundestag. Drucksache 9/635, 03.07.1981.
Deutscher Bundestag. Drucksache 18/12950, 23.06.2017.
Die Grünen. Hoyerwerda ist Überall. Neonazis in NRW, o. O. 1992.
Hilke, Wally. Death of an Assassin: The Order's Bruce Pierce Dies in Prison, in: Southern Poverty Law Center, 18.08.2010, www.splcenter.org/hatewatch/2010/08/18/death-assassin-order%E2%80%99s-bruce-pierce-dies-prison (Stand: 12.04.2021).
Jetter, Jan. Über die Karriere eines Nazi-Totschlägers, in: Die Zeit, 18.03.2010, www.blog.zeit.de/stoerungsmelder/2010/03/18/uber-die-karriere-eines-nazi-morders-von-heute_2897 (Stand: 14.04.2021).
Katz, Jason. Enlisting Absentee Military Voters Triggers Ballot War, in: L.A. Times, 13.04.1997, www.latimes.com/archives/la-xpm-1997-04-13-mn-48362-story.html (Stand: 16.04.2021).
Kaufmann, Marion. Gehacktes vom V-Mann-Führer, in: Der Tagespiegel, 11.06.2018, www.tagesspiegel.de/berlin/nsu-ausschuss-in-brandenburg-gehacktes-vom-v-mann-fuehrer/22672860.html.
Kleffner, Heike. Auf vollständige Aufklärung warten wir immernoch. Eine Spurensuche: Carsten Szczepanski und die United Skins, in: Heike Kleffner/Anna Spangenberg (Hrsg.), Generation Hoyerswerda. Das Netzwerk militanter Neonazis in Brandenburg, Berlin 2016, S. 98–124.
Kleffner, Heike/Anna Spangenberg (Hrsg.). Generation Hoyerswerda. Das Netzwerk militanter Neonazis in Brandenburg, Berlin 2016.
Kromschröder, Gerhard. Ansichten von Innen. Als Nazi, Rocker, Ladendieb und strammer Katholik unterwegs, Frankfurt 1982.
Kühnen, Michael. Die zweite Revolution. Band 1: Glaube und Kampf, o. O. 1979.
Laabs, Dirk. Die V-Mann Karriere des Carsten Szczepanski, in: Heike Kleffner/Anna Spangenberg (Hrsg.), Generation Hoyerswerda. Das Netzwerk militanter Neonazis in Brandenburg, Berlin 2016, S. 181–197.
MacDonald, Andrew. The Turner Diaries, Hillsboro 1978.
Martin, Roger. AmeriKKKa. Der Ku-Klux-Klan und die Ultrarechte in den USA, Berlin 1996.
Mecklenburg, Jens (Hrsg.). Handbuch deutscher Rechtsextremismus, Berlin 1996.
Newton, Michael. The Ku Klux Klan. History, Organization, Language, Influence and Activities of America's most Notorious Secret Society, Jefferson 2007.

o. A. Über Günter Schwannecke, in: Günter-Schwannecke-Gedenkinitiative, www.guenterschwannecke.blogsport.eu/ueber-guenter-schwannecke (Stand: 15. 04. 2021).

Obermair, Frederik/Tanjev Schultz. Kapuzenmänner. Der Ku-Klux-Klan in Deutschland, München 2017.

Projektgruppe Reader (Hrsg.). Rechtsextremismus im Siegerland. Eine Bestandsaufnahme 1988–1994, Siegen 1994.

Shannon, Kelley. Texans Challenge Absentee Voting by Military Personnel, in: L.A. Times, 02. 03. 1997, www.latimes.com/archives/la-xpm-1997-03-02-mn-33985-story.html (Stand: 16. 04. 2021).

Silver, Steve. Das Netz wird gesponnen. Blood and Honour 1987–1992, in: Searchlight (Hrsg.), White Noise, Rechts-Rock, Skinhead-Musik, Blood&Honour, Einblicke in die internationale Neonazi-Musik-Szene, 4. Aufl., Münster 2004, S. 29–46.

Southern Poverty Law Center. Blood & Honour, in: Hatewatch, www.splcenter.org/fighting-hate/extremist-files/group/blood-honour (Stand: 13. 04. 2021).

The Klansmen. Fetch the Rope. Stand up and be Counted, in: Blood and Honour, www.bloodandhonourworldwide.co.uk/bhww/isd/isd-lyrics/isd-albums/fetch-the-rope/#3. (Stand: 18. 08. 2018).

Ullenbruch, Sven/Lucius Teidelbaum. Brennende Kreuze im Ländle, in: Der Rechte Rand 159 (2016), S. 22–23.

United Skins Königs Wusterhausen (Hrsg.). United Skins 1 (1992).

Weiss, Michael. Begleitmusik zu Mord und Totschlag. Rechtsrock in Deutschland, in: Searchlight (Hrsg.), White Noise: Rechts-Rock, Skinhead-Musik, Blood & Honour, Einblicke in die internationale Neonazi-Musik-Szene, 4. Aufl., Münster 2004, S. 67–92.

White Storm Berlin (Hrsg.). Feuerkreuz, Berlin 1991.

Wiegel, Gerd. Möglichkeiten und Grenzen, in: Der Rechte Rand 166 (2017), S. 14–15.

Zeskind, Leonard. Black Moon rising. White Power Skins in den USA, in: Searchlight (Hrsg.), White Noise: Rechts-Rock, Skinhead-Musik, Blood&Honour, Einblicke in die internationale Neonazi-Musik-Szene, 4. Aufl., Münster 2004, S. 133–142.

Nach der Wiedervereinigung

Sabri Deniz Martin

„Das Boot ist voll"

Wiedervereinigung, Renationalisierung und die Einschränkung des Grundrechts auf Asyl

Bestärkt von der Vereinigung der beiden deutschen Staaten re-nationalisierten sich in den frühen 1990er Jahren bundesdeutsche Politik und politische Kultur.[1] Rassistische, xenophobe sowie wohlstandschauvinistische Denkformen, Begriffe, Reaktionsmuster und Interpretationen der „Anderen" breiteten sich aus.[2] Aufklärungsresistent und ideologisch inkonsistent diskriminierten Rassisten sogenannte „Ausländer" aufgrund ihres Äußeren oder ihrer vermuteten Herkunft und übten bisweilen mit immensem, in der Öffentlichkeit zur Schau gestelltem Selbstbewusstsein Gewalt gegen sie aus – meist der ideologischen Gewissheit folgend, den nationalen Wohlstand und damit ihre eigene materielle Absicherung gegen „Fremde" zu verteidigen.[3] Dieser Wohlstandschauvinismus bildete die zentrale Schnittstelle zwischen rechtsradikalem Diskurs und dem Alltagsdenken der Gesamtbevölkerung.[4] Er ermöglichte die Abwehr der nationalen Verantwortung für hohe Einheitskosten, Wohnungsnot, Arbeitslosigkeit und Rezession in der Nachwendezeit und nutzte als plastische Beispiele den rasanten Anstieg von Immigration, Binnenmigration und Asylgesuchen sowie die damit zusammenhängenden Kosten und dramatisierte denkbare soziale Folgen dieser Entwicklung.[5]

---

[1] Vgl. Florian Finkbeiner, Nationale Hoffnung und konservative Enttäuschung, Bielefeld 2020, S. 193; Margret Jäger/Siegfried Jäger, Gefährliche Erbschaften. Die schleichende Restauration rechten Denkens, Berlin 1999.
[2] Vgl. Detlev Claussen, Was heißt Rassismus? Ein Essay Leo Löwenthal (1900–1993) zur Erinnerung, in: fiph. JOURNAL 28 (2016), S. 4–14, hier S. 13–14.
[3] Vgl. Detlev Claussen, Aspekte der Alltagsreligion, Frankfurt 2000, S. 132–133 und 143; Martin Thein, Wettlauf mit dem Zeitgeist – Der Neonazismus im Wandel. Eine Feldstudie, Göttingen 2009, S. 207–208.
[4] Vgl. Mathias Brodkorb, Metamorphosen von rechts. Eine Einführung in Strategie und Ideologie des modernen Rechtsextremismus, Münster 2003, S. 84.
[5] Vgl. Klaus J. Bade/Jochen Oltmer, Flucht und Asyl 1950–1989, 15.03.2005, in: Bundeszentrale für politische Bildung, Grundlagendossier Migration, www.bpb.de/gesellschaft/migration/dossier-migration-ALT/56435/flucht-und-asyl-1950-1989 (Stand:18.02.2021); Klaus J. Bade/Jochen Oltmer, Flucht und Asyl seit 1990, 15.03.2005, in: Bundeszentrale für politische Bildung, Grundlagendossier Migration, www.bpb.de/gesellschaft/migration/dossier-migration-ALT/56443/flucht-und-asyl-seit-1990 (Stand: 04.02.2021); Ullrich Bauer/Uwe H. Bittlingmayer/Joachim Hirsch, „Der Staat in der frühen Kritischen Theorie bezeichnet so etwas wie eine Leerstelle.", in:

∂ Open Access. © 2023 bei den Autorinnen und Autoren, publiziert von De Gruyter. [CC BY] Dieses Werk ist lizenziert unter einer Creative Commons Namensnennung 4.0 International Lizenz.
https://doi.org/10.1515/9783110702729-014

Nicht mehr das Aufstocken des Arbeitskräftereservoirs durch ausländische „Gastarbeiter", sondern staatliche Aufwände für „Ausländer", insbesondere für Flüchtlinge,[6] wurden zum Mittelpunkt einer breiten gesellschaftlichen Auseinandersetzung.[7] Rassistische Mobilisierung und Debatten, reißerischer Boulevard und gereizte Berichterstattung mit einem gewalttätigen und mordenden rechtsradikalen Mob im Windschatten förderten im letzten Jahrzehnt des 20. Jahrhunderts das Feindbild des „Asylanten": Es entmenschlichte und entindividualisierte den Schutzsuchenden und stellte ihn als Teil einer schmarotzenden und ungebildeten Nutz- oder Schadensmasse dar, deren insbesondere ökonomisches Wohlergehen dem der herkunftsdeutschen Bevölkerung untergeordnet sei.[8] Diesen Kern des zeitgenössischen wohlstandschauvinistischen Denkens fasste Edmund Stoiber auf dem 56. CSU-Parteitag im November 1992 zusammen: „Wir können nicht allgemein Sparsamkeit und Opferbereitschaft der Bevölkerung fordern, im Asyl aber unbegrenzt mehr ausgeben."[9]

Dies ist als bedeutende Transformationsleistung des Rassismus der frühen 1990er Jahre in Deutschland zu verstehen. Er zielte nicht mehr vorrangig auf

---

Uwe H. Bittlingmayer/Alex Demirović/Tatjana Freytag (Hrsg.), Handbuch Kritische Theorie, Wiesbaden 2019, S. 781–796, hier S. 792; Britta Bugiel, Rechtsextremismus Jugendlicher in der DDR und in den neuen Bundesländern von 1982–1998, Münster 2002, S. 31–34.; Detlev Claussen, Was heisst Rassismus?, Darmstadt 1994, S. 22; Claussen, Was heißt Rassismus?, S. 10; Helmut Dahmer, Kritische Theorie und Psychoanalyse, in: Uwe H. Bittlingmayer/Alex Demirović/Tatjana Freytag (Hrsg.), Handbuch Kritische Theorie, Wiesbaden 2019, S. 235–276, hier S. 269; Ullrich Heilemann, Rezessionen in der Bundesrepublik Deutschland von 1966 bis 2013, in: Wirtschaftsdienst 99/8 (2019), S. 546–552; Stefan Luft/Peter Schimany, Asylpolitik im Wandel, in: Stefan Luft/Peter Schimany (Hrsg.), 20 Jahre Asylkompromiss. Bilanz und Perspektiven (=Edition Politik 16), Bielefeld 2014, S. 11–30, hier S. 12; Patrice G. Poutrus, Umkämpftes Asyl. Vom Nachkriegsdeutschland bis in die Gegenwart, Berlin 2019, S. 171.

6 „Flüchtling" wird in diesem Beitrag allgemeinsprachlich verwendet, d. h. jmd. ist auch ohne Anerkennung der Flüchtlingseigenschaft ein Flüchtling. Differenzierungen erfolgen an geeigneter Stelle.

7 Vgl. Ulrich Herbert, Geschichte der Ausländerpolitik in Deutschland. Saisonarbeiter, Zwangsarbeiter, Gastarbeiter, Flüchtlinge, München 2001, S. 264; Sebastian Muy/Stephen Sulimma, Strukturelle Rahmenbedingungen Sozialer Arbeit im Handlungsfeld Flucht und Migration, in: Netzwerk MiRA (Hrsg.), Kritische Migrationsforschung? Da kann ja jedeR kommen, 2012, S. 41–72, hier S. 50.

8 Vgl. Hendrik Cremer, Die Asyldebatte in Deutschland: 20 Jahre nach dem „Asylkompromiss", Berlin 2013, S. 16; vgl. Poutrus, Umkämpftes Asyl, S. 171; Regina Ryssel, Innerdiskursive Kontroversen. Der Diskurs über die Aufnahme von Flüchtlingen zwischen Bürgerkrieg und Grundgesetzänderung – eine linguistische Diskursgeschichte, Dissertation, RWTH Aachen 2014, S. 29, 168 und 188–189.

9 Zitiert nach Dieter Staas, Migration und Fremdenfeindlichkeit als politisches Problem, Münster/Hamburg 1994, S. 126.

koloniale Expansion, Ausbeutung oder Vernichtung des Anderen, sondern wies ihn aus einer vermeintlichen Defensive heraus anhand ökonomischer Sachargumente ab.[10] Zu diesen ökonomischen gesellten sich rasch Überlegungen zu ordnungs- und polizeirechtlichen Maßnahmen bzw. zur „Sicherheit", welche bald gegenüber humanitären sowie menschen- und flüchtlingsrechtlichen Abwägungen und Verpflichtungen überwogen.[11]

Einst schuf der Parlamentarische Rat der Westzonen, der am 8. Mai 1949 das Grundgesetz für die Bundesrepublik verabschiedete, mit dem Grundgesetzartikel 16 ein Grundrecht auf politisches Asyl ohne Gesetzesvorbehalt, da während des Zweiten Weltkriegs deutsche Flüchtlinge weltweit Asyl fanden, wonach die eigene Erfahrung lehrte, dass derartige Solidarität ein wünschenswertes Ziel ist.[12] Nach dem Anwerbestopp für „ausländische" Arbeitskräfte 1973 boten deutsche Abstammung und politisches Asyl letzte legale wie sichere Einreisewege an – welche die Regierungsparteien CDU/CSU und FDP sowie die oppositionelle SPD im xenophoben und durch die Wiedervereinigung berauschten Klima der frühen 1990er Jahre trotz dieser historischen Dimension beschlossen zu schließen.[13] Synchron hierzu erfolgten Anschläge auf Flüchtlinge, Migranten, ausländische Vertragsarbeiter und politische Widersacher der Rechten. Dagegen formierten sich breite Bündnisse üblicherweise konkurrierender Gruppierungen: Von der Antifa-Clique über migrantische Interessenvertretungen und besorgte Bürger unterschiedlicher Motivationen bis hin zu Pax Christi, die in den öffentlich zelebrierten Lichterketten kulminierten.[14]

Politisch gipfelten Renationalisierung, Rassismus, Xenophobie und Wohlstandschauvinismus 1993 im sogenannten „Asylkompromiss": Die nationalliberale Regierungskoalition und die SPD einigten sich 1993 mit einer Zweidrittel-

---

10 Vgl. Christoph Butterwegge, Die zentralen Herausforderungen für den Antifaschismus: Globalisierung, Neoliberalismus und Rechtsextremismus, in: UTOPIEkreativ 135 (2002), S. 55–65.
11 Diese Transformation hat insbesondere die deutschsprachige Debatte der populären postkolonialen Studien und der Intersektionalität nicht registriert, obwohl sie als zentrales Element der De-globalisierung spätestens mit dem Aufstieg des sogenannten Rechtspopulismus auf diverse Regierungsbänke offensichtlich geworden ist.
12 Vgl. Klaus J. Bade/Jochen Oltmer, Deutschland, in: Klaus J. Bade/Pieter C. Emmer/Leo Lucassen/Jochen Oltmer (Hrsg.): Enzyklopädie Migration in Europa. Vom 17. Jahrhundert bis zur Gegenwart. Paderborn u. a. 2007, S. 141–170, hier S. 155; Konrad Exner-Seemann, 50 Jahre Grundgesetz. Vorläufer des Grundgesetzes, Abgeordnete des badischen Landtages, Karlsruhe 1999, S. 13–15.
13 Vgl. Vera Gaserow, Lichterketten und SPD-Asylanten in: Die Zeit 49/2012, 29.11.2012, www.zeit.de/2012/49/Debatte-Grundrecht-Asyl-1992 (Stand: 11.02.2021); Poutrus, Umkämpftes Asyl, S. 179.
14 Vgl. o. A., „Viele haben große Angst", in: Der Spiegel 42/1991, S. 30; o. A., „Wenn wir gehen, hauen die ab", in: Der Spiegel 42/1991, S. 48–57.

mehrheit im Bundestag nach der rassistischen, sogenannten „Asyldebatte" auf eine strittige Änderung des Grundgesetzartikels 16, welcher fortan nicht mehr politisches Asyl garantierte, sondern die bereits geringen Möglichkeiten erheblich einschränkte, einen rechtlichen Flüchtlingsstatus zu erlangen – just, als dieser im besonderen Maße benötigt wurde.[15]

Migrations- und fluchtgeschichtlicher Kontext

Der Fall der Mauer, die Eingliederung der vormaligen DDR und die Jugoslawienkriege lösten große Flucht- und Wanderungsbewegungen aus. Erstens migrierten nun primär aus der ehemaligen Sowjetunion zwischen 1990 und 1993 etwa 1,5 Millionen Aussiedler bzw. Spätaussiedler nach Deutschland, worunter qua *ius sanguinis* bis Ende 1992 geborene „Menschen, die im Rahmen eines Aufnahmeverfahrens als deutsche Volkszugehörige nach Deutschland übergesiedelt sind"[16], sowie ihre Familienangehörigen zu verstehen sind.[17] Ab 1993 mussten diese, um den Zuzug einzuschränken, Deutschkenntnisse nachweisen.[18] Zweitens zogen zwischen 1989 und 1993 etwa 1,45 Millionen Personen aus der DDR bzw. aus den neuen in die alten Bundesländer.[19] Drittens stiegen die Asylgesuche im Kontext

---

15 Vgl. Christoph Butterwegge, Weltmarkt, Wohlfahrtsstaat und Zuwanderung, in: Christoph Butterwegge/Gudrun Hentges (Hrsg.), Zuwanderung im Zeichen der Globalisierung. Migrations-, Integrations- und Minderheitenpolitik, 2. Aufl., Opladen 2003, S. 53–92, hier S. 70; Cremer, Asyldebatte in Deutschland, S. 7 und 18–19; Herbert, Geschichte der Ausländerpolitik, S. 271; Ryssel, Innerdiskursive Kontroversen, S. 27.
16 Bundeszentrale für politische Bildung, Zuzug von (Spät-)Aussiedlern und ihren Familienangehörigen, 01.04.2018, www.bpb.de/nachschlagen/zahlen-und-fakten/soziale-situation-in-deutschland/61643/spaet-aussiedler (Stand: 11.02.2021).
17 Vgl. LAGeSo (Hrsg.), Die Zentrale Aufnahmestelle für Aussiedler in Berlin-Marienfelde (= Schriftenreihe für Wissenschaft und Praxis 4), Berlin 2011, S. 38; Susanne Worbs/Eva Bund/Martin Kohls/Christian Babka von Gostomski, (Spät-)Aussiedler in Deutschland. Eine Analyse aktueller Daten und Forschungsergebnisse (=Bundesamt für Migration und Flüchtlinge, Forschungsbericht 20), Nürnberg 2013, S. 7.
18 Vgl. Franz Nuscheler, Internationale Migration, Wiesbaden 2004, S. 131.
19 Vgl. Bade/Oltmer, Flucht und Asyl seit 1990; Bundesinstitut für Bevölkerungsforschung, Binnenwanderungssalden nach Bundesländern* (1991–2018), www.bib.bund.de/DE/Fakten/Fakt/M31-Binnenwanderungssalden-Bundeslaender-ab-1991.html?nn=9992182 (Stand: 10.02.2021); Bundeszentrale für politische Bildung (BPB), Ausländische Bevölkerung. In absoluten Zahlen, Anteile der Altersgruppen in Prozent, 1970 bis 2016, www.bpb.de/nachschlagen/zahlen-und-fakten/soziale-situation-in-deutschland/61622/auslaendische-bevoelkerung (Stand: 07.03.2021).

der Jugoslawienkriege zwischen 1989 und 1993 auf circa 1,33 Millionen Individuen an.[20] Viertens zogen stetig EG-Bürger zu.[21]

Stammten 1986 noch 74,8 % der Asylbewerber aus außereuropäischen Entwicklungsländern, wurde 1993 mit 72,1 % der Großteil der Asylgesuche aus Europa gestellt.[22] Dies begründete sich darin, dass nach dem Dubliner Übereinkommen vom 15. Juni 1990 derjenige EG-Staat, den ein Flüchtling zuerst betrat, ohne Lastenausgleich für sein Asylverfahren zuständig war.[23] Dies betraf insofern Deutschland im besonderen Maße, als es in den frühen 1990er Jahren vor den Beitritten von Österreich, Polen und Tschechien noch die faktische Ostgrenze der EG bzw. ab dem 1. November 1993 der EU markierte und deshalb als Rettungsanker galt.[24] Die Schutzquote bei Asylgesuchen blieb jedoch bis 1993 niedrig einstellig.[25] Anzurechnen sind wenige Asylanerkennungen in zweiter Instanz sowie Duldungen im Sinne der Genfer Flüchtlingskonvention.[26] Unter einem

---

20 Vgl. Bade/Oltmer, Flucht und Asyl seit 1990; BPB, Ausländische Bevölkerung; Luft/Schimany, Asylpolitik im Wandel, S. 11; Poutrus, Umkämpftes Asyl, S. 163; Andreas Speit, Der Terror von rechts – 1991 bis 1996, in: Andrea Röpke/Andreas Speit (Hrsg.), Blut und Ehre. Geschichte und Gegenwart rechter Gewalt in Deutschland, Berlin 2013, S. 94–121, hier S. 99.
21 Vgl. Herbert, Geschichte der Ausländerpolitik, S. 288.
22 Vgl. Luft/Schimany, Asylpolitik im Wandel, S. 11–12; Poutrus, Umkämpftes Asyl, S. 163.
23 Vgl. Nina Amelung, Politikinstrumente in der europäischen Asylpolitik: Zur Rolle von Experten und Expertise, in: Christian Lahusen/Stephanie Schneider (Hrsg.), Asyl verwalten. Zur bürokratischen Bearbeitung eines gesellschaftlichen Problems, Bielefeld 2017, S. 27–55, hier S. 31; Stephanie Schneider/Kristina Wottrich, „Ohne 'ne ordentliche Anhörung kann ich keine ordentliche Entscheidung machen..." – Zur Organisation von Anhörungen in deutschen und schwedischen Asylbehörden, in: Christian Lahusen/Stephanie Schneider (Hrsg.), Asyl verwalten. Zur bürokratischen Bearbeitung eines gesellschaftlichen Problems, Bielefeld 2017, S. 81–116, hier S. 85.
24 Vgl. John Kannankulam, Kräfteverhältnisse in der bundesdeutschen Migrationspolitik, in: Forschungsgruppe „Staatsprojekt Europa" (Hrsg.), Kämpfe um Migrationspolitik. Theorie, Methode und Analysen kritischer Europaforschung, Bielefeld 2014, S. 93–112, hier S. 111; John Van Oudenaren, Uniting Europe. An Introduction to the European Union, Oxford 2004, S. 11.
25 Vgl. Poutrus, Umkämpftes Asyl, S. 188.
26 Vgl. Jurgita Baur, Europäisches Flüchtlingsrecht. Bemühungen im Rahmen der europäischen Verträge, die Flüchtlingsproblematik zu bewältigen, in: Gilbert H. Gornig/Hans-Detlef Horn (Hrsg.), Migration, Asyl, Flüchtlinge und Fremdenrecht. Deutschland und seine Nachbarn in Europa vor neuen Herausforderungen, Berlin 2017, S. 117–136, hier S. 118; Simon Goeke, „Wir sind alle Fremdarbeiter!" Gewerkschaften, migrantische Kämpfe und soziale Bewegungen in der Bundesrepublik Deutschland der 1960er und 1970er Jahre, München 2016, S. 41; Peter Hilpold, Die Genfer Flüchtlingskonvention 1951 – Reformbedarf angesichts der Flüchtlingskrise?, in: Gilbert H. Gornig/ Hans-Detlef Horn (Hrsg.), Migration, Asyl, Flüchtlinge und Fremdenrecht. Deutschland und seine Nachbarn in Europa vor neuen Herausforderungen, Berlin 2017, S. 105–115, hier S. 107, 110 und 112; Thomas Hohlfeld, Strategien der Ausschaffung – Eine Archäologie der Flüchtlingsbürokratie, Dissertation, FU Berlin 2008, www.refubium.fu-berlin.de/handle/fub188/12782

Drittel der Zuzüge der frühen 1990er Jahre sind auf Asylsuchende zurückzuführen, von denen die wenigsten einen Flüchtlingsstatus oder eine Duldung erhielten.

Galten Flüchtlinge insbesondere aus den Sowjetgebieten einst als Erfolgsnachweis für das westliche System, deklassierten Politik und Medien sie nun zur „Zusatzbelastung in der Krise des nationalen Sozialstaats."[27] Auch waren viele als Kriegsflüchtlinge nicht asylberechtigt, was die Volksparteien zum wohlstandschauvinistischen, in der Bevölkerung breit geteilten Vorwurf ummünzten, dass kriminelle Flüchtlinge das kostenintensive deutsche Rechts- und Asylsystem missbrauchten.[28] Andere Gruppen, wie etwa Roma, deren bulgarische und rumänische Regierungen sie oftmals verstoßen und damit zum Asylantrag in Deutschland bewegt hatten, erfuhren eine noch größere, antiziganistische Ablehnung.[29]

Konjunktur des Rechtsradikalismus

Ein erheblicher Faktor für die rassistische öffentliche Auseinandersetzung mit dem meist temporären Zuzug von Flüchtlingen in den frühen 1990er Jahren war eine Welle rechtsradikalen Terrors.[30] Größere Bekanntheit erlangten die Pogrome 1991 in Hoyerswerda und 1992 in Rostock-Lichtenhagen[31], hervorzuheben sind allerdings auch die im vormaligen Westdeutschland verübten Anschläge in Hünxe, Mannheim, Mölln und Solingen, die zeigten, dass diese Taten keineswegs nur auf eine DDR-Sozialisation zurückzuführen sind, sondern ein gesamtdeutsches Problem waren: 13% der deutschen Bevölkerung billigten sie.[32] Rechtskonservative Medien wie das Magazin *Criticón* äußerten Verständnis für die Täter

---

(Stand: 11.02.2021), S. 64–66; Luft/Schimany, Asylpolitik im Wandel, S. 11; Poutrus, Umkämpftes Asyl, S. 165–166.
27 Vgl. Bade/Oltmer, Flucht und Asyl seit 1990, S. 106.
28 Vgl. Cremer, Asyldebatte in Deutschland, S. 18; Poutrus, Umkämpftes Asyl, S. 164–165.
29 Vgl. Nuscheler, Internationale Migration, S. 133–134.
30 Poutrus, Umkämpftes Asyl, S. 168.
31 Vgl. Deutscher Bundestag, Kleine Anfrage der Abgeordneten und der Abgeordneten Ulla Jelpke und der Gruppe PDS/Linke Liste, Drucksache 12/2086, 12.02.92, BT-Drucks. 12/2086; vgl. Christian Erzberger/Christian Lüdemann, Fremdenfeindliche Gewalt in Deutschland. Zur zeitlichen Entwicklung und Erklärung von Eskalationsprozessen, in: Zeitschrift für Rechtssoziologie 2 (1994), Oldenbourg, S. 169–190.
32 Vgl. Klaus J. Bade, Ausländer, Aussiedler, Asyl in der Bundesrepublik Deutschland, München 1994, S. 119; Herbert, Geschichte der Ausländerpolitik, S. 297.

und stilisierten ihre Gegner zu Gesinnungsethikern.³³ Jüdische Friedhöfe und Gedenkstätten für die Opfer des Nationalsozialismus wie etwa das ehemalige Konzentrationslager Sachsenhausen wurden geschändet.³⁴ Hakenkreuz-Schmierereien durchzogen die Landschaften.³⁵ Die Kameradschaftsszene wuchs, rechtsradikale Parteien wie „Nationale Alternative", „Deutsche Volksunion", „Die Republikaner", „Deutsche Alternative" und NPD feierten insbesondere in Westdeutschland Wahlerfolge, Ku-Klux-Klan, NSDAP-Aufbauorganisationen und „Wiking-Jugend" waren aktiver denn je, Neonazi-Skinheads bildeten eine der dominanten Jugendkulturen und der spätere Nationalsozialistische Untergrund (NSU) formierte sich.³⁶ Die Idee einer deutschnationalen Gemeinschaft gerierte sich wieder zur Problemlösung.³⁷ Verfassungsschutz und Staatsschutz der neuen Bundesländer gaben sich alarmiert, doch die Polizei war insbesondere gegenüber den dezentral organisierten, spontan agierenden und oft jugendlichen Skinheads mit ihrem martialischen, anarchischen und gewaltbereiten Auftreten wider allem Undeutschen handlungsunfähig.³⁸ Zwischen jugendlicher Rebellion und rechtsradikaler Überzeugung kannten sie nur die Sprache der Gewalt.

Dennoch lehnte der damalige Innenminister Wolfgang Schäuble (CDU) den Vorschlag des SPD-Bundesvorsitzenden Björn Engholm ab, die 29.000 Bundesgrenzschutzbeamten zum bislang misslungenen Schutz von Flüchtlingsheimen hinzuzuziehen – trotz hohen unausgeglichenen Überstunden, schlechter Ausrüstung, unzureichenden Notfallleitungen, geringer Bestreifung von Gefahrengebieten und einem Nachwuchsbedarf von etwa 60.000 Polizisten.³⁹ Die private

---

33 Vgl. Finkbeiner, Nationale Hoffnung, S. 215.
34 Vgl. Brigitte Mihok, Friedhofsschändungen, in: Wolfgang Benz (Hrsg.), Handbuch des Antisemitismus. Judenfeindschaft in Geschichte und Gegenwart, Berlin/New York 2010, S. 90 – 95, hier S. 93; Günter Morsch/Susanne zur Nieden (Hrsg.), Jüdische Häftlinge im Konzentrationslager Sachsenhausen 1936 – 1945, Berlin 2004, S. 41.
35 Vgl. o. A., „Es war keiner von uns", in: Die Zeit 37/1990, 07.09.1990.
36 Vgl. Antifaschistisches Autorenkollektiv, Drahtzieher im braunen Netz. Ein aktueller Überblick über den Neonazi-Untergrund in Deutschland und Österreich, Hamburg 1996, S. 153; Bugiel, Rechtsextremismus Jugendlicher, S. 127 und 129; Andreas Förster, Zielobjekt Rechts. Wie die Stasi die westdeutsche Neonaziszene unterwanderte, Berlin 2018, S. 10, 216, 227, 230 und 238; o. A., „Vorwärts für die arische Rasse", in: Der Spiegel 42/1991, S. 38, 41 und 45; Richard Stöss, Zur Entwicklung des Rechtsextremismus in Deutschland, 13.01.2015, www.bpb.de/politik/extremismus/rechtsextremismus/198940/zur-entwicklung-des-rechtsextremismus-in-deutschland (Stand: 18.03.2021).
37 Vgl. Finkbeiner, Nationale Hoffnung, S. 215.
38 Vgl. Bugiel, Rechtsextremismus Jugendlicher, S. 33 ff. Claussen, Was heisst Rassismus?, S. 22; o. A., „Dann macht er dich kalt", in: Der Spiegel 42/1991, S. 36 – 38.
39 Vgl. o. A., „Wir brauchen jetzt 'ne Krache", in: Der Spiegel 42/1991, S. 28 – 36.

Sicherheitsindustrie boomte und Alarmanlagen wie Gaspistolen wurden zu Verkaufsschlagern.[40]

Gregor Gysi (damals PDS) vermutete 1993, dass Vorurteile und Rassismus von der Regierung Kohl angefacht und instrumentalisiert würden, um eine neue Asylpolitik durchzusetzen.[41] Tatsächlich ist zu konstatieren, dass die Bundesregierung den Rechtsradikalismus nicht entschlossen bekämpfte. Dass Bundeskanzler Kohl der Trauerfeier für die drei Opfer des rassistischen Mordanschlags von Mölln fernblieb, kommentierte sein Sprecher Dieter Vogel damit, dass die Bundesregierung nicht in „Beileidstourismus" verfallen könne,[42] ein Ausdruck, der Kandidat für das Unwort des Jahres wurde.[43] 1991 schaffte es die Phrase „durchrasste Gesellschaft" des stellvertretenden CSU-Vorsitzenden Edmund Stoiber – der einst linke Schriftsteller als „Ratten und Schmeißfliegen"[44] bezeichnet hatte und nun zum „Asylmissbrauch"[45] fabulierte – in die engere Auswahl; 1993 gewann „Überfremdung"[46]. Ehemals von Goebbels genutzt, um das zu starke Eindringen von „Artfremdem" – Jüdischem – ins deutsche Volk zu bezeichnen, verwandte Norbert Geis (CSU) diesen Begriff trotz indirektem Hinweis eines Abgeordneten auf die nationalsozialistische Herkunft mehrfach bei der Abstimmung um den Asylkompromiss.[47]

Somit hallte die Rhetorik des rechtsradikalen Milieus bisweilen selbst auf höchster politischer Ebene nach.[48] Damit verschärfte insbesondere die Union bewusst den voranschreitenden Rechtsruck, den sie als Rammbock gegen die

---

40 Vgl. o. A., „Wir brauchen jetzt 'ne Krache".
41 Vgl. Deutscher Bundestag, Stenographischer Bericht, 160. Sitzung, Bonn, Mittwoch den 26. Mai 1993, Plenarprotokoll 12/160, BT-PlPr 12/160, S. 13502D und 13514 A–D.
42 Vgl. Christian Jakob, Die Bleibenden. Flüchtlinge verändern Deutschland, in: Ansgar Drücker/Sebastian Seng/Sebastian Töbel (Hrsg.), Geflüchtete, Flucht und Asyl, Texte zu gesellschaftlichen Rahmenbedingungen, Flucht- und Lebensrealitäten, rassistischen Mobilisierungen, Selbstorganisation, Empowerment und Jugendarbeit, Düsseldorf 2016, S. 6–11, hier S. 6.
43 Vgl. o. A., Unwort des Jahres, Unwörter von 1991 bis 1999, http://www.unwortdesjahres.net/index.php?id=114&L=kpztaazlf (Stand: 27.03.2021).
44 Zitiert nach o. A., Das deutsche Wort, in: Der Spiegel 9/1980, S. 29.
45 Vgl. o. A., „Das ist ein untauglicher Versuch", in: Der Spiegel 43/1991, S. 37.
46 Vgl. o. A., Unwort des Jahres.
47 Vgl. Karl-Heinz Brackmann/Renate Birkenhauer, NS-Deutsch: Selbstverständliche Begriffe und Schlagwörter aus der Zeit des Nationalsozialismus, Straelen 2001, S. 185; BT-PlPr 12/160, S. 13557C–13558B.
48 Vgl. Christoph Butterwegge/Alexander Häusler, Rechtsextremismus, Rassismus und Nationalismus: Randprobleme oder Phänomene der Mitte?, in: Christoph Butterwegge/Janine Cremer/Alexander Häusler/Gudrun Hentges/Thomas Pfeiffer/Carolin Reißlandt/Samuel Salzborn (Hrsg.), Themen der Rechten – Themen der Mitte. Zuwanderung, demografischer Wandel und Nationalbewusstsein, Wiesbaden 2002, S. 167–216, hier S. 246–247.

Sozialdemokratie nutzte, um diese zur bedingungslosen Zustimmung zur verfassungsrechtlichen Einschränkung des Asylrechts zu bewegen – was wiederum den Rechtsradikalen ein Sicherheitsgefühl im Windschatten dieser Politik gab: Der Staat zeigte ihnen keine klaren Schranken auf.[49]

Mediale Hilfestellung

Vielmehr organisierten einflussreiche Nationalkonservative, insbesondere diejenigen aus den Unionsparteien, eine wohlstandschauvinistische Kampagne gegen das Recht auf Asyl unter besonderer Mitwirkung der Printmedien.[50] Anstelle klassischer rassistischer Sujets wie der biologischen Minderwertigkeit des Anderen diskutierten sie nun dessen individuelle wie volkswirtschaftliche Schadenswirkungen. *Bild* druckte panikmachende Schlagzeilen wie etwa „Fast jede Minute ein neuer Asylant", „Asylanten jetzt auf Schulhöfen", „Wohnraum beschlagnahmt. Familie muss Asylanten aufnehmen" oder „Die Flut steigt – wann sinkt das Boot?".[51] Im November 1990 unterstrich die *Bild* in der Artikelserie „Asylanten in Hamburg – wohin?" ihr Ressentiment, als sie schrieb:

> Mit orientalischer Leidenschaft breiten Ausländer weitschweifige Lügenmärchen von angeblicher Verfolgung aus. Wer sich darüber empört, wird schnell als Rassist und Faschist abgestempelt – und schweigt künftig. [...] Aber kein Ausländer muss sofort Asyl beantragen. Er kann warten, bis man ihn erwischt. Als Schwarzarbeiter. Als Dieb. Als Drogenhändler.[52]

Der *Spiegel* wiederum beschwor eine Angriffswelle gieriger Flüchtlinge auf die vermeintliche Wohlstandsfestung Europa, 1992 etwa mit dem Artikel „Krieg des dritten Jahrtausends"[53] oder dem mit einer geenterten Deutschlandfarben-Arche illustrierten Titel „Ansturm der Armen"[54]. Zum Bundestagswahlkampf 1992 ver-

---

49 Vgl. Poutrus, Umkämpftes Asyl, S. 171.
50 Vgl. Kannankulam, Kräfteverhältnisse, S. 105 und 108; Azadê Peşmen, Hetze gegen „Scheinasylanten" und „Asylmissbrauch", 06.12.2017, www.deutschlandfunkkultur.de/diskurs-um-flucht-und-asyl-in-den-1990er-jahren-hetze-gegen.976.de.html?dram:article_id=402509 (Stand: 11.02.2021); Poutrus, Umkämpftes Asyl, S. 161 und 166.
51 Vgl. Peşmen, Hetze gegen „Scheinasylanten". Vgl. Herbert, Geschichte der Ausländerpolitik, S. 303; Jakob, Die Bleibenden, S. 6; Velten Schäfer, Hetze, Lügen, Panikmache, 22.08.2012, www.neues-deutschland.de/artikel/236196.hetze-luegen-panikmache.html (Stand: 11.02.2021).
52 Zitiert nach Herbert, Geschichte der Ausländerpolitik, S. 300.
53 Vgl. o. A., „Krieg des dritten Jahrtausends", in: Der Spiegel 34/1991, S. 130–135.
54 Vgl. Der Spiegel 37/1991. Vgl. Gaserow, Lichterketten; Peşmen, Hetze gegen „Scheinasylanten"; Poutrus, Umkämpftes Asyl, S. 161.

wendeten die Republikaner dieses Motiv leicht abgeändert auf ihren Wahlplakaten, versehen mit dem *Bild*-ähnlichen Slogan „Das Boot ist voll".[55]

Nebenbei normalisierten nahezu alle Fernsehsender sensationslüstern rechtsradikale wie propagandistische Musiker, meist ohne informiert über sie aufzuklären.[56] Schon 1985 hatte die Proll-Band „Böhse Onkelz" im Live-TV auf den angeblichen deutschen Schuldkomplex schimpfen dürfen – eine Band, zu deren Repertoire Lieder wie „Türken raus" und „Deutschland den Deutschen" zählten und die sich heute als „fester Bestandteil der nach rechts treibenden deutschen Skinhead Bewegung"[57] der 1980er bezeichnet.[58] Ihnen folgte in den frühen 1990er Jahren etwa die drittklassige Rechtsrock-Band „Störkraft", deren Texte weitaus offensiver ausfielen als jene der „Onkelz".[59] Die Gruppe skandierte in der SAT.1-Sendung „Einspruch!" 1992, dass „nur deutsch sein kann, wer deutschstämmig ist"[60] und generierte als Lohn für diese Provokation zu bester Sendezeit weitere TV-Auftritte und ein Interview beim *Spiegel*.[61]

Im Gleichschritt mit der Regierungspolitik verfestigten und normalisierten Printmedien und TV so Begriffe wie „Ausländerproblem", „Asylantenheim", „Asylbetrüger", „Scheinasylanten", „Wirtschaftsflüchtling" oder „Asylmissbrauch" im alltäglichen Sprachgebrauch.[62] Sie wirkten als diskursive Brechstange für rassistische, insbesondere wohlstandschauvinistische Denkformen.[63]

---

55 Vgl. Jakob, Die Bleibenden, S. 6.
56 Vgl. Klaus Farin, ‚Rechtsrock' – Eine Bestandsaufnahme, in: PopScriptum 5: Rechte Musik (1995), S. 6–15, hier S. 1.
57 Boehse Onkelz, Die beiden Skandal-Songs: „Türken raus" und „Deutschland den Deutschen" und das ominöse Demo-Tape, www.onkelz.de/timeline/1983/03/die-beiden-skandal-songs-tuerken-raus-und-deutschland-den-deutschen-und-das-ominoese-demo-tape/ (Stand: 13.03.2021).
58 Vgl. B'nai B'rith, Anti-defamation League, The Skinhead International. A Worldwide Survey of Neo-Nazi Skinheads, New York 1995, S. 37.
59 Vgl. Bundesprüfstelle für jugendgefährdende Medien, Bekanntmachung Nr. 6/2018 über jugendgefährdende Trägermedien, Vom 18. Juni 2018, BAnz AT 29.06.2018 B9; Manfred Ertel/Matthias Müller v. Blumencron, „Dann sing' ich ‚Blut und Ehre'", in: Der Spiegel 53/1992, S. 40–43; Klaus Farin, Die Skins. Mythos und Realität, Berlin 1998, S. 223.
60 Zitiert nach Jakob, Die Bleibenden, S. 6.
61 Vgl. Ertel/Müller v. Blumencron, „Dann sing' ich ‚Blut und Ehre'", S. 40–43.
62 Vgl. Cremer, Asyldebatte in Deutschland, S. 17; Goeke, „Wir sind alle Fremdarbeiter!", S. 39; Poutrus, Umkämpftes Asyl, S. 165.
63 Vgl. Patrick Gensing, Schlagworte und Brandsätze: Die „Asyldebatte" gestern und heute, 20.08.2015, www.boell.de/de/2015/08/20/die-asyldebatte-gestern-und-heute (Stand: 16.02.2021); Martin Wengeler, Multikulturelle Gesellschaft oder Ausländer raus? Der sprachliche Umgang mit der Einwanderung seit 1945, in: Georg Stötzel/Martin Wengeler (Hrsg.), Kontroverse Begriffe. Geschichte des öffentlichen Sprachgebrauchs in der Bundesrepublik Deutschland, Sprache. Politik. Öffentlichkeit, Berlin/New York 1995, Bd. 4, S. 711–750, hier S. 735.

Politische Debatte

Der Widerstand innerhalb der Union gegen die Änderung des Grundgesetzartikels 16 etwa seitens des Bundeskanzlers Helmut Kohl (CDU), der das unbedingte politische Asyl aufgrund der Erfahrungen des Nationalsozialismus nicht antasten wollte, darf nicht darüber hinwegtäuschen, dass Union wie SPD spätestens seit dem Bundestagswahlkampf 1987 die Vor- und Nachteile einer Änderung der Asylnorm im Grundgesetz zugunsten einer strikten Abschottungspolitik offen diskutiert hatten.[64] SPD und FDP kommunizierten zwar, dass die bestehenden Asylregelungen ohne Grundgesetzänderung ausreichten, doch brüstete sich etwa SPD-Kanzlerkandidat Johannes Rau bald wahlkämpferisch damit, den „Asylanten-Transit"[65] von Ost- nach Westberlin gestoppt zu haben – dabei erfolgte dies als Wahlkampfhilfe gegen die Union durch Erich Honecker persönlich.[66] Solche diskursiven Vorstöße erleichterten es der Union als Wahlsiegerin, gegen Flüchtlinge gerichtete Maßnahmen vorzuschlagen und umzusetzen. Neben Sperrungen offener Einreisewege über die DDR und Ost-Berlin zählten dazu die Asylrechtsnovelle von 1987, restriktivere Visavorschriften für Bürger oft bürgerkriegszerfressener afrikanischer und asiatischer Staaten sowie die Aufhebung des Abschiebeschutzes für mittel- und osteuropäische Asylsuchende ab 1989.[67]

Die Union behielt diesen Kurs nach ihrem erneuten Sieg bei der Bundestagswahl 1990 bei. So erlaubte die Neufassung des deutschen Ausländergesetzes mit Wirkung zum 1. Januar 1991 weiterhin den Familiennachzug, doch konnten Asylberechtigte erst nach sieben Jahren halbjährlicher Verlängerungen eine Niederlassungs- und Arbeitserlaubnis erhalten, was wohl ihre Lebensqualität in Deutschland minimieren sollte.[68] Aus dieser menschenunwürdigen Situation konstruierte der Vorsitzende der Berliner CDU-Fraktion, Klaus-Rüdiger Landowsky, die rassistische Behauptung, „Ausländer" würden „bettelnd, betrügend, ja auch messerstechend durch die Straßen ziehn [sic], festgenommen werden und

---

64 Vgl. Bade, Ausländer, Aussiedler, Asyl, S. 102 f; Herbert, Geschichte der Ausländerpolitik, S. 268 und 278; Poutrus, Umkämpftes Asyl, S. 161 und 174–175; Ryssel, Innerdiskursive Kontroversen, S. 182–183.
65 Gaserow, Lichterketten.
66 Vgl. Margit Roth, Innerdeutsche Bestandsaufnahme der Bundesrepublik 1969–1989. Neue Deutung, Wiesbaden 2014, S. 585; Ryssel, Innerdiskursive Kontroversen, S. 28.
67 Vgl. Bade/Oltmer, Flucht und Asyl 1950–1989; Herbert, Geschichte der Ausländerpolitik, S. 270 und 299; Poutrus, Umkämpftes Asyl, S. 161.
68 Vgl. Bundesgesetzblatt (BGBl.) 1990 I, S. 1354 ff; Poutrus, Umkämpftes Asyl, S. 162.

nur, weil sie das Wort ‚Asyl' rufen, dem Steuerzahler in einem siebenjährigen Verfahren auf der Tasche liegen."[69]

Schließlich verfasste der CDU-Generalsekretär Volker Rühe anlässlich der Bremer Bürgerschaftswahl im September 1991 ein entscheidendes Rundschreiben, das die CDU-Basis dazu aufforderte, auf allen Ebenen der Parteipolitik die Asylbewerberzahlen zu dramatisieren und die SPD damit zu konfrontieren.[70] Beschlussvorlagen und Pressematerialien lagen bei. Der Populist Rühe ließ etwa Kindergartenfinanzierungen mit Unterbringungskosten für Flüchtlinge gegenrechnen oder Unterrichtsausfälle aufgrund von zur Unterkunft umfunktionierten Schulen und Turnhallen problematisieren.[71] Dadurch konnte die Union Flüchtlinge und Asylsuchende als direkte Gefahr für Bildung und Wohlstand der Menschen vor Ort darstellen.[72]

Hintergrund dieser sachlich verkleideten rassistischen Propaganda war eine gesetzesgewollt eskalative Situation, die das rassistische Klima weiter anfeuerte:[73] Die Vorschrift lautete, dass Asylbewerber in Sammelunterkünften wohnten und dass für sie wie für Geduldete ein Erwerbsverbot galt, was sie wiederum vollständig von geringen staatlichen Leistungen abhängig machte. Die Bundesländer und Kommunen mussten etwa für Verfahren, Verpflegung, Unterkunft und Schutz aufkommen und teils Kompromisse eingehen.[74] Oft waren sie darauf nicht vorbereitet.[75] Um Unterstützung mussten sie mit dem Staat, 1992 etwa in Person des Bundesfinanzministers Theo Waigel (CSU), hart feilschen.[76] Bessere Regelungen zur finanziellen Entlastung existierten nicht und waren politisch nicht beabsichtigt.[77] Stattdessen lastete die Union eine Vielzahl denkbarer negativer Folgen dieser Politik den Schutzsuchenden an. Für deren hohe Zahl verantwortete sie wiederum die SPD, etwa als Rühe von „SPD-Asylanten"[78] sprach. Diesen polarisierenden Alleingang der Union missbilligte neben der SPD auch die FDP.[79]

Kurz nach Rühes Rundschreiben, zwischen dem 17. und 23. September 1991, begann die Gewalt in Hoyerswerda: Anschläge auf ein Wohnheim für Flüchtlinge

---

69 Vgl. Zitiert nach Staas, Migration und Fremdenfeindlichkeit, S. 126.
70 Vgl. Poutrus, Umkämpftes Asyl, S. 167.
71 Vgl. Gaserow, Lichterketten.
72 Vgl. Poutrus, Umkämpftes Asyl, S. 167.
73 Vgl. Poutrus, Umkämpftes Asyl, S. 161 und 168.
74 Vgl. Gaserow, Lichterketten.
75 Vgl. Herbert, Geschichte der Ausländerpolitik, S. 301.
76 Vgl. o. A., „Bei geheimer Abstimmung 90 Prozent", in: Der Spiegel 43/1992, S. 25; o. A., Miete für Kasernen, in: Der Spiegel 47/1991, S. 16.
77 Vgl. Poutrus, Umkämpftes Asyl, S. 182.
78 Zitiert nach Finkbeiner, Nationale Hoffnung, S. 188.
79 Vgl. Ryssel, Innerdiskursive Kontroversen, S. 32.

und eines für Vertragsarbeiter wurden verübt. Die Stadt verwandelte sich in eine „national befreite Zone"[80], da fast alle Ausländer infolgedessen wegzogen. Dieser Sieg ermutigte bundesweit zu weiteren rechtsradikalen Attacken.[81]

In einem ARD-Brennpunkt vor Ort in Hoyerswerda bekannten der damalige sächsische Innenminister Rudolf Krause (CDU), Oskar Lafontaine – noch stellvertretender Vorsitzender der SPD – sowie Edmund Stoiber, dass ein signifikanter Teil der deutschen Bevölkerung Ausländer in ihrer Mitte nicht akzeptierte.[82] Dieses Wissen um rassistische Gewalttaten und Ideologien funktionierte Schäuble, paradigmatisch für die CDU-Politik, am 19. Oktober 1991 im Bundestag um zu einem wohlstandschauvinistischen Appell für die Verfassungsänderung:

> Wieso eigentlich wollen wir von unseren Mitbürgern verlangen, daß sie ertragen und verstehen sollen, daß Hunderttausende von Asylbewerbern mit erheblichen finanziellen Belastungen für die Steuerzahler für Jahre untergebracht und versorgt werden sollen, obwohl von vornherein klar ist, daß die allermeisten nicht als politisch verfolgt anerkannt werden können und daß sie nach jahrelangen Verfahren am Ende unser Land dennoch nicht verlassen?[83]

Im Wesentlichen entsprach dies der Forderung der *Bild* vom 30. Juni 1991:

> Die Deutschen sind weder ausländerfeindlich, noch sind sie Rechtsextremisten. Aber wenn der ungehemmte Zustrom von Asylanten weiterwächst, wird auch die Gewalt gegen sie zunehmen. Sind unsere Politiker unfähig, das zu begreifen?[84]

Fluchtgründe und menschliches Leid der Flüchtlinge wurden vor diesem Hintergrund zunehmend irrelevant. Im *Spiegel* zeichnete der Politikwissenschaftler Claus Leggewie die Richtlinie der Unions-Kommunikation nach:

> Den Bürger ob seiner extremen Anwandlungen zu schelten vergrößert nur dessen Verdrossenheit. Also hält man nach ‚berechtigten Anliegen' der Glatzköpfe und ihrer Sympathi-

---

80 Marc Brandstetter, „National befreite Zonen" – Konzept und Inhalte, in: Marc Brandstetter, Die NPD unter Udo Voigt (=Extremismus und Demokratie 25), Baden-Baden 2012, S. 323–328; vgl. Burkhard Schröder, Im Griff der rechten Szene. Ostdeutsche Städte in Angst, Reinbek 1997, S. 158.
81 Vgl. Michael Lausberg, Die extreme Rechte in Ostdeutschland 1990–1998, Marburg 2012, S. 64; Poutrus, Umkämpftes Asyl, S. 169.
82 Vgl. ARD Brennpunkt, Programmergänzung, September 1991, youtu.be/0gjFyPnCQnU (Stand: 02.02.2021); Heribert Prantl, Fassungslose Reporter, johlende Menge, in: SZ.de, 23.08.2012. www.sueddeutsche.de/politik/20-jahre-rostock-lichtenhagen-spiel-mir-das-lied-vom-tod-1.1448105-0#seite-3 (Stand: 21.03.2021); vgl. o. A., Ansprache in Babydeutsch, in: Der Spiegel 52/1991, S. 56–59.
83 Zitiert nach Jürgen Leinemann, „Das Beste daraus machen", in: Der Spiegel 48/1991, S. 38.
84 Zitiert nach Herbert, Geschichte der Ausländerpolitik, S. 302.

santen Ausschau. Prompt entstand der fatale Kurzschluß: weniger Ausländer, weniger Gewalt.[85]

Unionsregierung und *Bild* bekamen alsbald ihren Willen. Noch während der rechtsradikale Mob am 23. August 1992 in Rostock-Lichtenhagen auf über 3.000 Menschen anschwoll, von Anwohnern beklatscht wurde und auf keine bemühte polizeiliche Reaktion stieß, erfolgte die „Petersberger Wende" der SPD: Oskar Lafontaine und der SPD-Vorsitzende Björn Engholm überzeugten die Partei, der Verfassungsänderung zuzustimmen.[86] Kurz darauf, am 24. August 1992, flogen Molotow-Cocktails auf das Rostocker Sonnenblumenhaus[87], bejubelt von vormaligen DDR-Bürgern: „Wir kriegen euch alle!"[88] Die Polizei ließ, wie Reporter und sogar hochrangige Polizisten mutmaßten, beeinflusst durch höhere Stellen dem Pogrom seinen Lauf, um mittels einer kontrollierten Eskalation im weiteren Verhandlungsgang Druck auf die SPD auszuüben.[89]

Führende Unionspolitiker signalisierten Verständnis für diesen „öffentlichen Abwehrkampf"[90] gegen die „Asylanten" und übten sich in Täter-Opfer-Umkehr.[91] Noch während sich der rassistische Hass in Rostock-Lichtenhagen entlud, äußerte Bundesinnenminister Rudolf Seiters auf einer Pressekonferenz:[92] „Wir müssen handeln gegen den Missbrauch des Asylrechts."[93] Der Ministerpräsident Mecklenburg-Vorpommerns, Berndt Seite, kommentierte am 25. August: „Die Vorfälle der vergangenen Tage machen deutlich, dass eine Ergänzung des Asylrechts dringend erforderlich ist, weil die Bevölkerung durch den ungebremsten Zustrom an Asylanten überfordert wird."[94] Auch der Berliner Innensenator Dieter Heck-

---

85 Claus Leggewie, „Die geschlossene Republik", in: Der Spiegel 43/1991, S. 32.
86 Vgl. Gaserow, Lichterketten; Poutrus, Umkämpftes Asyl, S. 169–170; Thomas Prenzel, Rostock-Lichtenhagen im Kontext der Debatte um die Einschränkung des Grundrechts auf Asyl, in: Thomas Prenzel (Hrsg.), 20 Jahre Rostock-Lichtenhagen, Rostock 2012, S. 9–30, hier S. 10; Kevin Schubert, Anschläge, Morde, Hetzjagden, in: ZDF.de, 19.02.2021, www.zdf.de/nachrichten/politik/rechtsextremismus-gewalt-terror-chronik-100.html (Stand: 02.03.2021).
87 Vgl. Speit, Terror von rechts, S. 98.
88 Vgl. Poutrus, Umkämpftes Asyl, S. 170.
89 Vgl. Otto Diederichs, Das Polizeidebakel von Rostock, in: Bürgerrechte & Polizei/CILIP 44/1 (1993), S. 6–15, https://archiv.cilip.de/alt/ausgabe/44/rostock.htm (Stand: 13.03.2021); Poutrus, Umkämpftes Asyl, S. 169; Jochen Schmidt, Politische Brandstiftung, Berlin 2002, S. 49–50, 82, 124–130, 156, 175, 178–179, 189 und 192–194; Speit, Terror von rechts, S. 99; o. A., „Wir brauchen jetzt 'ne Krache", S. 36.
90 Vgl. Bade/Oltmer, Flucht und Asyl 1950–1989.
91 Vgl. Poutrus, Umkämpftes Asyl, S. 171.
92 Vgl. Poutrus, Umkämpftes Asyl, S. 170.
93 Zitiert nach Cremer, Asyldebatte in Deutschland, S. 17.
94 Zitiert nach Speit, Terror von rechts, S. 99.

elmann (CDU) behauptete gegenüber dem *Spiegel*, die Geschehnisse seien nur der „‚[...] vollauf berechtigte Unmut' über ‚den Massenmißbrauch des Asylrechts.'"[95] Am 15. Oktober stimmte die FDP unter Fraktionschef Hermann Otto Solms und Parteichef Otto Graf Lambsdorff, der bereits 1986 für Asylrechtsänderungen eingetreten war, in einer Bundestagsresolution den Grundkoordinaten der Union – einem verminderten Schutzanspruch und schlechteren Rechtstatus Schutzsuchender abseits einer europäischen Lösung – zu.[96] Sie übergingen kritische Stimmen wie die des Vize-Vorsitzenden des Bundestags-Innenausschusses Wolfang Lüder (FDP), der schon im Frühjahr 1992 problematisiert hatte, dass der Asylkompromiss keinen Asylbegriff auf Basis der Genfer Flüchtlingskonvention einführe, sondern, wie er später anmerkte, einen „Cordon asylaire"[97] bedeute.[98]

Die SPD operierte zu diesem Zeitpunkt noch unter dem Motto „Asylrecht gegen Einwanderungsgesetz"[99]. Um diese Forderung zu kassieren, organisierte die Union unter dem Slogan „Liebe SPD-Mitglieder" eine vom CDU-Generalsekretär Peter Hintze gemanagte Medienkampagne, die die SPD-Parteibasis dazu aufforderte, gegen die „Blockadehaltung" der Spitze aufzubegehren.[100] Kohl setzte im Oktober 1992 nach, als er überdies den Staatsnotstand beschwor, und Schäuble, indem er eine Gefährdung der Seele der Republik proklamierte.[101]

Die SPD war gespalten.[102] Die Befürworter der Abschottungspolitik bezeichneten diese gar als Mittel gegen Xenophobie und Rassismus. Lafontaine etwa, mittlerweile Bundesratspräsident, argumentierte gegen die Parteilinke, „der Mob übernimmt die Kontrolle des Zuzugs"[103], und behauptete, Deutschland sei selbst ein „Verfolgerstaat"[104] geworden. Rudolf Scharping, damals rheinland-pfälzischer Ministerpräsident, ergänzte: „Wenn ich politisch Verfolgte schützen will,

---

95 Vgl. Ulrich Beck, Biedermänner und Brandstifter, in: Der Spiegel 46/1992, S. 37.
96 Vgl. Kannankulam, Kräfteverhältnisse, S. 108–109; o. A. Göttliche Hände, in: Der Spiegel 43/1992, S. 22.
97 BT-PlPr 12/160, S. 13587 A.
98 Vgl. o. A., FDP-Politiker für Änderung am Asylkompromiß, in: Süddeutsche Zeitung, 20.03.1992.
99 Vgl. Kannankulam, Kräfteverhältnisse, S. 108.
100 Vgl. CDU, 4. Parteitag der CDU Deutschlands, 12.–14. September 1993, Berlin, Bericht der Bundesgeschäftsstelle, Anlage zum Bericht des Generalsekretärs, S. 21, www.kas.de/c/document_library/get_file?uuid=6bf09d94-1d6b-269d-fd00-b2755b903796&groupId=252038 (Stand: 09.03.2021).
101 Vgl. Herbert, Geschichte der Ausländerpolitik, S. 316; Kannankulam, Kräfteverhältnisse, S. 109; Poutrus, Umkämpftes Asyl, S. 176; o. A., Göttliche Hände, S. 22.
102 Vgl. Finkbeiner, Nationale Hoffnung, S. 214.
103 Zitiert nach o. A., „Bei geheimer Abstimmung 90 Prozent", S. 25.
104 Zitiet nach o. A., „Bei geheimer Abstimmung 90 Prozent".

muß ich sie vor dem Mahlstrom der Wanderungsbewegung schützen, die auf uns zurollt."[105]

Nach einem Parteitag am 16. bis 17. November 1992 beharrte die SPD darauf, nur einer Grundgesetzänderung zuzustimmen, sofern ein Integrationspaket für Einwanderer verabschiedet würde, was bundesweit zu Demonstrationen und Protestschreiben führte, darunter das berühmte *Hamburger Manifest gegen eine Änderung des Artikels 16 im Grundgesetz vom 7. Oktober 1992*.[106] Über 3.000 Unterzeichner aus dem Kulturbetrieb warnten darin:

> Die Verfassungsnorm [...] ohne Not und als Reaktion auf die Rechtsradikalen zu kassieren, symbolisiert einen eklatanten Mangel an Geschichtsbewußtsein, Wertorientierung und auch an Politikbeherrschung. [...] Ein panikartiger Zugriff auf Grundrechte löst kein Problem, sondern gerät nur zu leicht zum ersten Schritt einer fortgreifenden Aushöhlung unserer Verfassung und – nicht weniger gefährlich – legitimiert wie ein Irrwitz den Schlachtruf der neuen Rechtsbewegung ‚Deutschland den Deutschen' konstitutionell, statt sie politisch zu bekämpfen.[107]

Stoiber (CSU) kündigte postwendend ein „Ende der Einheit der Union"[108] an, sollten Vorschläge oder Kritiken von FDP und SPD bedacht werden. Wenig später, am 23. November 1992, ermordeten zwei Neonazis drei Menschen und verletzten neun schwer bei einem Brandanschlag auf die Häuser zweier türkischer Familien in Mölln.[109] Das Gerichtsverfahren bot Anlass zu Demonstrationen, die das damals populäre Protestmittel der Lichterkette einsetzten, welche „Asylkritiker" prompt mit nationalsozialistischen Fackelzügen verglichen.[110]

Begleitet von einer Großdemonstration gegen Rechtsextremismus am 6. Dezember 1992 in München einigten sich konservativliberale Regierungskoalition und SPD auf den Asylkompromiss.[111] Die Verhandlungsführer der SPD, Hans

---

105 o. A., „Bei geheimer Abstimmung 90 Prozent".
106 Vgl. Christine Bach, CDU, CSU, FDP und SPD einigen sich auf eine Neuregelung des Asylrechts, www.kas.de/de/web/geschichte-der-cdu/kalender/kalender-detail/-/content/cdu-csu-fdp-und-spd-einigen-sich-auf-eine-neuregelung-des-asylrechts (Stand: 08.03.2021); Kannankulam, Kräfteverhältnisse, S. 108–109.
107 o. A., Hamburger Manifest gegen eine Änderung des Artikels 16 im Grundgesetz vom 7. Oktober 1992, in: Blätter für deutsche und internationale Politik 12/1992, S. 1520, www.blaetter.de/ausgabe/1992/dezember/hamburger-manifest-gegen-eine-aenderung-des-artikels-16-im-grundgesetz-vom-7-oktober-1992 (Stand: 21.02.2021).
108 Speit, Terror von rechts, S. 99.
109 Vgl. Gaserow, Lichterketten; Poutrus, Umkämpftes Asyl, S. 171–172; Bruno Schrep, Wir sind so ganz anders, in: Der Spiegel 9/1993, S. 55; Schubert, Anschläge; Speit, Terror von rechts, S. 104.
110 Vgl. Poutrus, Umkämpftes Asyl, S. 173.
111 Vgl. Kannankulam, Kräfteverhältnisse, S. 109.

Ulrich Klose, und der Union, Wolfgang Schäuble, sprachen von einem „Signal der Versöhnung."[112] Der damalige Münchener Oberbürgermeister Georg Kronawitter (SPD) hatte mit seinem Kommentar im März 1992 Recht behalten: „Zuerst wird die FDP umfallen, und dann wird auch meine Partei einsichtig werden müssen."[113] Nach den Dezemberverhandlungen ergänzte er mit einem ob der Ereignisse angepassten Sprachgebrauch: „Als Sozialdemokrat bedauere ich sehr, daß sich die SPD nicht bereits frühzeitig an die Spitze zur Bekämpfung des Asylmißbrauchs und zur Harmonisierung des europäischen Asylrechts gestellt hat, sondern sich von der Realität schließlich in die Knie zwingen lassen mußte."[114]

Zwar stimmte die SPD-Bundestagsfraktion am 15. Dezember 1992 für den Leitantrag des Fraktionsvorstands, das Gesetzgebungsverfahren aufzunehmen, doch warnte die Parteilinke vor einem Alleingang der Parteispitze und forderte Rückführungsverträge mit den Transitländern als Vorbedingung, Rechtswegegarantie trotz Asyl-Eilverfahren, Anerkennung der systematischen Vergewaltigungen im Bosnienkrieg als Asylgrund sowie ein europäisches Zuwanderungsgesetz als Ziel.[115] Zudem sollten zügigere Asylverfahren mit Verfahrensgarantien verbunden werden.[116]

Spätestens seit Ende 1992 regten sich auch in den Transitländern Polen, Tschechische Republik und Österreich Bedenken. Sie gaben vor, eine europäische, länderübergreifende Lösung mit geteilter Verantwortung und finanzieller Last anzustreben, wodurch sie nicht Leidtragende neuer deutscher Asylregeln würden, die ihre eigenen Abläufe wie z. B. Abschiebeabkommen dysfunktional machen könnten.[117] Demgegenüber zeigte sich die Bundesregierung zwar offen, doch, wie Bundesjustizministerin Sabine Leutheusser-Schnarrenberger (FDP) anmerkte, blieb weitgehend ungeklärt, was abgewiesenen Flüchtlingen nach Rücksendungen – etwa nach Polen – widerfahren werde.[118] Ausreichende Aufnahmekapazitäten waren in Polen gar nicht gewährleistet; alleine 1992 hatten

---

112 Gaserow, Lichterketten.
113 Zitiert nach o. A., Nach Asylkompromiß: Kronawitter tadelt die SPD, in: Süddeutsche Zeitung, 10.12.1992.
114 Zitiert nach o. A., Nach Asylkompromiß.
115 Vgl. o. A., Union: Asylkompromiß schnellstens umsetzen. Auch SPD-Bundestagsfraktion stimmt zu, in: Süddeutsche Zeitung, 16.12.1992.
116 Vgl. o. A., FDP-Politiker für Änderung.
117 Vgl. o. A., Polen fordert weitere Absprachen. Nach dem Bonner Asylkompromiß, in: Süddeutsche Zeitung, 09.12.1992; o. A., Wien will die Folgen nicht ausbaden. Bonner Asylkompromiß stößt auf Widerstand, in: Süddeutsche Zeitung, 11.12.1992.
118 Vgl. o. A., Union: Asylkompromiß schnellstens umsetzen.

acht Millionen Menschen die polnische Ostgrenze übertreten.[119] Zugleich schob das Land zurückgewiesene Flüchtlinge in ihre Herkunftsstaaten ab – ungeachtet dessen, ob Menschenrecht und Genfer Flüchtlingskonvention dort gewahrt blieben.[120]

Statt all diese Bedenken und Vorschläge von Koalitionspartner, Opposition und Nachbarländern sowie manifeste Probleme zu adressieren, verstärkte die Union erneut den Druck auf die SPD und bezichtigte sie des Wortbruchs, da, wie Kanzleramtsminister Friedrich Bohl (CDU) im Dezember 1992 kommentierte, die SPD „im Widerspruch zu dem, was bei dem Koalitionsgespräch mit der Opposition vereinbart wurde"[121], abwarte.

Die Regierung hingegen hatte längst begonnen, die Umsetzung des Asylkompromisses vorzubereiten, indem sie verstärkt Personal und Beamte wie z. B. Asylrichter zwecks Gerichtsverfahrensbeschleunigung einstellte und Gemeinschaftsunterkünfte einrichtete, um schnellere Abschiebungen zu gewährleisten.[122] Einige, wie Bundesinnenminister Seiters und dessen Innen-Staatssekretär Johannes Vöcking, forderten weiterreichende Maßnahmen wie etwa die Verfahrensbeschleunigung in Transitbereichen und eine „elektronische Überwachung der Grenze"[123]. Rechtstaatlicher Prüfungsaufwand sollte minimiert werden.[124] Die weiche Gegenreaktion der SPD hatte ihr Rechtsexperte Willfried Penner bereits 1991 markiert, als er angab: „Wir haben nicht so sehr ein Zugangs-, wir haben vor allem ein Abschiebeproblem."[125]

Union, Koalitionspartner FDP und die Oppositionspartei SPD reichten schließlich am 19. Januar 1993 den sogenannten Asylkompromiss zur Abstimmung ein.[126] Im März 1993 warb Scharping im Saarländischen Rundfunk dafür,

---

119 Vgl. o. A., Unsicherheit in Polen. Nach Bonner Asylkompromiss, in: Süddeutsche Zeitung, 17.12.1992; o. A., ‚Den Asylkompromiß zügig umsetzen'. Seiters appelliert an die Sozialdemokraten, in: Süddeutsche Zeitung, 08.01.1993.
120 Vgl. Detlev von Larcher, Ein parlamentarisches Trauerspiel. Zum Umgang der Bundesregierung mit Fragen nach dem Asylkompromiß, 12.02.1993, in: Sozialdemokratischer Pressedienst 48 /20, Z 9597 B, S. 1–3.
121 Zitiert nach o. A., Union: Asylkompromiß schnellstens umsetzen.
122 Vgl. o. A., Zähneknirschen hinter verschlossenen Türen. SPD-Fraktion billigt Asylkompromiß, in: SZ Süddeutsche Zeitung, 16.12.1992.
123 Zitiert nach Heribert Prantl, Asylkompromiß auf der Rutschbahn, in: Süddeutsche Zeitung, 09.01.1993; o. A., Scharrenberger: SPD nicht vergrätzen, in: Süddeutsche Zeitung, 14.01.1993; o. A., ‚Den Asylkompromiß zügig umsetzen'.
124 Vgl. Prantl, Asylkompromiß auf der Rutschbahn.
125 Zitiert nach o. A., Kurzer Prozeß, in: Der Spiegel 43/1991, S. 34.
126 Vgl. Martina Althoff, Die soziale Konstruktion der Fremdenfeindlichkeit, Wiesbaden 1998, S. 228.

insbesondere als SPD dem Asylkompromiss zuzustimmen und lieferte ein aufschlussreiches Beispiel wohlstandschauvinistischer Argumentation:

> Ich vermag mir gar nicht vorzustellen, was politisch und im Umfeld der Sozialdemokratie los wäre, wenn wir die alleinige Verantwortung dafür übernehmen sollten, daß bei einer wachsenden Zahl von Arbeitslosen die Einwanderung in das Sozialsystem immer weiter und ungehindert stattfindet, mit dem Ergebnis, daß am Ende das gesamte soziale System nicht mehr haltbar, nicht mehr finanzierbar wäre.[127]

Zwar war der Jugoslawienkrieg „gekennzeichnet von Sezessionsansprüchen und Kampfhandlungen im ganzen Land, der Errichtung von Konzentrationslagern, ethnischen Säuberungen, Vertreibungen und Massenvergewaltigungen"[128] und gipfelte im Genozid von Srebrenica, doch Scharping bewog dies einzig dazu, eine parasitäre Masseneinwanderung unqualifizierter Ausländer zu beschwören, obwohl es sich um Schutzsuchende handelte, die doch meist qua Gesetz (s. o.) keine Arbeitserlaubnis hatten.

Marginale Widersacher auf Parteienebene blieben neben der SED-Nachfolgepartei PDS nur B90/Die Grünen.[129] Die politische Linie letzterer, aufgrund der kolonialen Vergangenheit für „Wirtschaftsflüchtlinge" Verantwortung übernehmen zu müssen, strafte der bayrische Ministerpräsident Max Streibl (CSU) mit der Bemerkung ab, sie wollten eine „multikriminelle Gesellschaft"[130]. Doch auch die Arbeitgeberverbände, die eine geregelte Einwanderung forderten, überging die Regierung.[131] Ebenso verfuhr sie mit der Kritik am bevorstehenden Asylkompromiss durch NGOs, Kirchen, Gewerkschaften, Industrieverbände wie der VDMA, durch den Zentralrat der Juden, die Deutsch-Arabische und Deutsch-Israelische Gesellschaft in einem gemeinsamen Kommuniqué und sogar durch den Vertreter des UNO-Flüchtlingskommissars, Walter Koisser.[132] Laut Koisser ignorierten Union, FDP und SPD jedwede sachverständige Kritik und schrieben ihre Meinung als

---

127 Zitiert nach o. A., Scharping warnt vor Scheitern, in der Debatte um den Asylkompromiß, in: Süddeutsche Zeitung, 18.05.1993.
128 Mira Ballmaier, Die Massenverbrechen in Jugoslawien (1995), in: Genocide Alert, www.genocide-alert.de/projekte/deutschland-und-massenverbrechen/jugoslawien/ (Stand: 15.03.2021).
129 Vgl. Poutrus, Umkämpftes Asyl, S. 167.
130 Zitiert nach Andreas Kuhlmann, Faustrecht. Gewalt in Schule und Freizeit, Köln 1998, S. 89.
131 Vgl. Herbert, Geschichte der Ausländerpolitik, S. 309–313.
132 Vgl. Herbert, Geschichte der Ausländerpolitik, S. 267 und 278; Kannankulam, Kräfteverhältnisse, S. 108; vgl. Nuscheler, Internationale Migration, S. 133; o. A., Amnesty kritisiert den Asylkompromiß. Internationaler Tag der Menschenrechte, in: Süddeutsche Zeitung, 10.12.1992; o. A., Berliner Synode verlangt Abkehr von Asylkompromiß, in: Süddeutsche Zeitung, Nachrichten, 19.04.1993.

Gesetz nieder, um das Asylrecht letztlich derart einzuschränken, „daß fast nichts mehr davon übrigbleibt."[133]

Eine Lektüre von Beschlussempfehlung und Bericht des Innenausschusses der Regierung bestätigt dies. Diese besagen, dass alle Anträge von Bündnis 90/Die Grünen abzulehnen oder als erledigt zu erklären sind, wie etwa Kompetenzen von mit Asylprozessen beschäftigtem Personal und Kontrollinstanzen aufzubauen, Migranten eine bessere Rechtsstellung zu verschaffen und gegen den eklatanten deutschen Rassismus vorzugehen.[134] „Doppelte Staatsbürgerschaft, Einwanderungsgesetz, kommunales Wahlrecht, Erhöhung der Entwicklungshilfe"[135], einst zentrale Forderungen der SPD, wurden ebenfalls indiskutabel.

Dennoch würde die SPD treuselig der nationalliberalen Regierung Folge leisten. Nach zwölfstündiger Debatte verabschiedete der Deutsche Bundestag am 26. Mai 1993 den Asylkompromiss mit 521 zu 132 Stimmen in Bonn, was eine Änderung des Grundgesetzartikels 16 und des Asylverfahrensgesetzes sowie die Neuschaffung des Grundgesetzartikels 16a zur Folge hatte.[136]

Erfolglos hatten etwa 10.000 Demonstranten den Bonner Plenarsaal umstellt, um die Abstimmung zu verhindern.[137] Versuche, ihn zu stürmen, unterband die Polizei anders als bei den Pogromen in Hoyerswerda und Rostock-Lichtenhagen elegant, weshalb sie mit dem Ausruf „Wo, wo, wo wart ihr in Rostock?"[138] Kritik erntete.[139] Die Abgeordneten konnten per Hubschrauber und gechartertem Rheinschiff anlanden und ihres Amtes walten. Drei Tage später übten Rechtsradikale einen Brandanschlag auf das Haus der Familie Genç in Solingen aus, der

---

133 o. A., UNO-Flüchtlingskommissar kritisiert Asylkompromiß. SZ-Interview mit Walter Koisser, in: Süddeutsche Zeitung, 26.05.1993, S. 10.
134 Vgl. Deutscher Bundestag, Beschlußempfehlung und Bericht des Innenausschusses (4. Ausschuß), Drucksache 12/4984, 18.05.93, BT-Drucks. 12/4984 S. 3 und 6.
135 Gaserow, Lichterketten.
136 Vgl. Althoff, Soziale Konstruktion, S. 228; BT-PlPr 12/160; Kannankulam, Kräfteverhältnisse, S. 109.
137 Vgl. Gaserow, Lichterketten.
138 Vgl. Antifa Bonn/Rhein-Sieg, 20 Jahre nach dem Pogrom in Rostock Lichtenhagen. Wir werden es nie vergessen, 2012, http://antifabonn.blogsport.de/2012/08/12/20-jahre-nach-dem-progrom-in-rostock-lichtenhagen-wir-werden-es-nie-vergessen/ (Stand: 22.05.2021).
139 Siehe auch Andreas Appel, Rassismusdebatte zur Deutschen Polizei. Stimmungsbild aus dem Weserbergland von betroffenen Polizistinnen und Polizisten, Gewerkschaft der Polizei Niedersachsen, 06.07.2020, https://gdp-goettingen.de/wp-content/uploads/2020/07/2020-07-06-GdP-HM-Brief-Stimmung-Rassismusdebatte.pdf (Stand: 22.05.2021); Lenz Jacobsen, Versäumte Aufarbeitung: Lichtenhagen steht am Fenster, in: Der Tagesspiegel, 26.08.2012, https://www.tagesspiegel.de/politik/rostocker-ausschreitungen-vor-20-jahren-versaeumte-aufarbeitung-lichtenhagen-steht-am-fenster/7056346.html (Stand: 22.05.2021).

fünf Todesopfer und etliche Verletzte forderte.[140] Wie nach dem Sieg des Mobs in Rostock brach sich anschließend an den Asylkompromiss eine Welle rechtsradikaler Gewalt Bahn.[141]

Erst nachdem der Asylkompromiss abgesegnet war, äußerten sich Kohl, Seiters, Rau und viele weitere seiner Drahtzieher energisch gegen Xenophobie und traten, etwa nach dem Solinger Anschlag, lautstark für ein friedvolles und fruchtbares Zusammenleben von Deutschen und Migranten ein – eine bezeichnende zeitliche Abfolge, die bisweilen – etwa von der Konrad-Adenauer-Stiftung – verklärt wird.[142]

Das Kalkül des Asylkompromisses

Den Asylkompromiss vom 26. Mai 1993 nur als Resultat einer rassistischen inländischen Debatte zu verstehen, geht fehl. Er hatte eine europarechtliche Dimension. Mit dem Vertrag von Maastricht vom 7. Februar 1992 und der Londoner Resolution der EG-Innenminister im Dezember 1992 hatten sich die EU-Staaten auf die Konzepte der sicheren Herkunfts- und Transitstaaten geeinigt: Stammten Flüchtlinge aus bestimmten Staaten oder passierten sie diese, verwirkten sie nun ihren Asylanspruch in Europa.[143] Die deutsche Seite hatte zuvor entsprechende Konzepte zur Diskussion gestellt, auch mit dem Ziel, sie über einen internationalen Verhandlungserfolg als Bestandteile einer deutschen Verfassungsänderung zu legitimieren.[144] Basierend auf der Transitroute Abschiebungen zu gestatten, um die Zahl der Asylbewerber in Deutschland zu senken, harmonierte vor dem Asylkompromiss nicht mit dem deutschen Recht und Gesetz.[145]

---

140 Vgl. Anne Broden, Entwicklungen der Migrationsgesellschaft Bundesrepublik Deutschland – Eine Bestandsaufnahme, in: Ansgar Drücker/Sebastian Seng/Sebastian Töbel (Hrsg.), Geflüchtete, Flucht und Asyl, Texte zu gesellschaftlichen Rahmenbedingungen, Flucht- und Lebensrealitäten, rassistischen Mobilisierungen, Selbstorganisation, Empowerment und Jugendarbeit, Düsseldorf 2016, S. 96–100, hier S. 96; Gaserow, Lichterketten.
141 Vgl. Poutrus, Umkämpftes Asyl, S. 173.
142 Vgl. Jörg Metes, Kohls Reaktion auf den Anschlag in Solingen: Was nicht passt, wird passend gemacht, in: Ruhrbarone, 04.06.2021, www.ruhrbarone.de/kohls-reaktion-auf-den-anschlag-in-solingen-was-nicht-passt-wird-passend-gemacht/199484 (Stand: 07.08.2021); Jürgen Nielsen-Sikora, Brandanschlag rechtsextremer Jugendlicher in Solingen, https://kas.de/de/web/geschichte-der-cdu/kalender/kalender-detail/-/content/brandanschlag-rechtsextremer-jugendlicher-in-solingen (Stand: 22.05.2021).
143 Vgl. Poutrus, Umkämpftes Asyl, S. 31–32.
144 Vgl. Kannankulam, Kräfteverhältnisse, S. 110–111.
145 Vgl. Ryssel, Innerdiskursive Kontroversen, S. 28 und 182.

Die Änderung des Asylgrundrechts erschwerte die Einreise wie Aufnahme von Flüchtlingen erheblich. Mit Wirkung zum 1. Juli 1993 wurde die Aussage „Politisch Verfolgte genießen Asylrecht" aus dem alten Grundgesetzartikel 16 zur Präambel des neu geschaffenen Artikels 16a degradiert und mit vier einschränkenden Absätzen versehen.[146] Politische Verfolgung meinte auch vor dem Asylkompromiss – vereinfacht – nur die menschenrechtswidrige Verfolgung durch einen Staat, was anderweitige Verfolgung als Asylgrund bereits ausschließt.[147]

Absatz 2 führte das Prinzip der sicheren Drittstaaten ein. Flüchtlinge haben danach keinen Rechtsanspruch auf Asyl, wenn sie vor ihrer Einreise einen Staat passierten, in dem Genfer Flüchtlingskonvention und Europäische Menschenrechtskonvention gelten.[148] Absatz 3 führte das Prinzip der sicheren Herkunftsländer ein. Flüchtlinge aus als verfolgungsfrei und menschenrechtskonform geltenden Ländern haben danach nur Rechtsanspruch auf Asyl, wenn es dafür Gegenbeweise gibt.[149] Absatz 4 gestattet es Gerichten bei eingeschränktem Prüfungsumfang und mit kurzer Widerspruchsfrist „offensichtlich unbegründete" Abschiebungen nur bei „ernstlichen Zweifeln" auszusetzen.[150] Nach Absatz 5 sind die Absätze 1 bis 4 rechts- sowie vertragskonform gegenüber anderen Staaten.

Eine Asylberechtigung bestand daraufhin nur bei Einreise über Meeres- oder Luftweg und zwar weder aus einem sicheren Herkunftsland oder Drittstaat und bis die Lage im Heimatland eine Rückreise gestattete.[151] Die Beweislast trugen die Geflüchteten, wobei die Personenkontrollen an den inneren EG/EU-Grenzen im Zuge des Schengener Übereinkommens abnahmen.[152] Die Asylberechtigung durfte nun bereits im Transitbereich vor Einreise geprüft werden – oder heute

---

146 Vgl. Bundesamt für Migration und Flüchtlinge (Hrsg.), Minas – Atlas über Migration, Integration und Asyl, Köln 2011, S. 19 – 20; vgl. Poutrus, Umkämpftes Asyl, S. 179.
147 Vgl. Goeke, „Wir sind alle Fremdarbeiter!", S. 39.
148 Vgl. Althoff, Soziale Konstruktion, S. 228; BT-Drucks. 12/4984, S. 3; Tanja Podolski, Asylrecht zum Mitreden. 6/11: Die Rechtsgrundlagen im Asylrecht, 28.11.2017, S. 6, www.lto.de/recht/hintergruende/h/asylrecht-zum-mitreden-fakten-fluechtlinge-rechtslage-obergrenze/6/, (Stand: 12.02. 2021); Poutrus, Umkämpftes Asyl, S. 179 – 180; Ryssel, Innerdiskursive Kontroversen, S. 28 – 31.
149 Vgl. Althoff, Soziale Konstruktion, S. 229; Cremer, Asyldebatte in Deutschland, S. 8; Fabio Ghelli/Ricarda Wiese, Deutschland und die „sicheren Herkunftsstaaten", 19.09.2014, https://mediendienst-integration.de/artikel/sichere-herkunftslaender-serbien-mazedonien-ghana-senegal.html (Stand: 12.02.2021); Podolski, Asylrecht zum Mitreden, S. 6; Poutrus, Umkämpftes Asyl, S. 180.
150 Cremer, Asyldebatte in Deutschland, S. 8.
151 Vgl. Bach, CDU, CSU, FDP und SPD; Ryssel, Innerdiskursive Kontroversen, S. 32.
152 Vgl. Bach, CDU, CSU, FDP und SPD; Klaus-Dieter Borchardt, Die rechtlichen Grundlagen der Europäischen Union, 7. Aufl., Wien 2020, S. 450 und 610 – 611.

vorverlagert auf hoher See.¹⁵³ Die Prüfung von Asylgesuchen, Zurückweisungen und Abschiebungen wurden hierüber beschleunigt oder in die Transitländer verlagert.¹⁵⁴ Der Asylkompromiss versetzte somit neben den EU- auch die Anrainerstaaten in Zugzwang.¹⁵⁵ Dies entsprach im Wesentlichen dem bereits am 26. Juni 1992 verabschiedeten Asylverfahrensgesetz, gestattete erstmals die Abschiebung von Asylsuchenden und schloss übrigens das populäre Protestmittel des Kirchenasyls aus.¹⁵⁶

Als de facto Anhang des Asylkompromisses trat am 1. November 1993 das Asylbewerberleistungsgesetz in Kraft, das Asylsuchenden und Geduldeten einen im Vergleich zu Deutschen um 30 % reduzierten Sozialhilfe-Regelsatz in Form von Sachleistungen zugestand.¹⁵⁷ Das Bundesverfassungsgericht erklärte es 2012 als verfassungswidrig, da es die Sicherung einer menschenwürdigen Existenz nicht vorsah.¹⁵⁸ Zudem sollten Kriegsflüchtlinge mit § 32a Ausländergesetz einen Kriegsflüchtlingsstatus mit temporärem Aufenthaltstitel ohne Aussicht auf ein Asylverfahren erlangen, wobei meist Duldungen erteilt wurden.¹⁵⁹ Somit wurde es für Kriegsflüchtlinge praktisch aussichtslos, nach dem Asylkompromiss Asylanträge zu stellen.

Der Asylkompromiss war einerseits Resultat einer nationalen Abschottungsstrategie, die die Union orchestrierte und der FDP und SPD bedingungslos folgten. Andererseits stellte er die erste Station auf dem Weg zu einem einheitlich re-

---

153 Vgl. Cremer, Asyldebatte in Deutschland, S. 7; Petra Follmar-Otto, Menschenrechte in der Zuwanderungsgesellschaft, in: Petra Follmar-Otto/Georg Lohmann, Menschenrechte in der Zuwanderungsgesellschaft. 2. Potsdamer MenschenRechtsTag am 22. November 2012, Potsdam 2014, S. 21–31, hier S. 24–25; Poutrus, Umkämpftes Asyl, S. 180.
154 Vgl. Cremer, Asyldebatte in Deutschland, S. 7.
155 Vgl. Marcel Berlinghoff, Eine gemeinschaftliche Reaktion auf Probleme? Die Europäisierung der Migrationspolitik und ihre Akteure, in: Agnes Bresselau von Bressensdorf (Hrsg.), Über Grenzen, Migration und Flucht in globaler Perspektive seit 1945, Göttingen 2019, S. 351–366, hier S. 361–362.
156 Vgl. Bundesgesetzblatt (BGBl.) 1992 I, S. 1126 ff; Kannankulam, Kräfteverhältnisse, S. 111; Friedemann Larsen, „Ich bin ein Fremder gewesen, und ihr habt mich aufgenommen". Zur Renaissance des Kirchenasyls als Rechtsproblem, in: Gilbert H. Gornig/Hans-Detlef Horn (Hrsg.), Migration, Asyl, Flüchtlinge und Fremdenrecht. Deutschland und seine Nachbarn in Europa vor neuen Herausforderungen, Berlin 2017, S. 147–172, hier S. 157; Poutrus, Umkämpftes Asyl, S. 180.
157 Vgl. Klaus J. Bade, Migrationsreport 2000. Fakten, Analysen, Frankfurt 2000, S. 239; Bundesgesetzblatt (BGBl.) 1993 I, S. 1074 ff; Cremer, Asyldebatte in Deutschland, S. 7; Poutrus, Umkämpftes Asyl, S. 182.
158 Vgl. Bundesverfassungsgericht (BVerfG), Urteil des Ersten Senats vom 18. Juli 2012 – 1 BvL 10/10 –, Rn. 1–114; Deutscher Bundestag, Gesetzentwurf der Fraktionen der CDU/CSU und F.D.P., Drucksache 12/4451, 02.03.93, BT-Drucks. 12/4451, S. 5–6.
159 Vgl. Poutrus, Umkämpftes Asyl, S. 181.

striktiveren Asyl- und Einwanderungsrecht und zu Grenzsicherungsmaßnahmen insbesondere an den EU-Außengrenzen dar. Letztlich überführte die Dublin-II-Verordnung 2003 die Inhalte des Artikels 16a fast wortgetreu ins Recht der Europäischen Union, was den Asylkompromiss als Kernelement des heutigen europäischen Asylsystems ausweist.[160]

Welch preußisches Denken die Asylrechtsdebatte durchzog, ist daran abzulesen, dass das Phänomen illegaler Fluchtmigration kaum thematisiert wurde – als ob rechtliche Restriktionen Menschen davon abhielten, um ihr Leben zu laufen.[161] Ganz im Gegenteil führten verstärkte Kontrolle und eingeschränkte Legalisierungsmöglichkeiten bei teils liberalen Einreisebestimmungen nur zu weiterer und nunmehr illegaler Einwanderung.[162] Bezeichnend ist zudem, dass die europäischen Fluchtbewegungen der frühen 1990er Jahre nicht aufgrund des Asylkompromisses abflauten. Vielmehr stabilisierte sich Osteuropa politisch und ökonomisch, worauf die EU-Osterweiterung und damit EU-weite Freizügigkeit folgten.[163]

Seit dem Asylkompromiss existieren faktisch keine legalen und sicheren Fluchtmöglichkeiten nach Deutschland; stattdessen nehmen die Restriktionen zu und die Regulatorik bleibt intransparent.[164] Solange unmenschliche Zustände herrschen, Ressourcen und Chancen ungleich verteilt sind, werden Menschen jedoch vor „Verelendung, Vertreibung, Ausgrenzung"[165] fliehen. Darauf gibt es weder in Deutschland noch in der EU, wie die „Flüchtlingskrise" 2015/16 unterstrich, kodifizierte Antworten.

Von den 1990er Jahren bis heute

Zwar wird der brutale Neonazi-Skinhead das Symbolbild des Rassismus der frühen 1990er Jahre bleiben, war er doch wichtiger Bestandteil der Drohkulisse, die

---

160 Vgl. Borchardt, Die rechtlichen Grundlagen, S. 49; Verordnung (EG) Nr. 343/2003 DES RATES vom 18. Februar 2003 zur Festlegung der Kriterien und Verfahren zur Bestimmung des Mitgliedstaats, der für die Prüfung eines von einem Drittstaatsangehörigen in einem Mitgliedstaat gestellten Asylantrags zuständig ist.
161 Vgl. BT-PlPr 12/160, S. 13514D.
162 Vgl. Goeke, „Wir sind alle Fremdarbeiter!", S. 42–43.
163 Vgl. Poutrus, Umkämpftes Asyl, S. 189.
164 Vgl. Steffen Angenendt/David Kipp/Amrei Meier, Gemischte Wanderungen. Herausforderungen und Optionen einer Dauerbaustelle der deutschen und europäischen Asyl- und Migrationspolitik, i.A.d. Bertelsmann Stiftung, Gütersloh 2017, S. 8–9; Kannankulam, Kräfteverhältnisse, S. 111–112.
165 Wolfgang Pohrt, Harte Zeiten. Neues vom Dauerzustand, Berlin 1993, S. 19.

die Verstümmelung des bereits kümmerlichen deutschen Asylrechts rechtfertigen sollte. Doch politisch weitaus folgenreicher als die Taten uniformierter, kleinbürgerlicher, Baseballschläger-schwingender Schläger- und Mörderbanden und ihrer Sympathisanten war die Verabschiedung des Asylkompromisses durch die Bundespolitik. Deren Aufarbeitung zeigte, wie mittels rassistischer Motive ökonomische Belastungen dem Sündenbock des „Asylanten" angelastet wurden, um hohe nationale Abschottung bei selektiver Zuwanderungspolitik zu erzielen. Sachpolitik zu wirtschaftlichen Verlustängsten bildet seither die Oberflächenebene von Rassismus und Xenophobie in der Bundespolitik. Deutschland hatte sich in die Opferposition manövriert. Aus dieser Defensive erschwerte es mit dem Asylkompromiss insbesondere Schutzsuchenden, aber auch „volksdeutschen" Spätaussiedlern den Weg nach Deutschland und in die Europäische Union.

Wo die CDU/CSU auf dem Weg zum Asylkompromiss mit den Motiven für die rassistischen Ausschreitungen, Gewalttaten und Anschläge sympathisierte, wehrte die SPD „Ausländer" mit der vorgeschobenen Begründung ab, dass Deutschland zu gefährlich für sie sei, statt die Exekutive entsprechend aufzubauen. Die Union verwies auf die hohen Kosten für den Staat allgemein, die SPD ganz arbeiternah auf die Belastung der Sozialsysteme. Die Medienlandschaft flankierte ihren gemeinsamen Vorstoß mit rassistischer Propaganda, deren Jargon – „Asylant" – mit zugehöriger rassistischer Denkform große Bevölkerungsteile überzeugte.

Zentrale Schnittstelle für diese parteilich-medial-gesellschaftliche Übereinkunft war der Wohlstandschauvinismus. Verkörpert in der Figur des „Asylanten", vermochte er es, einen inhaltlichen wie ideologischen Abgleich zwischen Parteipolitik, Bevölkerung und Rechtsradikalismus vorzunehmen, verhalf Rassismus und Xenophobie dazu, zu salonfähigen Massenphänomenen zu werden und legitimierte darüber die faktische Abschaffung des Asylrechts in Deutschland. Mangels politischen Gegenwinds hatten die Rassisten meist freie Bahn – auch außerhalb des Parlaments, bestärkt durch fehlende polizeiliche Kapazitäten.[166] Die Erfahrung, Zustimmung über rassistischen Terror zu generieren, prägte eine ganze Generation junger Neonazis, die heute im besten Alter sind.[167]

Infolgedessen begegnete Deutschland Schutzsuchenden nicht mit Humanität, sondern nutzte sie als politische Stellschrauben. Die Gesetzeslage drängte sie in ebenjene Illegalität und materielle Abhängigkeit mangels Aufenthaltsstatus und Arbeitserlaubnis, die ihnen der rassistische Diskurs zum Vorwurf machte und

---

[166] Vgl. Cremer, Asyldebatte in Deutschland, S. 17 und 30; Poutrus, Umkämpftes Asyl, S. 184.
[167] Vgl. Robert Fietzke, 30 Jahre Asyl-Diskurs, 30 Jahre rechter Terror, in: Antifaschistisches Infoblatt 124/2019, S. 10–11.

schützte sie wie bereits Zugewanderte nicht ausreichend vor dem Mob. Die Ära Kohl drückte dadurch Generationen von Flüchtlingen mitsamt Nachkommen in Traurigkeit, Integrationsprobleme und Kriminalität. Sie unternahm nichts gegen Aggression und Bedrohung, Misstrauen und Rassismus, sondern hat diese Faktoren vielmehr mitzuverantworten.

Im Zuge der „Europäischen Flüchtlingskrise" 2015/16 verabschiedete die Bundesregierung mit Asylpaket I und II erneut schärfere Restriktionen für Flüchtlinge bei besserer Entlastung der Kommunen und Förderung von Asylbewerbern mit Aussicht auf einen Aufenthaltstitel. Rassismus, Xenophobie und Wohlstandschauvinismus erstarkten. Seither agitiert die rechtsradikale Partei „Alternative für Deutschland" (AfD) gegen Zuwanderung und feiert Wahlerfolge insbesondere in Ostdeutschland. Rhetorisch orientiert sich die AfD an der Union der frühen 1990er Jahre – was nicht verwundert, da viele ihrer Mitglieder der damaligen wie heutigen rechtsradikalen Szene entstammen.[168] Deren Vernetzungsgrad nimmt auf nationaler wie internationaler Ebene zu – auch in den Polizeibehörden, Verfassungsschutz, Bundeswehr und Justiz.[169] Bekanntheit erlangten Ende 2016 das rechtsradikale Prepper-Netzwerk „Hannibal" in der Bundeswehr, 2018 die Assoziation „NSU 2.0" in der Polizei und 2021 die Auflösung des Frankfurter SEKs aufgrund einer großen rechtsradikalen Chatgruppe. Zuwachs erhält auch der Rechtsterrorismus.[170] 2019 wurde der Kasseler Regierungspräsident Walter Lübcke von einem Rechtsradikalen aufgrund seines Engagements für Flüchtlinge ermordet. Es folgte ein antisemitischer Terroranschlag im Livestream auf die Synagoge in Halle. 2020 ermordete ein Rechtsterrorist bei einem Anschlag auf eine Hanauer Shisha-Bar neun Menschen. Insgesamt hat der Kriminalpolizeiliche Meldedienst seit Anfang 2015 bis Ende Januar 2021 bei hoher Dunkelziffer 2.812 politisch motivierte Straftaten gegen Asylunterkünfte registriert.[171]

Ohne akribisch den rassistischen Nährboden der frühen 1990er Jahre historisch aufzuarbeiten, bleiben diese neuesten parlamentarischen wie außerparlamentarischen Entwicklungen unverstanden, die einen den 1990er Jahren ähnlich

---

168 Vgl. Christian Fuchs/Paul Middelhoff, Das Netzwerk der Neuen Rechten, Hamburg 2019, S. 130–131 und 184.
169 Vgl. Katharina Iskandar, Polizei in Not, in: Frankfurter Allgemeine Zeitung, 21.06.2021, https://www.faz.net/aktuell/rhein-main/polizei-in-not-nach-aufloesung-des-frankfurter-sek-17397089.html (Stand: 22.05.2021); Matthias Meisner/ Heike Kleffner (Hrsg.), Extreme Sicherheit. Rechtsradikale in Polizei, Verfassungsschutz, Bundeswehr und Justiz, Breisgau 2019.
170 Vgl. Institute for Economics & Peace (IEP), Global Terrorism Index 2020. Measuring the Impact of Terrorism, Sydney 2020, S. 62.
171 Vgl. Deutscher Bundestag, Gesetzentwurf, Drucksache 19/26906, 24.02.2021, BT-Drucks. 19/26302, S. 2.

anmutenden Gleichschritt anzunehmen scheinen. Und ohne ein Verständnis ihrer historischen und gesellschaftlichen Tragweite sind sie weder aufzuarbeiten, noch kann ihnen die Demokratie adäquat begegnen.

Literatur

Althoff, Martina. Die soziale Konstruktion der Fremdenfeindlichkeit, Wiesbaden 1998.
Amelung, Nina. Politikinstrumente in der europäischen Asylpolitik: Zur Rolle von Experten und Expertise, in: Christian Lahusen/Stephanie Schneider (Hrsg.), Asyl verwalten. Zur bürokratischen Bearbeitung eines gesellschaftlichen Problems, Bielefeld 2017, S. 27–55.
Angenendt, Steffen/David Kipp/Amrei Meier. Gemischte Wanderungen. Herausforderungen und Optionen einer Dauerbaustelle der deutschen und europäischen Asyl- und Migrationspolitik, i.A.d. Bertelsmann Stiftung, Gütersloh 2017.
Antifa Bonn/Rhein-Sieg. 20 Jahre nach dem Pogrom in Rostock Lichtenhagen. Wir werden es nie vergessen, 2012, http://antifabonn.blogsport.de/2012/08/12/20-jahre-nach-dem-progrom-in-rostock-lichtenhagen-wir-werden-es-nie-vergessen/ (Stand: 22.05.2021).
Antifaschistisches Autorenkollektiv. Drahtzieher im braunen Netz. Ein aktueller Überblick über den Neonazi-Untergrund in Deutschland und Österreich, Hamburg 1996.
Appel, Andreas. Rassismusdebatte zur Deutschen Polizei. Stimmungsbild aus dem Weserbergland von betroffenen Polizistinnen und Polizisten, Gewerkschaft der Polizei Niedersachsen, 06.07.2020, https://www.gdp.de/gdp/gdpnds.nsf/res/2020-07-06-GdP-HM-Brief-Stimmung-Rassismusdebatte.pdf/$file/2020-07-06-GdP-HM-Brief-Stimmung-Rassismusdebatte.pdf (Stand: 22.05.2021).
ARD Brennpunkt. Programmergänzung, September 1991, youtu.be/0gjFyPnCQnU (Stand: 02.02.2021).
B'nai B'rith, Anti-defamation League. The Skinhead International. A Worldwide Survey of Neo-Nazi Skinheads, New York 1995.
Bach, Christine. CDU, CSU, FDP und SPD einigen sich auf eine Neuregelung des Asylrechts, www.kas.de/de/web/geschichte-der-cdu/kalender/kalender-detail/-/content/cdu-csu-fdp-und-spd-einigen-sich-auf-eine-neuregelung-des-asylrechts (Stand: 08.03.2021).
Ballmaier, Mira. Die Massenverbrechen in Jugoslawien (1995), in: Genocide Alert, www.genocide-alert.de/projekte/deutschland-und-massenverbrechen/jugoslawien/ (Stand: 15.03.2021).
Bauer, Ullrich/Uwe H. Bittlingmayer/Joachim Hirsch. „Der Staat in der frühen Kritischen Theorie bezeichnet so etwas wie eine Leerstelle.", in: Uwe H. Bittlingmayer/Alex Demirović/Tatjana Freytag (Hrsg.), Handbuch Kritische Theorie, Wiesbaden 2019, S. 781–796.
Baur, Jurgita. Europäisches Flüchtlingsrecht. Bemühungen im Rahmen der europäischen Verträge, die Flüchtlingsproblematik zu bewältigen, in: Gilbert H. Gornig/Hans-Detlef Horn (Hrsg.), Migration, Asyl, Flüchtlinge und Fremdenrecht. Deutschland und seine Nachbarn in Europa vor neuen Herausforderungen, Berlin 2017, S. 117–136.
Bade, Klaus J. Ausländer, Aussiedler, Asyl in der Bundesrepublik Deutschland, München 1994.
Bade, Klaus J. Migrationsreport 2000. Fakten, Analysen, Frankfurt 2000.

Bade, Klaus J./Jochen Oltmer. Deutschland, in: Klaus J. Bade/Pieter C. Emmer/Leo Lucassen/Jochen Oltmer (Hrsg.): Enzyklopädie Migration in Europa. Vom 17. Jahrhundert bis zur Gegenwart. Paderborn u. a. 2007, S. 141–170.

Bade, Klaus J./Jochen Oltmer. Flucht und Asyl 1950–1989, 15. 03. 2005, in: Bundeszentrale für politische Bildung, Grundlagendossier Migration, www.bpb.de/gesellschaft/migration/dossier-migration-ALT/56435/flucht-und-asyl-1950-1989 (Stand: 18. 02. 2021).

Bade, Klaus J./Jochen Oltmer. Flucht und Asyl seit 1990, 15. 03. 2005, in: Bundeszentrale für politische Bildung, Grundlagendossier Migration, www.bpb.de/gesellschaft/migration/dossier-migration-ALT/56443/flucht-und-asyl-seit-1990, (Stand: 04. 02. 2021).

Beck, Ulrich. Biedermänner und Brandstifter, in: Der Spiegel 46/1992, S. 37.

Berlinghoff, Marcel. Eine gemeinschaftliche Reaktion auf Probleme? Die Europäisierung der Migrationspolitik und ihre Akteure, in: Agnes Bresselau von Bressensdorf (Hrsg.), Über Grenzen, Migration und Flucht in globaler Perspektive seit 1945, Göttingen 2019, S. 351–366.

Boehse Onkelz. Die beiden Skandal-Songs: „Türken raus" und „Deutschland den Deutschen" und das ominöse Demo-Tape, www.onkelz.de/timeline/1983/03/die-beiden-skandal-songs-tuerken-raus-und-deutschland-den-deutschen-und-das-ominoese-demo-tape/ (Stand: 13. 03. 2021).

Borchardt, Klaus-Dieter. Die rechtlichen Grundlagen der Europäischen Union, 7. Aufl., Wien 2020.

Brackmann, Karl-Heinz/Renate Birkenhauer. NS-Deutsch: Selbstverständliche Begriffe und Schlagwörter aus der Zeit des Nationalsozialismus, Straelen 2001.

Brandstetter, Marc. „National befreite Zonen" – Konzept und Inhalte, in: Marc Brandstetter, Die NPD unter Udo Voigt (=Extremismus und Demokratie 25), Baden-Baden 2012, S. 323–328.

Broden, Anne. Entwicklungen der Migrationsgesellschaft Bundesrepublik Deutschland – Eine Bestandsaufnahme, in: Ansgar Drücker/Sebastian Seng/Sebastian Töbel (Hrsg.), Geflüchtete, Flucht und Asyl, Texte zu gesellschaftlichen Rahmenbedingungen, Flucht- und Lebensrealitäten, rassistischen Mobilisierungen, Selbstorganisation, Empowerment und Jugendarbeit, Düsseldorf 2016, S. 96–100.

Brodkorb, Mathias. Metamorphosen von rechts. Eine Einführung in Strategie und Ideologie des modernen Rechtsextremismus, Münster 2003.

Bugiel, Britta. Rechtsextremismus Jugendlicher in der DDR und in den neuen Bundesländern von 1982–1998, Münster 2002.

Bundesamt für Migration und Flüchtlinge (Hrsg.). Minas – Atlas über Migration, Integration und Asyl, Köln 2011.

Bundesgesetzblatt (BGBl.) 1990 I.

Bundesgesetzblatt (BGBl.) 1992 I.

Bundesgesetzblatt (BGBl.) 1993 I.

Bundesinstitut für Bevölkerungsforschung. Binnenwanderungssalden nach Bundesländern* (1991–2018), www.bib.bund.de/DE/Fakten/Fakt/M31-Binnenwanderungssalden-Bundeslaender-ab-1991.html?nn=9992182 (Stand: 10. 02. 2021).

Bundesprüfstelle für jugendgefährdende Medien. Bekanntmachung Nr. 6/2018 über jugendgefährdende Trägermedien, Vom 18. Juni 2018, BAnz AT 29. 06. 2018 B9.

Bundesverfassungsgericht (BVerfG). Urteil des Ersten Senats vom 18. Juli 2012 – 1 BvL 10/10 –, Rn. 1–114.

Bundeszentrale für politische Bildung (BPB). Ausländische Bevölkerung. In absoluten Zahlen, Anteile der Altersgruppen in Prozent, 1970 bis 2016, www.bpb.de/nachschlagen/zahlen-und-fakten/soziale-situation-in-deutschland/61622/auslaendische-bevoelkerung (Stand: 07.03.2021).

Bundeszentrale für politische Bildung. Zuzug von (Spät-)Aussiedlern und ihren Familienangehörigen, 01.04.2018, www.bpb.de/nachschlagen/zahlen-und-fakten/soziale-situation-in-deutschland/61643/spaet-aussiedler (Stand: 11.02.2021).

Butterwegge, Christoph/Alexander Häusler. Rechtsextremismus, Rassismus und Nationalismus: Randprobleme oder Phänomene der Mitte?, in: Christoph Butterwegge/Janine Cremer/Alexander Häusler/Gudrun Hentges/Thomas Pfeiffer/Carolin Reißlandt/Samuel Salzborn (Hrsg.), Themen der Rechten – Themen der Mitte. Zuwanderung, demografischer Wandel und Nationalbewusstsein, Wiesbaden 2002, S. 167–216.

Butterwegge, Christoph. Die zentralen Herausforderungen für den Antifaschismus: Globalisierung, Neoliberalismus und Rechtsextremismus, in: UTOPIEkreativ 135 (2002), S. 55–65.

Butterwegge, Christoph. Weltmarkt, Wohlfahrtsstaat und Zuwanderung, in: Christoph Butterwegge/Gudrun Hentges (Hrsg.), Zuwanderung im Zeichen der Globalisierung. Migrations-, Integrations- und Minderheitenpolitik, 2. Aufl., Opladen 2003, S. 53–92.

CDU. 4. Parteitag der CDU Deutschlands, 12.–14. September 1993, Berlin, Bericht der Bundesgeschäftsstelle, Anlage zum Bericht des Generalsekretärs, S. 21, www.kas.de/c/document_library/get_file?uuid=6bf09d94-1d6b-269d-fd00-b2755b903796&groupId=252038 (Stand: 09.03.2021).

Claussen, Detlev. Aspekte der Alltagsreligion, Frankfurt 2000.

Claussen, Detlev. Was heisst Rassismus?, Darmstadt 1994.

Claussen, Detlev. Was heißt Rassismus? Ein Essay Leo Löwenthal (1900–1993) zur Erinnerung, in: fiph. JOURNAL 28 (2016), S. 4–14.

Cremer, Hendrik. Die Asyldebatte in Deutschland: 20 Jahre nach dem „Asylkompromiss", Berlin 2013.

Dahmer, Helmut. Kritische Theorie und Psychoanalyse, in: Uwe H. Bittlingmayer/Alex Demirović/Tatjana Freytag (Hrsg.), Handbuch Kritische Theorie, Wiesbaden 2019, S. 235–276.

Deutscher Bundestag. Beschlußempfehlung und Bericht des Innenausschusses (4. Ausschuß), Drucksache 12/4984, 18.05.93, BT-Drucks. 12/4984.

Deutscher Bundestag. Gesetzentwurf, Drucksache 19/26906, 24.02.2021, BT-Drucks. 19/26302.

Deutscher Bundestag. Gesetzentwurf der Fraktionen der CDU/CSU und F.D.P., Drucksache 12/4451, 02.03.93, BT-Drucks. 12/4451.

Deutscher Bundestag. Kleine Anfrage der Abgeordneten und der Abgeordneten Ulla Jelpke und der Gruppe PDS/Linke Liste, Drucksache 12/2086, 12.02.92, BT-Drucks. 12/2086.

Deutscher Bundestag. Stenographischer Bericht, 160. Sitzung, Bonn, Mittwoch den 26. Mai 1993, Plenarprotokoll 12/160, BT-PlPr 12/160.

Diederichs, Otto. Das Polizeidebakel von Rostock, in: Bürgerrechte & Polizei/CILIP 44/1 (1993), S. 6–15, https://archiv.cilip.de/alt/ausgabe/44/rostock.htm (Stand: 13.03.2021).

Ertel, Manfred/Matthias Müller v. Blumencron. „Dann sing' ich ,Blut und Ehre'", in: Der Spiegel 53/1992, S. 40–43.

Erzberger, Christian/Christian Lüdemann. Fremdenfeindliche Gewalt in Deutschland. Zur zeitlichen Entwicklung und Erklärung von Eskalationsprozessen, in: Zeitschrift für Rechtssoziologie 2 (1994), Oldenbourg, S. 169–190.

Exner-Seemann, Konrad. 50 Jahre Grundgesetz. Vorläufer des Grundgesetzes, Abgeordnete des badischen Landtages, Karlsruhe 1999.

Farin, Klaus. ‚Rechtsrock' – Eine Bestandsaufnahme, in: PopScriptum 5: Rechte Musik (1995), S. 6–15.

Farin, Klaus. Die Skins. Mythos und Realität, Berlin 1998.

Fietzke, Robert. 30 Jahre Asyl-Diskurs, 30 Jahre rechter Terror, in: Antifaschistisches Infoblatt 124/2019, S. 10–11.

Finkbeiner, Florian. Nationale Hoffnung und konservative Enttäuschung, Bielefeld 2020.

Follmar-Otto, Petra. Menschenrechte in der Zuwanderungsgesellschaft, in: Petra Follmar-Otto/Georg Lohmann, Menschenrechte in der Zuwanderungsgesellschaft. 2. Potsdamer MenschenRechtsTag am 22. November 2012, Potsdam 2014, S. 21–31.

Förster, Andreas. Zielobjekt Rechts. Wie die Stasi die westdeutsche Neonaziszene unterwanderte, Berlin 2018.

Fuchs, Christian/Paul Middelhoff. Das Netzwerk der Neuen Rechten, Hamburg 2019.

Gaserow, Vera. Lichterketten und SPD-Asylanten in: Die Zeit 49/2012, 29.11.2012, www.zeit.de/2012/49/Debatte-Grundrecht-Asyl-1992 (Stand: 11.02.2021).

Gensing, Patrick. Schlagworte und Brandsätze: Die „Asyldebatte" gestern und heute, 20.08.2015, www.boell.de/de/2015/08/20/die-asyldebatte-gestern-und-heute (Stand: 16.02.2021).

Ghelli, Fabio/Ricarda Wiese. Deutschland und die „sicheren Herkunftsstaaten", 19.09.2014, https://mediendienst-integration.de/artikel/sichere-herkunftslaender-serbien-mazedonien-ghana-senegal.html (Stand: 12.02.2021).

Goeke, Simon. „Wir sind alle Fremdarbeiter!" Gewerkschaften, migrantische Kämpfe und soziale Bewegungen in der Bundesrepublik Deutschland der 1960er und 1970er Jahre, München 2016.

Heilemann, Ullrich. Rezessionen in der Bundesrepublik Deutschland von 1966 bis 2013, in: Wirtschaftsdienst 99/8 (2019), S. 546–552.

Herbert, Ulrich. Geschichte der Ausländerpolitik in Deutschland: Saisonarbeiter, Zwangsarbeiter, Gastarbeiter, Flüchtlinge, München 2001.

Hilpold, Peter. Die Genfer Flüchtlingskonvention 1951 – Reformbedarf angesichts der Flüchtlingskrise?, in: Gilbert H. Gornig/ Hans-Detlef Horn (Hrsg.), Migration, Asyl, Flüchtlinge und Fremdenrecht. Deutschland und seine Nachbarn in Europa vor neuen Herausforderungen, Berlin 2017, S. 105–115.

Hohlfeld, Thomas. Strategien der Ausschaffung – Eine Archäologie der Flüchtlingsbürokratie, Dissertation, FU Berlin 2008, www.refubium.fu-berlin.de/handle/fub188/12782 (Stand: 11.02.2021).

Institute for Economics & Peace (IEP). Global Terrorism Index 2020. Measuring the Impact of Terrorism, Sydney 2020.

Iskandar, Katharina. Polizei in Not, in: Frankfurter Allgemeine Zeitung, 21.06.2021, https://www.faz.net/aktuell/rhein-main/polizei-in-not-nach-aufloesung-des-frankfurter-sek-17397089.html (Stand: 22.05.2021).

Jacobsen, Lenz. Versäumte Aufarbeitung: Lichtenhagen steht am Fenster, in: Der Tagesspiegel, 26.08.2012, https://www.tagesspiegel.de/politik/rostocker-ausschreitungen-vor-20-

jahren-versaeumte-aufarbeitung-lichtenhagen-steht-am-fenster/7056346.html (Stand: 22.05.2021).
Jäger, Margret/Siegfried Jäger. Gefährliche Erbschaften. Die schleichende Restauration rechten Denkens, Berlin 1999.
Jakob, Christian. Die Bleibenden. Flüchtlinge verändern Deutschland, in: Ansgar Drücker/Sebastian Seng/Sebastian Töbel (Hrsg.), Geflüchtete, Flucht und Asyl, Texte zu gesellschaftlichen Rahmenbedingungen, Flucht- und Lebensrealitäten, rassistischen Mobilisierungen, Selbstorganisation, Empowerment und Jugendarbeit, Düsseldorf 2016, S. 6–11.
Kannankulam, John. Kräfteverhältnisse in der bundesdeutschen Migrationspolitik, in: Forschungsgruppe „Staatsprojekt Europa" (Hrsg.), Kämpfe um Migrationspolitik. Theorie, Methode und Analysen kritischer Europaforschung, Bielefeld 2014, S. 93–112.
Kuhlmann, Andreas. Faustrecht. Gewalt in Schule und Freizeit, Köln 1998.
LAGeSo (Hrsg.). Die Zentrale Aufnahmestelle für Aussiedler in Berlin-Marienfelde (= Schriftenreihe für Wissenschaft und Praxis 4), Berlin 2011.
Larcher, Detlev von. Ein parlamentarisches Trauerspiel. Zum Umgang der Bundesregierung mit Fragen nach dem Asylkompromiß, 12.02.1993, in: Sozialdemokratischer Pressedienst 48 /20, Z 9597 B, S. 1–3.
Larsen, Friedemann. „Ich bin ein Fremder gewesen, und ihr habt mich aufgenommen". Zur Renaissance des Kirchenasyls als Rechtsproblem, in: Gilbert H. Gornig/Hans-Detlef Horn (Hrsg.), Migration, Asyl, Flüchtlinge und Fremdenrecht. Deutschland und seine Nachbarn in Europa vor neuen Herausforderungen, Berlin 2017, S. 147–172.
Lausberg, Michael. Die extreme Rechte in Ostdeutschland 1990–1998, Marburg 2012.
Leggewie, Claus. „Die geschlossene Republik", in: Der Spiegel 43/1991, S. 32.
Leinemann, Jürgen. „Das Beste daraus machen", in: Der Spiegel 48/1991, S. 38.
Luft, Stefan/Peter Schimany. Asylpolitik im Wandel, in: Stefan Luft/Peter Schimany (Hrsg.), 20 Jahre Asylkompromiss. Bilanz und Perspektiven (=Edition Politik 16), Bielefeld 2014, S. 11–30.
Meisner, Matthias/Heike Kleffner (Hrsg.). Extreme Sicherheit. Rechtsradikale in Polizei, Verfassungsschutz, Bundeswehr und Justiz, Breisgau 2019.
Metes, Jörg. Kohls Reaktion auf den Anschlag in Solingen: Was nicht passt, wird passend gemacht, in: Ruhrbarone, 04.06.2021, www.ruhrbarone.de/kohls-reaktion-auf-den-anschlag-in-solingen-was-nicht-passt-wird-passend-gemacht/199484 (Stand: 29.06.2021).
Mihok, Brigitte. Friedhofsschändungen, in: Wolfgang Benz (Hrsg.), Handbuch des Antisemitismus. Judenfeindschaft in Geschichte und Gegenwart, Berlin/New York 2010, S. 90–95.
Morsch, Günter/Susanne zur Nieden (Hrsg.). Jüdische Häftlinge im Konzentrationslager Sachsenhausen 1936–1945, Berlin 2004.
Muy, Sebastian/Stephen Sulimma. Strukturelle Rahmenbedingungen Sozialer Arbeit im Handlungsfeld Flucht und Migration, in: Netzwerk MiRA (Hrsg.), Kritische Migrationsforschung? Da kann ja jedeR kommen, 2012, S. 41–72.
Nielsen-Sikora, Jürgen. Brandanschlag rechtsextremer Jugendlicher in Solingen, https://kas.de/de/web/geschichte-der-cdu/kalender/kalender-detail/-/content/brandanschlag-rechtsextremer-jugendlicher-in-solingen (Stand: 22.05.2021).
Nuscheler, Franz. Internationale Migration, Wiesbaden 2004.

o. A. Amnesty kritisiert den Asylkompromiß. Internationaler Tag der Menschenrechte, in: Süddeutsche Zeitung, 10.12.1992.

o. A. Ansprache in Babydeutsch, in: Der Spiegel 52/1991, S. 56–59.

o. A. „Bei geheimer Abstimmung 90 Prozent", in: Der Spiegel 43/1992, S. 25.

o. A. Berliner Synode verlangt Abkehr von Asylkompromiß, in: Süddeutsche Zeitung, Nachrichten, 19.04.1993.

o. A. „Dann macht er dich kalt", in: Der Spiegel 42/1991, S. 36–38.

o. A. Das deutsche Wort, in: Der Spiegel 9/1980, S. 29.

o. A. „Das ist ein untauglicher Versuch", in: Der Spiegel 43/1991, S. 37.

o. A. ‚Den Asylkompromiß zügig umsetzen'. Seiters appelliert an die Sozialdemokraten, in: Süddeutsche Zeitung, 08.01.1993.

o. A. „Es war keiner von uns", in: Die Zeit 37/1990, 07.09.1990.

o. A. FDP-Politiker für Änderung am Asylkompromiß, in: Süddeutsche Zeitung, 20.03.1992.

o. A. Göttliche Hände, in: Der Spiegel 43/1992, S. 22.

o. A. Hamburger Manifest gegen eine Änderung des Artikels 16 im Grundgesetz vom 7. Oktober 1992, in: Blätter für deutsche und internationale Politik 12/1992, S. 1520, www.blaetter. de/ausgabe/1992/dezember/hamburger-manifest-gegen-eine-aenderung-des-artikels-16-im-grundgesetz-vom-7-oktober-1992 (Stand: 21.02.2021).

o. A. „Krieg des dritten Jahrtausends", in: Der Spiegel 34/1991, S. 130–135.

o. A. Kurzer Prozeß, in: Der Spiegel 43/1991, S. 34.

o. A. Miete für Kasernen, in: Der Spiegel 47/1991, S. 16.

o. A. Nach Asylkompromiß: Kronawitter tadelt die SPD, in: Süddeutsche Zeitung, 10.12.1992.

o. A. Polen fordert weitere Absprachen. Nach dem Bonner Asylkompromiß, in: Süddeutsche Zeitung, 09.12.1992.

o. A. Scharping warnt vor Scheitern, in der Debatte um den Asylkompromiß, in: Süddeutsche Zeitung, 18.05.1993.

o. A. Scharrenberger: SPD nicht vergrätzen, in: Süddeutsche Zeitung, 14.01.1993.

o. A. Union: Asylkompromiß schnellstens umsetzen. Auch SPD-Bundestagsfraktion stimmt zu, in: SZ Süddeutsche Zeitung, 16.12.1992.

o. A. UNO-Flüchtlingskommissar kritisiert Asylkompromiß. SZ-Interview mit Walter Koisser, in: Süddeutsche Zeitung, 26.05.1993.

o. A. Unsicherheit in Polen. Nach Bonner Asylkompromiss, in: Süddeutsche Zeitung, 17.12.1992.

o. A. Unwort des Jahres, Unwörter von 1991 bis 1999, http://www.unwortdesjahres.net/index. php?id=114&L=kpztaazlf (Stand: 27.03.2021).

o. A. „Viele haben große Angst", in: Der Spiegel 42/1991, S. 30.

o. A. „Vorwärts für die arische Rasse", in: Der Spiegel 42/1991.

o. A. „Wenn wir gehen, hauen die ab", in: Der Spiegel 42/1991, S. 48–57.

o. A. Wien will die Folgen nicht ausbaden. Bonner Asylkompromiß stößt auf Widerstand, in: Süddeutsche Zeitung, 11.12.1992.

o. A. „Wir brauchen jetzt 'ne Krache", in: Der Spiegel 42/1991, S. 28–36.

o. A. Zähneknirschen hinter verschlossenen Türen. SPD-Fraktion billigt Asylkompromiß, in: Süddeutsche Zeitung, 16.12.1992.

Peşmen, Azadê. Hetze gegen „Scheinasylanten" und „Asylmissbrauch", 06.12.2017, www. deutschlandfunkkultur.de/diskurs-um-flucht-und-asyl-in-den-1990er-jahren-hetze-gegen. 976.de.html?dram:article_id=402509 (Stand: 11.02.2021).

Podolski, Tanja. Asylrecht zum Mitreden. 6/11: Die Rechtsgrundlagen im Asylrecht, 28.11.2017, S. 6, www.lto.de/recht/hintergruende/h/asylrecht-zum-mitreden-fakten-fluechtlinge-rechtslage-obergrenze/6/, (Stand: 12.02.2021).

Pohrt, Wolfgang. Harte Zeiten. Neues vom Dauerzustand, Berlin 1993.

Poutrus, Patrice G. Umkämpftes Asyl. Vom Nachkriegsdeutschland bis in die Gegenwart, Berlin 2019.

Prantl, Heribert. Asylkompromiß auf der Rutschbahn, in: Süddeutsche Zeitung, 09.01.1993.

Prantl, Heribert. Fassungslose Reporter, johlende Menge, in: SZ.de, 23.08.2012. www.sueddeutsche.de/politik/20-jahre-rostock-lichtenhagen-spiel-mir-das-lied-vom-tod-1.1448105-0#seite-3 (Stand: 21.03.2021).

Prenzel, Thomas. Rostock-Lichtenhagen im Kontext der Debatte um die Einschränkung des Grundrechts auf Asyl, in: Thomas Prenzel (Hrsg.), 20 Jahre Rostock-Lichtenhagen, Rostock 2012, S. 9–30.

Roth, Margit. Innerdeutsche Bestandsaufnahme der Bundesrepublik 1969–1989. Neue Deutung, Wiesbaden 2014.

Ryssel, Regina. Innerdiskursive Kontroversen. Der Diskurs über die Aufnahme von Flüchtlingen zwischen Bürgerkrieg und Grundgesetzänderung – eine linguistische Diskursgeschichte, Dissertation, RWTH Aachen 2014.

Schäfer, Velten. Hetze, Lügen, Panikmache, 22.08.2012, www.neues-deutschland.de/artikel/236196.hetze-luegen-panikmache.html (Stand: 11.02.2021).

Schmidt, Jochen. Politische Brandstiftung, Berlin 2002.

Schneider, Stephanie/Kristina Wottrich. „Ohne 'ne ordentliche Anhörung kann ich keine ordentliche Entscheidung machen..." – Zur Organisation von Anhörungen in deutschen und schwedischen Asylbehörden, in: Christian Lahusen/Stephanie Schneider (Hrsg.), Asyl verwalten. Zur bürokratischen Bearbeitung eines gesellschaftlichen Problems, Bielefeld 2017, S. 81–116.

Schrep, Bruno. Wir sind so ganz anders, in: Der Spiegel 9/1993, S. 55.

Schröder, Burkhard. Im Griff der rechten Szene. Ostdeutsche Städte in Angst, Reinbek 1997.

Schubert, Kevin. Anschläge, Morde, Hetzjagden, in: ZDF.de, 19.02.2021, www.zdf.de/nachrichten/politik/rechtsextremismus-gewalt-terror-chronik-100.html (Stand: 02.03.2021).

Speit, Andreas. Der Terror von rechts – 1991 bis 1996, in: Andrea Röpke/Andreas Speit (Hrsg.), Blut und Ehre. Geschichte und Gegenwart rechter Gewalt in Deutschland, Berlin 2013, S. 94–121.

Staas, Dieter. Migration und Fremdenfeindlichkeit als politisches Problem, Münster/Hamburg 1994.

Stöss, Richard. Zur Entwicklung des Rechtsextremismus in Deutschland, 13.01.2015, www.bpb.de/politik/extremismus/rechtsextremismus/198940/zur-entwicklung-des-rechtsextremismus-in-deutschland (Stand: 18.03.2021).

Thein, Martin. Wettlauf mit dem Zeitgeist – Der Neonazismus im Wandel. Eine Feldstudie, Göttingen 2009.

Van Oudenaren, John. Uniting Europe. An Introduction to the European Union, Oxford 2004.

Verordnung (EG) Nr. 343/2003 DES RATES vom 18. Februar 2003 zur Festlegung der Kriterien und Verfahren zur Bestimmung des Mitgliedstaats, der für die Prüfung eines von einem Drittstaatsangehörigen in einem Mitgliedstaat gestellten Asylantrags zuständig ist.

Wengeler, Martin. Multikulturelle Gesellschaft oder Ausländer raus? Der sprachliche Umgang mit der Einwanderung seit 1945, in: Georg Stötzel/Martin Wengeler (Hrsg.), Kontroverse Begriffe. Geschichte des öffentlichen Sprachgebrauchs in der Bundesrepublik Deutschland, Sprache. Politik. Öffentlichkeit, Berlin/New York 1995, Bd. 4, S. 711–750.

Worbs, Susanne/Eva Bund/Martin Kohls/Christian Babka von Gostomski. (Spät-)Aussiedler in Deutschland. Eine Analyse aktueller Daten und Forschungsergebnisse (=Bundesamt für Migration und Flüchtlinge, Forschungsbericht 20), Nürnberg 2013.

Annette Seidel-Arpacı
Von der migrantischen Selbstorganisierung der 1990er Jahre zur antirassistischen „Opferkonkurrenz"

Der multidirektionale Schlussstrich unter die Bekämpfung des Antisemitismus

I In Erinnerung an die migrantische Selbstorganisation

Ende 2019 wurde der Begriff „Baseballschlägerjahre" in die breitere Öffentlichkeit getragen.[1] Seitdem wird über Erfahrungen berichtet, debattiert und in Print und TV versucht, die Jahre nach dem Mauerfall auch jenseits der Wiedervereinigungsgeschichte zu betrachten. Allein, der Begriff „Baseballschlägerjahre" ist verharmlosend und die enge zeitliche Begrenzung weist eine Schieflage auf. Mit der Berliner Mauer fiel zuallererst die Nachkriegsbarriere gegen massenhafte gewalttätige Übergriffe und pogromartige Verfolgungen derjenigen, die als Migranten, „Zigeuner", „Asylanten" und Juden nicht zu Deutschland gehören sollten. Gleichzeitig mehrten sich Angriffe auf Homosexuelle, Obdachlose, Behinderte, AntifaschistInnen oder einfach ‚nicht-rechte' Jugendliche. Für viele in Ost wie West war die Zeit um und nach dem Mauerfall über Jahre hinweg aber nicht nur von mit Baseballschlägern attackierenden Neonazi-Horden geprägt (oder, wie es oft verharmlosend heißt, von „rechtsgerichteten" Jugendlichen), sondern auch von Brandanschlägen auf Asylunterkünfte und private Wohnhäuser, von marodierenden Bürgerinitiativen, randalierenden oder Beifall klatschenden Mobs unter Teilnahme ganzer Familien und Nachbarschaften. Dazu kam, dass oftmals von staatlicher Seite bei Übergriffen zumindest zugesehen wurde[2] und die

---

[1] Der Journalist Christian Bangel begann, den Begriff zu verbreiten mit einem Aufruf auf Twitter am 29.10.2019, in dem er schrieb: „Ihr Zeugen der Baseballschlägerjahre. Redet und schreibt von den Neunzigern und Nullern. It's about time.", https://twitter.com/christianbangel/status/1189058579183099904 (Stand:15.08.2021).

[2] Ecevit Durmaz beschreibt die Konsequenz daraus in einem Satz: „Wir haben gesagt, okay, jetzt können wir niemanden mehr anrufen, also haben wir uns gewehrt." Zitiert nach Alexandra Weltz-Rombach/Gülriz Egilmez, ‚Mit offenem Blick|Açık bakışla. Migrantische Perspektiven zur Erin-

Open Access. © 2023 bei den Autorinnen und Autoren, publiziert von De Gruyter. Dieses Werk ist lizenziert unter einer Creative Commons Namensnennung 4.0 International Lizenz.
https://doi.org/10.1515/9783110702729-015

„Asyldebatte" Anfang der 1990er Jahre in einer Weise geführt wurde, die dem Marodieren auf den Straßen noch Öl ins Feuer goss. Zudem wollte man im Einheitstaumel nichts mehr hören vom Grund der deutschen Teilung. Und so kam für diejenigen, die – gerade in Berlin – jahrzehntelang etwa in Kreuzberg neben der Mauer lebten, noch hinzu, dass Angehörige eines anderen Staates ihnen „Ausländer raus!" entgegenschrien. Dem Mauerfall war nur wenige Jahre zuvor der sogenannte Historikerstreit vorausgegangen, und man wähnte sich an dem Punkt, wo es möglich sein musste, einen Schlussstrich unter die „deutsche Vergangenheit" zu ziehen. Diesen Zusammenhang haben auch einige (Nachkommen von) MigrantInnen in Westdeutschland gesehen, auch wenn ihnen kollektiv unterstellt wurde und wird, mit ‚der deutschen Geschichte' nichts zu tun zu haben.[3] Derweil organisierten und vernetzten sich ‚die rechten Jugendlichen' hüben wie drüben. Und bei allen, die nach dem Mauerfall die Bedrohung nicht wahrgenommen hatten, war der Schock groß, als man es rund zwei Jahrzehnte später ‚plötzlich' mit einer im Untergrund agierenden Naziterrortruppe zu tun hatte, die willkürlich Menschen mit Schusswaffen hinrichtete – gerade so als hätte es nach 1945 keine antisemitischen und rassistischen Morde gegeben und als wäre die bewaffnete Untergrundorganisation nicht eine logische Folge aus den Zuständen nach dem Mauerfall. Den alltäglichen Übergriffen im Rahmen der deutschen Renationalisierung hat sich von Beginn an Selbstorganisierung und Selbstverteidigung entgegengesetzt, die sich in einigen Städten und Orten auf bereits vorhandene Organisierung stützen konnte, wie etwa in Berlin. Migrantische Selbstorganisierung (im Westen) hat nichtsdestotrotz nicht als Abwehr der Exzesse ab dem Mauerfall begonnen. Auch vorher musste man sich gegen Diskriminierung und Gewalt

---

nerungskultur des Mauerfalls und der Wendezeit', in: Lydia Lierke/Massimo Perinelli (Hrsg.), Erinnern stören. Der Mauerfall aus migrantischer und jüdischer Perspektive, Berlin 2020, S. 157–187, hier 182.

3 Siehe etwa die Äußerungen von Sanem Klaff im Film *Duvarlar – Mauern – Walls* (2000) von Can Candan, der in den Jahren nach dem Mauerfall Gespräche mit türkischstämmigen Berlinerinnen und Berlinern geführt hat: „Als 1989 die Mauer geöffnet wurde, habe ich mich sehr gefreut. Ich lebe seit 1970 in Berlin. Wie konnten die Menschen bloß diese Mauer all diese Jahre hinnehmen? [...] Aber sobald ich anfing, über die Bedeutung dieses Ereignisses nachzudenken, packte mich in meinem Inneren eine große Wut. Die Wut, die ich verspürte war, wie kann das nur sein? Deutschland hatte zwar den Krieg verloren, aber keinerlei Nachteile daraus erlitten. Es wurde zwar geteilt, aber aus dem Osten entstand innerhalb von 40 Jahren das fortschrittlichste Land des Ostblocks und der westliche Teil entwickelte sich zum reichsten Land des Westens. Vom Krieg gab es keine Spur mehr, außer der Teilung. Jetzt gibt es auch die nicht mehr, d. h., von der Vergangenheit würde nichts mehr übrigbleiben, und die Deutschen würden alles vergessen, was passiert war. Es gäbe auch keinen Grund mehr, nicht zu vergessen. Zwar unlogisch, aber mir kam es ungerecht vor." https://www.bpb.de/mediathek/305232/duvarlar-mauern-walls

verteidigen. Im Folgenden soll es also zunächst um die rassistischen und antisemitischen Übergriffe und Pogrome in Ost und West gehen sowie um Beispiele von Selbstorganisierung dagegen.⁴ Hier soll ein Schwerpunkt auf einem Netzwerk liegen, das die gesellschaftliche Erfahrung des Nationalsozialismus, die verweigerte Erinnerung an die Shoah, die gesellschaftliche Deckung der Nazitäter sowie eine Solidarität mit Israel zum Ausgangspunkt machte; und auf den Gruppen, die sich nicht an nationalen, ethnischen oder religiösen Zugehörigkeiten oder Zuschreibungen orientiert haben, sondern an der Erfahrung und Einschätzung der Situation in Deutschland. In einem zweiten Teil wird besprochen, in welcher Weise Ansätze, die die Shoah zum Ausgangspunkt ihres Denkens und Handelns gemacht haben, in der dominanten dekolonialen Debatte ‚multidirektional' überschrieben werden sollen. Akteure dieser Debatte wollen die Bekämpfung von Antisemitismus, so er links, migrantisch oder akademisch und ‚kulturschaffend' ist, nicht mittragen oder sich selbst der ‚Israelkritik' beraubt sehen. Und dazu bedienen sie sich insbesondere des Antirassismus, der, wie Pascal Bruckner es (mit Sigmund Freud) treffend ausdrückt,

> an sein Ende [kommt], wenn er sich dem verschreibt, was er anprangert, nämlich der Verachtung einer genau bestimmten Gruppe, was mehr zur Festigung einer Gemeinschaft beiträgt als Aufrufe zur Harmonie und zum Respekt von allen. Freud hat uns schon in *Das Unbehagen in der Kultur* gewarnt: „Es ist immer möglich, eine größere Menge von Menschen in Liebe aneinander zu binden, wenn nur andere für die Äußerung der Aggression übrigbleiben."⁵

Das bemerkenswert pazifistische Deutschland⁶

Die Nachricht vom Mauerfall erreichte mich und mehrere Freundinnen und Freunde zuhause am Küchentisch in einer größeren bayerischen Stadt. Zufälli-

---

4 Hier ist weder die Rede von den MigrantInnenvereinen und Arbeitervereinen, die es seit Ankunft der „Gastarbeiter" in Westdeutschland gab, noch von Selbstorganisationen, die ab Ende der 1990er Jahre gegründet wurden, um sich in der Migrationspolitik einzumischen und sich in Lobbyarbeit und kommunaler Arbeit u. ä. zu engagieren. Es geht vielmehr um unabhängige Gruppen, die mehrheitlich von MigrantInnen getragen wurden.
5 Pascal Bruckner, Der eingebildete Rassismus. Islamophobie und Schuld, Berlin 2020, S. 107.
6 „Even after the united Germany revealed itself to be remarkably pacifist and wrapped up in its own domestic problems of unemployment and other economic costs of unification, the image of German jackboots could still be mobilized for the headlines of the British tabloid press [...]. West Germans, having spent half a century leaning over backwards to prove that they were the least nationalistic, most pacifist, most 'European' of nations, found that every flutter of xenophobia, every racist attack or incident, was magnified a thousandfold in the international press." Zu dieser

gerweise war in diesen Tagen ein Freund aus den Niederlanden zu Besuch. Es waren auch bei uns bald Sprechchöre zu hören, am Abend gespenstisch in engen Altstadtgassen widerhallend. So kam es, dass von 1989 an am 9. November sowie an den Tagen davor und danach die Erinnerung an das Novemberpogrom von 1938 mit gegröltem „Deutschland den Deutschen!" und „Ausländer raus!" übertönt wurde. Irgendwann wurde ein großes Transparent aus unseren Fenstern gehangen. Der genaue Wortlaut ist mir nicht mehr präsent, aber es war ein antifaschistisches Statement und hatte noch irgendeinen hilflosen und, genauer betrachtet nicht wirklich passenden, Zusatz, der sich auf „internationale Solidarität" bezog.

Heute wird an bestimmte Übergriffe und Pogrome erinnert, die mit den Namen Hoyerswerda oder Rostock und insgesamt mit Ostdeutschland verbunden sind. Das erscheint einerseits richtig angesichts der Signalwirkung der Pogrome in diesen Städten, andererseits hat dies aber einen verengten Blick auf die gesamte Lage zur Folge. Vor allem ist es richtig, an diejenigen zu erinnern, die den Übergriffen ausgesetzt waren, und an alle, die ermordet worden sind. Aber es gab auch an vielen Orten Westdeutschlands jahrelang Übergriffe, Brandanschläge und rassistische und antisemitische Zusammenrottungen. Dafür stehen die Brandanschläge auf Wohnhäuser in Mölln und Solingen, bei denen im November 1992 und im Mai 1993 acht Frauen und Mädchen ermordet wurden: Ayşe Yılmaz, Yeliz Arslan, Bahide Arslan, Gürsün İnce, Saime Genç, Hülya Genç, Hatice Genç und Gülüstan Öztürk. 23 weitere Menschen wurden an beiden Orten zumeist schwer verletzt. Die Täter in Mölln waren allseits bekannte Rechte und die vier Täter von Solingen kamen von einem Polterabend in einem örtlichen Kleingartenverein. Erinnert sei hier jedoch an Mannheim-Schönau und an Babenhausen, zwei Orte unter vielen anderen.

Die rassistischen Ausschreitungen um Pfingsten 1992 im Mannheimer Stadtteil Schönau vor einer Flüchtlingsunterkunft gingen dem Pogrom in Rostock drei Monate voraus. Sie sollen hier dargestellt werden, weil sie der klassischen Logik rassistischer oder antisemitischer Zusammenrottungen folgen, die letztlich auf

---

Einschätzung kam die britische Historikerin und Professorin für neuere deutsche Geschichte Mary Fulbrook am Ende der 1990er Jahre. Sie verdeutlichte damit ein weitverbreitetes Desinteresse an der rassistischen und antisemitischen Gewalt in Deutschland und der Situation der davon Betroffenen. Dies änderte sich einige Jahre später auf der internationalen akademischen Bühne, insbesondere in der Germanistik, nachdem man entdeckte, dass sich einige türkisch-deutsche und jüdisch-deutsche Autorinnen und Autoren in ihren Werken aufeinander und auf die Wiedervereinigungsgewalt bezogen. Diese damalige Nonchalance soll hier als Vorgriff auf den zweiten Teil des Artikels stehen. Vgl. Mary Fulbrook, German National Identity after the Holocaust, Cambridge 1999, S. 3–4.

Gewalt und Mord aus sind. Zuerst war das Gerücht. In Mannheim-Schönau verbreitete sich das Gerücht, dass eine Frau von einem Bewohner der Flüchtlingsunterkunft vergewaltigt worden sei – angesichts der Anzeige einer jungen Frau wegen Vergewaltigung durch einen amerikanischen Freund. Zwischen dem 26. Mai und dem 2. Juni 1992 versammelten sich allabendlich Hunderte, zum Teil mit Stöcken bewaffnete AnwohnerInnen vor dem Heim und riefen rassistische Parolen. Was auch schon anderswo deutlich geworden war, wurde in Mannheim-Schönau überdeutlich: Es handelte sich um ‚ganz normale Bürger', die ihrem Ressentiment freien Lauf ließen und mitnichten lediglich um organisierte Rechte. Nach zwei Tagen abendlicher Belagerung begaben sich nach einem Vatertagsfest am 28. Mai 1992 bis zu 400 AnwohnerInnen zur Unterkunft in Mannheim-Schönau, riefen rassistische Parolen, warfen Fensterscheiben ein und versuchten mehrmals, das Gebäude zu stürmen. An jenem Abend erschien der Oberbürgermeister, um beschwichtigend auf die Menge einzuwirken, sprach aber kein Wort mit den in der Unterkunft eingeschlossenen und verängstigten Leuten. Schlussendlich wurden Anfang Juni engmaschige Gitter an den Fenstern des Heimes angebracht, um „etwaige Provokationen" von Seiten der Asylbewerber zu unterbinden.[7] Hier wird auch das Muster sichtbar, das immer wieder zutage trat: die durch ‚Volkszorn' Bedrohten werden implizit oder explizit zu den Angreifern gemacht, d.h. die Angreifer selbst begründen ihre Ausschreitungen damit, sich verfolgt zu wähnen, auch wenn sich die Lage gegenteilig verhält.

Im hessischen Babenhausen kam es ab Anfang der 1990er Jahre, z.T. auch in Verbindung mit Zusammenrottungen am Vatertag wie in Mannheim-Schönau, zu massiven antisemitischen Anfeindungen gegen den einzigen noch im Ort lebenden Juden, Tony A. Merin, die einen Höhepunkt erreichten, als in der Nacht zum 1. Mai 1997 sein Wohnhaus und seine Tex-Mex-Bar angezündet wurden und ausbrannten. Merin siedelte schon 1993 in die USA über, nachdem die Radkappen an seinem Wagen gelockert worden waren.[8] Gegen diese Zustände gab es rund zwei Wochen nach dem Brandanschlag einen nicht zuletzt von MigrantInnen organisierten Protest vor Ort.

Was passiert war, beschreiben MitorganisatorInnen dieses Protests sechs Jahre später noch einmal in einem Beitrag:

---

[7] Siehe Komitee Schönau nicht vergessen!, Infobroschüre zum 15. Jahrestag der rassistischen Ausschreitungen in Mannheim-Schönau, 5/2007, S. 5, http://juz-mannheim.de/wp-content/uploads/2018/03/Sch%C3%B6nau-nicht-vergessen.pdf (Stand: 12.08.2021).
[8] Vgl. Klaus-Peter Klingelschmitt, „Babenhausen ist jetzt judenfrei", in: taz, 06.05.1997, https://taz.de/!1401961/ (Stand: 14.08.2021).

1993 hatte sich Tony Merin entschlossen, aufgrund der sich häufenden antisemitischen Angriffe, in die USA zu gehen (‚Wir brennen dir die Bude ab' war eine der vielen Drohungen; 2 Dutzend Jugendliche demonstrierten am Vatertag vor seinem Haus mit Hitlergruß; die Radmuttern seines Autos wurden gelöst). Er fürchtete um sein Leben. In der Nacht zum (national)revolutionären 1. Mai 1997 wurden dann die ständigen Drohungen und Babenhausener Stammtischgespräche wahr gemacht: Seine Häuser wurden angezündet und brannten vollständig aus. Es muss eine größere Truppe unterwegs gewesen sein: Das Feuer wurde gleichzeitig an mehreren Stellen gelegt, 9 Benzinkanister wurden im Haus gefunden, die Wände waren mit antisemitischen und rechtsradikalen Schmierereien übersät. Weder monatelange Ermittlungen durch die Polizei noch eine ausgesetzte Belohnung konnte die verschworen-verschwiegene Babenhausener Volksgemeinschaft zur Kooperation bewegen. Die Ermittlungen wurden eingestellt, ohne Täter zu benennen. ‚Jetzt ist Babenhausen judenfrei', hat Tony Merin den Bewohnern nicht nur ins Stammbuch, sondern auch auf ein Schild an seinen Häusern geschrieben.[9]

Gegen diese Zustände organisierten sich Menschen auf verschiedenen Ebenen; um einen ‚objektiven' Überblick kann und soll es hier nicht gehen, sondern um einen kurzen Abriss der Ansätze vor allem derjenigen Gruppen, die sich mit den Entwicklungen ab den 1980er und vor allem 1990er Jahren ‚als MigrantInnen' zusammengefunden haben. Der Redlichkeit halber muss aber darauf verwiesen werden, dass antisemitische Mobilisierungen und Angriffe wenig bis gar keine antirassistische oder migrantische Antwort hervorriefen.

Migrantische Selbstorganisierung, die hier gemeint ist, ist eine autonome. Sie entstand aus der Notwendigkeit, sich den zunehmenden Übergriffen entgegenzustellen, und gleichzeitig in der Erkenntnis, dass man es in politischen Gruppierungen, die sich antirassistisch nannten, mit Bevormundung und Stereotypen dessen zu tun hatte, was als migrantisch/ausländisch ‚genug' und ausreichend ‚betroffen' von Rassismus galt. So formierten sich – oft auch in der Auseinandersetzung mit deutschen linken Gruppen – etwa Antifaşist Gençlik, Café Morgenland, Grenzfall, Dirna, KöXüZ, Die Unmündigen u. a. ab den späten 1980er bzw. in den 1990er Jahren. Ende der 1990er Jahre wurde das Netzwerk Kanak Attak gegründet.[10] Die Gruppe FeMigra (Feministische Migrantinnen) entstand Anfang der 1990er Jahre in Frankfurt. In Bayern entstand ein Zusammenschluss

---

9 Morgenland, Inc./Fluchschrift, Antisemitismus in Babenhausen: Sechs Jahre nach dem Brandanschlag, in 6000, Juli 2003, zitiert nach haGalil https://www.hagalil.com/archiv/2003/08/babenhausen.htm (Stand: 14.08.2021). Bei dem Protest gegen den Brandanschlag entstand auch der Kurz-Dokumentarfilm *Babenhausen*, R: Hito Steyerl (D) 1997.
10 Siehe dazu Nanna Heidenreich/Vojin Saša Vukadinović, In Your Face: Activism, Agit-Prop and the Autonomy of Migration; The Case of Kanak Attak, in: Reinhild Steingröver/Randall Halle (Hrsg.), After the Avant-Garde. Contemporary German and Austrian Experimental Film, Rochester 2008, S. 131–156.

von Frauen ‚bi-nationaler' Herkunft, die sich mit den rassistischen und antisemitischen Zuständen in antirassistischen oder feministischen Gruppierungen und der Kunstszene auseinandersetzten. Seit den 1980er Jahren gab es in Berlin und Westdeutschland auch ein Netzwerk von ‚Migrantinnen, Schwarzen und jüdischen Frauen'.[11] Dieses Netzwerk entstand gleichzeitig mit einer jeweiligen Selbstorganisierung von schwarzen deutschen, migrantischen und jüdischen Feministinnen, die auf ähnliche Grenzen innerhalb der deutschen feministischen Gruppen stießen. Maria Baader etwa beschrieb diese Erfahrungen so:

> Im Herbst 1985 traten wir als Gruppe also erstmals in die Öffentlichkeit der Westberliner Frauenszene. Wir wollten uns an diesem Nachmittag vorstellen, über unseren Entstehungsproßeß berichten und die anwesenden Frauen an unseren Fragen und Zweifeln teilhaben lassen. Wir waren gutwillig und freundlich. Umso mehr verstörte uns der tatsächliche Ablauf der Veranstaltung, denn unser Publikum reagierte auf uns abwehrend und aggressiv zugleich. [...] Vor allem aber stellten wir fest, daß allein unsere Anwesenheit und unser Wunsch als jüdische Frauen wahrgenommen zu werden, schon eine Provokation waren. [...] Und dann wagten wir, den Umgang der modernen Frauenbewegung mit dem Nationalsozialismus zu hinterfragen. [...] Wenn wir auf die Geschichte der Verfolgung jüdischer Frauen und Männer hinwiesen, wurde uns mehr als einmal entgegnet, daß „Frauen" sich lange genug mit „Juden" beschäftigt hätten und daß es an der Zeit wäre, die „dreißig Millionen ermordeter Hexen" in den Mittelpunkt der Frauengeschichte zu stellen.[12]

Hier zeigt sich ein Muster, dass sich damals wie heute durch die Debatten zieht: Wenn es darum geht, den Nationalsozialismus und die Shoah zu thematisieren und nicht in vergangenheitsbezogenen Ritualen ad acta zu legen, bzw. um jüdische Erfahrungen und Antisemitismus heute, wird im Grunde ein ‚Privileg' behauptet, das es nie gab – nämlich, dass man sich ‚immer nur mit Juden' befassen würde. Hier decken sich die Reflexe der Feministinnen der 1980er Jahre mit den heutigen AntirassistInnen. Und auch innerhalb des Netzwerks, das über Jahre auch Tagungen, etwa mit dem Schwerpunkt kultureller und wissenschaftlicher Arbeit von Frauen aus ‚kulturell-ethnischen Minderheiten' in Deutschland, organisierte, zeigte sich schon ab den 1980er Jahren, dass die Hoffnung auf An-

---

11 Hier sei insbesondere auf die folgenden Sammelbände verwiesen: Ika Hügel/Chris Lange/May Ayim/Ilona Bubeck/Gülşen Aktaş/Dagmar Schultz (Hrsg.), Entfernte Verbindungen. Rassismus, Antisemitismus, Klassenunterdrückung, Berlin 1993; sowie Cathy S. Gelbin/Kader Konuk/Peggy Piesche (Hrsg.), AufBrüche. Kulturelle Produktionen von Migrantinnen, Schwarzen und jüdischen Frauen in Deutschland, Königstein/Taunus 1999.
12 Maria Baader, Zum Abschied. Über den Versuch, als jüdische Feministin in der Berliner Frauenszene einen Platz zu finden, in: Ika Hügel/Chris Lange/May Ayim/Ilona Bubeck/Gülşen Aktaş/Dagmar Schultz (Hrsg.), Entfernte Verbindungen. Rassismus, Antisemitismus, Klassenunterdrückung, Berlin 1993, S. 82–94, hier S. 83–84.

näherungen aufgrund der jeweils erfahrenen Diskriminierungen immer wieder an Grenzen stieß. Das sogenannte Privileg von jüdischen Frauen als ‚weiß' tauchte immer wieder auf. Cathy Gelbin verwies darauf, dass „jüdische Themen im antirassistischen und multikulturalistischen Diskurs tendenziell als zu ‚dominant' verworfen" wurden und sprach von einem „dünnen Zusammenhalt" im Netzwerk.[13] Nichtsdestotrotz war dieses noch geprägt von der Vorstellung einer Positionalität, d. h. der selbstverständlichen Möglichkeit, sich in Bezug auf gegebene Bedingungen und Zuschreibungen zu verorten, anstatt einer essentialisierenden Identitätspolitik anzuhängen.

In Berlin wurde noch vor dem Mauerfall die Antifaşist Gençlik (Antifaschistische Jugend) gegründet, die aus bestehenden migrantischen Vereinen, Jugendbanden und linken Gruppen entstand. Es bildeten sich auch in anderen deutschen Städten Antifa Gençlik-Gruppen zur Selbstverteidigung. Mitte der 1990er Jahre lösten sich die Strukturen als Folge staatlicher Repression auf.[14] Diese Geschichte und ihre Auswirkungen auf Einzelne müssten sehr viel ausführlicher beschrieben werden. Im Weiteren entstanden jedoch aus der Antifaşist Gençlik andere Gruppen, die die Situation in Deutschland auf der Basis der Geschichte des Nationalsozialismus betrachteten.

FeMigra (Feministische Migrantinnen) gründete sich 1991 in Frankfurt am Main. Encarnación Gutiérrez Rodríguez zitiert zu den Ansätzen dieses Zusammenschlusses Folgendes:

> Die Bestimmung unserer eigenen politischen Identität als Migrantinnen verstehen wir als Gegenentwurf, als Bezeichnung eines oppositionellen Standorts. Wir sind uns der Gratwanderung bewusst, auf die wir uns begeben, wenn wir eine strategisch gedachte Identität konstruieren, die möglicherweise für einige ausschließend und für andere wiederum einengend wirkt. Doch erscheint es uns wichtig, dass über die Position, die wir einnehmen, die Einwanderungsgeschichte und -politik dieses Landes in den Mittelpunkt rückt. Dabei geht es uns auch darum, die herrschende Kulturalisierung von sozialen Unterschieden in Frage zu stellen, die uns auf die Position der Anderen und Fremden verweist. Indem wir dagegen versuchen, eine Migrantinnen-Politik zu bestimmen, die sich nicht in nationalen oder kulturellen Räumen verortet, sondern Widerstandsmöglichkeiten innerhalb der gesellschaftlichen Widersprüche aufsucht, möchten wir die Logik der Spaltung des Eigenen vom Fremden

---

[13] Vgl. Cathy S. Gelbin, Die jüdische Thematik im (multi)kulturellen Diskurs der Bundesrepublik, in: Cathy S. Gelbin/Kader Konuk/Peggy Piesche (Hrsg.), AufBrüche. Kulturelle Produktionen von Migrantinnen, Schwarzen und jüdischen Frauen in Deutschland, Königstein/Taunus 1999, S. 87–111, hier S. 88.
[14] Fiktionalisiert nachzulesen ist die Geschichte der Gruppe bei Raul Zelik, Friss und stirb trotzdem, Hamburg 1997.

(und umgekehrt) aufbrechen und aus der uns zugeschriebenen Objektposition heraustreten.[15]

Gutiérrez Rodríguez macht hier deutlich, dass die Bezeichnung als ‚Migrantinnen' weit gesteckt sein konnte und auch eine Antwort auf die Kulturalisierung der Debatten ab den 1990er Jahren gewesen ist. Weiterhin verweist sie darauf, dass viele Gruppen auch „geprägt von den individuellen Widerstandsbiographien ihrer Mitglieder"[16] waren, d. h. etwa von antifaschistischen Widerstandsgeschichten der eingewanderten „Gastarbeiter"-Eltern aus Griechenland oder Spanien. FeMigra wandte sich jedoch bereits postkolonialen Ansätzen zu, was später auch bei Kanak Attak (siehe unten) der Fall war.

Kurz davor war ebenfalls in Frankfurt am Main Café Morgenland entstanden und verband sich mit affiliierten Gruppen im Bundesgebiet. Café Morgenland und verwandte Gruppen schärften ihre Ansätze nicht zuletzt durch die Auseinandersetzung mit dem, was in der Linken ab dem Mauerfall unter dem Label ‚antinational' entstanden war, und mit deutschen antirassistischen Gruppen. Neben dem Verfassen von Texten entwickelte sich eine Praxis der ‚Nadelstiche', von öffentlichen Interventionen in Orten, an denen deutsche BürgerInnen Übergriffe begingen, Brandanschläge verübt hatten, NS-TäterInnen nach wie vor unbehelligt lebten oder sich antisemitische Bürgerinitiativen gegründet hatten. Der Ausgangspunkt war zunächst gewesen, den Rassismus in der deutschen Linken anzugreifen, jedoch nicht auf der Grundlage eines postkolonialen Antirassismus, sondern als Ausdruck eines ‚German Problem'. Und dessen Basis waren der Nationalsozialismus und die fortgesetzte Weigerung von Deutschen, sich mit den deutschen Verbrechen zu befassen, bzw. das Fortleben eines Vernichtungsdrangs gegen ‚andere' wie er sich in den Pogromen und Morden nach dem Mauerfall ausdrückte. Insofern war es selbstverständlich, dass auch die aktuelle Situation von Juden und der Antisemitismus nicht aus dem Blickfeld gerieten. Während der Schwerpunkt immer auf dem ‚Deutschenproblem' lag, war es allerdings auch möglich, Antisemitismus unter MigrantInnen zu thematisieren. In einem Text, der auf einem Vortrag von Café Morgenland und KöXüZ (Berlin) im Mai 1997 in Berlin-Kreuzberg beruht und aus dem aus dokumentarischen Gründen hier ausgiebig zitiert sei, heißt es:

---

15 FeMigra, zitiert nach Encarnación Gutiérrez Rodríguez, FeMigra Reloaded. Migrantischer Feminismus und Bündnispolitik, in: Migrazine 2019/1, https://www.migrazine.at/artikel/femigra-reloaded-migrantischer-feminismus-und-bundnispolitik (Stand: 15.08.2021).
16 Rodríguez, FeMigra Reloaded.

Antirassismus und Antisemitismus – geht das zusammen? Wie wäre es anders zu erwarten? Man kann ohne eine Spur Scham oder Selbstekel gleichzeitig antirassistisch und antisemitisch sein. Hier in Deutschland, wo der Rassismus grassiert und wo sich eine besondere Tradition in der ‚Lösung' dieser ‚Frage' bis heute verfolgen läßt, stößt man auf die Koexistenz zweier verwandter, jedoch entgegengesetzter Phänomene.

Es gehört zum kulturellen Code der sogenannten Zivilgesellschaft, daß man sich als AntirassistIn und Anti-AntisemitIn definiert. [...]

Gegen Rassismus und Antisemitismus sind die meisten MigrantInnen, viele verstehen sich auch als AntifaschistInnen. Wird nun aber ein höchst verschwommener Anti-Antisemitismus bemüht, um die eigene politische Argumentation in gewissen Momenten zu verschärfen, werden auch antisemitische Phrasen laut.

Dabei meinen sie – und dafür schätzen sie sich sogar als sehr mutig ein –, daß man im Land der Täter Tabus brechen und die ganze Wahrheit über ‚die reichen Juden' oder ‚die jüdische Lobby' endlich mal aussprechen muß. Einerseits werden die Deutschen gerne in die moralische Mangel genommen, daß sie doch damals 6 Millionen Jüdinnen und Juden vernichtet hätten (was auch immer berechtigt sein wird), andererseits wird der Zusammenhang der Vernichtung mit der Entstehung des Staates Israel geleugnet: damit die Theorie vom Blockwart des US-Imperialismus im Nahen Osten nicht angekratzt wird.

Interessanterweise ist gerade der linke Internationalismus, anders als bürgerlicher Universalismus, dafür prädestiniert, die Besonderheit der Verfolgung der jüdischen Minderheiten, egal wo sie gelebt haben oder heute noch leben, zu ignorieren. Egal, welcher Art ‚linken Selbstverständnisses' man auch anhängt: mit den Begriffen Faschismus, Klassenkampf, Arbeit und Proletariat als Wunderschlüssel zur Geschichte läßt sich alles rationalisieren. Daß Antizionismus als Deckmantel für Antisemitismus dient, ist bekannt. Daß AntizionistInnen nicht selten die Juden in der ganzen Welt meinen und angreifen, ebenfalls. [...]

Bei all den Belehrungen, die sich die Deutschen von MigrantInnen berechtigterweise anhören müssen, tritt dabei ein bemerkenswertes Phänomen auf: Es wird kaum ein Wort über die Vernichtung der Sinti und Roma und anderer Unwerter verloren. Dies wird bestenfalls ignoriert. Es geht den meisten nur um die imposante Zahl von 6 Millionen toten Jüdinnen und Juden. Das macht mehr Eindruck – weil es eine größere Zahl darstellt – als die halbe Million ermordeter Sinti und Roma. Mit anderen Worten: es geht nicht um das, was passiert ist, wie es passiert ist, wer die Opfer waren und warum etc.

Die Vernichtung der europäischen Jüdinnen und Juden durch die Deutschen wird in diesem Zusammenhang funktionalisiert. Sie machen sich nicht mal die Mühe, sich vorzustellen, daß eine ganze Maschinerie, bestehend aus ALLEM und ALLEN, in Gang gesetzt wurde, um bis in die abgelegensten Gegenden auf dem Balkan, in der SU usw. Leute aufzuspüren, um sie durch Massenerschießungen, durch dafür speziell konstruierten Gaswagen zu töten, sie Tausende von Kilometern an ganz speziell dafür eingerichtete Orte zu deportieren, damit sie auf eine ganz bestimmte Art und Weise vernichtet werden. Sie machen sich nicht mal die Mühe zu verstehen, daß dieser Vernichtungsprozeß den Rahmen aller herkömmlichen Theorien sprengt (auch mit marxismustheoretischen Ansätzen ist die Shoah nicht erklärbar) und von keiner geschichtlichen Erfahrung eingeholt werden kann.

Die Konzentration bzw. Ausschließlichkeit der Bezugnahme auf diese runde, große Zahl erfolgt auch nicht deswegen, weil man Erkenntnisse über die Singularität dieses Verbrechens gewinnen will. Dies wird spätestens dann deutlich, wenn im gleichen Atemzug sorg- und geschichtslos Vergleiche mit der eigenen Leidensgeschichte bzw. der Leidensgeschichte anderer Verfolgter angestellt werden. Dann werden die toten Roma und Sinti zu Kronzeugen gegen jüdische Opfer, um deren ‚Alleinvertretungsanspruch' zu bekämpfen – wie in der Goldhagendebatte. Die Shoah wird mit der Vernichtung der Armenier durch die Türken, mit dem Massaker an den Ureinwohnern Nordamerikas gleichgesetzt.[17]

Kanak Attak wiederum entstand Ende der 1990er Jahre und zielte mit Aktionen wie der „Kanak History Revue" auf einen breiteren, den politischen Aktivismus überschreitenden Rahmen. Es ist davon auszugehen, dass auch der mediale Erfolg dieser Gruppierung nicht zuletzt mit der veränderten „Erinnerungspolitik" und dem Wechsel von einer konservativen zu einer rot-grünen Regierung und einer entsprechenden Stimmung zu tun hatte: Nun war die Rede explizit von Rassismus, aus „Ausländern" wurden „Migranten" und „Menschen mit Migrationshintergrund", und die Bundesrepublik war auf dem Wege, sich als „Einwanderungsland" bezeichnen zu wollen.

Ihren jeweiligen Ausgangspunkt und die Bezugnahme gegen Rassismus erklärten all diese Gruppen unterschiedlich. Während Café Morgenland und die damit verbundenen Zusammenschlüsse den Nationalsozialismus und die Shoah und das Fortleben des völkischen Gedankenguts zum Ausgangspunkt ihrer Überlegungen und ihres Handelns machten, taten andere Gruppen dies teilweise ebenfalls, bezogen sich jedoch im Weiteren auf einen linken – und zunehmend postkolonialen – Begriff von Antirassismus.

Die jeweilige Analyse bestimmte denn auch das Handeln der einzelnen Zusammenschlüsse. Ein Streitgespräch im Jahr 2000 zwischen Café Morgenland, Dirna, köXüz (Hamburg) und Kanak Attak machte denn auch die Trennlinien deutlich: Kanak Attak erklärte seine Entstehung aus „der Wahrnehmung einer Krise. Der Krise des Antirassismus und der Krise der Selbstorganisierung."[18] Kanak Attak bezieht sich auf eine postmoderne ‚Kanaken'-Kategorie, die sich an veränderten Bedingungen für „kanaksche präsenz"[19] in Deutschland festmacht. Mehrfach wird ein Anspruch deutlich, der sich auf „die Massen der kanakisierten"[20] beruft und sich vom alten revolutionären Subjekt nicht so sehr zu unterscheiden scheint. Im Gegensatz dazu bestand Café Morgenland darauf, sich „ausgehend von der Shoa" gegründet zu haben. Weiter heißt es:

> Auschwitz ist und bleibt für diese Gesellschaft, in der wir uns befinden, die Ausgangslage unserer ganzen Überlegungen. Gleichzeitig haben wir aus der Geschichte erfahren, dass

---

[17] Café Morgenland (Frankfurt/M.)/KöXüZ (Berlin), Antisemitismus unter MigrantInnen. Eine Rede gegen falsche Gemeinsamkeiten, 23.05.1997, https://direnis.tripod.com/texte/antisemitismus_unter_migrantInnen.htm (Stand: 03.08.2021).
[18] KöXüz, Sonntagsgespräch, in: köXüz, 13/2000, S. 9.
[19] KöXüz, Sonntagsgespräch, S. 9.
[20] KöXüz, Sonntagsgespräch, S. 9.

diese Gesellschaft imstande ist, nicht nur aus ihren eigenen Reihen sondern auch von anderswo her Leute für ihre Verbrechen zu rekrutieren. [...] Wir haben mit dem Antirassismus das eigentliche Problem dieses Landes gedeckelt.[21]

Letztlich ausgehend vom Jugoslawienkrieg und einer – auch unter MigrantInnen – verbreiteten Verteufelung von SerbInnen in Deutschland verabschieden sich Café Morgenland und Dirna in den 1990er Jahren deshalb vom „Antirassismus" und dem „MigrantInnengetue", weil „die ganzen Etiketten ein Schwindel sind."[22] Bei Kanak Attak wäre zudem, heißt es, der Antisemitismus ein Tabuthema, um nicht etwa Deutsche oder MigrantInnen vor den Kopf zu stoßen. Der folgende Ausschnitt macht einmal mehr deutlich, dass weder Zusammenarbeit noch eine annähernd ähnliche Einschätzung des bisherigen möglich sind:

> KANAKATTAK (W): [...] Kanaken sind sind sozusagen all diejenigen, die in diesem System der Hierarchisierung von Lebensverhältnissen, d. h. Rassismus, leben und gleichzeitig die Art und Weise wie sie eine Haltung dazu einnehmen.
>
> M [Moderator]: Diese ‚neue Haltung', die taucht immer wieder z. B. in euren Publikationen auf. Was macht die Qualität dieser ‚neuen Haltung' aus?
>
> KANAKATTAK (W): Die neue Haltung resultiert aus den historischen Errungenschaften, wofür u. a. auch die Gruppen wie Cafe Morgenland und Köxüz gesorgt haben. D. h. sie resultieren aus den historischen Errungenschaften, die die Selbstorganisierung...
>
> CAFEMORGENLAND (D): Das haben wir nicht gewollt.
>
> KANAKATTAK (W): Macht nichts, das habt ihr geschafft. Sie resultiert aus den historischen Erfahrungen, die die kanaksche, die migrantische Bewegung im Laufe der 90er geschafft haben. D. h. sich stark zu machen für die eigenen Belange und Interessen, und auch für ein starkes migranten-politisches Engagement zu sorgen.[23]

Dieses „migranten-politische Engagement" ist unterdessen viel weiter fortgeschritten – auch in Richtung des Tabubrechens dessen, was als zu dominant imaginiert wird. Im Jahr 2020 erschien der Sammelband *Erinnern stören – der Mauerfall aus migrantischer und jüdischer Perspektive*, worin versucht wird, die Erfahrung der Wiedervereinigungsjahre und ihre Erinnerung abseits der offiziellen Versionen mehr in die Öffentlichkeit zu rücken.

Anfang 2021 erschien die Übersetzung von Michael Rothbergs 2009 erschienener Abhandlung *Multidirectional Memory: Remembering the Holocaust in the Age of Decolonization* auf dem deutschen Markt. Die HerausgeberInnen von *Er-

---

21 KöXüz, Sonntagsgespräch, S. 12.
22 KöXüz, Sonntagsgespräch, S. 12.
23 KöXüz, Sonntagsgespräch, S. 12.

innern stören beziehen sich explizit auf diese ‚multidirektionale Erinnerung'. Im Zuge der neuerlichen Debatten um Erinnerungspolitik in Deutschland hat sich mit dem im Mai 2021 erschienenen Artikel „Der Katechismus der Deutschen" von A. Dirk Moses auf dem postmodernen Zürcher Blog *Geschichte der Gegenwart*[24] einmal mehr deutlich gezeigt, dass eine vorgeblich ‚andere Erinnerung', welche „die" MigrantInnen nun endlich einbrächten, behauptet wird, die eine angeblich dominante Erinnerung an die Shoah durchbrechen müsse, um gehört zu werden. Hier sollen die aktuellen Diskussionen um angeblich dominante Erinnerung und um migrantische und jüdische Perspektiven im Licht des im ersten Teil skizzierten Abrisses der Zustände und Interventionen nach dem Mauerfall gelesen werden.

Eine 2020 erscheinende umfangreiche Sammlung von Beiträgen, Gesprächen und Erinnerungen mit *Erinnern stören* zu betiteln, mutet befremdlich an. Wie es zunächst erscheint, soll diese Beschreibung bzw. Aufforderung sich auf das ‚offizielle' Erinnern des Mauerfalls und der Ereignisse danach beziehen. Nichtsdestotrotz ergibt sich eine Assoziation mit einer Störung des Erinnerns an die Shoah und das gerade – wie später deutlich werden wird – im Zusammenhang mit dem in einigen Beiträgen auftauchenden Bezug auf die ‚multidirektionale Erinnerung'. Außerdem denkt man umgehend an Eike Geisels Begriff „Störenfriede der Erinnerung" – so hatte Geisel einen Aufsatz über die jüdische Widerstandsgruppe Herbert Baum überschrieben, in dem er (in Bezugnahme auf Ralph Giordanos Offenen Brief an Bundeskanzler Kohl mit der Ankündigung, dass Juden sich angesichts rechtsextremistischer Gewalt und Antisemitismus im Zuge der Wiedervereinigung bewaffnen werden) unter anderem mit der deutschen Erwartung an Juden als Opfer und der Ablehnung der Erinnerung an jüdische WiderstandskämpferInnen, zumal wenn sie KommunistInnen sind, abrechnet:

> Juden gelten als Störenfriede der Erinnerung. Sie stören als Kollektiv das eingeübte Ritual der jährlichen deutschen Versicherung, es habe ein ‚anderes Deutschland' gegeben, in dem es ohnehin keinen Platz für sie gegeben hätte, und sie stören als Individuen den liebgewordenen Blick auf sie, der sie als passive Schicksalsgemeinschaft, als Objekt eines Verhängnisses wahrnimmt.[25]

Welche Erinnerung will man nun stören? Inwieweit man selbst sich als Störenfried der Erinnerung sehen möchte, hinge ganz von der Erinnerung ab, die gemeint ist. Im Kontext dessen, dass im Sammelband von einer vermeintlichen „Opferkonkurrenz" die Rede ist, muss man sich dann auch fragen lassen, welches

---

24 Vgl. A. Dirk Moses, Der Katechismus der Deutschen, in: Geschichte der Gegenwart, 23.05. 2021, https://geschichtedergegenwart.ch/der-katechismus-der-deutschen/ (Stand: 23.07.2021)
25 Eike Geisel, Triumph des guten Willens – Gute Nazis und selbsternannte Opfer. Die Nationalisierung der Erinnerung, Hamburg 1998, S. 147.

Machtverhältnis in welcher Weise behauptet wird – und vor allem, wie dieses gesetzt sei. In einem Beitrag, der sich der Erinnerung von MigrantInnen und Ostdeutschen – ohne Gleichsetzung, wird betont – anhand ihres doppelten Ausschlusses aus der Wiedervereinigungserinnerungskultur annähern möchte, heißt es, das Konzept der multidirektionalen Erinnerung diene dazu,

> die Geschichten von Gewalt und Ausgrenzung gegenüber unterschiedlichen gesellschaftlichen Gruppen nicht als Wettbewerb um knappe Ressourcen, als Opferkonkurrenz, sondern als produktives Spiel wechselseitiger Verweise, Zitate und Bezugnahmen zu verstehen.[26]

Bei solchen Sätzen drängt sich die Frage auf, weswegen ein solcher angeblicher Wettbewerb überhaupt gesehen wird, und wer ihn denn als solchen verstehen oder betreiben würde. Es ist erhellend, so manche der Perspektiven im Sammelband zu lesen. Gleichwohl fällt auf, dass in einigen jüdischen Perspektiven auch immer wieder Bedenken wegen der antisemitischen BDS-Bewegung (*Boycott, Divestment, Sanctions*) geäußert werden, die aber insgesamt ausgeschwiegen zu werden scheinen. Man wird an manche Beiträge aus oben angesprochenen feministischen Sammelbänden erinnert und daran, dass auch in den 1980er Jahren Antisemitismus in migrantisch-schwarz-jüdischen Projekten ausgespart wurde. Das wiegt umso schwerer, als der Ansatz von *Erinnern stören* sich dem Konzept der „multidirektionalen Erinnerung" verschreibt, die – im Kontext des unterstützenden Engagements ihres ‚Erfinders' für Achille Mbembe und gegen die Einstufung von BDS als antisemitisch – offenbar nicht das meint, was in einem marginalen Kontext der Selbstorganisierung ab den 1990er Jahren ‚in alle Richtungen' gedacht wurde. Angesichts von Antisemitismus unter MigrantInnen und gerade in antirassistischen, postkolonialen Mobilisierungen ist diese Bezugnahme und das Ausschweigen über BDS so aufschlussreich wie fatal. Im Nachwort von *Erinnern stören* wird darauf verwiesen, dass eine „postmigrantische Geschichtsschreibung, der sich das Buch verpflichtet fühlt", nicht „in den exkludierten Milieus [...] das berühmte revolutionäre Subjekt" suche, sondern interessiert sei „an den Lebensweisen [...], die in der Auseinandersetzung mit dem hierarchischen ‚Normalvollzug' diesen kollektiv zur Transformation herausfordern" würden. Dieser hierarchische Normalvollzug muss anhand mehrerer Beiträge im Buch so verstanden werden, dass er sich sowohl auf eine Hierarchie in der offiziellen deutschen Erinnerung an den Mauerfall und die Wiedervereinigungsjahre bezieht, innerhalb der die „exkludierten Milieus" (MigrantInnen, Ju-

---

26 Elisa Gutsche/Pablo Dominguez Andersen, Ost-migrantische Erinnerung, postmigrantische Allianzen, in: Lydia Lierke/Massimo Perinelli (Hrsg.), Erinnern stören, Der Mauerfall aus migrantischer und jüdischer Perspektive, Berlin 2020, S. 469–489, hier S. 482.

den und Jüdinnen wie auch Ostdeutsche und in doppelter Weise MigrantInnen im/aus dem Osten) bisher keinen Platz haben, aber ebenso als Hierarchie innerhalb einer sogenannten konkurrierenden Opfergeschichte.

Problematisch ist der Hype der „multidirektionalen Erinnerung" versus einer angeblichen Opferkonkurrenz aufgrund mehrerer Punkte: Zum einen gab es ohnehin immer eine gegenseitige Bezugnahme, zum anderen gibt es in diesem Denkkonzept eine Zuweisung angeblicher Erinnerungsprivilegien und einer angeblichen Opferkonkurrenz, die sich vor allem in eine Richtung bewegt – die Juden stehen letztlich als diejenigen da, die den „Wettbewerb um knappe Ressourcen" scheinbar gewinnen. Zudem werden einzig im deutschen Kontext MigrantInnen als diejenigen dargestellt und instrumentalisiert, die sich diesem angeblich herrschenden Erinnerungsprivileg der Juden mitsamt Opferkonkurrenz entgegenstellen würden. Gleichzeitig wird allen Beteuerungen zum Trotz eine homogene Gruppe von MigrantInnen (oder PostmigrantInnen) impliziert, die insbesondere mit der instrumentalisierenden Rede einhergeht, die A. Dirk Moses' Formulierung „die Migrant:innen" hervorhebt.

II Die Aufhebung des ‚Antirassismus' im Antisemitismus – eine unvollständige Skizze

Im Gespräch mit einem antisemitisch angefeindeten älteren Herrn ergab sich 2021 eine Reihe von Fragen zur Lage im Land. An einem Punkt ging es um Erwartungen an willkommen geheißene Geflüchtete seit 2014. Dazu sagte jener Herr unter anderem den denkwürdigen Satz: „All dem kann doch kein Mensch gerecht werden." So brachte er treffend auf den Punkt, was das Drama der Zuschreibungen und Identifikationen ausmacht, innerhalb derer alle möglichen Personen in Gruppen oder vielmehr in tribalistischen „communities" verortet werden (bzw. sich selbst so verorten), die dann sogleich von interessierter Seite – um es altmodisch auszudrücken, je nach Bedarf an revolutionärem Subjekt und politischer Zielsetzung – mit allerhand Erwartungen und Annahmen belegt werden.

Hier soll es nun um die neuerlichen Debatten um Erinnerung der Shoah und um Antisemitismus gehen – die selbstverständlich nicht neu sind, deren Parameter jedoch nunmehr stärker in einem internationalen akademischen Kontext beleuchtet werden sollen. Nach einer kurzen, unvollständigen Skizze zu Verständnissen und Praktiken von „Antirassismus" soll es in der Folge um die akademische Begleitmusik dazu gehen. Anhand von akademisch-aktivistischen Verlautbarungen wird aufgezeigt, dass die neuerlich aufgeflammten Debatten ein Versuch sind, sich – nicht zuletzt unter Bezugnahme auf ‚neue Deutsche' – von der Auseinandersetzung mit Antisemitismus und der Shoah zu befreien. Dazu gehört auch ein fundamentales Sich-verfolgt- bzw. Sich-marginalisiert-Wähnen vieler, die in Zirkeln und Institutionen zuhause sind, in denen ihre Sicht der Dinge Mainstream ist – eine Haltung, die nicht zufällig mit antisemitischen Denkmustern korrespondiert. Anschließend wird am Beispiel der Interventionen migrantischer Selbstorganisierung ab den 1990er Jahren deutlich, dass es die von Michael Rothberg 2009 postulierte „multidirektionale Erinnerung" selbstverständlich gab und gibt – nur eben nicht in der gewünschten post- oder dekolonialen „Multidirektion", die in interessierten Kreisen immer beim „Siedlerkolonialismus" landet und von der Feindschaft gegen Israel motiviert ist. Abschließend wird die rassistische Vorstellung einer Gleichzeitigkeit von quasi migrantischer Neutralität sowie prinzipiell oppositioneller migrantischer Haltung gegenüber der als eurozentrisch behaupteten Erinnerung an die Shoah diskutiert. Den Anhang bilden Textauszüge aus den 1990er Jahren, die verdeutlichen, dass Antirassismus auch und gerade in Deutschland mit einer klaren Haltung gegen Antisemitismus verbunden sein und in Solidarität mit dem jüdischen Staat stehen kann.

Am Samstag, dem 3. Oktober 2020 – dem ‚Tag der deutschen Einheit' – hatten die Bündnisse Migrantifa Hessen und Black Power Frankfurt zu einer Demo unter dem Motto „Moria befreien" in der Frankfurter Innenstadt aufgerufen. Unterstützt wurde der Aufruf, in dem es um die verheerende Lage in den griechischen Flüchtlingslagern ging, u. a. vom Netzwerk „Seebrücke" und den Frankfurter „Fridays for Future". Im Laufe der Demonstration hielt eine Vertreterin der Gruppe Free Palestine FFM eine Rede, in der Israel mit „Siedlerkolonialismus" verbunden und als „Unterdrücker" bezeichnet wurde. Die Rede wurde mit den Worten „Yallah Intifada", also in etwa „Los geht's zur Intifada", beendet. Während der Demonstration wurden in der Frankfurter Innenstadt Palästinafahnen geschwenkt, mehrfach wurde „Palestine will be free – from the River to the Sea" skandiert. Diese Parole meint eine „Befreiung" Palästinas vom Jordan bis zum Mittelmeer und ist ein Aufruf, den jüdischen Staat zu zerstören.[27]

Die Migrantifa Hessen hatte nach der Kritik am bei der Demonstration am 3. Oktober 2020 unwidersprochen gebliebenen Antisemitismus auf Twitter Selbstkritik geübt, um Entschuldigung gebeten und angekündigt, sich zunächst von öffentlicher politischer Arbeit zurückzuziehen, um sich mit dem Vorgefallenen wie auch generell mit Antisemitismus und ihrer Haltung zu Israel ausein-

---

27 Vgl. o. A., ‚Nach israelfeindlichen Parolen in Frankfurt: „Migrantifa" übt Selbstkritik', in: Frankfurter Rundschau 19.10.2020. https://www.fr.de/frankfurt/frankfurt-migrantifa-hessen-rueckzug-israel-feindliche-parolen-linke-szene-90073288.html

anderzusetzen.[28] So weit, so gut – immerhin wurde die Kritik nicht nur abgewehrt, wie es meist üblich ist.

Dies ist nur ein Beispiel, die Liste ließe sich lange fortführen und hier werden allerhand Fragen aufgeworfen: zuallererst diejenige, was Israel mit der Situation in Flüchtlingslagern an den Außengrenzen Europas zu tun hat, wo doch die EU-Länder wie auch die Staaten, aus denen die Menschen flüchten, gefragt sind. Oder etwa die Türkei, die Flüchtende als Spielball ihrer Interessen instrumentalisiert, während sie nicht zuletzt in Syrien und im eigenen Land dafür sorgt, dass mehr Menschen flüchten müssen; oder die unzähligen Warlords und Rackets, die in Libyen und anderswo Menschen in Lager sperren und foltern, in Wüstengegenden zu Tode bringen oder als Sklaven verkaufen. Außerdem könnte man fragen, was Rassismus heute heißt, wie er sich verändert und gegen wen er sich wo richtet. Wo bleiben die Demonstrationen in Solidarität mit – so oft in skandalösen Entscheidungen abgeschobenen – schwulen Geflüchteten aus muslimischen Ländern, aus Tschetschenien und anderen Teilen der ehemaligen Sowjetunion? Mit Sinti und Roma die in Behörden schikaniert werden und denen ungebrochener Rassismus entgegenschlägt? Oder wo ist die Solidarität mit migrantischen WanderarbeiterInnen, die für Gemüse auf dem Tisch sorgen, oder mit osteuropäischen Pflegerinnen, die in Rotation von wenigen Monaten deutsche SeniorInnen für wenig Geld rund um die Uhr betreuen? Welche Erinnerungen gibt es hier, welche Erfahrungen haben womöglich die Familien der heutigen Wander-Ernte- und -pflegearbeiterInnen mit ‚der deutschen Geschichte'?

Akademische Begleitmusik: Von der ‚Holocaust Industry' zur ‚Opferkonkurrenz'

Die akademische und kulturinstitutionelle Begleitmusik zum oben kurz angerissenen Zustand kommt seit ein paar Jahren in wiederkehrenden Offenen Briefen, Buchveröffentlichungen und Artikeln daher, deren AutorInnen sich Sorgen machen um die Meinungsfreiheit, die ‚Verfolgung' der sogenannten Israelkritik und über das angeblich machtvolle Konkurrenzverhältnis derer, die Antisemitismus bekämpfen, gegenüber antirassistischen Kämpfen.

Am 17. Mai 2019 hat der Deutsche Bundestag mit großer Mehrheit einen Antrag beschlossen, der die BDS-Bewegung (Boykott, Desinvestitionen und Sanktionen) als antisemitisch motiviert verurteilt. Dies nahm eine „Initiative GG 5.3

---

28 Siehe Migrantifa Hessen, Tweet vom 16.10.2020, https://twitter.com/Migrantifa_HE/status/1317151254716551169 (Stand: 03.08.2021).

Weltoffenheit" eineinhalb Jahre nach dem Beschluss, pünktlich zu Chanukka 2020, zum Anlass, mit einem Plädoyer an die Öffentlichkeit zu treten. Dieses wurde von Intendanten verschiedener öffentlich geförderter Kultureinrichtungen, MuseumsdirektorInnen und WissenschaftlerInnen unterzeichnet. Die Initiative „GG 5.3 Weltoffenheit" äußerte sich besorgt über die Anwendung der BDS-Resolution des Bundestags, da diese angeblich zur Untergrabung „der Vielstimmigkeit, der kritischen Reflexion und der Anerkennung von Differenz" beitrage. Man sei gegen BDS, aber auch gegen die Verurteilung von BDS als antisemitisch, nicht zuletzt wegen des dringend notwendigen „aktiven Engagements für die Vielfalt jüdischer Positionen und der Öffnung für andere, aus der nichteuropäischen Welt vorgetragene gesellschaftliche Visionen" angesichts der letztlich als übermächtig dargestellten Erinnerung der Shoah zulasten der Auseinandersetzung mit der Kolonialgeschichte.[29]

Hier soll es nun um die akademischen Einwürfe gehen, die nicht zuletzt die obige Initiative beflügeln, im konkreten um einen Artikel von A. Dirk Moses, einen weiteren von Michael Rothberg sowie um eine Online-Veranstaltung der Universität Innsbruck vom 11. Mai 2021.

Der im Frühjahr 2021 auf dem Zürcher Blog *Geschichte der Gegenwart* veröffentlichte Artikel „Der Katechismus der Deutschen" des Genozidforschers A. Dirk Moses[30] zeigt beispielhaft, wie die neue Schlussstrichdebatte aussieht und welche Schulterschlüsse sie aufweist. Bereits zu Beginn des Beitrags stellt Moses klar, „die Frage nach dem Zusammenhang zwischen dem Kolonialismus des Deutschen Reichs und dem Vernichtungskrieg der Nazis wird außerhalb Deutschlands schon seit zwei Jahrzehnten unaufgeregt verhandelt." Man kann in diesem Kontext nur von „unaufgeregt" sprechen, wenn man die auch und gerade in UK und USA, wo Moses an der University of North Carolina in Chapel Hill lehrt, weitverbreiteten Nazi-Vergleiche gegen Israel und den Antisemitismus auf den Straßen, dem Campus wie auch in politischen Parteien – und nicht zuletzt von vorgeblich antirassistischer Seite – geflissentlich ignoriert. ‚Unaufgeregt' schreibt Moses gleich zu Beginn und gibt somit einen Ton der Auseinandersetzung vor, der im Textverlauf in anderen Bezeichnungen wieder aufscheint und präzisiert wird. Die Ironie des Ganzen ist, dass er sich dabei exakt solcher Zuschreibungen bedient, die zum einen aus der Mottenkiste einer (auch rassistischen) Überheblichkeit stammen, der er sich doch meint entgegenzustellen, und zum anderen de-

---

[29] Vgl. Initiative „GG 5.3 Weltoffenheit". Plädoyer/Statement, https://www.humboldtforum.org/wp-content/uploads/2020/12/201210_PlaedoyerFuerWeltoffenheit.pdf (Stand: 04.08.2021).
[30] Vgl. Moses, Der Katechismus der Deutschen, alle nachfolgenden Zitate ebd.

ckungsgleich mit innerdeutschen Schlussstrich-Phrasen der letzten Jahrzehnte sind.

Moses bezeichnet den BDS-Beschluss des Bundestags als das „bislang unheilvollste Signal" im Kontext dessen, dass „die Hüter der erinnerungspolitischen Orthodoxie ständig Ausschau [halten] nach antisemitischen Häresien und Anzeichen für den Glauben an den alten Katechismus, etwa die Wiederkehr von Schlussstrichdebatten."[31] Insgesamt zieht sich, wie der Titel des Artikels schon anzeigt, eine Ineinssetzung von Shoah-Erinnerung und Bekämpfung von Antisemitismus mit Religion und Glauben.[32] Dieser Kniff, Erinnerungspolitik und die geringen Mindestmaßstäbe gegen Antisemitismus, die in Deutschland noch nicht allzu lange versucht werden auf politischer und gesellschaftlicher Ebene durchzusetzen, mit ‚Glauben' und Religion in Eins zu setzen, erreicht dreierlei: man trägt damit die aufklärerische Prämisse, dass Religion zu kritisieren sein muss, vor sich her; gleichzeitig – und hier kommt die Phrase ‚unaufgeregt' wieder ins Spiel – wird angedeutet, dass alles, was mit (welchen?) Religion(en) zu tun habe, rückwärtsgewandt, aufgeregt, gar hysterisch sei und so gar nichts mit wissenschaftlich ‚unaufgeregter' Debatte zu tun haben könne; zu guter Letzt suggeriert das Reden von Glauben und Religion einen Zusammenhang zwischen der Shoah und Religion, als wäre das Judentum die Ursache eines antisemitischen Weltbildes der Verfolger. Hier lässt sich dann wieder anknüpfen an einen angeblich antirassistischen Aktivismus, der Israel als Ursache für antisemitische Parolen und Terror verkaufen möchte.

Weiterhin zeigen sich in Moses' Artikel potentiell antisemitische Tropen, die durchweg ebenso kompatibel mit einer antiwestlichen und ‚antirassistischen' Linken wie mit einem rechten Weltbild sind. In einem Interview in der *taz* sagt Volker Weiß über Moses' Artikel:

> Das beginnt bei der Terminologie. Beispielsweise wirft Moses jenen vor die auf die Unterschiede von kolonialer Gewalt und NS-Vernichtungspolitik hinweisen, als ‚Hohepriester' zu agieren und ‚Exorzismen' zu betreiben, er fühlt sich an ‚Häresieprozesse' erinnert. Seine ‚Sakralisierungsthese' ist nicht gerade neu. In der Regel wird sie von Kreisen vorgetragen, die

---

31 Moses, Der Katechismus der Deutschen.
32 Man muss der deutschen ‚Erinnerungskultur' und ihren offiziellen Ritualen angesichts der über viele Jahre nicht belangten TäterInnen und der benötigten Sicherheitsmaßnahmen für jüdische Einrichtungen nicht unkritisch gegenüberstehen – Y. Michal Bodemann etwa hat noch in den 1990er Jahren von einem verlogenen „Gedächtnistheater" gesprochen (Y. Michal Bodemann, Gedächtnistheater. Die jüdische Gemeinschaft und ihre deutsche Erfindung, Hamburg 1996). Nichtsdestotrotz scheint die massive Kritik an der deutschen Erinnerungspolitik in aktuellen akademischen und kulturbetrieblichen Debatten vor allem auf deren Abschaffung als solcher zu zielen.

den Bedeutungsverlust von Religion beklagen und in der Gedenkpolitik Sinnstiftungskonkurrenz sehen. In Deutschland war das bis vor einigen Jahren vor allem aus den rechten ‚Schuldkult'-Debatten bekannt. Mit dieser Argumentation muss sich Moses nicht wundern, dass er der deutschen Rechten nun als Kronzeuge dient. Martin Sellner von den ‚Identitären' hat ihn bereits als ‚postkoloniale' Abrissbirne der verhassten Erinnerungskultur bejubelt. Leider scheint es auch in der BDS-affinen Kunstszene eine gewisse Offenheit für diese Terminologie zu geben. Zumindest beobachte ich das in der Rezeption des Textes.[33]

Den Ausführungen von Weiß muss man allerdings hinzufügen, dass die Ausmachung eines „Katechismus", den Moses dann auch noch in fünf „Überzeugungen" unterteilt, nicht zufällig einer Nachahmung der zehn Gebote gleichkommt. Und tatsächlich schreibt er später im Text von „Glaubensartikeln". Wenn Moses von „Hohepriestern" spricht, die durch öffentliche Exorzismen den „Katechismus der Deutschen" bewachen, kann im antijudaistischen Ressentiment auch der Hohepriester Kaiaphas aufgerufen werden, der der Legende nach Jesus verurteilte und den römischen Kolonisatoren übergab. So kulminiert die Ablehnung des (ohnehin fantasierten) Erinnerungskonsenses in Deutschland darin, dass sich ein postkolonialer Gegner desselben von rückwärtsgewandten, glaubenssatztreuen Mächtigen verfolgt fühlt. Wer diese Mächtigen sind, denen sich ‚die Deutschen' letztlich unterwerfen, kommt dann auch zur Sprache: „Letztlich aber mussten irgendwann auch sie einsehen, dass Deutschlands geopolitische Legitimität davon abhing, ob der neue, im Austausch mit amerikanischen, britischen und israelischen Eliten ausgehandelte Katechismus von ihnen akzeptiert wurde." Und weiter heißt es:

> Nachdem Deutschland nun nicht nur die gründlichste ‚Aufarbeitung der Geschichte in der Geschichte' hinter sich gebracht hat, sondern auch Juden und Jüdinnen ‚wiederbelebt' hat, kann es im Bewusstsein seiner Rolle als Leuchtturm der Zivilisation wieder stolz unter den anderen Nationen stehen und sich von der politischen Klasse Israels und den USA anerkennend den Kopf tätscheln lassen.[34]

Man muss das einmal durchdenken: Während es richtig ist, dass die späte Erinnerung an die Verbrechen vor allem auf Druck von außen zustande kam, bedient sich Moses eines alten antiwestlichen Duktus, bei dem Chiffren für ‚die Zionisten'/ ‚die Juden' oder ‚die Ostküste' kaum zu verkennen sind. Oder, wie Adenauer einst ganz ähnlich angesichts der Aufnahme diplomatischer Beziehungen Deutsch-

---

33 Siehe Till Schmidt, „Eine sehr eigenwillige Deutung". Interview mit Volker Weiß, in: taz, 09.06.2021, https://taz.de/Debatte-um-Erinnerungskultur/!5773157/ (Stand: 16.08.2021).
34 Moses, Der Katechismus der Deutschen.

lands mit Israel sagte: „Die Macht der Juden auch heute noch, insbesondere in Amerika, soll man nicht unterschätzen."[35]

Zudem schreibt Moses, Israel sei ein „antiislamischer Staat". Abgesehen von der faktischen Unsinnigkeit eines solchen Statements angesichts der Religionsfreiheit in Israel, scheint hier eine Verbindung zu liegen zu der obsessiven Lesart des Kampfes gegen Antisemitismus und der Erinnerung an die Shoah als ‚Religion' bzw. ‚Glauben'. Es handelt sich um eine Projektion. Worüber nicht gesprochen werden soll, ist Religion und zwar in ihrer Politisierung und gewaltförmigen Entgrenztheit.[36] Da auch und gerade der politische Islam, ob Shia oder Sunni, sich durch einen eliminatorischen Antisemitismus auszeichnet und sowohl die Erinnerung an die Shoah verhöhnt als auch Israel von der Landkarte radieren möchte, ist Moses' Schweigen zu diesen religiös-politisierten Zusammenhängen aufgehoben in seiner Projektion von Religion auf die politische Relevanz der Erinnerung an die Shoah und von angeblicher Islamfeindlichkeit auf Israel.

Am 24. Juli 2021 erschien in der *Zeit* ein Gastbeitrag von Michael Rothberg[37] mit dem Titel „Der neue Historikerstreit bedarf einer anderen Richtung" – in deutscher wie auch in englischer Sprache („We Need to Re-center the New Historikerstreit"). Bezeichnend – abgesehen vom kleinen, aber nicht ganz unbedeutenden Unterschied zwischen einer ‚anderen Richtung' und einem ‚Recentering' (zentrieren, ausbalancieren) – ist in beiden Titeln die Anerkenntnis, dass es um einen neuen Historikerstreit gehe. Sollte man sich noch gefragt haben, ob es in der derzeitigen Debatte nicht zuletzt um eine aufgewärmte, etwas anders

---

35 Igal Avidan, Diplomatische Beziehungen Deutschland-Israel. Jubiläum einer Vernunftehe, in: Deutschlandfunk Kultur, 24.04.2015, https://www.deutschlandfunkkultur.de/diplomatische-beziehungen-deutschland-israel-jubilaeum.1079.de.html?dram:article_id=318096 (Stand: 02.08.2021).
36 Pascal Bruckner schreibt: „[d]ie kirchliche Macht von Staat oder Fürst zu trennen und die Freiheit der Religionsausübung zu garantieren, indem man sie der Sphäre des Privaten anvertraut: Darin besteht die Weisheit der zivilisierten Gesellschaften. [...] Dies ist das tragische Unbehagen des Gläubigen: In seinem tiefsten Inneren überzeugt, im Besitz der Wahrheit zu sein, muss er doch bereit sein, sie auf den Rang eines persönlichen Urteils zu reduzieren. Er kann anbeten, wen er möchte, und auf welche Art auch immer, auf Lateinisch, Hebräisch, Arabisch, Pali, Sanskrit, Mandarin, Aramäisch, er kann sich niederknien, sich hin- und herwiegen, sich verneigen, den Kopf auf den Boden schlagen, das alles unter der Bedingung, dass sein Gebet keinerlei sozialen oder politischen Schaden anrichtet." Pascal Bruckner, Der eingebildete Rassismus. Islamophobie und Schuld, Berlin 2020, S. 204–205.
37 Vgl. Michael Rothberg, Umgang mit dem Holocaust. Der neue Historikerstreit bedarf einer anderen Richtung, in: Die Zeit, 24.07.2021, https://www.zeit.de/kultur/2021-07/umgang-mit-dem-holocaust-historikerstreit-kontroverse-voelkermord/komplettansicht (Stand: 25.07.2021); in englischer Sprache siehe https://www.zeit.de/kultur/2021-07/dealing-with-the-holocaust-historikerstreit-controversy-genocide-english/komplettansicht (Stand: 25.07.2021).

gewürzte Schlussstrichsuppe ginge, so kann nun mit Fug und Recht darauf verwiesen werden, dass beteiligte Protagonisten das selbst so sehen. Ironischerweise lässt sich die akademische Linke allerdings im Vergleich mit den Beteiligten in den 1980er Jahren in der Sache klar dem revisionistischen Lager um Nolte et al. zuordnen. Jedoch, so schreibt Rothberg,

> [d]rehte sich der Historikerstreit – eine Auseinandersetzung zwischen männlichen deutschen Intellektuellen, die den Krieg miterlebt hatten – um die Vergleichbarkeit von Holocaust und stalinistischem Terror, so werden die heutigen Debatten von einem bunter gemischten und internationaleren Kreis von Gesprächsteilnehmern ausgetragen und zielen vor allem auf das Verhältnis des Holocausts zur außereuropäischen und kolonialen Geschichte.[38]

Hier wird der Historikerstreit der 1980er Jahre etwas verkürzt dargestellt, da auch der Antisemitismus eine Rolle spielte, etwa in Bezug auf die angeblich führende Rolle von Juden in der Roten Armee. Aber es geht nun um das Argument, dass heute nicht mehr nur alte deutsche Männer, die selbst noch im NS aufgewachsen waren und studiert hatten, beteiligt seien, sondern heutzutage alles bunter und internationaler sei. Hier wird die Beteiligung von internationalen Historikern an den Debatten in den 1980er Jahren unterschlagen – und es steht zu befürchten, dass jüdische Historiker nicht ‚bunt' genug gewesen sind.

Im Artikel werden Scheingefechte geführt, so etwa um die Mär, dass man die Geschichte der Shoah nicht ‚vergleichen' könne. Es geht nicht darum, die Vernichtung der europäischen Juden nicht mit anderen Verbrechen und Völkermorden zu vergleichen, denn erst durch solche Vergleiche werden Unterschiede und Spezifika deutlich. Das banale Bestehen auf einer ‚Nicht-Singularität' korrespondiert mit der ebenso banalen Tatsache, dass Ereignisse immer singulär sind. Um das Scheinargument, dass ‚die Juden', Israel oder unterdessen angeblich ‚die Deutschen' auf einer Singularität der Shoah bestehen würden, zu umgehen, gab es Versuche, einen Begriff, den Yehuda Bauer schon vor Jahren eingeführt hat, zu verwenden: *unprecedentedness* (was mit Präzedenzlosigkeit, Beispiellosigkeit oder nie Dagewesenes übersetzt werden kann). Nichtsdestotrotz liegt auch im Gastbeitrag von Rothberg wieder der Fokus auf dem Begriff der Singularität, und es steht zu vermuten, dass es auch der Präzedenzlosigkeit nicht anders er-

---

[38] Michael Rothberg, Umgang mit dem Holocaust. Der neue Historikerstreit bedarf einer anderen Richtung, in: Die Zeit, 24.07.2021, https://www.zeit.de/kultur/2021-07/umgang-mit-dem-holocaust-historikerstreit-kontroverse-voelkermord/komplettansicht (Stand: 25.07.2021); in englischer Sprache siehe https://www.zeit.de/kultur/2021-07/dealing-with-the-holocaust-historikerstreit-controversy-genocide-english/komplettansicht (Stand: 25.07.2021).

Machtstellung in der Welt und zur Verhinderung jeglicher Kritik an israelischer Politik sowie an Juden sei. Letztlich behauptete Finkelstein auch, dass diese „Industrie" Antisemitismus produziere und perpetuiere. Er kam ebenfalls aus einer US-amerikanisch linken Gegnerschaft gegen den Bau des USHMM – wiewohl Rothberg immerhin heute sieht, dass das Museum auch anderem Gedenken letztlich Räume geöffnet hat, wie dem Museum of African American History and Culture, ebenso an der Mall in DC. Dies scheint allerdings für deutsche Erinnerungskultur nicht zu gelten – sie eröffnet keine Räume, sondern verhindert andere Erinnerung und Gedenkkultur.

Die deutsche Übersetzung von Finkelsteins Pamphlet hielt sich gleich nach dem Erscheinen 2001 monatelang auf Platz 2 der Sachbuch-Bestsellerlisten. Der Autor wurde zum jüdischen ‚Retter' all derer, die schon immer befanden, dass ‚man die Juden kritisieren können muss', – ganz ähnlich, wie es heute die jüdischen WissenschaftlerInnen sind, die sich gegen den BDS-Beschluss des Bundestags oder den Stellenwert der Erinnerung an die Shoah stellen. Während Finkelstein der Akademie und dem Kulturbetrieb vor zwanzig Jahren aber doch zu laut, zu krass und offen war, so ist das heute mit den bunteren Thesen gerade für eine Inklusion von MigrantInnen nicht mehr der Fall.

Was außerdem deutlich wird in der akademischen Debatte, ist, dass es einen islamischen Antisemitismus nicht geben darf, noch dessen Verbindungen nach rechts oder zur sogenannten Mitte, ebenso wenig wie einen linken Antisemitismus oder einen antirassistischen sowie dessen Verbindungen zum islamischen. In den USA gäbe es auch nur den rechten Antisemitismus, und die antisemitischen Übergriffe und Morde durch afro-amerikanische TäterInnen etwa in New York und New Jersey bleiben unerwähnt. Widersprüche in den ethnischen Gemeinschaften kann es nicht geben – und so ist auch kein Platz für diejenigen, die nicht gemeinschaftlich-identitär sondern individuell-politisch sprechen und handeln. Wird die tatsächliche oder zugeschriebene Haltung der Gemeinschaft verlassen, so verbleibt die Degradierung zur ‚Kronzeugin'/zum ‚Kronzeugen', also zu einem Instrument der Macht, der man sich andient, indem man das angeblich ‚Eigene' verrät, um sich selbst schadlos zu halten. Das ist der rassistische Kern, der dem bunten Projekt gegen eine angebliche Erinnerungsdiktatur innewohnt. Dieser ließ sich schon Anfang der 2000er Jahre ausmachen, als die Erinnerungspädagogik MigrantInnen entdeckte. Als ob, wie Ali Tonguç Ertuğrul, Sabri Deniz Martin und Vojin Saša Vukadinović sehr treffend in der *Jungle World* vom 15. Juli 2021 schreiben,

> der Schulbesuch in der KZ-Gedenkstätte für junge Migranten eine Zumutung sei, weil ihre Blutsverwandtschaft nichts mit den einstigen Verbrechen zu tun gehabt habe [...]. Moses professionalisiert für die höchsten Bildungsebenen jene tribalistischen Tendenzen, die in

anderen gesellschaftlichen Bereichen längst vorherrschen. Doch weshalb sollten Menschen, die selbst oder deren Eltern aus anderen Gegenden der Welt nach Deutschland kamen, nicht rational nachvollziehen können, was zwischen 1933 und 1945 geschah?"[41]

Die „tribalistischen Tendenzen" gab es auch bei der flächendeckenden Einführung des Themas ‚Wie-um-Himmels-willen-können-wir-MigrantInnen-vermitteln-was-der-Holocaust-war' (oder ähnliche Variationen) in der sogenannten Erinnerungsarbeit bzw. Erinnerungspädagogik. Der Ausgangspunkt war die Annahme, dass es eine ‚migrantische Neutralität' im Kontext von NS-Geschichte und der Shoah gebe. Diese zugeschriebene ‚migrantische Neutralität' ist aber nichts anderes als tribalistisches Denken in Abstammungsgemeinschaften. Zu Beginn der 2000er Jahre wurden pädagogische Debatten darum geführt, wie die ‚deutsche Geschichte' MigrantInnen nähergebracht werden könne. Solche Ansätze gehen prinzipiell davon aus, dass – auch in der dritten oder vierten Generation – Nachkommen von vor allem ArbeitsmigrantInnen, also ‚Gastarbeitern', eine spezielle Unterweisung hinsichtlich der Geschichte des Nationalsozialismus und der Shoah nötig haben. Warum das für ‚deutsch-deutsche' Kinder oder Jugendliche anders sein soll, die immerhin in Familien aufgewachsen sind, in denen es noch Bilder von Opa in der Wehrmachtsuniform im Album und womöglich das zur Hochzeit geschenkte *Mein Kampf* hinten im Bücherregal gibt, bleibt offen. Was in diesen erzieherischen Debatten, wenn man denn schon in ethnischen Kollektiven denkt, nicht vorkam, sind die verschiedenen Geschichten der Herkunftsländer der ‚Gastarbeiter' – und die Tatsache, dass nur einige Jahre vor Abschluss von Staatsverträgen über die ‚Gastarbeit' deutsche Soldaten dort gewütet hatten, wie etwa in Jugoslawien, Griechenland oder auch Italien. Die angenommene ‚migrantische Neutralität' in Bezug auf ‚die deutsche Geschichte' konnte es gar nicht geben, es wollte nur niemand wissen, mit welchen Erinnerungen und Geschichten die ‚Gäste' ankamen – sei es Erfahrung deutschen Terrors, verbrannter Dörfer und ermordeter EinwohnerInnen, Mitläuferschaft und Zusehen bei der Deportation ihrer jüdischen Nachbarn, Widerstand oder Kollaboration und Täterschaft. Für viele, die in den ersten Jahrzehnten nach 1945 nach Westdeutschland kamen war die NS-Geschichte alles andere als ‚neutral'. Die (ab Mitte der 1950er vertraglich angeworbenen) ArbeitsmigrantInnen kamen in ein Land, das noch wenige Jahre zuvor massiv von Zwangsarbeit und ‚Fremdarbeit' profitiert hatte. ‚Fremdarbeiter' wurden sie denn auch noch jahrelang genannt, nicht zu-

---

[41] Ali Tonguç Ertuğrul/Sabri Deniz Martin/Vojin Saša Vukadinović, Linkspaternalistischer Rassismus, in: Jungle World 28/2021, 15.07.2021.

letzt noch in den 2000er Jahren etwa von Oskar Lafontaine.[42] Und sie kamen in das Land, das für die Shoah, den Vernichtungskrieg insbesondere im Osten und für den Überfall auf und die Besetzung mehrerer Länder verantwortlich war. Zudem wurden die ArbeitsmigrantInnen der Nachkriegszeit nie als Einwanderer betrachtet und hatten daher zunächst keine Rechte auf eine Staatsbürgerschaft. Dies ist der Hintergrund, vor dem sich (antirassistische Praktiken von) MigrantInnen behaupten und entwickeln mussten.

‚Migrantische Neutralität' in Bezug auf ‚deutsche Geschichte' (immer als Euphemismus für den NS und die Shoah) konnte überhaupt nur angenommen werden, wenn Migranten mit Muslimen bzw. Menschen von anderen Kontinenten gleichgesetzt wurden – und da wird es ebenfalls kompliziert, wenn man beispielsweise die Fluchtlinien vieler Nazis betrachtet. Es muss also, und das wird bei Moses und Rothberg deutlich, ein Verständnis von MigrantInnen als nichteuropäisch geben (nicht-jüdisch zudem). Das heißt aber auch, dass gleichzeitig islamisch-jüdische Geschichte, islamischer Antisemitismus, Vertreibung und Pogrome in muslimischen/arabischen Ländern und anderswo schlicht ignoriert werden.

Hier liegt auch ein Grund für die Rassismus-Vorwürfe, sobald über Antisemitismus, etwa von Geflüchteten, gesprochen wird. Man nimmt eigene, frühere Erkenntnisse nicht mehr ernst, etwa die Erkenntnis, dass aufgrund einer gesellschaftlich und/oder religiös tradierten und staatlich verordneten antisemitischen Ideologie selbige logischerweise auch individuell zum Tragen kommt. Gilt dies noch für die deutsche Gesellschaft, die Auschwitz zu verantworten hat und in der der Antisemitismus selbstverständlich nach 1945 fortgelebt hat, so soll dies nicht gelten für Menschen aus anderen Weltgegenden, in denen Antisemitismus Doktrin und, wie in den letzten zwei Jahrzehnten erneut deutlich wurde, nicht weniger auf Auslöschung von Juden bedacht ist. Islamischen Antisemitismus etwa zu benennen, führt meist unweigerlich dazu, des Rassismus geziehen zu werden. Dabei offenbart sich jedoch das rassistische Denken derjenigen, die nicht zwischen Ideologie, individueller Entscheidung und Gemeinschaft qua Geburt unterscheiden. War es in den 1990er Jahren MigrantInnenzusammenschlüssen noch möglich, vereinzelte Veranstaltungen zum Thema Antisemitismus unter MigrantInnen abzuhalten, ohne als „rassistisch" angefeindet zu werden, so dominiert heute die Rede von „Uncle Tom", von „Kronzeugen" und Ähnlichem. Dass MigrantInnen Erfahrungen von Rassismus machen und alldieweil Antisemiten sein

---

42 Vgl. o. A., Fremdarbeiter-Debatte: „Lafontaine sollte sich historisch weiterbilden", SPIEGEL, 05.07.2005. https://www.spiegel.de/politik/deutschland/fremdarbeiter-debatte-lafontaine-sollte-sich-historisch-weiterbilden-a-363781.html

können wie andere Deutsche und noch-nicht-Deutsche auch, geht nach wie vor nicht so einfach in ‚fortschrittlichen' Debatten durch. Noch weniger einsichtig ist vielen, dass nicht-jüdische MigrantInnen oder deren Nachfahren sich selbst gegen einen vorgeblich antirassistischen antisemitischen Konsens positionieren. Nach Moses gibt es die andere Position der MigrantInnen völlig abgetrennt von einem individuellen rationalem Nachvollziehen der Geschichte der Shoah. Ein solches, von Ali Tonguç Ertuğrul, Sabri Deniz Martin und Vojin Saša Vukadinović im obigen Zitat angesprochenes, Nachvollziehen war und ist selbstverständlich möglich, auch oder gerade in einer MigrantInnenselbstorganisierung. Das scheint aber unterdessen in Vergessenheit geraten und aus der Mode gekommen zu sein.

Im Folgenden soll abschließend anhand eines Beispiels einer migrantischen Intervention in den 1990er Jahren zusammengefasst werden, wie (multidirektionale?) Bezugnahmen derer aussahen, die sich mit ihren Erinnerungen als ‚GastarbeiterInnen' oder deren Nachkommen in Deutschland damit auseinandersetzen mussten, dass sich die deutsche Gesellschaft nicht einmal von den bekannten Nazi-Verbrechern in ihrer Mitte abgewandt hatte. Darüber hinaus lenkt das folgende Beispiel die Aufmerksamkeit auf die Kluft, die zwischen mancher migrantischen und der abgewehrten Erinnerung der deutschen Gesellschaft besteht. 1994 sprach der Bundesgerichtshof einen Wehrmachtssoldaten, der 1943 in dem italienischen Dorf Caiazzo bei Neapel 22 Menschen ermordet hatte, von seiner Tat frei. Einige Monate später protestierten (Nachkommen von) MigrantInnen gegen diese Entscheidung und gleichzeitig gegen das anhaltende Schweigen über das Verbrechen und die Unterstützung des Täters in seinem Heimatort Ochtendung bei Koblenz. Das Gericht erklärte die Tat für verjährt, obwohl es gleichzeitig feststellte, dass der Mann schuldig war. Was das Gericht als verjährt und damit nicht als Verbrechen gegen die Menschlichkeit ansah, war der von Leutnant Lehnigk-Emden angeordnete Massenmord an 15 Männern, Frauen und Kindern im Alter von drei bis 77 Jahren. Ein italienisches Gericht hatte ihn in Abwesenheit als Kriegsverbrecher zu lebenslanger Haft verurteilt. In Deutschland musste sich der Mann indes nicht für sein Verbrechen verantworten – bis er im Dezember 1993 zum ersten Mal in Deutschland verhaftet und ein Jahr später endgültig freigesprochen wurde. In den 50 Jahren zwischen 1943 und 1993 lebte Lehnigk-Emden als angesehener Bürger in der Stadt Ochtendung. Dort arbeitete er als Architekt und als sozialdemokratischer Politiker mit einem Sitz im Stadtrat. Außerdem hatte er den Vorsitz der Karnevalsgesellschaft inne und engagierte sich in der Arbeiterwohlfahrt, einer gemeinnützigen sozialdemokratischen Organisation.[43]

---

43 Vgl. o. A., ‚Erklär mir, warum', in: Der Spiegel, 5.3.1995. https://www.spiegel.de/politik/erkla er-mir-warum-a-aceb61c4-0002-0001-0000-000009158268

Dass postnazistische Karrieren wie die von Lehnigk-Emden bei Tätern aus Wehrmacht und SS üblich waren, ist nicht neu. Zudem berichtete das Fernsehmagazin *Panorama* 1997, dass genau diese Kriegsbeteiligten bzw. Täter Milliarden D-Mark als „Opfer"-Renten bekamen. Voraussetzung für die „Opfer"-Rente nach dem deutschen Gesetz zur „Sozialen Entschädigung und Versorgung von Kriegsopfern" ist, dass man durch den Kriegsdienst verletzt wurde.⁴⁴ Und zu den rund 50.000 Kriegsverbrechern, die „Opfer"-Renten –zusätzlich zu ihren regulären Renten erhielten, gehörte auch Lehnigk-Emden. Laut *Panorama* erhielt er die Beiträge, weil er später beim Versuch, aus einem alliierten Kriegsgefangenenlager zu fliehen, ins Bein geschossen wurde. Das ist umso ungeheuerlicher, wenn man die deutsche Politik bei Entschädigungszahlungen an Überlebende von Lagern, an ZwangsarbeiterInnen, aber auch gegenüber Reparationsforderungen ehemaliger besetzter Länder bedenkt. Doch wie in vielen anderen deutschen Dörfern und Städten war die kriminelle Vergangenheit von Lehnigk-Emden für die Gemeinde, in der er einen recht hohen Status hatte, uninteressant – genauer gesagt: kein Problem. Die Bewohner der Kleinstadt wurden erst mit ihrem Verhalten gegenüber dem Mörder in ihrer Mitte konfrontiert, als dieser verhaftet wurde und sie sich im Zentrum des Medieninteresses wiederfanden. Als Fernsehteams in die Stadt kamen, wurden sie beschimpft und vertrieben, und der Sohn von Lehnigk-Emden sprach von „Itakern", die einfach „zu emotional" seien.

Im Aufruf zu einem Protest in Ochtendung ist zu lesen, dass die örtlichen Sozialdemokraten den juristischen Ausgang abwarten wollten, bevor sie Lehnigk-Emden aus der Partei ausschließen, und nach dem Freispruch keinen Grund dazu sahen. Und,

> wir, unter anderem Migranten aus den Ländern, in denen die deutsche Wehrmacht Unheil angerichtet hat [...] werden dafür sorgen müssen, dass das Verbrechen, der Verbrecher, seine Beschützer und das Land, das sie beherbergt, aufgezeigt werden. [...] Immer wieder werden sie mit den Nachkommen ihrer Opfer konfrontiert werden.⁴⁵

Die Kundgebung war ebenso als Akt des Gedenkens an die Opfer von Caiazzo gedacht wie als Protest gegen die Deckung des Täters durch die Bevölkerung und Politik in Ochtendung. Darüber hinaus ist der Bezug zur Gegenwart ein deutlicher, wie in den folgenden Auszügen aus einer der Reden auf der Kundgebung deutlich wird:

---

44 https://daserste.ndr.de/panorama/archiv/1997/Steuermilliarden-fuer-Naziverbrecher-Deutsches-Recht-macht-Taeter-zu-Opfern,erste6952.html
45 O. A., ‚Auf nach Ochtendung', 13.4.1995. https://cafemorgenland.home.blog/1995/04/13/auf-nach-ochtendung-04-1995/

Wir richten diese Rede an die Bevölkerung von Ochtendung. Sie hat in den letzten Monaten bewiesen, dass sie nichts mehr zu schätzen weiß, als in Frieden und stiller Harmonie mit einem Massenmörder zu leben. [...] Jahrelang haben wir als Migranten in der Bundesrepublik gelebt.
Wir konnten uns davon überzeugen, dass in keinem anderen Land die Geschichte so lebendig ist wie hier. Aber eben nicht die Geschichte, wie wir sie von unseren Eltern und Großeltern kennengelernt haben. [...] Als wir von Ihrem Verhalten hörten, begannen wir zu recherchieren, denn wir wollten wissen, was das für Menschen sind, die in Ochtendung mit einem Kriegsverbrecher zusammenleben. Wir haben einen Ausflug gemacht. Ein Schild erinnert an eine Synagoge, die in der sogenannten ‚Reichskristallnacht' verbrannt wurde; Ochtendung hat einen alten jüdischen Friedhof, der zwischen 1933 und 1939 geschändet wurde. [...] es gab eine jüdische Gemeinde in Ochtendung. Diese Menschen zogen hier Kinder auf, feierten oder weinten, wie andere Menschen auch. Aus der Synagoge konnte man durchaus jüdische Melodien hören. Die Kinder spielten auf der Straße. Vielleicht machten sie Lärm, ärgerten die Nachbarn, wie andere Kinder auch. Diese, Ihre Nachbarn, verschwanden, Frauen, Männer, Kinder, Alte und Junge, Arme und Reiche, egal. Und sie kehrten nie zurück. Wussten Sie denn gar nichts? Vielleicht werden Sie sagen, das geht uns nichts an, wir waren zu klein oder noch gar nicht geboren. [...] dann fragen wir euch: Wer wohnt jetzt in ihren Häusern? Wer hat ihre Geschäfte übernommen? [...] In der Nähe wurden Brandanschläge auf Wohngebiete von Roma und Sinti verübt. Und wieder: Sie wissen nichts? [46]

Dieser Protest fand 1995 statt, am Sonntag vor dem 8. Mai – also zu einer Zeit, als schon seit einem Jahr heftige Debatten über die Frage geführt wurden, was und wem man an diesem Datum gedenken sollte. War es der 50. Jahrestag einer „Befreiung" Deutschlands oder ging es um „Kapitulation" oder gar um „Besatzung"? Hinzu kamen Auseinandersetzungen um die damals neu eröffnete Ausstellung über die Verbrechen der Wehrmacht und eine immer lauter werdende Behauptung einer „deutschen Opferrolle" in Bezug auf die alliierten Bombenangriffe auf deutsche Städte. Öffentliche (linke) Proteste in einigen Städten nahmen diese Argumente zum Ausgangspunkt und verkündeten z. B.: „deutsche Täter sind keine Opfer" und dass Soldaten der Wehrmacht Massenmörder waren. Die geschlossenen Reihen (und Fensterläden) in Ochtendung müssen auch in diesem Kontext verstanden werden.

Wichtig ist das Beharren der Organisatoren der Demonstration auf einer grundsätzlichen Differenz bezüglich der Überlieferung und des Inhalts des Familiengedächtnisses. In einem der Redebeiträge ist nicht nur zu lesen: „Wir konnten uns davon überzeugen, dass die Geschichte in keinem anderen Land so lebendig ist wie bei uns. Aber eben nicht die Geschichte, wie wir sie von unseren Eltern und Großeltern kennengelernt haben", sondern darüber hinaus: „Von ihnen wissen wir, was Sie oder Ihre Väter und Großväter in der Zeit zwischen 1940

---

46 Café Morgenland, Texte des Zorns, Leipzig 1996, S. 91–93.

und 1945 in unseren Ländern angerichtet haben. Dieses Wissen verfolgt uns." Dies deutet erstens eindeutig darauf hin, dass innerhalb dieser Familien über die Erfahrungen unter deutscher Besatzung gesprochen wurde, obwohl dies bei Personen, die kollaboriert haben, sicherlich weniger wahrscheinlich ist. Zweitens unterstreicht es, dass Männer und Frauen nach 1945 auch mit diesen Geschichten im Hinterkopf zur Arbeit nach Deutschland migrierten. Während in den Texten der Protestorganisatoren die emotionale Betroffenheit und das „Wissen[, das] uns heimsucht", deutlich wird, steht im krassen Gegensatz dazu der Sohn von Lehnigk-Emden mit seiner zynischen Ablehnung der angeblich „übermäßigen Emotionalität" derer, die er als „Itaker" bezeichnet. Er wird nicht vom Wissen einer familiären Erinnerung heimgesucht, im Gegenteil. Verknüpft man diese Episode mit der Annahme, dass (Arbeits-)Migranten eine „neutrale Erinnerung" in Bezug auf Deutschland haben, wird die Intention eines „neuen Historikerstreits", der „neue Deutsche" instrumentalisiert, umso deutlicher: es geht um die Hoffnung, diese ‚neuen Deutschen' mögen endlich der Auseinandersetzung mit dem Nationalsozialismus und der Shoah ein Ende setzen, da sie dem neu-alten Antizionismus im Wege steht.

Dass nun – wie es in einem Untertitel von Moses' Artikel heißt – ‚die Migrant:innen' oder, in der Wortwahl von sowohl Moses als auch Rothberg, ‚neue Deutsche' gegen die Erinnerung an die Shoah in Stellung gebracht werden, ist infam. Einzig noch infamer ist, dass eingewanderte Juden weder beim einen noch beim anderen mitgemeint sind. Sie sind weder ‚neue Deutsche' noch sind sie ‚Migrant:innen' und dies, obwohl eine große Anzahl jüdischer Frauen und Männer hierzulande aus der ehemaligen Sowjetunion immigriert sind. Was oft auch heißt, dass sie allein schon aufgrund der Sprache im Alltag mit Rassismus konfrontiert sein können, sozusagen zusätzlich zum Antisemitismus. Aber hier hat dann die vielbeschworene Intersektionalität ein Ende. So wie es überhaupt diesen Denkansätzen scheinbar um ‚Verwobenes' und ‚Ambivalentes' zu tun ist, derweil es um das Gegenteil geht: Man ist dies oder das und man steht hier oder da. Subjektposition *o muerte*. Daß Juden und Jüdinnen weder MigrantInnen sein können noch ‚neue Deutsche', wird bei Moses noch dadurch unterstrichen – oder übertroffen –, dass sie ohnehin nur passiv als, „Aufforstung" [sic] des hiesigen Judentums durch die deutsche Politik vorkommen. Die einzigen Juden, denen etwas mehr Agency zugestanden wird, sind linke, antizionistische Israelis (‚in Berlin').

Es war hier die Rede von marginalen Ansätzen, die nicht zuletzt wütende Reaktionen und Debatten in der ‚deutschen' antirassistischen Linken auslösten – auch weil sie in der politischen Praxis in der Lage waren, Rassismus *und* Antisemitismus anzugehen und dabei die Erinnerung an die Shoah und eine grundlegende Solidarität mit Israel zur Basis zu haben.

Man muss sich hier vielerlei vor Augen halten. Erstens wurden die oben zitierten Auszüge aus „Antisemitismus unter MigrantInnen" fast zwanzig Jahre vor der großen „Willkommenskultur" verfasst, die allein schon deshalb mit Skepsis zu betrachten ist, weil zu hohe Erwartungen in selbstgemachte Enttäuschungen umschlagen. Erwartungsgemäß schlug dann auch das Willkommen um – entweder in Verleugnung von Antisemitismus, Sexismus und Homophobie oder in das altbekannte rassistische Ressentiment. Zweitens, und hier sind wir bei den akademisch-aktivistischen Erwartungen, waren und sind migrantische Stimmen dieser Art nicht vorgesehen – bzw. sie sind nicht diejenigen, die man hören möchte. In einem ‚dekolonisierenden' Mindset gibt es Kriterien für eine akzeptable „Subjektposition" (Rothberg). Die „Subjektposition" wird in Stellung gebracht gegen die nun verpönte „Identität"[47]. Interessant daran ist, dass die Position aber immer noch keine Positionierung ist, obwohl gerade in den Literature Studies und Cultural Studies seit Jahren auch der Begriff der *positionality* kursiert, um das aktiv Sich-Positionieren zu benennen. Somit verbleibt die Subjektposition passiv und verweist im Grunde alle Subjekte zurück auf ihre „Positionen" – ohne eine Positionierung. Auch hier scheint, wie beim angeblichen Gegensatzpaar der postkolonialen Erinnerung und der Shoah-Erinnerung, undenkbar, dass es um beides gehen könnte: Es gibt eine Position, in die man geworfen sein worden mag – und die in vielerlei Hinsicht durch gesellschaftliche Zwänge und Zustände verschieden ist –, und die Möglichkeit oder Notwendigkeit der Positionierung, die weder identisch sein muss mit einer Position noch mit den Erwartungen aufgrund einer solchen. Michael Rothbergs nachfolgende Abhandlung trägt den Titel *The Implicated Subject*, also „das beteiligte/mitschuldige Subjekt" – als gäbe es ein unbeteiligtes. Gleichwohl deutet dies auf etwas hin, woran sich alle abarbeiten sollten: alle sind irgendwie impliziert.

Literatur

Avidan, Igal. Diplomatische Beziehungen Deutschland-Israel. Jubiläum einer Vernunftehe, in: Deutschlandfunk Kultur, 24.04.2015, https://www.deutschlandfunkkultur.de/diplomatische-beziehungen-deutschland-israel-jubiläum.1079.de.html?dram:article_id=318096 (Stand: 02.08.2021).

---

[47] Michael Rothberg spricht dezidiert von „subject position" versus „identity", vgl. Multidirektionale Erinnerung. Holocaustgedenken im Zeitalter der Dekolonisierung, Livestream der Universität Innsbruck, 11.05.2021, https://www.youtube.com/watch?v=KfHBtMqikrE (Stand: 08.08.2021).

Baader, Maria. Zum Abschied. Über den Versuch, als jüdische Feministin in der Berliner Frauenszene einen Platz zu finden, in: Ika Hügel/Chris Lange/May Ayim/Ilona Bubeck/Gülşen Aktaş/Dagmar Schultz (Hrsg.), Entfernte Verbindungen. Rassismus, Antisemitismus, Klassenunterdrückung, Berlin 1993, S. 82–94.
Bangel, Christian. Tweet vom 29.10.2019, https://twitter.com/christianbangel/status/1189058579183099904 (Stand: 15.08.2021).
Bodemann, Y. Michal. Gedächtnistheater. Die jüdische Gemeinschaft und ihre deutsche Erfindung, Hamburg 1996.
Bruckner, Pascal. Der eingebildete Rassismus. Islamophobie und Schuld, Berlin 2020.
Café Morgenland (Frankfurt/M.)/KöXüZ (Berlin). Antisemitismus unter MigrantInnen. Eine Rede gegen falsche Gemeinsamkeiten, 23.05.1997, https://direnis.tripod.com/texte/antisemitismus_unter_migrantInnen.htm (Stand: 03.08.2021).
Café Morgenland, Texte des Zorns, Leipzig 1996.
Ertuğrul, Ali Tonguç/Sabri Deniz Martin/Vojin Saša Vukadinović. Linkspaternalistischer Rassismus, in: Jungle World 28/2021, 15.07.2021.
Finkelstein, Norman G. The Holocaust Industry. Reflections on the Exploitation of Jewish Suffering, London/New York 2000. In deutscher Sprache: Die Holocaust-Industrie. Wie das Leiden der Juden ausgebeutet wird, München 2001.
Fulbrook, Mary. German National Identity after the Holocaust, Cambridge 1999.
Geisel, Eike. Triumph des guten Willens – Gute Nazis und selbsternannte Opfer. Die Nationalisierung der Erinnerung, Hamburg 1998.
Gelbin, Cathy S./Kader Konuk/Peggy Piesche (Hrsg.), AufBrüche. Kulturelle Produktionen von Migrantinnen, Schwarzen und jüdischen Frauen in Deutschland, Königstein/Taunus 1999.
Gelbin, Cathy S. Die jüdische Thematik im (multi)kulturellen Diskurs der Bundesrepublik, in: Cathy S. Gelbin/Kader Konuk/Peggy Piesche (Hrsg.), AufBrüche. Kulturelle Produktionen von Migrantinnen, Schwarzen und jüdischen Frauen in Deutschland, Königstein/Taunus 1999, S. 87–111.
Gutiérrez Rodríguez, Encarnación. FeMigra Reloaded. Migrantischer Feminismus und Bündnispolitik, in: Migrazine 2019/1, https://www.migrazine.at/artikel/femigra-reloaded-migrantischer-feminismus-und-bundnispolitik (Stand: 15.08.2021).
Heidenreich, Nanna/Vojin Saša Vukadinović. In Your Face: Activism, Agit-Prop and the Autonomy of Migration; The Case of Kanak Attak, in: Reinhild Steingröver/Randall Halle (Hrsg.), After the Avant-Garde. Contemporary German and Austrian Experimental Film, Rochester 2008, S. 131–156.
Hügel, Ika/ Chris Lange/May Ayim/Ilona Bubeck/Gülşen Aktaş/Dagmar Schultz (Hrsg.), Entfernte Verbindungen. Rassismus, Antisemitismus, Klassenunterdrückung, Berlin 1993.
Initiative „GG 5.3 Weltoffenheit". Plädoyer/Statement, https://www.humboldtforum.org/wp-content/uploads/2020/12/201210_PlaedoyerFuerWeltoffenheit.pdf (Stand: 04.08.2021).
Klingelschmitt, Klaus-Peter. „Babenhausen ist jetzt judenfrei", in: taz, 06.05.1997, https://taz.de/!1401961/ (Stand: 14.08.2021).
Komitee Schönau nicht vergessen!. Infobroschüre zum 15. Jahrestag der rassistischen Ausschreitungen in Mannheim-Schönau, 5/2007, http://juz-mannheim.de/wp-content/uploads/2018/03/Sch%C3%B6nau-nicht-vergessen.pdf, (Stand: 12.08.2021).
KöXüz. Sonntagsgespräch, in: köXüz, 13/2000, S. 6–17.
Lierke, Lydia/Massimo Perinelli (Hrsg.). Erinnern stören. Der Mauerfall aus migrantischer und jüdischer Perspektive, Berlin 2020.

Migrantifa-Hessen, Tweet vom 16.10.2020, https://twitter.com/Migrantifa_HE/status/1317151254716551169 (Stand: 03.08.2021).

Morgenland, Inc./Fluchschrift. Antisemitismus in Babenhausen. Sechs Jahre nach dem Brandanschlag, in: 6000, Juli 2003, zitiert nach haGalil, https://www.hagalil.com/archiv/2003/08/babenhausen.htm (Stand: 14.08.2021).

Moses, A. Dirk. Der Katechismus der Deutschen, in: Geschichte der Gegenwart, 23.05.2021, https://geschichtedergegenwart.ch/der-katechismus-der-deutschen/ (Stand: 23.07.2021).

Vgl. o. A., ‚Erklär mir, warum', in: Der Spiegel, 5.3.1995. https://www.spiegel.de/politik/erklaer-mir-warum-a-aceb61c4-0002-0001-0000-000009158268

Rothberg, Michael. Multidirektionale Erinnerung. Holocaustgedenken im Zeitalter der Dekolonisierung, Livestream der Universität Innsbruck, 11.05.2021, https://www.youtube.com/watch?v=KfHBtMqikrE (Stand: 08.08.2021).

Rothberg, Michael. Umgang mit dem Holocaust. Der neue Historikerstreit bedarf einer anderen Richtung, in: Die Zeit, 24.07.2021, https://www.zeit.de/kultur/2021-07/umgang-mit-dem-holocaust-historikerstreit-kontroverse-voelkermord/komplettansicht (Stand: 25.07.2021). In englischer Sprache: https://www.zeit.de/kultur/2021-07/dealing-with-the-holocaust-historikerstreit-controversy-genocide-english/komplettansicht (Stand: 25.07.2021).

Schmidt, Till. „Eine sehr eigenwillige Deutung". Interview mit Volker Weiß, in: taz, 09.06.2021, https://taz.de/Debatte-um-Erinnerungskultur/!5773157/ (Stand: 16.08.2021).

Zelik, Raul. Friss und stirb trotzdem, Hamburg 1997.

Filme

Babenhausen, R: Hito Steyerl (D) 1997, 4 min.

Duvarlar – Mauern – Walls, R: Can Candan (USA/TR) 2000, 83 min. https://www.bpb.de/mediathek/305232/duvarlar-mauern-walls

Benedikt Wolf
Zur postnazistischen Transformation des Antiziganismus
Fallstudien zu Herta Müllers Reportage über die „Situation der Zigeuner in Rumänien" und Günter Grass' „Reden zugunsten des Volkes der Roma und Sinti"[1]

Anders als der Antisemitismus wurde der Antiziganismus in der Nachkriegsbundesrepublik in seiner ideologischen Dimension lange Zeit nur geringfügig modifiziert.[2] Bis heute muss man von einem „stabile[n] und hohe[n] Niveau antiziganistischer Einstellungen in der Bevölkerung Deutschlands" sprechen.[3] Der Völkermord an den als ‚Zigeuner'[4] Verfolgten wurde wie die Shoah von den Truppen der Alliierten beendet. Die militärische Beendigung der Shoah hatte in den westlichen Besatzungszonen und der Bundesrepublik Aushandlungsprozesse zur Folge, die dem weiterhin aktuellen offenen Antisemitismus ein Spektrum an die Seite stellten, das von sekundärem und israelbezogenem Antisemitismus bis zu philosemitischen Positionen reichte – allesamt Formen des Antisemitismus, die die Behauptung eines Tabus gegen den Antisemitismus zur Voraussetzung haben. Das Ende des antiziganistischen Völkermords hatte diese Folgen in der Bundesrepublik zunächst nicht. Zwar kam es auch im Fall des

---

1 Für Diskussionen und Kommentare danke ich Vojin Saša Vukadinović und Sonja Witte.
2 Nach Markus Ends Unterscheidung verschiedener Dimensionen des Antiziganismus bezieht sich diese Aussage auf die Ebene der konkreten Stereotype und Ideologeme über ‚Zigeuner'. End unterscheidet diese Stereotype von einer stabil bleibenden abstrakten Sinnstruktur sowie weiterhin Diskriminierungsstrukturen und (häufig gewaltsamen) Praktiken, Markus End, Antiziganismus. Zur Verteidigung eines wissenschaftlichen Begriffs in kritischer Absicht, in: Alexandra Bartels/Tobias von Borcke/Markus End/Anna Friedrich (Hrsg.), Antiziganistische Zustände 2. Kritische Positionen gegen gewaltvolle Verhältnisse, Münster 2013, S. 38–72, hier S. 47–48.
3 Deutscher Bundestag, Bericht der Unabhängigen Kommission Antiziganismus. Perspektivwechsel – Nachholende Gerechtigkeit – Partizipation, Drucksache 19/30310, 2021, S. 295, https://dserver.bundestag.de/btd/19/303/1930310.pdf (Stand: 23.07.2021).
4 Ich verwende die Bezeichnung ‚Zigeuner', um auf die Verfolgungskategorie oder das Bild zu referieren, das sich der Antiziganismus von seinem Objekt macht. Wie diesen Begriff setze ich Begriffe wie ‚Roma', ‚Sinti' oder ‚Sinti und Roma' dann in einfache Anführungszeichen, wenn sie eine Modifizierung dieses ‚Zigeuner'-Begriffs darstellen. Dagegen verwende ich die Bezeichnungen Roma/Romnja und Sintezze/Sinti dann ohne Anführungszeichen, wenn ich von empirischen Personen spreche, die sich selbst so identifizieren. Da sich dieser Aufsatz mit dem Antiziganismus und nicht mit Roma und Romnja befasst, ist der Gebrauch ohne Anführungszeichen in diesem Text die Ausnahme.

ə Open Access. © 2023 bei den Autorinnen und Autoren, publiziert von De Gruyter. Dieses Werk ist lizenziert unter einer Creative Commons Namensnennung 4.0 International Lizenz.
https://doi.org/10.1515/9783110702729-016

Antiziganismus zu einer Täter-Opfer-Umkehr – etwa in Texten der Nachkriegszeit, die suggerierten, „dass sich Auschwitz am Ende nicht nur für die Juden, sondern auch für die Romvölker rentiert habe", wie Klaus-Michael Bogdal kritisch vermerkt.[5] Doch ‚Zigeuner' war im neuen westdeutschen Staat weiterhin keine Opfer-, sondern eine Verfolgungskategorie. Bis in die 1980er Jahre hinein war das Faktum des Völkermords an den als ‚Zigeuner' Verfolgten in der Öffentlichkeit weithin unbekannt.[6] Die Täter und Täterinnen wurden (wie die der Shoah) kaum verfolgt, die nationalsozialistische Verfolgung andererseits als legitime, nicht spezifisch nationalsozialistische Verbrechensbekämpfung angesehen und zum Grund genommen, die Opfer und deren Nachkommen weiterhin durch staatliche Organe zu drangsalieren. In vielen Fällen wurde den Überlebenden des Völkermords die Staatsbürgerschaft entzogen.[7] Karola Fings stellt für die Nachkriegszeit einen Zusammenhang zwischen dem als tabuisiert empfundenen Antisemitismus und dem weithin ungehinderten Antiziganismus her: „Da es aufgrund der sanktionsbewehrten Ächtung von Antisemitismus nicht opportun war, Juden anzugreifen, entlud sich die Abwehr der niederdrückenden Schuld eines millionenfachen Mordes an den Sinti und Roma."[8] Erst Mitte der 1960er Jahre deutete sich ein zaghafter Wandel an. Ende der 1970er Jahre formierte sich dann eine relativ erfolgreiche Bürgerrechtsbewegung, die den Staat zur Anerkennung des Völkermords und zu Wiedergutmachungsgesten zwang.[9]

Die postnazistische[10] Vergangenheitspolitik in Deutschland war und ist einem stetigen Transformationsprozess unterworfen. In der Entwicklung der sogenannten Aufarbeitung der nationalsozialistischen Vergangenheit setzt sich immer mehr eine Tendenz der – bewussten oder unbewussten – Instrumentalisierung durch. Die Meisterschaft Deutschlands im Umgang mit der nationalsozialistischen Vergangenheit legitimiert für den Rechtsnachfolger des ‚Dritten

---

5 Klaus-Michael Bogdal, Europa erfindet die Zigeuner. Eine Geschichte von Faszination und Verachtung, Berlin 2011, S. 407.
6 Vgl. Daniela Gress, Geburtshelfer einer Bewegung? Die mediale Kampagne der „Gesellschaft für bedrohte Völker" für Bürgerrechte deutscher Sinti und Roma, in: Birgit Hofmann (Hrsg.), Menschenrecht als Nachricht. Medien, Öffentlichkeit und Moral seit dem 19. Jahrhundert, Frankfurt a.M./New York 2020, S. 267–306, hier S. 267.
7 Vgl. Gress, Geburtshelfer einer Bewegung?, S. 6–9; Deutscher Bundestag, Bericht der Unabhängigen Kommission Antiziganismus, S. 63–65; vgl. zur Nachkriegssituation auch Karola Fings, Sinti und Roma. Geschichte einer Minderheit, 2. Aufl., München 2019, S. 92–98.
8 Fings, Sinti und Roma, S. 93.
9 Vgl. Gress, Geburtshelfer einer Bewegung?, S. 271–296.
10 Vgl. zum Begriff Stephan Grigat, Transformation der postnazistischen Demokratie und Postfaschismus als Begriff der Kritik, in: Stephan Grigat (Hrsg.), Postnazismus revisited. Das Nachleben des Nationalsozialismus im 21. Jahrhundert, Freiburg 2012, S. 127–135.

Reichs' ein selbstbewusstes Auftreten in außenpolitischen Belangen, eine Appeasement-Politik gegenüber der antisemitischen islamischen Diktatur im Iran und ein immer forscher werdendes Maßregeln Israels, desjenigen Staates, der das Überleben der Nachkommen der Shoah-Überlebenden sichert.[11] Im Zuge dieser Transformation ist der offene Antiziganismus in Teilen der Öffentlichkeit mit Jahrzehnten Verspätung gegenüber dem Fall des Antisemitismus unfein geworden. Während anhaltender gewaltsamer alltäglicher und struktureller Manifestationen des Antiziganismus und anhaltender Agitation von Rechts macht sich im linken bis konservativen Spektrum heute unmöglich, wer schlecht über ‚Zigeuner' spricht. Wie im Fall des Antisemitismus bedeutet dieses – angesichts der gesamtgesellschaftlichen Realität ohnehin fadenscheinige – Tabu aber keineswegs ein Verschwinden des Antiziganismus, sondern vielmehr seine Transformation.

Es ist das Anliegen dieses Aufsatzes, zur Erhellung der postnazistischen Transformation des Antiziganismus beizutragen. Dafür nehme ich eine für diese Transformation möglicherweise entscheidende Zeit in den Blick: die Zeit von der sogenannten Wiedervereinigung (1990) und dem sich anschließenden rassistischen und antiziganistischen Pogrom in Rostock (1992) einerseits bis zum Ausrufen des ‚Aufstands der Anständigen' durch Gerhard Schröder (2000) andererseits. Während dem antiziganistischen Ausbruch zu Beginn der 1990er Jahre Presse und Politik sekundierten,[12] wurde mit Schröders Aufruf von 2000 der Einsatz gegen Neonazis zur offiziellen Bürgerpflicht[13] – was freilich keinerlei Bedeutung für die Verfolgung des zur selben Zeit einsetzenden Rechtsterrorismus des Nationalsozialistischen Untergrunds hatte. Um die Verschiebungen im Antiziganismus in den Blick zu bekommen, untersucht dieser Beitrag Texte über „Zigeuner" oder „zugunsten des Volks der Sinti und Roma" – und zwar Texte von einer Autorin und einem Autor, die sich als moralische Instanzen der Deutschen

---

11 Vgl. Stephan Grigat, Postnazismus in Zeiten des Djihad. Modernisierte Vergangenheitspolitik, die Konkurrenz der Antisemiten und die FPÖ nach Jörg Haider, in: Stephan Grigat (Hrsg.), Postnazismus revisited, S. 9–49, hier S. 13–19.
12 Vgl. Joachim Bruhn, „Antiziganismus". Das Programm zum Pogrom, in: Joachim Bruhn, Was deutsch ist. Zur kritischen Theorie der Nation, Freiburg 1994, S. 111–119; Stephan Geelhaar/Ulrike Marz/Thomas Prenzel, „… und du wirst sehen, die Leute, die hier wohnen, werden aus den Fenstern schauen und Beifall klatschen." Rostock-Lichtenhagen als antiziganistisches Pogrom und konformistische Revolte, in: Bartels/von Borcke/End/Friedrich (Hrsg.), Antiziganistische Zustände 2, S. 140–161.
13 Vgl. Phase 2 Leipzig, Did Nazi that coming – Über 20 Jahre demokratischer Antifaschismus. Einleitung zum Schwerpunkt, in: Phase 2 58 (2021), S. 3–4; Paul Buchmann ordnet Schröders Aufruf in eine längere Entwicklung staatlichen Antirassismus' ein, vgl. Paul Buchmann, 20 Jahre staatlicher Antirassismus in Deutschland. Zur Staatskritik der Programme gegen Rechtsextremismus und Rassismus, in: Phase 2 58 (2021), S. 27–30.

stilisiert haben und als solche stilisiert wurden: Herta Müller und Günter Grass. Der Beitrag nimmt Müllers Reisereportage *Der Staub ist blind – die Sonne ein Krüppel. Zur Situation der Zigeuner in Rumänien* von 1991 und Grass' *Reden zugunsten des Volkes der Sinti und Roma*, die er 2000 unter dem Titel *Ohne Stimme* als Buch publiziert hat, in den Blick. Ich hoffe, durch die beiden Fallstudien zu Texten einer Autorin und eines Autors, die immerhin beide durch den Literaturnobelpreis ausgezeichnet wurden, den postnazistisch transformierten Antiziganismus konturieren zu können. Meine Lektüre legt keinen Wert darauf, die Toleranzbekundungen, die sich in den Texten finden, wertzuschätzen. Denn es handelt sich auch und gerade bei ihnen um Bestandteile postnazistisch transformierter antiziganistischer Ideologie.

Große, nasse Kinderaugen und ein Mund voller Goldkronen: Herta Müllers Reportage *Der Staub ist blind – die Sonne ein Krüppel* (1991)

Wilhelm Solms hat sich in einem Aufsatz den deutschsprachigen Literaturnobelpreisträgern und -trägerinnen und ihrem Verhältnis zum Antiziganismus gewidmet. Dort widerspricht er Bogdals Einschätzung von Herta Müllers ‚Zigeuner'-Figuren als im Wesentlichen stereotyp.[14] Neben fiktionalen Texten führt er dabei mit besonderem Nachdruck *Der Staub ist blind – die Sonne ein Krüppel* ins Feld. Hier greife Müller nicht auf stereotype ‚Zigeuner'-Figuren zurück, sondern beschäftige sich vielmehr „ausführlich mit der ‚Situation der Zigeuner in Rumänien'", setze also dem literarischen Klischee Beobachtungen in der Realität entgegen und weise mit Nachdruck auf Diskriminierung und Gewalt hin.[15] Solms kommt zu dem Schluss, es handele sich bei Müller um einen „Antiziganismuskritiker".[16] Um diese Einschätzung von Müllers *Der Staub ist blind – die Sonne ein Krüppel* zu diskutieren, möchte ich den Fragen nachgehen, was es für eine soziale Realität ist, die Müller bei den „Zigeuner[n] in Rumänien" findet, in welcher Weise diese Realität in ihrem Text konstituiert wird und was für eine ideologische Argumentationsstrategie sich darin erkennen lässt.

---

14 Vgl. Bogdal, Europa erfindet die Zigeuner, S. 412.
15 Vgl. Wilhelm Solms, Deutsche Literaturnobelpreisträger und ihre „Zigeuner", in: Wilhelm Solms, „Zwei Zigeuner, schwarz und gräulich". Zigeunerbilder deutscher Dichter, Frankfurt a.M. 2018, S. 105–122, hier S. 118–121.
16 Solms, Deutsche Literaturnobelpreisträger und ihre „Zigeuner", S. 122.

Am Ursprung der Literatur der rumäniendeutschen Autorin Müller steht, wie Norbert Otto Eke notiert, die „doppelte Herkunftslast zweier Diktaturen",[17] die Müller selbst in ihrer Kleist-Rede folgendermaßen formuliert: „[G]ezeugt worden war ich nach dem Zweiten Weltkrieg von einem heimgekehrten SS-Soldaten. Und hineingeboren worden war ich in den Stalinismus."[18] Dieser Stalinismus war verantwortlich für die Enteignung der grundbesitzenden Familie mütterlicherseits und deportierte die Mutter selbst mit vielen anderen Rumäniendeutschen zur Zwangsarbeit in die Ukraine.[19] „Der Stalinismus", fasst Müller zusammen, „sorgte für eine infame Verteilung der Schuld: Die deutsche Minderheit wurde für die Verbrechen belangt, die Rumänen aber gaben sich als Antifaschisten aus."[20] Aus dieser Einsicht in die ungerechte Verteilung der Schuld folgt für Müller eine generelle Kritik an Diktaturen, die sich deutlich in das Paradigma der Totalitarismuskritik einschreibt und die „strukturelle[n] Gemeinsamkeiten" und damit eine „Vergleichbarkeit von Konzentrationslager und Gulag", so Stephanie Willeke, betont.[21] Die strukturellen Unterschiede zwischen verschiedenen Diktaturen und zwischen einem Gulag und einem deutschen Vernichtungslager geraten dabei tendenziell in den Hintergrund.[22]

Dass man mit einer derartigen Perspektive auf die Geschichte in Deutschland reüssiert, ist nicht verwunderlich, und so „wuchs Herta Müller" nach ihrer Emigration in die Bundesrepublik 1987 „die Rolle [...] einer Expertin für das Leben in totalitären Systemen zu",[23] wie Eke schreibt, und so schrieb sich Müller selbst die Autorität einer „moralische[n] Instanz" zu,[24] wie Eckhard Gropp kritisch vermerkt. Auf der moralisch-totalitarismuskritischen Klaviatur spielt der Band

---

17 Norbert Otto Eke, Biographische Skizze, in: Norbert Otto Eke (Hrsg.), Herta Müller-Handbuch, Stuttgart 2017, S. 2–12, hier S. 2.
18 Herta Müller, Von der gebrechlichen Einrichtung der Welt. Rede zur Verleihung des Kleist-Preises 1994, in: Herta Müller, Hunger und Seide. Essays, Frankfurt a. M. 2016, S. 7–16, hier S. 10.
19 Vgl. Eke, Biographische Skizze, S. 4.
20 Herta Müller, Mein Vaterland war ein Apfelkern. Ein Gespräch mit Angelika Klammer, München 2014, S. 35.
21 Stephanie Willeke, Shoah und Gulag, in: Eke (Hrsg.), Herta Müller-Handbuch, S. 214–220, hier S. 215; vgl. auch Valentina Glajar, Essays, in: Eke (Hrsg.), Herta Müller-Handbuch, S. 91–101, hier S. 91.
22 Vgl. auch Eckhard Gropp, „Was nicht faßbar ist, flattert hin, wo es will". Poetologische und politische Aspekte von *Hunger und Seide*, in: Ralph Köhnen (Hrsg.), Der Druck der Erfahrung treibt die Sprache in die Dichtung. Bildlichkeit in Texten Herta Müllers, Frankfurt a. M. u. a. 1997, S. 171–181, hier S. 179.
23 Eke, Biographische Skizze, S. 10.
24 Gropp, „Was nicht faßbar ist, flattert hin, wo es will", S. 175.

Hunger und Seide,²⁵ den Müller 1995 veröffentlichte, und der zum ersten Mal nichtfiktionale Texte vereint.

Nach 1989 hat Herta Müller eine Reihe von Reportagen für deutschsprachige Zeitungen geschrieben.²⁶ Zu ihnen gehört der 1991 in der *Frankfurter Allgemeinen Zeitung* erschienene und 1995 in *Hunger und Seide* aufgenommene Text *Der Staub ist blind – die Sonne ein Krüppel*, eine Reisereportage, die von den „Zigeunern" in Rumänien berichtet. Der Text galt zur Zeit seines Erscheinens angeblich als „revolutionär"²⁷ – vermutlich weil er überhaupt die Situation von Roma und Romnja in einem postsozialistischen Staat thematisierte, und das zu einer Zeit als Emir Kusturicas neue ‚Zigeuner'-Romantik noch jung war.²⁸ Er selbst stellt sich auch in den Kontext der sogenannten Asyldebatte der späten 1980er und frühen 1990er Jahre.²⁹ In auf den ersten Blick loser Folge erzählt Müller nach einer einleitenden Passage in sieben Abschnitten und einem *Nachtrag* von dem Sänger Angheluță, von den Bewohnern und Bewohnerinnen eines namenlosen südrumänischen Dorfs, von den Vorurteilen eines Staatsvertreters in Temeswar und dem Schwarzmeer-Dorf Kogălniceanu, in dem ein Pogrom gegen ‚Zigeuner' stattgefunden hatte, von den Deportationen von ‚Zigeunern' nach Transnistrien unter dem mit dem nationalsozialistischen Deutschland verbündeten Antonescu-Re-

---

25 Vgl. zum gesamten Band Gropp, „Was nicht faßbar ist, flattert hin, wo es will".
26 Vgl. Angelika Overath, Emblematische Not. Die Reporterin Herta Müller, in: Text + Kritik 155: Herta Müller (2002), S. 85–94, hier S. 86.
27 Glajar, Essays, S. 92.
28 Kusturicas *Die Zeit der Zigeuner* war 1989 erschienen, *Schwarze Katze, weißer Kater* erschien 1998. Vgl. zu den beiden Filmen Hans Richard Brittnacher, Die Gypsygrotesken des Emir Kusturica: Balkan, Pop und Mafia, in: Radmila Mladenova/Tobias von Borcke/Pavel Brunssen/Markus End/Anja Reuss (Hrsg.), Antigypsyism and Film. Antiziganismus und Film, Heidelberg 2020, S. 67–77. Dass es sich bei Kusturicas Filmen *nicht* um „antiziganistische Machwerke" (Brittnacher, Die Gypsygrotesken, S. 67–68) handele, kann Brittnacher m. E. nicht plausibel machen. Wenn Kusturicas Filme ihre „Figuren nicht als Vertreter einer marginalisierten Ethnie, sondern als Virtuosen der Lebenskunst, deren Arrangement mit den Verhältnissen einer überfeinerten, ausschließlich auf Profitmaximierung und rücksichtslosen Ausbeutung natürlicher Ressourcen orientierten Kultur wie der unseren eine anarchische Welt gegenüberstellt" (Brittnacher, Die Gypsygrotesken, S. 75), dann nimmt genau das sie nicht vom Vorwurf des Antiziganismus aus, sondern bestätigt ihn.
29 Herta Müller, Der Staub ist blind – die Sonne ein Krüppel. Zur Situation der Zigeuner in Rumänien [1991], in: Müller, Hunger und Seide, S. 148–167, hier S. 159: „Werden Zigeuner in Rumänien politisch verfolgt? Die Frage wird oft gestellt, um mit ihr zu beantworten, ob die vielen, die in die Bundesrepublik fliehen, ein Recht aufs Hierbleiben haben." Vgl. dazu auch Solms, Deutsche Literaturnobelpreisträger und ihre „Zigeuner", S. 121. Müllers *Der Staub ist blind – die Sonne ein Krüppel* zitiere ich im Folgenden nach der angegebenen Ausgabe unter der Sigle St im Fließtext.

gime, von Straßenkehrern in Temeswar, Goldschmuggel unter Ceaușescu und dem „Zigeunerführer [...] ‚Bulibascha'" (St, S. 164).

Wie Müller in einem *Nachtrag* schreibt, sei sie „mit dem Wort ‚Roma' nach Rumänien gefahren" und damit bei den Angehörigen der Minderheit „auf Unverständnis gestoßen": „wir sind Zigeuner, und das Wort ist gut, wenn man uns gut behandelt.'" (St, S. 167) Da ich Müllers Text nicht als ein Zeugnis über Roma und Romnja, sondern als Manifestation von Ideologie lese, übernehme ich im Folgenden Müllers Sprachgebrauch, markiere ihn allerdings durch einfache Anführungszeichen.

Der Text schreibt sich ins Genre der Reisereportage ein: ein faktuales Genre, das den Anspruch erhebt, seine Gegenstände hätten eine Entsprechung in der außertextuellen Wirklichkeit,[30] d.h. der seine Gegenstände als referentialisierbare konstituiert. Es handelt sich bei *Der Staub ist Blind – die Sonne ein Krüppel* allerdings, wie Overath schreibt, um eine *literarische* Reportage, in der das faktual Erzählte über die sprachlich-ästhetische Stilisierung „in einen vielbezüglichen Raum der Wörter" eingespannt sei.[31] Overath hat diese Reportage einer genauen Lektüre unterzogen und die vielen Bezüge herausgestellt, die die auf den ersten Blick lose verbundenen Abschnitte des Textes miteinander in Beziehung setzen. Neben den Motivkomplexen ‚Armut' und ‚Schwarzhandel'[32] sei vor allem eine Klammerstruktur Voraussetzung für das Etablieren von derartigen Bezügen, die wiederum für die Form des Textes konstitutiv seien. Der Text folge weniger einem Prinzip inhaltlicher Kohärenz als einer „artistische[n] Logik der Komposition".[33] Müllers Reportage beginnt mit dem uneingeleiteten Zitat eines Lieds (es stellt sich später als ein Lied Angheluțăs heraus): „[,]Ein Zigeuner kam, der Arme,/ausgerechnet von der Mutter des Teufels./Trug einen Kessel auf dem Rücken,/um einen anderen Zigeuner zu taufen.'/So beginnt ein Lied." (St, S. 148) Sie endet mit einem weiteren Liedzitat, diesmal einer „rumänischen Rockgruppe" (es handelt sich um Transsylvania Phoenix), und dem erneuten Verweis auf Angheluță, auf den nur noch der *Nachtrag* folgt (St, S. 166).[34]

Diese Klammer setzt die Vorzeichen für alles, was im Text erzählt wird, und verankert die Bezüge, die er zwischen seinen Elementen herstellt. Sie fungiert zugleich als die Kippe, die Fiktion und ‚Wirklichkeit' ineinander übergehen lässt.

---

30 Vgl. Günter Bentele, Reportage, in: Klaus Weimar/Harald Fricke/Klaus Grubmüller/Jan-Dirk Müller (Hrsg.), Reallexikon der deutschen Literaturwissenschaft. Neubearbeitung des Reallexikons der deutschen Literaturgeschichte, Bd. 3, Berlin 2007, S. 266–268, hier S. 266.
31 Overath, Emblematische Not, S. 86.
32 Vgl. Overath, Emblematische Not, S. 88.
33 Overath, Emblematische Not, S. 89.
34 Vgl. Overath, Emblematische Not, S. 87.

„Die Dörfer sind nicht nur im Lied", heißt es unmittelbar nach dem Zitat von Angheluțăs Lied. „Es gibt sie wirklich im Süden Rumäniens." (St, S. 148) Was es im Lied gibt, gibt es auch in der Wirklichkeit. Der Referentialisierbarkeitsanspruch der Reportage wird schon hier unterlaufen durch ein Pochen auf einen Wahrhaftigkeitsanspruch fiktionaler Literatur. Der literaturwissenschaftlichen Rezeption gelten derartige Übergänge als Zeichen der „hohen Poetizität"[35] des Textes. Es handelt sich zugleich um diejenige Stelle, an der Literatur und Wirklichkeit, Fiktion und Erlebtes nicht etwa als Verhältnis problematisiert, sondern vielmehr miteinander verklebt werden.[36]

Nicht nur vom Lied in die Reportage führt ein Weg, auch von der Reportage führt ein Weg ins Lied. Noch bevor der Text im ersten Abschnitt *Bafto heißt Glück* in den Ton der Reportage fällt – „Die Zahlen schwanken. Zwischen drei und vier Millionen Zigeuner leben in Rumänien" (St, S. 149) – zeigt Müller, dass sie selbst mit dem ‚Zigeuner' Angheluță und seinem Lied mithalten kann, wenn auch in Prosa: „Er [Angheluță] lebt in Bukarest. Seine Wohnung liegt in einer kurzen, stillen Straße. Die dreht sich in der Sonne, ist leer, dass sie davonfliegen könnte vor den Schuhen, ein durchsichtiger Winkel im Zentrum der Stadt. Auf der anderen Straßenseite die Botschaft des Vatikans, so groß und weiß, dass die Straße vor ihr liegenbleiben muss." (St, S. 149) Die vielgerühmte Sprache von Müllers sogenannten Essays, die „so poetisch wie die ihrer fiktionalen oder autofiktionalen Werke" sei,[37] baut hier einen Gegensatz auf. Während die Nuntiatur an einer statischen Straße steht, tendiert die Straße vor der Wohnung des ‚Zigeuners' zur Deterritorialisierung, der Ort, wo der ‚Zigeuner' wohnt, wird geradezu „durchsichtig[]". Das ist sicherlich Literatur, die „aus der Sesshaftigkeit aus[schert]", wie Eke im Blick auf Müllers Werk schreibt.[38] Doch das Nomadische ist hier mit überkommenen Assoziationen aus dem Repertoire des Antiziganismus angereichert. Weit davon entfernt, Antiziganismuskritikerin zu sein, schreibt Müller hier schlicht einen Kernbestand des Antiziganismus, die Ortlosigkeit der herumziehenden ‚Zigeuner', fort – und zwar genau in der Lücke zwischen dem Lied An-

---

35 Overath, Emblematische Not, S. 89, vgl. S. 87–90; vgl. kritisch Gropp, „Was nicht faßbar ist, flattert hin, wo es will", S. 179.
36 Gropp spricht für den Band *Hunger und Seide* von einer „latente[n] Vermischung von essayistischer und poetischer Ebene", Gropp, „Was nicht faßbar ist, flattert hin, wo es will", S. 179.
37 Glajar, Essays, S. 91. Mit Recht merkt Overath an, der „marktverträgliche[]" Untertitel *Essays* von *Hunger und Seide* führe in die Irre, da in dem Band höchst unterschiedliche Textsorten vertreten seien.
38 Norbert Otto Eke, „In jeder Sprache sitzen andere Augen". Herta Müllers ex-zentrisches Schreiben, in: Hans Richard Brittnacher/Magnus Klaue (Hrsg.), Unterwegs. Zur Poetik des Vagabundentums im 20. Jahrhundert, Köln/Weimar/Wien 2008, S. 247–259, hier S. 252.

gheluțăs und dem Beginn der Sozialreportage. In ähnlicher Weise verfährt ein zwischengeschaltetes Bild von Hunden auf der Landstraße, die „viel Wind im struppigen Haar" haben (St, S. 155) und damit recht deutlich das „flatternde[] Tuch am Planwagen" aufnehmen, das im unmittelbar vorhergehenden Abschnitt den Raum „jenseits der Türschwelle" der ‚Zigeuner' charakterisierte (St., S. 154). Die beiden Elemente des impliziten Vergleichs zwischen dem Planwagen und den Hunden umgreifen einen expliziten Tiervergleich, den Müller zitiert: „Zigeuner ‚vermehren sich wie die Ratten', sagen Rumänen." (St, S. 154) Die Poetizität der Sprache hat in diesem Text eine ideologische Funktion: Sie dient der Verklebung von ‚Zigeuner'-Bild und berichteter (angeblicher) Realität, von abwehrend zitiertem explizitem Vorurteil und eigenem getarntem Vorurteil: ‚Zigeuner'-Bild und faktual erzählte Beobachtungen werden mit poetischen Mitteln so verkittet, dass sie sich nicht mehr voneinander lösen lassen und vielmehr ein neues Veklebungsprodukt entstehen lassen, das der Text als einheitlich suggeriert. Es handelt sich um das glatte Gegenteil von Analyse, die ‚Auflösung' des als verklebt Vorgefundenen wäre.

Dem Stereotyp der ‚zigeunerischen' Wurzellosigkeit entspricht auch eine Strategie des Textes, zwischen konkreten Orten zu springen – was, wie gezeigt, auch fiktive Orte einschließt. Overath spricht vom Eindruck einer „grundsätzliche[n] Ortlosigkeit", der durch die „abrupte[n] Szenen- und Ortswechsel" entstehe.[39] Die Sprecherinnenposition des Textes verhält sich in einer Weise, die der Antiziganismus den ‚Zigeunern' zuschreibt. Durch diese Strategie wird das von der Reportage aufgesuchte Konkrete der Erfahrung von den Beziehungen zu anderen Elementen des Textes überblendet. Unterwegs kommt es auch zur Thematisierung von Ausgrenzung. So begründet Müller die Absonderung der ‚Zigeuner' an den Rand der Dörfer mit der „Weigerung der Dorfbewohner, Zigeuner zum Dorf zu zählen" – allerdings auch „bedingt" mit dem „Lebensgefühl" der ‚Zigeuner' –, und bringt Mobilität mit Armut in Verbindung: „Die Hütten, die wenigen Gegenstände entlassen die Zigeuner leicht." (St, S. 150) Vor allem hat die Strategie der erzählerischen Ortlosigkeit aber eine Funktion für die Verklebung seiner Elemente, die der Text betreibt, der Verklebung nicht nur von fiktiven Gestalten des Liedes und – dem Anspruch der Reportage nach – realen Menschen der beobachteten Wirklichkeit, sondern auch für eine strategische Verklebung von aufklärerischer Geste, Stereotyp und Ressentiment.

Overath beschreibt Müllers Textstrategie einer Emblematisierung der ‚Zigeuner' präzise: Die reportagehafte Beschreibung eines „Mädchen[s], das den kleinen Bruder trägt" – eine Beschreibung, die ohne den Kitsch der in der

---

39 Overath, Emblematische Not, S. 87.

Elendsikonographie allgegenwärtigen „großen, nassen Auge[n]" (St, S. 150) nicht auskomme[40] – im ersten Abschnitt erlebe, so Overath, eine Transformation vom konkret Beobachteten ins Allgemeine: „Das Bild des Kindes wächst zur Ikone der Armut."[41] Die Ikone des ‚Zigeuner'-Mädchens übersteigt die Beschreibung der konkreten Realität, die die Reporterin der Etymologie nach ‚nach Hause zu bringen' hätte,[42] und trifft sich wieder mit dem Lied, das am Anfang der Reportage stand: „Letztlich bleibt das gesehene Mädchen emblematisch wie der Zigeuner im Lied."[43] Kritisch gewendet bedeutet Overaths Beobachtung: Müllers Text instrumentalisiert die Beschreibung des Konkreten, wie es der Reportage eigen ist, für eine emblematisierende Identifizierung von ‚Zigeuner'-Figuren, die auf verschiedenen Ebenen – als fiktive Figuren des zitierten fiktionalen Lieds und als dem Anspruch nach referentialisierbare Personen im faktualen Modus konstituierter Realität – angesiedelt sind.

Ein bedeutendes Instrument der Verklebung ist eine Motivkette, die Overath teilweise rekonstruiert, aber nicht auf ihren ideologischen Gehalt hin befragt: „Über den Zigeunerberuf des Goldschmieds leitet die Reportage zum modernen Goldschwarzhandel in der Zeit des Ceaușescu-Regimes über", heißt es bei Overath, und wenig später ist die Rede vom „Zigeunerführer Bulibascha, der […], den Mund voller Goldkronen, den Schwarzhandel verdammt".[44] Die Kette der Goldmotive hat ihr erstes Glied allerdings schon in der Passage, die von dem den Bruder tragenden Mädchen erzählt. Dort wird in die Beschreibung des Mädchens, über das die Beobachterin nichts weiß, ein Referat von „Hochzeitsgebräuchen" aus der Zeitung *Divano Romano* eingeschoben, eingeleitet durch ein für den Text charakteristisches Kippen von der Vermutung in die angebliche Tatsache: „Vielleicht ist dieses Mädchen schon an einen Mann ‚vergeben'./Denn mit zehn Jahren werden Mädchen von den Eltern für Geld an den zukünftigen Mann verkauft." (St, S. 151) Selbstverständlich ist die Kritik an patriarchalen Strukturen in Roma-und-Romnja-Gemeinschaften richtig und notwendig. Doch ist sie nicht konkret, wird sie zum Gerücht. Müller suggeriert hier, ohne sachliche Grundlage und ohne die Geltung der Aussage über patriarchale Missstände zu konkretisieren – gilt sie

---

40 Vgl. zur bis heute anhaltenden Vorliebe der medialen Berichterstattung für die Darstellung von Frauen und Kindern Markus End, Antiziganismus in der deutschen Öffentlichkeit. Strategien und Mechanismen medialer Kommunikation, Heidelberg 2014, S. 45, der in der „primäre[n] Darstellung von Frauen und Kindern eine Strategie" sieht, „um eine angebliche mangelnde Rationalität und Disziplin bei ‚Roma' zu kommunizieren".
41 Overath, Emblematische Not, S. 89.
42 Vgl. Overath, Emblematische Not, S. 85.
43 Overath, Emblematische Not, S. 89.
44 Overath, Emblematische Not, S. 92.

etwa auch für die Großstadt-‚Zigeuner', die in späteren Absätzen beschrieben werden, gilt sie auch für die „Seidenzigeuner", die als „Ärzte, Anwälte, Offiziere, Polizisten" (St, S. 160) arbeiten? Funktional für diese verklebende Suggestion ist die Goldmotivik, die hier ihren Anfang nimmt und das beschriebene Mädchen in die Gesamtverklebung des Textes einbindet: „Die Aussteuer der Braut besteht aus fünfzig fünf Meter breiten Röcken, dreißig drei Meter breiten Röcken, fünfzig drei Meter breiten Schürzen, fünfzig Kopftüchern, fünfzig Leinenblusen, einer Decke und drei Kissen mit Gänsedaunen, einer Kette mit mindestens zehn bei armen und fünfzig Goldmünzen bei reichen Bräuten." (St, S. 152)

Auf die Goldmünzen kommt der Text zurück. Zunächst zitiert Müller in demselben Abschnitt eine „junge Frau", vielleicht aus demselben Dorf wie das den Bruder tragende Mädchen, das bleibt aber charakteristisch offen, die von einem „Geheimnis" raunt, das „[w]ir haben" und eine Unterscheidung in das Gesamtkollektiv der „Zigeuner" einführt: „Die Reichen verformen dieses Geheimnis, sie benutzen die Armen für ihre Interessen. Sie haben ihren Reichtum durch die Arbeit der armen Zigeuner. Die reichen Drahtzieher bleiben im Schatten, die armen werden verhaftet. Das Geheimnis der reichen Zigeuner ist ein politisches geworden. Es ist Macht." Und die Reporterin kommentiert: „Die Frau bezieht sich auf den Schwarzhandel, der ist die Arbeit eines Großteils der Menschen in Rumänien, auch die Arbeit vieler Zigeuner" und bestätigt die Unterscheidung zwischen einem „Schwarzhandel [...] des kleinen Geldes" und einem „Schwarzhandel des großen Geldes und des behäbigen Luxus" (St, S. 153–154). Das Ergebnis dieser Zusammenführung des Geraunes einer Interviewten vom „Geheimnis" der „Zigeuner", das von „reichen Zigeuner[n]" ausgenutzt werde, mit der Differenzierung der Reporterin – nicht nur ‚Zigeuner' sind am Schwarzhandel beteiligt – ist die Identifizierung der ‚Zigeuner' mit Schwarzhandel, die von der Differenzierung nicht unterlaufen, sondern vielmehr legitimiert wird. Das im Hochzeitsbrauch eingeführte Goldmotiv ist nun angereichert mit der Vorstellung der ‚Zigeuner' als Akteure der geheimen Zirkulation des Schwarzmarktes. Diese geheime Zirkulation wird mit dem Gold assoziiert. Damit werden antiziganistische Vorurteilsbestände transportiert. Der Schwarzhandel ist eine Form von Handel, die dem offiziellen Handel parasitär aufsitzt; und das Gold erscheint als Geld in einer dezidiert archaischen Form.

Aufgegriffen wird das Goldmotiv im zweiten Abschnitt *Feuer ist das letzte*, der vom Pogrom in Kogălniceanu am Schwarzen Meer im Herbst 1990 erzählt. In der Beschreibung der Lage der Opfer des Pogroms wird der Elendskitsch der großen Kinderaugen mit dem suggestiven Goldmotiv überblendet: „Alle haben sich versammelt, junge Frauen, Männer und Kinder mit großen kranken Augen und nackten Füßen. Paţachis Frau wühlt im Schutt. Ihre Hände sind schwarz, nur der schmale Ehering glänzt, und ihre fingernagelgroßen Ohrgehänge. Zwei Goldmünzen, die sie mitgenommen hatte, in den Wald." (St, S. 156)

Wenn die von Overath für das Goldmotiv vermerkte Liste der traditionellen Berufe rumänischer ‚Zigeuner' im vierten Abschnitt unter anderem „Gold-, Silber- und Kupferschmiede" (St, S. 162) nennt und damit den Signifikanten ‚Gold' erneut einspielt, dann ist das Goldmotiv also schon angereichert durch archaisch-patriarchale Gehalte, durch die Identifizierung von ‚Zigeunern' und Schwarzhandel und durch den suggestiven Widerspruch von „im Schutt" wühlendem Pogrom-Opfer und dem Glanz seiner „Ohrgehänge". Der Effekt des Goldsignifikanten in der Berufsliste ist, dass das Goldmotiv nun historische Tiefe gewinnt. Diese Historisierung ist zunächst unspezifisch, steuert dann aber auf einen ganz bestimmten historischen Zusammenhang hin, in dem erneut das Gold seine Rolle spielt.

Ein eigener Abschnitt, *Gold und Grünspan*, stellt das besondere Verhältnis der rumänischen ‚Zigeuner' zum Gold unter Ceaușescu dar: „In der Zeit des Ceaușescu-Regimes gab es in keinem Laden des Landes Gold zu kaufen. Dennoch trugen Frauen Halsketten und Ohrringe, Ehepaare trugen Eheringe. Jedes Gramm Gold schmuggelten Zigeuner ins Land, eine lange Kette von Unter- und Zwischenhändlern. Und mittendrin Geheimdienst und Polizei, bestochen und gekauft." (St, S. 163) Müller legt auch hier nicht offen, woher sie ihre Informationen bezieht. Offensichtlich werden sie nicht aus Beobachtung, Befragung oder Recherche generiert, wie es einer Reportage entsprechen würde. Dass „[j]edes Gramm Gold", das man zwischen 1965 und 1989 in Rumänien kaufen konnte, von „Zigeuner[n] ins Land" geschmuggelt worden sei, ist eine nicht überprüfbare und kaum glaubhafte Aussage, die offensichtlich aufs Hörensagen zurückgeht. Sie setzt eine grenzüberschreitende Mobilität von ‚Zigeunern' als selbstverständlich voraus und stützt damit die Behauptung auf eines der ältesten antiziganistischen Vorurteile: Dass die ‚Zigeuner' mit dem Feind, namentlich den Osmanen, im Bunde stünden und für ihn kundschafteten, war schon um 1400 eine verbreitete Vermutung im deutschen Sprachraum.[45] Bei Müller taucht dieses Vorurteil aufgrund der historischen Lage, in einer Form auf, die die Unterscheidung von Außen und Innen ins Innen hineinverlegt: Der Feind, Ceaușescu und die Securitate, befindet sich im eigenen Land, also stehen auch die ‚Zigeuner' im Bund mit dem inneren Feind – freilich nicht ohne zugleich die Grenze zwischen Innen und Außen zu queren und so aus einer Schwellenposition heraus zu bezeichnen.

Als typische Strategie des Textes lässt sich erkennen, dass er stets das Vorurteil anbietet und es umgehend in liberalem Gestus relativiert. Das war schon im

---

45 Vgl. Bogdal, Europa erfindet die Zigeuner, S. 10 und S. 28.

Nacheinander des Zitats über das „Geheimnis" der ‚Zigeuner' und seiner Relativierung durch die Reporterin kenntlich. Auch hier, nachdem Müller das Gerücht über das Monopol der ‚Zigeuner' im Goldschmuggel aufgerufen hat, relativiert sie umgehend: „Heute werden die Zigeuner von der Bevölkerung der Kollaboration mit Ceauşescus Gewaltstaat beschuldigt, als hätten nur sie den Preis der Schonung gezahlt, als wäre Bestechung und Schwindel nicht für jeden Alltag gewesen." (St, S. 163) Die liberalen Differenzierungen bleiben jedoch wesentlich wirkungslos in einem Text, in dem, wie Overath schreibt, „das Netz von Wortfeldern und Bildbereichen wichtiger ist als die Einheit oder auch nur die Identifizierbarkeit von geografischen Gegenden und damit die pragmatische Teilbarkeit, die Nachprüfbarkeit dessen, was in der Reportage erzählt wird."[46] Unerwähnt bleibt bei Müller dagegen die *nachprüfbare* Geschichte von Roma und Romnja und Gold in Rumänien: Die Enteignungsdekrete von 1960 und 1978, die allen privaten Goldbesitz in der rumänischen Bevölkerung betreffen, hatten für einige Romnja und Roma, die ihren Gesamtbesitz in Goldform aufbewahrten, einschneidende ökonomische Folgen: „For the Gypsies, this measure represented what the collectivisation of agriculture and the nationalisation of industry had done to the rest of the population in the early years of Communism."[47] Diese Enteignung führt Müller nicht an. Das Verhältnis von Gerücht und Verschweigen entspricht den Verhältnissen beim Kinderraubmotiv: Wo tatsächlich Romnja und Roma häufig Kinder weggenommen wurden, um sie einer ‚christlichen Erziehung' zuzuführen, fantasiert der Antiziganismus kinderraubende ‚Zigeuner'.[48] Wo tatsächlich den rumänischen Roma und Romnja das Gold genommen wurde, fantasiert der Antiziganismus ein Monopol der ‚Zigeuner' im Goldschwarzhandel.

Das Goldmotiv leistet seine suggestive Arbeit über die Differenzierungen hinweg. Es wandert schließlich, im wörtlichen wie übertragenen Sinne, in den Mund eines weiteren emblematischen ‚Zigeuners' ein und infiziert dessen Rede. Der Verdacht, die ‚Zigeuner' seien in besonderer Weise mit dem Ceauşescu-Regime im Bunde, den Müller „der Bevölkerung" in den Mund gelegt und den sie relativiert hatte, verdichtet sich im sechsten Abschnitt *Bulibascha* in einer Beschreibung, die der „Ikone der Armut" vom Anfang das Bild des ‚reichen Zigeuners' gegenüberstellt. Auch hierin reproduziert der Text ein antiziganistisches Stereotyp der Nachkriegszeit,[49] das heute etwa in der Projektion der sogenannten

---

46 Overath, Emblematische Not, S. 88.
47 Viorel Achim, The Roma in Romanian History, Budapest/New York 2004, S. 201.
48 Vgl. Wolfram Schäfer, Wider den Vorwurf des Kinderraubs, in: Udo Engbring-Romang/Wilhelm Solms (Hrsg.), „Diebstahl im Blick"? Zur Kriminalisierung der „Zigeuner", Seeheim 2005, S. 141–179.
49 Vgl. Bogdal, Europa erfindet die Zigeuner, S. 420.

‚Bettelmafia'[50] und der medialen Berichterstattung über ‚reiche Roma'[51] aktualisiert wird. Der Abschnitt stellt einen Bulibascha, also das Oberhaupt einer Gruppe von Kalderasch, vor. Es ist bezeichnend, dass diese stereotype Darstellung des „Zigeunerführer[s]" keinen Eigennamen nennt. Gemeint ist wohl Ion Ciobă (1935 – 1997). Das Goldmotiv wird hier wieder aufgenommen, erneut im Zusammenhang mit dem Schwarzhandel und erneut in suggestiver Weise: „‚Schwarzhandel ist ein Dreck vor der Menschheit, eine Erniedrigung, ein Nichts', sagt Bulibascha, ‚wer seine Familie nicht ernähren kann, ist selber schuld.' Sein Mund schillert, wenn er spricht, denn jeder Zahn ist mit Gold überzogen." (St, S. 165) Nun ‚wissen' die Leser und Leserinnen der Reportage an dieser Stelle, dass es die ‚Zigeuner' waren, die „[j]edes Gramm Gold" ins Land geschmuggelt haben. Das Schillern der Goldzähne im Mund des Bulibascha kann nichts anderes bedeuten als: Jedes Wort, dass aus diesem Mund kommt, ist gelogen. Und ganz im Sinne des von Bogdal für bundesdeutsche Nachkriegsquellen ermittelten Vorwurfs, die überlebenden Sinteze und Sinti würden ihren Opferstatus finanziell ausnutzen, heißt es bei Müller: „Er will von der Bundesrepublik Schmerzensgeld für die Zigeuner. Er spricht nur von Hitler, von Antonescu nicht. Schon 1973 wurde das Geld verlangt, sagt er. ‚Wenn es nicht kommt, schicke ich eine Million meiner Zigeuner nach Bonn', sagt er, ‚mal sehen, was die Deutschen dann tun.'" (St, S. 165)

Mittels der Kette der Goldmotive suggeriert der Text über die liberalen Differenzierungen hinweg, dass die ‚Zigeuner' an dunklen Geschäften mit dem Gold beteiligt gewesen und dazu in Komplizenschaft mit dem Ceaușescu-Regime getreten seien. Dieser Vorwurf verdichtet sich am Bulibascha: „Der Name Ceaușescu macht ihn nervös. ‚Nein, es war nicht schwer damals, die Zigeuner als Minderheit zu vertreten.' Ob Kompromisse nötig waren – er horcht in die Frage hinein, gähnt und sagt: ‚Nein.' Viele Menschen in Rumänien sagen gerade von ihm das Gegenteil." (St, S. 166)

Die Verklebung von Vorurteilen, fiktiven ‚Zigeunerfiguren', Emblematisierung und faktual erzählten ‚Zigeunern' zu einem transformierten ‚Zigeuner'-Bild geht in Müllers Reportage einher mit einer Spaltung des Verklebungsprodukts. Es gibt in der pseudoauthentischen zitierten Figurenrede der „junge[n] Frau" die ausbeuterischen „reichen Drahtzieher" – Vorboten des wenige Jahre später blühenden ‚Bettelmafia'-Mythos – und die wehrlosen „Armen" im „Kreis der Zigeuner" (St, S. 153). Die von Müller beschriebenen Kinder sind ohne Frage unschuldige Opfer, und der Bulibascha wird deutlich als ihr Gegenbild aufgebaut: „große[],

---

50 Nikolai Schreiter, „Eingeschleppte Parasiten". Antiziganismus und die Bettelmafia als pathische Projektion, in: sans phrase. Zeitschrift für Ideologiekritik 7 (2015), S. 49–62.
51 End, Antiziganismus in der deutschen Öffentlichkeit, S. 44.

nasse[] Augen" (St, S. 150, ähnlich S. 149 und S. 156) auf der einen Seite, ein von Goldzähnen „schiller[nder]" (St, S. 165) Mund auf der anderen.

Was sich in Bezug auf den Goldschmuggel angedeutet hatte, nämlich dass die negativ bewertete Abspaltung der ‚Zigeuner'-Verklebung mit der Securitate im Bunde war, das wird bei Bulibascha beinahe zur Gewissheit: beinahe, da das Vorurteil nicht ausformuliert wird, sondern auch sprachlich als ‚Gerücht über die Zigeuner'[52] auftritt. Auf die Aufforderung, mit der Securitate zusammenzuarbeiten, sind verschiedene Reaktionen möglich. Müller selbst hat sie bekanntlich verweigert und sich dadurch Schikanen eingehandelt, die sie in die Emigration getrieben haben.[53] Der letzte Abschnitt der Reportage *Die weiße Wange* stellt dem Bulibascha, der sich offensichtlich arrangiert hat, einen zweiten Kollaborateur an die Seite: ebenden Sänger, der mit seinem Lied den Text eröffnet hat – „Bestellte Lieder, verlogen in Wort und Ton, hat Angheluță dem Diktator gesungen." (St, S. 166) Zwar wird auch hier differenziert: „Angheluță hat seine Lippen, seine zehn Finger, die weiß-schwarzen Tasten seines Akkordeons moralisch entstellt. Er und viele andere, Rumänen, Ungarn, Deutsche, Juden und Zigeuner." (St, S. 166) Angesichts der Dramaturgie des Textes hat diese Differenzierungsgeste allerdings keinerlei Wirkung. Was bleibt ist die Rahmung durch Musik und der Übergang des Liedes vom korrumpierten ‚Zigeuner' auf andere. Denn andere haben es anders gemacht, nämlich die Rockgruppe, deren Lied am Schluss für die Rahmung des Textes konstitutiv ist. *Dieses* Lied stammt von einer „rumänischen Rockgruppe", und das heißt im Sprachgebrauch der Reportage (vergleiche die eben zitierte Differenzierungsgeste): von einer Gruppe von ‚Nicht-Zigeunern'. Es „wurde verboten, die Sänger aus dem Land gejagt" (St, S. 167), und zwar genau wie Literatur und Person der Herta Müller. Was Müller aus dem Lied zitiert, kann man nur als grauenhaften Gypsy-Kitsch bezeichnen: „Zigeuner ziehn im Staub/Der Staub ist blind/Der Blinde ist eine Krähe/Ja cardea/Der Abend fällt ins Feld/Die Sonne ist ein Krüppel/Das Zelt ist krumm/Ja cardea." (St, S. 167)

Müllers Reportage läuft darauf hinaus, dass es gute und schlechte ‚Zigeuner' gibt, dass selbst die Musik der ‚Zigeuner' korrumpiert wurde. Er suggeriert implizit, dass das ‚gute Zigeunerlied' getragen von ‚Nicht-Zigeunern' ins Exil gegangen sei. Man kann diesen Text mit Overath als ein Beispiel „negative[r] Romantik" verstehen: „Damals schlief noch ‚ein Lied in allen Dingen', und es gab das kühne Versprechen, die Welt könne anheben zu singen: ‚triffst du nur das

---

[52] Vgl. in Bezug auf den Antisemitismus Theodor W. Adorno, Minima Moralia. Reflexionen aus dem beschädigten Leben [1951], Gesammelte Schriften, Bd. 4, hrsg. von Rolf Tiedemann, Frankfurt a. M. 2003, S. 125: „Der Antisemitismus ist das Gerücht über die Juden."
[53] Vgl. Eke, Biographische Skizze, S. 7–9.

Zauberwort.' Das Lied aber hat das Land verlassen".[54] In romantischer Tradition steht auch die Identifizierung der Sprecherinnenposition und der Person Müllers mit der Poesie auf dem Umweg über die ‚Zigeuner'. Seit der Zeit um 1800 werden ‚Zigeuner' in der Literatur als Metapher für die „Prekarität der eigenen romantischen Poesie"[55] und als „Reflexionsmedium der eigenen Dichterexistenz"[56] eingesetzt. Müllers Innovation dieser Tradition besteht darin, dass sie ihr eine neue Wendung hinzufügt: Was durch die ‚Zigeuner' metaphorisiert war, steht in einem solchen Widerspruch zu den ‚tatsächlich vorgefundenen' ‚Zigeunern', dass es von der Dichterin ins Exil gerettet werden muss. Denn ‚Zigeuner' im Sinne von Müllers Verklebung sind entweder großäugige Kinder oder goldzähnige Lügner. Die Selbstidentifizierung der Sprecherinnenposition mit den ‚Zigeunern' ist eine negative, gleichsam die Identifizierung mit einer Hohlform: Sie spricht denen, mit denen sie sich identifiziert, die Eigenschaft ab, aufgrund derer die Identifizierung vorgenommen wurde, nämlich Träger der Poesie zu sein. Die Sprecherin identifiziert sich mit den positiven Aspekten des ‚Zigeuner'-Bilds und löst sie im gleichen Zug von den ‚Zigeunern' ab.

Das Ergebnis ist, dass die Reportage scheitert. In ihrem Text bringt Müller nicht die Kunde von den ‚Zigeunern' aus der Ferne zu ihrem Publikum nach Hause. Sie trägt umgekehrt ihre und ihres Publikums Ideologie in die Ferne: ‚Apportage' statt Reportage. Das ist das Gegenteil von Antiziganismuskritik.

Notorisch ichbezogen: Günter Grass' Reden „zugunsten des Volkes der Roma und Sinti"

In seiner Auseinandersetzung mit den ‚Zigeunern' der deutschsprachigen Literaturnobelpreisträger und -trägerinnen kommt Solms auch auf Günter Grass zu sprechen, den er deutlich zurückhaltender beurteilt als Müller. Nach einem recht knappen Hinweis auf fiktive ‚Zigeuner'-Figuren in fiktionalen Texten[57] konzentriert sich Solms wie im Fall Müller auf faktuale Texte von Grass. Dabei macht er

---

54 Overath, Emblematische Not, S. 94.
55 Günter Oesterle, ‚Zigeunerbilder' als Maske des Romantischen, in: Wilhelm Solms/Daniel Strauss (Hrsg.), „Zigeunerbilder" in der deutschsprachigen Literatur. Tagung in [sic] der Universität Marburg vom 5. bis 7. Mai 1994, Heidelberg 1995, S. 47–63, hier S. 51.
56 Oesterle, ‚Zigeunerbilder' als Maske des Romantischen, S. 49.
57 Vgl. Solms, Deutsche Literaturnobelpreisträger und ihre „Zigeuner", S. 115; Bogdal ordnet Grass wie Müller in die Tendenz der deutschsprachigen Nachkriegsliteratur ein, „auf die bekannten und bewährten Zigeunerfiguren zurück[zugreifen]", Bogdal, Europa erfindet die Zigeuner, S. 412, vgl. zu *Hundejahre* und *Blechtrommel* S. 429–430.

auf die Transformation eines Stereotyps aufmerksam[58] und wirft zwei für Grass' ‚Zigeuner'- bzw. ‚Sinti und Roma'-Bild zentrale Komplexe auf: Identifizierung und Projektion. „Will lieber Zigeuner als Deutscher sein. Oder anders entschlossen: vor die Wahl gestellt, Deutscher oder Pole sein zu wollen, zu müssen, hieße mein dritter Weg: Zigeuner, staatenlos, europäisch sein", heißt es 1990 im „Tagebuch" *Unterwegs von Deutschland nach Deutschland.*[59] Die Mehrzahl der Roma und Romnja ist nun weder staatenlos noch europäischer als die Mehrzahl der Deutschen, Sorben und Sorbinnen, Engländerinnen und Engländer oder Jugoslawinnen und Jugoslawen. Die fantasierte ‚Zigeuner'-Existenz wird Grass offenbar zum Ausweg aus dem Deutschsein. Solms kommentiert eine der Reden, die Gegenstand der folgenden Untersuchung sein werden und in der die Roma als „Europas beweglichste Bürger"[60] bezeichnet werden: „Grass hat hier seinen Wunsch, Europäer zu sein, ohne Deutscher zu sein, auf die Roma und Sinti projiziert."[61] Solms nimmt seine Kritik an Grass letztlich zurück: „Aber diesen Mangel an Realismus möchte ich Grass nicht vorhalten. Denn er hat sich mit seiner ‚Stiftung zugunsten des Romavolkes', seinen Reden und seinen Protesten gegen den Umgang mit Asylbewerbern wie kein anderer Schriftsteller dieser Reihe [der deutschsprachigen Literaturnobelpreisträger und -trägerinnen – B.W.] für sie eingesetzt."[62] Dass auch und gerade dieser ‚Einsatz für Roma' im Rahmen postnazistisch transformierten Antiziganismus' operiert, möchte ich im Folgenden zeigen.

Bei Grass, der zu den erfolgreichsten und medial präsentesten Schriftstellern und Schriftstellerinnen der Bonner und der Berliner Republik gehörte, handelt es sich zweifellos um einen Meister der postnazistischen Vergangenheitsbewältigung. Zwar erhielt seine Stilisierung als moralisches Gewissen der Nation 2006 nach der späten Offenbarung seiner Täterschaft im Nationalsozialismus in *Beim Häuten der Zwiebel* kleinere Kratzer;[63] zwar lassen sich seine Äußerungen 2011 in

---

58 Solms schreibt in Abgrenzung von Bogdal: „Bogdal wird mit diesem Urteil dem späten Grass nicht gerecht – ‚Europäer' ist kein ‚bewährtes', sondern ein modernes ‚Zigeunerklischee'", Solms, Deutsche Literaturnobelpreisträger und ihre „Zigeuner", S. 119.
59 Günter Grass, Unterwegs von Deutschland nach Deutschland. Tagebuch 1990, Göttingen 2009, S. 184.
60 Günter Grass, Ohne Stimme. Reden zugunsten des Volkes der Roma und Sinti, Göttingen 2000, S. 45 (im Folgenden im Fließtext mit der Sigle OS zitiert). Da ich die drei Reden im Zusammenhang ihrer Veröffentlichung in Buchform lese, zitiere ich das Buch und nicht die Editionen der einzelnen Reden in der Werkausgabe.
61 Solms, Deutsche Literaturnobelpreisträger und ihre „Zigeuner", S. 116.
62 Solms, Deutsche Literaturnobelpreisträger und ihre „Zigeuner", S. 116.
63 Klaus Bittermann argumentiert überzeugend, dass der eigentliche Skandal nicht im Einbekenntnis der Mitgliedschaft in der Waffen-SS, sondern in Grass' „Reaktion auf die Fragen, die sein Geständnis auslöste", bestanden habe, Klaus Bittermann, Lutschen am Brühwürfel. Über den

der israelischen Zeitung *Haaretz*, wo er argumentierte, „madness and crime" hätten sich nicht nur im Holocaust geäußert, sondern auch in anderen Fällen, und dazu „eight million German soldiers" anführt, „who were captured by the Russians, perhaps two million survived and all the rest were liquidated",[64] mit Stephan Grigat der „alte[n] Schuldabwehr" durch „Relativieren und Aufrechnen der deutschen Verbrechen" zuschlagen.[65] Doch im Werk von Grass ist die Tendenz der innovativen Vergangenheitsbewältigung dominant. Grass nimmt seit den 1950er Jahren eine als dissident stilisierte Haltung ein, die nicht in die restaurativen Tendenzen der frühen Bundesrepublik einstimmt. Im Gegenteil erkennt Grass die Schuld der Deutschen an und macht sie kontinuierlich zum Thema. Der Grass-Forscher Volker Neuhaus hat die Schuldthematisierung zum Zweck der Schuldabwehr, die Grass meisterhaft betrieben hat, präzise, wenn auch unfreiwillig, auf den Punkt gebracht: „Grass' gesamtes Werk setzt sich mit Schuld, Bekennen von Schuld, Benennen und Aussprechen von Schuld auseinander: gegenüber Juden und Polen, gegenüber Frauen, gegenüber der Dritten Welt, gegenüber der uns beherbergenden Erde."[66] Was zählt, ist das *mea culpa*, nicht dessen Gegenstand. Das obsessive „Bekennen von Schuld" bringt die Shoah mit Umweltverschmutzung und den Problemen der ‚Dritten Welt' auf einen Nenner. „Die Themen Auschwitz, deutsche Frage, Waldsterben [...] siedeln" für Grass „nicht weit voneinander".[67] Dazu kam im Spätwerk die Thematisierung deutscher Opfer (*Im Krebsgang*, 2002), die als eine Aktualisierung der ‚alten Schuldabwehr' in Grigats Sinn lesbar ist und die im Zeitgeist der späten neunziger und frühen 2000er Jahre nicht allein stand. Grass' Entwicklung führt vom Schuldbekenntnis zum Schuldvorwurf, und zwar an den Staat, der jüdisches Leben mit Waffengewalt verteidigt.[68] Sein Gedicht *Was gesagt werden muss* von 2012, in dem die Sprecherposition sich als Tabubrecher inszeniert und sich im gleichen Zug präventiv

---

Literaturbetriebsintriganten Günter Grass, in: Klaus Bittermann (Hrsg.), Literatur als Qual und Gequalle. Über den Literaturbetriebsintriganten Günter Grass, Berlin 2007, S. 7–27, hier S. 14–15.
64 Tom Segev, The German Who Needed a Fig Leaf, in: Haaretz, 26.08.2011, https://www.haaretz.com/the-german-who-needed-a-fig-leaf-1.5158486 (Stand: 26.07.2021). In einem Gespräch mit Heinrich Detering vom November 2011 hat Grass behauptet, das Interview sei „ohne meine Korrekturgenehmigung erschienen", es unterstelle ihm Aussagen, die er nicht getätigt habe, Henryk M. Broder, Nicht ganz dicht, aber ein Dichter, in: Heinrich Detering/Per Øhrgaard (Hrsg.), Was gesagt wurde. Eine Dokumentation über Günter Grass' „Was gesagt werden muss" und die deutsche Debatte, Göttingen 2013, S. 15–18, hier S. 18, Anm. der Hrsg.
65 Grigat, Postnazismus in Zeiten des Djihad, S. 19–21.
66 Volker Neuhaus, Günter Grass, 3. Aufl., Stuttgart/Weimar 2010, S. 152.
67 Grass, Unterwegs von Deutschland nach Deutschland, S. 20.
68 Vgl. zu Grass' Weg vom Schuldbekenntnis zum „Bewährungshelfer gegenüber den Juden" auch Bittermann, Lutschen am Brühwürfel, S. 10–11.

zu den „Überlebenden" einer fantasierten israelischen Aggression rechnet, stellt den Endpunkt einer Entwicklung dar: „Die Atommacht Israel gefährdet/den ohnehin brüchigen Weltfrieden".[69]

In Grass' literarischem Oeuvre haben nicht nur Erzähltexte, Theaterstücke und Gedichte ihren Platz. Grass hat sich spätestens seit den 1960er Jahren als Doppelexistenz, als Künstler und engagierter Bürger, verstanden. Das bürgerschaftliche Engagement zeigte sich bei Grass deutlich in seiner Unterstützung der SPD in den Wahlkämpfen von 1965, 1969 und 1972, also den Wahlkämpfen Willy Brandts.[70] Grass trennt die beiden Rollen des Schriftstellers und des Bürgers kategorial, versteht Literatur zwar als politisch, aber als in anderer Weise wirksam als direktes politisches Engagement.[71] Doch in einer bestimmten Region des Grass'schen Werks, so Timm Niklas Pietsch, kommt es zu einer Überschneidung von praktischem Engagement und Schreiben, nämlich in Grass' Reden, Essays und „Rede-Essays", die Pietsch zu einem „eigenständige[n] Werkteil" zusammenfasst.[72]

Bei den drei *Reden zugunsten des Volkes der Sinti und Roma*, die Grass 1997 und 2000 zu verschiedenen Anlässen gehalten und 2000 unter dem Titel *Ohne Stimme* publiziert hat, handelt es sich um solche Rede-Essays in Pietschs Sinne: Die Reden haben jeweils einen Anlass, sind in diesem Sinne Vortragsreden, nutzen ihr durch diese Anlässe vorgegebenes Thema aber als Ausgangspunkt für Reflexionen, die mit dem jeweiligen Anlass mitunter auf den ersten Blick wenig zu tun haben.

Zunächst ein knapper Blick auf den Buchtitel: *Ohne Stimme*, ein Motiv, das in allen drei Reden aufgenommen wird. So heißt es in der zweiten Rede, deren Titel den Buchtitel wiederholt, „Sie [die Sinti und Roma] sind wie ohne Stimme" (OS, S. 35), und die dritte Rede spricht von den „Gypsies, Gitanes, Zigeuner[n]" als „eine[m] Volk[] [...], das bislang in unseren demokratischen Gemeinwesen wie ohne Stimme war" (OS, S. 80), und von der „wie stimmlosen Klage" des „Ro-

---

69 Günter Grass, Was gesagt werden muss, in: Detering/Øhrgaard (Hrsg.), Was gesagt wurde, S. 12–14, hier S. 12–13. Vgl. zur Diskussion um das Gedicht in Deutschland die Dokumentation Detering/Øhrgaard (Hrsg.), Was gesagt wurde. Die im Ganzen doch merklich apologetisch grundierte Herangehensweise der beiden Herausgeber wird in der Einleitung, Detering/Øhrgaard (Hrsg.), Was gesagt wurde, S. 5–11, deutlich. Innerhalb der literaturwissenschaftlichen Grass-Forschung sind kritische Positionen eher selten, vgl. etwa Wolfgang Beutin, Der Fall Grass. Ein deutsches Debakel, Frankfurt a.M. u.a. 2008. Vgl. weiterhin die lesenswerten Polemiken und Satiren in Bittermann (Hrsg.), Literatur als Qual und Gequälle.
70 Vgl. Neuhaus, Günter Grass, S. 144 und S. 147.
71 Vgl. Neuhaus, Günter Grass, S. 143–144.
72 Timm Niklas Pietsch, „Wer hört noch zu?" Günter Grass als politischer Redner und Essayist, Essen 2006, S. 41–52.

mavolkes" (OS, S. 88). Auffällig ist das wiederholte „wie" vor der titelgebenden Leitthese ‚ohne Stimme' bzw. ‚stimmlos'. Solms weist auf eine gewisse Ignoranz hin, die die Behauptung ‚ohne Stimme' begründet und die, wie ich meine, im diffus einschränkenden „wie" ihr Denkmal hat: „Hätte er [Grass] auf die seit den achtziger Jahren *vernehmbare Stimme* der Roma und Sinti gehört, so wüsste er, dass sie nicht Fahrende, sondern sesshaft sind, und auch nicht ‚europäisch, staatenlos', sondern Bürger ihres jeweiligen Staates und zugleich Angehörige einer vom Staat anerkannten nationalen Minderheit."[73] Grass' Ignoranz lässt sich durch einen Hinweis, den er selbst gibt, konturieren. Er nennt die Gesellschaft für bedrohte Völker (GfbV) als „beispielhafte Initiative" für das Engagement gegen die „Notlage des Volkes der Roma" (OS, S. 18). Die 1970 gegründete GfbV war ein mehrheitsgesellschaftlicher Akteur, der für die Herausbildung des bundesdeutschen Aktivismus von Sinti und Roma eine bedeutende Rolle gespielt hat. Daniela Gress nennt die Organisation einen „Katalysator für die dauerhafte Etablierung von Interessenvertretungen der Sinti und Roma in der Bundesrepublik Deutschland".[74] Die GfbV hat relativ früh, nämlich 1980 anerkannt, dass die Zeit der „paternalistische[n] ‚Zigeunerarbeit'" vorbei sei,[75] sich ab 1979 zunehmend auf Funktionen der infrastrukturellen und finanziellen Unterstützung zurückgezogen[76] und also die Aktivistinnen und Aktivisten der Minderheit selbst sprechen lassen. Demgegenüber gibt es in den mit *Ohne Stimme* betitelten Reden nur einen, der eine Stimme hat und spricht: Günter Grass. Die einzige Ausnahme hiervon ist das Zitat der Filmemacherin Melanie Spitta in der dritten Rede – ein Zitat aus ihrer „Dankesrede" (OS, S. 90) für den von Grass gestifteten Otto-Pankok-Preis.

Die Aufnahme des Motivs ‚ohne Stimme' in der ersten Rede offenbart einen weltpolitischen Zusammenhang, wie er für den Postnazismus charakteristisch ist, der als „internationale Konstellation"[77] zu begreifen und zu kritisieren ist:

> Selbst als deutsche Staatsbürger erleben sich die hier seit Generationen ansässigen Sinti als mißachtet und isoliert. Mag sein, daß andere Ausländer [...] besser organisiert sind, mehr Fürsprecher auf ihrer Seite wissen oder sich als Juden auf den Staat Israel berufen dürfen; das Volk der Roma jedoch existiert jenseits aller fürsorglichen Obhut, erfährt nur selten

---

73 Solms, Deutsche Literaturnobelpreisträger und ihre „Zigeuner", S. 116 (Hervorhebung von mir, B. W.).
74 Gress, Geburtshelfer einer Bewegung?, S. 299.
75 So heißt es in einem Schreiben der GfbV, das Gress, Geburtshelfer einer Bewegung?, S. 294, zitiert.
76 Vgl. Gress, Geburtshelfer einer Bewegung?, S. 287–288.
77 Clemens Nachtmann, Die demokratisierte Volksgemeinschaft als Karneval der Kulturen. Von der Verallgemeinerung des Postnazismus und dem Altern der antideutschen Kritik, in: Grigat (Hrsg.), Postnazismus revisited, S. 47–94, hier S. 92.

Fürsprache und weiß keinen Staat zu nennen, der ihm unüberhörbar Stimme geben könnte. (OS, S. 15)

Die Beziehung zwischen dem ‚Volk ohne Stimme' und ihrem Fürsprecher Grass wird trianguliert: Denn es gibt neben dem ‚Volk der Roma', die Grass hier, obgleich ihm die deutsche Staatsbürgerschaft von Sinti und Sintezze bekannt ist, „Ausländer" nennt und damit von der deutschen Sprecherposition unterscheidet, in dieser Passage noch eine weitere, ebenfalls ‚ausländische' Gruppe: die Juden, die jedoch im Unterschied zu den ‚Roma' mit Israel eine „unüberhörbare Stimme" hätten. Es handelt sich um die klassische Triangulierung, die für das Selbstverständnis der deutschen Nation konstitutiv ist: Deutsche, Juden, ‚Zigeuner'.[78] Sie ist hier postnazistisch, und das heißt geopolitisch aktualisiert: Grass fasst Juden und ‚Roma' nicht als deutsche Minderheiten, sondern als „Ausländer", als Angehörige anderer Nationen. Während aber hinter den in Deutschland lebenden Juden die Staatsmacht Israels stehe, hätten die ‚Roma' keine Stimme – außer der, die der gute Deutsche Grass ihnen leiht. Der Paternalismus garantiert, dass beide Triangulierungspositionen als das fixiert bleiben, als was die Projektion sie fantasiert: die Juden als inländische Angehörige des mächtigen Auslands Israel, die Roma als inländische Angehörige eines ohnmächtigen, aber mit der als ‚europäisch' gefassten „grenzüberschreitenden Mobilität" (OS, S. 20) ausgestatteten, staats- und territorienlosen Auslands.

Mit dem Komplex von Fürsprache und Staatlichkeit befinden wir uns im Zentrum von Grass' rhetorischem Engagement „zugunsten des Volkes der Roma und Sinti". Die erste Rede des Triptychons hat Grass 1997 aus Anlass der von ihm gegründeten Stiftung zugunsten des Romavolkes gehalten. Der Titel der Rede *Wie ich zum Stifter wurde* deutet auf den Umstand hin, dass das, was bei Müller implizit am Ende ihrer Reportage sichtbar wird, der Bezug aufs eigene Ich der Sprecherin, in Grass' Reden notorisch ist. Die Rede beginnt mit der Selbstpositionierung als Bürger und Künstler. Die Position des Künstlers fasst Grass dabei als eine Außenseiterposition: „Er, dem die Rolle des Außenseiters zum Pflichtfach zugeschrieben zu sein scheint, legt die selbsterrichteten oder ihm verordneten Barrieren nieder und handelt nicht etwa notorisch ichbezogen, sondern mit Blick auf sein Umfeld." (OS, S. 8) Dass diese Selbstpositionierung als menschenfreundlicher Außenseiter widersprüchlich ist, macht das schiefe sprachliche Bild deutlich: Man kann zwar „selbsterrichtete[] [...] Barrieren nieder[legen]", nicht aber von außen „verordnete[]", die man nur einreißen könnte. Die Selbststili-

---

78 Vgl. Iulia-Karin Patrut, Phantasma Nation. „Zigeuner" und Juden als Grenzfiguren des „Deutschen" (1770–1920), Würzburg 2014.

sierung als Außenseiter – eine Position, die halb „zugeschrieben" und „verordnet", halb „selbsterrichtet" scheint – bereitet die unweigerlich folgende Identifizierung mit den ‚Roma'-Außenseitern vor, die Solms vermerkt. Die Widersprüchlichkeit und Ambivalenz der Formulierung lässt sich mit Hans Mayer erhellen. Es gibt einen bedeutsamen Unterschied zwischen dem Künstler als Außenseiter und den Außenseitern, von denen Grass im Lauf der Rede spricht. Während ‚intentionelle Außenseiter' auf der Basis einer Entscheidung, „durch ihre Taten und Meinungen",[79] die Grenzen des ‚Normalen' überschreiten, haben ‚existentielle Außenseiter' keine Wahl. Der „Übertritt ins Abseits und Außen" ist ihnen „durch Geburt auferlegt: durch das Geschlecht, die Abkunft, die körperlich-seelische Eigenart". Ihnen „*wird die Existenz selbst zur Grenzüberschreitung*".[80] Zu diesen existentiellen Außenseitern gehören neben Frauen, Juden und Homosexuellen, über die Mayer schreibt, auch die als ‚Zigeuner' Verfolgten, nicht aber der vom bundesdeutschen Literaturbetrieb hofierte Künstler Grass, der im Übrigen auch kein intentioneller Außenseiter ist, sondern sich vor dem Hintergrund einer überwältigenden Zahl an Preisen und Auszeichnungen die „Rolle des verkannten Künstlers an[]maßt", wie Gerhard Henschel bemerkt.[81]

Die Identifizierung mit dem existentiellen Außenseitertum aber ist zentral in der ersten Rede. Dieser Text ist, wie die anderen beiden Reden auch, tatsächlich „notorisch ichbezogen". Auf die Behauptung, als Stifter überschreite der Künstler seine Ich-Fixierung, folgt bei Grass eine ausführliche Darstellung seines „Vorleben[s] als Stifter" (OS, S. 12). Diese rhetorische *narratio* kennt drei Stationen: Der Alfred-Döblin-Preis sei „der deutschsprachigen Literatur förderlich geworden" (OS, S. 9); der Daniel-Chodowiecki-Preis wird mit harten Zahlen beziffert: „zwischen 15 000,– und 20 000,– DM" (OS, S. 12); und die dreigliedrige Klimax läuft zu auf den Anlass der Rede, die neue Stiftung zugunsten des Romavolkes einschließlich Otto-Pankok-Preis.

Die ‚Roma' fasst Grass, wie der Titel der Stiftung zum Ausdruck bringt, als ein einheitliches Volk auf, ja mehr noch, als eines „der vielen bedrohten Völker" (OS, S. 13). Er kann für diese Argumentation auf die GfbV zurückgreifen, die ausgehend von einer 1968 gegründeten Initiative für die Igbo im Biafra-Krieg (1967–1970)[82] im Feld des Menschenrechtsaktivismus ein spezifisches Verständnis von Kollektivrechten entwickelte. Während die andere große Menschrechtsorganisation in der Bundesrepublik, Amnesty International, gegen individuelle Menschen-

---

79 Hans Mayer, Außenseiter [1975], Frankfurt a. M. 2007, S. 15.
80 Mayer, Außenseiter, S. 18 (Hervorhebung im Original).
81 Gerhard Henschel, Aus dem Tagebuch eines Gockels, in: Bittermann (Hrsg.), Literatur als Qual und Gequalle, S. 33–43, hier S. 38–43 (Zitat S. 43).
82 Vgl. Gress, Geburtshelfer einer Bewegung?, S. 280–282.

rechtsverletzungen kämpfte, richtete die GfbV ihr Augenmerk auf ‚bedrohte Völker', Minderheiten, die wie Gress zusammenfasst, „Opfer eines Völkermordes" und „Trägerin[nen] einer eigenständigen Kultur und Sprache" waren.[83] Gress würdigt die bedeutende Rolle der GfbV für den Sinti- und Roma-Aktivismus in der Bundesrepublik, hebt aber auch das Problematische der Konzeption hervor, namentlich die offensichtlichen „Anknüpfungspunkte für kulturalisierende und ethnologische Blickregime, die teilweise im Widerspruch standen zum emanzipatorischen Anspruch von Minderheitenaktivisten", und konstatiert eine sich an einigen Stellen bemerkbar machende Instrumentalisierung der ‚bedrohten Völker' als „Vehikel einer provokativen Gesellschaftskritik".[84] Exakt das, was Gress als Gefahren der Fokussierung auf ‚bedrohte Völker' benennt, übernimmt Grass von der GfbV – im Gegensatz zur Einsicht in das nötige Ende des Paternalismus. Dazu kommt ein weiteres zentrales Argument der GfbV, das sich in Grass' Aufrufen Israels andeutet: der „Genozidvergleich[]" im Hinblick auf die Shoah.[85]

Grass' Kulturalisierung der Roma, eines ‚Volkes' von ‚Ausländern', greift in dieser ersten Rede zunächst nicht auf Elemente der Selbstkulturalisierung von Angehörigen der Minderheit zurück, sondern vielmehr auf das Reservoir der mehrheitsgesellschaftlichen Stereotype. Ähnlich wie bei Müller vermischen sich in Grass' ‚Sinti und Roma'-Bild mit aufklärerischen Wissensbeständen angereicherte Gesten und Ressentiment:

> Gewiß, uns ist seit Zeiten der Romantik aus fast allen Kunstbereichen ein Mitgefühl für das sogenannte „Zigeunerleben" überliefert. Die schönsten Lenaugedichte, vielgesungene Brahmslieder gehören zu unserem Bildungsgut. In einer unverwüstlichen Operette ist der „Zigeunerbaron" unsterblich. Doch sobald die Angehörigen dieses Volkes, das immerhin seit über sechshundert Jahren in Europa, wenn schon nicht Heimat, dann doch vorübergehende Bleibe sucht, in unserer Nachbarschaft zur Ruhe kommen wollen, ist uns, dem liedseligen Volk, das „Zigeunerleben" nicht mehr „lustig". Dann soll das „fahrende Volk" sehen, wo es bleibt. Notfalls beruft man sich auf andere, gerade noch geduldete Ausländer, die ihrerseits unduldsam werden, sobald Zigeuner in Sicht sind. (OS, S. 17–18)

Grundiert ist diese Passage von einem exklusiven Wir. Die erste Person Plural schließt hier den Sprecher und seine Zuhörer und Zuhörerinnen ein, die er offensichtlich als ‚Deutsche' – und das heißt für Grass: Nicht-Roma und Nicht-Romnja – fasst, und schließt im selben Zug die Romnja und Roma, hier erneut als „Ausländer" bezeichnet, aus. Diese Unterscheidung ist Voraussetzung für eine Verklebung von literarischen und musikalischen ‚Zigeuner'-Bildern mit dem ‚Volk

---

83 Vgl. Gress, Geburtshelfer einer Bewegung?, S. 283.
84 Gress, Geburtshelfer einer Bewegung?, S. 280.
85 Gress, Geburtshelfer einer Bewegung?, S. 181–182.

der Roma' – ganz in der Art der Müller'schen Verklebung, allerdings mit deutlich geringerem Kunstaufwand. Das Demonstrativum identifiziert die ‚Zigeuner' „unsere[s] Bildungsgut[es]" kurzerhand mit den „Angehörigen dieses Volkes", über das nun zwiespältiges Wissen mitgeteilt wird. Einerseits wird im Einklang mit der Argumentation bundesdeutscher Sinti-Verbände die 600-jährige Geschichte der deutschen Sinti aufgerufen. Anders als die Politik der Sinti-Verbände, die auf den Status der nationalen Minderheit hinarbeitete[86] und in ihrer Selbstbezeichnung als Deutsche Sinti ein nicht-völkisches, politisches Nationenverständnis offenbart, attestiert Grass dem ‚Romavolk' aber, es habe in Europa nicht etwa keine Heimat *gefunden* (aufgrund des Antiziganismus), sondern keine Heimat *gesucht*. In dem Maße, indem sich der postnazistisch transformierte Antiziganismus diskriminierungs- und vorurteilskritisch äußert, leiht er dem Ressentiment Stimme.

Im Übergang von der Diagnose zur Praxis vollzieht Grass eine bemerkenswerte Wendung:

> Was ist dagegen zu tun? Ich habe kein schlüssiges Konzept zur Hand. Stellvertretend für eine Reihe von Bemühungen kann ich eine beispielhafte Initiative nennen, die auf die *Notlage des Volkes der Roma* konzentriert ist: ‚Gesellschaft für bedrohte Völker', die sich mit einem Projektbüro der Roma in Rumänien annimmt, und zwar mit *auf Arbeit bezogenen Projekten* in der Landwirtschaft und im traditionellen Bereich der Metallverarbeitung. [...] [N]ur so, durch die Förderung der *Eigeninitiative*, wird zu helfen sein. (OS, S. 18–19, Hervorhebungen von mir, B. W.)

Um Antiziganismus zu bekämpfen, empfiehlt Grass die Milderung der „Notlage" pauperisierter Roma und Romnja in Rumänien. Dieser Notlage war und ist natürlich tatsächlich Abhilfe zu schaffen. Es wäre damit nur nichts gegen Antiziganismus (in Deutschland) ausgerichtet. Die Grundlage des Antiziganismus ist bei den Antiziganistinnen und Antiziganisten, nicht bei ihren Opfern zu suchen.[87] Die konkrete Form der Abhilfe ist bei Grass nun aber „Eigeninitiative" und „Arbeit". Damit ist ein dritter Kernbestand des Antiziganismus affirmativ angesprochen. Sinti und Roma sind bei Grass nicht nur Ausländer und Nomaden, ihre Notlage entspringt offensichtlich mangelnder Eigeninitiative und einem distanzierten Verhältnis zur Arbeit. Sie gelten Grass nicht nur als *fremd* und *frei*, sondern

---

[86] Gress, Geburtshelfer einer Bewegung?, S. 295–296.
[87] Vgl. Markus End, Bilder und Sinnstruktur des Antiziganismus, in: Aus Politik und Zeitgeschichte 22–23 (2011), https://www.bpb.de/apuz/33277/bilder-und-sinnstruktur-des-antiziganismus?p=all (Stand: 26.07.2021); Allianz gegen Antiziganismus, Antiziganismus. Grundlagenpapier, 2016, S. 3, https://ergonetwork.org/wp-content/uploads/2021/02/Grundlagenpapier-Antiziganismus-Version-16.06.2017.pdf (Stand: 26.07.2021).

auch als *faul*.[88] Grass' paternalistisches Eintreten zugunsten des ‚Romavolkes' gelingt es, im Modus der Diskriminierungskritik alle drei zentralen Bestände des Antiziganismus wiedereinzuführen. Das ‚Roma'-Bild verdichtet sich in der Rede noch einmal zu jenem Projektionsprodukt, das Solms kritisiert:

> Sie, die Roma, in ihrem permanenten Zustand der Zerstreuung, sind genau gesehen – Europäer in jenem Sinn, den wir, gefangen in nationaler Enge, vor Augen haben sollten, wenn sich das vereinte Europa nicht zu einem bürokratisierten Verwaltungs- und übermächtigen Wirtschaftskoloß entwickeln soll. Zumindest dieses eine, ihre grenzüberschreitende Mobilität, haben uns die sogenannten Zigeuner voraus. Sie sollten sich zuallererst durch einen Europapaß ausweisen dürfen, der ihnen von Rumänien bis Portugal das Bleiberecht garantiert. (OS, S. 20)

Hier wird im Sinne des romantischen Antiziganismus das Ressentiment umbewertet, ohne seine Sinnstruktur anzutasten[89] – das angebliche Nomadentum erscheint als positive Fantasie „grenzüberschreitender Mobilität" –, und damit vor der Kritik in Schutz genommen.

Die Fantasie vom „grenzüberschreitenden" Roma-Volk zielt aber letztlich auf den Künstler Grass. Grass berichtet vom Ursprung seiner Beschäftigung mit ‚Zigeunern' bzw. dem ‚Romavolk': „Auch mich hat erst ein Lehrer mit der produktiven Unruhe der allerorts geschmähten Zigeuner bekanntmachen müssen. Der Zeichner und Meister des Holzschnitts Otto Pankok verstand es, mich und andere Schüler zu lehren, mit ihnen umzugehen und – fern aller romantischen Verklärung – die jeglicher Verfolgung trotzende Schönheit ihrer Existenz zu begreifen." (OS, S. 21) Bogdal hat das in eine „Bohemetradition" gestellt und als Unterstellung einer „Affinität zwischen den Romvölkern und dem Freiheits- und Unabhängigkeitsdrang des antibürgerlichen Künstlers" kritisiert.[90] Aus dieser Sicht erst wird die *narratio* des Beginns der Rede kohärent: Grass' Stiftungen führen von der Literatur (Alfred-Döblin-Preis) zur bildenden Kunst (Daniel-Chodowiecki-Preis) und erklimmen in einer ressentimenthaften Pseudodialektik mit der Stiftung zugunsten des Romavolkes und dem Otto-Pankok-Preis eine Stufe der ‚Synthese', auf der nicht mehr die Einzelkünste, sondern das außenseiterische Künstlertum an sich in Form einer Projektion auf das ‚Volk der Roma' gefördert wird. Grass

---

88 Vgl. Wulf D. Hund, ‚Schwarzes Volk', ‚herrenloses Gesindel' und ‚Kinder der Freiheit'. Stereotype Zigeunerbilder als rassistische Ideologie, in: Wulf D. Hund (Hrsg.), Fremd, faul und frei. Dimensionen des Zigeunerstereotyps, Münster 2014, S. 5–20, hier S. 14.
89 Vgl. End, Bilder und Sinnstruktur des Antiziganismus.
90 Bogdal, Europa erfindet die Zigeuner, S. 430.

projiziert sein Künstlertum auf das ‚Romavolk' und eignet sich umgekehrt den begehrten Opferstatus der Opfer des Völkermords an.

Die zweite Rede, *Ohne Stimme*, hat Grass im Oktober 2000 vor dem Straßburger Europarat gehalten. Sie steht im Zeichen der „brutale[n] Gewalttaten" (OS, S. 25) des Sommers 2000 – Alberto Adriano war im Juni von Neonazis ermordet worden, im Juli war es zu einem bis heute nicht aufgeklärten Sprengstoffanschlag in Düsseldorf gekommen. Den Brandanschlag auf die Düsseldorfer Synagoge wenige Tage vor Grass' Rede, der, wie sich im Dezember herausstellen sollte, auf das Konto arabischer Antisemiten ging, erwähnt Grass nicht eigens. Sieben Tage nach Gerhard Schröder rief Grass also seinen eigenen ‚Aufstand des Anständigen' aus – ohne den Kontext zu erwähnen, der offenbart hätte, dass er kein einsamer Mahner war.

Grass hält seine Rede vor dem Europarat, einer internationalen politischen Organisation, der er minderheitenpolitische Ratschläge erteilt:

> Es ist nicht damit getan, daß dann und wann so feierliche wie gutwillige Resolutionen verabschiedet werden, die dem Volk der Roma ihre [sic] ohnehin unübersehbare Existenz bestätigen. Vielmehr ist es an der Zeit, den hochgestellten Ansprüchen der immer größer werdenden Europäischen Union gerecht zu werden. [...] Nach einem Jahrhundert, in dem totalitäre Ideologien und Rassenwahn, Weltkriege und Völkermorde, blindwütige Zerstörung und Massenvertreibungen unseren Kontinent wiederholt an den Abgrund gebracht haben, sich aber schließlich doch ein demokratisches Selbstverständnis erprobt und endlich auch eingebürgert hat, sollte es möglich sein, der größten Minderheit Europas, dem Volk und der Nation der Roma, im Straßburger Parlament Sitz und Stimme zu geben. (OS, S. 39f.)

Grass' Vorschlag, „dem Volk und der Nation der Roma, im Straßburger Parlament Sitz und Stimme zu geben", ist sachlich an die Institutionen der Europäischen Union und ihrer Mitgliedsstaaten zu adressieren. Er richtet ihn aber an den Europarat, eine internationale Institution, die unabhängig von der Europäischen Union ist und dort also nicht für das Fällen von Entscheidungen zuständig sein kann.

Die Widersprüche gehen weiter. Eingebettet in ein Geschichtsbild, in dem „totalitäre Ideologien", „Völkermorde", „blindwütige Zerstörungen" (man darf befürchten: der Alliierten im Deutschen Reich) und „Massenvertreibungen" (wohl der deutschsprachigen Bevölkerung aus den ehemaligen Ostgebieten des Deutschen Reichs) ohne Unterschied nebeneinanderstehen, wird, wie in der ersten Rede, das Kollektiv der ‚Roma' eingeführt – nun aber nicht mehr nur als bloßes „Volk", sondern auch als „Nation der Roma". Die Grundlage dieser Wendung vom ‚(bedrohten) Volk' der ersten Rede zu „Volk und Nation" der zweiten Rede ist, wie Grass verdeutlicht, der Fünfte Roma-Welt-Kongress, der im Juli 2000 in Prag abgehalten worden war (OS, S. 36–38). Dort hatte die 1978 gegründete International

Romani Union (IRU), die sich als Dachverband der nationalen Selbstorganisationen versteht,[91] deutlich ihren Anspruch formuliert, „that the IRU was now seeking to be recognised as a political nation", wie Thomas Acton und Ilona Klimova, die selbst an dem Kongress teilgenommen hatten, in einem zeitgenössischen Bericht formulierten.[92] Dieser Anspruch der IRU steht in der Linie einer bestimmten Strömung im Aktivismus von Romnja und Roma, die v. a. von solchen zentral- und osteuropäischen Organisationen vertreten wurde, die im Rahmen realsozialistischer Nationalitätenpolitik agierten.[93] Die genannte Strömung vertrat schon seit den 1970er Jahren die „Idee, dass die Roma eine ursprünglich aus Indien stammende, europaweit verstreut in der Diaspora lebende unterdrückte Nation mit einem gemeinsamen kulturellen Erbe darstellten".[94] Demgegenüber argumentierte der Verband Deutscher Sinti, der sich 1978 der IRU angeschlossen hatte, für die Kontinuität der Präsenz von Sintezze und Sinti im deutschen Sprachraum und für die Anerkennung als nationale Minderheit, was seit den 1980er Jahren zu einer zunehmenden Distanzierung von der IRU führte.[95]

Grass also fordert unter Bezugnahme auf das Selbstverständnis der IRU, an den Europarat gerichtet, „dem Volk und der Nation der Roma" möge „Sitz und Stimme" im Europäischen Parlament gegeben werden. Der Buch- und Redetitel bekommt durch diese Forderung, die auch die dritte Rede noch einmal formuliert (OS, S. 78–79), einen Doppelsinn: Nicht mehr nur symbolische, sondern auch politische Repräsentation fordert Grass ein. Was zunächst als ein Schritt hin zur Realpolitik und weg von Paternalismus und Sozialarbeit der ersten Rede erscheint, erweist sich in den Details des in den beiden Reden vorgebrachten Vorschlags als zutiefst widersprüchlich.

Die Rede stellt in Aussicht: „Schon bei der nächsten Europawahl könnten die Vertreter dieser Nation mit einer gemeinsamen Liste Mandate anstreben" (OS,

---

91 Vgl. Thomas Acton, Anfänge und Entwicklung transnationaler Roma-Bewegungen mit dem Ziel der Durchsetzung von Bürgerrechten nach dem Holocaust, o. J., https://www.romarchive.eu/de/roma-civil-rights-movement/beginnings-and-growth-transnational-movements-roma/#back1 (Stand: 01.09.2020). Vgl. für Darstellungen der internationalen und (bundes-)deutschen Bürgerrechtsbewegung Acton, Anfänge und Entwicklung transnationaler Roma-Bewegungen; Fings, Sinti und Roma, S. 100–108 und S. 117; Gress, Geburtshelfer einer Bewegung?, S. 12–17 und S. 26–33.
92 Vgl. Thomas Acton/Ilona Klimova, The World Romani Congress held in Prague, 24 July–28 July 2000, 2000, https://www.romarchive.eu/de/collection/report-of-5th-world-romani-congress/ (Stand: 01.09.2020).
93 Vgl. Gress, Geburtshelfer einer Bewegung?, S. 295–296.
94 Vgl. Gress, Geburtshelfer einer Bewegung?, S. 277.
95 Vgl. Gress, Geburtshelfer einer Bewegung?, S. 295–296.

S. 40).⁹⁶ Grass ist also weit davon entfernt, die „Nation der Roma" als Nation ernst zu nehmen. Was er vorschlägt ist offensichtlich eine gemeinsame Wahlliste von Kandidaten und Kandidatinnen, die einen Roma- bzw. Romnja-Hintergrund teilen. Eine demokratisch verfasste politische Nation ist im Unterschied dazu dadurch charakterisiert, dass sie die Konflikte innerhalb der Nation über Repräsentanten und Repräsentantinnen aushandelt. Die portugiesische Nation etwa (ca. 10,6 Millionen Einwohnerinnen und Einwohner) entsendet über die Listen der europäischen Parteien, die widerstreitende Interessen vertreten, Repräsentanten und Repräsentantinnen ins Europäische Parlament. Für die – äußerst heterogene und selbstverständlich von politischen, Klassen-, Geschlechter- und anderen Gegensätzen gekennzeichnete – europäische Bevölkerung der Roma und Romnja (acht bis zwölf Millionen⁹⁷) eine einheitliche Liste einzufordern, ist ein absurder Vorschlag. Die Beispiele, die Grass zur Legitimierung seines Vorschlags anführt, die „Roma-Parteien" Mazedoniens (OS, S. 35–36 und erneut in der dritten Rede, S. 79) und der Südschleswigsche Wählerverband in Deutschland (OS, S. 78), tragen nichts zur Klärung bei. Die Parteien vertreten ihrem Anspruch nach jeweils die Interessen von Minderheiten, sind aber von allen Angehörigen der mazedonischen bzw. deutschen Nation und nicht nur von Angehörigen der jeweiligen Minderheit wählbar und haben jeweils ein eigenes politisches Profil. Eine eingehendere Beschäftigung mit dem Aktivismus von Roma und Romnja, deren Ausbleiben Solms bemängelt, hätte Grass auch dazu führen können, die spezifische Position der IRU einzuordnen: keineswegs als die alleinige oder auch nur die Mehrheitsposition im Aktivismus,⁹⁸ geschweige denn bezogen auf die Gesamtheit der Roma und Romnja.

Auf den Fünften Roma-Welt-Kongress kommt auch die dritte Rede noch einmal zu sprechen: „Auf dem Kongreß in Prag wurde von den Delegierten, die alle die Sprache ihres jeweils ungastlichen Landes sprechen, vier Tang [sic] lang Romanes, die Sprache der Roma gesprochen. Für kurze Zeit war die in der Zerstreuung lebende Nation beieinander." (OS, S. 77) Abgesehen von Zurechenbarkeit und Bedeutung der Fehlleistung „Tang lang" im Zusammenhang mit der Thematisierung des Romanes⁹⁹ ist die Vorstellung, auf einem Kongress könne eine „in

---

96 Ähnlich in der dritten Rede: „mit einer gemeinsamen Liste" (OS, S. 78).
97 Vgl. Udo Engbring-Romang, Ein ungekanntes Volk? Daten, Fakten und Zahlen. Zur Geschichte und Gegenwart der Sinti und Roma in Europa, 2014, https://www.bpb.de/internationales/europa/sinti-und-roma-in-europa/179536/ein-unbekanntes-volk-daten-fakten-und-zahlen?p=all (Stand: 09.09.2020).
98 Vgl. Acton, Anfänge und Entwicklung transnationaler Roma-Bewegungen.
99 In der aktuellen Werkausgabe ist der Fehler korrigiert, vgl. Günter Grass, Zukunftsmusik oder Der Mehlwurm spricht. Rede auf Einladung der Europäischen Investitionsbank, in: Günter Grass,

der Zerstreuung lebende Nation" zusammenkommen so offensichtlich unsinnig, dass sich die Frage stellt, ob in der Formulierung ein Angstmotiv wirkt: die Angst, „Volk und Nation der Roma" könnten sich tatsächlich zusammenrotten und ein Territorium fordern, einnehmen und verteidigen. Der Hinweis auf die „Zerstreuung" offenbart, was hier im Hintergrund steht. „Wenn *ein* Wort jüdische Geschichte und Erfahrungen evoziert, dann ist es ‚Diaspora'", so Liliana Ruth Feierstein.[100] Im Hintergrund des Angstmotivs, das sich in den Widersprüchen von Grass' Vorschlag manifestiert, steht, so scheint mir, die andere europäische Minderheit, die erfolgreich getan hat und tut, was Grass auch vom ‚Volk der Roma' befürchtet. Vor der Folie der Nation gewordenen Minderheit Israel erscheint Grass' Konstruktion einer ‚Roma-Nation', die bereitwillig die entsprechende Strömung des Roma-Aktivismus in Beschlag nimmt, als eine Bannung: Was Grass insgeheim vom ‚Volk der Roma' befürchtet und was aus seiner Sicht in Israel aufscheint, wird gebannt im Fantasiegebilde einer einheitlichen ‚Roma-Nation', die, obwohl die Nation der Überlebenden des antiziganistischen Völkermords, bescheiden auf ein Territorium verzichtet und sich mit einer Einheitsliste von „Abgeordneten des Romavolkes", die „die Interessen ihres Volkes [...] vertreten" (OS, S. 79), in den EU-Parlamentarismus integrieren lässt.

Grass' dritte Rede, die den Titel *Zukunftsmusik oder Der Mehlwurm spricht* trägt, wurde wenige Tage nach der zweiten, am 11. Oktober 2000, „auf Einladung der Europäischen Investitionsbank in Bremen" (OS, S. 5) gehalten. Die Rede führt die Dimension der Ökonomie in die Auseinandersetzung mit dem ‚Volk der Sinti und Roma' ein. Grass' hält geradezu eine Laudatio auf die Europäische Investitionsbank: „Wem nur Profit zählt, der kann nicht rechnen. Wem das Geld nur bloße Spekuliermasse ist, der bringt jede Währung in Mißkredit. Diese Einsicht scheint Konjunktur zu haben, denn mittlerweile gibt es Banken, die sich von ihr leiten lassen. Eine heißt ‚Europäische Investitionsbank'. Ihr verdanke ich das Vergnügen, mittels einer Rede auf meine Weise Bilanz ziehen zu dürfen." (OS, S. 60–61) Daneben knüpft die Rede an einige Motive der beiden vorangehenden Reden an, auf die ich hier nicht noch einmal eingehe: die große Bedeutung der Person Günter Grass und ihres literarischen Werks,[101] das homogene ‚Volk der

---

Werke. Neue Göttinger Ausgabe, hrsg. von Dieter Stolz und Werner Frizen, Bd. 23: Essays und Reden 1992–2011, Göttingen 2020, S. 298–316, hier S. 309.
100 Liliana Ruth Feierstein, Diaspora, in: Christina von Braun/Micha Brumlik (Hrsg.), Handbuch Jüdische Studien, Köln/Weimar/Wien 2018, S. 99–109, hier S. 99 (Hervorhebung im Original).
101 Vgl. z. B.: „Um vor den leitenden Köpfen einer Bank, zudem einer europäischen, bestehen zu können, habe ich, mal tiefsinnig grübelnd, dann wieder die Oberfläche abfischend, nach einem Motto, tauglich für eine Überschrift, gesucht und bin schließlich bei mir fündig geworden" (OS, S. 46, vgl. außerdem S. 52 und S. 88–89).

Roma' mit seiner „Eigenart", „besonderen Existenz" (OS, S. 71) und „grenzüberschreitende[n]" „Tradition" (OS, S. 79–80) und der Vorschlag seiner Repräsentation im EU-Parlament (OS, S. 78–79). Dazu kommt in dieser Rede ein besonderes Gewicht auf der Förderung des Romanes (OS, S. 84–87).

Dem Redeanlass folgend kommt es in dieser dritten Rede zu einer Bankenkritik, die sich zunächst gegen die Deutsche Bank richtet – der Lapsus des Sprechers des Vorstands der Deutschen Bank Hilmar Kopper, der 1994 die Summe von 50 Millionen Euro als „Peanuts" bezeichnet hatte, war noch in relativ frischer Erinnerung (OS, S. 55). Der Kernbestand der Grass'schen Bankenkritik ist traditionsreich: „Wie überhaupt Aktienwerte mit realen Werten, zum Beispiel mit etwas so Altmodischem wie Arbeit, die von Menschen geleistet wird, alles andere als deckungsgleich sind. Vernunft ist derzeit ein Ladenhüter. An Stelle hat sich das Irrationale als gestaltende Kraft aus den bankrotten Ideologien des vergangenen Jahrhunderts in die Börse geflüchtet. Dort lädt es tagtäglich zu Anbetung ein." (OS, S. 56–57) Der erste Gedankenschritt in Grass' Argumentation ist die einfache Gegenüberstellung von „Aktienwerten" und „realen Werten" wie dem der „Arbeit, die von Menschen geleistet wird". Produktionssphäre und Zirkulationssphäre werden mit einem klaren Schnitt voneinander getrennt, wobei die Arbeit in der Produktionssphäre als real, die Zirkulationssphäre aber implizit mit 'Irrealem' assoziiert wird. Der zweite Gedankenschritt behauptet nun, in die Zirkulationssphäre, die „Börse", hätten sich „die bankrotten Ideologien des vergangenen Jahrhunderts […] geflüchtet", gemeint sein können hier nur Faschismus, Nationalsozialismus und Realsozialismus.

Der dritte Schritt folgt ein wenig später, im Zusammenhang der *narratio*, zu der diese Rede ausholt, der Schilderung der Geschichte der ältesten noch existenten Bank der Welt, der 1472 gegründeten Banca Monte dei Paschi di Siena. Hier wiederholt sich der Schnitt, der das Gute vom Schlechten trennt, diesmal aber innerhalb der Zirkulationssphäre: Die gute Bank Monte dei Paschi di Siena wird als eine „gemeinnützige[] Bank" mit „segensreich[er] […] Tätigkeit" gekennzeichnet (OS, S. 68), die sich besonders in der Förderung von „Handwerker[n], Bauern, Hirten" (OS, S. 67) durch Kredite gezeigt habe. Als solche setzt Grass sie einem älteren Kreditmodell entgegen, von dem sie sich abgrenze: „Da es dazumal laut kirchlichem Geheiß verboten war, auf geliehenes Geld Zinsen zu erheben, hat man allerorts Wege gesucht, dieses strikte Verbot zu umgehen, etwa durch ‚Freibriefe', die es jüdischen Verleihern außerhalb päpstlicher Zucht, aber auch, gegen Ablaßzahlungen, Christen erlaubte, mit Zinsen, die in der Regel Wucherzinsen waren, ihr Geschäft zu machen." (OS, S. 65–66) Die Identifizierung von Zirkulationssphäre und Totalitarismus wird hier durch einen Hinweis auf die „Wucherzinsen" der Juden und Papisten ergänzt. Im Spannungsverhältnis von segensreichen und wuchernden Unternehmungen sieht nun Grass das ‚Volk der

Roma' und fügt seinem Lob der Investitionsbank – die in Wirklichkeit natürlich kein karitatives Unternehmen, sondern ein Instrument der europäischen Wirtschaftspolitik ist – einen Tadel hinzu: „Und doch frage ich mich, warum es diese so umsichtige Bank bisher unterlassen hat, mit einem ihrer hilfreichen und – wie sich gezeigt hat – nach und nach wirksamen Programme Europas größter Minderheit Hilfe zu leisten." (OS, S. 70)

Warum soll sich die gute Bank gerade an den ‚Roma' bewähren? Der Zusammenhang, in den Grass seinen Rat an die Europäische Investitionsbank stellt, die Roma zu fördern, ist erklärungsbedürftig. Er erklärt sich, so meine These, aus der Rolle in der deutschen Geschichte, die die Rede den schlechten Banken zuspricht. Schlüssig wird der Zusammenhang erst aus der Scheinkohärenz des Ressentiments heraus.

Eröffnet hatte Grass seine Rede mit einer Erzählung über eine Figur seines Romans *Hundejahre* (1963), Müller Matern, der mit Hilfe eines Mehlwurmorakels die Zukunft voraussagen kann. Dem liegt ein ironisiertes antimodernes oder mythisches Geschichtsverständnis zugrunde: nur eine prädestinierte Zukunft lässt sich voraussagen. Die Ironie hat im Falle dieser Rede allerdings eine Verschleierungsfunktion. Sie verbirgt hinter der Distanzierung eine ganz bestimmte Affirmation mythischen Denkens. „Als aber im Jahre fünfundvierzig der Krieg ins Land kam" (OS, S. 48), so formuliert der Ironiker das Vorrücken der Roten Armee in die Region um Danzig. Er personifiziert den Krieg verallgemeinernd; das Ereignis verliert seine historischen Gründe – namentlich die vorausgehende deutsche Aggression –, der Krieg kommt übers Land wie eine Plage über Ägypten.

Notorisch ichverliebt erzählt Grass weiter, wie er das entsprechende Kapitel der *Hundejahre* dem damaligen Westberliner Wirtschaftssenator Karl Schiller als einem Wirtschaftsexperten zur Lektüre vorlegt, der sich angesichts der Grass'schen Kompetenz „entzückt" zeigt. Freilich korrigiert er Grass in einem Punkt: „Karl Schiller [...] beanstandete [...] die Vernachlässigung der Banken. Ohne sie laufe nichts, sagte er. Mehr noch: Die eigentliche Macht im Staate liege tresorsicher bei den Banken. Allen demokratischen Bestrebungen zum Trotz sei das so." (OS, S. 52). Und Grass korrigiert das Kapitel dahingehend, dass er „die bereits während der Nazizeit mächtige Bankpotenz Hermann Josef Abs und mit ihm die Deutsche Bank, zudem die Herren Pferdmenges und Forberg ins druckfertige Kapitel" (OS., S. 53) einfügt. Wer die Banken auf seiner Seite hat, hat die Macht, so Grass. Der Rekurs auf den „bereits während der Nazizeit aktiven" Bankier verweist nun deutlich darauf, dass auch hinter Hitler die Banken gestanden hätten. Die Macht der Banken hat in diesem Zusammenhang mythischen Charakter. Abgetrennt von der Produktionssphäre agiert die Bankenmacht wie ein Verhängnis. Die ironische Distanzierung vom mythischen Geschichtsverständnis maskiert das eigene kapitalfetischistische Denken.

Im Zusammenhang der Rede stehen sich also die „realen Werte" der Arbeit, Handwerker, Bauern und Hirten auf der einen Seite und die Banken auf der anderen Seite gegenüber. Auch in dieser Rede ist nun das die ‚Roma' exkludierende „Wir" präsent: „Wir [...] sind, sobald wir Genaueres über das so zahlreiche Volk der Roma erfahren wollen, auf grobe Schätzungen angewiesen" (OS, S. 72). Damit werden die ‚Roma' als dritter Term in die antagonistische Beziehung zwischen Kapital und Arbeit eingeführt. Warum also sollen sich die Banken an den ‚Roma' bewähren? Weil die Zirkulationssphäre, die für die Katastrophen des 20. Jahrhunderts verantwortlich gemacht wird, an den ‚Roma' eine Schuld wiedergutzumachen habe. Das ‚Volk der Roma' nimmt hier eine dritte Position – des passiven Opfers – gegenüber Bankenmacht und realer Arbeit ein.

Genau parallel zur Struktur, die seinem Vorschlag zugrunde liegt – Investition in die Außenseiter –, teilt Grass im Verlauf der Rede eine autobiographische Erfahrung mit:

> Vielleicht kann ich aus eigener Erfahrung deutlich machen, welches Risiko mir anhaftet, indem ich als Autor vom Umgang mit Verlegern berichte. Mir wird Erfolg nachgesagt. Der Umsatz meiner Bücher hat nicht nur mich, sondern auch meinen Verleger reich gemacht. Doch mein erstes Buch, das im Frühjahr 1956 erschien, war ein Band Gedichte, der unter dem vielversprechenden Titel ‚Die Vorzüge der Windhühner' auf den Markt kam und – wie in Sachen Lyrik üblich – nur wenige Käufer fand [...]. Und dennoch handelte mein Verleger richtig, obgleich er nicht ahnen konnte, daß ich mit meinem zweiten Buch, dem Roman ‚Die Blechtrommel', einen Dauerrenner hinlegen würde, der sich sogar im Ausland [...] rechnete. [...] Mein Verleger hat gespürt, daß Investitionen im Bereich Verlustgeschäft Lyrik zukunftsträchtig sind und sich Risiken, wenn auch nicht immer, so doch gelegentlich auszahlen. (OS, S. 63–64)

An der Strukturstelle, die im Verhältnis zur Investitionsbank das ‚Volk der Roma' einnimmt, steht hier Grass' Lyrikband (im Verhältnis zum Verlag). Erneut identifiziert Grass die Kunst und den Künstler – sich selbst – mit den ‚Roma'.

Diese Identifizierung erlangt wie mir scheint, ihre volle Bedeutung erst in einem Zusammenhang der Opferkonkurrenz: „Waren es fünfhunderttausend ermordete Roma oder, wie der Historiker Eberhard Jäckel meint, ‚nur' und allenfalls hundertfünfzigtausend, weshalb man nicht, wie bei der Vernichtung der Juden, von Völkermord sprechen dürfe? Selbst als Tote werden die Roma ausgegrenzt." (OS, S. 73) Die Anmerkung ist in diesem Zusammenhang kein ‚unschuldiger' Hinweis auf das Verschweigen des antiziganistischen Völkermords. Das ‚Volk der Roma', mit dem der ‚Außenseiter' Grass sich identifiziert, wird hier als Opfer gegen die Juden in Stellung gebracht.

Fazit: Thesen zur postnazistischen Transformation des Antiziganismus

Die untersuchten Texte von Müller und Grass markieren zwei Punkte im Verlauf einer Entwicklung, die ich als kritische Phase in der postnazistischen Transformation des Antiziganismus verstehe. Vom Blick auf Rumänien mit seinen großäugigen armen und goldzähnigen reichen ‚Zigeunern', der noch deutlich dem alten Zwiespalt von Romantisierung und Abwertung anhängt, führt die Entwicklung hin zu einem engagierten Fürsprechen für das ‚Volk der Roma', das im Gestus der Diskriminierungskritik des anständig-aufständischen Deutschen das Ressentiment bedient. Die Internationalisierung des Antiziganismus, die sich bei Müller anbahnt, wird bei Grass geopolitisch formuliert.

Markieren sie auch eine Entwicklung, so lässt sich m. E. über die Texte hinweg aber auch eine Kontur des Stands des postnazistisch transformierten Antiziganismus um die Jahrtausendwende nachzeichnen. In gebotener Knappheit möchte ich die Ergebnisse der Untersuchung von Müllers und Grass' Texten auf mehrere Thesen zum Stand des postnazistisch transformierten Antiziganismus hin systematisieren.

1. Für das Aufrechterhalten der Sinnstruktur ist eine Verklebung von explizit als solchem benanntem ‚Zigeuner'- bzw. ‚Roma'-Bild und Vorstellungen von empirischen Roma und Romnja funktional. Diese Verklebung erlaubt es, sich im Zuge der Diskriminierungskritik antiziganistisch zu äußern.
2. Da die Sinnstruktur des Vorurteils stabil bleibt, ist es nicht überraschend, dass einige alte Bestände des Vorurteils weitertradiert werden, so Nomadismus und Künstlertum bei Müller wie Grass. Diese werden in der postnazistisch transformierten Form häufig positiv gewertet: so wird der angebliche Hang zur Mobilität von Grass zum vorbildhaften Europäertum erklärt; andererseits wird der Vorurteilsbestand ‚faul' bei Grass nur implizit genannt und bleibt so auch implizit negativ bewertet.
3. Ein keineswegs überraschender, doch bezeichnender Zug des postnazistisch transformierten Antiziganismus ist die besonders bei Grass augenfällige Unfähigkeit, Roma und Romnja als etwas anderes denn als Kollektiv zu verstehen.
4. Unter den Vorurteilsbeständen hat die, wie die schon genannten Bestände, alte Triangulationsstruktur – ‚Zigeuner' bzw. ‚Roma' als Helfer gegnerischer Mächte – eine besondere Bedeutung im postnazistisch transformierten Antiziganismus. Die dritte Stelle neben der Wir-Position und der Position der ‚Zigeuner' bzw. ‚Roma' lässt sich flexibel besetzen, in der Geschichte des Ressentiments etwa im deutschen Sprachraum seit dem 15. Jahrhundert mit der ‚Türkengefahr'. Von Müller wird die Triangulationsstruktur genutzt, um

den Gegensatz zwischen Ceaușescu-Regime einerseits und Bevölkerung oder Opposition andererseits im korrumpierten ‚Zigeuner' zu triangulieren.

5. Dieselbe Triangulationsstruktur hat aber besondere Bedeutung – auch das ein alter Bestand – in der Gegenüberstellung von Wir-Gruppe und Juden. In postnazistisch transformierter Fortführung der zu Beginn dieses Aufsatzes von Fings referierten Verbindung von Antisemitismus und Antiziganismus wird die Vermittlungsposition, auf der die ‚Zigeuner' bzw. ‚Roma' stehen, um die Jahrtausendwende nun positiv gewertet. Die Position dient als Vergleichsposition, aber die Bewertungen werden umgekehrt (‚gute Juden' vs. ‚böse Zigeuner' → ‚gute Roma' vs. ‚böses Israel'): Den Shoah-Überlebenden und dem Staat, der das Überleben der Juden auch weiterhin garantiert, werden bei Grass die ‚Roma' als bessere Überlebende gegenübergestellt: als weniger aufmüpfige, bescheidene Überlebende, die keinen Anspruch auf Territorium und Bewaffnung erheben.

6. In diesem Zusammenhang der positiven Umwertung der Vermittlungsposition steht eine Tendenz, die Roma ins Paradigma des postnazistisch transformierten Rassismus zu integrieren, d. h. als unterdrücktes und schützenswertes fremdes Volk. Das Scheitern dieses Versuchs manifestiert sich in den Widersprüchen, die sich bei Grass in der Konzeption des ‚Romavolks' als gleichzeitig Nation (ohne Territorium), Wahlliste und unmittelbar europäische Bürgerschaft manifestieren. Dieses Scheitern verdeutlicht die Virulenz der Zuschreibung von Nicht-Identität an die ‚Sinti und Roma'.[102]

Die Untersuchung der Texte von Herta Müller und Günter Grass hat gezeigt, dass sich um die Jahrtausendwende eine spezifisch postnazistisch transformierte antiziganistische Ideologie bemerkbar macht. Antiziganismus in allen seinen Aspekten – von der antiziganistischen Berichterstattung in den Medien über Schikane von als ‚Roma' wahrgenommenen Menschen auf dem Amt und alltägliche Gewalt bis hin zum Rechtsterrorismus – kann heute nur dann adäquat verstanden und bekämpft werden, wenn man diese postnazistische Transformation begreift. Tut man das nicht, läuft man Gefahr, auf die ideologische Argumentation derer hereinzufallen, die von sich behaupten, Romnja und Roma gegenüber freundlich eingestellt zu sein, aber tatsächlich antiziganistisch sprechen und handeln: man läuft Gefahr, auf das postnazistische Bewusstsein hereinzufallen, das unter veränderten Bedingungen weiter das Nicht-Identische im Juden und im ‚Zigeuner' fetischisiert und verfolgt. Und man kann, verweigert man sich der Einsicht in die

---

[102] Vgl. Magdalena Freckmann, Das Element der Nicht-Identität im Antiziganismus, in: Zeitschrift für Rechtsextremismusforschung 2 (2022), H. 1, S. 41–52.

postnazistische Transformation des Antiziganismus, zu dem Schluss kommen, Herta Müller sei eine Antiziganismuskritikerin und Günter Grass ein Vorkämpfer für die Bürgerrechte von Roma und Romnja.

Literatur

Achim, Viorel. The Roma in Romanian History, Budapest/New York 2004.

Acton, Thomas. Anfänge und Entwicklung transnationaler Roma-Bewegungen mit dem Ziel der Durchsetzung von Bürgerrechten nach dem Holocaust, o. J., https://www.romarchive.eu/de/roma-civil-rights-movement/beginnings-and-growth-transnational-movements-roma/#back1 (Stand: 01. 09. 2020).

Acton, Thomas/Ilona Klimova. The World Romani Congress held in Prague, 24 July–28 July 2000, 2000, https://www.romarchive.eu/de/collection/report-of-5th-world-romani-congress/ (Stand: 01. 09. 2020).

Adorno, Theodor W. Minima Moralia. Reflexionen aus dem beschädigten Leben [1951], Gesammelte Schriften, Bd. 4, hrsg. von Rolf Tiedemann, Frankfurt a. M. 2003.

Allianz gegen Antiziganismus. Antiziganismus. Grundlagenpapier, 2016, https://ergonetwork.org/wp-content/uploads/2021/02/Grundlagenpapier-Antiziganismus-Version-16.06.2017.pdf (Stand: 26. 07. 2021).

Bentele, Günter. Reportage, in: Klaus Weimar/Harald Fricke/Klaus Grubmüller/Jan-Dirk Müller (Hrsg.), Reallexikon der deutschen Literaturwissenschaft. Neubearbeitung des Reallexikons der deutschen Literaturgeschichte, Bd. 3, Berlin 2007, S. 266–268.

Beutin, Wolfgang. Der Fall Grass. Ein deutsches Debakel, Frankfurt a.M. u.a. 2008.

Bittermann, Klaus (Hrsg.). Literatur als Qual und Gequalle. Über den Literaturbetriebsintriganten Günter Grass, Berlin 2007.

Bittermann, Klaus. Lutschen am Brühwürfel. Über den Literaturbetriebsintriganten Günter Grass, in: Klaus Bittermann (Hrsg.), Literatur als Qual und Gequalle. Über den Literaturbetriebsintriganten Günter Grass, Berlin 2007, S. 7–27.

Bogdal, Klaus-Michael. Europa erfindet die Zigeuner. Eine Geschichte von Faszination und Verachtung, Berlin 2011.

Brittnacher, Hans Richard. Die Gypsygrotesken des Emir Kusturica: Balkan, Pop und Mafia, in: Radmila Mladenova/Tobias von Borcke/Pavel Brunssen/Markus End/Anja Reuss (Hrsg.), Antigypsyism and Film. Antiziganismus und Film, Heidelberg 2020, S. 67–77.

Broder, Henryk M. Nicht ganz dicht, aber ein Dichter, in: Heinrich Detering/Per Øhrgaard (Hrsg.), Was gesagt wurde. Eine Dokumentation über Günter Grass' „Was gesagt werden muss" und die deutsche Debatte, Göttingen 2013, S. 15–18.

Bruhn, Joachim. „Antiziganismus". Das Programm zum Pogrom, in: Joachim Bruhn, Was deutsch ist. Zur kritischen Theorie der Nation, Freiburg 1994, S. 111–119.

Buchmann, Paul. 20 Jahre staatlicher Antirassismus in Deutschland. Zur Staatskritik der Programme gegen Rechtsextremismus und Rassismus, in: Phase 2 58 (2021), S. 27–30.

Detering, Heinrich/Per Øhrgaard (Hrsg.). Was gesagt wurde. Eine Dokumentation über Günter Grass' „Was gesagt werden muss" und die deutsche Debatte, Göttingen 2013.

Deutscher Bundestag. Bericht der Unabhängigen Kommission Antiziganismus. Perspektivwechsel – Nachholende Gerechtigkeit – Partizipation, Drucksache 19/30310, 2021, https://dserver.bundestag.de/btd/19/303/1930310.pdf (Stand: 23.07.2021).

Eke, Norbert Otto. „In jeder Sprache sitzen andere Augen". Herta Müllers ex-zentrisches Schreiben, in: Hans Richard Brittnacher/Magnus Klaue (Hrsg.), Unterwegs. Zur Poetik des Vagabundentums im 20. Jahrhundert, Köln/Weimar/Wien 2008, S. 247–259.

Eke, Norbert Otto. Biographische Skizze, in: Norbert Otto Eke (Hrsg.), Herta Müller-Handbuch, Stuttgart 2017, S. 2–12.

End, Markus. Bilder und Sinnstruktur des Antiziganismus, in: Aus Politik und Zeitgeschichte 22–23 (2011), https://www.bpb.de/apuz/33277/bilder-und-sinnstruktur-des-antiziganismus?p=all (Stand: 26.07.2021).

End, Markus. Antiziganismus. Zur Verteidigung eines wissenschaftlichen Begriffs in kritischer Absicht, in: Alexandra Bartels/Tobias von Borcke/Markus End/Anna Friedrich (Hrsg.), Antiziganistische Zustände 2. Kritische Positionen gegen gewaltvolle Verhältnisse, Münster 2013, S. 38–72.

End, Markus. Antiziganismus in der deutschen Öffentlichkeit. Strategien und Mechanismen medialer Kommunikation, Heidelberg 2014.

Engbring-Romang, Udo. Ein ungekanntes Volk? Daten, Fakten und Zahlen. Zur Geschichte und Gegenwart der Sinti und Roma in Europa, 2014, https://www.bpb.de/internationales/europa/sinti-und-roma-in-europa/179536/ein-unbekanntes-volk-daten-fakten-und-zahlen?p=all (Stand: 09.09.2020).

Feierstein, Liliana Ruth. Diaspora, in: Christina von Braun/Micha Brumlik (Hrsg.), Handbuch Jüdische Studien, Köln/Weimar/Wien 2018, S. 99–109.

Fings, Karola. Sinti und Roma. Geschichte einer Minderheit, 2. Aufl., München 2019.

Freckmann, Magdalena. Das Element der Nicht-Identität im Antiziganismus, in: Zeitschrift für Rechtsextremismusforschung 2 (2022), H. 1, S. 41–52.

Geelhaar, Stephan/Ulrike Marz/Thomas Prenzel. „… und du wirst sehen, die Leute, die hier wohnen, werden aus den Fenstern schauen und Beifall klatschen." Rostock-Lichtenhagen als antiziganistisches Pogrom und konformistische Revolte, in: Alexandra Bartels/Tobias von Borcke/Markus End/Anna Friedrich (Hrsg.), Antiziganistische Zustände 2. Kritische Positionen gegen gewaltvolle Verhältnisse, Münster 2013, S. 140–161.

Glajar, Valentina. Essays, in: Norbert Otto Eke (Hrsg.), Herta Müller-Handbuch, Stuttgart 2017, S. 91–101.

Grass, Günter. Ohne Stimme. Reden zugunsten des Volkes der Roma und Sinti, Göttingen 2000.

Grass, Günter. Unterwegs von Deutschland nach Deutschland. Tagebuch 1990, Göttingen 2009.

Grass, Günter. Was gesagt werden muss, in: Heinrich Detering/Per Øhrgaard (Hrsg.), Was gesagt wurde. Eine Dokumentation über Günter Grass' „Was gesagt werden muss" und die deutsche Debatte, Göttingen 2013, S. 12–14.

Grass, Günter. Zukunftsmusik oder Der Mehlwurm spricht. Rede auf Einladung der Europäischen Investitionsbank, in: Günter Grass, Werke. Neue Göttinger Ausgabe, hrsg. von Dieter Stolz und Werner Frizen, Bd. 23: Essays und Reden 1992–2011, Göttingen 2020, S. 298–316.

Gress, Daniela. Geburtshelfer einer Bewegung? Die mediale Kampagne der „Gesellschaft für bedrohte Völker" für Bürgerrechte deutscher Sinti und Roma, in: Birgit Hofmann (Hrsg.),

Menschenrecht als Nachricht. Medien, Öffentlichkeit und Moral seit dem 19. Jahrhundert, Frankfurt a.m./New York 2020, S. 267–306.

Grigat, Stephan. Postnazismus in Zeiten des Djihad. Modernisierte Vergangenheitspolitik, die Konkurrenz der Antisemiten und die FPÖ nach Jörg Haider, in: Stephan Grigat (Hrsg.), Postnazismus revisited. Das Nachleben des Nationalsozialismus im 21. Jahrhundert, Freiburg 2012, S. 9–49.

Grigat, Stephan. Transformation der postnazistischen Demokratie und Postfaschismus als Begriff der Kritik, in: Stephan Grigat (Hrsg.), Postnazismus revisited. Das Nachleben des Nationalsozialismus im 21. Jahrhundert, Freiburg 2012, S. 127–135.

Gropp, Eckhard. „Was nicht faßbar ist, flattert hin, wo es will". Poetologische und politische Aspekte von *Hunger und Seide*, in: Ralph Köhnen (Hrsg.), Der Druck der Erfahrung treibt die Sprache in die Dichtung. Bildlichkeit in Texten Herta Müllers, Frankfurt a. M. u. a. 1997, S. 171–181.

Henschel, Gerhard. Aus dem Tagebuch eines Gockels, in: Klaus Bittermann (Hrsg.), Literatur als Qual und Gequalle. Über den Literaturbetriebsintriganten Günter Grass, Berlin 2007, S. 33–43.

Hund, Wulf D. ‚Schwarzes Volk', ‚herrenloses Gesindel' und ‚Kinder der Freiheit'. Stereotype Zigeunerbilder als rassistische Ideologie, in: Wulf D. Hund (Hrsg.), Fremd, faul und frei. Dimensionen des Zigeunerstereotyps, Münster 2014, S. 5–20.

Mayer, Hans. Außenseiter [1975], Frankfurt a. M. 2007.

Müller, Herta. Mein Vaterland war ein Apfelkern. Ein Gespräch mit Angelika Klammer, München 2014.

Müller, Herta. Der Staub ist blind – die Sonne ein Krüppel. Zur Situation der Zigeuner in Rumänien [1991], in: Herta Müller, Hunger und Seide. Essays, Frankfurt a. M. 2016, S. 148–167.

Müller, Herta. Von der gebrechlichen Einrichtung der Welt. Rede zur Verleihung des Kleist-Preises 1994, in: Herta Müller, Hunger und Seide. Essays, Frankfurt a. M. 2016, S. 7–16.

Nachtmann, Clemens. Die demokratisierte Volksgemeinschaft als Karneval der Kulturen. Von der Verallgemeinerung des Postnazismus und dem Altern der antideutschen Kritik, in: Stephan Grigat (Hrsg.), Postnazismus revisited. Das Nachleben des Nationalsozialismus im 21. Jahrhundert, Freiburg 2012, S. 47–94.

Neuhaus, Volker. Günter Grass, 3. Aufl., Stuttgart/Weimar 2010.

Oesterle, Günter. „Zigeunerbilder" als Maske des Romantischen, in: Wilhelm Solms/Daniel Strauss (Hrsg.), „Zigeunerbilder" in der deutschsprachigen Literatur. Tagung in [sic] der Universität Marburg vom 5. bis 7. Mai 1994, Heidelberg 1995, S. 47–63.

Overath, Angelika. Emblematische Not. Die Reporterin Herta Müller, in: Text + Kritik 155: Herta Müller (2002), S. 85–94.

Patrut, Iulia-Karin. Phantasma Nation. „Zigeuner" und Juden als Grenzfiguren des „Deutschen" (1770–1920), Würzburg 2014.

Phase 2 Leipzig. Did Nazi that coming – Über 20 Jahre demokratischer Antifaschismus. Einleitung zum Schwerpunkt, in: Phase 2 58 (2021), S. 3–4.

Pietsch, Timm Niklas. „Wer hört noch zu?" Günter Grass als politischer Redner und Essayist, Essen 2006.

Schäfer, Wolfram. Wider den Vorwurf des Kinderraubs, in: Udo Engbring-Romang/Wilhelm Solms (Hrsg.), „Diebstahl im Blick"? Zur Kriminalisierung der „Zigeuner", Seeheim 2005, S. 141–179.
Schreiter, Nikolai. „Eingeschleppte Parasiten". Antiziganismus und die Bettelmafia als pathische Projektion, in: sans phrase. Zeitschrift für Ideologiekritik 7 (2015), S. 49–62.
Segev, Tom. The German Who Needed a Fig Leaf, in: Haaretz, 26.08.2011, https://www.haaretz.com/the-german-who-needed-a-fig-leaf-1.5158486 (Stand: 26.07.2021).
Solms, Wilhelm. Deutsche Literaturnobelpreisträger und ihre „Zigeuner", in: Wilhelm Solms, „Zwei Zigeuner, schwarz und gräulich". Zigeunerbilder deutscher Dichter, Frankfurt a. M. 2018, S. 105–122.
Willeke, Stephanie. Shoah und Gulag, in: Norbert Otto Eke (Hrsg.), Herta Müller-Handbuch, Stuttgart 2017, S. 214–220.

Kurt Gritsch
„Mit den Serben muss aufgeräumt werden und zwar bald"

Zwischen Klischee und Rassismus: das deutsche und österreichische Serbien-Bild vom 19. Jahrhundert bis zur Gegenwart

Dieser Aufsatz widmet sich zuerst dem Wandel des Serbien-Bildes in der deutschsprachigen Öffentlichkeit im 19. Jahrhundert und beleuchtet dieses dann anhand von drei historischen Ausschnitten des 20. Jahrhunderts – dem Ausbruch des Ersten Weltkriegs, der NS-Besatzung Jugoslawiens und den jugoslawischen Sezessionskriegen – sowie der Kriegsschuldfrage anlässlich 100 Jahre Erster Weltkrieg. Dazu wird folgende Kernthese vertreten: Das Bild Serbiens in der deutschsprachigen Öffentlichkeit ist als Konstrukt österreichischer und deutscher Balkanpolitik des 19. und 20. Jahrhunderts zu verstehen und trägt rassistische Züge, weil es der Rechtfertigung von Gewaltverhältnissen diente.

Ein Merkmal von Rassismus ist, dass die stereotypen Zuschreibungen unabhängig vom Verhalten des Diskriminierten existieren und von diesem auch nicht nennenswert beeinflusst werden können, weil sie letztendlich die Gewalt des Zuschreibenden rechtfertigen sollen. Insofern beschäftigt sich der Beitrag also in der Untersuchung der deutsch-österreichischen politischen Motive mit der Entstehung von Rassismus gegen Serbien und nicht mit der Politik Serbiens.

Diese Herangehensweise impliziert nicht, dass Serbien, Serbinnen und Serben als historische Opfer von Rassismus in der Geschichte nur Objekte und keine Subjekte gewesen sind. Hierzu gehören beispielsweise das Attentat des 28. Juni 1914, die Morde der Četniks im Kosovo während des Ersten Weltkriegs, Čubrilovićs Pläne zur Vertreibung der Albanerinnen und Albaner, die Vertreibungen, Enteignungen und Rachemorde an den Deutschen in Jugoslawien durch Titos Truppen am Ende des Zweiten Weltkriegs, die Massaker von Arkans ‚Tigern' in den jugoslawischen Zerfallskriegen oder das Massaker von Srebrenica 1995. Die Kriege Serbiens vor und während des Ersten Weltkriegs auf dem Balkan, die Rolle der Partisanen im Zweiten Weltkrieg, Belgrads Politik gegenüber dem Kosovo und nicht zuletzt die Rolle bosnisch-serbischer Militärs und Paramilitärs in den Jugoslawischen Zerfallskriegen sind eigenständige Forschungsthemen.[1]

---

1 Vgl. u. a. Arnold Suppan, Hitler – Beneš – Tito. Konflikt, Krieg und Völkermord in Ostmittel- und Südosteuropa (= Internationale Geschichte 2), Wien 2014; Holm Sundhaussen, Jugoslawien

Open Access. © 2023 bei den Autorinnen und Autoren, publiziert von De Gruyter. Dieses Werk ist lizenziert unter einer Creative Commons Namensnennung 4.0 International Lizenz.
https://doi.org/10.1515/9783110702729-017

Im vorliegenden Beitrag geht es um die Frage, wann und warum Klischees und Rassismus entstanden sind, welche Zwecke sie erfüllten und welche Folgen sie hatten. Dies sagt nichts über die politische Rolle Belgrads aus und entspricht keiner Exkulpation serbischer Verantwortung für Ereignisse der jüngeren Geschichte. Umgekehrt sollten Historikerinnen und Historiker in ihren Darstellungen rassistische Elemente vermeiden, auch jene, die durch unreflektierte Übernahme perpetuiert werden. Es gehört zu den Herausforderungen einer rassismuskritischen Geschichtsschreibung, negative Handlungen der Diskriminierten gesondert zu betrachten und sie weder zu ignorieren noch gegen das Erlittene aufzurechnen.

Das Forschungsinteresse des Autors – Gritsch ist ein auf das Romanische zurückgehender Tiroler Namen – rührt aus der persönlich erlebten Konfliktgeschichte der Südtirol-Frage, die zum Ausgangspunkt für seine internationale Konfliktforschung wurde.

Rassismus: Begriffsdefinition

Um die Frage beantworten zu können, in welcher Form im Serbien-Bild der deutsch-österreichischen Öffentlichkeit der vergangenen 200 Jahre Klischees und insbesondere rassistische Elemente zu finden sind, ist zuerst eine wissenschaftliche Eingrenzung des Begriffs notwendig. Der Duden definiert Rassismus folgendermaßen:

> 1. (meist ideologischen Charakter tragende, zur Rechtfertigung von Rassendiskriminierung, Kolonialismus o. Ä. entwickelte) Lehre, Theorie, nach der Menschen bzw. Bevölkerungsgruppen mit bestimmten biologischen oder ethnisch-kulturellen Merkmalen anderen von Natur aus über- bzw. unterlegen sein sollen [...] 2. dem Rassismus (1) entsprechende (bewusste oder unbewusste) Einstellung, Denk- und Handlungsweise [... und] 3. a. dem Rassismus (1) entsprechende institutionelle, gesellschaftliche o. ä. Strukturen, durch die Menschen diskriminiert werden [...] b. dem Rassismus (1) entsprechende systematische Unterdrückung von Menschen.[2]

Detlev Claussen hat den unter Punkt 1 im Duden genannten Aspekt des Rassismus als dessen zentrales Merkmal 1994 folgendermaßen definiert [Hervorhebungen im Original]: *„Unter Rassismus im engeren Sinne läßt sich eine gesellschaftliche Praxis*

---

und seine Nachfolgestaaten 1943–2011. Eine ungewöhnliche Geschichte des Gewöhnlichen, 2. Aufl., Wien 2012; Laura Silber/Allan Little, Bruderkrieg. Der Kampf um Titos Erbe, Wien u. a. 1995.
2 https://www.duden.de/rechtschreibung/Rassismus (Stand: 05.08.2021).

verstehen, in Wort und Tat Menschengruppen wegen ihrer Herkunft oder Hautfarbe zu diskriminieren."[3] Doch dieser Praxis liegt eine Absicht zugrunde:

> ‚Rassismus' eignet sich besonders gut zur Rechtfertigung von Gewalt und Aggression; denn er war nie etwas anderes als ein *Legitimationsmuster von unmittelbaren Gewaltverhältnissen.* Der Rassismus [...] ist entwickelt worden, um besondere Gewaltverhältnisse zu begründen, die er als ‚einzig natürliche' rechtfertigen sollte. Die gesellschaftsgeschichtliche Genese dieser Ideologie ist in der Kombination von Kolonialsystem und Sklaverei zu suchen.[4]

Der vorliegende Aufsatz orientiert sich an dieser Definition. Natürlich weist Rassismus noch weitere Merkmale auf, die teilweise oder vollständig vorkommen können. Dazu gehören die Verwirklichung einer fiktiven Konstruktion von ‚Rasse', die Zuschreibung negativ konnotierter Eigenschaften gegenüber einer bestimmten Gruppe, die Spiegelung der Darstellung des anderen auf sich selbst, die praktische Umsetzbarkeit des Rassismus und seine Anpassungsfähigkeit an sich wandelnde Epochen.[5] Und Rassismus wirkt als Reaktion auf die Krise des Kapitalismus auch als „Rechtfertigungsideologie, die soziale Unterschiede erklärt und befestigt".[6] Zwar braucht Kapitalismus den Rassismus nicht notwendigerweise als Ideologie, „aber wo er ihm dienlich ist, bedient er sich seiner Exklusionsfunktion zur Ausbeutung und Vernutzung der Arbeitskraft."[7]

Analog dazu, dass die deutsche Gesellschaft bis ins 21. Jahrhundert hinein hinsichtlich Fremdenfeindlichkeit und Rassismus eine „erstaunliche Stabilität der Einstellungen"[8] aufweist, lassen sich Kontinuitäten im Serbien-Bild der deutschen Öffentlichkeit feststellen. Zwei Phänomene treten dabei besonders in Erscheinung, nämlich einerseits rassistische Zuschreibungen als Mittel zum Erreichen und zur Legitimierung eigener politischer Ziele und andererseits antiserbischer Rassismus als Mittel deutscher Vergangenheitsbewältigung. Von beiden wird noch ausführlich die Rede sein.

---

3 Detlev Claussen, Was heißt Rassismus?, Darmstadt 1994, S. 1.
4 Claussen, Rassismus, S. 15–16 (Hervorhebung im Original).
5 Vgl. Johannes Zuber, Gegenwärtiger Rassismus in Deutschland. Zwischen Biologie und kultureller Identität (zugl. Univ.-Diss.), Göttingen 2015, S. 56.
6 Ulrike Marz, Annäherungen an eine Kritische Theorie des Rassismus, in: Peripherie 2 (2017), S. 250–270, S. 250.
7 Marz, Annäherungen, S. 254.
8 Wilhelm Heitmeyer, Krisen – Gesellschaftliche Auswirkungen, individuelle Verarbeitungen und Folgen für die Gruppenbezogene Menschenfeindlichkeit, in: Wilhelm Heitmeyer (Hrsg.), Deutsche Zustände: Folge 8, Frankfurt a. M. 2010, S. 13–46, hier S. 38; Marz, Annäherungen, S. 258.

Von der Spätromantik zur 1848er-Revolution: Serbien als Projektionsfläche deutscher Vorurteile und Wunschvorstellungen

Zum besseren Verständnis der Perzeption der Slawen nicht nur im deutschsprachigen Raum empfiehlt sich ein Blick auf die Etymologie der Begriffe „Slave" und „Sklave". So schreibt *Grimms Wörterbuch* Mitte des 19. Jahrhunderts: „sklave, m. servus. I. herkunft und formen. 1) das wort ist eigentlich dasselbe wie die bezeichnung des östlichen nachbarstamms der Germanen, die wir heute als Slave davon unterscheiden."[9] Auch die Araber im Mittelalter entlehnten den Begriff des Sklaven (arabisch sikláb, Plural aṣ-ṣaqāliba) ursprünglich aus der Bezeichnung für gefangengenommene Menschen slawischer Herkunft und übertrugen ihn mit der Zeit auf Diener, Unfreie und Sklaven aus unterschiedlichen Herkunftsgebieten.[10]

Vor diesem Hintergrund war der Balkan, der nach den Amselfeld-Schlachten 1389 und 1445 unter türkisch-muslimische Verwaltung geraten war, für den Westen ein Randgebiet, das allenfalls als Austragungsort der osmanisch-habsburgischen Hegemonieansprüche in Erinnerung trat. Erste deutsche Berührungen mit Serbien zu Beginn des 19. Jahrhunderts standen denn auch ganz „im Zeichen von Modernisierung und Nationsbildung"[11] und basierten auf dessen Abgrenzung vom Westen. So seien Bulgaren, Serben und Albaner asiatischen Ursprungs – ein Rassismus innerhalb der pejorativen Zuschreibung – und bestenfalls eine Mischung aus europäischem und asiatischem Geist, jedenfalls nicht auf derselben kulturellen Stufe wie die Westeuropäer.[12]

Neben Herder und Hegel hatte auch Leopold von Ranke Slawen „durch ihr Semi-Christentum, durch folkloristisches Heidentum, Hexen-, Feen- und Vampirglauben, Räuberei, Mord, Brudermord, Vatermord"[13] aus der engeren Geschichte Europas ausgeschlossen.[14]

---

9 Jacob und Wilhelm Grimm, Deutsches Wörterbuch, 16 Bde. in 32 Teilbänden, Leipzig 1854–1961. Quellenverzeichnis Leipzig 1971, Bd. 16, Sp. 1309–1314, hier Sp. 1310.
10 Vgl. Grimm, Deutsches Wörterbuch, Sp. 1311–1312.
11 Dario Vidojković, Von Helden und Königsmördern: Das deutsche Serbienbild im öffentlichen Diskurs und in der Diplomatie von 1878 bis 1914, Wiesbaden 2015, S. 123.
12 Vgl. Vidojković, Von Helden und Königsmördern, S. 124.
13 Frank Kämpfer, Zur Rezeption Vuk Karadžičs in Deutschland: Leopold Rankes ‚Die Serbische Revolution', in: Josip Matešić/Klaus Heitmann (Hrsg.), Südosteuropa in der Wahrnehmung der deutschen Öffentlichkeit vom Wiener Kongress (1815) bis zum Pariser Frieden (1856) (= Südosteuropa – Studien 47), München u. a. 1990, S. 153–164, S. 160.

Unter Bezugnahme auf Quellen aus dem 18. Jahrhundert[15] wurde die orthodoxe Kirche Südosteuropas in deutschen literarischen Darstellungen wegen ihrer spezifischen Theologie und Frömmigkeit weit ins 19. Jahrhundert hinein nicht nur kritisch betrachtet, sondern auch abgewertet,[16] während gleichzeitig der Leidensdruck der unter türkischer Herrschaft lebenden Christen und die Bereitschaft zur Hilfe thematisiert wurden.[17]

Zu den schärfsten Kritikern der Orthodoxie gehörten Johann Gottfried Herder und Georg Wilhelm Friedrich Hegel – und bei letzterem verband sich, weit über Herders Verdikt hinausreichend, „seine radikale Abwertung des byzantinischen Christentums mit einer ähnlichen vor allem der Südslawen".[18] Südosteuropa war im 19. Jahrhundert vor allem eine Spielwiese der Projektion deutscher Intellektueller: Weder Hegel noch Herder hatten jemals den Balkan bereist, stattdessen verfassten sie ihre idealistischen Urteile aus weiter Ferne.[19]

Neben Herder und Hegel haben sich Ranke, Goethe, die Gebrüder Grimm, Wilhelm von Humboldt, Clemens Brentano, Ludwig Uhland, Jacob Burckhardt und noch viele andere mit Serbien auseinandergesetzt. Doch kaum einmal geht es tatsächlich um die Menschen auf dem Balkan. Im Wesentlichen erscheinen Serbien und seine südslawischen Nachbarn nur als Projektionsfläche, auf die die eigenen (häufig gescheiterten) deutschen Ideen projiziert wurden. So erfolgte die Hinwendung zu Serbien vor allem durch deutsche Liberale, die das Autonomiebestreben Belgrads gegenüber dem Osmanischen Reich als Analogie für ihren Kampf um einen demokratischen deutschen Nationalstaat interpretierten.[20]

Serbien war einmal ein Land mit einer im Vergleich zu den deutschen Regionen unterentwickelten Kultur, ein anderes Mal wiederum wurde die serbische Literatur wegen ihrer angeblichen Ursprünglichkeit hochstilisiert. Die Romantiker glaubten in den serbischen Volksliedern den „Volksgeist" zu finden und widmeten Serbien gleich zwei sehr erfolgreiche mediale Formen, nämlich die Reisebeschreibung und das Volkslied.[21] Vor allem die Spätromantik zeigte großes

---

14 Vgl. Kämpfer, Rezeption, S. 153.
15 Vgl. Hans-Dieter Döpmann, Die Christenheit auf dem Balkan im Spiegel deutschsprachiger Literatur des 19. Jahrhunderts, in: Josip Matešić/Klaus Heitmann (Hrsg.), Südosteuropa in der Wahrnehmung der deutschen Öffentlichkeit vom Wiener Kongress (1815) bis zum Pariser Frieden (1856) (= Südosteuropa – Studien 47), München u. a. 1990, S. 19–32, hier S. 20.
16 Vgl. Döpmann, Christenheit, S. 21 und S. 25.
17 Vgl. Döpmann, Christenheit, S. 24.
18 Döpmann, Christenheit, S. 26.
19 Vgl. Döpmann, Christenheit, S. 32.
20 Vgl. Vidojković, Von Helden und Königsmördern, S. 126.
21 Vgl. Vidojković, Von Helden und Königsmördern, S. 133.

Interesse am Südosten Europas und war besonders empfänglich für nationale Probleme anderer Völker, weil sie darin die deutsche Situation gespiegelt sah.[22]

> Eine gewisse Idealisierung der Südslaven, insbesondere der Serben, war charakteristisch für die deutsche Romantik. Die Slovenen und die Kroaten konnten nicht als ‚Naturvölker' gelten, denn sie lebten unter Österreich und Italien und waren daher als ‚zivilisiert' anzusehen. Da die Bulgaren und die Makedonen damals noch fast unbekannt waren, blieben nur die Serben, die die Erwartungen eines für die Romantik gültigen ‚Naturvolkes' erfüllen durften.[23]

Erwähnenswert ist hier die kulturelle Auseinandersetzung Goethes mit den Werken des Philologen Vuk Stefanović Karadžić, der serbische Volkslieder sammelte – die wiederum über Goethe in Deutschland bekannt wurden. Zahlreiche weitere Übersetzungen südslawischer Lieder sowie Publikationen dazu durch deutsche Intellektuelle sollten bis Mitte des 19. Jahrhunderts folgen.[24] Einmal ins Deutsche übersetzt, wurden südslawische Volkslieder auch von Komponisten wie Carl Loewe, Georg Hentschel oder Johannes Brahms vertont.[25]

Die vor allem in der Zeit der Romantik erfolgte Beschäftigung mit Volksliedern und Heldenepen, aber auch mit der Geschichte der Südslawen durch Herder, Goethe, Grimm, Ranke und viele andere deutsche Intellektuelle kommt einer „Verdichtung eines Diskurses"[26] gleich, der maßgeblich zum von Stereotypen durchzogenen positiven Serbien-Bild in der ersten Hälfte des 19. Jahrhunderts beitrug. Ergänzt wurde dieses mehr auf Projektion denn auf Feldforschung beruhende Bild durch die Interpretation der serbischen Aufstände von 1804 und 1815 als beispielgebend für die deutschen Liberalen. Dabei hatte die positive Stilisierung Serbiens in Deutschland – ein typisches Merkmal von Rassismus – auch einen Rückkoppelungseffekt auf dem Gebiet der Südslawen,[27] indem er dem dortigen Diskurs über Nation neues Leben einhauchte.[28]

Mit der zunehmenden politischen Eigenständigkeit Serbiens in der zweiten Hälfte des 19. Jahrhunderts wandelt sich auch das deutsche Serbien-Bild von romantischer Überhöhung hin zu teilweise kritischer Wahrnehmung der sich

---

22 Vgl. Vidojković, Von Helden und Königsmördern, S. 134.
23 Josip Matešić, Der Weg zur Anerkennung. Die südslavische Volksdichtung in deutschsprachigen Fachlexika (1. Hälfte des 19. Jahrhunderts), in: Josip Matešić/Klaus Heitmann (Hrsg.), Südosteuropa in der Wahrnehmung der deutschen Öffentlichkeit vom Wiener Kongress (1815) bis zum Pariser Frieden (1856) (= Südosteuropa – Studien 47), München u. a. 1990, S. 173–178, hier S. 177, Fußnote 6.
24 Vgl. Matešić, Weg zur Anerkennung, S. 174.
25 Vgl. Matešić, Weg zur Anerkennung, S. 175, Fußnote 2.
26 Vgl. Vidojković, Von Helden und Königsmördern, S. 143.
27 Vgl. Vidojković, Von Helden und Königsmördern, S. 129.
28 Vgl. Vidojković, Von Helden und Königsmördern, S. 138.

entwickelnden Regionalmacht.[29] So geht mit dem Ziel Serbiens, sich von der türkischen Herrschaft zu befreien, ein weiteres einher, nämlich die Vereinigung der südslawischen Balkanvölker[30] – und hier gerät Belgrad zunehmend in Opposition zu Wien.

Der Wandel des Serbien-Bilds in der deutschsprachigen Publizistik/Öffentlichkeit ab der Mitte des 19. Jahrhunderts steht auch im Kontext deutscher Migration ins Donautal – die sogenannten Donauschwaben.[31] Mit diesem Siedlungskolonialismus ging imperialistisches Überlegenheitsdenken einher, das sich in der zweiten Hälfte des 19. Jahrhunderts auch in einem negativer werdenden Bild der Südslawen und insbesondere der Serben äußerte. So heißt es in *Meyer's* [sic] *Neues Konversations-Lexikon für alle Stände* von 1859:

> Die illyrischen Slaven sind im Allgemeinen nicht fleißig (die ganze Last der häuslichen Geschäfte ruht in der Regel auf der Frau), geneigt zu Tanz, Trunk und Spiel, höchst abergläubisch, unduldsam, listig und schelmisch; sie hassen die Deutschen über Alles und lassen dies dieselben auf jede Weise empfinden.[32]

Auf dem Berliner Kongress vom 13. Juni bis 13. Juli 1878 wurde die durch Kriege gegen das Osmanische Reich in den Vorjahren erkämpfte Souveränität Serbiens, Montenegros und Rumäniens bestätigt, während Österreich-Ungarn das Recht erhielt, Bosnien-Herzegowina zu verwalten.[33] Die letzten zwei Jahrzehnte des 19. Jahrhunderts blieben geprägt vom Kampf um die Frage der internationalen Ausrichtung. König Milan Obrenović wie auch dessen Sohn Aleksandar versuchten, die Orientierung an Österreich-Ungarn aufrecht zu erhalten. Unter dem Druck der Radikalen, die 1888 erstmals an die Regierung kamen, erfolgte jedoch eine Hinwendung zum Russischen Reich, symbolisch verdeutlicht in der Hochzeit Aleksandars, dessen Trauzeuge Zar Nikolaus II. war.

1902 brach Aleksandar mit den Radikalen, ein Jahr später, am 29. Mai 1903, wurden er und seine Ehefrau Draga Obrenović in einer blutigen Palastrevolution

---

29 Vgl. Vidojković, Von Helden und Königsmördern, S. 149.
30 Vgl. Vidojković, Von Helden und Königsmördern, S. 151.
31 Vgl. András Gergely, Deutsche Zukunftspläne für Südosteuropa um 1848, in: Josip Matešić/ Klaus Heitmann (Hrsg.), Südosteuropa in der Wahrnehmung der deutschen Öffentlichkeit vom Wiener Kongress (1815) bis zum Pariser Frieden (1856) (= Südosteuropa – Studien 47), München u. a. 1990, S. 33–42, hier S. 39.
32 o. A., Eintrag „Illyrien", in: Meyer's [sic] Neues Konversations-Lexikon für alle Stände, Bd. 9, Hildburghausen 1859, S. 33–38, hier S. 35.
33 Vgl. Peter Becker, Zeittafel 1877–1914, in: Peter Becker (Hrsg.), 1914 und 1999 – Zwei Kriege gegen Serbien. Auf dem Weg zum demokratischen Frieden? Baden-Baden 2014, S. 177–189, hier S. 177.

von Offizieren um Dragutin Dimitrijević aus dem Umfeld der Geheimorganisation „Schwarze Hand" ermordet. Serbien wurde zeitweise international isoliert.[34] Das Attentat stellte das Ende der Obrenović-Dynastie dar, nun übernahm Petar Karadjordjević, der seine Macht auf Teile der Armee stützte. Obrenovićs Mörder standen nicht nur für die Annäherung an Russland, sondern auch für die Idee eines südslawischen Staates – je nach Blickpunkt Jugoslawien oder Groß-Serbien.

Organisationen wie die „Schwarze Hand" nahmen zunehmend eine wichtige Rolle ein – sie vertraten einen expansiven Nationalismus, die Vereinigung aller Serbinnen und Serben und waren außenpolitisch an Russland orientiert.[35] So entstand 1908 die öffentliche „Nationale Verteidigung" und drei Jahre später die damit verbundene geheime „Vereinigung oder Tod", mitbegründet von Dimitrijević und hervorgegangen aus den Verschwörern der „Schwarzen Hand" von 1903. Aus ihrem Umfeld stammen später die Attentäter des 28. Juni 1914.[36]

Kolonialismus, Großmachtstreben und der Weg in den Ersten Weltkrieg

Die Verbindungen der Donau-Monarchie und des Deutschen Reichs mit dem Balkan lassen sich in den 70 Jahren vom Scheitern der liberalen Revolution 1848 bis zum Ende des Ersten Weltkriegs in den Worten des Wiener Historikers Arnold Suppan als eine „deutsch-österreichisch-ungarisch-serbisch-kroatisch-slowenische Konfliktgemeinschaft"[37] beschreiben. Ein Abbild dieser Konfliktgemeinschaft findet sich in Einträgen zu Serbien in deutschen Enzyklopädien. Diese schufen, stärker noch als Zeitungen, ein Bewusstsein für die darin abgehandelten Themen – und ermöglichten so die Übernahme von stereotypen und rassistischen Darstellungen. So heißt es 1860 im Artikel „Serbien" in *Meyer's [sic] Neues Konversations-Lexikon für alle Stände*: „Hohe Vaterlandsliebe und Achtung vor dem Gesetz sind die schönsten Züge des serbischen Charakters."[38]

---

34 Vgl. Vidojković, Von Helden und Königsmördern, S. 152.
35 Vgl. Latinka Perovic, Serbien bis 1918, in: Dunja Melčić (Hrsg.), Der Jugoslawien-Krieg. Handbuch zu Vorgeschichte, Verlauf und Konsequenzen, Wiesbaden 1999, S. 94–109, hier S. 106.
36 Vgl. Christopher Clark, Die Schlafwandler. Wie Europa in den Ersten Weltkrieg zog, München 2013, S. 12.
37 Vgl. grundlegend Suppan, Hitler – Beneš – Tito, S. 217–330.
38 o. A., Eintrag „Serbien", in: Meyer's [sic] Neues Konversations-Lexikon für alle Stände, Bd. 14, Hildburghausen 1860, S. 242–249, hier S. 243.

Demgegenüber wurden Misstrauen und Arglist fast schon entschuldigend als „Erbtheile [sic] einer langen Knechtschaft"[39] beschrieben, während der Hinweis auf die Orthodoxie wenig überraschend negativer ausfällt: „Das religiöse Gefühl ist bei den Serben eben so roh und derb als tief und innig."[40] Und unter „Serbische Sprache und Literatur" steht im selben Band, dass Naturgeschichte, Mathematik und Physik sehr vernachlässigt worden seien.[41] In der nächsten Auflage von 1871 wird dazu die folgende Erklärung gegeben: „Die türkische Herrschaft vernichtete auf lange Zeit jeden Fortschritt."[42]

Leserinnen und Leser erfahren aber auch, welche Bedeutung Serbien angesichts solch wenig rühmlicher Zuschreibungen tatsächlich aus deutscher Sicht habe: „Das Land ist leicht zu vertheidigen [sic], daher war es von jeher geeignet, eine Vormauer gegen die Türken zu bilden, denn es ist ein Land voll natürlicher Festungen, welche eine feindliche Invasion sehr erschweren."[43] Dieselbe Formulierung wurde in die zweite Auflage elf Jahre später übernommen.[44] 1890 wurde die schon von den Spätromantikern als Unberührtheit verklärte Rückständigkeit gelobt, „neben manchen schlimmen Seiten des Nationalcharakters".[45] „Der Serbe" sei ein das Vaterland und seine Freiheit liebender, traditionsbewusster, gastfreundlicher Familienmensch, dessen soldatische Qualität sich in den Freiheitskriegen bewährt habe und schon von den Byzantinern gerühmt worden sei, so die Enzyklopädie.[46] Doch dann schwenkt der Artikel plötzlich um auf negative Zuschreibungen (die Menschen Serbiens seien abergläubisch, streit- und prozesssüchtig und neigten zu Tätlichkeiten), nicht ohne am Schluss indirekt die eigene Position nochmals zu überhöhen: „Eine eigentliche Intelligenz beginnt erst neuerdings unter dem Einfluß Westeuropas sich herauszubilden."[47]

17 Jahre später, 1907, meint man fast eine Beschreibung eines nationalsozialistischen Ariers vor sich zu haben. So schreibt *Meyers großes Konversations-Lexikon*, wie es inzwischen heißt, der „typische Serbe, am reinsten in der Herze-

---

39 Eintrag „Serbien", in: Meyer's Neues Konversations-Lexikon 1860, S. 243.
40 Eintrag „Serbien", in: Meyer's Neues Konversations-Lexikon 1860, S. 243.
41 Vgl. o. A., Eintrag „Serbische Sprache und Literatur", in: Meyer's [sic] Neues Konversations-Lexikon für alle Stände, Bd. 14, Hildburghausen 1860, S. 249–251, hier S. 251.
42 o. A., Eintrag „Serbische Sprache und Literatur", in: Neues Konversations-Lexikon, ein Wörterbuch des allgemeinen Wissens, Bd. 14, 2. Aufl., Hildburghausen 1871, S. 498–499, hier S. 498.
43 Eintrag „Serbien", in: Meyer's Neues Konversations-Lexikon 1860, S. 242–243.
44 Eintrag „Serbische Sprache und Literatur", in: Neues Konversations-Lexikon 1871, S. 491.
45 o. A., Eintrag „Serben", in: Meyers Konversations-Lexikon. Eine Encyklopädie [sic] des allgemeinen Wissens, Bd. 14, 4. Aufl., Leipzig/Wien 1890, S. 874–875, hier S. 875.
46 Vgl. Eintrag „Serben", in: Meyers Konversations-Lexikon 1890, S. 875.
47 Eintrag „Serben", in: Meyers Konversations-Lexikon 1890, S. 875.

gowina, ist groß, breitschultrig, der Kopf erscheint gut proportioniert, die Stirn wohlgebildet, die Nase oft von schönem Adlerschnitt, das Haar blond, die Augen blau bis grau."[48] Neben dieser Rassen-Definition („am reinsten") wird sonst aber nur noch auf die aus der Romantik stammende Stilisierung der Volkslieder („das bedeutendste poetische Erzeugnis des serbischen Volkes")[49] verwiesen, „die in ihrer rohen Kraft Naivität und Gemütlichkeit, orientalische Glut und griechische Plastik wunderbar vereinigen".[50]

1908 annektierte Österreich-Ungarn das seit 1878 besetzte Bosnien. Weil dort über 40 Prozent der Bevölkerung serbisch ist, führt dies in Serbien zu öffentlicher Empörung – Belgrad wurde aber ein Jahr später gezwungen, auf Ansprüche auf Bosnien-Herzegowina zu verzichten.[51] Im ersten Balkan-Krieg 1912 besiegte eine Koalition aus Serbien, Bulgarien, Griechenland und Montenegro die osmanischen Truppen, doch Österreich-Ungarn zwang Serbien im Februar 1913, auf den im Krieg gewonnenen Zugang zur Adria zu verzichten.[52] Im zweiten Balkan-Krieg besiegte Belgrad zwischen Juni und Juli 1913 zusammen mit Griechenland, Montenegro und Rumänien seinen ehemaligen Verbündeten Bulgarien – Serbien besetzte u. a. den Kosovo und verdoppelt durch Eroberungen seine Staatsfläche, während seine Bevölkerung um über 1.5 Millionen Menschen anwuchs: Der Aufstieg zur Regionalmacht war vollzogen.[53]

Das Attentat des 28. Juni und die Juli-Krise 1914

Als am 28. Juni 1914 der österreichische Thronfolger Franz Ferdinand und seine Gattin in Sarajevo getötet wurden, reagierten die Fürstenhäuser Europas bestürzt. Die Welle der Kondolenz wurde von manchem Politiker in Wien allerdings bereits dazu genutzt, nun eine härtere, militärische Gangart gegen Serbien einzulegen. Das verbündete deutsche Kaiserreich unterstützte die k.u.k.-Monarchie darin als Bündnispartner, aber auch aus Eigeninteressen. Um jedoch nicht vor der europäischen Öffentlichkeit als Kriegstreiber dazustehen, weist der deutsche Staats-

---

48 o. A., Eintrag „Serben", in: Meyers großes Konversations-Lexikon. Ein Nachschlagewerk des allgemeinen Wissens, Bd. 18, 6. Aufl., Leipzig/Wien 1907, S. 355.
49 o. A., Eintrag „Serbokroatische Literatur, 6. Die serbische und kroatische Volkspoesie", in: Meyers großes Konversations-Lexikon. Ein Nachschlagewerk des allgemeinen Wissens, Bd. 18, 6. Aufl., Leipzig/Wien 1907, S. 364–367, hier S. 366.
50 Eintrag „Serbokroatische Literatur", in: Meyers großes Konversations-Lexikon 1907, S. 366.
51 Vgl. Becker, Zeittafel 1877–1914, S. 178–179.
52 Vgl. Becker, Zeittafel 1877–1914, S. 179. Vgl. Perović, Serbien bis 1918, S. 107.
53 Vgl. Becker, Zeittafel 1877–1914, S. 179.

sekretär Gottlieb von Jagow am 12. Juli 1914 den deutschen Botschafter in London, Karl Max Fürst von Lichnowsky, in einem Telegramm an, „auf die dortige Presse einzuwirken, dabei aber sorgfältig alles vermeiden, was den Anschein erwecken könnte, als hetzten wir die Österreicher zum Kriege."[54] Um eine britische Neutralität im serbisch-österreichischen Konflikt zu erreichen, soll ein serbisches Feindbild geschürt werden.

Lichnowsky aber hat Bedenken, „die gesamte serbische Nation als ein Volk von Bösewichten und Mördern zu brandmarken [und ...] auf dieselbe Stufe zu stellen mit den Arabern in Ägypten und in Marokko oder mit den Indianern in Mexiko."[55] Aus dieser Rücksichtnahme auf Serbien, ausgedrückt mit rassistischer Verachtung gegenüber anderen Völkern, zeigt sich, dass Lichnowsky erkannt hat, worauf Jagow abzielte, „nämlich auf eine Dämonisierung der Serben, um auf diese Weise die Aktionen Wiens (zu denen man Wien ja selber drängte) zu legitimieren."[56]

Doch wie antiserbisch oder gar rassistisch war die Politik Wiens? In einem Brief an Wilhelm II. Anfang Juli 1914 rechtfertigte Kaiser Franz Joseph die Eskalationspolitik gegen Serbien damit, dass an eine Versöhnung nicht zu denken sei, „solange dieser Herd von verbrecherischer Agitation in Belgrad ungestraft fortlebt."[57] Deshalb müsse Wien auf die Isolierung und Verkleinerung Serbiens hinarbeiten.

Bei Wilhelm II. rannte Franz Joseph offene Türen ein, war der deutsche Kaiser doch schon vor dem Schreiben seines Amtskollegen für militärische Gewalt gegenüber Belgrad: „Mit den Serben muss aufgeräumt werden und zwar bald."[58] Bei diesem ‚Aufräumen' wollte wiederum der Vorsitzende des k.u.k.-Ministerrats, Leopold Graf Berchtold, behilflich sein. Er arbeitete von Anfang an auf ein Ultimatum hin, das für Serbien möglichst unannehmbar sein sollte.[59]

Die Forderung, „Österreich müsse Serbien völlig aufteilen"[60] wurde vom Ministerrat in Wien am 19. Juli 1914 einstimmig angenommen. Gleichzeitig wurde

---

54 Jagow an Lichnowsky, Telegramm, Berlin 13. Juli 1914, Dok. Nr. 43, in: Immanuel Geiss, Julikrise, Bd. 1, Hannover 1963, S. 115–116, zit. nach Vidojković, Von Helden und Königsmördern, S. 377.
55 Lichnowsky an Jagow, Telegramm, London 14. Juli 1914, Dok. Nr. 89, zit. nach Vidojković, Von Helden und Königsmördern, S. 379.
56 Dario Vidojković, Gavrilo Princip, Serbien und das Jahr 2014 – Neue wissenschaftliche Erkenntnisse oder am Ende (doch nur wieder) alte Zuweisungen?, in: Bernhard Bachinger u. a. (Hrsg.), Gedenken und (k)ein Ende? Das Weltkriegs-Gedenken 1914/2014. Debatten, Zugänge, Ausblicke, Wien 2017, S. 69–93, hier S. 75.
57 Zitiert nach Kautsky, Wie der Weltkrieg entstand, S. 53.
58 Zitiert nach Kautsky, Wie der Weltkrieg entstand, S. 54.
59 Vgl. Kautsky, Wie der Weltkrieg entstand, S. 62.
60 Aus dem Telegramm von Gottlieb von Jagow an Heinrich von Tschirschky vom 17.07.1914, zitiert nach Kautsky, Wie der Weltkrieg entstand, S. 66.

vereinbart, bei Beginn der Kampfhandlungen zu erklären, „dass die Monarchie keinen Eroberungskrieg führe"[61] und auch nicht plane, sich das Königreich Serbien einzuverleiben, auch wenn „strategisch notwendige Grenzberichtigungen sowie die Verkleinerung Serbiens zugunsten anderer Staaten sowie eventuelle notwendige vorübergehende Besetzungen serbischer Gebiete"[62] selbstverständlich nicht ausgeschlossen würden. Österreich-Ungarn machte, unterstützt durch das Deutsche Reich, „die Vernichtung Serbiens zum Kriegsziel"[63], es wollte „die serbischen Wirren dazu benutzt haben, um die südslawische Frage im Habsburgischen Sinne zu lösen."[64]

Die österreichisch-ungarische Note, vom österreichischen Gesandten in Belgrad Freiherr von Giesl in einem Telegramm an Wien selbst als „Ultimatum"[65] bezeichnet, wurde Serbien am 23. Juli übergeben, die Antwort musste innerhalb von 48 Stunden erfolgen. Darin enthalten war auch die Forderung, dass Beamte aus Wien vor Ort in Belgrad die durch Serbien zugesicherten Ermittlungen überwachen sollten, ein Punkt, den die Regierung Pašić ablehnte. Aus Gegenwartsperspektive und vor dem Hintergrund postkolonialer Diskurse könnte dieser Disziplinierungsversuch der Großmacht Österreich-Ungarn gegenüber dem kleinen Staat Serbien wesentlich kritischer betrachtet werden, als es Christopher Clark in seiner Abhandlung *Die Schlafwandler* macht.[66] Zudem lässt die Randbemerkung von Wilhelm II. auf dem ihm am 28. Juli 1914 zugeleiteten Exemplar der Antwortnote Serbiens auf das Ultimatum Wiens nicht den Schluss zu, dass die Juli-Krise zwangsläufig zum Krieg führen musste:

> Eine brillante Leistung für eine Frist von bloß 48 Stunden! Das ist mehr als man erwarten konnte! Ein großer moralischer Erfolg für Wien, aber damit fällt jeder Kriegsgrund fort und Giesl hätte ruhig in Belgrad bleiben sollen! Daraufhin hätte ich niemals Mobilmachung befohlen![67]

Am selben Tag schrieb Wilhelm II. in einem Brief an Kanzler Theobald von Bethmann Hollweg, „dass im Großen und Ganzen die Wünsche der Donaumonarchie erfüllt"[68] seien, während Serbiens wenige Vorbehalte durch Verhandlungen

---

61 Zitiert nach Kautsky, Wie der Weltkrieg entstand, S. 68.
62 Zitiert nach Kautsky, Wie der Weltkrieg entstand, S. 68.
63 Kautsky, Wie der Weltkrieg entstand, S. 68.
64 Karl Max Fürst von Lichnowsky an den deutschen Reichskanzler am 16. Juli 1914, zitiert nach Kautsky, Wie der Weltkrieg entstand, S. 68.
65 Kautsky, Wie der Weltkrieg entstand, S. 80.
66 Vgl. Clark, Die Schlafwandler, S. 714. Dieser Hinweis bei Vidojković, Gavrilo Princip, S. 76.
67 Zitiert nach Kautsky, Wie der Weltkrieg entstand, S. 97.
68 Zitiert nach Kautsky, Wie der Weltkrieg entstand, S. 97.

geklärt werden könnten. „Aber die Kapitulation (demütiger Art) liegt darin orbi et urbi verkündet und durch sie entfällt jeder Grund zum Kriege."⁶⁹ Diese Erkenntnis hielt Wilhelm jedoch nicht davon ab, eine Besetzung Belgrads zu fordern, um der k.u.k.-Armee nach der dritten Mobilmachung zumindest das Bewusstsein zu geben, auf fremdem Boden gestanden zu haben, und „den Schein eines Erfolges dem Ausland gegenüber".⁷⁰ Es brauche eine „douce violence",⁷¹ um die Umsetzung der Versprechungen zu garantieren, denn: „Die Serben sind Orientalen, daher verlogen, falsch und Meister im Verschleppen."⁷²

Die Historikerin Daniela Schanes, die sich in ihrer Dissertation *Serbien im Ersten Weltkrieg* mit Feind- und Kriegsdarstellungen der österreichisch-ungarischen, deutschen und serbischen Militärs beschäftigt hat,⁷³ konstatiert, dass die negative Beurteilung Serbiens, die über die Vorkriegsjahre erfolgt war, zu einem Feindbild führte, das während des Krieges durch Propaganda weiter geschürt wurde.⁷⁴ Dazu gehörte, „dass die Serben nicht als ‚normale', sondern als charakterlose, gemeine und hinterlistige Gegner eingestuft wurden."⁷⁵ Bezugnehmend auf das Attentat von Sarajevo war von „Mordbuben", „Friedensstörern" oder, in Anspielung auf den Putsch von 1903, „Königsmördern" die Rede, wobei es nicht notwendig war, von „serbischen Mordbuben" zu sprechen, da die österreichisch-ungarische Öffentlichkeit das Adjektiv mitdachte – geschürt durch Konnotationen für serbische Menschen wie „Hinterlistigkeit, Heimtücke, Verrat, Charakterlosigkeit, Primitivität, Grausamkeit."⁷⁶

Die wenigen positiven Zuschreibungen galten nur bestimmten Gruppen (beispielsweise wurden Leistung, Ausdauer, Mut und Tapferkeit der Soldaten hervorgehoben) und wurden stets mit negativen Vorurteilen kombiniert – ein

---

69 Zitiert nach Kautsky, Wie der Weltkrieg entstand, S. 97.
70 Zitiert nach Kautsky, Wie der Weltkrieg entstand, S. 97.
71 Zitiert nach Kautsky, Wie der Weltkrieg entstand, S. 97.
72 Zitiert nach Kautsky, Wie der Weltkrieg entstand, S. 97.
73 Vgl. Daniela Schanes, Serbien im Ersten Weltkrieg. Feind- und Kriegsdarstellungen in österreichisch-ungarischen, deutschen und serbischen Selbstzeugnissen (= Neue Forschungen zur ostmittel- und südosteuropäischen Geschichte 3), Frankfurt a. M. 2011.
74 Vgl. Georgios Chatzoudis, „Das Balkanbild des Westens hat sich um den Ersten Weltkrieg herum verfestigt". Interview mit Daniela Schanes über das Serbienbild im Ersten Weltkrieg, in: L.I.S.A. Wissenschaftsportal der Gerda-Henkel-Stiftung, 30.09.2014, https://lisa.gerda-henkel-stiftung.de/das_balkanbild_des_westens_hat_sich_um_den_ersten_weltkrieg_herum_verfestigt?nav_id=5120 (Stand: 05.08.2021).
75 Zitiert nach Chatzoudis, Interview mit Daniela Schanes über das Serbienbild im Ersten Weltkrieg.
76 Zitiert nach Chatzoudis, Interview mit Daniela Schanes über das Serbienbild im Ersten Weltkrieg.

weiteres Element rassistischen Denkens.⁷⁷ Demgegenüber wurden die pejorativen Stereotype auf die gesamte serbische Bevölkerung übertragen, und nur durch direkten Kontakt mit serbischer Bevölkerung wurden Vorurteile wieder abgebaut.⁷⁸ Entstanden war das Feindbild vor allem in Militärkreisen zur Legitimierung eines Krieges gegen Belgrad, aber auch zur Stärkung des inneren Zusammenhalts in einer inhomogenen Gruppe, und der Schritt von negativen Zuschreibungen hin zum offenen Feindbild vollzog sich spätestens mit der Annexionskrise 1908.⁷⁹

Wilhelm II., dessen rassistische und kolonialistische Haltung schon durch seine „Hunnen-Rede" 1900 sattsam bekannt war,⁸⁰ urteilte am 25. Juli 1914 im Kontext unmittelbarer Kriegsgefahr über Serbien wie folgt: „Wie hohl zeigt sich der ganze so genannte serbische Großstaat. So ist es mit allen slawischen Staaten beschaffen. Nur feste auf die Füße des Gesindels getreten!"⁸¹ Konkret meinte der Kaiser damit, Österreich-Ungarn solle den Sandschak erobern, um Serbien dauerhaft den Zugang zur Adria zu verwehren.⁸²

Angesichts der demographischen, wirtschaftlichen und militärischen Überlegenheit – Österreich-Ungarn verfügte 1914 über 52 Millionen Einwohner und sein Verbündeter Deutschland über 68 Millionen, während in Serbien 4,5 Millionen Menschen lebten – ist die abwertende Darstellung des Schwachen hier ein weiteres Merkmal rassistischen Denkens und Handelns.

In der Zwischenkriegszeit, auf die hier aus Platzgründen nicht eingegangen werden kann, verschärften sich die Spannungen vor allem ab den 1930er Jahren – der Historiker Suppan nennt die Zeit zwischen Ende des Ersten Weltkriegs und dem Beginn der deutschen Besatzung Jugoslawiens zurecht eine „jugoslawisch-deutsch-österreichische Konfliktgeschichte".⁸³

---

77 Vgl. Zuber, Gegenwärtiger Rassismus, S. 56.
78 Zitiert nach Chatzoudis, Interview mit Daniela Schanes über das Serbienbild im Ersten Weltkrieg.
79 Zitiert nach Chatzoudis, Interview mit Daniela Schanes über das Serbienbild im Ersten Weltkrieg.
80 „Pardon wird nicht gegeben. Gefangene werden nicht gemacht ... Wie vor tausend Jahren die Hunnen unter ihrem König Etzel sich einen Namen machten ... so möge der Name Deutscher jetzt in China auf tausend Jahre in einer Weise bestätigt werden, dass es niemals ein Chinese wieder wagt, einen Deutschen auch nur scheel anzusehen."' Vgl. Kautsky, Wie der Weltkrieg entstand, S. 34.
81 Zitiert nach Kautsky, Wie der Weltkrieg entstand, S. 90.
82 Vgl. Kautsky, Wie der Weltkrieg entstand, S. 91.
83 Vgl. Suppan, Hitler – Beneš – Tito, S. 537–728.

Zweiter Weltkrieg und Kalter Krieg: NS-Verbrecher und ihre Karrieren in der Bundesrepublik

Der Begriff des Rassismus leitete sich weniger von der Theorie her, sondern stärker aus der Praxis, „aus dem politischen Bedürfnis, ein praktisches Programm rücksichtsloser Gewalt – von Unterdrückung, Diskriminierung, Verfolgung, Vertreibung und Massenmord – zu legitimieren."[84] Mit dem deutschen Überfall auf Jugoslawien am 6. April 1941 und mit dem Vernichtungskrieg gegen die UdSSR ab 22. Juni 1941 wurde die praxisbedingte Notwendigkeit, aber auch die legitimatorische Tauglichkeit des nationalsozialistischen Rassismus offenkundig.

In Jugoslawien errichten die Nationalsozialisten KZs, deportieren Jüdinnen und Juden, Roma, Sinti, Kommunistinnen und Kommunisten sowie Kriegsgefangene und verrichten Massaker an der Zivilbevölkerung.[85] Das in Deutschland bekannteste ist das Massaker von Pančevo, wo am 21. und 22. April 1941 als Vergeltung für zehn getötete Deutsche 36 willkürlich verhaftete Serben erschossen wurden. Es blieb in Erinnerung, weil der Pressesoldat Gerhard Gronefeld die Erschießungen fotografiert und die Bilder über den Krieg gerettet hat, von denen eines 1997 im Kontext der Ausstellung „Verbrechen der Wehrmacht" als Titelblatt des *Spiegels*[86] zur Ikone wurde.[87]

Am 15. Oktober 1941 erschossen Soldaten der 717. Infanterie-Division der Wehrmacht in Kraljevo als Vergeltung für 14 bei Gefechten getötete und 20 verwundete Soldaten[88] 1.755 Geiseln, die Mörder wurden ausgezeichnet,[89] und der

---

84 Claussen, Rassismus, S. 3.
85 Vgl. grundlegend Suppan, Hitler – Beneš – Tito, bes. das Kapitel 8. Nationalsozialistische Herrschaft in Jugoslawien 1941–1945, S. 925–1212.
86 Vgl. Der Spiegel 11/1997, 10.03.1997.
87 Vgl. Walter Manoschek, Die Massaker in Pančevo und Kragujevac im Herbst 1941. Zur deutschen Repressionspolitik gegenüber der Zivilbevölkerung im besetzten Serbien, in: Oliver von Wrochem (Hrsg.), Repressalien und Terror. „Vergeltungsaktionen" im deutsch besetzten Europa 1939–1945, Paderborn 2017, S. 89–102, hier S. 89.
88 Vgl. Wolfgang Benz, Geschichte des Dritten Reichs, 6. Aufl., München 2015, S. 158.
89 Vgl. Walter Manoschek, Kraljevo – Kragujevac – Kalavryta. Die Massaker der 717. Infanteriedivision bzw. 117. Jägerdivision am Balkan, in: Loukia Droulia/Hagen Fleischer (Hrsg.), Von Lidice nach Kalavryta. Widerstand und Besatzungsterror – Studien zur Repressalienpraxis im Zweiten Weltkrieg (= Nationalsozialistische Besatzungspolitik in Europa 1939–1945 Bd. 8), Berlin 1999, S. 93–104.

verantwortliche österreichische General Franz Böhme beschloss seinen Tagesbefehl mit den Worten „Vorwärts zu neuen Taten."[90]

Am 28. September 1944 ermordeten Mitglieder der paramilitärischen Volksgruppenformation ‚Deutsche Mannschaft' 146 Häftlinge des Zwangsarbeitslagers Bor.[91] Schon im Juni 1941 wurde in der Seidenfabrik Svilara ein KZ eingerichtet. Das größte KZ war in Jasenovac und wurde von den kroatischen Faschisten der Ustaša unter deren Führer Ante Pavelić gehalten. Dort wurden rund 100.000 Menschen – Jüdinnen, Juden, Roma, Sinti, Kommunistinnen und Widerstandskämpfer – ermordet, die bei weitem größte Gruppe mit 50.000[92] bis 80.000[93] Opfern war die serbische. Das massenhafte Töten durch ein Garbenmesser führte dazu, dass dieses in der Landwirtschaft gebräuchliche Messer den Namen *Srbosjek* („Serbenschneider") erhielt.[94]

Die deutschen Massaker waren angeordnet. Schon zu Kriegsbeginn hatte der Kommandant des XI. Armeekorps General Johannes von Kortzfleisch gefordert, dass „mit rücksichtsloser Schärfe jeder Widerstand gebrochen"[95] und jede bewaffnete Person bei Gegenwehr oder Flucht sofort erschossen werden sollte, denn jede Rücksichtnahme würde bloß als Schwäche ausgelegt.[96] Generaloberst Maximilian von Weichs, Oberbefehlshaber der 2. Armee, gab den Befehl, wehrfähige Männer im Zweifelsfall sofort zu erschießen, sofern nicht umgehend einwandfrei

---

90 Tagesbefehl GdI Böhme, 20. Oktober 1941, BA/MA, RH 24/18/87c, zitiert nach Suppan, Hitler – Beneš – Tito, S. 978.
91 Vgl. Ulrich Sander, Mörderisches Finale. NS-Verbrechen bei Kriegsende, Köln 2008; Daniel Blatman, Die Todesmärsche 1944/45. Das letzte Kapitel des nationalsozialistischen Massenmords, Reinbek bei Hamburg 2011; Randolph L. Braham, The Politics of Genocide. The Holocaust in Hungary, Bd. 1, New York 1981.
92 Vgl. Anna Konstantinova, Jasenovac – ein zeitloser Kampfplatz?, in: Exkursion Kriege erinnern. Die Erinnerung an den Zweiten Weltkrieg und den Krieg 1992–1995 in Bosnien-Herzegowina, https://www.uni-regensburg.de/Fakultaeten/phil_Fak_III/Geschichte/Suedosteuropa/kriege-erinnern/tagebuch-jasenovac.html (Stand: 05.08.2021); vgl. auch Holm Sundhaussen, Das Konzentrationslager Jasenovac (1941–1945): Konstruktion und Dekonstruktion eines Kriegsverbrechens und Weltkriegsmythos, in: Wolfram Wette/Gerd R. Ueberschär (Hrsg), Kriegsverbrechen im 20. Jahrhundert, Darmstadt 2001, S. 370–381.
93 Vgl. Suppan, Hitler – Beneš – Tito, S. 1105.
94 Vgl. Jan Puhl, Der armselige Führer, in: Der Spiegel, 20.05.2017, https://www.spiegel.de/spiegel/spiegelgeschichte/d-151330239.html (Stand: 05.08.2021).
95 Korpsbefehl Nr. 9 von General Johannes von Kortzfleisch, Generalkommando XI. Armeekorps, 27.04.1941, Staatsarchiv Nürnberg (StAN), NOKW-1111, zitiert nach Manoschek, Die Massaker in Pančevo und Kragujevac, S. 89.
96 Vgl. Manoschek, Die Massaker in Pančevo und Kragujevac, S. 89.

feststellbar sei, dass sie nicht zum Widerstand gehörten. Zudem seien alle Erschossenen aufzuhängen und ihre Leichen hängenzulassen.[97]

Zur Grundlage dieser brutalen Verbrechen trug ein Wehrmachtsoffizier namens Max Josef Pemsel entscheidend bei. Im Zweiten Weltkrieg u. a. in Frankreich, Jugoslawien und Italien eingesetzt, war er es, der General Franz Böhme im besetzten Jugoslawien am 10. Oktober 1941 den „Befehl 2848/41 – Geheim" vorlegte. Darin wurde festgelegt, dass für jeden getöteten oder ermordeten deutschen Soldaten oder Volksdeutschen (Männer, Frauen, Kinder) als Vergeltung 100 Gefangene oder Geiseln, für jeden verwundeten deutschen Soldaten oder Volksdeutschen 50 Gefangene oder Geiseln erschossen werden sollten.[98] Nach zwei Monaten unter General Böhme als Oberbefehlshaber in Serbien hatte die Wehrmacht bereits rund 30.000 Zivilisten ermordet. Böhme wurde nach Kriegsende in Nürnberg angeklagt, am 29. Mai 1947 beging er Selbstmord.

Pemsel und Böhme legten weiter fest, im Kampf eingenommene Ortschaften seien niederzubrennen und gefangengenommene Kommunistinnen und Kommunisten am Tatort „als abschreckendes Beispiel zu erhängen oder zu erschießen".[99] Am 20. Oktober 1941 ordnete Pemsel nach Befehl 2848/41 an, für zehn gefallene und 24 verwundete deutsche Soldaten 2.200 festgenommene Serbinnen und Serben zu erschießen. Am selben Tag besetzte die Wehrmacht die Kleinstadt Kragujevac,[100] trieb die Menschen zusammen und begann am Tag darauf unter dem Kommando von Major Paul König mit den Erschießungen, bei denen insgesamt 2.323 Menschen ermordet wurden, darunter 300 Schüler und 18 Lehrer.

---

97 Vgl. Befehl des Oberbefehlshabers der 2. Armee, Maximilian von Weichs, 28.04.1941, Institut für Zeitgeschichte München, NOKW–1198, zitiert nach Manoschek, Die Massaker in Pančevo und Kragujevac, S. 89.
98 Vgl. Suppan, Hitler – Beneš – Tito, S. 978; Ernst Klee, Das Personenlexikon zum Dritten Reich. Wer war was vor und nach 1945, 2. Aufl., Frankfurt a. M. 2005, S. 453; ebenso Olaf Groehler/Hans Peter, Der Mörder von Kragujevac, in: Berliner Zeitung, 25.11.1960. Zu Franz Böhme vgl. Walter Manoschek, Serbien ist judenfrei. Militärische Besatzungspolitik und Judenvernichtung in Serbien 1941/42 (= Beiträge zur Militärgeschichte 38), 2. Aufl., München 1995.
99 Vgl. Dokument NOKW–557. Aus dem Nachfolgeprozeß Fall 12 vor dem amerikanischen Militärgerichtshof in Nürnberg, zitiert nach Groehler/Peter, Mörder von Kragujevac, S. 3.
100 Zu Kragujevac vgl. Walter Manoschek, Das Massaker der Wehrmacht im serbischen Kragujevac. Eine wissenschaftliche Einführung, in: Katharina Brand/Philipp Neumann (Hrsg.), Die Tragödie von Kragujevac, Weimar 2011, S. 3–10; Walter Manoschek, Kragujevac 1941, in: Gerd R. Ueberschär (Hrsg.), Orte des Grauens. Verbrechen im Zweiten Weltkrieg, Darmstadt 2003, S. 114–125.

Letztere hätten der Hinrichtung entgehen können, blieben jedoch bei ihren Schülern und wurden somit ebenfalls ermordet.[101]

Während der NATO-Luftangriffe auf Jugoslawien bezichtigte Bundesverteidigungsminister Rudolf Scharping am 26. April 1999 im *Spiegel*-Interview das serbische Militär im Kosovo des folgenden Verbrechens: „Aus einer Schule trieb man die Lehrer und die Kinder heraus, hängte die Lehrer vor den Augen der Kinder auf und vertrieb die Kinder dann mit Gewehrkolben und Schüssen."[102] Hier ist eine Umdeutung der historischen Ereignisse von Kragujevac zu erkennen, die sich zugleich eines subtilen Rassismus bedient: Die historischen Opfer werden verschwiegen, ihre Nachkommen werden nun zu Tätern umgedeutet und die historischen Täter entlastet.

Offensichtlich erschienen dem Verteidigungsminister die nachgewiesenen serbischen Verbrechen im ‚Kosovo-Krieg' nicht geeignet genug, die NATO-Intervention zu rechtfertigen. So bezog er sich im selben Interview auch noch auf zwei weitere Propaganda-Behauptungen (das angebliche Massaker von Rugovo sowie auf den „Hufeisenplan").[103] Dass der Minister hinsichtlich der serbischen Verbrechen, die er durch seine Behauptungen überhöhte, vom „Blick in die Fratze der deutschen Vergangenheit"[104] sprach, steht für sich. Der Überfall der Wehrmacht auf Jugoslawien hatte nur elf Tage gedauert, das Land kapitulierte am 17. April 1941. Doch die Besatzungszeit stellte den kurzen Krieg an Opfern weit in den Schatten: Deportationen von Jüdinnen und Juden, Kommunistinnen, Partisanen, Massaker an der Zivilbevölkerung und eine rassistisch begründete Brutalität gegenüber allen als ‚Untermenschen' betrachteten Slawen weckten Rachegefühle, nicht zuletzt, weil sich viele ‚Volksdeutsche' an den Aktionen der Wehrmacht beteiligten.[105]

Als Titos Partisanen die Wehrmacht schließlich besiegten, übten sie Vergeltung und Strafe an Deutschen in Jugoslawien, die in großer Zahl vertrieben wurden.[106] Am härtesten traf es die Donauschwaben – viele wurden als

---

101 Vgl. Klaus Schmieder, Auf Umwegen zum Vernichtungskrieg? Der Partisanenkrieg in Jugoslawien, 1941–1944, in: Rolf-Dieter Müller/Hans Erich Volkmann (Hrsg.), Die Wehrmacht: Mythos und Realität, München/Oldenburg 1999, S. 901–922.
102 Stefan Aust u.a., Spiegel-Gespräch: „Wir kommen unserem Ziel näher". Verteidigungsminister Rudolf Scharping über die moralische Rechtfertigung für den Krieg, über die Kriegsziele der Nato und ein Jugoslawien ohne Slobodan Milosevic, in: Der Spiegel 17/1999, 26.04.1999.
103 Vgl. Aust u.a., Spiegel-Gespräch.
104 Zitiert nach Uta Andresen, Die überaus nützliche Dämonisierung der Serben, in: taz, 10.05.1999.
105 Vgl. Suppan, Hitler – Beneš – Tito, S. 613–653.
106 Vgl. Suppan, Hitler – Beneš – Tito, bes. das Kapitel „Flucht, Vertreibung und Zwangsaussiedlung der Deutschen aus Jugoslawien", S. 1451–1480 sowie S. 1335–1341.

Zwangsarbeiter in die Sowjetunion gebracht,[107] andere wurden in der Vojvodina und in Slawonien in Konzentrationslager gesteckt,[108] es kam zur Konfiszierung von Eigentum, zu Vertreibungen, Rachemassakern und Tausenden Opfern.[109] Die deutsche Bevölkerung Jugoslawiens sank durch Vertreibung, Flucht und Tod von 500.000 vor 1941 auf rund 55.000 nach dem Zweiten Weltkrieg – die Todesopfer belaufen sich auf rund 200.000, davon waren Zehntausende für Hitlers Kriege gefallen, Zehntausende in Zwangsarbeitslagern gestorben („Vernichtung durch Arbeit" war auch hier das Prinzip) und weitere Zehntausende in Massakern und in Konzentrationslagern ermordet worden.[110]

In Deutschland wiederum fanden nach 1945 trotz anfänglicher Entnazifizierung und Umerziehung zahlreiche ehemalige Täter den Weg in höchste Staatsstellen.[111] So hatte Bundeskanzler Konrad Adenauer sein Kabinett mit mehreren ranghohen Nationalsozialisten bestückt, darunter Hans Globke, Theodor Oberländer, Waldemar Kraft oder Karl Maria Hettlage.[112] Ideologisch war dies durchaus konsequent, da Adenauer, der der Ansicht war, „dass die Soldaten der Waffen-SS anständige Leute waren",[113] im Kalten Krieg wegen ihres dezidierten Antikommunismus auf eine Rehabilitierung der Waffen-SS hinarbeitete. Adenauer traf mit seiner Relativierung der Rolle ehemaliger Nationalsozialisten die Mehrheitsmeinung im Land. Hans Gmelin beispielsweise, im „Dritten Reich" als Diplomat der Deutschen Gesandtschaft in Bratislava tätig und an Verbrechen in der Slowakei beteiligt, wurde, so der Historiker Niklas Krawinkel, nicht trotz, sondern wegen seiner NS-Vergangenheit zum Tübinger Oberbürgermeister gewählt, ein Amt, das

---

107 Vgl. Suppan, Hitler – Beneš – Tito, S. 1304–1307.
108 Vgl. Suppan, Hitler – Beneš – Tito, S. 1317–1334.
109 Zur Sichtweise der Opfer vgl. Donauschwäbische Kulturstiftung (Hrsg.), Leidensweg der Deutschen im kommunistischen Jugoslawien, 4 Bde., München 1991–1995; allgemein vgl. Suppan, Hitler – Beneš – Tito, S. 1275–1341.
110 Vgl. Suppan, Hitler – Beneš – Tito, bes. das Kapitel „Flucht, Vertreibung und Zwangsaussiedlung der Deutschen aus Jugoslawien", S. 1479.
111 Zur diesbezüglichen Aufarbeitung vgl. Otto Köhler, Hitler ging – sie blieben. Der deutsche Nachkrieg in 16 Exempeln (= Konkret Texte 9), Hamburg 1996; Klee, Personenlexikon zum Dritten Reich; Christian Mentel/Niels Weise, Die NS-Vergangenheit deutscher Behörden, in: Aus Politik und Zeitgeschichte 14–15 (2017), 31.03.2017, https://www.bpb.de/apuz/245590/die-ns-vergangenheit-deutscher-behoerden (Stand: 05.08.2021).
112 Vgl. Andreas Jordan, Eine Auswahl deutscher Nazi-Karrieren nach 1945, in: Gelsenzentrum. Portal für Stadt- und Zeitgeschichte 9 (2008), http://www.gelsenzentrum.de/deutsche_nazi_karrieren.htm (Stand: 05.08.2021).
113 Vgl. Brief des Bundeskanzlers an den FDP-Abgeordneten General a.D. von Manteuffel im Oktober 1955, zitiert nach Jordan, Eine Auswahl deutscher Nazi-Karrieren.

er von 1955 bis 1975 innehatte – die Ehrenbürgerwürde wurde ihm erst 2018 aberkannt.[114]

In Österreich wurde nach 1945 selbst ein Massenmörder wie Franz Murer, der als „Schlächter von Wilna" für die Dezimierung der jüdischen Bevölkerung von 80.000 auf wenige Hundert verantwortlich war, vor Gericht freigesprochen, während der Einfluss rechtsradikaler Netzwerke aus der NS-Zeit bis in höchste Regierungskreise noch weit in die Nachkriegsjahrzehnte hinein nachweisbar ist.[115] So „fanden selbst schwer belastete Angehörige des SS- und Polizeiapparats erstaunlich mühelos ihren Weg in die postnationalsozialistische Gesellschaft",[116] insbesondere in die 1956 in den BND überführte Organisation Gehlen, wo ehemaligen NS-Verbrechern die Möglichkeit geboten wurde, „ihre ‚Expertise' im Ost-West-Konflikt zu entfalten."[117] Die antikommunistische und sowjetfeindliche Haltung der ehemaligen SS-Leute war der gemeinsame Nenner mit den unter dem Einfluss des McCarthyismus stehenden USA der 1950er Jahre, und dieser gemeinsame Nenner basierte auf pejorativen Fremdzuschreibungen in Kombination mit der Verschleierung von Eigeninteressen und der Legitimierung aggressiver Außenpolitik wiederum durch rassistisches Denken und Handeln.

Im Osten Deutschlands fanden ehemalige Nationalsozialisten, die in der Bundesrepublik des Kalten Krieges gerade wegen ihrer antikommunistischen Einstellung und rassistischen Haltung gegenüber der Sowjetunion geschätzt waren, aus ebendiesen Gründen nicht Zugang zu den höchsten Staatsstellen, nachhaltig entnazifiziert wurde aber auch die DDR entgegen ihrer Selbstdarstellung nie,[118] gerade im medizinischen Bereich machten ehemalige Täter weiter Karriere. Zu nennen ist die ehemalige Stationsleiterin in der Frauen- und Nervenklinik Stadtroda, Rosemarie Albrecht, im Kontext von Euthanasie-Morden. Sie wurde später Medizinprofessorin und erhielt den Nationalpreis der DDR als „verdiente Ärztin des Volkes". Erwähnenswert ist auch Jussuf Ibrahim, ab 1942

---

114 Vgl. Niklas Krawinkel, Belastung als Chance. Hans Gmelins politische Karriere im Nationalsozialismus und in der Bundesrepublik Deutschland (= Studien zur Geschichte und Wirkung des Holocaust 2), Göttingen 2020.
115 Vgl. Klaus Taschwer/Andreas Huber/Linda Erker, Der Deutsche Klub. Austro-Nazis in der Hofburg, Wien 2020; Walter Manoschek, Österreicher in der Wehrmacht, in: Emmerich Tálos/Ernst Hanisch/Wolfgang Neugebauer/Reinhold Sieder (Hrsg.), NS-Herrschaft in Österreich. Ein Handbuch, Wien 2000, S. 123–158.
116 Johannes Koll, So stiegen SS-Veteranen in der Bundesrepublik auf, in: Süddeutsche Zeitung, 08.03.2019, https://www.sueddeutsche.de/politik/holocaust-ss-himmler-verbrecher-nazi-1.4351786 (Stand: 05.08.2021).
117 Koll, So stiegen SS-Veteranen in der Bundesrepublik auf.
118 Grundsätzlich dazu vgl. Henry Leide, Auschwitz und Staatssicherheit. Strafverfolgung, Propaganda und Geheimhaltung in der DDR, Berlin 2019.

verantwortlich für die Ermordung zahlreicher Kinder mit Beeinträchtigungen, der Chef der Universitätsklinik in Jena wurde, die bis 2000 nach ihm benannt war.[119] Aber auch die Stasi rekrutierte mehrere ehemalige SS-Männer wie Josef Settnik, August Bielesch oder Franz Klakus, obwohl deren KZ-Vergangenheit bekannt war.[120]

Es ist hier nicht der Platz, all die politischen Karrieren ehemaliger Nationalsozialisten aufzuzählen,[121] zwei Militärs – Johannes Steinhoff und der bereits genannte Max Josef Pemsel – sollen aber noch erwähnt werden, um zu zeigen, wie systematisch die westdeutsche Politik NS-Verbrecher selbst in höchste Ämter aufnahm.[122] Steinhoff (1913–1994) war Pilot und Luftwaffen-Oberst, im Zweiten Weltkrieg flog er über 900 Mal, 167 anerkannte Abschüsse brachten ihm im Juli 1944 die höchste Auszeichnung, die NS-Deutschland zu vergeben hatte: das Ritterkreuz mit Eichenlaub und Schwertern.[123] Angesichts der Wiederbewaffnung Deutschlands arbeitete Steinhoff, der in den USA die Ausbildung zum Düsenpiloten absolvierte, am Aufbau der Bundeswehr mit und wurde mit deren Gründung am 12. November 1955 Oberst der Luftwaffe und später General.[124]

Im Kontext des Kalten Kriegs verlor seine NS-Vergangenheit an Bedeutung, Steinhoff machte Karriere. 1960 wurde er erster Chef der Planung der Luftwaffe, 1965 Chef des Stabes im Hauptquartier der NATO-Luftstreitkräfte Europa Mitte und 1966 schließlich Inspekteur der Luftwaffe.[125] Seinen Karriere-Höhepunkt erreichte er 1971, als er Vorsitzender des NATO-Militärausschusses in Brüssel wurde. Drei Jahre später ging er in Pension und wechselte unmittelbar darauf in die Rüstungsindustrie – auch der Lobbyismus hat in Deutschland eine lange Tradition. 1972 erhielt er das Bundesverdienstkreuz, wurde in Italien, Frankreich und

---

119 Vgl. Claudia Gründer, Nazi-Karrieren in der DDR, in: MDR, 14.12.2020, https://www.mdr.de/zeitreise/nazis-in-der-ddr-100.html (Stand: 05.08.2021).
120 Vgl. Leide, Auschwitz und Staatssicherheit, S. 239–242.
121 Vgl. Jordan, Eine Auswahl deutscher Nazi-Karrieren.
122 Grundlegend dazu vgl. Jan Erik Schulte/Michael Wildt (Hrsg.), Die SS nach 1945. Entschuldungsnarrative, populäre Mythen, europäische Erinnerungsdiskurse, Göttingen 2018; Walter Manoschek, Die Wehrmacht im Rassenkrieg. Der Vernichtungskrieg hinter der Front, Wien 1996; Walter Manoschek, Verbrechen der Wehrmacht im Zweiten Weltkrieg, in: Walter Manoschek u. a. (Hrsg.), Wie Geschichte gemacht wird. Zur Konstruktion von Erinnerungen an Wehrmacht und Zweiten Weltkrieg, Wien 2003, S. 25–34.
123 Vgl. WDR, 21. Februar 1994 – Johannes Steinhoff stirbt in Wachtberg-Pech, in: WDR, 21.02.2019, https://www1.wdr.de/stichtag/stichtag-johannes-steinhoff-100.html (Stand: 05.8.2021).
124 Vgl. WDR, 21. Februar 1994.
125 Vgl. WDR, 21. Februar 1994.

den USA geehrt. Als er am 21. Februar 1994 starb, widmete die *Zeit* ihm einen wohlwollenden Nachruf.[126]

Steinhoff war mit seiner Vergangenheit in der Bundeswehr keine Ausnahme, sondern eher die Regel. So finden sich unter den ersten Befehlshabern der neuen Armee die ehemaligen Nationalsozialisten Adolf Heusinger und Hans Speidel als Generäle – Heusinger wurde 1957 auch erster Generalinspekteur der Bundeswehr.[127] Max Josef Pemsel, der Mörder von Kragujevac, der nach Kriegsende 1945 eine knapp dreijährige Haftstrafe verbüßte, arbeitete anschließend bis 1956 in führender Stelle in der Versicherungswirtschaft, bevor er in die Bundeswehr eintrat. Dort begann er seine Laufbahn als Generalmajor und wurde zur Verwunderung von Mitgliedern des Personalgutachterausschusses bereits nach einem knappen Jahr zum Kommandierenden General des II. Korps (von insgesamt drei) der Bundeswehr in Ulm befördert.[128]

1957 stieg Pemsel auf persönliche Weisung von Bundesverteidigungsminister Franz-Josef Strauß – dem ehemaligen Wehrmachtsoffizier, der die atomare Bewaffnung der Bundesrepublik vorantrieb, – zum Dreistern-General auf, unter Umgehung des Anciennitätsprinzips und gegen den Willen seiner Vorgesetzten.[129] Strauß, unter dessen Amtszeit es zu zahlreichen Skandalen kam,[130] war, was die Rehabilitierung ehemaliger Nationalsozialisten betraf, ein Überzeugungstäter: 1958 holte er Eberhard Taubert in sein neu eingerichtetes Referat für psychologische Kampfführung – jenen Mann, der nicht nur Beisitzer in Freislers Volksgerichtshof und Propagandachef des ‚Generalreferats Ostraum' gewesen war, sondern der auch als Autor für den antisemitischen Hetzfilm *Der ewige Jude* verantwortlich zeichnete.[131]

---

126 Vgl. o. A., Pflichtbewusst. Zum Tode von Johannes Steinhoff, in: Die Zeit 10/1994, 04.03.1994.
127 Vgl. Jordan, Eine Auswahl deutscher Nazi-Karrieren.
128 Vgl. o. A., Pemsels Leerlauf, in: Der Spiegel, 12.02.1958, https://www.spiegel.de/spiegel/print/d-41760661.html 05.08.2021.
129 Vgl. o. A. Pemsels Leerlauf.
130 Vgl. u. a. Werner Biermann, Strauß. Aufstieg und Fall einer Familie, Reinbek bei Hamburg 2008; Wilhelm Schlötterer, Macht und Missbrauch. Von Strauß bis Seehofer – ein Insider packt aus, München 2010.
131 Vgl. o. A., „Wir müssen an Mütter und Bräute ran", in: Der Spiegel 20/1989, 15.05.1989, https://www.spiegel.de/spiegel/print/d-13494538.html (05.08.2021).

Die Wiederbelebung deutscher Interventionspolitik im Schatten der Desintegration Jugoslawiens

Rassismus war auch nach 1945 weiterhin präsent, der Rückzug der rassistischen Ideologie erfolgte trotz der Erfahrungen der NS-Zeit nur vordergründig.[132] Auch das rassistische deutsche Serbien-Bild wurde trotz der Brutalität der deutschen Besatzungspolitik nicht überwunden, und nicht selten wurde es unter Bezug auf die jugoslawischen Rachemaßnahmen perpetuiert. Als sich mit der deutschen Wiedervereinigung am Ende des Kalten Kriegs und den jugoslawischen Zerfallskriegen die Umstände änderten und die Machtbalance wieder zu Ungunsten Belgrads verschob, kam es zu einer Renaissance des seit dem späten 19. Jahrhundert negativen deutschen Serbien-Bildes.

Rassistische Elemente dieses Bildes stehen in Zusammenhang mit den deutschen Interessen an einem regional zersplitterten Balkan – einer Politik, die Österreich-Ungarn im Kontext des Ersten sowie Hitler und Mussolini im Zweiten Weltkrieg verfolgt hatten. Auf Drängen des außenpolitisch erstarkten wiedervereinigten Deutschlands erfolgte so die internationale diplomatische Anerkennung Sloweniens und Kroatiens noch Ende 1991. Auch das Selbstbestimmungsrecht der Kosovo-Albaner billigte Deutschland bereits 1995, hielt sich in offiziellen Erklärungen aber weitgehend an die Linie von EU und NATO.[133] Die Kooperation mit den Sezessionisten stand dabei in historischer Kontinuität, seit dem 19. Jahrhundert auf dem Balkan nach dem Divide-et-Impera-Prinzip die Gegner der stärksten Regionalmacht zu unterstützen. In diesem Sinn war die Jugoslawien-Politik unter Helmut Kohl und Hans-Dietrich Genscher bzw. Klaus Kinkel, fortgesetzt durch Gerhard Schröder und Joseph ('Joschka') Fischer, antiserbisch, auch wenn die Gegnerschaft zu Belgrad weniger rassistisch denn politisch motiviert war.

Hier lässt sich seit der ersten Hälfte des 19. Jahrhunderts eine Kontinuität der deutschen Balkanpolitik als Mischung aus Großmachtstreben, ökonomischen Interessen und geostrategischen Überlegungen feststellen, die zu verschiedenen Zeiten mit unterschiedlichen Mitteln verfolgt wurde. Bereits 1834, in der Phase der Konstituierung des deutschen Zollvereins, entstanden erste Pläne für eine europäische Großraumwirtschaft von der Nordsee bis zum Schwarzen Meer, die unter deutscher und österreichischer Führung stehen sollte. Dem ‚Vater des Zollvereins'

---

132 Vgl. Zuber, Gegenwärtiger Rassismus, S. 19–20.
133 Vgl. Matthias Küntzel, Der Weg in den Krieg. Deutschland, die Nato und das Kosovo, Berlin 2000, S. 104–106.

Friedrich List zufolge sollten die Länder Ost- und Südosteuropas darin auf der Stufe von Agrar- und Rohstofflieferanten gehalten werden.[134]

Ab der zweiten Hälfte des 19. Jahrhunderts begründeten Schwerindustrie, Großgrundbesitzer und Mittelstand die völkische Variante der deutschen Expansion, indem sie auf territoriale Angliederung setzten. Ihr wichtigstes Sprachrohr wurde der 1890 gegründete Alldeutsche Verband, der seine Anliegen durch die Förderung deutscher Minderheiten forcierte. Hinzu gesellten sich die Kreise der neuen Industrie (Elektro-, Chemie- und Exportindustrie), die 1903 den ‚Mitteleuropäischen Wirtschaftsverein' bildeten und Pläne einer ökonomischen deutschen Hegemonialmacht entwarfen, die einen Raum von der Nordsee bis zum Persischen Golf umfassten.[135] Diese ‚Mitteleuropa'-Vorstellungen sowie die Wirtschaftsideen von Friedrich List bis Friedrich Naumann[136] stellten eine zentrale Motivation des Deutschen Reichs dar, den Ersten Weltkrieg zu beginnen.[137]

In der Weimarer Republik versuchte Deutschland mangels militärischer Möglichkeiten, seinen Einfluss auf dem Balkan durch Wirtschaftsbeziehungen, Kontakte zu deutschfreundlichen Kreisen in den ehemals verbündeten Staaten und Unterstützung deutscher Minderheiten in Südosteuropa aufrecht zu erhalten. Im Zweiten Weltkrieg trafen sich die teilweise rassistischen Forderungen der deutschen Industrie und Exportwirtschaft[138] mit den nationalsozialistischen Vorstellungen vom ‚Lebensraum im Osten', wozu Hitler die deutschsprachigen Minderheiten instrumentalisierte und zu deren Schutz eine ‚humanitäre Intervention' forderte. Nach 1945 traten die Ideen deutscher Hegemonialwirtschafts-

---

134 Vgl. Friedrich List, Das nationale System der politischen Ökonomie (1841), in: Friedrich List, Schriften, Reden, Briefe Bd. VII, hrsg. von Friedrich Lenz, Aalen 1971.
135 Vgl. List, Das nationale System.
136 Vgl. dazu den affirmativen Sammelband von Wilhelm Gürge/Wilhelm Grotkopp (Hrsg.), Großraumwirtschaft. Der Weg zur europäischen Einheit, Berlin 1931.
137 Vgl. Willibald Gutsche, Mitteleuropaplanungen in der Außenpolitik des deutschen Imperialismus vor 1918, in: Zeitschrift für Geschichtswissenschaft 20 (1972), S. 533–549; grundlegend zur Verantwortung des wilhelminischen Kaiserreichs am Ausbruchs des Krieges vgl. Fritz Fischer, Der Griff nach der Weltmacht. Die Kriegszielpolitik des kaiserlichen Deutschland 1914/18, Düsseldorf 1977.
138 Z.B. Schriften des Alldeutschen Verbands; weiters Arthur Dix, Deutscher Imperialismus, Leipzig 1912; Konrad von Winterstetten [Pseudonym für Albert Ritter, Geschäftsführer des Alldeutschen Verbandes], Berlin-Bagdad. Neue Ziele mitteleuropäischer Politik, 12. Aufl., München 1915; zur kritischen Rezeption des deutschen ökonomischen Expansionismus der Weimarer Republik, der in die deutschen Kriegsvorbereitungen mündete, vgl. Dirk Stegmann, ‚Mitteleuropa' 1925–1934. Zum Problem der Kontinuität deutscher Außenhandelspolitik von Stresemann bis Hitler, in: Dirk Stegmann/Bernd-Jürgen Wendt/Peter-Christian Will (Hrsg.), Industrielle Gesellschaft und politisches System. Beiträge zur politischen Sozialgeschichte (Festschrift für Fritz Fischer zum siebzigsten Geburtstag), Bonn 1978, S. 203–221.

macht ("Mitteleuropa-Diskussion")[139] aufgrund der außenpolitischen Beschränkung der Bundesrepublik sowie vor dem Hintergrund der Konstituierung der EG[140] in den Hintergrund und wurden erst mit der Wiedervereinigung wieder offensiver, nun weniger rassistisch denn neo-imperialistisch.

Subtile bis teilweise offene rassistische Elemente lassen sich in den frühen 1990er Jahren im deutschen Sprachraum vor allem in der Jugoslawien-Berichterstattung nachweisen. Ausgehend davon, dass Rassismus in erster Linie einem praktischen Zweck dient, ist es angesichts der deutschen Balkan-Interessen wenig verwunderlich, dass die Zerstörung Jugoslawiens von deutschen Leitmedien positiv dargestellt wurde. So bezeichnete der *Spiegel* am 8. Juli 1991 Jugoslawien auf dem Titelblatt als „Völkergefängnis" unter dem „Terror der Serben". In der FAZ, deren Jugoslawien-Berichterstattung von Parteinahme für nationalistische Slowenen, Kroaten und bosnische Muslime geprägt war, stach Herausgeber Johann Georg Reißmüller mit einem dezidiert negativen Serbien-Bild nochmals hervor.[141]

Bereits 1994 wurden stereotype Muster und einseitige Berichte über den Balkan für die deutschen Zeitungen *Frankfurter Allgemeine, Süddeutsche Zeitung, Frankfurter Rundschau* und *tageszeitung* wissenschaftlich nachgewiesen. In allen genannten Medien wurden ‚die Serben' „mit den meisten Stereotypen belegt (191 serbische Stereotypen gegenüber 9 slowenischen und 7 kroatische)",[142] so Gabriele C. H. Vollmer in ihrer Dissertation. So wurde die serbische Kriegspartei überwiegend für gebrochene Waffenstillstände verantwortlich gemacht: „In 82,4 % aller angegebenen Fälle (34) wurde bei Nennung eines Kriegsgrundes gleichzeitig ein aggressives Verhalten der Serben assoziiert."[143] Eine weitere Vorgangsweise war, Zustimmung zu Friedensinitiativen mit Ablehnung zu konfrontieren. Obwohl die serbische Konfliktpartei Friedensinitiativen am häufigsten

---

139 Vgl. Martin Bennhold, Europa: Expansionsstrategien und -ideologien des deutschen Kapitals 1840–1918, in: Marxistische Blätter 6 (1992), S. 58–65; Martin Bennhold, Expansionsstrategien und -ideologien des deutschen Kapitals 1918 bis heute, in: Marxistische Blätter 1 (1993), S. 64–70; Martin Bennhold, Mitteleuropa – eine deutsche Politiktradition. Zu Friedrich Naumanns Konzeption und ihre Folgen, in: Blätter für deutsche und internationale Politik 8 (1992), S. 977–989.
140 Zur Interpretation der von den USA als Kontrolle des deutschen Wirtschaftspotentials unterstützten Strukturen Montanunion, EWG und EG vgl. Ludolf Herbst, Die Bundesrepublik in den Europäischen Gemeinschaften, in: Wolfgang Benz (Hrsg.), Die Geschichte der Bundesrepublik Deutschland, Bd. 2: Wirtschaft, Frankfurt a. M. 1989, S. 210–247.
141 Vgl. Johann Georg Reißmüller, Die bosnische Tragödie, Stuttgart 1993.
142 Gabriele C. H. Vollmer, Polarisierung in der Kriegsberichterstattung. Inhaltsanalytische Untersuchung bundesdeutscher Tageszeitungen am Beispiel des Jugoslawienkrieges, Diss., Universität Münster 1994, S. 226.
143 Vollmer, Polarisierung, S. 223–226.

zustimmte (40), entstand durch die Meldungen der Ablehnungen (15) ein negatives Bild. Demgegenüber vermeldeten die vier Tageszeitungen auf Seiten Sloweniens und Kroatiens zusammen 58 Zustimmungen bei nur drei Ablehnungen. Schlussendlich entstand so ein serbisches Feindbild durch „Einseitigkeit der Berichterstattung zugunsten der Slowenen und Kroaten".[144]

Der ‚Kosovo-Krieg' 1999

Nachdem der ethnonationale Konflikt im Kosovo zwischen Albanern und Serben bzw. zwischen der Provinz und dem serbischen Staat schon seit über einem Jahrzehnt geschwelt hatte, eskalierte er 1998 zum offenen Bürgerkrieg. Im Verlauf des Jahres wurde der Konflikt internationalisiert, konnte jedoch nicht befriedet werden. Am 24. März 1999 begann die NATO mit der Bombardierung Jugoslawiens. Ein UNO-Mandat für ihren ersten Krieg außerhalb des Bündnisgebiets lag nicht vor.

Vor der Matrix der westlichen Berichterstattung des ‚Bosnien-Krieges', die großteils in serbische Aggressoren und bosnisch-muslimische Opfer unterteilte,[145] wurde der seit Anfang 1998 eskalierende Konflikt zwischen der terroristischen UÇK und serbischen Polizei- und Militäreinheiten im Kosovo im ‚Westen' zunehmend als Fortsetzung ‚serbischer Vertreibungspolitik' seit dem Ende Jugoslawiens interpretiert.[146] Während die UNO und die vor Ort vermittelnde OSZE trotz wiederholter Kritik an Belgrad diese Wahrnehmung nicht teilten, radikalisierten westliche Massenmedien ihre Sprache und griffen auf den aus dem ‚Bosnien-Krieg' stammenden Vergleich zwischen Serben und ‚Nazis'[147] zurück. Kritiker befürchteten dadurch eine Relativierung der NS-Verbrechen und Verdrängung der deutschen Geschichte. So schrieb der damalige Mitherausgeber der FAZ, Frank Schirrmacher, am 17. April 1999:

---

144 Vollmer, Polarisierung, S. 229.
145 Zur Kritik der Berichterstattung des Jugoslawien-Kriegs vgl. Mick Hume, Whose War is it anyway? The Dangers of the Journalism of Attachment, London 1997.
146 „Es ist die gleiche Szenerie wie in Bosnien. Die Schlussfolgerung ist naheliegend: Die Albaner der Gegend sind überzeugt, dass die Belgrader Regierung im Kosovo erneut mit einer ‚ethnischen Säuberung' begonnen hat." Andres Wysling, Trauerzüge und Ruinen in Drenica, in: Neue Zürcher Zeitung, 17.03.1998.
147 Vgl. Jacques Merlino, ‚Les vérités yougoslaves ne sont pas toutes bonnes à dire', Paris 1993, auszugsweise übersetzt in: Jacques Merlino, ‚Da haben wir voll ins Schwarze getroffen', in: Klaus Bittermann (Hrsg.), Serbien muß sterbien. Wahrheit und Lüge im jugoslawischen Bürgerkrieg, 4. Aufl., Berlin 1999, S. 153–164, hier S. 156.

> Es wäre einem sehr viel wohler zumute, wenn Deutschland aus moralischen Gründen an einem Einsatz teilnähme, ohne mit ihm auch sogleich wieder Hitler besiegen zu wollen. Milošević ist nicht Hitler. Und der Kosovo ist nicht Auschwitz.[148]

Die Warnung des grünen Oppositionspolitikers Joseph Fischer 1994, die Kohl-Regierung würde Deutschland „an der humanitären Nase in den ‚Bosnien-Krieg'" führen, war durch ihn als Außenminister selbst Makulatur geworden. Das zentrale Element zur Kriegsrechtfertigung war dabei die Analogie zur Shoah und die daraus abgeleitete Dämonisierung von Serben als Nazis in der Tradition der Wahrnehmung des ‚Bosnien-Krieges'. Unter den von NATO-Sprecher Jamie Shea für die Formierung der öffentlichen Meinung hoch gelobten deutschen Politikern Schröder, Fischer und Scharping[149] stach besonders letzterer hervor.

Der Verteidigungsminister kolportierte Begriffe wie „Völkermord", „ethnische Säuberung", „KZs", „bestialische Verbrechen", „Miloševićs Mordmaschinerie", „Schlachthaus"[150] und glaubte gar, den „Blick in die Fratze der deutschen Vergangenheit"[151] zu erkennen. *Spiegel*-Herausgeber Rudolf Augstein hatte angesichts der propagandistischen Darstellung der Ereignisse von Rugova[152] Scharping schon am 12. April 1999 vorgeworfen, dieser merke vermutlich gar nicht, „daß hier Politik gemacht wird, um die Deutschen noch tiefer in den Krieg zu verstricken".[153] Dies hielt den Minister nicht davon ab, am 26. April im *Spiegel*-Interview seine unbelegte Gräuelgeschichte zu verbreiten, wonach Schwangeren „nach ihrer Ermordung die Bäuche aufgeschlitzt und die Föten gegrillt"[154] worden seien. Im selben Interview berief sich Scharping auf die Frage, woher er die Gewissheit nehme, „daß es mit Krieg besser gekommen ist",[155] auf den „Hufeisen-

---

148 Frank Schirrmacher, Luftkampf. Deutschlands Anteil am Krieg, in: Frank Schirrmacher (Hrsg.), Der westliche Kreuzzug, S. 117–120, hier S. 119.
149 Vgl. Jo Angerer/Mathias Werth, Es begann mit einer Lüge. Monitor-Dokumentation, Erstausstrahlung in der ARD am Donnerstag, 8.02.2001, um 21.45 Uhr; http://www.wdr.de/online/news/kosovoluege/sendung_text.pdf, S. 4, 20.05.2003 (Ausdruck im Besitz des Verfassers).
150 Vgl. Andresen, Die überaus nützliche Dämonisierung.
151 Zitiert nach Andresen, Die überaus nützliche Dämonisierung.
152 Vgl. Rudolf Scharping, Der Stein auf unserer Seele. Deutschland und der gerechte Krieg – Eine Antwort auf György Konrad, in: Schirrmacher (Hrsg.), Der westliche Kreuzzug, S. 129–136, hier S. 129–133. Die Toten des ‚Massakers', auf welches hier angespielt wurde und das der Verteidigungsminister neben dem ‚Hufeisenplan' als Rechtfertigung für den Krieg verwendete, waren bei Gefechten mit serbischen Einheiten gefallene UÇK-Kämpfer. Vgl. Angerer/Werth, Es begann mit einer Lüge.
153 Rudolf Augstein, Rückfall in die Steinzeit, in: Der Spiegel 15/1999, 12.04.1999.
154 Aust u.a., Spiegel-Gespräch.
155 Aust u.a., Spiegel-Gespräch.

plan",[156] von dessen Existenz NATO-Oberbefehlshaber Wesley Clark schon damals zeitgleich nichts wusste[157] und dessen Echtheit nie bewiesen wurde.[158]

Außenminister Fischer wiederum sprach von „serbischer SS", bezeichnete Kriegsgegner als „Weißwäscher eines neuen Faschismus" und verkündete, nicht nur „Nie wieder Krieg", sondern auch „Nie wieder Auschwitz" gelernt zu haben.[159] Kosovo-Albaner waren innerhalb dieser Logik die Juden, die als monolithischer nationaler Block dargestellten Serben die Nazis und Slobodan Milošević Hitler. Damit war das Bild, das auf die kollektive Erinnerung an den Nationalsozialismus und die daraus abgeleitete moralische Verpflichtung zum Widerstand aufbaute, griffig und kompakt. Neben den historisch unzulässigen Vergleichen mit der deutschen Vergangenheit[160] wurde eine „nützliche Dämonisierung"[161] durch Sprache betrieben, indem die Bezeichnung ‚die Serben' als Stereotyp einer „Sippenhaft"[162] gleichkam.

Ignatz Bubis, der Vorsitzende des Zentralrats der Juden, wandte sich am 10. April 1999 als Interventionsbefürworter gegen die Propagandasprache der NATO:

> Es ist schon ein eigenartiges Gefühl, wenn in diesem Zusammenhang von ‚Völkermord' oder von ‚Holocaust' gesprochen wird. Das sind aus meiner Sicht Begriffe, die man so nicht verwenden darf. Jedoch: Wenn man sagt, beides sei nicht dasselbe, konnte der Eindruck entstehen, daß das, was jetzt geschieht, harmlos sei. Die Gefahr ist eine Relativierung der Greuel im Kosovo ebenso wie des Holocausts.[163]

Die klaren Feindbilder dienten der Rechtfertigung des Krieges, und die Dämonisierung war deshalb so stark, weil der Angriff moralisch begründet worden war.

---

156 Aust u. a., Spiegel-Gespräch.
157 Vgl. Heinz Loquai, Der Kosovo-Konflikt – Wege in einen vermeidbaren Krieg. Die Zeit von Ende November 1997 bis März 1999 (= Demokratie, Sicherheit, Frieden 129), Baden-Baden 2000, S. 141.
158 Vgl. Serge Halimi/Pierre Rimbert, Das Märchen vom Hufeisenplan, in: Le Monde diplomatique, 11.04.2019, https://monde-diplomatique.de/artikel/!5584546 (Stand: 05.08.2021).
159 Vgl. dpa, ‚Nie wieder Krieg, aber auch nie wieder Auschwitz'. Der Bundesaußenminister stellt klar, daß er die Forderung nach einer einseitigen Feuerpause der Nato nicht umsetzen würde, in: Süddeutsche Zeitung, 14.05.1999.
160 So Harald Müller, Politologe vom Frankfurter Friedensforschungsinstitut, bereits während des Krieges. Vgl. Andresen, Die überaus nützliche Dämonisierung.
161 Andresen, Die überaus nützliche Dämonisierung.
162 So Hans-Joachim Gießmann, Hamburger Politologe und Friedensforscher. Vgl. Andresen, Die überaus nützliche Dämonisierung.
163 Thomas E. Schmidt, Die Vergangenheit verpflichtet zum Mitmachen. ‚Wir dürfen uns nicht zurückziehen': Ignatz Bubis über den Kosovo-Krieg und die Folgen, in: Die Welt, 10.04.1999.

Interessant ist, dass die NS-Analogien ebenfalls von der jugoslawischen Seite verwendet wurden, allerdings in gegenteiliger Weise. Dort wurde von „faschistischen NATO-Aggressoren" und in Erinnerung an den Zweiten Weltkrieg vom „Genozid" an der serbischen Bevölkerung gesprochen.[164]

Deutschlands Beteiligung am Angriff auf Serbien 1999 stand in der Tradition deutscher Großmachtpolitik seit Wilhelm II. Der damalige Chefredakteur der *Welt*, Nikolaus Blome, begründete dies etwas mehr als zwei Jahre nach Kriegsende in einem Leitartikel wie folgt:

> Ja, der Balkan ist unser Hinterhof. Ja, wir haben dort Interessen, für die wir einstehen wollen. Ja, militärische Macht gehört in letzter Konsequenz eben doch zu den Mitteln, diese Interessen und Werte durchzusetzen.[165]

„Hinterhof" lässt an den Ausspruch des Nationalökonomen Friedrich List denken, der den Balkan 1842 aus deutscher Sicht noch vor der Entstehung eines deutschen Nationalstaats als ‚unser Hinterland' bezeichnet hatte.

Doch Großmachtpolitik war nur einer der Gründe für die deutsche Beteiligung am NATO-Angriff. Entscheidender war, dass Deutschland erstmals seit 1945 in den Kreis der Krieg führenden Staaten zurückkehrte. Dieser außenpolitische Zugewinn an Handlungsoptionen ging einher mit einem innenpolitisch noch bedeutenderen Vorgang, der aber mit ersterem untrennbar verbunden ist: die Bewältigung der deutschen Vergangenheit. Denn die Erfahrungen des Nationalsozialismus hatten zu außenpolitischer Zurückhaltung geführt – auf der Ebene der Macht durch die US-Besatzung, institutionell durch NATO, EG und EU, aber auch in der deutschen Öffentlichkeit durch Bezugnahme auf das Konzept ‚Nie wieder Krieg'. Nachdem sich durch die Wiedervereinigung die Machtverhältnisse in Europa verschoben hatten, musste erst noch der innenpolitische Widerstand überwunden werden, um außenpolitisch volle Handlungsfähigkeit (im Rahmen der NATO) zu erhalten.

Die NS-Vergleiche dienten dabei der Herstellung von Kriegszustimmung, und das Angriffsziel Serbien eignete sich auch historisch gut für eine umfassende Feindbildkonstruktion. Im Ablenken von Eigeninteressen und im Verfolgen politischer Ziele finden sich hier erneut nach der Definition von Detlev Claussen rassistische Elemente im deutschen Serbien-Bild. So erwies sich im Kern derselbe Rassismus, der den Mittelmächten im Ersten Weltkrieg zur Motivation im Kampf gegen Belgrad gedient und der sich im Zweiten Weltkrieg während der deutschen

---

164 Mira Beham, Der Informationskrieg um das Kosovo, in: Vierteljahresschrift für Sicherheit und Frieden 3 (2000), S. 218–226, hier S. 220.
165 Nikolaus Blome, Unser Balkan. Alle Lektionen der letzten zehn Jahre kreisen um das eine Wort – Macht, in: Die Welt, 30.06.2001.

Besetzung von Jugoslawien besonders grausam entfaltet hatte, durch die Jugoslawien-Kriege in den 1990er Jahren als nützlich für die deutsche Vergangenheitsbewältigung:

> Die projektive Abschiebung des Holocausts auf die Serben ist das Beruhigungsmittel, das den kritischen Blick auf deutsche Geschichte und Gegenwart zu betäuben hat. Im politischen Lager der Konservativen ist dieses Betäubungsmittel überflüssig, da man dort die Wiederkehr von Elementen der deutschen Außenpolitik durchaus positiv interpretiert.[166]

Diskursive Anspielungen basieren auf der Verbindung, in welche Rezipienten Verbrechen, die eine bestimmte Größenordnung überschreiten, zum „Prototyp von Massenmord bringen, also dem Nationalsozialismus, dem Holocaust."[167] Sie funktionieren, weil, wie Daniel J. Goldhagen im Mai 1999 betonte, „der Holocaust *sowohl* universale *als auch* einzigartige Elemente enthält".[168] Und sie liegen ein Stück weit im Auge des Betrachters, hängen also auch vom Willen ab, NS-Vergleiche zu ziehen.[169] Erleichtert werden sie auch durch die UN-Völkermordkonvention von 1948, nach der Massaker als Genozid bezeichnet werden können, sofern Menschen aufgrund von Nationalität, Ethnie, Rasse oder Religion getötet oder ernsthaft physisch oder psychisch beschädigt werden, wenn ihre Lebensgrundlage verschlechtert wird mit dem Ziel, sie zu zerstören, wenn ihre Fortpflanzung unterbunden wird oder wenn ihre Kinder einer anderen Gruppe zugeführt werden.[170]

Da die Definition diese Maßnahmen nicht von einer bestimmten Größenordnung abhängig macht, können zahlreiche Verbrechen aus Kriegsgebieten rund um die Welt als Genozid bezeichnet werden. Aus dieser Sicht gab es im Kosovo einen Genozid an Albanern – aber nach derselben Logik auch einen der UÇK an

---

166 Matthias Küntzel, Miloševićs willige Vollstrecker? Goldhagen, Deutschland und der Kosovo-Krieg, in: Jürgen Elsässer/Andrei S. Markovits (Hrsg.), ‚Die Fratze der eigenen Geschichte'. Von der Goldhagen-Debatte zum Jugoslawien-Krieg, Berlin 1999, S. 171–181, hier S. 178.
167 Jürgen Elsässer/Andrei S. Markovits, Ein deutsches Coming-out? Streitgespräch: Die Linke, der Krieg und mögliche Verkürzungen in Goldhagens Holocaust-Analyse. Statt eines Nachworts, in: Jürgen Elsässer/Andrei S. Markovits (Hrsg.), ‚Die Fratze der eigenen Geschichte'. Von der Goldhagen-Debatte zum Jugoslawien-Krieg, Berlin 1999, S. 186–202, hier S. 193.
168 Daniel Jonah Goldhagen, Die Notwendigkeit eines neuen Paradigmas. Die Zeugnisse der Opfer, wichtige Beweise und neue Perspektiven in der wissenschaftlichen Beschäftigung mit dem Holocaust, in: Jürgen Elsässer/Andrei S. Markovits (Hrsg.), ‚Die Fratze der eigenen Geschichte'. Von der Goldhagen-Debatte zum Jugoslawien-Krieg, Berlin 1999, S. 80–102, hier S. 96.
169 Vgl. Claussen, Rassismus, S. 2.
170 Vgl. United Nations, Convention on the Prevention and Punishment of the Crime of Genocide, Article 2, 09.12.1948, S. 1, https://legal.un.org/avl/pdf/ha/cppcg/cppcg_ph_e.pdf (Stand: 05.08.2021).

Serben. Von Verbrechen an Serbinnen und Serben war allerdings in deutschen Medien kaum die Rede, auch wenn UN-Generalsekretär Kofi Annan auch auf diese Seite des Bürgerkriegs verwies.[171]

Nicht nur die Definition von Genozid erfordert sorgfältiges Abwägen der Fakten, auch die mit dem Begriff verbundenen Assoziationen und die durch ihn ausgelösten Konnotationen aus dem Kontext des Zweiten Weltkriegs verdienen Berücksichtigung. Denn das Synonym ‚Völkermord' führt bei vielen Menschen zu einer gedanklichen Verbindung – mitunter auch zur Gleichsetzung – mit dem Holocaust.

Zu einer solchen Gleichsetzung ließen sich viele durch die Massenmorde von Srebrenica verleiten. Vom UN-Gerichtshof in Den Haag unter Bezugnahme auf die Völkermordkonvention von 1948 zutreffend als Genozid bezeichnet, hat das bosnisch-serbische Massaker an über 8.000 bosnischen Muslimen mehr Ähnlichkeiten mit Massenerschießungen in Kriegen denn mit Auschwitz. Doch indem sich Interventionsbefürworter diskursiver Anspielungen auf den Holocaust bedienten, beeinflussten sie den deutschen Jugoslawien-Diskurs, der geprägt war „durch das Bemühen um einen breiten Konsens in der Frage deutscher Militäreinsätze."[172]

Dieses Bemühen fußte auf dem ‚konsensbildenden Ereignis'[173] Srebrenica, das Michael Schwab-Trapp anhand von drei Elementen charakterisierte: die Kontextualisierung des ‚Jugoslawien-Krieges', die Generalisierung Srebrenicas und die Konstruktion einer Zäsur.[174] Durch die Gleichsetzung der jugoslawischen Zerfallskriege mit dem Zweiten Weltkrieg und die Interpretation der Kriegshandlungen als Faschismus wurde eine deutsche Verantwortung bemüht, die sich aus der spezifischen Geschichte ergebe. Der Subtext von Verantwortungsübernahme bedeutete militärische Intervention. Zugleich erfolgte eine Generalisierung, indem Srebrenica zum Symbol bisheriger Jugoslawienpolitik stilisiert wurde, um dann aus dem Ereignis induktiv allgemeine Schlussfolgerungen über UNO-Handeln und die Notwendigkeit militärischer Interventionen zu ziehen. Und zuletzt erfolgte die Konstruktion einer Zäsur, indem die bisherige UNO-Politik in

---

171 Vgl. Kofi Annan, Report of the Secretary-General prepared pursuant to Resolutions 1160 (1998) and 1199 (1998) of the Security Council, 03.10.1998, S. 3–4. Auf der Homepage der Vereinten Nationen unter https://undocs.org/S/1998/912 (Stand: 05.08.2021)hier.
172 Vgl. Michael Schwab-Trapp, Srebrenica – ein konsensbildendes Ereignis? Diskursive Eliten und der Diskurs über den Jugoslawienkrieg, in: Sighard Neckel/Michael Schwab-Trapp (Hrsg.), Ordnungen der Gewalt. Beiträge zu einer politischen Soziologie der Gewalt und des Krieges, Opladen 1999, S. 119–129, hier S. 119.
173 Schwab-Trapp, Srebrenica, S. 119–129.
174 Vgl. Schwab-Trapp, Srebrenica, S. 127–128.

Frage gestellt und die Forderung nach Handlungsalternativen erhoben wurde. „Srebrenica wird zu einem Symbol, [...] das retrospektiv auf die Unfähigkeit der bisherigen UN-Politik und prospektiv auf den Zwang zur Entscheidung verweist."[175]

Die Diskussion über Srebrenica hat dem Diskurs über die Legitimität deutscher militärischer Interventionen einen nachhaltigen Impuls verliehen.[176] Außenminister Fischer hat seine Wandlung vom Interventionsgegner zum Befürworter explizit damit begründet.[177] Da es sich hauptsächlich um einen Diskurs der ehemaligen Gegner militärischer Interventionen handelte,[178] bedurfte es zur Veränderung der Position mehr als die übliche Polarisierung der politischen Kultur des Krieges in Gegner und Befürworter. Srebrenica wurde also gerade bei ehemaligen Kriegsgegnern durch Kontextualisierung, Generalisierung und Konstruktion einer Zäsur zum Hauptargument für eine militärische Intervention[179] und zum Ausgangspunkt des Diskurses der Verantwortungsübernahme[180] – ein Diskurs, mit dem die Militarisierung der deutschen Außenpolitik und der prinzipiell globale Einsatz der Bundeswehr gerechtfertigt werden.

In einem Interview mit der *Neuen Zürcher Zeitung* wies der Historiker Heinrich August Winkler im Mai 2020 darauf hin, dass eine Rechtfertigung tagespolitischer Entscheidungen durch Bezugnahme auf die nationalsozialistischen Verbrechen hochproblematisch sei, denn es bestehe „die Gefahr einer Verharmlosung und Relativierung."[181] Inzwischen habe man es „mit einem inflationären Gebrauch des Faschismusbegriffs zu tun, der in der Tendenz dazu führen kann, dass man sich vom Nationalsozialismus ein falsches und verharmlosendes Bild macht."[182] Diese historische Fehleinschätzung gehe einher mit steigendem Sendungsbewusstsein

---

175 Vgl. Schwab-Trapp, Srebrenica, S. 128.
176 Vgl. Schwab-Trapp, Srebrenica, S. 119.
177 Vgl. Spiegel-Gespräch, ‚Milošević wird der Verlierer sein'. Außenminister Joschka Fischer über den Stand im Krieg gegen Jugoslawien, über die Kriegsziele der Nato und seine fehlgeschlagene Friedensinitiative, in: Der Spiegel, 19.04.1999.
178 Vgl. Schwab-Trapp, Srebrenica, S. 119.
179 Vgl. Schwab-Trapp, Srebrenica, S. 119.
180 Vgl. Christoph Bialluch u.a. (Hrsg.), Krieg um die Köpfe. Der Diskurs der Verantwortungsübernahme. Psychologische, sozialwissenschaftliche und medienkritische Betrachtungen, Gießen 2016.
181 Hansjörg Friedrich Müller, Interview mit Heinrich August Winkler: „Weniger moralische Führungsansprüche der Deutschen, das wäre die richtige Schlussfolgerung aus der Vergangenheit", in: NZZ, 08.05.2020, https://www.nzz.ch/international/historiker-winkler-deutschlands-rolle-in-europa-ld.1554797 (Stand: 19.11.2020).
182 Müller, Interview mit Heinrich August Winkler.

und einer „neuen deutschen Arroganz",[183] die darauf basiere, dass Deutschland prädestiniert sei, außenpolitisch als Ordnungsmacht in Aktion zu treten, gerade weil es „mit einem pervertierten Nationalismus"[184] schrecklichste Erfahrungen gemacht hat. Winkler nannte diese These, „von der Perversion zur Prädestination, eine geradezu tollkühne dialektische Volte",[185] die „nicht frei von Spuren nationaler Überheblichkeit"[186] sei. Die richtige Schlussfolgerung aus der deutschen Vergangenheit sei hingegen „mehr selbstkritische Distanz zur eigenen Geschichte und weniger moralische Führungsansprüche gegenüber anderen".[187]

Revisionismus im Zeichen der Erinnerung: 100 Jahre Ausbruch des Ersten Weltkriegs

2014, anlässlich des Gedenkens an den Beginn des Ersten Weltkriegs vor 100 Jahren, erhielt das seit dem Ende des Kalten Krieges negative Serbien-Bild einen neuen Impuls:[188] Verschiedene Publikationen relativieren die seit Fritz Fischers *Der Griff nach der Weltmacht* im Kern geklärte Kriegsschuldfrage von 1914[189] und schreiben, unter neuer Gewichtung bereits bekannter Fakten und ohne Fischers Erkenntnisse auf Quellenbasis widerlegen zu können,[190] nun Belgrad eine stärkere Mitverantwortung am Ausbruch der Jahrhundertkatastrophe zu.[191]

Thomas Schmid verglich die „Schwarze Hand" am 9. Januar 2013 mit Al Kaida und machte die ‚Selbstmordattentäter von 1914' für die „den Krieg auslösende

---

[183] Müller, Interview mit Heinrich August Winkler.
[184] Müller, Interview mit Heinrich August Winkler.
[185] Müller, Interview mit Heinrich August Winkler.
[186] Müller, Interview mit Heinrich August Winkler.
[187] Müller, Interview mit Heinrich August Winkler.
[188] Zur Vielzahl an Neuerscheinungen und Sichtweisen zum Ersten Weltkrieg vgl. Siegfried Weichlein, Schlafwandler und Mehlschieber. Neue Literatur zum Ersten Weltkrieg, in: Hessisches Jahrbuch für Landesgeschichte 67 (2017), S. 231–263.
[189] Eine Relativierung der Position Fischers bietet bereits David Fromkin, Europas letzter Sommer. Die scheinbar friedlichen Wochen vor dem Ersten Weltkrieg, München 2005.
[190] Vgl. Wolfram Wette, Seit hundert Jahren umkämpft: Die Kriegsschuldfrage, in: Blätter für deutsche und internationale Politik 9 (2014), S. 91–101, hier S. 101.
[191] Vgl. u. a. Clark, Die Schlafwandler; Herfried Münkler, Der Große Krieg. Die Welt 1914–1918, Berlin 2013; Margaret MacMillan, The War that ended Peace: The Road to 1914, New York 2013; Sean McMeekin, July 1914: The Countdown to War, New York 2014; Jörn Leonhard, Die Büchse der Pandora. Geschichte des Ersten Weltkriegs, München 2014.

Krise" verantwortlich.[192] Der Grazer Historiker Peter Pichler wiederum bezeichnete den Versuch, die Rolle der serbischen Attentäter beim Ausbruch des Ersten Weltkriegs in den Fokus zu rücken und Serbien eine Mitverantwortung für die Eskalationsspirale der Juli-Krise zuzuschreiben, als „neues europäisches Narrativ", das darauf hinaus laufe, dass „alle ein wenig Schuld hätten, ‚die Schurken aber die Serben' seien. Die EU habe ein klares Interesse an einer solchen ‚Meistererzählung', wonach sich die Rolle der EU aus der Geschichte ableite."[193]

Einer Relativierung insbesondere der deutschen Verantwortung für den Ersten Weltkrieg widersprach auch Heinrich August Winkler, der kritisierte, Christopher Clarks Abhandlung *Die Schlafwandler* habe „in Deutschland eine Welle des Revisionismus ausgelöst."[194] Holm Sundhaussen wiederum hielt Clark zugute, er habe in seinem Werk die Perspektive erweitert, und dies sei „nicht weniger sinnvoll und notwendig als die Fischer-Kontroverse in den 60er Jahren."[195]

Zur Klärung der Bedeutung des Attentats vom 28. Juni 1914 ist die Berücksichtigung des historischen Kontexts wichtig. Dazu gehört der sich verschärfende politische Gegensatz zwischen der Großmacht Donaumonarchie und dem kleinen Serbien, das sich deshalb mit der Großmacht Russland verbündete. Lohnenswert ist auch ein Blick auf die österreichisch-ungarischen Pläne zu Beginn des 20. Jahrhunderts, die sich mit Kriegen gegen Serbien allein, gegen Serbien und Italien und, zusammen mit dem Deutschen Reich, gegen Serbien und Russland beschäftigten.[196] Vor diesem Hintergrund war die propagandistische Abwertung Serbiens und seiner Bewohner in der deutschsprachigen Öffentlichkeit dieser Zeit nur konsequent und diente, ein typisches Merkmal von Rassismus, der Ablenkung

---

192 Thomas Schmid, Selbstmordattentäter lösten Ersten Weltkrieg aus, in: Die Welt, 09.01.2013, https://www.welt.de/geschichte/article112633581/Selbstmordattentaeter-loesten-Ersten-Weltkrieg-aus.html (Stand: 05.08.2021).
193 Martin Bayer, Tagungsbericht Gedenken und (k)ein Ende – Was bleibt vom Jahr 2014? Das Gedenkjahr 1914/2014 und sein historiografisches Vermächtnis, 10.12.2014–12.12.2014, Wien, in: H-SozKult, 24.04.2015, https://www.hsozkult.de/conferencereport/id/tagungsberichte-5931 (Stand: 05.08.2021).
194 Heinrich August Winkler, Und erlöse uns von der Kriegsschuld, in: Zeit Online, 18.08.2014, https://www.zeit.de/2014/32/erster-weltkrieg-christopher-clark/komplettansicht (Stand: 05.08.2021).
195 Georgios Chatzoudis, Serbien und die Serben in Clarks „Schlafwandler". Interview mit Holm Sundhaussen zur Wahrnehmung Serbiens in „Die Schlafwandler", in: L.I.S.A. Wissenschaftsportal der Gerda-Henkel-Stiftung, 26.11.2013, https://lisa.gerda-henkel-stiftung.de/serbien_und_die_serben_in_clarks_schlafwandler?nav_id=4663 (Stand: 05.08.2021).
196 Vgl. Graydon A. Tunstall, Panning for War against Russia and Serbia. Austro-Hungarian and German Military Strategies, 1871–1914, New York 1993.

von Eigeninteressen und der Legitimierung der eigenen Ansprüche auf dem Balkan.

Doch anstelle dieser Kontexte finden sich rund 100 Jahre nach dem Ausbruch des Ersten Weltkriegs gerade in der deutschen und österreichischen Öffentlichkeit in vielen Darstellungen erneut abwertende Urteile.[197] So, wie sich in den Quellen des Ersten Weltkriegs neben pejorativen Zuschreibungen zu Serbien auch das Bild des österreichisch-ungarischen Heeres als Kulturbringer findet, tauchen 100 Jahre später vergleichbare Stereotype erneut auf, „wenn auch die Formulierungen nicht mehr so scharf sind wie zur Zeit des Krieges."[198] Dass im Zusammenhang mit Bankaffären in der deutschsprachigen Öffentlichkeit von „Balkansitten" gesprochen werde, zeige, „wie sich die Zuschreibungen von vor 100 Jahren in den Köpfen der Menschen verfestigten."[199]

Inwiefern die Debatte um die Relativierung der Kriegsverantwortung Wiens und Berlins 2014 die Öffentlichkeit beeinflusste, ist schwer messbar.[200] Vielleicht waren es auch ‚nur' historische Kontinuitäten – jedenfalls gab in einer Umfrage des Meinungsforschungsinstituts Unique Research 2014 eine relative Mehrheit von 36 Prozent[201] der 500 befragten Österreicherinnen und Österreicher Serbien die Schuld am Ausbruch des Ersten Weltkriegs, während 31 Prozent eine Verantwortung der Donaumonarchie anerkannten, 14 Prozent die Rolle des Deutschen Reichs für entscheidend hielten, 12 Prozent jene der Entente und 25 Prozent zur Kriegsschuldfrage gar keine Angaben machen konnten.[202] In Deutschland wiederum waren laut Statista Research Department unter 1004 Befragten zum Jahresbeginn 2014 58 Prozent der Meinung, dass alle beteiligten Staaten Schuld am Kriegsausbruch hätten, während

---

197 Vgl. Schanes, Serbien im Ersten Weltkrieg.
198 Chatzoudis, Interview mit Daniela Schanes über das Serbienbild im Ersten Weltkrieg.
199 Chatzoudis, Interview mit Daniela Schanes über das Serbienbild im Ersten Weltkrieg.
200 Clarks *Die Schlafwandler*, 2012 im Original erschienen, lag im Oktober 2013 in deutscher Übersetzung schon auf Platz zwei der Sachbücher des Monats und wurde bis April 2014 rund 200.000 Mal verkauft, vgl. Alexander Cammann, Dick und teuer. Siehe da: Anspruchsvolle Bücher verkaufen sich heute glänzend, in: Die Zeit 18/2014, 24.04.2014, https://www.zeit.de/2014/18/erfolg-historische-sachbuecher (Stand: 05.08.2021).
201 Während das Profil von einer „Mehrheit" spricht, benennt die Presseagentur APA diese mit 36 Prozent. Vgl. APA-OTS, „profil"-Umfrage: Mehrheit der Österreicher gibt Serbien Schuld am Ausbruch des Ersten Weltkriegs, https://www.ots.at/presseaussendung/OTS_20140719_OTS0001/profil-umfrage-mehrheit-der-oesterreicher-gibt-serbien-schuld-am-ausbruch-des-ersten-weltkriegs (Stand: 05.08.2021).
202 Vgl. Red., Umfrage: Mehrheit der Österreicher gibt Serbien Schuld am Ausbruch des Ersten Weltkriegs, in: profil, 19.07.2014, https://www.profil.at/oesterreich/umfrage-mehrheit-oesterreicher-serbien-schuld-ausbruch-ersten-weltkriegs-376858 (Stand: 05.08.2021). Es waren Mehrfachnennungen möglich. Dieser Hinweis bei Vidojković, Gavrilo Princip, S. 72.

19 Prozent die Verantwortung bei Deutschland sahen und neun Prozent bei einem anderen Staat.[203]

Der Historiker Wolfram Wette spannte in seiner Analyse der deutschen Rezeption von Clarks *Schlafwandlern* einen Bogen von der Verantwortungsfrage zum Verantwortungsdiskurs und konstatierte, der potentiell gefährliche „politische Nebel, den diese Metapher verbreitet [,...] ist geeignet, die deutsche Gewaltgeschichte zu glätten und zu entsorgen."[204] Denn dieses Bild arbeite einer Politik entgegen, für die steigende deutsche Verantwortung in der Welt auch mehr Aufrüstung bedeute, mit weitreichenden Folgen:

> Ein von historischer Kriegsschuld gereinigtes Deutschland könnte mit Hilfe eines geglätteten Geschichtsbildes einen größeren internationalen Handlungsspielraum beanspruchen und zu einer – auch militärisch instrumentierten – neuerlichen Weltmachtpolitik verleiten.[205]

Zusammenfassung der Ergebnisse und Beantwortung der Kernthese

Zu Beginn des Aufsatzes wurde die folgende Kernthese formuliert: *Das Bild Serbiens in der deutschsprachigen Öffentlichkeit ist als Konstrukt österreichischer und deutscher Balkanpolitik des 19. und 20. Jahrhunderts zu verstehen und trägt rassistische Züge, weil es der Rechtfertigung von Gewaltverhältnissen diente.* Diese These wird durch eine Vielzahl an Quellen verifiziert. Das Wesensmerkmal des Rassismus, dass er Gewaltverhältnisse legitimiert,[206] ist an der aggressiven Politik Österreich-Ungarns und des Deutschen Reichs vor dem Ersten Weltkrieg, in der Juli-Krise 1914, im Ersten Weltkrieg, im Zweiten Weltkrieg und im NATO-Angriff 1999 nachweisbar. Auch alle weiteren genannten Merkmale von Rassismus lassen sich belegen.[207] So wurde schon im 19. Jahrhundert durch stereotype Zuschreibungen eine ‚südslawische Rasse' und später eine serbische konstruiert, wobei die Vorurteile zuerst sowohl negativ als auch positiv waren, während ab der

---

203 Vgl. Statista Research Department, Umfrage zur Kriegsschuldfrage im Ersten Weltkrieg in Deutschland 2014, 15.01.2014, https://de.statista.com/statistik/daten/studie/284858/umfrage/umfrage-zur-kriegsschuldfrage-im-ersten-weltkrieg-in-deutschland/ (Stand: 05.08.2021). Vgl. auch Wette, Seit hundert Jahren umkämpft, S. 92.
204 Wette, Seit hundert Jahren umkämpft, S. 101.
205 Wette, Seit hundert Jahren umkämpft, S. 101.
206 Vgl. Claussen, Rassismus, S. 15 f.
207 Vgl. Zuber, Gegenwärtiger Rassismus, S. 56.

zweiten Hälfte des 19. Jahrhunderts zunehmend pejorative Deskriptionen auftreten, die 1914 in ‚Serbien muss sterbien' kulminieren.

Die von außen erfolgten Zuschreibungen hatten einen zunächst positiven Rückkoppelungseffekt auf die Beschriebenen[208] und spiegelten sich von dort wieder auf die Zuschreibenden zurück. Mit anderen Worten: Die deutsche und österreichische Konstruktion einer ‚serbischen Rasse' wirkte sich bestärkend auf das Nation-Building Serbiens aus, und der entstehende serbische Nationalstaat beeinflusste wiederum die Politik Berlins und Wiens, woher die Zuschreibungen stammten. Vor allem die negativen Stereotype wurden zu einer sich selbst erfüllenden Prophezeiung, indem sich die Regierenden in Berlin und Wien in einen Handlungszwang manövrierten, der sie blind für eine unter Partnern auf Augenhöhe mögliche friedliche Beilegung des Streits machte.

Die praktische Umsetzbarkeit des Rassismus, ein weiteres Merkmal, wurde dann vor allem in der NS-Zeit in Form einer gegenüber anderen europäischen Gegenden noch gesteigerten Brutalität der deutschen Besatzungspolitik zur grausamen Wirklichkeit.[209] Hier zeigte sich in Konzentrationslagern und Zwangsarbeit auch die Dienlichkeit des Rassismus zur Ausbeutung der Arbeitskraft.[210]

Ein Blick zurück auf 200 Jahre antiserbische Stereotype verdeutlicht noch ein weiteres Merkmal des Rassismus, nämlich seine Anpassungsfähigkeit an sich wandelnde Epochen.[211] So veränderte sich mit den wechselnden gesellschaftlichen, politischen, ökonomischen und militärischen Umständen auch das romantisch verklärte Bild von den Bewahrern ‚echter Volkskunst' hin zu Königsmördern, bedrohlichen Kommunisten und, in den 1990er Jahren, Wiedergängern Adolf Hitlers und seiner Nationalsozialisten.

Wenn der deutschen oder österreichischen Politik in den vergangenen 200 Jahren ein serbisches Feindbild zur Ablenkung von Eigeninteressen nützte, wurde auf bestehende Stereotype zurückgegriffen oder wurden neue konstruiert. Nicht immer geschah dies, wie die Massaker serbischer Soldaten während der jugoslawischen Sezessionskriege zeigen, losgelöst von Fakten, aber stets in einseitiger und stilisierter Darstellung. Diese Überlegungen sollten mitbedacht werden, wenn Kritik an einer serbischen Sichtweise auf die Geschichte der vergangenen zwei Jahrhunderte – die mit sachlichem Quellenstudium jederzeit belegbar ist – geübt wird.

---

208 Vgl. Vidojković, Von Helden und Königsmördern, S. 129.
209 Vgl. Zuber, Gegenwärtiger Rassismus, S. 56.
210 Vgl. Marz, Annäherungen, S. 254.
211 Vgl. Zuber, Gegenwärtiger Rassismus, S. 56.

Die Folgen der Abwertung Serbiens zeigen sich gegenwärtig zwar nicht mehr so offen wie während der Kriege. Doch die Betonung der Mitverantwortung Belgrads für den Ausbruch des Ersten Weltkriegs bei gleichzeitiger Relativierung der Hauptverantwortung der Mittelmächte ist ebenso ein Indiz für den Fortbestand des negativen Serbien-Bildes wie die fehlende Sichtbarkeit serbischer Interessen, aber auch serbischen Leids in den jugoslawischen Zerfallskriegen in deutschsprachigen Massenmedien, die kritischere Beurteilung des serbischen Nationalismus im Vergleich zum kroatischen oder albanischen oder der Versuch, Serbien aufgrund von Problemen, von denen Bulgarien oder Rumänien ebenso betroffen waren, die EU-Tauglichkeit abzusprechen.[212]

Die folgende Tabelle listet aus der Vielzahl von Zuschreibungen über Serbinnen und Serben bzw. Serbien in der deutschsprachigen Öffentlichkeit der vergangenen 200 Jahre die wichtigsten nochmals auf:

Stereotyp, Vorurteil, rassistische Zuschreibung	Politischer Hintergrund	Akteure	Zeit
Sie sind Anhänger eines fragwürdigen Christentums.	Stigmatisierung zur kulturellen Abgrenzung Westeuropas in mittelalterlicher Tradition (Orthodoxie als Häresie)	Philosophen, Intellektuelle	Aufklärung
Zwischen Europa und Asien stehend, sind sie nicht Teil der europäischen Geschichte.	Feindbildstilisierung als Abgrenzung Europas gegen die ‚asiatischen' Türken in Zusammenhang mit den österreichisch-osmanischen Kriegen um Bosnien und Serbien 1736–1739 und um Belgrad und Bukarest 1787–1792	Philosophen, Intellektuelle	Aufklärung
Ihre Heldenepen und Volkslieder sind unverfälscht und rein.	Verklärung im Zuge einer retrospektiven Utopie, die indirekt Ausdruck von Kritik an der eigenen Gegenwart ist.	Dichter, Intellektuelle	Romantik
Sie kämpfen für Nation und Freiheit.	Verklärung als Vorbild für den eigenen politischen Kampf und als idealistische Zuflucht nach der gescheiterten Revolution von 1848	Liberale	1815–1848

---

212 Vgl. aktuelle Artikel von Adelheid Wölfl im österreichischen Standard oder von Michael Martens in der FAZ; für die vergangenen 25 Jahre vgl. Artikel von Andres Wysling in der NZZ oder von Matthias Rüb in der FAZ.

Fortsetzung

Stereotyp, Vorurteil, rassistische Zuschreibung	Politischer Hintergrund	Akteure	Zeit
Sie sind rückständig in Wissenschaft und Zivilisation, aber führend in Poesie.	Fortführung romantischer Stilisierung bei gleichzeitiger Abwertung, die eine indirekte Überhöhung der eigenen Zivilisation ist.	*Meyers Konversations-Lexikon*	1860
Neben der ‚orientalischen Frage' muss die ‚serbische Frage' gelöst werden.	Wenn das Osmanische Reich zusammenbricht, so soll nicht Belgrad davon profitieren, sondern Wien und Berlin; indirekt eine Rechtfertigung kolonialistischer Politik.	Bismarck, Kaiserreich, Österreich-Ungarn	Ab 1878
Sie sind Königsmörder.	Angst der Monarchen vor Attentaten, Revolten und Umsturzversuchen in ganz Europa	Monarchisten in Europa	1903
Sie sind Attentäter.	Ablehnung politischer Attentate gegen Adlige, Kampf um Erhaltung des Status Quo	Europäische Monarchisten, Wien, Berlin	1914
Sie sind verantwortlich für den Ausbruch des Ersten Weltkriegs.	Rechtfertigung der Angriffskriege der Mittelmächte	Österreich-Ungarn, Deutsches Reich	1914 bis 1960er Jahre.
Sie sind ‚Untermenschen'.	Rechtfertigung zur Eroberung, Ausbeutung und Versklavung	Nationalsozialisten	1933–1945
Sie sind Kommunisten.	Kampf gegen die Blockfreien	USA, NATO	Kalter Krieg
Sie sind Nationalisten.	Zerschlagung Jugoslawiens, Unterstützung der Unabhängigkeitserklärungen der Teilrepubliken	Deutschland, USA, NATO	Ende des Kalten Kriegs
Sie sind die Nazis von heute.	Rechtfertigung der Anerkennungen der eskalationsverschärfenden Unabhängigkeitserklärungen, Ablenkung von Mitverantwortung für durch Waffenlieferungen eskalierten Bürgerkrieg	Deutschland, USA, NATO	1990er Jahre, Sezessionskriege
Slobodan Milošević ist der ‚neue Hitler'.	Rechtfertigung des völkerrechtswidrigen Angriffskriegs, Begründung für ersten deut-	USA, Deutschland, NATO	1999, ‚Kosovo-Krieg'

Fortsetzung

Stereotyp, Vorurteil, rassistische Zuschreibung	Politischer Hintergrund	Akteure	Zeit
	schen Krieg seit 1945, Vergangenheitsbewältigung		
Sie sind keine echten Europäer.	Skepsis und Verzögerungen bei EU-Beitrittsverhandlungen	Deutschland, Österreich	2000er Jahre

Entscheidend für die Bezugnahme auf Rassismus ist, dass im Serbien-Bild der deutschen Öffentlichkeit auch jenseits des Boulevard nach wie vor Elemente vorkommen, die über eine auf sachlicher Quelleninterpretation basierende Darstellung hinausreichen, während die Frage nach den Gründen für diese Sichtweise und die Reflexion deutscher Interessen auf dem Balkan hinter das veröffentlichte Bild zurücktreten. Die negative Fremdzuschreibung zur Ablenkung von Eigeninteressen und zur Legitimierung des eigenen Handelns derjenigen, die sich dieser Zuschreibung bedienen, ist ein zentrales Element rassistischen Denkens und Handelns.

Das positive Serbien-Bild des 19. Jahrhunderts war Ergebnis einer innenpolitisch bedingten Projektion, während das negative Serbien-Bild des 20. Jahrhunderts in Zusammenhang mit österreichischer und deutscher Propaganda steht, hinter der wiederum außenpolitische und wirtschaftliche Interessen stehen. Die Fakten, die Wirklichkeit auf dem Balkan, das reale Serbien treten in den Hintergrund und werden durch eine von außen erfolgende, von Eigeninteressen durchdrungene Zuschreibung ersetzt. Eine solche Fremdzuschreibung anstelle einer kritischen Auseinandersetzung mit einer anderen Nation, einem Staat und seinen Menschen erfüllt einen Kernpunkt rassistischen Denkens. Bezug nehmend auf die dem Aufsatz zugrunde gelegte Definition von Detlev Claussen, wonach Rassismus immer auch „ein Legitimationsmuster von unmittelbaren Gewaltverhältnissen"[213] ist, kann deshalb im deutschsprachigen Raum für die vergangenen 200 Jahre von einem mal mehr, mal weniger manifesten Rassismus im öffentlichen Serbien-Bild gesprochen werden.

---

213 Claussen, Rassismus, S. 15.

Literatur

Andresen, Uta. Die überaus nützliche Dämonisierung der Serben, in: taz, 10.05.1999.

Angerer, Jo/Mathias Werth. Es begann mit einer Lüge. Monitor-Dokumentation, Erstausstrahlung in der ARD am Donnerstag, 08.02.2001, 21.45 Uhr, verfügbar unter https://www.dailymotion.com/video/x29w01f (Stand: 05.08.2021).

Annan, Kofi. Report of the Secretary-General prepared pursuant to Resolutions 1160 (1998) and 1199 (1998) of the Security Council, 03.10.1998, S. 3–4, https://undocs.org/S/1998/912 (Stand: 05.08.2021).

APA-OTS. „profil"-Umfrage: Mehrheit der Österreicher gibt Serbien Schuld am Ausbruch des Ersten Weltkriegs, https://www.ots.at/presseaussendung/OTS_20140719_OTS0001/profil-umfrage-mehrheit-der-oesterreicher-gibt-serbien-schuld-am-ausbruch-des-ersten-weltkriegs (Stand: 05.08.2021).

Augstein, Rudolf. Rückfall in die Steinzeit, in: Der Spiegel 15/1999, 12.04.1999.

Aust, Stefan u. a. Spiegel-Gespräch: „Wir kommen unserem Ziel näher". Verteidigungsminister Rudolf Scharping über die moralische Rechtfertigung für den Krieg, über die Kriegsziele der Nato und ein Jugoslawien ohne Slobodan Milosevic, in: Der Spiegel 17/1999, 26.04.1999.

Bayer, Martin. Tagungsbericht Gedenken und (k)ein Ende – Was bleibt vom Jahr 2014? Das Gedenkjahr 1914/2014 und sein historiografisches Vermächtnis, 10.12.2014–12.12.2014, Wien, in: H-SozKult, 24.04.2015, https://www.hsozkult.de/conferencereport/id/tagungsberichte-5931 (Stand: 05.08.2021).

Becker, Peter. Zeittafel 1877–1914, in: Peter Becker (Hrsg.), 1914 und 1999 – Zwei Kriege gegen Serbien. Auf dem Weg zum demokratischen Frieden?, Baden-Baden 2014, S. 177–189.

Beham, Mira. Der Informationskrieg um das Kosovo, in: Vierteljahresschrift für Sicherheit und Frieden 3 (2000), S. 218–226.

Bennhold, Martin. Europa: Expansionsstrategien und -ideologien des deutschen Kapitals 1840–1918, in: Marxistische Blätter 6 (1992), S. 58–65.

Bennhold, Martin. Expansionsstrategien und -ideologien des deutschen Kapitals 1918 bis heute, in: Marxistische Blätter 1 (1993), S. 64–70.

Bennhold, Martin. Mitteleuropa – eine deutsche Politiktradition. Zu Friedrich Naumanns Konzeption und ihre Folgen, in: Blätter für deutsche und internationale Politik 8 (1992), S. 977–989.

Benz, Wolfgang. Geschichte des Dritten Reichs, 6. Aufl., München 2015.

Bialluch, Christoph u. a. (Hrsg.). Krieg um die Köpfe. Der Diskurs der Verantwortungsübernahme. Psychologische, sozialwissenschaftliche und medienkritische Betrachtungen, Gießen 2016.

Biermann, Werner. Strauß. Aufstieg und Fall einer Familie, Reinbek bei Hamburg 2008.

Blatman, Daniel. Die Todesmärsche 1944/45. Das letzte Kapitel des nationalsozialistischen Massenmords, Reinbek bei Hamburg 2011.

Blome, Nikolaus. Unser Balkan. Alle Lektionen der letzten zehn Jahre kreisen um das eine Wort – Macht, in: Die Welt, 30.06.2001.

Braham, Randolph L. The Politics of Genocide. The Holocaust in Hungary, Bd. 1, New York 1981.

Cammann, Alexander. Dick und teuer. Siehe da: Anspruchsvolle Bücher verkaufen sich heute glänzend, in: Die Zeit 18/2014, 24.4.2014, https://www.zeit.de/2014/18/erfolg-historische-sachbuecher (Stand: 05.08.2021).

Chatzoudis, Georgios. Serbien und die Serben in Clarks „Schlafwandler". Interview mit Holm Sundhaussen zur Wahrnehmung Serbiens in „Die Schlafwandler", in: L.I.S.A. Wissenschaftsportal der Gerda-Henkel-Stiftung, 26.11.2013, https://lisa.gerda-henkel-stiftung.de/serbien_und_die_serben_in_clarks_schlafwandler?nav_id=4663 (Stand: 05.08.2021).

Chatzoudis, Georgios. „Das Balkanbild des Westens hat sich um den Ersten Weltkrieg herum verfestigt". Interview mit Daniela Schanes über das Serbienbild im Ersten Weltkrieg, in: L.I.S.A. Wissenschaftsportal der Gerda-Henkel-Stiftung, 30.09.2014, https://lisa.gerda-henkel-stiftung.de/das_balkanbild_des_westens_hat_sich_um_den_ersten_weltkrieg_herum_verfestigt?nav_id=5120 (Stand: 05.08.2021).

Clark, Christopher. Die Schlafwandler. Wie Europa in den Ersten Weltkrieg zog, München 2013.

Claussen, Detlev. Was heißt Rassismus?, Darmstadt 1994.

Dix, Arthur. Deutscher Imperialismus, Leipzig 1912.

Donauschwäbische Kulturstiftung (Hrsg.). Leidensweg der Deutschen im kommunistischen Jugoslawien, 4 Bde., München 1991–1995.

Döpmann, Hans-Dieter. Die Christenheit auf dem Balkan im Spiegel deutschsprachiger Literatur des 19. Jahrhunderts, in: Josip Matešić/Klaus Heitmann (Hrsg.), Südosteuropa in der Wahrnehmung der deutschen Öffentlichkeit vom Wiener Kongress (1815) bis zum Pariser Frieden (1856) (= Südosteuropa – Studien 47), München u. a. 1990, S. 19–32.

dpa, ‚Nie wieder Krieg, aber auch nie wieder Auschwitz'. Der Bundesaußenminister stellt klar, daß er die Forderung nach einer einseitigen Feuerpause der Nato nicht umsetzen würde, in: Süddeutsche Zeitung, 14.05.1999.

Elsässer, Jürgen/Andrei S.Markovits. Ein deutsches Coming-out? Streitgespräch: Die Linke, der Krieg und mögliche Verkürzungen in Goldhagens Holocaust-Analyse. Statt eines Nachworts, in: Jürgen Elsässer/Andrei S.Markovits (Hrsg.), ‚Die Fratze der eigenen Geschichte'. Von der Goldhagen-Debatte zum Jugoslawien-Krieg, Berlin 1999, S. 186–202.

Fischer, Fritz. Der Griff nach der Weltmacht. Die Kriegszielpolitik des kaiserlichen Deutschland 1914/18, Düsseldorf 1977.

Fromkin, David. Europas letzter Sommer. Die scheinbar friedlichen Wochen vor dem Ersten Weltkrieg, München 2005.

Gergely, András. Deutsche Zukunftspläne für Südosteuropa um 1848, in: Josip Matešić/Klaus Heitmann (Hrsg.), Südosteuropa in der Wahrnehmung der deutschen Öffentlichkeit vom Wiener Kongress (1815) bis zum Pariser Frieden (1856) (= Südosteuropa – Studien 47), München u. a. 1990, S. 33–42.

Goldhagen, Daniel J. Die Notwendigkeit eines neuen Paradigmas. Die Zeugnisse der Opfer, wichtige Beweise und neue Perspektiven in der wissenschaftlichen Beschäftigung mit dem Holocaust, in: Jürgen Elsässer/Andrei S. Markovits (Hrsg.), ‚Die Fratze der eigenen Geschichte'. Von der Goldhagen-Debatte zum Jugoslawien-Krieg, Berlin 1999, S. 80–102.

Grimm, Jacob und Wilhelm. Deutsches Wörterbuch, 16 Bde. in 32 Teilbänden, Leipzig 1854–1961, Quellenverzeichnis Leipzig 1971, Bd. 16, verfügbar unter https://www.dwds.de/d/wb-1dwb (Stand: 05.08.2021).

Groehler, Olaf/Hans Peter. Der Mörder von Kragujevac, in: Berliner Zeitung, 25.11.1960, S. 3.

Gründer, Claudia. Nazi-Karrieren in der DDR, in: MDR, 14.12.2020, https://www.mdr.de/zeitreise/nazis-in-der-ddr-100.html (Stand: 05.08.2021).

Gutsche, Willibald. Mitteleuropaplanungen in der Außenpolitik des deutschen Imperialismus vor 1918, in: Zeitschrift für Geschichtswissenschaft 20 (1972), S. 533–549.

Gürge, Wilhelm/Wilhelm Grotkopp (Hrsg.). Großraumwirtschaft. Der Weg zur europäischen Einheit, Berlin 1931.

Halimi, Serge/Pierre Rimbert. Das Märchen vom Hufeisenplan, in: Le Monde diplomatique, 11.4.2019, https://monde-diplomatique.de/artikel/!5584546 (Stand: 05.08.2021).

Heitmeyer, Wilhelm. Krisen – Gesellschaftliche Auswirkungen, individuelle Verarbeitungen und Folgen für die Gruppenbezogene Menschenfeindlichkeit, in: Wilhelm Heitmeyer (Hrsg.), Deutsche Zustände: Folge 8, Frankfurt a.M. 2010, S. 13–46.

Herbst, Ludolf. Die Bundesrepublik in den Europäischen Gemeinschaften, in: Wolfgang Benz (Hrsg.), Die Geschichte der Bundesrepublik Deutschland. Bd. 2: Wirtschaft, Frankfurt a.M. 1989, S. 210–247.

Hume, Mick. Whose War is it anyway? The Dangers of the Journalism of Attachment, London 1997.

Jordan, Andreas. Eine Auswahl deutscher Nazi-Karrieren nach 1945, in: Gelsenzentrum. Portal für Stadt- und Zeitgeschichte 9 (2008), http://www.gelsenzentrum.de/deutsche_nazi_karrieren.htm (Stand: 05.08.2021).

Kämpfer, Frank. Zur Rezeption Vuk Karadžičs in Deutschland: Leopold Rankes ‚Die Serbische Revolution', in: Josip Matešić/Klaus Heitmann (Hrsg.), Südosteuropa in der Wahrnehmung der deutschen Öffentlichkeit vom Wiener Kongress (1815) bis zum Pariser Frieden (1856) (= Südosteuropa – Studien 47), München u.a. 1990, S. 153–164.

Kautsky, Karl. Wie der Weltkrieg entstand. Dargestellt nach dem Aktenmaterial des Deutschen Auswärtigen Amts, in: Peter Becker (Hrsg.), 1914 und 1999 – Zwei Kriege gegen Serbien. Auf dem Weg zum demokratischen Frieden?, Baden-Baden 2014, S. 19–176.

Klee, Ernst. Das Personenlexikon zum Dritten Reich. Wer war was vor und nach 1945, 2. Aufl., Frankfurt a.M. 2005.

Köhler, Otto. Hitler ging – sie blieben. Der deutsche Nachkrieg in 16 Exempeln (= Konkret Texte 9), Hamburg 1996.

Koll, Johannes. So stiegen SS-Veteranen in der Bundesrepublik auf, in: Süddeutsche Zeitung, 08.03.2019, https://www.sueddeutsche.de/politik/holocaust-ss-himmler-verbrecher-nazi-1.4351786 (Stand: 05.08.2021).

Konstantinova, Anna. Jasenovac – ein zeitloser Kampfplatz?, in: Exkursion Kriege erinnern. Die Erinnerung an den Zweiten Weltkrieg und den Krieg 1992–1995 in Bosnien-Herzegowina, https://www.uni-regensburg.de/Fakultaeten/phil_Fak_III/Geschichte/Suedosteuropa/kriege-erinnern/tagebuch-jasenovac.html (Stand: 05.08.2021).

Krawinkel, Niklas. Belastung als Chance. Hans Gmelins politische Karriere im Nationalsozialismus und in der Bundesrepublik Deutschland (= Studien zur Geschichte und Wirkung des Holocaust 2), Göttingen 2020.

Küntzel, Matthias. Miloševićs willige Vollstrecker? Goldhagen, Deutschland und der Kosovo-Krieg, in: Jürgen Elsässer/Andrei S. Markovits (Hrsg.), ‚Die Fratze der eigenen Geschichte'. Von der Goldhagen-Debatte zum Jugoslawien-Krieg, Berlin 1999, S. 171–181.

Küntzel, Matthias. Der Weg in den Krieg. Deutschland, die Nato und das Kosovo, Berlin 2000.

Leide, Henry. Auschwitz und Staatssicherheit. Strafverfolgung, Propaganda und Geheimhaltung in der DDR, Berlin 2019.

Leonhard, Jörn. Die Büchse der Pandora. Geschichte des Ersten Weltkriegs, München 2014.
List, Friedrich. Das nationale System der politischen Ökonomie (1841), in: Friedrich List, Schriften, Reden, Briefe, Bd. VII, hrsg. von Friedrich Lenz, Aalen 1971.
Loquai, Heinz. Der Kosovo-Konflikt – Wege in einen vermeidbaren Krieg. Die Zeit von Ende November 1997 bis März 1999 (= Demokratie, Sicherheit, Frieden 129), Baden-Baden 2000.
MacMillan, Margaret. The War that ended Peace. The Road to 1914, New York 2013.
Manoschek, Walter. Serbien ist judenfrei. Militärische Besatzungspolitik und Judenvernichtung in Serbien 1941/42 (= Beiträge zur Militärgeschichte 38), 2. Aufl., München 1995.
Manoschek, Walter. Die Wehrmacht im Rassenkrieg. Der Vernichtungskrieg hinter der Front, Wien 1996.
Manoschek, Walter. Kraljevo – Kragujevac – Kalavryta. Die Massaker der 717. Infanteriedivision bzw. 117. Jägerdivision am Balkan, in: Loukia Droulia/Hagen Fleischer (Hrsg.), Von Lidice nach Kalavryta. Widerstand und Besatzungsterror – Studien zur Repressalienpraxis im Zweiten Weltkrieg (= Nationalsozialistische Besatzungspolitik in Europa 1939–1945 Bd. 8), Berlin 1999, S. 93–104.
Manoschek, Walter. Österreicher in der Wehrmacht, in: Emmerich Tálos/Ernst Hanisch/Wolfgang Neugebauer/Reinhold Sieder (Hrsg.), NS-Herrschaft in Österreich. Ein Handbuch, Wien 2000, S. 123–158.
Manoschek, Walter. Verbrechen der Wehrmacht im Zweiten Weltkrieg, in: Walter Manoschek u. a. (Hrsg.), Wie Geschichte gemacht wird. Zur Konstruktion von Erinnerungen an Wehrmacht und Zweiten Weltkrieg, Wien 2003, S. 25–34.
Manoschek, Walter. Kragujevac 1941, in: Gerd R. Ueberschär (Hrsg.), Orte des Grauens. Verbrechen im Zweiten Weltkrieg, Darmstadt 2003, S. 114–125.
Manoschek, Walter. Das Massaker der Wehrmacht im serbischen Kragujevac. Eine wissenschaftliche Einführung, in: Katharina Brand/Philipp Neumann (Hrsg.), Die Tragödie von Kragujevac, Weimar 2011, S. 3–10.
Manoschek, Walter. Die Massaker in Pančevo und Kragujevac im Herbst 1941. Zur deutschen Repressionspolitik gegenüber der Zivilbevölkerung im besetzten Serbien, in: Oliver von Wrochem (Hrsg.), Repressalien und Terror. „Vergeltungsaktionen" im deutsch besetzten Europa 1939–1945, Paderborn 2017, S. 89–102.
Marz, Ulrike. Annäherungen an eine Kritische Theorie des Rassismus, in: Peripherie 2 (2017), S. 250–270.
Matešić, Josip. Der Weg zur Anerkennung. Die südslavische Volksdichtung in deutschsprachigen Fachlexika (1. Hälfte des 19. Jahrhunderts), in: Josip Matešić/Klaus Heitmann (Hrsg.), Südosteuropa in der Wahrnehmung der deutschen Öffentlichkeit vom Wiener Kongress (1815) bis zum Pariser Frieden (1856) (= Südosteuropa – Studien 47), München u. a. 1990, S. 173–178.
McMeekin, Sean. July 1914. The Countdown to War, New York 2014.
Merlino, Jacques. ‚Les vérités yougoslaves ne sont pas toutes bonnes à dire', Paris 1993, auszugsweise übersetzt in: Jacques Merlino, ‚Da haben wir voll ins Schwarze getroffen', in: Klaus Bittermann (Hrsg.), Serbien muß sterbien. Wahrheit und Lüge im jugoslawischen Bürgerkrieg, 4. Aufl., Berlin 1999, S. 153–164.
Mentel, Christian/Niels Weise. Die NS-Vergangenheit deutscher Behörden, in: Aus Politik und Zeitgeschichte 14–15 (2017), 31.03.2017, https://www.bpb.de/apuz/245590/die-ns-vergangenheit-deutscher-behoerden (Stand: 05.08.2021).

Münkler, Herfried. Der Große Krieg. Die Welt 1914–1918, Berlin 2013.
Müller, Hansjörg Friedrich. Interview mit Heinrich August Winkler: „Weniger moralische Führungsansprüche der Deutschen, das wäre die richtige Schlussfolgerung aus der Vergangenheit", in: NZZ, 08.05.2020, https://www.nzz.ch/international/historiker-winkler-deutschlands-rolle-in-europa-ld.1554797 (Stand: 05.08.2021).
o. A. Eintrag „Illyrien", in: Meyer's Neues Konversations-Lexikon für alle Stände, Bd. 9, Hildburghausen 1859, S. 33–38, verfügbar unter https://www.digitale-sammlungen.de/de/view/bsb10797936?page=,1 (Stand: 05.08.2021).
o. A. Eintrag „Serben", in: Meyers Konversations-Lexikon. Eine Encyklopädie des allgemeinen Wissens, Bd. 14, 4. Aufl., Leipzig/Wien 1890, S. 874–875, verfügbar unter https://www.digitale-sammlungen.de/de/view/bsb10797936?page=,1 (Stand: 05.08.2021).
o. A. Eintrag „Serben", in: Meyers großes Konversations-Lexikon. Ein Nachschlagewerk des allgemeinen Wissens, Bd. 18, 6. Aufl., Leipzig/Wien 1907, S. 355, verfügbar unter https://www.digitale-sammlungen.de/de/view/bsb10797936?page=,1 (Stand: 05.08.2021).
o. A. Eintrag „Serbien", in: Meyer's Neues Konversations-Lexikon für alle Stände, Bd. 14, Hildburghausen 1860, S. 242–249, verfügbar unter https://www.digitale-sammlungen.de/de/view/bsb10797936?page=,1, (Stand: 05.08.2021).
o. A. Eintrag „Serbische Sprache und Literatur", in: Neues Konversations-Lexikon, ein Wörterbuch des allgemeinen Wissens, Bd. 14, 2. Aufl., Hildburghausen 1871, S. 498–499, verfügbar unter https://www.digitale-sammlungen.de/de/view/bsb10797936?page=,1 (Stand: 05.08.2021).
o. A. Eintrag „Serbokroatische Literatur, 6. Die serbische und kroatische Volkspoesie", in: Meyers großes Konversations-Lexikon. Ein Nachschlagewerk des allgemeinen Wissens, Bd. 18, 6. Aufl., Leipzig/Wien 1907, S. 364–367, verfügbar unter https://www.digitale-sammlungen.de/de/view/bsb10797936?page=,1 (Stand: 05.08.2021).
o. A. Pemsels Leerlauf, in: Der Spiegel, 12.02.1958, https://www.spiegel.de/spiegel/print/d-41760661.html (Stand: 05.08.2021).
o. A. Pflichtbewusst. Zum Tode von Johannes Steinhoff, in: Die Zeit 10/1994, 04.03.1994.
o. A. Völkergefängnis Jugoslawien. Terror der Serben, in: Der Spiegel, 08.07.1991.
o. A. „Wir müssen an Mütter und Bräute ran", in: Der Spiegel 20/1989, 15.05.1989, https://www.spiegel.de/spiegel/print/d-13494538.html (Stand: 05.08.2021).
Perovic, Latinka. Serbien bis 1918, in: Dunja Melcic (Hrsg.), Der Jugoslawien-Krieg. Handbuch zu Vorgeschichte, Verlauf und Konsequenzen, Wiesbaden 1999, S. 94–109.
Puhl, Jan. Der armselige Führer, in: Der Spiegel, 20.05.2017, https://www.spiegel.de/spiegel/spiegelgeschichte/d-151330239.html (Stand: 05.08.2021).
Red. Umfrage: Mehrheit der Österreicher gibt Serbien Schuld am Ausbruch des Ersten Weltkriegs, in: profil, 19.07.2014, https://www.profil.at/oesterreich/umfrage-mehrheit-oesterreicher-serbien-schuld-ausbruch-ersten-weltkriegs-376858 (Stand: 05.08.2021).
Reißmüller, Johann Georg. Die bosnische Tragödie, Stuttgart 1993.
Schanes, Daniela. Serbien im Ersten Weltkrieg. Feind- und Kriegsdarstellungen in österreichisch-ungarischen, deutschen und serbischen Selbstzeugnissen (= Neue Forschungen zur ostmittel- und südosteuropäischen Geschichte 3), Frankfurt a. M. 2011.
Scharping, Rudolf. Der Stein auf unserer Seele. Deutschland und der gerechte Krieg – Eine Antwort auf György Konrad, in: Frank Schirrmacher (Hrsg.), Der westliche Kreuzzug. 41 Positionen zum Kosovo-Krieg, Stuttgart 1999, S. 129–136.

Schirrmacher, Frank. Luftkampf. Deutschlands Anteil am Krieg, in: Frank Schirrmacher (Hrsg.), Der westliche Kreuzzug. 41 Positionen zum Kosovo-Krieg, Stuttgart 1999, S. 117–120.

Schlötterer, Wilhelm. Macht und Missbrauch. Von Strauß bis Seehofer – ein Insider packt aus, München 2010.

Schmieder, Klaus. Auf Umwegen zum Vernichtungskrieg? Der Partisanenkrieg in Jugoslawien, 1941–1944, in: Rolf-Dieter Müller/Hans Erich Volkmann (Hrsg.), Die Wehrmacht: Mythos und Realität, München/Oldenburg 1999, S. 901–922.

Schmid, Thomas. Selbstmordattentäter lösten Ersten Weltkrieg aus, in: Die Welt, 09.01.2013, https://www.welt.de/geschichte/article112633581/Selbstmordattentaeter-loesten-Ersten-Weltkrieg-aus.html (Stand: 05.08.2021).

Schmidt, Thomas E. Die Vergangenheit verpflichtet zum Mitmachen. ‚Wir dürfen uns nicht zurückziehen': Ignatz Bubis über den Kosovo-Krieg und die Folgen, in: Die Welt, 10.04.1999.

Schulte, Jan Erik/Michael Wildt (Hrsg.). Die SS nach 1945. Entschuldungsnarrative, populäre Mythen, europäische Erinnerungsdiskurse, Göttingen 2018.

Schwab-Trapp, Michael. Srebrenica – ein konsensbildendes Ereignis? Diskursive Eliten und der Diskurs über den Jugoslawienkrieg, in: Sighard Neckel/Michael Schwab-Trapp (Hrsg.), Ordnungen der Gewalt. Beiträge zu einer politischen Soziologie der Gewalt und des Krieges, Opladen 1999, S. 119–129.

Sander, Ulrich. Mörderisches Finale. NS-Verbrechen bei Kriegsende, Köln 2008.

Silber, Laura/Allan Little. Bruderkrieg. Der Kampf um Titos Erbe, Wien u. a. 1995.

Spiegel 11/1997, 10.3.1997.

Spiegel-Gespräch. ‚Milošević wird der Verlierer sein'. Außenminister Joschka Fischer über den Stand im Krieg gegen Jugoslawien, über die Kriegsziele der Nato und seine fehlgeschlagene Friedensinitiative, in: Der Spiegel, 19.04.1999.

Statista Research Department. Umfrage zur Kriegsschuldfrage im Ersten Weltkrieg in Deutschland 2014, 15.01.2014, https://de.statista.com/statistik/daten/studie/284858/umfrage/umfrage-zur-kriegsschuldfrage-im-ersten-weltkrieg-in-deutschland/ (Stand: 05.08.2021).

Stegmann, Dirk. ‚Mitteleuropa' 1925–1934. Zum Problem der Kontinuität deutscher Außenhandelspolitik von Stresemann bis Hitler, in: Dirk Stegmann/Bernd-Jürgen Wendt/Peter-Christian Will (Hrsg.), Industrielle Gesellschaft und politisches System. Beiträge zur politischen Sozialgeschichte (Festschrift für Fritz Fischer zum siebzigsten Geburtstag), Bonn 1978, S. 203–221.

Sundhaussen, Holm. Das Konzentrationslager Jasenovac (1941–1945): Konstruktion und Dekonstruktion eines Kriegsverbrechens und Weltkriegsmythos, in: Wolfram Wette/Gerd R. Ueberschär (Hrsg), Kriegsverbrechen im 20. Jahrhundert, Darmstadt 2001, S. 370–381.

Sundhaussen, Holm. Jugoslawien und seine Nachfolgestaaten 1943–2011. Eine ungewöhnliche Geschichte des Gewöhnlichen, 2. Aufl., Wien 2012.

Suppan, Arnold. Hitler – Beneš – Tito. Konflikt, Krieg und Völkermord in Ostmittel- und Südosteuropa (= Internationale Geschichte 2), Wien 2014.

Taschwer, Klaus/Andreas Huber/Linda Erker. Der Deutsche Klub. Austro-Nazis in der Hofburg, Wien 2020.

Tunstall, Graydon A. Panning for War against Russia and Serbia. Austro-Hungarian and German Military Strategies, 1871–1914, New York 1993.

United Nations. Convention on the Prevention and Punishment of the Crime of Genocide, https://legal.un.org/avl/pdf/ha/cppcg/cppcg_ph_e.pdf (Stand: 05.08.2021).

Vidojković, Dario. Von Helden und Königsmördern: Das deutsche Serbienbild im öffentlichen Diskurs und in der Diplomatie von 1878 bis 1914, Wiesbaden 2015.

Vidojković, Dario. Gavrilo Princip, Serbien und das Jahr 2014 – Neue wissenschaftliche Erkenntnisse oder am Ende (doch nur wieder) alte Zuweisungen?, in: Bernhard Bachinger u. a. (Hrsg.), Gedenken und (k)ein Ende? Das Weltkriegs-Gedenken 1914/2014. Debatten, Zugänge, Ausblicke, Wien 2017, S. 69–93.

Vollmer, Gabriele C. H. Polarisierung in der Kriegsberichterstattung. Inhaltsanalytische Untersuchung bundesdeutscher Tageszeitungen am Beispiel des Jugoslawienkrieges, Diss., Universität Münster 1994.

WDR. 21. Februar 1994 – Johannes Steinhoff stirbt in Wachtberg-Pech, in: WDR, 21.02.2019, https://www1.wdr.de/stichtag/stichtag-johannes-steinhoff-100.html (Stand: 05.08.2021).

Weichlein, Siegfried. Schlafwandler und Mehlschieber. Neue Literatur zum Ersten Weltkrieg, in: Hessisches Jahrbuch für Landesgeschichte 67 (2017), S. 231–263.

Wette, Wolfram. Seit hundert Jahren umkämpft: Die Kriegsschuldfrage, in: Blätter für deutsche und internationale Politik 9 (2014), S. 91–101.

Winkler, Heinrich August. Und erlöse uns von der Kriegsschuld, in: Zeit Online, 18.08.2014, https://www.zeit.de/2014/32/erster-weltkrieg-christopher-clark/komplettansicht (Stand: 05.08.2021).

Winterstetten, Konrad von [Pseudonym für Albert Ritter, Geschäftsführer des Alldeutschen Verbandes]. Berlin-Bagdad. Neue Ziele mitteleuropäischer Politik, 12. Aufl., München 1915.

Wysling, Andres. Trauerzüge und Ruinen in Drenica, in: Neue Zürcher Zeitung, 17.03.1998.

Zuber, Johannes. Gegenwärtiger Rassismus in Deutschland. Zwischen Biologie und kultureller Identität (zugl. Univ.-Diss.), Göttingen 2015.

Rassismus im 21. Jahrhundert

Samuel Salzborn
Der vergessene Terrorismus
Über die Dethematisierung des rechten Terrors in der Bundesrepublik

Kommt es in Deutschland zu einer Gewaltaktion von linksextremer Seite, dann ist eine Analogie schnell bei der Hand: Es ist nicht nur nahezu unmittelbar von linkem Terror die Rede, etwa bei gewaltförmigen Ausschreitungen um den 1. Mai, bei linker Gewalt im Kontext von Antiglobalisierungsprotesten oder bei Auseinandersetzungen linker Gewalttäter/innen mit der Polizei in einschlägigen Szenestadtteilen. Sondern es werden auch rasch terminologische Analogien zu einer „neuen RAF" oder Hypothesen zu einer staatsgefährdenden Gewaltförmigkeit formuliert. Die besonders von rechtsextremer Seite lancierten Vorstellungen, nach denen ein „Antifa e. V." mehr oder weniger direkt von staatlichen Stellen für Aktionen, einschließlich Gewalttaten, finanziert werde, stellen dabei zwar ein völlig absurdes und verschwörungsphantastisches Element dar, gleichwohl drückt sich auch in ihnen die Omnipräsenz einer Erinnerung an linke Gewalt in der Bundesrepublik aus, insbesondere den Linksterrorismus der 1960er bis 1980er Jahre.

Dass viele von diesen Analogisierungen dazu instrumentalisiert werden, um *bewusst* von rassistischer und antisemitischer Gewalt abzulenken, ist das eine – bemerkenswert ist aber vor allem etwas anderes: Im Kern liegen diesen Analogisierungen *unbewusste* Dethematisierungen der kontinuierlichen Geschichte des bundesdeutschen Rechtsterrorismus zugrunde. Damit soll selbstredend in keiner Weise, wie dies vermutlich von konservativer Seite der reflexartige Einwand wäre, linksextreme Gewalt verharmlost werden – nur ist diese eben vor allem und in erster Linie ein Individualphänomen, das gegenwärtig selten terroristisch strukturiert ist (und wenn, wie bei den Antiimperialistischen Zellen in den 1990er Jahren, dann zeigen sich eher Affinitäten zu anderen Terrormilieus, konkret in diesem Fall zum islamistischen Terrorismus). Bei einem sachlich-vergleichenden Blick auf rechtsextreme und linksextreme Gewalt fällt hingegen auf: Rechter Terror wird nicht nur gegenwärtig verharmlost, sondern – im signifikanten Unterschied zu linker Gewalt – fehlt es fast völlig an einer öffentlichen Sensibilität für dessen lange Tradition und überhaupt an Bewusstsein dafür, dass rechtsterroristische Aktivitäten über lange Kontinuitäten verfügen, die tatsächlich bis in die Gegenwart fortwirken.

Der vorliegende Beitrag nimmt dies zum Anlass, um einerseits die Geschichte des bundesdeutschen Rechtsterrorismus grob zu skizzieren und damit – wieder

∂ Open Access. © 2023 bei den Autorinnen und Autoren, publiziert von De Gruyter. [CC BY] Dieses Werk ist lizenziert unter einer Creative Commons Namensnennung 4.0 International Lizenz.
https://doi.org/10.1515/9783110702729-018

einmal, denn dies wurde und wird auch von anderen Wissenschaftler/innen und Journalist/innen seit Jahren unternommen – den in der bundesdeutschen Geschichte nur allzu gern ausgeblendeten *Blick auf die Täter/innen* in Erinnerung zu rufen. Andererseits soll danach gefragt werden, warum es zu dieser – bewussten wie unbewussten – Dethematisierung von Rechtsterrorismus in Deutschland kommt. Die zentrale Hypothese lautet, dass deutsche Täterschaft (im Nationalsozialismus) kontinuierlich bis heute in den Familienbiografien verdrängt wurde und dass damit das unbewusste Hauptmotiv des „Vergessenes" des bundesdeutschen Rechtsterrorismus darin besteht, dass eine substanzielle Thematisierung der tatsächlich in der deutschen Geschichte lange tradierten rassistischen und antisemitischen Mord- und Terrortradition und rechten Terrors in der jeweiligen zeitgenössischen Gegenwart immer auch eine latente Mitthematisierung der eigenen (familiären) Täterschaft im Nationalsozialismus bedeuten würde. Dass rechter Terrorismus in der Bundesrepublik „vergessen" wird, hat insofern seine Ursache vor allem darin, dass man die Kontinuität von völkischem und antisemitischem Denken in der Demokratie dethematisieren möchte. Zugleich inkorporiert die unbewusste Verdrängung der Involviertheit weiter Teile der Bevölkerung in die *Tätergemeinschaft des Nationalsozialismus* eben auch in der *Erinnerungsabwehrgemeinschaft der Bundesrepublik* als eine Facette das Element einer unbewussten Dethematisierung des Rechtsterrorismus.[1]

Zur Geschichte des bundesdeutschen Rechtsterrorismus

Die strukturell gewaltförmige Dimension rechtsextremer Weltanschauung äußert sich in einem erheblichen Teil des organisierten Rechtsextremismus auch in einer aktiv gewalttätigen Praxis. Während rechtsextreme Parteien ihre Ziele (nicht ausschließlich, aber auch) auf parlamentarischem Weg verfolgen, konzentrieren sich die neonazistischen Gruppierungen im außerparlamentarischen Bereich auf die Durchsetzung ihrer Ziele mit Gewalt und Terror – getreu dem historischen Vorbild aus den 1920er Jahren, etwa der faschistischen Kampfbünde in Italien oder der SA in Deutschland. Das Zusammenspiel von illegalem und legalem Agieren, also zwischen Militanten und Partei(en), war nicht nur in der Nachkriegsgeschichte, sondern schon historisch zu beobachten.

---

[1] Vgl. hierzu ausführlich: Samuel Salzborn, Kollektive Unschuld. Die Abwehr der Shoah im deutschen Erinnern, Leipzig 2020.

Im Spektrum der militanten Organisationen und des Rechtsterrorismus wird die demokratiefeindliche Ausrichtung aggressiv vertreten und handfest spürbar. Rechtsextreme Parteien lassen sich, mitunter auch aus strategischen Erwägungen, auf den legislativen Rahmen der parlamentarischen Demokratie zumindest so weit ein, als sie sich in ihrem Handeln den Regularien – und damit auch den Kontrollmechanismen, wie sie Grundgesetz und Parteiengesetz für Parteien formulieren – unterwerfen. Insofern wird ihre faktische Gegnerschaft zur Demokratie zumindest punktuell gebrochen. Die zahlreichen Strafermittlungsverfahren und rechtskräftige Verurteilungen, nicht nur gegen Mitglieder und Funktionäre, sondern auch gegen Abgeordnete von rechtsextremen Parteien (allein in der NPD waren zum Zeitpunkt des zweiten Verbotsantrags im Jahr 2013 etwa ein Drittel der Funktionäre vorbestraft)[2], zeigen freilich, dass der antidemokratische Geist oft nicht nur inhaltlich vorhanden ist, sondern auch das Handeln prägt. Die außerparlamentarischen Gruppen und militanten Organisationen des Rechtsextremismus stehen hingegen in grundsätzlicher Fundamentalopposition zum „System" – wie die Demokratie im Szenejargon abwertend genannt wird.

Sieht man vom rechtsintellektuellen Spektrum ab[3], dann trifft diese Klassifizierung als pronazistische Fundamentalopposition grundsätzlich auf fast alle rechtsextremen Gruppierungen zu, die nicht *kontinuierlich* parteipolitisch bzw. parlamentarisch agieren – unabhängig davon, ob es sich um eine kleine Kameradschaft, eine militante Wehrsportgruppe, eine soldatisch-bündische Jugendorganisation im Nachfolgeverständnis von Hitler-Jugend (HJ) bzw. Bund Deutscher Mädel (BDM), rechte Skinheads oder um organisierte Terrorist(inn)en handelt. Gemeinsam ist diesen Gruppen, dass sie einen positiven Bezug auf den Nationalsozialismus formulieren, die NS-Zeit verherrlichen und ihr Ziel in der Errichtung einer den Nationalsozialismus kopierenden politischen Ordnung besteht. Systematisch muss in diesem Spektrum jedoch hinsichtlich der quantitativen wie qualitativen Gewaltausrichtung unterschieden werden: Die nicht nur hypothetische, sondern reale Gewaltbereitschaft und Gewalttätigkeit umfasst (aktiv ausgeübte oder demonstrierte) Militanz, (punktuelle oder fortwährende) Gewalt in einem „alltagsterroristischen bzw. präterroristischen Milieu"[4] und (systematischen und organisierten) Terror(ismus). Die Geschichte des neonazistischen

---

2 Vgl. Andreas Kopietz, Ein Drittel der NPD-Funktionäre vorbestraft, in: Berliner Zeitung, 18.12. 2013.
3 Vgl. Samuel Salzborn, Renaissance of the New Right in Germany? A Discussion of New Right Elements in German Right-Wing Extremism Today, in: German Politics and Society 34/2 (2016), S. 36–63; Samuel Salzborn, Angriff der Antidemokraten. Die völkische Rebellion der Neuen Rechten, Weinheim 2017.
4 Hajo Funke, Staatsaffäre NSU. Eine offene Untersuchung, Münster 2015, S. 20.

Rechtsextremismus zeigt, dass die Grenzen zwischen diesen Formen immer fließend waren und wenn bei einzelnen Gruppierungen überhaupt vorhanden, dann stets nur punktuell und strategisch.[5]

Mit Blick auf die politischen Agitationsformen des militanten und neonazistischen Rechtsextremismus zeigt sich, dass die Adressaten der Agitation und Aktion von jenen in der demokratischen Öffentlichkeit grundsätzlich abweichen. Der Neonazismus adressiert *nicht* primär ein breites Publikum, das von den eigenen Positionen überzeugt werden soll. Im Gegenteil: die strategische Zielrichtung orientiert auf ein alternatives Kommunikationsmodell, das nur auf Teilsegmente der Öffentlichkeit zielt. Dabei geht es einerseits darum, die eigene In-Group, die „Szene", die neonazistischen Zirkel zu erreichen und innerhalb dieser für Information und Austausch zu sorgen, andererseits aber – gerade im Bereich der Symbolpolitik – auch darum, bei den als Feinden ausgemachten Personen durch Gewalttätigkeit Angst und Schrecken zu verbreiten: beim politischen Gegner, insbesondere antifaschistischen Gruppen, unter Migrantinnen und Migranten bzw. Deutschen mit Migrationshintergrund, bei Jüdinnen und Juden, Sinti und Roma, Obdachlosen oder Homo- und Transsexuellen.

Ihren operationalen Hintergrund hat die neonazistische Szene in Organisationen, die in der unmittelbaren Nachkriegszeit gegründet wurden und – personell wie weltanschaulich – positiven Bezug auf den Nationalsozialismus genommen haben. Hierzu zähl(t)en: die „Stille Hilfe für Kriegsgefangene und Internierte" und die „Organisation der ehemaligen SS-Angehörigen" (ODESSA), die konspirativ Altnazis zur Flucht und Schaffung neuer Identitäten verhalfen bzw. inhaftierte Nazi-Verbrecher betreuten; die „Hilfsgemeinschaft auf Gegenseitigkeit – Bundesverband der Soldaten der ehemaligen Waffen-SS" (HIAG) und die „Ordensgemeinschaft der Ritterkreuzträger des Eisernen Kreuzes" (OdR) als Schaltstellen für Altnazis, die nicht inhaftiert und auch nicht abgetaucht waren; aber auch und ganz besonders die „Sozialistische Reichspartei" (SRP), die als zunächst legale Partei bis zum Verbot 1952 versuchte, in direkter programmatischer Anlehnung an die NSDAP, unter ihrem Dach die Altnazis in der Bundesrepublik neu zu organisieren. Von diesen Organisationen gingen wesentliche Impulse für die Reorganisation eines militanten Neonazismus aus,[6] weil sie aufgrund ihrer affirmativen Haltung zum NS-Regime in Verbindung mit der Re-

---

5 Vgl. Andrea Röpke/Andreas Speit (Hrsg.), Blut und Ehre. Geschichte und Gegenwart rechter Gewalt in Deutschland, Berlin 2013.
6 Vgl. Oliver Schröm/Andrea Röpke, Stille Hilfe für braune Kameraden. Das geheime Netzwerk der Alt- und Neonazis, Berlin 2001; Karsten Wilke, Die „Hilfsgemeinschaft auf Gegenseitigkeit" (HIAG) 1950–1990. Veteranen der Waffen-SS in der Bundesrepublik, Paderborn 2011.

lativierung oder Leugnung der Shoah und gleichzeitiger prinzipieller Ablehnung der Demokratie den weltanschaulichen Akzeptanzraum für die später entstehenden neonazistischen Organisationen bereitet haben.[7]
Zwei weitere Kontexte sind wesentlich zur Charakterisierung der militanten, neonazistischen Dimensionen des bundesdeutschen Rechtsextremismus: Zum einen, dass neben der Gewaltakzeptanz und Gewaltbereitschaft durch eine geschichtsrevisionistische Grundierung Kultur- und Publizistikorganisationen bzw. pseudowissenschaftliche Einrichtungen („Deutsches Kulturwerk Europäischen Geistes", „Gesellschaft für freie Publizistik", „Zeitgeschichtliche Forschungsstelle Ingolstadt", „Verein zur Rehabilitierung der wegen Bestreitens des Holocaust Verfolgten") als organisatorische Scharniere zwischen Parteien und Militanten fungieren, an denen kontinuierlich Austausch und Vernetzung zwischen den Spektren vollzogen wird; zum anderen, dass paramilitärische Jugendorganisationen („Wiking Jugend", „Bund Heimattreue Jugend", „Heimattreue Deutsche Jugend") nicht nur die Vermittlung von nationalistischen, soldatischen und völkisch-bündischen Grundüberzeugungen bereits bei Kindern vornehmen, sondern diese im Rahmen von Ferienlagern und kasernierten Schulungen für das NS-Weltbild in seiner unmittelbaren Militanz sozialisieren.[8] Seit Mitte der 1980er Jahre kam überdies mit Blick auf sozialisatorische Aspekte das Skinhead- und Hooligan-Spektrum hinzu, das durchaus heterogen ist (und gerade mit Blick auf die Entstehung der Skinhead-Bewegung Anfang der 1970er Jahre in Großbritannien zwar in einem ohne Zweifel martialischen, aber zunächst eher dem sozialistischen [Arbeiter-]Spektrum nahestehenden proletarischen Männlichkeitskult seine Ursprünge hatte). In einem nicht kleinen Teil ist dieses aber offen für vulgärnazistische Dominanzpositionen in Verbindung mit aggressiven Männlichkeitskulten[9] und stellt über die Verbindung zum Rechtsrock (insbesondere das Netzwerk Blood & Honour)[10] ein erweitertes und durch den zunächst vorpolitischen Bereich der Musik nachhaltig wirkendes Agitationsfeld dar.[11]

---

7 Vgl. Gerard Braunthal, Right-Wing Extremism in Contemporary Germany, Basingstoke 2009; Peter Dudek/Hans-Gerd Jaschke, Entstehung und Entwicklung des Rechtsextremismus in der Bundesrepublik. Zur Tradition einer besonderen politischen Kultur (2 Bde.), Opladen 1984.
8 Vgl. Andrea Röpke, Ferien im Führerbunker. Die neonazistische Kindererziehung der „Heimattreuen Deutschen Jugend (HDJ)", 2. Aufl., Braunschweig 2008; Andrea Röpke, Die geführte Jugend – Kindererziehung von rechts, Braunschweig 2010.
9 Vgl. Holger Bredel, Skinheads – Gefahr von rechts?, Berlin 2002; Susanne El-Nawab, Skinheads. Ästhetik und Gewalt, Frankfurt 2001.
10 Vgl. Astrid Bötticher/Miroslav Mareš, Europaweite militante rechtsextremistische Netzwerke und Organisationen, in: Kriminalistik 10 (2013), S. 602–609.
11 Vgl. Martin Büsser, Wie klingt die neue Mitte? Rechte und reaktionäre Tendenzen in der Popmusik, Mainz 2001; Christian Dornbusch/Jan Raabe (Hrsg.), RechtsRock. Bestandsaufnahme

So gestaltet sich der militante und neonazistische Flügel des Rechtsextremismus auf der verbindenden Basis einer positiven Bezugnahme auf den Nationalsozialismus und einer grundsätzlichen Ablehnung der freiheitlich-demokratischen Grundordnung der Bundesrepublik, die mit dem Ziel eines Wiederaufbaus der NSDAP verbunden wird. Für diesen Wiederaufbau stand die SRP und seit den frühen 1970er Jahren wird er von der NSDAP-AO (Auslands- und Aufbauorganisation, mit Sitz in Lincoln/Nebraska) logistisch und propagandistisch forciert – vor diesem organisatorischen Hintergrund als ein weit verzweigtes Netz von zahllosen Organisationen und Gruppierungen. Deren nominelle Existenz ist zum Teil nur von kurzer Dauer. Die Gruppierungen benennen sich immer wieder um und reorganisieren sich (auch nach Verboten) und wandeln ihre konkrete Organisationsform. Sie sind sich aber vor allem darin einig, dass sie politische Herrschaft durch Gewalt – und nicht durch Wahlen (also nicht durch mehrheitliche Zustimmung der Bevölkerung) – erringen wollen. Zu Bruchlinien im militanten Spektrum kommt es dabei immer wieder entlang der Frage der Wortgläubigkeit bzw. der Linientreue: Während einige den Nationalsozialismus für unumstößlich und unhinterfragbar halten, zweifeln andere diesen Kadavergehorsam an und orientieren sich z. B. eher an den Strasser-Brüdern (die das sozialistische Moment in der NSDAP stärker betonten) oder SA-Chef Ernst Röhm (der den Weimarer Legalismus der NSDAP ablehnte und eine stärker männerbündische und homoerotische Linie vertrat) oder an einer jeweils zeitgenössischen Abwandlung des nationalsozialistischen Weltbildes. In diesen Bereich fallen auch die Debatten im neonazistischen Spektrum um die Sinnhaftigkeit formalisierter Organisationsstrukturen, die – vor allem in den 1990er Jahren – von den „Freien Kameradschaften" und später den „Autonomen Nationalisten" in Frage gestellt wurden („Organisierter Wille braucht keine Partei"), nicht zuletzt auch, um möglichen Verboten und damit staatlicher Repression aus dem Weg zu gehen.[12]

Trotz der netzwerkartigen Struktur lassen sich in der Geschichte der militanten und neonazistischen Organisationen immer wieder personelle und organisatorische Schaltstellen ausmachen. D. h. dass einige Organisationen den Kern des Neonazismus bilden, auch wenn sie formal nicht mehr existieren, aber durch

---

und Gegenstrategien, Münster 2002; Klaus Farin/Henning Flad, Reaktionäre Rebellen. Rechtsextreme Musik in Deutschland, in: Archiv der Jugendkulturen (Hrsg.), Reaktionäre Rebellen. Rechtsextreme Musik in Deutschland, Berlin 2001, S. 9–98; Thomas Pfeiffer, Für Volk und Vaterland. Das Mediennetz der Rechten – Presse, Musik, Internet, Berlin 2002.
12 Vgl. Andrea Röpke/Andreas Speit (Hrsg.), Braune Kameradschaften. Die neuen Netzwerke der militanten Neonazis, Berlin 2004; Jan Schedler/Alexander Häusler (Hrsg.), Autonome Nationalisten. Neonazismus in Bewegung, Wiesbaden 2011.

die persönliche Vernetzung ihrer (ehemaligen) Kader fortwirken.[13] Es handelt sich insofern, wie ein auf umfangreichen Materialanalysen fußendes Handbuch Anfang der 1990er Jahre es akzentuierte, um Netzwerke mit „Drahtziehern".[14] Auch wenn die empirischen Studien zu den einzelnen Organisationen der militanten und neonazistischen Szene noch lange nicht umfangreich genug sind, um ein endgültiges Bild der funktionalen Aspekte dieses „Netzwerkes" und seiner „Drahtzieher" zeichnen zu können, lässt sich zumindest sagen, dass Schlüsselrollen den verbotenen Organisationen FAP, NF, WJ, NL und HNG sowie der GdNF zukommen, deren Ex-Funktionäre bis heute aktiv und einflussreich in der neonazistischen Szene sind. Ein wichtiges Auffangbecken zur Bündelung und Engführung der Vernetzung des Neonazismus bildet seit Mitte der 1990er Jahre auch die NPD, die die funktionalen Ziele der SRP weitgehend übernommen und auch den pronazistischen und militanten Flügel des Rechtsextremismus bewusst integriert hat.[15]

Die militante Dimension des Rechtsextremismus muss systematisch differenziert werden in eine aktionistische und eine organisierte Ausprägung: Die aktionistische Form findet ihren Ausdruck in tendenziell eher spontanen Gewalttaten (rassistische und antisemitische Gewalttaten, Angreifen von politischen Gegnern etc.), die organisierte in systematisch geplanten Handlungen, die in Wehrsportgruppen und paramilitärischen Vereinigungen trainiert werden, sich oft an einem Führer- und Gehorsamkeitsprinzip orientieren und vor allem seit 1989/90 auch immer wieder mit Schulungen (auch) im Ausland in der Handhabung von Waffen oder gar der Teilnahme als Söldner an Kriegen verbunden sind. Insofern ist die Geschichte der rechtsextremen Militanz und des rechtsextremen Terrors, interpretiert man die aktionistische und die organisierte Ausprägung als Varianten desselben Phänomens, eine kontinuierliche,[16] was allein die Zahlen verdeutlichen: Seit 1971 kam es in der Bundesrepublik zu (mindestens) zwölf

---

13 Vgl. Heike Kleffner/Anna Spangenberg (Hrsg.), Generation Hoyerswerda. Das Netzwerk militanter Neonazis in Brandenburg, Berlin 2016; Klaus Maler, Das Netzwerk der militanten Neonazis, in: Jens Mecklenburg (Hrsg.), Handbuch deutscher Rechtsextremismus, Berlin 1996, S. 572–594.
14 Vgl. Antifaschistisches Autorenkollektiv, Drahtzieher im braunen Netz. Ein aktueller Überblick über den Neonazi-Untergrund in Deutschland und Österreich, Hamburg 1996.
15 Vgl. Gideon Botsch, Parteipolitische Kontinuitäten der „Nationalen Opposition". Von der Deutschen Reichspartei zur Nationaldemokratischen Partei Deutschlands, in: Zeitschrift für Geschichtswissenschaft 59/2 (2011), S. 113–137.
16 Vgl. Daniel Koehler, Right-Wing Terrorism in the 21st Century. The 'National-Socialist Underground' and the History of Terror from the Far-Right in Germany, New York 2017; Röpke/Speit, Blut und Ehre.

Entführungen, 174 bewaffneten Überfällen, 123 Sprengstoffanschlägen, 2.173 Brandanschlägen und 229 Morden mit rechtsextremen Motiven.[17]

Zu den bekanntesten Aktivitäten zählen die der Wehrsportgruppe Hoffmann (WSG), insbesondere der durch mindestens einen WSG-Aktivisten verübte Sprengstoffanschlag auf das Münchner Oktoberfest im September 1980 (12 Tote)[18] und zwei gezielte antisemitische Morde in Erlangen; fünf Sprengstoff- und zwei Brandanschläge der Deutschen Aktionsgruppen um (den dann für 13 Jahre inhaftierten) Manfred Roeder, die unter anderem Flüchtlingsunterkünfte, eine jüdische Schule und eine Ausstellung über das KZ Auschwitz zum Ziel hatten; das Anlegen von „Feindlisten" durch die NF und ein rassistischer Brandanschlag durch einen NF-Angehörigen (Josef Saller) 1988 auf ein Haus in Schwandorf (vier Tote); die paramilitärischen Aktivitäten der Wiking Jugend und der kontinuierliche Straßenterror durch die FAP, der bis heute unter anderem in Gestalt der neonazistischen Dortmunder „Borussen-Front" um den 2021 verstorbenen „SS-Siggi" Siegfried Borchardt und der Dortmunder Neonazi-Szene fortwirkt; die Aufforderung zu Gewalttaten durch die Anti-Antifa-Postille *Der Einblick*, in der Anfang der 1990er Jahre Adressen von (vermeintlichen) politischen Gegnern veröffentlicht wurden; der Amoklauf des Neonazis Kay Diesner 1997, bei dem dieser mit einer Pumpgun einen Buchhändler in Berlin angeschossen und auf der Flucht bei einem Schusswechsel einen Polizisten erschossen hatte; aber auch die zahlreichen Brandanschläge und Morde auf Asylsuchende und Migrant(inn)en Anfang der 1990er Jahre, von denen die Brandanschläge in Lübeck (zehn Tote) und Solingen (fünf Tote) und die mit Molotow-Cocktails begangenen Morde in Mölln (drei Tote) am markantesten sind, wie auch die rechtsextremen Pogrome gegen Flüchtlinge in Rostock-Lichtenhagen und Hoyerswerda.

Im Zeitraum von 1990 bis Frühjahr 2020 zählt die Amadeu Antonio Stiftung mindestens 208 Tote (und 13 weitere Verdachtsfälle) durch Neonazis und Rechtsextremisten, worunter sich zahlreiche Opfer rechtsextremer Alltagsgewalt befinden.[19] Unterhalb der Ebene von versuchten oder realisierten Tötungsdelikten ist überdies eine massive Verrohung mit Blick auf rassistische Alltagsgewalt zu attestieren. Diese zeigte sich besonders deutlich in den Angriffen auf Flüchtlingsunterkünfte, darunter auch Brand- und Sprengstoffanschläge, zu denen es seit den verstärkten Fluchtbewegungen nach Europa und Deutschland im Jahr

---

17 Vgl. Philipp Schnee, Rechtsterrorismus in der Bundesrepublik: Verdrängte Vergangenheit?, in: Deutschlandradio Kultur (Zeitfragen: 19:30 Uhr), 11.01.2017.
18 Vgl. Ulrich Chaussy, Oktoberfest. Das Attentat. Wie die Verdrängung des Rechtsterrors begann, Berlin 2014.
19 Vgl. Anna Brausam, Todesopfer rechter Gewalt seit 1990, https://www.amadeu-antonio-stiftung.de/rassismus/todesopfer-rechter-gewalt/ (Stand: 09.03.2020).

2015 gekommen ist: Allein im Jahr 2015 gab es nach Angaben des Bundeskriminalamtes 1.031 Anschläge gegen Unterkünfte, in denen Flüchtlinge untergebracht waren oder werden sollten, im Jahr 2016 waren es 921 Anschläge. Um das Ausmaß der rechtsextremen Radikalisierung anzudeuten: Im Jahr 2014 hat es rund 150 Anschläge auf Flüchtlingsunterkünfte in Deutschland gegeben – schon diese Anzahl stellte allerdings zum Vorjahr etwa eine Verdreifachung dar, wobei auch von 2012 zu 2013 bereits eine Verdopplung festzustellen war. Um das aktuelle rechtsextreme Gewalt- und Terrorpotenzial quantitativ einschätzen zu können, müssen die verübten Straftaten in Beziehung gesetzt werden zu im Untergrund lebenden Rechtsextremisten: Mit Stand September 2019 wurden 482 rechtsextreme Straftäter, gegen die 624 Haftbefehle vorliegen, gesucht.

Der „Nationalsozialistische Untergrund" (NSU), der zwischen 1998 und 2011 mindestens zehn Morde begangen hat und für mehrere Sprengstoffanschläge und Banküberfälle verantwortlich war, stellt dabei die konsequente Fortsetzung des rechten Terrors in Deutschland dar, weil er zahlreiche Prinzipien der vorangegangenen Jahrzehnte aufgegriffen und weiterentwickelt und letztlich die Nazi-Ideologie in ihrer ganzen Grausamkeit vollstreckt hat.[20] Dabei hat der NSU die kommunikative Strategie verfeinert:[21] Abstinenz in der Öffentlichkeit, die die Nazi-Morde selbst rassistisch als „Döner-Morde" fehlinterpretierte, bei gleichzeitiger fortwährender Präsenz in der eigenen Szene (die Integration in die Neonazi-Szene bestand von Beginn an und wurde teils chiffriert, aber szeneintern unmissverständlich kommuniziert – so beispielsweise in einem Gruß an den NSU in der Neonazi-Postille *Der Weisse Wolf* [Nr. 18] im Jahr 2002: „Vielen Dank an den NSU, es hat Früchte getragen ;-) Der Kampf geht weiter ...") und dem offensiven Schüren von Angst bei Menschen mit Migrationshintergrund, die ja – trotz der fatalen Medienberichterstattung – mehrheitlich wissen müssten, dass es sich um rassistische Morde gehandelt haben muss. Überdies hat der NSU die logistische Einbindung des Nazi-Terrors in legale und halblegale Strukturen des bundesdeutschen Rechtsextremismus über einen langen Zeitraum aufrechterhalten können: Die NSU-Hauptaktivisten Uwe Mundlos, Uwe Böhnhardt und Beate Zschäpe kamen aus dem Nationalen Widerstand Jena, waren im Vor- und Umfeld

---

20 Vgl. Stefan Aust/Dirk Laabs, Heimatschutz. Der Staat und die Mordserie des NSU, München 2014; Maik Baumgärtner/Marcus Böttcher, Das Zwickauer Terror-Trio. Ereignisse, Szene, Hintergründe, Berlin 2012; Patrick Gensing, Terror von rechts. Die Nazi-Morde und das Versagen der Politik, Berlin 2012; Matthias Quent, Rassismus, Radikalisierung, Rechtsterrorismus. Wie der NSU entstand und was er über die Gesellschaft verrät, Weinheim/Basel 2016; Olaf Sundermeyer, Rechter Terror in Deutschland. Eine Geschichte der Gewalt, München 2012.
21 Vgl. generell zu Kommunikationsstrategien der extremen Rechten: Matthew Feldman/Paul Jackson (Hrsg.), Doublespeak. The Rhetoric of the Far Right since 1945, Stuttgart 2014.

der dortigen NPD aktiv und haben sich an zahlreichen NPD-Aktivitäten beteiligt. Die Schlüsselfiguren, die die Morde überhaupt erst durch die Beschaffung bzw. Übermittlung der in fast allen Fällen eingesetzten Tatwaffe ermöglicht haben, waren beide NPD-Funktionäre, wobei einer – der Mitangeklagte Ralf Wohlleben – auch an der Fluchtorganisation beteiligt gewesen ist. Da laut Generalbundesanwaltschaft die drei Abgetauchten nur ein einziges Mal in der Zeit ihres Untertauchens „eigenes" Geld abgehoben haben (1998 von Böhnhardts Konto), muss auch davon ausgegangen werden, dass sie neben dem Geld aus Banküberfällen auch von Geld aus der „Szene" lebten.

Angesichts der im (vor dem Oberlandesgericht München von Mai 2013 bis Juli 2018 laufenden) NSU-Prozess – trotz der Bemühungen um Verwischung durch ein „schweigendes und lügendes Umfeld"[22] und eine bisher sehr zögerliche Aufarbeitungsbereitschaft – immer umfangreicher zutage tretenden Verbindungen des NSU in die rechte Szene steht zu befürchten, dass der NSU entweder Nachahmer in der militanten Neonazi-Szene finden wird, oder dass Teile des NSU-Netzwerkes überhaupt noch nicht ermittelt worden sind, die zu späteren Zeitpunkten weiter morden könnten, denn allein das nähere Umfeld des NSU wird auf 100 bis 200 Personen geschätzt. Und die ersten rechtsterroristischen Gruppierungen nach dem NSU sind in der Tat bereits festgenommen worden: im Mai 2015 vier Personen, die unter dem Label „Oldschool Society" terroristische Aktionen vorbereitet haben sollen; im Oktober 2015 drei Personen im Raum Bamberg, wobei unmittelbar vor dem Zugriff eine Postsendung mit Sprengstoff abgefangen worden war; im April 2016 im sächsischen Freital fünf Personen, hier erfolgte die Festnahme sogar durch die GSG 9, eine Spezialeinheit der Bundespolizei; im Januar 2017 bundesweit sieben Personen wegen des Verdachts der Bildung einer rechtsterroristischen Vereinigung unter Federführung eines Nazi-„Druidens", die Anschläge auf Polizist(inn)en, Flüchtlinge und Jüdinnen und Juden vorbereitet haben soll; im Oktober 2018 acht Männer einer terroristischen Gruppierung, die unter dem Namen „Revolution Chemnitz" Angriffe auf Flüchtlinge in Chemnitz vorgenommen und u. a. Anschläge zum 3. Oktober 2018 in Berlin geplant hatte. Und was man auch nicht vergessen darf: Der Attentäter, der im Juli 2016 die Morde in dem Münchner Einkaufszentrum begangen hat, war auch ein Rechtsextremist.

Die rechtsterroristischen Morde und Terroranschläge in Kassel (Mord an Regierungspräsidenten Walter Lübcke im Juni 2019), Halle (antisemitischer Terroranschlag auf die Synagoge an Yom Kippur im Oktober 2019 mit zwei Toten) und Hanau (rassistischer Terroranschlag auf zwei Shisha-Bars im Februar 2020 mit

---

22 Stephan Kuhn/Peer Stolle, Nach einem Jahr Hauptverhandlung. Ein kurzes Zwischenresümee im NSU-Prozess, in: RAV Infobrief 109 (2014), S. 58–61, hier S. 61.

zehn Toten) belegen überdies nachhaltig, dass die rechtsextreme Szene längst wieder zur rechtsterroristischen Praxis zurückgekehrt ist: Im Jahr 2018 gab es beim Generalbundesanwalt sechs neue Ermittlungsverfahren wegen Rechtsterrorismus, im Jahr 2019 waren es 24 neue Verfahren. Insofern war auch der NSU-Terrorismus kein neuartiges Phänomen in der bundesdeutschen Geschichte, sondern Teil einer in der unmittelbaren Nachkriegszeit beginnenden Reorganisation des Alt- und Neonazismus, der über eine organisatorische Findungsphase vor allem seit den 1980er Jahren kontinuierlich in Gewalt und Terror mündet – bis in die Gegenwart.[23]

Die unbewusste Abwehr

Das drastische Ungleichgewicht der Erinnerung an Links- und Rechtsterrorismus in der Bundesrepublik korrespondiert mit einem Ungleichgewicht der Wahrnehmung aktueller Bedrohungspotenziale durch diese beiden Formen terroristischer Aktivitäten, wobei das „Vergessen" der Geschichte und Traditionen des Rechtsterrorismus konstitutiv sein dürfte für die fortwährende Unterschätzung rechtsterroristischer Realität und der sich daraus fortgesetzt konstituierenden Bedrohung durch den Rechtsextremismus. Der Kern der Kritik setzt dabei weniger an den objektiven Strukturen, dem politischen System, als an den subjektiven Wahrnehmungsrealitäten, der politischen Kultur, an – oder, wie man verfassungsrechtlich sagen würde: Es geht nicht um die Norm, sondern die Wirklichkeit, denn der Hauptfokus von Erinnerung und Erinnerungsabwehr und daraus resultierender (Nicht-)Relevanzwahrnehmung von Rechtsterrorismus liegt in der Verantwortung der bundesdeutschen Gesellschaft. Als politische Kultur versteht man dabei, angelehnt an die Formulierung der Begründer der politischen Kulturforschung Gabriel A. Almond und Sidney Verba,[24] die subjektive Dimension des Politischen, also letztlich die Frage, wie die rechtlichen und politischen

---

23 Vgl. Hans-Gerd Jaschke/Birgit Rätsch/Yury Winterberg, Nach Hitler. Radikale Rechte rüsten auf, München 2001; Thomas Kuban, Blut muss fließen. Undercover unter Nazis, Frankfurt 2012; Anton Maegerle, Vom Obersalzberg bis zum NSU: Die extreme Rechte und die politische Kultur der Bundesrepublik 1988–2013. NS-Verherrlichung, rassistische Mode an Migranten, Antisemitismus und Holocaustleugnung, Berlin 2013; Matthias Quent/Samuel Salzborn/Axel Salheiser (Hrsg.), Rechtsterrorismus (= Wissen Schafft Demokratie 6), Berlin 2019.
24 Vgl. Gabriel A. Almond/Sidney Verba, The Civic Culture. Political Attitudes and Democracy in Five Nations, Princeton 1963.

Strukturen in der Gesellschaft in und durch die Individuen verstanden, getragen und akzeptiert werden – oder auch nicht.[25]

Die politische Kultur eines Landes, die immer nur im Plural gedacht werden kann, formuliert dabei ein Setting von ungeschriebenen Regeln, die für das Handeln der Akteure zentral sind. Wollte man es metaphorisch ausdrücken, ist die politische Kultur so etwas wie der überindividuell konstituierte Mentalitätsbestand eines Teiles der Gesellschaft. Die ungeschriebenen Regeln, die den politischen Kulturen zugrunde liegen, können dabei in drei Verhältnissen zu den normativen Vorgaben des politischen Systems stehen: Erstens können die ungeschriebenen Regeln des Politischen innerhalb einer Gesellschaft (weitgehend) identisch mit den formalen Regeln und Institutionen sein oder zumindest nicht im Konflikt mit ihnen stehen. In diesem Fall stützt die Verfassungswirklichkeit die Verfassungsnorm, und die ungeschriebenen Regeln führen zu einer stabilen Verfassungsordnung. Zweitens besteht die Möglichkeit, dass die ungeschriebenen Regeln im Widerspruch zur geschriebenen Verfassung stehen und insofern ein Spannungsverhältnis zwischen Verfassungsnorm und Verfassungswirklichkeit formulieren. Sie wollen die geltenden Normen verändern, wobei es gleichermaßen um konstruktive wie destruktive Veränderungen im Sinne von (zunehmender) Demokratisierung und (zunehmender) Autokratisierung gehen kann. Und drittens schließlich können die ungeschriebenen Regeln des Politischen politische Apathie begründen und damit ebenfalls zu Stabilität führen, da ihre Akteure weder gesellschaftlich noch politisch in irgendeiner Weise aktiv werden. In den liberalen Demokratien wird in diesem Fall seit geraumer Zeit von Politik- oder Parteienverdrossenheit gesprochen, faktisch handelt es sich um die Diagnose eines Zustandes, bei der die betroffenen Akteure nicht partizipieren wollen und insofern im traditionellen Sinn von Almond/Verba apathisch sind.

Wesentlich ist, dass die überindividuellen Mentalitätsbestände, die die politischen Kulturen innerhalb einer Gesellschaft und damit die Zusammensetzung der politischen Kultur dieser Gesellschaft in ihrer Pluralität und Heterogenität prägen, zu differenzieren sind in Haltungen der Menschen gegenüber ihrer politischen Ordnung und gegenüber den Regularien ihres Zusammenlebens, die mit Karl Rohe als *Vorstellungen* und *Einstellungen* unterschieden werden müssen.[26] Während Einstellungen die Basis für die konkrete Formulierung von Meinungen sind und insofern zwar relativ stabil, aber eben durch konkrete politische Ereig-

---

25 Vgl. hierzu ausführlich Samuel Salzborn, Demokratie. Theorien, Formen, Entwicklungen, Baden-Baden 2012.
26 Vgl. Karl Rohe, Politische Kultur: Zum Verständnis eines theoretischen Konzepts, in: Oskar Niedermayer/Klaus von Beyme (Hrsg.), Politische Kultur in Ost- und Westdeutschland, Opladen 1996, S. 1–21.

nisse doch revidierbar, liegen die Vorstellungen den Einstellungen zugrunde und prägen das Handeln des Menschen im Sinne eines Weltbildes. Mit Blick auf das Thema Rechtsextremismus kann man zum Beispiel sagen, dass die *Vorstellung* in der rechtsextremen Szene die Ideologie der Ungleichheit des Menschen ist, an die die *Einstellung* von Rassismus und Antisemitismus anschließt, die in der *Meinung*, in Deutschland würden zu viele Ausländer leben, mündet.

Mit Blick auf das unbewusste Dethematisieren der bundesdeutschen Geschichte des Rechtsterrorismus scheint es sinnvoll, zwischen *Alltagskultur* und *Institutionenkultur* zu unterscheiden. Die Differenzierung zwischen Alltags- und Institutionenkultur weist Überlappungen auf, da die Alltagskultur in diejenige der Institutionen hineinwirkt und umgekehrt, weil die Personen in ihren unterschiedlichen sozialen Rollen in beiden Bereichen agieren: Der Polizist ist in seiner Rolle Teil der Institution und gestaltet die Institutionenkultur mit, er ist aber auch Bürger, der in der Alltagskultur lebt und diese prägt bzw. von dieser geprägt wird; die ehrenamtliche Politikerin agiert in ihrer Rolle als Mitglied des Stadtparlaments als Teil der Institutionenkultur, trägt aber ihre alltagskulturellen Erfahrungen mit in ihre Rolle, wie sie durch ihre Rollenwahrnehmung auch die Alltagskultur mitprägt. Um zu begreifen, dass beide Dimensionen für die Wirkungen und Nachwirkungen rechtsterroristischer Geschichte zentral sind, muss man sie aber systematisch unterscheiden, weil es eben um eine Differenzierung der Strukturebene geht, während die Akteursebene stets fluide ist.

Auf der Strukturebene lässt sich sagen, dass die Alltagskultur der Bundesrepublik geprägt ist durch langfristig tradierte Mentalitätsbestände, die sich im Bereich der primären und sekundären Sozialisation zumeist reproduzieren, aber – im Sinne eines Aufklärungsanspruches – immer auch in Frage gestellt oder gebrochen werden können.[27] In der Alltagskultur drücken sich Vorstellungen und Einstellungen der Menschen gleichermaßen aus. Die empirische Sozialforschung ermittelt in regelmäßigen repräsentativen Umfragen Meinungsfragmente, die Rückschlüsse auf Einstellungen zulassen, weniger und selten auch auf Vorstellungen. Die Vorstellungen innerhalb einer politischen Alltagskultur sind relativ stabil und nur intergenerationell wirklich revidierbar. Die Institutionenkultur ist im Gegensatz dazu deutlich normativer und weniger plural, da die Alltagskultur die Gesellschaft in zahlreiche Subkulturen – (partei-)politischer, religiöser, kultureller und anderer Provenienz – differenziert, die Institutionenkultur aber durch die rechtlichen Wirkbedingungen der jeweiligen Institutionen vorgeschrieben und damit normativ fixiert ist. Soll sich an diesen normativen Grundlagen etwas ändern, bedarf es eben prozedural einer langen Wirkmacht der Alltagskultur, die

---

27 Vgl. Samuel Salzborn, Sozialwissenschaften zur Einführung, Hamburg 2013.

dann auch den normativen Rahmen der Institutionenkultur verändern kann. In ihrer Tendenz ist die Institutionenkultur stets repräsentierend, während die Alltagskultur immer eine deutlich subjektiv geprägte Dimension hat.

Für die Frage der Dethematisierung des Rechtsterrorismus in der politischen Kultur der Bundesrepublik sind beide Dimensionen wichtig: die eine mit Blick auf die Frage der Thematisierung oder auch Dethematisierung von rechtsextremen Einstellungen als Problem für die Gesellschaft der Bundesrepublik, die andere mit Blick auf die Folgewirkungen des Umgangs mit Rechtsextremismus in seiner politischen, juristischen und auch nachrichtendienstlichen Dimension. Da es an dieser Stelle aber um die Frage des öffentlichen „Vergessens", also des bewussten Ausblendens und des unbewussten Beschweigens des bundesdeutschen Rechtsterrorismus geht, soll an dieser Stelle der Fokus allein auf die alltagskulturelle Dimension gelegt werden.

Die bundesdeutsche Alltagskultur hat, so bitter diese Erkenntnis ist, vom Rechtsterrorismus in Geschichte und Gegenwart so gut wie keine Kenntnis genommen. Obwohl die Berichterstattung in den Medien intensiv, fortwährend und, auf lange Sicht, umfangreich erfolgte und erfolgt und offene Fragen, Widersprüche und Fehleinschätzungen in Medien, Politik, Polizei und Öffentlichkeit medial kritisch hinterfragt wurden und werden, verfängt davon kaum etwas in der Alltagskultur. Die mediale Berichterstattung scheint keine Breitenwirkung zu entfalten, da sich an den über Meinungsumfragen ermittelten Einstellungen in der Bevölkerung mit Blick auf Nationalismus, Rassismus und Antisemitismus keine merklichen Änderungen ergeben haben; eine Form von selbstkritischer Hinterfragung ist bisher ausgeblieben. Wirft man ergänzend zu den Einstellungsuntersuchungen einen Blick auf die Erfolge rechter Parteien bei Wahlen, also an der politisch wichtigsten Stelle im repräsentativen System der Bundesrepublik, fällt die Diagnose sogar noch fataler aus: Hier ist in jüngerer Vergangenheit nicht nur kein selbstkritischer Lerneffekt zu attestieren, sondern der Einzug der rechtsextremen AfD in den Deutschen Bundestag und in sämtliche Länderparlamente zeigt, dass die Bereitschaft, völkische, antisemitische und rassistische Einstellungen auch in rassistische (Wahl-)Handlungen umzusetzen, durch rechtsterroristische Taten in keiner Weise verringert wird, sondern, im Gegenteil, seit Bekanntwerden des NSU und der seitdem folgenden Terroranschläge sogar noch drastisch zugenommen hat.

Und hier korrespondiert die alltagskulturelle Abwehr rechtsextremen Denkens (und in dessen Folge: rechtsextremer Handlungen) mit den Schlüsseldimensionen der Erinnerungsabwehrgemeinschaft der Bundesrepublik: Das rechtsextreme Weltbild ist getragen von einer Ideologie der Ungleichheit, die Menschen ihre Individualität und Subjektivität abspricht und die Errungenschaften von Aufklärung und Emanzipation rückgängig machen will. Gegen die offene, pluralistische Gesellschaft stellt das rechtsextreme Weltbild die völkische, homogene Gemeinschaft – die als „natürliches" Kollektiv unterstellt wird, was mal rassistisch, mal kulturalistisch begründet wird. Das völkische Narrativ, das den Nationalsozialismus geprägt hat und das nicht nur ein Weltbild, sondern im vollen Wortsinn eine Ideologie war, also von der großen Mehrheit der Menschen geglaubt wurde, nicht obwohl, sondern weil es falsch war und weil es ihren emotionalen Bedürfnissen nach völkischer Omnipotenz und antisemitischer Vernichtung entsprochen hat, also die antisemitische Barbarei der reale Kern des integrativen Moments der Deutschen gewesen ist, wurde mit der militärischen Niederschlagung des Nationalsozialismus durch die Alliierten gesellschaftlich bzw. politisch-kulturell nicht gebrochen. Es wurde transformiert und als *Erinnerungsabwehrgemeinschaft*, die gleichsam völkisch, homogen und kollektiv geblieben ist, in die bundesdeutsche Gesellschaft transformiert – und es hat bis heute keinen umfassenden Erkenntnisprozess gegeben, der den Glauben an diese deutsche Ideologie einer völkischen Identität erschüttert hätte. Und genau das ist der Schlüssel zur Frage, warum es zur Abwehr der Thematisierung von Rechtsterrorismus kommt: Denn auch wenn man möglicherweise Gewalt und Terror(ismus) ablehnt, so lehnt man mindestens unbewusst die weltanschaulichen Ziele der Rechtsterrorist(inn)en eben nicht ab. Die homogene Volksgemeinschaftsphantasie wirkt deshalb bis heute unbewusst in weiten Teilen der Gesellschaft und damit der Alltagskultur fort, weil es keine wirkliche „Aufarbeitung der Vergangenheit"[28] gegeben hat, die folgende zentrale Frage reflektiert hätte: die Täterschaft der eigenen Familien und ihre individuelle Aufarbeitung in den Familiengeschichten, für die der Bruch mit dem deutschen Identitätsparadigma essentiell wäre.

Literatur

Adorno, Theodor W. Was bedeutet: Aufarbeitung der Vergangenheit (1959), in: Theodor W. Adorno, Eingriffe. Neun kritische Modelle. Gesammelte Schriften, Bd. 10.2, Frankfurt 1997, S. 553–572.
Almond, Gabriel A./Sidney Verba. The Civic Culture. Political Attitudes and Democracy in Five Nations, Princeton 1963.
Antifaschistisches Autorenkollektiv. Drahtzieher im braunen Netz. Ein aktueller Überblick über den Neonazi-Untergrund in Deutschland und Österreich, Hamburg 1996.
Aust, Stefan/Dirk Laabs. Heimatschutz. Der Staat und die Mordserie des NSU, München 2014.

---

[28] Theodor W. Adorno, Was bedeutet: Aufarbeitung der Vergangenheit (1959), in: Theodor W. Adorno, Eingriffe. Neun kritische Modelle. Gesammelte Schriften, Bd. 10.2, Frankfurt 1997, S. 553–572.

Baumgärtner, Maik/Marcus Böttcher. Das Zwickauer Terror-Trio. Ereignisse, Szene, Hintergründe, Berlin 2012.

Botsch, Gideon. Parteipolitische Kontinuitäten der „Nationalen Opposition". Von der Deutschen Reichspartei zur Nationaldemokratischen Partei Deutschlands, in: Zeitschrift für Geschichtswissenschaft 59/2 (2011), S.113–137.

Bötticher, Astrid/Miroslav Mareš. Europaweite militante rechtsextremistische Netzwerke und Organisationen, in: Kriminalistik 10 (2013), S. 602–609.

Braunthal, Gerard. Right-Wing Extremism in Contemporary Germany, Basingstoke 2009.

Brausam, Anna. Todesopfer rechter Gewalt seit 1990, https://www.amadeu-antonio-stiftung. de/rassismus/todesopfer-rechter-gewalt/ (Stand: 09.03.2020).

Bredel, Holger. Skinheads – Gefahr von rechts?, Berlin 2002.

Büsser, Martin. Wie klingt die neue Mitte? Rechte und reaktionäre Tendenzen in der Popmusik, Mainz 2001.

Chaussy, Ulrich. Oktoberfest. Das Attentat. Wie die Verdrängung des Rechtsterrors begann, Berlin 2014.

Dornbusch, Christian/Jan Raabe (Hrsg.). RechtsRock. Bestandsaufnahme und Gegenstrategien, Münster 2002.

Dudek, Peter/Hans-Gerd Jaschke. Entstehung und Entwicklung des Rechtsextremismus in der Bundesrepublik. Zur Tradition einer besonderen politischen Kultur (2 Bde.), Opladen 1984.

El-Nawab, Susanne. Skinheads. Ästhetik und Gewalt, Frankfurt 2001.

Farin, Klaus/Henning Flad. Reaktionäre Rebellen. Rechtsextreme Musik in Deutschland, in: Archiv der Jugendkulturen (Hrsg.), Reaktionäre Rebellen. Rechtsextreme Musik in Deutschland, Berlin 2001, S. 9–98.

Feldman, Matthew/Paul Jackson (Hrsg.). Doublespeak. The Rhetoric of the Far Right since 1945, Stuttgart 2014.

Funke, Hajo. Staatsaffäre NSU. Eine offene Untersuchung, Münster 2015.

Gensing, Patrick. Terror von rechts. Die Nazi-Morde und das Versagen der Politik, Berlin 2012.

Jaschke, Hans-Gerd/Birgit Rätsch/Yury Winterberg. Nach Hitler. Radikale Rechte rüsten auf, München 2001.

Kleffner, Heike/Anna Spangenberg (Hrsg.). Generation Hoyerswerda. Das Netzwerk militanter Neonazis in Brandenburg, Berlin 2016.

Koehler, Daniel. Right-Wing Terrorism in the 21st Century. The 'National-Socialist Underground' and the History of Terror from the Far-Right in Germany, New York 2017.

Kopietz, Andreas. Ein Drittel der NPD-Funktionäre vorbestraft, in: Berliner Zeitung, 18.12.2013.

Kuban, Thomas. Blut muss fließen. Undercover unter Nazis, Frankfurt 2012.

Kuhn, Stephan/Peer Stolle. Nach einem Jahr Hauptverhandlung. Ein kurzes Zwischenresümee im NSU-Prozess, in: RAV Infobrief 109 (2014), S. 58–61.

Maegerle, Anton. Vom Obersalzberg bis zum NSU: Die extreme Rechte und die politische Kultur der Bundesrepublik 1988–2013. NS-Verherrlichung, rassistische Mode an Migranten, Antisemitismus und Holocaustleugnung, Berlin 2013.

Maler, Klaus. Das Netzwerk der militanten Neonazis, in: Jens Mecklenburg (Hrsg.), Handbuch deutscher Rechtsextremismus, Berlin 1996, S. 572–594.

Pfeiffer, Thomas. Für Volk und Vaterland. Das Mediennetz der Rechten – Presse, Musik, Internet, Berlin 2002.

Quent, Matthias. Rassismus, Radikalisierung, Rechtsterrorismus. Wie der NSU entstand und was er über die Gesellschaft verrät, Weinheim/Basel 2016.

Quent, Matthias/Samuel Salzborn/Axel Salheiser (Hrsg.). Rechtsterrorismus (= Wissen Schafft Demokratie 6), Berlin 2019.

Rohe, Karl. Politische Kultur: Zum Verständnis eines theoretischen Konzepts, in: Oskar Niedermayer/Klaus von Beyme (Hrsg.), Politische Kultur in Ost- und Westdeutschland, Opladen 1996, S. 1–21.

Röpke, Andrea. Ferien im Führerbunker. Die neonazistische Kindererziehung der „Heimattreuen Deutschen Jugend (HDJ)", 2. Aufl., Braunschweig 2008.

Röpke, Andrea. Die geführte Jugend – Kindererziehung von rechts, Braunschweig 2010.

Röpke, Andrea/Andreas Speit (Hrsg.). Blut und Ehre. Geschichte und Gegenwart rechter Gewalt in Deutschland, Berlin 2013.

Röpke, Andrea/Andreas Speit (Hrsg.). Braune Kameradschaften. Die neuen Netzwerke der militanten Neonazis, Berlin 2004.

Salzborn, Samuel. Angriff der Antidemokraten. Die völkische Rebellion der Neuen Rechten, Weinheim 2017.

Salzborn, Samuel. Demokratie. Theorien, Formen, Entwicklungen, Baden-Baden 2012.

Salzborn, Samuel. Kollektive Unschuld. Die Abwehr der Shoah im deutschen Erinnern, Leipzig 2020.

Salzborn, Samuel. Renaissance of the New Right in Germany? A Discussion of New Right Elements in German Right-Wing Extremism Today, in: German Politics and Society 34/2 (2016), S. 36–63.

Salzborn, Samuel. Sozialwissenschaften zur Einführung, Hamburg 2013.

Schedler, Jan/Alexander Häusler (Hrsg.). Autonome Nationalisten. Neonazismus in Bewegung, Wiesbaden 2011.

Schnee, Philipp. Rechtsterrorismus in der Bundesrepublik: Verdrängte Vergangenheit?, in: Deutschlandradio Kultur (Zeitfragen: 19:30 Uhr), 11.01.2017.

Schröm, Oliver/Andrea Röpke. Stille Hilfe für braune Kameraden. Das geheime Netzwerk der Alt- und Neonazis, Berlin 2001.

Sundermeyer, Olaf. Rechter Terror in Deutschland. Eine Geschichte der Gewalt, München 2012.

Wilke, Karsten. Die „Hilfsgemeinschaft auf Gegenseitigkeit" (HIAG) 1950–1990. Veteranen der Waffen-SS in der Bundesrepublik, Paderborn 2011.

Martin Jander
Protestantisch-deutsche Identitätspolitik nach der Shoah

DDR-Dissident Edelbert Richter und seine vorgebliche Kritik des „Rassismus", die eine christliche Verteufelung von Juden, westlichen Demokratien und Israel darstellt

Das Phänomen politischer und intellektueller Umorientierung von früher linken Autoren und Politikern zur Rechten existiert seit vielen Jahren. Namen, die dabei für das extreme Lager eine Rolle spielen, sind zum Beispiel Horst Mahler[1], Bernd Rabehl[2] und einige mehr. Inzwischen finden sich unter Rechtskonservativen und Rechtsreaktionären auch einige Aktivisten der linken, christlichen und grünen DDR-Opposition, zum Beispiel Vera Lengsfeld[3] und Siegmar Faust.[4] Der Antisemitismus spielt bei diesen Umorientierungen eine gewichtige Rolle. Charakteristisch ist zudem eine vorgebliche Kritik des „Rassismus". Sie hat allerdings mit einer Dekonstruktion von rassistischen Denkmustern nichts zu tun. Es handelt sich vielmehr um eine Dämonisierung von Juden, Israel und westlichen Demokratien.

In diesem Aufsatz wird eine solche Umorientierung am Beispiel eines neu in dieser Reihe zu nennenden früheren linken, christlichen und ökologisch orientierten DDR-Dissidenten nachgezeichnet und kommentiert: Edelbert Richter, ein 1943 geborener früherer evangelischer Pfarrer, der mit dem Ende der DDR SPD-Bundestagsabgeordneter, später Philosophiedozent an der Bauhaus Universität in Weimar und Mitglied der Partei „Die Linke" wurde. Er starb am 23. Juli 2021. Seine seit 2015 publizierten Schriften handeln von einer deutsch-protestantischen Identitätspolitik mit deutlich nationalen, antiamerikanischen und antisemitischen Zügen.

---

1 Siehe dazu Michael Fischer, Horst Mahler. Biographische Studie zu Antisemitismus, Antiamerikanismus und Versuchen deutscher Schuldabwehr, Karlsruhe 2015.
2 Siehe dazu Martin Jander/Rainer Maischein, Renationalisierung gegen Demokratie. Anmerkungen zu einer Rede Bernd Rabehls und ihrem Kontext, in: express 2 (1999), S. 5–6.
3 Siehe dazu: Vera Lengsfeld, Etappen der Befreiung, in: Claus M. Wolfschlag (Hrsg.), Bye-bye '68. Renegaten der Linken, APO-Abweichler und allerlei Querdenker berichten, Stuttgart 1998, S. 132–148.
4 Vgl. Siegmar Faust, „... Ein Wechselspiel zwischen repressiver Aktion und trotziger Reaktion ...", in: Claus M. Wolfschlag (Hrsg.), Bye-bye '68. Renegaten der Linken, APO-Abweichler und allerlei Querdenker berichten, Stuttgart 1998, S. 122–131.

Open Access. © 2023 bei den Autorinnen und Autoren, publiziert von De Gruyter. Dieses Werk ist lizenziert unter einer Creative Commons Namensnennung 4.0 International Lizenz.
https://doi.org/10.1515/9783110702729-019

Im Kontext von Erscheinungsformen von Rassismus in der Bundesrepublik und Europa lohnt sich einen Blick auf Edelbert Richter und seine Schriften – nicht weil die Publikationen etwas zur Dekonstruktion von rassistischen Haltungen beizutragen hätten. Richter formuliert eine vorgeblich anti-rassistische Haltung, die antisemitische, antiamerikanische und nationale Feindbilder kaum verbirgt und deshalb für völkische, ethnopluralistische und antisemitische Politiken verwendbar ist.

Es handelt sich bei den in Richters Schriften vorgeschlagenen Politiken, seinem Insistieren auf der Notwendigkeit der Entwicklung einer neuen deutschen Identität und einer Abwendung von den USA und Israel nach dem Ende des Kalten Krieges, um Ressentiments, die mit einem allerbesten, christlichen und vorgeblich anti-rassistischen Gewissen vorgetragen werden. Gerade damit lassen sich in den Milieus, in denen der Autor zu Hause war, völkische, ethnopluralistische, antiamerikanische und antisemitische Ressentiments hoffähig machen. Richters Schriften, insbesondere die seiner letzten Schaffensperiode seit der Trennung von der SPD im Jahr 2005, exerzieren das, was die Neue Rechte heute besonders gerne tut: Sie attackiert Amerikaner, Demokraten und Juden als Antisemiten und Rassisten, um von entsprechenden Motiven bei sich selbst abzulenken.

Richter trat im Jahr 2018, nach vielen Publikationen im linken VSA-Verlag[5], mit der Veröffentlichung *Für ein Ende der Halbwahrheiten – Korrekturen an unserem Bild von Judentum und Nationalsozialismus* hervor, welche die Manuscriptum Verlagsbuchhandlung veröffentlicht hat. Sie gehört zum Netzwerk der Neuen Rechten.[6] Richters Appell zur Beendigung von „Halbwahrheiten" steht im Kontext mehrerer anderer Veröffentlichungen seit 2006. Er verstand seine Arbeit in den letzten Jahren vor seinem Tod nicht mehr als Appell zur Umorientierung linker Politik in Europa und beschrieb, allerdings weiterhin Mitglied von „Die Linke", seine Position als christlich, konservativ und ökologisch.[7]

---

5 VSA ist die Abkürzung für „Verlag für das Studium der Arbeiterbewegung".
6 Siehe dazu den Eintrag bei Wikipedia zum Eigentümer der Manuscriptum Verlagsbuchhandlung Thomas Hoof: https://de.wikipedia.org/wiki/Thomas_Hoof (Stand: 09.08.2022). Siehe auch die erhellende Reportage zu Thomas Hoof und seinen Ideen in *Der Spiegel*: Georg Dietz/Thomas Hüetlin, Es gibt sie noch die bösen Dinge, in: Der Spiegel 16 (2014), 13.04.2014, S. 136–137, http://magazin.spiegel.de/EpubDelivery/spiegel/pdf/126512009.
7 Siehe dazu Edelbert Richter, Das Eigene wagen, Bucha 2020, S. 92. Der Beitrag wurde bereits vor Richters Tod abgeschlossen. So konnte ein 2022 posthum veröffentlichtes Buch Richters nicht mehr in die Analyse aufgenommen werden: https://www.thueringer-allgemeine.de/kultur/das-letzte-buch-des-weimarer-buergerrechtlers-edelbert-richter-erscheint-nun-postum-id236166825.html.

Ich will im Folgenden zeigen, dass Edelbert Richter im Verlauf seiner Karriere als Politiker und Autor die Entwicklung der Moderne nicht mehr als ein unabgeschlossenes und offenes Projekt der Demokratisierung und Zivilisierung behandelte, sondern als Selbstzerstörungsprozess und Untergang.[8] Richter lässt sich deshalb zu den von Richard Herzinger und Hannes Stein portraitierten „Endzeit-Propheten" rechnen.[9]

Die wesentlichen Elemente seines Denkens – protestantisches Christentum, christlicher und moderner Antisemitismus und Nationalismus – werden durch eine lebenslange Gegnerschaft zu Thomas Mann und dessen Kritik eines deutschen Sonderwegs ergänzt. Richter konstruiert im Widerspruch dazu eine „deutsche Verstehenskultur"[10], die er von einer rationalen Durchdringung sozialer und politischer Phänomene unterscheidet.

Die Aussagen der rechtsgewendeten früheren linken Radikalen wie Mahler und Rabehl sowie einstiger DDR-Oppositioneller wie Lengsfeld, Faust u. a. waren oder sind meist so einschlägig, dass sie gerne von neurechten Verlagen oder Medien zitiert oder verbreitet werden.[11] Richter hat sich mit seinen letzten Publikationen – ganz aus freien Stücken – in eine Legitimationsressource für christliche, nationalistische, rassistische und antisemitische Aktivisten verwandelt. Er hat sich vor seinem Tod aus dieser Rolle nicht mehr gelöst. Politische Freunde finden auch noch nach seinem Tod keine Worte für seine Wende zur Rechten.[12]

---

8 Zu einem Plädoyer für eine unabgeschlossenen Moderne und einen unabgeschlossenen Prozess der Aufklärung siehe Dan Diner, Aufklärungen. Wege in die Moderne, Leipzig 2017.
9 Richard Herzinger/Hannes Stein, Endzeit-Propheten oder Die Offensive der Antiwestler, Reinbek 1995.
10 Richter, Das Eigene, S. 41.
11 Vgl. Christian Fuchs/Paul Middelhoff, Das Netzwerk der Neuen Rechten. Wer sie lenkt, wer sie finanziert und wie sie die Gesellschaft verändern, Reinbek 2019.
12 Siehe den Nachruf von Peter Wensierski, der die rechte Wende Richters vollkommen ignoriert: Peter Wensierski, Ein großer Denker, in: meine kirchenzeitung vom 03.08.2021: https://www.meine-kirchenzeitung.de/weimar/c-aktuell/ein-grosser-denker_a28431. Siehe auch Bodo Ramelow, den Ministerpräsidenten Thüringens, der die Wende Richters ebenfalls ignoriert: Ministerpräsident Bodo Ramelow zum Tod von Edelbert Richter, in: Website der Landesregierung Thüringen vom 26.07.2021, https://www.landesregierung-thueringen.de/medien/medieninformationen/detailseite/108-2021.

Richter: Theologe, Politiker und Autor

Richters Denken kreiste von Anfang an um die Frage einer deutschen Identität. Er führte in seiner Zeit als Theologe in der DDR einen deutschlandpolitischen Arbeitskreis.[13] In seinen Publikationen findet sich auch von Anfang an Widerspruch gegen die von Deutschlands Kriegsgegnern nie behauptete „Kollektivschuldthese"[14].

Vom Studium der Theologie in Leipzig wurde Richter bereits kurz nach seiner Aufnahme 1961 aus politischen Gründen relegiert.[15] Sein Studium schloss er, nach mehreren Jahren als Kranführer, 1968 an der Universität in Halle ab. Die Promotion über den Zusammenhang von Religions-, Philosophie- und Ökonomiekritik bei Marx entstand während seiner Zeit als Assistent am Katechetischen Oberseminar und als Pfarrer in Naumburg. Zu dieser Zeit galt er als Anreger oppositioneller Gruppen im Süden der DDR.[16]

Er vertrat damals die Idee einer Blockfreiheit Deutschlands, von der er glaubte, sie müsse durch Reformprozesse in der DDR und der Bundesrepublik entstehen. 1989 gehörte er zu den Mitbegründern des „Demokratischen Aufbruchs" (DA), den er jedoch bald in Richtung SPD verließ, da er mit der CDU-Orientierung des DA nicht einverstanden war. Für die SPD wurde er in die letzte Volkskammer der DDR gewählt und im September 1990 als Beobachter ins Europaparlament. Der erste gesamtdeutsche Bundestag bestätigte diese Abordnung. Richter nahm diese Funktion bis 1994 war und gehörte schon bald zur Grundwertekommission der SPD.[17]

---

13 Siehe dazu Christian Dietrich (Hrsg.), Für Edelbert Richter anlässlich des 70. Geburts- und Taufjubiläums, Weimar 2013.
14 Edelbert Richter, Erlangte Einheit – Verfehlte Identität. Auf der Suche nach den Grundlagen für eine neue deutsche Politik, Berlin 1991, S. 10.
15 Eine ausführliche Biografie Edelbert Richters existiert meines Wissens nicht. Wichtige Darstellungen zur Entwicklung Richters, allerdings hauptsächlich zu seiner Zeit als DDR-Dissident, finden sich bei Ehrhart Neubert, Edelbert Richter, in: Ilko-Sascha Kowalczuk/Tom Sello (Hrsg.), Für ein freies Land mit freien Menschen. Opposition und Widerstand in Biographien und Fotos, Berlin 2006, S. 221–223. Siehe auch die vielen Einträge zu Richter im Personenregister von: Ehrhart Neubert, Geschichte der Opposition in der DDR 1949–1989, Bonn 1997.
16 Vgl. Edelbert Richter, Zweierlei Land – Eine Lektion. Konsequenzen aus der deutschen Misere, Berlin 1989, in: Ilko Sascha Kowalczuk (Hrsg.), Freiheit und Öffentlichkeit, Berlin 2002, S. 455–473; Edelbert Richter, Christentum und Demokratie in Deutschland. Beiträge zur geistigen Vorbereitung der Wende in der DDR, Leipzig 1991; Richter, Erlangte Einheit.
17 Die Beobachter im europäischen Parlament wurden am 28.09.1990 von der DDR-Volkskammer gewählt, im Februar 1991 wurde ihr Mandat vom Bundestag bestätigt. Siehe dazu Jürgen Mittag/Diana Wendland, Zwischen Individuum und Typus: Die deutschen sozial-demokratischen

1994 wurde er als Abgeordneter der SPD aus Weimar in den Bundestag gewählt und gehörte dem Parlament bis 2002 an. Gemeinsam mit Peter Brandt, Dorothe Sölle und anderen appellierte Richter im Oktober 1999 an Gerhard Schröder, die Politik der SPD stärker gegen die „Weltherrschaftspläne" der USA und auf ein „souveränes und soziales Europa" auszurichten.[18] Seit 2004 arbeitete er als Dozent für Philosophie an der Bauhaus Universität in Weimar. Seine politische Mitgliedschaft in der SPD kündigte er 2005, dem der Partei nahestehenden „Willy Brandt Kreis" gehörte er jedoch bis zu seinem Tod an.[19] 2007 wechselte Richter in die Partei „Die Linke"[20]. Einige Zeit gehörte er auch ihrer Zukunftskommission an.

Die Publikationen, in denen Richter seine politische Wende jenseits linker Politik formulierte, sind nach dem Ende seiner Zeit als Philosophie-Dozent ab 2015 erschienen.[21] Er begann, am Nationalsozialismus „positive Seiten" hervorzuheben, und sah ihn nunmehr als ein „relativ Böses, nicht das Böse schlechthin." Dass er das absolut Böse sei, hielt Richter für eine „Lüge, die von denen verbreitet" werde, „die von ihren eigenen Verbrechen ablenken wollen und dazu als Sieger auch die Macht haben".[22] Er begann eine deutsch-protestantische Identität zu formulieren, die er der Zusammenarbeit der Bundesrepublik mit westlichen Demokratien im transatlantischen Bündnis und einer Unterstützung Israels entgegensetzte.

Abgeordneten des Europäischen Parlaments (1952–2011) in kollektivbiografischer Perspektive, in: Mitteilungsblatt des Instituts für soziale Bewegungen. Biografische Ansätze zur Geschichte der Arbeiterbewegung im 20. Jahrhundert 45 (2011), S. 205–246.
18 Zitiert nach Edelbert Richter u. a., Brief an den Bundeskanzler und Antwort (Oktober 1999), in: Edelbert Richter, Eine zweite Chance? Die SPD unter dem Druck der „Globalisierung", Hamburg 2002, S. 53–57. Bis zum Ende des Bundestagsmandats erschienen außerdem: Edelbert Richter, Wendezeiten, Köln 1994; Edelbert Richter, Aus ostdeutscher Sicht. Wider den neoliberalen Zeitgeist, Köln 1998; Richter, Zweite Chance?, 2002.
19 Siehe die Internetpräsenz des Willy Brandt Kreises: http://www.willy-brandt-kreis.de/inhalt/richter.htm (Stand: 09.08.2021).
20 Vgl. Edelbert Richter, „Reform" als Restauration und hegemoniale Nostalgie, Hamburg 2005; Edelbert Richter, „.... dass die Macht an sich böse ist". Eine Aktualisierung von Jacob Burckhardt, Hamburg 2006; Edelbert Richter, Die Linke im Epochenumbruch, Hamburg 2009.
21 Vgl. Edelbert Richter, Deutsche Vernunft – Angelsächsischer Verstand, Berlin 2015; Edelbert Richter, Für ein Ende der Halbwahrheiten, Lüdinghausen 2018; Richter, Das Eigene.
22 Zitiert nach einem Brief Richters an seinen Verleger Dwars (Quartus Verlag), der im letzten Buch Richters veröffentlicht wurde: Richter, Das Eigene, S. 146.

Reich Gottes und Menschenrechte

Bereits zu Beginn seiner Karriere als Politiker und Autor war Richters zivilisationskritische Haltung erkennbar. Er argumentierte nicht für eine demokratische Welt, für die Erweiterung der Rechte eines sich aus den Fesseln traditioneller Zwangsgemeinschaften befreienden Individuums, sondern kritisierte die Moderne für die fortlaufende Infragestellung der von Gott geschaffenen Schöpfung. Dieser Zug seines Denkens stand zu Beginn seiner politischen Karriere aber noch nicht im Vordergrund, da der Autor sich in seinen politischen Artikeln auch gegen den Sozialismus sowjetischer Prägung wendete und konzedierte, der Sozialismus habe von der westlichen Kultur der Demokratie zu lernen.

In einem überarbeiten Vortrag zu einem Treffen christlicher Basisgruppen von 1987 in der DDR sprach er ausdrücklich von einem notwendigen Lernprozess insbesondere der deutschen Christen in der Menschenrechtsfrage. Die Theologie habe in Deutschland bis 1945 Menschenrechte und Demokratie als „westliche Ideologie" eingeschätzt und sich von ihr distanziert.[23]

Gleichzeitig sprach Richter in demselben Beitrag aber davon, dass die moderne Vorstellung einer Pluralität von Interessen und Meinungen bedeuten könne, „daß der Begriff des Volkes sich überhaupt auflöst" und in den einer beliebig manipulierbaren Masse verwandle: „Aus der indirekten Herrschaft des Volkes wird dann die indirekte, raffinierteste, weil hinterrücks ausgeübte Herrschaft über das Volk: Alle fühlen sich frei und sind doch wie nie zuvor am Gängelband".[24]

Bereits in seiner ersten Veröffentlichung in der Samisdat-Publikation *Radix Blätter* plädierte Richter für eine „konstruktive Zivilisationskritik"[25] und sprach von einem zivilisationskritischen Charakter der „deutschen Tradition", die konstruktiv zu beerben sei.[26]

USA, Imperialismus, Sozialdarwinismus und Rassismus

Der zivilisationskritische Zug des Denkens und der politischen Konzeptionen Richters wurde in seiner zweiten Publikationsphase deutlicher. Richter war seit 1990 Mitglied der SPD, des Europaparlaments und des Bundestages. Richter be-

---

23 Richter, Christentum, S. 16.
24 Richter, Christentum, S. 16.
25 Zitiert nach dem Inhaltsverzeichnis von: Richter, Zweierlei Land, S. 455.
26 Siehe dazu Richter, Zweierlei Land, S. 455.

gann in dieser Phase, die westlichen Demokratien – vor allem die USA, Großbritannien und Israel – als Grundübel und Gefährdung der modernen Zivilisation anzusehen.

Sprach Richter in seinen Publikationen aus DDR-Zeiten noch davon, dass aus einer Synthese des Christentums, das er als die Quelle der Demokratien des Westens verstand, und des marxistischen Denkens, das zumindest die Ideologie der Sowjetunion darstellte, eine freie und soziale Gesellschaft entstehen müsse[27], so wandelte sich diese Vorstellung zusehends. Die USA und andere angeblich von der Philosophie des Alten Testaments geprägte Gesellschaften galten ihm nun auf einem Weg zu Verhältnissen, die die Zivilisation in Frage stellten.

Richter behauptete, dass die amerikanische Gesellschaft und die Politiker in den USA selbst aufgeklärtes Denken und demokratische Politik in Frage stellten. Er behauptete, dass in den USA, aber auch in Israel, seit den 1970er Jahren ein Wandel eingetreten sei, bei dem die Trennung von Religion und Staat in Frage gestellt werde.[28] Unter dem Titel „... dass die Macht an sich böse ist" verhandelte Richter 2006, ein Jahr nach dem Austritt aus der SPD, die „Merkmale amerikanischer Macht"[29], die – angeblich auf einem religiösen Erwählungsglauben basierend – auf imperiale Expansion angelegt sei.[30]

Die USA schafften sich, so Richter, eine unwirkliche, „gnostische" Verneinung der Welt, die eine eigene, gespaltene Wirklichkeit von guten und bösen Menschen hervorbringe.[31] Richter beurteilte den Charakter dieser amerikanischen Macht, die nicht nur Menschen und Nationen, sondern auch Natur und Tiere unterwerfe, in einer Folgepublikation als sozialdarwinistisch und rassistisch: Er betrachtete die von den Briten Darwin und Malthus vertretenen Überlegungen zu Natur und Bevölkerung als die konsequente Philosophie imperialistischer Politik liberalkapitalistischer Ordnungen.[32]

---

27 Siehe zum Beispiel Richter, Zweierlei Land, S. 464–466.
28 Erste Passagen, die in diese Richtung deuten, finden sich bereits im Kapitel „Von der aufgeklärten Vernunft zum Fundamentalismus", in: Richter, Wendezeiten, S. 44–54.
29 Siehe das Kapitel „Merkmale amerikanischer Macht", in: Richter, Macht an sich, S. 35–56.
30 Edelbert Richter entnimmt das begriffliche Instrumentarium dieser USA-Analyse ausgerechnet den Betrachtungen des Historikers Jacob Burckhardt (1818–1897). Dessen antisemitische und kulturalistische Argumentation war 2006, als Richter seine Analyse verfasste, längst öffentlich diskutiert: Aram Mattioli, „Odiose Kerle Judenpack", in: Die Zeit, 30.09. 1999, https://www.zeit.de/1999/40/Odiose_Kerle_Judenpack.
31 Richter, Macht an sich, S. 72–74.
32 Vgl. Richter, Epochenumbruch, S. 164–211.

Deutsch-Angelsächsischer Kulturkampf

Nach Richters Beginn seiner Tätigkeit als Philosophie-Dozent 2004 und seinem Austritt aus der SPD 2005 bildeten sich die jetzt nicht mehr nur zivilisationskritischen, die USA als das Grundübel der modernen westlichen Demokratien interpretierenden, sondern auch antisemitischen Züge seiner Schriften unübersehbar aus. Verweise auf Werke von Ralf Dahrendorf[33] oder Mario Rainer Lepsius[34] wird der Leser in Richters Büchern nicht finden. Der Staatsbürger und seine Rechte, das Individuum und seine Befreiung, an dem die Humanwissenschaften seit der Aufklärung interessiert sind, beschäftigen Edelbert Richter nicht. Er wendete sich dem gegen die Aufklärung gerichteten Begriff einer deutschen Kulturnation zu, der die Menschen- und Bürgerrechte nicht als den Kernbestand moderner Gesellschaften betrachtet.[35]

Finden sich zu Beginn seiner Karriere als Politiker und Autor noch deutlich kritische Anmerkungen zur deutschen Romantik und ihrer „Vernunftkritik"[36], behauptet Richter in seinen letzten Publikationen, die Ideen des deutschen Geschichts- und Kultur-Philosophen Johann Gottfried Herder hätten wesentlich zur „Selbstbefreiung der Nationen" sowie zur Entdeckung der „Tiefe und des Reichtums der Volkskulturen"[37] beigetragen.

Ausgangspunkt von Richters Denken ist ein von Gott erschaffenes Universum, das jedoch von Menschen bedroht wird, insbesondere von Calvinisten[38] und Juden[39], die, so Richter, statt einem liebenden einem willkürlich allmächtigen Gott folgten. Ihnen setzt der Autor den von Martin Luther geprägten deutschen Protestantismus entgegen, den er als aufgeklärt bezeichnet und der angeblich den Glauben an einen liebenden Gott befördere. Luthers antisemitisches Programm erwähnt er mit keinem Wort.[40]

Ergänzend zu diesem Krieg der Götter konstruiert Richter das intellektuelle Universum der Welt als einen deutsch-angelsächsischen Kulturkampf, eine Auseinandersetzung zwischen „deutscher Vernunft", die das Ganze des Universums erfasse, und einem „angelsächsischen Verstand", der die zerstörerische Ent-

---

33 Vgl. Ralf Dahrendorf, Gesellschaft und Demokratie in Deutschland, München 1965.
34 Vgl. M. Rainer Lepsius, Demokratie in Deutschland, Göttingen 1993.
35 Siehe dazu M. Rainer Lepsius, Nation und Nationalismus in Deutschland, in: Geschichte und Gesellschaft, Sonderheft 8: Nationalismus in der Welt von heute (1982), S. 12–27.
36 Richter, Erlangte Einheit, S. 218.
37 Richter, Das Eigene, S. 34.
38 Vgl. Richter, Deutsche Vernunft, S. 51–68.
39 Vgl. Richter, Halbwahrheiten, S. 33–138.
40 Vgl. Richter, Deutsche Vernunft, S. 51–68.

wicklung der menschlichen Gesellschaften nicht reflektieren könne, da sein Denken technisch und mechanistisch orientiert sei.[41] Bereits im Titel des 2015 erschienenen Buches *Deutsche Vernunft – Angelsächsischer Verstand* wird diese manichäische, ethnisierende Gegenüberstellung deutlich sichtbar. Richter betrachtet seine eigenen Publikationen und die von ihm verwendeten Begriffe als Teil einer ausdrücklich „deutsche(n) Verstehenskultur"[42], die er einer angeblich lediglich der instrumentellen Vernunft verpflichteten, angelsächsischen Verstandeskultur entgegensetzt.[43]

Richter verbindet diese Weltsicht mit einer historischen Erzählung. In ihr tauchen Preußen, das Kaiserreich, die Weimarer Republik und der Nationalsozialismus sowie die beiden deutschen Staaten nach 1945 meist als Spielball imperialer Interessen von Großbritannien, USA, Russland und der Sowjetunion auf. Erst mit dem Ende des Kalten Krieges ist in Richters Augen die Objektrolle Deutschlands beendet. Erst jetzt können und müssen die Deutschen in den Augen Richters zu einer neuen, eigenen Identität finden.[44]

Richter konstruierte seine Weltsicht ausdrücklich als Gegennarrativ zur angeblich von Deutschlands Kriegsgegnern erhobenen „Kollektivschuldthese"[45]. In sehr vielen seiner Veröffentlichungen kommt er auf Thomas Mann zurück, der im Sommer 1945 über „Deutschland und die Deutschen" gesprochen hatte.[46] Mann hatte in dem Vortrag die Entwicklung der deutschen Gesellschaften seit dem Mittelalter skizziert und gezeigt, dass der Nationalsozialismus keineswegs zufällig entstand, sondern dass es für die Verbrechen viele erklärbare Voraussetzungen gegeben hatte. Als eine dieser Voraussetzungen hatte er den im voraufgeklärten christlichen Räsonieren verhafteten Martin Luther benannt.

So wenig wie Richter Luthers Antisemitismus seziert, so wenig behandelt er in seinen Essays die anderen Elemente der deutschen Antimoderne, die sich bis in unsere Tage fortsetzen. Rassismen, Kolonialismus, Antisemitismus, autoritäre Regime gibt es in Richters Deutschland-Bild kaum. Man könnte sagen, Richter stellt das Sonderwegs-Paradigma und das, was er als Kollektivschuldvorwurf begreift, auf den Kopf. Nicht Preußen, das kaiserliche Deutschland, die christlichen Kirchen und die Weimarer Republik gingen in Richters Augen einen Weg, auf

---

41 Vgl. Richter, Deutsche Vernunft, S. 51–68.
42 Richter, Das Eigene, S. 41.
43 Siehe dazu ausführlich Richter, Deutsche Vernunft, S. 20–22.
44 Richter, Deutsche Vernunft, S. 13.
45 Vgl. Richter, Erlangte Einheit, S. 10.
46 Vgl. Thomas Mann, Deutschland und die Deutschen, in: Hermann Kurzke/Stephan Stachorski (Hrsg.), Thomas Mann. Deutschland und die Deutschen. Essays 1938–1945, Frankfurt 2018, S. 260–281.

dem antimoderne Ideologien und mit ihnen verbundene soziale und politische Bewegungen sowie autoritäre Regime die Herausbildung einer modernen Gesellschaft und einer liberalen Demokratie immer wieder blockierten. Richters Gegennarrativ behauptet, USA, Großbritannien und Juden seien angeblich einen rassistischen, expansionistischen und völkermordenden Weg gegangen, der bis heute die menschliche Zivilisation bedroht.

Gottesmord und Ritualmorde

Seit der Veröffentlichung von *Deutsche Vernunft – Angelsächsischer Verstand* zeigte Richter auch offen, dass er nicht allein „konstruktive Zivilisationskritik" üben wollte.[47] Seither artikulierte er seine Zugehörigkeit zu einer deutsch-christlich-judenfeindlichen Denkströmung. In seinen Texten wurde jetzt zwischen einem angeblich willkürlich-allmächtigen Gott des Alten Testaments und dem angeblich liebenden Gott des Neuen Testaments unterschieden.[48]

Als Theologe schätze er, erklärte Richter, das Alte Testament zwar, gleichwohl sei er jedoch nicht nur „erschüttert" über die vielen den Geboten widersprechenden Taten, die dort geschildert würden, „sondern" auch über „die ausdrückliche Aufforderung dazu an das Volk Israel!"[49]. Gottesmord und Ritualmorde werden in Richters Schriften Juden zwar nicht explizit zugeschrieben. Seine Schriften konstruieren Juden jedoch als Zerstörer jeden Rechtes, finden säkular umformulierte Nachfolge-Belege für die angeblich teuflischen Taten von Juden.[50] Die Vorstellungen und Formulierungen folgen unverstellt Ideen einer christlichen Judenfeindschaft.[51]

Richter behauptet, Juden hätten sich als von Gott „auserwähltes Volk" angesehen und daraus ihre Mission abgeleitet[52], im Kern aber nur eine „Volksreligion" hervorgebracht, die nur das Interesse von Juden im Blick habe. Erst die christliche Religion sei universell orientiert und deshalb als „Weltreligion" zu

---

[47] Vgl. Richter, Zweierlei Land, S. 455–473, hier S. 469.
[48] Vgl. Richter, Halbwahrheiten, S. 33–138.
[49] Vgl. Richter, Halbwahrheiten, S. 33–34.
[50] Zur Entwicklung des christlichen Antisemitismus seit der Antike siehe Hyam Maccoby, Der Antisemitismus und die Moderne, Leipzig 2020, S. 23–54.
[51] Die kruden Behauptungen aus Richters Schrift werden hier kurz referiert, damit nicht behauptet werden kann, ich hätte sie mir nur ausgedacht. Es handelt sich durchweg um antisemitische Stereotype.
[52] Richter, Halbwahrheiten, S. 33.

bezeichnen.⁵³ Eben diese Konstruktion einer nur auf sich selbst bezogenen Menschengruppe, die Gottes Geboten zuwiderhandelte und zentrale Gebote missachte, steht am Beginn antisemitischer Konstruktionen durch frühe christliche Denker und später die christlichen Kirchen.⁵⁴

Nach Richter handle es sich auch bei der Idee des Völkermords um eine jüdische Erfindung, die bereits im Alten Testament verankert sei.⁵⁵ Dieser Völkermord folge der Idee, dass man Menschen, die nicht zu Gottes Volk gehörten, Gott als Opfer darbringen dürfe. Auch der Rassismus sei, so Richter, von Juden verbreitet worden und Teil jüdischer Tradition.⁵⁶ Die jüdische Gemeinschaft habe darüber hinaus eine unbezweifelbare Nähe zum Geld und rechtfertige ausdrücklich einen anderen Umgang von Juden untereinander als mit Fremden. Juden, die Juden Geld schuldeten, sollten die Schulden erlassen werden, Nicht-Juden jedoch nicht.⁵⁷

Das Leben in der Diaspora, nach der Zerstörung des alten Israel, sei für Juden, anders als meist geschildert, sehr angenehm gewesen. Juden seien dadurch von lästigen „Arbeiten befreit" worden. Es sei deshalb vielen Juden nicht schwer gefallen, „alles unter einem höheren, globalen Gesichtspunkt zu sehen, als Besserwisser aufzutreten und damit unter ähnlich privilegierten Intellektuellen"⁵⁸ viel Beifall zu finden.

Die genannten jüdischen Charakterzüge weist Richter auch dem Staat Israel zu, der angeblich heute noch seine militärische Verteidigung gegen Kriege und Krieger, die seine Vernichtung herbeiführen wollen, als heilige Kriege zur Vernichtung seiner Feinde führe – Richter erwähnt 1948 und 1967⁵⁹ – und rassistische Politik betreibe.⁶⁰

Alle diese von Richter Juden zugeschriebenen Charakterzüge lassen ihn nicht ganz unerwartet zu die Behauptung aufstellen, dass Juden selbst für Antisemitismus verantwortlich seien.⁶¹

---

53 Richter, Halbwahrheiten, S. 34.
54 Siehe dazu Maccoby, Antisemitismus, 23–54.
55 Vgl. Richter, Halbwahrheiten, S. 35.
56 Vgl. Richter, Halbwahrheiten, S. 41.
57 Vgl. Richter, Halbwahrheiten, S. 45.
58 Vgl. Richter, Halbwahrheiten, S. 52.
59 Vgl. Richter, Halbwahrheiten, S. 39. Siehe dazu auch den Beitrag von Polina Kiourtidis in diesem Band.
60 Vgl. Richter: Halbwahrheiten , S. 11.
61 Siehe die von Richter zustimmend zitierte Äußerung von Arnold Schönberg von 1933, in der er behauptet, das Judentum habe „bis zu dieser Stunde nicht begriffen, dass der Antisemitismus nicht die Ursache für die Verfolgung der Juden ist, sondern nur die Auswirkung der jüdischen Existenz als ganzer, das Resultat des Glaubens, unserer Auserwählung, die Folge all der Eigen-

Shoah

Die Publikation *Für ein Ende der Halbwahrheiten* verfasste der Autor ausdrücklich deshalb, um ‚herauszufinden', in wie weit die USA das Denken und das Urteilsvermögen der Deutschen prägen, und um sich, weil er nicht „dumm sterben" und noch vor seinem Tod Klarheit darüber verschaffen wolle, „was es mit der Schuld des Volkes, dem ich angehöre" auf sich habe.[62] Dabei will Richter aber über „den Holocaust selbst [...] schweigen", denn das sei, „bezogen auf die Möglichkeiten, die uns die Sprache bietet, das Beste".[63] Sein Buch handelt deshalb nicht von der Shoah, sondern davon, das „Unverzeihliche zu verstehen".[64] Richter richtete seine Darstellung ausdrücklich gegen eine von ihm behauptete Instrumentalisierung des Holocaust durch Israel, die angelsächsische Welt, eine „Holocaustindustrie" und insbesondere die USA.

Auf ungefähr 400 Seiten greift er keine wesentlichen Ergebnisse der Forschung über den deutschen Zivilisationsbruch und die anderen deutschen Verbrechen in den Jahren 1933 bis 1945 auf. Autoren wie zum Beispiel Saul Friedländer[65], Raul Hilberg[66], Jeffrey Herf[67] oder Yehuda Bauer[68] tauchen in seinem Literaturverzeichnis nicht auf. Richter verwendet stattdessen die von ihm zitierten historischen Werke lediglich als Material, um seine Auffassungen über bereits oben referierte „unerfreuliche Seiten" der jüdischen Geschichte[69] darzulegen.

Er erläuterte sein großes Verständnis für die Leiden des deutschen Volkes[70] und seine Bewunderung der nationalsozialistischen Wirtschaftspolitik in den 1930er Jahren.[71] Zudem kritisierte er die Darstellung Hitlers als „willkürlichen

---

schaften, die wir dank unserem Schicksal und unserem Auftrag besitzen, die verständliche Reaktion auf all die Eigenschaften, die überall und immer in Erscheinung treten, wo Juden leben." Zitiert nach: Dieter Borchmeyer, Was ist deutsch?, Berlin 2017. Hier zitiert nach: Richter, Halbwahrheiten, S. 62.
62 Richter, Halbwahrheiten, S. 15.
63 Richter, Halbwahrheiten, S. 96.
64 Richter, Halbwahrheiten, S. 139.
65 Vgl. Saul Friedländer, Das Dritte Reich und die Juden (2 Bde.), München 1998 und 2006.
66 Vgl. Raul Hilberg, Die Vernichtung der europäischen Juden (3 Bde.), Frankfurt 1990.
67 Vgl. Jeffrey Herf, The Jewish Enemy. Nazi propaganda during World War II and the Holocaust, Cambrigde 2008.
68 Vgl. Yehuda Bauer, Rethinking the Holocaust, New Haven/London 2000.
69 Richter, Halbwahrheiten, S. 12.
70 Siehe das Kapitel „Die Wurzeln: Enttäuschungen, Kränkungen, Versagungen", in: Richter, Halbwahrheiten, S. 139–229.
71 Siehe das Kapitel „Bemerkenswertes am Nationalsozialismus", in: Richter, Halbwahrheiten, S. 229–262.

Aggressor"⁷² und legte minutiös eine angebliche Mitverantwortung von Polen, Frankreich, England, Sowjetunion und USA am Zweiten Weltkrieg dar.⁷³ Von einer „Alleinschuld des Dritten Reiches an der ‚Entfesselung' des Zweiten Weltkrieges"⁷⁴ könne deshalb keine Rede sein.

Außerdem behauptete Richter, dass es sich bei den Verbrechen der Deutschen um eine „Nachahmung der angelsächsischen Expansion und des Rassismus"⁷⁵ gehandelt habe. Fast alles was die Nationalsozialisten getan hätten, sei „bei den Briten und Amerikanern zumindest vorgebildet" gewesen. Deshalb hätten sie Hitler als Vorbild gedient, und deswegen stelle sich die Frage, „wer mehr Schuld auf sich geladen hat: diejenigen, die mit dem was wir heute als Menschheitsverbrechen sehen, begonnen haben, oder diejenigen, die sie nachgemacht und auf die Spitze getrieben haben."⁷⁶

Im Zentrum seiner Schrift steht die Behauptung, die Deutschen hätten sich unter Hitler, ganz wie die Juden, als auserwähltes Volk betrachtet, womit ihr „Widerspruch zum Judentum als Volksreligion" unausweichlich gewesen sei.⁷⁷ Damit Richter diese These nicht selbst formulieren musste, lieh er sich eine jüdische Stimme. Magnus Hirschfeld hatte über Juden und Deutsche behauptet: „Beide Völker betrachteten sich als erwählt und auserlesen, und gegen beide haben alle anderen heftige Abneigungen."⁷⁸ Richter selbst formuliert folgenden Satz: „Natürlich sind ‚die Juden' nicht dafür verantwortlich, was ein Teil ihrer Elite und später die Christen aus ihren Texten gemacht haben, aber sie haben auch unter den Folgen ihrer eigenen Tradition leiden müssen."⁷⁹

Richter, der wie dargelegt Völkermord für eine jüdische Idee hält, behauptete, dass die Shoah, die britischen Kolonialverbrechen und der Mord an der indigenen Bevölkerung Amerikas als gleichsetzbare „Menschheitsverbrechen" anzusehen seien und ein jüdisches Vorbild hätten.⁸⁰ Deswegen stelle sich wie bereits zitiert

---

72 Richter, Halbwahrheiten, S. 263.
73 Siehe das Kapitel „Überlegungen zur Schuldfrage", in: Richter, Halbwahrheiten, S. 319–359.
74 Richter, Halbwahrheiten, S. 361.
75 Richter, Halbwahrheiten, S. 361.
76 Richter, Halbwahrheiten, S. 362.
77 Richter, Halbwahrheiten, S. 389.
78 Magnus Hirschfeld, zitiert nach: George M. Frederickson, Rassismus. Ein historischer Abriss, Hamburg 2004, S. 119, hier zitiert nach: Richter, Halbwahrheiten, S. 389.
79 Richter, Halbwahrheiten, S. 403.
80 Siehe dazu das Kapitel „Menschheitsverbrechen", in: Richter Halbwahrheiten, S. 337–375. Richter passt mit dieser Konstruktion in die gegenwärtig laufende Debatte, manchmal als „Historikerstreit 2.0" bezeichnet, in der die Debattenteilnehmer die Singularität des Holocaust mit dem Verweis auf andere „Menschheitsverbrechen" in Frage stellen. Siehe dazu: Dirk A. Moses, Der Katechismus der Deutschen, in: Geschichte der Gegenwart, 23.05.2021, https://geschichtedergeg

die Frage, „wer mehr Schuld auf sich geladen hat: diejenigen, die mit dem was wir heute als Menschheitsverbrechen sehen, begonnen haben, oder diejenigen, die sie nachgemacht und auf die Spitze getrieben haben."[81]

Schuldabwehr und Schuldumkehr

Diese nicht verklausulierte Dämonisierung von Juden und ihrer Traditionen sowie die Gleichsetzung der Shoah mit britischer Kolonialpolitik, dem Krieg der europäischen Einwanderer gegen die indigene Bevölkerung Amerikas und deren Vertreibung und der Sklaverei sind analytisch haltlos. Richter betrachtet die Shoah, britische Kolonialpolitik und die Ermordung der indigenen Bevölkerung Amerikas durch europäische Einwanderer nicht mit den Instrumenten einer aufgeklärten Geschichts- und Sozialwissenschaft. Eine differenzierte Betrachtung von Genoziden, die den singulären Charakter der Shoah längst festgestellt hat, auch eine Differenzierung ihrer unterschiedlichen Motive wie Antisemitismus, Rassismus und viele andere, sind ihm unbekannt. Er hat sich, soweit an seinen Publikationen erkennbar, damit gar nicht auseinandergesetzt.[82]

Dass Richter seine Urteile häufig aus jüdischen Quellen referiert, soll sie in den Augen der Leser glaubwürdiger machen. Auch diese Methode der Verteufelung von Juden ist bereits ein Charakteristikum des frühen christlichen Judenhasses. Ein Jude soll es nach dieser Interpretation der Bibel gewesen sein, der Jesus, Gottes Sohn, an die Römer verriet und damit für seinen Tod verantwortlich war.[83]

---

genwart.ch/der-katechismus-der-deutschen/ (Stand: 09.08.2022). Zu der bislang besten Sammlung der Widersprüche zur Position von Dirk A. Moses siehe: Thierry Chevel, Historikerstreit 2.0 – eine Chronologie, in: Perlentaucher, 20.06.2021, https://www.perlentaucher.de/essay/historikerstreit-2-von-achille-mbembe-zu-a-dirk-moses-eine-chronologie.html (Stand: 09.08.2022).
81 Richter, Halbwahrheiten, S. 362. Dieses Buch Richters ist kaum rezensiert worden. Eine Ausnahme bildet: Peter Brandt, Edelbert Richters „Versuch, das Unverzeihliche zu verstehen", in: ABLIS, Jahrbuch für europäische Prozesse, Jahrgang 2020, https://www.iablis.de/iablis/themen/2020-schach-dem-wissen/rezensionen-2020/603-edelbert-richters-versuch,-das-unverzeihliche-zu-verstehen?fbclid=IwAR1W7wRn4Je42lTHXHitGe068HIN754LEXw6OPVGGjLaLzUaRKnM8iV_Gz8. Peter Brandt ist jedoch nicht in der Lage, das ideologische Narrativ seines langjährigen politischen Freundes Richter zu dekonstruieren.
82 Ich habe die in den Texten formulierten Ressentiments in den vorangegangenen Abschnitten nur deshalb so ausführlich ausgebreitet, damit nicht der Vorwurf erhoben werden kann, die Publikationen des Autors würden unangemessen diskreditiert.
83 Siehe dazu Maccoby, Antisemitismus, S. 23–54.

Der in Richters Schriften auftauchende vormoderne Judenhass wird ergänzt durch eine moderne Variante, den sogenannten Schuldabwehrantisemitismus[84], wobei auch aus dieser Dämonisierung von Juden kein Hehl gemacht wird. Richter erklärt, es gehe ihm darum zu zeigen, dass es falsch sei, dass Deutsche sich als verantwortlich für die nationalsozialistischen Verbrechen betrachteten. Unter der Überschrift „Paradoxien des deutschen Schuldbewußtseins" ist ein ganzes Kapitel seines Buches dieser Hauptbotschaft gewidmet. Dort ist zu erfahren, dass das „Schuldbewußtsein" „den Deutschen" von „den Siegern beigebracht" oder „oktroyiert" worden sei. Dies sei schließlich als „kostensparende Methode der Kontrolle" bekannt.[85] Von dieser Kontrolle müssten sich Deutsche nach Ansicht Richters heute befreien. Der Appell des Buchtitels *Für ein Ende der Halbwahrheiten* weist darauf hin, dass der Autor seinen Text selbst als eine Form der Zurückweisung amerikanischer und jüdischer Macht betrachtet.

Richters Abhandlung weist jedoch nicht nur Annäherungen und Überschneidungen mit christlich-antisemitischen und sekundär-antisemitischen Projektionen auf, in denen es um eine Schuldentlastung von Deutschen und gleichzeitig eine Schuldumkehr, einen Angriff auf Juden geht. Wie bereits in den Abschnitten über den von Richter behaupteten deutsch-angelsächsischen Kulturkampf und den Untergang der liberalen Moderne erwähnt, versteht der Autor die Entwicklung des Sozialdarwinismus als Schlussstein der Entwicklung liberaler Vorstellungen der Welt. Einen solchen Krieg aller gegen alle sieht Richter als die konsequente Projektion kapitalistischer Marktprinzipien auf das Universum, die Natur, den Menschen und die Tiere an. Diese Prinzipien, so glaubt Richter, bedrohten unseren Planeten essenziell. Er betrachtet damit die kapitalistische Moderne und die westlichen Demokratien ganz generell als rassistisch.

Seine Argumentation enthält damit auch Stereotypen, die in postkolonialen Gesellschaften gepflegt werden und Strukturen wie Ideen demokratischer Gesellschaften insgesamt in Frage stellen, diese als eine fortdauernde Existenz einer rassistisch konstruierten Herrschaft weißer Männer deuten und den Staat Israel als eine nach Apartheidprinzipien ausgerichtete Siedlergesellschaft dämonisieren.[86]

---

[84] Siehe dazu ausführlich Lars Rensmann, The Politics of Unreason: The Frankfurt School and the Origins of Modern Antisemitism, New York 2017.
[85] Richter, Halbwahrheiten, S. 354.
[86] Siehe dazu Steffen Klävers, Decolonizing Auschwitz: Komparativ-postkoloniale Ansätze in der Holocaustforschung, Göttingen 2019.

Edelbert Richters Identitätspolitik

Die Elemente des politischen Denkens von Edelbert Richter wurden hier unter dem Blickwinkel einer Identitätspolitik[87] vorgestellt, da Richter selbst auf den Begriff einer „deutschen Identität", „deutschen Traditionen", neuerdings sogar einer „deutsche(n) Vernunft"[88] in vielen seiner Schriften rekurrierte.

Bereits zu Beginn seiner politischen Karriere, als er als Theologe mit den links-grün-christlichen Basisgruppen der DDR verbunden war, veröffentlichte er ein Programm, in dem er niederlegte, warum die Deutschen sich sowohl vom Modell des Sozialismus der Sowjetunion als auch vom Liberalismus der USA lösen müssten. Das erste Kapitel dieser Schrift vom Juni 1989 trug die Überschrift „Deutsche Identität zwischen Ost und West"[89]. In seiner letzten Veröffentlichung, *Das Eigene wagen*, nahm Richter Ideen aus seiner Samisdat-Publikation wieder auf. Er formulierte das Programm einer „Besinnung auf deutsche Traditionen"[90], die er dem „Kreuzzugsdenken" und den „Weltherrschaftsplänen" insbesondere der USA und Israels entgegensetzte.[91] Richters ausformulierte Identitätspolitik passt, das soll in den letzten Abschnitten kurz skizziert werden, zu den Ambitionen der Neuen Rechten.[92]

Demokratische Reformen und „Neue Rechte"

Mit der Vereinigung der beiden nachnationalsozialistischen Gesellschaften demokratisierte und zivilisierte sich die deutsche Gesellschaft: Die (1) parlamentarische Demokratie hielt Einzug in der DDR. Eine Verfassung, Gewaltenteilung, eine freie Presse und andere Basisinstitutionen einer offenen demokratischen Gesellschaft wurden in die fünf neuen Bundesländer übertragen. Mit der Verabschiedung eines (2) neuen Staatsbürgerrechts begann die vereinigte Bundesrepublik sich sogar als mittlerweile längst gewachsene Einwanderungsgesellschaft anzuerkennen. Kurz vor der Beendigung dieses Aufsatzes hat die Bundesrepublik sogar den (3) Völkermord an den Herero und Nama 1904–1908 eingestanden,

---

[87] Zu Identitätspolitik siehe Thomas Meyer, Identitätspolitik. Vom Missbrauch kultureller Unterschiede, Frankfurt am Main 2002.
[88] Richter, Deutsche Vernunft, 2015.
[89] Richter, Zweierlei Land, S. 455.
[90] Richter, Das Eigene, 2020.
[91] Zum „Kreuzzugsdenken" und den „Weltherrschaftsplänen" siehe das Inhaltsverzeichnis von Richter, Das Eigene, S. 5.
[92] Siehe dazu Samuel Salzborn, Angriff der Antidemokraten, Weinheim 2017.

Reparationen dafür jedoch verweigert. Die Bundeskanzlerin Angela Merkel hat sich (4) ausdrücklich dazu bekannt, dass die Sicherheit Israels und damit auch die Sicherheit der in der Bundesrepublik Deutschland lebenden Juden zu ihrer Staatsraison gehören.

Zwar wurde der auf der Potsdamer Konferenz 1945 noch anvisierte große Friedensvertrag von Deutschland mit seinen Kriegsgegnern und Opfern 1989/90 nicht geschlossen. Dadurch sind viele Opfer der nationalsozialistischen Politik nie anerkannt oder entschädigt worden. Dennoch haben viele (5) Gesellschaften, deren Bevölkerungen von den deutschen Besatzern terrorisiert, ausgeplündert und ermordet wurden, mittels sogenannter „Globalabkommen" der Bundesrepublik zumindest symbolische Entschädigungen erhalten. Die letzte Volkskammer der DDR hat (6) am 12. April 1990 die von der DDR vorher niemals getätigte Entschuldigung für die Shoah nachgeholt und die Verantwortung für diese Verbrechen anerkannt. Außerdem hat mit der Vereinigung der beiden deutschen Staaten (7) der Prozess der europäischen Einigung wesentlich Fahrt aufgenommen. Dieser Prozess weist noch große Mängel auf. Aber eine aus dem europäischen Verbund herausgelöste Politik der Bundesrepublik Deutschland gegen seine Nachbarn ist undenkbar geworden. Darüber hinaus ist die vereinigte Bundesrepublik Mitglied in der (8) NATO. Sie beginnt sogar, Schritt für Schritt, Aufgaben zu übernehmen, die sich den in dem Verteidigungsbündnis zusammengeschlossenen Gesellschaften zur Sicherung der Demokratie weltweit stellen.

Alle diese Demokratisierungs- und Zivilisierungsschritte gehen der Neuen Rechten, aber auch großen Teilen der deutschen Gesellschaft, viel zu weit. In den großen Kampagnen gegen das deutsche Asylrecht unmittelbar nach der Vereinigung der beiden deutschen Staaten sowie den politischen Mobilisierungen gegen eine Willkommenskultur für Bürgerkriegsflüchtlinge aus Syrien 2015 suchte die Neue Rechte diese Fortschritte zurückzudrehen. Mit der Reform, fast Abschaffung, des Asylrechts ist dies an einer Stelle sogar gelungen. Inzwischen hat sich eine politische Partei im Bundesparlament der Republik etabliert, deren Funktionsträger von neurechten Aktivisten gebildet und beraten werden.

Neben der Etablierung der AfD hat sich seit der Vereinigung ein rechtsextremer Terrorismus herausgebildet, dem bisher bereits über 200 Menschen – Juden, Migranten, Linke, Obdachlose, Homosexuelle u.a. – zum Opfer gefallen sind. Mit dieser terroristischen „Propaganda der Tat" wird ein Vertreibungs- und Einschüchterungsterror betrieben. Parallel dazu wird mit verbaler Propaganda, Medien, Verlagen und mit der von der AfD aufgebauten politischen Stiftung auf Selbstverharmlosung hingearbeitet.[93] Man versucht völkische, ethnopluralisti-

---

93 Vgl. Samira El Ouassil, Die AfD will harmlos wirken. Die Medien müssen ihre Strategie sa-

sche, antisemitische und antiamerikanische Positionen als gewöhnliche Positionen im demokratischen Diskurs zu etablieren. Dabei sind natürlich Bündnispartner aus allen gesellschaftlichen Gruppen und Milieus interessant. Edelbert Richters Verbindungen reichten in die SPD, „Die Linke", die evangelische Kirche und in die Friedens- und Umweltbewegung der untergegangenen DDR.

Netzwerke

Eine Biographie Edelbert Richters ist bis heute noch nicht geschrieben. Aber schon heute ist erkennbar, dass er seine Ideen einer deutsch-christlichen Identitätspolitik im Austausch nicht nur mit verschiedenen Dissidenten in der DDR, sondern auch mit Autoren der alten Bundesrepublik entwickelt hat.[94] Der von ihm selbst benannte existenzielle Ausgangspunkt aus den 1980er Jahren, die Furcht und Imagination einer „Wiedervereinigung im Massengrab"[95], die Gründung eines deutschlandpolitischen Arbeitskreises in der DDR und die damit verbundenen politischen Freundschaften mit national orientierten Autoren in der alten und vereinigten Bundesrepublik – wie zum Beispiel Peter Brandt, Herbert Ammon, Rolf Stolz und Alfred Mechtersheimer[96] – und, wie er selbst formuliert, der „Ekel"[97] und der „Widerwillen"[98], den er von Anfang an in seiner politischen Arbeit in den Parteien wie in den Parlamenten empfand, hat Richter Positionen formulieren lassen, die der Neuen Rechten, der Manuscriptum Verlagsbuchhandlung und anderen sehr gut ins Konzept passen.

Im Rückblick auf die Jahre 1990 bis 2005, in denen Richter in der SPD auf nationaler und europäischer Ebene als Abgeordneter in Parlamenten tätig war, ist besonders erstaunlich, dass in keinem seiner Bücher, in keinem seiner Vorschläge zu einer Änderung linker Politik, auch nur ein Hinweis auf die Explosion rassistischer und antisemitischer Gewalt in der sich vereinigenden Bundesrepublik

---

botieren, in: Übermedien, 30.09.2019, https://uebermedien.de/41948/die-afd-will-harmlos-wirken-die-medien-muessen-ihre-strategie-sabotieren/ (Stand: 09.08.2022).
94 Vgl. Herbert Ammon, Schmerz der Erinnerung, 2013, in: globkult, Annus mirabilis 1989: Zur Vor- und Nachgeschichte einer Begegnung, 11.06.2013, https://www.globkult.de/geschichte/personen/875-annus-mirabilis-1989-zur-vor-und-nachgeschichte-einer-begegnung (Stand: 09.08.2022). Siehe auch: Dietrich, Für Edelbert Richter.
95 Richter, Deutsche Vernunft, S. 11.
96 Ammon, Schmerz der Erinnerung, in: globkult, Annus mirabilis 1989: Zur Vor- und Nachgeschichte einer Begegnung, 11.06.2013, https://www.globkult.de/geschichte/personen/875-annus-mirabilis-1989-zur-vor-und-nachgeschichte-einer-begegnung.
97 Richter, Erlangte Einheit, S. 9.
98 Richter, Erlangte Einheit, S. 9.

Deutschland zu finden ist.⁹⁹ Das ändert sich auch nicht mit Richters Wechsel in die Partei „Die Linke". Aber, wie dargestellt, in dieser Zeit als Politiker und danach als Philosophiedozent radikalisieren sich Richters deutsches Identitätsverlangen und die Rassismus-Vorwürfe an Juden, USA, Großbritannien und Israel.

Richters romantische Auffassung von der deutschen Nation passt (1) denjenigen, die das neue Staatsbürgerrecht wieder abschaffen wollen. Seine christlich grundierten und schuldabwehrenden antisemitischen Stereotype passen (2) denjenigen, die Demokratie abschaffen wollen und ein Zusammenleben mit Juden generell als unangenehm betrachten. Seine Feindschaft den USA und Israel gegenüber passt (3) denjenigen, die die Zukunft eines demokratischen Europas nicht an der Seite Israels und der anderen liberalen Demokratien auf diesem Planeten erkennen. Sie passt (4) auch denjenigen, die es nicht als die Aufgabe deutscher Politik betrachten, die europäische Integration fortzusetzen und ihre demokratischen Ordnungen zu befestigen und zu erweitern. Sein verschwörerischer Duktus von einem zu Herrschaftszwecken angeblich oktroyierten Schuldbewusstsein der deutschen Gesellschaft passt (5) denjenigen, die alle nach 1945 mühsam erreichten zivilisatorischen Fortschritte in der Erinnerungskultur zerstören wollen. Seine Abwehr der von den kritischen Sozial- und Politikwissenschaften erarbeiteten Erkenntnisse über Geschichte, Strukturen und Ideen der deutschen Gesellschaft passt (6) denen gut ins Konzept, die kontroverse politische Debatten in weltanschauliche Identitäts- und Kulturkriege zu verwandeln suchen.

Richters deutsch-christliche Identitätspolitik richtet sich gegen die vielen mühsam errungenen demokratischen Reformprozesse der deutschen Gesellschaft, die nach der nur widerwillig ertragenen Befreiung durch die Alliierten in den zwei deutschen Nachfolgegesellschaften des Nationalsozialismus eingesetzt haben. Diese Veränderungen basieren wesentlich auf der Selbstanerkennung der deutschen Gesellschaft als einer nachnationalsozialistischen Gesellschaft und ihrer Selbstanerkennung als Einwanderungsgesellschaft. Richter deutet diese demokratischen und zivilisatorischen Reformen als Resultate eines Kolonialisierungsprozesses, der den Deutschen von den USA, Großbritannien und Juden zum Zweck der Unterwerfung oktroyiert wurde.

Offen rassistische Positionen sind in Richters Schriften nicht erkennbar, antisemitische Konstruktionen dagegen sehr deutlich. Aber in seinen Publikationen findet sich, durch ihre Öffnung zu einer vorrationalen „Verstehenskultur" und einer ausdrücklichen Ethnisierung von Denkkategorien („deutsche Vernunft") – in denen nicht der Autor und seine Argumente zählen, sondern seine Herkunft –,

---

99 Siehe dazu die Chroniken der Gewalt, die von der Amadeu Antonio Stiftung erarbeitet werden: https://www.amadeu-antonio-stiftung.de/chroniken/ (Stand: 09.08.2021).

durch ihre Ablehnung nicht nur jüdischer, sondern auch amerikanischer und britischer Kultur und durch ihre Bejahung eines voraufgeklärten, romantischen Nationenbegriffs, große Nähe zu ethnopluralistischen Konzepten, die eine modernisierte Variante nationalsozialistisch-rassistischer Denkkonstruktionen bilden.[100]

Literatur

Bauer, Yehuda. Rethinking the Holocaust, New Haven/London 2000.
Dahrendorf, Ralf. Gesellschaft und Demokratie in Deutschland, München 1965.
Dietrich, Christian (Hrsg.). Für Edelbert Richter anlässlich des 70. Geburts- und Taufjubiläums, Weimar 2013.
Diner, Dan. Aufklärungen. Wege in die Moderne, Leipzig 2017.
Fischer, Michael. Horst Mahler. Biographische Studie zu Antisemitismus, Antiamerikanismus und Versuchen deutscher Schuldabwehr, Karlsruhe 2015.
Friedländer, Saul. Das Dritte Reich und die Juden (2 Bde.), München 1998 und 2006.
Fuchs, Christian/Paul Middelhoff. Das Netzwerk der Neuen Rechten. Wer sie lenkt, wer sie finanziert und wie sie die Gesellschaft verändern, Reinbek 2019.
Herf, Jeffrey. The Jewish Enemy. Nazi propaganda during World War II and the Holocaust, Cambridge 2008.
Herzinger, Richard/Hannes Stein. Endzeit-Propheten oder Die Offensive der Antiwestler, Reinbek 1995.
Hilberg, Raul. Die Vernichtung der europäischen Juden (3 Bde.), Frankfurt 1990.
Jander, Martin. Horst Mahler, in: Wolfgang Kraushaar (Hrsg.), Die RAF und der linke Terrorismus, Bd. 1, Hamburg 2006, S. 372–398.
Jander, Martin/Rainer Maischein. Renationalisierung gegen Demokratie. Anmerkungen zu einer Rede Bernd Rabehls und ihrem Kontext, in: express 2 (1999), S. 5–6, https://archiv.labournet.de/diskussion/rechten/zurabehl.htm.
Klävers, Steffen. Decolonizing Auschwitz: Komparativ-postkoloniale Ansätze in der Holocaustforschung, Göttingen 2019.
Lepsius, M. Rainer. Nation und Nationalismus in Deutschland, in: Geschichte und Gesellschaft, Sonderheft 8: Nationalismus in der Welt von heute (1982), S. 12–27.
Lepsius, M. Rainer. Demokratie in Deutschland. Göttingen 1993.
Maccoby, Hyam. Antisemitismus und Moderne, Leipzig 2020.
Mann, Thomas. Deutschland und die Deutschen, in: Hermann Kurzke/Stephan Stachorski (Hrsg.), Thomas Mann. Deutschland und die Deutschen. Essays 1938–1945, Frankfurt 2018, S. 260–281.
Meyer, Thomas. Identitätspolitik. Vom Missbrauch kultureller Unterschiede, Frankfurt am Main 2002.

---

[100] Zu Konzepten des Ethnopluralismus siehe: Mark Terkessidis, Kulturkampf. Volk, Nation, der Westen und die Neue Rechte, Köln 1995.

Mittag, Jürgen/Diana Wendland. Zwischen Individuum und Typus: Die deutschen sozial-demokratischen Abgeordneten des Europäischen Parlaments (1952 – 2011) in kollektivbiografischer Perspektive, in: Mitteilungsblatt des Instituts für soziale Bewegungen. Biografische Ansätze zur Geschichte der Arbeiterbewegung im 20. Jahrhundert 45 (2011), S. 205 – 246.

Neubert, Ehrhart. Geschichte der Opposition in der DDR 1949 – 1989, Bonn 1997.

Neubert, Ehrhart. Edelbert Richter, in: Ilko-Sascha Kowalczuk/Tom Sello (Hrsg.), Für ein freies Land mit freien Menschen. Opposition und Widerstand in Biographien und Fotos, Berlin 2006, S. 221 – 223.

Rensmann, Lars. The Politics of Unreason: The Frankfurt School and the Origins of Modern Antisemitism, New York 2017.

Richter, Edelbert. Zweierlei Land – Eine Lektion. Konsequenzen aus der deutschen Misere, Berlin 1989.

Richter, Edelbert. Erlangte Einheit – Verfehlte Identität. Auf der Suche nach den Grundlagen für eine neue deutsche Politik, Berlin 1991.

Richter, Edelbert. Christentum und Demokratie in Deutschland. Beiträge zur geistigen Vorbereitung der Wende in der DDR, Leipzig 1991.

Richter, Edelbert. Wendezeiten. Das Ende der konservativen Ära, Köln 1994.

Richter, Edelbert. Aus ostdeutscher Sicht. Wider den neoliberalen Zeitgeist, Köln 1998.

Richter, Edelbert. Eine zweite Chance? Die SPD unter dem Druck der „Globalisierung", Hamburg 2002.

Richter, Edelbert. „Reform" als Restauration und hegemoniale Nostalgie, Hamburg 2005.

Richter, Edelbert. „… dass die Macht an sich böse ist". Eine Aktualisierung von Jacob Burckhardt, Hamburg 2006.

Richter, Edelbert. Die Linke im Epochenumbruch. Eine historische Ortsbestimmung, Hamburg 2009.

Richter, Edelbert. Deutsche Vernunft – Angelsächsischer Verstand. Intime Beziehungen zwischen Geistes- und Politikgeschichte, Berlin 2015.

Richter, Edelbert. Für ein Ende der Halbwahrheiten. Korrekturen an unserem Bild von Judentum und Nationalsozialismus, Lüdinghausen 2018.

Richter, Edelbert. Das Eigene wagen. Besinnung auf deutsche Traditionen in Politik, Kultur und Wirtschaft, Bucha 2020.

Salzborn, Samuel. Angriff der Antidemokraten, Weinheim 2017.

Terkessidis, Mark. Kulturkampf. Volk, Nation, der Westen und die Neue Rechte, Köln 1995.

Wolfschlag, Claus M. (Hrsg.). Bye-bye '68. Renegaten der Linken, APO-Abweichler und allerlei Querdenker berichten, Stuttgart 1998.

Ansgar Martins
Rassismus, Reinkarnation und die Kulturstufenlehre der Waldorfpädagogik
Anthroposophische Rassenkunde auf dem Weg ins 21. Jahrhundert

In der deutschen Geschichte sind Legierungen von Esoterik und Rechtsradikalismus keine Seltenheit.[1] Die breitenwirksame esoterische Religionsgemeinschaft Anthroposophie gehört nicht zu dieser Tradition. Die „Weltanschauung" Rudolf Steiners (1861–1925)[2] richtete sich vielmehr mit einem individualistischen Menschenbild aus dem Geist Goethes und der kosmopolitischen englischen Theosophie an ein bürgerlich-liberales Publikum. Grundbedingung des beispiellosen weltweiten Erfolgs von Waldorfpädagogik, Weleda-Arznei, biodynamischer Landwirtschaft usw. war diese breite politische Anschlussfähigkeit und praktische Liberalität. Anthroposophie-Kritik derweil beschränkt sich allzu oft darauf, einem Publikum, das damit schon vorher einig war, zu beweisen, Steiners Esoterik sei absurd und anachronistisch – statt zu zeigen, wie ausgezeichnet sie damit in die Gesellschaft passt, in der sie Erfolg hat. Es ist schlicht unnötig, Steiners okkultistischen Wissenschaftsanspruch zu widerlegen, denn die anthroposophische Binnendiskussion mit ihren staatlich akkreditierten Privatuniversitäten, *peer reviewed*-Zeitschriften und Buchreihen, Stiftungen und Instituten liefert tatsächlich eine verblüffende Imitation akademischer Diskurse und ist in letzteren längst angekommen. Anthroposophie hat ihre Kritiker überholt; sie ist kein Randphänomen, sondern eine gut situierte Intellektuellenreligion, kein quasi-subalterner Fall von *Rejected Knowledge*,[3] sondern hochkulturell verankert. Selbst unter Bedingungen des identitätspolitischen Gesinnungs-Antirassismus unserer Tage findet das bildungsbürgerliche Publikum hier nicht viel auszusetzen.

Und genau diese komfortable Situation macht es möglich, dass Anthroposophie bis heute eine ganz erstaunliche Auswahl von rassischen und Völker-

---

1 Der englische Spiritismus oder französische Okkultismus hatten dagegen deutlich mehr demokratische und sozialistische Vorlieben, vgl. exemplarisch Julian Strube, Sozialismus, Katholizismus und Okkultismus im Frankreich des 19. Jahrhunderts, Berlin 2016.
2 Vgl. zur Einführung Heiner Ullrich, Rudolf Steiner, München 2011 und Helmut Zander, Die Anthroposophie, Paderborn 2019; zur Biographie Steiners Helmut Zander, Rudolf Steiner, München 2011.
3 Vgl. Wouter Hanegraaff, Esotericism and the Academy. Rejected Knowledge in Western Culture, Cambridge 2012.

Stereotypen tradiert, die in ihrer Gründerzeit anscheinend kaum als skandalös auffielen, aber heute den politischen Status des Ganzen verändern. Steiners nationalistische, antijüdische und rassistische Vorstellungen notierten um 1920 nicht einmal linke Kritiker wie Ernst Bloch oder Siegfried Kracauer, aber sie sickern zum Beispiel auch noch in die jüngere Waldorf-Literatur ein und führen seit den 1990er Jahren periodisch zu erbitterten wissenschaftlichen, journalistischen und juristischen Auseinandersetzungen. Die Argumente sind seit Jahrzehnten ausgetauscht, das Andauern der Debatte gleicht einem sich wahnsinnig weiterdrehenden Hamsterrad. Anthroposophen reagieren dabei stets reaktiv auf externe Kritik. Dass Steiner sich von den wilden Rassisten des 19. Jahrhunderts distanzierte, wird manchen seiner heutigen Anhänger zur Ausrede, um seinen eigenen, spirituell-paternalistischen Rassismus in der Gegenwart schönzureden.[4] Einer überschaubaren Anzahl kritischer Aufsätze[5] stehen monographische Hetzschriften gegenüber, die Kritiker des „gezielten, vorsätzlich unternommenen Rufmords"[6] bezichtigen. Derweil sprechen sich die anthroposophischen Dachverbände, wenn die Kritik allzu laut wird, in formelhaften Allgemeinplätzen gegen Rassismus aus und gestehen vage ‚zeitbedingte' Formulierungen Steiners zu.[7] Überhaupt dreht sich die Diskussion zu oft um Steiner. Es sind jüngere Beiträge, die seine Stereotype in die Gegenwart transportieren.

Wer sich mit der Geschichte von Rassismus in Deutschland befasst, findet in der Anthroposophie – wie in einer Zeitkapsel – unterschiedliche Stadien konserviert: Einfältige Rassentypologien aus dem 18. Jahrhundert sind hier ebenso gegenwärtig wie morphologische Evolutionsmetaphysik aus dem 19. Jahrhundert, zum Teil aufbereitet für Schulunterricht im 20. und 21. Jahrhundert. Deswegen gehe ich hier zunächst nochmals auf die ambivalenten Ansichten Steiners ein, danach gebe ich mit Robert Rose ein Beispiel für deren Verteidigung in der Gegenwart wieder, anschließend wende ich mich anhand von rassenkundlichen und völkerpsychologischen Waldorf-Schriften der Praxisrelevanz des Ganzen zu.

---

[4] Der Klassiker ist Hans-Jürgen Bader/Lorenzo Ravagli, Rassenideale sind der Niedergang der Menschheit, Stuttgart 2002.
[5] Zuletzt Ulrich Kaiser, Vom Festschreiben zum Aktualisieren, in: Die Drei 91/2 (2021), S. 43–55.
[6] Peter Selg, Rudolf Steiner, die Anthroposophie und der Rassismus-Vorwurf, Arlesheim 2020, S. 22.
[7] Vgl. etwa die 2020 nach einer Welle kritischer Presseartikel eingerichtete Webseite https://www.anthroposophie-gegen-rassismus.de/ (Stand: 25.07.2022).

Quellen: Zur widersprüchlichen Logik von Nationalismus, Antisemitismus und Rassismus bei Rudolf Steiner

Rudolf Steiners Ressentiments lassen sich auch heute noch so gut vermitteln, weil er sie stets mit liebevollen Relativierungen und in weltbürgerlicher Absicht vorträgt. Er wird zunächst nicht müde, uns zu versichern, es sei unstatthaft, Menschen auf Gruppen zu reduzieren: „Von diesem Gattungsmäßigen macht sich aber der Mensch frei. [...] Wer die Menschen nach Gattungscharaktern beurteilt, der kommt eben gerade bis zu der Grenze, über welcher sie anfangen, Wesen zu sein, deren Bestätigung auf freier Selbstbestimmung beruht."[8] Sein eigener Nationalismus beginnt damit, dass er freie Selbstbestimmung und Individualismus kurzerhand zu deutschen Eigenschaften erklärt. Im Zweifelsfall sind alle anderen – materialistische Engländer, klügelnde Franzosen oder empfindungstiefe Slawen – national befangen, aber der wahre deutsche Geist repräsentiert „das allgemein Menschliche" (Goethe). Dieser naive spiritualistische Nationalismus prägt die Anthroposophie viel tiefer als der Rassismus: Steiner formulierte ihn bereits in seiner Wiener Studentenzeit, lange vor seiner Rassentheorie,[9] und kehrte in der Zeit des Ersten Weltkriegs demonstrativ dazu zurück.[10] Er bestritt jede Mitverantwortung Deutschlands für den Krieg und eignete sich Friedrich Naumanns „Mitteleuropa"-Konzept an, wonach die weltumspannende „Mission" des „Deutschtums" darin bestehe, Ost, West und alle anderen Völker zu harmonisieren. „Wir wissen als Anthroposophen: Im deutschen Geiste ruht Europas Ich. – Das ist eine objektive okkulte Tatsache."[11] „Darin besteht das konkret Nationale deutschen Wesens, daß es durch das Nationale über die Nation hinausgetrieben wird in das allgemeine Menschentum hinein."[12] Wie mit dem Deutschnationalismus kam Steiner auch mit Antisemitismus bereits in seiner Kindheit in der Habsburgermonarchie in Berührung. Schon der Dorfpfarrer habe gewarnt: „Geliebte Christen, merket wer ein Feind dieser Wahrheit ist, zum Beispiel ein Freimaurer und ein Jude", und Steiner gefiel „die Tatkraft, mit der dies gesprochen

---

8 Rudolf Steiner, Die Philosophie der Freiheit. Grundzüge einer modernen Weltanschauung, Berlin 1894, S. 225–226.
9 Vgl. Ansgar Martins, Rassismus und Geschichtsmetaphysik, Frankfurt a. M. 2012, S. 23–27.
10 Vgl. Zander, Rudolf Steiner, S. 65–76 und S. 329–350.
11 Rudolf Steiner, Die geistigen Hintergründe des Weltkrieges, Gesamtausgabe, Bd. 174b, Dornach 1974, S. 19.
12 Rudolf Steiner, Mitteleuropa zwischen Ost und West, Gesamtausgabe, Bd. 174a, Dornach 1982, S. 72.

wurde, [...] ganz besonders."¹³ Nichtsdestotrotz arbeitete er später als Hauslehrer bei einer jüdischen Familie und publizierte um die Jahrhundertwende für den Verein zur Abwehr des Antisemitismus: „Der Antisemitismus ist ein Hohn auf allen Glauben an die Ideen. Er spricht vor allem der Idee Hohn, daß die Menschheit höher steht als jede einzelne Form (Stamm, Rasse, Volk), in der sich die Menschheit auslebt."¹⁴ Damit sprach Steiner sich gegen ein damaliges Verständnis von Antisemitismus aus, wonach Juden als unfähig zur Emanzipation galten. Er vertrat aber zugleich einen assimilatorischen Antisemitismus, wonach Juden gefälligst alle real und vermeintlich jüdischen Eigenschaften ablegen müssten, um in der „Menschheit" anzukommen.¹⁵

In seiner esoterischen Phase ab 1902 webte Steiner diese Überzeugungen in eine kosmische Evolutionserzählung ein: In grauer Vorzeit seien die noch unmündigen Menschen von höheren Wesen in Rassen und Völker eingeteilt worden, Kinderstuben der Menschheit sozusagen. Verantwortlich dafür war das „Jehovaprinzip",¹⁶ das durch Blut und Verwandtschaft wirkte, um die Menschen an die Erde zu binden. Erst die Auferstehung Christi habe dieses blutsgesteuerte Kollektivbewusstsein durch ein selbstbewusstes Ich transzendiert und eine neue Ära der Geschichte eingeleitet. So nahm Steiner das alte Vorurteil vom Judentum als partikularer Vorstufe christlicher Universalität auf. „Der ursemitischen Kultur verdanken wir alles, was bis jetzt war", aber nun beginne die neue Ära der Vergeistigung und „das Alte" nehme „den Charakter der Kritik, der Zersetzung" an,¹⁷ wie an den ‚semitischen' Denkern Lassalle und Marx zu sehen sei. Im Ersten Weltkrieg verschärfte sich nicht nur Steiners Nationalismus, sondern auch sein Antisemitismus. Den Blutrausch der kriegführenden Nationen deutete er einerseits als Rückfall ins „Jehovaprinzip", andererseits führte er die Existenz einer okkulten Verschwörung ein, die hinter „Angloamerika" stecke. Die Motivation der „wahren Führer der angelsächsischen Rasse", hinter den „Strohmänner[n]" der äußeren Politik, könne mit den „inneren Impulsen" des „alt-jüdische[n] Volk[s]" verglichen werden.¹⁸

Erst unter Voraussetzung seines idealistischen Nationalismus und antimaterialistischen Antisemitismus wird verständlich, was Steiner sich unter „Rasse"

---

[13] Rudolf Steiner, Mein Lebensgang, Gesamtausgabe, Bd. 28, Dornach 2000, S. 26.
[14] Rudolf Steiner, Verschämter Antisemitismus, in: Rudolf Steiner, Gesammelte Aufsätze, Gesamtausgabe, Bd. 31, Dornach 1989, S. 398–414, hier S. 413.
[15] Vgl. Martins, Rassismus, S. 34–36.
[16] Rudolf Steiner, Welt, Erde und Mensch, Gesamtausgabe, Bd. 105, Dornach 1983, S. 105.
[17] Rudolf Steiner, Grundelemente der Esoterik, Gesamtausgabe, Bd. 93a, Dornach 1987, S. 248–250.
[18] Steiner, Die geistigen Hintergründe, S. 358.

vorstellt und warum er diesem Begriff ambivalent gegenübersteht: Im Unterschied zum geistigen „Deutschtum" sind ihm „Rassen" biologische Kollektive, die aus der Urzeit und von „Jehova" stammen, didaktische Stufen in der Erziehung des Menschengeschlechts. Die Einzelnen partizipieren an dieser Entwicklung via Reinkarnation und Karma, womit Steiner Fabre d'Olivets und Helena Blavatskys theosophische Theorie der „Wurzelrassen" („root races") übernimmt.[19] Das Grundprinzip der „Wurzelrassen"-Lehre besteht in der Annahme, dass – und zwar in siebenfältigen Strukturen – immer neue Rassen und Völker immer neue Potenziale des Menschen zur Entwicklung bringen, wobei die vormaligen Akteure nach und nach aussterben und die Individuen in neuen, höher entwickelten Körper- und Kulturformen wiedergeboren werden. Dass durch die Einteilung der Menschheit in künftige und aussterbende Rassen allerlei Abwertungen entstehen, hat Steiner selbst gespürt:

> Sie können nun leicht fragen: Ist das nicht ein ungeheuer harter Gedanke, daß ganze Völkermassen unreif werden und nicht die Fähigkeiten entwickeln, sich zu entfalten, daß nur eine kleine Gruppe fähig wird, den Keim zur nächsten Kultur abzugeben? Aber dieser Gedanke wird für Sie nicht mehr etwas Beängstigendes haben, wenn Sie unterscheiden zwischen Rassenentwickelung und Seelenentwickelung. Denn keine Seele ist dazu verdammt, innerhalb irgendeiner Rasse zu bleiben. Die Rasse kann zurückbleiben, eine Völkergemeinschaft kann zurückbleiben, die Seelen aber schreiten über die einzelnen Rassen hinaus.[20]

Als Beispiel für das „Zurückbleiben" in einer „Rasse" nennt Steiner den berühmten Mythos des ewigen Juden „Ahasver", der Christus auf dem Kreuzweg von sich wies und deshalb ruhelos umherwandern – bzw. eben immer wieder in derselben „Rasse" inkarnieren – muss, ohne sich weiterzuentwickeln.[21] Das Judentum repräsentiert insofern das Prinzip des Rassischen überhaupt, die Schwere der Materie, von der sich die Seele lösen soll, um den geistigen Christus zu finden und in die post-materielle Zukunft der Gattung voranzuschreiten. Auf dieser Basis interpretierten viele Anthroposophen die Blutmythologie der Völkischen oder den Nationalsozialismus als jüdisch.[22] Hitler habe sich in Ost und West bedient, „[v]or allem hat er die Lehre vom Blut, welche die Juden hatten, sich zu eigen gemacht.

---

19 Vgl. Martins, Rassismus, S. 37–69; Helmut Zander, Anthroposophie in Deutschland, Göttingen 2007, Bd. 1, S. 624–637.
20 Rudolf Steiner, Die Apokalypse des Johannes, Gesamtausgabe, Bd. 104, Dornach 1985, S. 89.
21 Vgl. Steiner, Die Apokalypse, S. 91.
22 Vgl. Jan-Erik Ebbestad Hansen, The Jews – Teachers of the Nazis? Antisemitism in Norwegian Anthroposophy, in: Nordeuropaforum 2015, S. 161–216.

Nur das Deutsche hat er nicht".[23] An der Anthroposophie lässt sich lehrbuchhaft studieren, dass Rassismus und Antisemitismus keine strukturhomologen, sondern komplementäre Phänomene sind.

Nach und nach wandelte Steiner den theosophischen Staffellauf der Rassen in diesem Sinne in eine Kulturstufentheorie um: Kulturen und Völker seien seelische Entitäten und damit Größen der Gegenwart, „Rassen" dagegen materielle Überbleibsel vergangener Evolutionsetappen, die sich auf dem mythischen Kontinent Atlantis abspielten. Die durch „Kulturepochen" statt theosophische „Unterrassen" geprägte gegenwärtige Periode heißt dementsprechend „nach-atlantische", zuweilen aber auch „arische" im Sinne der „Indogermanen"-Hypothese. Sie umfasst sieben „Kulturepochen" zwischen Indien und Europa, die in der Literatur manchmal mit genauen Jahreszahlen versehen sind, während Steiner sie eher im Vorübergehen ansprach:[24]

1. Urindische Kultur 7227–5067 v. Chr.
2. Urpersische Kultur 5057–2907 v. Chr.
3. Babylonisch-chaldäisch-ägyptische Kultur 2907–747 v. Chr.
4. Griechisch-lateinische Kultur 747 v. Chr.–1413 n. Chr.
5. Angelsächsisch-germanische Kultur 1413–3573 n. Chr.
6. Zukünftige (gelegentlich: slawische) Kultur 3573–5733 n. Chr.
7. weitere zukünftige (gelegentlich: amerikanische) Kultur 5733–7893 n. Chr.

Diese Kulturstufengeschichte verläuft eurozentrisch. Die Rassismus-Diskussionen drehen sich dagegen meist um die Exkurse, die Steiner außereuropäischen Verhältnissen widmet. Zu seinen Bemühungen, die eigene Esoterik von Blavatskys Theosophie abzugrenzen, gehörte auch, dass er die evolutionistische Rede von „Wurzelrassen" allmählich durch den Rückgriff auf statischere, typologische Rassenlehren aus der Zeit um 1800 ersetzte, die er als Goethe-Experte kannte – wie das berühmte Modell Johann Friedrich Blumenbachs: amerikanische, mongolische, malaische, äthiopische und kaukasische „Rasse" bzw. rote, gelbe, braune, schwarze und weiße.[25] Steiner leitete deren Entstehung zu verschiedenen Gelegenheiten höchst unterschiedlich ab (geographisch, astrologisch, angelologisch, kunstgeschichtlich oder hirnphysiologisch) und reduzierte sein Modell gelegentlich auf drei oder vier Typen. Gleich blieben die Stereotype: Kindliche

---

23 Albert Steffen, Tagebucheintrag vom 14. Mai 1936, in: Hinweise und Studien zum Lebenswerk von Albert Steffen 4 (1988), S. 26.
24 Vgl. Zander, Anthroposophie, Bd. 1, S. 625; für Details Rudolf Steiner, Die Geheimwissenschaft im Umriss, Gesamtausgabe, Bd. 13, Dornach 1989, S. 272–286.
25 Vgl. Johann Friedrich Blumenbach, Von den verschiedenen Racen der Menschen, Leipzig 1789 [¹1775].

Afrikaner, vom „Triebleben" dominiert, Asiaten eher emotional-seelisch, auf Blut- und Atemzirkulation konzentriert, „Indianer" vergreist und dem Aussterben preisgegeben, während die weißen Europäer vergeistigt und klüger sind, dafür aber der Versuchung durch den Materialismus widerstehen müssen – besonders, wenn sie ins verknöchernde Amerika auswandern.[26] Die Übernahme dieser Typologie durch Steiner hat mehr Literatur hervorgebracht als sein Nationalismus, Antisemitismus und die Kulturstufentheorie zusammen.[27] Dabei übernimmt er hier das klassische Modell des europäischen Gelehrten-Rassismus des 18. Jahrhunderts, das aus der Viersäfte- und klassischen Temperamenten-Lehre (die er gleichfalls schätzte) hervorging und seine Entsprechungen bei Linné oder Kant hat. Zu Steiners esoterischen Eigenheiten gehört die Relativierung durch spirituelle Gesichtspunkte, da „wir in unserem innersten Wesen aufnehmen Beitrag auf Beitrag der Segnungen aller Rassen und Volkstümer, indem wir einmal da, einmal dort inkarniert werden."[28] So gleichen sich für Steiner die äußeren Unterschiede innerlich aus und werden mehr und mehr obsolet. Die Theorie der reinkarnatorischen Internationalisierung änderte nur nichts daran, dass im Zweifelsfall das Vorurteil zuschnappte, von Steiner stets in Form bizarrer, detailreicher Phantasien vorgetragen: Auf keinen Fall dürften Schwarze „in die Zivilisation von Europa hereinkommen", allein die Lektüre von Kolonialromanen durch Frauen werde dazu führen, dass deren Kinder – als Mischung aus schwarz und weiß – „ganz grau sind" und „Mulattenhaare haben werden".[29]

Gegenwart: Diskussionen seit der Jahrtausendwende und Robert Roses Antwort

Esoterische Ideengebilde sind flüchtig: Um 2000 war Steiners Rassenkunde unter dem Zugriff anthroposophischer Pseudo-Philologen zu zeitgemäßen ethnopluralistisch-postkolonialen Positionen avanciert.

---

26 Vgl. zum Beispiel Rudolf Steiner, Die Mission einzelner Volkseelen, Gesamtausgabe, Bd. 121, Dornach 2017, S. 76–94 und S. 113–128; Rudolf Steiner, Vom Leben des Menschen und der Erde, Gesamtausgabe, Bd. 349, Dornach 1980, S. 52–69.
27 Vgl. etwa Peter Staudenmaier, Race and Redemption, in: Nova Religio 11 (2008), S. 4–36; Jana Husmann, Schwarz-Weiß-Symbolik. Dualistische Denktraditionen und die Imagination von Rasse, Bielefeld 2010, S. 229–315.
28 Steiner, Die Mission, S. 95.
29 Rudolf Steiner, Über Gesundheit und Krankheit, Gesamtausgabe, Bd. 348, Dornach 1997, S. 189.

> Dass nicht nur die ‚Neger' nicht nach Europa, sondern auch die Europäer nicht nach Afrika oder Asien gehören, teilte Steiner seinen Arbeitern auch mit. Dieser Gedanke beinhaltet [...] Steiners Kritik am zeitgenössischen Kolonialismus und zeigt deutlich genug, dass ihm nichts ferner lag, als in das ideologische Gerede von der Überlegenheit der Kolonialvölker einzustimmen. [...] Er verteidigt nicht etwa die Position der europäischen Usurpatoren, in denen er dekadente, geistlose Größenwahnsinnige sieht, er verteidigt im Gegenteil die Kolonisierten gegen die europäischen Eindringlinge.[30]

Das stimmt zwar so nicht: Steiner betont, die „Weißen" könnten als geistigste „Rasse" im Unterschied zu allen anderen ihren Kontinent verlassen, ohne zu degenerieren, ja sie müssten sogar den anderen „helfen".[31] Aber das anthroposophische Steiner-Bild funktioniert stets irgendwie zeitgeistkonform. Es blieb also Rassetheoretikern nach seinem Tod überlassen, die widersprüchlichen Improvisationen über Völker, Rassen und „das Allgemein Menschliche" in wechselnde anthropologische Schemata und politische Positionen zu übersetzen.[32] Vor allem deren waldorfpädagogische Tradierung löste dann die medialen Kontroversen aus: Zwei besonders pittoreske rassenkundliche Bücher[33] tauchten 1995 auf einer von der „Pädagogischen Forschungsstelle" des „Bundes der Freien Waldorfschulen" herausgegebenen Literaturliste als „sehr anspruchsvoll[e]" Vorbereitung für den Geschichtsunterricht der fünften Klasse auf.[34] Eines, Ernst Uehlis *Atlantis und das Rätsel der Eiszeitkunst*, wurde im Sommer 2000 von der Bundesprüfstelle für jugendgefährdende Medien (BPjM) in Augenschein genommen und nur deshalb nicht indiziert, weil der Waldorf-Verband sich in letzter Minute distanzierte.[35] Die Eingriffe der „Bundesprüfstelle" als Aufsichts- und Zensurinstanz sind dabei politisch ebenso fragwürdig wie effektiv: Sieben Jahre später stellte die BPjM zwei Vortragsbände Steiners unter Kommentarzwang und löste damit eine weitere Welle moralpanischer medialer Diskussionen aus, in deren Folge 2007 der „Bund der Freien Waldorfschulen" eine *Stuttgarter Erklärung* gegen

---

30 Bader/Ravagli, Rassenideale, S. 175–178.
31 Vgl. Steiner, Vom Leben, S. 52–69.
32 Die Vorträge eines rassenkundlichen Kongresses nach Steiners Tod dokumentiert Günther Wachsmuth, Gäa-Sophia III: Völkerkunde, Dornach 1929; vgl. Günther Wachsmuth, Werdegang der Menschheit, Dornach 1953; zur Rezeptionsgeschichte bis 1945 Peter Staudenmaier, Between Occultism and Fascism. Anthroposophy and the Politics of Race in the Fascist Era, Leiden 2014; bis in die 2000er Jahre Peter Bierl, Wurzelrassen, Erzengel und Volksgeister. Die Anthroposophie Rudolf Steiners und die Waldorfpädagogik, Hamburg 2005.
33 Vgl. Ernst Uehli, Atlantis und das Rätsel der Eiszeitkunst, Stuttgart 1936; Sigismund von Gleich, Der Mensch der Eiszeit und Atlantis, Stuttgart 1936.
34 Abbildung online: https://www.ruhrbarone.de/geschichte-in-der-waldorfschule-atlantis-und-die-rassen/49644 (Stand: 22.07.2021)
35 Vgl. Bierl, Wurzelrassen, S. 19–20.

Rassismus herausbrachte – allerdings ohne den Steiners näher zu thematisieren. Ein Jahr später erschien das inzwischen weithin akzeptierte *Frankfurter Memorandum*, in dem sich die auflagenstärkste anthroposophische Zeitschrift *Info3* wenigstens von den Rassentypologien Steiners ausführlich distanzierte. Diese relative Offenheit (im Vergleich zu Diskussionen der 1990er Jahre) hatte ihre Entsprechung auf Seiten der akademischen Literatur. 2007 erschien auch Helmut Zanders zweitausendseitige ideengeschichtliche Kontextualisierung von Steiners „Weltanschauung", die in einem Unterkapitel den hoffnungsfrohen Versuch unternahm, den Streit zu schlichten:

> Steiner formulierte mit seinem theosophischen Sozialdarwinismus eine Ethnologie, in der die Rede von ‚degenerierten', ‚zurückgebliebenen' oder ‚zukünftigen' Rassen keine ‚Unfälle', sondern das Ergebnis einer konsequent durchgedachten Evolutionslehre waren. [...] Es wäre hilfreich, wenn manche Anthroposophen zugestehen würden, daß dies keine schlicht polemische Aussage ist, sondern in der kontextualisierenden Deutung des historischen Materials gründet. Zugleich aber gibt es bei Steiner Versuche, die deterministischen Konsequenzen dieses Denkens zu brechen, und es wäre gut, wenn viele Kritiker zur Kenntnis nehmen würden, daß Steiner kein Rassist sein wollte; aus diesem Grund spreche ich lieber von Steiners Rassentheorie als von Rassismus.[36]

Zu den Folgen dieser versuchten Äquidistanz zu Apologie und Polemik gehörte keineswegs die Befriedung der Debatte, aber auf wissenschaftlicher Seite die folgenschwere Disqualifizierung von Polemik als Mittel der Auseinandersetzung. Anthroposophischerseits sind seit Zander philologische Perspektiven viel wichtiger geworden, bloß er selbst gilt als entsetzlich böser Mensch, dessen „kontextualisierende Deutung des historischen Materials" nichts als reduktionistische Geistfeindschaft zum Ausdruck bringe,[37] ja „eine erhebliche Zahl eklatanter Fehler und bewusst unternommener Verzerrungen und Fälschungen"[38] enthalte. Dagegen reagierte die Szene auf Jana Husmanns Promotionsschrift zu Steiners Rassenlehre von 2010 kaum,[39] da sie als Gutachterin im zweiten BPjM-Verfahren aufgetreten war. Auch Peter Staudenmaiers Forschungen zu anthroposophischen Verflechtungen mit dem deutschen und italienischen Faschismus blieben lange ohne Reaktion,[40] dann aber erschien ein Text von Robert Rose – der bislang vermutlich sorgfältigste englischsprachige Versuch, Steiners Rassismus zu rehabilitieren. Die als kostenloses PDF erschienene Studie *Transforming Criticisms of*

---

36 Zander, Anthroposophie, Bd. 1, S. 636.
37 Vgl. etwa Lorenzo Ravagli, Zanders Erzählungen, Berlin 2009.
38 Selg, Rudolf Steiner, S. 14–15.
39 Vgl. Husmann, Schwarz-Weiß, S. 229–356.
40 Vgl. Staudenmaier, Between Occultism and Fascism.

Anthroposophy and Waldorf Education von 2013 ist deshalb relevant, weil der „Bund der Freien Waldorfschulen" die 2016 erschienene Übersetzung *Evolution, Rasse und die Suche nach einer globalen Ethik* unterstützte, ein „Berliner Wissenschaftsverlag" sich als Publikationsort hergab und seither viele anthroposophischen Autoren darauf verweisen. Rose richtet sich gegen Staudenmaier, geht aber überraschenderweise nicht auf dessen 2010 vorgelegte Promotionsschrift zum Nationalsozialismus ein, sondern ist nur an Steiner interessiert. Unter großem Deutungsaufwand definiert Rose zunächst Rassismus als prinzipiell areligiös und deterministisch biologistisch, so dass Steiner nicht darunterfällt: „racism is determined by a form of biological determinism: it can accept no theory of soul distinct from and conditioning the body."[41] Von der Geschichte des Rassismus, in der christlicher oder idealistischer Seelenglaube mit rassistischen Überzeugungen ohne die geringsten Probleme zusammenging, hat Rose offenbar keine Kenntnisse. Die voll ausgefaltete – in guter theosophischer Tradition siebenfältige – Definition lautet dann, Rassismus sei „a view",

1. That is held dogmatically irrespective of evidence;
2. That essentially there is only a biological meaning to the term race;
3. That includes a principle of harm; including hate of the Other;
4. Which asserts that race is a universal property that necessarily denies individuality;
5. That negates universal humanity;
6. Which claims the absolute superiority of one race over all others;
7. Which claims that human beings are determined exclusively by their biology and denies the self-determinism of the individual.[42]

Dass Rassismus lange mit dem Stand wissenschaftlicher Evidenzerzeugung kompatibel war, sich paternalistisch-liebevoll statt hasserfüllt äußern oder ohne einen biologischen Rassebegriff bzw. ganz ohne den Begriff „Rasse" auskommen, ja als ganz begriffsloses Ressentiment auftreten kann, ist Rose keine Überlegung wert. Steiners Parallele zum Rassismus unserer Tage besteht dagegen gerade im versuchten Verzicht auf den Rassebegriff zugunsten von kulturellen Argumentationsmustern oder darin, dass er einerseits Individualität und Freiheit beschwört und andererseits doch ständig in Stereotype verfällt – Steiner steht Pate für den beiläufig-netten Rassismus vermeintlich aufgeklärter Zeiten.

Das größte Problem an Roses Definition ist allerdings: Wer ist demnach überhaupt Rassist? Sogar bei Hitler finden sich Aussagen, die Roses Kriterien

---

41 Robert Rose, Transforming Criticisms of Anthroposophy and Waldorf Education, https://www.anthroweb.info/fileadmin/pdfs/RR_Transforming_Criticisms.pdf, (Stand: 25.07.2021), S. 97.
42 Rose, Transforming, S. 54.

nicht entsprechen, wenn er etwa (zum Entzücken anthroposophischer Rassetheoretiker der 1930er Jahre) darauf beharrt, die freie deutsche Person vom sozialistischen Kollektiv abzugrenzen.[43] Und neuere Forschungen weisen darauf hin, „die Lektüre nationalsozialistischer Theoretiker" lege „nahe, dass die Mehrzahl von ihnen den Rassebegriff nicht primär biologisch versteht",[44] sondern als moralischen Auftrag, der die biologische Potenz erst aktualisiere.

Ein zweites Hauptargument bei Rose ist Steiners Verortung der Entstehung biologischer Rassen auf Atlantis. Selbst da, wo Steiner auf genuin moderne und gegenwartsbezogene Stereotypien zurückgreift – wie die abstrakte fünfgliedrige Typologie von weiß, gelb, braun, schwarz und rot –, bemüht sich Rose in aller Regel darum, dies als Referenz auf die Urzeit abzutun.[45] „The races he was speaking of are not the ones that are present today but of the ancient past",[46] und so werde niemand aus der Gegenwart diskriminiert. Als Beleg dafür nennt Rose die oben bereits zitierte Stelle aus Steiners Apokalypse-Vortragsreihe, wonach zwischen „Rassen- und Seelenentwicklung" zu unterscheiden sei, weil die Seelen in neuen, höheren „Rassen" wiederkehrten. Steiner nennt den ewigen Juden „Ahasver" als Beispiel dafür, was passiert, wenn man die Höherentwicklung verweigert, und Rose zitiert die Stelle sogar selbst.[47] Steiner hält nun zwar die Herrschaft „Jehovas" für vergangen, aber die Existenz des Judentums nicht für ein Phänomen von Atlantis, die Ahasver-Sage meint hier die äußerst gegenwärtige Weigerung von Juden, zum Christentum zu konvertieren. In derselben Vortragsreihe stellt Steiner auch ausdrücklich fest, die Rassen stammten zwar aus der Vergangenheit, seien aber keineswegs verschwunden:

> In unserem Zeitraum spielen ja Rasse- und Kulturepoche noch durcheinander. Der eigentliche Rassebegriff hat seine Bedeutung verloren, aber er spielt noch immer hinein. Es ist keineswegs möglich, daß eine jede Mission in gleichwertiger Weise von einem jeden Volk bei uns schon ausgeübt wird. Manches Volk ist besonders dazu prädestiniert. Die Nationen, die

---

43 Vgl. Adolf Hitler, Mein Kampf, Bd. 2, München 1927, S. 499–500: „Das hat aber die völkische Weltanschauung von der marxistischen grundsätzlich zu unterscheiden, daß sie nicht nur den Wert der Rasse, sondern damit auch die Bedeutung der Person erkennt und mithin zu den Grundpfeilern ihres ganzen Gebäudes bestimmt." Dazu aus anthroposophischer Perspektive Richard Karutz, Rassenfragen, Stuttgart 1934, S. 62.
44 Werner Konitzer/Johanna Bach/Jonas Balzer/David Palme, Einleitung, in: Werner Konitzer/Johanna Bach/Jonas Balzer/David Palme (Hrsg.), Vermeintliche Gründe. Ethik und Ethiken im Nationalsozialismus, Frankfurt/New York 2020, S. 7–76, hier S. 73.
45 Vgl. Rose, Transforming, S. 89–90.
46 Rose, Transforming, S. 96.
47 Vgl. Rose, Transforming, S. 96 sowie Steiner, Die Apokalypse, S. 89–91.

heute die Kulturträger des Westens sind, waren ausersehen, den fünften Zeitraum auf die Höhe zu führen.[48]

Abgesehen davon muss auch Roses rhetorische Ausgangsfrage „can a statement be classified as racist if the race referred to no longer exists and that it anyway does not meet any classification of any race of the current age?"[49] bejaht werden: Selbstverständlich können auch Äußerungen über die Vergangenheit rassistisch sein. Steiners Vorstellungen darüber, wie die „Eingeweihten" von Atlantis Rassen auswählen, um optimale Körper für die Höherentwicklung der Seelen zu haben, die aufsteigenden und degenerierenden Rassen usf. sind auch im biologistischen Sinne rassistisch. Wo selbst Rose einen Gegenwartsbezug zugesteht, wird die Argumentation löchriger. Wenn Steiner behauptet, Blonde und Blauäugige seien gescheiter als andere, argumentiert Rose, das könne keine rassistische Aussage sein, schließlich seien nicht alle Angehörigen der weißen Rasse blond.[50] Wenn Steiner schwarze Haut mit Triebhaftigkeit in Verbindung bringe und weiße mit Denk-Begabung, sei das keine Bevorteilung von Weißen, denn die „poor Europeans [...] can easily become materialists": „As can be seen, if there are any negatives here they are about the so-called white race".[51] Hier schlägt sich wieder Roses Unkenntnis der europäischen Rassediskurse nieder. „Leiden am Logos"[52] ist eine verbreitete Variante von „White Man's Burden".

Wo auch Rose die Stereotype fragwürdig erscheinen, zieht er sich darauf zurück, nicht die falsche Zuschreibung, sondern erst deren moralische Wertung konstituiere Rassismus. Steiner wäre demnach also nur Rassist gewesen, wenn er Afrikanern ihre vermeintliche Kindlichkeit moralisch übelgenommen hätte. „[O]f course one can reject Steiner's views on how the variety of human colours came about, but one needs to be clear what kind of an argument this is: it is an ontological argument (i.e. an argument about what exists) about human colour, not about human value."[53] Zum Schluss scheint Rose dann doch an der ontologischen Geltung von Steiners Argumenten zu zweifeln, behilft sich aber wieder mit dem Verweis auf die Vergangenheit: „We may never know if what Steiner claimed about the natural attributes of the races was true in his day."[54] Jedenfalls seien Kritiker, die Steiner auf Basis unseres heutigen und insofern nicht-falsifizierbaren

---

48 Steiner, Die Apokalypse, S. 152.
49 Rose, Transforming, S. 11.
50 Vgl. Rose, Transforming, S. 118; Steiner, Über Gesundheit, S. 103.
51 Rose, Transforming, S. 112.
52 Vgl. Husmann, Schwarz-Weiß, S. 251–255.
53 Rose, Transforming, S. 90.
54 Rose, Transforming, S. 180.

Wissens über Rassen als Rassisten bezeichneten, im Sinne Poppers als Pseudowissenschaftler zu bezeichnen. Mit solchem *Whataboutism* aus unverstandenen epistemologischen Versatzstücken gelingt es Rose, alle rassistischen Vorstellungen Steiners für die Gegenwart zu retten. Das Buch mündet in eine Vision der universalistischen anthroposophischen Ethik. Anthroposophische Rezensionen fielen begeistert aus, Kritik gab es praktisch nicht.[55] Der „Bund der Freien Waldorfschulen" hat nicht nur die Übersetzung gefördert, sondern auch weitere Schriften mit Werbe-Aussagen wie „Kritiker [...] werden in Zukunft eine Auseinandersetzung mit den von Rose gesetzten Maßstäben nicht umgehen können".[56] Das stimmt zwar, aber anders, als der Autor meint.

Praxis: Kulturstufenlehrplan, Völker- und Rassenkunde an Waldorfschulen

Nach dem Ersten Weltkrieg gründete Steiner auf Nachfrage seiner plötzlich stark wachsenden Anhängerschaft die lebensreformerischen Projekte, für die man ihn heute kennt. Sie entstanden in sehr kurzer Zeit, Steiner musste improvisieren und griff oft auf bereits ausgearbeitete Theoreme zurück. Die Evolutionslehre, die seine sonstige „Weltanschauung" strukturiert, fand so 1919 auch in die anthroposophische Pädagogik Eingang.[57] Wie die Entwicklung der Menschheit für Steiner als eine Art Biographie abläuft (vom embryonalen Zustand organisch-plastischer Frühzeiten der Erde über die kollektivistische Kinderstube des „Jehovaprinzips" und die Individualisierung in Christo bis zur künftigen Vergeistigung[58]), spiegelt auch das Waldorf-Curriculum das evolutionäre Kulturstufenprinzip.[59] Nacheinander entwickelt das Kind verschiedene „Wesensglieder" und wächst so in die Welt hinein, die es an der Waldorfschule „mit Kopf, Herz und Hand", Singen und Tanz erfährt.

Die Genese des Lehrplans ist erstaunlich schlecht erforscht,[60] Steiners Angaben haben aber über die Jahre viele Ausgestaltungen erfahren und inzwischen

---

55 Die einzige mir bekannte Ausnahme ist eine Fußnote bei Kaiser, Vom Festschreiben, S. 50.
56 Uwe Werner, Waldorfschulen im nationalsozialistischen Deutschland, Stuttgart 2017, S. 121.
57 Bereits die ersten überlieferten Lehrplan-Überlegungen Steiners sahen für die achte Klasse die anthroposophischen „Kulturepochen" vor, vgl. E. A. K. Stockmeyer, Die Entfaltung der Idee der Waldorfschule, in: Erziehungskunst 13 (1959), S. 256–259, hier S. 263.
58 Vgl. Steiner, Geheimwissenschaft.
59 Vgl. Ida Oberman, The Waldorf Movement in Education, Lewiston/Queenston 2008, S. 13, Heiner Ullrich, Waldorfpädagogik. Eine kritische Einführung, Weinheim/Basel 2015, S. 57.
60 Vgl. jedoch Zander, Anthroposophie, Bd. 2, S. 1357–1454.

eine reichhaltige Folklore mit Jahreszeitenfesten und Theaterstücken ausgebildet. Den Klassenstufen sind bestimmte literargeschichtliche Themen zugeordnet, in denen sich die parallele psychologische Entwicklung der Kinder spiegeln soll[61]: Märchen und Fabeln für die beiden unteren Klassen, die Behandlung des Alten Testaments sowie Haus- und Ackerbau in der dritten, Germanen und Nibelungen in der vierten Klasse – und so weiter bis zur finalen Faust-Lektüre des zwölften Schuljahrs. Ein damit viel zitierter Klassiker der Waldorfpädagogik fasste zusammen: „Im zehnten Jahre ist das Kind ‚Germane', dann ‚Grieche'; dann absolviert es die Wanderung vom Osten bis ans Mittelmeer und wird als Zwölfjähriges ein Römer, im dreizehnten Jahr ein Ritter und Klosterbruder, ein Columbus, der Amerika entdeckt, und zieht als Vierzehnjähriger mit Napoleon nach Russland und ist mit der Geschlechtsreife in seiner eigenen Gegenwart angekommen."[62] Entdecker, Eroberer und Kolonisatoren werden an dieser Stelle noch keineswegs als zweideutig präsentiert, wobei sich das in neueren Darstellungen ändert. Zur Behandlung des Ersten und Zweiten Weltkriegs existiert bis heute kein eigenes Waldorfschulbuch, diese Themen werden eher in Lücken des bestehenden Kulturstufenkonzepts eingebunden. Ohnehin gibt es keine Bücher für Schüler, die Themen selbst in ihre Hefte schreiben sollen, sondern nur Bücher zur Vorbereitung für Lehrkräfte. Die konkrete Unterrichtsgestaltung kann also sehr stark variieren. Die Parallele der Waldorf-Kulturstufen zu Steiners Rassen- und Kulturgeschichte zeigt der Geschichtsunterricht der fünften Klasse am besten. Aus Steiners lapidarer Anweisung, der Unterricht solle mit „der Kultur der morgenländischen Völker und der Griechen"[63] anheben, war in einem offiziösen Lehrplan von 1996 die Auswanderung aus Atlantis und die Geschichte der ersten vier nachatlantischen „Kulturepochen" geworden. „Eine phantasievolle Ausmalung der alten Atlantis hat im Unterricht nichts zu suchen", denn das könne „Kopfschütteln hervorrufen",[64] stattdessen sei eine Orientierung an Platons Mythos zu empfehlen. Aber dann folgen die als spirituell-religiöse Zustände beschriebenen fiktiven Kulturstufen „Urindien", „Urpersien", dann Babylon, Ägypten und Griechenland, getreu nach Steiners Periodisierung.[65] Für die sechste Klasse ebenso: Die „Kulturepoche" der Römer sei von ihren mythischen Anfängen bis zu ihrer

---

61 Vgl. zum reformpädagogischen Kontext Zander, Anthroposophie, Bd. 2, S. 1410–1414.
62 Rudolf Grosse, Erlebte Pädagogik. Schicksal und Geistesweg, Dornach 1968, S. 264.
63 Rudolf Steiner, Erziehungskunst, Gesamtausgabe, Bd. 195, Dornach 1984, S. 162.
64 Pädagogische Sektion am Goetheanum/Pädagogische Forschungsstelle beim Bund der Freien Waldorfschulen (Hrsg.), Zur Unterrichtsgestaltung im 1. bis 8. Schuljahr an Waldorf-/Rudolf Steiner Schulen, Dornach 1996, S. 137.
65 Vgl. Pädagogische Sektion/Pädagogische Forschungsstelle, Zur Unterrichtsgestaltung, S. 137–142.

„Dekadenz" zu behandeln[66] und so weiter, bis die achte Klasse mit dem Ersten Weltkrieg und Steiners Gesellschaftsreform sowie Faschismus und Kommunismus als deren vermeintlichen Gegenbildern endet.[67]

Weniger tendenziös liest sich ein anderer Waldorflehrplan zwanzig Jahre später. Auch in Tobias Richters weithin anerkanntem Lehrplan von 2016 findet man noch die harmonistische Konstruktion des stufenweisen Übergangs vom „Einklang mit der Natur (Schöpfung) [...] bis zur griechischen Antike", aber neben Brahma und Gilgamesch auch eine Erwähnung der Steinzeit und des „,dream of consciousness' der Aborigines"; es wird sogar als Lernziel angegeben, die Schüler sollten lernen, „zwischen mythischen Selbstdarstellungen (,so erklärten sich die Griechen ihre Herkunft') und historischen Beschreibungen, die auf heutigen Erkenntnissen beruhen, [zu] unterscheiden".[68] Wie weit diese Teil-Säkularisierung im Unterricht ankommt, muss hier offenbleiben, aber ein Besuch auf der Webseite waldorf-ideen-pool.de, wo Waldorflehrer Unterrichtsmaterial für Waldorflehrer zur Verfügung stellen, fördert auch heute für den Geschichtsunterricht der fünften Klasse neben einer Erwähnung der Steinzeit die klassische Aufstellung zutage: Atlantis, „Urindien", „Urpersien", Mesopotamien, Ägypten und Griechenland.[69] Beispiele von Schülerheften gehen auf die indische Figur Manu – bei Steiner der oberste Eingeweihte von Atlantis – ein und stellen das indische Kastensystem ohne jede Problematisierung als gottgegebenes „Gesetz des Manu" dar.[70]

Dass bereits der Lehrplan von 1996 Atlantis sanft relativierte, war auch eine Reaktion auf die längst laut gewordene öffentliche Kritik an Steiners Entwicklungsvorstellungen. Die oben erwähnte Liste von 1995 empfahl allerdings zeitnah noch Bücher von anthroposophischen Rassetheoretikern. Nach den umfangreichen Recherchen von Peter Bierl um 2000 enthielten nicht nur mehrere weitere Bücher, die Waldorf-Institutionen zur Unterrichtsvorbereitung empfahlen, rassistische Typologien, Bierl wies auch auf zahlreiche weitere Formen stereotypen und autoritären Denkens in der Waldorf-Literatur hin.[71] Im ersten Waldorflehrplan, den Caroline von Heydebrand 1931 verschriftlichte, war „Völker- und Ras-

---

66 Vgl. Pädagogische Sektion/Pädagogische Forschungsstelle, Zur Unterrichtsgestaltung, S. 188.
67 Vgl. Pädagogische Sektion/Pädagogische Forschungsstelle, Zur Unterrichtsgestaltung, S. 199–200.
68 Tobias Richter (Hrsg.), Pädagogischer Auftrag und Unterrichtsziele – vom Lehrplan der Waldorfschulen, Stuttgart 2016, S. 287–288.
69 Vgl. https://www.waldorf-ideen-pool.de/Schule/Klassenstufen/Klasse-5/Geschichte (Stand: 22.07.2021).
70 Vgl. https://www.waldorf-ideen-pool.de/Schule/Klassenstufen/Klasse-5/Geschichte/urindien/epochenheftausschnitte/urindien-und-manu (Stand: 22.07.2021).
71 Vgl. Bierl, Wurzelrassen, S. 19–41 und S. 113–118.

senkunde"[72] für den Deutschunterricht der siebten Klasse vorgesehen. In der Auflage von 2009 ist zwar das Wort „Rassenkunde" verschwunden, aber Steiners Anweisung, in der siebten und achten Klasse „Erzählungen über die Volksstämme", deren „Naturgrundlage", „Eigentümlichkeiten und so weiter"[73] durchzunehmen, gilt natürlich.

Wie sieht die Lage heute aus? Im Folgenden versuche ich das anhand des bereits zitierten Lehrplans von Tobias Richter aus dem Jahr 2016 zu überprüfen. Denn dessen Literaturempfehlungen lassen sich mit Login-Daten, die im Buch genannt werden, auf einer offiziellen Webseite abrufen und können deshalb als tagesaktuell gelten.[74] Darunter sind nach einer stichprobenhaften Durchsicht kurzfristig erreichbarer Literatur aus den Fächern Deutsch, Geschichte und Geographie – Stand: Juli 2021 – folgende Beispiele mit rassen- bzw. völkerpsychologischen Passagen:

- Als Lesebuch für den Deutschunterricht der siebten und achten Klasse wird eine Auswahl aus Johann Gottfried Herders *Ideen zu einer Philosophie der Geschichte der Menschheit* (1784–1791) empfohlen – ohne Frage ein beeindruckender Text, der (nur unter anderem) bereits mit den Mitteln seiner Zeit zeigt, dass der Rassebegriff auf Menschen unanwendbar ist. Im pädagogischen Kommentar empfiehlt jedoch Erika Dühnfort die Herder-Aneignung aus Steiners Kriegsvorträgen: „Steiner scheut sich nicht, vom ‚deutschen Geist' zu sprechen, was – bei dem Österreicher Steiner – selbstverständlich weitab von allem ‚patriotischen' Empfinden liegt."[75] Dann geht es um die gefährdete Mission „Mitteleuropas" oder darum, „daß das Englische gegenüber dem Deutschen um eine Stufe zurückgeblieben" sei.[76] Und diese „tragende Kraft des deutschen Geistes" soll auch Unterrichtsthema sein, damit „schon in Schülern der 8. Klasse eine Ahnung davon aufkeimen kann, welche Aufgabe Mitteleuropa gestellt ist angesichts drohender Vereinnahmungen des mitteleuropäischen Geisteslebens durch ‚Orientalismus' und ‚Amerikanismus'."[77]
- Auf der Liste zum Waldorf-Geschichtsunterricht tauchen selbstverständlich nach wie vor Bücher mit Steiners evolutionären Kulturstufen als Grund-

---

72 Caroline von Heydebrand, Vom Lehrplan der Freien Waldorfschule, Stuttgart 1978, S. 32.
73 Steiner, Erziehungskunst, S. 19.
74 Vgl. Richter, Pädagogischer Auftrag, S. 701 bzw. https://www.forschung-waldorf.de/lehrplan/ (Stand: 23.07.2021).
75 Erika Dühnfort, Herder im Unterricht der Waldorfschule, in: Johann Gottfried Herder, Der Mensch ist der erste Freigelassene der Schöpfung, Stuttgart 1989, S. 131–153, hier S. 134.
76 Dühnfort, Herder, S. 135.
77 Dühnfort, Herder, S. 139.

struktur auf.[78] Das umfangreichste Werk ist Karl Heyers neunteilige *Geschichte des Abendlandes*. Band I schildert die Entwicklung, die in der fünften und sechsten Klasse behandelt wird: „Von der Atlantis bis Rom". Die theosophische Rassengenese auf Atlantis („Atlantisch-mongolische Wesensart wirkt in den späteren, nachatlantischen Mongolen aufs stärkste nach"[79]), die sakrale Apologie des indischen Kastenwesens oder kulturelle Biologismen („Dekadenzzeit des Alten Ägypten"[80]) dichten Steiners Geschichtsbild nach. Zum Schluss deutet Heyer an, wie der „Romanismus", der sich zurzeit noch in der französischen „Verstandesseele" spiegle, „aus einem neuen, gegenwartsgemäßen Menschenbild" zu überwinden sei.[81] Während auf die Antike ein Band entfällt, wird Heyer – wie Steiner – ausführlicher, wenn es um die Neuzeit und Deutschland geht. Der von Geistern und Dämonen begleiteten Französischen Revolution und dem französischen „Volksimpuls" widmet er eine eher ambivalente Würdigung[82] und stellt ihr einen ganzen Band mit „Sozialimpulsen des deutschen Geistes im Goethe-Zeitalter"[83] entgegen, bevor dann das letzte Buch der Reihe dem Findelkind Kaspar Hauser gewidmet ist, das vielen Anthroposophen als entscheidend für „das Schicksal Mitteleuropas im 19. Jahrhundert"[84] gilt.

- Die quantitativ meisten Beiträge mit völkerpsychologisch-rassenkundlichen Aspekten fanden sich allerdings nicht im Deutsch- oder Geschichtsunterricht, sondern in der Literaturliste für Geographie. Die europäischen „Volksseelen" beschreibt ein vierbändiges Werk von Herbert Hahn, wobei die spirituelle Superiorität „Mitteleuropas" und stereotype Bilder von West nach Ost den bereits genannten völkerpsychologischen Klischees entsprechen.[85] Die außereuropäische Geographie orientiert sich zum Teil tatsächlich an Steiners Rückgriff auf die Rassentypologien des 18. Jahrhunderts, vermeidet jedoch den Rassebegriff weitgehend. Nach wie vor findet sich etwa ein Sammelband von Christoph Göpfert zum Geographieunterricht der Oberstufe, in dem mehrere Beiträge Steiners Rassenlehre „als geographisch-kulturelle Diffe-

---

78 Vgl. etwa Markus Osterrieder, Die Durchlichtung der Welt. Altiranische Geschichte, Kassel 2008; Markus Osterrieder, Die Kelten und die Entwicklung der Gemütsseele, Kassel 2009.
79 Karl Heyer, Studienmaterialien zur Geschichte des Abendlandes, Stuttgart 1984, Bd. I, S. 16.
80 Heyer, Studienmaterialien, Bd. I, S. 206.
81 Heyer, Studienmaterialien, Bd. I, S. 242.
82 Heyer, Studienmaterialien, Bd. VII.
83 Heyer, Studienmaterialien, Bd. VIII.
84 Heyer, Studienmaterialien, Bd. IX.
85 Vgl. Herbert Hahn, Vom Genius Europas, 4 Bde., Stuttgart 1992.

renz" reformulieren, wie Husmann 2010 nachwies.[86] In dem Band schreibt etwa Wolfgang Schad über Afrika als „Kindheitsland der Menschheit"[87] und bezieht sich kryptisch auf Steiners Bemerkung, die „Kräfte" jenes Kontinents drückten seinen Einwohnern „die ersten Kindheitsmerkmale bleibend auf"[88] (während Asiaten für Steiner jugendlich, Europäer erwachsen und „Indianer" greisenhaft sind). Der anthroposophische Evolutionsbiologe Schad ist auf der aktuellen Waldorf-Literaturliste mit etlichen Büchern vor allem zum Biologie-Unterricht vertreten, aber auch mit einem Reisebericht aus Afrika, wo ihm „ganz deutlich" geworden sei, wie das helle Bewusstsein der Europäer ihre koloniale Grausamkeit bedinge, während „der Afrikaner so vertrauensbereit" sei, „weil er die Sympathiekräfte der unbewußteren Seelenseite betont." Deshalb will Schad das zergliedernde „europäische Denken" kurz beiseitestellen. „[S]ehen wir die vielschichtige Ganzheit des Schwarzafrikaners!"[89] Durch Steiners Brille freilich: „Das Wesen des afrikanischen Menschen" ermögliche ihm, „Fähigkeiten des Kindseins in das Erwachsenenalter herüberretten zu können",[90] wie Schad nach dem Besuch bei vielen „Stämmen" festhält. Dennoch sei kein Mensch auf seine „rassische Erbvorgabe" oder „Umwelteinwirkungen" reduzierbar, da der individuelle Wesenskern „sich vorgeburtlich zu dieser Sippe und jener Landschaft entschlossen hat, sie annimmt und durchmenschlicht."[91] Dass das reinkarnierende Subjekt sich den Körper sucht, soll aus anthroposophischer Sicht Freiheit garantieren, läuft aber in der Außenperspektive auf Determinismus hinaus. Auch wer unter elenden Bedingungen lebt, hat sich eben „vorgeburtlich" dafür entschieden.

Bei der zitierten Literatur handelt es sich, wie gesagt, um eine Stichprobe. Auch der Fremdsprachen- oder Humanbiologie-Unterricht wären untersuchenswert. Selbst wenn die Literaturliste aber keine weiteren ähnlichen Texte beinhalten sollte, bleibt schon die aufgeführte Stichprobe beachtlich. Wie viel davon im Unterricht ankommt, ist unklar, Waldorflehrer erhalten den Richter-Lehrplan von 2016 und damit die Login-Daten für die Literaturlisten keineswegs automatisch

---

86 Vgl. Husmann, Schwarz-Weiß, S. 345–353.
87 Wolfgang Schad, Afrika – Geburtsland der Menschheit, in: Christoph Göpfert (Hrsg.), Vom lebendigen Wesen der Erde, Stuttgart 1999, S. 14–35, hier S. 14.
88 Steiner, Die Mission, S. 86.
89 Wolfgang Schad in Wolfgang Schad/Jochen Bockemühl/Andreas Suchantke, Mensch und Landschaft Afrikas, Stuttgart 1978, S. 122.
90 Schad/Bockemühl/Suchantke, Mensch, S. 143.
91 Schad/Bockemühl/Suchantke, Mensch, S. 176.

oder frei Haus. Die schon genannte Webseite von Waldorflehrern für Waldorflehrer enthält zur Geographie Afrikas keine Titel von Schad oder Göpfert, sondern empfiehlt lediglich einen „Tuareg"-Roman.[92] Aber es wäre ein unwahrscheinlicher Zufall, wenn die offiziösen Literaturempfehlungen der „Pädagogischen Forschungsstelle" von Lehrern nie verwendet würden. Vermutlich wirkt die Tatsache, dass es seit Jahrzehnten zu viele Waldorfschulen gibt, um auch nur die Mehrzahl der Stellen mit gläubigen Anthroposophen zu besetzen, der Verbreitung solcher Inhalte am wirksamsten entgegen. Waldorfpädagogen sind oft Quereinsteiger und Praktiker, die weder durch prinzipielle Kritik an Steiner noch durch ihren anthroposophischen Expertenstatus auffallen und bei der Konfrontation mit entsprechenden Stellen aus der Literatur selbst verunsichert reagieren – wohingegen die Verantwortlichen in den Verbänden apologetische Literatur vorzuziehen scheinen.

Never Change A Running System

Unabsehbar sind die Folgen der Internationalisierung. Es existieren mehr als tausend Waldorfschulen auf allen Kontinenten, die zum Teil in Krisenregionen humanitäre Arbeit leisten und mit dem geteilten Erbe sicherlich unterschiedlich umgehen. Und dennoch: Eine Dissertation über Waldorfschulen in Taiwan zeigte 2010, wie dortige Schulen den Kulturstufenlehrplan *en detail* beibehielten und lediglich um ausgewählte Stationen chinesischer Geschichte ergänzten, wobei kurioserweise taiwanesische Legenden in der 7. Klasse vorkamen, also an der Stelle, an der Steiner „Erzählungen aus fremden Völkern" vorsah und Heydebrand Rassenkunde.[93] „The curriculum remains remarkably unchanged, [...] even in inner-city Milwaukee, the Waldorf teachers continue to tell Norse myth of Odin and Thor",[94] bemerkt auch die US-Waldorflehrerin Ida Oberman in ihrer Geschichte der Waldorfschulen. Das Buch gehört nicht nur zu den wenigen vertretbaren Forschungsbeiträgen aus den Reihen der Bewegung, sondern Oberman hat auch eine „Community School for Creative Education" gegründet, die sich zweifellos einer antirassistischen Erziehung verschrieben hat. Dagegen ist der beliebte Hinweis auf Waldorfschulen, die sich gegen Ende der südafrikanischen Apartheid gegen diese stellten, mit Vorsicht zu genießen: Die Koedukation wurde

---

92 Vgl. https://www.waldorf-ideen-pool.de/Schule/faecher/geographie/Kontinente-Kl.-7/afrika/buchempfehlungen/tuareg (Stand: 23.07.2022).
93 Vgl. Kung-Pei Tang, Kulturübergreifende Waldorfpädagogik – Anspruch und Wirklichkeit, Diss., Universität Würzburg 2010, S. 94.
94 Oberman, Waldorf Movement, S. 13.

nicht egalitär, sondern durch den Hinweis auf die heilvolle Kombination von schwarzen „Herzenskräften" mit den weißen „Haupteskräften" begründet.[95] Schon Steiners Schwanken zwischen humanistischen Beteuerungen und notorisch stereotypen Denkmustern – vier Temperamente, fünf Rassen, zwölf Weltanschauungen, usw. – ist schwer stringent zu machen. Das gilt umso mehr für die weltweite Waldorf-Praxis. Und diese krude Polyvalenz ist freilich nicht das Spezifikum der Anthroposophie, sondern ihre Parallele zur Verbreitung von Rassismus in der Mehrheitsgesellschaft. Und passend dazu gibt es an den deutschen Schulen neben konstanten rechtsradikalen Lockversuchen auch immer wieder Gruppen und Einzelpersonen, die „Waldorf gegen rechts"-Initiativen gründen und doch wenigstens von rechten Anthroposophen und Steiners Rassismus Abstand nehmen.[96]

So bizarr die vorstehenden Beispiele sein mögen: die Bedeutung von Steiners Rassentypologien für anthroposophische Diskussionen der Gegenwart wird erheblich überschätzt – die antisemitische Schlagseite seines Anti-Materialismus und die Verankerung friedensnationalistischer „Mitteleuropa"-Ideale unter seinen heutigen Anhängern dagegen viel zu wenig thematisiert. Die letzteren verschaffen der Anthroposophie ihre Aktualität: Nur Steiners Verächter interessieren sich für Details der „Wurzelrassen"-Theorie, für Fans besteht die Attraktivität eher in Joseph Beuys' „mitteleuropäisch"-grünem Antiamerikanismus. Selbst der im orthodoxen Teil der Szene viel gelesene Peter Selg scheint eher linke politische Positionen zu vertreten. Er verschweigt die Rassenstereotype, selbst wo er sie zu entkräften sucht, kann „Steiners Hoffnung auf ‚Deutschland' [...] nicht teilen", versucht aber, dessen Antisemitismus als jugendliche Entgleisung zurechtzustutzen.[97] Selg publiziert unter anderem Bücher über Greta Thunberg, die Weiße Rose oder verfolgte jüdische Anthroposophinnen in der NS-Zeit, aber meint, die Existenz von Donald Trump legitimiere Steiners heute als „Verschwörungstheorie" angesehene „Kritik am US-Vorgehen"[98] im Nachhinein.

So geht es im anthroposophischen Diskurs dann doch wieder bloß so zu wie im deutschen Feuilleton, und die Anthroposophie gehört auch heute noch nicht in die rechte Ecke. Überhaupt nehmen Ideen, die früher als rechte Esoterik gegolten hätten, derzeit progressive Gestalt an. Auch „queerfeministische" paragermanische „Hexen"-Gemeinschaften in Berlin aktualisieren inzwischen antisemitische

---

95 Vgl. Bierl, Wurzelrassen, S. 117.
96 Vgl. Markus Schulze, Gegen Rechtsextremismus vorgehen, https://www.erziehungskunst.de/artikel/zeichen-der-zeit/gegen-rechtsextremismus-vorgehen/ (Stand: 23.07.2022).
97 Selg, Rudolf Steiner, S. 9 und S. 48–55.
98 https://www.anthroposophie.ch/de/anthroposophie/news/artikel/zu-den-beitraegen-ueber-anthroposophie-in-der-bz-und-az-vom-8-2-2018.html (Stand: 06.08.2021).

und völkische Blutsmythologien und „Ahnen"-Kulte – durch wohlwollende wissenschaftliche Publikationen oder Aktionen im „Schwulen* Museum" begleitet.[99] Die kitschige Konstruktion paganer Naturnähe wurde in der „queeren" Kolonisierung von Phänomenen wie „Schamanismus" längst rehabilitiert.[100] Die exotisierende anthroposophische Faszination für afrikanische „Herzenskräfte" (Bierl) passt dazu gut, auch wenn die tief bürgerliche Anthroposophie mit ihrem universalistischen Entwicklungsdenken sich kaum in postmoderne Formen bringen ließe. In Steiners Kosmos ist tatsächlich der Wissenshorizont der Goethezeit als esoterische Kunstwelt konserviert. Waldorf ist weniger Reformpädagogik denn erlebnispädagogische Karikatur eines humanistischen Gymnasiums: Man lernt wohl eher nicht Griechisch, aber hört gewiss, was die List des Odysseus der Stärke Achills voraushat, kann die großen Balladen rezitieren, hat Herder, Schiller oder Humboldt gelesen, das Wahre, Schöne und Gute ästhetisch, wissenschaftlich und seelisch erfahren. Und irgendwo zwischen diesen bildungsreligiösen Inseln der Seligen treiben eben auch noch zweihundert Jahre alte Völker- und Rassentypologien umher, doch das bildungsbürgerliche Privatschulpublikum findet genügend Vertrautes, um den Verdacht, hier gehe es um eine rassistische Pädagogik, zurecht für abwegig zu halten. Und auch die inzwischen durch etliche empirische Befragungsstudien informierte Erziehungswissenschaft gibt am Ende ihren Segen, wie um das berühmte Bündnis von Positivismus und Esoterik zu bekräftigen: „Die Freien Waldorfschulen dürfen durchaus als erfolgreich gelten. Ehemalige Waldorfschüler erreichen mit ihren Schulabschlüssen und Berufswahlen etwa dieselben gehobenen sozialen Positionen wie ihre Eltern."[101] – Und dann kann ja alles beim Alten bleiben.[102]

---

99 Vgl. Victoria Hegner, Hot, Strange, Völkisch, Cosmopolitan. Native Faith and Neopagan Witchraft in Berlin's Changing Urban Context, in: Kathryn Rountree (Hrsg.), Contemporary Pagan and Native Faith Movements in Europe, New York/Oxford 2015, S. 175–195; Ansgar Martins/Jann Schweitzer, Queering Ahnenmystik, in: Jahrbuch Sexualitäten 4 (2019), S. 240–247.
100 Vgl. Stefanie von Schnurbein, Queer Theorie auf Abwegen. „Nordischer Schamanismus" und die Suche nach einer queeren Religion, in: Susanne Lenward/Márcia Elisa Moser (Hrsg.), Frau – Gender – Queer, Würzburg 2010, S. 211–226.
101 Ullrich, Waldorfpädagogik, S. 172.
102 Nachtrag vom 31.08.2022: In der Zwischenzeit hat die „Pädagogische Forschungsstelle" auf eine frühere Fassung dieses Aufsatzes reagiert und online mit der Entfernung der genannten Titel begonnen. Für die Vermittlung danke ich Prof. Jost Schieren, Alanus-Hochschule Alfter. Auch im Sommer 2022 tauchten allerdings die Bücher von Gleich: Der Mensch der Eiszeit, und Heyer: Studienmaterialien, Bd. I, sowie die „nachatlantischen Kulturepochen" in der Ankündigung einer österreichischen Fortbildungs-Veranstaltung für Waldorf-Klassenlehrer auf. So dreht das Karussell sich weiter.

Literatur

Bader, Hans-Jürgen/Lorenzo Ravagli. Rassenideale sind der Niedergang der Menschheit, Stuttgart 2002.
Bierl, Peter. Wurzelrassen, Erzengel und Volksgeister. Die Anthroposophie Rudolf Steiners und die Waldorfpädagogik, Hamburg 2005.
Blumenbach, Johann Friedrich. Von den verschiedenen Racen der Menschen, Leipzig 1789.
Dühnfort, Erika. Herder im Unterricht der Waldorfschule, in: Johann Gottfried Herder, Der Mensch ist der erste Freigelassene der Schöpfung, Stuttgart 1989, S. 131–153.
Ebbestad Hansen, Jan-Erik. The Jews – Teachers of the Nazis? Antisemitism in Norwegian Anthroposophy, in: Nordeuropaforum 2015, S. 161–216.
Gleich, Sigismund von. Der Mensch der Eiszeit und Atlantis, Stuttgart 1936.
Grosse, Rudolf. Erlebte Pädagogik. Schicksal und Geistesweg, Dornach 1968.
Hahn, Herbert. Vom Genius Europas, 4 Bde., Stuttgart 1992.
Hanegraaff, Wouter. Esotericism and the Academy. Rejected Knowledge in Western Culture, Cambridge 2012.
Hegner, Victoria. Hot, Strange, Völkisch, Cosmopolitan. Native Faith and Neopagan Witchraft in Berlin's Changing Urban Context, in: Kathryn Rountree (Hrsg.), Contemporary Pagan and Native Faith Movements in Europe, New York/Oxford 2015, S. 175–195.
Heydebrand, Caroline von. Vom Lehrplan der Freien Waldorfschule, Stuttgart 1978.
Heyer, Karl. Studienmaterialien zur Geschichte des Abendlandes, 9 Bde., Stuttgart 1984.
Hitler, Adolf. Mein Kampf, Bd. 2, München 1927.
Husmann, Jana. Schwarz-Weiß-Symbolik. Dualistische Denktraditionen und die Imagination von Rasse, Bielefeld 2010.
Kaiser, Ulrich. Vom Festschreiben zum Aktualisieren, in: Die Drei 91/2 (2021), S. 43–55.
Karutz, Richard. Rassenfragen, Stuttgart 1934.
Konitzer, Werner/Johanna Bach/Jonas Balzer/David Palme. Einleitung, in: Werner Konitzer/Johanna Bach/Jonas Balzer/David Palme (Hrsg.), Vermeintliche Gründe. Ethik und Ethiken im Nationalsozialismus, Frankfurt/New York 2020.
Martins, Ansgar. Rassismus und Geschichtsmetaphysik, Frankfurt a. M. 2012.
Martins, Ansgar/Jann Schweitzer. Queering Ahnenmystik, in: Jahrbuch Sexualitäten 4 (2019), S. 240–247.
Oberman, Ida. The Waldorf Movement in Education, Lewiston/Queenston 2008.
Osterrieder, Markus. Die Durchlichtung der Welt. Altiranische Geschichte, Kassel 2008.
Osterrieder, Markus. Die Kelten und die Entwicklung der Gemütsseele, Kassel 2009.
Pädagogische Sektion am Goetheanum/Pädagogische Forschungsstelle beim Bund der Freien Waldorfschulen (Hrsg.), Zur Unterrichtsgestaltung im 1. bis 8. Schuljahr an Waldorf-/Rudolf Steiner Schulen, Dornach 1996.
Ravagli, Lorenzo. Zanders Erzählungen, Berlin 2009.
Richter, Tobias (Hrsg.). Pädagogischer Auftrag und Unterrichtsziele – vom Lehrplan der Waldorfschulen, Stuttgart 2016.
Rose, Robert. Transforming Criticisms of Anthroposophy and Waldorf Education, https://www.anthroweb.info/fileadmin/pdfs/RR_Transforming_Criticisms.pdf (Stand: 25.07.2021).
Schad, Wolfgang. Afrika – Geburtsland der Menschheit, in: Christoph Göpfert (Hrsg.), Vom lebendigen Wesen der Erde, Stuttgart 1999, S. 14–35.

Schad, Wolfgang/Jochen Bockemühl/Andreas Suchantke. Mensch und Landschaft Afrikas, Stuttgart 1978.
Schnurbein, Stefanie von. Queer Theorie auf Abwegen. „Nordischer Schamanismus" und die Suche nach einer queeren Religion, in: Susanne Lenward/Márcia Elisa Moser (Hrsg.), Frau – Gender – Queer, Würzburg 2010, S. 211–226.
Schulze, Markus. Gegen Rechtsextremismus vorgehen, https://www.erziehungskunst.de/artikel/zeichen-der-zeit/gegen-rechtsextremismus-vorgehen/ (Stand: 23. 07. 2021).
Selg, Peter. Rudolf Steiner, die Anthroposophie und der Rassismus-Vorwurf, Arlesheim 2020.
Staudenmaier, Peter. Between Occultism and Fascism. Anthroposophy and the Politics of Race in the Fascist Era, Leiden 2014.
Staudenmaier, Peter. Race and Redemption, in: Nova Religio 11 (2008), S. 4–36.
Steffen, Albert. Tagebucheintrag vom 14. Mai 1936, in: Hinweise und Studien zum Lebenswerk von Albert Steffen 4 (1988), S. 26.
Steiner, Rudolf. Die Apokalypse des Johannes, Gesamtausgabe, Bd. 104, Dornach 1985.
Steiner, Rudolf. Die Geheimwissenschaft im Umriss, Gesamtausgabe, Bd. 13, Dornach 1989.
Steiner, Rudolf. Die geistigen Hintergründe des Weltkrieges, Gesamtausgabe, Bd. 174b, Dornach 1974.
Steiner, Rudolf. Die Mission einzelner Volksseelen, Gesamtausgabe, Bd. 121, Dornach 2017.
Steiner, Rudolf. Die Philosophie der Freiheit. Grundzüge einer modernen Weltanschauung, Berlin 1894.
Steiner, Rudolf. Erziehungskunst, Gesamtausgabe, Bd. 195, Dornach 1984.
Steiner, Rudolf. Gesammelte Aufsätze, Gesamtausgabe, Bd. 31, Dornach 1989.
Steiner, Rudolf. Grundelemente der Esoterik, Gesamtausgabe, Bd. 93a, Dornach 1987.
Steiner, Rudolf. Mein Lebensgang, Gesamtausgabe, Bd. 28, Dornach 2000.
Steiner, Rudolf. Mitteleuropa zwischen Ost und West, Gesamtausgabe, Bd. 174a, Dornach 1982.
Steiner, Rudolf. Über Gesundheit und Krankheit, Gesamtausgabe, Bd. 348, Dornach 1997.
Steiner, Rudolf. Vom Leben des Menschen und der Erde, Gesamtausgabe, Bd. 349, Dornach 1980.
Steiner, Rudolf. Welt, Erde und Mensch, Gesamtausgabe, Bd. 105, Dornach 1983.
Stockmeyer, E. A. K. Die Entfaltung der Idee der Waldorfschule, in: Erziehungskunst 13 (1959), S. 256–259.
Strube, Julian. Sozialismus, Katholizismus und Okkultismus im Frankreich des 19. Jahrhunderts, Berlin 2016.
Tang, Kung-Pei. Kulturübergreifende Waldorfpädagogik – Anspruch und Wirklichkeit, Diss., Universität Würzburg 2010.
Uehli, Ernst. Atlantis und das Rätsel der Eiszeitkunst, Stuttgart 1936.
Ullrich, Heiner. Rudolf Steiner, München 2011.
Ullrich, Heiner. Waldorfpädagogik. Eine kritische Einführung, Weinheim/Basel 2015.
Wachsmuth, Günther. Gäa-Sophia III: Völkerkunde, Dornach 1929.
Wachsmuth, Günther. Werdegang der Menschheit, Dornach 1953.
Werner, Uwe. Waldorfschulen im nationalsozialistischen Deutschland, Stuttgart 2017.
Zander, Helmut. Anthroposophie in Deutschland, 2 Bde., Göttingen 2007.
Zander, Helmut. Die Anthroposophie, Paderborn 2019.
Zander, Helmut. Rudolf Steiner, München 2011.

Ahmad A. Omeirate
Ein altes Bündnis

Zur historischen Korrektur des Begriffs „antimuslimischer Rassismus"

Der französische Geographie- und Geschichtslehrer Samuel Paty debattierte am 7. Oktober 2020 mit seinen Schülern über Meinungsfreiheit, die gemäß Lehrplan im Unterricht zu behandeln ist. Als Beispiel dienten ihm Karikaturen des Propheten Mohammed, die in den Vorjahren immer wieder muslimische Gemüter erhitzt hatten und zum Anlass für den Anschlag auf das Satiremagazin *Charlie Hebdo* genommen wurden, welches solche Karikaturen veröffentlicht hatte. Zwei Islamisten waren im Januar 2015 mit Sturmgewehren bewaffnet in die Redaktionsräume im Stadtzentrum von Paris eingedrungen, wo sie zwölf Menschen ermordeten und weitere 20 schwer verletzten. Vermutlich diente Paty dies als gewichtiges Beispiel, um seine Klasse für die Presse-, die Rede- und die Kunstfreiheit zu sensibilisieren. Doch seine Absichten stießen bei einigen Eltern auf Widerstand. Der Vater einer 13-jährigen Schülerin, die diesem von ihren vermeintlichen Erfahrungen im Unterricht erzählte, warf Paty am selben Tag in den sozialen Netzwerken vor, Schülern pornographische Inhalte zu zeigen und sich „islamophob" zu verhalten, rief öffentlich zur Mobilisierung gegen ihn auf und machte den Namen, die Adresse sowie die Telefonnummer des Lehrers publik.[1]

Am 12. Oktober 2020 tauchte mit einem Video, das den Titel „Der Islam und der Prophet wurden an einer öffentlichen Schule beleidigt" trug, ein weiterer Beitrag dieses Vaters im Internet auf.[2] Darin sind sowohl der Vater als auch die Tochter zu sehen und Abdelhakim Sefrioui zu hören, ein radikal-islamistischer Pro-Hamas-Aktivist, der vom französischen Geheimdienst beobachtet wird. Der Vater und Sefrioui – der diesen später beim gesamten Prozess begleitet haben soll – warfen dem französischen Präsidenten Emmanuel Macron vor, Hass auf Muslime zu schüren und forderten erneut Patys Entlassung aus dem Schuldienst, was sie zuvor bereits in einem persönlichen Gespräch mit der Schulleitung zu erwirken versucht hatten. Das Angebot eines persönlichen Gespräches zwischen dem Lehrer, dem Vater und der Schülerin lehnten sie kategorisch ab. Das Video wurde vielfach im Netz geteilt und ging schließlich in der französisch-muslimischen

---

1 Vgl. Paul Guyonnet, Conflans: Des caricatures montrées par Samuel Paty à l'attentat, ce qu'il s'est passé, 17.10.2020, https://www.huffingtonpost.fr/entry/conflans-caricatures-samuel-paty-attentat_fr_5f8af8b7c5b69daf5e13a042 (Stand: 12.08.2021).
2 Vgl. Guyonnet, Conflans.

Open Access. © 2023 bei den Autorinnen und Autoren, publiziert von De Gruyter. Dieses Werk ist lizenziert unter einer Creative Commons Namensnennung 4.0 International Lizenz.
https://doi.org/10.1515/9783110702729-021

Community viral.³ Ein 18-jähriger, in Moskau geborener und radikal-islamistischer Tschetschene, der das Video ebenfalls gesehen hatte, ermordete Paty am 16. Oktober 2020 in der Nähe der Schule, enthauptete die Leiche und wurde dann selbst von der Polizei erschossen.⁴ Der französische Innenminister Gerald Darmanin warf Sefrioui und dem Vater daraufhin vor, mit ihrem Verhalten eine Art Fatwa (islamisches Rechtsgutachten) ausgesprochen und somit zur Ermordung Patys angestiftet zu haben.⁵

Im März 2021 stellten die französischen Behörden fest, dass das 13-jährige Mädchen, das seinem Vater von Paty erzählt hatte, an jenem 7. Oktober 2020 gar nicht am Unterricht teilgenommen hatte, was der Anwalt der Familie bestätigte. Demnach habe die Tochter nur deshalb vom angeblich „islamophoben" Lehrstoff berichtet, um ihrem Vater zu „gefallen" und vom eigenen Fehlverhalten in der Schule abzulenken. Ihre Lüge hatte somit eine Kettenreaktion ausgelöst, an deren Ende die Ermordung ihres Lehrers stand.⁶ Der Vater und Sefrioui sowie weitere beteiligte Personen wurden anschließend wegen „Mittäterschaft an einem terroristischen Mord" angeklagt; gegen sie wird weiterhin ermittelt.⁷

Status quo der Forschung zum „antimuslimischen Rassismus"

Ginge es nach der Definition von „antimuslimischem Rassismus" des Politikwissenschaftlers Ozan Zakariya Keskinkılıç, ließe sich im Fall Paty argumentieren, dass der Lehrer besagte Kettenreaktion eigenhändig losgetreten und seinen Tod aufgrund eines ihm „inhärenten" Rassismus selbst zu verschulden hatte. Denn laut Keskinkılıç, der sich ausgiebig mit dem Thema beschäftigt haben soll,

---

3 Vgl. o. A., Abdelhakim Sefrioui, de Dieudonné à la „fatwa" contre Samuel Paty, 19.10.2020, https://www.huffingtonpost.fr/entry/abdelhakim-sefrioui-de-dieudonne-a-la-fatwa-contre-samuel-paty_fr_5f8d4ea9c5b62dbe71c47f26 (Stand: 12.08.2021); Guyonnet, Conflans.
4 o. A., Assassinat de Samuel Paty: Abdelhakim Sefrioui reste mis en examen, 28.06.2021, https://www.lepoint.fr/justice/assassinat-de-samuel-paty-abdelhakim-sefrioui-reste-mis-en-examen-28-06-2021-2433118_2386.php (Stand: 12.08.2021).
5 Vgl. Guyonnet, Conflans.
6 Vgl. o. A., Wie eine (Not-)Lüge schließlich zum Mord an Samuel Paty führte, 09.03.2021, https://www.welt.de/politik/ausland/article227875885/Not-Luege-einer-Schuelerin-fuehrte-zum-Mord-an-Lehrer-Samuel-Paty.html (Stand: 12.08.2021).
7 Vgl. o. A., Assassinat de Samuel Paty: Abdelhakim Sefrioui reste mis en examen; o. A., Assassinat de Samuel Paty: une femme mise en examen, 25.06.2021, https://www.lepoint.fr/justice/assassinat-de-samuel-paty-une-femme-mise-en-examen-25-06-2021-2432831_2386.php (Stand: 12.08.2021).

meint dieser Begriff ein Phänomen, das „nicht als irrationale Erscheinung in der Gegenwart, geschweige denn als (rechte) Ausnahmesituation in demokratischen, egalitären Gesellschaften Europas, sondern als inhärente[r] Aspekt der europäischen Moderne"[8] zu verstehen sei. Träfe dies zu, hieße es in diesem Fall, dass Paty in seiner Rolle als französischer Lehrer und als moralischer Erbe des europäischen Kolonialismus mit den Mohammed-Karikaturen einen ureigenen „antimuslimischen Rassismus" geschürt hätte – mit der sozial homogenisierenden Annahme nämlich, dass seine muslimischen Schüler das Islamverständnis teilten, dem die Islamisten hinter dem Terroranschlag auf *Charlie Hebdo* anhingen. Folgte man diesem Verständnis, hätte Paty seine muslimischen Schüler durch die soziale Konstellation im Klassenzimmer „rassifiziert", sie als „die Anderen" „konstruiert" und ihnen aufgrund ihres religiösen Merkmals „genuin ‚islamische' Eigenschaften zugewiesen".[9] Sollte Paty somit Kritik an der islamistischen Strömung der Attentäter, die zum Umfeld der Terrororganisation „Islamischer Staat" gehörten, gehabt haben, müsste dies Keskinkılıçs Deutung des Begriffs „Islamophobie" zufolge als seine Art von „Islamkritik" (Religionskritik) verstanden werden, welche „gesellschaftliche Problem[e] in Folge depolitisiert" und die Verantwortung „auf Musliminnen und Muslime und den Islam verlagert", um somit die Mehrheitsgesellschaft zu „entlasten" – denn „negative Verhaltensweisen einzelner muslimisch markierter Menschen" oder „Straftaten von Individuen" würden „als dezidiert muslimische Eigenschaften" generalisiert und mit der „sogenannten ‚Islamkritik' verwässert", so Keskinkılıç.[10] Auf den französischen Fall angewandt und überspitzt formuliert, würde das hier bedeuten: Hätte sich Paty mit seinem angeblich vererbten kolonialistischen (antimuslimischen) Rassismus kritisch auseinandergesetzt, statt Muslime damit zu belasten und sich selbst zu „entlasten", würde er heute vermutlich noch leben.

Studien sollen zwar belegen können, dass „Islamophobie", „Islamfeindlichkeit" und „antimuslimischer Rassismus" (im Folgenden: AmR) gesellschaftspolitisch relevante Themen seien. Die Autoren liefern jedoch weder genaue Definitionen dessen, was diese Begriffe jeweils meinen, noch erfassen sie die damit angeblich angedeuteten Phänomene konkret. So wird in einigen Fällen von der „Angst vor ‚dem Islam' oder vor ‚muslimischen' Anschlägen" gesprochen und in anderen Fällen das „Feindbild Islam" umschrieben, das als politische Legiti-

---

8 Ozan Zakariya Keskinkılıç, Was ist antimuslimischer Rassismus? Islamophobie, Islamfeindlichkeit, Antimuslimischer Rassismus – viele Begriffe für ein Phänomen?, 17.12.2019, https://www.bpb.de/politik/extremismus/radikalisierungspraevention/302514/was-ist-antimuslimischer-rassismus (Stand: 12.08.2021).
9 Keskinkılıç, Was ist antimuslimischer Rassismus?
10 Keskinkılıç, Was ist antimuslimischer Rassismus?

mation für staatliche Interventionen herangezogen wird. Wiederum andere Analysen wollen Fälle von gegenwärtigem „Orientalismus" aufzeigen – das also, was laut Edward W. Said in der postkolonialen und postfaschistischen Gesellschaft tradiert wurde und im heutigen Kontext der Migrationsgesellschaft abermals aufkeime. Um das Phänomen jedoch situativ beschreiben zu können, müsste man sich auf die Begründungsmuster konzentrieren, die dabei in unterschiedlichen Bezügen und Gewichtungen zu den Faktoren Religion, Ethnizität und Migration stünden. AmR etwa solle beschreiben können, wie „der Islam" in aktuellen Islamdiskursen als „das Andere" bzw. „die Muslime" ebenda als „die Anderen" gebrandmarkt würden.[11] Antimuslimische Diskurse könnten demnach „sowohl kontrastierend als auch bestätigend an antisemitische Diskurse an[knüpfen] und schöpfen aus dem tradierten Gegenbild des kulturell Anderen",[12] heißt es etwa in einer Abhandlung. Demnach würden antisemitische Stereotype und Verschwörungstheorien wie „der ewige Jude" oder „die jüdische Weltherrschaft" nun auf „die Muslime" und auf „den Islam" projiziert, denn weil „der Jude" im öffentlichen Diskurs nicht mehr für unsanktionierten Antisemitismus herhalten könne, müsse „der Muslim" als „Islamophobie"-Ventil geradestehen. Auch wenn Parallelen „zwischen der Täter-Opfer-Umkehr und der Ignoranz gegenüber Diskriminierungs- und Vertreibungserfahrungen unübersehbar [sind], unterscheidet sich die politische Situation vor und während des Nationalsozialismus doch erheblich von jener in der postnationalsozialistischen Bundesrepublik"[13], wie Iman Attia betont, die zu den Proponentinnen des AmR-Begriffs in Deutschland zählt. Und dennoch sollten Antisemitismus, Nationalsozialismus und „Post-/Kolonialismus" als logische Schlussfolgerungen und politische Bezugsgrößen „bei der Analyse anderer Rassismen" berücksichtigt werden.[14]

Um zu verstehen, weshalb der gegenwärtig in Wissenschaft wie Aktivismus populäre Begriff „antimuslimischer Rassismus" irreführend ist, gerade was den deutschen Kontext angeht, ist es unerlässlich, historisch weit auszuholen. Im Folgenden wird anhand der Entwicklung seit 1933 dargelegt, inwiefern er sich schlecht mit der politischen Wirklichkeit deckt.

---

11 Vgl. Iman Attia, Diskursverschränkungen des antimuslimischen Rassismus, in: Karim Fereidooni/Meral El (Hrsg.), Rassismuskritik und Widerstandsformen, Wiesbaden 2017, S. 181–192, hier S. 181.
12 Iman Attia, Die „westliche Kultur" und ihr Anderes – Zur Dekonstruktion von Orientalismus und antimuslimischen Rassismus, Bielefeld 2009, S. 89.
13 Attia, Die „westliche Kultur", S. 90.
14 Attia, Die „westliche Kultur", S. 90.

Hitlers Menschenbild und der ideologische Kern der NS-Diktatur

„Denken wir als Herren und sehen wir in diesen Völkern bestenfalls lackierte Halbaffen, die die Knute spüren wollen", sagte Hitler in seiner Geheimrede über Japaner und Araber am 22. August 1939 vor den NS-Oberbefehlshabern.[15] Dass er von anderen „Völkern" oder „Rassen" nichts hielt, belegt das zentrale Kapitel von *Mein Kampf*, das er lange vor seiner Wahl zum Reichskanzler schrieb und das zugleich den politisch-ideologischen Kern der NS-Diktatur umriss.[16] Darin entwarf Hitler – in spartanischen und fehlerhaften Analogien – die angebliche kulturelle und biologische Überlegenheit der „Arier", die er mit göttlichen Attributen charakterisierte und als die „höchste" und „edelste" aller menschlichen „Rassen" lobte, die nur durch den Kampf gegen alle anderen ihre Besonderheit beibehalten könne. Der „Arier", den er als „Prometheus der Menschheit" betitelte, dürfe sich nicht mit „niederen Rassen" vermischen, um seinen und den Untergang der gesamten Welt zu verhindern. In „den materialistischen Juden", die mit Boshaftigkeit und perfiden Mitteln auf dessen Niedergang hinarbeiteten, sah Hitler wiederum das Gegenteil zum „Arier". Die ‚Rassenvermischung' sei ein jüdisches Herabsetzungsinstrument anderer „Rassen", um mittels der „Bastardierung" ihr angebliches „Endziel" zu erreichen: die Weltherrschaft. Denn sobald keine „reine Rasse" mehr verfügbar sei, würden „die Juden" anfangen, sich „gegenseitig zu übervorteilen und auszurotten versuchen". Damit das Aussterben der gesamten Menschheit verhindert werden könne – insbesondere das des göttlichen Wesens des „Ariers" – müsse diese in den Kampf gegen ihren Antagonisten, den „teuflischen Juden", gezogen werden, um so durch Rekonstruktion der „Rassenreinheit" die Errichtung eines „germanischen Staates deutscher Nation als völkischen Organismus" einzuleiten.[17]

---

15 Zitiert nach Richard Albrecht, „Wer redet heute noch von der Vernichtung der Armenier?". Adolf Hitlers Geheimrede am 22. August 1939: Das historische L-3-Dokument, in: Zeitschrift für Genozidforschung (ZfGen) 9/1 (2008), S. 93–132, hier S. 129.
16 Vgl. Roman Töppel, „Volk und Rasse", in: Vierteljahrshefte für Zeitgeschichte 64/1 (2016), S. 1–36, hier S. 6.
17 Vgl. Töppel, „Volk und Rasse", S. 7.

Das Deutsche Reich und der Nahe Osten

Hitlers Welt- und Menschenbild hinderte das NS-Regime keineswegs an der Zusammenarbeit mit Staaten im Nahen Osten. Das Deutsche Reich unterhielt beispielsweise in Kairo und Bagdad Botschaften sowie auch Konsulate in Jerusalem und in anderen arabischen Städten. Die Möglichkeiten politischer Einflussnahme und militärischer Machtausübung waren jedoch eingeschränkt, da die Kolonialmächte Großbritannien und Frankreich in Ägypten, Palästina und im Irak herrschten sowie in den Maghreb-Staaten und in Syrien dominierten. Doch mit dem Überfall der Wehrmacht auf Polen änderte sich die Situation im Orient schlagartig. Im September 1939 brach die ägyptische Führung ihre diplomatischen Beziehungen mit Deutschland und Italien ab und schloss ihre Auslandsvertretungen. Lediglich Saudi-Arabien und Jemen hielten an den Beziehungen zum Deutschen Reich fest. Die Briten und Franzosen unternahmen alles, um den politischen Einfluss Deutschlands im Orient zu unterbinden. Großbritannien etwa schlug im Frühjahr 1941 einen Putschversuch von Sympathisanten der Achsenmächte in Bagdad nieder. Auch weitere deutsche Versuche zum Macht- und Beziehungsausbau mit arabischen Gruppen wurden immer wieder von den Briten vereitelt.[18]

Deutschlands damalige diplomatische Beziehungen basierten – im Gegensatz zu Großbritannien und Frankreich in der Hochphase des Imperialismus im späten 19. Jahrhundert – auf einer nicht-imperialistischen Orientpolitik zwischen dem Kaiserreich und dem Osmanischen Reich. Dies auch aus dem Grund, weil es zu diesem Zeitpunkt einen möglichen europäischen Krieg wegen der Kolonien verhindern wollte.[19] Für damalige Politiker erschien der Nahe Osten und das einhergehende Risiko ebenso nicht gewinnbringend genug, weswegen sie sich eher auf den Handel sowie den Austausch von Kultur und Forschung konzentrierten. Deutschlands kritische Position zum Imperialismus seiner europäischen Nachbarn im orientalischen Raum steigerte sich bei den Bewohnern des Orients, die nach nationaler Freiheit strebten, zum „Deutschen-Bonus". In diplomatischen Konflikten nahm Deutschland, das eine kritische Haltung gegenüber Imperien vertrat und mit Nationalisten des Orients sympathisierte, so vermehrt die Ver-

---

[18] Vgl. Jeffrey Herf, Hitlers Dschihad. Nationalsozialistische Rundfunkpropaganda für Nordafrika und den Nahen Osten, in: Vierteljahrshefte für Zeitgeschichte 58/2 (2010), S. 259 – 286, hier S. 260.
[19] Vgl. Wolfgang G. Schwanitz, Max von Oppenheim und der „Heilige Krieg". Zwei Denkschriften zur „Revolutionierung islamischer Gebiete" 1914 und 1940, in: Sozial.Geschichte N.F. 19/3 (2004), S. 28 – 59, hier S. 29.

mittlerrolle ein. Doch die diplomatische Rolle hielt sich nicht lange und schlug von Friedens- in Kriegspolitik um. Die ablehnende Einstellung gegenüber den europäischen Imperialisten behielten die Deutschen bei sowie auch die Beziehungen zum Nahen Osten, die in den beiden Weltkriegen als Verbündete aktiviert wurden. Deutschlands Doppelstrategie war die asymmetrische Kriegsführung: Mittels angezettelter islamistischer sowie nationalistischer Widerstands- und Untergrundbewegungen sollte der koloniale Feind im „Hinterland" geschwächt werden, obwohl beide Kriege vordergründig nicht religiös, sondern ideologisch begründet waren. Im Zweiten Weltkrieg legte der Orientalist Max Freiherr von Oppenheim (1860–1946) erneut seine *Denkschrift betreffend Die Revolutionierung der islamischen Gebiete unserer Feinde* für den Heiligen Krieg vor, den er bereits während des Ersten Weltkrieges als Diplomat in Konstantinopel über die „Waffenbrüder", das Deutsche Kaiserreich und das Osmanische Reich, verfolgt hatte – „Revolutionierung: Made in Germany".[20]

Das Vorhaben wurde jedoch im Auswärtigen Amt kontrovers diskutiert. Im Juni 1940 fiel dort der Entschluss, durch den Einsatz von geringem Personalaufwand, die starke Streuung von Propaganda sowie die finanzkräftige Unterstützung und Waffenlieferungen die erwünschten islamistischen und nationalistischen Aufstände nach dem Vorbild von Oppenheims Denkschrift in Palästina und Transjordanien auszulösen, da:

> Der islamische Gedanke („Heiliger Krieg') ist bei der gegenwärtigen Mächteverteilung nicht verwendbar. Arabertum und Islam decken sich nicht. Die in unser Spiel einzubeziehenden Araber kämpfen nicht für religiöse, sondern für politische Ziele. Die Fragen des Islams bedürfen aber taktvoller Behandlung.[21]

Während Oppenheim später nicht mehr auf den Begriff „Djihad" setzte, blieb die Zielsetzung dennoch die gleiche: der systematische Missbrauch religiöser und anderer Konflikte, darunter auch der jüdisch-arabische, um in den von Großbritannien besetzten Gebieten wie Groß-Syrien, Irak und Ägypten Unruhen zu stiften. Als Verbündete nannte er die Türkei und Ägypten; Einzelpersonen wie der Großmufti von Jerusalem, Amin al-Husseini, weckten ebenfalls sein Interesse. Engländer zählten von nun an wie „die Juden" zu den Erzfeinden Deutschlands. Frankreich galt nach der Eroberung von Paris in 1940 als neutralisiert.[22]

---

20 Vgl. Schwanitz, Max von Oppenheim, S. 30.
21 Zitiert nach Schwanitz, Max von Oppenheim, S. 40.
22 Vgl. Schwanitz, Max von Oppenheim, S. 41.

Der arabische Radio-Propagandist der Nationalsozialisten

Mohammed Amin al-Husseini, der arabischer Nationalist und Judenhasser war, wurde von Großbritannien als höchster islamischer Würdenträger in Palästina eingesetzt und genoss dadurch enormes Ansehen sowie Akzeptanz bei Arabern, die ihn als „Schwert des Islam" bezeichneten. 1937 floh er während eines antisemitischen und antikolonialistischen Aufstandes vor den Briten, um sich einer Inhaftierung zu entziehen, und erreichte über verschiedene Zwischenaufenthalte 1941 Deutschland.[23] Bevor er vom NS-Reich als nationalsozialistischer Radio-Propagandist eingesetzt wurde, beauftragte ihn die SS mit der Rekrutierung muslimischer Freiwilliger, um auf dem Balkan die 13. Waffen-Gebirgs-Division „Handschar" aufzubauen, der 1942 21.000 muslimische Männer angehörten.[24]

Der nationalsozialistische Sender „Radio Berlin" hatte bereits Ende März 1939 seine Tätigkeit aufgenommen, jedoch vorerst nur mit drei täglich produzierten Sendungen, die antibritische und panarabistische Propaganda sowie glorifizierende Kriegsberichterstattung über die Achsenmächte Deutschland und Italien verbreiteten. Ab 1941 wurde dann ein weiterer Geheimsender in Ägypten errichtet, „Stimme des freien Arabiens", um auch dort arabische Nationalisten mithilfe antikolonialistischer Propaganda zu Aufständen zu mobilisieren.[25] Dass Hitler einen „regionalen Holocaust" im Orient veranlassen wollte, war al-Husseini bereits Ende November 1941 aus dem persönlichen Gespräch mit dem „Führer" bekannt.[26]

Mit der Zeit sendete „Radio Berlin" anteilig islamistische, antibritische und antijüdische Inhalte und betrieb die kontinuierliche Integration al-Husseinis in die Propagandazwecke der NS-Diktatur, bestrebt um Sympathien für die Achsenmächte zur Neuordnung des Nahen Ostens durch die Araber. Die Parallele zu einer Neuordnung Europas durch das Deutsche Reich wurde bewusst hervorgehoben, um eine gemeinsame Zielsetzung zu bekräftigen und sich deckende Feindbilder wie den „britischen Imperialismus", die „bolschewistische Barbarei",

---

23 Vgl. Gert Krell, Schatten der Vergangenheit: Nazi-Deutschland, Holocaust und Nahost-Konflikt, Frankfurt a. M. 2008, S. 25.
24 Vgl. David Patterson, Islamic Jihadism and the Legacy of Nazi Antisemitism, in: Journal of Antisemitism 7 (2006), S. 189–201, hier S. 191–192.
25 Vgl. Hans Goldenbaum, Nationalsozialismus als Antikolonialismus. Die deutsche Rundfunkpropaganda für die arabische Welt, in: Vierteljahrshefte für Zeitgeschichte 64/3 (2016), S. 449–490, hier S. 453.
26 Vgl. Schwanitz, Max von Oppenheim, S. 42.

die „jüdische Gier" oder den „amerikanischen Materialismus" zu transportieren.²⁷ Zudem wurden bewusst Analogien zu den Frühmuslimen des 7. Jahrhunderts hergestellt, die ebenfalls uneinig gewesen waren, um vom Propheten Mohammed unter der Flagge des Islams vereint zu werden und dadurch „Perser, Römer und Juden" zu besiegen – „so wie sie jetzt die Briten, Russen und Amerikaner besiegen könnten".²⁸

In seiner ersten internationalen Radiosendung vom 3. Juli 1942, die von Zeesen bei Berlin aus in die arabische Welt ausgestrahlt wurde, lobte al-Husseini die militärischen Erfolge Deutschlands und Italiens in Nordafrika.²⁹ Im August 1942 schmähte er in seiner Hetzansprache Juden, Briten und Kommunisten, weil diese die Existenz Palästinas, Ägyptens und des Iraks bedrohten. Drei Monate später hielt er seine „Märtyrerrede", ein Appell an alle Araber und Muslime in der Region des Nahen Ostens, in der er „[...] zum einheitlichen Aufstand gegen die Feinde des arabischen Volkes und des Islam aufgerufen" hatte und Engländer sowie den „weltweit agierenden Zionismus" für die Existenzbedrohung verantwortlich machte.³⁰ In seiner letzten Radioansprache vom 4. März 1944 rief er dann letztlich alle Araber zum Völkermord an der jüdischen Bevölkerung im Nahen Osten auf: „[...] Araber! Erhebt Euch wie ein Mann und kämpft für Eure heiligen Rechte. Tötet die Juden, wo immer Ihr sie findet. Das gefällt Gott, der Geschichte und der Religion. Es dient Eurer Ehre. Gott ist mit Euch."³¹

Der Großmufti und die Muslimbruderschaft

Ein Jahr später floh al-Husseini aus Deutschland, weil ihn das Vorrücken der Roten Armee in Osteuropa beunruhigte. Bei seiner Flucht in Richtung Süden wurde er zwar am 4. Mai 1945 an der Schweizer Grenze von französischen Streitkräften festgenommen.³² Allerdings traute sich keine europäische Regierung, den NS-Kollaborateur vor Gericht zu stellen, um die diplomatischen Beziehungen in den Nahen Osten nicht zu gefährden.³³ Nach der bedingungslosen

---

27 Vgl. Herf, Hitlers Dschihad, S. 267.
28 Herf, Hitlers Dschihad, S. 268.
29 Vgl. Jochen Töpfer/Max Friedrich Bergmann, Jerusalem – Berlin – Sarajevo. Eine religionssoziologische Einordnung Amin al-Husseinis, Wiesbaden 2019, S. 128.
30 Töpfer/Bergmann, Jerusalem – Berlin – Sarajevo, S. 129.
31 Zitiert nach Herf, Hitlers Dschihad, S. 284.
32 Vgl. Töpfer/ Bergmann, Jerusalem – Berlin – Sarajevo, S. 130.
33 Vgl. Matthias Küntzel, Islamismus und Nationalsozialismus – Gibt es einen Zusammenhang?, Trier 2006, S. 16.

Kapitulation der Wehrmacht und dem Ende des Zweiten Weltkrieges in Europa empfing Hassan al-Banna, Volksschullehrer und Gründer der ägyptischen Muslimbruderschaft, al-Husseini, den nunmehr „prominentesten und wichtigsten NS-Kollaborateur der arabischen und muslimischen Welt"[34], dann 1946 in Kairo.

Al-Bannas Lobrede über die „Rückkehr" des Mufti, die er am 23. Juli 1946 vor der Arabischen Liga hielt, macht deutlich, dass die nationalsozialistische, antijüdische und antibritische Ideologie der NS-Diktatur ihre Adressaten erreicht hatte und auf fruchtbaren Boden gefallen war:

> [...] Der große Führer ist zurück nach vielen Leidensjahren im Exil. [...]
> Der Mufti ist soviel Wert wie eine ganze Nation. Der Mufti ist Palästina, und Palästina ist der Mufti. O Amin! Was bist Du doch für ein großer, unbeugsamer, großartiger Mann! All die Jahre im Exil haben Deinen Kampfgeist nicht gemindert. [...]
> [...] Wir wollen wissen, was die arabische Jugend, Kabinettminister, reiche Leute und die Fürsten von Palästina, Syrien, Irak, Tunesien, Marokko und Tripolis tun werden, um dieses Helden würdig zu sein, ja dieses Helden, der mit der Hilfe Hitlers und Deutschlands ein Empire herausforderte und gegen den Zionismus kämpfte. Deutschland und Hitler sind nicht mehr, aber Amin Al-Husseini wird den Kampf fortsetzen.
> Er ist nur ein einzelner Mann, aber Mohammed war auch nur ein einzelner Mann, ebenso Christus, und sie erreichten doch Großes. Amin hat einen göttlichen Funken in seinem Herzen, was ihn über andere Menschen erhebt. Gott hat ihn mit einer Mission betraut, und er muß Erfolg haben. Die Armeen der Kolonialisierung besetzten Deutschland und hofften, Amin zu fangen, aber er war zu schlau für sie. Es gelang ihm, nach Frankreich zu entkommen, und nun kehrt er zu seinem Volk zurück, um den Kampf gegen die verbrecherischen Briten und den Zionismus wieder aufzunehmen. Die Schlacht hat begonnen, und der Ausgang ist leicht abzusehen. Der Allmächtige Gott hat Amin nicht umsonst aufgespart. Es muß göttliche Absicht hinter der Bewahrung des Lebens dieses Mannes stecken, nämlich die Niederlage des Zionismus.
> Amin! Vorwärts! Gott ist mit Dir! Wir stehen hinter Dir. Wir sind bereit, unseren Hals für die Sache zu riskieren. Bis zum Tod! Vorwärts marsch. [...][35]

Al-Banna und sechs Mitstreiter hatten gemeinsam die Bewegung der Muslimbruderschaft (Hizb al-Ikhwan al-Muslimun) initiiert, die sich 1928 in Ägypten als Antwort auf die Abkehr von islamischen Rechts- und Moralvorschriften unter der britischen Kolonialherrschaft gründete.[36] Die Überzeugungen der Organisation wurden von al-Banna in fünf Sätzen zusammengefasst – „Allah ist unser Ziel. Der Prophet ist unser Führer. Der Koran ist unser Gesetz. Jihad ist unser Weg. Auf dem

---

34 Herf, Hitlers Dschihad, S. 284.
35 Zitiert nach Herf, Hitlers Dschihad, S. 285–286.
36 Vgl. Thorsten Hasche, Quo vadis, politischer Islam? AKP, al-Qaida und Muslimbruderschaft in systemtheoretischer Perspektive, Bielefeld 2015, S. 238.

Weg Allahs zu sterben ist unsere größte Hoffnung" –, die auch heute noch als Leitsätze der Bewegung gelten.³⁷

Die panislamistische Graswurzelbewegung gilt als die älteste und einflussreichste Organisation, die im Islam ein allumfassendes gesellschaftspolitisches Konzept für soziale, ökonomische und religiöse Angelegenheiten bereitstellt sowie der schwindenden Religiosität in der Bevölkerung des Nahen Ostens entgegenwirken kann. Durch die charismatische Führungsfigur Hassan al-Banna und dessen umfangreiches Netzwerk, zu dem auch Wohltätigkeitsorganisationen sowie die ausgeklügelten Finanz- und Organisationsstrukturen der Bewegung zählten, sowie durch die stetigen Rekrutierungen neuer Mitglieder aus unterschiedlichen Berufs- und Bevölkerungsmilieus konnte sich die Muslimbruderschaft von den anderen Bewegungen abheben und sich in Ägypten und in anderen islamisch geprägten Ländern gegen die aufkeimende Konkurrenz durchsetzen.³⁸

So beteiligte sich ein Zweig der Bewegung von 1936 bis 1938 auch an den antijüdischen und antikolonialistischen Widerstandskämpfen in Palästina, wobei bei der eigenen palästinensisch-säkularen Bevölkerung mehr Opfer durch Islamisten und Nationalisten zu verzeichnen waren als auf der jüdischen und britischen Seite.³⁹ Die Kämpfe konzentrierten sich vordergründig auf die innerislamischen Konflikte und die sogenannten eigenen „Abtrünnigen" des Islams.⁴⁰ Al-Husseini, der bereits als Großmufti in Jerusalem weitreichende Kontakte zur NS-Diktatur gepflegt hatte, unterhielt ebenso enge Verbindungen zur ägyptischen Muslimbruderschaft. Abdul Rahman al-Banna, Bruder des Gründers und Entsandter der Bewegung, hatte bereits 1935 die Zusammenarbeit zwischen der Bruderschaft und dem Großmufti in Palästina initiiert, die letztendlich zu den Aufständen und zu seiner Flucht nach Deutschland führten.⁴¹

Zu den Vorreitern solch politisch-religiöser Bewegungen, die bereits in der Hochphase des Kolonialismus aufkeimten, zählten allerdings auch die zentralen islamischen Reformer und Denker Jamal al-Din al-Afghani (1838–1897), sein prominentester Schüler Mohammad Abduh (1849–1905) und dessen Student Rashid Rida (1865–1935). Al-Afghani legte den Grundstein für sowohl liberal-islamische als auch für islamistische Bewegungen als Antwort auf den stetigen Zerfall des Osmanischen Reiches. Alle drei vertraten die zentrale These, dass eine gesamtmuslimische Einheit nur dann erreicht werden könne, wenn eine Reformierung des Islams erfolge und dieser sich der vernunftbasierten westlichen

---

37 Vgl. Wilfried Röhrich, Die Politisierung des Islam, Wiesbaden 2015, S. 10.
38 Vgl. Hasche, Quo vadis, politischer Islam?, S. 239.
39 Vgl. Küntzel, Islamismus und Nationalsozialismus, S. 11.
40 Vgl. Krell, Schatten der Vergangenheit, S. 26.
41 Vgl. Patterson, Islamic Jihadism, S. 191.

Wissenschaft sowie deren Technologie ermächtige und die Rückbesinnung von Muslimen auf die Urquellen des Islams einläute, um sich so langfristig von europäischen Kolonialmächten und ihren Einflüssen loszusagen.[42]

Max von Oppenheim, der von 1896 bis 1909 Mitarbeiter des deutschen Konsulats in Kairo gewesen war und über stetigen Kontakt zu Abduh verfügte, erkannte und instrumentalisierte den sich abzeichnenden Islamismus und arabischen Nationalismus in der antiimperialistischen Blütezeit in seiner ersten Abhandlung zum „Heiligen Jihad" – zum Vorteil des Osmanischen Reiches sowie des Deutschen Kaiserreiches und zum Nachteil der sich anbahnenden arabischen Staaten sowie religiösen Minderheiten des Orients.[43] Hierauf plädierte er auch in seiner zweiten Schrift, die er im Zweiten Weltkrieg vorlegte und die eine katalysierende Symbiose zwischen dem ansteigenden Nationalismus und Islamismus im arabisch-muslimischen Raum, der sich auf Grundlage von al-Afghani etablierte und sich in Form der Muslimbruderschaft organisierte, sowie der antijüdischen und antibritischen NS-Ideologie des Deutschen Reiches lostrat.[44]

Al-Husseini, der ein Schüler Ridas war, wurde 1943 in einem Zeitungsinterview zur Bewegung von al-Afghani und Abduh gefragt, ob eine Verbindung zwischen ihrer und seiner Initiative existiere, und beantwortete dies mit: „Es gibt keinen Zweifel, daß jeder arabische Nationalist von den Lehren dieser beiden Imame berührt worden ist und auch von ihrem tapferen Kampf für die Emanzipation."[45]

Das internationale Wirken der Muslimbruderschaft

Diese Art der „Emanzipation" und die damit einhergehende Internationalisierungsstrategie der Muslimbruderschaft (im Folgenden: MB) führten dazu, dass sich bereits 1937 Ableger im Sudan, in Saudi-Arabien, Palästina, Syrien, im Libanon, in Marokko, Bahrain, Pakistan, Dschibuti und in Paris etablieren konnten.[46] Eine regional starke Verbundenheit hatte die ägyptische Mutterorganisation zum syrischen Zweig der Bewegung, so dass bis zum Zerfall der Vereinigten Arabischen Republik 1961 und bis zur Machtergreifung des Assad-Clans in Syrien

---

42 Vgl. Töpfer/Bergmann, Jerusalem – Berlin – Sarajevo, S. 62–65.
43 Vgl. Schwanitz, Max von Oppenheim, S. 34–37.
44 Vgl. Schwanitz, Max von Oppenheim, S. 39–41.
45 Zitiert nach Herf, Hitlers Dschihad, S. 276–277.
46 Vgl. Hasche, Quo vadis, politischer Islam?, S. 241.

ein von Ägypten initiierter panarabistischer Zusammenschluss beider Staaten fortbestand. Trotz der vielen internationalen Zweige galt Ägypten weiterhin als ideologisches Zentrum der Muslimbruderschaft.[47] Zählte die Bewegung 1936 noch 800 Mitglieder, sollen es 1938 bereits 200.000 gewesen sein.[48]

Obwohl al-Banna das Parteiwesen aufgrund des Vorbehalts ablehnte, dass dieses ein Kolonialinstrument zur Zersetzung der muslimischen Gesellschaft darstelle und lediglich Individual- statt Kollektivinteressen vertrete, wurde er dennoch politisch in Ägypten aktiv. 1941 nahmen er und weitere MB-Mitglieder an den ägyptischen Parlamentswahlen teil, um so die Agenda ihrer Organisation mittels politischer Institutionen fortführen zu können. Die Bewegung begriff sich jedoch nicht als Teil des Parteiwesens, sondern vielmehr als Beratergremium der Machtinstanz im Auftrag der ägyptischen Bevölkerung, um so die Gesamtgesellschaft gemäß ihrer eigenen Vision zu reformieren.[49]

Al-Bannas anfänglicher „ägyptischer Patriotismus" entwickelte sich mit der Zeit immer mehr zu einem panislamistischen Verständnis fort, das den Islam als „ethnisches Prinzip" verstand, wobei „ein islamisch begründeter Nationalismus und die Nation als soziale Identifikationseinheit immer eindeutiger zum Referenzrahmen der Muslimbrüder" wurde.[50] Unter seiner Führung gründete sich auch ein militärischer Geheimbund innerhalb der Organisation, der sich an den antibritischen Kämpfen in Ägypten und an den Aufständen in Palästina beteiligte. Diese Gewalt richtete sich auch gegen „innerägyptische Feinde" wie Politiker, jüdische und ausländische Organisationen im Land und kulminierte in der Ermordung des damaligen Premierministers Mahmud Fahmi an-Nukraschi Pascha (1888–1948), die wiederum 1949 mit dem tödlichen Attentat auf al-Banna vergolten wurde. Dessen Nachfolger Hassan al-Hudaibi (1891–1973) versuchte vergeblich, den militärischen Geheimbund aufzulösen, und entfachte dadurch einen internen Machtkampf.[51]

Durch den Militärputsch von 1952 wurde der damalige Offizier Gamal Abdel Nasser zum neuen Ministerpräsident Ägyptens, der in seiner Amtszeit Die *Protokolle der Weisen von Zion* nachdrucken und in der gesamten arabischen Welt verbreiten ließ. Nasser, der als junger Offizier regelmäßig an Veranstaltungen der Bruderschaft teilnahm und zeitweilig als Ministerpräsident mit der Bewegung

---

47 Vgl. Thorsten Hasche, Transnationaler Islamismus, in: Rüdiger Voigt (Hrsg.), Handbuch Staat, Wiesbaden 2018, S. 1925–1935, hier S. 1927.
48 Vgl. Küntzel, Islamismus und Nationalsozialismus, S. 11.
49 Vgl. Niklas Hünseler, Demokratie und Scharia. Vorstellungen politischer Herrschaft der Daʿwa Salafiyya, ägyptischer Muslimbruderschaft und Wasaṭ-Partei, Würzburg 2020, S. 166–167.
50 Hünseler, Demokratie und Scharia, S. 172.
51 Vgl. Hünseler, Demokratie und Scharia, S. 173.

kooperierte, bediente sich auch der aus Deutschland nach Ägypten geflüchteten NS-Schergen, um die antisemitische Propaganda im arabischen Raum nach Vorbild des „Dritten Reichs" voranzutreiben. Obwohl Nasser vor dem Putsch dem prominenten Mitglied und der ideologischen Führungsfigur Sayyid Qutb einen Ministerposten angeboten hatte und seinen Treueeid zur Muslimbruderschaft bekräftigte, verschlechterten sich 1954 seine Beziehungen zur Bewegung; zudem positionierte er sich zunehmend pro-sowjetisch.[52]

Nach einem Attentatsversuch auf Nasser durch ein MB-Mitglied gingen die ägyptischen Behörden aggressiv gegen die Bewegung vor, inhaftierten tausende Mitglieder und Sympathisanten, von denen viele gefoltert wurden, und zerschlugen Strukturen der Bruderschaft. Das staatliche Vorgehen führte wiederum dazu, dass sich große Teile der Organisation radikalisierten.[53] Qutb, der bis heute als „größte[r] ideologische[r] Einfluss"[54] in Bezug auf islamistische Strömungen gilt, wurde ebenfalls inhaftiert. Mit seinem Manifest *Wegmarken* (alternativ auch als *Zeichen auf dem Weg* oder *Meilensteine* bekannt) untermauerte er diese Radikalisierung. Darin umkreist er besonders den Begriff *Jahiliya*, der sich auf die vorislamische Ära bezieht und die Unwissenheit sowie Ignoranz der arabischen Zivilisation anprangert. Qutb zog in seiner Abhandlung starke Analogien aus dieser Zeit zum 20. Jahrhundert und war der festen Überzeugung, dass sowohl die islamische als auch die nichtislamische Welt sich in einem Delirium der Primitivität und der Barbarei befände.[55] Er beanspruchte darin auch die Deutungshoheit über „den" Islam und lehnte jedwede Strömung ab, die sich nach seiner Auffassung nicht an die ursprünglichen islamischen Quellen und Recht hielt:

> Die islamische Gesellschaft ist nicht eine, in der die Menschen sich selbst ‚Muslime' nennen, aber das islamische Recht keine Gültigkeit hat [...]; und die islamische Gesellschaft ist ebenso wenig die, in der Menschen ihre eigene Version des Islam erfinden [...] und dies zum Beispiel ‚fortschrittlichen Islam' nennen.[56]

---

52 Vgl. Küntzel, Islamismus und Nationalsozialismus, S. 16.
53 Vgl. Hünseler, Demokratie und Scharia, S. 175.
54 Vojin Saša Vukadinović, Drei Herrscher der Schöpfung. Hasan al-Banna, Sayidd Qutb, Mohammed Qutb und das Erbe der Moslembruderschaft, in: Frauen und Geschichte Baden-Württemberg e. V. (Hrsg.), Antisemitismus – Antifeminismus. Ausgrenzungsstrategien im 19. und 20. Jahrhundert, Roßdorf 2019, S. 131–158, hier S. 142.
55 Vgl. Hünseler, Demokratie und Scharia, S. 175.
56 Zitiert nach Armin Pfahl-Traughber, Ist der Islamismus bzw. Salafismus eine Form totalitären Denkens? Eine ideologiekritische Analyse von Klassikerpositionen, in: Totalitarismus und Demokratie 11/1 (2014), S. 49–71, hier S. 60.

Er kam in seiner „polemischen Kampfschrift"[57] auch zum Schluss, dass sowohl islamische als auch nichtislamische Regierungen durch den Jihad gewaltsam gestürzt werden sollten, um so eine wahrhafte islamische Ordnung herzustellen und die totalitäre Herrschaft Gottes einzuläuten. Qutbs persönliche Abrechnung war jedoch nur der Höhepunkt seiner Radikalisierung. Anfänglich als Literaturkritiker und Autor tätig, hatte er spätestens 1946 aus seinem Hass auf „den Westen" keinen Hehl mehr gemacht und schrieb in einem Artikel explizit, dass er „diese europäische Zivilisation hasse und verachte".[58] Ägyptische Regierungsbeamte beobachteten seine Entwicklung mit großer Sorge, da er verstärkt an Einfluss auf die Bevölkerung gewann und zeitgleich als Antrieb für islamistische Gruppierungen galt. Um seiner Entwicklung entgegenzuwirken, entschied man sich, ihn für zwei Jahre zum Studieren in die USA zu entsenden. Dort trat jedoch Gegenteiliges ein und seine Ressentiments gegenüber der von ihm für gottlos befundenen Gesellschaft verschärften sich. Nach seiner Rückkehr veröffentlichte er mehrere islamistische und antisemitische Artikel, die 1970 im Sammelwerk *Unser Kampf mit den Juden* zusammengetragen wurden, worin es – Karl Marx, Sigmund Freud und Émile Durkheim meinend – heißt: „Hinter der Doktrin des atheistischen Materialismus steckte ein Jude; hinter der Doktrin der animalistischen Sexualität steckte ein Jude; und hinter der Zerstörung der Familie und der heiligen gesellschaftlichen Beziehungen steckte ein Jude."[59] Qutb wurde 1966 von der Nasser-Regierung hingerichtet, was seinen Personenkult und die Verbreitung seiner Schriften noch beförderte.[60]

Deutschland und die Muslimbruderschaft

Während tausende Sympathisanten und Mitglieder der Muslimbruderschaft in ägyptischen Gefängnissen inhaftiert und gefoltert wurden, konnten viele andere aus dem Land fliehen. Durch die Zerschlagung der Organisation und die Verfolgung ihrer Anhängerschaft durch das Nasser-Regime wurde eine zusätzliche Fluchtbewegung von Studenten der Bruderschaft losgetreten, die sich so den Repressalien in den 1950er und 1960er Jahren entziehen wollten und Zuflucht in Europa suchten – auch in Westdeutschland. Die Bundesrepublik nahm 1954 ägyptische und syrische Flüchtlinge auf. Unter diesen waren jedoch nicht nur

---

57 Vgl. Hünseler, Demokratie und Scharia, S. 176.
58 Zitiert nach Vukadinović, Drei Herrscher der Schöpfung, S. 143.
59 Zitiert nach Vukadinović, Drei Herrscher der Schöpfung, S. 144.
60 Vgl. Hünseler, Demokratie und Scharia, S. 176.

schutzsuchende Zivilisten, sondern MB-Mitglieder und -Sympathisanten, die bereits während der NS-Zeit Kontakte nach Deutschland unterhielten.[61]

Auch Said Ramadan (1926–1995), Anführer der MB-Kämpfe in Palästina und Sekretär des Bewegungsgründers al-Banna, kam in den 1950er Jahren in die Bundesrepublik. Hier gründete er eine der drei größten muslimischen Organisationen des Landes, die Islamische Gemeinschaft Deutschland (im Folgenden: IGD, später umbenannt in Deutsche Muslimische Gemeinschaft). Ramadan war von 1958 bis 1968 im Vorstand der IGD und (Mitbe-)Gründer weiterer einflussreicher muslimischer Organisationen, die aus dem Ausland finanziert wurden, um die radikale Auslegung des Islams zu verbreiten. Seine Nachfolge trat der Syrer Ghaleb Himmat an, der nach einer Interimslösung von 1973 bis 2002 die Präsidentschaft der Organisation übernahm und seit 1990 italienischer Staatsbürger ist. Himmat, der transatlantische Beziehungen zu Mitgliedern der Muslimbruderschaft pflegte und von diversen Geheimdiensten beobachtet wurde, war Gründer der al-Taqwa Bank, die von italienischen Sicherheitsbehörden als die „Bank der Muslimbruderschaft" bezeichnet wurde. Himmat, der maßgeblich an dem Aufbau eines europäisch-islamistischen Finanznetzwerks beteiligt war, soll größere Geldbeträge an die islamistische Terrororganisation Hamas – ein palästinensischer Zweig der Muslimbruderschaft – gezahlt sowie einem hochrangigen Mitarbeiter von Osama bin Laden einen Geheimkredit gewährt haben. Erst nachdem das US-Finanzministerium Himmat als Terror-Finanzier und verschiedene islamistische Verbindungen offenlegte, trat er als IGD-Vorstand zurück. In der Zwischenzeit konnten Ramadan und Himmat mehrere Projekte realisieren, darunter den Bau des Islamischen Zentrums München (im Folgenden: IZM), das als Repräsentanz der ägyptischen Muslimbruderschaft in Deutschland gilt. Das IZM, das die hausinterne Zeitschrift *Al-Islam* herausgibt, bekannte sich im Februar 2002 zu seiner antidemokratischen Position und ablehnenden Haltung gegenüber dem säkularen Staat und betonte, dass Muslime langfristig „die deutschen Familien-, Staats- und Strafgesetze nicht akzeptieren" könnten, da das primäres Ziel ein „eigenes Rechtswesen" sei.[62]

Das Erbe der beiden prominenten MB-Mitglieder trat der Multifunktionär Ibrahim El-Zayat an, der in seiner IGD-Amtszeit den agitatorischen Schwerpunkt auf die jüngere Generation legte und verschiedene Rekrutierungskampagnen initiierte, um junge Muslime in die unterschiedlichen Organisationen einzugliedern. El-Zayat geriet schnell in den Fokus der Sicherheitsbehörden, die ihn offen als

---

61 Vgl. Lorenzo Vidino, The Muslim Brotherhood's Conquest of Europe, in: Middle East Quarterly 12/1 (Winter 2005), S. 25–34, https://www.meforum.org/687/the-muslim-brotherhoods-conquest-of-europe (Stand: 24.02.2021).
62 Zitiert nach Vidino, The Muslim Brotherhood's Conquest of Europe.

MB-Mitglied bezeichnen.⁶³ 2002 veröffentlichte das Bundeskriminalamt Meckenheim seine weitreichenden islamistischen Verbindungen und Kontakte, die von Saudi-Arabien bis nach Frankreich reichen sollen. Darin wurde er verdächtigt, „mit Geldwäsche in Millionenhöhe extremistische Organisationen zu unterstützen."⁶⁴

Neben dem ägyptischen Zweig ließ sich auch die syrische Muslimbruderschaft in Westdeutschland nieder, die in der Universitätsstadt Aachen Fuß fasste und weiterhin enge Verbindungen zur Ersteren pflegt. Issam al-Attar, der in den 1950er Jahren aus Syrien floh und über verschiedene Aufenthalte in die Bundesrepublik gelangte, gründete dort die Bilal-Moschee, die auch unter dem Namen Islamisches Zentrum Aachen (im Folgenden: IZA) bekannt ist. Nach außen hin gibt sich das IZA „unpolitisch, konzentriert seine Aktivitäten auf islamische Bildung und Erziehung und beteiligt sich gerne an interreligiösen Initiativen"⁶⁵, über die eigene Website vertrieb es allerdings u. a. Schriften des MB-Ideologen Sayyid Qutb. Enge Verflechtungen und Verbindungen zwischen den lokalen MB-Zweigen können unter anderem anhand von Mitarbeiterrotationen sowie der Heiratspolitik nachvollzogen werden.⁶⁶

Unter den diversen islamistischen Verbindungen, die El-Zayat unterhielt, weckte jene zu Vertretern der Millî Görüş (türkisch für „Nationale Sicht", im Folgenden: MG) besonderes Interesse bei Sicherheitsbehörden.⁶⁷ Bei der MG handelt es sich um eine politisch-islamistische Bewegung, die ihren Ursprung in der Türkei selbst hat und in einem Konkurrenzverhältnis zu anderen türkisch-ultranationalistischen Bewegungen steht.⁶⁸ Sie behauptet, mit ihrem lokalen Zweig (Islamische Gemeinschaft Millî Görüş e. V., im Folgenden: IGMG) die türkische Gemeinde in Deutschland abzubilden und in ihrem Sinne politische Interessensvertretung zu betreiben. Dem Bayerischen Landesamt für Verfassungsschutz liegen dazu jedoch andere Erkenntnisse vor. Es beschreibt die Zielsetzung der IGMG wie folgt:

---

63 Vgl. Vidino, The Muslim Brotherhood's Conquest of Europe.
64 Regina Mönch, Islamkonferenz: Trojanisches Pferd, in: Frankfurter Allgemeine Zeitung, 08.05.2007.
65 Rita Breuer, Die Muslimbruderschaft in Deutschland in: Bundeszentrale für politische Bildung, Dossier Islamismus (2019), https://www.bpb.de/politik/extremismus/islamismus/290422/die-muslimbruderschaft-in-deutschland (Stand: 24.02.2021).
66 Vgl. Vidino, The Muslim Brotherhood's Conquest of Europe.
67 Vgl. Vidino, The Muslim Brotherhood's Conquest of Europe.
68 Vgl. Kemal Bozay, Unter Wölfen?! Rechtsextreme und nationalistische Einstellungen unter Türkeistämmigen in Deutschland, in: Kemal Bozay/Dierk Borsten (Hrsg.), Ungleichwertigkeitsideologien in der Einwanderungspolitik, Wiesbaden 2017, S. 165–178, hier S. 177.

Ziel der Bewegung ist es, zunächst die laizistische Staatsordnung (Trennung von Kirche und Staat) in der Türkei durch eine islamische Staats- und Gesellschaftsordnung mit dem Koran und der uneingeschränkten Gültigkeit der Scharia als Grundlagen des Staates und des gesellschaftlichen Zusammenlebens abzulösen. Ihr erklärtes Fernziel ist darüber hinaus die weltweite Einführung einer islamischen Staats- und Gesellschaftsordnung nach dem Vorbild des alten osmanischen Reichs unter Führung der Türkei. [69]

Die IGMG geht in ähnlicher Weise wie die IGD vor und kooperiert auch mit dieser auf verschiedenen Ebenen. Darüber hinaus fallen familiäre Verbindungen zwischen den beiden Organisationen auf.[70]

Neben zahlreichen Jugendorganisationen, die der Muslimbruderschaft entwachsen sind, gründete sich 1994 der Zentralrat der Muslime (im Folgenden: ZMD) unter maßgeblicher Beteiligung von IGD, IZM und IZA in Deutschland.[71] Zu den Mitgliedern zählte auch die ATIB (Avrupa Türk-İslam Birliği), die sich von der rechtsextremen türkischen Partei Milliyetçi Hareket Partisi (Partei der Nationalistischen Bewegung, kurz: MHP) im Streit über die Vereinbarkeit von Islam und türkischem Nationalismus abgespalten hat. Anhänger und Sympathisanten der ATIB sehnen sich nach „einem modernen Osmanischen Reich, das die ganze Welt beherrscht".[72] Trotz dieser ideologischen Hintergründe und der aus Ägypten übernommenen Finanz- sowie Organisationsstrukturen konnten sich Institutionen aus dem Umfeld der Muslimbruderschaft über Jahre hinweg als Ansprechpartner „der" Muslime für Gesellschaft, Medien und Politik inszenieren.

Die rassismussensible Gegenwart und der Islam

Im Wissen um diese weit ins 20. Jahrhundert zurückreichenden Beziehungen, die insbesondere zwischen dem nationalsozialistischen Deutschland und diversen islamistischen Bewegungen existierten, erscheint die aktivistische Rhetorik der Gegenwart, die sich schützend vor den Islam stellt, in einem anderen Licht.

Werden im 21. Jahrhundert reaktionäre innerislamische Tendenzen thematisiert, folgen meist massive Rassismus-Vorwürfe. So erging es etwa der Ethnologin Susanne Schröter, die 2019 an der Frankfurter Goethe-Universität die Konferenz „Das islamische Kopftuch. Symbol der Würde oder der Unterdrückung?" orga-

---

[69] Zitiert nach Bayerisches Landesamt für Verfassungsschutz. Legalistischer Islamismus, o.D., https://www.verfassungsschutz.bayern.de/islamismus/situation/legalistischer_islamismus/index.html (Stand: 25.02.2021).
[70] Vgl. Vidino, The Muslim Brotherhood's Conquest of Europe.
[71] Breuer, Muslimbruderschaft.
[72] Bozay, Unter Wölfen?!, S. 178.

nisierte und sowohl Befürworterinnen als auch Kritikerinnen zur Podiumsdiskussion einlud. Nach Ankündigung der Veranstaltung organisierten Aktivisten und Studierende der Universität unter dem Hashtag #schroeter_raus eine diffamierende Onlinekampagne, in deren Zuge Schröter „antimuslimischer Rassismus" vorgeworfen und ihre Entlassung gefordert wurde.[73] Im März 2021, fünf Monate nach der Enthauptung von Samuel Paty, fand im französischen Grenoble eine ähnliche Protestaktion von Studenten und Aktivisten statt, die zwei Professoren diffamierten und in den sozialen Netzwerken gegen sie mobilisierten.[74] Klaus Kinzler, der an der dortigen Universität deutsche Geschichte und Kultur lehrt, wurde der „Islamfeindlichkeit" bezichtigt, nachdem er sich gegen die Gleichsetzung von Islamophobie mit Antisemitismus und Rassismus im Titel einer geplanten Veranstaltung aussprach. Auch ein sich mit ihm solidarisierender Professor geriet schnell ins Visier des organisierten Kollektivs. Das französische Innenministerium warf der wütenden Gruppe vor, dass ihr Vorgehen die Professoren – genauso wie im Fall Paty – in Lebensgefahr brachte und sie es sogar billigend in Kauf genommen habe, dass diesen Ähnliches widerfährt. Beide standen nach der Hass- und Verleumdungskampagne im Netz unter Polizeischutz. Im Mai 2021 veröffentlichte das französische Erziehungsministerium seinen Untersuchungsbericht zum dem Fall und fällte darin das Urteil, dass die Islamophobie- und Rassismusvorwürfe gegen beide Professoren haltlos und politisch motiviert waren.[75]

---

[73] Vgl. Sophie Aschenbrenner, Studierende protestieren gegen Konferenz zum Thema Kopftuch, 08.05.2019, https://www.jetzt.de/politik/schroeter-raus-debatte-um-kopftuch-konferenz-an-der-goethe-uni-frankfurt (Stand: 14.08.2021); Vojin Saša Vukadinović, Kampagne gegen Susanne Schröter: Diskursganoven, in: Jungle World 19/2019, 09.05.2019, https://jungle.world/artikel/2019/19/diskursganoven (Stand: 14.08.2021).
[74] Vgl. Andrea Nüsse, Kulturkampf an französischen Hochschulen. So schnell wird man zum „islamophoben Faschisten", in: Der Tagesspiegel, 16.03.2021, https://www.tagesspiegel.de/politik/kulturkampf-an-franzoesischen-hochschulen-so-schnell-wird-man-zum-islamophoben-faschisten/27006476.html (Stand: 14.08.2021); Stefan Dege/Heike Mund, Islamophobie und Antisemitismus. Cancel Culture: Streit um Meinungsfreiheit in Frankreich, 22.03.2021, https://de.qantara.de/inhalt/islamophobie-und-antisemitismus-cancel-culture-streit-um-meinungsfreiheit-in-frankreich (Stand: 14.08.2021).
[75] Vgl. Lucien Scherrer, In einer Diskussion mit Studenten kritisiert der deutsch-französische Professor Klaus Kinzler den Begriff „Islamophobie". Kurze Zeit später benötigt er Polizeischutz, in: Neue Zürcher Zeitung, 14.09.2021, https://www.nzz.ch/feuilleton/diskussion-beendet-ld.1644831 (Stand: 14.09.2021).

„Begriffe wie Islamfeindlichkeit, Islamophobie, antimuslimischer Rassismus sind zu Kampfbegriffen des Politischen Islam geworden"[76], sagt Mouhanad Khorchide in einem Gastkommentar für die österreichische Tageszeitung *Die Presse*. Der liberal-islamische Theologe und Islamwissenschaftler ist der Überzeugung, dass mit dieser Terminologie versucht werde, die „westliche Gesellschaft per se [als] islamfeindlich" darzustellen. Eine klare Definition dieser Begriffe existiere nicht, und nur wenige interessieren sich für ihre wissenschaftliche Erforschung, gleichzeitig würden sie aber „unreflektiert" verwendet, wodurch weite Teile der Gesellschaft zu ungewollten Unterstützern der „antiwestliche[n] Ideologie des Politischen Islam" würden.[77] Als liberale Stimme in der deutschen Islamdebatte wird Khorchide selbst regelmäßig Opfer islamistischer Verleumdungskampagnen; an einer solchen hatte sich auch der stellvertretende ZMD-Vorsitzende Mohammed Khallouk beteiligt.[78] Auch der liberal-sunnitische Gelehrte Kyai Haji Yahya Cholil Staquf teilt Khorchides Ansichten und sieht einen „klaren Zusammenhang zwischen Fundamentalismus, Terror und Grundannahmen der islamischen Orthodoxie".[79] Über diesen Zusammenhang sollte man offen diskutieren können und kritisch reflektieren dürfen. Der Generalsekretär der größten muslimischen Organisation in Indonesien appelliert deshalb an „den Westen", damit aufzuhören, „das Nachdenken über diese Fragen für islamophob zu erklären."[80]

AmR, „Islamfeindlichkeit" oder „Islamophobie" sind in der Literatur inhaltlich nicht „in einem systematischen Sinne bestimmt" oder klar definiert worden, wie Armin Pfahl-Traughber feststellt, der mehrere Studien zu diesen Themen analysiert hat. Dafür weisen aktuelle Forschungen eher „Lücken und Widersprüchlichkeiten auf", so der Politikwissenschaftler; zudem werde auch nicht darauf aufmerksam gemacht, wie „Islamkritik" von Muslimfeindlichkeit zu unterscheiden sei.[81] Eine Trennung oder gar Differenzierung zwischen islamistischen, orthodoxen und liberalen Strömungen oder zumindest Muslimen und Is-

---

76 Mouhanad Khorchide, Sind wir nicht schon längst auf den Politischen Islam hereingefallen?, in: Die Presse, 17.11.2020, https://www.diepresse.com/5898835/sind-wir-nicht-schon-langst-auf-den-politischen-islam-hereingefallen (Stand: 26.02.2021).
77 Khorchide, Sind wir nicht schon längst auf den Politischen Islam hereingefallen?
78 Vgl. Breuer, Muslimbruderschaft.
79 o. A., Terrorismus und Islam hängen zusammen, in: Frankfurter Allgemeine Zeitung, 18.08. 2017, https://www.faz.net/aktuell/feuilleton/debatten/islamgelehrter-terrorismus-und-islam-ha engen-zusammen-15157757.html (Stand: 26.02.2021).
80 Zitiert nach o. A., Terrorismus und Islam.
81 Armin Pfahl-Traughber, „Islamophobie" und „Antimuslimischer Rassismus" – Dekonstruktion zweier Hegemoniekonzepte aus menschenrechtlicher Perspektive, in: Zeitschrift für Politik (ZfP) 67 (2020), S. 133–152, hier S. 151.

lamisten scheint nicht gewollt zu sein. Durch die schwammigen Begriffe werde viel eher dem Narrativ der muslimischen „Umma" zugearbeitet, das aus dem historischen Kontext gerissen und überwiegend von Islamisten falsch als „Volk aller Muslime" wiedergegeben wiedergegeben wird und dem ethnischen Prinzip des Islams nach der Vorstellung von Hassan al-Banna entspricht, obwohl die „Gemeindeordnung von Medina" – der der Begriff „Umma" ursprünglich entnommen wurde – nicht ausschließlich Muslime vorgesehen hatte, sondern auch andere Gläubige wie Juden, Christen und Polytheisten berücksichtigte. Die islamistischen Vorstellungen einer homogenen Gesellschaft ähneln indes den Gesellschaftsvorstellungen, die im wilhelminischen Kaiserreich von völkischen Bewegungen vertreten wurden und die ideologische wie politische Vorarbeit für den Nationalsozialismus leisteten. Auffällig ist, dass islamistische wie völkische Organisationen historisch versuchten, sich gleichermaßen von ihrem jüdischen Erbe zu „reinigen" und jedwede Strömungen innerhalb der eigenen Glaubensgemeinschaft ablehnten, die nach ihrem Verständnis von den Urquellen der jeweiligen Religion abgekehrt seien oder gar „neuartige" initiieren wollen.[82]

Zu diesem gemeinsamen Verständnis wird sicherlich nicht nur die deutschosmanische Verflechtung einen wesentlichen Beitrag dazu geleistet haben, sondern sicherlich auch der darauffolgende Austausch zwischen der NS-Diktatur und islamistischen Akteuren im orientalischen Raum. Durch solch radikale Interpretationen strebten völkische wie islamistische Kreise die bewusste Homogenisierung und entsprechend konstruierte Fremd- und Eigenwahrnehmung der jeweiligen Gruppe an, was sich bis in die Gegenwart beobachten lässt. Hier wird gezielt eine kollektive Identität befeuert, die sich aus Gründen der Breitenwirkung auf die ethnische bzw. religiöse Zugehörigkeit bezieht. Dementsprechend lassen sich Feindbilder, die der angeblich bedrohten Gesamtgruppe Schaden zufügen wollen oder sie gar von ihrer religiösen „Norm" abzubringen versuchen, durch Wahrnehmungs- und Deutungsmuster wie z. B. „der Brite", „der Amerikaner" bzw. „der Westen" und „der Jude" bzw. „der Zionist" leichter stimulieren.

Andererseits können Islamisten darunter die Muslimbruderschaft sich so hinter dem kollektivierenden Label „der Islam" oder „die Muslime" in Europa für die unkritische und sicherlich auch zum Teil unwissende Mehrheitsgesellschaft leichter tarnen. Im Gegenzug brandmarken sie kritische Wissenschaftler, Journalisten, Reformtheologen und andere Akteure aus der Position der vermeintlich homogen wahrgenommenen muslimischen Minderheitsgesellschaft öffentlich als

---

[82] Zu völkischen Bewegungen vgl. Klaus Vondung, Von der völkischen Religiosität zur politischen Religion des Nationalsozialismus: Kontinuität oder neue Qualität?, in: Uwe Puschner/ Clemens Vollnhals (Hrsg.), Die völkisch-religiöse Bewegung im Nationalsozialismus. Eine Beziehungs- und Konfliktgeschichte, Göttingen 2012, S. 29–42, hier S. 29.

„antimuslimische Rassisten" oder als „islamophob". Obwohl sich ihre kritische Haltung nicht per se auf alle Muslime bezieht, sondern eben auf islamistische Bewegungen und ihre verfassungsfeindlichen, antidemokratischen, nationalistischen, rassistischen und antisemitischen Weltanschauungen abzielt, die genauso von Muslimen im europäischen und islamischen Raum regelmäßig kritisiert werden. Da die Begriffe AmR-, Islamfeindlichkeit und Islamophobie per Definition Antisemitismus und Nationalsozialismus als Bezugsgröße vorgeben, befeuert dieses Konglomerat an undifferenzierten Begrifflichkeiten populäre Opfernarrative und -mythen der Islamisten, die sich schamlos als die ‚neuen Juden' inszenieren. Auch in kritischen Debatten versuchen sie sich mit der systematischen Judenverfolgung des „Dritten Reiches" gleichzusetzen, was letztlich in der Relativierung der Verfolgung von europäischen Juden und dem Holocaust sowie in einer islamistischen Realitätsverzerrung mündet. Trotz der historisch nachgewiesenen Kollaboration mit der NS-Diktatur, der Verherrlichung und Huldigung Hitlers sowie Nazi-Deutschlands für die industrielle Ermordung von sechs Millionen Juden sowie dem Aufruf durch al-Husseini zum Genozid an der jüdischen Bevölkerung im Nahen Osten. Diese aktivistischen Tendenzen, werden von mediokrer Wissenschaft unterstützt und gefördert, wie man an einschlägigen Abhandlungen sehen kann. Dies macht sich besonders dann bemerkbar, sobald Themen wie etwa die Frauendiskriminierung im Islam oder eine Modernisierung der Religion angesprochen werden, die in akademischen Debatten ebenfalls als „islamophob" oder „rassistisch" diffamiert oder Feministinnen – egal, ob muslimisch oder nicht muslimisch – auf eine Ebene mit Rechtspopulisten oder Rassisten gestellt werden. Ob man sich bei der Kritik an islamischen Geschlechterverhältnissen auf die Menschenrechte bezieht, spielt dabei keine Rolle.[83]

Um jedoch eine Trennschärfe zwischen Islamisten und Muslimen zu wahren und somit berechtigte Kritik an islamistischen Strömungen zuzulassen sowie vorhandene Diskriminierung und Ausgrenzung von Muslimen aufzeigen zu können, plädieren manche Wissenschaftler für den Begriff „Muslimfeindlichkeit" (MF), der jedoch von Funktionären, Akteuren und Vereinen mit Verbindungen zur Muslimbruderschaft, IGMG und ATIB auf politischer Ebene erfolgreich boykottiert wird. Der Theologe, Philosoph und Historiker Heiner Bielefeldt merkte hierzu an:

> Aus der Perspektive der Menschenrechte scheint mir der Begriff der Muslimfeindlichkeit am ehesten geeignet zu sein, das hier zur Debatte stehende Syndrom zu bezeichnen. Denn darin kommt die menschenrechtliche Fokussierung zum Ausdruck, wonach es nicht um die Wahrheit oder Reputation der Religion als solcher geht, sondern um Menschen, die in ihrem Anspruch auf Würde, Freiheit und Gleichberechtigung missachtet werden und die dagegen

---

83 Vgl. Pfahl-Traughber, „Islamophobie" und „Antimuslimischer Rassismus", S. 151.

gesellschaftliche Solidarität und staatlichen Schutz benötigen. Muslimfeindlichkeit ist eine Variante gruppenbezogener Menschenfeindlichkeit und muss deshalb politisch und rechtlich angegangen werden.[84]

Armin Pfahl-Traughber zufolge erfasst der Begriff „Muslimfeindlichkeit" „eine Feindschaft gegen Muslime als Muslime, das heißt: Eine Ablehnung und Diskriminierung von Einzelnen oder Gruppen erfolgt primär aufgrund deren Glaubens an den Islam. Damit geht nicht nur ein negatives Bild im Sinne einer öffentlichen Herabwürdigung einher, sondern auch eine angestrebte Benachteiligung im Sinne eines niedrigeren Rechtsstatus."[85]

Edward W. Said, die ewige Antwort auf alles

Postmodern orientierte Akademiker hingegen, die weite Teile der Debatte zum Thema Islam in den Geistes- und Sozialwissenschaften dominieren und ebenfalls dem Begriff „antimuslimsicher Rassismus" anhängen, berufen sich bis heute auf die Thesen Edward W. Saids aus dessen stilprägender Abhandlung *Orientalismus* von 1978. Ungeachtet der historisch-politischen Entwicklungen seither – der „Islamischen Revolution" im Iran 1978/1979, des Siegeszugs der Taliban in Afghanistan in den 1990er Jahren und deren Triumphes über die US-Armee und deren Verbündete 2021, des terroristischen Massenmords vom 11. September 2001 und vieler nachfolgender islamistischer Anschläge überall in der Welt, der Errichtung des Terror-Kalifats seitens des „Islamischen Staates" in Syrien und im Irak in den 2010er Jahren, usw. – bedienen sie sich weiterhin aus dem beschränkten Thesenrepertoire des Mitbegründers postkolonialer Theorie und geben dem Ganzen lediglich einen neuen Namen, der im 21. Jahrhundert „antimuslimischer Rassismus" lautet. Wie schon bei Said bauen ihre Theorien ausschließlich auf eurozentrischer Perspektive und wirken in Bezug auf die Bedürfnisse und Erkenntnisse des Orients und dessen Bevölkerung vollkommen ignorant.[86] Aktuelle Entwicklungen oder Forschungen zu islamistischen Bewegungen und ihrer Instrumentalisierung der Religion für politisch-motivierte

---

84 Zitiert nach Andreas Zick, Das Vorurteil über Muslime, in: Peter Antes/Rauf Ceylan (Hrsg.), Muslime in Deutschland. Historische Bestandsaufnahme, aktuelle Entwicklungen und zukünftige Forschungsfragen, Wiesbaden 2017, S. 39–57, hier S. 42–43.
85 Zitiert nach Michael Logvinov, Muslim- und Islamfeindlichkeit in Deutschland. Begriffe und Befunde im europäischen Vergleich, Wiesbaden 2017, S. 6.
86 Vgl. Andreas Harstel. Das Gründungsdokument des Postkolonialismus. Edward Saids Orientalism und Israel, in: Hallische Jahrbücher #1. Die Untiefen des Postkolonialismus, herausgegeben von Jan Gerber, Berlin 2021, S. 184–197, hier S. 186–187.

Zwecke, wie im Falle der Muslimbruderschaft in Ägypten, der Hisbollah im Libanon, der Millî Görüş in der Türkei oder ihrer lokalen Zweige in Europa, werden bewusst übersehen – sie passen schlichtweg nicht ins Konzept. Vielmehr wirkt es so, als ginge es der Anhängerschaft des Begriffs „antimuslimischer Rassismus" ausschließlich um die zu bescheinigende Erbschuld „des Westens" im Kontext des Kolonialismus und den angeblich über Generationen tradierten Rassismus. Diese Unternehmungen gehen soweit, dass auf verschiedenen Ebenen mit islamistischen Akteuren zusammengearbeitet wird, bisweilen auch universitär: „Das vorrangige Ziel des akademischen Islamismus besteht darin, die Wissenschaften zu ‚entwestlichen', was heißt, sie vom Prinzip des Zweifels und der Vermutung zu lösen"[87], so der Historiker und Politikwissenschaftler Matthias Küntzel – ein Erklärungsansatz zumindest für die Zusammenarbeit (islamistischer) Aktivisten und Studenten postmoderner Theorien, die im Schulterschluss bei abweichenden Meinungen gegen unliebsame Kritiker vorgehen, und deren Position mittlerweile selbst historisch aufzuarbeiten ist.

Literatur

Albrecht, Richard. „Wer redet heute noch von der Vernichtung der Armenier?". Adolf Hitlers Geheimrede am 22. August 1939: Das historische L-3-Dokument, in: Zeitschrift für Genozidforschung (ZfGen) 9/1 (2008), S. 93–132.

Aschenbrenner, Sophie. Studierende protestieren gegen Konferenz zum Thema Kopftuch, 08.05.2019, https://www.jetzt.de/politik/schroeter-raus-debatte-um-kopftuch-konferenz-an-der-goethe-uni-frankfurt (Stand: 14.08.2021).

Attia, Iman. Die „westliche Kultur" und ihr Anderes – Zur Dekonstruktion von Orientalismus und antimuslimischen Rassismus, Bielefeld 2009.

Attia, Iman. Diskursverschränkungen des antimuslimischen Rassismus, in: Karim Fereidooni/Meral El (Hrsg.), Rassismuskritik und Widerstandsformen, Wiesbaden 2017, S. 181–192.

Bayerisches Landesamt für Verfassungsschutz. Legalistischer Islamismus, https://www.verfassungsschutz.bayern.de/islamismus/situation/legalistischer_islamismus/index.html (Stand: 25.02.2021).

Bozay, Kemal. Unter Wölfen?! Rechtsextreme und nationalistische Einstellungen unter Türkeistämmigen in Deutschland, in: Kemal Bozay/Dierk Borsten (Hrsg.), Ungleichwertigkeitsideologien in der Einwanderungspolitik, Wiesbaden 2017, S. 165–178.

Breuer, Rita. Die Muslimbruderschaft in Deutschland, in: Bundeszentrale für politische Bildung, Dossier Islamismus (2019), https://www.bpb.de/politik/extremismus/islamismus/290422/die-muslimbruderschaft-in-deutschland (Stand: 24.02.2021).

---

87 Küntzel, Islamismus und Nationalsozialismus, S. 9.

Dege, Stefan/Heike Mund. Islamophobie und Antisemitismus. Cancel Culture: Streit um Meinungsfreiheit in Frankreich, 22.03.2021, https://de.qantara.de/inhalt/islamophobie-und-antisemitismus-cancel-culture-streit-um-meinungsfreiheit-in-frankreich (Stand: 14.08.2021).

Goldenbaum, Hans. Nationalsozialismus als Antikolonialismus. Die deutsche Rundfunkpropaganda für die arabische Welt, in: Vierteljahrshefte für Zeitgeschichte 64/3 (2016), S. 449–490.

Guyonnet, Paul. Conflans: Des caricatures montrées par Samuel Paty à l'attentat, ce qu'il s'est passé, 17.10.2020, https://www.huffingtonpost.fr/entry/conflans-caricatures-samuel-paty-attentat_fr_5f8af8b7c5b69daf5e13a042 (Stand: 12.08.2021).

Harstel, Andreas. Das Gründungsdokument des Postkolonialismus. Edward Saids Orientalism und Israel. in: Hallische Jahrbücher #1. Die Untiefen des Postkolonialismus, herausgegeben von Jan Gerber, Berlin 2021, S. 184–197.

Hasche, Thorsten. Quo vadis, politischer Islam? AKP, al-Qaida und Muslimbruderschaft in systemtheoretischer Perspektive, Bielefeld 2015.

Hasche, Thorsten. Transnationaler Islamismus, in: Rüdiger Voigt (Hrsg.), Handbuch Staat, Wiesbaden 2018, S. 1925–1935.

Herf, Jeffrey. Hitlers Dschihad. Nationalsozialistische Rundfunkpropaganda für Nordafrika und den Nahen Osten, in: Vierteljahrshefte für Zeitgeschichte 58/2 (2010), S. 259–286.

Hünseler, Niklas. Demokratie und Scharia. Vorstellungen politischer Herrschaft der Daʿwa Salafiyya, Ägyptischen Muslimbruderschaft und Wasaṭ-Partei, Würzburg 2020.

Keskinkılıç, Ozan Zakariya. Was ist antimuslimischer Rassismus? Islamophobie, Islamfeindlichkeit, Antimuslimischer Rassismus – viele Begriffe für ein Phänomen?, 17.12.2019, https://www.bpb.de/politik/extremismus/radikalisierungspraevention/302514/was-ist-antimuslimischer-rassismus (Stand: 12.08.2021).

Khorchide, Mouhanad. Sind wir nicht schon längst auf den Politischen Islam hereingefallen?, in: Die Presse, 17.11.2020, https://www.diepresse.com/5898835/sind-wir-nicht-schon-langst-auf-den-politischen-islam-hereingefallen (Stand: 26.02.2021).

Krell, Gert. Schatten Der Vergangenheit: Nazi-Deutschland, Holocaust Und Nahost-Konflikt, Frankfurt a.M. 2008.

Küntzel, Matthias. Islamismus und Nationalsozialismus – Gibt es einen Zusammenhang?, Trier 2006.

Logvinov, Michail. Muslim- und Islamfeindlichkeit in Deutschland. Begriffe und Befunde im europäischen Vergleich, Wiesbaden 2017.

Mönch, Regina. Islamkonferenz: Trojanisches Pferd, in: Frankfurter Allgemeine Zeitung, 08.05.2007, https://www.faz.net/aktuell/feuilleton/debatten/islamkonferenz-trojanisches-pferd-1434076.html (Stand: 24.02.2021).

Nüsse, Andrea. Kulturkampf an französischen Hochschulen. So schnell wird man zum „islamophoben Faschisten", in: Der Tagesspiegel, 16.03.2021, https://www.tagesspiegel.de/politik/kulturkampf-an-franzoesischen-hochschulen-so-schnell-wird-man-zum-islamophoben-faschisten/27006476.html (Stand: 14.08.2021).

o. A. Abdelhakim Sefrioui, de Dieudonné à la „fatwa" contre Samuel Paty, 19.10.2020, https://www.huffingtonpost.fr/entry/abdelhakim-sefrioui-de-dieudonne-a-la-fatwa-contre-samuel-paty_fr_5f8d4ea9c5b62dbe71c47f26 (Stand: 12.08.2021).

o. A. Assassinat de Samuel Paty: Abdelhakim Sefrioui reste mis en examen, 28.06.2021, https://www.lepoint.fr/justice/assassinat-de-samuel-paty-abdelhakim-sefrioui-reste-mis-en-examen-28-06-2021-2433118_2386.php (Stand: 12.08.2021).

o. A. Assassinat de Samuel Paty: une femme mise en examen, 25.06.2021, https://www.lepoint.fr/justice/assassinat-de-samuel-paty-une-femme-mise-en-examen-25-06-2021-2432831_2386.php (Stand: 12.08.2021).

o. A. Terrorismus und Islam hängen zusammen, in: Frankfurter Allgemeine Zeitung, 18.08.2017, https://www.faz.net/aktuell/feuilleton/debatten/islamgelehrter-terrorismus-und-islam-haengen-zusammen-15157757.html (Stand: 26.02.2021).

o. A. Wie eine (Not-)Lüge schließlich zum Mord an Samuel Paty führte, in: Die Welt, 09.03.2021, https://www.welt.de/politik/ausland/article227875885/Not-Luege-einer-Schuelerin-fuehrte-zum-Mord-an-Lehrer-Samuel-Paty.html (Stand: 12.08.2021).

Patterson, David. Islamic Jihadism and the Legacy of Nazi Antisemitism, in: Journal of Antisemitism 7 (2016), S. 189–201.

Pfahl-Traughber, Armin. Ist der Islamismus bzw. Salafismus eine Form totalitären Denkens? Eine ideologiekritische Analyse von Klassikerpositionen, in: Totalitarismus und Demokratie 11/1 (2014), S. 49–71.

Pfahl-Traughber, Armin. „Islamophobie" und „Antimuslimischer Rassismus" – Dekonstruktion zweier Hegemoniekonzepte aus menschenrechtlicher Perspektive. in: Zeitschrift für Politik (ZfP) 67 (2020), S. 133–152.

Röhrich, Wilfried. Die Politisierung des Islam, Wiesbaden 2015.

Scherrer, Lucien. In einer Diskussion mit Studenten kritisiert der deutsch-französische Professor Klaus Kinzler den Begriff „Islamophobie". Kurze Zeit später benötigt er Polizeischutz, in Neue Zürcher Zeitung, https://www.nzz.ch/feuilleton/diskussion-beendet-ld.1644831 (Stand: 14.09.2021).

Schwanitz, Wolfgang G. Max von Oppenheim und der „Heilige Krieg". Zwei Denkschriften zur „Revolutionierung islamischer Gebiete" 1914 und 1940, in: Sozial.Geschichte N.F.19/3 (2004), S. 28–59.

Töpfer, Jochen/Max Friedrich Bergmann. Jerusalem – Berlin – Sarajevo. Eine religionssoziologische Einordnung Amin al-Husseinis, Wiesbaden 2019.

Töppel, Roman. „Volk und Rasse", in: Vierteljahrshefte für Zeitgeschichte 64/1 (2016), S. 1–36.

Vidino, Lorenzo. The Muslim Brotherhood's Conquest of Europe, in: Middle East Quarterly 12/1 (Winter 2005), S. 25–34, https://www.meforum.org/687/the-muslim-brotherhoods-conquest-of-europe (Stand: 24.02.2021).

Vondung, Klaus. Von der völkischen Religiosität zur politischen Religion des Nationalsozialismus: Kontinuität oder neue Qualität?, in: Uwe Puschner/Clemens Vollnhals (Hrsg.), Die völkisch-religiöse Bewegung im Nationalsozialismus. Eine Beziehungs- und Konfliktgeschichte, Göttingen 2012, S. 29–42.

Vukadinović, Vojin Saša. Drei Herrscher der Schöpfung. Hasan al-Banna, Sayidd Qutb, Mohammed Qutb und das Erbe der Moslembruderschaft, in: Frauen und Geschichte Baden-Württemberg e. V. (Hrsg.), Antisemitismus – Antifeminismus. Ausgrenzungsstrategien im 19. und 20. Jahrhundert, Roßdorf 2019, S. 131–158.

Vukadinović, Vojin Saša. Kampagne gegen Susanne Schröter: Diskursganoven, in: Jungle World 19/2019, 09.05.2019, https://jungle.world/artikel/2019/19/diskursganoven (Stand: 14.08.2021).

Zick, Andreas. Das Vorurteil über Muslime, in: Peter Antes/Rauf Ceylan (Hrsg.), Muslime in Deutschland. Historische Bestandsaufnahme, aktuelle Entwicklungen und zukünftige Forschungsfragen, Wiesbaden 2017, S. 39–57.

Autorinnen und Autoren

Marco Ebert lebt als Historiker und Autor in Berlin. Seine Forschungsschwerpunkte sind die Geschichte von Frauen in der politischen Rechten, die allgemeine Ideengeschichte des Faschismus sowie Theorien des Antisemitismus. Zuletzt widmete er sich im *Jahrbuch Sexualitäten 2021* Ilse Bindseils neuaufgelegter Schrift *Es denkt*.

Ali Tonguç Ertuğrul, Studium der Politikwissenschaft an der Philipps-Universität Marburg und der Politischen Theorie an der Goethe-Universität Frankfurt. Veröffentlichte Debattenbeiträge u. a. in den Sammelbänden der „Kreischreihe" des Querverlags und in der *Jungle World*.

Kurt Gritsch, geboren 1976, frei schaffender Historiker. Forschungsschwerpunkte sind Migrationsgeschichte, historische Konfliktforschung sowie Medien- und Rezeptionsgeschichte. 2014 – 2017 Mitarbeiter am Institut für Zeitgeschichte der Universität Innsbruck, 2021 Gastdozent am Historischen Seminar der Universität Luzern. Autor mehrerer Bücher und zahlreicher Artikel in Fachzeitschriften und Magazinen, u. a. zur Südtiroler Migrationsgeschichte, zum Kosovo-Konflikt oder zu den arabischen Revolutionen. 2016 ist sein Buch *Vom Kommen und Gehen. Migration in Südtirol* erschienen.

Barbara Holland-Cunz, Professorin (i.R.) für Politikwissenschaft mit dem Schwerpunkt Frauen- und Geschlechterforschung an der Justus-Liebig-Universität Gießen. Zahlreiche Publikationen, u. a. *Die alte neue Frauenfrage* (2003/2007), *Die Regierung des Wissens* (2005; Wissenschaftspreis DVPW 2006), *Gefährdete Freiheit. Über Hannah Arendt und Simone de Beauvoir* (2012), *Die Natur der Neuzeit* (2014). Langjährige Forschungsschwerpunkte: Politische Theorie und Ideengeschichte, Politik und Geschlecht, Wissenschafts- und Naturtheorien.

Martin Jander, geboren 1955, Historiker und Journalist, hat in seiner Dissertation (*Formierung und Krise der DDR-Opposition*, 1995) eine Gruppe von DDR-Oppositionellen im Umbruch 1989/90 untersucht. Bis 2017 arbeitete er in einem Projekt der Hamburger Stiftung zur Förderung von Wissenschaft und Kultur in Hamburg zum linken deutschen Terrorismus und seinen internationalen Verbindungen. Jander unterrichtet deutsche Geschichte im europäischen Kontext an der Stanford University (Berlin), der New York University (Berlin) und dem FU-BEST Programm. Letzte Publikation: Martin Jander/Anetta Kahane (Hrsg.), *Gesichter der Antimoderne*, Baden-Baden 2020 [Band 12 der Reihe „Interdisziplinäre Antisemitismusforschung", hrsg. von Prof. Samuel Salzborn].

Polina Kiourtidis, 1995 in Griechenland geboren, studiert Antisemitismusforschung in Berlin und setzt sich seit Jahren gegen Antisemitismus und für Israel ein.

Panagiotis Koulaxidis studierte Philosophie, Ethik, Politik- und Wirtschaftswissenschaft in Stuttgart. Er ist Autor der im Querverlag erschienenen Sammelbände *Freiheit ist keine Metapher. Antisemitismus, Migration, Rassismus, Religionskritik* (Berlin 2018) und *Zugzwänge. Flucht und Verlangen* (Berlin 2020).

Sabri Deniz Martin ist Wirtschaftssoziologe und Japanologe. Er engagiert sich rund um Erinnerungskultur und Vergangenheitspolitik und schreibt unter anderem zu (Süd-)Ostasien, Queer & Gender Studies, Rassismus, Rechtsradikalismus und Arbeit. Weitere Artikel von ihm finden sich in der *Jungle World*, in den Querverlag-Sammelbänden *Freiheit ist keine Metapher. Antisemitismus, Migration, Rassismus, Religionskritik* (2018); *Irrwege. Analysen aktueller queerer Politik* (2020); *Zugzwänge. Flucht und Verlangen* (2020) sowie in der Zeitschrift *Freie Assoziation* (2019, 2021).

Ansgar Martins studierte Religionsphilosophie, Soziologie und Geschichte in Frankfurt am Main und promoviert dort zur Philosophie Siegfried Kracauers, zuletzt als wissenschaftlicher Mitarbeiter am DFG-Graduiertenkolleg „Theologie als Wissenschaft" und Rosenzweig-Fellow an der Hebräischen Universität Jerusalem. Er hat weithin zur kritischen Theorie der Religion sowie zur Geschichte von Esoterik in Deutschland publiziert und forscht zur Transformationen von Religion, insbesondere des Judentums, in der Moderne.

Ahmad A. Omeirate wurde 1984 als Sohn libanesischer Bürgerkriegsflüchtlinge in Berlin-Neukölln geboren. Seit mehreren Jahren forscht und arbeitet er zu den Themen Interkulturalität, Islam, Islamismus, Antisemitismus und Clankriminalität. Als Referent in einem Spitzenverband der Freien Wohlfahrt berät er zudem Mitgliederorganisationen in den Bereichen Migration, Integration und Flucht.

Armin Pfahl-Traughber, Politikwissenschaftler und Soziologe, Jg. 1963, ist hauptamtlich Lehrender an der Hochschule des Bundes für öffentliche Verwaltung in Brühl und Lehrbeauftragter an der Universität Bonn. Er gibt das *Jahrbuch für Extremismus- und Terrorismusforschung* heraus. Letzte Buchveröffentlichungen: *Die AfD und der Rechtsextremismus. Eine Analyse aus politikwissenschaftlicher Perspektive*, Wiesbaden 2019; *Linksextremismus in Deutschland. Eine kritische Bestandsaufnahme*, 2. Auflage, Wiesbaden 2020; *Extremismus und Terrorismus in Deutschland. Die Feinde der pluralistischen Gesellschaft*, Stuttgart 2020; *Intellektuelle Rechtsextremisten. Das Gefahrenpotential der Neuen Rechten*, Bonn 2022.

Moritz Pitscheider, geboren in Brüssel, Studium der Politikwissenschaft und Geschichte in Freiburg, Istanbul und Berlin, beschäftigt sich mit französischer, italienischer und deutscher Ideologiegeschichte.

Samuel Salzborn hat in Politikwissenschaft promoviert und habilitiert und arbeitet zu den Forschungsschwerpunkten Politische Theorie und Gesellschaftstheorie sowie Politische Soziologie und Demokratieforschung. Letzte Monographien u. a.: *Demokratie. Theorien – Formen – Entwicklungen* (2. Aufl., Baden-Baden 2021); *Rechtsextremismus. Erscheinungsformen und Erklärungsansätze* (4. Aufl., Baden-Baden 2020); *Kollektive Unschuld. Die Abwehr der Shoah im deutschen Erinnern* (Leipzig 2020); *Globaler Antisemitismus. Eine Spurensuche in den Abgründen der Moderne* (2. Aufl., Weinheim 2020).

Lukas Sarvari hat sein Geschichtsstudium abgebrochen.

Annette Seidel-Arpacı promovierte an der University of Leeds in Jewish Cultural Studies und forschte und lehrte bis 2017 in Großbritannien und in den Vereinigten Staaten. Seit 2019 leitet sie die Recherche- und Informationsstelle Antisemitismus (RIAS) Bayern.

Vojin Saša Vukadinović ist Historiker. Er promovierte an der Freien Universität Berlin zur Geschlechtergeschichte des deutschen Linksterrorismus und arbeitet an einer kapitalismushistorischen Studie. Er ist u. a. Herausgeber der Sammelbände *Freiheit ist keine Metapher. Antisemitismus, Migration, Rassismus, Religionskritik* (Berlin 2018); *Zugzwänge. Flucht und Verlangen* (Berlin 2020); *Randgänge der Neuen Rechten. Philosophie, Minderheiten, Transnationalität* (Bielefeld 2022).

Fernando Wawerek studiert Sonderpädagogik und Ethik/Philosophie an der Universität Leipzig. Er arbeitet zu Ethnopsychoanalyse, Tiefenhermeneutik, Psychoanalytischer Pädagogik, Philosophie, populärer Kultur und zur Reflexion wissenschaftlicher und pädagogischer Praxis.

Benedikt Wolf ist Literaturwissenschaftler und arbeitet an der Universität Bielefeld. Nach einem Studium der Neogräzistik, des Deutschen als Fremdsprache und der Soziologie hat er in Neuerer deutscher Literatur mit einer Arbeit über *Penetrierte Männlichkeit* in der deutschsprachigen Erzählliteratur des 20. Jahrhunderts promoviert. Er ist Beisitzer im Vorstand der Gesellschaft für Antiziganismusforschung und Mitherausgeber des *Jahrbuch Sexualitäten*. Zuletzt erschienen ist der Sammelband *SexLit. Neue Kritische Lektüren zu Sexualität und Literatur* (Berlin 2019), die Monographie *Mit Deutschland leben! Felix Rexhausens Literatur zwischen Zersetzung und Formspiel* (Berlin 2020) sowie Felix Rexhausens aus dem Nachlass herausgegebene Schrift *Zaunwerk. Szenen aus dem Gesträuch* (Berlin 2021).

Garry Zettersten (B.A. American Studies/Geographie) absolviert den Masterstudiengang American Studies mit Schwerpunkt Geschichts- und Kulturwissenschaften am Institut für England- und Amerikastudien der Goethe-Universität Frankfurt. Seine Forschungsschwerpunkte sind die Geschichte der extremen Rechten in den USA und Deutschland sowie deren transatlantische Austauschprozesse. Er ist Stipendiat der Hans-Böckler-Stiftung.

Index

Abadan, Nermin 14
Abduh, Mohammad 599f.
Abel, Wolfgang 28, 75f., 111
Abendroth, Wolfgang 178–180
Abs, Hermann Josef 467
Ackermann, Irmgard 272
Acton, Thomas 463
Adenauer, Konrad 13, 422, 493
Adolf, Thomas 46
Adorno, Theodor W. 10, 15f., 272, 275, 296, 303
Adriano, Alberto 462
Ageeb, Aamir 42f.
Ahmad, Masud 198
Ahmad, Mirza Masroor 188, 197
Akin, Fatih 46
al-Afghani, Jamal al-Din 599f.
al-Attar, Issam 605
al-Banna, Abdul Rahman 599
al-Banna, Hassan 598f., 601, 604
al-Hudaibi, Hassan 601
al-Husseini, Amin 596–600
Alexander, Leo 85f.
Alexopoulou, Maria 8, 52, 59f., 63
Ali, Ayaan Hirsi 207f.
Allen, Theodor W. 41
Almond, Gabriel A. 535f.
Althans, Ewald 37
Altun, Cemal 27, 29, 290
Aly, Götz 104f.
Amelung, Till Randolf 58, 244
Amendt, Gerhard 21
Ammon, Herbert 560
an-Nukraschi Pascha, Mahmud Fahmi 601
Annan, Kofi 505
Ansay, Tuğrul 20
Antonescu, Ion 450
Arendt, Hannah 249
Arndt, Adolf 170
Arndt, Susan 54
Arnold, Josef 24
Arslan, Bahide 35, 406
Arslan, Yeliz 35, 406

Ateş, Seyran 257f., 260f.
Attia, Iman 592
Augstein, Rudolf 501
Avcı, Ramazan 29
Ayata, Bilgin 425f.
Ayim, May 31, 39
Azevedo, Ayres de 75

Baader, Maria 409
Bachmann, Josef 16
Bade, Klaus J. 26, 28, 46
Baldwin, James 15
Balibar, Étienne 36, 287
Balliet, Stephan 4
Bamberger, Jakob 24
Bankole, Kola 37
Batthyány, Margit von 68
Bauer, Fritz 93
Bauer, Yehuda 424, 554
Baumgartner-Karabak, Andrea 260
Baur, Erwin 96
Beam, Louis 347
Beauvoir, Simone de 245, 251f., 254, 263
Bebel, August 245
Beckstein, Günther 44
Behrendt, Uwe 23
Ben-Gurion, David 9
Bendkowski, Halina 257
Benedict, Ruth 9
Benjamin, Walter 153
Benoist, Alain de 204, 229–231
Berchtold, Leopold Graf 485
Berg, Alan 357
Berger, Michael 43
Bergmann, Anna 70, 104, 106, 109
Berisha, Sadri 35
Berth, Michael C. 362
Bethmann Hollweg, Theobald von 486
Beuys, Joseph 584
Bibby, Cyril 13
Bielefeldt, Heiner 610
Bielesch, August 495
Bierl, Peter 579, 585

bin Laden, Osama 604
Biondi, Franco 273
Blavatsky, Helena 569f.
Bloch, Ernst 334, 566
Block, Lieselotte 111
Blome, Nikolaus 503
Blumenbach, Johann Friedrich 570
Bock, Gisela 104
Böckmann, Kurt 349
Bogdal, Klaus-Michael 438, 440, 450, 461
Bohl, Friedrich 386
Böhme, Franz 490f.
Böhme, Herbert 11
Böhmer, Hedy 114
Böhnhardt, Uwe 3, 533f., 361
Bojadžijev, Manuela 45, 52, 63, 286
Bonengel, Winfried 37
Borchardt, Siegfried 532
Bormann, Johanna 67
Boulgarides, Theodoros 47
Bourdieu, Pierre 247
Boyce, Terry 355
Brahms, Johannes 275, 480
Brandt, Peter 547, 560
Brandt, Willy 285, 302, 304, 455
Brandtner, Ranco 24
Braun, Christina von 206–208
Braun, Hans 24
Braune, Christian 290
Braunsteiner, Hermine 67
Brentano, Clemens 479
Broder, Henryk M. 39
Bruckner, Pascal 405
Brüdigam, Heinz 15
Bubis, Ignatz 41, 502
Burckhardt, Jacob 479
Busch, Angelika 28
Busse, Hertha 112
Butenandt, Adolf 70, 73, 101, 105
Butler, Judith 47f., 167, 243f., 246

Çalışır, Şahin 35
Ceaușescu, Nicolae 443, 448–450
Chamberlain, Houston Stewart 50
Châu, Nguyễn Ngọc 23, 345
Chiellino, Carmine 272f.
Chomeini, Ruhollah 198

Christophersen, Thies 19, 346
Ciobă, Ion 450
Clark, Christopher 486, 508, 510
Clark, Wesley 502
Claussen, Detlev 38, 318, 476, 503, 514
Cohn-Bendit, Daniel 326–330, 336
Collins, Addie 354
Covington, Harold 355
Crane, Nicola 351
Čubrilović, Vaso 475
Czarnowski, Gabriele 70, 106

Dahrendorf, Ralf 550
Daly, Mary 103
Darmanin, Gerald 590
Davis, Angela 261
Deecke, Wilhelm 73
Degenhardt, Franz Josef 279
Delacampagne, Christian 25
Delbrück, Jost 18
Demiral, Mustafa 36
Demirović, Alex 45
Dener, Halim 37
Denisov, Anka 18
Devereux, Georges 298, 312
Diesner, Kay 532
Dietze, Carola 59
Dietze, Gabriele 190, 205f.
Dimitrijević, Dragutin 482
Dobers, Joachim 97
Donaldson, Ian Stuart 350–353, 363
Du Bois, W. E. B. 425
Dudek, Peter 27, 306, 308, 310f., 314
Dühnfort, Erika 580
Duke, David 345f., 350, 359
Dunn, Leslie C. 92
Durkheim, Émile 603
Dutschke, Rudi 16

Ebbinghaus, Angelika 104
Ebert, Marco 61
Egoldt, Herbert 351
Ehab, Mohamed 27
Ehmann, Annegret 70, 106
Ehrhardt, Arthur 11
Ehrhardt, Sophie 98, 102, 110
Eibl-Eibesfeldt, Irenäus 28

Eichberg, Henning 227 f.
Eichmann, Adolf 69
Eke, Norbert Otto 441, 444
El, Meral 54
El Hajaj, Mustapha 17
El-Mafaalani, Aladin 6
El-Tayeb, Fatima 52
El-Zayat, Ibrahim 604 f.
Eminger, André 4, 357
Emond, Paul Joseph 361
Engels, Friedrich 245, 252, 282, 286
Engholm, Björn 375, 382
Engin, Osman 31
Epplen, Dieter 21
Epting, Karl 148
Erdheim, Mario 295, 299, 318
Erenhi, Steve 359–361
Ernst, Stephan 4
Ertan, Semra 27, 29, 63, 269–273, 275 f., 283, 285, 287–292
Ertuğrul, Ali Tonguç 427, 430

Fabre d'Olivet, Antoine 569
Fanon, Frantz 15
Farrands, James 350
Fassbinder, Rainer Werner 17
Faust, Siegmar 543, 545
Feierstein, Liliana Ruth 465
Fereidooni, Karim 54
Fetscher, Iring 16, 27
Feyerbacher, Renate 260
Fings, Karola 438, 470
Finkelstein, Norman 426 f.
Finzsch, Norbert 57
Firestone, Shulamith 243, 252–255
Fischer, Eugen 70, 74 f., 80, 82 f., 87 f., 90–93, 96 f., 109, 113 f.
Fischer, Fritz 507
Fischer, Joschka 42, 337, 497, 501 f., 506
Forsthoff, Ernst 152
Foucault, Michel 243
Fourier, Charles 245, 252
Franz, Fritz 280 f.
Franz Ferdinand, österreichischer Thronfolger 484
Franz Joseph I., österreichischer Kaiser 485
Franzen, Jürgen 22

Fraser, Nancy 244
Freisler, Roland 496
Freud, Sigmund 405, 603
Frey, Gerhard 13, 18
Friedan, Betty 245, 250, 252
Friedländer, Saul 554
Frischeisen-Köhler, Ida 113
Frntic, Markus 362
Fukuyama, Francis 337
Funke, Hajo 1
Furlan, Marco 28

Galtung, Johan 250
Gascard, Johannes R. 197
Gebhardt, Bruno 204
Geis, Norbert 376
Geisel, Eike 415
Geißler, Heiner 324–326
Gelbin, Cathy S. 410
Genç, Hatice 406
Genç, Hülya 406
Genç, Saime 36, 406
Genet, Jean 248
Genscher, Hans-Dietrich 497
Gerber, Jan 176 f.
Gerlach, Holger 4
Gessner, Volkmar 20
Gienanth, Ulrich Freiherr von 281
Giese, Daniel 2
Giesl, Wladimir Freiherr von Gieslingen 486
Giordano, Ralph 415
Girard, Patrick 25
Globke, Hans 493
Gmelin, Hans 493
Gobineau, Arthur de 49 f.
Goebbels, Joseph 76, 376
Goethe, Johann Wolfgang 479 f., 565, 567
Goettle, Gabriele 103
Goldbrunner, Franz 18 f.
Goldhagen, Daniel J. 39, 504
Göpfert, Christoph 581, 583
Goretzky, Thomas 43
Göring, Hermann 154
Gottschaldt, Kurt 78, 82, 84, 91
Graitl, Lorenz 289
Grass, Günter 55, 64, 437, 440, 452–471
Grese, Irma 67

Gress, Daniela 456, 459
Griese, Hartmut M. 28
Grigat, Stephan 454
Grimm, Jacob und Wilhelm 479 f.
Gritsch, Kurt 64
Gronefeld, Gerhard 489
Gropp, Eckhard 441
Guendoul, Farid 42
Gugel, Günther 33
Guillaumin, Colette 50 f.
Gutiérrez Rodríguez, Encarnación 410 f.
Gysi, Gregor 376

Haarer, Johanna 68, 110
Hachtkemper, Yvonne 43
Hahn, Herbert 581
Hahn, Jörg-Uwe 199
Hall, Stuart 32
Hammer, Steffen 353
Hark, Sabine 55–58, 241–243
Harten, Hans-Christian 69
Hasselbach, Ingo 44
Haury, Thomas 177
Hauschild, Rita 75, 91
Hauser, Kaspar 581
Havemann, Robert 85 f.
Heckelmann, Dieter 383
Hegel, Georg Wilhelm Friedrich 478 f.
Heldmann, Hans Heinz 16, 20
Hemingway, Ernest 269
Hennig, Eike 295
Henschel, Gerhard 458
Hentschel, Georg 480
Herbert, Ulrich 30, 45, 277
Herder, Johann Gottfried 327, 478–480, 550, 580, 585
Herf, Jeffrey 168 f., 178, 554
Herzinger, Richard 545
Heß, Rudolf 21
Hesse, Hans 69, 71, 79 f., 101, 109
Hettlage, Karl Maria 493
Heusinger, Adolf 496
Heydebrand, Caroline von 579, 583
Heyer, Karl 581
Heyse, Paul 108
Hilberg, Raul 554
Hilger, Marli 104

Himmat, Ghaleb 604
Himmler, Heinrich 80
Hintze, Peter 383
Hirsch, Kurt 16
Hirschfeld, Magnus 555
Hitler, Adolf 2, 11, 22, 39, 154, 450, 467, 493, 498, 501 f., 511, 513, 554 f., 569, 574, 593 f., 596, 598, 347, 355, 359
Hobsbawm, Eric 337
Höffken, Heinz-Werner 305 f., 311, 314
Hoffmann, Barbara 25
Hoffmann, Karl-Heinz 20
Honecker, Erich 379
hooks, bell 259
Hübsch, Gerhard *Siehe* Hübsch, Hadayatullah
Hübsch, Hadayatullah 62, 187, 189, 192–204, 206–211
Hug, Erik 74
Humboldt, Alexander von 585
Humboldt, Wilhelm von 479
Hund, Wulf D. 54, 320
Hunke, Sigrid 61, 68, 110
Hunn, Karin 47
Husmann, Jana 573, 582

İnce, Gürsün 406
Italiaander, Rolf 28
Ivanov, Milena 19

Jäckel, Eberhard 468
Jacob, Günther 287
Jäger, Siegfried 31
Jagow, Gottlieb von 485
Jalloh, Oury 47
Jander, Martin 64
Janssen-Jurreit, Marielouise 260
Jaschke, Hans-Gerd 27, 306, 308, 310 f., 314
Javadi, Kiomars 31
Jelinek, Elfriede 39
Jenatsch, Jörg 74
Jenke, Manfred 13
Jhelumi, Masud 197
Jünger, Ernst 148
Jürgens, Hans Wilhelm 96
Justin, Eva 69, 93, 110, 113

Kachel, Murry M.   348–350
Kalpaka, Annita   30
Kammrad, Horst   273
Kant, Immanuel   571
Kapfhammer, Josef   73
Kapke, André   361
Käppner, Joachim   2
Karaca, Cem   30
Karadjordjević, Petar   482
Karadžić, Vuk Stefanović   480
Karakayali, Serhat   286
Katsoulis, Haris   22
Kaymakçı, Mehmet   29
Kegelmann, René   30
Kekilli, Sibel   46
Keller, Gottfried   102
Kellermann, Ruth   103, 110
Kelsen, Hans   153
Kerner, Ina   241–243
Kesim, Celalettin   23, 271
Keskinkılıç, Ozan Zakariya   590 f.
Kessel, Martina   52
Khallouk, Mohammed   608
Khan, Assadullah   187, 189, 209, 211
Khan, Lareeb   187–190, 192, 201, 205, 210
Khan, Nida   187–189, 210
Khan, Shazia   187–189, 209, 211
Khomeini, Ruhollah Musawi   337 f.
Khorchide, Mouhannad   608
Kiersch, Gerhard   105
Kiesebrink, Gerd   24
Kiesewetter, Michèle   3, 362
Kiesinger, Kurt Georg   17
Kimmel, Walter   2
Kinkel, Klaus   497
Kinzel, Klaus   607
Kiourtidis, Polina   62
Kiowa, Amadeu António   41
Kittel, Gerhard   80
Klages, Ludwig   50
Klakus, Franz   495
Klarsfeld, Beate   17
Klee, Ernst   18 f., 70–72, 88, 106, 109, 280
Kleffner, Heike   344
Klein, Felix   426
Klimova, Ilona   463
Kloke, Martin   168–170

Klopfer, Gerhard   69
Klose, Hans Ulrich   385
Knuth, Hagen   360
Knütter, Hans-Helmuth   13
Koch, Ilse   67 f.
Koenen, Gerd   62
Kogon, Eugen   84
Kohl, Helmut   26, 29, 35, 40, 63, 303, 376, 379, 383, 389, 394, 415, 497
Köhler, Gundolf   23
Koisser, Walter   387
Kompisch, Kathrin   71
König, Hans-Dieter   301 f.
König, Paul   491
Koonz, Claudia   107
Kopper, Hilmar   466
Kortzfleisch, Johannes von   490
Koschnick, Hans   95
Kositza, Ellen   208
Kostedde, Erwin   20
Koulaxidis, Panagiotis   61
Kracauer, Siegfried   566
Kraft, Waldemar   493
Kraushaar, Wolfgang   168 f., 171
Krawinkel, Niklas   493
Kristeva, Julia   33, 204
Kromschröder, Gerhard   344, 346–350
Kronawitter, Georg   385
Kronbügel, Stephan   359
Kröner, Hans-Peter   71 f., 76, 89 f.
Kubitschek, Götz   208
Kühn, Alfred   73, 87–89, 105
Kühn, Heinz   21
Kühnen, Michael   21, 23, 32, 345
Küntzel, Matthias   612
Kunzelmann, Dieter   180
Kurras, Karl-Heinz   174
Kusturica, Emir   442

Laage, Karl Ernst   102
Lächert, Hildegard   68, 110
Lafontaine, Oskar   31, 381–383, 429
Lagarde, Paul de   50
Lage, Klaus   210
Lambsdorff, Otto Graf   383
Lân, Đỗ Anh   23, 345
Landesberger, Gisela   260

Landowsky, Klaus-Rüdiger 379
Lange, Friedrich 97
Langhans, Rainer 196
Larisch von Woitowitz, Matthias 43
Lassalle, Ferdinand 568
Laubinger, Auguste 79 f.
Laubinger, Fridolin 79 f.
Laubinger, Lydia 79 f.
Lawrence, D. H. 248
Leggewie, Claus 381
Lehmann, Anton 19
Lehnigk-Emden, Wolfgang 430 f., 433
Lemme, Gisela 111–113
Lemme, Hansjoachim 111
Lengsfeld, Vera 543, 545
Lenin, Wladimir I. 175
Lenz, Fritz 70, 75, 90, 96
Lenz, Ilse 261
Lepsius, Mario Rainer 550
Lersch, Paul 18
Leutheusser-Schnarrenberger, Sabine 385
Levin, Shlomo 23
Lewald, Walter 148
Lichnowsky, Karl Max Fürst von 485
Liebau, Siegfried 93
Linkerhand, Koschka 244
Linné, Carl von 571
List, Friedrich 498, 503
Livi, Massimiliano 62
Loewe, Carl 480
Lorde, Audre 243, 256, 259, 261
Lorenzer, Alfred 299
Lösch, Niels C. 70 f., 109, 112
Löwith, Karl 147
Lübcke, Walter 4, 394, 534
Lubetkin, Zivia 84
Lüder, Wolfgang 383
Luther, Martin 550 f.
Luxemburg, Rosa 189

Maas, Gertrud 113
Macrakies, Kristie 70
Macron, Emmanuel 589
Magnussen, Christian Carl 73
Magnussen, Karin 61, 67, 69–73, 76–97, 99–102, 104–110, 113–115
Magnussen, Walter 72 f., 107
Magnussen-Petersen, Anna 73, 102, 107
Mahler, Horst 191, 543, 545
Mahon, Dennis 353–355, 358 f.
Mailer, Norman 248
Malik, Kenan 327, 339
Mangold, Ijoma 53
Mangoldt, Hermann von 9
Mann, Thomas 545, 551
Markl, Hubert 109
Marschner, Ralf 357
Martin, Ansgar 64
Martin, Bernd 191
Martin, Sabri Deniz 63
Martino, Gaetano 12
Marwell, David G. 72
Marx, Karl 546, 568, 603
Marz, Ulrike 51
Maschke, Günter 191
Massin, Benoît 71, 78
Mathes, Bettina 206–208
Mathews, Robert 357
Matthes, Monika 47
Matzouranis, Georg 30
Mayer, Hans 458
Mbembe, Achille 167, 416
McNair, Carol 354
Mechau, Balduin 80
Mechau, Otto 78
Mechtersheimer, Alfred 560
Mecklenburg, Jens 343
Meinhardt, Rolf 28
Meixner, Hans 112
Melber, Henning 36
Melchers, Georg 73, 82 f., 87, 99, 101
Memmi, Albert 31
Mengele, Josef 61, 70, 72, 75, 80, 85 f., 90, 92 f., 95, 100–102, 104, 109
Menninger, Karl 291
Merin, Tony A. 407 f.
Merkel, Angela 323, 559
Merz, Friedrich 43
Metzger, Tom 345, 351, 355, 360
Meyer-Plath, Gordian 361
Michaelsen, Dorothea 83, 96, 114
Miller, Henry 248
Millett, Kate 243, 245–249, 252 f., 263
Milošević, Slobodan 501 f., 513

Mitscherlich, Margarete 28
Moeller van den Bruck, Arthur 50
Möllemann, Jürgen 55
Möllendorff, Wilhelm von 73
Moses, A. Dirk 54 f., 57 f., 60, 415, 417, 420–423, 425, 427, 429 f., 433
Mosse, George L. 51
Mosses, George L. 23
Mühlen, Norbert 15
Müller, Herta 64, 437, 440–452, 457, 459 f., 469–471
Müller-Hill, Benno 70 f., 97, 101, 109
Mundlos, Uwe 3, 533, 357, 361
Murer, Franz 494

Nachtsheim, Hans 70, 75, 78, 83, 87, 91 f., 94
Nader, Laura 313
Nadig, Maya 297, 299
Narr, Wolf-Dieter 21
Nasreen, Taslima 39
Nasser, Gamal Abdel 169, 184, 601 f.
Naumann, Friedrich 498, 567
Naumann, Werner 12
Neirich, Uwe 69
Neudeck, Christel 26
Neudeck, Rupert 26
Neuhaus, Volker 454
Newton, Michael 344
Nierhaus, Emmi 83
Niethammer, Lutz 17
Nikolaus II., russischer Zar 481
Nikolinakos, Marios 19
Nolte, Ernst 424
Nussbaum, Martha 244
Nyiszli, Miklós 85 f., 107

Oberheuser, Herta 67, 103, 110
Oberländer, Theodor 493
Oberlercher, Reinhold 191
Obermair, Frederik 344
Oberman, Ida 583
Obrenović, Aleksandar 481 f.
Obrenović, Draga 481
Obrenović, Milan 481
Oguntoye, Katharina 31, 40
Ohnesorg, Benno 174

Oltmer, Jochen 46
Omeirate, Ahmad 64
Opitz, May *Siehe* Ayim, May
Oppenheim, Max von 595, 600
Opperskalski, Michael 25
Ören, Aras 30
Otten, Hendrik 304
Oven, Wilfred von 219
Overath, Angelika 443, 445 f., 448 f., 451
Oxner, Helmut 27
Özkan, Hülya 273 f.
Özkan, Yilmaz 21
Öztürk, Gülüstan 406
Özüdoğru, Abdurrahim 2

Paczensky, Susanne von 22, 260
Paeschke, Hans 147
Pagenstecher, Cord 38
Pahlavi, Mohammad Reza 174
Panahi, Badi 24
Pankok, Otto 461
Parin, Paul 315
Pašić, Nikola 486
Paty, Samuel 589–591, 607
Pauke, Hermann 348
Pavelić, Ante 490
Pemsel, Max Josef 491, 495 f.
Penner, Willfried 386
Peritone, Silvio 106
Petereit, David 360
Petersen, Wilhelm 73, 102, 106
Petwaidic, Walter 148
Peukert, Detlev 33
Pfahl-Traughber, Armin 608, 611
Pichler, Peter 508
Pierce, William 345, 356 f.
Piercy, Marge 243, 255
Pietsch, Timm Niklas 455
Pitscheider, Moritz 63
Plamper, Jan 52
Platen-Hallermund, Alice 84
Ploetz-Radmann, Maria 112
Poeschke, Frida 23
Pohrt, Wolfgang 32, 63, 323, 330–337, 339 f.
Poliakov, Léon 25
Popper, Karl 225, 577

Priester, Karin 40, 49, 51
Probst, Antje 360f.
Probst, Michael 360

Qutb, Sayyid 602f., 605

Rabehl, Bernd 191, 543, 545
Raddatz, Hans-Peter 203
Raiser, Ludwig 147
Ramadan, Said 604
Ranke, Leopold von 478–480
Rathje, Tobias 4
Räthzel, Nora 30
Rau, Johannes 67, 379, 389
Reagan, Ronald 29
Regener, Michael 352
Rehling, Luise 11
Reißmüller, Johann Georg 499
Reker, Henriette 4
Reuter, Frank 106
Rich, Adrienne 259
Richter, Edelbert 64, 543–558, 560f.
Richter, Hans Werner 272
Richter, Thomas 362
Richter, Tobias 579f.
Rida, Rashid 599f.
Riedl, Joachim 102
Riruako, Kuaima 45
Ritter, Robert 93
Rittstieg, Helmut 20
Robb, Thomas 359
Robertson, Carole 354
Rodrigues de Sá, Armando 14, 276
Roeder, Manfred 345f., 532
Rogge-Börner, Sophie 68, 110
Rohe, Karl 536
Rohloff, Ruth 113
Röhm, Ernst 113, 530
Rose, Robert 566, 571, 573–577, 584
Rose, Romani 24
Rosenberg, Alfred 50
Roters, Jürgen 276
Rothberg, Michael 414, 418, 420, 423–427, 429, 433f.
Rüdiger, Jutta 68, 114
Rühe, Volker 380
Rupnow, Dirk 425

Rürup, Reinhard 69
Rushdie 338
Rushdie, Salman 39, 198, 337–339
Rüttgers, Jürgen 43

Sachse, Carola 71
Sackers, Helmut 44
Said, Edward W. 26, 592, 611
Saller, Josef 532
Salzborn, Samuel 64
Sarkar, Sasanka Sekhar 74
Sarvari, Lukas 63
Satır, Çiğdem 28
Satır, Songül 28
Satır, Ümit 28
Sattler, Martin 305f., 311, 314
Schad, Wolfgang 582f.
Schade, Heinrich 98
Schaeuble, Johann 96
Schaffernicht, Christian 273
Schafft, Gretchen E. 71
Schami, Rafik 30, 273
Schanes, Daniela 487
Scharping, Rudolf 42, 383, 386f., 501
Schäuble, Wolfgang 323f., 375, 381, 383, 385
Schenk, William 27
Schildt, Axel 59
Schiller, Friedrich 585
Schiller, Karl 467
Schimmel, Annemarie 39
Schindler, Oskar 37
Schirrmacher, Frank 500
Schleicher, Kurt von 155
Schmid, Achim 361f.
Schmid, Thomas 326, 507
Schmidt, Daniel 62
Schmidt, Helmut 26, 46, 302f., 345
Schmidt, Holger J. 168–172
Schmitt, Carl 61, 145–160
Schmucker, Theodor 73
Schmuhl, Hans-Walter 71, 79
Schneeclaus, Gustav 359
Scholtz-Klink, Gertrud 68
Schönborn, Erwin 11f., 21, 68
Schönhuber, Franz 27, 38
Schönwälder, Karen 45

Schötzau, Johanna 113
Schrader-Klebert, Karin 245, 251
Schreiber, Jens 80
Schröder, Gerhard 44, 337, 439, 462, 497, 501, 547
Schröter, Hiltrud 205
Schröter, Susanne 200, 606f.
Schubert, Frank 24
Schultz, Dagmar 31, 259
Schultz, Tanjev 2, 344
Schultze, Carsten 4
Schwab-Trapp, Michael 505
Schwannecke, Günter 360
Schwartz, Viktor 89
Schwencke, Thomas 346, 348f.
Schwenken, Helen 258
Schwerendt, Matthias 69
Schwerin, Alexander von 96
Seidel-Arpacı, Annette 63
Seite, Berndt 382
Seiters, Rudolf 382, 386, 389
Selg, Peter 584
Sellner, Martin 422
Şen, Cihat 20
Senger, Irmgard 93
Senger, Valentin 93
Senghor, Léopold Sédar 16
Serdani, Fatemeh 261
Settnik, Josef 495
Shea, Jamie 501
Silar, Stefan 359
Şimşek, Enver 2, 44
Smidt, Irmgard 102
Söhl, Tadesse 27
Sölle, Dorothe 547
Solmaz, Erdem 25
Solms, Otto 383
Solms, Wilhelm 440, 452f., 456, 458, 461, 464
Spangenberg, Anna 344
Speidel, Hans 496
Spemann, Hans 73
Spengler, Oswald 50
Spielberg, Stephen 37
Spitta, Melanie 456
Staas, Dieter 38
Stanton, Elizabeth Cady 250

Staquf, Kyai Haji Yahya Cholil 608
Starke, Thomas 361
Staudenmaier, Peter 573f.
Steffen, Frank 4
Steffens, Christel 112
Stein, Hannes 545
Steiner, Rudolf 64, 565–585
Steinhoff, Johannes 495f.
Stille, Hans 73
Stoiber, Edmund 31, 41, 325, 370, 376, 381, 384
Stolz, Rolf 560
Storch, Anton 12
Storm, Theodor 73, 102
Strasser, Gregor und Otto 223, 530
Strauß, Erich 97
Strauß, Franz-Josef 496
Streibl, Max 387
Strothmann, Dietrich 22
Stüben, Jens 108
Sturm, Michael 62
Sundhaussen, Holm 508
Suppan, Arnold 482, 488
Surles, Rufus 27
Sürücü, Hatun 206
Suttinger, Günter 84
Szczepanski, Carsten 343, 353–355, 358–361, 363

Tartarotti, Corinna 28
Taubert, Eberhard 496
Taubes, Jacob 153
Taylor, Charles 327
Telschow, Ernst 99, 101, 105
Temme, Andreas 1
Thaden, Adolf von 15
Thatcher, Margaret 26
Thunberg, Greta 584
Thürmer-Rohr, Christina 103
Tibi, Bassam 39, 43
Tito, Josip Broz 475, 492
Traber, Michael 18
Trede, Oliver 284
Treibel, Annette 206
Treuheit, Werner 304
Trump, Donald 584
Truth, Sojourner 253

Tsiakalos, Georgios 28
Tú, Nguyễn Văn 34
Tubman, Harriet 253
Tunakan, Seniha 74 f.
Tüngel, Richard 148
Türcke, Christoph 37

Uçar, Ali 28
Uehli, Ernst 572
Uhland, Ludwig 479
Ünel, Birol 46
Unvar, Ferhat 5
Unvar, Serpil Temit 5

van Gogh, Theo 207
Verba, Sidney 535 f.
Verschuer, Otmar von 70 f., 75, 79, 82 – 86, 89, 91 – 95, 98 – 100, 108 f.
Viehmann, Klaus 32
Villa, Paula-Irene 241
Vöcking, Johannes 386
Vogel, Dieter 35, 376
Vogel, Hans Joachim „Percy" 346 – 348
Voit, Max 73
Volkenrath, Elisabeth 67
Vollmer, Gabriele C. H. 499
von der Heydte, Friedrich August 146
Vukadinović, Vojin Saša 242, 244

Waardenburg, Petrus Johannes 92
Wagishauser, Abdullah 187 – 189, 192 f., 198, 208 – 210
Wagner, Bernd 44
Wagner, Georg 78, 88, 99
Waigel, Theo 380
Waldmann, Gert 226
Wallerstein, Immanuel 36
Wallraff, Günter 272, 340
Wallraff, Günther 29
Walser, Martin 41, 55
Walther, Christian 18
Wawerek, Fernando 63
Weber, Werner 147
Wehrli, Walter 24
Weichs, Maximilian von 490
Weil, Ekkehard 17
Weil, Grete 84

Wein, Susanne 69, 110
Weiß, Volker 176, 184, 421 f.
Weiss, Sheila F. 71
Weizsäcker, Richard von 29
Werlemann, Ingeburg 69, 114
Werner, Jan 361
Werth, Käte 114
Wesley, Cynthia 354
Wette, Wolfram 510
Wettstein, Richard 73
Weyer, Willi 285
Wieczorek-Zeul, Heidemarie 47
Wied, Holger 362
Wildt, Michael 59
Wilhelm II., deutscher Kaiser 485 – 488, 503
Wilkinson, Bill 345, 350
Willeke, Stephanie 441
Windaus, Adolf 73
Winkler, Heinrich August 506 – 508
Wippermann, Wolfgang 109
Wirbel, Franz 24
Wirsing, Giselher 147
Witt, Dennis 355
Wohlleben, Ralf 4, 534, 357, 361
Wolf, Benedikt 64
Wolf-Almanasreh, Rosi 327
Wolfschlag, Claus 202
Wollrad, Eske 48
Worch, Christian 32
Wörle, Andrea 273 f.
Wulff, Christian 323

Yano, Hisashi 282
Yaşar, İsmail 2
Yılmaz, Ayşe 35, 406
Yozgat, Halit 1, 48
Yücel, Deniz 271
Yusufoğlu, Nihat 34

Zaimoğlu, Feridun 39
Zander, Helmut 573
Zdovc, Edvin 21
Zettersten, Garry 63
Zmirgod, Blanka 34
Zschäpe, Beate 3, 533, 361
zur Mühlen, Patrik von 21

Bei Fragen zur Produktsicherheit wenden Sie sich bitte an:
If you have any questions regarding product safety,
please contact:

Walter de Gruyter GmbH
Genthiner Straße 13
10785 Berlin
productsafety@degruyterbrill.com